李双元法学文丛

比较民法学

李双元　温世扬　主编

WUHAN UNIVERSITY PRESS
武汉大学出版社

图书在版编目(CIP)数据

比较民法学/李双元,温世扬主编. —武汉: 武汉大学出版社,2016.8
李双元法学文丛
ISBN 978-7-307-18535-7

Ⅰ.比… Ⅱ.①李… ②温… Ⅲ.民法—比较法—研究
Ⅳ.D913.04

中国版本图书馆 CIP 数据核字(2016)第 193735 号

责任编辑:胡 荣　　责任校对:李孟潇　　版式设计:韩闻锦

出版发行: 武汉大学出版社 (430072 武昌 珞珈山)
(电子邮件: cbs22@whu.edu.cn 网址: www.wdp.com.cn)
印刷:虎彩印艺股份有限公司
开本: 720×1000 1/16 印张:53.75 字数:965 千字 插页:4
版次:2016 年 9 月第 1 版 2016 年 9 月第 1 次印刷
ISBN 978-7-307-18535-7 定价:128.00 元

作者简介

李双元，男，1927年生，湖南新宁人。湖南师范大学终身教授，武汉大学国际法研究所教授，博士生导师，中国国际私法学会名誉会长，《时代法学》和《国际法与比较法论丛》主编。曾任武汉大学国际法研究所副所长、中国国际私法学会副会长、湖北省国际法研究会总干事、中国法学会理事和中国国际法学会理事、国务院学位委员会（第三届）学科评议组成员、全国高等教育自学考试指导委员会委员、中国国际经济贸易仲裁委员会委员和仲裁员、中国博士后流动站管委会专家组及该管委会基金委员会专家组成员、武汉市政协委员及其法制委员会副主任、湖南省政府参事等学术与社会职务。先后主持完成国家社科基金项目、教育部哲学社会科学博士点基金项目、司法部项目、湖北省及湖南省社科基金一般及重大项目20余项；在《中国社会科学》、《法学研究》、《中国法学》等刊物上发表学术论文100余篇。独著、主编的经典著作主要有《国际私法(冲突法篇)》（已出第3版）、《国际民事诉讼法概论》(第2版为教育部审定的研究生教材)、《中国与国际私法统一化进程》（已出第2版）、《市场经济与当代国际私法趋同化问题研究》、《国际民商新秩序的理论建构》、《中国国际私法通论》（已出第3版）、《比较民法学》、《走向21世纪的国际私法——国际私法与法律的趋同化》(中国法学家自选集)、《国际私法》(全国高等教育自学考试统编教材，已出第3版)、《国际私法》（“十一五”国家级规划教材，已出第4版)、《法学概论》（“十一五”和“十二五”国家级规划教材，已出第11版)等，合译《戴西和莫里斯论冲突法》、萨维尼《现代罗马法体系（第八卷）》和《牛津法律大辞典》等世界法学经典著作。著述中获国家级及省部级一、二、三等奖及湖北省特别奖等奖励十余项。

温世扬，男，1964年生，江西赣州人。1984年7月毕业于西南政法学院（现西南政法大学）法律系，获法学学士学位。1988年6月毕业于武汉大学法学院，获法学硕士学位并留校任教，先后任讲师、副教授、教授、博士生导师，并先后兼任系副主任、副院长。1996年6月获得武汉大学法学博士学位。2015年调入中南财经政法大学法学院任教，兼任《法商研究》常务副主编。曾任教育部法学学科教学指导委员会委员，现任中国法学会民法学研究会副会长、保险法学研究会副会长、法学期刊研究会副会长，司法部国家司法考试命题委员会委员，湖北省法学会学术委员会委员、民法学研究会常务副会长。2006年入选首批“湖北省中青年法学家”，2008年入选教育部“新世纪优秀人才”。曾在《中国法学》、《法学研究》等专业刊物上发表学术论文100余篇；独著、主编、参编《物权法要论》、《物权法通论》、《物权法要义》、《物权理论探索与立法探讨》、《保险法》、《法律硕士专业学位研究生联考考试指南》、《国家司法考试辅导用书》等著作、教材10余部；主持国家级、省部级和横向合作科研项目10余项，获得省部级以上科研奖励多项。

出 版 说 明

为了庆祝我国著名法学家和法学教育家李双元教授90华诞，湖南师范大学法学院组织出版了《李双元法学文丛》。本套丛书共有15本，其中1本为新书。另外的14本皆为已经出版过的，因出版年代跨度较大，我们以保持原书原貌为原则，仅对一些文字标点符号的明显错误做了订正；书中有一些资料和引文因年代久远，已无法一一核查的，仍保持原样。

在已经出版过的14本书中，有8本书作者未做修改的，版次不予增加，所涉的法律法规也基本保持原样；另6本书作者予以了一定的修改，版次予以增加。

武汉大学出版社

2016年8月

总　　序

2016 年中秋，我们将迎来我国著名法学家、法学教育家李双元教授 90 华诞。

李先生历任武汉大学教授(已退休)、湖南师范大学终身教授、博士生导师、中国国际私法学会副会长和名誉会长，国务院学位委员会学科评议组(法学组)成员、中国博士后流动站管委会专家组成员、全国高等教育自学考试指导委员会(法学组)委员、中国国际经济贸易仲裁委员会委员和湖南省政府参事等学术与社会职务，为新中国法学教育、研究和实践作出了重要贡献。

李先生在青年时代，即积极参加反对国民党统治的学生运动和湖南新宁县的武装起义。但是在 1957 年却因言获罪，被划为右派分子，在大学从教的权利被完全剥夺。然而他对马克思主义法学理论的探求，却矢志不衰。1979 年武汉大学恢复法律系，他即从华中农学院马列室迅速调回武汉大学，协助韩德培、姚梅镇先生等参加法学院的恢复与发展工作，并在国内最早组建的国际法研究所任副所长。由韩德培教授任主编的第一部《国际私法》国家统编教材，也是在他的积极参与下，迅速完成并出版。在两位老先生的直接领导下，中国国际私法学会和中国国际经济法学会成立大会与它们的第一次研讨会也在武汉大学同时召开。

1993 年，李先生出任湖南师范大学终身教授，负责组建湖南师范大学法律系、法学院以及国际法研究所、环境法研究所。现在，我院已经拥有法学一级学科博士和硕士学位授权点、法学博士后科研流动站和法律硕士专业学位授权点以及教育部首批卓越法律人才教育培养基地和国家级大学生校外实践教育基地，法学学科在第三轮全国学科评估中名列第 21 位。李先生学术视野开阔，在法理学方面也有他个人的理论贡献，其中，他先后提出“国际社会本位理念”、“法律的趋同化走势”和“国际民商新秩序的构建”等理论观点，均在法学界受到重视。

为庆祝李双元教授九十华诞，在武汉大学和湖南师范大学的大力支持下，我们特别选取了李先生的十五本著作，集结为《李双元法学文丛》，隆重推出，以弘扬李先生的治学精神和学术思想，并恭祝李先生永葆学术青春。为保持原书的风格，其中《比较民法学》、《国际民商新秩序的理论建构》、《市场经济与当代国际私法趋同化问题研究》、《中国与国际私法统一化进程》、《21世纪法学大视野——国际经济一体化进程中的国内法与国际规则》、《现代国籍法》、《国际民事诉讼程序导论》和《法律冲突与法律规则的地域和时间范围》未作修改。

鉴于李先生长期在武汉大学执教，加之这套丛书中有六种原来就是由武汉大学出版社出版，因此，我们仍然选择由对法学界出版事业长期提供大力支持的武汉大学出版社出版这套丛书。在此，特别感谢武汉大学出版社和武汉大学法学院的鼎力支持！

湖南师范大学法学院

2016年6月18日

前　言

（一）

比较民法（*Comparative civil law*）或比较民法学（*Jurisprudence comparative of civil law*），是以民法为研究对象的比较法分支学科。自罗马法以来，民法已有大约两千年的发展历史，以民法为研究对象的法学部门——民法学，同样源远流长。然而，作为比较法分支之一的比较民法，却是一个晚近兴起的法学部门。

资料表明，比较法的历史，在很大程度上其实就是一部比较民法的历史。这是因为，比较法兴起的直接原因是19世纪欧洲大陆各国开展法典编纂活动的需要，而民法典的编纂则在各国的法典化进程中扮演着主要角色。广泛的法典编纂活动向立法者提出了吸收和借鉴古今各国立法经验和法学研究成果的要求，而这种要求在民法方面也更有条件得到满足。一方面，各国民法典的编纂都是出于保护私权、调整市民社会关系的需要，这种共同的需要，是各国民法典之间互相吸收和借鉴的客观物质条件；另一方面，欧洲各国民法有着共同的历史渊源，即罗马私法（经过注释法学派发展的罗马私法）曾经作为“普通法”通行于中世纪的欧洲大陆，各国现行法制都与罗马法存在着不同程度的历史联系，从而使罗马法成为各国民法典编纂的共同基础，也使立法者乐意参酌其他国家的理论和立法成果。于是我们看到，《法国民法典》选取了优士丁尼《法学阶梯》的结构模式，而其实体规范则主要依赖于习惯法和“欧洲普通法”；《德国民法典》则是古典罗马法和德意志法律传统相结合的产物，它“既非罗马式的也非土耳其式的，它是学说汇纂式的”，“起草者既避免了《普鲁士普通邦法》的冗赘琐碎，又避免了《法国民法典》警句式的简洁”①；而《瑞士民法典》

---

① ［美］格伦顿等著：《比较法律传统》，米健等译，中国政法大学出版社1993年版，第25页。

又主要借鉴了《德国民法典》的立法体例，日本民法和旧中国民法亦复如此。这种吸收和借鉴的过程，实际上就是一个比较和取舍的过程，比较民法学就是在这一过程中产生和发展起来的。正如民法典的制定成为19世纪欧洲大陆法典编纂运动的主要标志一样，对民法的比较研究也成为比较法学兴起的先驱和主流，自19世纪开始，比较法学在民法、商法等领域最为流行①。第二次世界大战以后，比较法学有了更大的发展，其研究范围也不断扩大，但私法的比较仍占据主导地位(最有代表性的《国际比较法百科全书》就是以民商法为主要内容，K. 茨威格特和H. 克茨所著的《比较法总论》亦以各国民法典及合同法、侵权法等为主要研究对象。

但是，直到现在，对于比较民法的研究对象和范围，国际上尚无定论，国内法学界也未就此问题开展过深入的讨论或取得统一的认识。而这一问题的解决，对于确立比较民法的科学体系，又是十分必要的。

比较法既以不同国家或地区的法律为研究对象，比较民法当然也是以不同国家或地区的民法为研究对象，这是不言而喻的。但要确定比较民法的研究范围，则需要探究"民法"的内涵。依笔者所见，"民法"一词主要有以下几种含义：一指民法典，又称形式意义上的民法，以法国式(罗马《法学阶梯》式)和德国式(罗马《学说汇纂》式)为经典模式，此为狭义的民法；一指大陆法系国家和"社会主义法系"国家法律体系中调整社会普通成员之间财产关系和人身关系的实体部门法(法律规范体系)，此为广义的民法，又称实质意义上的民法；一指世界各国(不同法系国家)调整普通社会成员之间财产关系和人身关系的法律规范系统，此为最广义的民法，亦可称为超法系意义上的民法——因为民法向来被视为大陆法系文化的特有术语。比较民法以上述第一、二层面上的"民法"为研究对象，即对大陆法系和"社会主义法系"国家的民法典乃至作为实体部门法的民法进行比较研究，应无分歧；而将英美法系中的相关亚部门法(如合伙法、财产法、合同法、侵权行为法、继承法等)纳入比较民法的研究范围，则未必能够得到普遍认同。可能提出的问题是：大陆法系和"社会主义法系"的民法与英美法系的法律之间是否具有可比性？这一问题又包括两个方面：一是由于历史的原因，英美法系国家并不存在与大陆法系国家的"民法"相匹配的实体部门法，也不存在大陆法系国家固有的民法理念与传统，故二者的可比性不无疑问；二是不同社会制度国家的法律(民法)之间的可比性问题。否认者的主要论据是，只有在同一性质的事物之间才可能进行比较，不

① 沈宗灵著：《比较法总论》，北京大学出版社1987年版，第23页。

同阶级本质的法律缺乏可比的基础。

我们认为，无论在不同法律传统国家的法律之间，还是在不同社会制度的法律之间，开展比较研究都是可行的，民法也不例外。根据现代比较法权威理论，比较法所采取的研究方法是全方位、多层面的比较研究方法，既包括一般比较(将几个法律体系加以对比)，也包括部门法律比较(对各个实在法体系的各部门法进行比较)；既包括对内比较(对同样社会性质的法律进行比较)，也包括对外比较(对不同社会制度的各种法律的比较)①。这就意味着，尽管在英美法系国家中不存在大陆法系国家所特有的民法传统，但这并不妨碍我们对两大法系的“各个实在法体系的各部门法”(如合同法、侵权行为法)及其具体法律规则进行比较；尽管不同社会制度国家的民法之间存在本质区别，但这并不影响我们对其立法体例以及具体制度和规则等“非本质的东西”加以比较。总之，不同法系、不同国家的法律(民法)之间是否具有可比性，关键要看在这些国家“是否发生同样的生活情况并且都受法律调节”，如果这一条件具备，就可以对有关同样生活情况的两种法律加以比较，并确定它们的同异，而不论其属何法系和社会制度。因此，我们可以肯定地说，比较民法的研究范围不仅应包括大陆法系和“社会主义法系”国家的民法制度，也应包括英美法系国家法律体系中调整同一类社会关系的亚部门法律规则。

这里需要讨论的是，随着原苏联和东欧社会主义国家的解体和演变，“社会主义阵营”已不复存在，这就带来了“社会主义法系”是否继续存在及“社会主义民法”是否仍是比较民法研究中的一个参照系(即一般比较的对象)的问题。对此，我们的看法是：其一，“社会主义法系”和“社会主义民法”尽管失去了群体意义，但它们至少作为民法文化的历史形态存在过，因此，将其纳入比较民法的研究范围仍有必要(其理由与罗马法被当作比较民法的重要研究对象相同)。其二，“社会主义法系”是否存在姑且不论，但社会主义性质的民法仍然存在则是不容置疑的事实(中华人民共和国民法即其一例)。既然是客观存在的，理所当然就应当列入比较民法的研究范围。其三，原苏联及东欧国家民法对新中国民法有着深广的影响，在它们之间作“内部比较”，对认识中国民法不无现实意义。

另需指出，在国际交往与合作日益发展的今天，比较民法的研究范围已不能局限于不同国家或地区的国内法，而应扩展到国际立法(国际统一私法)领域。国际统一私法的渊源非常广泛，例如国际条约、一般法律原则、国际组织

① [匈]伊雷姆·萨博：《比较法的各种理论问题》，载《法学译丛》1983年第1期。

的文件、国际贸易惯例、国际标准合同、国际法院判决，等等。比较民法之所以将其列为比较研究对象，乃是因为它们在很大程度上反映了各国民商法的普遍实践，并且正日益成为各国法律的重要渊源，离开这个参照系，比较民法的研究内容是难以称得上全面和周密的。

（二）

尽管比较民法的研究范围是跨法系和跨所有制的，但当我们为比较民法构建理论体系时，却不可避免地要受到自身法律传统和法学理念的影响。对比较民法的体系结构，大陆法系学者与英美法系学者可能作出迥然不同的安排。我们认为，既然民法是大陆法系和原“社会主义法系”国家特有的实体部门法，比较民法就应当以上述两大法系的民事立法和民法理论体系为主要参照对象，以确立自己的理论体系。

众所周知，民法作为一个法律部门或一种法律文化，是由罗马私法发展而来的。近代各国的民法理论和民事立法，在体系结构上都不同程度地受罗马私法的影响，并因其继受源的不同而形成《法学阶梯》式和《学说汇纂》式两种理论和立法体系(前者以《法国民法典》为代表，后者以《德国民法典》为典型)。上述二者各具特色(前者简明实用，后者严谨缜密)，难分优劣，但从总体上说，《德国民法典》所采用的“潘德克顿”体系代表了更高的学术成就，体现了更精湛的立法技术，因而成为20世纪民法典的样板，既为众多私有制国家(如奥地利、意大利、希腊、瑞士、日本、泰国)所仿效，也是《苏俄民法典》的主要借鉴对象，并且通过前苏联渗入新中国的民法理论和民事立法中，成为我国法律界广泛认同的民法理论体系和法典编纂模式。因此我们认为，比较民法也应参照此种模式构建自己的理论体系，以便与现代各国占主导地位的民法理论和实践保持基本一致。基于这种考虑，我们可以对比较民法的基本理论体系和内容作如下安排：

1. 比较民法总论

主要研究民法的概念和地位、民法的渊源和立法模式、民法的基本理念和原则以及民法的基本范畴。对民法基本范畴的比较研究，其内容主要包括：(1)民事权利和民事义务。研究民事权利和民事义务的概念、分类、民事权利的取得和消灭、民事权利的行使和保护及民事责任的概念。(2)权利主体(人)与人格权。研究自然人的民事权利能力和民事行为能力、监护与信托、宣告失踪与宣告死亡、法人的本质和类型、法人的能力、法人的设立和终止及自然人、法人的人格权。(3)法律行为。研究法律行为的概念和类型、法律行为的成立和生效要件及意思表示理论。(4)代理。研究代理的概念和本质、代理的类型、代理的要件、有权代理、表见代理。(5)时效。研究时效制度的立法体例、取得时效、消灭时效。

2. 比较物权法

主要内容应包括：(1)对物权法一般问题的比较研究，如物权的概念和效力、物权的立法原则、物权的客体、物权的法定形态、物权的变动、物权的民法保护等；(2)对各种物权形态的比较研究，包括所有权、地上权、地役权、抵押权、留置权等；(3)对占有制度的比较研究，包括占有的概念和要件、占有的取得、占有效力、占有的保护等。

3. 比较债法

主要内容应包括以下三个方面：(1)债法的一般问题。如债的概念和分类，债的发生、变更和消灭及债的担保。(2)合同之债。研究合同的概念和种类、合同的订立和履行、合同的变更、合同的解除及违反合同的法律救济等。(3)非合同之债。研究侵权行为的概念和种类，侵权归责原则与责任抗辩、侵权责任形式及不当得利、无因管理的概念、要件和效力。

4. 比较亲属法

其内容涉及以下几个方面：(1)婚姻法。研究结婚和离婚的若干基本法律问题。(2)亲子法。研究亲属的概念和种类、亲系和亲等、婚生子女与非婚生子女及亲权、扶养等法律问题。(3)收养法。研究收养的概念和类型、收养的成立、收养的效力及收养的终止等问题。(4)监护法。研究监护的概念和制度沿革及未成年人监护和成年人监护的若干问题。

5. 比较继承法

研究继承制度的历史形态、继承权的取得和丧失及法定继承、遗嘱继承和遗产处理等法律问题。

(三)

民法在世界各国法律体系中的地位，决定了比较民法的地位。民法因为“以法律形式表现了社会的经济生活条件”(恩格斯语)而成为市民社会的基本法(其古称即为市民法)。当今世界各国，尽管社会制度和意识形态不尽相同，但无不以商品生产和交换为社会经济生活的基础，因而都属市民社会，必然把民法作为本国法律体系的支柱，这首先就使得各国部门法意义上的民法具有极广泛的可比性。更重要的是，民法(只有民法)因为表现了商品生产和交换的一般条件，故而成为市场经济社会的基本法。民法的这一地位，至少带来以下两方面后果：一是世界各国为了完善其本国市场经济体系，促进本国经济的发展，无不把完善本国民商法作为法制建设的头等大事，从而对了解、比较和借鉴其他国家和地区的民事立法和实践产生了迫切的需求；二是世界各国为了共建国际市场，实现共同利益，必然要求在维护国家主权和民族根本利益的前提下，最大限度地实现各国民事立法的协调、趋同和统一，这个过程实际上就是对各国民法加以比较和整合的过程。在上述需求下，比较民法的重要性也就不言自明了。

德国著名比较法学家 K. 茨威格特和 H. 克茨在论及比较的效用和目的时曾经指出，比较法的主要目的，正如所有的科学的主要目的一样，是认识(*Knowledge*)。除此之外，比较法还具有其他效用：它能够消除那些浅薄的民族偏见，能够帮助我们了解世界上不同的社会和文化；它有助于发展中国家的法律改革和完善；它对于各国自己的法律制度的发展，也发挥了不可或缺的作用。不唯如此，比较法还有四种“特别的效用”①。这里我们借鉴他们的某些观点，对开展比较民法研究的意义作一简略分析。

一是比较民法对中国民事立法的帮助。“全世界立法者现在已经认定，关于许多问题，如果不借助比较法——无论是进行全面的研究或就个别问题提供研究报告——就制定不出好的法律。”②民法是商品经济社会的基本法，中国社会主义市场经济的发展，在很大程度上有赖于民事立法(包括国际私法)的完善。近年来，我国法律界已经深刻认识到，为了加强国内市场与国际市场的接轨进程，必须加速实现我国有关法律制度与国际立法的接近、协调或统一，民事立法尤其应当在保持中国社会主义特色的前提下，尽快实现与国际先进立法、通行惯例和普遍实践的靠拢或接轨。基于这一共识，对国际社会(发达国家和地区)调整市场经济立法(主要是民事立法)中的先进法律规则和立法技术的大胆借鉴和移植，早已列入我国立法机关的议事日程并已取得一定成效，同时也是现阶段我国法学研究的重点课题之一。毫无疑问，借鉴和移植绝不是盲目照搬某一国家或地区的某一部法律或某项规则，而必须以比较研究为基础和前奏，有比较才有鉴别，才能择其优者而采之。因此，比较民法的研究，就成为事关新时期我国民事立法的完善和社会主义市场经济建设健康发展的一项基

①② ［德］K. 茨威格特、H. 克茨著：《比较法总论》，牛津大学出版社 1993 年英文版，第 15 页。

础性和开创性工作。

二是比较民法对统一国际私法运动的贡献。关于狭义的国际私法(冲突法)与比较法的关系，K. 茨威格特和 H. 克茨作了充分的肯定，认为它们是相互影响的，甚至指出，比较法对于国际私法的发展的确是不可或缺的，“以致当代国际私法的方法实质上是比较法的方法”①。不难看出，他们所指的国际私法(冲突法)与比较法的关系，主要是针对比较民法而言，因为只有民法与国际私法之间存在内在或实质上的联系。如果我们将国际私法的范围扩大到“统一实体法”领域，并将它与比较民法联系起来，则会进一步发现，二者之间存在着更加密切的联系。根据笔者的观点，随着社会需要的发展，不同国家和地区的法律晚近已出现“趋同化”倾向并将进一步发展，其突出表现之一就是国际统一私法运动的兴起及统一法源的不断增多，而比较法学(尤其是比较民法)的兴起和发展，对推动各国法律(尤其是私法)的趋同化是起了很大作用并将继续发挥作用的②。在建立国际民商新秩序已成为各国共同愿望和不可逆转的历史潮流的今天，国际统一私法的地位和作用已日显重要，比较民法的意义也就不言而喻了。比较法固然是各国改善和创制法律的不可或缺的手段，但其更重要的目的和效用则在于通过比较不同法律体系的法律规则，揭示各个法律体系中的一般法律原则，以寻求法律规则的协调，实现不同国家和地区法律的一致或统一。值得强调的是，比较法的这一效用，在比较民法领域最能得到体现(或者说主要体现于民法或私法领域中)，因为各国民法在基本特征和原则方面具有极大的共性，有更多的“共同语言”，这就为国际统一私法运动的发展提供了条件。

三是比较民法在法律教育和法学研究方面的重要性。邓小平同志指出，教育要面向现代化、面向世界、面向未来，指明了我国教育工作在新的历史时期的发展方向。就民法而言，一国法律教育和科研机构总是以讲授和研究本国民法制度及其理论和实践为重点的。但这绝不意味着民法教学和研究仅以本国民法为限。“在这个地球上的社会日益变动不居的时代，如果大学和法学院这样做，那就令人吃惊地落后了。”③比较民法向法律院系学生提供了一些全新的信

① [德]K. 茨威格特、H. 克茨著：《比较法总论》，牛津大学出版社 1993 年英文版，第 5 页。

② 参见李双元主编：《市场经济与当代国际私法趋同化问题研究》，武汉大学出版社 1994 年版，第 1~2 章。

③ [德]K. 茨威格特、H. 克茨著：《比较法总论》，牛津大学出版社 1993 年英文版，第 19 页。

息，他们从中可以了解和尊重其他各国人民特有的民法文化，并且更好地理解本国的法律；比较民法可以引导法学研究人员进入本国民法以外的广阔领域，这些领域的知识和成果无疑将有助于他们深化对本国法律的了解和研究，从而为本国法制建设提供更科学、更可靠的理论指导；比较民法可以使学生和研究人员了解其他国家的独特民法理论和研究方法，从而完善知识结构，提高研究水平。实际上，自第二次世界大战结束以来，在西方国家的法律教育中，比较法学也已日益占有重要地位，在法国、瑞士等国的一些大学，还专门开设了关于私法的比较研究课程或比较私法研究班。国外法学界对民法(私法)的比较研究也极为重视，并已取得了丰硕成果(如匈牙利学者埃雾西所著《比较民法(私法)》即为一例)。近年来，随着改革开放和法制建设与法学研究的发展，在我国的一些法律院系和科研单位也设立了比较法研究机构和学术刊物(如中国政法大学比较法研究所及其《比较法研究》杂志)，有的还开设了“比较民法”的课程，涌现了一批专事比较法研究的学者和研究成果。他们的努力和贡献，为我国比较法学暨比较民法的发展打下了良好的基础，也必将推动我国法律教育和法学研究向国际先进水平发展。

四是比较民法对推行“一国两制”的积极意义。比较民法的真谛是对不同“法域”的民法进行比较研究，既包括对不同主权国家民法的比较(国际比较)，也包括对同一主权国家中具有立法权的不同地区民法的比较(区际比较)。在我国，随着香港的回归，“一国两制”的设想成为现实，内地民法与香港同类立法的冲突必将存在。为了寻求解决这种区际法律冲突的适当途径，对双方民事立法的比较研究是必不可少的。只有通过比较，才能辨明其同异，进而探求切实可行的协调方法。从这个意义上说，比较民法对实现祖国和平统一，是一项具有重要意义的工作。

除上述各点外，比较民法在法律规则的解释、国际经济文化交流等方面都可发挥积极作用，在此不详述。

(四)

在谈及比较民法的指导思想和研究方法时，我们首先不妨引述美国比较法学者格伦顿等在其《比较法律传统》一书中对有志于比较法的学者提出的几点“忠告”：其一，必须记住，法律是特定的民族历史、文化、社会的价值和一般意识与观念的集中体现，任何两个国家的法律制度都不可能完全一样；任何想要研究外国法律制度的人，首先必须放弃种族偏见，并应力求用生活在该法律制度中的法律家的眼光去了解那种外国的法律制度。其二，追求学术的目的，这是一个成熟的比较法研究者的首要标志，因此要力求摆脱你对你所研究的法律制度的感情因素。其三，在比较研究各国法律制度时，要从这样的辩证观点出发，即没有任何一种法律制度是绝对低劣的，或低劣到一无可取的程度，基于同样理由，要从这样的假设开始，即没有任何法律制度是完善无缺的，以致无须借鉴其他法律制度的新思想。最后，需要时刻记住，比较法研究的目的并不在于贬低或赞美任何法律制度，而在于探索特定国家何以会具有那样的法律①。上述各点，大体也适用于比较民法的研究。我们还认为，比较民法研究还应有“他山之石，可以攻玉”这样一个思想出发点，即意图通过对各国民法的比较研究，进一步认识和检讨本国民事立法和民法理论，从而保持和发扬其优点，克服或弥补其缺陷，使之日益成熟与完善。

同比较法学的其他分支一样，比较民法的基本研究方法是“比较”。对于比较研究的种种手段，中外学者多有论述，如“对外比较”与“对内比较”，“一般比较”与“部门比较”，“宏观比较”与“微观比较”，“横向比较”与“纵向比较”，“双边比较”与“多边比较”，“内容比较”与“形式比较”，等等。上述方法，比较民法应当兼收并蓄，灵活运用。但真正从方法论意义上说，比较民法的研究方法不外乎两种，即“描述性比较”和“分析性比较”②。描述性比较有的是必不可少的，但比较民法应强调的是“分析性比较”或“比较分析”，评议诸方，阐述己见。只有这样，才能真正实现比较研究的目的。

历史唯物主义是社会科学研究的基本方法，也是民法比较研究的基本要求。无论对民法进行哪一层面的比较分析，都必须结合特定国家、地区和特定时代的经济条件和历史背景，开展实事求是的比较研究，既要反对“贴标签”的简单做法，又要防止过分夸大和不恰当的评论。唯其如此，才能创立科学的、富有生命力的比较民法理论。

① ［美］格伦顿等著：《比较法律传统》，米健等译，中国政法大学出版社 1993 年版，第 6~8 页。

② ［美］格伦顿等著：《比较法律传统》，米健等译，中国政法大学出版社 1993 年版，第 5 页。

目　　录

第一编　民法总论

第一章　民法概说…… 3
　第一节　民法的概念和地位…… 3
　第二节　民法的渊源 …… 10
　第三节　民法的体例 …… 20

第二章　民法的基本原则 …… 34
　第一节　民法基本原则概述 …… 34
　第二节　诚实信用原则 …… 40
　第三节　公序良俗原则 …… 50

第三章　民法的基本范畴 …… 55
　第一节　民事权利 …… 55
　第二节　权利主体(人)与人格权 …… 68
　第三节　法律行为…… 119
　第四节　代理…… 138
　第五节　时效…… 151

第二编　物　权　法

第一章　物权总论…… 167
　第一节　物权的理念…… 167
　第二节　物权的客体…… 181
　第三节　物权的形态…… 193
　第四节　物权的变动…… 203
　第五节　物权的民法保护…… 210

第二章　所有权…………………………………………………… 218
第一节　所有权的概念和本质………………………………… 218
第二节　所有权的内容与限制………………………………… 221
第三节　所有权的类别………………………………………… 226
第四节　所有权的取得和消灭………………………………… 237
第五节　相邻关系……………………………………………… 243

第三章　用益物权………………………………………………… 249
第一节　用益物权概说………………………………………… 249
第二节　地上权………………………………………………… 252
第三节　永佃权………………………………………………… 258
第四节　地役权………………………………………………… 262
第五节　典权…………………………………………………… 267
第六节　用益权………………………………………………… 274

第四章　担保物权………………………………………………… 277
第一节　担保物权概说………………………………………… 277
第二节　抵押权………………………………………………… 283
第三节　质权…………………………………………………… 307
第四节　留置权………………………………………………… 322

第五章　占有……………………………………………………… 335
第一节　占有概述……………………………………………… 335
第二节　占有的发生和消灭…………………………………… 341
第三节　占有的效力…………………………………………… 344

第三编　债法总论

第一章　债与债法概说…………………………………………… 353
第一节　债的概念……………………………………………… 353
第二节　债的要素……………………………………………… 362
第三节　债法的特征、作用与地位…………………………… 376
第四节　债法渊源与立法体例………………………………… 379

第二章 债的分类……388
第一节 概述……388
第二节 单一之债与多数人之债……389
第三节 特定之债与种类之债……403

第三章 债的效力……407
第一节 债的效力的概念与范围……407
第二节 债的对内效力……411
第三节 债的对外效力……420

第四章 债的发生与变更……428
第一节 债的发生原因……428
第二节 无因管理……434
第三节 不当得利……441
第四节 债的变更……451

第五章 债的担保……459
第一节 概说……459
第二节 保证……463
第三节 定金……471

第六章 债的消灭……474
第一节 概说……474
第二节 清偿……475
第三节 抵销……480
第四节 提存……483

第四编 合 同 法

第一章 合同概说……489
第一节 合同的概念……489
第二节 合同的分类……495

第二章　合同的订立……504
第一节　要约……504
第二节　承诺……506
第三节　合同的内容和形式……507

第三章　合同的效力……512
第一节　合同效力概述……512
第二节　合同的生效要件……514
第三节　合同无效的后果……520

第四章　合同的履行……524
第一节　合同履行概述……524
第二节　合同履行的基本原则……525
第三节　合同履行的具体规则……531

第五章　合同的解释……538
第一节　合同解释概述……538
第二节　两大法系的合同解释理论及立法……540
第三节　合同解释的原则……544

第六章　合同责任……552
第一节　合同责任概说……552
第二节　合同责任的构成……557
第三节　合同责任的形式……561
第四节　合同责任的免除……567

第五编　侵权行为法

第一章　侵权行为的概念与分类……571
第一节　侵权行为的概念……571
第二节　侵权行为的分类……588

第二章　侵权归责原则……597
第一节　侵权行为归责原则概述……597

第二节　过错责任原则……………………………………………………… 603
第三节　无过错责任原则…………………………………………………… 609
第四节　严格责任原则……………………………………………………… 613
第五节　公平责任原则……………………………………………………… 616

第三章　侵权责任及其抗辩…………………………………………………… 620
第一节　侵权责任…………………………………………………………… 620
第二节　侵权责任的抗辩…………………………………………………… 625

第六编　亲　属　法

第一章　概说…………………………………………………………………… 647
第一节　亲属法的概念和原则……………………………………………… 647
第二节　亲属关系…………………………………………………………… 651

第二章　婚姻…………………………………………………………………… 657
第一节　结婚………………………………………………………………… 657
第二节　离婚………………………………………………………………… 670
第三节　别居………………………………………………………………… 677

第三章　家庭关系……………………………………………………………… 683
第一节　概述………………………………………………………………… 683
第二节　夫妻关系…………………………………………………………… 684
第三节　亲子关系…………………………………………………………… 687
第四节　收养………………………………………………………………… 690

第四章　监护…………………………………………………………………… 707
第一节　概述………………………………………………………………… 707
第二节　监护的设定………………………………………………………… 708
第三节　监护事务及责任…………………………………………………… 710
第四节　监护的终止及终止后的义务……………………………………… 712

第七编　继　承　法

第一章　继承法概述…………………………………………………………… 717
第一节　继承法的概念和性质……………………………………………… 717

第二节　继承法的立法体例…………………………………………………… 720

第二章　继承权…………………………………………………………… 723
第一节　继承权的性质………………………………………………………… 723
第二节　继承权的承认和放弃………………………………………………… 726
第三节　继承权的丧失………………………………………………………… 735
第四节　继承权的保护………………………………………………………… 740

第三章　遗产……………………………………………………………… 744
第一节　遗产的范围…………………………………………………………… 744
第二节　遗产的管理…………………………………………………………… 748
第三节　遗产债务的清偿……………………………………………………… 750
第四节　遗产的分割…………………………………………………………… 755
第五节　无人承认继承的遗产………………………………………………… 764

第四章　法定继承………………………………………………………… 769
第一节　法定继承人的范围…………………………………………………… 770
第二节　法定继承人的顺序…………………………………………………… 771
第三节　法定继承人的应继份………………………………………………… 781
第四节　代位继承和转继承…………………………………………………… 787

第五章　遗嘱继承………………………………………………………… 793
第一节　遗嘱继承概述………………………………………………………… 793
第二节　遗嘱的有效要件……………………………………………………… 796
第三节　遗嘱的形式…………………………………………………………… 802
第四节　遗嘱的撤销…………………………………………………………… 812
第五节　遗嘱的执行…………………………………………………………… 815
第六节　遗赠…………………………………………………………………… 822
第七节　特留份………………………………………………………………… 831

后记………………………………………………………………………… 838

第一编　民法总论

第一章 民法概说

第一节 民法的概念和地位

一、"民法"的词源

通说认为，汉语"民法"一词系日本学者所创。但究为何人创制，则有歧议。一说是在日本明治维新后制定法律时，由箕田麟祥自法语 droit civil 逶译而成①；一说则称是津田真道译自荷兰语 burgerlyk regt，该语在德语中的同义语为 burgerliches recht②。查上述用语，均系拉丁语 jus civile 的转译，其本意均为"市民法"，日本学者略译为"民法"，并用以命名明治 31 年(1898 年)起草完成的一部重要法律，即《日本帝国民法》。中国清末于宣统三年(1910 年)完成《大清民律草案》，标志着"民法"一词的引进(汉语中"法"与"律"同义)，其后约定俗成，沿用至今。由上可见，"民法"一词的词源是"市民法"。而"市民法"又源自何处？通说为罗马法。

罗马法是罗马奴隶制国家所施行法律的总称。在罗马法中，有市民法(jus civil)、万民法(jus gentium)与自然法(jus naturalis)之分。所谓市民法，原意是指一个国家所固有的法律，在罗马即指"罗马市民的法律"(jus proprium civium romanorum)，亦即专门适用于罗马市民的法律；万民法的原意，是指各国共同适用的法律，具体到罗马，即适用于罗马人与外国人以及外国人与外国人相互之间关系的法律，或专指适用于罗马国家与其他国家间关系的法律；自然法，是制定法的对称，罗马法学家认为它是指合乎人性、合乎理性的，适用

---

① 潘维和著：《中国民事法史》，台湾汉林出版社 1982 年版，第 126 页。

② 郑玉波著：《民法总则》，台湾三民书局 1959 年版，第 9 页。

于全体人类的超时间、超空间的法律①。西方国家在继受罗马法的过程中，将“市民法”作为通过继受罗马私法而形成的法律部门的名称，而在编著国际法时，则以万民法称之。

也有学者认为，“民法”一词在中国的使用并非源自日本，与罗马法也不存在渊源关系，而是自古有之。支持这种观点的例证是，在《尚书·孔氏传》中，对《尚书·康诰》中的“咎单作明居”一语作了如下注释：“咎单，臣名，主土地之官，作明居民法一篇亡”。在我们看来，若仅就字形而论，将此视为中国民法的词源也未尝不可，但就其词义而言，则无从证明它与中国近代以来所使用的“民法”一词之间存在渊源关系；相反，《日本帝国民法》与《大清民律草案》、《中华民国民律草案》之间的历史联系，则是清晰可辨的。

二、民法的定义

尽管民法一词为各国通用法律术语，但国际社会对它并没有一个统一的定义。

私有制（大陆法系）国家立法和学术上多从“私法”的角度定义民法。如1811年《奥地利民法典》第1条规定：“民法为规定人民私的权利义务之法典。”1917年《巴西民法典》第1条规定：“本法典为规范私的权利义务，即人、物及其关系之法典。”这是迄今仅见的两个立法定义。在德国民法理论中，民法（市民法）被认为是平等地适用于所有市民的法律部门，是私法的核心部分，而私法是指“调整以平等与自决（私人意思自治）为基础的关系的那部分法律规范”②。日本学者和旧中国及现今我国台湾地区学者一般地也将民法定义为“规律私人间一般社会关系之私法规范”③。由此可见，资产阶级民事立法和民法理论一般是从民法的词义本身——市民法的角度来解释民法的。

在英美法系国家，“civil law”一词并不用来代表这些国家自有的某一实体法部门，而只是学者们（主要是比较法学者）用来指代某一外国法律部门或法律文化的术语。英美学者对“civil law”一词赋予了多重含义，如权威的《牛津法律指南》中，对它竟有10种解释，其首要意义是：罗马法中与万民法相对

① 周枏著：《罗马法原论》（上），商务印书馆1994年版，第86~87页。

② 徐国建著：《德国民法总论》，经济科学出版社1993年版，第1页。

③ ［日］甲斐道太郎、石田久喜夫著：《民法教室》（一），株式会社法律文化社1981年版，第4页。

称的适用于罗马市民的法律①；有的美国学者将“civil law”喻为“商业流转法”②；而对于比较法学家而言，“民法”这一术语则具有特别含义：它用来特指西欧大陆国家(包括斯堪的纳维亚国家)的法律制度，以及深受西欧大陆国家法律制度影响的国家(例如拉丁美洲一些国家)的法律制度③。

在大陆法系各国，民法有实质意义与形式意义之分。实质意义的民法又有广、狭义之分，前者是指私法全体而言，后者则指除去商法及其他特别私法的那部分私法规范。形式意义的民法，是指以法典方式而命名为民法的成文法，亦即按照一定体例编纂的民法典④。实质意义的民法与形式意义的民法两相比较，其范围相距甚远。学理上所称民法，多就其实质意义而言。

公有制国家的民法学者大多从民法调整对象的角度为民法下定义。由于各国对民法调整对象的认识不同，其民法的定义也不尽相同。如前苏联《民事立法纲要》第1条规定，民法“调整财产关系以及与财产关系有关的人身非财产关系”；原《德意志民主共和国民法典》第1条则规定，民法“调整公民与企业间以及公民相互间为满足物质和文化需要所形成的关系”。学者对民法的定义，往往是上述规定的翻版。新中国在《民法通则》制定以前，因全盘接受了前苏联的民法理论，关于民法的调整对象，一直是“两个一定”，即“一定的财产关系和人身非财产关系”占据统治地位，因此，民法被定义为：“调整一定的财产关系和人身非财产关系的各种法律规范的总和。”⑤《民法通则》颁布之后，理论界对民法调整对象及民法定义的认识趋于一致，即认为民法是“调整平等主体的公民之间、法人之间、公民和法人之间的财产关系和人身关系的法律规范的总称”。

由上可见，在以民法作为一个独立的实体法部门的大陆法系各国和公有制国家，对民法的定义与这些国家对这一法律部门的调整对象的认识存在着内在的联系：前者将民法解释为调整“私的权利义务关系”的法律部门；后者则认

① David M. Walker, The Oxford Companion to Law, Clarendon Press, Oxford, 1980, p. 222.

② 《外国民法资料选编》，法律出版社1983年版，第97页。

③ [美]艾伦·沃森著：《民法法系的演变及形成》，李静冰等译，中国政法大学出版社1992年版，第2页。

④ 史尚宽著：《民法总论》，台湾正大印书馆1980年版，第5页。

⑤ 《法学研究》编辑部编：《新中国民法学研究综述》，中国社会科学出版社1990年版，第19页。

为民法是调整“一定的财产关系和人身关系”的法律部门。因此，对这些国家民法定义的研究，离不开对其民法调整对象的研究。

三、民法的调整对象

民法区别于其他法律部门而独立存在和发展的根本原因，在于它有自己特殊的调整对象。尽管在不同的国家和不同的历史时期，民法所调整的社会关系在范围上不完全相同，但民法的全部立法史都证明：民法即“市民法”，是调整市民社会一般生活关系的法律部门。

罗马私法是奴隶制时代调整市民社会一般生活关系的法律的典范。罗马私法由人法、物法和诉讼法所组成。人法是有关“人”的法律规范，它确立了个人和团体的抽象人格观念和人格平等的原则，并对婚姻、家庭关系加以调整；物法是关于财产支配和流转关系的法律规范，它确立了物主自由处分其私有财产的权利和订立契约的自由，并确立了民事责任制度和财产继承制度；诉讼法则是关于各种权利的争讼和保护的法律规则的总和。

《法国民法典》和《德国民法典》是资本主义社会民事立法的代表。1804年的《法国民法典》采取了罗马法中《法学阶梯》的编纂体例，但排除了诉讼法规范，分为“人”、“财产及对于所有权的限制”、“取得财产的各种方法”三编。第一编是关于权利主体“人”的各种制度；第二编规定了财产的分类及各种物权；第三编对各种合意之债、非合意之债及继承等财产取得与移转方式作了详尽规定。1896年制定的《德国民法典》参照罗马法继受学派在《学说汇纂》基础上所创立的体系(潘德克顿体系)，共分五编：第一编“总则”，包括关于权利主体(自然人、法人)的一般规定及对物、法律行为、时效的规定；第二编“债务关系法”，规定了根据契约、不当得利及侵权行为产生的各种债权债务关系；第三编“物权法”，规定了对物的占有及各种物权形态；第四编“亲属法”、第五编“继承法”分别对婚姻、亲属、监护及继承关系作了规定。

1922年制定的《苏俄民法典》，是公有制国家民法的奠基之作。该法典分为四编：总则编包括基本原则、权利主体和权利客体等方面的规定；物权编规定了所有权和其他几种物权；债编包括债的总则、各种合同和致人损害所发生的债；继承编对法定继承和遗嘱继承作了规定。

以上所撷取的几个不同历史时期、不同社会制度下民法的典型立法例，尽管在体例上不尽相同，在内容上也互有差异，但其全部规范，无不根植于所处社会市民生活的基础之上，以市民社会生活关系的两个基本方面——经济生活关系(财产关系)和非经济生活关系(人身关系)为调整对象，故被称为“日常生活的法”①。

马克思主义把市民社会解释为人类的私人物质交往关系，“包括各个个人在生产力发展的一定阶段上的一切物质交往”②。个人的物质交往总是要通过形成一定的社会组织和制度来实现的，因而市民社会“始终标志着直接从生产和交往中发展起来的组织”③，包含着财产、家庭、劳动等要素，这些内容统属于经济生活，皆在市民法(民法)的调整范围之内。历史的考察表明，市民社会中私人的物质交往关系的主体无非就是商品生产和交换关系的主体，因此，民法对市民社会经济生活的调整，主要就是对社会商品关系的调整，这就是罗马私法被称为“商品生产者社会的第一个世界性法律”，而《法国民法典》、《苏俄民法典》则分别以资本主义商品经济关系和“在共产主义建设中因利用商品货币形式而产生的财产关系”为主要调整对象的根本原因。

如果说私人的物质交往是市民社会的实质内容，那么“私人”的存在则是市民社会存在的前提。只要承认市民社会与“政治国家”的对立，就必然要承认“人”的双重属性：首先，他是特定社会的市民，即谋求自己利益的“私人”；其次，他又是特定国家的公民，须服从国家的利益。民法要调整市民社会的物质交往关系，必先确立“私人”的法律人格，确认其人身权益，以保障其自主、安全地参与市民生活、谋求自身利益。这就是民法调整人身关系的内在原因。

《民法通则》第 2 条规定：“中华人民共和国民法调整平等主体的公民之间、法人之间、公民和法人之间的财产关系和人身关系。”这是一种对民法调整对象的具体表述，与西方国家的民法调整对象观念可谓异曲同工。

如前文所述，将民法的调整对象表述为“一定范围的财产关系和人身关系”，是前苏联和东欧公有制国家民事立法及其民法理论的共同观念。但在对“一定范围”的理解上，各国主张并不完全一致，在前苏联学者间甚至于 20 世纪中叶开展过两次大的争论。新中国成立后，民法学界全盘接受了前苏联的“一定范围”理论，但对“一定范围”的含义理解不一，产生了“公民说”、“非计划产品说”、“商品经济关系说”等见解。80 年代以来，一些民法学者在对中国社会主义经济关系的本质进行深入研究的基础上，在对自罗马法以来各种类型的民法的调整对象进行综合研究之后，提出了中国民法的调整对象的主导

① [日]甲斐道太郎、石田久喜夫著：《民法教室》(一)，株式会社法律文化社 1981 年版，第 1 页。

② 《马克思恩格斯选集》第 1 卷，人民出版社 1972 年版，第 41 页。

③ 《马克思恩格斯选集》第 1 卷，人民出版社 1972 年版，第 41 页。

方面是商品经济关系的观点，进而得出了民法以“平等主体间的财产关系和人身关系”为调整对象的结论①。《民法通则》从立法上肯定了这一观点。

财产关系和人身关系是中国民法调整对象的外在形态。财产关系是指以财产为媒介发生的社会关系。法律意义上的财产，虽不等同于经济学意义上的财货(goods)，但在生产要素全面由市场配置的市场经济条件下，其范围十分广泛，既包括物质的财货(有形物和无形的权利)，也包括个人的内在财货(劳动力、信誉等)，因此，民法调整的财产关系范围也十分广泛。财产关系通常被划分为财产支配关系和财产流转关系，前者是指因财产的占有、使用、收益、处分而发生的社会关系，后者指因移转财产而发生的社会关系。从另一角度，财产关系也可区分为商品关系和非商品关系，前者如买卖、借贷，后者如赠与、继承。人身关系，是指以人格或身份为媒介而发生的社会关系，包括人格关系和身份关系，前者如因生命健康、姓名、肖像、名誉而发生的社会关系，后者如因配偶、亲属之身份而发生的社会关系，对这些关系的民法调整，是保证人的生存和正常发展、维持家庭存续和发挥正常功能的必要条件。

主体平等，是确定中国民法调整对象范围的内在标准。民法之所以把财产关系和人身关系集合在一起作为自己的调整对象，除了二者之间在某些方面存在一定联系之外，最根本的原因在于二者共同具有平等的属性，即当事人处于同等地位，互不隶属，各自保持自己的自由意志。而民法也正是以主体平等作为确定自己所调整的财产关系和人身关系的范围的标准，凡具有平等属性的财产关系和人身关系，均属民法的调整对象；凡不具有平等属性的财产关系和人身关系，即被排除于民法的调整范围之外。

平等主体间的财产关系和人身关系，实质上就是市民社会一般生活关系的基本形态。因为主体平等正是市民社会的固有特征，而财产关系和人身关系也不过是市民社会一般生活关系的两个基本的方面。社会主义制度建立初期，人们认为这种制度就是单一的生产资料公有制加计划经济，个人所有权和契约制度受到削弱甚至否定，这就使市民社会失去了存在的基础，因为市民社会是以承认私人利益为标志的，或者说就是“私人利益关系的总和”，而个人所有权和契约制度无非是对私人利益的肯定。在这种认识和实践的基础上，民法也不再具有原来意义上的“市民法”的属性，也不是“私法”，故不可能从私人利益关系的角度来界定民法的调整对象。这样，就产生了“一定范围的财产关系和

① 《法学研究》编辑部编：《新中国民法学研究综述》，中国社会科学出版社1990年版，第21~25页。

人身关系”这样的民法调整对象理论与立法。中国立法以“平等”二字把财产关系和人身关系联系起来，并以此作为确立其调整对象的内在标准，可以说间接地道出了民法调整对象的本来面目，也不失为表述民法概念的一种科学方法。但《民法通则》第2条将“平等主体”的范围仅限于公民、法人两种，在立法技术乃至指导思想上都未必恰当。

通过对不同历史时期和不同所有制下民法概念和调整对象的考察，我们可以得到若干重要启示。

民法是私法，即规范私人利益关系的法律。公法和私法的划分由来已久。罗马法学家乌尔比安认为，公法是与国家组织有关的法律，私法则是与个人利益有关的法律。这一划分标准，为优士丁尼《学说汇纂》所接受。近代以来，公法与私法的划分被西方各国奉为一国法秩序的基础，对二者的划分标准虽然众说纷纭，划分界限也未必清晰，但其分野始终是得到公认的。这种划分的根本依据在于，社会生活中确实存在着两类不同性质的社会关系，体现着不同的利益，需要不同的法律调整方法、审判机关和诉讼程序。新中国成立后，由于受前苏联法学观点的影响，长期否认公、私法的划分，否认民法的私法性质，在实践中产生了一系列消极后果①。近年来，一些学者基于完善中国社会主义市场经济法律体系的需要，对否认公、私法的划分及民法的私法性质的传统观点提出了大胆的质疑，认为在我国法律体系中，公法与私法的分野不但是客观存在的，而且是具有积极意义的。我们同意这种观点。重提公法与私法的划分，强调民法是私法而非公法，将有助于我们进一步认识民法的本质，摆正民法的调整方法，进而推动法的观念乃至国家观念的改进。首先，民法是私法，意味着它所调整的是“私人利益关系”，因此，在法律上必须确认私人利益的存在，非有重大正当理由不得限制或剥夺，此即“私权神圣”；其次，民法是私法也意味着它所调整的“不过”是私人利益关系，只要与国家利益或者公共利益无碍，就应任由当事人自由决定其权利义务关系，国家原则上不加以干预，此即“私法自治”。在上述认识的基础上，对法的本质乃至国家的职能也可以产生新的思考。

民法是市民社会的基本法。马克思、恩格斯正确地指出：“在生产、交换和消费发展的一定阶段上，就会有一定的社会制度、一定的家庭、等级或阶级

① 参见王晨光、刘文：《市场经济和公法与私法的划分》，载《中国法学》1993年第4期。

组织，一句话，就会有一定的市民社会。"①并且认为，市民社会包括各个个人在生产力发展的一定阶段的一切物质交往，是与政治国家共生共存的客观存在，是不同类型的政治国家的共同基础，而政治国家"不过是市民社会的正式表现"②。正如政治国家必然需要调整政治活动或政治关系的法律一样，市民社会也必然存在调整市民生活关系(民事关系)的法律，这就是市民法——民法。民法因为调整的是市民社会的本体——各种私人利益关系(权利义务关系)，故而成为市民社会的基本法。

民法是市场经济法制体系的支柱。市场经济通常被释义为依据市场规则实现社会资源合理配置的经济运行机制。究其实质，市场经济不过是商品交换的总体系，即各种社会资源作为商品在价值规律的作用下实现合理配置，以最大限度地发挥其效用。而这一点，正是市民社会的经济本质。在中国实行市场经济，就是要使各种经济力量(包括国有经济力量)从国家过多过细的干预中解放出来，以独立的人格、平等的地位和自由的意志追求自身的利益，"概言之，就是要建立中国的市民社会"③。中国市场经济体系的建立和完善，必须有完备的法制来规范和保障，而民法则是这一法制体系的支柱。因为市场经济不过是市民社会意义上的经济活动(物质社会关系)，自然地主要应由市民法(民法)来调整，由民法为市场活动提供一般规则。

第二节　民法的渊源

一、民法渊源概说

法的渊源，简称法源，是指法的创制形式，亦即法律规范的存在形式。在法学理论上，对法的渊源通常采用的分类有：(1)习惯法与成文法。前者是指不以文字记载而具有法的效力的行为规范，是法的初始发展时期的基本形态；后者是指以文字表述的法律规范，是法的一般存在形态。(2)制定法与判例法。这是对成文法的再分类。制定法是指国家立法机关创制的成文法，判例法是指具有拘束本法院和下级法院的法律效力、作为审理同类案件的法律依据的法院判决和裁定。(3)法理。即某一国家全部法律或某一部门法律所体现的基本精神和学理。对法的上述渊源，世界各国在取舍和偏重上不尽相同，这种分

①② 《马克思恩格斯选集》第4卷，人民出版社1972年版，第321页。

③ 徐国栋：《市民社会与市民法》，载《法学研究》1994年第4期。

歧也体现在民法方面。

罗马私法的渊源，在不同历史时期表现不同。王政时期，习惯法占主导地位，成文法几无发现。共和国时期，除习惯法外，有了第一部成文法典(《十二表法》)，它是古罗马早期习惯法的结晶；同时，还有各种大会的立法及长官谕令作为法律渊源；法学家的解答也已成为间接的法律渊源。帝政前期，习惯法渐趋式微，法律、元老院决议、敕令、长官谕令成为主要法律渊源；法学家的解答，对具体案件也具有拘束力。帝政后期，皇帝敕令几乎成为唯一的法律渊源，先哲学说(五大法学家的言论)也被皇帝赋予法律效力①。上述史实表明，罗马私法的渊源经历了由单一的习惯法至习惯法和成文法并存并向统一的成文法发展的过程，其多元性在共和国时期和帝政前期得到了充分体现，至帝政后期(专制统治时期)，君主通过大规模的法规整理和法典编纂活动，将自己喜欢的"各种谕令和先哲学说予以整理和公布，这种意义上的法律开始成为成文法的统一的、活生生的表现"②。而习惯的效力，此时仅限于补充法律，不能违反法律。值得注意的是，权威法学家的解答和著述构成了罗马私法渊源的重要部分。公元 426 年，东罗马皇帝狄奥多修二世公布《学说引用法》，规定五大法学家的解答具有法律效力，使之成为直接的法律渊源；流传后世、影响甚巨的《优士丁尼学说汇纂》，也是数十位历代法学家言论的集萃。法学家的作用，于斯为甚，并影响后世。

近代以来，习惯法已告衰落，成文法成为各国法律的基本渊源。尤其是欧陆各国民法制度，更是在传播和继受罗马成文法的基础上形成的。但是各国民法在渊源取向上又存在一元制和多元制之别。采一元制者，只承认制定法为民法渊源；采多元制者，则主张民法渊源除制定法外，还包括习惯、判例、法理等。在采多元制的国家，民法渊源有直接渊源与间接渊源之分。一般而言，制定法在适用上具有直接性和优先性，为直接渊源；习惯、判例、学理等在适用上具有补充性和间接性，为间接渊源。在近代各民法典中，针对渊源的阐述没有固定的模式：一些法典对于民法渊源不作直接规定，如《德国民法典》；《法国民法典》也没有直接阐明民法渊源，而是采用一种反向的方式来说明；而另一些法典则设专条对民法渊源作出规定，如《瑞士民法典》、《意大利民法典》等。因此，对各国民法渊源的考察，既要以其民法典为蓝本，又不能拘泥于法

① 周枏著：《罗马法原论》(上)，商务印书馆 1994 年版，第 28~64 页。

② [意]朱塞佩·格罗索著：《罗马法史》，黄风译，中国政法大学出版社 1994 年版，第 393~394 页。

典本身。

二、民法渊源的不同模式

《法国民法典》是一元制的代表。该法典第5条规定:“审判员对于其审理的案件,不得以创立一般规则的方式进行判决。”这就排除了民法的其他渊源。这种一元制的主张,是严格的三权分立观念和理性主义思想的产物。三权分立原则不容许司法者直接操持立法权,而理性主义则导致制定法万能的思想,认为立法者能够预料未来一切可能发生的情况并加以规定,因而作出了一元制的选择。

在《德国民法典》和《瑞士民法典》制定的时代(19世纪末、20世纪初),严格的三权分立观念渐趋淡化,立法权与司法权之间不再存在不可逾越的界限;加之自由裁量主义法学盛行,法典法的局限性得到了普遍认同,在民法渊源上采多元制也就成为必然。在德国,法官虽未被赋予立法权,民法典也未涉及渊源问题,但司法和判例的作用在实践中历来受到重视,并被公认为具有一定的拘束力①。《瑞士民法典》则更进一步在其第1条规定:“(1)凡本法在文字上或解释上有相应规定的任何法律问题,一律适用本法;(2)如本法无相应规定时,法官应依据惯例,如无惯例,依据他作为立法人所提出的规则裁判;(3)在前款条件下,法官应依据经过实践确定的原理和习惯。”这就正式确立了制定法、判例法、学理和习惯并存的多渊源体制。日本早在民法典颁行之前(1875年6月8日),就颁布过名为“太政官命令第103号”的法令,规定:在所有民事案件中,如果没有成文法可适用,法官必须根据习惯作出判决;如果没有这方面的习惯可援引,则必须依常理考虑②。此后,《日本民法典》第92条也赋予不违背强制性规则的习惯以法律效力。除此之外,判例也被视为日本民法的渊源之一③。另有奥地利、荷兰、意大利、智利、阿根廷、土耳其、泰国也采多渊源体制。

需要指出的是,一方面,在民法渊源问题上,各国的主张并不是绝对的或一成不变的。《法国民法典》虽然排除了法官的立法权,但法院的判例事实上

---

① N. Horn, H. Kötz, An Introduction to German Private and Commecial Law, Clarenden press, London, 1982, p. 63.

② 上海社会科学院法学研究所编译室编译:《各国宪政制度和民商法要览》(亚洲分册),法律出版社1987年版,第193页。

③ [日]甲斐道太郎、石田久喜夫著:《民法教室》(一),株式会社法律文化社1981年版,第10页。

往往被其他法官所仿效，因而被称为“真正的法律准则”；此外，立法机关也可以把习惯和“法律的一般原则”作为一种法源，这就使传统的一元制名存实亡①。在日本，判例作为民法的渊源也不是民法典的产物。另一方面，在所谓多渊源制国家，习惯、判例、学理等在效力上均不能与制定法同日而语。习惯仅在成文法未作规定的情况下适用，不得与法律规定相抵触，且其范围以法律规定可援引者为限；判例和学理通常被认为只有“说服力”，而不能直接援引。由此可见，在大陆法系各国，以民法典为核心的制定法体系都是民法的基本渊源，而习惯、判例、学理等则起着不同程度的补充作用，一元制与多元制的界限已难以划清了。

在法律（民法）渊源方面，普通法系国家遵循着与大陆法系不同的模式，即以判例法为主导的多元制渊源模式，其民法（私法）渊源表现为普通法、衡平法、制定法、习惯法和权威学说等几种。

对“普通法”一词，可作不同解释。首先，它最早是指英国 12 世纪左右开始形成的一种以判例形式出现的、适用于全国的法律，以区别于地方法庭所适用的规则。其内容在很大程度上来源于日耳曼习惯法和地方习惯法。其次，由于普通法规则具体而详尽地表述于法庭的判决中，其法律效力也源于法庭的判决，故而在另一意义上，普通法又是与制定法相对应的概念，区别于法典化的法律或法典法。最后，“鉴于英语国家一般能够抵制对它们的法律进行综合性的法典编纂，我们常常在最广泛和最通俗的意义上使用普通法这一概念，即指英语国家的法律，以对应于欧洲大陆及拉美和亚非某些国家的民法（一般是法典化的）”②。简言之，普通法就是非法典化的判例法。

衡平法是在普通法发展过程中产生的另一种旨在弥补普通法缺陷的判例法体系。一方面，由于普通法院实行令状保护制度，法官只能在令状的范围内进行审判，而令状的种类和范围有限，因而许多争议由于无适当令状可资依据而无法在普通法院起诉。另一方面，有的讼案即使在普通法院审理，也由于普通法规则的刻板和救济方式的有限而难以获得公允的解决。基于这种原因，当事人为了保护自己的利益，根据古老的习惯，向被看成“正义源泉”的国王提出请愿，而国王也借机表现自己的恩典和仁爱，凭借王权对案件进行直接干预。

---

① 上海社会科学院法学研究所编译室编译：《各国宪政制度和民商法要览》（欧洲分册）（上），法律出版社 1987 年版，第 172~175 页。

② ［美］爱德华·麦克威利著：《法典法与普通法的比较》，梁慧星译，载《法学译丛》1989 年第 5 期。

开始是委托大法官根据“公平正义”原则审理此类案件，后来又准许原告直接向大法官申请审理。15世纪末，设立了衡平法院，专门审理衡平案件。大法官和衡平法院在处理这类案件时，恪守“遵循先例”的原则，其判例逐渐形成一套独特的法律规则，如“衡平法决不许过失者逍遥法外”等。

1873—1875年英国实行司法改革，废除了普通法与衡平法的划分，形成了一套法庭系统适用一种判例法的体制，但判例法作为主要法律渊源的地位并未改变。判例法的基本原则是遵从先例。在英国，遵从先例包括以下几个方面：上议院的判决对其他一切法院均有约束力(在1966年以前对上议院自身也有约束力)；上诉法院的判决，对除上议院以外的所有法院(包括上诉法院本身)均有约束力；高等法院的判决，下级法院必须遵从，对该法院其他法官也有重要的说服力。在美国，州下级法院在州法律问题上受州上诉法院判决的约束；在联邦法问题上，应受联邦法院、特别是联邦最高法院判决的约束；联邦法院在联邦法问题上受联邦上级法院的约束，在州法律问题上则受州法院有关判决的约束(只要这些判决不违反联邦宪法)。与英国不同的是，美国联邦以至各州的最高法院不认为自己应受本院以前判决的约束①。在遵从先例原则的表象下，判例法制度中“法官造法”的思想内核清晰可见，故在西方法学著作中，判例法也被称为“法官创造的法律”或“法官法”。

判例法成为英、美等普通法系国家法律(包括民商法)的主要渊源，有其特定的历史原因。中世纪的英国，新的征服者(诺曼人)为了维护其集权统治，迫切需要创造出一种适用于全国的法律，但当时并无现成的法律可资借鉴——西欧大陆直到12世纪才开始对罗马法的研究和传播。受王室委派定期到各地巡回审判的法官在办案时，除依据国王诏书敕令而外，主要是依据日耳曼人的习惯法和地方习惯，凡是他们认为正确、合理并与国王的法令不相抵触的习惯和惯例，均被确认为判决的依据。由于这些法官经常聚集一处交换意见，彼此认可各自的判决，一些被引为依据的习惯和惯例便形成了以判例法形式出现的普通法。此后，在英国逐渐形成了这样的传统：一些重大案件的判决被定期公布，法官在办案时也参引以前的判决作为依据。由于英国资产阶级革命的妥协性，这一形成于封建时代的历史传统得以延续下来并被移植到各英属殖民地，从而成为普通法法系的固有特征。美国在独立之后，也曾尝试过创造自身的制定法体系，但由于英国语言、文化积淀至深，终于未能摆脱判例法传统。

制定法是普通法法系国家法律的另一种重要渊源。在英国历史上，判例法

① 沈宗灵著：《比较法总论》，北京大学出版社1987年版，第246~247页。

曾长期占据主导地位，议会立法为数甚少。自13世纪末叶，议会开始参与立法，才使制定法的数量不断增加。在民事方面，英国影响较大的制定法有1893年和1980年的《货物买卖法》以及1925年的《财产法》，而商事关系则基本上由制定法调整，如公司法、票据法、保险法等。在美国，19世纪曾掀起法典编纂运动，制定法历来是联邦和各州法律的重要组成部分，一些州(如路易斯安那、加利福尼亚)还制定了民法典。但需指出的是，尽管在英、美等普通法系国家，自19世纪以来制定法的数量有了明显的增加，其地位也日显重要(在适用上优于判例法)，但时至今日，还不能说制定法在这些国家的民法领域中已经取得了与判例法完全相当或更重要的地位，因为其一，虽然立法文件的数量日益增多，但民法领域内的许多主要制度，如合同、侵权损害赔偿等，仍然完整地存在于判例法领域中；其二，与民法领域有关的立法文件，很大一部分只是总结了以往审判实践中积累起来的经验，归根到底还是来源于判例法——无论是英国的《货物买卖法》和《财产法》，还是美国的《统一合伙法》等，都是如此。

习惯和学说在普通法系国家作为法律渊源的地位虽次于判例法和制定法，但仍有一定的重要性。在英国，习惯可分为一般习惯和特殊习惯，通行于全英格兰的一般习惯大多已上升为判例法或制定法规则，但适用于特殊地区或特殊阶层的习惯(如某些行业习惯)仍被视为一种补充性的民商法渊源。习惯作为美国法的渊源，其意义相对来说较小一些，但商业习惯同样受到法院重视。至于学说，一般来说对法官的司法活动并不具有直接拘束力，只具有说服力，但在缺乏制定法和判例法的场合，或在确定或解释先例发生困难时，法律学说则成为权威性的依据(其权威性往往取决于作者的声望、地位和该学说产生的年代)。在英国，格兰威尔、布拉克顿、利特尔顿、柯克、布莱克斯通等早期法学家的著作常被法院判决援引；在美国，肯特和斯托里等早期最有影响的法学家的观点也被许多法官视为至理名言而加以援引①。

三、中国民法渊源体系

社会主义中国的民法制度最初是从前苏联移植而来的，在内容和形式上都与前苏联民法十分接近。因此，在讨论中国民法渊源体系之前，有必要对前苏联民法的渊源作一简单分析。

在前苏联，民法渊源被界定为“现行的法律和次于法律的规范性文件所构

① 由嵘主编：《外国法制史》，北京大学出版社1992年版，第480~483页。

成的民事立法体系"①。这一"立法体系"的成分是极为庞杂的，包括前苏联和各加盟共和国民事立法纲要；各加盟共和国民法典；前苏联和各加盟共和国、自治共和国最高苏维埃主席团颁布的法令；各加盟共和国、自治共和国部长会议发布的规范性决议和命令；各部、各主管机关发布的指令和指示；地方政权机关的决议和指示；国家仲裁委员会颁发的文件；经国家批准的合作社组织和社会团体的规章、条例，等等。显而易见，在前苏联的"民事立法体系"中，"准法律文件"占有很大的比重，这充分反映了在单一计划经济体制下国家对民事活动的高度干预。法院判例不被认为是苏维埃民法的渊源，但前苏联最高法院全体会议颁发的解释性指令(司法解释)却占有特殊的地位，对下级法院审理有关案件具有拘束力。此外，获得国家认可的习惯和惯例，也被视为法律渊源。由上可见，前苏联民法的渊源虽然在形式上是多样的，但其实质是单一的，即以"立法"为民法的唯一渊源，判例和习惯都不能或不能直接地成为民法的渊源。原东欧其他公有制国家的民法渊源与前苏联大体相同。

新中国的民法理论和民事立法直接继承了前苏联的模式，在民法渊源方面也不例外。新中国民法理论一贯认为，我国民法的渊源包括宪法，民事法律，国务院颁布的民事法规、决议和命令，最高人民法院的司法解释，国务院各委、部、局、署、办发布的命令、指示和规章，地方各级权力机关和行政机关发布的决议、命令、地方性法规、自治条例和单行法规，以及国家认可的民事习惯。但是，对民法渊源的上述理论设计与现行立法状况并不完全一致：(1)《民法通则》第6条规定："民事活动必须遵守法律，法律没有规定的，应当遵守国家政策。"据此，"国家政策"也成为民法渊源之一。(2)《民法通则》第142条第2款、第3款规定：中华人民共和国缔结或者参加的国际条约同中华人民共和国民事法律有不同规定的，适用国际条约的规定，但中华人民共和国声明保留的条款除外。中华人民共和国法律和中华人民共和国缔结或者参加的国际条约没有规定的，可以适用国际惯例。这一规定又表明，国际条约和国际惯例也是我国民法的渊源。(3)一般意义上的习惯(非国际惯例)经国家认可即成为民法的渊源，这在理论上似已成共识，但在现行立法中并无佐证。由上可见，在民法渊源问题上，我国通行民法理论与现行立法之间并非完全协调一致。鉴于民法典的创制已列入立法工作日程，对这一问题的重新认识就具有重大的现实意义。

---

① [苏联]В. Л. 斯米尔诺夫等著：《苏联民法》，中国人民大学出版社1987年版，第2页。

在未来的民法典中，将民事法律(制定法)作为民法的首要渊源，这是无可置疑的，国际条约和国际惯例作为民法的补充渊源也势在必行。需要讨论的问题是：(1)“国家政策”是否应继续作为民法的渊源？(2)判例、法理和法律的一般原则是否应被列为我国民法的渊源？

国家政策，是指一国统治集团为了实现一定的目的，在一定的历史时期所提出的行动纲领。在我国，长期以来对国家政策的定位是：一方面认为政策不具有法律所固有的规范性、强制性、公开性和稳定性，强调不能以政策取代法律；另一方面，又将政策提到法律的源泉的高度，认为法律要以政策为指导，体现政策的精神，某些法律的制定也是为了贯彻落实某一政策，将政策精神具体化为法律条文，在法律未作规定时，以政策作为行为准则也就成为一种必然的选择。于是，《民法通则》将国家政策列为民法的补充渊源。这一规定的思想基础是：法律和政策都是维护政治统治的工具，法律本身就是“一种政治措施，是一种政策”①，因此在一国之内，法律不过是政策的条文化，而政策也就是尚未具体化的法律，二者是相辅相成的，在法律未作规定时，政策当然应成为民事活动的准则及民事司法的依据。我国长期实行高度集权的计划经济或有计划的商品经济体制，民事关系主要由国家政策和指令性计划调节，截至《民法通则》制定时，民事活动和民事审判无法可依的局面也未完全改观，不得不借助政策的力量调整民事生活，则是产生这一规定的客观条件。在发展社会主义市场经济的今天，我国法律界对民法的性质和作用有了进一步的认识，在此基础上重新审视《民法通则》第 6 条的规定，我们可以看到它的不当之处：其一，将国家政策列为民事法律的补充渊源，无疑为政府任意干预民事生活开了方便之门，这是不符合民法的基本宗旨的；其二，如前所述，国家政策不具有法律的稳定性、公开性和可操作性，将其作为民法渊源，民事生活应有的稳定和安全感有可能受到妨害，这不利于市场经济的正常发展；其三，国家政策的精神与民法的一般法理(基本原则)可能是一致的，也可能是相左的，在后一种情况下，如果将国家政策作为民法渊源，实际上否定了法理(民法基本原则)的指导作用，从而有可能使当事人的行为或案件的审理结果背离民法的固有精神。基于上述考虑，我们认为未来的《民法典》不宜继续将“国家政策”作为民法的渊源。

由于历史的原因，当代中国不存在判例法，判例也不被认为是民法的渊源之一。但是，近年来在中国法学界也发生了关于制定法和判例法各自优缺点的

---

①《列宁全集》第 23 卷，人民出版社 1958 年版，第 40~41 页。

讨论，一些学者提出了在中国确立判例法制度、将判例法作为制定法的补充的建议。其主要理由是：中国历史上，很多朝代都很重视判例的作用，判例法是中国古代法律的一个重要渊源；判例法具有制定法所不具备的灵活性，可补正制定法的刻板与僵化；当今世界上两大法系正在取长补短、相互吸收制定法和判例法的长处，彼此越来越接近，等等①。反对者则认为，判例法制度不适合中国现行的政治制度，而中国也没有像英国和其他普通法国家所存在的长期的和牢固的判例法历史传统，且中国法官缺乏判例法方法论经验，因此，中国不应采用判例法制度，但主张加强判例的作用②。我们基本赞同后一种观点。从历史渊源看，中国同前苏联和东欧公有制各国一样，属大陆法系(民法法系)国家，从清末沈家本修律到旧中国国民党政府的“六法全书”，都是以西方大陆法系国家的立法，特别是日本、德国法律为范本的。新中国的民法理论和民事立法，在很大程度上也间接地继承了大陆法系国家民法传统，其社会主义性质并没有抹煞它在理论上和立法形式上的大陆法系色彩。其中最突出的一点，就在于它以制定法作为至高无上的渊源，“再也没有其他任何独立的法律渊源需要获得认可；如果有一种渊源，那就是习惯法和某个惯例，它从属于成文法，只能起次要的作用”③，判例法历来是受到排斥的。当然，从理论上说，这种历史渊源关系不能作为社会主义中国永远排斥判例法的理由，也不应成为当今中国法律改革不可逾越的禁区；但是，改革不应割断历史，也不能脱离现实，脱离中国现行的基本政治制度——人民代表大会制度(其核心内容之一是，全国人民代表大会和全国人民代表大会常务委员会行使国家立法权，人民法院依照法律规定行使审判权)。所以，在中国现行政治制度下，采用判例法的主张是不切实际的。不可否认，自20世纪初以来，世界上两大法系在法律渊源方面出现了取长补短、彼此接近的迹象，但也应当看到，这种迹象的发展从总体上说是缓慢的，迄今为止，制定法和判例法在各自法律体系中的主次地位仍判然有别，依循判例的原则在今天仍是“维系普通法生命力的关键因

① 李步云：《关于法系的几个问题》，载《中国法学》1990年第1期。

② 沈宗灵：《当代中国的判例——一个比较法研究》，载《中国法学》1992年第1期。

③ [美]艾伦·沃森著：《民法法系的演变及形成》，李静冰等译，中国政法大学出版社1992年版，第215页。

素"①，而大陆法系则与之相反。其次，判例法被认可的程度在大陆法系各国中及一国的不同法律部门中是有区别的。就民法而言，在法典中直接确认判例法地位的只有瑞士、土耳其等少数国家，而在法国、德国、日本等众多大陆法系国家，判例仅因其"说服力"而在学理上或实践中被当作民法的渊源，在其民法典中，原先没有、后来也未增设确认判例法的条文，即使在民事审判实践中判例的渊源地位得到认可，其拘束力也十分有限(在法国，这与行政法倚重判例的作用形成了鲜明的对照)。最后，大陆法系国家民法汲取英美判例法制度的长处，并不意味着除了直接确认判例为民法渊源之外别无他途。实际上，许多大陆法系国家正是通过发挥判例的"说服力"，即加强判例的指导作用(例如发布判例公报、判例汇编)来实现弥补制定法不足这一目标的，所谓与普通法的接近，也主要是从这一意义上理解的。在当代中国，这种努力也已经开始(自1985—1994年10年间，最高人民法院共发布40期《公报》，刊载典型判例100余件，其中半数为民事案例)，现在面临的只是加强问题。

在一些西方国家民法著作中，法理和法律的一般原则也被认为是制定法或判例法的补充，具有法律渊源的性质。公有制国家民法理论也十分重视民法基本原则的作用，认为它们不但"准确地阐述了社会主义民法的任务和目的"，并且"对公民、企业和主管机关在民事法律关系中的权利与义务作了约束性的规定。"②这种观点在我国民法理论中也得到了体现，有的学者甚至认为我国民法基本原则具有立法准则、行为准则、审判准则和授权司法机关进行创造性司法活动等重要功能③。但我们认为，这并不意味着民法的基本原则是民法的一种独立渊源，因为任何民法基本原则(无论是否表现为法律条文)都只是指导民事立法、司法或民事活动的抽象准则，而不是具体的行为规范，不符合民法渊源(民法规范的存在形式)的本意。

综上所述，我们可以对中国民法的渊源体系作如下表述：(1)民事活动，适用民事法律；民事法律无规定者，适用不违背公共秩序和善良风俗的习惯。(2)中华人民共和国缔结或者参加的国际条约同中华人民共和国民事法律有不同规定者，适用国际条约的规定，但中华人民共和国声明保留的条款除外。(3)上列民事法律、习惯、国际条约均不能适用时，适用国际惯例。

① [美]爱德华·麦克威利著：《法典法与普通法的比较》，梁慧星译，载《法学译丛》1989年第5期。

② 《外国民法资料选编》，法律出版社1983年版，第137页。

③ 彭万林主编：《民法学》，中国政法大学出版社1994年版，第30~31页。

第三节　民法的体例

一、概述

民法的体例，此处专指民法典的编纂体例。在追求民法体系化的大陆法系国家和公有制国家间，民法典的编纂体例互存差异，但并非无规律可循。以其历史渊源为标准，各国民法典的编纂体例大体可划分为“《法学阶梯》式”和“《学说汇纂》式”两种；以民法典与商事法律规范的关系为标准，又有“民商分立”与“民商合一”之别。此处主要按前一分类进行论述。

近代以来民法法典化的一切成就，都或多或少地带有罗马私法的遗风，而罗马私法的体系化追求，则以由优士丁尼主持编纂的、以《优士丁尼法学阶梯》和《优士丁尼学说汇纂》为核心内容的《民法大全》是最高成就。《优士丁尼法学阶梯》（下文简称《法学阶梯》）是以著名法学家盖尤士的同名著作为蓝本编纂而成的法学教科书，《优士丁尼学说汇纂》（下文简称《学说汇纂》）则是按一定逻辑体系编纂而成的著名法学家言论集萃。二者虽然内容不一，体系迥异，但同样对后世立法影响至深。

二、《法学阶梯》体例

《法学阶梯》由“人法”、“物法”和“诉讼法”三部分组成，分为四编。第一编首先论述了正义和法及自然法、万民法与市民法的划分，其次是关于权利主体的规定，包括人的权利能力、行为能力、人格以及婚姻、家庭关系；第二编论述了物的划分、所有权、其他物权、赠与和遗嘱继承；第三编论述无遗嘱继承和契约之债；第四编是关于不法行为和诉讼的论述。各编均设若干章，各章中又划分为首段和款①。

在发端于公元11世纪的罗马法复兴与继受运动中，《法学阶梯》作为《民法大全》的基本组成部分，始终被放到一个特殊的荣耀地位，因而得以广为传播。究其原因，“倒不是因为《法学阶梯》里的法律比《民法大全》的其他部分所

---

①　[意]朱塞佩·格罗索著：《罗马法史》，黄风译，中国政法大学出版社1994年版，第450页。

包含的法律，对于实践者来说更顺手或对于学者来说更称心，理由纯粹在教育方面”①。作为一部标准的罗马私法教材，《法学阶梯》较之《民法大全》的其他部分更易于被理解和传播。随着罗马法研究的复苏，《法学阶梯》重新扮演起它昔日作为学生初级教科书的角色。于是，在意大利、法国和荷兰，甚至德国，出现了各种《法学阶梯》的导读物或者参照罗马《法学阶梯》体例编写，并冠以同样名称的法学教材（本国的《法学阶梯》），而它们又对这些国家的私法法典化产生了直接的影响。

1756年巴伐利亚的私法典被认为是近代最早编纂的一部民法典，其体例即以《优士丁尼法学阶梯》为蓝本，共分为四编：第一编除论及自然法与正义法的分类外，主要是关于人的规定；第二编包括财产权利与义务总则、所有权、时效、占有和其他物权；第三编是继承法的内容；第四编规定了各种契约、不道德行为及其义务、诽谤与损害及采邑法等②。

在由《法学阶梯》孕育而来的所有民法典中，《法国民法典》是最有影响力的一部，并被认为是最早系统继承罗马法衣钵的近代法典。《法国民法典》对罗马法的继承，主要就表现在对盖尤士及优士丁尼《法学阶梯》的体例及其法律原则的沿用、吸收、加工和改造上。就法典体系而言，在《法国民法典》中我们可以清楚地看到两种《法学阶梯》的轮廓。该法典除设少数条文作为前言外，由“人”、“财产及对所有权的限制”、“取得财产的各种方法”三编组成。与《法学阶梯》相比，二者的最大区别是：《法国民法典》将《法学阶梯》中的诉讼法部分删除，于1806年制定了《民事诉讼法》。

需要指出的是，无论在内容上还是在体例上，《法国民法典》并不是罗马法的简单翻版，而是法国法律工作者对《法学阶梯》进行改造的产物。在《法国民法典》制定前的几个世纪中，法国法律界对属地法的研究，尽管从形式到内容都深受《法学阶梯》的影响，但并非为《法学阶梯》的严格顺序所限制。在阐述法国属地法的著作中，既有《法学阶梯》的“忠实译本”，也有摆脱其编排体例的著作，而后者对《法国民法典》的影响似乎更大些。如1692年出版的加布里埃·阿古所著《从法学阶梯到法国法》一书，即对其四编内容作了如下安排：第一编论述人的民事地位；第二编的内容是物、世袭的权利、赠与、遗嘱和无遗嘱继承；第三编是债；第四编是从债和债的后果。该书的最后一版（第12版）于法国大革命前两年问世，《法国民法典》在编排上显然受了它的影响。所

①② ［美］艾伦·沃森著：《民法法系的演变及形成》，李静冰等译，中国政法大学出版社1992年版，第80、136页。

以说，就其形式而言，《法国民法典》算不上是“纯粹的罗马法后代”①。

如果说直到《法国民法典》问世之前，欧陆各国都在致力于对罗马法（主要是《法学阶梯》）的研究和继受的话，在《法国民法典》问世以后，这种研究和继受就告一段落，而转为对《法国民法典》的研究和继受了，尽管这种研究和继受有的是非自愿的。继受《法国民法典》或深受其影响的欧陆国家有：

比利时。1797 年，比利时被法国吞并，1804 年《法国民法典》颁行后，自动在那里生效，直到现在，比利时也未另行制定民法典。根据 1831 年宪法的规定，一些源自法国的法典（如《民事诉讼法典》、《商法典》、《刑法典》、《刑事诉讼法典》）先后被修订，但《民法典》在形式上却始终未动，其内容上的变动程度也较之在法国本地的变动为少。

荷兰。1809 年，拿破仑强迫荷兰人接受《法国民法典》的翻译本，但考虑到荷兰的法律实践略作了修改。1810 年法国吞并荷兰后，《法国民法典》便原原本本地在荷兰实施。拿破仑被废黜后，比利时与荷兰联合成立荷兰帝国，《法国民法典》继续生效。1830 年比、荷分离，荷兰成立了一个委员会起草《荷兰民法典》，于 1838 年完成并付诸实施。该法典完全以《法国民法典》为依据，只在体例上略有变化：第一编“人”之中加入了婚姻财产的内容，而《法国民法典》则将此规定在第三编；第二编“财产”中包括了继承，《法国民法典》也规定在第三编；第三编“债”、第四编“证据和时效”均为《法国民法典》中所未见。

拿破仑征服意大利后，也把其民法典带到了那里。1861 年意大利统一后，仍以《法国民法典》为蓝本起草自己的民法典，于 1865 年完成。直到 1942 年，新的六编制《意大利民法典》才突破了《法国民法典》的体例。

同样，拿破仑的征服也把《法国民法典》带到了德国和瑞士的一些地区，如德国的莱茵兰、威斯特伐利亚、巴登、法兰克福，瑞士的日内瓦、伯尔尼及西部各州②。

法属殖民地国家是继受《法国民法典》的另一群体。如非洲的阿尔及利亚、突尼斯、摩洛哥，北美洲的路易斯安那（现属美国）、魁北克（现属加拿大）等。中南美洲各国尽管大多不是法国的殖民地，但也因西班牙和葡萄牙的统治而间接地继受了《法国民法典》。

---

① ［美］艾伦·沃森著：《民法法系的演变及形成》，李静冰等译，中国政法大学出版社 1992 年版，第 151 页。

② ［美］艾伦·沃森著：《民法法系的演变及形成》，李静冰等译，中国政法大学出版社 1992 年版，第 158 页。

即使在那些没有被拿破仑征服的国家，《法国民法典》也被当作民法法典化的范本而加以仿效。在1864年《罗马尼亚民法典》、1867年《葡萄牙民法典》、1888年《西班牙民法典》及1891年《日本民法典》中，都可以看到《法国民法典》的影响。

总之，在整个19世纪，各国民法法典化运动的发展是以《法国民法典》的传播和继受为主线的，《法国民法典》不仅在那些拿破仑军队曾经控制过的国家和殖民政府中得以继受，而且在那些并未接受法国统治的国家中得以继受，从而成为大多数其他近代民法典的楷模。美国比较法学者艾伦·沃森形象地描述了这一过程："近代法典化运动可以分为两个历史阶段。第一阶段的尾声是法国和奥地利民法典的完成；第二阶段的开始是《法国民法典》的传播及其众多派生法典的诞生。"①《法国民法典》取得这样的成功，其原因是复杂的，但大致可归结为两方面：一是法典之外的原因，包括军事征服、法国文化和法国革命的影响、新解放国家对立法典范的需要及继受《法国民法典》的便利等。例如，中南美洲新解放国家继受《法国民法典》，是因为它们需要某种范例而又不愿以西班牙的法律为典范(西班牙曾经是那里的殖民统治者)；而比利时、荷兰、意大利及德国、瑞士的一些地区在拿破仑时代之后仍保留《法国民法典》或直接参照它制定自己的民法典，则主要是出于便利的考虑，因为在那个时代，民法法典化"唯一便利的模式就是法国民法典"②。《法国民法典》得以广泛继受的另一个原因，是法典本身的优点。该法典不仅因巩固了废除封建旧制的革命成果，以及确立了私权神圣、契约自由等符合资产阶级利益的法律原则而受到称颂，也因其结构简明、概念精确、语言清新优雅、方便实用而备受推崇。

但是，《法国民法典》并不是《法学阶梯》体例的唯一的或最早的继受者。早在1756年，巴伐利亚就编纂了自己的民法典。该法典以优士丁尼的《法学阶梯》为蓝本，其分为四编：第一编主要是关于"人"的规定，第二编为物权内容，第三编是继承，第四编是对各种契约、不道德行为、诽谤与损害及采邑法的规定，其内容与《法学阶梯》非常相仿，只是将程序法和刑法规范排除在外。在奥地利，民法典的编纂活动始于18世纪中叶，经过数十年的艰苦努力，终于在1811年公布了《奥地利民法典》，于1812年1月1日开始生效。该法典虽

① [美]艾伦·沃森著：《民法法系的演变及形成》，李静冰等译，中国政法大学出版社1992年版，第155页。

② [德]K. 茨威格特、H. 克茨著：《比较法总论》，牛津大学出版社1993年版，第117页。

问世于《法国民法典》之后，但与之并不存在继受关系，而是奥地利法学家的原创作品。法典分为三编：第一编是人法，第二编为物法，第三编是人法和物法都适用的条款，无论从其体例结构还是从其内容上看，都与《法学阶梯》极为相似①。

三、《学说汇纂》体例

《学说汇纂》是罗马私法体系化的另一模式，也是优士丁尼的杰作。它选编了38位(一说为39位)法学家论著中的言论9123条，归为五编，编下设章，每章设一标题。优士丁尼在一则谕令中，又将《学说汇纂》划分为七部分，有的冠以名称(如第一部分称"总则"，第二部分"审判"，第三部分"物"，第五部分"遗嘱")，并且在内容上具有内在联系；有的则把不同的制度混杂在一起加以论述(如第四部分涉及抵押、婚姻、监护等规定，第六部分涉及无遗嘱继承、占有、令状、抗辩等内容，第七部分则包括要式要约、担保、债的更新及刑法、刑事诉讼等问题)②。显然，与《法学阶梯》相比较，《学说汇纂》的体系要庞杂得多，而整体逻辑结构则不如前者简炼，这也许是它在罗马法复兴与继受过程中不如《法学阶梯》那样受到青睐的原因之一。

但是，作为罗马法的重要文献，《学说汇纂》并没有被罗马法的研究者们打入冷宫。12世纪以来，欧陆各国相继出现的研究罗马法的各学派，都将《学说汇纂》纳入自己的研究范围。例如，法国沿革法理学派的波蒂埃(Pothier，1699—1772年)就曾将《学说汇纂》加以整理，并发表有关论文，对后来《法国民法典》的制定不无影响③。在德国，《学说汇纂》受到了特别的关注。在德国学者对罗马法的研究中产生了历史法学派，该学派中的一些学者(如萨维尼、耶林、温塞德等)致力于"纯粹罗马法"即古代罗马法的研究，其中又以《学说汇纂》为重点。因为他们认为，《学说汇纂》是罗马法的精华所在，是《国法大全》中内容最广博的部分，又未经过后人修订，因而具有更大的权威性。由于《学说汇纂》的德文译名为"潘德克顿"(pandekten)，历史法学派的这一分支又称"潘德克顿学派"。该学派对《学说汇纂》进行了深入研究和重新整合，创立

---

① [美]艾伦·沃森著：《民法法系的演变及形成》，李静冰等译，中国政法大学出版社1992年版，第136~144页。

② [意]朱塞佩·格罗索著：《罗马法史》，黄风译，中国政法大学出版社1994年版，第444页。

③ 周枏著：《罗马法原论》(上册)，商务印书馆1994年版，第77页。

了新的《学说汇纂》理论体系——潘德克顿体系。该体系由“总则”、“债法”、“物权法”、“亲属法”、“继承法”等五编构成，除排除了罗马《学说汇纂》中的刑法、行政法等公法规范之外，其突出特点是将罗马《学说汇纂》的第三、第四部分次序颠倒，将买卖等债的关系置于“物”的规定之前。据考，在德国最早出现的一部揭示近代《学说汇纂》体系的著作是海斯(Heise)的《作为学说汇纂辅助教程的一般民法体系纲要》一书；此外，在蒂博(Anthon Thibaut)的《学说汇纂的体系》(1803年)和温塞德(Bernhard Windscheid)的《学说汇纂法学教程》中，关于“总则”与《学说汇纂》课程之间的联系，也有非常明确的表述①。

1871年德国统一后，编纂统一民法典的工作得以开展。在温塞德的指导下，1881年成立的第一委员会提出了深受《学说汇纂法学教程》影响的法典草案，奠定了《德国民法典》立法体例的基础。1895年，由第二委员会作了语言润色的法典草案得以公布，并于1900年开始实施，从而完成了潘德克顿体系从理论到立法的转化。

与《法国民法典》相比，《德国民法典》在形式上(体例结构上)的特点是显而易见的。首先，《德国民法典》设总则编(第一编)，阐述了许多科学概念(例如自然人、法人、法律行为、代理等)，集中体现了潘德克顿学派的学说成就；其次，该法典把“债法”置于“物权法”之前，以表明债法的优越地位，反映了资本主义经济的进一步发展和债法理论的成熟；最后，该法典采用潘德克顿学派所建立的严密的私法体系，在编制上追求结构严谨、逻辑清晰、首尾一致，避免重复，即追求形式上的科学性，这与《法国民法典》讲求实用、不求严密的风格形成了鲜明的对照。

《德国民法典》一经问世，便受到了国际社会的广泛关注，特别是在那些曾受历史法学派和潘德克顿学派影响的国家。但是，它的影响主要表现在它所反映的理论体系方面，在实务中继受《德国民法典》的国家却不能与继受100年前的《法国民法典》的国家相比。究其原因，“一部分因为它是那方面的晚辈”——许多国家都已有了自己的按《法国民法典》的模式编纂的民法典，另一部分则因为“它是那么地抽象”——其逻辑结构和语言风格不像《法国民法典》那样易被理解和接受②。尽管这样，《德国民法典》仍然堪称民法法典化的楷

① [美]艾伦·沃森著：《民法法系的演变及形成》，李静冰等译，中国政法大学出版社1992年版，第165页。

② [美]艾伦·沃森著：《民法法系的演变及形成》，李静冰等译，中国政法大学出版社1992年版，第167页。

模，受其影响的国家遍布于欧洲和远东。

由于两国之间在法律教育方面的历史联系，潘德克顿学派和《德国民法典》对希腊立法有特殊的影响。《希腊民法典》(1940年公布，1946年施行)完全采用了《德国民法典》的五编体例，只是在总则中增设了国际私法方面的规定，并从中抽出“物”的一般规定，列于物权编之首。从逻辑关系上说，这一改变是合理的。

1907年通过的《瑞士民法典》也借鉴了德国潘德克顿学派所创立的立法体系，包括“总则”及人格法、亲属法、继承法、物权法四编。但与《德国民法典》相比，《瑞士民法典》在编纂体例上又有自己的鲜明特色。一是其“总则”仅寥寥数条，内容为“法律的适用”、“法律关系的内容”、“与各州法律的关系”及“证据”，与《德国民法典》的“总则”编相去甚远，或者说，没有像《德国民法典》那样设立既包括权利主体的一般规定，又对法律行为、时效及权利的行使等基本范畴加以规定的“民法总则”，但“人格法”却单列为一编；二是法典本身不包括“债法”编，而将法典公布前施行的《瑞士债务法》作为法典的最后一编，与其他各编并行；三是法典(债法编)既调整民事关系，又调整商事关系，从而成为“民商合一”立法体例的代表。关于不设总则的理由，主要有以下几种解释：各州的法典从来没有总则，也没有产生什么不好的后果；1881年制定的《债务关系法》已有关于契约的总则，如果在民法典中规定关于法律行为的总则，就必须对该法进行重大的修改，而这一法律又是得到普遍承认的；将关于人和物的通则分别放在“人格法”和“物权法”中，较之《德国民法典》中将其割裂开来重新组合的做法，更为切合实际。“债法”被置于法典的最后一编，既有历史的原因(《瑞士债务法》先于民法典的其他部分施行，有较大的独立性)，也有逻辑和体裁方面的考虑(从逻辑上说，人格法和亲属法应该放在交易法之前；从体裁上说，继承法和物权法的条文都相对地少，放在债法之后不太相称)①。至于《瑞士民法典》采民商合一体例，则是当时的历史条件所致——《瑞士债务法》乃至《瑞士民法典》的制定，主要就是为了满足各州之间日益频繁的商业交往的需要并消除各州法律不同所带来的不便，与法国、德国所采取的民商分立模式一样，“都是历史的产物，并没有如何深刻的理论存于其间”②。

---

① ［德］K. 茨威格特、H. 克茨著：《比较法总论》，牛津大学出版社1993年版，第178页。

② 谢怀栻：《大陆法国家民法典研究》第四节，载《外国法译评》1995年第2期。

如果说《德国民法典》的编纂体例为欧洲其他国家所采用主要是因为这些国家与德国在法学理论上存在历史的联系（以罗马法为共同源泉）和现实的交流（如《瑞士民法典》的起草者胡伯就曾在柏林接受法律教育），因而具有某种必然性的话，那么亚洲的一些国家和地区采用这种立法体例则具有一定的偶然性。其中最具代表性的是《日本民法典》。明治维新以后，日本仿效西方实行了法律现代化。直到 1890 年以前，日本法律的现代化主要受法国法和英国法的影响，在私法领域内则以《法国民法典》为楷模。1873 年，日本政府聘请巴黎大学法学院教授布瓦松纳德担任法律起草人和顾问。1889 年，布氏完成了民法典的起草工作。该法典于 1891 年颁布，定于 1894 年施行。在体例上和内容上，这部法典自然以《法国民法典》为蓝本。然而，这一法典一经问世，便受到广泛的批评，进而引发了一场反对实施该法典的敌对运动。反对者的主要理由是该法典违背传统道德观念。尽管这种指责缺乏充足根据，国会还是通过了延期实施的决议，并决定另起炉灶起草民法典。在这种情况下，被授权起草的三名日本法学家选择了《德国民法典》的体例，仅“物权法”与“债法”的排列先后不同。从此，德国民法的影响逐渐渗透到日本民法文化的各个领域，日本的法律著作和判例“几乎像奴仆般地步德国的后尘”①。由于日本法学家的媒介，旧中国民法的法典化走的也是《德国民法典》的道路，无论是《大清民律草案》还是 30 年代初完成的民法典，都由总则、债权、物权、亲属、继承五编组成。

《法国民法典》和《德国民法典》是近代民法发展道路上的两座丰碑，不但在本国历史上产生了巨大的政治影响，在世界范围内也有广泛而深远的影响。但作为同样具有世界影响的著名法典，《德国民法典》与《法国民法典》相比较，其影响方式是有区别的。首先，《法国民法典》主要是以其政治意义影响世界或因其便利性而被继受，而《德国民法典》则以其法律技术成就使许多国家作为民事立法的样板。从这一意义上我们就不难理解，为什么《法国民法典》和《德国民法典》分别成为 19 世纪和 20 世纪民事立法的楷模（当然其中还有立法思想方面的原因）。其次，《法国民法典》对其他国家的影响主要表现为整体的移植，而《德国民法典》则通过其他国家对其理论和原则的吸收而影响世界。

另需指出的是，《法国民法典》和《德国民法典》虽然对世界各国民法典的编纂产生了深远的影响，但并没有成为各国民事立法不可更改的样板。尤其在战后几十年中，随着生产力的高速发展和生产关系的变化，一些国家渐渐感到

① 上海社会科学院法学研究所编译室编译：《各国宪政制度和民商法要览》（亚洲分册），法律出版社 1987 年版，第 196 页。

旧的民法典在体例上已无法适应对商品经济关系的法律调整的要求，因而在修订民法典时突破了原有体例。例如，意大利于1942年制定了新的民法典，该法典分为六编，即“人与家庭”、“继承”、“财产权”、“债”、“劳工关系”和“权利的保护”。新法典在体例上最突出的变化是采民商合一主义，在“债”编中规定了传统商法的许多内容(如流通票据、保险)；其次，新法典专设“劳工关系”和“权利的保护”编，载明各种形式的企业团体的组织与活动规则并对权利的保护作系统规定，也是创新之举。这种变化，标志着《法国民法典》的编纂体例在意大利已成为历史。荷兰自1947年起，鉴于旧的民法典在许多问题上已经过时了，着手重新编纂民法典。新法典与《法国民法典》及荷兰旧民法典相比，在体例上有了全面的变化，由原先的四编增加到一个总则加下列九编：(1)人和家庭法；(2)法人法；(3)财产法总则；(4)继承法；(5)所有权和物权法；(6)债法总则；(7)特别契约；(8)运输和运输工具；(9)工业和知识产权法。从上述编排中，不难看出新法典在内容上的进步之处和在结构上与《法国民法典》模式的分离，以致被认为“在某种程度上酷似《德国民法典》”①——但二者之间的差别也是显而易见的。

从总体上说，前苏联及东欧公有制国家的民法典，也继承了罗马法的思想及源于罗马法的法典编纂体例。不过，“社会主义法是通过革命前的法律接受罗马法的，因为其革命前的法律曾深受中世纪德国法律学说的影响”②。在俄国，德国学派对革命前的法律(包括1913年的《俄国民法草案》)的影响，也传递给了1917年后的立法者。1922年制定的《苏俄民法典》，分为总则、物权、债、继承四编，在体例上与《德国民法典》基本相同(亲属关系由1918年颁布的婚姻家庭法典规定，因而未列入民法典)。“二战”结束后，前苏联及一些东欧国家先后制定了新的民法典，它们在编纂体例上既吸取了国外立法及本国原有立法的某些经验，又根据社会主义理想及调整公有制条件下的财产关系和人身关系的客观需要而有所创新。例如：(1)在匈牙利和德意志民主共和国的民法典体系中，没有系统化的总则部分。之所以如此，在匈牙利很大程度上是受法律传统的影响(匈牙利民法是由判例法发展而来的，诸如“法律行为”等抽象概念很难为司法实践和已经形成的法律意识所接受)，而在民主德国，则主要

① [荷]阿尔图·哈尔特康：《将近完成的荷兰新民法典》，载《法学译丛》1993年第3期。

② [美]格伦顿、戈顿、奥萨魁著：《比较法律传统》，贺卫方等译，中国政法大学出版社1993年版，第174页。

是为了摆脱1896年《德国民法典》的编纂体例所体现的“资产阶级分类传统”①。(2)传统的物权与债权立法体系没有得到维护。在1964年《苏俄民法典》、1964年《捷克斯洛伐克民法典》、1975年《德意志民主共和国民法典》及1977年修订的《匈牙利民法典》中，都没有使用“物权”的概念，更无独立的“物权法”编，而代之以对“所有权”或“社会主义公共财产和个人财产”的规定(唯1964年波兰民法典设有“所有权和其他物权”一编)；同时，《捷克斯洛伐克民法典》和《德意志民主共和国民法典》中也未设债编，而是把有关债的内容放在其他部分加以规定(《捷克斯洛伐克民法典》把合同之债置于“劳务”编，非合同之债放在“损害和不当得利”编；《民主德国民法典》则将合同之债规定在“有关物质和文化生活的契约”编，非合同之债列入“保护生命、健康及财产免受损害”一编)，但都没有使用债的概念。究其原因，除传统的物权和债权(尤其是合同之债)制度的内容因公有制和计划经济而遭到削弱外，在一定程度上也反映了一些社会主义国家的立法者试图摆脱资产阶级民法概念及其立法体例的思想。(3)知识产权多由单行立法调整。除《苏俄民法典》专设“著作权”、“发现权”和“发明权”编外，其他各国民法典中都未设关于知识产权的专门编章，至多只有一些引用性的条款(如《匈牙利民法典》第84条、《波兰民法典》第24条第3款、《捷克斯洛伐克民法典》第17条)。这是因为，在这些国家制定新的民法典之前，已有了这方面的专门立法，“在这种情况下，单单从系统化方面考虑去改变实践证明是正确的规定，未必是适宜的”②。

四、中国民法典的编纂体例

中国民法典采取何种编纂体例，这是此项立法工程中要解决的首要问题。这一问题包括两个方面：一是民商法的关系，即采“民商合一主义”或“民商分立主义”的问题；二是民法典的篇章结构问题。我们赞同大多数学者的主张，即中国民法应坚持民商合一主义，并主要借鉴《德国民法典》的编纂体例。

历史的考察表明，世界各国私法的发展，呈现出由单一的民商分立体制转向民商分立和民商合一体制并存的趋势。自从法国在19世纪初期分别制定民法典与商法典以来，大陆法系国家多采民商分立体制，将民法和商法分别作为独立法典。在19世纪完成私法法典化的国家，如法国、德国、荷兰、比利时、西班牙、葡萄牙及亚洲的日本等，基本上都采取了这一体制。但是，在20世

① 《外国民法资料选编》，法律出版社1983年版，第145页。

② 《外国民法资料选编》，法律出版社1983年版，第150页。

纪内完成私法法典化的国家，则多采民商合一主张，由统一的民法典调整各种财产关系(包括所谓商事关系)。这种体例由1917年《瑞士民法典》率先采用，其后相继有1922年《苏俄民法典》、1925年《泰国民法典》、1957年《匈牙利民法典》及1978年南斯拉夫债法仿效。这一立法趋势的一个最好例证是意大利私法的体例演变。它原先分别于1865年和1882年制定了民法典和商法典，但其1942年新民法典则将原商法典的有关内容并入其中，从而完成了由民商分立到民商合一的转变。

一些国家的私法由民商分立走向民商合一，有其历史必然性。近代资本主义国家民商分立体例的形成，主要是历史传统的产物(欧陆各国在资本主义发展早期形成了商人特殊阶层和特殊利益，形成了商事习惯和商事法庭，在此基础上产生了独立于民法之外的商法)，而不是理性认识的结果——民商分立并不能抹煞二者都调整私人利益关系这一基本事实。随着资本主义经济的发展，商法独立存在的社会经济基础渐趋薄弱(社会成员的普遍商人化及商业职能与生产职能的融合导致商人特殊阶层和特殊利益的式微)，商法与民法的融合也就顺理成章了。

当然，目前世界上多数国家在私法领域采民商分立主义，除历史的原因(民商分立的格局早已形成，不易改变)外，也有观念上的原因。这些国家法学界多数学者反对民商合一，其主要论点包括：(1)作为民法重要组成部分的身份法与商法并无多少联系；(2)民法注重各国各地的固有传统，而商法则体现着世界主义精神；(3)民法的过失责任原则在商法上也很少适用①。

在民商分立与民商合一的争论中，中国近代立法站在了民商合一的立场上。清末立法本采民商分立主义，但国民党政府在1929—1931年制定民法典时，采纳了民商合一的主张，其理由略谓：(1)因历史关系，认为应制定民商统一法典；(2)因社会的进步，认为应制定民商统一法典；(3)因世界交通，认为应制定民商统一法典；(4)因各国立法趋势，认为应制定民商统一法典；(5)因平等原则，认为应制定民商统一法典；(6)因编订标准，认为应制定民商统一法典；(7)因编订体例，认为应制定民商统一法典；(8)因商法与民法的关系，认为应制定民商统一法典。总之，“各国民商法典，近时趋势，凡民商划一之国，鲜有主张因合而分者，其他民商划分之国，其学者主张由分而合者甚多，其所以至今尚未实行者，盖因旧制历年已久，而理论实力，一时之间

① 王书江主编：《中国商法》，中国经济出版社1994年版，第14页。

尚未能推翻之耳，而趋势则已大定也”①。我们认为，上述理由颇具说服力。

新中国成立后，受前苏联立法和法学理论的影响，法律界不承认商人及其特殊利益的存在，对“商法”一词也就避而远之，逐渐形成了“只有民法、没有商法”的观念，民商法的分与合也无从谈起。在《民法通则》前后颁行的《经济合同法》、《涉外经济合同法》和《技术合同法》等单行立法，均被视为民事特别法。近年来，为适应中国社会主义市场经济的发展要求，《公司法》、《海商法》、《票据法》、《保险法》等属传统商法范畴的单行立法相继颁行，又引发了商法是否一个独立于民法的法律部门及是否需要制定统一的《商法典》的讨论。我们认为，上述立法，尽管与一般民法规范相比有较高的技术要求，但在实质上仍不过是适用于局部市场或特种市场的市场行为规范，因而属民法（民事特别法）的范畴，在理论上，我们不妨将它们作为民事特别法的一个群体加以归类阐述和研究，也不妨冠以“商法”或“商事法”之名，但由于它们与民法一般规范之间并不存在实质性的差异，并且同受民法基本原则的指导，因而不足以形成与民法相匹配的独立法律部门，《商法典》的制定也不具有客观必要性。

在民商合一的认识基础上，《民法典》的编纂采取何种体例？我们认为，借鉴《德国民法典》及与之相近的日本民法典的体例，应当作为编纂我国民法典的基本思路。对民法典体例的设计，总的指导思想应当是：既要借鉴国外立法的成功经验，又要兼顾本国民事立法的已有格局及民法理论的基本体系。在国外民法典中，《法国民法典》、《德国民法典》、《瑞士民法典》乃至意大利、荷兰及前苏联、东欧公有制国家的民法典都是可供参考的立法例。我们之所以主张以《德国民法典》作为我国民法典编纂体例的样板，主要是基于以下理由：（1）《德国民法典》代表了19世纪末叶以来民法法典化的最高成就，以其严谨的逻辑结构、精深的法理和准确的语言而受到众多国家法律界的推崇和仿效，从而成为20世纪民法法典化的总样板；其后颁布或修订的《瑞士民法典》、《意大利民法典》及《荷兰民法典》等虽不乏自己的特色，但都没有脱离《德国民法典》所创立的结构模式；即使是前苏联和东欧国家的民事立法，也没有完全摆脱德国民法理论及其法典编纂体例的影响。（2）从法律传统角度看，中国属大陆法系国家，且属德国法系分支，受德国法律科学和立法模式影响至深，在民法方面尤其如此。从《大清民律草案》到旧中国民法典，近代立法始终遵循着或追求着日本—德国的模式，并在这一过程中几乎全盘接受了德国的民法理论体系（潘德克顿体系），使之成为中国法律文化的一部分。新中国成立后，

① 王书江主编：《中国商法》，中国经济出版社1994年版，第14~16页。

虽然废除了旧的立法，但根植于《德国民法典》及其理论体系基础上的民法观念并未完全改变，加之在一个时期内被新中国法律界奉为楷模的苏联民法及其理论也在很大程度上受了德国民法的影响，这就使《德国民法典》及其理论体系的影响在新中国得以延续，至今不易。这种历史联系，突出地表现在我国的民法理论从体系到内容、从制度到概念，都与德国过去的和现在的民法理论大体一致，或者说是一脉相承的。(3)已有的立法成果表明，新中国民事立法实际上走的也是《德国民法典》的立法路子，只是未达到法典化、体系化的程度。《民法通则》第一、二、三、四、七、八、九章实际上相当于民法典的"总则"部分；第五章第一节"财产所有权和与财产所有权有关的财产权"可作为"物权"编的初步框架；第五章第二节"债权"是债法的一般规定，与第六章的有关内容(债权行为之债)及《经济合同法》、《技术合同法》、《涉外经济合同法》等一起，构成了"债权"编的主要内容；《婚姻法》和《收养法》是"亲属"编的核心组成部分；而《继承法》则可作为未来民法典中完整的一编。可见，我国现有的立法成就，实际上已经为立法机关参照《德国民法典》的基本体例编纂民法典奠定了基础，剩下的只是具体制度的设计和立法技术的运用问题了。

20世纪以来，随着科学技术的进步和生产力的发展，知识产权法律制度在世界范围内得到了空前的发展，在各国法律体系中占据越来越重要的地位，知识产权也已成为有别于物权和债权的独立的一类民事权利而受到保护。在晚近颁布的一些民法典(如1964年《苏俄民法典》，1963年《蒙古民法典》，及修订中的《荷兰民法典》中，甚至专设了有关知识产权的编章。改革开放以来，中国的知识产权保护立法也有了长足的发展，业已形成了一个体系较为完备的单行立法群体。据此，有的学者在论及民法典的编纂体例时，提出了将"知识产权"单列一编的主张①。我们认为，对这一问题应慎重考虑。知识产权作为重要的一类民事权利，这是毫无疑义的，但这并不意味着《民法典》中必须设专编对其加以集中规定。基于以下几点考虑，我们认为，对知识产权关系的调整和保护，仍以单行立法为宜，而不便作专编规定：(1)知识产权虽属民事权利，但其发生方式(尤其专利权、商标权)不同于一般意义上的财产权和人身权，在权利主体和客体方面也受到若干限制。较强的国家干预使此类民事权利成为非纯粹意义上的"私权"，与物权、债权等并列成编，未必恰当。(2)知识产权的各种具体形态(版权、专利权、商标权)间，个性大于共性，若设专编，只能是机械组合，难以看出它们之间的内在联系，甚至要在本编中设"一般规

① 刘凯湘：《民法典——我国民事立法的必由之路》，载《法律科学》1993年第5期。

定”也极为困难。(3)对各种知识产权，我国都已有单行立法，其条款虽未必详备，但均有相当数量(如《著作权法》有56条，《商标法》有43条，《专利法》有69条)，并各有“实施条例(细则)”，如果组合成编，其篇幅必不在小，与整部《民法典》的条文安排恐不协调。但是，《民法典》中不能没有关于知识产权的一般规定。我们认为，在立法技术上可作如下处理：在“总则”编的“人身权”部分对知识产权中的人身权内容作原则性规定，而有关知识产权中财产权利的移转则由“债权”编加以规定。

第二章　民法的基本原则

第一节　民法基本原则概述

一、民法基本原则的含义

在现代汉语中，“原则”为“本源”、“规则”的合成词，意指观察、处理问题的根本规则，在各个领域中广为使用，因而也存在“法律原则”。但中外学者对“法律原则”的含义并无统一的解释。

“法律原则”在英文中的对应词为“Legal Principle 或 Principle of Law”，我国台湾学者译作“法理”，在日本也被称为“条理”或“原理”。英美法学者对 Principle of Law 的解释是“在那些具体法律规则无法涉及的案件中被重复和合法地引用的、被奉为法律推理的权威性出发点的一般训诫”①；或“作为法律的其他规则或学说的基础或来源的、法律的诸多规则或学说的根本真理或学说”②。我国台湾地区及日本学者通常将“法理”、“条理”解释为“适应时代环境需要，合乎正义之道而一般信为通常事理的法律的原理”，或“以社会通念、公序良俗、信义诚实之原则等言词表现、最终存在于社会生活的根本理念中的事情的道理”③。由上可见，法律原则在中、西法律观念中的共同含义是“法律的根本规则”，即具体法律规则产生的共同依据。

民法的基本原则，即民法的根本规则，是指贯穿于整个民法部门和全部民法规范之中的基本准则。对民法基本原则的含义，可从两方面理解：一是其内

① David M. Walker, The Oxford Companion to Law, Clarendon Press, Oxford, 1980, p. 989.

② Black's Law Dictionary, West Publishing Company, 1979, p. 1074.

③ 徐国栋著：《民法基本原则解释》，中国政法大学出版社 1992 年版，自序部分，第 11~12 页。

容的根本性，即它是对作为民法主要调整对象的商品关系的本质和规律以及统治者所奉行的民事立法政策的集中反映；二是其效力的普遍性和贯彻始终性，即它是制定、解释、执行和研究民法的共同准则，并且对所有民事制度和全部民法规范的立法、法律解释、司法实践和法学研究发生效力。

综观各国立法和实践，民法基本原则的功能或价值主要体现在以下几个方面：一是行为指导功能，即作为民事活动的指导原则。如《瑞士民法典》第 2 条规定："无论何人行使权利和履行义务，均应依诚实信用为之"；前苏联、东欧公有制国家的民事立法及《民法通则》关于民法基本原则的规定，也大多强调这种功能。二是解释、评价功能，即作为解释行为人意思或对其行为作出法律评价的准则。如《德国民法典》第 157 条规定："契约之解释应斟酌交易上习惯，依诚实信用原则为之。"三是法律补充功能，即通过法官运用民法基本原则进行创造性的司法活动，补充立法上的漏洞。在强调判例法作用的国家，这一功能得到了充分发挥。民法基本原则的上述功能是相互渗透、不可分割的，法律补充功能的发挥实质上就是解释、评价功能的发挥，也是行为指导功能的体现。

二、民法基本原则的演进

民法基本原则尽管贯穿于整个民法制度之中，但并非在各个时代和每个国家的民事立法（民法典）中都有集中的或直截了当的表述，因此，对民法基本原则的探究，不能拘泥于个别法条，而需要对特定时代的民事立法或某一法典所体现的基本准则进行理论抽象。

罗马法是商品生产社会的第一个较为完备的法律，在私法方面取得了极高的成就。在罗马私法规范中，体现了反映简单商品经济要求的立法思想。（1）主体平等思想。罗马法学家继承和发展了斯多噶学派的自然法思想，主张"一切人生来平等"（乌尔比安）、"平等和公正即法律"（保罗）。由于罗马社会等级阶层的严格划分，这一平等思想在罗马私法中不可能得到彻底的贯彻，但在商品交换领域却被奉为公理，法律确认交易各方的平等地位及对等的权利义务。"这样，至少对自由民来说产生了私人的平等，在这种平等的基础上罗马法发展起来了……"①二是契约自由思想。早在罗马古典法时期，契约自由思想就已形成。在优士丁尼《国法大全》中，这一思想得到了进一步的阐述。《法学阶梯》中有关诺成契约的规定，已包括了现代意义上的契约自由思想，即认

① 《马克思恩格斯选集》第 3 卷，人民出版社 1972 年版，第 143 页。

为契约是当事人合意的产物，当事人间订立的契约具有法律效力，非经当事人双方同意，不得随意变更和解除①。三是过失责任思想。罗马法继加害责任之后，在《阿奎利亚法》的基础上，通过后来的判例和学说见解的补充，形成了较为系统和成熟的以过失为基准的民事归责原则；在优士丁尼《国法大全》中，过失责任思想也得到了确立和完善(《学说汇纂》中专设"论阿奎利亚法"一章，全面阐述了这一思想)②。除上述重要思想外，罗马法中还出现了所有权不可侵犯和诚实信用原则的雏形。

随着罗马法的复兴和继受，罗马私法的上述基本思想在近代立法中得到了继承和发扬，进而上升为近代民法的基本原则：身份平等原则、所有权神圣原则、私法自治原则及过失责任原则。

身份平等，即民事权利能力平等。资产阶级革命从根本上否定了封建等级制度，实现了身份平等的理想，从而为在立法中比罗马法更全面地贯彻平等思想提供了可能性。法国资产阶级革命取得政权后，便在《人权宣言》中提出了"公民在法律面前人人平等"的原则。《法国民法典》第 8 条则将这一原则具体化，规定："一切法国人均享有民事权利"，并于第 7 条规定："民事权利的行使不以按照宪法和选举法所取得的政治权利为条件。"其他资本主义国家的民法典，也作了类似规定(如《德国民法典》第 1 条，《日本民法典》第 1 条，《瑞士民法典》第 11 条，《土耳其民法典》第 8 条)。但是，在近代各国民事立法中，平等理想的彻底实现并非一日之功。例如，1804 年《法国民法典》曾规定剥夺公民民事权利能力的死亡制度，其他各国立法中关于家庭成员间不平等的条文也直到战后才基本废止。

所有权神圣，是指私人对其财产享有绝对的、排他的自由处分的权利。《法国民法典》第 544 条规定，"所有权是对于物完全按个人意愿使用及处分的权利，但法律及规定所禁止的使用不在此限"，就是对这一原则的准确诠释。这一原则，曾被极端地理解为所有权绝对，甚至有人主张对于土地的所有权可以上至天空下及地心，这一认识未免偏颇。所有权神圣作为一项民法原则，从来不意味着所有权不受任何制约，而是恰恰相反，其行使应当遵守法律，不危害他人及公众利益。

私法自治原则，是近代资产阶级个人主义思想在私法领域中的体现。其基

---

① 马俊驹、陈本寒：《罗马法契约自由思想的形成及对后世法律的影响》，载《武汉大学学报》1995 年第 1 期。

② 王卫国著：《过错责任原则：第三次勃兴》，浙江人民出版社 1987 年版，第 28~44 页。

本精神是：当事人依照自己的理性判断去参与社会经济活动，因此所产生的权利义务关系，国家直接承认其效力，而不予以干预或限制。在商品经济生活中，私法自治的主要体现就是契约自由，因而一些著述中径自把契约自由列为近代民法的基本原则之一。《法国民法典》第 1134 条规定，“依法成立的契约，在缔结契约的当事人间有相当于法律的效力，仅得依当事人相互同意或法律规定的原因取消之”，充分体现了私法自治思想。《德国民法典》把法律行为、债和契约三个概念同时并用，有关契约的规定分别见于对“法律行为”和“债”的规定中，但都贯彻了这一思想(《德国民法典》第 133 条、154 条、780 条等)。《日本民法典》第 91 条规定，“法律行为的当事人，表示了与法令中无关公共秩序的规定相异的意思时，从其意思”，可谓对私法自治原则淋漓尽致的表述。在财产继承方面，这一原则也通过“遗嘱自由”得到充分体现。

过失责任原则，也称过错责任原则或自己责任原则，其要旨是“个人对自己的过错行为承担责任”。它实质上是私法自治原则的延伸，同样源于个人主义的社会理念。私法自治首先意味着自主参与，而自负其责(自己责任)则是自主参与的必然逻辑结论。民事生活参与者应对其过错加害行为负责，且只对自己的有过错的加害行为负责，这就是著名的“无过失即无责任”原则，简称过失责任原则。《法国民法典》是这一原则的近代奠基者，该法典第 1382 条和 1383 条规定：“任何行为使他人受损害时，因自己的过失而致行为发生之人，对该他人负赔偿的责任”；“任何人不仅对因其行为所引起的损害，而且对因其过失或懈怠所造成的损害，负赔偿的责任。”上述规定，是对罗马私法中过失责任思想的继承和发展，由此确立了为近代各国民法典所信奉的一项重要民法原则。继《法国民法典》之后，《荷兰民法典》(第 1401 条)、《德国民法典》(第 10、11、12 条)、《日本民法典》(第 709 条)、《瑞士债务法》(第 41 条)及大陆法系其他民法典，都确立了过失责任原则。在同一时期的英美判例法中，这一原则也得到了体现①。

近代民法的上述基本原则的确立，从表层看是继承和发扬罗马私法精神的成果，从深层看，则是 19 世纪资本主义自由发展时期社会经济生活条件在民事立法中的必然反映。一旦这些基本原则藉以产生的历史条件发生变革，它们就必然受到怀疑和修正。

19 世纪末叶以后，资本主义经济由自由竞争走向集中和垄断，导致了经济危机的频繁发生和社会矛盾的日益尖锐化。为了摆脱危机，缓和矛盾，资产

① 王卫国著：《过错责任原则：第三次勃兴》，浙江人民出版社 1987 年版，第 76~79 页。

阶级国家不得不改变“守夜人”的形象，在社会法学和“团体主义”民法理论指导下，加强了对市民生活的国家干预，社会性立法异常活跃。这一立法趋势，被描述为从“个人本位”到“团体本位”。在民法领域，其结果是出现了一系列新的立法和实践，而它们又在一定程度上修正和补充了传统民法的基本原则。

一是抽象的身份平等原则的具体化。任何人(公民、法人)都具有民事权利能力，都能够成为民事法律关系的主体，是传统民法的基本理念。但随着资本主义经济的垄断化，尤其是周期性的经济危机，这种平等在经济生活领域被严重地扭曲，变成了实质上的不平等，这也是社会矛盾激化的根本原因。为了缓解这种矛盾，资本主义国家采取了一系列立法措施，如通过特别立法肯定劳工的团体交涉权(工会参与订立“团体契约”)、禁止企业的结合或独占、保护小企业和消费者的利益等。

二是所有权的社会化。《法国民法典》所确立的所有权神圣原则，因不符合团体主义的立法思想而受到冲击，所有权的行使应有限制的观念(这种观念在《法国民法典》中已有所反映)渐受重视。法国科尔玛法院于 1855 年首创了禁止专为损害他人而行使所有权的判例，《德国民法典》(第 903 条、905 条)、《日本民法典》(第 207 条)及《瑞士民法典》(第 667 条)也体现了所有权非绝对化的立法精神。1919 年通过的德国《魏玛宪法》第 153 条第 3 项规定“所有权伴有义务，行使所有权应同时顾及公共利益”，以基本法的高度明确了所有权的有限性。通过对所有权的限制，实现了资产阶级学者所谓的“所有权社会化”。

三是契约的基准化。集中体现私法自治精神的“契约自由”原则，在新的历史条件下也受到了挑战。为了修正契约自由的偏差，资本主义各国一方面通过立法，将买方和卖方、出租人和承租人、投保人和承保人、雇主和雇员乃至经营者和消费者之间的契约关系规范化；另一方面则在司法实践中运用“公序良俗”等原则对契约关系加以干预。上述两个方面，实质上都不过是为契约关系确立具体的或抽象的基准，从而使契约自由失去了原有的意义。

四是归责原则的二元化。19 世纪中叶以后，随着生产力的进一步发展，各种工业损害日益增加，成为十分普遍和尖锐的社会问题，也使传统的过失责任原则不能满足时代的需要。为了完善民法的调整功能，在“公平”的口号下，适用无过错责任原则的立法和实践应运而生。德国 1884 年《工伤事故保险法》和法国 1898 年《劳工事故赔偿法》成为适用无过错责任的立法先驱。在英美国家，也通过立法和判例使“绝对责任”和“严格责任”(其实质均为无过失责任)成为与过失责任原则并行不悖的民事归责原则(各国私法中的无过失责任原则，均主要适用于侵权责任领域)。

除上述变化外，民法基本原则晚近发展中的另一成就是“诚实信用”和“公序良俗”原则的崛起，对此后文将作阐述。

社会主义国家和“社会主义法系”在20世纪的出现，也为民法基本原则注入了新的内容。一方面，资产阶级民法所确立的一些基本原则在社会主义国家受到了无情的抨击。社会主义国家彻底否定了财产私有制，否认所有权的平等性，片面强调对公有制和国家所有权的保护，个人所有权被限制在生活资料的狭小范围内；在高度集权的计划经济模式下，“契约自由”也失去了存在的基础，取而代之的是“服从国家计划”原则。另一方面，传统民法原则中符合社会主义政治观念和现实需要的一些内容也被社会主义民事立法所肯认，如平等自愿原则、过失责任原则等。

三、我国民法的基本原则

社会主义中国对民法基本原则的认识，在短短数十年间经历了曲折的发展历程。

新中国成立初期，民法学界所提出的我国民法的基本原则主要有：巩固和发展社会主义公有制原则；保证实现国家经济计划原则；公民民事权利义务一律平等原则；个人利益与公共利益相结合原则等①。上述认识，反映了人民民主政权在民法领域废旧立新的实践以及前苏联民法的影响。

20世纪60年代，民法学研究近于停滞。1964年民法草案(试拟稿)所确立的基本原则有：发展经济、保障供给；严格执行统一的国家计划；统一领导、分级管理；自力更生、艰苦奋斗；政治挂帅，等等。显而易见，这些原则反映了依靠行政手段管理经济的经济体制的要求，在表述上也近于政治口号。这一时期民事立法，完全成为国家干预经济生活的手段，民法基本原则不过是这一基本立法宗旨的具体化。

20世纪70年代末期以后，随着工作重点的转移和法制建设的重新开展，民法学教学和研究工作得以恢复，有关民法基本原则的论述也随之出现。在新旧经济体制交替的特定历史条件下，民法学界对民法基本原则的认识出现了百家争鸣的局面。在有关著述所提出的众多民法基本原则中，既有反映自然经济观点的原则(如服从国民经济计划指导原则)，也有反映商品经济本质要求的原则(如平等、等价、权利义务一致原则)，这表明我国法学界对民法本质的认识有了新的进步，但未能越过民法是“公法”的理论禁区。

---

① 《法学研究》编辑部编：《新中国民法学研究综述》，中国社会科学出版社1990年版，第40页。

1986年通过的《民法通则》第一章被冠以"基本原则"之名，但真正具有宣示民法基本原则意义的主要是以下条文：(1)"当事人在民事活动中的地位平等"(第3条)；(2)"民事活动应当遵循自愿、公平、等价有偿、诚实信用的原则"(第4条)；(3)"公民、法人的合法民事权益受法律保护，任何组织和个人不得侵犯"(第5条)；(4)"民事活动必须遵守法律，法律没有规定的，应当遵守国家政策"(第6条)；(5)"民事活动应当尊重社会公德，不得损害社会公共利益，破坏国家经济计划，扰乱社会经济秩序"(第7条)。在上述条文的基础上，国内民法学界对我国民法的基本原则有各种各样的阐发，从"四原则说"到"八原则说"，罗列出来不下二十余项①。我们认为，从总体上说，上述条文大体反映了现代民法基本原则的主要内容，如第5条体现了"私权神圣"原则的精神，第3条可视为"身份平等"原则的具体表述，而第4条、第6条、第7条则包含了"意思自治"、"诚实信用"及"禁止权利滥用"等原则的内容。这就表明，中国法律界对民法基本原则的认识又达到了一个新的高度，对民法本质及其调整方法的认识也有了新的进步。但是，上述条文中的某些内容，未必真正具有民法基本原则的价值。例如，第4条所称"公平"、"等价有偿"，应属有偿财产关系的调整原则，并不适用于全部财产关系，因而不宜视为贯穿于整个民法部门的基本原则；第6条从文意上说也只是"民事活动"的指导原则，对民事立法、法律解释等并无指导意义，作为民法的基本原则未必妥当。未来的中国民法典，应当在《民法通则》的已有立法成就的基础上，吸收近年来有关民法基本原则的理论研究成果，确立反映民法性质、适应社会主义市场经济要求、顺应世界立法潮流的民法基本原则体系，即身份平等原则、私权神圣原则、意思自治原则、诚实信用原则和公序良俗原则。其中，身份平等、私权神圣、意思自治是体现民法固有精神的传统原则，前文已作简述；诚实信用和公序良俗原则则是在传统民法基本原则的基础上发展起来的现代民法基本原则，下文拟作专门阐述。

第二节　诚实信用原则

一、诚实信用原则的含义

作为法律术语，"诚实信用"一词起源于西方立法。诚实信用在罗马法中

① 徐国栋著：《民法基本原则解释》，中国政法大学出版社1992年版，第54~55页。

的相应表述是 bona fide 或 aequum et bonum，《法国民法典》称为 bonne foi，英美法中也有 good faith 这一用语。上述各种文字，其直译都是“善意”。《德国民法典》(第 157 条)及《瑞士民法典》(第 2 条)中，有 treu und glauben 一词，其译义为“忠诚(忠实)和相信(信任)。日本民法中的“信义诚实”，即由此迻译而来。中国近代民事立法和民法理论在仿效德、日的过程中，也继受了这一术语，称为“诚实及信用”(旧中国民法典第 148 条、第 219 条)，简称“诚实信用”。

对诚实信用原则的含义，中外学者见解不一。德国学者施塔姆勒(Stammler)将诚实信用原则与“爱人如己”的人类最高理想联系起来，认为诚实信用原则是这种最高理想的体现，符合这种理想即符合诚实信用原则，这种观点得到了马立克(Manik)和胡伯(Huber)的支持，并从《奥地利民法典》第 7 条有关“自然的法律基本原则”中得到印证；登伯格(Demburg)和恩德曼(Endmann)将诚实信用原则解释为“人人可得期待的交易上道德的基础”；肖梅叶(Schollmeyer)等人认为，诚实信用原则与罗马法中“一般的恶意抗辩”具有同一意义，仅作为受害当事人行使撤销权的依据；希奈德(Schneider)则从当事人双方利益平衡的角度解释这一原则①。我国台湾地区学者史尚宽在评说上述各种观点的基础上，指出诚实信用原则具有以下几层含义：一是含有“信”的因素，即法律关系的一方应顾及他方利益，衡量对方对自己一方有何期待，并使其正当期待不致落空；二是含有“诚”的因素。史氏认为，“诚”即“成”，包括成己、成人和成其事物；三是含有遵从交易习惯之意，但不包括不利于当事人正当期待之保护的交易习惯②。另一台湾学者蔡章麟则认为，诚实信用原则的内涵和外延是不确定的，它所包括的范围远远超过其他一般条款，是未形成的法规，是授予法官的委任状③。还有的学者将诚实信用原则与“衡平法”联系起来，认为二者是意义相近的概念，其功能也相同，即“同为法律之补助法”④。祖国大陆民法学界对《民法通则》中“诚实信用”一词的解释也极不统一，但大体上可分为语义解释和非语义解释两种。语义解释是以“诚实信用”的字面意义解释这一原则的内涵，认为诚实信用原则是民事活动参与者诚实不欺、恪守信用的要求⑤，也有的扩大到“以善意的方式履行其义务，不

①② 史尚宽著：《债法总论》，台湾荣泰印书馆 1978 年版，第 319、320 页。
③ 刁荣华主编：《中国法学论集》，台湾汉林出版社 1976 年版，第 416 页。
④ 何孝元著：《诚实信用原则与衡平法》，台湾三民书局 1986 年版，第 43 页。
⑤ 马原主编：《中国民法教程》，人民法院出版社 1989 年版，第 24 页。

得规避法律和合同①；非语义解释则认为，诚实信用原则属于弹性法规，没有确切的内容，是外延不十分确定的一般条款②；或进一步认为，诚实信用原则是立法者实现当事人双方及社会三者利益平衡的要求，其目的在于保持社会稳定与和谐发展③。

从中外学者对诚实信用原则的各种解释中可以看出，要给诚实信用原则下一个能够得到普遍认同的定义并非易事。但在上述观点的基础上，我们可以对这一原则的内涵作以下几个层面的表述：其一，诚实信用原则是对民事主体的要求，即要求他们在民事活动中诚实不欺、恪守承诺，不负对方的信赖；其二，诚实信用原则的目的是实现当事人双方及社会三者利益的平衡；其三，诚实信用原则是模糊的社会公平正义观念在民法领域的体现，或者说是社会公平正义观念与具体民法规范之间的连接纽带。由此可见，在对诚实信用原则的语义解释和非语义解释之间并不存在实质上的分歧。

二、诚实信用原则的历史沿革

诚实信用原则渊源于罗马法学家所崇尚的“善意与衡平”(bonum ot aequum)的自然法思想。罗马法学思想的领导者西塞罗受希腊哲学影响极深，认为最理想的生活莫过于顺其自然，最高的品德为明达、正义、慷慨及谦恕。因此“毋害他人”、“诚实处事”、“待人如己”等原则，成为罗马社会流行的格言，而它们莫不是诚实信用原则的应有之义④。

诚实信用原则在实践中的运用，首见于罗马法中的诚信契约和诚信诉讼。在罗马法中，契约按其履行方式的不同，可分为严正契约和诚信契约(或称“严法契约”与“宽法契约”)。所有的单务契约都是严正契约，所有的双务契约都是诚信契约。在严正契约中，债务人只需按自己的承诺履行义务，不得增加或减少；与此相反，诚信契约的债务人不仅要履行契约规定的义务，而且负有善意履行的义务⑤。与这种分类相适应，因严正契约或诚信契约发生的纠纷，分别按严正诉讼和诚信诉讼程序处理。在严正诉讼中，承审员的职责仅限于按程式中的记载审查原告的请求有无市民法的根据，进而作出同意与否的判决；如果程式中没有列入被告的抗辩，则承审员虽明知被告是受原告欺诈或胁迫，

① 王利明等著：《民法新论》(上)，中国政法大学出版社 1988 年版，第 63 页。
②③ 徐国栋著：《民法基本原则解释》，中国政法大学出版社 1992 年版，第 78 页。
④ 何孝元著：《诚实信用原则与衡平法》，台湾三民书局 1986 年版，第 26~27 页。
⑤ R. W. Lee, The Element of Roman Law, 4th edition. Sweet and Maxwell 1956, p. 286.

也不得免除被告的责任，而在诚信诉讼中，程式中注明"按诚信"(ex bona fide)的字样，使承审员可斟酌案情，根据当事人在法律关系中应该诚实信用的要求，对契约内容进行干预，按公平正义的精神作出恰当的判决，不必严守法规，拘泥于契约的形式；故原告如有欺诈、胁迫等行为，即使被告未在程式中提出抗辩，承审员也有权开释被告①。由上可见，在罗马法时代，诚实信用原则担负着双重功能：一是对债务关系当事人的诚信要求，一是对法官自由裁量权的确认。因此，它既是民事活动的指导原则，又是属于具体法律规范之上的民事裁判的基本准则。诚实契约和诚信诉讼都来源于万民法，主要适用于作为商品交换法律形式的双务契约，如买卖、租赁、雇佣、承揽等，强调了契约当事人的相互信任及合作，体现了商品经济的一般要求。

近代立法在继受罗马法规范体系的同时，也确认了诚实信用原则。但在绝对主义、理性主义的思想指导下，法官的创造性司法活动受到了排斥，诚实信用原则的法律补充功能也不复存在，而只具有指导当事人民事活动的意义，并且只适用于契约法领域。如《法国民法典》第1134、1135条规定："契约应依诚信方法履行"；"契约不仅因其明示发生义务，并依照契约的性质，发生公平原则、习惯或法律所赋予的义务"。《德国民法典》第242条也规定："债务人须依诚信原则，并且照顾交易惯例履行其给付。"从上述规定中可以看出，诚实信用原则在近代立法中被定位为履行债务的原则，只要求债务人单方遵守，对债权人及债权以外的民事权利的行使并无约束力，这就很难说它具有民法基本原则的意义。

《瑞士民法典》的问世，使诚实信用原则进入了一个新的发展阶段。该法典第2条规定："任何人都必须诚实、信用地行使其权利并履行其义务。"这一规定，第一次在立法中将诚实信用原则提升到民法基本原则的高度，从而标志着现代意义的诚实信用原则的确立。从此，诚实信用原则不再是只约束契约人的原则，而是债权人和债务人必须同时遵守的原则。质言之，它不再仅是履行义务时应遵循的原则，而且是行使权利时应遵守的原则；它不再是仅适用于债法领域的一项原则，而已成为适用于一切民事法律关系的民法基本原则，对一切领域的民事活动及其司法实践都具有指导意义。

《瑞士民法典》中关于诚实信用原则的规定，由于反映了19世纪末叶以来欧陆各国占主导地位的法学思潮(自由裁量主义法学及社会本位的法律思想)，

① 周枏著：《罗马法原论》(下)，商务印书馆1994年版，第885页。

更重要的是由于反映了现代社会生活对民事立法的要求，而受到大陆法系各国的推崇和仿效。在法国和德国，通过学者和法官的解释，使民法典中原有的诚实信用条款逐渐上升到基本原则的地位；在日本，战后修订民法典时，诚实信用原则被作为民法基本原则而规定于法典的开端。

以《苏俄民法典》为代表的公有制国家民法典，遵循列宁关于"凡是西欧各国文献和经验中所有保护劳动人民利益的东西，都一定要吸收"①的指示，大胆借鉴了资产阶级民法典(尤其是《德国民法典》)的立法技术，也吸收了其中符合社会主义理想和需要的一些立法思想和原则，包括诚实信用原则。公有制国家民事立法对诚实信用原则的确认，存在两种不同方式。一是以《苏俄民法典》为代表的将诚实信用原则的要求具体化的立法方式。1921年《苏俄民法典》第1条规定："民事权利的保护，以行使民事权利不违反该权利的社会经济使命为限。"1964年《苏俄民法典》第5条规定："公民和组织在行使权利及履行义务时，都应遵守法律，尊重社会主义公共生活准则和正在建设共产主义的社会主义道德准则。"这种从"权利不得滥用"角度对诚实信用原则的具体化表述，成为大多数原东欧公有制国家的立法楷模，《民主德国民法典》(第14、15条)、《捷克斯洛伐克民法典》(序言部分)、《波兰民法典》(第5条)及《匈牙利民法典》(第4条)都有类似规定。这些规定，尽管未正面表述"诚实信用"字样，但其精神无非是要求当事人行使权利和履行义务时兼顾各方面利益，不得滥用权利，这正是诚实信用原则的内容。与上述国家不同，个别公有制国家采取了直截了当宣示诚实信用原则的立法方式，如《南斯拉夫债法》第12条规定："当事人在建立合同关系及行使合同权利和履行义务时，应遵循诚实及信用原则。"上述两种立法方式，反映了公有制国家间在民事立法模式及处理立法与司法的关系方面的差异。大多数公有制国家都采用法典法，理论上不承认法官可进行创造性的司法活动，因而采取了具体化的立法方式，为法官"执法"提供依据；而前南斯拉夫不采用法典化模式，在较大程度上允许法官进行创造性的司法活动，因而采取了抽象的立法方式，为法官"造法"留下余地②。

我国《民法通则》对诚实信用原则的规定，采取了抽象化与具体化相混合的立法方式，即既正面宣示抽象的诚实信用原则(第4条)，又另设公平、等价有偿权利不得滥用等规定(第4、6条)对这一原则的基本内容作了具体阐发。这种颇具特色的立法方式表明，现阶段我国立法对诚实信用原则的定位尚

① 《列宁全集》第33卷，人民出版社1957年版，第173页。

② 徐国栋著：《民法基本原则解释》，中国政法大学出版社1992年版，第88页。

不明确，有待于未来民法典在形式意义的(抽象化的)诚实信用原则与实质意义的(具体化的)诚实信用原则之间作出恰当的选择，以求逻辑上的严谨和解释上的统一。

三、诚实信用原则的运用

作为一项民法的基本原则，诚实信用原则在民法各领域中得到了广泛的运用，并由此衍生出一系列亚层次原则，这里择要加以论述。

(一)禁止权利滥用原则

在大陆法系国家，禁止权利滥用被视为诚实信用原则的当然内容，因为它直接体现了诚实信用原则中维持个人利益与社会利益平衡的要求。

任何权利的实现，不仅关系到权利人的利益，而且涉及义务人的利益和社会利益。因此，各国立法无不对权利的行使规定了这样或那样的限制。在罗马法中，虽有"行使自己的权利，无论对于何人均非不法"的格言，但法律对具体权利(尤其是所有权)的行使仍加以一定限制，如因相邻关系的限制、因公共利益的限制、因宗教方面利益的限制、因人道主义和道德方面的限制等①。至近代，各国民法典都设置了禁止权利滥用的条款。《法国民法典》第 544 条在宣称"所有权是对于物有绝对无限制地使用、收益及处分的权利"的同时，未忘规定"但法律所禁止的使用不在此限"，并在有关土地所有权的规定中充分体现了这一立法精神；《德国民法典》第 226 条、《日本民法典》第 1 条、《瑞士民法典》第 2 条更是明确规定"权利的行使不得只以加害于他人为目的"、"私权应服从公共福利；行使权利和履行义务应恪守信义，诚实进行；不许可滥用权利"、"明显地滥用权利，不受法律保护"；前苏联和东欧公有制国家民法典，也都专设了强调个人权利须服从于社会利益、禁止权利滥用的条款(见上文)。我国《民法通则》第 6 条及第 7 条的规定，也体现了禁止权利滥用的立法精神。

尽管各国立法对民事权利的行使都作了一些限制性规定，但学说上对权利滥用问题的认识并不一致。首先是对"权利滥用"这一概念是否科学认识不一。在西方法学家中，对此问题有否定说和肯定说两派观点。如法国学者普兰利认为，"滥用权利本身是个矛盾的字眼，权利不存在滥用，当滥用的时候权利已

---

① 周枏著：《罗马法原论》(上)，商务印书馆 1994 年版，第 301~303 页。

经不存在，它已经不是法律所承认的、在一定范围内行使的权利”①。这种观点，与罗马法中“行使自己的权利，无论对于何人均不非法”的思想一脉相承。但大多数大陆法系学者对权利滥用的概念持肯定态度。如约瑟朗德认为：“权利存在于将要实现其作用的范围内，超出这一范围，权利享有人便超出或滥用了这些权利。”②在前苏联法学界，也存在这样两派观点。其次，在判断滥用权利的标准方面，各国立法和实践也很不统一，但大体上可分为主观说和客观说两种主张。主观说以权利人行使权利时的主观状态为准，认为行使权利有故意滥用的意思，即构成权利滥用。在法国学说和判例中，这种观点得到了反映③。《德国民法典》第226条规定也采此主张。客观说以权利行使的客观结果为标准，认为只要行使权利时损害了他人或社会的利益，就构成权利滥用。德国学说和判例认为，如果权利人缺乏正当利益而行使权利，即可推定其有加损害于他人的目的，从而认定为滥用权利，这实际上就是一种客观说思想；另如《波兰民法典》第5条规定，“如果某人以作为或不作为而取得有悖于法典的社会经济目的和社会共同原则的利益，即认为是滥用权利”，也体现了这种思想。根据《国际比较法百科全书》的概括，关于权利滥用，各国共确立过故意损害、缺乏正当利益、选择有害的方式行使权利、损害大于所取得的利益、不顾权利存在的目的、违反侵权法的一般原则等六种标准④。

中国民法是否承认权利滥用的概念？如果承认，又如何确定构成权利滥用的标准？我们认为，权利滥用的概念在中国民事立法中是存在的并受到法律调整的。这不仅从《民法通则》第6条、第7条中得到印证，也反映在其他立法文件中。如《土地管理法》第19条规定：依法取得国有土地使用权的单位或个人，未经原批准单位同意而连续两年未使用的，由土地管理部门依法收回其土地使用权；《专利法》第52条规定，发明和实用新型专利权人自专利权被授予之日起满3年，无正当理由没有在中国制造其专利产品、使用其专利方法，专利局根据具备实施条件的单位的申请，可以给予实施该专利的强制许可。上述条文，都是对滥用权利行为（不作为）的禁止或限制性规定。至于构成权利滥用的标准，在立法上虽未明确，但理论界一般主张采主客观相结合的标准，即既要看权利人有无滥用权利的故意或过失，又要考察其行使权利的客观方式和

---

①② 转引自王利明等著：《民法新论》（上），中国政法大学出版社1988年版，第135页。

③ 史尚宽著：《民法总论》，台北正大印书馆1980年版，第654页。

④ 徐国栋著：《民法基本原则解释》，中国政法大学出版社1992年版，第94~96页。

后果。有的学者提出，我国民法可参酌国外立法和实践，从缺乏正当利益，选择有害的方式行使权利、损害大于所取得的外部行为推定权利人存在滥用权利的故意，并采用不顾权利存在的目的行使权利及违反侵权法的一般原则的标准推定权利人具有滥用权利的过失，再看权利人行使权利的行为是否造成了或可能造成他人或社会利益的损害，综合分析并作出判断①。这种见解，颇值采纳。

（二）公平原则

与“诚实信用”一样，公平是一个含义模糊的概念。概言之，公平是一种社会观念，是与特定社会通行的正义观念和道德准则相联系的、以利益均衡为内核的价值判断标准，有“公正”、“平衡”之意。公平原则是社会公平观念在民法中的体现，即以公平观念作为判断标准来调整民事主体间的物质利益关系、确立其权利义务乃至民事责任的一项民法原则。它要求民事主体本着公平观念实施民事行为，并要求司法机关根据公平的观念裁判民事案件。公平原则因其不确定的内涵而被赋予弥补民法规定之不足、维持当事人利益平衡的功能，因而成为诚实信用原则在财产关系（主要是债权关系）方面的重要表现。

公平与正义是法律的固有精神。德语称法为 recht，法语为 droit，二者皆可释义为“正”，英语中 right 一词同样具有“正”的含义；在意大利、西班牙、葡萄牙、瑞典、挪威、丹麦等国文字中，“法”与“权利”都以同一用语表示，且都与“正”字同义。中文古语中的“灋”字，也有“平之如水”之义。可见，法的本身应体现正义与公平，乃古今中外的共同理念。在民法领域，公平、正义的理念不但从给付与反给付、侵权行为与损害赔偿的均衡中得到体现，并且被奉为调整财产关系的基本原则。

民法是调整商品交换关系的基本法。民法对商品交换关系的调整，主要体现在两个方面：一是为商品交换主体方面的前提条件提供规则；一是为商品交换内容方面的前提条件提供规则。在前一方面，民法确立了平等、自愿（意思自治）原则，而在后一方面，则以公平原则起主导作用。这是由商品交换关系的本质决定的。正如马克思所指出的，“交换就其纯粹形态来说是等价物的交换”②，如果交换内容不是等价有偿的，商品生产者将不仅得不到利润，而且不能回收生产成本，简单再生产和扩大再生产皆无法进行。因此，等价交换是

① 徐国栋著：《民法基本原则解释》，中国政法大学出版社 1992 年版，第 90~91 页。

② 《马克思恩格斯全集》第 23 卷，人民出版社 1972 年版，第 181 页。

商品生产和交换得以存在的前提条件。而等价交换的实质，就是利益均衡，就是公平。故从本质上说，民法意义上的公平原则反映了商品交换的一般要求。

在将法律作为公平与正义的化身的西方法律体系中，公平被视为法律的应有之义，也是法律的最高原则，具有不言而喻的地位，故在民事立法中未作专门规定。而在中国，公平原则的确立，则并非轻而易举。在新中国成立后的相当长时期内，理论上和立法上均不承认这一原则。其所以如此，既有意识形态方面的原因(认为在阶级社会中不存在公平，且忽视物质利益原则)，也有经济体制方面的原因(单纯以行政手段确定价格，无视价值规律，否认等价交换)。十一届三中全会以后，在发展有计划商品经济的过程中，价值规律和物质利益原则重新得到肯认，从而为公平原则的确立创造了客观条件。1980 年民法草案(征求意见稿)规定了等价有偿原则，向公平原则的确立迈出了重要的一步；《民法通则》进而明文规定了公平原则，成为民事立法史上的创举。

如前所述，公平原则作为诚实信用原则的重要内容，主要适用于财产流转关系，并在这一领域派生出等价有偿、情事变更和公平责任等具体规则。

等价有偿是公平原则的当然内容，也是对这一原则最浅显的诠释。它要求在民事活动中除法律另有规定或当事人另有约定外，取得他人财产利益或得到他人提供的劳务者，应向他方给付相应的代价，从而实现双方利益的均衡。等价有偿原则主要适用于作为商品交换法律形式的合同关系，是价值规律在民法中的直接体现；同时，这一原则也适用于违约或侵权损害赔偿关系(要求赔偿与损害相当)。需要指出的是，等价有偿原则不同于英美合同法中的对价(Consideration)原则。对价原则的基本含义是，一切合同须有对价，即合同当事人之间必须存在相互给付的关系，无对价的合同(如无偿契约)，只有具备盖印形式，才能获得法律上的救济力；但法律并不要求这种相互给付是价值相等的，一方付出的代价可以大大低于对方所转让财产或提供劳务的价值①。可见，对价原则只强调对待给付(或互为允诺)，不能涵盖等价有偿原则的全部精神。

情事变更是大陆法系国家合同法中的重要法则，意指在合同成立之后、完全履行之前，作为该合同关系存在基础的情事，由于不可归责于双方当事人的原因发生了非当事人所能预料的变化，如果仍维持原合同的法律效力，将会产

---

① David M. Walker, The Oxford Companion to Law, Clarenden Press, Oxford, 1980, p. 274.

生显失公平的后果，从而有悖于公平——诚实信用原则时，应允许变更或解除原合同关系。情事变更法则是公平——诚实信用原则在合同履行过程中的直接体现，为大陆法系国家民法理论和判例实践所普遍接受。在英美法中，解决情事变更问题的依据是合同落空规则(Frustration of Constract)。合同落空又称"商业落空"(Commecial Frustration)，是指在合同成立后，不是由于当事人自身的原因，而是由于事后发生的意外情况使合同失去了赖以存在的基础，当事人订约时所谋求的商业目的无法实现的情况下，合同得不继续履行。在思想基础、成立条件和法律效力等方面，合同落空与情事变更甚为相似。我国现行立法对情事变更规则虽未作明文规定，但其精神在有关法律条文中已有所体现，如《民法通则》关于民事活动应遵循公平、诚实信用原则的规定，修改前的《经济合同法》关于"由于一方当事人虽无过失但无法防止的外因致使经济合同无法履行"时准予解除合同的规定，以及我国已正式加入的《联合国国际货物销售合同公约》第79条关于情事变更规则的规定等，均表明立法上对这一规则的肯定态度。在我国民法理论中，情事变更规则被认为是公平、等价有偿原则的重要内容，在司法实践中也已得到运用①。可以预见，中国未来的民事立法(如统一合同法)将在此基础上前进一步，对情事变更原则作出明确的规定。

公平责任是公平原则在侵权责任领域的体现，其基本含义是：在既不能根据过错责任原则追究加害人侵权责任(因为加害人无主观过错)，又不能依无过错责任原则判令加害方承担侵权责任(因为不属于适用无过错责任原则的法定情形)，而受害人自身对损害的发生也无过错的情况下，通过立法授权法官基于公平的考虑，斟酌加害人和受害人双方的经济状况，判令加害人赔偿受害人部分或全部损失。公平责任是在侵权行为法进化史上继加害责任、过失责任和无过失责任原则之后出现的新型归责方式，它使因意外损害造成的双方当事人利益不均衡现象得以缓解，弥补了过失责任原则和无过失责任原则调整功能之不足，因而得到一些国家侵权法理论与实践的认可，在立法上也不乏其例(如1978年《南斯拉夫债法》第169条)。我国《民法通则》第132条规定，"当事人对造成损害都没有过错的，可以根据实际情况，由当事人分担民事责任"，这就体现了公平原则的精神。有的学者甚至认为，公平责任原则在《经济合同法》和《涉外经济合同法》的有关规定中也得到了体现②。

① 耀振华：《情势变更原则的适用》，载《法学研究》1992年第4期。

② 蓝承烈：《论公平责任原则》，载《学习与探索》1987年第3期。

第三节　公序良俗原则

一、公序良俗的含义

“公序良俗”作为一个民法概念，是由学者所创制的。“公共秩序”和“善良风俗”本是两个独立的概念，《法国民法典》、《日本民法典》将二者并列，合称为“公序良俗”。在德国民法和瑞士债法中，只有善良风俗的规定，而无公共秩序的概念。与这种用语的不一致一样，对于什么是“公共秩序”和“善良风俗”，各国法律理论与实践中也认识不一。

按照法国判例法的观点，公共秩序分为政治的公序和经济的公序。政治的公序为传统的公序，包括关于国家的公序、关于家族的公序及道德的公序；经济的公序为现代的公序，分为指导的公序和保护的公序。日本学者也将公共秩序分为宪法秩序、刑法秩序、家庭法秩序等①。也有学者认为，公共秩序是指社会国家的存在及其发展所必需的一般的秩序，不仅宪法所规定的国家根本组织，而且个人的言论、出版、信仰、营业自由，乃至私有财产、继承权制度，皆属于公共秩序；或者说，公共秩序是指由现行法的具体规定及其基本原则、制度所构成“规范秩序”。可见，在大陆法系观念中，公共秩序主要指法秩序，即法律所规定的秩序，但不以法秩序为限，在关于公序的法律不存在的场合，如与作为法秩序基础的基本原则和根本理念相抵触，也可发生公共秩序的违反问题②。

在英语中，与公共秩序相对应的是“公共政策”(public policy)一词。按照英美法学者的解释，公共政策是一项内涵不确定的道德评价准则，有时被法官作为判决的依据，并被视为适应现实社会需要的法官立法或解释法律的原则，其功能主要是禁止性的，即以违背公共政策为由否认某一行为的效力③。

关于善良风俗，立法上也未见具体阐述。法国审判实践往往将善良风俗与道德准则相联系；德国民法理论和司法实践中也以“社会道德学说”作为对善

① 参见梁慧星主编：《民商法论丛》第1卷，法律出版社1994年版，第50页。

② 参见梁慧星主编：《民商法论丛》第1卷，法律出版社1994年版，第50页。

③ David M. Walker, The Oxford Companion to Law, Clarendon Press, Oxford, 1980, p. 1015.

良风俗的最新解释①。还有的学者也认为，善良风俗是指国家之存在及其发展所必要之一般道德，或某一特定社会所尊重之起码的伦理要求。因此，善良风俗是以道德为其核心的概念，可定义为“某一特定社会所应有的道德准则”。

尽管公共秩序与善良风俗在渊源上存在差别，但二者都表现了社会对于个人的至高无上的地位，即强迫个人服从社会的要求，遵守构成该社会基础的一些规则。正因为如此，在法国，善良风俗被纳入公序的概念(即道德的公序)；在日本，学说上对二者不作区分，统称为“社会的妥当性”，判例也不探究公序良俗本来的意义，而将两概念合为一体②。德国则反其道而行之，将在其他一些国家属于违反公共秩序的内容(如权利滥用、过度担保、限制合同等)纳入善良风俗的范畴③。

二、公序良俗原则的确立

公序良俗观念肇源于罗马法。罗马法规定，标的作为法律行为的构成要素之一，必须具备确定性、可能性、正当性和利益性等要件。所谓正当性，意味着法律行为的标的不能违反强制性法律规定及公序良俗，否则其行为无效。依罗马法学家的见解，所谓公序即国家的安全、人民的根本利益；良俗即人民的一般道德准则，二者含义广泛，且非一成不变。优士丁尼《学说汇纂》认为，约定终身不结婚或必结婚、必信奉某教或不信奉某教、不立某人为继承人或必立某人为继承人等限制婚姻、宗教和遗嘱自由的行为，以及以赌博、为娼为嫖的等伤风败俗的行为，均属违反公序良俗而归于无效④。

在近代，公序良俗最初是作为对契约自由的限制而见诸立法的。《法国民法典》第 6 条规定，“个人不得以特别约定违反有关公共秩序和善良风俗的法律”；第 1133 条规定，“如原因为法律所禁止，或原因违反公共秩序或善良风俗时，此种原因为不法的原因”(第 1131 条规定，基于不法原因的债，不发生任何效力)。瑞士债法第 20 条也有类似规定。其后，在《德国民法典》和《日本民法典》中，公序良俗被提升为判定法律行为效力的一般依据。《德国民法典》第 138 条规定，“(1)违反善良风俗的行为无效；(2)特别是，法律行为系乘他人的强制状态、无经验、判断力欠缺或显著意志薄弱，使其对自己或第三人的

① 徐国建著：《德国民法总论》，经济科学出版社 1993 年版，第 248 页。
② 参见梁慧星主编：《民商法论丛》第 1 卷，法律出版社 1994 年版，第 51~52 页。
③ 徐国栋著：《民法基本原则解释》，中国政法大学出版社 1992 年版，第 252~253 页。
④ 周枏著：《罗马法原论》(下)，商务印书馆 1994 年版，第 599 页。

给付作财产利益上的约定，而此种财产上利益比之于该给付显失均衡者，该法律行为无效。”《日本民法典》第 90 条规定：“以违反公共秩序或善良风俗的事项为标的的法律行为无效。”

在自《法国民法典》规定公序良俗以来的一个多世纪中，公序良俗的内容和适用对象虽有变化，但基本上是以保护社会主要组织即国家和家庭为目的，因而称为政治上的公序。“二战”之后，随着市场经济的发展和国家经济政策的变化，公序良俗被赋予更广泛的含义和调整机能。首先，在传统的政治公序之外，认可经济的公序，即为调整当事人间的契约关系而对经济自由予以限制的公序，以加强国家对经济生活的干预。经济的公序又被分为指导的公序和保护的公序两类，前者是统制型经济的产物，旨在从私人契约关系中排除违反国家经济政策的成分，如认定违反国家定价或国家货币政策的行为无效；后者是指保护劳动者、消费者、承租人和接受高利贷的债务人等现代市场经济关系中的弱者的公序。随着各国经济统制政策的弱化，指导性公序的作用逐渐减弱，而保护的公序则日益受到重视，保护消费者、劳动者利益已成为普遍的司法实践。其次，公序良俗的调整机能由确保社会正义和伦理秩序向调节当事人之间的利益关系、确保市场交易的公正性转变，从而使法院不仅从行为本身、而且结合该行为的有关情事综合判断其是否具有反公序良俗性。不仅如此，在违反公序良俗的效果上，也由原来的绝对、全面无效，变为依具体情况可认定为相对无效和部分无效，以及将公序良俗违反作为认定侵权行为之违法性和判决给付返还的根据。因此，在现代民法中，公序良俗已不仅仅是判断法律行为无效的依据，而已成为可适用于市场交易的一切事例，可导出多种效果的“魔法条文”①。鉴于其维护国家社会一般利益及一般道德观念的重要功能及其普遍适用性，公序良俗被称为现代民法至高无上的基本原则之一。

社会主义各国的立法文件中未见使用“公共秩序”或“善良风俗”的概念，但不等于未体现相同的立法精神。1964 年《苏俄民法典》第 49 条规定，“实施目的违反国家和社会利益的法律行为无效。”原《德意志民主共和国民法典》第 68 条规定，“为社会主义道德准则所不容的契约无效。”原《捷克斯洛伐克民法典》也在序言中规定：行使民事法律关系中产生的权利和义务，应当符合社会主义共同生活准则。上述规定中的“国家和社会利益”、“社会主义道德准则”、“社会主义共同生活准则”等用语，与资产阶级民法中“公共秩序”和“善良风俗”的内涵相近。受前苏联民事立法和民法理论的影响，新中国民事立法未用

① 梁慧星主编：《民商法论丛》，第 1 卷，法律出版社 1994 年版，第 54~56 页。

“公序良俗”的概念，而以“社会公德”和“社会公共利益”的用语表达相同的立法精神(《民法通则》第7条规定，民事活动应当尊重社会公德，不得损害社会公共利益；第58条规定，违反社会公共利益的民事行为无效。按照民法学界的通行观点，“社会公共利益”在内涵和作用方面与西方国家民法中的“公序良俗”概念相当。我们认为，准确地说，“社会公共利益”只是与“公共秩序”相当的概念，而“善良风俗”的内涵则主要在“社会公德”的用语中。因此可以说，《民法通则》第7条的规定，全面体现了与国外立法中有关“公序良俗”的规定基本一致的立法精神。

三、公序良俗原则的运用

公序良俗原则在司法实践中的运用，主要表现为依据这一原则对某一法律行为作出否定的评价，以便进行适当的处理。但在对违反公序良俗行为的分类上，各国理论与实践颇有差异。

在法国，除对公序良俗作前文所述的理论分类外，司法实践中因违背公共秩序而受禁止的行为包括：以从事犯罪或帮助犯罪的行为作为标的的合同；投票用纸和身份证件的买卖合同；规避司法管辖的合意；规避课税的协议；贿赂选民的协议；约定夫妻别居或父母与子女别居的协议；约定断绝亲子关系的协议，等等。因违背善良风俗而无效的合同包括：违反性道德的合同；赌博合同；为获取其他不道德的利益而订立的合同(如业主之间的顾客转让合同)；限制人身自由的合同(如限制雇员择业的雇佣合同)；违背家庭伦理道德的合同(如幼儿赠与合同)；违反一般人类道德的合同(如跳脱衣舞合同)；等等①。

德国司法实践中，最常见的违反善良风俗的法律行为可大致分为以下几类：(1)权利滥用。如占有垄断地位的经营者在无正当理由的情况下提价出售其商品。(2)过度担保。债权人与债务人之间缔结的笼统地以债务人的所有财产作担保的协议，因其使其他债权人的利益受到损害而违反了善良风俗，被视为无效。(3)限制性合同。过度地限制一方当事人的人身自由或经济自由的合同，如长期供应合同、长期服务合同等，也构成对善良风俗的违反。(4)违反两性与家庭道德准则。此类行为先前常被判认为违反善良风俗行为，但晚近的司法实践对此类道德准则的理解发生了很大变化，如妓院买卖和出租合同已不再被认为是违反善良风俗的合同。(5)暴利行为。即一方利用他人的困境或其

① 尹田：《法国民法中善良风俗的渊源和法律适用》，载《法学与实践》1994年第5期。

他不利条件所为的一种给付与报偿之间显然不相适应的行为①。

日本学者我妻荣运用判例综合研究方法，将违反公序良俗行为归纳为以下七种类型：(1)违反人伦的行为；(2)违反正义观念的行为；(3)利用他人窘迫、无经验获取不当利益的行为；(4)极度限制个人自由的行为；(5)限制营业自由的行为；(6)处分生存基础财产的行为；(7)显著的射倖行为。此即著名的“我妻类型”，在一个相当长的时期内被奉为法官裁判案件的基准。但随着日本经济、政治生活和司法实践的巨大变化，这种建立在战前判例基础上的分类已渐失其原有的价值②。

我国民法学界对公序良俗原则的研究尚处起步阶段，司法实践中也未产生足资归类研究的判例。有的学者结合法国、德国、日本的学说和判例，提出了供我国学说及实务参考的违反公序良俗行为的9种形态，即危害国家公序行为；危害家庭关系行为；违反性道德行为；射幸行为；侵犯人权和人格尊严行为；限制经济自由行为；违反公正竞争行为(不正当竞争行为)；违反消费者保护政策行为；违反劳动者保护政策行为③。

综上所述，我们可看到违反公序良俗行为的概貌，亦即公序良俗原则的运用范围。它们作为判例综合研究方法的产物，虽然反映的基本上是本国或本地区的司法实践，但对中国关于公序良俗原则的研究与运用，仍具有借鉴意义。实际上，它们也大体反映了《民法通则》中“社会公共利益”和“社会公德”的外延。其中，权利滥用、限制个人自由、危害国家公序、危害家庭关系等行为，莫不属损害“社会公共利益”的表现形态；而违反人伦、射倖行为和暴利行为(《民法通则》称为“乘人之危”、“显失公平”的民事行为)，则都是违背“社会公德”的行为。

---

①　徐国建著：《德国民法总论》，经济科学出版社1993年版，第252~253页。

②③　梁慧星主编：《民商法论丛》第1卷，法律出版社1994年版，第47、57~58页。

第三章　民法的基本范畴

第一节　民事权利

一、民事权利和民事义务的概念

民事权利和民事义务，即民法上的权利和义务，是法律上权利和义务的一种类型。要阐明民事权利和民事义务的概念，首先必须确定法律上权利和义务的概念。

正如有的学者所指出的那样，在法学领域内，可以说几乎没有别的词语能够像“权利”、“义务”那样引起一代又一代的普遍兴趣、劳神和沉思，这既说明了权利和义务问题的重要性，也说明了权利和义务释义的复杂性，还预示着权利义务释义的多样性①。在中外法学中，对于权利的释义，大致有以下几种：(1)资格说，认为权利是主体去行动、占有或享受的资格；(2)主张说，认为权利是法律上有效的、可强制执行的主张；(3)自由说，认为权利是受到法律保护的自由；(4)利益说，认为权利是法律所承认和保障的利益；(5)法力说，认为权利是法律赋予权利主体的一种用以维护或享有特定利益的力量；(6)可能说，认为权利是法律规范规定的有权人作出一定行为，要求他人作出一定行为以及请求国家强制力量给予协助的可能性；(7)规范说，认为权利是法律所保障或允许的能够作出一定行为的尺度或界限；(8)选择说，认为权利意味着在特定的人际关系中法律规则承认一个人的选择或意志优于他人的选择或意志②。

上述种种释义，从不同侧面揭示了权利的某个或某些要素，但又未必全面。本书无意对它们逐一加以评论，只试图对它们所揭示的权利的诸多要素加

① 张文显著：《法学基本范畴研究》，中国政法大学出版社 1993 年版，第 73 页。

② 张文显著：《法学基本范畴研究》，中国政法大学出版社 1993 年版，第 74~80 页。

以综合、归纳，阐述我们的权利观：权利是法律赋予主体享有或获取一定利益的资格和限度。这一定义旨在说明：第一，权利源于法律。权利是由法律明文规定或从法律规范精神中推导出来的，离开法律的权利主张(如自然权利、天赋人权)，只是一种主观要求，没有客观的法律效力。在西方语言中，权利与法律多以同一用语表达，二者是如此密不可分，以致有"法律为客观的权利，权利为主观的法律"之说。第二，权利的核心是利益。享有权利，就意味着主体实际享有一定的利益或可以通过自己的行为(作为或不作为)实现一定利益。离开利益，权利将成为空壳。第三，权利既是一种资格，又是一种限度。作为一种资格，权利意味着主体可以享有或实现某种利益；作为一种限度(或称范围)，权利意味着主体可以享有或实现的利益的界限。基于对权利的上述释义，我们即可对民事权利作如下定义：民事权利是民事主体依民法规范取得的享有或获取一定利益的资格和限度。这一定义，除阐明民事权利所具备的法律上权利的一般属性外，强调了这种权利藉以产生的法律规范的类别和权利主体的范围。

有什么样的权利概念，就有与之对应的义务概念。依据上文对权利(民事权利)的解释，我们可以将义务(民事义务)定义为：法律(民法)为保障权利(民事权利)主体享有或获取一定利益而对权利主体以外的特定的或不特定的主体设定的行为拘束。它表明：(1)义务(民事义务)是法律(民法)对主体(民事主体)的拘束，即对主体为或不为一定行为的要求。这种拘束可以是法律规范直接设定的(如与支配权相对应的义务)，也可以是通过权利人的意思实现的(如与请求权相对应的义务)；(2)设定义务(民事义务)，旨在保障权利(民事权利)的实现，即以义务人的不利益满足权利人的利益；(3)义务(民事义务)是对义务人有限度的拘束，其限度与权利人可以享有或实现的利益的限度相对应。

法律上权利与义务的关系，是相互依存、对立统一的关系，且二者数量等值，功能互补①。民事权利与民事义务之间也不例外。但在权利与义务价值的主次关系上，则存在所谓"权利本位"和"义务本位"两种不同观念。法律究竟是以权利为本位，还是以义务为本位，这本是西方法学界早已讨论过并已基本形成共识(即主张权利本位)的命题，近年来又一度成为中国大陆法理学界讨论的热点问题。我们认为，对这一问题的正确回答，离不开对民法的考察。而就民法来说，其调整市民社会生活关系的基本方法，就是肯认社会成员(个人

① 张文显著：《法学基本范畴研究》，中国政法大学出版社1993年版，第84~87页。

或组织)的独立人格和正当利益，并使之权利化、法律化，郑重地加以保护；于是，权利概念成为民法的核心概念，民法实际上就是一个庞大的权利体系，从罗马私法到法国、德国民法典，从英美私法到公有制国家的民事立法，莫不如此。因此，民法从来就是"权利本位"的法。同样，宪法、刑法等也是以宣示或保护权利为主旨的，体现的是权利本位的价值取向。

二、民事权利、义务的分类

法律上的权利和义务，可按不同标准进行理论分类。在西方法学著作中，比较流行的分类有：公权利(义务)与私权利(义务)；绝对权利(义务)与相对权利(义务)；主权利(义务)与从权利(义务)；原权利(义务)与补救权利(义务)，等等。我国学者还提出了基本权利(义务)与普通权利(义务)、一般权利(义务)与特殊权利(义务)、第一性权利(义务)与第二性权利(义务)、行为权利(消极义务)与接受权利(积极义务)、个体权利(义务)、集体权利(义务)、国家权利(义务)与人类权利(义务)等分类①。上述分类，对于民事权利和民事义务的分类无疑具有指导意义。但由于着眼点的不同，民事权利、义务的理论分类又有其特殊性。综观各国(主要为大陆法系国家)民法理论与民事立法，较重要的民事权利分类有以下几种。

(一)财产权(Vermoegensrecht)与非财产权(Non-Vermoegensrecht)

依民事权利所体现的利益的性质将其划分为财产权和非财产权，是各国公认的民事权利的基本分类。财产权是指以财产为客体，直接体现某种物质利益的权利；非财产权是指以权利主体的人身性要素为客体，不直接体现某种物质利益的权利，也称"人身权"。

财产权与非财产权的分类，可溯源于罗马法中"人法"与"物法"的划分。"人法"在调整人格和身份关系的同时，确立了一系列非财产权利，如家父权、夫权、婚姻权等；"物法"则确立了物权、债权等财产权的基本形态。但是，将"人身权"作为与财产权相对应的概念，则是近代民法的产物。罗马法时期，虽有财产权(Jus Commercii，属市民权的一项内容)，但并未形成"人格权"乃至"人身权"的抽象概念，后者是在近代立法(尤其是《瑞士民法典》和公有制国家的民事立法)和审判实践的基础上产生的。抽象人格权(Personlichkeits Recht)的概念，为资产阶级民法理论所创，涵盖生命、健康、姓名、肖像、名

① 张文显著：《法学基本范畴研究》，中国政法大学出版社1993年版，第100~106页。

誉等具体权利；而“人身权”则是在人格权概念的基础上，将亲权、配偶权、亲属权等与一定身份相联系（统称身份权）囊括其中，是对人格权和身份权（Standes Recht）的再抽象，主要为公有制国家民法所采用。与“人格权”相比，“人身权”是与“财产权”相匹配的概念，二者相结合，可穷尽民事权利的外延。

对各种具体民事权利而言，财产权与非财产权之间并不总是非此即彼、相互排斥的。下列几种民事权利，即是财产权与非财产权的复合体：(1)知识产权。知识产权中的著作权和专利权，都是身份权和财产权的结合。如著作权中的署名权是一种身份权，而复制权则属财产权。(2)亲属权。狭义的亲属权，包括家长权、夫权和亲权。它们既包含财产权的内容（如财产管理权具有物权性质，扶养请求权具有债权性质），也包含非财产权（身份权）的内容，如教育权、惩戒权。(3)社员权。社员权是指社团法人的成员对于该法人所享有的权利，也兼有财产权和非财产权的内容，前者如盈利分配请求权（具有债权性质），后者如表决权、业务执行权、监督权等，实质上都是一种身份权。

（二）绝对权（Absolutes Recht, Droit Absolut）与相对权（Relatives Recht, Droit Relatit）

这是根据民事权利效力所及范围，即权利可对抗的人（义务人）的范围所作的分类。绝对权是指对抗权利人之外的一切人（不特定义务人）的权利。这种权利的标的，除权利人外，其他任何人均不得支配；换言之，权利人对于权利标的的支配具有绝对排他的效力，故也称对世权。通说认为，人格权、物权、继承权等均属绝对权。与此相反，相对权是指对抗特定义务人的权利；具体地说，是要求特定义务人作为或不作为的权利，又称对人权。

绝对权与相对权的分类，源于罗马法中对程式诉讼的基本分类，即对人诉讼（Actiones in Personam）与对物诉讼（Actiones in Rem）之分。对人诉讼是旨在保护债权的、仅可对特定债务人提起的诉讼；对物诉讼是保护物权和身份权的诉讼，无论加害人为何人，均可诉之①。在对人诉讼与对物诉讼的分类基础上，产生了对人权（Jus in Personam）与对物权（Jus in Rem）的权利分类，又称为相对权与绝对权，后为近代各国民法理论所沿用。英美法中也有 Right in Personam 与 Right in Rem 之分。但这种分类也受到一些批判，认为它具有不彻底性，理由是：撤销权既不属绝对权，也不属相对权；形成权的多数不存在相对的义务人；物权被认为是可对抗一般人的绝对权，但限制物权却具有对抗特定人（物之所有人）的色彩；亲属权既可认为是绝对权，也可称为相对权；债

---

① 周枏著：《罗马法原论》（下），商务印书馆 1994 年版，第 884 页。

权虽为相对权，有时也有绝对的效力。另有学者指出，任何权利，既然受到法律保护，便都具有不可侵犯性，都具有要求一般人容忍、尊重和不侵扰的效力，不独物权如此，其他权利(包括债权)也莫不如此①。我们认为，上述批判均不失为中肯，但绝对权与相对权的分类，毕竟提供了一种从主体构成和实现方式方面考察民事权利的思想方法，对于民事立法和实践，仍具有理论指导意义。

(三)支配权(Beherrschungsrecht)、请求权(Anspruchsrecht)、形成权(Gestaltungsrecht)、抗辩权(Einrede)

这是基于民事权利的不同作用而产生的分类。

支配权，是直接支配权利标的并享受其利益的权利，又称管领权。支配权的特征表现在，首先，权利人只凭自己的行为就可实现作为权利内容的利益，无需义务人的积极行为相配合，因此，与支配权相对应的义务是一种不作为的义务；其次，支配权具有排他效力，即排除他人为同一支配行为的效力，但也有例外(如通行权)②。依其所支配的权利标的的不同，支配权可分为对物的支配权(物权)、对无形财产的支配权(知识产权)、对人身利益的支配权(人身权)等③。

请求权，即要求他人作为或不作为的权利。在法学上，请求权和诉权最初是同一概念，后由德国学者温塞德将二者加以区分，并为《德国民法典》所首先采用。与支配权比较，请求权具有如下特征：其一，请求权的作用体现为请求，而不是支配，因此其权利利益不能凭权利人的意思自行实现，而需通过义务人的作为或不作为(统称为给付)去实现。其二，请求权不具有排他的效力，即同一标的之上可以成立两个不相容的请求权，且数项请求权彼此平等，不像支配权那样具有优先性。其三，请求权是派生性的权利，以一定权利为基础而存在，该基础权利可以是债权(派生债权上请求权)，可以是物权(派生物权上请求权)，也可以是人身权、知识产权等。但也有不派生请求权的权利，如撤销权、解除权。请求权的产生方式大体分为两种情况：一是作为基础性权利的效力而产生，如债权中的给付请求权、父母子女间的扶养请求权；二是作为基础性权利的救济权而产生，如排除妨害等物权上请求权、强制履行等债权上请求权、恢复名誉等人身权上请求权。现实中，可能出现权利人基于不同权利而

① 张俊浩主编：《民法学原理》，中国政法大学出版社 1991 年版，第 87 页。

② 史尚宽著：《民法总论》，台北正大印书馆 1980 年版，第 19 页。

③ 徐国建著：《德国民法总论》，经济科学出版社 1993 年版，第 21~22 页。

取得数项同样的请求权的情形，这在法理上称为请求权的竞合或并存(Anspruchskonkurenz)。在请求权竞合时，权利人可选择行使其中任何一项请求权①。

形成权是权利人通过单方意思表示使既存法律关系发生、变更或终止的权利。这种权利的作用，不是对特定的标的物加以支配，也不是请求义务人为或不为一定行为，而是通过单方意思表示直接导致法律关系的效力发生、变更或终止，故名形成权，如撤销权、追认权、选择权、抛弃继承的权利等，均属此类。形成权纯属民法学上的概念，各国立法中并未使用，因此其名称很不一致，有变动权、抽象权、次生权、能权等各种称呼。依其发生作用的情况，形成权可分为使法律关系发生效力的形成权(如追认权)、使法律关系效力变更的形成权(如选择权)和使法律关系效力消灭的形成权(如撤销权、解除权)；依其行使方式，形成权又可分为直接行使的形成权和依诉的方式行使的形成权。

抗辩权是对抗其他权利、阻止其效力的权利。抗辩权主要是针对请求权的权利(但不以请求权为限，如对于抵销权的抗辩权)，其效力在于阻止请求权的效力，而不是否认相对人请求权的存在，也不是变更或消灭相对人的权利，这是它与形成权的根本区别。依其具体作用的不同，抗辩权可分为两种，一种是永久性抗辩权，又称减灭的抗辩，即具有永久阻止请求权效力的抗辩权，如诉讼时效抗辩权和抵销抗辩权即是；另一种是一时性抗辩权，又称延期的抗辩，即仅具有暂时阻止请求权的效力的抗辩权，例如同时履行抗辩权和先诉抗辩权。

(四)物权(Sachenrecht)、债权(Forderungsrecht)、继承权(Erbrecht)、人身权(Personlichkeitsrecht，Standesrecht)、知识产权(Immatrialgueterrecht)

这是各国立法所确立的民事权利的基本形态，实质上是依民事权利的标的所作的分类。

物权是直接支配特定标的物以享受其利益、并排除他人干涉的权利。物权通常以特定的有形物为标的，但也有例外，例如以权利为标的的质权也属物权。大陆法系各国民法典通常都专设编、章对物权加以规定(如《法国民法典》第二编、《德国民法典》第三编、《日本民法典》第二编、《瑞士民法典》第四编，以及我国《民法通则》第五章第一节)，确立了由所有权和他物权构成的物权体系；而英美法中则由“财产法”对物的归属关系加以调整。

---

① 史尚宽著：《民法总论》，台北正大印书馆1980年版，第23页。

债权是以特定人的特定行为为标的的民事权利。债权与物权同属财产权，但物权以“物”为标的，债权则以“行为”为标的；物权是支配权，债权是请求权；物权是绝对权，债权是相对权。上述区别，使债权与物权成为财产权的两大类型，由不同法律规范加以调整（德国、日本、瑞士等国民法典均设债法编，我国《民法通则》第五章也专设“债权”一节）。

继承权就其内容而言，是一种财产权，但在权利取得方面却与一定的身份关系相联系，因而有别于物权和债权，在立法上也自成体系。

人身权是人格权和身份权的合称，是指以权利主体的人格或身份利益（非财产利益）为标的的民事权利。在人格权方面，有生命权、健康权、自由权、姓名权、名誉权等具体权利；在身份权方面，则包括家长权、亲权（监护权）等。

知识产权又称无体财产权，是指以无形的智力劳动产品为标的的民事权利，包括著作权、专利权、商标权等。

除上述分类外，民事权利还可分为专属权与非专属权、主权利与从权利、原权与救济权、既得权与期待权等，兹不一一阐述。

民事义务是与民事权利对应的概念，民事权利的划分标准，也大多适用于民事义务。因此，民事义务也可分为财产义务与非财产义务、绝对义务与相对义务、一次义务与二次义务、主义务与从义务等。除此之外，民事义务还存在一种不与民事权利的分类相对应的分类，即积极义务与消极义务。凡应当实施积极行为的义务，是积极义务，例如交付财物的义务；反之，以实施消极行为（不作为）为内容的义务，是消极义务。

三、民事权利的取得和消灭

民事权利的取得，即民事权利与特定主体的结合；换言之，是指某项民事权利归属于特定主体的情形。通观各国立法，民事权利的取得存在不同的样态。

原始取得与继受取得。原始取得，是指不以他人既存民事权利为前提而取得民事权利的情形，也称为“新生成的权利的取得”①。这种取得方式适用于各类民事权利，并且是专属权（指“享有上的专属权”，如人格权）的唯一取得方式。继受取得，又称传来取得，是指由权利的前一占有人（前手）处取得既存民事权利（非专属权）的情形。其中又可进一步分类为：（1）移转型继受取得与创设型继受取得。前者是指民事权利原封不动地由前一占有人转移于后一占

① 徐国建著：《德国民法总论》，经济科学出版社1993年版，第23页。

有人，例如通过继承和买卖取得所有权；后者是指变更前一占有人权利的内容而取得新权利，例如从所有人处取得其所有物的抵押权或典权。(2)概括型继受取得与特定型继受取得。前者是指将前一权利占有人的权利连同其义务作为整体予以继受，例如继承(概括继承)和公司合并；后者是指只从前一权利占有人处继受某项特定权利，例如买受和受赠。(3)单一继受取得与全部继受取得。前者是指从前一权利占有人处继受某一项权利(权利标的是单一的，如某块土地)；后者是指对前一权利占有人一系列权利的全部继受(仅在法律允许的情况下进行)，例如财产继承。

依法律规定取得与依法律行为取得。依法律规定取得，是指无须主体作任何意思表示，仅根据法律规定而取得(享有)某些权利的情形，人格权、亲属权、继承权的取得均属此类，物权的取得也存在这种情况(如添附取得)。依法律行为取得，是指通过一定的法律行为取得民事权利，物权和债权的取得大多属于这种情况。依法律规定取得民事权利又包括两种情况：一是自始取得，即只要具备主体资格，法律即赋予某种民事权利，例如人格权；二是自创取得，即法律准许主体通过实施一定的事实行为而取得某种民事权利，如通过生产、先占无主物而取得所有权。

自动取得与特许取得。这是指民事权利的取得程序而言。凡须履行一定程序、经官署个别确认而取得某项民事权利的情形，称为特许取得，如不动产物权、专利权、商标权的取得；除此之外，凡无须履行个别确认手续，只要符合法定的实质条件即可取得的民事权利，均属自动取得。

民事权利的消灭，即民事权利与特定主体的分离，法理上分为绝对消灭和相对消灭两种。绝对消灭是指权利本身不复存在，主要包括以下情形：(1)具有时间限制的民事权利，因时间期限(除斥期间)的届满而消灭，如著作权、专利权的消灭；(2)支配权因为支配对象的丧失而消灭，如所有权的消灭；(3)专属权因权利人的死亡而消灭，如扶养请求权的消灭；(4)可以放弃的权利因放弃而消灭，如抛弃所有权；(5)债权因全部清偿而消灭，如履行、抵销等。相对消灭，是指权利人因将民事权利全部转移给他人而丧失其权利，实际上是权利主体发生变更，权利的客体和内容并不消灭，例如所有权转移、债权转让等。

四、民事权利的行使和保护

民事权利的行使，即民事权利内容的实现，具体地说，就是权利人通过一定方式实现其权利所包含的利益的过程。

从根本上说，民事权利的行使是为了实现权利人的个体利益，因而属于个人私事，他人无权干预，且必须尊重与容忍。因此，早在罗马法时期就有“行使自己的权利，无论对于何人均非不法”的格言。但同时，权利的行使也关涉他人利益，甚至影响社会共同生活，因而应当受到一定的制约。这种制约集中地体现在：近代各国民法普遍确立诚实信用原则和公序良俗原则为权利行使的指导原则。对此前文已有论述，这里不再赘述。

关于民事权利的行使，可从不同的角度进行考察。从权利的实现方式看，可分为自行实现与义务人配合实现两种情况，前者适用于绝对权，后者适用于相对权。从行使权利的行为方式看，因权利性质的不同而有所不同。支配权的行使，通常表现为对权利客体的实际支配，即表现为事实行为，例如所有权人对所有物的使用和收益；请求权的行使，表现为对相对人作出给付的口头或书面请求；形成权的行使，表现为权利人实施一定的行为（如解除行为、追认行为）；抗辩权的行使，通常表现为权利人作出拒绝相对人行使请求权的意思通知。从行使权利的行为主体看，可分为自己行使与代理行使。具有完全民事行为能力的权利主体，既可自己行使其权利，也可委托他人代为行使权利（委托代理）；无民事行为能力和限制民事行为能力的权利主体，由法律规定的代理人代理或协助其行使权利（法定代理）。但并不是一切民事权利均可代理行使，一些与人身相关的权利（例如立遗嘱、收养等）只能由权利人自己行使。

民事权利的保护，有广、狭义之分。广义的民事权利保护，是指为确保权利实现而设立的各种法律措施，包括预防措施（如设定担保）和救济措施（如正当防卫等）。狭义的民事权利保护，仅指后者而言，即针对他人对民事权利的侵害所设立的各种法律上的救济措施。各国民事立法和民法理论中所称的民事权利保护，一般指狭义的保护。

各国关于民事权利保护的立法，共同体现了这样一种精神，即把对民事权利（私权）的保护问题列入权利人意思自治的范围，国家不进行主动干预（除非侵害民事权利的行为达到了危害社会的程度），即所谓“不告不理”。为此，各国立法在民事权利保护方面，设计了“自力救济”和“公力救济”两种途径（后者虽体现了国家强力干预，但非经权利人请求不得采取）。

自力救济又称为自我保护，是指权利人在法律规定的限度内以自己的行为护卫其民事权利免受外力侵害。自力救济是人类文明早期盛行的权利保护手段，作为其典型形态的血族复仇在古代东西方各国都曾经存在①。但这种救济

① 王卫国著：《过错责任原则：第三次勃兴》，浙江人民出版社 1987 年版，第 15 页。

方式容易滋生暴力事件，不利于社会安定，且其结果难谓公正。因此，文明社会对自力救济基本上采取否定态度，强调以国家权力定纷止争，只是在某些特别情况下例外地允许其存在，以弥补公力救济的不足。各国法制上所认可的自力救济，包括自卫行为和自助行为两种样态。

自卫行为(Selbstverteidigung，Self-defence)，是指为了使自己或他人民事权利免受面临的外来侵害或危险，不得已而实施的加害于他人的行为，分为正当防卫和紧急避险。正当防卫(Notwehr，Neccessary-defence)，是指为防卫自己或他人的民事权利免受现实的不法侵害而对加害人实施的反击行为；紧急避险(Notstand，Neccessity)，是指为了避免自己或他人人身上或财产上的急迫危险，不得已而实施的加害于他人的行为，又称“紧急避难”或“紧急状态”。德国和瑞士民法将紧急避险分为防御的紧急避险和攻击的紧急避险两种情况，前者是指对引起危险的物(指有体物，包括动物)本身加以毁损，后者是指对与危险产生无关的他人之物加以毁损。日本民法则将紧急避险限制在防御性紧急避险范围内，而将攻击性紧急避险归入正当防卫之列。但上述各国都将紧急避险限定于对物的加害行为，这与英美侵权法中关于紧急避险对于物或人均可成立的主张是不同的。

各国立法和判例所确定的正当防卫和紧急避险的要件基本相同。正当防卫的要件，包括“侵害行为”、“不法侵害”、“现时侵害”、“防卫适当”等几个方面(《德国民法典》第227条、《日本民法典》第720条、《瑞士债法》第52条)。紧急避险的要件，包括“有急迫危险”(各国立法多限定为财产上危险，英美判例法则不以此为限)，“避险行为确属必要”，“法益权衡”(避险行为所致损害不超过危险所能导致的损害)等几个方面。

正当防卫和紧急避险虽然同属为防卫自己或他人民事权利而加害于他人的自卫行为，但其区别是明显的：(1)适用前提不同：正当防卫以民事权利受到他人的不法行为侵害为前提条件，紧急避险则以权利面临受损害的危险为前提条件，这种危险包括人的加害行为，也包括事件。(2)加害对象不同：正当防卫是针对不法侵害人的反击和加害行为(对被不法侵害人用作侵害工具的物加以毁损，也属正当防卫)，紧急避险则是一种逃避侵害的行为，其加害对象通常是无辜第三人的财产或人身权益。(3)加害限度不同：正当防卫以“足以排除侵害”为原则，对加害程度无具体限制，而紧急避险则受“法益权衡”原则的限制。

关于正当防卫和紧急避险的效力，各国立法主张也基本一致：(1)符合法定要件的正当防卫和紧急避险行为，不构成侵权行为，行为人不负赔偿责任；

(2)对于正当防卫和紧急避险行为，不得主张正当防卫(但对于他人的紧急避险行为，可主张紧急避险)；(3)防卫过当或避险过当，应承担赔偿责任。上述内容，在我国《民法通则》的有关规定(第128、129条)中也得到了体现。

自助行为(Selbthilfe，Selfhelp)，是指权利人以自己的力量对义务人的财产予以押收、毁损或对其人身自由加以拘束，藉以保障其民事权利(请求权)实现的行为。《德国民法典》(第229条)、《瑞士债务法》(第52条)、《泰国民法典》(第194条)对此都有专门规定。法国、奥地利、日本的民法典虽未作明文规定，但解释上和实务上都承认自助行为(日本称自助行为为狭义的自力救济)。英美法中，也将自助行为作为特定条件下侵害行为受害人恢复原状的一种方式。

在各国法制上，对自助行为都采取限制态度，规定了严格的条件和程序。一般地说，自助行为的法定要件包括以下几个方面：(1)为保护自己的权利而为。自助行为只限于用以保护自己的民事权利，这是它与正当防卫、紧急避险的重要区别。(2)能保护的权利以请求权为限(至于何种请求权则在所不问)，并且只能是现实存在的、可依法起诉和申请强制执行的请求权，假想的请求权、已超过诉讼时效的请求权以及不能执行的请求权，均不允许自助行为。(3)出现了危及请求权实现的紧急情况。这一要件包括两个方面：一是义务人一方出现了可能导致请求权无法实现或难以实现的客观情况，如转移财物、意图逃避等；二是时间紧迫，不及受国家机关援助(在有关国家机关拒绝其援助请求而又难以期望上级机关在适当时期内更正其决定的情况下，可视为具备这一要件)。(4)自助行为势在必行，即如不立即实施自助行为，将导致请求权无从实现或实现有明显困难。对这一要件的反面理解是，如果权利人可以在事后请求国家机关保护其请求权，即使那样做或增加请求权实现的困难或推延请求权实现的时间，也不得实施自助行为。(5)自助行为不逾越保全请求权的必要限度。其必要程度，应结合具体情况，根据请求权的内容，从行为的对象、手段和后果等方面加以衡量。(6)实施拘束身体自由和押收财产的自助行为后，行为人须及时请求国家主管机关依法处理。如《德国民法典》第230条规定，押收义务人财物时，如不为申请强制执行，应申请物的假扣押；拘束义务人身体自由时，应向实施拘束地的简易地方法院申请人身保全的假扣押，并应迅速将义务人移送至法院。但并非所有的自助行为都必经后续程序，如毁损财物、取回财物、排除反抗等行为，事后都无须申请主管机关确认或援助。

在效力方面，自助行为与正当防卫、紧急避险大致相同，即具备法定要件的自助行为不视为违法，行为人对因此所致义务人的损害不负赔偿责任。但是，需要事后申请确认或援助的自助行为，如申请被驳回或申请迟延，行为人应对义务人负赔偿责任；如权利人出于对自助行为要件的误解而为之，则构成侵权行为。

我国现行民法没有确立自助行为的概念，这是其民事权利保护制度中的一个缺陷。应当认为，自助行为和正当防卫、紧急避险一样，是在紧迫情况下保护民事权利的必要和有效的手段，它们相互配合，方可最大限度地弥补公力救济的不足，使民事权利的实现得到充分保障。正如仅有公力救济不足以使民事权利得到充分保护一样，仅有正当防卫和紧急避险，民事权利的自力救济体系也是不完备的。鉴此，中国民事立法应参酌国外相关法例，将自助行为肯认为民事权利保护的一种特殊手段，并对其要件和效力作出规定。

五、民事责任

权利、义务与责任是三个相互关联的法律概念，而权利与义务、义务与责任之间又具有直接的联系。因此，在研究民事权利和民事义务的同时，应对民事责任加以讨论；反过来说，对民事责任的阐释，也必须与民事权利、民事义务联系起来。

尽管在现代汉语中“责任”一词有不同语义，但人们对法律意义上的责任即“法律责任”通常是从“消极责任”(Negative Responsibility or Liability)的意义上理解的，即理解为因没有履行法律上的义务而应承担的法律上的不利后果。在当代中外法学中，对法律责任的定义有“处罚论”、“后果论”、“责任论”、“义务论”、“新义务论”等多种①。我们认为，以“不利后果”定义法律责任较为妥当，即法律责任是法律对违法行为人施加的不利后果。所谓“处罚”、“义务”、“新义务”等表述，其实质也都是法律对违法行为人所施加的不利后果。

民事责任，即民事法律责任，是指民法对民事违法行为人所施加的不利后果。这一定义旨在说明：首先，民事责任以民事违法行为为前提。所谓民事违法行为，实质上就是违反民事义务、侵害民事权利的行为；因此，民事责任的产生，以民事义务的存在为前提。其次，民事责任是民法强加于民事违法行为人的不利后果，体现了法律对民事违法行为的否定和对行为人的制裁。

民事责任的概念，源于日耳曼法，在罗马法中，义务与责任不分，“Obligatio”一语具有双重含义，因为按照罗马法思想，责任是不履行义务的必

---

① 张文显著：《法学基本范畴研究》，中国政法大学出版社 1993 年版，第 185～189 页。

然结果，为义务概念所包含，没有加以区别的必要。罗马法的这一思想，为德国普通法和英美法所继受。如萨维尼认为，债权是债权人自然的自由之扩大，债务则是对债务人自然的自由之限制；债务人自愿履行债务，属于债权的自然进行状态，债务人不履行债务时，由债权人强制其履行，属于债权的不自然进行状态。从现代观点看，所谓“债权的不自然进行状态”，即债务人应承担的责任，但萨维尼将其作为债权（债务）的效力加以说明。英美法上的“Obligation”一词，既可解释为义务（债务），也可理解为责任，体现了义务和责任的一体性。但在日耳曼法中，义务和责任有了明确的区分。依日耳曼法，债务（Schuld）属于法律上的“当为”，不含法律上的强制，因此，债权人无强制债务人给付的权利；如欲强制债务人为给付，须在债务之外另有责任（Haftung）关系的存在。所谓责任关系，是指债务人当为给付而未为给付或不完全给付时，应服从债权人强制取得的一种关系，它附加于债务关系之上，并使其具有拘束力。在这里，“责任”不是“义务”的应有之义，而是与义务相关联的独立概念。这种对义务（债务）与责任的区分，为现代大陆法系各国立法所普遍接受。《法国民法典》第 1142 条规定：作为或不作为的债务，如债务人不履行时，转变为赔偿损害的责任；《德国民法典》第 276 条规定：债务人除另有规定外，对故意或过失应负责任；《日本民法典》第 412 条规定：就债务履行有确定期限时，债务人自期限届至时起，负迟延责任。1964 年《苏俄民法典》专设“违反债的责任”一章（第十九章），规定债务不履行的民事责任；东欧其他国家民事立法也都将责任作为违反义务的后果专门加以规定。

新中国民法沿袭大陆法系及前苏联民法传统，强调民事义务与民事责任的区分。在《民法通则》中，对民事义务的规定间接体现在“民事权利”一章（第五章）中，而对民事责任则专设一章（第六章）予以规定，既在体例上开了各国立法之先河，也表明了将民事义务与民事责任、债务法与责任法加以严格区分的指导思想。这种指导思想是符合大陆法系民法传统及现代民法发展潮流的。但是，在《民法通则》中，立法者对于义务（债务）与责任的关系，在理解上和操作上尚有未臻严谨周密之处，这突出地表现在：《民法通则》没有对“侵权行为之债”与“侵权民事责任”的关系作出适当的安排。该法在第六章对“侵权的民事责任”作了较具体的规定，而在第五章“债权”一节中，对“侵权行为之债”则未作任何规定。这种以侵权民事责任代替侵权行为之债的做法，容易使人产生我国立法不承认此种债的关系的误解，这显然是不符合中外通行的民法理论（债的发生根据理论）的，也未必是立法者的初衷。我们认为，侵权行为直接发生的应是一种债权债务关系，而侵权责任则是侵权行为所生债务不履行的法律后果；在二者的关系上，债务为因，责任为果。因此，侵权行为之债在立法上应当得到充分反映，而不能简单地以“债权的民事责任”取而代之。

实际上，《民法通则》第六章第三节中，有的条文本身就是从债权债务的角度表述的，并未提及责任。如第117条规定，“侵占国家的、集体的财产或者他人财产的，应当返还财产；不能返还财产的，应当折价赔偿。损害国家的、集体的财产或者他人财产的，应当恢复原状或者折价赔偿。受害人因此遭受其他重大损失的，侵害人并应当赔偿损失”；第118条规定，“公民、法人的著作权(版权)、专利权、商标专用权、发现权、发明权和其他科技成果权受到剽窃、篡改、假冒等侵害的，有权要求停止侵害，消除影响，赔偿损失”，就是分别从侵害人的义务(债务)和受害人的权利(债权)的角度对侵犯财产权和知识产权的法律后果加以规定的；第119条、第120条也是如此。有的条文虽称为“责任”，但从其结构分析，“应当承担民事责任”这一用语都属于法律规范三要素中的“处理”部分，即权利义务规定部分，准确的表述应当是“应当赔偿损失”；如果认为它们是本来意义上的责任，这些规范就欠缺了“处理”这一核心要素，因而不成其为规范。因此，《民法通则》第六章第三节虽冠以“侵权的民事责任”之名，实际上却有许多是对“侵权行为之债”的规定，显得名实不符，在未来立法中，宜将上述内容纳入“债法”体系，恢复侵权行为之债的本来面目，而“民事责任”的有关章节，则主要对归责原则、责任承担、赔偿范围及赔偿金的计算等作出规定。

第二节　权利主体(人)与人格权

一、权利主体概述

(一)民事主体的含义

权利主体，即民法上的“人”，是指在民法上得享有权利的社会存在。

现代各国民事法律均明确规定了权利主体制度。在大陆法系国家，民事权利主体问题都在民法典的相应章节加以规定，如《法国民法典》第一编“人”、《德国民法典》第一编第一章“总则”和第四编“亲属法”、《日本民法典》第一编第一章“人”和第二章“法人”、《瑞士民法典》第一编“人格法”和第二编“亲属法”、《苏俄民法典》第一编第二章“人”。在英美法系国家，往往没有关于权利主体的统一的规范性的文件，确定自然人权利主体地位的规范包含在一系列法律之中，如调整婚姻家庭关系的法律、对未成年人给予法律帮助的特别法以及民事诉讼法等。我国《民法通则》第二章“公民(自然人)”、第三章“法人”对权利主体作了专门规定。

西方国家民法多将权利主体称为“人”，不过民法中的人(Person)不是指人的自然属性，也不是指人的社会属性，而是指法律上能够享有权利、承担义务的社会存在，既可以是自然人，也可以是法人，统称为“人”。在资产阶级法学中，“公民”、“国民”是指公法上的权利义务主体，只有“人”才是私法上的权利主体。“公民”作为民法术语，始见于1964年《苏俄民法典》，我国《民法通则》将其与“自然人”并用。正如有的学者所言，将公民作为民法概念，反映了民事生活的某种封闭性和“非私法”性①。

(二)权利主体资格(人格)

民法上能成为权利主体者称为“人”，能成为权利主体的法律资格，称为“人格”。

人格学说始于罗马法。在古代的罗马法中，人和人格是分离的，既有完全人格的人，又有不完全人格的人，还有无人格的人。如奴隶，尽管也是具有生理机能的自然人，但他们在法律上不是“人”，不具有人格，不享有民事权利。在现代民法中，自然人从出生直至死亡，始终都毫无例外地具有独立人格，因此，自然人的人和人格是完全吻合的。尽管把人和人格分离的学说已不适用于现代民法中的自然人，但至少给我们一点启示：生物意义上的人与民法意义上的人不是一个概念，历史上曾有生物意义上的人不是民法上的人的现象，现代则有民法意义上的人不是生物意义上的人的现象(如法人)。所以，对法人而言，人格说是适用的，甚至是极为重要的。

人格和权利能力不是同一个概念。尽管现代民法学也把权利能力视为一种资格，但它和人格概念中的资格，其内在含义是大不相同的。人格是指可以成为民事主体的资格，它不仅承认一个人在法律上可能享有权利和承担义务，而且也承认他可能通过自己的合法行为设立、变更或终止权利和义务；而权利能力则是可以享有民事权利并承担民事义务的资格。前者指条件，即具备了什么条件才能成为主体；后者指范围，即民事主体可以享受权利的范围。虽然对自然人而言，人格和权利能力两个概念已经近乎重叠，但对法人而言，二者却有明显的区别：人格是指法人应当具备的条件，是法人资格问题；权利能力则是

① 张俊浩主编：《民法学原理》，中国政法大学出版社1991年版，第101~102页。

指法人依法从事活动或经营的范围，是法人能力问题。

(三)权利主体的能力

人要成为权利主体，必须具有人格和能力(Capacity)。所谓能力，是指法律上承认权利主体可能享有某种权利、可能为某种行为或可能负某种责任的资格。

关于权利主体的能力，现代各国民法均有明确规定。《法国民法典》规定有"民事权利的享有"；《德国民法典》规定了权利能力、行为能力；《日本民法典》在第一章"人"中规定了"私权的享有"(即权利能力)、"能力"(即行为能力)，在第二章"法人"中规定了法人的侵权行为能力；《瑞士民法典》自然人的"人格"一节中规定了权利能力和行为能力的内容，在法人的"一般规定"一节中规定了法人的人格、权利能力、行为能力等；原《苏俄民法典》规定了民事权利能力、民事行为能力；我国《民法通则》更是明确规定了公民和法人、民事权利能力、民事行为能力。在英美法中，权利主体的能力(Capacity)被区分为积极能力(Active Capacity)和消极能力(Passive Capacity)，前者指享有、行使权利和参与交易的能力，后者指承担法律责任的能力①。

尽管各国对权利主体的能力均有规定，但其称谓及具体内容存在较大差异。《法国民法典》仅有民事权利的概念，而无行为能力的概念，对二者更没有明确划分；对权利能力和行为能力也仅有间接的规定，如该法典第 8 条、第 488 条分别间接规定了权利能力、行为能力的内容。权利能力和行为能力的区分最早见于《德国民法典》。之后，日本、瑞士民法典均采此立法例。

以德国为代表的一些西方民法学者在研究权利主体的能力时，更具体地把它分为：(1)权利能力，即享受权利的能力；(2)行使能力，即行使主体所享有的权利的能力；(3)意思能力，即进行推理和判断的能力；(4)行为能力，即通过自己的意思表示为自己产生权利、承担义务的能力；(5)责任能力，即对侵害他人权利的行为承担民事责任的能力。

我国民事立法采用了二分法，分别规定了民事权利能力和民事行为能力。民法学者大多认为民事权利主体的能力包括权利能力和行为能力两类，行为能力又包括意思能力、责任能力等。但有的学者认为责任能力是和权利能力、行为能力并行的能力，并主张采三分法。

---

① David M. Walker, The Oxford Companion to Law, p. 183, Clarendon Press, Oxford, 1980.

二、自然人

民法上的自然人是指基于自然生理规律出生、依法享有民事权利和承担民事义务的人。自然人的称谓是基于其自然属性，其范围较为广泛，包括本国自然人、外国自然人和无国籍的自然人。世界上多数国家民法采用自然人的称谓与法人相对。与自然人称谓相近的称谓还有公民，公民是具有一国国籍、依法享有权利和承担义务的自然人。公民的范围略小于自然人，因为它不包括外国和无国籍的自然人。“公民”一词引入民法始于《苏俄民法典》，我国《民法通则》亦沿袭这一用语，在第二章专章规定“公民”，同时以“(自然人)”紧接其后表明公民的有关规定亦适用于自然人。

(一)自然人的民事权利能力

自然人的民事权利能力是法律赋予其享有民事权利、承担民事义务的资格。它反映了自然人参加民事法律关系的可能性，是自然人民事主体地位的体现。

对自然人的民事权利能力，各国民法的称谓不同，但基本含义一致。如罗马法称“人格”，《法国民法典》称“民事权利的享有”，《德国民法典》、《瑞士民法典》、《苏俄民法典》称“权利能力”，《日本民法典》则称“私权之享有”，等等。这些均表明自然人的权利能力是一种法律上的资格，它与民事权利关系密切，是自然人享有民事权利、承担民事义务的前提。

现代各国民法均承认自然人的民事权利能力与自然人的人身不可分离，本人既不能转让或放弃，他人亦无权限制或剥夺，所有自然人民事权利能力一律平等。但就民事权利能力的本原而言，西方国家受自然法学派影响，坚持“天赋人权”，认为自然人的民事权利能力是与生俱来、自然形成的，从而忽视了自然人民事权利能力的经济根源和发展进程；社会主义国家则强调公民(自然人)的民事权利能力是社会发展到一定阶段的产物，是法律(统治阶级的意志)赋予的。

1. 自然人民事权利能力的开始

对自然人民事权利能力开始的时间，各国民法的立法例主要分两种：

一是从自然人出生时开始。大多数国家采用这种规定。如《德国民法典》、《日本民法典》第1条均明确规定“权利能力自出生开始”，前苏联、前捷克斯洛伐克以及我国民法亦作了同样的规定；《法国民法典》和前《民主德国民法典》虽未明确规定自然人民事权利能力开始的时间，但立法者的本意亦系指从出生时开始。

但对自然人“出生”的认定，各国规定却有不同，立法和理论上形成了“阵痛说”、“露出说”、“断脐说”、“哭泣说”、“初声说”、“独立呼吸说”等。这些主张，都有其一定的道理。不过，各国多采“全部露出说”，即以胎儿完全脱离母体存活为准。我们认为，无论何种主张，自然人的出生都离不开胎儿活着脱离母体这个基本的事实，出生的要件也就包括“出”与“生”两项，即要求离开母体并且存活，如未脱离母体则未出生，如离开母体之前或之时未存活则为死胎，这两种情况均不享有民事权利能力；而只要其离开母体存活，则不问时间长短均为“出生”，即享有民事权利能力。

二是从受孕时开始。采用这种规定的国家较少。如《匈牙利民法典》规定：“人，如活着出生，其权利能力应从受孕时算起。出生前第300天作受孕时间，但是允许证明受孕时间早于或迟于第300天，出生日包括在300天之内。”由此可见，这一规定亦是以人“活着出生”为前提，然后将权利能力开始的时间前溯至“受孕之时”。

自然人民事权利能力的开始，意味着自然人具有民事主体资格，能以自己名义享有民事权利、承担民事义务，参加各种民事法律关系。

2. 胎儿利益的特殊保护

自然人的民事权利能力始于出生，因此尚未出生的胎儿即不具备民事权利能力。但由于胎儿出生后即享有民事权利能力，为保护胎儿这一未来的民事主体的利益，就有必要在法律上作出某些特殊规定。纵观各国对胎儿利益的规定，大致可分为如下三类：

(1)凡以活体出生的胎儿，在出生前享有民事权利能力。如原《捷克斯洛伐克民法典》、《匈牙利民法典》即作出如是规定。原《捷克斯洛伐克民法典》第7条规定：“胎儿如果活着出生，也具有权利能力。”这即是以胎儿活着出生为其享有民事权利能力的前提。

(2)不规定胎儿享有民事权利能力，但概括保护活着出生的胎儿出生前的利益。如规定胎儿以将来非死产者为限，关于其个人利益之保护，视为既已出生。

(3)规定在某些事项上视胎儿为出生。如《德国民法典》规定在继承和接受遗赠方面，《日本民法典》规定在继承和损害赔偿方面，我国《民法通则》规定在继承方面，视胎儿为已出生，从而可以享有相关的权益。

我们认为，上述第三种立法例较可取。因为第一种立法例规定胎儿有权利能力和第二种立法例概括规定对胎儿利益的保护，虽然形式上有利于胎儿，但亦可能导致胎儿负担义务，从而对其不利；第三种立法例以胎儿享有特定事项上的权益为限，不包括义务内容，比较符合社会生活实际，既利于对胎儿的保护，也利于对第三人利益和正常民事秩序的保护。

3. 自然人民事权利能力的终止

各国民法均规定，自然人的民事权利能力终止的时间是自然人死亡之时。自然人死亡分为自然死亡和宣告死亡两种情况。

(1)自然死亡。又称生理死亡、绝对死亡，是指基于自然生理规律而发生的生命终结。关于自然死亡的时间界限，由于生理学和医学(自然生理规律的体现)的不断发展，其标准也不断变化。民事立法和理论上形成了如下几种学说：其一是脉搏停止说，即以人的脉搏跳动停止为自然死亡的时间；其二是呼吸停止说，即以人的呼吸停止作为自然死亡的时间；其三是心跳停止说，即以人的心脏跳动停止作为自然死亡的时间；其四是大脑活动停止说(又称"脑死亡"说)，即以人的大脑活动停止作为自然死亡的时间。这些主张均以一定时期的医学条件为依据。

自然死亡的一种特殊情况是数个自然人在同一事件中死亡，此时因可能涉及相互间继承关系，如何确定其死亡的先后时间即较为重要。对此各国又形成以下三种立法例：其一是根据年龄和性别推定，如《法国民法典》第720～722条规定："互有继承权的数人，如在同一事故中死亡，何人死亡在先无法辨明时，死亡在后的推定根据事实的情况确定，如无此种情况，根据年龄或性别确定"；"如同时死亡的人均不足15岁时，年龄最长的人被推定为后死亡人。如均在60岁以上时，年龄最小的被推定为后死亡人。如其中某些人不足15岁，而另一些人超过60岁，前一种人被推定为后死亡人"；"如同时死亡的数人，年龄均在15岁以上、60岁以下而年龄相等或相差不超过一岁时，男性者应被推定为后死亡人。如同时死亡之数人为同一性别时，死亡在后的推定，应使继承能按自然顺序开始，即年龄较低者被推定为死亡在年龄较长者之后"。其二是推定为同时死亡，如《德国民法典》规定："数人因共同危难而死亡者推定为同时死亡。"其三是我国《民法通则》的规定，即"相互有继承关系的几个人在同一事件中死亡，如不能确定死亡先后时间的，推定没有继承人的先死亡。死亡人各自有继承人的，如几个死亡人辈分不同，推定长辈先死亡；几个死亡人辈分相同，推定同时死亡，彼此不发生继承，由他们各自的继承人分别继承"。我们认为，上述《法国民法典》的规定有悖于男女平等，《德国民法典》的规定忽视了死者之间的继承，均不甚科学，而我国《民法通则》的规定则有利于保护继承人的利益，因而较为可取。

(2)宣告死亡。又称法律推定死亡、相对死亡，是指自然人下落不明，超过了法律规定的时间，经利害关系人申请，由法定机关按法定程序和方式宣告其为死亡。宣告死亡也导致自然人民事权利能力的终止。对宣告死亡下文另作详述。

自然人民事权利能力的终止导致自然人丧失民事主体资格，其婚姻关系终止，其财产变为遗产，继承关系开始等。但自然人生前所享有的某些人身权如姓名、名誉、荣誉权等死后仍受法律保护，这主要是为了维护与死亡自然人有关的其他自然人(如其亲属)和社会的利益。

(二)自然人的民事行为能力

自然人的民事行为能力是指自然人通过自己的行为取得民事权利、承担民事义务的能力。自然人的民事行为能力亦是由法律确认，本人不得转让或放弃，他人亦不得限制或剥夺。自然人的民事行为能力并非人人平等，而是受到各个人的年龄、智力及精神健康状况制约，即只有达到一定年龄、智力发育到一定程度和精神健全的人才具有完全民事行为能力，否则，仅具有部分(不完全)民事行为能力或完全不具备民事行为能力。

1. 自然人民事行为能力的分类

各国对自然人民事行为能力的分类一般有两个标准：其一是年龄，即看自然人是否达到成年年龄，凡达到成年年龄的即具有完全民事行为能力。其二是精神健康状况，即精神健康者具有完全民事行为能力。对于未达到成年年龄和患有精神病的自然人的民事行为能力，各国规定又不一致，有以下两种做法：其一是采单级制，即实行"一刀切"，一概规定为无民事行为能力。其二是采分级制，即对未成年人根据年龄和对精神病人根据认识与控制能力分别规定为限制民事行为能力人、无民事行为能力人。下面按完全民事行为能力、限制民事行为能力、无民事行为能力三大类分述之。

(1)完全民事行为能力

所谓完全民事行为能力是指法律赋予达到一定年龄和智力、精神健康状态正常的自然人通过自己的独立行为进行民事活动的能力。各国一般规定成年人具有完全民事行为能力，但对成年年龄却有不同的规定：一些国家规定的成年年龄较高，如西班牙、智利规定为25岁，奥地利规定为24岁；一些国家规定的成年年龄居中，如意大利规定为21岁，瑞士、日本规定为20岁；一些国家规定的成年年龄较低，如前苏联、德国、英国、法国及我国等均规定为18岁。

在特殊情况下，对于一些未达到成年年龄的自然人，法律规定视为成年人，赋予其完全民事行为能力。主要包括如下几种情形：其一是未成年人因结婚而被视作成年人，如瑞士、日本、前捷克斯洛伐克、前苏联等即作如是规定。其二是未成年人因解除亲权而被视作成年人，如《法国民法典》第 476 ~ 478 条规定，“未成年而结婚，依法当然被解除亲权”；“未成年虽未结婚，但年满 16 岁，得被解除亲权”；“无父母的未成年人，应亲属会议的要求得以同样方法被解除亲权”；第 481 条规定解除亲权的未成年人与成年人相同有处理一切民事生活行为之能力。其三是未成年人因独立生活而被视为成年人，如我国《民法通则》规定：“16 周岁以上不满 18 周岁的公民，以自己的劳动收入为主要生活来源的，视为完全民事行为能力人。”对未成年人因解除亲权而取得成年人的法律地位，有的国家立法将这种制度称作“自治产制”(或称“解放未成年制”)，意即将未成年人从未成年、无完全民事行为能力的状态下“解放”出来，赋予其处分自己财产的能力，因此而取得成年人法律地位的未成年人被称作“自治产人”，如《德国民法典》的规定。

(2)限制民事行为能力

所谓限制民事行为能力又称部分民事行为能力或不完全民事行为能力，它是指法律赋予那些已经达到一定年龄但尚未成年和虽已成年但精神不健全，不能完全认识和控制自己行为的公民从事与其年龄、智力和精神健康状况相适应的民事活动的能力。

限制民事行为能力人分两类：一类是达到一定年龄的未成年人，如《德国民法典》规定的 7 ~ 18 周岁的未成年人、《匈牙利民法典》规定的 12 ~ 18 周岁的未成年人、《保加利亚民法典》规定的 14 ~ 18 周岁的未成年人以及我国《民法通则》规定的 10 ~ 18 周岁的未成年人。另一类是因患有精神病或智力发育不全等原因不能完全认识和控制自己行为的成年人，这类人并非完全没有认识和控制自己行为的能力，而只是认识、控制能力有欠缺。对后一类人，有些国家称之为“禁治产人”或“准禁治产人”，如德国法中因精神耗弱、浪费、酗酒、吸毒而被宣告禁治产的人及日本法中因精神耗弱或财产浪费而被宣告准禁治产的人即是(不过须注意，德国民法中的“禁治产人”也包括无行为能力人，如因精神病而被宣告禁治产的人即无行为能力)。

限制民事行为能力人仅能进行与其年龄、智力或精神健康状况相适应的民事法律行为，除此以外，其他民事活动须由其法定代理人代理或征得其同意，否则不发生法律效力。对限制行为能力的未成年人进行民事活动的范围，各国均予以一定限制，大致限于以下事项：其一，未成年人单纯获益的行为，即对未成年人只产生权利而不产生义务的行为，如接受赠与或遗赠。《日本民法典》第 4 条即规定：“未成年人要为法律行为，须取得其法定代理人的同意。但单纯取得权利或免除义务的行为，不在此限。”其二，一般生活或日常生活上的行为，如使用法定代理人给的零花钱购买日用品、生活必需品等。其三，未成年人被允许独立营业时营业范围内的行为。如《日本民法典》第6条规定："被允许为一种或数种营业的未成年人，关于其营业，与成年人有同一能力。"《德国民法典》第112条规定："如法定代理人得到监护法院的许可授予未成年人独立营业的行为能力，未成年人对于其营业范围内的法律行为的行为能力不受限制。"此外，《法国民法典》第487条、《瑞士民法典》第412条均作了相同的规定。其四，订立劳动雇佣契约及实施完成工作所必需的法律行为。德国法对未成年人订立劳动契约还作了限制，即须征得其法定代理人同意。其五，订立婚姻契约(即结婚)，但须达到一定年龄且须经父母或监护人同意。如高法定婚龄的印度、瑞典为男21岁、女18岁，瑞士、挪威、丹麦为男20岁、女18岁，澳大利亚为男21岁、女16岁，美国部分州为男21岁、女18岁，印度尼西亚为男19岁、女16岁。中法定婚龄的英国、意大利、德国、前苏联、匈牙利、保加利亚、前捷克斯洛伐克、波兰、古巴、蒙古、秘鲁、新加坡等为男、女各18岁，美国统一结婚离婚法及部分州规定为男、女各18岁，此外美国还有15个州规定为男18岁、女16岁，6个州规定为男18岁、女15岁，朝鲜规定为男18岁、女17岁，日本、荷兰规定为男18岁、女16岁，法国、比利时规定为男18岁、女15岁，土耳其为男17岁、女15岁。低法定婚龄的墨西哥、菲律宾、葡萄牙等为男16岁、女14岁，阿根廷、西班牙、希腊等为男14岁、女12岁。一般而言，上述法定婚龄中大多低于法定成年年龄，故法律要求须经父母或监护人同意。如《日本民法典》第737条规定，"未成年子女结婚，须经父母同意"；"父母一方不同意时，仅其他一方同意已足。父母一方不明或死亡时，但其不能表示其意思时，亦同。"《法国民法典》第148条亦规定："未成年人非经其父母同意，不得结婚；如父母之间意见分歧，此种分歧仍发生同意的效力。"德国、意大利、瑞士等国亦有类似规定。对限制民事行为能力的未成年人行为能力的范围，我国有关《民法通则》的司法解释则指出："10周岁以上的未成年人进行的民事活动是否与其年龄、智力状况相适应，可以从行为与本人生活相关联的程度、本人的智力能否理解其行为并预见相关的行为后果，以及行为标的数额等方面认定。""限制行为能力人接受奖励、赠与、报酬、赔偿费或者进行其他对本人有利而不损害他人利益的行为，应予保护。"

英美法系对限制行为能力的未成年人行为能力范围，通常规定限于：其一，以合理价格取得的生活必需品或必须的劳务；其二，雇佣合同；其三，教育合同。此外，对不动产租赁合同、合伙合同、认购股票等行为，未成年人成年后如未在法定期限内提出争议就永远有效；还有一部分行为，须未成年人成年后直接确认方为有效。超出上述范围的行为，如除生活必需品以外的一切买卖、金钱借贷及确认账户余额等均为绝对无效。

对患精神病或智力发育不全、浪费、酗酒等限制行为能力人或“禁治产人”、“准禁治产人”，其行为能力范围与其精神健康状况相一致。对此，我国有关《民法通则》的司法解释规定：“不能完全辨认自己行为的精神病人进行的民事活动是否与其精神健康状况相适应，可从行为与本人生活相关联的程度、本人的精神状态能否理解其行为并能预见相应的行为后果，以及行为标的数额等方面认定。”“无行为能力人接受奖励、赠与、报酬、赔偿费或者进行其他对本人有利而不损害他人利益的行为，应予保护。”

(3)无民事行为能力

无民事行为能力是指完全不具有以自己的行为进行民事活动的能力。无民事行为能力人由其法定代理人代理进行民事活动。

无民事行为能力人也分两类：一类是一定年龄之下的未成年人，如《德国民法典》规定的7周岁以下的未成年人、《匈牙利民法典》规定的12周岁以下的未成年人、《保加利亚民法典》规定的14周岁以下的未成年人、前苏联民法规定的15周岁以下的未成年人以及我国《民法通则》规定的10周岁以下的未成年人即是。另一类是完全不能认识和控制自己行为的精神病人和“禁治产人”。

2. 自然人民事行为能力的宣告

自然人的民事行为能力随着年龄、智力和精神健康状况的变化而变化，大多数国家对公民随着年龄的增长而从无行为能力进入限制行为能力以及从限制行为能力进入完全行为能力状态，并不要求特别的宣告，而只是对已达到成年年龄但缺乏认识和控制自己行为的能力的人，要求须经法定机关依法定程序宣告为无行为能力人或限制行为能力人。

自然人民事行为能力的宣告的立法体例亦有两种：一种是德国、日本民法典中的“禁治产宣告”制度；另一种是前苏联、前捷克斯洛伐克民法中的“无民事行为能力、限制民事行为能力宣告”制度。

“禁治产宣告”制度是指对精神上出现异常状况的自然人宣告其为“禁治产人”使其无行为能力或限制行为能力的法律制度。《德国民法典》第6条规定：“有下列情形之一的，得宣告为禁治产人：(1)因精神病或精神耗弱致不能处理自己事务者；(2)因挥霍浪费致自己或其家属有陷入贫困之虞者；(3)因酗酒成瘾或吸毒不能处理自己事务，或致自己或其家属有陷入贫困之虞，或危及他人安全者。”德国的“禁治产人”如系由于精神病不能料理自己的事务而被宣告，则为无行为能力人；如系因精神耗弱、浪费、酗酒、吸毒而被宣告，则为限制行为能力人。禁治产宣告只能通过初级法院的裁决作出，被宣告禁治产人不服的可以提起宣告裁决无效的诉讼，禁治产宣告原因消灭时得申请撤销其宣告。日本的“禁治产宣告”制度略有不同，即将神志丧失、在通常情况下完全失去意思能力者宣告为“禁治产人”，而将精神耗弱、财产浪费者宣告为“准禁治产人”，前者系无行为能力人，后者则为限制行为能力人。“禁治产”和“准禁治产”宣告均由家事法院进行，宣告后应为“禁治产人”设立监护人，为“准禁治产人”设立保佐人。

“无民事行为能力、限制民事行为能力宣告”制度是对患有精神病而不能或不能完全认识和控制自己行为的自然人直接宣告其为无民事行为能力人或限制民事行为能力人的法律制度。我国《民法通则》规定，精神病人的利害关系人可以向人民法院申请宣告精神病人为无民事行为能力人或限制民事行为能力人。被人民法院宣告为无民事行为能力人或者限制民事行为能力人的，根据他健康恢复的状况，经本人或利害关系人申请，人民法院可以宣告他为限制民事行为能力人或者完全民事行为能力人。

(三)监护与信托

为了保护无行为能力和限制行为能力人的合法权益，各国均设立一定法律制度，其中监护制度为多数国家所共有，而英美法系国家还设有未成年人财产的信托制度。

1. 监护

(1)监护的概念

所谓监护是指依照法律规定，对某些特殊的自然人的人身及财产权益的监督与保护。在监护关系中，担任监督、保护职责的人为监护人，处于监督、保护之下的人为被监护人。

监护有广、狭义之分：狭义的监护指对不在亲权之下的未成年人和无行为能力的未成年人的人身及财产权益的监督与保护，又称未成年人及禁治产人的监护；广义的监护除上述以外，还包括保护和保佐。保护通常是指对限制行为能力人的人身及财产权益的监督与保护，前苏联、日本等国设有保护制度，如前苏联婚姻与家庭法典规定，对于无父母照管的未满15周岁的儿童和因患精神病、痴呆症被宣告无行为能力的人设立监护，而对无父母照管的15~18周岁的未成年人及由于健康状况不能独立行使权利、履行义务的有行为能力的成年人以及因滥用酒精饮料或麻醉品被宣告为限制行为能力的人设立保护。保佐有两种，一种与上述保护大致相同，只是用语不一或适用范围略有不同，如《秘鲁民法典》规定对精神耗弱者、聋哑者、挥霍无度者、不善经营者、嗜毒者及丧失公民权者等设立保佐；另一种是特殊情况下对监护受阻的补救及对特别人或特别财产的监督、保护，如前联邦德国民法规定保佐分六种：补充性保佐，即补充监护受阻的保佐；残疾者的保佐；不在人的保佐；胎儿的保佐；不明的利害关系人的保佐；公募财产的保佐。该法规定，保佐准用关于监护的规定。

此外，一些国家曾长期规定婚姻监护制度，如印度及其他一些伊斯兰法国家和一些基督教法国家，但这种监护实质上是一种对婚姻的同意制度，因而主要是亲权的一个方面。

监护与行使亲权不同：其一，亲权的行使以亲子关系为基础，监护则无此要求；其二，亲权人对其子女财产处分权较大，且多享有用益权，监护人处分被监护人财产受到严格限制，且不享有用益权；其三，亲权人行使亲权不得索取报酬，许多国家却规定监护人因监护活动有权请求相应报酬；其四，亲权基于血缘关系自然取得，监护权则须经法定程序才能取得；其五，亲权的行使无专门机构监督，监护权的行使则受家事法院、监护当局等的监督。

还需注意的是，我国《民法通则》规定的监护制度与传统民法中的监护制度也不尽相同，前者规定未成年人的父母是未成年人的监护人，实际上是将传统的亲权制度纳入监护制度中，这与传统监护制度仅针对不在亲权之下的未成年人设置监护是有区别的。

(2)监护制度的性质及其历史发展

对监护制度的立法例有如下几种：其一是将监护纳入亲属或家庭法，如德国、日本、法国等；其二是将监护与婚姻、家庭法并列，如前苏联1922年《婚姻、家庭和监护法典》；其三是对监护制订单行法规，主要有英美法系国家及前南斯拉夫等。我们认为，监护关系与亲属关系不尽相同，因为它不以血缘关系为前提，且是一个包含民事、行政法关系的复合性法律关系，将其视为亲属、家庭法的一部分有失妥当。

监护制度源于古罗马法，早在《十二铜表法》中即有对浪费人和精神病人设置监护的规定，但最初的监护仅是为了保护家族利益而设的代行家长权的一种形式。现代意义的监护制度是资产阶级革命的产物，它一方面沿袭了古罗马监护法的许多形式和内容，另一方面也适应新的生产关系要求摒弃了家长制度和男尊女卑的残余，有了显著的进步。

(3)未成年人的监护

这是监护制度的核心和主干。未成年人监护法的主要内容包括监护的开始、监护的机构、监护事务与监护责任、监护的终止等。

监护基于一定的原因而开始，未成年人的监护以其无亲权人或者亲权人丧失亲权为主要原因。对监护发生的原因，一些国家采概括式规定，如瑞士、日本、秘鲁、前南斯拉夫等国即是，《日本民法典》第 838 条规定“无人行使亲权时或行使亲权人无管理权时”对未成年人的监护开始；另一些国家包括法国、德国、美国、罗马尼亚等采列举式规定，其具体原因通常包括未成年人的父母死亡(含宣告死亡)或失踪(含宣告失踪)、亲权人受禁治产宣告或亲权停止宣告及其他无管理权的法定事由、未成年人为弃儿或无人认领的非婚生子女等无亲权人的特殊情况。监护通常从监护的原因发生时开始，但监护的原因发生时未指定监护人的自监护人指定或选定之时开始。

监护机构是指行使监护职责的机关、团体和个人，通常是指监护人、监护监督人、亲属会议、监护官署或监护法院、家庭法院等。

监护人，包括指定监护人、法定监护人、选定监护人，指定监护人又有遗嘱指定监护人和监护当局指定的监护人之分。前苏联、罗马尼亚、前民主德国、前南斯拉夫等国只采用监护当局指定的方式；瑞士、奥地利等国以监护当局指定的为有效，同时尊重被监护人父母的意思；法国、德国、日本、英国、美国等承认遗嘱的优先效力，仅在无合法遗嘱时由监护当局指定监护人。法定监护人是指未成年人父母死亡而无合法的遗嘱监护人的情况下由法律直接规定的监护人，如《法国民法典》第 402 条规定：“如后死之父母未选定监护人时，对婚生子女的监护权即被授予亲级最近的直系尊血亲。”选定监护人主要指亲属会议选定的监护人，如《法国民法典》第 404 条规定：“如无遗嘱指定的监护人，亦于直系血亲监护人，或被指定担任监护者停止其职权时，亲属会议应为未成年人指定一名监护人。”监护人的资格有一定限制，各国通常要求是不得为无行为能力及限制行为能力人。基于正当理由，监护人可以拒绝监护或退出监护，监护机关亦得撤销监护人的监护职务。对监护人能否就监护活动取得报酬，前苏联和前南斯拉夫采无偿原则规定不得取酬，日本、秘鲁、美国等采有偿原则规定可以取得相应报酬，德国、法国、罗马尼亚等采补偿原则规定可由监护当局给以一定补偿。

监护监督人，是指对监护人的监护活动负监督之责的自然人，法国、德国、日本有此设置。

亲属会议，是任免、更换监护人并行使一定监护监督权的亲属组织，目前仅法国、秘鲁等少数国家有此设置。

监护官署，如瑞士的监护官厅。

监护法院，如德国的监护法院、日本的家庭法院。

监护的事务通常包括：第一，对未成年人的人身监护，各国多赋予监护人与亲权人相同的权利义务，但附以必要的限制条件，如《日本民法典》第857条规定："未成年人的监护人……和行使亲权人有同样的权利义务，但在采取某些措施时，须得监护监督人同意。"第二，对未成年人财产的管理，包括两个方面：一是造具未成年人财产清册，二是对清册上的财产进行管理。各国一般规定监护人应认真尽善良管理人的注意，应谨慎稳妥地进行管理，非为被监护人利益不得处分。管理被监护人财产的费用从被监护人财产中支付。第三，代理未成年人为民事行为。各国一般规定监护人是未成年人的法定代理人，不过为保护被监护人利益，这种代理在程序上和实体上受到法律的一定限制。

监护基于一定的原因而终止，监护终止分为两种，一种是出于被监护方原因的绝对终止，另一种是出于监护方原因的相对终止。综观各国规定，监护绝对终止的原因一般包括：被监护人已成年且具有完全的民事行为能力；被监护人自然死亡或被宣告死亡；被监护人被生父母认领或被他人收养；被监护人的父母不能行使亲权的原因消灭，如受停止亲权宣告者亲权的恢复、禁治产宣告的撤销、被宣告死亡或失踪者生还或归来等。监护相对终止的原因一般包括：监护人死亡或被宣告死亡；监护人被宣告禁治产；监护人因正当理由辞去监护；监护人被依法撤销监护。监护的终止导致财产清算，即确定监护人与被监护人双方应予清算的账目以及应移交或交还的财产范围。

(4)成年人的监护

对被宣告为无民事行为能力、限制民事行为能力的成年人或被宣告为"禁治产人"、"准禁治产人"的成年人，亦有必要设置监护。对成年人的监护开始于成年人被宣告为无民事行为能力、限制民事行为能力或者禁治产、准禁治产之时。成年人的监护机构与未成年人的大致相同，不过主要是法定监护人，然后才是选定监护人，指定监护人的情况较少。成年人监护的内容亦包括人身、财产两个方面，尤其强调对被监护人的治疗养护。成年人监护终止的绝对原因是被监护人死亡、被监护人被撤销禁治产宣告而恢复民事行为能力，相对原因是监护人死亡、监护人被宣告禁治产或无行为能力及限制行为能力、监护人的监护被撤销、作为监护人的配偶与被监护人离婚。

2. 信托

在英美法系国家，监护制度并不像大陆法系那样发达，这一方面是历史传统使然，另一方面则是由于信托制度(这里指对未成年人财产的信托)的存在。

所谓信托是指一方(受托人)受他方(信托人)委托而为一定人(受益人)的利益管理财产的制度。英国学者安德海尔(Underhill)指出:“信托是一种衡平法上的义务,据此,持有财产的人为了受益人的利益而管理处分该财产,而且,任何一个受益人都可以要求履行该义务。”美国学者波吉特(Bogert)说:“信托系当事人之间一种信任关系,一方享有财产的所有权,并负衡平法上为另一人利益管理或处分该财产的义务。”日本现行信托法第1条规定:“本法所称信托,是指将财产权转移或为其他处分,使他人依照一定目的管理或处分财产。”韩国信托法第1条规定:“本法所称信托,是指设定信托人(以下称委托人)与接受信托人(以下称受托人)间,基于特别信任关系,委托人将特定财产转移或为其他处分给受托人,使受托人为一定人(以下称受益人)的利益或为特定目的,管理或处分该财产的法律关系。”无论定义如何,均表明信托是一种为特定人利益而管理他人财产的一种法律制度,而这种制度正好可以用来为保护未成年人的利益(财产利益)服务。

信托的特性在于:(1)以财产为中心,该财产被称为信托财产;(2)涉及三方当事人,即委托人(信托人)、受托人、受益人;(3)以信任为基础,即以委托人对受托人的信任为前提,受托人对委托人负有信任责任;(4)信托财产的所有权与收益权相分离,即受托人享有所有权,但其行使所有权的收益却不归自己;受益人不享有所有权,但却享有收益权。这是信托最根本的特征。

信托用于保护未成年人的财产利益,主要发生在如下几种情况:其一是单纯为管理未成年人财产。例如未成年人的父母工作繁忙而无暇理财,或者因能力欠缺而不善理财,即可通过信托契约设立信托;或者未成年人本身心智不全、精神耗弱及缺乏理财能力,为避免将财产直接赠与他们可能导致的损失,其父母即可通过合同或遗嘱就该部分财产设立信托。其二是为防止未成年人浪费家产。这种信托在美国称为“浪费者信托”(Spendthrift Trust),为了避免未成年人浪费,其父母可设立信托将财产交他人管理,并在信托契约中写明仅将信托财产收益的一部分给其使用,用于维持日常生活。其三是为抚养非婚生子女,特别是为了对本人死后非婚生子女的生活作出安排,即可通过不公开的信托文件进行,从而避免立遗嘱公之于众的不便。

3. 监护与信托的比较

监护与为未成年人设立的信托,均系出于保护未成年人利益之目的,且监护人、受托人均对他人财产行使控制、管理权,但二者也存在一些差异:

(1)监护人对未成年人的财产并不享有所有权,信托中的受托人则对信托财产享有法律上的所有权。

(2)监护人通常是与被监护的未成年人有亲属关系的人，且以未成年人不在亲权之下为前提；信托中的受托人则不必是未成年人的亲属，而可以是其他自然人甚至是信托公司，并且它不要求未成年人不在亲权之下，相反为未成年人设立信托通常是未成年人亲权人的安排。

(3)监护不仅涉及对被监护人财产的管理，而且包括对被监护人的人身的保护；信托则只涉及对信托财产的管理，而不涉及对受益人人身的控制。

(4)监护因未成年人成年、具有完全民事行为能力而依法自然终止，信托则除信托文件明确规定外并不因此而必然终止。

(四)宣告失踪与宣告死亡

宣告失踪是指依照法律规定的条件和程序对下落不明的公民推定其为失踪的制度。宣告死亡则是依照法律规定的条件和程序对下落不明的公民推定其为死亡的制度。

宣告失踪、宣告死亡制度的主要内容是规定失踪宣告、死亡宣告的条件与程序及其法律后果(包括人身、财产两方面)。

对宣告失踪、宣告死亡的条件与程序，各国均规定须自然人下落不明达一定期限、须利害关系人或有权机关向法院申请等，但具体要求又略有不同，下面就几个国家的规定分述之：

(1)法国。1977 年修改后的《法国民法典》对于失踪者规定了“失踪推定”和“失踪宣告”两种情形。该法典第 112 条规定：“如本人停止在其住所或临时住所出现，而又无音信的，监护法官得应利害关系人或检察院的请求，确认为推定失踪。”第 122 条又规定：“如按第 112 条所规定的方式，或在第 217 条及第 219 条、第 1426 条及第 1429 条所规定的司法诉讼的情况之一确认推定失踪的判决已逾 10 年，民事法院应一切利害方面或检察院的请求，宣告失踪。”可见，法国法的特色是未使用“宣告死亡”概念，但其“失踪推定”相当于宣告失踪，而“失踪宣告”则相当于宣告死亡。

(2)德国。《德国民法典》规定：“如失踪人 10 年间无生存的音信时，得宣告其为死亡。但宣告死亡在失踪人满 31 岁的年终以前不得为之。”“满 70 岁之失踪人，5 年间无生存报知时，得宣告之。”“战争中失踪者，自和约缔结 3 年后，如未缔结和约时 3 年期间自战争停止的年终起算。”“船舶如在航海中沉没时，当时在船上的人因船舶沉没而失踪者，自船舶沉没经过一年后，得宣告其为死亡。”可见，德国法的特点在于只规定了宣告死亡制度，且死亡宣告分不同情形规定不同条件，但无宣告失踪之规定。

(3)瑞士。《瑞士民法典》第35条规定："如某人在遭遇生命危险之后失踪或长期无音信时，法官可在利害关系人的申请下，宣告其失踪。"第38条规定："(一)在规定期限内无任何陈报时，则失踪的人或者无音信的人被宣告为失踪；并且如同死亡之得证实一样，可行使其因死亡而发生的权利。""(二)宣告失踪的效力，追溯至遭遇生命危险之时或最后一次音信之时。"可见，瑞士法亦未规定宣告死亡，但其失踪宣告发生死亡的法律效力。

(4)日本。《日本民法典》第30条规定："不在人生命不明已逾7年时，家庭法院得因利害关系人的请求，为失踪的宣告。""临战地的人、在沉没船舶中的人及其他遭遇可死亡原因的危难的人，在战争终止后、船舶沉没后或其他危难离去后，一年间生死不明时，亦同。"可见，日本法虽未明文规定"宣告死亡"，但该法典中"宣告失踪"是等同于"宣告死亡"的，因为第31条规定："依前条第1项的规定受失踪宣告的人，在前条第1项期间届满时视为死亡。依前条第2项的规定受失踪宣告的人，在危难离去时视为死亡。"

(5)中国。《民法通则》第20条规定："公民下落不明满2年的，利害关系人可以向人民法院申请宣告他为失踪人。""战争期间下落不明的，下落不明的时间从战争结束之日起计算。"第23条规定："公民有下列情形之一的，利害关系人可以向人民法院申请宣告他死亡：(一)下落不明满4年的；(二)因意外事故下落不明，从事故发生之日起满2年的。战争期间下落不明的，下落不明的时间从战争结束之日起计算。"可见，中国是对宣告失踪和宣告死亡均作出了规定，且较为详尽。

宣告失踪和宣告死亡的法律后果并不相同。对于被宣告失踪的人主要是为其财产设定管理人。对于被宣告死亡的人，则涉及其财产和婚姻的处理：对财产处理，各国一般都规定其生还或重新出现后得主张返还财产。但对婚姻，各国却规定不一。如有的国家坚持维护原婚姻关系，允许生还者对配偶的现行婚姻提出争议，意大利属此种情况；《德国民法典》则规定，生还者只有在能证明其配偶知其未死时，才能对配偶的新婚姻提出争议；《法国民法典》第132条规定："即使宣告死亡的判决已被撤销，失踪者婚姻仍然解除。"我国《民法通则》规定，有民事行为能力人在被宣告死亡期间实施的民事法律行为有效。有关司法解释亦规定：被宣告死亡的人与配偶的婚姻关系，自死亡宣告之日起消灭。死亡宣告被人民法院撤销，如果其配偶再婚后又离婚或者再婚后配偶又死亡的，则不得认定夫妻关系自行恢复。日本民法与中国法的有关规定基本相同。

三、法人

(一)法人的概念

"法人"这一用语最早为1896年公布的《德国民法典》所采用。在此之前，尽管立法中没有使用这个概念，但法人的实际形式却早已存在。早在罗马时期，法律便赋予国家、地方政府、社会团体即寺院、慈善团体、待继承的财产等以独立人格。当时有些法学家就已经注意到了除自然人之外还存在另一类民事主体。到了资本主义时期，随着商品经济的发展，各种商事组织尤其是公司大量出现及立法的不断完善，法学家们承袭了罗马法学家的观念，认为法人是一种自然人的组合，它的人格已经脱离了自然人的人格，成为一种独立的民事主体。

尽管法人这一形式早已存在，尽管各资本主义国家先后采纳了法人制度，但都没有给法人下一个明确的定义。不过大陆法系各国的公司立法中，多数给"公司法人"下了明确的定义。英美法系各国虽然采纳了法人制度，但是由于其没有成文法典，所以也不可能从法律上给法人这一概念下一个明确的定义。不过在英美法系国家的有关单行成文法中，也有关于公司法人的定义。资产阶级学者也曾试图给法人下一个明确的定义，如法人就是团体；法人乃是法律提供给一个或几个自然人的一种优待，为的是使他们能够在参加民事流转时无须以全部财产承担责任的风险，等等。但他们也认为法人一词的定义很难准确地予以界定。

第一次以立法形式给法人下定义的是1922年的《苏俄民法典》。该法典第13条规定："一切享有取得财产权利和能够承担义务，并且能够在法院起诉和应诉的机关、社会团体和其他组织，都是法人。"1964年修改后的《苏俄民法典》第23条规定："凡有独立的财产，能够以自己的名义取得财产权利和人身非财产权利并承担义务，可以在法院、仲裁署或公断法庭起诉和应诉的组织，都是法人。"1991年底前苏联解体后，俄罗斯于1994年10月21日制定了新的民法典，该法典第48条规定，凡是拥有独立财产的所有权、经营权或者业务管理权，以这一财产承担自己的债务，能够以自己的名义享有和行使财产权利和人身非财产权利，承担义务，在法院起诉和应诉的组织都是法人。

在我国，早在新中国成立初期的行政法规中就开始使用了法人一词，改革开放以来更是大量使用这一概念，但在很长的时期内，立法上没有给法人下明确的定义。直至1986年4月颁布的《民法通则》才正式以基本法的形式规定了法人的定义。该法第36条规定："法人是具有民事权利能力和民事行为能力，依法独立享有民事权利和承担民事义务的组织。”这一定义不仅明确了法人的真实含义，而且也揭示了法人的基本特征。

法人的一个重要特征就是组织上的统一，即法人是集合的主体，而自然人则是以个人作本位的主体。法人总是一个团体，总是一些人的集合，所以有时也称法团。正因如此，有些国家的公司法明确规定，当公司股东只剩一人时，公司就应解散。

法人的另一个重要特征就是财产上的分立，也就是个人财产和法人财产的脱离。只有当团体的财产从个人的财产中分离独立出来时，团体才具有独立人格，才成为法人。当团体的财产仍属于团体中的个人时，这个团体就不是法人，就没有独立的人格。例如在合伙中，许多国家认为这种团体没有独立人格，不是法人。

(二)法人的本质

西方学者对于法人的本质问题一直众说纷纭、莫衷一是。其中主要有拟制说、否认说、实在说三种观点。

1. 法人拟制说

此说最初为注释法学派学者所倡，主要代表人物是德国法学家萨维尼。这种观点认为，民事主体享有权利必然要有意思能力，没有意思就不能享有权利，也不能具有人格。因此民事主体应以自然人为限。他们断言，人，而且只有人，才是真正的权利主体。法人之所以能够成为权利主体，不是别的，而是用法律的力量把他拟制为自然人的结果。作为简单拟制的法人是没有行为能力的，只有由活生生的人组成的机构才具有行为能力。

这种观点在英国和美国得到广泛传播。美国著名大法官马歇尔也以此理论奠定美国审判实践的基础。他认为，“社团是人为的存在，看不见，摸不到，只是从法律观点来看它是存在的。由于它是法律的产物，所以它只能具有成立章程所规定的性能，是成立章程直接或间接规定了团体存在的必要条件。”关于社团的这种观点，直到现在仍是英美实践和立法的理论依据。但是英美学说从一开始就特别注意到这种观点采取的把法人同组成法人的自然人、把法人的权利义务同法人成员的权利义务加以对比的做法。目前，认定法人脱离其成员而独立存在已成为英美社团权利的基本原则。

法人拟制说的观点决定了法人的形成程序，也决定了法人权利能力的性质。既然法人的人格因法律拟制而成，那么显然只有国家才能用相应的文件令其产生，也只有国家才能规定其活动范围。

实际上，这种观点忽视了法人与自然人都是民法概念，自然人能成为权利主体也是近代才有的法律思想。在古代，奴隶和家属虽然是生物意义上的人，但却被当作劳动工具和附属物，不能享有民事权利，不是民事权利主体。所以，法人和自然人之所以能够成为民事权利主体，都是法律规定的结果。正因为如此，在他们之间不存在谁拟制谁的问题。法人是人类社会一定历史阶段中客观存在的实体，它并不是法律凭空加以拟制的。由于拟制说难以自圆其说，后被法人的否认说和实在说代替。

2. 法人否认说

这种观点认为，法人并不存在，仅属臆想而已，任何团体都是各个自然人的集合。团体的事务是全体个人的事务，执行这些事务的人是全体个人的代表，而不是法人。关于团体财产的归属，或者说如何看待团体拥有财产的问题，持否认说的学者又有不同观点。

(1)无主体说

无主体说又称“共同财产说”，认为凡财产都属于特定的人，有其特定的目的；而法人的实质是为了达到一定目的而存在的无主体财产。按照这种观点，法人本身并不享有财产，法人财产从根本上讲是其成员的共同财产。这种观点从本质上否定了法人作为权利主体的存在。例如，18世纪德国莱比锡法庭曾规定：“一个团体全成员的姓名都必须写在汇票上。”这实际上是用自然人的人格代替了法人的人格。资产阶级法学家布林兹(Brinz)就持此观点。

(2)受益者说

此观点认为，利益归谁，谁就是权利主体，而法人制度最终是为了自然人的利益，法人财产实际上是自然人的财产，所以只有受益的个人才是权利主体。耶林(Jhring)为这种观点的代表人物。

(3)管理者说

此观点认为，财产权利主体就是对财产可以实际占有、使用和处分的人；而对法人财产的实际占有、使用和处分的，不外乎是管理这个法人的自然人。所以，实现管理法人财产的人就是法人的本体。此观点的代表人物为胥德尔(Holder)和宾德尔(Brinder)。

否认说较拟制说有一定进步，即开始接触法人的本质问题——法人的财产应该属于谁。但否认说在寻找法人财产的主体时，却始终没有分清共有财产制度与法人财产制度的本质不同，以至于最终从共同财产、利益归属、财产管理等不同角度来否认法人的存在，未能揭示法人的本质。

3. 法人实在说

这种观点认为，法人是独立存在的实体，不是法律虚拟的，更不是不实在的。法人和自然人一样有自己独立的意思，有表达意思的机关，可以独立享有权利和承担义务，在法律上是独立的权利主体。但对于法人性质的认识，又有以下两种观点：

(1)有机体说

此说认为，法人和自然人一样，也有自己特殊的机体，同样享有人格权、财产权等权利；法人不仅有自己的意思，而且还有表达意思的机关。法人机关及其下属各个部门就是法人的各种系统。法人是集体人格，是一个统一整体，是权利和义务的主体。有机体说的代表人物为基尔克(Gierke)。

(2)组织体说

此说认为，法人是具有民事权利主体资格的社会组织，与自然人一样由法律赋予其人格，是法律秩序的产物。法人是社会经济生活的基本组织单位，有权利能力和行为能力。组织体说的代表人物为米休德(Michoud)、登伯格(Dernburg)等。

有机体说通过形象性的理论反映了法人实体的客观存在，但没有从经济上和法律上找到法人能够成为权利主体的根据或法人的内在本质。自然人能够成为权利主体并非仅因其有自己的机体，显然仅用法人是一个有机体来论证法人能成为权利主体，不能自圆其说。组织体说力图从经济上和法律上去找根据，较之从脱离人类社会的自然机体中找原因的有机体说，自有进步。组织体说现为多数民法学家所承认，也是多数国家立法的理论基础。但这种学说并没有从本质上说明什么样的社会组织才能成为法律所承认的权利主体，而且又认为自然人是具体的实在，法人是抽象的实在，因而又与拟制说相混同。

综上所述，无论是法人拟制说、否认说，还是实在说，由于受历史和阶级的局限，都没有也不可能科学地揭示法人的本质，“社会组织在商品经济社会的实际作用，乃是它们在法律上的主体资格即法人的本质所在”①。

(三)法人的分类

1. 大陆法系的法人分类

(1)公法人和私法人

这是以划分公法和私法的理论作为根据而对法人进行的分类，但具体的划分依据又有多种多样。有的学者主张，应以法人所从事的事业性质为划分依据；有的学者则主张，应以利益的归属为划分依据；还有的学者主张，应以社会观念为划分依据。通常认为，凡依公法组织起来的法人就称为公法人，或公

---

① 王利明等著：《民法新论》(上)，中国政法大学出版社1988年版，第225~226页。

法法人，它所完成的是国家管理的职能，如国家管理机关。凡依私法组织起来的法人就称为私法人，或私法法人，它所追求的是私人的目的，如各种公司。

(2)社团法人和财团法人

这是以法人内部结构特征作为划分依据而对法人进行的分类。凡是具有共同目的的人的集合体，称为社团法人，亦称人的组合。社团法人以人(如社员、会员)的存在为其成立的基础，社团法人的成员以其章程作为活动的依据。社团法人既然是人的集合体，必然以其成员的共同利益为宗旨，它可以是公益的，也可以是营利性的，前者如学术团体、宗教团体；后者如公司。财团法人是以提供为实现一定目的的财产为基础而设立，并由专门委任的人按照规定的目的对该财产进行管理、经营的公益法人，也称为财产的组合。财团法人通常以捐赠的财产为基础，并依捐赠的目的和设立的章程进行活动；捐赠人不参与财团法人的设立与活动。通常认为，社团法人是人的组合，财团法人是财产的组合。其实这并不确切，因为任何法人既有人又有财产，所不同的是，社团法人先有人(如社员、会员)，然后由人出资(如股份、会费)构成法人的财产；而财团法人则是先有财产(如捐赠的财产)，然后由专门委任的人去管理、经营。社团法人和财团法人是大陆法中法人的主要划分方法，在英美法系国家中，一般不存在财团法人。

(3)公益法人和营利法人

这是以法人活动的性质为标准对法人进行的分类，也就是以设立的目的是为了公共利益还是为了私人营利作为划分依据。凡是其活动性质以社会公共利益为目的的法人，称为公益法人，如学校、医院等；凡是其活动性质以营利为目的而设立的法人，称为营利法人，如公司。在这里，“公益”是指全社会的利益；“营利”是指积极地获取利润。社团法人有为营利者如公司，也有为公益者如体育、文化组织；财团法人一般为公益性的，如某种福利基金会。

除了上述三种分类之外，在民商分立的国家中，还以法人适用的法律规范不同，将法人分为民法法人和商法法人。前者指民法规定的法人，它只适用民法规范，不能用商法规范调整；后者则是商法规定的法人，是商法的主体，完全适用商法规范。此外，还有本国法人和外国法人等划分，在此不逐一论述。

2. 英美法系法人分类

在英美法中，并不把法人分为社团法人和财团法人。这是因为英美法中没有财团的概念。大陆法中的财团，在英美法中则由信托制度代替。

英美法系国家根据法人资格的享有者是由若干成员组成的集体还是担任某一特定职务的个人，把法人分为集体法人(Corporation Aggregate)和独任法人

(Corporation Sole)。集体法人又称合体法人，是指由若干成员共同组成且可以永久存在的集合体，如公司、大学、市政府等。独任法人又称独体法人或单独法人，是指由担任特定职务的一人组成的法人。该特定职务本身具有恒久的存续性，并通过任职者之间的继任实现。该个人由于法律的确认而享有法人的资格。独任法人最初多是教会教职人员如红衣主教、主教、教长、牧师等。教职人员死亡后，法人的财产即转移给其继任者，继任者有权永久地保有财产。这种职务的延续虽然不一定连续不断，但却是恒久的。除此之外，按英国普通法，国王也是独任法人；按英国制定法，某些政府大臣也属独任法人。可见，独任法人资格与某种职务相联系，而与担任这职务的具体人无关。

独任法人和集体法人之划分，在大陆法系的国家既不存在，也不具有实际意义。因为法人人格总是一种团体人格，只能由团体享有，而不能赋予某个个人，包括担任某种特定职务的人。大陆法和英美法对独任法人所取的态度表明了它们对法人人格本质的不同理解。大陆法对独任法人的否定，表明了其对法人人格团体性的强调。而英美法肯定独任法人，则反映了其对法人人格私人制的认识。这种对法人人格载体所持的不同态度，孰是孰非，或者哪个更符合法人的本质，恐怕难有一致的结论。

3. 我国《民法通则》对法人的分类

以创设目的和活动内容为标准，我国《民法通则》将法人分为两类：一是企业法人，二是非企业法人。

企业法人是指以营利为目的，从事生产、交换、劳务等经济活动的法人。企业法人是法人中数量最多、参与民事活动最经常的一种，是社会经济活动的最重要的主体。我国的企业法人还可根据所有制性质和外资参与方式、企业的组合形式等作进一步分类。

非企业法人，是指不以营利为目的从事非经济活动的法人，包括机关法人、事业单位法人、社会团体法人。非企业法人的范围相当广泛，涉及国家行政管理、社会政治、经济、文化、教育、卫生、体育等各种事业和社会活动。

(四)法人的设立

1. 法人设立的概念

法人的设立是指依照法定的条件和程序使社会组织获得法律上人格的整个过程。简言之，它是创设法人的一系列行为的总称。法人设立程序，既是法人成立的形式要件，又是对法人进行管理和监督的重要一环。

法人的设立与成立是两个不同的概念，前者是创设一个具有法律人格的社会组织的过程或行为，后者是社会组织已取得法律上人格的一种状态或事实。

设立是成立的前提，成立是设立行为结束的结果。另外，法人的设立并不是当然导致法人的成立，当设立无效时，法人就没有成立。

法人设立制度的产生、发展受法人理论以及社会组织在不同历史阶段所处的境况的影响。在罗马时期，由于罗马法始终未形成明确的法人概念及近现代意义上的法人制度，因而不可能有严格的法人设立条件和程序。在自由资本主义初期，法律只承认国家和个人为法律主体，有必要时才特许法人存在，因此当时法人制度并不完善，甚至在民法典中没有规定法人制度(如《法国民法典》)，相应地也就不存在法人设立问题。在19世纪末期，由于社会经济组织在实际生活中所起的作用日益显著，而且这种作用不能由任何个人来代替，于是近现代法人制度发展起来，法人的设立成为社会经济生活中的必需，各国民商立法均对法人制度包括法人设立制度作了较为详尽的规定。

目前，关于法人的设立，大陆法系国家多通过民法典对法人的设立的一般制度作出规定，然后通过特别法或专门法对某些类型的法人设立作出详细规定。英美法系国家对法人的设立主要通过判例法或各种类型法人的单行法予以规定。我国《民法通则》对法人的设立仅有原则性规定，后针对企业法人、社会团体法人的设立登记又颁布了相应的管理条例，基本上形成了法人设立制度的框架，但就目前情况而言，无论是在具体内容上还是在立法技术上都有待进一步完善。

2. 法人设立的原则

法人的设立必须遵循一定的原则。这里所称的原则，并非通常意义上的“原则”(如公平原则、诚信原则中的“原则”)，而是指法人设立的基本依据及方式。

关于法人设立的原则，不同国家和地区在不同历史阶段对不同类型的法人，甚至对同一类型的法人的设立所采取的原则以及具体条件和方式都有所不同，因此法人设立的原则并非单一的、一成不变的，而是因法人类型的不同以及时代的演变而有所差别。概括地讲，各国所采取的法人设立的原则有以下几种：

(1)放任主义，也称自由设立主义，即法人的设立完全听凭当事人的自由，国家不加以干涉或限制。按此原则，设立法人不需要具备任何形式要件，只要具备法人的实质要件即可取得法人资格。欧洲中世纪早期，地中海沿岸自由贸易发达，商业公司勃兴，法人的设立采自由主义原则。采此原则虽然便于公司产生，有利于各种商业公司的迅速发展，但不利管理，易滋弊端，尤其是法人既可自由设立，将与合伙很难区别，法人内部的组织机构不易被人理解，极易造成假借法人名义的欺诈行为，而影响交易安全。因此，现代各国除瑞士民法典对非营利法人(如社团宗教团体等)的设立仍采此原则外，已鲜有采用者。

(2)特许主义，即法人的设立需要有专门的法令或国家的特别许可。最早采取特许主义的是英国。特许主义起源于13~15世纪，盛行于17~18世纪。英国16世纪到17世纪建立的大型海外贸易公司，例如1600年成立的东印度公司、1670年成立的哈德孙湾公司，都是通过颁发特许状设立的。直到1844年，英国设立法人(公司)仍须经政府的特许。在特许主义下设立的法人，通常被视为国家权利的延伸，这种法人称为"特许法人"，其中包括有因时效而推定具有特许的法人(称"事实法人")。后随着资本主义经济的迅速发展，特许主义严重阻碍了自由竞争，影响了统一市场的形成，因此特许主义逐渐被准则主义所替代。目前，仍有国家对个别类型的法人的设立采此原则，如《德国民法典》第21条规定："各邦内均无住所的社团法人，因联邦参议院的决议而成立。"美国各州法律多规定以慈善和市政设施为其目的的法人，须经立法机关的专门许可方可成立。

(3)许可主义，也称批准主义，指法人设立时除了应符合法律规定的条件外，还要经过主管行政官署的批准，主管机关按照规定进行审查，作出批准或不批准的决定。未经行政官署的许可，法律不予承认和保护。在英国法人设立采特许主义原则时，从17世纪后期开始，法国路易十四在其《商事条例》中，创立了公司的许可主义原则，18世纪德国也采此原则。许可主义虽较特许主义前进了一步，但因审批过于严苛而有碍于公司的发达，故存在与特许主义同样的弊端。到19世纪末，为了适应社会经济发展的要求，西方国家对营利性社团法人的设立普遍采用准则主义。目前，一些国家对某类法人的设立仍采许可主义原则，如《德国民法典》关于财团法人的设立、《日本民法典》关于公益社团或财团的设立等，采取了许可主义原则。

(4)准则主义，也称登记主义，指由法律规定法人的条件，法人设立时，如果其章程具备规定的要件，无须经过主管部门批准，就可直接向登记机关登记，法人即告成立。依此原则设立法人较为方便灵活，符合现代商品经济发展的要求，因此广泛地被各国采用。《德国民法典》关于不以营利为目的的社团法人的设立、《日本民法典》关于以营利为目的的社团法人的设立，均采准则主义。英美法系国家在单行法中确立了营利性社团法人依准则主义设立。例如，英国1844年公司法确立了准则主义，美国各州的法律一般都规定公司是依准则主义而成立。

按准则主义原则设立的法人也称“法定法人”，它与依特许主义原则设立的法人即“特许法人”不同。前者必须在设立时所确定的目的范围内行使其权利，从事经营活动，超越范围者，其行为无效；后者则具有与自然人大体相同的行为能力，它在从事经营活动时，不因越权而无效，但法人本身却可能因此而被撤销。

(5)严格准则主义，是指法人设立时，除具备法律规定的要件之外，还必须符合法律中明确规定的其他一些限制性条款。如前所述，准则主义更适合经济发展的需要，无疑比特许主义、许可主义先进，但单纯的准则主义与自由设立主义一样会造成滥设法人的严重后果。因此现代大多数国家一方面明确设立要件，加重设立责任，另一方面加强法院及行政机关对法人的监督，也就是采取严格的准则主义。目前，西方国家对营利性社团法人，除了对个别具有特殊意义(如银行)者采用特许主义或许可主义外，几乎毫无例外地确立严格的准则主义原则。具体表现为，大陆法系国家在民法典中明确规定，营利性社团法人实行准则主义，但又通过特别法对各种营利性社团法人的设立规定一些限制性条款。例如，《德国民法典》确立了准则主义，同时又在《有限责任公司法》、《股份有限公司法》等特别法中明确了这些营利性社团法人的具体设立原则。《瑞士民法典》更是明确规定：“以经济为目的的法人，适用有关公司及合作社的规定。”日本民法典及特别法均有类似规定。英美法系国家在单行法中确立了准则主义，后各国对准则主义加了一些限制。

(6)强制主义，又称命令主义，是指国家以法律规定某种行业或在某种条件下必须设立一定的法人组织。采取强制主义原则设立法人，是在 20 世纪以来，资本主义国家为了在经济上实行干预，常常采取的一种办法。目前，各国对特殊行业(如证券业、保险业等)或某种团体法人的设立采此原则。强制主义是国家采取强制干预的结果。

上述诸原则是各国立法曾适用过的或现在仍在适用的，但这些原则对不同类型的法人而言，无论是在适用情况上，还是在存在基础上都不能一概而论。总的来说，营利性社团法人的设立采严格准则主义，已是当今世界绝大多数国家普遍的做法；公益性社团法人的设立，多采许可主义或准则主义；财团法人的设立，大陆法系国家多采与公益性法人相同的原则——许可主义或准则主义，英美法系国家因通过信托制度来实现财团法人的职能，故采准则主义，但以慈善和市政设施为目的的法人，须经专门许可方可成立。

我国法人的设立，按不同类型的法人，采取不同的设立原则和条件。对于企业法人(即传统民法中的营利性法人)的设立，我国一直采用许可主义。现行《公司法》、《公司登记管理条例》以及《企业法人登记管理条例》等，改变了单一的许可主义，针对不同情况分别采严格准则主义和许可主义。对于机关法人的设立，我国与其他国家立法一样采强制主义，即国家机关只能依据法律和行政命令强制设立。对于事业单位法人的设立，以强制主义为主，许可主义为辅。对于社团法人的设立，则实行许可主义。对于基金会等财团法人，实行许可主义。

3. 法人设立的方式

根据法人设立人及其设立行为的特征，法人设立可分为以下几种方式：

(1) 国家设立

国家设立是指依国家的法律或国家首脑的命令设立法人的方式，依这种方式，国家是法人的设立人，法律或国家首脑的命令就是设立行为。国家设立的法人，可以是公法人，也可以是私法人，但以前者为主。在我国，国家设立法人主要是一些重要的机关法人。

国家财产型的法人和国家批准设立的法人，并不一定是国家设立的法人。其区别是该法人是否由国家法律或国家首脑的命令直接设立，其权利能力和行为能力的范围是否在法律或命令中载明。如果是，则属于国家设立，该法律或命令既是法人设立的依据，也是确定法人权利能力和行为能力范围的依据。

(2) 命令设立

命令设立是指依行政机关的命令设立法人的方式。依这种方式，行政机关是法人的设立人，行政机关的命令就是设立行为。在西方，依行政命令设立的法人主要是公法人；在我国，绝大多数国家财产型的企业、事业法人及国家设立以外的一些机关法人均属这一类型。

命令设立与需行政机关核准才能成立是两个不同的概念。在前一种情况下，行政机关本身就是法人的设立人；在后一种情况下，行政机关只是审批机关，而非设立人。依行政命令直接设立的法人，行政命令既是法人设立的依据，也是确立法人权利能力和行为能力范围的依据。

(3) 发起设立

发起设立是指依发起人的意志设立法人的方式。依这种方式，发起人是法人的设立人，发起人的共同意思就是设立行为。社团法人是由其发起人的意思共同设立的典型。这里的发起人泛指共同参与筹办创立社团法人的人。发起人的共同意思体现为社团法人的章程。发起设立的法人，其名称、住所、经营范围、发起人的姓名或名称、认购的股份数、股东的权利义务、利润的分配方法等内容应明确地在章程中载明。经依法注册登记的法人章程便是其权利能力和行为能力的法定依据。

(4)捐助设立

捐助设立是指依捐助人的意思设立财团法人的方式。依这种方式，捐助人是法人的设立人，捐助人的捐助行为既是法人财产的来源，也是法人设立行为。捐助人可以是一人，也可以是数人；可以是自然人，也可以是非法人团体。捐助人的意思表现为章程，法人的权利能力和行为能力范围等内容必须在章程中载明。

(五)法人的民事能力

1. 法人的民事权利能力

(1)法人的一般权利能力和特殊权利能力

法人的权利能力，是指法人作为民事权利主体，享有民事权利和承担民事义务的资格。

法人和自然人一样，均具有权利能力，都有权获得民事权利和承担民事义务，但那些以人的自然属性为前提的权利和义务除外。这就是法人的一般权利能力。但对法人而言，其之所以能够与自然人相提并论成为民事主体，是为了达到个人能力所无法或难以达到的目的、事业，法律特别授予法人参与民事活动的资格。因此法人的权利能力是不同于自然人权利能力的一种特殊的权利能力。法人只能参加为达到法律或章程规定的目标所必须的法律关系，超越该范围实施的行为应属无效。

对自由资本主义时期来说，最重要的是法人的特殊的权利能力。当时法律更多地强调越权无效原则。但由于法人的一般权利能力便于资本家寻求最能获利的投资领域，因此，强调法人的一般权利能力已成为资本主义发展到垄断阶段以来各国立法的重要趋势。这种趋势在瑞士表现得最充分。《瑞士民法典》规定，法人可以获得一切权利并承担任何义务，但不包括那些以性别、年龄或血统等人的自然属性作为其发生的必要前提的权利和义务。同时，瑞士理论和审判实践所说的权利不仅指财产权，而且还包括人身权。在德国，尽管民法典在许多条款中强调权利能力要受到章程规定目标的制约，但审判实践和理论早就认为章程中规定的目标只对内部关系起作用。

在英国，法律一向承认根据国王特许命令设立的法人享有一般的权利能力；根据议会法令设立的法人，只享有和承担为达到章程规定目标所必需的权利和义务，超出目标范围的行为是越权的行为，是无效的。实际上，以判例为依据的越权原则早已不适应英国经济发展的需要，但立法和审判实践不是去废除这一原则，而是不断缩小它的作用范围。比如，审判实践采取的办法就是对公司为了达到章程规定的目标而必须拥有的种种权力作出广泛的解释。在美国，尽管形式上越权原则被看成是现行原则，但实际上法人的一般权利能力早已在美国取得合法地位。法人行为被认定是越权行为的情况是极为罕见的，即使出现这种情况，也不一定会导致行为无效。

在我国，尽管《民法通则》明确规定，“企业法人应当在核准登记的经营范围内从事经营”，但《民法通则》等规定法人行为无效时并没有“越权”之说。现在，审判实践也极少以超出经营范围为由认定法人行为绝对无效。企业法人的法定代表人或工作人员以法人名义从事的经营活动，给他人造成经济损失的，企业法人应承担民事责任。可见，我国立法和审判实践均有承认法人一般权利能力的倾向。

(2)法人权利能力的开始与终止

法人权利能力开始与终止的时间，与自然人均有所区别，而且即使是法人也因其种类及设立形式的不同而有所不同。对此，各国的民法典作了明确规定。

法人的权利能力自成立时起同时产生。就法人何时成立，各国规定不一。有的采登记要件主义，因登记而取得法人资格，具有权利能力，如《德国民法典》第21条规定，非营利社团，因登记而取得权利能力；有的采对抗主义，法人未经登记，不得对抗第三人，如《日本民法典》第45条规定，法人的设立登记是对抗第三人的要件。

值得注意的是，在同一个国家，也可能因法人设立形式的不同，权利能力的取得也不一致。如《德国民法典》规定，非营利社团因登记取得权利能力；营利社团因许可而取得权利能力。《瑞士民法典》则规定，营利社团因登记而取得法人资格，但公法之团体、非营利社团及特殊的社团，无须登记，直接依命令、许可而取得法人资格。

在我国，法人的民事权利能力从法人成立时产生；绝大多数企业法人因登记取得权利能力，部分事业单位法人、社会团体法人、基金会等财团法人因许可取得权利能力。法人的民事权利能力至法人终止时消灭，但在司法实践中，法人因依法被撤销、解散、宣告破产或其他原因而终止时，其权利能力在依法进行清算的阶段依然是存在的，只不过是其权利能力的范围受到限制。

(3)法人权利能力的限制

自然人的权利能力是普遍的、共同的、平等的，具有一般性，而法人作为社会组织，其权利能力由于受其本身的性质和活动范围的影响而受到限制。

其一，法人的权利能力只限于经济生活而不能及于国家政治生活。每个自然人同时享有政治权利和民事权利，而任何一个法人都只享有民事权利而不能享有政治权利。所谓“公法人”，是指参与民事活动的一类特殊的民事主体，而且也只有参与民事活动时国家机关才可称为法人，一旦参与政治活动，它就不再是以法人身份出现了。

其二，法人的权利能力受性质上的限制。它只限于经济文化教育等领域，而不能涉及与自然人的人身不可分离的权利。法人的权利能力范围中没有生命健康权，没有肖像权，没有婚姻、家庭方面的权利，不享有法定的继承权等。

其三，法人的权利能力受到法律和行政法规的限制。对法人权利能力的限制，各国规定不一。《德国民法典》规定，法人的权利能力不得超出章程的规定。《日本民法典》规定，法人在章程或捐助章程所定目的范围内，享有权利，承担义务。《瑞士民法典》规定，法人享有除性别、年龄或亲属关系以外的以自然人的本质为要件的一切权利和义务，此条对法人的权利能力几无限制。

英美法系的国家，对不同类型的法人权利能力作了种种规定，如英国把公司分为普通法公司和商业公司(衡平法公司)。普通法公司是根据国王或国会的法令而成立的公司或成立年代久的公司，享有几乎不受限制的权利能力。商业公司的主要原则是不得为“无权行为”，即超过公司章程所载的目的的行为。

在我国，各类不同性质的法人因设立的目的不同，其经营范围和业务活动也各异，甚至同一类型的法人，其经营范围和方式的不同也会导致其权利能力的不同。我国《民法通则》及相关法律、法规都对法人的权利能力作了某些限制性规定。如企业法人应当在核准登记的经营范围内从事经营活动，法人的经营范围和活动范围不得擅自更改等。

尽管各国对法人权利能力不无限制性规定，但如前所述，随着社会经济的发展及社会生活的复杂化，各国立法均有放宽限制的趋势，也就是特殊权利能力向一般权利能力发展的趋势。

2. 法人的民事行为能力

法人的民事行为能力，是指法人以自己的意思独立进行民事活动，取得权利和承担义务的资格。国家赋予法人以行为能力，是为了保证法人实现其权利能力。法人行为能力不仅是指法人为法律行为和其他合法行为的能力，而且还包括对违法行为承担民事责任的能力。

关于法人有无行为能力的问题，不同的法人学说存在不同观点。拟制说认为，法人既为人为的法律拟制，是人的想象中的人格化的权利主体，自然无法具有行为能力和责任能力。所以法人的权利能力应由法律的机关来实现，法人本身是无行为能力的。也就是说，法人要行使法律行为时，非依赖法人机关来行使不可。具有行为能力的不是法人，而是法人的机关。法人机关在赋予它的权限范围内实施法律行为时，它是作为法人的代理人来实施的，它们是以自己的行为来为法人创造权利和义务。正是基于这种理论，《德国民法典》、《瑞士民法典》等都没有直接规定法人具有行为能力。

否认说认为，法人人格化的存在根本无必要，任何社会组织只是各个人的集合，社会组织的事务只是全体个人的事务，所以不可能具有权利能力，当然更不可能具有行为能力。

法人实在说(不论是有机体说，还是组织体说)认为，法人是社会的存在物，法人具有权利能力，也有意思能力，并具有行为能力。法人是通过自己的机关来实现其意思，参加各项民事活动的。所以代表法人的董事为法人的执行机关而非代理人，法人机关之行为本身即法人行为之表现。

总之，拟制说认为，法人有权利能力但无行为能力，故其法律行为由代理人代理为之。否认说认为，法人既没有权利能力，也没有行为能力。实在说则既承认法人的权利能力，同时也承认法人的行为能力。

大陆法和英美法系国家多认为法人是无行为能力的，法人的机关是法人的代理人。但在审判实践中，也有些国家承认法人机关的行为就是法人的行为。在我国，《民法通则》明确规定，法人具有民事权利能力和民事行为能力，法人机关在法人权利能力范围内的行为就是法人的行为。

法人的行为能力与自然人的行为能力相比，具有以下几个特点：(1)法人的行为能力和权利能力一起发生和消灭，而自然人的行为能力和权利能力的开始与终止的时间，以及行为能力发生的原因均是不同的。(2)法人的行为能力和权利能力的范围是一致的；法人以自己的行为取得权利和承担义务的范围，不能超出其权利能力所限定的范围，因此法人的权利能力是特殊权利能力，这决定了法人的行为能力也是特殊行为能力。(3)法人的行为能力由法人的机关来实现，具有特殊性；法人机关是以自己的意思形式，代表着法人的团体意志，并根据法律、章程和条例而实施的民事行为，就是法人的行为，其法律后果由法人承担。

法人机关是指依据法律、章程或条例规定的不需要特别委托而能够对外代表法人进行民事活动的自然人或自然人的集合。关于法人机关的性质，如前所述，有两种学说：一是代理说，认为法人机关就是法人的代理机关，法人代表人就是法人的代理人。二是代表说，认为法人机关在权利能力范围内所为的行为就是法人本身的行为，其法律后果应由法人承担，所以他们把法人机关和法人视为一体，只有一层人格。这两种学说分别源于法人拟制说和实在说。在我国，民事立法和司法实践早已采纳法人机关代表说理论。

3. 法人的民事责任能力

法人的民事责任能力，也有学者称之为法人的侵权行为能力，是法人行为能力中的一种特殊形式，它是指法人对自己所为的违法行为应当承担民事责任的能力或资格。

关于法人的责任能力，拟制说和实在说存在不同观点。拟制说认为，法人只有在权利能力范围内享有权利、承担义务，而违法行为不属于法人目的范围内的行为，故法人不可能为违法行为，亦即无民事责任能力。另外，代理人只限于代理法律行为，不承认违法行为之代理，凡违法行为都属于代理人的个人行为，法人并不具有民事责任能力。实在说认为，法人机关的行为就是法人的行为，法人机关在执行职务时构成侵权行为之成立要件时，该侵权行为就是法人的侵权行为，因此法人有民事责任能力。

法人的民事责任能力和权利能力同时产生，同时消灭，二者共同存在于法人的存续时间内。法人的责任能力和权利能力的范围一致，法人只对有关责任人员在权利能力范围内的活动承担民事责任，所以法人有什么样的权利能力，就应有相应的责任能力。

(六)法人的变更与终止

1. 法人的变更

法人的变更是指法人在其存续期间所发生的法律人格、组织形态、目的范围、注册资金及其他登记事项的变化。在各种类型的法人变更中，营利性社团法人的变更具有最重要的意义，各国立法有关法人变更的制度亦主要是针对营利性社团法人。故这里对法人变更的比较主要围绕营利性社团法人(即企业法人，主要是公司)进行。

(1)法人法律人格的变更

法人法律人格的变更又称法人的改组，它包括法人的合并与分立。

法人的合并是两个以上的法人根据法律规定或者合同约定并成一个法人。法人的合并又分新设合并与吸收合并(即兼并)，前者是指合并后原法人消灭而设立新法人的情形，后者是指合并后其他法人都并入原已存在的一个法人之中的情形。各国法人合并的程序通常包括以下几个阶段：一是法人意思机关作出合并决议，法人之间订立合并协议；二是通知、公告债权人知晓合并事实，保护债权人利益；三是报请行政官署审批；四是办理合并手续，主要是制定章程、转移财产、产生机关。各国法律对法人的合并与法人的设立一样原则上是自由的，但又根据本国的经济制度和法律传统予以一定限制，这种限制通常表现在两方面：其一是制定反垄断法，限制垄断，保护竞争；其二是对银行、信托、铁路、航空、电力、煤气等涉及国计民生的公司的合并要求事先征得行政官署的许可。

法人的分立是一个法人分裂为两个或两个以上的法人。法人的分立又分创设式分立与存续式分立，前者是指原法人消灭而设立两个以上新法人，后者是指原法人继续存在而又从其中分出一部分财产设立新法人。法人分立的程序与法人合并的程序大体相同。

(2)法人组织形态的变更

法人组织形态的变更是指不消灭法人的法律人格而使法人从一种组织形态变为另一种组织形态。法人组织形态的变更往往导致责任形式、权利义务的变化，并影响社会公共利益。因此现代各国法律多对法人组织形态的变更采取限制主义。对公司而言，通常只允许性质相同的公司之间进行变更，即限于无限公司变为两合公司或反之、股份公司变为股份两合公司或反之、股份公司变为有限公司或反之等情况，而不允许无限公司与股份公司或有限公司之间进行变更。公司组织形态变更的程序通常包括意思机关的决议、保护债权人程序、主管机关许可、进行变更登记几个阶段。对财团法人而言，其组织形态变更一般是由主管机关或法院根据当事人的申请进行，如《瑞士民法典》第 85 条即作如此规定。

(3)法人目的范围的变更

法人目的范围的变更也称法人宗旨的变更，它是指法人所从事的事业发生变化。就企业法人而言，主要是指其经营范围的改变。法人宗旨变更的程序依社团法人与财团法人的不同而不同。对社团法人宗旨变更的程序，各国规定有两种情况：在法人设立实行准则主义的国家，社团法人宗旨的变更只需经过社员的多数或全部同意，并对章程作相应修改，即可申请变更登记；而在法人设立实行许可主义的国家，则还须经行政官署的许可。对财团法人宗旨变更的程序，各国一般规定须由主管机关作出决定，主管机关作决定时应尽可能考虑捐助人的本意，在财团法人的宗旨变更前主管机关应变更财团的章程，并征求财团法人管理机关的意见。

(4)法人注册资金的变更

法人注册资金的变更主要针对企业法人而言，在公司法上则表现为公司资本的变化即增资或减资。现代各国公司法遵循资本确定、资本维持、资本不变三原则，对公司资本变化一般实行限制，但也允许在具备法定条件时予以变更。公司增资即公司资本增加，资本的增加牵涉股东的利益和公司本身财产的变化，因而各国法律大多规定了一定的条件和程序：第一，股份公司在发行完章程所规定的股份总数之前，不得增加资本；有限公司的增资，不得以广告或其他公开方法招募承约人。第二，增资决议须由股东会按特别决议事项作出，并修改公司章程，确定增资方式与数额。第三，有的国家增资还须行政官署批准。第四，公司增资还应向登记主管机关办理变更登记并予以公告，否则不发生变更的效力或不得据以对抗善意第三人。公司减资即公司减少资本，各国公司法对公司减资比公司增资条件与程序要求更为严格：一是须由股东会通过减资的特别决议并修改公司章程。二是须实行保护债权人程序，即须将减资决定通知债权人或进行公告，如债权人在一定期限内不提异议则视为同意；如债权人提出异议，公司应对其债权提供担保，否则不得减资；有些国家甚至规定减资须经法院裁决。三是办理减资登记。

(5)法人其他事项的变更

这是指前列四种情况之外，法人的其他登记事项如名称、住所、经营场所、法定代表人、经营期限、分支机构等的变化。各国法律亦对法人其他事项的变更规定了一定的条件和程序。

2. 法人的终止

法人的终止也称法人的消灭，它是指法人丧失民事主体资格，不再具有民事权利能力与民事行为能力。广义上的法人终止包括绝对终止、相对终止，前者指法人绝对地丧失民事主体地位而没有其他民事主体继受其权利义务；后者则指法人自身丧失民事主体资格但其权利义务由其他民事主体继受的情况，实际上即指法人变更中的合并、分立情形下原有法人的消灭。在西方国家，法人的终止与法人的解散大致相同；我国民法上对法人的终止与法人的解散作了区分，将法人的解散仅理解为法人的自行解散。

法人的终止基于一定原因而发生，各国立法上法人终止的原因通常包括：

(1)自行解散，即法人自己决定终止。法人自行解散有如下几种情形：①因法人目的事业已经完成或者根本无法完成而解散。如《日本民法典》第58条规定："法人的事业成功或不能成功为当然解散的原因。"在具体实施上各国有两种方式：其一是只要法人认为自己的目的已经完成或者无法完成即可确定解散，而无须履行其他审批手续，日本、瑞士采此立法例；其二是须向法院或有权行政机关主张其目的完成或不能完成而要求解散，德国等采此立法例。②因法人机关的解散决议而解散，即基于法人成员的共同同意而解散。各国对解散法人的决议比对一般事项的决议要求更为严格，即往往要由出席会议的法人成员2/3或3/4多数同意才能通过。③因法人章程规定的解散事由发生而解散。

法人制定章程时可以预先规定解散事由，一旦这些事由出现，法人即可自行解散。④因社团法人社员不足法定人数而解散。如《日本民法典》第68条即规定法人未足法定人数为社团法人解散的法定原因，比利时、卢森堡等国亦是如此。但也有例外，如《德国股份公司法》规定除公司设立时外，公司股东人数减少至一人并不导致公司的解散，即允许“一人公司”的存在。

(2)强制解散，即法院或有关行政机关依法强行解散法人。这主要适用于法人的目的、行为违反法律、公共秩序和善良风俗等情形。如《瑞士民法典》第78条规定“社团的宗旨违法或违背公序良俗时，法官须依照主管官厅或利害关系人的起诉，宣告其解散”。

(3)破产解散，即因被依法宣告破产而解散。破产解散一方面以债权人或债务人申请破产为前提，另一方面又以法院依法裁定宣告破产为必要，体现了当事人自愿与有权机关强制相结合，因而是介于自行解散与强制解散之间的一种法人终止事由。各国法律均把破产列为法人终止的原因，如《日本民法典》第68条、《德国民法典》第41条、中国《民法通则》第45条等即是。

法人终止应当进行清算，以了结其对内对外法律关系。各国立法上规定的法人清算有两种情形：其一是依破产程序进行的清算，又称破产清算，它适用于破产解散，是在法人破产过程中由法院组织有关人员成立清算组织，依照破产法进行的清算活动；其二是依清算程序进行的清算，它适用于非以破产为由的法人解散，是依照民法、公司法等法律由破产企业自行成立清算组织或者由有关主管机关组成清算组织进行的清算活动。

法人在清算期间称为清算法人。对清算法人的法律地位，学说上存在以下几种不同的观点：①清算法人说，即认为清算期间原法人消灭而由法律专为清算目的设立一新法人；②拟制存续说，即认为法人因解散而丧失民事主体资格，但由于法律的拟制使其在清算目的范围内仍享有民事权利能力；③同一人格说，即认为清算法人与解散前的法人本质是相同的，只是权力能力范围缩小而已；④同一人格兼拟制说，即认为法人解散后其人格仍存续，但因法人成员欠缺而丧失成立的基础，故由法律拟制其为民事主体。我们认为同一人格说较为合理。

执行法人清算任务的组织称为清算人。各国民法理论通常认为，非依破产程序进行的清算，其清算人的地位是清算法人的代表及执行机关，与清算前法人的机关有同等的地位。而对破产清算人的地位，则存在以下几种不同的观点：①代理说，即认为破产清算人是代理人，依对被代理人是谁的认识不同又形成债权人代理人说、破产人代理人说两种主张；②职务说，即认为破产清算人是执行职务的公务员；③财团代表说，即认为破产清算人是以破产财产为基础形成的破产财团的代表人；④社团代表说，即认为破产清算人是由破产人和债权人组成的社团的代表人。其中，财团代表说是破产法理论中最有力的学说，在日本、美国为通说，同时也为德国许多人所赞同。

清算人的清算活动一般包括：①对内处理法人事务，即清理财产、整理账目、编制资产负债表等；②对外行使债权、清偿债务；③变卖财产或移交剩余财产；④申办法人注销登记。

四、人格权

(一)人格权概述

1. 人格权的概念与性质

人格权作为一般概念，其产生要晚于作为具体规定的个别人格权利。迄今发现的最古老的成文法典——公元前20世纪的苏美尔亲属法中即有保护生命、身体、名誉等具体人格权的内容，但人格权概念的出现则是19世纪的事情。根据法国学者加邦勒尔(Carbonnien)的考证，人格权一词来源于德国，是德国学者在19世纪提出的。也有人认为，这一概念先是由法国学者提出的，开始只是作为知识产权的范畴；同期德国学者探讨了个别人格权和所谓“个人权”(Individualrechte)，19世纪中叶以后才由基尔克(Gierke)、柯尔勒(Kohler)等提出了“一般人格权”的理论①。20世纪初以后，德国人格权概念又为瑞士学者所继承与发展，并首次在民法典中确认“一般人格权”。

至于人格权概念的具体含义，各国法律均未予以直接、明确的规定，只是通过规定其种类、内容、范围等间接加以反映。学者们则从理论上对人格权的定义进行了探讨，形成了不同的观点：(1)从人格权与人格的关系角度，认为人格权是维护民事主体独立人格所必需具备的权利；(2)从人格权的客体角度，认为人格权当以生命、身体、健康、自由、名誉、姓名、肖像等人格利益为客体的权利；(3)从人格权的法律属性角度，认为人格权是专属于民事主体与其人身相始终而不可分离的权利。我们认为，上述第一种定义揭示了人格权的宗旨与权利来源，但却失之于抽象，未能反映人格权的内容；第二种定义揭示了人格权的内容，但未反映其特性；第三种定义揭示了人格权的特性，但却仅及其一，不及其他，同样失之于片面。因此，准确的人格权定义，应力求全面、完整地反映其实质内容与特征，综合前述三种定义，似可概括为：人格权

① 王利明、杨立新著：《人格权与新闻侵权》，中国方正出版社1995年版，第18页。

是专属于民事主体，为维护其独立人格所必需，以其人格利益为客体的权利。以上是人格权的一般概念，具体人格权则指一般人格权体现在生命身体、健康、姓名、名称、肖像、名誉、自由、尊严、信用、隐私等个别人格利益上的权利，包括生命权、身体权、健康权、姓名权、名称权、肖像权等具体权利类别。

对人格权的性质，亦有如下三种不同的学说：(1)知识产权说。即认为人格权属知识产权范畴。在法国，人格权概念(droits de la personalite)最初是随着著作权中“精神权利”(droit moral)的出现而产生的，法国最高法院1902年的一个判例指出，作者对作品的修改权和禁止他人发表权是其“固有的人格权”，这标志着法国司法实践确立了实质上为著作权的人格权，直至今日法国法中对人格权与著作权仍不作严格区别。德国早期许多学者也持相同的观点①。(2)财产权说。即认为人格自由的基本内容是财产自由，人格权不过是财产权的延伸，这就意味着对他人人格的尊重即是对他人财产的尊重，诚如黑格尔指出的，“唯有人格才能给予对物的权利，所以人格权本质上就是物权②”。(3)自然权利说。即认为人格权是一种与生俱来的自然权利。它自然产生，始终与民事主体相伴，为一切民事主体所享有，不能转让，抛弃或继承。19世纪的德国学者在讨论人格权的概念和性质时，大多受17、18世纪自然法理论的影响，将人格权视为自然产生、不可让与的权利。

我们认为，上述第一种观点注意到了著作权中人身性的一面，但未说明著作权主要是一种无形财产权，并不具备有人格权的普遍性、专属性。这反映了早期对人权利益的重视始于对著作权的保护但又囿于狭隘的著作权范畴。第二种观点则混淆了作为民事主体的人格与作为民事主体所享权利的人格权，同时不适当地将人格权财产化，使人格权从属、依附于财产权。这反映了资本主义发展早期资产阶级私法的核心是以所有权绝对、契约自由为基本原则的财产法体系。私法上的自由主要是财产自由，人格自由开始并未受到特别重视或者说人格自由主要体现为支配与利用财产的自由。第三种观点则过分强调了人格权的自然属性，忽视了人格权之为权利从根本上是由法律确认和保护的，并且不同时代，不同国家的法律所规定的人格权的内容、范围等也不尽相同。因此，上述几种关于人格权性质的表述均不全面，正如马克思所言：“权利永远不能

① 王利明等著：《人格权与新闻侵权》，中国方正出版社1995年版，第23页。

② [德]黑格尔著：《法哲学原理》，商务印书馆1982年版，第48~49页。

超出社会的经济结构以及由经济结构所制约的社会文化发展。"①人格权说到底也不过是一定社会经济生活条件的法律反映，是一种法定权利，是民法上的权利，是一种特殊民事权利，具有专属性，绝对性，客体的非财产性以及与财产的关联性等法律属性。

2. 人格权制度的历史发展

(1)古代人格权制度

对人格权的法律保护，最初是通过习惯法来实现的，远古的血亲复仇、自由赔偿(与强制赔偿相对应)等即为保护生命、身体等人格权的习惯法制度。

对人格权的成文法规定，是与成文法相伴而生的，公元前20世纪的苏美尔亲属法中就有保护名誉等人格权的内容，同时期的《俾拉拉马法典》对人格权的保护则更加细致，如该法典第42条规定："倘自由民咬破自由民之鼻，应赔银一明那；伤其一眼，应赔银一明那；一齿，二分之一明那；一耳，二分之一明那；掴人之颊，银十舍客勒。"公元前18世纪的《汉谟拉比法典》及公元前2世纪至公元2世纪的《摩奴法典》中也不乏保护生命、身体、健康、名誉等具体人格权利的规定。而古罗马法则首创人格(Caput)一词(尽管该词是指民事主体资格，民事主体的权利能力)，并且在类似于今日侵权行为的私犯中专门规定了侵害人身与名誉的私犯即对人私犯，举凡伤害个人的身体与精神的行为均包括在其中，在罗马法后期还进一步承认并保护一定社会团体的人格。

综观古代法中人格权保护的规定，不难发现其具有以下特点：一是人格权的主体有限，人格权的规定以人格的不平等为前提，换言之，人格与人格权并非人人享有也非始终平等，如罗马法中自由民与奴隶，人格减等者之间即存在着显著差别；二是人格权的范围有限，以生命、身体、健康等物质性人格权为主；精神性人格权除名誉权、贞操权外，姓名、肖像、自由、隐私、信用等权利几乎没有涉及；三是人格权依附于身份权，受宗法、家族、身份关系的种种束缚，尚未完全独立；四是人格权的保护手段经历了从同态复仇到刑事处罚再到民事赔偿的发展进程，但赔偿标准缺乏弹性；五是人格权法律规定尚不完备、不系统，法律通常只是消极规定侵害具体人格权的制裁措施，而不是从正面确认和保护人格权。

(2)近现代人格权制度

中世纪的欧洲处于宗教神权和封建特权统治之下，教会神权至高无上，封建特权显赫，而普通公民的人性受到普遍压抑，根本无人格自由与尊严可言，

① 《马克思恩格斯选集》第3卷，人民出版社1972年版，第12页。

人格权法为等级森严的特权法、身份法所吞噬、取代。即便是被人们誉为最早的人权立法的英国1215年《自由大宪章》，亦开宗明义地规定“英国教会应予自由，其权利仍旧不动，其自由权不得侵犯”。直到文艺复兴运动的掀起，启蒙思想不断传播，人权运动长足发展，各国才相继颁布一些人权法律，如英国1679年《人身保护法》、1688年《英国民权法》、1689年《权利法案》以及法国1789年《人权宣言》、美国1776年《独立宣言》等，对生命、自由、安全等人格权利予以确认。这就为近现代人格权制度的发展奠定了基础。

近现代意义上的人格权正是伴随着资产阶级革命确立的人权而产生的。法国1789年的《人权宣言》根据“天赋人权”的自然法思想，宣称“人人生而自由，权利平等”，“任何政治联盟的目的，都是保护人的不可剥夺的自然权利。这些权利是：自由、财产、安全和对压迫的反抗”。1804年的《法国民法典》受《人权宣言》的影响，极端尊重个人自由，确立了意思自治的私法原则，而且以“人”作为该法典首编编名，显示了将人从神权之下解放出来的革命精神，但遗憾的是该法典也没有确认和保护人格权的一般规定，仅在第1382条规定：“任何行为使他人受损害时，因自己过失而致损害发生的人，对该他人负赔偿的责任。”这一条后来被法院扩充解释为适用于对姓名、名誉、通信秘密等人格利益的侵害，不过仍未形成人格权的概念，才促使判例与学说接受“人格权”理论，但至今法国尚未形成“一般人格权”的概念。比《法国民法典》晚了将近一个世纪的1900年《德国民法典》首次对人格权的内容与保护作了具体规定，该法典总则编中第12条规定：“有权使用某一姓名的人，因他人争夺该姓名的使用权，或因无权使用同一姓名的人使用此姓名，致其利益受损害，得请求除去对此的侵害。”债务关系编中第823条第1款第1项规定：“因故意或过失不法侵害他人的生命、身体、健康、自由、所有权或其他权利等，对被害人负赔偿损害的义务。”第847条第1款规定：“不法侵害他人的身体或健康，或剥夺他人自由等，被害人所受损害虽非财产上的损失，亦得因受损害请求赔偿相当的金额。”后来德国法院在司法实践中逐渐确认人身的一般权利包括名誉权、隐私权等属于民法典第823条第1款保护的绝对权利，从而承认了一般人格权的存在。1907年的《瑞士民法典》是第一部确认一般人格权的法律，也是近代诸大法典中对人格权的保护最为完备的一部。其特点是：第一，专列了“人格权”一编作为法典的第一编，并创设了“人格的一般规定”、“人格的保护”的专门标题。第二，创设了保护人格的一般条款。该法典第28条规定“任何人在其人格受到不法侵害时，可诉请排除侵害”，“诉请损害赔偿或给付一定数额的抚慰金，只有在本法明确规定的情况下，始得允许”。第三，确立了保护人格权的一般原则。作为该法典第五编的债务关系法第49条规定"因过失侵害他人人格关系，应负损害赔偿责任"，"人格关系受侵害时，以其侵害情节及加害人过失重大等，得请求抚慰金"。第55条又规定："由他人之侵权行为，于人格关系上受到严重损害等，纵无财产损害之证明，裁判官亦得判定相当金额之赔偿。"这就突破了法典第28条关于请求损害赔偿或给付抚慰金的限制。第四，法典首次把享有人格权的主体从自然人扩及法人，并且在第二编亲属法中开始使用"名誉"等概念。《瑞士民法典》对人格权规定之完善，堪称典范。《日本民法典》、《奥地利民法典》、《希腊民法典》、《匈牙利民法典》在制定或修改中均受其影响，并对一些具体人格权作了更为详尽的规定。如《希腊民法典》第921条规定："如果妇女的名誉遭受损害是因他人知悉该妇女曾有过性关系，而这些性关系是由于犯罪行为、威胁欺骗、滥用从属关系造成，该妇女有权获得足够赔偿费，以便考虑她未来前景的损失。"人格权制度的日益精细、完备由此可见一斑。

一方面，英美法国家则主要通过判例发展人格权制度，判例均针对具体案件而作，因而其人格权制度要比大陆法国家具体、细致得多，如对人身的侵害案件就细分为殴打、胁迫、非法监禁、精神折磨、毁坏名誉、侵害隐私等诸多类型；另一方面，有关人格权的成文法日益增多，如英国1891年《诉毁妇女法》、1952年《毁损名誉法》、1968年《剧院法》及美国1965年《人权法案》、1974年《隐私权法》等即是。英美法国家人格权制度的突出特点是名誉权、隐私权的规定极为完善，并且在司法实践中不断发展出新型的具体人格权如了解权、个人情报资料权、谈话权、尊重个人感情权等。

社会主义国家人格权制度也经历了一个逐步发展和完善的过程。第一部社会主义民法典即1922年《苏俄民法典》虽然明确把调整人身关系作为民法的一项任务，但尚无人格权的一般规定，仅在债篇中借助致人损害的赔偿制度来保护公民的人身权益。直到1964年的《苏俄民法典》，才在总则中新增了保护名誉、尊严等人格权益的专门内容。其他一些社会主义国家受前苏联的影响，都对人格权的保护作了比较系统详细的规定，特别是20世纪70年代以后，在民法中又确立对人格权侵害的精神损害赔偿制度。

我国民法中的人格权制度独具特色。这主要是表现在其对我国历史上及国外的人格权制度的体例与内容的重大突破：一是将以人格权为主要内容的人身权与物权、债权、知识产权并列为《民法通则》"民事权利"专章中的四节；二是人格的范围极为广泛，包括生命健康权、姓名(名称)权、肖像权、名誉权、婚姻自主权等权利；三是对自然人与法人的人格权实行的一体保护，高度重视对妇女、儿童、老人、残疾人等特殊主体人格权的特殊保护；四是既从正面确认权利，又从反面制裁侵权行为，形成了权利与权利保护(权利救济)相结合的较为完备的人格权体系；五是以《民法通则》中"人身权"的专门规定为基础，以其他法律中保护人格权的大量附属规定为辅助，并通过最高法院的司法解释，不断补充、完善人格权制度。但与人格权制度比较发达的国家相比较，我国人格权制度仍存在未确认"一般人格权"、具体人格权的种类及内容不完善、对人格权的民法保护手段不充分等缺陷。

(3)人格权制度的发展趋势

受社会经济生活条件不断变化的影响，人格权制度也不断发展演变。纵览人格权制度在各国的演进轨迹，我们发现其呈现出如下发展趋势：

其一，人格权制度调整范围不断拓展。这表现为人格权法律关系主体、内容、客体的日益扩大化。首先，就主体而言，人格权的主体最初限于奴隶主，奴隶只是奴隶主的财产，只能是权利客体，而不能成为权利主体；后来罗马法中规定贵族与自由民享有人格及人格权，奴隶及因人格减等而沦为奴隶者不享有人格权；直至资产阶级革命胜利后，才在法律上确认人人生而平等，均享有人格权。同时伴随着法人、合伙制度的确立，法律也赋予法人及合伙组织相应的人格权，人格权的主体也就由自然人扩及法人等社会组织。其次，就客体而言，最初人格权所保护的人格利益主要限于生命、身体、健康等具体的、物质性的人格利益，后来逐渐扩展到姓名(名称)、肖像、隐私、信用等精神性人格利益，在此基础上又抽象出人格独立、人格自由、人格平等、人格尊严等一般人格利益。最后，与主体、客体的扩大相适应，人格权的内容日益丰富，既包括物质性人格权又包括精神性人格权，既包括具体人格权又包括一般人格权。

其二，人格权的法律保护方法日益完备。人格权的法律保护，最初体现为法律认可人们的同态复仇；后来又允许实行自由赔偿，即由受害人及其血亲进行复仇或放弃复仇，如受害人一方选择放弃复仇，则加害人一方须就此予以补偿(这与法律强制规定的必须赔偿不同，因为后者不以受害人选择放弃复仇接受补偿为必要)；接着便是施行强制赔偿(限于物质损失)，禁止复仇；最后是实行双重赔偿，即对物质损失和精神损害均适用金钱赔偿。上述变化也反映了人格权的保护方法从私力救济逐渐转变到公力救济，从主要采取刑罚制裁逐渐过渡到实行独立的民事责任以及从刻板的赔偿标准逐渐演变到赋予法官极大自由裁量权的弹性赔偿标准。

其三，人格权的立法系统化、专门化。古代的人格权立法，大多分散在一部法典的多个部分，且诸法合体、刑民不分。近现代人格权立法则冲破了诸法合体的藩篱，制定独立的民法典，在民法典中既规定保护人格权的一般条文，又规定保护各种个别人格权的具体条文；在民法典之外，辅之以专门的人格权单行法规，并在其他法律法规中附属规定大量的人格权规范。同时，人格权规定也逐渐从依附于民事主体规定、身份权规定、财产权规定、侵权行为规定过渡到与民事主体制度、身份权制度、财产权制度、侵权行为制度并列、独立的地位。

3. 人格权的立法体例

人格权法是民法的重要组成部分，对其在民法体系中的地位，各国立法有不同规定，大致形成以下几种立法例：

(1)法国模式，即在人法中设置关于人格的一般规定，而不规定具体的人格权。这一体例为法国及受其影响的法国法系国家所采用。其特点是人格权法在民法中无独立地位，人格权制度主要通过判例形成。

(2)德国模式，即将人格权的主体部分规定于债编侵权行为之债当中。这一体例为德国、日本等国所采用。《德国民法典》除总则编中第 12 条规定姓名权外，人格权的其他部分如生命权、身体权、健康权、自由权、信用权、贞操权等分别规定在债编侵权行为中的第 823、824、825 条。这种立法例虽然较之法国要进步，但仍难说人格权法已取得独立地位，事实上它不过是将人格权法从依附于人法改变成依附债法中之侵权行为法。

(3)瑞士模式，即创设人格法专编对人格及人格权作出原则性规定，确认一般人格权，并在债务关系编中侵权行为法部分规定具体的人格权。这一体例为瑞士等国所采用。这种立法例力图摆脱人格权法对人法或侵权行为法的依附，使人格权法具有了相对独立的地位。

(4)中国模式。已如前述，我国人格权立法作为人身权制度的主体部分与物权、债权、知识产权并列，从而彻底摆脱了人格权法对人法或侵权行为法的依附，真正实现了人格权法的独立。

4. 人格权的种类

综观各国立法和民法理论，对人格权可作不同层面的分类。

(1)根据人格权的客体是一般人格利益还是个别人格利益，人格权分为一般人格权与具体人格权。所谓一般人格权是指以一般人格利益即抽象的人格独立、人格自由、人格平等、人格尊严为客体的人格权。所谓具体人格权是指以生命、身体、健康、姓名(名称)、肖像、名誉、信用、隐私等具体的、个别的人格利益为客体的人格权，其种类较多，包括生命权、身体权、健康权、姓名(名称)权、肖像权、名誉权、信用权、隐私权、贞操权、人身自由权、婚姻自主权等。区分一般人格权与具体人格权的意义在于：具体人格权的法律规定通常比较明确、细致，因而侵害人格权的行为如果符合具体人格权的规定，就应根据特别法优于普通法的原则优先适用该规定；只有在具体人格权法无规定时，才适用一般人格权的规定补充漏洞。

(2)对具体的人格权，根据其客体是物质利益形态还是精神利益形态，还可再分为物质性人格权与精神性人格权。所谓物质性人格权是指以体现在人的身体上的生命、身体、健康等物质利益为客体的人格权，包括生命权、身体权、健康权。所谓精神性人格权是指以体现在人的姓名(名称)、肖像、名誉、隐私、贞操等非物质形态上的精神利益为客体的人格权，包括姓名(名称)权、肖像权、名誉权、隐私权、贞操权等。区分物质性人格权与精神性人格权的意义在于：第一，主体不同。前者的主体限于自然人；后者的主体则可以是自然人、法人甚至是非法人组织(如商事合伙组织)。第二，作用不同。前者是维系民事主体生存的基本条件；后者则是保护民事主体进行正常社会交往的重要条件。第三，法律保护方法不同。对侵害前者通常适用赔偿财产损失的方法，仅在法律有特殊规定时才采用支付慰抚金的办法补偿精神损害；对侵害后者则广泛适用精神损害赔偿的办法。

对精神性人格权，还有人根据其性质与功能，将其分为标表型精神性人格权、自由型精神性人格权、尊严型精神性人格权。所谓标表型精神性人格权是指标示特定民事主体，使之与其他民事主体相区别的精神性人格权，包括姓名(名称)权、肖像权。所谓自由型精神性人格权是指保护民事主体行为与意志自由的精神性人格权，包括人身自由权、婚姻自主权等。所谓尊严型精神性人格权是指维护民事主体社会影响与评价的精神性人格权，包括名誉权、隐私权、贞操权、信用权等。这种划分表明了不同人格权所体现的具体法律价值不同。

(3)根据人格权的主体是自然人或法人、非法人组织的不同，人格权分为自然人人格权、法人与非法人组织人格权。自然人人格权包括自然人的生命权、身体权、健康权、姓名权、肖像权、名誉权、隐私权、贞操权、婚姻自主权等。法人与非法人组织人格权包括名称权、名誉权、信用权、商业秘密权等。这种划分的意义在于：第一，权利的内容不同。如自然人的名誉权体现为社会公众对其人格的评价；法人的名誉权则体现为社会公众对法人的产品或服务质量、商业信誉等的评价。同时，有些权利只能为自然人享有，如生命权、健康权、身体权、肖像权、贞操权、婚姻自主权等即是；有些权利则只能为法人与非法人组织享有，如商号权、商业秘密权即是。第二，权利的性质不同。自然人人格权具有更强的人身非财产性，法人与非法人组织人格权则与财产的关系极为密切，如商号权通常即体现为商事组织无形资产的一种。第三，权利的保护方法不同。对自然人人格权的侵害可适用精神损害赔偿的方法，对法人人格权的侵害则不适用这种方法。

（二）一般人格权

1. 一般人格权的沿革

尽管人类社会早期即有对生命、身体、健康、名誉权等具体人格权进行保护的法律规定，但法律上确认一般人格权却是在资本主义有了相当发展之后才出现的。一般人格权系由具体人格权发展而来，它的产生标志着人格权制度趋于完善。

1907 年的《瑞士民法典》开创了立法规定一般人格权之先河。法典中专设"人格的保护一般规定"部分，旨在承认一般人格权的概念，并确立保护人格权关系的原则性规定。1900 年的《德国民法典》原本不承认一般人格权，但"二战"以后德国基本法规定："人类尊严不得侵犯。尊重并保护人类尊严，系所有国家权力(机关)的义务。""在不侵害他人权利及违反宪法秩序或公序良俗规定范围内，任何人均有自由发展其人格的权利。"德国法院遂基于上述规定通过了许多确认一般人格权的案例，这样就在民法典之外以判例事实上创立了一般人格权制度。日本也是在二战后先通过修宪规定"凡国民之人格，均受尊重"，确立了保护一般人格权的宪法原则；随后，为求民法与宪法之协调，于 1947 年制定《日本国宪法施行后民法应急措施之法律》，该法第 1 条即规定："本法律之目的，在于新宪法施行后，就民法方面，以个人之尊严与两性之本质的平等为基础，为应急的措施。"接着，又于 1948 年正式施行《改正民法一部分之法律》，在民法中设置第 1 条之二："本法，应以个人之尊严与两性之本质的平等为本旨，而解释。"这样就奠定了一般人格权在民法中的基础地位。确认一般人格权的新近立法是俄罗斯联邦 1991 年通过的《人和公民的权利和自由宣言》，其序言中的第一句话就指出："确认人的权利和自由及其人格和尊严是社会和国家的最高价值。"而 1995 年 1 月 1 日施行的俄罗斯联邦新民法典上卷第 150 条更明确的规定："生命与健康、人格尊严、人身不可侵犯性、个人与家庭的秘密、自由迁徙、居住和住宅地点选择的权利、姓名权、著作权、其他人身财产权利和因为出生或者法律生效而属于公民的其他非物质利益，是不能以其他方式让与和转让的。"这实际上是采取列举与概括的方式相结合(条文中的人格尊严即为其集中体现)，既规定了具体人格权(生命权、健康权、名誉权、隐私权等)，又确认了一般人格权。

事实上，或通过立法或通过判例确认一般人格权，已成为世界各国民法的发展趋势。

2. 一般人格权的概念与特征

与人格权概念一样，各国立法亦未对一般人格权概念作出界定，学者们则有如下几种观点：(1)人格关系说。即认为一般人格权即一般人格关系。这是由《瑞士民法典》第28条的规定直接引用而来的，但无论是《瑞士民法典》还是采用上述观点的学者均未就“人格关系”作出明确的解释。(2)概括性权利说。即认为一般人格权是内容具有广泛性和不确定性的概括性权利。(3)权源说。即认为一般人格权是具体人格权的渊源即权利来源，具体人格权是由一般人格权引申而来。(4)个人基本权利说。即认为一般人格权是超脱私法中人格权而受公法、私法等法律共同保护的个人基本权利①。

我们认为，上述几种观点均有失偏颇：第一种观点将一般人格权等同于一般人格权法律关系，显然违背了逻辑与法理，且并未揭示一般人格权内涵；第二种观点说明了一般人格权的概括性特征；第三种观点注意到了一般人格权与具体人格权之间的关系，但均未反映其内容与客体；第四种观点则非民法意义上的一般人格权。

事实上，民法上的一般人格权的本质在于它是以一般人格利益为客体的抽象的权利，因此，以前文所述人格权概念为基础，并综合以上几种定义，可以将一般人格权概括为：一般人格权是为一切民事主体所享有的以人格独立、人格自由、人格平等、人格尊严等一般人格利益为客体，涵盖各种具体人格权并从具体人格权中抽象出来的概括性权利。

一般人格权除具有人格权的共同特征外，由其概念还可引出其独有的特征：(1)主体的普遍性。一般人格权的主体为一切民事主体，包括自然人、法人及非法人组织，这与某些具体人格权只能为特定主体如自然人或法人享有是不同的，这正体现了文明社会对人的尊重。(2)客体的抽象性。一般人格权的客体为抽象的一般人格利益，包括人格独立、人格自由、人格平等、人格尊严，这与具体人格权的客体即生命、身体、健康、姓名(名称)、肖像、名誉、隐私等个别人格利益也是不同的。(3)内容的概括性。一般人格权的内容涵盖一切具体人格权，因而它既包括生命权、身体权、健康权等物质性人格权，又包括姓名(名称)权、肖像权、名誉权、隐私权等精神性人格权；但它又不是

① 王利明等著：《人格权与新闻侵权》，中国方正出版社1995年版，第85~86页。

各种具体人格权的简单相加，而是具体人格权的抽象概括，也就是说它不是具体人格权的聚合而是具体人格权的升华。(4)性质的复合性。一方面，一般人格权相对于具体人格权而言是基本权利、抽象权利，是各种具体人格权的权源，具体人格权均由其引申而来，是其具体体现；另一方面，一般人格权相对于物权、债权、知识产权乃至民事权利等抽象权利而言又是一种具体权利，可以在具体的民事法律关系中为民事主体所享有并受到法律保护。(5)效力的补充性。一般人格权通常并不产生具体的权利义务，只有在具体人格权力所不逮的人格权盲区，它才进行拾遗补缺发生效力。例如，在生命、身体、健康等物质性人格权方面由于有关具体人格权已相当精细完善，效力足敷使用，因而一般人格权通常并不直接发生作用；而在一些新型的尚未受到具体人格权保护的人格利益方面，如消费等的人格尊严受尊重及获取商品真实信息等情形下，一般人格权即可直接发生作用，从而对民事主体的人格利益提供充分的保护。

3. 一般人格权的内容

综观各国立法与判例，一般人格权的内容可以概括为以下四个方面①：

(1)人格独立。即所有民事主体均独立享有人格，民事主体的独立人格不受他人支配、控制与干涉。民事主体的人格权正是以人格的独立为前提，以基于独立人格所产生的人格利益为客体。在资本主义以前的社会，由于奴隶对奴隶主、农民对地主的人身依附关系的存在，广大劳动人民是没有独立人格的，因而也就谈不上一般人格权；只有在社会完成了“从身份到契约”的飞跃之后，人与人实现了法律上的平等，这才为一般人格权的产生提供了土壤。

(2)人格自由。即所有民事主体均有保持与发展其人格，使之不受约束、不受控制的自由。这种自由是私法上高度概括、高度抽象的自由，是民事主体自主参加社会活动、享有权利、承担义务的基本前提和基础。它与作为具体人格权的人身自由是不同的：前者具有抽象性，既指人格的自由地位，也指人格的自由权利，因而为一切民事主体所享有；后者则是具体的，即专指身体自由、意志自由，仅为自然人享有。

(3)人格平等。即所有民事主体的人格一律平等，尤指其作为主体的法律地位平等，参与民事活动的机会均等。就自然人而言不分民族、种族、性别、年龄、职业、家庭出身、宗教信仰、教育程度、职务等级、财产状况、居住年限等具体特性，就法人及非法人组织而言不论组织形式、规模、财产状况、存

① 参见王利明等著：《人格权与新闻侵权》，中国方正出版社 1995 年版，第 90~100 页。

续期限等具体特征，均享有平等的人格。

(4)人格尊严。即所有民事主体作为“人”应具有最起码的社会地位并应受到社会与他人最起码的尊重。它一方面表现为民事主体对自身价值的认识，另一方面表现为社会与他人对特定民事主体的评价，是主观自我认识与客观社会评价的综合体。

在上述一般人格权四个方面内容中，人格尊严居于核心地位。因为对内而言，它提供了人格权的范围，在此范围内人格的独立自由与平等可以得到承认与保护；对外而言，它构成了具体人格权的基础，同时又是评价具体人格权的基本价值尺度。

4. 一般人格权的功能

由一般人格权内容与特点决定，它具有如下基本功能：

(1)解释功能。即对具体人格权进行解释的功能。一般人格权是具体人格权的根源，决定着具体人格权的基本性质与内容，因此对具体人格权进行解释时，应以一般人格权的基本原理与基本特征为标准。

(2)创造功能。即创造出新的具体人格权的功能。当一般人格权保护范围为相应的具体人格权时，即可依一般人格权进行创造在立法中加以规定。

(3)补充功能。即补充具体人格权规定之疏漏的功能。对不受既有的具体人格权保护而又不宜创造出新的具体人格权进行调整的具体人格利益，应直接适用一般人格权的规定。

(三)具体人格权

1. 物质性人格权

物质性人格权包括生命权、身体权、健康权。

人类对生命权、身体权、健康权的保护源远流长。从古代习惯法中的血亲复仇到古代成文法中的财产赔偿，从最初的自愿赔偿到后来的强制赔偿，从单一的财产损失赔偿到财产损失、精神损害双重赔偿，对生命权、身体权、健康权的保护一直是各个时代法律的重要内容。从根本上讲，这是生命、身体、健康等物质性人格利益对享有人格的重要性决定的，即保护这些利益是维持人格的基本前提。

现代各国民法均对生命权、身体权、健康权的保护作出了规定。《法国民法典》第1382条关于侵权行为的一般规定，即适用于侵害生命权、身体权、健康权的行为。《德国民法典》第823条则明确规定：“因故意或过失不法侵害他人的生命、身体、健康……权利者，对被害人负有损害赔偿的义务。”这一规定对其他一些大陆法系国家的立法产生了重大影响。英美法系国家则通过判例法保护上述权利。社会主义国家的立法也十分重视对这些权利的保护。事实上，对生命权、身体权、健康权的法律保护，已成为现代国际法的重要内容，这在《联合国人权公约》中的《公民及政治权利国际盟约》以及《欧洲人权公约》、《美洲人权公约》等国际公约中即有反映，如《公民及政治权利国际盟约》第6条规定："人人皆有天赋之生存权，此种权利应受法律保障。任何人之生命不得无理剥夺。"

(1)生命权。即自然人对自己的生命安全所享有的权利。将生命权作为一种独立的权利是大多数国家的立法例，如《德国民法典》第823条、《日本民法典》第771条、《瑞士债务关系法》第45条，均将生命权作为一种独立的人格权予以保护。我国《民法通则》则将生命、健康合并规定为生命健康权，即其第98条规定："公民享有生命健康权"。

(2)身体权。即自然人对其身体组织器官的完整所享有的权利。将身体权作为一种独立的人格权也是许多国家的立法例，《德国民法典》第823条是其代表。我国《民法通则》未单独规定身体权，但学理上通说认为第98条"生命健康权"实际上内含身体权一项。

(3)健康权。即自然人对其身体机能的健全和心理状态的健康所享有的权利。对健康权各国立法例很不一致，《日本民法典》第70条所谓"身体"包括健康；我国《民法通则》又将健康权笼统规定于"生命健康权"中；《德国民法典》第823条则将健康权列为与生命权、身体权并列的独立的人格权。我们认为，德国的立法例比较可取。

2. 精神性人格权

精神性人格权较之物质性人格权发展要晚，且内容更为复杂。下面仅择其要者略作分析。

(1)姓名权、名称权。姓名权、名称权是我国民法用语。在欧美国家，由于其"姓名"与"名称"是同概念，如英文中name，德文中(Name)，且范围较广，既包括自然人姓名(名称)，也包括法人姓名(名称)，因而姓名权、名称权可以概括为一项权利即姓名(名称)权。东方国家如我国、日本、朝鲜、韩国、越南则不同，姓名是自然人姓与名的结合，与法人的名称不同，因而分别形成姓名权、名称权概念。我们认为，自然人的姓名权与法人的名称权(特别是商法人的商号权)，内容有显著不同，区分开来不无意义。故这里仍作此划分。姓名权是指自然人决定使用、变更其姓名并排除他人侵害的权利。《德国民法典》第12条首次在民法中确认了姓名权。后来的《瑞士民法典》受其影响对姓名权的规定比较完备，如该法典第29条规定："当就姓名的使用权发生争议时，可诉请确定此项权利。”“因他人冒用姓名而受到损害的人，可诉请禁止冒用；如冒用有过失的，可诉请损害赔偿；如就侵害的种类，侵害人应当给付一定数额的抚慰金时，亦可提出此项请求。”我国《民法通则》、《婚姻法》、《收养法》等法律中也确认了姓名权。

名称权则是法人及非法人组织决定使用、变更、转让其名称并排除他人侵害的权利。名称权包括商事组织的名称权(即商号权)和非商事组织的名称权，在我国则还存在字号权(主要指非法人商事组织的名称权)，在现代民法中商号权越来越重要。这里对各国商号权的有关规定略作比较：①商号的决定权。对此有两种立法例：一种是自由主义(放任主义)，对商号(亦即商业名称)的设定不加限制；另一种是限制主义(真实主义)，要求商号须与营业者的姓名、名称或营业内容、组织形式等相一致，这一种立法例为法国、瑞士等国所采用。我们认为后一立法例更有利于交易安全，应作为一般原则。②商号权的转让。对此亦有两种立法例：一种是相对转让主义(自由转让主义)，即商号权可以与营业相分离而单独转让；另一种是绝对转让主义，要求商号权须与营业一同转让或在营业终止后转让，德国、日本等国商法典采此例。与前述商号决定权应采真实主义的理由一样，我们认为商号权转让采绝对转让主义更可取。

(2)肖像权。即自然人对其肖像所享有的专有制作、专有使用权利以及维护本人形象的权利。对肖像利益的法律保护曾经有过较长时期的争论，《法国民法典》、《德国民法典》、《瑞士民法典》等近代几部著名法典中并无肖像权之规定。直至德国 1907 年重新制定《美术作品著作权利》，对以往有关立法在保护肖像利益方面的缺陷进行了修补，在该法第 22 条规定：“人之有肖像，限于肖像人同意时，得公布或公然展览。”这才使独立的肖像权制度首次在立法上得到承认。这样就形成了以德国为代表的一些大陆法系国家在著作权法中规定肖像权的立法例。英美法国家则通过判例法将肖像权纳入隐私权保护范畴。以前苏联为代表的社会主义国家，一般将肖像权作为具体人格权的一种规定在其民法典总则中人格权制度部分。我国《民法通则》则在其“民事权利”章“人身权”一节及“民事责任”章中分别规定了肖像权及侵害肖像权的民事责任。

(3)人身自由权。即自然人自主决定其身体行止和思维活动并排除他人侵害的权利，其内容包括作为自由和意志自由两个方面。自由权作为人格权的重要组成部分由来已久。古罗马法中即将自由权与市民权、家庭权列为完全人格的三项基本内容，其中自由权居于核心地位。近代《法国民法典》虽未明文规定自由权，但该法第 8 条“一切法国人均享有民事权利”的规定即隐含了作为基本民事权利之一的自由权。《德国民法典》第 823 条更将自由权与生命权、身体权、健康权并列为自然人的四大生活利益。《瑞士民法典》第27条、《日本民法典》第710条也规定了自由权。我国《民法通则》中尚未明文规定人身自由权，但这一权利已为宪法第37条所确认。

(4)名誉权。即民事主体就其自身属性和社会价值获得公正社会评价并保有、维护公正社会评价的权利。名誉作为一项重要的精神性人格利益，自古以来就受到法律保护。事实上，在近代以前立法上的精神性人格权主要就是名誉权及贞操权。远古习惯法中即有保护名誉权的规定，而公元前20世纪的苏美尔亲属法则是迄今所见保护名誉权的最早成文法，该法第6条规定"倘夫告妻云：'尔非吾妻'，则彼应给银半明那"，这实际上是毁灭妻子名誉即应承担财产责任的规定。公元前18世纪的《汉谟拉比法典》第1、2、127条及公元前2世纪至公元2世纪的《摩奴法典》第8章第127、269、274条的规定，都是保护名誉权的规定。而古罗马对名誉的保护则已相当周密，如《十二铜表法》第8表第1条中规定："以文字诽谤他人，或公然歌唱侮辱他人的歌词的，处死刑。"《查士丁尼国法大全》中的《法学总论》则将侵害名誉权的行为规定为对人私犯，是产生损害赔偿之债的法定依据，这些行为包括"当众诬蔑，如诬赖他人是债务人而占有他人的财产，而行为人明知他人对他不负任何债务；或著作、出版诽谤性的诗歌、书籍，进行侮辱，或恶意策动其事……"但古代法中名誉权尚未被确认为一项独立的人格权，且权利主体仅限于自然人，权利的保护主要采取刑罚手段。

名誉权作为一项独立的人格权是近代资产阶级民法确定的。但关于名誉权的19世纪立法，以名誉是非卖品为由，反对名誉权受损的金钱赔偿。稍后的德国普通法则规定对侵害名誉权所致有形损害予以赔偿，所致精神损害不予赔偿。同期法国则通过判例确认侵害名誉权所致有形损害、无形损害均可请求赔偿。1881年瑞士立法明确规定侵害名誉权的双重赔偿制度。英美法国家则在侵权行为法中规定诽谤是构成妨害名誉的主要行为，诽谤分口头诽谤(Slander)、文字诽谤(Libel)两种。大陆法系与英美法系名誉权的法律保护主要存在如下差别：第一，法律渊源不同。前者以成文法为主，但其中法、德等国最高法院的有关司法解释及判例仍占重要地位；后者以判例法为主，但亦有一些单行成文法规定。第二，立法体例不同。前者既在总则部分正面确认名誉权，又在债法侵权行为部分反而规定侵害名誉权的行为及其责任；后者则主要体现在侵权行为法中。第三，法律弹性不同。前者内容抽象、概括，后者内容具体、灵活。第四，救济手段不同。前者以恢复名誉为主，以损害赔偿为辅；后者以损害赔偿为主，以恢复名誉为辅。我国现行的名誉权规定则沿袭大陆法系传统，将确认名誉权(即权利制度)与保护名誉权(即侵权责任制度)同时规定，并且采取停止侵害、恢复名誉、消除影响、赔礼道歉、赔偿损失等多种救济措施对名誉权予以保护。

(5)隐私权。即自然人对其与公共利益无关的私人信息、私人活动、私人领域进行支配并排除他人侵害的权利。人类很早即开始对隐私利益予以保护，但隐私权概念的出现则是19世纪末期的事。1890年美国哈佛大学法学教授路易斯·D. 布兰迪斯和塞缪尔·D. 沃伦发表一篇被誉为具有“开拓性”的题为《隐私权》(*The Right to Privacy*)的论文，提出了隐私权理论，受到广泛的重视和承认，并不断发展完善。1903年纽约的民权法首次在立法中规定了姓名、肖像方面的隐私权，1905年乔治亚州最高法院亦在处理此类案件时正式宣布当事人享有隐私权。20世纪60年代，美国联邦最高法院援引联邦宪法第四修正案关于公民自由权的规定，扩大了隐私权的适用范围；至1965年开始适用《人权法案》，使隐私权成为一种一般性的宪法权利。1974年美国联邦议会制定了《隐私权法》、《家庭教育及隐私权法》、《财务隐私权法》，1980年又制定了《隐私权保护法》，联邦许多州亦颁行了保护个人隐私权的法律。这样就使美国成为隐私权立法最为发达的国家。同属英美法系的英国的情况则迥然不同，其法律尚未对隐私权加以确认，认为个人隐私不是一项独立的权利，而只是一项法律之外的东西或者说是一种附属的价值，因而通常将涉及隐私的侵权案件纳入侵害名誉权一类案件中诉讼。英联邦的澳大利亚等国情况与英国相似。不过，英国目前亦正在为实现隐私权保护的系统化、专门化作出努力，如其1984年通过的《资料保护法》即允许个人对其储存在计算机档案中的个人资料进行某些控制。在欧洲，瑞典走在立法保护个人隐私权的前列，它是欧洲第一个颁行资料保护法的国家，先后制定1973年《情报法》和1982年《情报法案》，对隐私权予以充分保护。瑞典的隐私权立法成为欧洲各国的榜样，在四年之内为原联邦德国、法国、丹麦等国家纷纷效仿。德国除通过联邦最高法院将隐私权解释为受《德国民法典》第823条第1款保护的绝对权利外，还于1977年颁行了《个人资料保护法》；法国则于1970年以修订后的《法国民法典》第9条创设了民法典保护隐私权的最直接的条文，并于1978年制订了一项有关资料处理、档案和自由的专门法律。瑞士、土耳其则在其债务法中确认个人秘密、私生活为人身权的内容；日本民法虽未明确规定隐私权，但已有判例依《日本民法典》第709条人格权之规定对“私生活权”(即隐私权)予以保护。

对各国隐私权的法律保护进行比较，可以得出以下结论：其一，隐私权的法律保护日益受重视，除用民法中的人格权法、侵权行为法进行调整外，还将隐私权提升为一项基本人权。其二，隐私权的民法保护又有两种立法例：一是将其作为一项独立的人格权，如美国及大陆法系各国；二是将其附属于名誉权，如英国、澳大利亚等国。其三，隐私权的立法日益精细，日益系统，日益专门化，出现了大量的隐私权单行法。其四，隐私权保护的现代化与国际化，一方面体现为与现代经济、科技相适应的新型隐私权，如个人计算机档案资料方面的隐私权等不断出现；另一方面，保护隐私权已引起了国际社会的广泛重视，并已为某些国际公约所确认，如联合国 1948 年的《世界人权宣言》第 17 条即规定个人的私生活不得加以任意或非法的干涉。

第三节 法律行为

一、法律行为的概念

在大陆法系(尤指德国法系)各国的民法理论和民事立法中，“法律行为”是一个极其重要的范畴，但在定义时，措辞方式不尽相同。国外立法文件中，只有少数公有制国家民法典对法律行为作了立法定义，如《苏俄民法典》将法律行为定义为“设立、变更或者终止民事权利义务关系的行为”(1922 年文本第 20 条，1964 年文本第 41 条)。这一定义，也反映了前苏联民法理论界对法律行为概念的通行见解。1964 年《捷克斯洛伐克民法典》规定，“法律行为是旨在设定、变更或终止法律规定的某些权利或义务的意思表示”(第 34 条)。以德国学说为代表的资产阶级民法理论，多从法律行为的实质内容方面对其作出定义，认为法律行为是“由意思表示以及其他一些因素构成的、并与法律规范所规定的、当事人意愿去达到的法律后果相联系的事实构成”，或“以旨在发生私法上效果的意思表示为要素的法律事实”①。上述定义虽措辞不同，但都揭示了法律行为的两个基本要素，即“意思表示”和“私法上效果”。这是大陆法系各国民法的通行观点。

但是，在对法律行为概念的理解上，中国现行民法理论与西方传统观念存在一个重要分歧，即主张法律行为是“合法行为”，认为“合法性”是法律行为的固有特征。《民法通则》第 54 条规定，“民事法律行为是公民或者法人设立、变更、终止民事权利和民事义务的合法行为”，就是这种观点在立法上的反

① 徐国建著:《德国民法总论》，经济科学出版社 1993 年版，第 78 页。

映。我们认为，对“法律行为为合法行为”的观点，有重新检讨的必要。

法律行为概念产生之初，就是作为一切因意思表示而发生法律效果的行为的统称。它以符合法律要求的意思表示为常态，但也不排除欠缺合法性的意思表示，只是对前者赋予行为人所期望的法律效果，而对后者则赋予非行为人所期望的法律效果。因此，法律行为既包括合法行为，也包括不合法行为。在此基础上，产生了有效法律行为和无效法律行为的划分，前者为发生行为人预期效果的法律行为，后者指不发生当事人预期效果的法律行为。这是传统法律行为概念，不但被西方法学界视为常理，在前苏联法学理论中也曾得到普遍承认。随着前苏联法学，特别是国家与法的理论传入中国，从 20 世纪 50 年代开始，中国法学界也一直都在上述意义上使用法律行为的概念①。但是，在民法学界，却一直存在“法律行为是合法行为”的主张。随着《民法通则》的颁行，这一主张似乎已成定论，几乎所有的民法理论读物都表明了这一观点。

法律行为应为合法行为的观念，源于前苏联民法理论。早在 20 世纪 20 年代末，苏联民法学者就对法律行为概念究竟应仅指合法意思表示，还是应涵盖一切旨在设立、变更或终止民事法律关系的行为这一问题展开了争论。别尔任斯基 1929 年在《法律行为 · 合同》一书中首先指出：“并非一切旨在设立、变更或终止民事法律关系的行为都属于法律行为，法律行为应当仅是合法的表意行为。”其后，阿尔加柯夫在《苏维埃民法中法律行为的概念》一书中也指出，法律行为“应当专门用来表示那些不仅以达到一定法律后果为目的，而且也能产生这种后果的行为”②。诺维茨基在其《法律行为 · 诉讼时效》一书中，进一步阐述了法律行为是合法行为的观点，认为“这一点乃是法律行为所特有的本质特征之一”，同时批判了那种“认为合法或不合法并不是法律行为这一法律事实的必要特征，而只决定着法律行为的这些或那些法律后果”的见解。这种观点，得到了前苏联民法学界的普遍认同，以至成为长盛不衰的通说。新中国民法理论显然受到其影响，从第一部中国民法教材到《民法通则》颁行前的权威性民法论著，大多持这一观点，并最终为《民法通则》所接受(但是，在前苏联和新中国民法理论界，甚至在我国《民法通则》颁行后，也有一部分学者坚

---

① 张文显著：《法学基本范畴研究》，中国政法大学出版社 1993 年版，第 130 页。

② [苏]诺维茨基著：《法律行为 · 诉讼时效》，康宝田译，中国人民大学出版社 1956 年版，第 8 页。

持"法律行为包括违法行为和无效行为"的观点)①。

这种观点之所以在前苏联和新中国民法理论界成为通说，有其一定的思想基础。诺维茨基所提出的理由是"某一行为，只有当它的目的是在于设立、变更或消灭民事法律关系时，才被认为是法律行为……至于说到行为是以法律后果作为目的的情况，则只有当这种后果符合行为人的愿望，同时这些符合愿望的法律效果又只有同合法的(广义的)行为联系起来时才有可能"，因此，"构成法律行为内容的行为，应经得起国家的检验和评定，国家应当认定这种行为是与国家利益相符合的，或至少是不与这种利益相抵触的"②。中国通行民法理论也认为，法律行为应该是合法行为，"因为只有行为的内容和方式都不违背法律规定，才能得到国家的承认和保护，从而产生行为人所要达到的法律后果。法律行为就其本质来说，是一种合法行为，因为它所反映的应该是社会主义社会生产和生活上的正当的要求"③；"民事法律行为符合法律，是行为人创设、变更和终止民事权利的意思表示获得法律效力并产生预期法律效果的重要条件"④。上述主张看似严谨，实际上却走入了一个理论误区：将法律行为不违背法律规定作为行为人预期法律效果得以实现的条件，反过来又将行为人所预期的法律效果得以实现作为法律行为概念的应有之义，即先入为主地认为"法律行为是能够实现行为人所预期的法律效果的行为"，因而必须是合法的行为。

上述论断，本是前苏联民法学者的杜撰，一开始就与民事立法的精神背道而驰。1922 年《苏俄民法典》第 26 条对法律行为的定义是："法律行为，即设立、变更或终止民事权利义务关系之行为。"1961 年苏联《民事立法纲要》及 1964 年《苏俄民法典》也规定，法律行为是"公民和组织旨在设立、变更或终止民事权利和民事义务的行为"(纲要第 14 条第 1 款，民法典第 41 条第 1 款)。原东欧一些国家的民法典(如《捷克斯洛伐克民法典》)，也对法律行为作了类似的立法定义。上述立法在作出法律行为定义的同时，一律将法律行为划分为有效行为和无效行为，并对违法和规避法律的法律行为作了规定。1922 年《苏俄民法典》第 30 条，1964 年《捷克斯洛伐克民法典》第 39 条)。由此可见，在

① 参见[苏]格里厄诺夫著：《苏维埃民法》(上)，法律出版社 1986 年版，第 206 页；佟柔主编：《中国民法学·民法总则》，法律出版社 1990 年版，第 64~65 页。

② [苏]诺维茨基著：《法律行为·诉讼时效》，康宝田译，中国人民大学出版社 1956 年版，第 8 页。

③ 佟柔主编：《民法原理》(修订本)，法律出版社 1987 年版，第 96 页。

④ 佟柔主编：《中国民法》，法律出版社 1990 年版，第 164 页。

前苏联和原东欧公有制国家的立法文件中，法律行为都是兼容合法行为和违法行为、有效行为和无效行为的概念。而一些民法学者却无视这一立法现实，基于“法律行为唯有合法才有效”的观念，作出了“法律行为只能是合法行为”这一与立法精神相矛盾的论断。

我们认为，这是一种错误的推论。首先，“法律行为唯有合法才有效”与“法律行为只能是合法行为”是两个不等值的判断。前者旨在强调法律行为只有合法，才能发生行为人所预期的效果，并不能由此推导出“违法行为不是法律行为”的结论。其次，法律行为一词在语义上和逻辑上并不排斥违法行为。在汉语中，法律行为中的“法律”是用来修饰“行为”的中性用语，指“具有法律意义的”或“能够发生一定法律后果的”，而不是“合法的”。同样，德文中的Recht、法文中的Juridigue以及英文中的Juristic等，虽有“公平”、“合法”之意，其首要释义仍是“法律上的”，因此，在逻辑上，“法律行为”的对应概念是“非法律行为”，而不是“违法行为”；相反，法律行为作为“具有法律意义的行为，应包容某些违法行为”。

尤为值得注意的是，这种对法律行为本质特征的认识，把我国法律行为理论带入了一个更大的误区。民法学界认识到，如果坚持法律行为是合法行为的观点，就必须把违法的和无效的行为排除于法律行为的概念之外，在逻辑上才能自圆其说。于是，我国学者在80年代初首创了“民事行为”的术语，作为“法律行为”的上位概念，把“法律行为”(有效的民事行为)和“无效的民事行为”涵括其中①。在《民法通则》中，“民事行为”的概念得到确认，继而得到民法学界的广泛赞誉，认为这是一项使民事法律行为理论摆脱困境的“理论突破”。我们认为，“民事行为”概念的使用是否必要和科学，也是值得商榷的。

其一，“民事行为”术语的提出，并不是解决“民事法律行为理论困境”的科学方法。应当指出，法律行为理论原本无所谓“理论困境”，所谓困境，正是在前苏联和新中国民法理论强调法律行为的合法性特征的基础上产生的，如果放弃这一观点，恢复法律行为概念的本来面目，法律行为理论即不存在什么“困境”。

其二，《民法通则》使用“民事行为”这一术语，在立法技术上经不起认真的推敲。按照《民法通则》的立法意图，“民事行为”是包容“民事法律行为”的属概念，“民事法律行为”是“民事行为的种概念”。但从《民法通则》第四章及其第一节的主题及其表达方式看，它们之间的包容关系却完全倒置了。时下通

① 王作堂等著：《民法教程》，北京大学出版社1983年版，第78页。

行的民法理论对这一逻辑缺陷似乎视而不见，也在“民事法律行为”的名目之下论述“无效民事行为”。

其三，对“民事行为”这一用语的含义，《民法通则》未作界定，理论界的解释也极不一致。有的认为民事行为是指“无效的、不能产生预期效果的民事法律行为”；有的理解为“平等主体之间发生的、具有财产关系和人身关系内容的行为”；有的则解释为“公民和社会组织旨在设立、变更和终止民事权利和民事义务的行为”①。

鉴于我国通行法律行为概念存在理论缺陷，而“民事行为”术语的使用更使我国民法理论陷入混乱的“困境”，我们认为必须彻底修正现行的民事法律行为是“合法行为”、民事法律行为与民事行为是两个不同概念的错误的理论和立法主张，使法律行为理论恢复其本来面目。这样做，既可消除在法律行为理论上民法学与法学一般理论的矛盾，又可使我国法律行为理论和立法在更大程度上与大陆法系通行理论和普遍实践保持协调(在国际私法中，只有法律行为的冲突法规则，并无“民事行为”之术语)，从而为中国民法理论走向世界及中国民事立法向国际先进立法靠拢创造条件。

二、法律行为的类型

法律行为涵括了一切以旨在发生民法上效果的意思表示为要素的行为，因而是一个外延极广的概念。为了教学、研究的需要，并为立法和司法提供指导，学理上对法律行为进行了多层次的分类。大陆法系各国对法律行为的理论分类，基本上都承袭德国民法理论，因而大同小异。

(一)单方行为与多方行为

这是依法律行为是由一方或多方意思表示为构成要素所作的分类。单方行为是由行为人一方的意思表示构成的法律行为，又称一方行为，例如授予代理权、行使解除权、立遗嘱等。多方行为是由行为人双方或多方意思表示构成的法律行为。依其多方意思表示相互结合的方式，多方行为又可划分为两种：(1)契约(也称双方行为)，是指由两个相互对立又相互依存的意思表示结合在一起而构成的法律行为，例如买卖和租赁就是典型的契约行为。(2)共同行为，是指由两个以上彼此平行的意思表示结合在一起而构成的法律行为，例如

① 参见江平、张佩霖主编：《民法教程》，中国政法大学出版社1986年版，第80页；陈治国：《略论民事法律行为与民事行为》，载《思想战线》1987年第2期；李源植：《关于民事行为若干问题的思考》，载《学习与探索》1988年第3期。

成立合伙组织、设立社团法人、开除合伙人等行为。从语义上说，“合同”用在此处是较为准确的。但在新中国民法理论和立法文件中，“合同”是一个既包括“契约”(双方行为)，又包容共同行为的涵义广泛的概念。(《民法通则》第85条规定，合同是当事人之间设立、变更、终止民事关系的协议。)“契约”这一术语则基本被废弃(唯在税法领域有“契税”一词)。

(二)生前行为与死后行为

这是依法律行为发生效力的时间(发生于行为人生前抑或死后)而作的分类。生前行为，又称生存行为，是在行为人生存时发生效力的法律行为，是法律行为的常态；死后行为，又称死因行为，是以行为人的死亡为生效条件，于其死亡后发生效力的法律行为。死后行为，可以是单方行为(如遗嘱)，也可以是契约行为(如遗赠)。但死后行为仅指法律规定于行为人死亡后生效的法律行为而言，凡行为人自行约定于其死后生效者，不属死后行为，而是附期限的生前行为。

(三)财产行为与身份行为

依其所生法律效果的内容，法律行为可分为财产行为与身份行为。凡发生财产关系变动效果的法律行为，称为财产行为；发生身份关系变动效果的法律行为，称为身份行为。

财产行为是法律行为的主要形态，可再划分为：(1)有偿行为与无偿行为。在以财产给付为目的的法律行为中，有对价者称为有偿行为，如买卖、租赁；无对价者称为无偿行为，如赠与、使用借贷。(2)处分行为与义务行为。这是以财产行为是否直接发生财产移转或消灭的效果而进行的分类。处分行为，是直接发生财产权移转或消灭的效果的行为。其中，以物权为处分对象、其效果表现为物权的移转或消灭的处分行为，称为物权行为，如抛弃所有权的单方行为、移转所有权的契约行为；以准物权、债权和知识产权中的财产权为处分对象，并发生上述权利的移转和消灭效果的处分行为，称为准物权行为，例如采矿权设定行为、债务免除行为、著作权财产权让与行为等。义务行为，是指发生债务上给付义务的财产行为，又称负担行为。义务行为在发生给付义务的同时，也为他人设定了债权，故也称债权行为。处分行为与义务行为的区别主要表现在：前者的有效性取决于处分行为人具有处分权这一特定的权利；而后者则不要求义务行为人具有特定的权利；处分行为适用“优先权”原则，而义务行为则不受该原则限制①。一般认为，处分行为与义务行为之间是彼此

① 参见徐国建著：《德国民法总论》，经济科学出版社1993年版，第83页。

独立的，二者既可以并存(如在买卖、赠与行为中)，也可以单独存在(如雇佣行为仅为义务行为，抛弃所有权行为则不具有义务行为的性质)。(3)要因行为与不要因行为。这是依财产行为是否以给付原因为要件所作的分类。要因行为(又称有因行为)是指以给付原因为要件的财产行为；反之则为不要因行为(又称无因行为、抽象行为)。无因行为中，可依当事人的意思成为有因行为者，称为相对的无因行为，反之则为绝对的无因行为。无因行为与有因行为的根本区别在于，前者不因其原因欠缺、不能、违法等而导致不成立或无效；后者则正好相反。原则上，任何交易均有其目的，任何财产给付均有一定的原因，故法律行为本质上应为有因行为。但是出于交易安全的考虑，各国立法对无因行为也予以肯认。综观各国立法例，一般主张债权行为为有因行为，但也有例外(如票据行为被公认为无因行为)；对于物权行为，则有有因与无因两种立法主张。中国现行立法无债权行为与物权行为之分，但已肯认票据行为的无因性。

身份行为，依其所发生身份关系变动效果的内容，可分为亲属行为与继承行为，前者如非婚生子女认领、申请死亡宣告、结婚、收养等，后者如继承权的接受和抛弃等。依其所发生身份关系变动效果的归属，又可分为自己身份行为(如结婚)与他人身份行为(如申请解除收养)。

(四)要式行为与不要式行为

这是从形式方面对法律行为的分类。凡构成法律行为的意思表示以一定方式为必要者，为要式行为；否则为不要式行为。从法律史角度看，古代法中法律行为以要式为原则，近代以来则奉行方式自由原则(与意思自治原则相关)，要式行为仅适用于某些特殊情形：或认为该行为须特别慎重(如结婚等亲属法上行为)；或为了使其成立及内容公开(如法人设立)；或认为须保存证据和慎重行事(如立遗嘱)；或为了确定所设权利的范围以便于交易流通(如票据行为)。我国《民法通则》第56条规定："民事法律行为可以采取书面形式、口头形式或其他形式。法律规定用特定形式的，应当依照法律规定。"这与国际普遍实践是一致的。依各国立法和实践，要式行为主要包括以下几种：(1)以书面形式为成立要件者，如遗嘱及我国的"经济合同"；(2)以特别书面形式为成立要件者，如票据；(3)以登记形式为成立要件者，如婚姻行为、法人设立行为。我国立法还对某些合同规定了审查批准的特别形式要件。

(五)独立行为与附属行为

彼此关联的法律行为之间，依其有无独立的实质内容，分为独立行为(基本行为、待补行为)与附属行为(补助行为)。独立行为，是相关联行为中具有独立的实质内容但却以相关行为为要件的法律行为，例如需法定代理人同意的限制行为能力人的行为；在相关联行为中，不具有独立的实质性内容，仅作为独立行为生效要件的法律行为，称为附属行为，例如前述法定代理人的同意行为。附属行为中，有的是补充自己行为(例如对可撤销行为的承认)，有的是补充他人的行为(例如同意、许可)。

(六)主行为与从行为

彼此关联的法律行为间，依其是否具有独立性、有主行为与从行为之分。凡无须相关行为的存在即能成立者为主行为，反之为从行为，例如，在借贷合同与担保债务人履行债务的保证合同、抵押合同之间，前者为主法律行为，后者为从法律行为。

对法律行为，学理上还有处分行为与管理行为、财产给付行为与非财产给付行为、完全行为与不完全行为、要物行为与不要物行为等划分，兹不详述。

三、法律行为的要件

关于法律行为的要件，中外民法理论与实践在理解和表述上有所不同。在西方传统民法理论中，法律行为的要件有成立要件与生效要件之分，前者指法律行为成立所必要之事实，后者指已成立之法律行为，为使其发生完全效力之必要的事实。但我国法律界在相当长的时期内，对法律行为的成立要件与生效要件不加区分，“在学说中多以法律行为的有效成立概括法律行为的形成和生效过程，在实践中则多以法律行为有效成立要件概括法律行为之成立规则和生效规则”①。这种观点，近年来已受到不少学者的批评，认为它“虽然体现了简化传统民法规则繁琐性的积极精神，但却在法律行为理论与实践中留下了一系列缺口”②。我们认为，这种批评是中肯的，但需指出，这种对法律行为成立与生效要件不加区分的做法，乃是我国民法学界长期通行的法律行为观念的必然产物——既然认为法律行为本质上是合法行为，则法律行为均属有效行为；换言之，法律行为一旦成立，即为有效，法律行为的“成立”与“生效”成了同义语，其成立要件与生效要件自然就毫无二致、合为一体了。因此，在《民法通则》所代表的法律行为观念中，区分法律行为的成立要件与生效要件已毫无意义，在理论上和立法上只需阐明法律行为的成立要件即可。在主张法律行为为合法行为的论著中，有的使用“民事法律行为的成立要件”，有的则称为“民事法律行为的有效要件”，其意义并无不同(但后者在用语上暗含“民

---

①② 董安生著：《民事法律行为》，中国人民大学出版社 1994 年版，第 183 页。

事法律行为未必有效”之意，给人以前后观点不一致的印象)。与此相反，在传统的法律行为观念中，法律行为的成立要件与生效要件并非同一概念。前者是一种事实判断，着眼于某一法律行为是否存在；后者则是一种法律价值判断，着眼于某一法律行为是否能够产生法律所认许的效果。简言之，法律行为成立不等于法律行为有效，因此，将法律行为成立要件与生效要件区别看待就具有理论和实践意义。我们在上文中已表明了回复法律行为传统概念的观点，故对法律行为的成立要件与生效要件之分持肯定态度。

法律行为的成立要件，是指成立法律行为所必不可少的事实要素，也称为法律行为的构成要素。大陆法系民法理论通常将法律行为的成立要件分为一般成立要件和特别成立要件，前者是指一切法律行为所必不可少的共同要件，后者是指就某一种法律行为而言除一般要件外依法还须具备的特殊事实要素。

对于法律行为的一般成立要件，学者间主张不尽相同，有的认为包括行为人、意思表示和法律行为内容三项，有的认为包括意思表示和法律行为内容两项，也有的主张法律行为以意思表示为一般成立要件。我国学者多倾向于后一种观点，即认为意思表示是法律行为唯一的一般成立要件，其主要理由是：法律行为的内容已经包含在意思表示这一要素中，而行为人则属意思表示的当然要件①。我们同意这种观点。

法律行为的特别成立要件，因具体对象的不同而异，无法一一列举，但可作大致的理论概括：(1)契约及共同行为，以合意(当事人意思表示一致)为特别成立要件。我国民法理论也认为，确定合同是否成立，“关键在于衡量当事人双方是否具有缔结合同的内在意思，并且最终达成意思表示一致”②。需要指出的是，合意作为契约及共同行为(合同)的特别成立要件，只是民法理论对此类行为特别成立要件的浅层次概括，对于各种具体合同，法律还往往设有其他特别成立要件，如特殊书面形式、物的交付等。(2)要物行为，以物的交付为特别成立要件。要物行为又称“实践行为”、“践成行为”，是指除意思表示之外，还须以物的交付为成立要件的法律行为。要物行为源自罗马法。在现代民法理论中，学者间对于立法上是否有承认要物行为的必要存在争论。从各国实践看，有的国家(如法国、德国)因袭罗马法传统，确认要物行为的存在；有的国家(如瑞士)则取消了这一行为模式，统一规定为诺成行为(不要物行为)。在承认要物行为的立法中，要物行为主要表现为要物契约，如借贷、运

① 董安生著：《民事法律行为》，中国人民大学出版社1994年版，第189页。
② 王家福主编：《中国民法学·民法债权》，法律出版社1991年版，第279页。

输、保管等。从我国情况看，要物行为在理论上得到认可，在立法上则尚无体现，《经济合同法》甚至表现了否认要物行为的倾向(第 19、20、22、24 条)。(3)有因行为，以给付原因的存在为特别成立要件。(4)要式行为，以意思表示采取特定形式或履行特定程序为特别成立要件。

法律行为的生效要件，又称法律行为的有效要件，是指已经成立的法律行为能够依照意思表示的内容发生法律效果所必须具备的法律条件。从本质上说，法律行为的有效就是意思表示的有效，法律行为的生效要件也就是对意思表示品质的法律要求，因而又称为“意思表示的有效要件”。传统民法理论认为，凡已成立的法律行为，符合有效要件者，将产生完全的法律效力(即发生与意思表示的内容完全一致的法律效果)，但在法律行为欠缺有效要件时，则可能出现三种后果：(1)完全不发生效力者，称为确定无效的法律行为；(2)不立即发生效力，待补足有效要件时发生效力者，称为不确定无效的法律行为或附停止条件的法律行为；(3)姑且发生效力，但得因撤销而归于无效者，称为可撤销的法律行为。我国《民法通则》及民法理论将欠缺生效要件的法律行为分为“无效民事行为”和“可变更、撤销的民事行为”，可见在总体上接受了这一传统的法律行为效力规则体系。

法律行为的生效要件也有一般生效要件与特别生效要件之分。关于一般生效要件，理论上有不同的阐析方法：有的概括为“关于法律行为内容的有效要件”和“关于意思表示的有效要件”两个方面，认为前者包括内容的确定、内容的可能、内容的合法及内容的社会妥当性等方面，后者则体现在意思表示的主体、意思表示的方法(形式)、内心效力意思与表示的一致性、意思的决定自由及意思表示的传达等方面。另一种模式是将法律行为的有效要件概括为“形式有效要件”和“实质有效要件”两个方面，后者主要阐述对法律行为内容的要求。通常认为，下列法律行为无效：(1)违反法律强制性或禁止性规定者(《法国民法典》第 16 条、《德国民法典》第 134 条、《日本民法典》第 91 条、《瑞士债法》第 19 条第 2 款)；(2)违背公共秩序或善良风俗者(《法国民法典》第 1108、113 条、《德国民法典》第 138 条、《日本民法典》第 90 条、《瑞士债法》第 19 条第 2 款)。

我国民法理论在吸取传统理论的主要成分的基础上，对法律行为的生效要件作了新的整合，并体现在立法之中。《民法通则》第 55 条规定：“民事法律行为应当具备下列条件：(一)行为人具有相应的行为能力；(二)意思表示真实；(三)不违反法律或者社会公共利益。”上述规定中，第(一)、(二)项属意思表示的有效要件，第(三)项属法律行为内容的有效要件，在总体上与大陆法系各国关于法律行为有效要件的理论与实践是一致的。但仔细斟酌，仍有可改进完善之处。

第一，将“行为人具有相应的行为能力”作为民事法律行为发生效力的绝对要件，从而完全否认无行为能力人所为行为的法律效力，其理论上的科学性和实践上的可行性值得质疑。自罗马法以来的民法理论一贯认为，对于无行为能力人和限制行为能力人从事的法律行为施之以无效和可撤销的后果，目的主要在于给予行为人特别的保护，使之避免蒙受损失。在罗马法中，儿童(7岁以上的未适婚人)不经监护人同意，只能为纯获法律利益的行为(如接受不附负担的赠与)，否则，他们可享受权利而不承担义务。2世纪中叶，这一规则改为：儿童若未经监护人同意而为法律行为的，应在他们所得利益范围内负担义务①。罗马法中行为能力规则的上述基本作用，得到了现代民法理论的普遍认同，有学者甚至认为，民法中对无行为能力人的法律行为相对无效的规定应当向相对有效的方向发展②。在一些国家的立法中，行为人具有行为能力仅为其法律行为完全有效的条件，而行为人不具有行为能力或不具有完全行为能力则并不意味着其法律行为绝对无效，而属可撤销的行为或效力未定的行为，并且附有“纯获利益行为有效”、“日常必需品购买有效”、“特定营业行为有效”和“行为强制有效”等例外规定。上述理论和实践表明了这样一种思想：确立行为能力要件的目的和作用，并不在于禁止无行为能力人的行为，而在于保护无行为能力人的利益，为其设置补救措施。我们认为，较之《民法通则》中对无行为能力人行为的完全否认，这种做法更能全面反映民事生活的实际情况(无行为能力人实施某些法律行为是社会生活中的必然现象，一概加以否定，既不可能，也无必要)；而《民法通则》的有关规定则显得过于机械，且与我国社会中的习惯观念、公正观念和一般法制观念相悖，因而有修订或补充完善的必要。考虑到我国民法理论和实践中业已形成“无行为能力人所为民事行为无效”的思维定式，在未来立法中，可采取例外规定的方式，在宣示无行为能力人和限制行为能力人所实施法律行为无效的条款中，规定其行为有效的若干情形，如单纯受益行为、日常生活必需行为等(对于前者，司法解释中已有了补充规定)。

第二，“意思表示真实”未阐明对意思表示品质的全部要求。就其本意而言，所谓“意思表示真实”，只要求行为人的表示行为在客观上所具有的含义

① 周枏著：《罗马法原论》(上)，商务印书馆1994年版，第122页。

② 董安生著：《民事法律行为》，中国人民大学出版社1994年版，第201页。

与其内心的效果意思相一致，并未涉及意思决定自由(即意思表示自愿)这一层面，而后者也应是意思表示不可缺少的品质(对此后文将另作阐析)。因此，这一要件应表述为“意思表示自愿真实”，以求准确和全面，否则就无从解释因受欺诈、受胁迫而为的法律行为何以无效。

第三，“不违反法律或者社会公共利益”也未能全面阐明对法律行为内容的要求。传统理论认为，法律行为内容的有效要件不仅包括“合法”和“妥当”，还包括“确定”和“可能”，这是有其合理性的。假使法律行为的内容不确定，就无从认定其是否合法与妥当；对要因行为来说，如果其内容的实现不可能，该行为便失去了意义，也无生效的可能性。所以，内容的确定与可能，既是要因行为的一般生效要件，也是评断法律行为是否合法与妥当的前提，立法上应将它们作为一个整体加以规定。

通常，法律行为具备一般有效要件即发生完全的法律效力。但在某些特殊情况下，法律行为具备一般有效要件后并不立即生效，欲使其效力发生，仍需具备附加的特定条件。此类限制法律行为效力发生的特定条件，被称为法律行为的特别生效要件，包括“条件”和“期限”。效力受到条件和期限限制的法律行为，分别称为附条件的法律行为和附期限的法律行为。

条件，依其效力的不同可分为停止条件和延缓条件(前者为左右法律行为效力发生的条件，后者为左右法律行为效力消灭的条件)；依其事实状态的不同，分为积极条件和消极条件(前者以某一事实发生为内容，后者以某一事实不发生为内容)；依其成就方式的不同，分为随意条件和偶成条件(前者指依当事人一方意思而决定其成就的条件，后者指成就与否与当事人意思无关的条件)。对期限的分类主要有两种：一是以期限的效力为标准，分为始期和终期(前者是决定法律行为效力发生的期限，后者是决定法律行为效力消灭的期限)；二是以构成期限事实的具体发生时间为标准，分为确定期限与不确定期限(后者通常以某一事件的发生作为确定标准)。

条件与期限的共同之处在于：二者都是构成法律行为的意思表示的一部分，即法律行为内容的一部分；其效果意思都在于限制法律行为效力的发生或继续；都是当事人任意选定的事实；对条件和期限的法律要求也有共同之处(从正面看，都要求是将来发生的、与法律行为主要内容不相矛盾的事实；从反面看，都规定了性质上、公益上和私益上不容许附条件或附期限的若干情形)①。然而，条件与期限也存在明显区别：(1)条件是发生与否不确定的事

① 史尚宽著：《民法总论》，台北正大印书馆1980年版，第432~433页。

实，而期限则是将来确定发生的事实，因此，条件有成就和不成就两种结果，而期限则必然届至；某些条件的成就可受到人为妨害(防止或促使其发生)，而期限的到来则不可阻挡；(2)条件以特定行为为内容时，有合法与非法之分，而期限本身则不存在合法性问题；(3)法律不容许附条件的法律行为并不意味着不允许附期限，反之亦然。例如，票据行为就其性质而言不得附条件，但不妨附确定期限；与此相反，撤销、抵消、承认等行为不妨附以随意条件，但若附期限则毫无法律意义。正是由于条件与期限的上述差别，大陆法系各民法典无不分设条款予以规定。在我国《民法通则》中，仅对附条件的法律行为作了简略规定(第62条)，对附期限法律行为则未设条文，有待日后填补。

四、意思表示理论

在德国学者所创设的法律行为学说中，意思表示理论占有极其重要的地位。德国早期的法律行为理论曾将意思表示视为法律行为的同义语，潘德克顿学派的代表人物萨维尼、海泽和温塞德等对法律行为要素的分析就是围绕意思表示展开的，尽管这一观点后来被修正(认为在要物行为中，二者并非完全一致)，但通说仍主张法律行为的成立以意思表示为一般要件，并从对意思表示本质要求的角度阐述法律行为的生效要件。因此可以说，离开意思表示这一概念，法律行为理论将无法展开。限于篇幅，下文仅就意思表示理论中的几个主要问题略加评说。

(一)意思表示的概念和要素

《德国民法典》率先使用了意思表示这一概念，但并未给它下一个明确的定义。在德国民法著作中，对意思表示所下的定义也不完全一致，但对其实质含义的理解是基本一致的，即意思表示是为了实现一定的法律后果所为的意愿表达①。中国民法学界对意思表示也存在类似的定义，如“所谓意思表示，乃将期待发生一定法律效果的意思(效果意思)表现于外部之谓”；“意思表示，是表意人将其期望发生某种法律效果的内在意志以一定方式表现于外部的行为”②。这种理解，称为“效果意思说”。但在我国台湾地区学者中，对意思表示的含义有另一种解释，认为“意思表示者，乃表意人将欲成立法律行为之意思表示于外部之行为也”(郑玉波)；“意思表示者，将足以构成法律行为内容

① 徐国建著：《德国民法总论》，经济科学出版社1993年版，第90页。

② 佟柔主编：《中国民法》，法律出版社1990年版，第163页；张俊浩主编：《民法学原理》，中国政法大学出版社1991年版，第220~221页。

之意思表示于外部之行为也”(刘清波)。这种观点，可称为“法律行为意思说”。我国民法学者中有人也持这种观点①。对意思表示概念的上述两种表述，虽然都揭示了“内在意思”和“对外表示”这两个意思表示的构成要素(分别称为主观要素和客观要素)，但也反映了学者间对意思表示的“内在意思”要素的不同理解。

德国传统民法理论认为，意思表示的构成要素(或称成立要件)可抽象为以下几项(前四项为内在意思要素，后一项为外在表示要素)：(1)目的意思，又称基础意思、交易意思、法律行为意思；(2)效果意思，又称法效意思；(3)表示意识(为表示目的意思所生之意思)；(4)行为意思(为表示效果意思所生之意思)；(5)表示行为。此外，理论上又将表示目的意思和效果意思之意思合称为表示意思②。我国学者在这一理论的基础上，对意思表示的主观要素之构成存在三种不同理解：有的认为包括效果意思和表示意思；有的认为包括行为意思和表示意识；有的则认为包括目的意思和效果意思。这几种观点的根本分歧在于，是否把目的意思视为意思表示的构成要素。持肯定态度者，通常对法律行为概念作笼统的表述，即所谓“法律行为意思说”；持否定态度者，则必然对意思表示作出狭义的解释，即所谓“效果意思说”。我们同意前一种观点，即认为目的意思是意思表示不可缺少的要素，因为它不但决定着特定表意行为的具体内容，而且是效果意思的存在基础，不依赖于效果意思而独立存在，舍弃这一要素，意思表示便失去了实际意义。

(二)意思表示的有效条件

意思表示的有效条件，是指意思表示依其内容发生法律效果所必须具备的条件。传统民法理论将其归纳为以下几个方面：(1)关于意思表示主体的有效要件(主体的权利能力、行为能力和处分能力)；(2)关于意思表示方法的有效条件(欠缺法定方式的意思表示无效)；(3)关于意思表示的内心效力意思的有效条件(意思与表示一致)；(4)关于意思决定的有效条件(意思决定自由)；(5)关于相对人的有效条件(了解或达到)。其中，(3)、(4)项是对意思表示内在品质的要求，在意思表示诸要件中居于核心地位。它们在正面意义上被概括为“意思表示真实自愿”；在反面，则将不符合内在品质要求的意思表示称为“有瑕疵的意思表示”或“意思的瑕疵”。对此，大陆法系(德国法系)各民法典都确立了自己的判断和处理规则。

① 佟柔主编：《中国民法学·民法总则》，法律出版社1990年版，第218页。

② 董安生著：《民事法律行为》，中国人民大学出版社1994年版，第224页。

欠缺内心效力意思有效要件的意思表示，称为非真意的意思表示或意思的欠缺，包括无内心效力意思的意思表示（无真意的意思表示）和与内心效力意思相反的意思表示（反真意的意思表示）。其中，表意人知道其意思与表示不一致者，称为意识的非真意表示或虚伪表示；表意人不知其意思与表示不一致者，称为无意识的非真意表示或错误表示。虚伪表示，包括心中保留（真意保留）、虚假行为（通谋虚伪表示）和假意表示（谐谑表示）三种形态。依通例，心中保留的效力，取决于表意人的保留意思是否为相对人所知，不为对方所知者有效，对方知晓者无效（《德国民法典》第116条、《日本民法典》第93条、《瑞士债法》第18条）；虚假行为和假意表示在当事人间无效，但不得以无效对抗善意第三人（《德国民法典》第117条、《日本民法典》第94条、《瑞士债法》第18条、1922年《苏俄民法典》第34条）。关于错误表示，德国民法分为表示内容的错误、表示行为的错误（含传达错误）、重要的人和物的性质的错误；奥地利、瑞士民法分为行为错误与动机错误；法国、日本则概括为“关于标的物本质的错误”和“关于法律行为要素的重大错误”。对于错误表示的效力，英美法和日本民法采无效主义（《日本民法典》第95条）；法国民法采相对有效主义，规定10年内不诉请撤销者为有效（《法国民法典》第1304条）；德国、奥地利民法采撤销主义（《德国民法典》第219条、《奥地利民法典》第871～873条）。

我国《民法通则》在将“意思表示真实”规定为法律行为有效要件的同时，对欠缺这一要件的法律行为也作了规定，但在内容上和立法技术上，与国外立法相比，尚显粗疏。其一，严格地说，在《民法通则》中，对非真意的意思表示的规定只有“重大误解的民事行为”一种（第59条第1款），所谓“欺诈”、“胁迫”、“乘人之危”均非意思表示不真实的行为，而是意思表示不自愿的行为；“恶意串通”及“以合法形式掩盖非法目的”也不属意思表示不真实的范畴。对实践中存在的虚伪表示（真意保留、虚假行为及假意表示）及其效力，《民法通则》中未见规定，这不能不说是立法上的一个缺陷。其二，《民法通则》中关于“错误表示”的规定，在用语上有欠严谨，“对行为内容有重大误解”未能涵盖错误表示的全部内容。首先，从语义上说，“误解”是指意思表示的受领人对意思表示的错误理解，而错误表示则指表意人的内心效果意思与其表示行为的客观意义不一致而自身又不知其不一致的情形；错误包括误解，而误解则不是错误的全部。例如，误将甲物当成乙物来买就属误解，也是错误，而误将甲物当成乙物出卖则不宜称为误解。其次，《民法通则》中只规定“对行为内容有重大误解”，司法解释虽扩张到“对行为的性质、对方当事人、标的物的品种、质量、规格等的错误认识”，但实践中存在的表示错误(如误将1000写成10000)和传达错误(误传)却因不能解释为“误解”而未受到法律调整，从而成为另一个空白点。基于以上分析，我们认为，未来的法典编纂应借鉴传统理论及国外立法中的合理做法，在正面强调“意思表示真实”的同时，对非真意的意思表示的各种情形及其效力作出较为全面的规定，以适应现实民事生活的要求。

欠缺意思决定的有效要件的意思表示，是指表意人因受外界不当干涉而作出的非自愿的意思表示，也称意思(指效果意思)形成不自由的意思表示。立法例上，此类有瑕疵的意思表示主要包括因受诈欺而为的意思表示和因受胁迫而为的意思表示两种，前者是指表意人因他人的欺骗行为陷于错误而作出的意思表示，后者是表意人因他人的胁迫行为陷于恐惧而作出的意思表示。对此，我国《民法通则》均作为无效民事行为予以规定(第58条第3项)。这里需要讨论的，有以下几个问题：

其一，应将受胁迫行为与“强制行为”区别开来。实践中的强制行为，是指在身体受到直接强力控制的情况下所为的非自愿行为(如强制签名、盖章、举手表决等)。在这种情形下，受强制方内心并不存在效果意思和行为意思，因而其行为也不属于意思表示行为，即不属于法律行为，自然不发生法律效果；而因受胁迫而作的意思表示，则是在表意人内心存在效果意思的前提下通过有意识的行为完成的，其问题仅在于效果意思的形成是不自由(非自愿)的，与上述强制行为有质的区别。

其二，《民法通则》第58条第3项在欺诈、胁迫之外，将“乘人之危”列为法律行为因意思表示“不真实”(实为不自愿)而无效的一种情形，并在第59条另行规定了“显失公平”的民事行为，这是对国外有关“暴利行为”立法的一种扬弃，不失为立法上的创新之举。在传统民法理论中，通常将一方当事人利用他人的困境、无经验或其他不利条件所为的给付与报偿显然不相适应的法律行为称为“暴利行为”(《法国民法典》第1674、1675条，《德国民法典》第183条，《瑞士债法》第21条)，并将其视为违反公序良俗的行为。这种做法，强调了此类行为内容的不当(违反公平原则)，而未顾及其中存在的意思表示瑕疵问题。而《民法通则》则将传统意义上的暴利行为区分为两种情形，并适用不同的效力规则：将既违反公平原则，又造成对方意思表示瑕疵(非自愿意思表示)的行为称为“乘人之危的民事行为”，归入无效民事行为之列；将违反公平原则而未造成对方意思表示瑕疵的行为称为“显失公平的民事行为”，作为可撤销的民事行为对待。与国外立法相比，这是一种颇为精致的立法技术。由此我们就不难理解，为什么国内一些论著中，有的将“显失公平的民事行为”等同于“暴利行为”，有的则将“乘人之危的民事行为”与“暴利行为”相提并论①。

其三，在非自愿意思表示的效力规则方面，《民法通则》与国外立法也有较大差异。对于因受欺诈和受胁迫而为的意思表示，国外立法多赋予表意人撤销权，即规定为可撤销的法律行为(《法国民法典》第1109、1117条，《德国民法典》第123条，《日本民法典》第96条，《瑞士债法》第28、29条，1922年《苏俄民法典》第32条)。但各法典对该项撤销权的除斥期间规定不一，如法国为10年，德国、瑞士为1年；泰国民法则规定，撤销权应于发现欺诈或胁迫终止后1年内行使，但自意思表示后经过10年不得撤销。此外，在德国、日本民法中，受欺诈与受胁迫而为的意思表示虽然同属可撤销行为，但受欺诈表意人的撤销权不得对抗善意第三人。对于暴利行为，国外立法有的规定为无效，如德国、日本；有的规定为可撤销，如瑞士。而在我国《民法通则》中，受欺诈、受胁迫的行为属“无效民事行为”；暴利行为中，“乘人之危”者无效，“显失公平”者可撤销。从表面看，对此类行为，无论是国外立法中规定为可撤销还是我国《民法通则》规定为无效，都体现了保护非自愿表意人的立法思想；但从深层考虑，诚如有的学者所指出的那样，《民法通则》将因受欺诈、受胁迫和危难被乘而为的法律行为不加区分地一概规定为无效，虽强调了欺诈、胁迫和乘人之危行为人所应承受的不利后果，却未考虑受害方当事人的自愿因素，“未考虑到此种强制无效规定在非自愿合同已部分履行的情况下非但不能保护受害人利益，反而会扩大受害人损失的后果，因而引起了一般规则的合理性与个别适用的不公平性之矛盾”②，因而未必是一种科学的立法模式。有鉴于此，有的学者建议将此类法律行为改定为可撤销行为，并对当事人规定不同的法律效力，即规定欺诈、胁迫和乘人之危行为人不得主张无效，也不享有撤销权，而受欺诈、胁迫和危难被乘的表意人则享有主张该行为有效与否的撤销选择权。我们认为，上述见解是值得我国立法者重视的。

(三)意思表示的解释

在无瑕疵的情况下，意思表示是依其表示行为的客观含义而发生效力的。因此，表示行为所用的语言、文字、举动等，必须有确定的含义。这就使意思表示的解释成为法律行为理论和立法中不可或缺的内容。

---

① 邵建东：《论可撤销之法律行为》，载《法律科学》1994年第5期；王利明等著：《民法新论》(上)，中国政法大学出版社1988年版，第390页。

② 董安生著：《民事法律行为》，中国人民大学出版社1994年版，第206页。

意思表示的解释，是指依照一定的原则和方式对意思表示进行分析，并确定其含义的活动。在民法理论中，意思表示的解释也被称为法律行为的解释，因为意思表示的内容就是法律行为的内容，在法律行为的构成要素中，只有关于意思表示才存在解释问题。

关于意思表示解释的基本依据，传统民法理论中，有意思主义和表示主义两种观点。意思主义的基本思想源自德国18世纪的理性学派，19世纪在德国的法律行为学说中居支配地位。这种理论主张，意思表示解释的目的在于发现或探求行为人的真意，因此，在表示与意思不一致的情况下，应以意思为准确定法律行为的内容。表示主义理论为德国学者耶林所创，在20世纪得到了极端的发展。它强调，法律行为的本质不是行为人的内在意思，而是行为人“表示的意思”，认为行为人的内心效力意思不必为意思表示的成立要件，有外部已表示之效力意思则足可认定其成立。因此，对于法律行为的解释，表示主义理论采客观主义立场，主张在表示与意思不一致时以外部表示为准。上述两种理论，在立法上和审判实践中都有所反映。例如，对于错误的意思表示，日本、瑞士立法倾向于意思主义，规定为无效或不发生拘束力(《日本民法典》第95条，《瑞士债法》第23条)；而德国立法则倾向于表示主义，规定为可撤销的意思表示的一种(《德国民法典》第119条)。我国《民法通则》中关于“重大误解”行为效力的规定，也显示了这一倾向。从总体上说，大陆法系各民法典对此问题往往采取折衷主义立场，只是在偏重上有所不同。许多学者认为，在意思表示的解释上，意思主义重在保护表意人的静的安全，具有个人本位色彩；而表示主义则强调保护相对人的动的安全(交易安全)，反映了社会本位观念。比较而言，后者更能体现现代民法的基本价值取向，因而更值得强调，即意思表示的解释应以表示主义为原则，以意思主义为补充。

对于意思表示解释，大陆法系各民法典大多没有原则性规定。如《法国民法典》第1156条规定：“解释契约时，应寻求缔约当事人的共同意思，而不拘泥于文字”；《德国民法典》第113条规定：“解释意思表示时，应探求当事人的真意，不拘泥于所用的词句”；《瑞士债法》、《泰国民法》也有类似规定。上述规定，在学理上被表述为“探求真意而不拘泥于文字原则”。显而易见，这一原则体现了意思主义理论的影响。但表示主义理论在有关意思表示解释的立法和司法实践中也得到了反映。《德国民法典》在强调“寻求真意而不拘泥于文字”的同时，设置了一系列规定限制这一原则的适用，如该法第116条规定：“表示人对于表示事项内心保留有不愿的意思者，其意思表示并不因之无效”；第119条更规定：“表意人所为意思表示之内容有错误时，或表意人根本无为此种内容的意思表示者，如可以认为表意人若知其情事并合理地考虑其情况即不为此项意思表示时，表意人得撤销其意思表示。”我国台湾地区学者也认为，现代司法实践中的“所谓真意，系指当事人所为意思表示自身之真意，即一般人就其表示所用语言可得了解之意义，当事人内心真意如何，则非所问”；甚至提出意思表示解释不能仅以探求真意为原则，还应建立“客观解释原则”以作补正①。上述观点，反映了现代民法理论在意思表示解释方面的辩证立场。从尊重表意人“意思自治”的角度考虑，探求“内心真意”应当是意思表示解释的基本原则；从维护相对人利益及交易安全的需要看，探求意思表示“自身应有之意”也有其必要性。从制度模式上说，二者兼顾，方为良法。

在意思表示解释基本原则的基础上，各国立法和实务中确立了一些意思表示解释的具体规则或方法。(1)依当事人目的解释。《法国民法典》第1158条规定：“文字可能作两种解释时，应采取最适合于契约目的的解释。”《德国民法典》第133条也体现了这种精神。对此，德国民法理论的解释是，对法律行为和意思表示的解释，应该为当事人的现实意愿服务，因此，如果当事人达成合意，就应尊重他们所合意的目的，而不管那些当事人在意思表示中故意或因错误而表示的不同的内容②。目的解释规则是探求真意原则的体现，对于解决意思表示间不统一或意思表示与基本目的相矛盾等问题具有积极意义。(2)依习惯解释。在探求真意发生困难时，参酌实践中惯行的表意方式确定意思表示的内容，也是各国立法的通行主张(《法国民法典》第1159、1160条，《德国民法典》第157条，《日本民法典》第92条)。一般认为，意思表示解释所依据的习惯须不违反强行法规，否则不得援引；同时，该习惯须为当事人所知悉并且无反对依从的迹象(借此推定其有依从的意思)。有的学者认为，习惯“纵为当事人所不知……亦不妨其有决定表示内容之效力”③。这种完全脱离当事人意思的客观解释主义观点，不值采信。(3)依任意法规解释。在契约关系中，如对某些具体条款没有作出约定，便意味着当事人把这些问题留待契约履行中依任意法的规定去解释④。这类据以确定契约内容的任意法规定，称为法律推定条款，其作用表现在两方面：一是在意思表示内容有欠缺时加以补充，二是在意思表示意义不明时加以明确。在立法中，前者多用“除契约另有约定外”、

① 参见董安生著：《民事法律行为》，中国人民大学出版社1994年版，第248页。
② 徐国建著：《德国民法总论》，经济科学出版社1993年版，第164页。
③ 史尚宽著：《民法总论》，台北正大印书馆1980年版，第420页。
④ 徐国建著：《德国民法总论》，经济科学出版社1993年版，第164页。

“除有相反约定外”等字样，后者则多用“视为”、“推定”等字样。我国《民法通则》第 72 条关于所有权移转时间的规定及第 88 条关于合同中质量、期限、地点等条款约定不明的规定等，即属此类条款。(4)依诚实信用原则解释。诚实信用原则作为现代民法的一项基本原则，在意思表示解释方面也发挥其补充功能。对于内容有欠缺的意思表示，依前述规则仍无法作出合理解释时，即应依诚实信用原则予以确定。对此，《德国民法典》第 157 条作了专门规定；其他国家和地区民法典虽无明文规定，但解释上普遍认为这是诚实信用原则的应有之义。

第四节 代　　理

一、代理制度概说

民事代理制度，是商品经济发展到一定历史阶段的产物。在简单商品经济条件下，商品交换规模相对狭小，绝大多数交易仅凭当事人个人能力即可参加和完成。因此，早期罗马法中并未形成代理观念。相反，罗马私法对交易行为形式的严格要求和对家父权的规定，都对代理观念和代理制度的产生起了扼制作用。从盖尤斯《法学阶梯》中“不得用自由人来获得财产”一语中，即可推知罗马法不以自由人为代理人的原则。随着罗马社会经济和法学的发展，此项不得代理原则虽经多次改革，被附以许多例外，但直到优士丁尼时期也没有形成完备的代理制度①。中世纪末期以后，随着资本主义社会化大生产的萌芽和发展，商业交易日益频繁，规模不断扩大，社会生活日趋复杂，人们由于身体、知识、时间等原因，已不可能事必躬亲；而另一方面，资产阶级革命胜利后，又从法律上废除了家长制，确认了人与人之间形式上的平等和独立。在上述条件下，代理制度的产生就成为必然。

作为资本主义社会的第一部民法典，《法国民法典》并未使用“代理”这一概念，但在其“委任”一章(第十三章)中对代理的有关原则作了规定。该法典第 1984 条规定：“委任或委任书为一方授权他方以委托人的名义处理其事务的行为。委任契约须经受托人的承诺而成立”；第 1986 条规定：“委任在无相反的约定时，为无偿的。”上述规定，将委任契约与代理权的发生联系起来，并

① 周枏著：《罗马法原论》(下)，商务印书馆 1994 年版，第 616 页。

以无偿为原则，继承了罗马法的有关精神，反映了资本主义早期代理制度的不完善。1900年《德国民法典》秉承日耳曼普通法的历史传统和罗马法继受学派所创立的法律行为理论体系，将代理与委任分别加以规定，前者列入总则编的“法律行为”一章，后者列入债编的“各种债的关系”一章，代理权的发生原因被认为是一种不必经代理人承诺即可成立的单方法律行为。这种将代理与委任分离而作为法律行为的一种形态的立法体例，也为其他接受法律行为理论的国家(如日本、前苏联)所采用。

在采民商分立体例的大陆法系国家，代理也有民事代理与商事代理之分。《德国商法典》中专设“代理权及行为的委托”一章，其第48条规定：“代理权仅限于商行为的所有人或他的法律上的代理人，并且必须有明显的意思表示才能授予”；并规定，代理商和商业掮客所从事的业务作为独立的职业看待①。《日本商法典》第七章为“代理商”，其中规定，代理商是为一定的商人从事代理或居间介绍的非商业使用人。上述规定，表明商事代理具有与民事代理不同的特点。随着现代社会商品经济的高度发展，商事代理不但在民商分立国家地位日显重要，在民商合一国家也得到迅速发展，代理行为日趋专业化，有关立法也不断完善并呈专门化趋势；在国际经济贸易领域，商事代理也扮演着越来越重要的角色。

英美法系国家不存在法律行为理论及相应的立法体系，但代理法（Law of Agency）却自成一体，其调整范围也较大陆法系的代理制度为广，民事代理与商事代理、直接代理与间接代理（如行纪、经纪、代销、承销等），乃至合伙人之间、雇主与雇员之间的权利义务关系，均适用代理法规则。

新中国成立后，在相当长的时期内虽有代理的理论（源自苏维埃民法），但无系统的代理立法；直到《民法通则》颁行，才标志着代理制度的正式确立。《民法通则》第四章以“民事法律行为和代理”为名，下设相应两节，在体例上与前苏联立法类同（代理与法律行为并列），但在内容方面则不乏自身特点：一是将连带责任引入代理制度。《民法通则》在代理方面共规定了四种连带责任，即授权不明的连带责任、代理人与第三人串通的连带责任、无权代理中的连带责任和利用代理关系进行违法活动的连带责任。这种规定，突破了传统民法中代理的内部关系与外部关系的划分界限，而从代理关系三方当事人的客观联系中确定他们相互间的法律责任，堪称代理立法中的创新之举。二是

① 上海社会科学院法学研究所编译室编译：《各国宪政制度和民商法要览》(欧洲分册)(下)，法律出版社1986年版，第131页。

对违法行为的代理及其责任作了明确规定，纵观各国代理制度，尚无对违法行为的代理作出特别规定的立法例；而《民法通则》第67条规定："代理人知道被委托代理的事项违法仍然进行代理活动的，或者被代理人知道代理人的代理行为违法而不表示反对的，由被代理人和代理人负连带责任"，这使被代理人和代理人共同担负防止、消除代理关系中违法活动的义务和责任，强化了对公共利益和善意第三人的保护。三是对授权委托书的内容作了明确规定。国外立法基于意思自治原则，对委托授权意思表示的内容一般不作具体规定。《民法通则》第65条规定："书面委托代理的授权委托书应当载明代理人的姓名或者名称，代理事项、权限和期间，并由委托人签名或者盖章"；并规定："委托书授权不明的，被代理人应当向第三人承担民事责任，代理人负连带责任。"这是针对我国社会经济生活中大量存在的委托授权形式多样、授权范围不明的实际情况而作的规定，旨在规范委托授权行为，维护民事流转的安全与秩序。

对于代理制度的价值和作用，中外民法理论认识基本一致。西方学者通常将代理制度的作用归纳为两点：一是私法自治范围的扩张，这是意定代理（委托代理）的价值所在；二是私法自治的补充，这是法定代理的基本功能。新中国民法理论多从具体的方面阐述代理制度的作用，但从根本上说，仍可归结为"补充人的法律上的能力"和"扩张人的能力"两个方面①。

二、代理的概念和本质

关于代理的概念，大陆法系各国的法律规定和学理解释是基本一致的，即代理是代理人于代理权限内以本人（被代理人）的名义对第三者为意思表示或受意思表示，而由本人承受其效果的行为（《德国民法典》第164条、《日本民法典》第99条、《瑞士债法》第32条）。但在英美法中，代理的内涵则要广泛得多。学者认为："代理一词含义广泛，足以包括一个人被雇为另一个人做事的所有情况。简单地说，代理法是有关一个人同意为另一个人的利益进行活动的法律规则。"② 新中国民法理论（通过前苏联）继受了大陆法系的代理观念，并将其反映在《民法通则》中（第63条）："代理人在代理权限内，以被代理人的名义实施民事法律行为。被代理人对代理人的代理行为，承担民

① 王家福、谢怀栻等著：《民法基本知识》，人民日报出版社1987年版，第128页。

② ［美］约翰·怀亚特等著：《美国商法中的代理》，载《国外法学》1984年第3期。

事责任。”

在认可代理的上述基本含义的基础上，我国民法学者对代理采取了不同的定义方式，有的将其定义为一种民事法律行为，有的看成是一种民事法律关系，有的则认为是一种民事法律制度。我们认为，上述表述之间并不矛盾，它们表明“代理”这一缩略语具有多重含义，同时代表了“代理行为”、“代理关系”和“代理制度”这三个相互联系而又不完全等同的概念。其中，代理行为及其法律后果是代理制度的直接调整对象，因而是代理理论的核心概念；但是，代理行为的实施及其法律后果的归属是以代理权为依据的，而代理权的发生、行使又以代理关系的成立为前提。也就是说，代理行为依据于代理权，代理权又依赖于代理关系。因此，对代理这一概念的分析，应先后阐明代理关系、代理权和代理行为的概念及有关内容。

代理关系涉及三方当事人，即被代理人（由他人代其实施法律行为的人，也称“本人”）、代理人（代替他人实施法律行为的人）和第三人（代理人对之为意思表示或受其意思表示的人，也称相对人）。相应地，代理关系也包含三方面的关系：一是被代理人与代理人之间的关系（代理权关系），即基于法定、指定或委托授权而发生的一方在授权范围内以他方名义为法律行为，他方承受其行为效果的权利义务关系；二是代理人与相对人之间的关系（行为当事人关系），即代理人依据代理权，以被代理人的名义向相对人为意思表示或受领相对人所为意思表示的关系；三是被代理人与相对人之间的关系（法律效果归属关系），即被代理人承受代理人为意思表示或受意思表示所致法律效果，对相对人享有一定的权利或承担一定的义务。在上述三种关系中，被代理人与相对人之间的民事权利义务关系是最终目的和归宿。

代理权，即代理行为之权。具体说，代理权是代理人能够以被代理人的名义为意思表示或受领意思表示、并使其法律效果归属于被代理人的法律资格或地位。代理权这一概念，系由德国学者拉班德（Laband）所创。从罗马法到《法国民法典》，都对代理权持否定观点，认为代理只是本人与代理人之间的一种委托关系，代理人对外并不享有特别的权利；德国学术界也曾长期存在这种主张。1866 年拉班德发表《代理权授予及其与基础关系之区别》一文，阐述了代理权授予行为与委任契约的区别，提出了代理权这一法律概念，被誉为法学上的一大发现。但对于代理权的性质，学者间存在不同见解。“权利说”认为，代理权是一种可对他人发生效力的为法律行为的权利，是一种特别的形成权。“资格说”则认为，代理权不是权利，而是一种法律资格或权限，其理由略为：(1) 权利须体现主体的一定利益，而代理权与代理人的自身利益之间并无必然联系；（2）权利可因时效而消灭，而代理权并非如此；（3）代理权既包含权利的因素，也包含义务的因素（如法定代理权）。这种观点，已成为大陆法系民法理论的通说，在我国民法论著中也有反映①。我们认为，“资格说”较准确地揭示了代理权的本质特征，其理由也具有说服力。概言之，代理权是一种并不具有实质利益内容、只有与其他法律事实相结合才能产生由被代理人承受的法律效果的一种法律上的资格或能力；我国《民法通则》第63条称之为“代理权限”，也反映了这一观点。

代理行为，是代理人依据代理权，以本人的名义独立为意思表示或受意思表示，而由本人承受其法律效果的行为。对于代理行为的基本特征或要素，中外民法理论和实践形成了以下共识：（1）代理行为的职能是为意思表示。代理就其实质而言，是法律行为的一种实现方式，其职能就是进行以设立、变更、终止民事权利义务为目的的意思表示，包括为意思表示（决定意思表示的内容并向第三人表示）和受意思表示（受领第三人的意思表示），前者称为积极代理，后者为消极代理。这就意味着，不为意思表示的受托行为（如代人保管财物，即英美法中的Bailment）不属代理行为。（2）代理行为须以被代理人名义进行。对此，《法国民法典》第1984条、《德国民法典》第164条、《日本民法典》第99条、《瑞士债法》第32条均有明确规定，我国《民法通则》第63条也予以载明。依这一要件，凡以自己名义为他人利益办理事务的行为，如行纪、寄售、订立以第三人为受益人的合同等，在大陆法系国家均不属代理行为。但学理上也有人将此类行为与代理行为联系起来，称之为“间接代理”，而一般意义上的代理则称为“直接代理”。（3）代理行为须为独立的意思表示。这主要是针对积极代理而言，它意味着代理人所为意思表示必须是自己的独立意思表示，从意思表示内容的决定到表示行为的实施，都体现代理人的意志而不是被代理人的意志；非独立意思表示的行为（如居间、传达、顾问等），不属代理行为。（4）代理行为的法律后果归属于被代理人。这是代理行为上述三个特征的当然结果，也是代理行为的根本动因。代理行为所产生的法律效果，当理解为民事权利义务关系的设立、变更或终止；我国《民法通则》第63条表述为“被代理人对代理人的代理行为，承担民事责任”系用语之误，应予修正。

依照意思自治原则，意思表示的效果只对表意人发生。但在代理行为中，意思表示的效果却对非表意人（被代理人）发生。对于这一法律现象，德国

① 张俊浩主编：《民法学原理》，中国政法大学出版社1991年版，第280页。

法学家作出了种种解释，形成了关于代理行为本质的诸种学说。(1) 本人行为说。萨维尼（Savigny）、海尔曼（Hellman）等人认为，代理行为是基于本人授权而实施的，代理人所表示的意思，是本人的意思，故代理行为的真正行为人是本人。(2) 共同行为说。登伯格（Dernburg）、图尔（Thul）、米泰斯（Mitteis）等人认为，法律行为中的意思表示，未必不能分割开来由数人合作地加以实施；在代理中，本人通过授权行为实施了一部分意思表示，代理人通过自己行为又实施了一部分意思表示，因而代理是本人与代理人的共同行为。(3) 代理人行为说。耶林（Jhering）、温塞德（Windscheid）等人认为，代理纯属代理人自己的行为，不过因其以本人名义进行，表明了使其法律效果直接归属于本人的意思，因而使其法律效果直接对本人发生。(4) 统一要件说。当代德国学者缪莱恩·弗莱恩费尔斯（Mullen-Freienfers）、弗鲁梅（Flume）、柯茵（Coing）等人认为，代理由授权行为与代理行为共同构成。授予代理权的行为，既含有效果意思，又含有表示意识和表示行为，因而属于法律行为；而代理行为，虽有表示意识和表示行为，但欠缺为本人取得法律效果的意思，因而不构成法律行为，只有同授权行为相结合，才统一地构成法律行为。简言之，代理的统一构成要件是：本人的效果意思（经由授权行为）+代理人的补充和具体化+代理人的表示意识+代理人的表示行为。这一学说，也得到日本一些学者的支持。我们认为，在上述诸说中，“本人行为说”混淆了代理与传达，且与代理人独立为意思表示这一实际情况不符，因而不足采信；“共同行为说”从意思表示分割的角度揭示了本人和代理人与代理行为的共同联系，对意定代理（委托代理）而言，不失为一种合理解释；而“统一要件说”则是“共同行为说”的发展，较后者更显精确性。但是，对于法定代理人的代理行为，上述学说均不能据以作出恰当的解释，以至于有的学者干脆主张“法定代理实非代理”，以求其理论的周全。若从整体上考察代理行为，唯“代理人行为说”较有说服力。在代理行为中，既包含了代理人的表示意识和表示行为，也包含了代理人的效果意思，即使其法律效果直接归属于本人的意思。无论是意定代理还是法定代理，代理人的这种效果意思都明确无疑地存在，并通过以本人名义进行意思表示的方式得到显现。既如此，代理行为的法律效果也就当然地直接对于本人发生。

三、代理的类型

（一）法定代理与意定代理

这是依据代理权发生的前提对代理进行的分类，为各国立法所采用。法定代理，是指基于一定身份或资格而依法律规定取得代理权的代理；意定代理（也称任意代理），是指基于本人授予代理权的法律行为而发生的代理。二者的根本区别，在于代理权是否为法律所直接赋予。

将法定代理作为与意定代理并行的一种代理形态，始于《德国民法典》，后为日本、苏俄民法所继受。在英美法中则无此划分，信托制度担当了法定代理制度的大部分职能。我国《民法通则》第 64 条第 1 款规定："代理包括委托代理、法定代理和指定代理。"与德国、日本民法的"二分法"相比，这种分类看似有所创新，其实未必科学。其一，《民法通则》以"委托代理"代替传统民法中的"意定代理"，易使人误解为此种代理是基于委托合同而产生的，这与中外民法理论关于授权行为性质的通说是相悖的，不如意定代理这一传统用语准确。其二，该条将指定代理作为代理的一种独立形态，在逻辑上有欠严谨。显然，所谓指定代理，是针对《民法通则》第 16 条、第 17 条关于指定监护人的规定而规定的，即由"指定监护"推导出"指定代理"。但是，这一规定却与同法第 14 条之规定发生了矛盾。该条规定："无民事行为能力人、限制民事行为能力人的监护人是他的法定代理人。"据此，凡监护人即为法定代理人。但依第 64 条第 1 款，指定监护人为指定代理人而不属法定代理人。这种前后条文之间的矛盾，皆因对"指定监护"概念的错误定位（即认为指定监护是独立于法定监护之外的一种监护形式）所致。如果将"指定监护"看成是法定监护的一种实现方式（因为被指定者均属法定监护人范围），"指定代理"也就不过是法定代理的一种实现方式，而不应作为与法定代理、意定代理相对立的代理形态。

（二）单独代理与共同代理

根据代理权主体的人数，代理可分为单独代理和共同代理。代理权属于一人的代理称为单独代理或独立代理；代理权属于二人以上者为共同代理，共同代理以二人以上共同行使代理权（缺一不可）为判断标准，不能简单从代理人的数量去推断。代理人有数人时，是共同代理抑或单独代理，依法律规定或本人的授权意思而定。例如，各合伙人均可视为合伙组织的代理人，但依我国《民法通则》第 34 条规定，每一合伙成员均可以合伙组织名义从事经营活动并由合伙组织承受其后果，故不属共同代理；法人工作人员的职务代理行为也具有同一性质。如果法律或授权意思表示未作明确规定，代理人有数人时，一般应认定为共同代理。

（三）特别代理与一般代理

以代理权的范围为标准，可将其划分为特别代理与一般代理。代理权被限定为从事某一特定法律行为者，为特别代理；对代理权未作任何限制，即代理人有权以本人名义从事所有法律行为者，为一般代理或总括代理。有的民法著作在二者之间另列一种“种类代理”，用以说明以从事某一类法律行为为代理权范围的情形①。在各国立法中，一般代理通常指法定代理，而特别代理则是意定代理的常态。

（四）本代理与复代理

在以同一主体为本人的相关联的代理中，依代理人的选定方式的不同，分为本代理和复代理。本代理是指代理人由本人选任或者依照法律规定而产生的代理；复代理是指本代理之代理人基于复任权为本人选任代理人（复代理人）所产生的代理。对于复代理，法国、日本民法有专门规定（《法国民法典》第1994条第1款、《日本民法典》第104~107条），德国、瑞士等则未作规定。在肯认复代理的立法中，一般认为，复代理的有效成立，除以本代理的有效成立为前提外，还须具备以下条件：（1）代理人享有复任权，即选任复代理人的权利。通说认为，意定代理人原则上无复任权（《德国民法典》第644条、《瑞士债法》第398条，我国《民法通则》第68条），而法定代理人则当然地享有复任权（《日本民法典》第106条、我国《关于贯彻执行〈民法通则〉若干问题的意见》第22条）。（2）代理人以自己的名义为本人选任复代理人。就其地位而言，复代理人也是本人的代理人，而不是代理人的代理人；但他又是由代理人为本人所选任，而不是由本人自行选任。如果代理人以本人名义另行委任代理人，则发生代理权的转移，其结果是代理人丧失部分或全部代理权；如果是本人自行选任其他代理人，也无复代理可言。（3）复代理权不得大于原代理权，但可与之相等。当代理人将其代理权的全部权能转授予复代理人时，他的代理权并不消灭，但其内容转化为监督权和解任权。

（五）积极代理与消极代理

根据代理行为的实施方式，可将代理划分为积极代理与消极代理。代理人以本人名义对第三人为意思表示的，称为积极代理，也称能动代理或意思表示表出的代理；代理人受领第三人对本人所为意思表示的，称为消极代理，也称受动代理或意思表示受领的代理。

（六）有权代理与无权代理

以行为人是否享有代理权及是否超越代理权范围为标准，可将具备代理成立要件的行为分为有权代理和无权代理。无权代理又包括表见代理和狭义的无

① 徐国建著：《德国民法总论》，经济科学出版社1993年版，第202页。

权代理两种情况。

四、代理的要件

代理的要件，也有成立要件与生效要件之分。

在成立要件方面，积极代理与消极代理有所不同。积极代理的成立，须代理人以本人的名义为意思表示，故其成立要件有二：一是代理人为意思表示。这也是一般法律行为的成立要件，它意味着代理人须有意思能力，且具备了意思表示的构成要件（目的意思、效果意思和表示行为）。二是代理人以本人的名义为意思表示。这一要件被称为“代理的公开性”或“显名主义”，但它并不意味着代理人必须总是明确地声明他是代理本人进行活动并明示本人的姓名（名称），如果其行为在客观情事上显系以本人名义为之并为相对人所知晓（如商场售货员的售货行为），代理也视为成立。消极代理的成立，以代理人受领第三人对其作出的明示为本人而作的意思表示为标准，其要件为：（1）第三人对于代理人为意思表示；（2）第三人明示为本人为意思表示；（3）代理人受领意思表示，即对话意思表示为代理人所了解或非对话意思表示达到代理人。

代理的有效要件，是指除前述成立要件外，代理行为直接对于本人发生效力所必须具备的条件。在这类条件中，因其欠缺可导致代理行为绝对无效者，称为代理的绝对有效要件；其欠缺仅导致代理行为相对无效者，称为相对有效要件。关于代理的绝对有效要件，有的学者认为包括“本人之存在”及“代理人所为或所受意思表示符合一般意思乃至法律行为的有效要件”两个方面①。我们认为，法律行为的可代理性也应当是代理行为的绝对有效要件。原则上，代理适用于各种法律行为，但各国法律都肯认某些法律行为不得由他人代理。这类不具有可代理性的法律行为，主要是指所谓有“最高人身性质”的法律行为，尤其是家庭法和继承法领域的一些行为，如结婚、立遗嘱等。它们若由他人代理实施，必属无效。代理的相对有效要件，一是代理权的存在或承认。原则上，无权代理非经本人承认不生效力，但对表见代理，本人应负授权人的责任。二是本人的出现或确定。如果为代理行为时其行为效果是否归属于本人尚不确定，而需取决于将来该本人的出现或确定（如待设立的法人、待出生的胎儿），本人的出现或确定，即成为代理的相对有效要件。

---

① 史尚宽著：《民法总论》，台北正大印书馆1980年版，第474~475页。

五、有权代理

代理人在享有代理权的前提下并在代理权限范围内所为的代理行为，统称为有权代理。对有权代理的考察，主要涉及代理权的发生、代理权的范围及代理权的限制和消灭等方面。

代理权的发生，因法定代理或意定代理而不同。在法定代理中，代理权因具备法律规定的地位而当然发生，各国民法均肯认亲权人、监护人为未成年人、成年精神病人以及禁治产人的监护人，亦即法定代理人。当不能从法律规定的监护人中当然产生监护人时，即由主管官署或法院从中指定或判决选定监护人（法定代理人）①。我国《民法通则》的有关规定（第14、16、17条），也采取了上述做法。在意定代理中，代理权经由本人的授权行为而对被授权者发生。现代通说认为，授权行为是有相对人的单方法律行为，至于其意思表示的对象是被授权人（谓之内部授权）抑或相对人（谓之外部授权），以及授权意思表示采取何种方式，均不影响其效力。我国《民法通则》第65条关于委托授权的规定，也体现了“单方行为说”的观点（授权委托书“由委托人签名或盖章”即可），司法实践中也承认外部授权行为（如介绍信、空白合同书）的效力。

在代理权范围方面，法定代理与意定代理也不相同。法定代理权的范围以法律规定为准。国外立法通常都较明确地规定了法定代理人的权限范围。如《法国民法典》第450条：“监护人应当代理其一切民事活动，但法律或习惯准许未成年人自己行动的情形不在此限”；《瑞士民法典》第407条规定：“监护人对被监护人的所有法律事务行使代理权，但须与监护主管官署协同行使。”《日本民法典》第859条规定：“（一）监护人管理被监护人的财产，并就有关财产的法律行为代表被监护人……”依上述规定，法定代理人的权限范围可归纳为“一切有关被代理人的可代理的法律行为”。我国《民法通则》对此问题未作明确规定，但司法解释认为，监护人的职责中包括“代理被监护人进行民事活动”及“代理其进行诉讼”（《关于贯彻执行〈民法通则〉若干问题的意见》第10条）。意定代理的代理权范围，由授权的意思表示决定；若授权意思表示有欠明晰，应参酌交易习惯、所代理事项的性质、授权人与代理人的内部关系及代理相对人为谁等因素予以解释和确定。依日本判例，就一定法律行为概括授予代理权者，应认为代理人有为一切属于该法律行为内容的

① 李志敏主编：《比较家庭法》，北京大学出版社1988年版，第292~293页。

意思表示的权限（如“采购”包括决定标的物、价金、履行时间和地点等权限），但为不利于本人的意思表示（如承诺违约金、提供担保）则需本人特别授权。对于本人为一定目的授予代理权而未定权限范围、虽经解释仍无法明了的情形，《法国民法典》规定，其代理权限于“管理行为”（第 1988 条），《日本民法典》则限定为“保存行为及不变更权利范围的利用或改良行为”（第 103 条）。由此可见，国外民法多从意思表示的解释入手探求当事人的真意，或通过立法推定代理权的范围，并在此基础上确定被代理人责任的范围。相比之下，我国《民法通则》第 65 条第 3 款规定“委托授权不明的，被代理人应当向第三人承担民事责任，代理人负连带责任”，虽有操作简便之利，但“代理人负连带责任”的规定与其所持的授权行为属单方行为的观点未能保持一致，且缺乏法理依据，也不符合公平原则，因而已受到一些学者的批评①。

代理权的限制，是指代理人通常应有的权限所受到的特别限制，包括法律上的限制和授权人意思的限制。立法上对于代理权的限制，又可分为两种：一种是对法定代理和意定代理均适用的限制，其对象主要是“自己契约”和“双方代理”；另一种是专为法定代理而设的限制，主要针对亲权人和监护人的利己行为而言。自己契约又称自己代理，是指代理人以本人名义对于自己为意思表示或受领自己所为的意思表示的情形；双方代理，是指代理人同时代表双方当事人为同一法律行为的情形。在上述两种情形下，代理人一身兼任双方当事人，既与其所实施的双方行为的本质不合（意思表示出于一人），又有代理人牺牲本人利益而偏袒自己或第三人利益之虞，故为各国立法所不许（《法国民法典》第 1596 条、《德国民法典》第 181 条、《日本民法典》第 108 条、1922 年《苏俄民法典》第 40 条）。我国《经济合同法》第 7 条也规定，代理人“以被代理人的名义同自己或者同自己所代理的其他人签订的合同”为无效合同。对于亲权人和监护人的法定代理权，各国立法也多有限制性规定，如《德国民法典》第 1641 条规定，父母原则上不得代子女为赠与行为；《日本民法典》第 826 条第 1 款规定，父母为与子女利益相反之行为时，须请求家庭法院为子女选任特别代理人；古巴、秘鲁等国法律也规定，亲权人原则上不享有对未成年子女财产的处分权。这一精神，在我国《民法通则》中也得到了体现（第 18 条第 1 款）。在意定代理中，依授权人意思对代理权加以限制，主要是针对共同代理而言，在有数个代理人的情形下，原则上视为共同代理，但如果本人有使其各自为单独代理的意思，则应依从其意思。

---

① 佟柔主编：《中国民法学·民法总则》，法律出版社 1990 年版，第 283 页。

代理权的消灭方式与其发生方式相关。法定代理权的消灭与意定代理权的消灭既有共同的原因，也有各自的特殊原因。依各国通例，本人或代理人死亡（法人终止）及丧失行为能力，是各种代理权消灭的共同原因，但法律另有规定或授权行为另有意思表示者除外。法定代理的特别消灭原因，是代理权据以发生的基础关系的消灭（如亲权、监护权的消灭）；意定代理的特别消灭原因，包括本人或代理人的破产、代理权的撤回、代理权所附解除条件的成就或所附终期的届至、代理目的实现或实现不能等。我国《民法通则》对代理权终止的原因作了专门规定（第69条、第70条），并在司法解释中规定了若干例外情形，其精神与各国立法基本一致。

六、无权代理

行为人不具有代理权，却以他人的代理人的名义对第三人为意思表示或受领意思表示者，在民事立法和学理上统称为无权代理。换言之，无权代理是一种具备了代理行为的成立要件，但欠缺代理权这一相对有效要件的行为。

在传统法律行为理论中，无权代理有广狭义之分。广义的无权代理是指一切无代理权而以他人的代理人名义实施的“代理行为”，包括两种情况：一种是既无代理权，也不存在具有代理权的假象的无权代理，这种无权代理非经本人追认，对本人不发生任何法律效力；另一种是虽无代理权，但因本人行为造成了足以令相对人相信行为人具有代理权的假象，从而须由本人负授权人责任的无权代理，通称为表见代理。狭义的无权代理，又称真正的无权代理，是指除表见代理之外的无权代理。我国《民法通则》第66条第1款规定：“没有代理权、超越代理权或者代理权终止后的行为，只有经过被代理人的追认，被代理人才承担民事责任。未经追认的行为，由行为人承担民事责任。本人知道他人以本人名义实施民事行为而不作否认表示的，视为同意。”这里既包括狭义的无权代理，也包括表见代理，但对二者的划分不够明确。

狭义的无权代理有两个基本特征：一是欠缺代理权。欠缺代理权的具体情形，包括未经授予代理权、授权行为无效或被撤销、逾越代理权限范围和原有代理权消灭等。依通例，代理权的存续应由代理人证明，如代理人不能证明其有代理权，即推定为欠缺代理权（《德国民法典》第179条、《日本民法典》第117条）。二是表面上不存在令人相信行为人具有代理权或在代理权限内行使的情事，不然即构成表见代理。我国《民法通则》第66条第1款列举了欠缺代理权的几种主要情形，但将其一概视为狭义的无权代理，而对其中可能存在的表见代理采取了否认态度，在立法技术上似有失于粗疏。

狭义无权代理虽欠缺代理权，但未必对本人不利，对第三人也未必有害，因此各国法制并不一概加以禁止，而是作为一种效力未定的法律行为看待。其效力可从三方面考察：（1）在本人与相对人之间，表现为本人有追认权，相对人有撤回权。无权代理行为实施后，本人有权予以追认（追认是一种单方法律行为），并因此使其法律效果归属于自身。作为追认权的反面，本人当然享有拒绝权（不予追认）。对此，我国《民法通则》第 66 条第 1 款规定得甚为明确。此外，《德国民法典》第 117 条第 2 款、第 118 条，《日本民法典》第 114 条、第 115 条均规定，在本人对无权代理行为予以追认之前，相对人在一定期限内可依自己的意志请求本人作出是否追认代理权的意思表示，也可撤回其意思表示，此即相对人的“催告权”和“撤回权”。我国《民法通则》对此未作规定，应予填补，以利消除无权代理行为效力的不确定状态。（2）在无权代理人与相对人之间，如无权代理行为未得到本人追认，无权代理人应对善意相对人负赔偿责任。关于这种赔偿责任的性质，传统民法理论中有“契约责任”、“默示担保责任”、“侵权责任”、“信用责任”等观点①。我们认为，“信用责任”（或称“特别法律责任”）的观点较具说服力，即无权代理人的责任是法律为维护代理制度的信用而规定的一种特别责任。对于无权代理人责任的内容，国外立法中有选择责任（允许相对人任意选择请求其履行或赔偿），如《德国民法典》第 179 条第 1 款、《日本民法典》第 117 条第 1 款）和赔偿责任（只允许相对人请求赔偿，如《法国民法典》第 1120 条、《瑞士债法》第 39 条）两种主张，从我国《民法通则》的有关规定看，所谓“由行为人承担民事责任”，可理解为选择责任。（3）在无权代理人与本人之间，倘若无权代理行为系为本人利益而为并符合无因管理的条件，无权代理人即对本人取得无因管理之债权并承担相关义务，在相对人追究责任时，无权代理人可请求本人代为清偿或提供担保；相反，倘若无权代理行为不是为本人利益而实施并使其受到损害，构成侵权行为，应由行为人对本人承担责任。上述观点，也可从《民法通则》第 61 条第 2 款、第 93、106、117、120 条等规定中得到印证。

表见代理，是行为人本无代理权，但因本人的行为造成了足以使人信其有代理权的表征，从而须由本人负授权人责任的代理。无权代理非经本人追认不对本人发生效力，是代理制度的一项基本原则，其宗旨在于尊重当事人意志，保护本人的合法权益。但是，无权代理往往涉及第三人利益，如果无例外地否

---

① 佟柔主编：《中国民法学·民法总则》，法律出版社 1990 年版，第 293~294 页。

认无权代理行为对于本人的效力，即可能使善意相对人因此所受损害得不到弥补，从而有悖于公平原则。正是基于保护善意相对人利益、维护交易安全和社会公平正义的考虑，大陆法系各民法典都确立了在一定条件下使本人承受无权代理行为后果的表见代理制度（《法国民法典》第 2005 条，《德国民法典》第 170~172 条，《日本民法典》第 109、110、112 条，《瑞士债法》第 34 条）。在英美法中，虽无表见代理这一术语，但有"无可否定的代理"之概念，意指即使没有明示的委托，但如果委托人的行为显然表明代理人是授权代表他行事的，那么委托人也同样将由于代理人所签订的合同而受到约束，其意义与表见代理基本相同。我国《民法通则》未使用表见代理的概念，但不乏对这种代理行为的具体规定（第 66 条第 1 款）。

综观各国立法，表见代理主要表现为三种形态：（1）授权表示型，即本人以自己的行为表示授予他人代理权，或者知道他人以本人名义实施法律行为而不作反对表示，从而须对其行为负授权人责任的情形，但第三人明知其无代理权或因过失而不知者除外。（2）代理权限缩型（权限逾越型），即代理权发生后其范围被限缩，第三人非因过失而不知，与代理人实施了逾越代理权限的行为。（3）代理权撤回型，即代理权被全部撤回，第三人非因过失而不知，仍与代理人实施法律行为。对于上述三种表见代理形态，我国《民法通则》仅在第 66 条第 1 款中对"授权表示型"中的一种情况（即本人知道他人以本人名义实施民事行为而不作否认表示的）赋予表见代理的效力，对"超越代理权"及"代理权终止后"的行为，不论其是否符合表见代理的条件，一概以狭义无权代理论处，即"只有经过被代理人的追认，被代理人才承担民事责任。未经追认的行为，由行为人承担民事责任"，可见对表见代理的制度价值未给予应有的重视。

第五节　时　　效

一、时效制度概述

在中外立法和法学理论中，时效（praescriptio，prescription，verjährung）一词的基本含义是相同的，均指一定的事实状态经过一定期间而发生一定法律效果的法律事实。其中，"一定的事实状态"是指权利行使或不行使的事实状态；"一定的期间"是指法律所规定的期间；"一定的法律效果"是指权利取得或丧失的法律效果。上述三点，通称为时效的构成要素。根据各要素具体内容的不同，时效被划分为两种：因占有他人财产的事实状态经过法定期间而取得对该财产的权利者，称为取得时效；因不行使权利的事实状态经过法定期间而丧失权利者，称为消灭时效（一些国家称为诉讼时效）。

取得时效制度发端于罗马法。在罗马社会由公有制向私有制过渡时期，为了调节财产所有人与需要人之间的矛盾，平衡有余与不足，法律对那些因需要而利用他人废弃不用财产的行为采取了容许态度，这被认为是取得时效制度的萌芽。但严格意义上的取得时效则是商品生产和交换的产物。随着商品交换的发展，人们越来越多地不按要式买卖方式进行交易，从而造成了大量的财产事实关系与法律关系不一致的情况；为了消除这种矛盾现象，遂出现了取得时效的规定。依《十二铜表法》的规定，使用土地的取得时效为 2 年，其他物件为 1 年。这种取得时效，被称为“最古时效”（Usucapio，意为因使用而取得）或市民法时效，但它并不意味着占有人因使用期间届满而取得所有权，适用条件也极为严格（仅适用于罗马市民，标的物仅限于罗马的土地和要式移转的财产）。帝政时期，大法官和皇帝针对原有时效规定的局限性，在最古时效之外设立了适用于非罗马市民的长期时效（Longi Temporis Praescriptio），将取得时效的基础由使用改为占有，并规定占有须为持续不断、须有合法原因、须为善意，以及标的物可因时效而取得等条件，从而使这一制度更趋完善。优士丁尼继位后，市民权的普及使得市民法时效与长期时效的区分已无必要，故优帝一世于公元 531 年将其合并为一，规定：动产取得时效为 3 年，不动产取得时效视当事人是否在同一省分别为 10 年和 20 年；时效完成后，占有人即取得占有物的所有权。公元 528 年又补充规定，除被监护人、受保佐人财产和嫁奁中的不动产等禁止流通的财物外，如果占有人是善意的且其占有是非暴力的，可不须有合法原因，不论是动产或不动产，经过 30 年即取得所有权①。

消灭时效制度也起源于罗马诉讼法。在程式诉讼的各种分类中，有永久诉讼（Actiones Perpetuae）与有期诉讼（Actiones Temporariae）之分。前者多适用于市民法诉讼，其起诉权不受时间限制；后者多适用于大法官诉讼，仅于规定期间内才可提起，否则不但丧失诉权，也丧失实体权利。有期诉讼以 1 年为期限，主要适用于有关债权的诉讼。这种可导致债权消灭的诉讼形态，是消灭时效的雏形。至罗马帝政时期，狄奥多斯二世颁布法令，规定一切诉讼均有一定期限，既令永久诉讼也须于 30 年内提出，遇特殊情况延长至 40 年。但期满

① 周枏著：《罗马法原论》（上），商务印书馆 1994 年版，第 318~333 页。

后权利人只是丧失诉讼上的救济，并不丧失实体权利。这就标志着诉讼时效制度的确立。优士丁尼编纂法典时，30 年的出诉期限被固定下来，并转用于取得时效，从而使两种时效并行不悖。中世纪注释法学派对两种时效加以概括，又创设了统一的时效概念。

近代各国民法典都确立了时效制度，但在立法体例上不尽相同。《法国民法典》继承注释法学派的思想，把取得时效和消灭时效统一于时效概念之下，在第三编中设专章予以规定，内容相当详尽。《日本民法典》受其影响，也在总则编中设专章规定时效，包括取得时效和消灭时效。采此体例者还有《奥地利民法典》。《德国民法典》受历史法学派思想的影响，承袭罗马旧制，将取得时效和消灭时效视为不同的法律制度而分别加以规定：该法典在总则编中规定消灭时效，在物权编中规定取得时效。这种体例，为《意大利民法典》所仿效。前苏联和东欧公有制国家的民事立法，有的只规定诉讼时效（消灭时效）而无取得时效的规定，如《苏俄民法典》、《蒙古民法典》和《捷克斯洛伐克民法典》；有的则采取两种时效并存的制度，如保加利亚、民主德国和匈牙利。英美法系国家的契约法，也承袭了罗马法精神，确立了消灭时效（Prescription）制度（如英国有 1832 年《时效法》和 1939 年《起诉期限法》）；而英美财产法中的“反占有”（Adverse Possession）制度，则与大陆法系国家的取得时效制度相当。

新中国成立后，一些民事法规中设有关于时效的规定，但长期没有建立完整的时效制度；在民法理论上，则普遍接受了“苏俄民法典”所代表的单一时效（诉讼时效）观点。在《民法通则》中，也只确认了诉讼时效（第七章），而没有规定取得时效。

我国《民法通则》关于时效的立法体例，反映了民法学界长期占主导地位的一种观点，即我国民法不宜设立取得时效制度。其主要理由是：（1）两种时效并存，将出现一方丧失权利而另一方并不因此而取得权利的局面（由于两种时效期间的不一致），造成权利与客体的脱节，有悖于时效制度的宗旨；（2）随着土地法的独立、不动产登记制度的发达和善意取得制度的确立，取得时效失去了存在的必要性；（3）取得时效的设立，对那些行为不轨的人哄抢、私占公共财物，可能起鼓励作用，且与我国“拾金不昧”的传统美德相矛盾①。

① 《法学研究》编辑部编：《新中国民法学研究综述》，中国社会科学出版社 1990 年版，第 187 页。

但是，从20世纪50年代到《民法通则》颁行前后，主张中国民法应设立取得时效的观点也一直存在，其主要理由是：（1）民法上仅规定消灭时效（诉讼时效）而不设取得时效，如果财产被他人占有，所有人将因时效而丧失请求权，而占有人却永远不能取得该财产的所有权，从而使该财产的法律地位与事实不符的状态无法得到解决，而规定取得时效则可以最终消除这种不稳定状态；（2）规定取得时效，可以督促财产所有人和经营权人适时行使权利，精心管理自己的财产，充分发挥其经济效益；（3）规定取得时效，有利于法院正确、及时地处理年代久远的物权纠纷；（4）依各国通例，时效取得必须是善意、和平、公开地占有他人财产，并不违背中国的道德观念；（5）建立取得时效制度是世界通例，只有前苏联等少数国家在立法上予以否认，为使我国时效立法与国际普遍实践接轨，中国民法应确立取得时效制度①。

我们同意设立取得时效的主张。判断一项民法制度在一国之内是否必需，固然要考虑道德观念、国外立法等因素，但最根本的标准，是看它是否具有赖以存在的社会经济条件，即是否为社会经济生活所必需，而"民法准则只是以法的形式表现了社会的经济生活条件"②。对取得时效制度存废的分析，也必须把握这一标准。在中国民法中设立取得时效制度之所以是必要的，根本原因就在于，在现实经济生活中客观地存在着财产的事实状态与其法律地位不一致的现象，需要相应的法律制度予以调整。消灭时效制度固然具有督促权利人及时行使权利、维护社会经济秩序稳定的功能，但它只是在一定程度上维持了社会经济关系的现状，而不能最终消除财产的事实关系与法律关系的矛盾；只有在设立消灭时效的同时规定取得时效，才能充分发挥时效制度所具有的维护社会和经济秩序稳定，充分实现社会财富的价值的功能，并适应建立产权明晰、交易安全有序的社会主义市场经济体制的要求。

中国民法若确立取得时效制度，首先必须解决其立法体例问题。如前文所述，世界各国关于取得时效的立法主要有两种方式：一是将取得时效和消灭时效视为一体，统一于"时效"概念之下设专章加以规定，如法国、日本、奥地利民法等；另一种是将取得时效作为所有权的取得方式规定于物权编中，如德国、意大利民法等。之所以有这种差别，与各国立法者对消灭时效的客体和效力的不同理解有关。日本等国立法把时效作为权利直接取得或丧失的原因，故采统一时效制度。而德、意等国立法者则认为取得时效与消灭时效的性质和

① 佟柔主编：《中国民法学·民法总则》，法律出版社1990年版，第311~322页。

② 《马克思恩格斯选集》第4卷，人民出版社1995年版，第253页。

效力不同。取得时效完成后产生所有权，而消灭时效完成后仅发生权利请求权消灭的结果，其权利本身并不消灭，故与取得时效分别加以规定。鉴于“胜诉权消灭说”已成为我国民法理论关于消灭时效（诉讼时效）效力之通说并为《民法通则》所接受，我国未来立法可借鉴《德国民法典》的作法，将取得时效规定于物权编中，而消灭时效（诉讼时效）则由总则编加以规定。

二、取得时效

关于取得时效的理论和立法，主要涉及取得时效的客体、要件、效力及时效中断等问题。

取得时效的客体，从广义上说，包括取得时效所适用的权利和权利的标的物两个方面。就前者而言，罗马法规定为所有权，《法国民法典》亦如此；在德国、瑞士民法中则不以所有权为限，而扩张到所有权以外的以物或权利的占有为要素的限制物权；在日本民法中，取得时效的客体更扩大到一切财产权，故有“所有权的取得时效”与“所有权以外财产权的取得时效”之分。关于可依时效取得的标的物，各民法典规定也不尽相同。在德国民法中，取得时效为动产物权的取得方法，对不动产则适用登记取得时效（以登记为要件）；依日本、瑞士民法，除动产外，对不动产也适用取得时效。由上可见，在取得时效的适用对象问题上，各国立法主张虽有差异，但多数国家都不以所有权为限，不以动产为限。当然，这并不意味着取得时效的客体可以是一切动产和不动产。一般认为，不融通物、公共物（如空气、流水、海洋）及不得为私人所有之物，不适用取得时效。在我国，国家专有财产及法律禁止或限制流转的财物，原则上不能成为取得时效的客体，但国家专有财产权所派生的权利，如国有土地使用权、采矿权等，则不妨适用取得时效。

取得时效的要件，因标的物种类的不同而有所不同。就所有权而言，动产所有权的取得时效的要件为一定状态的占有及时间的经过，即“以所有之意思，和平、公然占有他人动产经过一定期间”（《法国民法典》第 2262 条、《德国民法典》第 937 条、《日本民法典》第 162 条第 2 款）。具体地说，所谓“一定状态的占有”是指符合下列条件的占有：（1）须为自主占有，即具有与所有人同样支配意思的占有，或曰当作自己所有之物而加以占有；（2）须为和平占有（平稳占有），即不是通过暴力或胁迫手段而取得和维持的占有；（3）须为公然占有，即对于与占有物有利害关系的人不特别隐瞒其占有事实。此外，德国、瑞士民法还以占有人的善意（即误信自己为所有人）为要件。动产所有权取得时效的期间，德国规定为 10 年，日本为 20 年，瑞士民法规定为5年。不动产所有权的取得时效，学理上分为普通取得时效和特别取得时效两种。凡以自主、和平、公然占有他人未登记的不动产经过一定期间为要件者，称为普通取得时效；除具备上述要件外，如果占有人为善意且无过失，则适用期间较短的特殊取得时效。依这一标准，在瑞士民法中对不动产仅设有普通取得时效，其期间为30年（《瑞士民法典》第662条）；法国、日本民法中的不动产取得时效，均属特别取得时效，其期间，法国为10年或20年（真正所有权人居住在不动产所在地的国王法院管辖区以外时为20年），日本为10年。在德国民法中，对不动产实行登记取得时效制度，即“未取得土地所有权而于土地登记簿登记为所有人者，其登记经过30年，且于其期间内就其土地为自主占有时，取得所有权”（《德国民法典》第900条）。《瑞士民法典》第661条也规定：“无权利人，以所有人的名义在不动产登记簿上登记，只要其为善意，并没有争议地连续占有10年，取得所有权。”这种做法，旨在消除长久存在的土地登记簿与事实不一致（登记名义人与真正权利人不一致）的状况，其宗旨与占有取得时效是一致的，都是对长久占有的事实状态的确认（同样以“自主占有”或“无争议地占有”为要件）。但是，若将登记取得时效作为不动产取得时效的唯一形态（如德国民法），则未免使其适用范围失之过窄，不能充分发挥取得时效制度的应有功能。故我国立法在解决这一问题时，宜采《瑞士民法典》的立法技术，对不动产的登记取得时效和非登记取得时效（占有取得时效）分别作出规定。

取得时效期间届满，即发生财产占有人取得对占有物的所有权或其他物权的效力，为各国立法所公认。对动产而言，这种效力因占有的继续而当然发生；对不动产而言，这种效力经占有人申请物权登记而发生；对不动产登记取得时效而言，其登记因在法定期间内未被撤销而当然发生不可撤销的效力。与此相对应，取得时效期间届满后，物的原所有人或其他物权人即丧失其权利及因此而派生的物上请求权。通说认为，因时效而取得物权系直接依法律规定而取得（属原始取得），无须占有人有取得权利的意思，也不要求占有人有行为能力。

取得时效可因一定事由而中断。依各国规定，取得时效的中断可大致分为两类：一类是因占有的丧失或变更而中断，称为自然中断，其事由包括：占有人自行中止占有；由自主占有变为他主占有；占有为他人侵害而未在法定期间内诉请回复；占有偶然丧失而未在法定期间内回复；占有由和平、公然变为暴力、胁迫或隐秘等（《德国民法典》第2243条、《德国民法典》第940条、《瑞士民法典》第728条、《日本民法典》第164条）。另一类是基于占有以外的原因依法律规定而中断，称为法定中断，其事由与消灭时效的中断事由相同（《法国民法典》第2242~2250条、《德国民法典》第939、941条、《日本民法典》第147~161条、《瑞士民法典》第663条）。

三、消灭时效（诉讼时效）

因权利人不行使权利的事实状态经过法定期间而使其丧失某种权利的法律事实，传统民法称为消灭时效。前苏联和东欧一些公有制国家的民法理论和民事立法鉴于消灭时效完成后主要产生的是诉讼法上的法律后果（起诉权或胜诉权消灭），将其改称为“诉讼时效”，并为我国民法理论及《民法通则》所接受。近年来，有的学者对《民法通则》的这一用语提出异议，主张在未来立法中恢复“消灭时效”这一名称。我们认为，从语义上说，“取得时效”的对称应为“消灭时效”，但若从“胜诉权消灭”的意义上理解消灭时效，将其称为诉讼时效也无不当；况且在我国，诉讼时效已成为约定俗成的法律用语，无必要加以改变。但从比较法观点看，“诉讼时效”一语无法涵盖“实体权利消灭说”的时效观念，故下文仍以消灭时效为称谓。

消灭时效同取得时效一样，原则上适用于一切民事主体所享有的受消灭时效调整的民事权利，但对于国家及其财产是否适用，国外学者间有不同看法。有的认为，根据国家主权原则，一国政府在本国法院提起诉讼，不适用消灭时效的法律规定；有的则认为，立法机关制定的法律，各类民事主体应一体遵从，国家请求权也受消灭时效的限制。从国外立法看，只有前苏联等少数国家采纳了前一种观点，大多数国家未对消灭时效所适用的主体加以限制。我国《民法通则》关于诉讼时效的规定，从文意上可理解为适用于一切民事主体的请求权，但司法解释主张未授权给公民、法人经营、管理的国家财产受到侵害的，不受诉讼时效限制（《关于贯彻执行〈民法通则〉若干问题的意见》第170条）。从我国实际情况看，未授权给公民、法人经营管理的国家财产多属国家专有财产或限制流通物，它们既然不适用取得时效，其物权请求权不受诉讼时效限制也是合理的。

在消灭时效的客体（即消灭时效对何种权利发生）问题上，各国立法差异颇大。瑞士立法规定为“债权消灭时效”，其客体限于债权（《瑞士民法典》第663条、《瑞士债法》第127条）；日本民法规定，消灭时效适用于“债权或所有权以外的财产权”（第167条）；法国和苏俄民法规定，消灭时效的客体为“诉权”（《法国民法典》第2262条、1922年《苏俄民法典》第144条）；德国规定，消灭时效以“请求权”为客体（《德国民法典》第194条）；

英美法认为，凡“权利”皆可因时效而丧失效力。我国《民法通则》称消灭时效为诉讼时效，并于第135条规定，“向人民法院请求保护民事权利的诉讼时效期间为2年”，可见其客体为“诉讼请求权”，即“诉权”。从该条的字面意义分析，作为诉讼时效客体的诉权包括基于各种民事权利（物权、债权、人身权、知识产权、继承权等）而产生的各种诉权（确认之诉、给付之诉、形成之诉）。我们认为，对这一规定应作限制性解释，即从狭义上理解“请求保护民事权利”这一用语，将其限定在“给付之诉”的范围内。而任何给付之诉，无不以一定的实体请求权为基础，这样，诉讼时效的客体就被定位为基于请求权而发生的诉权，或者说名为诉权，实为请求权。这种理解，与德国关于消灭时效客体的主张是一致的，也与我国现行立法中关于诉讼时效的其他规定（如《民法通则》第136、137条，《继承法》第8条）相吻合。

关于消灭时效的效力，各国立法主张也不一致。其一为“实体权利消灭说”（债权消灭说）。依日本民法，消灭时效完成后，债权本身即归于消灭，债务人若不知时效完成而履行了债务，可以不当得利为由请求债权人返还（《日本民法典》第167~173条）；采此主张者还有《捷克斯洛伐克民法典》和英美国家时效立法。其二为“抗辩权发生说”（附条件请求权消灭说）。依德国和瑞士民法，时效完成后，债权本身并不消灭，只是债务人一方取得拒绝履行其义务的抗辩权；若债权人起诉而债务人并不行使抗辩权，则债务人仍需履行其义务，法院也不得引用消灭时效使其免负债务（《德国民法典》第194、222条，《瑞士债法》第127、142条）。其三为“起诉权消灭说。”《法国民法典》第2262条规定：“一切关于物权或债权的诉权，均经过30年的时效而消灭”；1922年《苏俄民法典》第44条也规定：“起诉权，逾法律规定的期间而消灭。”其四为“胜诉权消灭说。”1964年《苏俄民法典》第81条规定：“法院、仲裁署或公断法庭，不管诉讼时效是否过期，均得受理有关保护遭受侵权的权利的请求。”从我国《民法通则》及有关司法解释的规定看，我国立法采纳了“胜诉权消灭说”的主张，即诉讼时效期间届满，权利人并不丧失实体权利，也不丧失起诉权，只是对其诉讼请求“人民法院不予保护”（《民法通则》第137条），亦即丧失胜诉权。我们认为，较之其他几种观点，这种立法主张是有科学性的——起诉权是国家法律赋予民事主体的基本权利，也是民事权利固有的内容。“实体权利消灭说”既可能导致“权属真空”，又不符合一般道德规范的要求（因其否认时效完成后债务人自愿履行的有效性）；“抗辩权发生说”则是极端私法自治思想的体现，否定了时效的强制性，不宜为我国立法所采用。我国民法以“胜诉权消灭”定位诉讼时效的效力，意味着诉讼时效完成的法律后果包括两个方面：从权利人方面来说，其实体权利（请求权）仍然存在，只是丧失了受到诉讼保护的可能性。所以，即使诉讼时效期间已届满，权利人仍可要求义务人履行义务，对于义务人履行的接受也不构成不当得利；从义务人方面来说，诉讼时效完成后其义务仍然存在，但可以时效完成为由拒绝履行，并且不因此而被追究强制履行的责任，正因为如此，如果时效期满后义务人自愿履行其义务，不论他是否知道诉讼时效已完成，都无权请求对方返还。

消灭时效期间作为消灭时效的基本要素之一，在各国立法中都有明确规定，并有一般消灭时效期间与特殊消灭时效期间之分。一般消灭时效期间，是指民法上统一规定的、适用于没有特殊规定的各种权利的消灭时效期间。对此，法国、德国、奥地利民法皆沿用罗马旧制，规定为30年；瑞士、意大利、泰国民法规定为10年；英国为6年；日本民法区分债权与债权及所有权以外的财产权，分别规定为10年和20年。前苏联、东欧公有制国家立法中，有的将一般消灭时效期间分为两种：一种是公民之间及公民与社会主义组织之间请求权的诉讼时效期间；另一种是社会主义组织之间请求权的消灭时效期间。如前苏联《民事立法纲要》规定前者为3年，后者为1年；匈牙利民法规定前者为5年，后者为1年；保加利亚《债与契约法》规定前者为5年，后者为2年。有的则未作这种区别，如前捷克斯洛伐克民法统一规定为3年，前民主德国规定为6个月到10年不等（因请求权性质不同而异）。由上可见，在一般诉讼时效期间的规定方面，公有制国家普遍较私有制国家为短，这表明前者更着眼于督促当事人及时行使权利和履行义务，以确保国家经济计划的实现，后者则偏重于保护债权人的利益，对其怠于行使请求权的行为较为宽容。我国《民法通则》规定的一般诉讼时效期间普遍适用于包括公有制组织在内的一切民事主体，这是社会化商品经济发展的必然要求，与前苏联、东欧公有制国家那种区别对待的做法相比，无疑是一个进步；但2年的诉讼时效期间似乎带有昔日计划经济的色彩，对权利人显为不利，与我国民事权益观念的发达程度和我国民事流转的现有水平也未必相称。

特殊消灭时效期间，是指由民法或单行法特别规定的适用于某一类权利的消灭时效期间。在各国立法中，此种消灭时效期间通常短于一般消灭时效期间，如德国民法规定为2年或4年，日本规定为1~5年，苏俄民法规定了期间为6个月的特殊诉讼时效。也有少数国家规定了长于一般消灭时效期间的特殊消灭时效期间，如英国有12年和30年的特殊消灭时效。我国《民法通则》和一些单行法规中也对一些特殊民事权利的诉讼时效期间作了规定，有的短于一般诉讼时效期间（如《民法通则》第136条），有的则较长（如《涉外经济合同法》第39条）。除此之外，《民法通则》第137条规定：“从权利被侵害之日起超过20年的，人民法院不予保护。”《继承法》第8条也规定：“自继承开始之日起超过20年的，不得再提起诉讼。”对上述法条中所规定的20年期间的性质，学者间解释不一。有的认为它们均属特殊消灭时效期间；有的认为均属除斥期间（预定期间）；有的则认为前者属消灭时效期间，后者属除斥期间；也有的认为它们既非消灭时效，也不属除斥期间，而是“权利的最长保护期间”。我们同意“特殊消灭时效期间”的观点，理由是：除斥期间届满的后果是实体权利消灭，而无论是“人民法院不予保护”还是“不得再提起诉讼”均不意味着权利人丧失实体权利。结合《民法通则》第137条的前后条文看，该条应属诉讼时效规定无疑，不能作其他解释，否则有违其本意；《继承法》第8条所谓“不得再提起诉讼”，应系“不受诉讼保护”之误，不能从剥夺权利人起诉权的意义上去理解，否则与《民事诉讼法》的有关规定相悖。所谓“权利的最长保护期间”与消灭时效期间在实质上并无区别。与其他诉讼时效期间不同的是，这种特殊诉讼时效期间的起算点为“权利被侵害之日”或“继承开始之日”，并且不适用诉讼时效中止、中断的规定，但这不足以否定其诉讼时效期间性质。

消灭时效期间，自权利人能够行使权利时起算，为各国通例，但表述上有所区别。如《德国民法典》第198条规定：“时效自请求成立时起算，请求以不行为为目的者，时效自有反对行为时起算。”《日本民法典》第166条规定：“消灭时效自权利得以行使时起进行。”《瑞士债法》第130条规定：“时效自债权期限之届至开始进行。”以不行为为目的之请求权，自为行为时起算。”我国民法理论和立法受苏俄民法的影响，通常认为诉讼时效期间从权利人“知道或应当知道权利被侵害时起计算”（《民法通则》第137条）。从表面上看，这种规定与其他各国立法的基本精神是一致的，因为权利人知道或应当知道其权利被侵害的时间通常就是（或应当是）他可以行使请求权的时间，但细加分析，此种表述似有不严谨之处。其一，在权利人知道其权利被侵害而不知侵害者为何人的特殊情况下，他仍无法请求权，此时如时效期间开始计算，就可能出现待其查明侵害者为谁时，时效期间已完成，其权利从而得不到强制保护的局面，这对权利人是极不公平的，也不符合诉讼时效制度的初衷。其二，“权利被侵害”一词用于物权、人身权等较为贴切，但在债务不履行时，称“权利（债权）被侵害”易使人误以为债务不履行构成侵权行为。鉴此，我们主张修正现行立法中关于诉讼时效起算的表述方式，采用大陆法系各国通行的立法用语，规定诉讼时效期间“从请求权能够行使之日起算”，并对各种请求权的诉讼时效期间起算时间作出规定。

在消灭时效开始起算后的进行过程中，由于出现了一定的事由，致使时效期间不能在法定期间届满时完成，称为消灭时效的障碍，包括消灭时效的停止和消灭时效的中断两种情况。

综观各国立法，消灭时效的停止可分为两种情形：一种是“进行的停止”，即在消灭时效进行中由于发生了法定事由而停止计算时效期间，又称为消灭时效的中止或暂停；另一种是“完成的停止”，是指在消灭时效期间终了之际，由于发生法定事由而阻止时效的完成，又称为消灭时效的不完成。各国民法典中，有的仅规定消灭时效进行的停止（诉讼时效中止），如我国现行立法；有的仅规定消灭时效完成的停止（时效不完成），如日本民法；有的则二者并举，如德国民法。下文兼顾各种立法，阐述消灭时效停止的事由、发生时间及其法律后果。

各国立法上规定的消灭时效停止事由，可大体归纳为以下几类：（1）因不可抗力妨害权利人行使权利；（2）权利人系无行为能力人或限制行为能力人而无法定代理人代为行使权利；（3）对于遗产的权利，遗产继承人或管理人待确定或遗产待宣告破产；（4）无行为能力或限制行为能力人对于法定代理人的权利；（5）夫妻间的权利；（6）其他情况，如奴婢对于雇主的债权于雇佣关系存续期间停止时效的进行。由上可见，在各国立法中，消灭时效停止的事由不外乎两大类：一类是使权利人无法行使权利的客观情况（如不可抗力、无法定代理人）；另一类是使权利人不便行使权利的客观情况（如监护关系、婚姻关系）。我国《民法通则》第139条规定：“因不可抗力或者其他障碍不能行使请求权的，诉讼时效中止。”这虽属概括性规定，但其基本精神与国外有关立法是一致的。而司法解释将“其他障碍”限定为“权利被侵害的无民事行为能力人、限制民事行为能力人没有法定代理人，或者法定代理人死亡，丧失代理权，或者法定代理人本人丧失行为能力”这一类情形，则未免失之过窄。

在消灭时效停止的发生时间问题上，各国立法采取了不同的主张。有的采取单一标准，规定在消灭时效进行的任何时间都可发生时效停止，甚至阻止时效的开始（如法国、瑞士立法），或者规定诉讼时效只有在列举的情况于时效期间的最后6个月内发生或继续存在方可中止（如苏俄民法）；有的则采取区别对待的作法，如德国民法规定，不可抗力须发生在时效进行的最后6个月内方能导致消灭时效停止（日本民法规定为“时效期间终止之际”），而对其他事由的发生时间则不作限制。我国通说认为，诉讼时效中止只应发生在诉讼时效期间的最后阶段，因为时效中止制度的目的在于保障权利人能够有足够的时间行使请求权，如果阻碍其行使请求权的客观事由是在时效期间的开始阶段发生并且在时效期间进入最后阶段之前消除，权利人仍有足够的时间和条件行使请求权，时效中止也就没有必要。《民法通则》接受了这种观点，规定在诉讼时效期间的最后6个月内发生法定事由时诉讼时效中止，应当认为，如果在最后6个月前发生法定事由而其状态继续于最后6个月内存在，也导致诉讼时效中止。

关于消灭时效停止的法律后果，立法上有两种主张：一是规定在停止事由消除以后，再经过剩余的时效期间使时效完成，将停止事由前后经过的期间相加，即为法定消灭时效期间（《瑞士债法》第134条）。二是规定在停止事由消除后再经过法定特别时间，消灭时效即告完成（《德国民法典》第206、207条、《日本民法典》第158~161条、1964年《苏俄民法典》第85条）。我国《民法通则》第139条规定："从中止时效的原因消除之日起，诉讼时效期间继续计算。"可见采取了前一种做法。

消灭时效的中断，又称消灭时效的终止，是指在消灭时效进行中，因发生某种法定事由致使已经经过的时效期间归于无效，待该事由终结后，消灭时效重新开始进行的制度。设立消灭时效中断制度的理论依据在于，权利人不行使权利是消灭时效赖以存在的基础事实，如果在时效进行中出现了与这一基础事实相反的事实，就必须停止消灭时效的进行并使已经过的时效期间归于无效，否则就背离了消灭时效制度督促当事人行使权利和履行义务、消除民事法律关系不稳定状态的根本宗旨。在各国立法中，消灭时效中断的法定事由不外乎两个方面：一是权利人通过一定的方式主张权利，包括请求和起诉（或为与起诉有相同效力的行为）；二是义务人通过一定方式认可对方权利的存在，即承认。我国《民法通则》第140条也规定："诉讼时效因提起诉讼、当事人一方提出要求或者同意履行义务而中断。"

请求作为消灭时效的中断事由，在各国立法上有不同含义。有的国家规定，诉讼上的请求和诉讼外的请求均构成消灭时效的中断事由（《日本民法典》第147条、《瑞士债法》第135条）；有的国家则仿效罗马法的规定，仅将诉讼上的请求（起诉）作为消灭时效的中断事由（《法国民法典》第2244条、《德国民法典》第209条、1922年《苏俄民法典》第50条、《泰国民法典》第438条）。我国《民法通则》第140条所规定的请求，与日本民法相同，仅指诉讼外的请求，即权利人于诉讼外向对方主张权利的意思表示。就其性质而言，请求行为是权利人主张权利存在并请求相对人履行义务的意思通知，因此，凡债务履行的催告、债权申报、抵消的意思表示、同时履行的抗辩、基于留置权或质权的担保物返还请求之拒绝及对可选择债权的选择等，均属请求行为的范畴。请求行为的相对人，原则上应为受时效利益的义务人，但权利人向与义务人有特定关系的第三人（如人民调解委员会或有关单位）提出其权利要求（指明义务人），也可认为请求成立。关于请求的效力，我国《民法通则》规定为无条件地发生诉讼时效中断，而日本民法则规定，请求人如欲保持时效中断的效力，必须于请求后 6 个月内起诉（《日本民法典》第 153 条）。我们不赞成只把起诉视为行使权利的有效方式的主张。

起诉，是权利人依民事诉讼程序向法院主张其权利或要求相对人履行义务的行为，在各国民法中均属消灭时效的中断事由。通说认为，起诉发生消灭时效中断效力的时间，应为向法院提交诉状或提出口头诉讼请求的时间，但在当事人撤回起诉或因起诉不合法而被驳回的情况下，原起诉即不具有中断消灭时效的效力（《法国民法典》第 2247 条、《德国民法典》第 212 条、《日本民法典》第 149 条）。对此，我国《民法通则》未作规定，但学理上多持赞同态度。除起诉外，对于与起诉有同样效力的诉讼行为或非讼行为，在国外立法中通常也视为消灭时效的事由，如申请支付令（但支付令依规定失效时除外），申请传唤相对人以求和解（但相对人不到庭或和解不成时除外），申报破产债权，通知第三人参加诉讼，申请强制执行等。上述种种，均值得我国立法借鉴。此外，向仲裁机关申请仲裁，也属与起诉有同一效力之行为。

在消灭时效进行中，如相对人承认权利人权利的存在，也使双方的权利义务关系恢复到明确状态，因此各国立法都把承认（或称认诺）规定为消灭时效的中断事由（《法国民法典》第 2248 条、《德国民法典》第 209 条、《日本民法典》第 147 条第 3 款、《瑞士债法》第 135 条第 1 款、1922 年《苏俄民法典》第 50 条）。承认在性质上也属意思通知，其本意为相对人表示确知权利人权利的存在，但相对人表示同意履行义务，也意味着对权利人权利的承认，故我国《民法通则》将当事人一方“同意履行义务”作为诉讼时效的中断事由。但严格地说，这种表达没有涵盖相对人仅表示知道权利人享有权利或自己负有义务，而未表示愿意履行义务的情形，因而不能等同于承认，似有重新斟酌的必要。承认通常由相对人向权利人表示，但不以此为必要，只要对外界（特定或不特定人）作出承认权利人权利存在的自白，均发生中断时效的效力，至于相对人所采取的是口头的、书面的或默示的方式（如向权利人要求延期给付、提供担保、支付利息、清偿部分债务等），均在所不问。

消灭时效中断后，自中断事由终止时重新起算（《德国民法典》第211、217条，《日本民法典》第157条第1款，《瑞士债法》第137、138条，1922年《苏俄民法典》第51条）。具体地说，因请求而中断的，消灭时效自该请求到达债务人或为债务人了解时起算；因起诉而中断的，消灭时效自法院作出生效判决或诉讼通过其他方式（如和解）终结时重新起算；因与起诉有相同效力的行为而使消灭时效中断者，消灭时效自该行为或由此而引起的程序终结时重新起算；因承认而中断的，消灭时效自承认到达权利人或为权利人所了解时重新起算。

第二编　物　权　法

第一章　物权总论

第一节　物权的理念

一、物权的概念

和其他许多民法概念一样，“物权”概念可溯源于罗马法，但作为一个法律术语，则是后世学者的创造。在罗马法中，誓金的法律诉讼（Legis Actiones）是最古老的诉讼方式之一，分为“对物的誓金法律诉讼”（Legis Actio Sacramento in Rem）和“对人的誓金法律诉讼”（Legis Actio Sacramento in Personam）。前者是指为维护自己对物品的占有而提起的诉讼，后者是为了确认自己的债权而提起的诉讼①。后来，对物之诉（Actiones in Rem）与对人之诉（Actiones in Personam）成为罗马法上最基本的诉讼分类。从一般意义上说，对物之诉是指为维护某项得对抗任何第三人的绝对权利而提起的诉讼。这类权利的客体，既包括狭义的物（Res），也包括一定的身份或资格。对物之诉一般称为请求返还（Vindicationes 或 Petitiones）之诉，典型的是返还所有物之诉（Rei Vindication），即有关所有权的诉讼②。在这种诉讼法分类的基础上，中世纪注释法学家将罗马私法上的权利区分为对物的权利（Jus in Rem）与对人的权利（Jus in Personam），前一类权利的客体被限定为狭义的物（Res），而后者则指对特定的人所享有的各种权利③。在立法上，物权（Sachenrecht）一词始见于 1794 年《普鲁士普通法》和 1811 年《奥地利民法

---

① ［意］朱塞佩·格罗索著：《罗马法史》，黄风译，中国政法大学出版社 1994 年版，第 122 页。

② ［意］彼德罗·彭梵得著：《罗马法教科书》，黄风译，中国政法大学出版社 1992 年版，第 92 页。

③ 《国际比较法百科全书》第 6 卷第 2 章“财产法结构之差异”，第 1 页。

典》，而 1900 年《德国民法典》则专设物权编，标志着物权概念的正式确立。汉语中“物权”一词系由德文翻译而来，于清末传入中国，沿用至今。

除《奥地利民法典》外，各国民法典都未对物权作出明确定义①。而中外学者对物权的定义则众说不一。在传统民法理论中，对于物权大致有三种定义方式。一是从人与物的关系的角度，将物权定义为“对物支配之财产权”，或“直接就物享受其利益之财产权”，这种见解为近代德国学者登伯格、耶林等人所倡，被称为“对物关系说”。二是从人与人的关系的角度定义物权，认为物权是“对抗一般人之财产权”或“具有禁止任何人侵害之消极作用的财产权”，此即“对人关系说”，为德国学者温彻德、萨维尼等人所主张。三是综合上述两个方面，认为对物的支配性和绝对性是物权的两个基本构成要素，故物权被定义为“直接支配一定之物而享受利益之排他的权利”，或曰“物权为直接支配物之绝对权”②。这种被称为“折衷说”或“结合说”的物权观点，是德国、日本物权理论之通说。

在我国近年出版的各种民法著作（教材）中，物权概念重新得到肯定，但对物权的定义并不完全一致。有的认为，物权作为一个法律范畴，是由法律所确认的主体对财产所依法享有的支配权利③；有的则认为，物权是“权利主体在法律规定的范围内对物直接管理和支配，并排除他人干涉的民事权利”④。显然，前者是一种“对物关系说”的观点，而后者则体现了“结合说”的思想。

我们认为，物权的定义，应当准确地揭示物权所独有的本质特征，而“对物关系说”正符合这一要求，因而是物权的恰当的定义方式；至于“对人关系说”和“结合说”所强调的“对抗一般人”、“排除他人干涉”等法律特征，则并非物权所特有（知识产权和人身权均为绝对权，即或是债权也具有排除他人侵害的效力），故不宜作为物权的定义用语。基于这种认识，我们将物权定义为：民事主体依法排他地直接支配一定的物并享受其利益的权利。这一定义意味着：

1. 物权是以一定的物为客体的民事权利

---

① 《奥地利民法典》第 307 条规定：“物权是属个人的财产上的权利，可以对抗任何人。”

② 史尚宽著：《物权法论》，台湾荣泰印书馆 1957 年版，第 6~7 页；郑玉波著：《民法物权》，台湾三民书局 1984 年版，第 11 页。

③ 《法学研究》编辑部编：《新中国民法学研究综述》，中国社会科学出版社 1990 年版，第 219 页。

④ 王利明等著：《民法新论》（下），中国政法大学出版社 1988 年版，第 3 页。

物权的客体只能是物，而不能是行为、智力成果或人身利益。关于物权的客体，后文将作进一步讨论。

2. 物权是直接支配标的物并享受其利益的权利

任何民事权利都是以一定的利益为内容的，权利的实现即意味着利益的实现。但各种权利的利益实现方式并不相同。物权的最大特点在于，它是通过权利主体对物的直接支配而实现其利益的。所谓直接支配，是指权利主体依自己的意思对标的物直接行使权利，无需以他人的意思或行为作为中介。例如，土地所有人可耕种其土地，地役权人可使用供役地，抵押权人可依法处分抵押物，等等。物权意义上的直接支配，有的是全面的（如所有权），有的是定限的（如他物权）；有的是有形的（如留置权），有的是无形的（如抵押权）；有的由权利人任意进行（如地役权），有的须履行法定程序（如抵押权）。至于“享受其利益”，传统理论认为包括两种情况：一为对标的物加以利用，实现其使用价值，从而满足生产或生活需要，这是各种用益物权的共同之处；二为就物的交换价值设为债务的担保，以促使债权的实现，这是担保物权的目的所在。我们认为，除上述两种情况外，享受物的利益还包括经济上和非经济上（精神上）的单纯受益，前者如收获果实，后者如借祖传遗物（未必具有经济价值）满足精神需要。

3. 物权具有排他性

对于物权的排他性，有的学者认为应从以下两个方面加以理解：其一是“物权具有排除他人干涉的效力”；其二是“一物之上不能同时设立两个以上效力相等、互不相容的物权”。我们认为，这是对物权的排他性的扩大解释。应当认为，“排除他人干涉”是各种民事权利所共有的外部效力，并非物权所独有，故不能作为物权的排他性的释义。物权的排他性，仅指同一标的物上不容许性质不两立之两种以上物权同时存在，如不能在同一标的物上同时存在两个相互独立的所有权或相互排斥的抵押权。需要指出的是，物权的排他性只是指一物之上不能同时设立两种以上内容和效力互不相容的物权，而不意味着一概禁止不同物权的并存（例如所有权与他物权并存，互不影响的数个他物权并存），更不排除数人共享同一物权（如共同所有权）。

4. 物权无特定的义务主体

就其实质而言，物权是对物的权利，而不是对人的权利，权利人通过对标的物的直接支配即可实现其利益，无须借助于他人的意思或行为。这就决定了：其一，物权无特定的义务主体。从理论上说，物权法律关系的义务主体是权利人以外的一切人，因此，物权又被称为“对世权”。其二，物权的义务主体所承担的是不作为义务，即不以任何行为妨害物权人对标的物的支配的义务。

物权的这些特征，使其与债权、知识产权、继承权等财产权之间存在着明显的区别。

二、物权的效力

物权的效力，即法律赋予物权的强制作用力。对其内容，学者们表述不尽一致。有的将物权的效力归纳为“优先权”和“物上请求权”两个方面，有的将“追及力”单列为一个方面，也有的认为物权具有“支配力”、“优先力”和“妨害排除力”三个方面的效力①。

我们认为，对物权的效力，应从不同的层面上加以分析。

首先，物权为对物的直接支配权，故支配力是物权最基本的效力。所谓支配力，是指物权具有保障权利人对标的物进行直接支配的效力。基于物权的这一效力，物权人可依自己的意思对标的物实施（或不实施）法律允许的支配行为，如占有、使用、处分等。尽管各种物权的支配力在范围和程度上并不完全一致（如所有权具有完全的支配力，他物权具有不完全支配力），但在对物的支配这一点上，一切物权概莫能外。

其次，为了保障物权人实现对物的支配，法律必须赋予物权“优先力”和“物上请求力”。

关于物权的优先力的含义，向来有不同的学说见解。有的学者认为，物权的优先效力包括物权相互间的优先效力和物权对于债权的优先效力两个方面；有的则认为，物权的优先效力仅指物权优先于债权而言；也有的主张，物权的优先力仅限于物权相互之间。我们同意第二种观点。(1) 从语义上说，“物权的优先力”应理解为物权作为一种权利类型所特有的效力，是指物权整体而言，不宜将各种具体物权之间的优先问题纳入其中；（2）从现实情况看，各种具体物权之间从一般意义上说并不存在效力优先问题。根据物权的排他性特征，一物之上不允许设立内容和效力互不相容的两个以上物权，故在这些物权之间（如所有权与所有权之间）并不存在优先问题；当一物之上同时存在两个以上内容不相同的物权（如所有权和抵押权并存）时，它们通常是并行不

① 参见史尚宽著：《物权法论》，台湾荣泰印书馆 1957 年版，第 9~10 页；郑玉波著：《民法物权》，台湾三民书局 1984 年版，第 22 页；王利明等著：《民法新论》（下），中国政法大学出版社 1988 年版，第 7 页。

悖的，也不发生何者优先行使的问题。至于抵押权之间的行使先后问题，应认为是个别物权之间的特有现象，不足以推导出“物权相互之间以先成立者优先”的一般结论。因此，物权的优先力，仅指物权具有优先于债权的效力。物权的这种优先力具体表现在以下两个方面：一是在已成为债权标的特定物上成立物权时，物权具有优先效力，物权上的支配权排除债权人的请求权。在“一物二卖”而仅有一家买受人取得物之所有权的情形下，物权的优先效力得到充分体现。二是当某物构成债务人一般财产的一部分时，如债务人破产或其财产被强制执行，对该物享有物权者有权取回该物或就其价值优先受偿（前者称为“取回权”，为所有人之权利；后者称为“别除权”，由担保物权人享有）。

物权的物上请求力，是指当物权内容的完全实现受到外力妨害时，物权所具有的排除妨害、恢复其圆满状态的效力，是物权的支配力在特定条件下的特殊作用。基于物权的这一效力，物权人对非法妨害人享有除去妨害、恢复物权圆满支配状态的请求权。此类请求权，统称为“物权的请求权”或“物上请求权”。根据对物权的妨害方式的不同，物上请求权也可表现为不同形态。有的学者将其概括为“返还请求权”、“妨害除去请求权”、“妨害防止请求权”三种；有的将其归纳为“返还请求权”、“保全请求权”两种；我国现行民法理论和民事立法则将物上请求权的内容进一步具体化为“停止侵害”、“排除妨害”、“消除危险”、“恢复原状”、“返还原物”等请求权。

尽管各国立法者都认为物上请求权是物权人固有的权利，但民法理论界对此种请求权的性质并未形成统一的认识。有的学者认为，物上请求权是物权作用的体现，可视为物权的一项权能（消极权能）；有的认为物上请求权并不是物权作用，而是物权受到分割后发生的债权；有的认为物上请求权从性质上说是对特定人请求为一定行为的权利，但这种请求权的发生、移转和消灭又与基本物权密不可分，因而是一种准债权。我们认为，物上请求权既不是物权的一项权能（因为它不具有物权所固有的支配性质），也不属债权的范畴，而是一种以物权为基础的独立请求权。物上请求权在内容上和形式上虽与债权（尤其是侵权请求权和不当得利返还请求权）相似，在实践中也可能发生竞合，但它仍具有自身的特点，不能混为一谈。其一，物上请求权是与物权密切联系在一起的，不能脱离物权而单独存在，也不能单独让与，而债权请求权则不然；其二，物上请求权的行使不以妨害方的过错为条件，而侵权请求权则相反；其三，物上请求权表现为返还请求权时，其行使以“物”的存在为前提，以返还原物为限度，而不当得利返还请求权则不然；其四，物上请求权既与物权共存亡，其行使就应不受诉讼时效限制，而债权请求权则受此限制。鉴于物上请求权的独立性质，我们主张在我国物权立法中确立物上请求权的概念，从而强化物权的法律效力，并使民法上的请求权体系臻于完备。

基于物权的排他支配性，物权人得向妨害其物权的任何人行使物上请求权。当物权人非基于自己的意思而丧失对标的物的占有时，无论该物辗转入于何人手中，物权人均有权追及其所在而行使权利。因此，“追及权”是物上请求权固有的内容，也是物权的支配力的必然产物①。但在特定条件下，追及权的行使受到“善意取得制度”的限制。

三、物权法制之演进

物权法律制度，是特定社会条件下调整物质财富占有和支配关系的法律规范的总和，涵盖着物权的法定形态及其内容、物权的变动及物权的保护等方面的法律规则。

在世界各国的法律体系中，物权制度都居于举足轻重的地位。在大陆法系国家，作为基本法的民法，以财产关系为主要调整对象，而民法所调整的财产关系不外乎财产支配关系和财产流转关系两个方面，前者在法律上主要表现为物权关系，由物权法调整；后者表现为债权关系，由债法调整。因此，物权法成为大陆法系各国民法体系的支柱之一。在英美法系国家，虽无“物权”这一抽象的法律用语，也没有独立的物权立法，但以财产支配关系为主要调整对象的财产法（Property Law）在这些国家的法律体系中都居于重要地位，也是其私法（Private Law）的基本组成部分。其所以如此，从根本上说，是由于在法律上明确财产支配关系对于人类社会生活具有极端重要性。因此，“财产问题从来就随着工业发展的不同阶段而成为这个或那个阶级的切身问题”②。在现代市场经济条件下，物权制度对于实现社会资源的优化配置和有效利用，仍发挥不可或缺的作用。

历史的考察表明，物权制度是随着私有制的出现而产生的。在原始社会，人们在以血缘关系为纽带而形成的共同体（氏族或部落组织）中生产和生活，生产资料公有制是这种共同体存在的基础，个人对物质财富的占有和使用，必

---

① 也有学者认为，追及力是物权效力的一项独立内容。参见王利明等著：《民法新论》（下），中国政法大学出版社 1988 年版，第 7 页。

② 《马克思恩格斯全集》第 4 卷，人民出版社 1958 年版，第 335 页。

须“以他作为部落等等成员的自然形成的存在为媒介”①，因此“不存在个人所有，只有个人占有”②。也就是说，占有还没有成为法律上的权利。至原始社会末期，劳动生产率的提高导致了剩余产品的出现，而社会分工的形成又破坏了生产和占有的共同性，从而使个人占有成为占优势的规则③。在这一条件下，人类社会出现了私有制的最初形态。私有制的发展，促成了奴隶制国家的产生；而奴隶主阶级以法律的形式确认和保护奴隶主对生产资料和奴隶的占有和支配，便形成了奴隶制国家的物权法律制度。对此，马克思曾作过如下精辟的分析：“私有财产的真正基础，即占有，是一个事实，是无可解释的事实，而不是权利。只是由于社会赋予实际占有以法律规定，实际占有才具有合法占有的性质，才具有私有财产的性质。”④

和其他法律制度一样，物权制度在不同的历史时代中“以各种不同的方式，在完全不同的社会关系下面发展着”⑤。在西方法制史上，曾经存在两种具有代表性的物权制度，即罗马法物权制度和日耳曼法物权制度，它们在立法思想、体系和内容等方面都存在鲜明的差别，而这种差别在后世两大法系的物权法（财产法）之间也得到了充分的体现。

罗马法的物权制度，是古罗马社会简单商品经济和个人本位主义法律思想的产物，其基本特点可以归纳为：（1）以所有权为中心。在罗马法时代，抽象的物权概念尚未形成，对物的各种支配都是建立在所有权基础上的，所有权是对物支配权的最高体现，所有权以外的支配权（他物权）不过是所有权支配力发生作用的结果。这种以所有权为中心的物权观念，强调个人对物的抽象支配，漠视物的利用，带有浓厚的个人主义色彩。（2）奉行一物一权主义。在罗马法中，所有权被定义为“对所有物的完全支配权”⑥，所有人对其所有物拥有自由处分权，故在同一物之上不允许有两个以上所有权同时存在。这种排他性，在某些他物权上也得到体现，它是罗马法强调物权支配力的必然结果（对物的支配必然是排他的）。（3）强调所有权的弹性力或归一力。罗马法认为，当所有权的某项权能与所有权分离而成立其他物权时，所有权只是在一定时间内受到限制，他物权终止后，其权能即自动复归于所有权，所有权的圆满

① 《马克思恩格斯全集》第46卷上册，人民出版社1979年版，第483页。
② 《马克思恩格斯全集》第30卷，人民出版社1995年版，第475页。
③ 《马克思恩格斯选集》第4卷，人民出版社1972年版，第170页。
④ 《马克思恩格斯全集》第3卷，人民出版社2002年版，第137页。
⑤ 《马克思恩格斯选集》第1卷，人民出版社1972年版，第144页。
⑥ 周枏著：《罗马法原论》（上），商务印书馆1994年版，第299页。

状态亦得以恢复。(4) 承认所有权量的分割而不承认质的分裂。就同一物而言，允许数人共享同一所有权，但不允许数人各自享有不同内容的“所有权”。(5) 将占有作为独立概念。罗马法认为，所有权是对物的法律上的支配力，而占有是对物的事实上的支配，因此，本权与占有相分离，所有之诉与占有之诉也相互独立。

与罗马法物权制度不同，日耳曼法物权制度是早期欧洲封建社会土地所有制和农本经济在法律上的典型体现，它一方面具有封建法律的特征，另一方面又保留了较多的原始公社习惯的残余。其主要特点是：(1) 不承认抽象的所有权概念和所有权与其他物权的区别，而是基于物资利用的种种形态，确认各种物权的存在，以表现各种对物的占有和利用关系。(2) 各种物权因其支配客体的不同而具有不同的性质，在支配方式、效力和保护方法等方面也有严格的区别。(3) 同一物之上可设立两个所有权，其典型形式是对土地的双重所有权（收取地租者的“上级所有权”和支付地租者的“下级所有权”）。(4) 当数人对同一物享有所有权时，所有权的分割为质的分割，即所有权所包含的不同权能分别由不同的所有人享有。(5) 对所有权与占有不作严格区别，凡对于物的事实上的支配均具有物权效力，受到法律保护。(6) 物权具有身份的支配特征和家庭、村落等团体主义色彩（前者如领主所有权，后者如“总有”）。

罗马法和日耳曼法的物权制度尽管各具特色，对比鲜明，但对后世立法都有广泛和深远的影响。随着罗马法的传播和继受，罗马法所确立的物权观念也为近代大陆法系各国立法所接受（这种接受并不是盲目的，而是因为它迎合了资产阶级所倡导的个人主义理想和自由平等思想，符合资本主义经济的发展要求），因而成为大陆法系国家物权法的共有观念，至今未有根本动摇；在那些具有大陆法系历史传统的公有制国家的民法理论和民事立法中，这种物权观念也得到了全面的继受。日耳曼法在西欧封建社会始终是一种普遍适用的法律，也是近代资本主义法律的历史渊源之一，它在物权法方面所确立的一些基本观念，由于不符合近代资产阶级立法的根本指导思想而未被欧陆各国物权立法所接受，但（由于历史的原因）却在英国财产法（尤其是不动产法）中得到了体现，并通过英国的殖民统治而移植到世界各地，成为普通法系财产法的固有理念——正是在这一意义上，英国法被恩格斯称为“传播于世界各大洲的唯一的日耳曼法”①。但是，无论是罗马法还是日耳曼法，其物权制度的影

① 《马克思恩格斯选集》第3卷，人民出版社1972年版，第150页。

响都不仅限于大陆法系或普通法系。“即使在英国，为了私法（特别其中关于动产的那一部分）的进一步发展，也不得不参照罗马法的诸原则”①；而日耳曼法对近代欧陆国家的物权制度（尤其是不动产物权），同样具有深刻的影响。特别需要指出的是，近百年来，随着社会经济关系的变迁，在历史上深受罗马法物权观念影响的大陆法系各国物权立法，在指导思想上也发生了由“个人本位”到“社会本位”，由片面强调对物的抽象支配到重视对物的利用的转变。基于这种指导思想的转变，这些国家的物权立法出现了一些引人注目的变化。

一是所有权的社会化。19世纪末叶，资本主义进入垄断时期。随着各种社会矛盾的加剧，《法国民法典》所确立的民法基本原则显示出了其与社会经济发展的不适应性，“私权神圣”及“所有权不受限制”的传统观念开始受到冲击。在德国，潘德克顿法学的代表人物之一耶林在坚持罗马法所有权观念的同时，论述了所有权的社会性，认为“所有人不仅是为自己的利益，同时还须适合于社会的利益，行使权利方能达成所有权之本分”；另有一些历来强调团体利益的日耳曼主义者（如基尔克），更提出了“禁止权利滥用”的主张②。在这种理论指导下，1896年《德国民法典》确立了禁止权利滥用和诚实信用原则，1919年《魏玛宪法》更明确规定：“所有权要承担义务，其行使应有益于公共利益。”这就表明，资产阶级民法中的所有权观念开始由“个人本位”向“社会本位”转变。在“社会本位”的权利观念下，所有权不再是不受任何限制的个人绝对权利，而必须受到社会利益的制约。这种制约主要表现在：（1）对所有权效力范围的限制。各国立法普遍摒弃《法国民法典》中有关土地所有权的效力“上达天空、下至地心”的规定，主张其仅于“法令限制的范围内”及于地上及地下，并规定“所有人不得禁止他人在与所有人无利害关系的高空和地层中所为的行为”（《日本民法典》第207条，《德国民法典》第905条）；即使在法国，也通过特别立法，规定地下矿藏为国家所有，大气空间为公共财产（1910年矿业法，1924年航空法）。（2）对所有权行使的限制。《法国民法典》中虽有“法规所禁止的使用不在此限”的规定（第544条），但它并未构成对所有权行使的一般性限制；《德国民法典》规定，所有权的行使“以不违反法律和第三人权利为限”（第903条），将“第三人权利”也作为所有权行使的限制；而《瑞士民法典》则进一步规定，“明

① 《马克思恩格斯选集》第1卷，人民出版社1972年版，第71页。

② 转引自刘得宽著：《民法诸问题与新展望》，1980年台北版，第60~61页。

显地滥用权利，不受法律保护”（第2条），将对所有权行使的限制置于民法基本原则的调整之下，完成了由特殊限制到一般限制的立法转变。（3）所有权负担的设定。如《德国民法典》规定，“土地所有人不得禁止煤气、蒸汽、臭气、煤烟、热气、噪声、震动和其他来自他人土地的类似的干涉的侵入”（第906条第1款）；《瑞士民法典》规定，“土地所有人已取得全部损失赔偿时，有许可水道、疏水管、煤气管及地上、地下电缆在其土地上安设的义务”。（第691条）

二是新的用益物权形态的出现。随着社会生产力和科学技术的发展，人类对客观世界的控制能力不断增强，对物质财富的利用程度逐渐加深，传统的用益物权形态已无法完全适应经济发展和社会生活的需要，一些新的用益物权形态应运而生。例如：对土地资源的利用由地表向高空延伸，导致了确认“空间使用权”的立法；城市高层建筑的发展，产生了建筑物区分所有人的共用权；为了更大程度地发挥不动产的效用，确立了比传统的地役权内容更为丰富的相邻权，等等。上述现象，表现了现代资产阶级物权立法重视物的利用，以图最大限度地发挥其社会经济效益。

三是所有权实现模式的变革。传统民法上的所有权观念强调所有人对标的物的直接管领和支配，对标的物的处分权尤其被视为所有权存在的必要标志，不允许与所有人相分离。这种观念，与现代社会化大生产的客观要求显然是不相适应的——后者要求通过专业化经营实现生产资料与劳动力的最佳结合，实现社会财富增值的极大化。于是，在新的生产方式下，产生了新的所有权实现模式，即标的物的实物支配权与价值支配权相分离的模式，公司股东对公司财产的所有权即属这种情况。与传统民法所认可的所有权权能的简单分离相比，这无疑是所有权权能分离的一种高级形态，马克思喻之为“资本所有权这样一来现在就同现实再生产过程中的职能完全分离”①。

四是租赁权的强化。就其本来意义而言，租赁权是承租人依约定对租赁物加以占有、使用和收益的权利，属债权的范畴。但现代各国立法出于充分发挥物的使用价值的考虑，强化了租赁权的法律效力。例如《德国民法典》规定，在居房租赁中，租赁物一经交付，新买主与承租人之间便当然地发生新的租赁关系；《日本民法典》第605条规定，“不动产租赁实行登记后，对以后就该不动产取得物权者，亦发生效力”；《日本房屋租用法》第1条进一步规定，“建筑物的租赁，虽未进行登记，于建筑物交付后，对其后就该建筑物取得物

① 《马克思恩格斯全集》第25卷，人民出版社1974年版，第494页。

权者，亦发生效力”，这种“买卖不破租赁”的立法主张，使租赁权具有了某种物权效力，学者们称之为“租赁权的物权化”，是物权观念由支配向利用转变的又一例证。

另外，物权客体观念的变化及其范围的扩大（由有体物扩展到无形的权利）、担保物权制度的发达和对担保物利用的重视等，也是本世纪西方国家物权制度发展史上值得注意的现象。

在公有制国家的民事立法中，物权的概念虽然受到排斥，但以维护公有制为基本职能的财产所有权制度从来就被视为民法的重要组成部分；除此之外，法律还确认了其他一些物权形态（如抵押权、国有土地使用权等）。这就表明，实质意义上的物权制度在公有制国家也是存在的。不仅如此，在物权观念方面，公有制国家的民事立法也经历了由“支配”到“利用”的发展历程。这一点在国家财产所有权方面表现得尤为突出。一般来说，在公有制体制确立之初，社会主义国家普遍强调国家对国有资产的直接支配，因而实行高度集权的计划经济体制，通过行政手段直接干预国有企业的经济活动，否认企业的独立法律人格和经营自主权。实践证明，这种国家所有权观念和经济运行模式抑制了企业的经营活力，阻滞了公有制经济的发展。在严峻的事实面前，社会主义各国经过深刻的反思，先后开展了以增强国有企业经营活力为基本方向的经济体制改革。而这种改革实践正是以国家所有权观念的变革为前提的。在中国，国家所有权观念由“支配”到“利用”的转变的基本标志是 20 世纪 80 年代中期“两权分离”命题的提出和法律化。根据这一命题，《民法通则》确立了国有企业对国家财产的经营权及有关单位和个人对国有土地和其他自然资源的使用权，《城市房地产管理法》确立了国有土地使用权及其出让和转让制度，从而使用国家财产具有浓厚的用益物权色彩。这不但顺应了世界物权立法的潮流，也是我国物权法的正确发展方向。

四、物权法的基本原则

由于社会制度、法律传统等方面的差异，各国的物权立法都有其自身的特色，在指导思想上也存在一些差别，如大陆法系国家奉行“一物一权”主义，而普通法则承认双重所有权；资产阶级立法注重对私有财产的保护，而公有制国家则强调对国家所有权的保护，等等。但从总体上说，现代各国物权立法都遵循着以下两项基本原则，即“物权法定”原则和“公示与公信”原则。

物权法定，有广义与狭义之分。狭义的物权法定，是指物权种类法定，亦即除法律有明文规定的物权外，当事人不得任意创设物权形态。如《日本民法典》第175条规定："物权，除本法及其他法律所定者外，不得创设。"荷兰民法（第584条）也有类似规定。从广义上说，物权法定是指物权的种类、内容、效力、变动要件、保护方法等都只能由法律规定，不容许当事人自行创设。我们认为，作为物权法基本原则的"物权法定"，主要是从物权创设方面而言，即物权的种类及各种物权的内容均由法律规定，不得自由创设或改变，因为这一点最能体现物权法的特点。而物权效力、变动要件、保护方法等方面的法定性，则不足以使物权与其他民事权利相区别（债权在这些方面也具有法定性）。

关于物权的创设，在法制史上曾有放任主义和法定主义两种立法主张。1794年《普鲁士普通法》规定，当事人通过债的关系（例如租赁关系）取得的对物的使用收益权，因占有其物或登记其权利而成为物权；1811年《奥地利民法典》也有类似规定。此为放任主义的立法主张。而近代各国立法则反其道而行之，大多采取了"物权法定"的立场。究其原因，除罗马法的影响外①，更重要的是物权自身的本质特征和社会经济有序发展的要求。首先，物权为绝对权，动辄涉及第三人利益，因而其形态和内容必须规范化和明晰化，如果任由当事人创设（例如创设不受地役权制约的土地所有权、不受租赁权限制的房屋所有权等），势必损害他人的正当利益，也不符合物尽其用的效益原则；其次，物权公示制度作为维护社会经济秩序的重要手段，只有在物权种类确定、内容明确的前提下才能充分发挥其作用，若非如此，物权的公示将失去其意义；再次，物权形态及其内容的明朗化，也是保障物权人自身权益的需要。因此，各国立法都对物权的种类及其内容作出明确规定，只许当事人在法定的物权形态范围内享受法定的权利，而不允许其自由创设。当然，"物权法定"并不意味着各国的物权立法体系是完全封闭的或物权的法定形态是一成不变的。对于现实经济生活中出现的反映生产力发展要求、具备物权特征的新型财产占有（支配）关系，各国法律一般都会适时地予以承认，规定为新的物权形态，从而使其物权体系不断丰富和发展。在我国现行立法中，这种发展也得到了充分的体现。

对"物权法定"所言之"法"，应作何种理解？通说认为，此"法"是专指法律（民法及其他特别法）而言，而不包括法令在内。我们同意这种见

---

① 罗马法认为，物权都是典型的权利，本质上是由法律规定并归入固定类型的，当事人不得自由创设。参见彼德罗·彭梵得著：《罗马法教科书》，黄风译，中国政法大学出版社1992年版，第183页。

解。“物权法定”的根本宗旨，在于使物权种类及其内容尽可能规范化和统一化，以便公示，从而维护交易安全和社会经济秩序，如果对“法”作广义解释，这一宗旨是难以实现的。因此，“物权法定”原则在我国意味着：物权种类由全国人民代表大会及其常务委员会通过法律加以规定，各种行政法规、决定、命令及地方性法规和规章，均不具有创设物权的效力。但是，对于“法律”是否包括习惯法在内，学者间则有不同的见解。持肯定态度者认为，物权法定主义过于僵硬，难以适应现代社会经济的发展，倘环境习惯上能有适宜的公示方法之新物权之生成，自不妨予以承认。我们认为，承认习惯创设物权，既与我国现行的法律渊源体制相悖（我国现行立法不承认习惯为直接法律渊源，无“习惯法”之说），从根本上说也是不符合“物权法定”原则宗旨的。至于“物权法定”主义的僵化问题，则完全可以通过成文法对现实存在的符合物权特征的财产支配关系（如土地承包、房屋出典关系）的适时确认加以解决（在物权法确认之前，可由债法规范加以调整），而不必借助于“习惯法”创设物权。

公示与公信原则是有关物权变动的基本立法原则。其中，“公示”强调物权变动的要件，即物权的变动以采取某种可使外界知晓的方式为要件，否则不产生法律上的效力或不得对抗第三人；“公信”强调公示的作用，即物权的变动只要采取了法定的公示方式，即发行法律上的效果，即使公示所表现的物权状态与真实的物权状态不相符合，这种效果也不受影响。依据这一原则，各国物权法都确立了物权变动的公示规则，并赋予这种公示公信力。

一般来说，物权的变动只有在实质上和形式上都是真实的，才能发生效力。但由于公示与公信原则的采用，就可能导致以下两种结果：一是虽然物权实质上已经变动（如当事人已完成了支付价款和交付标的物的不动产买卖行为），但因未采取法定的公示方法（未登记），仍不能发生物权变动的效力；二是虽然物权实质上并未变动，但因为采取了法定的公示方法，法律仍赋予其物权变动的效力。上述两种现象从表现上看是“不合理”的，但从深层看却是必要的，是社会经济生活对物权立法的必然要求。首先，权利为义务人所知是权利得到尊重和保护的前提条件。这一点对于债权来说不成为问题，因为债权的义务主体是特定的，只需特定的债务人履行其债务，债权即可实现，故债权无需对外公开。而物权则不然。物权是无特定义务主体的民事权利，权利人以外的一切人都负有不妨害物权人行使权利的不作为义务，这也是物权得以实现的必要条件；而对不特定的义务人而言，这种不作为义务的履行，必须以知晓物权的存在、明确物权的归属为前提，这就要求从法律上为物权的变动确立一定的客观标准，以便识别，使物权得到起码的安全。其次，物权具有排他性和优先效力，其变动动辄影响第三人利益，如果不以一定的可从外部查知的方式表现出来，即可能使第三人受到不测损害，对那些不伴有外部表征的物权变动（如抵押权的设定）来说，若不为公示，对利害关系人尤为不利。因此，物权变动的公示不仅关涉到物权自身的安全，也是维护第三人利益的需要。最后，在公示所表现的物权状态与真实的物权状态不一致的情况下，有条件地确认物权变动的效力，即赋予公示公信力，是在个人利益和社会利益之间进行均衡、选择的结果，目的在于维护市场交易的安全与效率，确保社会经济的稳定发展。

在各国物权制度中，公示与公信原则都得到了不同程度的体现。根据公示原则，动产物权的变动以交付（移转占有）为公示方法，不动产物权的变动以登记为公示方法，否则不发生法律效力或不得对抗第三人。根据公信原则，只要当事人在变动物权时依法定方式进行了公示，法律就赋予该物权变动完全效力，即使公示有瑕疵（公示所表现的物权状态与真实的物权状态不一致），善意受让人基于对公示的信赖，仍可取得物权。具体地说，无处分权的动产占有人按合法方式转让动产物权，受让人不知道并且无义务知道其无处分权的，取得了标的物的占有，就取得了物权，原所有人无权要求受让人返还标的物；不动产经登记而转让物权的，即使登记存在瑕疵，受让人不知且无义务知道此瑕疵的，办理登记即取得不动产物权。但在公示的效力和公信原则的适用范围问题上，各国立法主张并不完全相同。就前者而言，德国和瑞士民法将登记规定为不动产物权变动的生效要件，而法国和日本民法则仅作为对抗第三人的要件。就后者而言，法国和日本民法规定公信原则只适用于动产交易，而在德国和瑞士民法中，这一原则也适用于不动产交易。上述差异表明，各国物权立法对交易安全的保护存在程度上的差别。但从总体上说，各国立法对公示与公信原则都是采认同态度的。中国的物权立法，同样担负明确财产归属、保障交易安全、维护社会经济秩序的职能，对这一原则也应取肯定立场。

除“物权法定”及“公示与公信”原则外，有的学者还将“一物一权”及“物权行为独立”视为物权立法的基本原则①。我们对此不敢苟同。“一物一权”是对物权排他性的形象表述，意指同一标的物之上不得设立内容和效力互不相容的两个以上物权，尤指一物之上只能存在一个所有权，它反映的是

① 参见张俊浩主编：《民法学原理》，中国政法大学出版社1991年版，第339~341页。

物权的本质特征。但从物权法的意义上说，各国立法并不排除在同一标的物上同时设有所有权和他物权，也不排除在同一标的物上同时设立两个以上内容不相冲突的他物权。因此，将“一物一权”称为物权法的基本原则未必适当。至于“物权行为”乃是德国等少数国家和地区民法理论中有关物权变动的特有概念，并未得到各国的普遍认同，我国物权法是否应当承认物权行为的独立性，尚待进一步探讨（详见后文），将“物权行为独立”作为物权法的基本原则，未必恰当。

第二节 物权的客体

一、概说

物权是“对物的权利”，其客体为“物”，这是无可争辩的。但对于物权客体的范围，在不同法制下则有不同的理解。

罗马法上的物（Res），在不同时期被赋予不同的含义。在古代罗马，人们所称的物，是指除自由人以外而存在于自然界的一切东西，不管是对人有用的还是无用的，甚至是有害的，都属物的范畴。因此，山川、大地、阳光、空气皆为物，奴隶也是物。后来，随着法律和法学思想的发展，罗马法逐渐把物限定为人力可以支配、对人有用、并能构成人们财产组成部分的事物，统称财物（Bona），包括有体物、权利和诉权①。但是，在具体和特定的意义上（即作为物权的客体），物是指外部世界的某一有限部分，即实体的物，也称为物体（Corpus）。权威学说认为，罗马法上物权的标的，只能是这种意义上的物②。

《法国民法典》第二卷“财产及对于所有权的限制”同时使用了“财产”（Biens）和“物”（Chose）两个术语。依其第一编规定，“财产”中的动产和不动产既包括有体物，也包括对于有体物的权利，如用益权、地役权、债权、诉权等（《法国民法典》第526、529条），可见其“财产”与罗马法上的财物（Bona）相当。《法国民法典》第543条规定：“对于财产，得取得所有权，或取得单独的用益权，或仅仅取得土地供自己役使之权。”这似乎表明，一切财

① 周枏著：《罗马法原论》（上），商务印书馆1994年版，第276页。

② ［意］彼德罗·彭梵得著：《罗马法教科书》，黄风译，中国政法大学出版社1992年版，第185页。

产均可成为物权的客体。但是，该卷的第二、三、四编对于各种物权的具体规定都没有使用广义的“财产”概念，而是以物作为其权利客体。例如第544条规定，所有权为“对物的使用及处分的权利”；第578条规定，用益权为“所有权属于他人之物的权利”；第703条规定，役权于“物处于不能再使用的情况时”终止。从上述各条规定看，所有权、用益权、役权等物权的客体仅限于“物”，即有体物。可见，《法国民法典》在继承罗马法时，以“财产”这一术语表述罗马法上“财物”的概念，而“物”则与罗马法上的“物体”同义；同时，《法国民法典》也和罗马法一样，将物权的客体限制在有体物的范围内。但后世法学家认为，《法国民法典》并不排斥广义的所有权概念，亦即所有权的客体不必以有体物为限①。

与《法国民法典》不同，《德国民法典》对物作了明确的狭义解释。该法典第90条规定：“法律上所称的物，仅指有体物而言。”《日本民法典》受其影响，对物也作了同样的定义（第85条）。但是，德国和日本民法典都将权利质权列入担保物权体系，这就使作为物权客体的“物”在范围上有所扩张，即不仅包括有体物，在特定情况下，也包括某些权利。《瑞士民法典》也规定，作为土地所有权标的物的“土地”不仅包括不动产，也包括“不动产登记簿上已登记的独立且持续的权利”（第655条）。但是上述规定只是这些国家物权立法中的特例，并未动摇其立法者对于“物”所持的基本立场。

在英美法系国家，对物的支配关系由财产法调整，并不存在“物权”和“物”的独立概念。一般认为，“财产（Property）是指独立于人身之外的、人们可对之享有法律认可的权利的东西”②。作为所有权客体的财产，既包括有体物（Corporal Things），也包括无体财产（Incorporal Objects，如版权、索赔权）③。可见，英美法中的“财产”与罗马法上的财物（Bona）及《法国民法典》中的财产（Bien）意义相近，而与德国、日本等国民法中所言之“物”则相去甚远。英美法在使用所有权、占有等概念时，都是以财产作为其权利客体的。

我国现行立法并未对“物”作出直接定义，但通说认为，民法上所称的物，是指存在于人身之外，能满足人们的社会需要，而又能为人所支配控制的

---

① 《国际比较法百科全书》第6卷，1983年英文版，第2章，第6页。

② Eric Poole, English Property Law, Charles Knight & Co. Ltd., 1973, p. 2.

③ David M. Walker, The Oxford Companion to Law, Oxford Clarendon Press, 1980, p. 1007.

物质产品①；换言之，民法上的物权指有体物而言。这与大陆法系各国对物的通行解释是一致的。值得注意的是，《民法通则》第四章第一节使用了“财产所有权”和“与财产所有权有关的财产权”的概念，将“财产”作为所有权和其他物权的客体。我们认为，这种用法易使人对我国物权的客体范围产生误解，因为无论是在《法国民法典》中还是在英美等国财产法中，“财产”都是一个广义的概念（既包括有形物，也包括无形的权利，如债权、知识产权），如果将其笼统地作为物权的客体，将会引导出“债权所有权”、“知识产权所有权”等模糊概念，从而破坏民事权利的基本体系。总之，物权的客体应为“物”，而不是广义的“财产”，这既是各国立法通例，也是我国进行系统物权立法时应当坚持的基本立场；其次，作为物权客体的物原则上应限于有体物，个别物权（如抵押权、质权）将权利作为客体（《中华人民共和国担保法》已有“土地使用权抵押”和“权利质押”的规定），只是物权立法中的特例。

二、物（有体物）作为物权客体的条件

有体物（Res Corporales）与无体物（Res Incorporales）是罗马法上以物是否有实体存在而对物所作的分类。盖尤斯认为，有体物是“能触摸到的物”，如土地、奴隶、衣服、金银等，无体物是指不能触摸到的物，例如遗产继承权、役权、用益权以及以任何形式设定的债权②。换言之，有体物即有形物，无体物即权利。随着生产力的发展，人类对物质世界的认识能力和支配能力不断提高，这种以是否可触摸为标准划分有体物与无体物的观念受到了冲击。在现代物权法中，有体物是指除权利以外的一切物质实体，即物理上的物，它不仅包括占有一定空间的有形物（各种固体、液体和气体），还包括电、光、热等自然力或“能”（Energies）③。

有体物作为物权的客体，既要具备物作为权利客体的一般条件，又要符合物权对于标的物的特殊要求。

一般说来，民法上的物，必须具备以下基本条件：（1）独立于人身之外。在现代法律观念下，有生命的人是独立的权利主体，在本质上不能为他人所支配。因此，人体本身虽为物质实体，但不能成为权利客体。但是，各国立法一

① 佟柔主编：《中国民法》，法律出版社1990年版，第52页。

② 范怀俊译：《民法大全选择·物与物权》，中国政法大学出版社1993年版，第1~2页。

③ 《国际比较法百科全书》第6卷，1983年英文版，第2章，第6页。

般都不否认，与本体相分离的人体组成部分（如毛发、血液、可移植器官）可成为权利客体；相反，人身之外的物质实体（如假肢、假牙）一旦成为人体的组成部分，在民法上也就失去了意义。至于人的尸体是否为法律意义上的物，在很大程度上取决于各国的社会心理和道德观念，在不违反法律和社会公德的前提下，尸体及其组成部分可以成为法律关系客体。（2）可为人力所支配。有体物只有在人力能够支配的情况下，才能以之为客体设立各种法律关系；那些不能或目前还不能为人力所支配的物质实体（如日、月、星辰），一般不具有民法上的意义。（3）能满足人的物质或精神需要。从理论上说，那些没有任何使用价值或交换价值的物质实体，是不能成为民事法律关系客体的。这里需要说明的是：其一，物的价值的有无，不能仅以金钱衡量，也不能以社会一般标准衡量，那些虽无经济价值，但能满足特定个人精神需要的物品（如书信、遗物），仍具有民法意义；其二，随着人类改造物质世界能力的不断增强和对物质财富需求的不断扩大，几乎一切物质实体都可成为“有用之物”，从而使民法意义上的物不断扩大其范围。（4）具有稀缺性。这一点往往为人们所忽视。不具有稀缺性的物质（如阳光、空气、海水），无须在法律上明确其归属，因此不能成为民法上的权利客体。

作为物权客体的物，除应具备上述基本条件外，还必须满足物权的特殊要求。其一是标的物的特定性。这是由物权的性质决定的。物权是权利主体在法律规定的范围内对物享有的直接支配权，它首先要求支配对象是特定的，否则权利无从行使。当事人之间仅仅约定标的物的种类、数量，可以成立债权，但不能设立物权。对物权标的物的特定性，应从物在经济上或社会观念上的可确定性这一意义上理解，而不应苛求其外部形态或构成的同一性。例如，企业财团在成分上时有变化，仍可认为其具有特定性而不妨成为物权客体；担保物由原料变为成品，也不失去其特定性。其二是标的物的独立性。物权的标的是能够独立存在的物，这既是权利主体对物进行直接支配并享受其利益的需要，也是物权公示（交付或登记）的要求。据此，物的组成部分或组织成分一般不能作为物权客体。但对物的独立性，也不能仅从物理上或形式上加以考察，而要结合经济和社会的观念加以判定。例如，土地本不是独立物，但可以人为地划分为不同的单位，从而设立独立的物权；物的组成部分或组织成分（如建房之砖、地中之沙）与本体分离后，也可以成为物权客体。其三是标的物的单一性。将一项物权的标的物限于一物，主要是为了便于物权的变动及其公示，同时也反映了物权标的物特定性和独立性的要求。因此，集合物原则上不能作为物权客体。但是，如果一个集合物具有单独的特征和价值，法律也可将其作为单一物对待，而设物权于其上。例如西方国家的财团抵押及我国立法所规定的全民所有制企业经营权，都是以集合物为其客体的。

三、不动产与动产之区分

作为物权客体的物（有体物），是一个外延极其广泛的法律概念，几乎涉及人类借以生存的整个物质世界。自罗马法以来，各国民法出于调整财产支配关系和流转关系的需要，对物都作了一些必要的分类。其中，不动产与动产的划分，在物权立法中具有举足轻重的作用。

不动产与动产之分，最初是由罗马法中“要式物”（Resmancipi）与“略式物”（Nec Mancipi）的划分演变而来的。在优士丁尼前的罗马法中，要式物与略式物是对物的最基本分类，前者是指属于公民所有的土地、房屋、领地、奴隶、负重牲畜（马、牛、骡子和驴）及乡村地役权（它们是罗马早期农业社会最重要的物质财富），除此之外均为略式物。二者的根本区别在于，要式物的所有权转移必须采取法律规定的特定形式（要式买卖或拟诉弃权），而对略式物则无此要求。这种对物的划分与意大利占主导地位的农业经济相对应，故一直是罗马法（物法）的基础①。随着商品经济的发展和文化的进步，罗马社会的财产结构发生了巨大的变化，拟诉弃权和要式买卖先后被废弃，要式物与略式物的划分也就失去了实际意义，故在优士丁尼时代被明令废止。“在新法中，取代要式物和略式物表示具有重要社会意义的物与具有个人意义的物之间的基本对应关系的划分是‘不动物’和‘可动物’。不动物包括土地或地产（建筑物和田野），其他物则为可动物。”②可见，罗马法对“不动物”与“可动物”的划分是以物的自然属性为标准的，即以物是否能够移动作为此种分类的依据。后世立法对不动产与动产的划分也基本遵循着这一标准，但“分属这两个范畴的财物在历史上和各个不同法典中，随着社会需求的变化而发生变化”③。

《法国民法典》是从“财产”的角度划分动产和不动产的。该法第 516 条规定：“一切财产，无论是有体物还是权利，都可以分为动产和不动产。”具体地说，不动产可分为四类（第518~526条）：一是按其性质为不动产者，包

①② ［意］彼德罗·彭梵得著：《罗马法教科书》，黄风译，中国政法大学出版社 1992 年版，第 192~193 页。

③ ［意］彼德罗·彭梵得著：《罗马法教科书》，黄风译，中国政法大学出版社 1992 年版，第 192 页。

括地产及建筑物、固定于柱石而作为建筑物一部分的风磨及水磨、尚未收割的收获物和尚未摘取的果实等；二是按其用途为不动产者，包括不动产所有人为使用及经营该不动产而设置的各种物体，如耕畜、农具、蜂群、池鱼、锅炉、肥料等；三是永远附着于不动产的物体，如装饰品、安装于特备的墙壁凹处的雕像等；四是以不动产为客体的权利，包括不动产用益权、地役权或土地使用权，以及旨在请求返还不动产的诉权。动产可分为两类：一类是按其性质为动产者，即"可以自一场所移至另一场所的物体"；另一类是按法律规定为动产者，包括拆卸建筑物所取得的材料、动产物件、动产家具、以请求偿还到期款项或返还动产为目的的债权及诉权等。不难看出，《法国民法典》对不动产和动产的划分，是以有体物的性质、用途等作为基础的，而权利则按其所附客体或法律的规定被归入不动产或动产之列。换言之，有体物的物理上的"可动性"是《法国民法典》划分不动产与动产的基本标准。

德国、日本及瑞士民法未像《法国民法典》那样对不动产与动产作细致的划分，但所采用的基本标准是相同的。一般地说，土地及其定着物为不动产，其余为动产（《德国民法典》第94条、《日本民法典》第86条、《瑞士民法典》第655条）。依《德国民法典》规定，土地的"定着物"包括建筑物及附着于土地上的生产物（种植物）；因保存建筑物而附置之物，也属建筑物的范畴；但以暂时目的结合于土地（或建筑物）之物，不视为土地（或建筑物）的成分（第94、95条）。此外，德国、瑞士民法还规定，依附于土地上的权利，也属土地（不动产）的范畴。这与《法国民法典》所持的立场是一致的。

在普通法系国家，对财产的传统划分是"属人财产"（Personalty）和"属物财产"（Realty）。这种划分起源于罗马法"对人之诉"和"对物之诉"的分类，即凡在旧时可通过对物之诉加以保护的财产为属物财产，而属人财产则是由对人之诉加以保护的财产①。"但在理解现行法时，将财产区分为'土地'和'其他财产'更为实用。土地不仅包括地表，还包括附着于地表上的一切物体、地上空间及地下之物，以及对于土地的权利。"② 由此可见，属物财产与属人财产的划分与大陆法系国家对不动产和动产的划分是相对应的。值得注意的是，在英国国际私法中，这种传统的财产分类未被采用，而是使用了

① O. H. Phillips, A First Book of English Law, Seventh Edition, Sweet & Maxwell 1977, p. 294.

② Eric Poole, English Property Law, Charles Knight & Co. Ltd., p. 8.

不动产（Immovables）和动产（Movables）的概念。学者认为，与土地及其附着物相关的各种利益（包括法定地产权、衡平利益、定期利益、地役权以及对于地契、土地附着物、池鱼乃至房门钥匙的所有权等），均属不动产，其余则为动产①。这种划分，虽以广义的财产为对象，但不动产的主干仍为土地及其定着物。

在世界各国物权法（财产法）中，不动产和动产的划分都具有极其重要的意义。一般地说，不动产物权的变动以登记为公示方式，而动产则以交付（占有）为权利变动的标志；对动产物权适用善意取得制度，而不动产物权则不然。此外，二者在法律适用、诉讼管辖和取得时效期间等方面也不尽相同。上述差别，使不动产和动产成为物权法的基石概念之一。

在我国的民法理论和民事立法中，不动产和动产的划分也得到了运用。例如，《民法通则》第 83 条、第 144 条和《民事诉讼法》第 34 条使用了“不动产”的概念，而《担保法》则同时使用了“不动产”和“动产”两个概念，并明确规定：“本法所称不动产是指土地以及房屋、林木等地上定着物。本法所称动产是指不动产以外的物。”（第 92 条）显然，上述规定是从有体物的角度定义不动产和动产的。但在我国立法中，也不乏将某些附着于不动产的权利当作不动产对待，允许于其上设立物权的规定（《城市房地产管理法》第 32 条，《担保法》第 34 条第（3）项、第（5）项）。可见，我国立法对不动产和动产的划分，与世界各国的普遍实践是一致的。

四、主物与从物

主物与从物的区分源于罗马法和日耳曼法，近代各国民法普遍予以袭用。

罗马法上的主物与从物，是按物在相互关系中所起的作用进行划分的。在某一法律关系中相互关联而同属于一人的两物，其中独立存在，并起主导作用的是主物；而附属于主物、辅助主物的效用的则为从物。就有体物而言，形成主物与从物的原因有两种。一是附合，在合成物中，构成合成物基础者为主物，附加者为从物，而不论两者价值的高低（如土地与房屋，前者为主物），后者为从物；宝石戒指中，戒指托架是主物，宝石为从物）。二是使用目的，二物共同发挥效用时，有独立效用，可以直接满足人们需要的是主物，常助主

① Cheshire & North, Private International Law, Seventh Edition, Butterworth, 1987, p. 772.

物发挥效用的为从物①。

后世立法基本继受了罗马法对主物和从物的区分标准。如《德国民法典》第97条规定："非主物之成分，而有供主物经济上目的之性质，且与主物有相当的空间关系之动产，为从物。但交易上不能视为从物者除外。"《日本民法典》第87条规定："物的所有人，为了达到通常使用的目的，而将属于自己所有的其他物附属于该物，其附属之物为从物。"《瑞士民法典》第644条第2款规定："前款的从物，系指依地方通常见解或根据所有人的明确意思表示，继续为主物的所有人经营、利用或保存，并通过连结或依其他方式与主物有关系的动产。"《苏俄民法典》第25条："从物，是指供主物之用，同时有经济上目的之物。"综观上述规定，可将从物的基本特征概括如下：（1）从物为独立之物。主物与从物是一物与他物之间的相对关系，故从物首先是独立的物，主物的组成部分（如房屋门窗、鞋之一只）不是从物。（2）从物为附从之物。从物是附从于主物而常助其发挥效用，即服务于主物的经济目的的物品。这就意味着，并行地发挥同一效用的物品（如刀与叉、床与褥）之间不发生主从关系，而一时供他物经济上目的而使用的物（如工厂日常所用煤炭）也不具有从物性质。（3）主物与从物存在空间上的联系。一般地说，从物须与主物联结在一起或与主物保持与其所服务的经济目的相符的空间。但是，主物与从物在空间上的临时分离，并不妨碍其主从关系的存在（如工厂货车外出运货）。（4）从物须为一般交易习惯所认可。凡在交易习惯上不认为是从物者，即使符合上述特征，仍不视为从物（例如地毯、吊灯等在交易习惯上并不认为是房屋的从物）。除上述共同点外，各国立法在主物与从物的划分方面也有分歧之处。其一是对从物与主物是否须属同一人所有规定不一。日本民法规定二者须属同一人所有，而德国、瑞士民法则无此要求。其二是对从物是否适用于不动产规定不一。德国、瑞士立法明确规定从物为动产，而日、苏俄民法则无此限制。依日本判例，两个不动产之间，也可以成立主从关系。依笔者之见，在上述问题上，日本民法之立场较为可取，因为倘不规定主从物须同属一人，基于二者共其命运的关系，可能因主物处分而侵害第三人（如房屋承租人）的利益；而将主物与从物之分适用于不动产，则更多是出于实务上的需要（在现实生活中这种主从关系普遍存在，如泵房与耕地、哨楼与山林）——德国民法之所以不承认不动产之间的主从关系，是因为将附属物视为基础物的成分（如建筑物为土地的成分，建筑物的附置物为建筑物的成

---

① 周枬著：《罗马法原论》（上），商务印书馆1994年版，第288~289页。

分），故无区分的必要。

明确物的主从关系的根本法律意义，在于确定物权变动的效力范围，即决定从物的权利归属。自罗马法以来，“主物之处分及于从物”都是各国物权法的重要原则。这一原则意味着：就主物设立买卖、借贷或其他债权契约时，除当事人另有意思表示外，其效力及于从物；在主物上设立抵押权，当然及于从物。

我国民法对主物与从物的区分，目前尚处于理论阶段，但物与物之间的主从关系实际上是得到现行立法认可的。如《城市房地产管理法》第 23 条规定：“土地使用权转让时，其地上建筑物、其他附着物所有权随之转让。”第 33 条规定：“土地使用权抵押时，其地上建筑物、其他附着物随之抵押。”这表明我国立法已承认不动产之间的主从关系。但主物与从物的一般区分标准（从物的定义）及二者之间的关系，尚需在立法上作出明确规定。

五、原物与孳息

原物与孳息是各国民法根据物与物之间的派生关系而进行的分类，“孳息是指从某物中分离出来的、在社会习惯中被视为该物收益的部分”①，而产生该收益的物则为原物。在罗马古代，孳息是指由土地按期产生供人畜食用之物；后来，孳息的含义渐广，包括依原物的用途而按期产生的各种收益，不仅植物的果实，而且动物的产仔、奶乳，甚至矿场的产物，均构成孳息。在罗马法上，“孳息”这一术语也被用来指运用资本所带来的赢利，如租金、利息等，这种孳息被称作“民法的（civili）孳息”②。在罗马法的基础上，产生了“天然孳息”和“法定孳息”的分类（《法国民法典》将“人工孳息”与“天然孳息”分列）。

关于天然孳息，各国立法所作的界定并不完全一致。一是将天然孳息限定为一切有机出产物，如《法国民法典》第 583 条规定：“天然孳息，是指由土地自然产生的果实。兽类的生产物，也为天然孳息。土地的人工孳息，是指因耕作土地所得的果实。”二是将孳息扩大于一切出产物，但加以一定的限制。如《德国民法典》第 99 条规定，“孳息为物的出产物及物按其本身用途所取

---

①［意］彼德罗·彭梵得著：《罗马法教科书》，黄风译，中国政法大学出版社 1992 年版，第 190 页。

②［意］彼德罗·彭梵得著：《罗马法教科书》，黄风译，中国政法大学出版社 1992 年版，第 190 页。

得的其他收获物”；《日本民法典》第88条规定，“依物的用法所收取的出产物，为天然孳息”；《瑞士民法典》第643条第2款规定：“天然孳息，是指定期出产物及依通常方法使用该物所得之收益。”上述规定，有的对出产物从总体上加以限制（如日本、瑞士立法），有的仅对有机出产物以外的收获物加以限制（如德国立法）。我们认为，以“通常用法”、“定期”等条件对有机出产物加以限制未免失之过苛，在实践中也难以把握；而对土地出产物（如石材、矿物）加以适当限制，则有利于维护原物（土地）的使用状态及其所有人的正当利益。

法定孳息，是指物因某种法律关系所产生的收益，德国民法理论称为“拟制的孳息”，或称为“间接孳息”①。在德国民法中，法定孳息的母体不以物为限，权利所生的收益也为孳息（《德国民法典》第99条第3款）。我们认为，较之法国、日本民法将法定孳息限于物的范围的狭义规定，此种立法主张更全面地反映了现代经济生活的要求。通说认为，法定孳息是将物或权利委于他人使用收益所得的对价，得因一切法律关系而产生，其根据既可以是法律行为，也可以是法律规定（前者如租金，后者如迟延利息）；其收取可以是定期的，也可以是不定期的；原物由他人使用后，权利人对原受取物或同种同量之物享有返还请求权。

区分原物与孳息的法律意义，主要在于确定孳息的归属。罗马法及近世各国立法都主张，孳息应归属于有权收获孳息的人，而有权收取孳息的人不一定就是原物的所有人。一般来说，根据法律规定或法律行为，有权收取孳息的人主要包括以下几种：（1）原物的所有人。所有人对所有物（权利）的天然孳息和孳息享有收取权，自无疑问。（2）用益权人。地上权人、永佃权人、典权人等用益物权人依法可收取标的物所生孳息。（3）债权人。承租人经出租人同意，可转租并收到法定孳息。（4）单纯受让人。原物所有人可在不发生债的关系的情况下，将自然孳息或法定孳息收取权让与他人。（5）善意占有人。例如误信自己为所有权人的占有人，可收取天然孳息及法定孳息。但依通例，误信为留置权人及动产质权人而占有其物者不享有孳息收取权，因为即使是真正留置权人或动产质权人也无孳息收取权，其所取得的孳息应用于抵充债权的清偿。

关于取得孳息的时间和方法，各国立法主张不尽相同。天然孳息因与原物分离而成为独立的所有权客体时，由何人取得其所有，有“分离主义”和

① 徐国建著：《德国民法总论》，经济科学出版社1993年版，第73页。

"生产主义"两种主张。前者认为应由于分离时有孳息收取权的人取得所有权，也称"实质主义"或"母物主义"，这是罗马法及近代大陆法系各国立法的普遍主张（《法国民法典》第546、547条，《德国民法典》第97~99条、第953~955条，《日本民法典》第89条第1项，《瑞士民法典》第643条）；后者认为，孳息的产生原因为人力，母物不过是提供了场所，故应由培养人取得其所有权。这是日耳曼法的主张，后为英美法所采用。比较而言，"母物主义"在适用上较为便利，而"生产主义"则难以操作，故立法上取前者的居多。至于天然孳息的取得方法，各国主张也有所不同。有的根据收取人的不同种类而规定不同的取得方法，如依德国民法，所有人、物的收益权人及善意占有人因分离而取得孳息，人的收益权（即被允许收取孳息的人）如未受物的占有移转，则因占有取得而取得其所有权；有的则规定，一切收取权人皆因分离而当然取得孳息，不以占有为必要。我们认为，从保障孳息收取权人利益的角度考虑，后一种主张似较可取。关于法定孳息的收取时间，各国立法精神大体相同，即法定孳息按权利存续期间的日数，属于在此期间内有收取权的人（《法国民法典》第586条、《德国民法典》第101条、《日本民法典》第89条第2项）。

六、货币和有价证券

货币和证券并非物的一种通常分类，但其作为物所具有的特殊性，颇值民法理论和实践的重视。

货币是由一定机构发行的用以充当一般等价物的特殊物品。从经济学意义上说，货币是直接体现着社会劳动的一般财富的代表，是一切商品的等价物，是必要的支付手段、储蓄手段和经济核算的工具；从民法意义上说，货币具备物的基本法律特征，因而属物（动产）范畴。但货币的特殊经济职能又使其与其他动产形成明显的区别：其一，货币是具有高度可替代性的种类物。货币作为种类物，具有其他任何种类物无法比拟的可替代性，不但可与其他任何商品替换，同种同量的货币也可任意替换，因此，货币的所有人、收受人等通常只需关心其数额，而不必重视其个性特征。其二，货币是典型的消费物和非消耗物。货币一经其所有人使用之后，即转入他人之手，原所有人不得再次使用，这体现了货币的消费性，而供人消费应是货币的唯一目的；此外，货币又可辗转流通，永久供不同的人消费，故为非消耗物。基于上述特征，货币在民法上既有广泛的作用（如充作价金、租金、酬金、定金、违约金、运费、出资等），也受到一定的限制（如只能成立消费借贷而不能作为使用借贷的标的物）。

作为物权的客体，货币具有一个突出特点，即所有权与占有融为一体。对于一般的物来说，物的所有权与物的占有是可以分离的，而货币则不然，“货币属于其占有者”是各国立法公认的原则。其所以如此，首先是因为货币作为支付手段，其本质在于流通，而现实支配（占有）与法律上支配（所有权）的统一乃是实现其流通功能的必要条件；其次，货币为消费物，本质上不允许原所有人使用（移转占有）后仍享有其所有权；再次，货币的价值是抽象的（不是基于自身材料的使用价值而存在），货币之所在即其价值之所在，因而人们不必考虑货币的现实占有人有无正当权利，即可直接认为他是货币价值的归属者；最后，在法律上承认货币的占有与所有权的统一性，也是交易上的需要（倘不如此，则人人在接受货币时均有所顾虑，货币的流通功能势必丧失殆尽）。基于所有权与占有融为一体的特点，货币所有权的变动以单纯的占有变动为要件，不以变动原因的合法性为必要，故有学者称货币所有权的移转为事实行为。同时，在各国立法中，货币也被视为善意取得制度的当然适用对象。

有价证券，是指设定并代表一定财产权利的书面凭证，通常分为实物证券（如提单、仓单）、货币证券（如支票、本票、汇票）和资本证券（如股票、债券）①。有价证券也是物的一种特殊类型，其法律特征表现在：（1）直接代表一定的财产权利，即证券券面文字表明的财产权与证券不能分离，通常谁持有证券，谁就可以主张证券上所记载的财产权利；离开证券，权利人就不能主张自己的权利。（2）证券持有人只能向特定的义务人主张票面权利，而义务人则对持券人负有无条件的履行义务，通常不问持券人是否为权利人，义务人应见券即付。（3）有价证券为流通物，可以背书转让或在证券交易所买卖，权利人因证券的转让而变更。基于有价证券的特殊性，各国通常以专门立法（如证券法、票据法）对其加以调整。但从本质上说，有价证券仍属物的范畴，是民事权利客体的一种，也是物权的当然客体。

从物权客体意义上说，有价证券的法律地位因不同的证券类别而异。无记名有价证券与货币有类似之处：其所有权与占有融为一体，同时也当然适用善意取得制度。所不同的是，某些无记名有价证券（如支票、存单）丧失占有后，并不绝对丧失相应的财产权利（可挂失废止其效力）；此外，其流通力也远不及货币。而记名有价证券和指示有价证券，则与货币判然有别。

---

① 各国证券法上的证券（Security）多指投资证券，较其一般法律意义为窄。

第三节 物权的形态

一、物权的法定形态

根据物权法定原则，各国法律都对物权的形态加以明确规定。在这方面，大陆法系各国立法深受罗马法的影响，而普通法系国家的实践则在不同程度上体现了日耳曼法的物权观念，从而使二者之间形成显著的差异。

如前所述，罗马法的物权制度是建立在所有权基础上的，“所有权是最显要和最广泛的权利……其他物权尤其是役权是从属的权利，它们只能对已属某人所有的物而产生。罗马人称它们为 Jura（权利）或 Jura in Re（对物的权利），现代人称其为‘他物权’（Jura in Re Aliena）”①。具体地说，罗马法所承认的物权种类有②：（1）所有权（dominium）。罗马法学家对所有权的定义是“对物的完全支配权”、“对物的最一般的实际主宰或潜在的主宰”，但并没有对这种支配权或主宰权的内容作进一步的阐述，因为“所有人的权利是不可能以列举的方式加以确定的，换句话说，人们不可能在定义中列举所有人有权做什么，实际上所有人可以对物行使所有可能行使的权利”③。在不同的历史时期，罗马法先后确认了市民法所有权、大法官法所有权、万民法所有权、行省土地所有权等所有权形态，至优帝一世时代归于统一。作为物权制度的核心，罗马法对所有权的取得、所有权的限制、所有权的保护及所有权的消灭都有详尽的规定，并确立了共有制度。（2）役权（Servitutes）。役权是为特定的人或土地的便利而对于他人之物的权利，分为地役权（Servitutes Praedio Rum）和人役权（Servitutes Personarum）。地役权是对特定土地的权利，即需役地所有人为自己土地的便利而对他人土地（供役地）享有的权利，分为乡村地役权（通行权、用水权等）和城市地役权（通水权、立墙权、采光权等）；人役

① ［意］彼德罗·彭梵得著：《罗马法教科书》，黄风译，中国政法大学出版社 1992 年版，第 183 页。

② 参见［意］彼德罗·彭梵得著：《罗马法教科书》，黄风译，中国政法大学出版社 1992 年版，第 194~282、344~350 页；周枏著：《罗马法原论》（上），商务印书馆 1994 年版，第 299~432 页；江平、米健著：《罗马法基础》，中国政法大学出版社 1987 年版，第 123~197 页。

③ ［意］彼德罗·彭梵得著：《罗马法教科书》，黄风译，中国政法大学出版社 1992 年版，第 194 页。

权是为个人方便和利益而使用他人之物的权利，包括用益权（不损坏物的实体而使用他人财产并享有其收益的权利）、使用权（使用他人物品的权利）、居住权（居住和出租他人房屋的权利）及对奴隶和牲畜的劳作权。以上各种役权均被赋予物权的效力，并受到“确认役权之诉”的保护。（3）永佃权（Emphiteusis）。永佃权是指以不毁坏土地和交纳年租金为条件，长期或永久使用他人土地的权利。在所有他物权中，永佃权的权利范围或效力最大，除最终处分权外，永佃权人几乎享有所有人的一切权利。（4）地上权（Superficies）。支付年租而在他人土地上建筑房屋并加以使用的权利，称为地上权。在历史沿革方面，地上权和永佃权颇为相似，二者的出现都比各种役权晚，在市民法中都没有规定，甚至未被古典学说明确承认为物权；后来，它们都成为在对物（土地）的享用方面优于所有权的权利。对于城市土地来说，地上权几乎是与永佃权平行的，但是，“地上权人的权利要比永佃户的权利更为绝对，他不受任何限制并且对于所有主不负任何义务，被称为‘Solarium’的年租对于地上权来说似乎也不是实质性的”①。（5）质权。在罗马法中，债权人对债务人或第三人供作债权担保之物所享有的权利，统称为质权（Pignus）。质权按其沿革可分为四种：一为信托质权（Fiducia），即以移转所有权为条件的质权，这是罗马市民法上的质权形式；二为物件质权（Pignus），即移转标的物占有的质权，此为狭义的质权，也称“契约质”，是万民法的产物；三为契据质权（Hypotheca），即不移转标的物占有的质权，又称抵押权；四为权利质权，即以权利为标的物的质权，包括债权质、质权质等。对于质权的设立、质权人的权利、质权的保护和消灭等，罗马法都有具体的规定。除上述基本物权形态外，罗马法还对物的占有关系加以统一的调整，确立了颇为完备的占有制度。

与罗马法不同，日耳曼法中的物权形态，是在否认对物的抽象支配的物权观念的基础上产生的，各种对物的支配和利用关系被确认为不同的权利类型。从总体上说，日耳曼法中的物权，因支配客体不同，其法律性质也不同，故应将其不动产物权与动产物权严格加以区别。不动产物权的主要类型包括②：（1）土地总有。这是马尔克公社土地所有制在法律上的表现。在这种制度下，

① ［意］彼德罗·彭梵得著：《罗马法教科书》，黄风译，中国政法大学出版社1992年版，第194页。

② 参见林榕年主编：《外国法律制度史》，中国人民公安大学出版社1992年版，第93、97页；由嵘、胡大展主编：《外国法制史》，北京大学出版社1989年版，第83～86页；由嵘主编：《外国法制史》，北京大学出版社1992年版，第99～100页。

房屋周围的小块园地为家庭私有，而耕地则属公社集体所有，分配给社员家庭使用收益，管理、处分权仍属公社；森林、牧场和水流等公共用地也属公社集体所有，社员享有平等的共用权。（2）大土地所有权。日耳曼王国建立初期与马尔克公社土地所有制并存的教俗贵族大土地占有制，是西欧封建制度的基础。这种制度名为有条件的占有（占有者须对国家政府尽义务，且只能终身占有），实为土地所有权（事实上可世代继承）。（3）农奴份地使用权。农奴从领主处取得小块土地的使用权，世代耕作，并为此承担劳役和租赋。相对于领主的土地所有权（上级所有权）而言，耕作人的权利也称下级所有权（实质为土地的管理、处分权与使用、收益权的分割）。（4）地上负担。土地本身的负担，对于收取人而言即为权利。日耳曼法上的土地负担主要有三类，即地租与赋役、十一税和土地定期金。在动产物权方面，日耳曼法采取了与罗马法相同的所有权观念，其占有观念与罗马法也是基本一致的。

《法国民法典》不但在立法体例上因袭罗马法，在物权的分类上也与罗马法相差无几。从总体上说，《法国民法典》的物权体系是由三个部分构成的：一是法典第二卷第二、三、四编对于所有权和各种用益物权的规定，这是其基本构成部分；二是法典第三卷第十七、十八编对担保物权的规定；三是第三卷第二十编有关占有的规定。具体而言，《法国民法典》所确立的物权形态包括：（1）所有权。法典第 544 条规定，“所有权为对物完全按个人意愿使用及处分的权利，但法律及规定所禁止的使用不在此限”，反映了自由资本主义的绝对所有权观念。在有关条文中，法典对物（不动产和动产）的添附权作了详尽规定，表明立法者对物的归属（静态安全）的高度重视。（2）用益权。法典第 578 条规定：“用益权为如同自己所有，享有所有权属于他人之物的权利，但用益权人负有保存该物本体的义务。”它表明，用益权是一种对他人之物的较充分的支配权。（3）使用权及居住权。在立法目的和基本性质方面，使用权、居住权与用益权是相同的（均以未亡配偶权益作为主要出发点；都属用益物权），但其权能范围小于用益权（不包含收益权，且以满足本人及亲属的需要为限，不得出租或转让标的物）。（4）地役权（役权）。“役权，系为另一所有权人的不动产的使用及需要而对一个不动产所加的负担。”（第 637 条）这样，罗马法中的“地役权”就被《法国民法典》改造为“役权”，而“人役权”则不复存在（为用益权、使用权及居住权所取代）。在《法国民法典》中，役权被划分为三类，即自然役权、法定役权和约定役权。（5）质权。质权源于质押契约，即债权人对债务人为担保债务而交付于自己的物享有的权利。《法国民法典》除规定动产（含无形的动产，如动产债权）质权外，还规定了不动产质权（债权人占有不动产而获取其果实，以抵偿债权本息）。（6）优先权。按债务的性质，给予某一债权人先于其他债权人、甚至抵押权人而受清偿的权利，称为优先权（第2095条）。优先权为法定权利，对于动产和不动产均有适用，如出卖人关于不动产价金的受偿，就其出卖的不动产有优先权（第2103条）。（7）抵押权。抵押权是为清偿债务而对不动产设立的物权（第2114条）。《法国民法典》将抵押权分为法定抵押权、裁判上抵押权和协议抵押权三种。（8）占有。对物或权利的持有或享有称为占有（第2228条）。在《法国民法典》中，占有主要作为时效制度的一个要素加以规定，但也受到一般保护。《法国民法典》所确立的上述物权体系，对后世立法尤其是意大利、荷兰、葡萄牙、西班牙、秘鲁、智利甚至日本民法，都有深刻的影响。

《德国民法典》采用潘德克顿理论体系，正式确立了物权概念，并专设一编对各种物权作了系统规定。（1）所有权。《德国民法典》和《法国民法典》一样，接受了罗马法的所有权观念，将所有权视为最完全的物权和物权体系的中心。所不同的是，该法典对所有权的行使作了较多的限制，这反映了其立法思想由个人本位主义向社会本位主义转化的趋势。（2）用益物权。《德国民法典》规定了地上权、先买权、土地负担和役权等四种用益物权。地上权是在他人所有的土地上设置工作物的权利，可以转让和继承；先买权是对特定土地享有先于他人买得的权利（其效力及于与土地一并出卖的从物）；土地负担，是要求定期给付土地产物的权利；役权，是利用他人土地或权利的物权，包括地役权、用益权和人的限制役权（人的限制役权是为特定人而设的使用他人土地或享有地役权所含其他内容的权利）。（3）担保物权。包括抵押权、土地债务、定期金债务和质权。抵押权是以土地为标的的担保物权，分为流通抵押和保全抵押；土地债务是权利人可请求从土地支付一定金额的物权形式；定期金债务是土地债务的一种特殊形态；质权分为动产质和权利质，后者的标的是所有权以外的财产权，但必须是可让与的。（4）占有。《德国民法典》对占有的分类、效力及保护等作了专章规定。与《法国民法典》相比，《德国民法典》所确立的物权体系具有如下特色：一是将地上权作为一种独立的物权形态（在《法国民法典》中，此项权利属用益权的范畴）；二是确立了先买权和土地负担两种新型物权，开这方面立法之先河；三是在抵押权之外，规定土地债务和定期金债务为不动产担保物权；四是明确区分动产质权与权利质权，不承认不动产质权；五是不承认优先权为担保物权。除此之外，流通抵押与保全抵押的划分以及对最高抵押权的规定，在《法国民法典》中均未见规定。可见，《德国民法典》中的物权体系较《法国民法典》更为完备，内容更为丰富，立法技术更为精巧，在某些方面也更符合现代资本主义经济发展的要求（如关于权利用益权、权利质权、流通抵押和最高额抵押的规定）。但从另一方面看，《德国民法典》的物权制度中也保留了某些封建制度的残余（如土地债务和定期金债务就是日耳曼土地制度的变种），它们在现代物权立法中并不具有典型意义。

《日本民法典》的物权体系是法国、德国立法的影响和自身民族传统相结合的产物。首先，《日本民法典》在物权编“总则”之后，专设“占有权”一章，将占有明确规定为权利，这是立法上的创举。此前的立法虽也对占有加以保护，但未达到如此完备的程度。其次，在用益物权方面，《日本民法典》除仿德国立法规定地上权外，还确立永佃权，以巩固农地租佃关系，这是直接继受罗马法的结果，但法国、德国立法所规定的用益权则未被确认。再次，在担保物权的种类选择方面，《日本民法典》既吸收了《德国民法典》的立法技术（如区分动产质与权利质，承认抵押权的流通性，规定最高额抵押等），也沿袭了《法国民法典》的某些做法（如将先取特权作为担保物权的一种，承认不动产质权），同时又创新性地将留置权纳入担保物权之列。不难看出，《日本民法典》对物权形态的规定，既汲取了外国立法精华，又有所创新，在内容和结构上是颇为科学、严谨的。

1907年《瑞士民法典》通常被誉为20世纪民事立法的典范。但这主要是从其立法体例（民商合一）和立法技术（广泛采用弹性条款）等方面而言。从物权法角度看，《瑞士民法典》仍未摆脱《法国民法典》和《德国民法典》的影响。该法典第四编“物权法”分为三个部分，即“所有权”、“限制物权”和“占有及不动产登记簿”，从总体上勾勒出了物权的体系结构。其中，“限制物权”部分规定了以下物权类型：（1）役权及土地负担。包括地役权、用益权、其他役权（居住权、建筑权、对泉水的权利等）以及土地负担。（2）不动产担保物权。包括不动产抵押权、担保附债务及定期金。（3）动产担保。包括质权（动产质权）、留置权、权利质权和典当权。其中，“典当权”是《瑞士民法典》特设的担保物权形式。

以上考察和分析表明，大陆法系各国立法所确立的物权类型，既保持了罗马法所创设的基本物权体系，又因各国国情和立法者认识角度的不同而有所差异。但从总体上说，各国民法典所规定的物权形态都可归为以下四类：一是对“自己之物”的全面支配权，即所有权；二是对他人之物在一定范围内加以使用、收益的权利，如地上权、地役权、用益权、先买权、永佃权等；三是为了担保债权的实现而在债务人或第三人财产上设定的物权，如抵押权、质权、留置权等；四是对物的占有关系（占有究竟为事实或权利，各国立法主张不一）。因此，“所有权”、“用益物权”、“担保物权”和“占有”是大陆法系各国物权的基本类型。

英美法系国家虽无抽象的物权概念，但法律上也确立了财产支配权的各种具体形态，以明确财产的归属和利用关系。按照普通法的传统观念，对物的一切支配性权利都包含在“财产”（Property）这一法律概念中，因此，只有循着“财产”的分类，才能考察其物权的具体形态。

如前所述，在普通法中，财产被划分为属物财产（Real Property，又译不动产）和属人财产（Personal Property，又译动产）两大类，其权利形态有很大差异。属物财产是指各种自由保有的地产（Freehold Estate），包括可继承的自由保有地产（Freehold of Inheritance）和不可继承的自由保有地产（Freehold not of Inheritance），前者又分为无条件继承地产（Fee Simple）和限嗣继承地产（Feetail），后者分为本人终身保有地产（Estate for Life）和他人终身地产（Pur Autre Vie）。上述地产分类，同时也反映了对自由保有地产的各种权利（统称为地产权）。在这些权利中，无条件继承地产权（Fee Simple）与大陆法系意义上的土地所有权效力相当，故也有人称为“土地所有权”（Ownership of Land），其他权利则被称为“所有权利益”（Ownership Interests）①（但在英国，理论上仍认为君主是联合王国全部土地的唯一所有者，个人只能享有“保有权”）。属人财产（动产）包括属物动产（Chattels Real）和属人动产（Chattels Personal）两种，前者指租借地产（Leasehold Estate），后者则包括占有物（Chose in Possession，即有体动产）和诉讼上的物（Chose in Action，即无形财产，如债权、股份、知识产权）。对于属物财产的权利，被归入地产权的范畴（类似于永佃权）；而对于属人动产，“普通法起初除绝对所有权外，不承认其他任何权利，直到 17 世纪才承认对这种财产的继承权”。同时，属人动产还受占有规则的调整。

以上是普通法上土地和动产的“所有权利益”的传统形态。但它们并不是一成不变的。自 19 世纪以来，普通法国家和地区对地产权制度都进行了不同程度的改革。时至今日，美国的大多数州实际上已废除了限嗣继承地产权，土地可以自由拥有和继承。在英国，1925 年进行的财产法改革把法定地产权的数目简化为两项，即“附占有绝对继承地产”（Estate in Fee Simple Absolute

① Potter, A. K. R. Kiralfy, Historical Introduction to English Law, Fourth Edition, Sweet & Maxwell, 1958, p. 481.

in Possession）和“绝对定年限租借地产”（A Term of Year Absolute），其他地产权只能受到衡平法的保护①。

除上述对土地和动产的“所有权利益”之外，普通法还确立了对他人财产的各种“法定利益”（Legal Interests）。例如，英国经过1925年的财产法改革，确认了五种对他人土地的法定利益，即地役权和优先权（Easement Right and Priviledges）、租费权（Rentcharges）、法定抵押权（Charges by Way of Legal Mortgage）、地税权（Land Tax）和进入权（Right of Entry）。对于动产，则可设立质权（Pledge）和留置权（Lien）。这些权利，在普通法系其他国家的财产法中也基本上得到确认。另外，在普通法系国家的信托法中，还创设了“受托人所有权”（Trustee's Ownership）这一独特概念，其作用在于使财产的经营管理和财产的利益归属相分离，以满足现实经济生活的客观需要。

综观两大法系物权法（财产法）对物权类型的规定，其体系上的差异是显而易见的。从总体上说，大陆法系各国立法是将对物的不同类别、不同程度的支配权适用于整体意义上的物（动产和不动产），故其物权体系脉络较为简单、清晰；而普通法则对土地和其他财产（动产）采取不同的权利确认标准，所以在结构上较为松散、庞杂。这种差异，正好反映了罗马法与日耳曼法在物权基本观念上的分歧（前者以所有权为中心，后者则重视对物的实际占有和利用）。但是，在物权的具体形态方面，两大法系仍有许多可比较之处，也存在相互借鉴的可能性。

二、物权的理论分类

在罗马法以来的物权法定形态的基础上，以德国学说为代表的大陆法系民法理论对物权进行了不同角度的分类。这种分类，有助于明确各种物权的本质特征，把握各种物权的共性与个性，从而实现物权理论和立法体系的科学化。

（一）完全物权与定限物权

这是以物权支配力的范围为标准对物权进行的分类。完全物权是指权利人对标的物可进行全面支配的物权。所谓全面支配，意味着支配范围的全面性和支配时间的无限性。符合这一特征的物权，只有所有权一种。因此，完全物权与所有权在内涵上是一致的。定限物权，是指权利人对标的物的支配被限定于某一特定方面或某一特定期间的物权，也称为限制物权。定限物权包含了除所有权之外的各种物权法定形态。

① 由嵘：《1925年改革与现代英国财产法》，载《中外法学》1993年第1期。

（二）自物权与他物权

顾名思义，“自物权”是指对“自己之物”享有的物权，也就是所有权；而“他物权”是指对“他人之物”享有的物权，亦即所有权以外的各种物权。具体地说，他物权是权利人根据法律规定或合同约定对他人所有之物享有其所有权的部分（而不是全部）权能，因此，他物权是派生于所有权的物权类型，同时也是定限物权。但依德国、瑞士民法，定限物权未必都是他物权（所有人可在自己所有物上成立定限物权）。我们认为，这不过是定限物权在实践中的变例，定限物权和他物权通常是同义的。

（三）用益物权与担保物权

这是从设立目的角度对定限物权的再分类。用益物权是指以实现标的物的使用和收益为目的而设立的定限物权，如地上权、地役权、永佃权、用益权等。担保物权是指为担保债权的实现而设立的定限物权，如抵押权、质权、留置权等。用益物权和担保物权虽同属定限物权（他物权），但存在明显差别：其一，设置用益物权的目的在于对他人之物的使用收益，即实现物的使用价值，而担保物权则在于物的交换价值，目的是以物的交换价值担保债权的实现；其二，用益物权一经设定，即从本质上约束了所有人行使所有权的权能（使用收益权能），而担保物权则不能全部体现这一限制功能；其三，用益权多为具有独立性的主权利，其存在不必具备前提条件，而担保物权则具有从属性质，其存在以权利人对物之所有人或其关系人享有债权为前提；其四，用益物权的标的物主要为不动产，而担保物权则不然。

（四）动产物权与不动产物权

这是根据物权的标的物性质所作的分类。不动产物权包括不动产所有权、地上权、地役权、永佃权、典权、抵押权等；动产物权包括动产所有权、动产质权、留置权等。在各国法制上，不动产物权和动产物权都被区别对待，从而使二者之间存在多方面的差异：（1）在取得方法方面，不动产物权比较单一（通常为继受取得），而动产物权则较为复杂（有多种原始取得方法）；（2）在权利变动方面，不动产物权通常以登记为公示方法，而动产物权则以交付（占有）为公示方法；（3）在权利行使方面，由于不动产物权的行使与社会公共利益紧密相关，故受到较多的法律限制；（4）在争议管辖方面，不动产物权纠纷由不动产所在地裁判机构管辖，而动产则不尽然。

（五）主物权与从物权

根据物权是否能够独立存在，可作此分类。不依赖于其他权利而独立存在的物权为主物权，如所有权、地上权、永佃权、典权；从属于其他权利并为其服务的物权为从物权，如地役权、抵押权、质权、留置权。这种区分的目的，主要在于判断某一物权在特定条件下是否成立及其归属如何。

（六）有期限物权与无期限物权

这种分类的标准是物权的存续是否有期限。所有权是典型的无期限物权，地役权和永佃权原则上也应是无期限的（但地役权可定为有期，永佃权则受“撤佃”限制）。其余物权，均为有期限物权。

（七）意定物权与法定物权

这是从物权的发生方式的角度所作的分类。意定物权是指基于当事人意思而设立的符合法定形态的物权；法定物权是指根据法律规定而当然发生的物权。一般地说，各种物权均以意定取得为主，法定取得为辅，但也有个别物权（如留置权、法定地役权）只适用法定取得方式。区分意定物权与法定物权的意义，在于分清各种物权的成立和消灭要件。

（八）登记物权与不登记物权

物权以其取得是否须经登记为标准，分为登记物权与不登记物权。原则上，不动产物权非经登记不发生效力（或不得对抗第三人），动产物权则无需登记，但这不是绝对的。例如，法定抵押权为不动产物权，但无需登记，法定地役权亦然；而以船舶、汽车、航空器为标的的动产物权，则普遍实行登记制度。这种分类，有助于对物权的成立和变动的分析和判断。

（九）民法上物权与特别法上物权

这是以物权借以确立的不同法律渊源而作的物权分类。民法上的物权，通常指民法典中物权编或债权编所规定的物权形态；特别法上的物权，是指土地法、海商法等法所确认的物权形态。这种理论分类，旨在明确各种具体物权的法律适用（特别法优于普通法）。

（十）物权取得权

除各种典型的物权形态外，各国立法都确立了一些将来取得某种物权的权利，例如先买权、继承权、采矿权、渔业权等。这类权利，被称为物权取得权。它们本身不属于物权（不具有直接支配性），但在效力方面与物权相近，准用物权法的有关规定，故被称为“准物权”。

三、中国民法物权体系

由于历史的原因，新中国民事立法迄今未正式采用“物权”这一法律用语，也无系统的“物权”立法①。因此，中国现行法上的物权体系，是从实

---

①　参见李由义、李志敏、钱明星：《论建立我国民法物权体系的必要性及其意义》，载《中国法学》1987年第1期。

质意义上理解的，即现存的各种物权法定形态的总和。

通说认为，我国现行立法虽未采用“物权”概念，但不乏对各种物权具体形态的规定。但是，我国立法到底确立了哪些物权形态，学者间表述不一。有的认为，根据我国现行民事立法的规定，我国物权可分为两类，一类是财产所有权，另一类是与财产所有权有关的财产权，主要包括全民所有制企业财产权、国有自然资源经营使用权、承包经营权、采矿权、相邻权、宅基地使用权、房屋典权等①。显然，这是以《民法通则》的有关规定为基础产生的物权分类。另一种观点认为，我国《民法通则》规定的物权，实质是指如下几种物权：（1）财产所有权；（2）财产使用权，包括国有土地使用权、宅基地使用权、林地使用权、相邻土地使用权、自然资源使用经营权等几种；（3）承包经营权。另外，在《民法通则》的其他章节和其他法律中，我国还承认了一些用益物权和担保物权②。也有的学者将我国现行物权体系表述为：（1）自物权，即所有权；（2）他物权，包括用益物权和担保物权，其中用益物权有国有企业经营权、使用权、承包经营权、典权、采矿权，担保物权有抵押权、质权和留置权；（3）类物权，即占有③。

我们认为，上述分类虽存在某些差异，但基本上都客观反映了现阶段我国物权的法定形态。对此问题，我们可以从“民法上的物权”和“特别法上的物权”两个方面加以考察。就民法上的物权而言，《民法通则》于第五章第一节“财产所有权和与财产所有权有关的财产权”中，规定了财产所有权、国有土地使用权、土地承包经营权、全民所有制企业经营权、采矿权和相邻权，另在第二节“债权”中规定了抵押权和留置权；就特别法上的物权而言，计有《破产法》和《民事诉讼法》规定的破产财产优先权（《破产法》第37条、《民事诉讼法》第204条），《海商法》规定的船舶抵押权和船舶优先权（《海商法》第二章第二节、第三节），《担保法》中规定的抵押权、质权和留置权（《担保法》第三章、第四章、第五章），以及《土地管理法》、《森林法》、《草原法》、《矿产资源法》、《渔业法》、《野生动物保护法》所规定的土地使用权、林地使用权、草原使用权、矿产资源使用权（探矿权和采矿权）、渔业权、狩猎权等。不难看出，上述物权形态，涵括了所有权、用益物权、担

① 王利明等著：《民法新论》（下），中国政法大学出版社1988年版，第14~16页，第201页。

② 李由义主编：《民法学》，北京大学出版社1988年版，第258~274页。

③ 郑立、王作堂主编：《民法学》，北京大学出版社1994年版，第180页。

保物权及准物权等几种物权的基本类型。因此，可以认为，我国目前虽不存在形式意义上的物权立法，但通过《民法通则》和一些单行立法，已初步建立了自己的物权体系，未来的物权立法要解决的只是对现有物权体系的整合与完善的问题。

第四节　物权的变动

一、概说

物权的变动，也称物权的得丧变更，是物权的发生、物权的变更和物权的消灭的总称。

物权的发生，即特定物的物权归属于特定权利主体的事实状态。从权利人的角度说，物权的发生也称为物权的取得，有原始取得和继受取得之分。前者是指不以他人既存的物权为基础而取得物权，例如因先占、取得时效而取得所有权；后者是指以他人的既存权利及意思为根据而取得物权，例如因买卖、赠与、继承等取得所有权。在物权的原始取得与继受取得的划分方面，各国立法主张基本相同，但对具体取得方式的规定略有差异。

物权的变更有广义和狭义之分。广义的物权变更包括物权主体的更迭和客体、内容的部分改变；狭义的物权变更仅指物权客体、内容方面的部分变化，例如标的物价值的增减、权利期限的伸缩、权利范围和行使方法的改变等。物权法意义上的物权变更，通常指后者而言。

物权的消灭，或称物权的丧失，是指某一物权因一定的法律事实而不复存在，可分为绝对的消灭和相对的消灭。物权绝对消灭是指物权本身归于消灭，标的物不再归属于任何权利主体，例如所有权、抵押权因标的物的灭失而消灭，典权因期满而消灭等；物权相对消灭是指原主体丧失某一物权而由新的权利主体取得，实质上是物权主体的变更，例如买卖和赠与所引起的所有权消灭。

从法律意义上说，人类物质生活的全部过程，都不过是人们对物的各种支配关系的发生和变化的过程。因此，有关物权变动的立法，是物权法的核心内容。在“公示与公信”原则指导下，各国立法对不动产和动产的物权变动都有明确的规定。

物权的变动原因，可分为法律行为和法律行为以外的原因两大类。当事人设立、变更、终止物权的法律行为，是物权变动最普遍和最重要的原因。作为物权变动原因的法律行为，既可以是单方法律行为（如设立物权的遗嘱行为，消灭物权的抛弃行为等），也可以是双方（或多方）法律行为（如通过买卖、互易、赠与取得所有权，通过合同设定抵押权、质权、地役权、典权等他物权）。在某些国家和地区的民法理论中，这种引起物权变动的法律行为被称为"物权行为"（详见后文）。法律行为以外的物权变动原因，包括时效、继承、先占、添附、标的物灭失、存续期间届满、拾得遗失物、发现埋藏物、善意取得、公用征收等多种，兹不详述。

二、物权变动的公示

根据公示与公信原则，物权的变动以采取某种可使外界知晓的方式为必要，即物权的变动必须公示于众，这是各国立法的普遍主张。关于物权变动的公示方法，在罗马法上经历了由"曼兮帕蓄"（要式买卖）和"拟诉弃权"的严格仪式到以交付为一般原则的发展过程，而现代各国法律则区分不动产与动产，规定不动产原则上以登记为物权变动的公示方法，动产物权变动原则上以交付（占有）为公示方法。

登记，是指将不动产物权变动的事实登载于特定的文书之上的活动。在法制史上，不动产物权登记最初适用于抵押权（普鲁士 1722 年《抵押及破产法》、1783 年《抵押法》、法国 1795 年《抵押法》），后来普及于各种不动产物权。不动产物权登记机关，在德国为属于地方法院的土地登记局，日本为司法行政机关法务局、地方法务局及其派出所，在英美法系国家也多属行政部门。在具体做法上，大陆法系国家一般将不动产的物权状态登记于主管官署依法设定的、可公开查阅的簿册上；而英美法系各国则将不动产的权属状态记载于依法制成的地券上，该地券一式两份，一份交由权利人保存，一份由登记机关存查（这种做法系 1858 年由澳大利亚法官托伦斯所创，故称"托伦斯主义"，也称地券交付主义）。在我国，不动产登记制度尚不完善（无统一的登记机关和登记法律），几种重要的不动产物权（如土地使用权、城镇房屋所有权）实行的是"登记发证制度"，即一方面将其权属状态记载于主管机关的簿册中，另一方面向权利人颁发特定格式的证明文件（权利证书）。这种做法可为外界了解不动产的权属状态及权利人保全其物权提供足够的便利，不失为不动产物权变动公示的一种有效方法。

虽然世界各国普遍建立了不动产物权变动登记制度，但对于登记的法律效力却有不同的主张。就登记对于不动产物权变动的效力而言，各国立法分别采取了“登记要件主义”和“登记对抗主义”两种不同的立场。登记要件主义以德国民法为代表，将登记作为不动产物权变动的要件，非经登记在当事人之间不能产生物权变动的效力，更不得对抗第三人。奥地利、瑞士民法也基本采取了这一立场。登记对抗主义为法国、日本等国立法所主张，即以登记作为公示不动产物权状态的方法，不动产物权的变动依当事人合意而发生效力，但非经登记不得对抗第三人。

比较而言，登记要件主义与登记对抗主义各有利弊。登记要件主义将登记与不动产物权变动本身结合为一体，对不动产物权变动采取了严格公示的态度，其优点是便于统一确定物权变动时间，使物权的归属关系明晰化，这对善意第三人利益的保护较为有利，但它过于注重形式，缺乏必要的灵活性，且容易助长“一物二卖”现象。登记对抗主义则将登记与不动产物权变动本身分开，不以登记作为其物权变动要件，这就使不动产交易较为便捷，但因不动产物权的变动缺乏表面公示形式，易使善意第三者利益遭受损害。就其精神实质而言，前者偏重于交易秩序的维护，后者则注重当事人的意思和交易的效率，但都有顾此失彼之弊。鉴于二者各有优劣，一些国家和地区立法在采用某一立法主义的同时，往往以另一种立法主义作为补充。例如，日本民法以登记对抗主义为原则，但对采矿权则采取登记要件主义；相反，德国民法虽采登记要件主义，但也并不是一概适用于各种不动产物权，例如担保物权证券（抵押证券、土地债务证券等）的让与就无须登记。此外，依德国、瑞士民法，因继承、公用征收、法院判决等法定事由取得不动产物权者，登记仅为物权的处分要件。这种立法主张，被称为“相对的登记主义”。可见各国立法在不动产物权变动方面所采取的立场往往并不是绝对的。对此问题，我国立法尚无统一规定，但有关法律、法规实际上采取了登记要件主义的立场。如《城市房地产管理法》第 35 条规定，房地产转让、抵押，当事人应当按照有关规定办理权属登记；《城市私有房屋管理条例》第 6 条规定，城市私有房屋所有权转移或房屋现状变更时，须到有关部门办理所有权移转或房屋现状变更登记；而《担保法》第 41 条、第 42 条则进一步规定，以土地使用权、城市房地产或乡（镇）、村企业的厂房等建筑物抵押的，应当办理抵押物登记手续，抵押合同自登记之日起生效。但此类规定主要是针对因法律行为而发生的不动产物权变动而言，对于因其他法定原因而发生者则未见规定。我们认为，基于保障交易安全和社会经济秩序的考虑，我国立法在不动产物权方面采取“登记要件主义”的基本立场是必要的。但是，在因继承、强制执行、取得时效、法院判决、新建、添附、婚姻关系等引起不动产物权变动的场合下，如果将登记作为物权变动的生效要件，实际上等于否认了有关法律规定和司法行为的绝对效力，而如果不进行登记，又难以使其权属关系明晰化，第三者（尤其是善意受让人）的利益也得不到切实保护。为了解决这一矛盾，德国、瑞士民法所采取的“相对的登记主义”（即将登记作为处分要件）立场不失为一种可行的选择。

登记的效力，还表现在登记的公信力方面，对此各国立法态度也不完全相同。德国、瑞士民法强调登记的公信力，认为即使登记有误，对善意第三人也加以保护。如《德国民法典》第892条第1款规定：“土地登记簿的内容，为取得土地上权利及此权利上的他项权利，视为正当，但对于其登记正当已有异议登记或取得人知其不正当者，不在此限。”《瑞士民法典》第973条规定：“因善意信任土地登记簿之登记，取得所有权或者他物权者，其取得应受保护。”而法国、日本民法则未赋予不动产物权登记的公信力，善意第三人在登记有误时不受保护。对此，我国现行立法也无明确规定，《土地登记规则》第46条规定，登记有误时应由登记机关更正，似乎表明对登记公信力的否定态度，这对善意第三人显然是不利的。

以交付（移转占有）作为动产物权变动的公示方法，自古有之。罗马法上的“曼兮帕蓄”和“拟诉弃权”，都不外乎是一种交付仪式。在早期法制中，这种公示方法既适用于动产，也适用于不动产（后者实行“象征物交付”）。随着近代不动产登记制度的确立，交付就成为动产物权变动的独有公示方法。从理论上说，交付不像登记那样具有永久的公示力，作为物权变动的公示方法未必真实可靠，但是动产变动频繁，不可能全面实行登记制度，因而只能把占有的移转（交付）作为其物权变动的一般表征。

交付的本意是动产占有的直接移转，即将动产置于权利人的实际管领（支配）之下。但现代社会追求交易的迅捷和便利，往往并不严格要求交易物直接占有的移转，而是采取一些变通的方法，对这些方法，立法上也赋予交付的效果。（1）简易交付。动产物权的受让人因委托、寄托、租赁、使用借贷或其他关系先已占有标的物时，让与合意成立即视为交付。（2）占有改定。如果动产物权的让与人与受让人之间特别约定标的物物权让与后仍由出让人继续占有，则交付视为于让与合意成立时完成，受让人取得间接占有。（3）指示交付。动产由第三人占有时，出让人将其对于第三人的返还请求权让与受让人以代替交付，称为指示交付。（4）拟制交付，即出让人将标的物的权利凭证（如仓单、提单）交付受让人，以代替标的物的现实交付。上述交付方式，反映了现代社会经济生活的客观要求，因而得到各国立法的普遍确认，我国物权法也应予以肯定。

交付在物权法上的效力，也表现为对于动产物权变动的效力和交付（占有）的公信力两个方面。

关于交付对于物权变动的效力，各国立法所采取的立场与其对登记效力的立场是一致的。在不动产物权变动方面采“登记要件主义”主张的德国、瑞士民法，在动产物权变动方面也采“交付要件主义”，在当事人之间存在移转动产物权合意的前提下，将交付作为其物权变动的要件（《德国民法典》第929条、《瑞士民法典》第714条），因其在不动产和动产物权变动方面均强调变动的外部形式，因而被学者冠以“形式主义”之名；而法国、日本民法则坚持物权变动依当事人的合意而发生效力，物的交付只被当作动产物权让与对抗第三人的要件（《法国民法典》第938、1138条，《日本民法典》第178条），体现了“意思主义”的立法思想（但日本民法规定，质权以交付标的物为成立要件）。

我国《民法通则》第72条第2款规定：“按照合同或者其他合法方式取得财产的，财产所有权从财产交付时起转移，法律另有规定或者当事人另有约定的除外。”这一规定意味着，财产（包括不动产和动产）所有权的转移时间，应依次按下列标准确定：其一是法律特别规定；其二是当事人特别约定；其三是“交付”时间。由此可见，就动产所有权变动而言，我国现行立法既不是像法国、日本民法那样把动产物权的变动作为当事人合意（债权合同）的当然结果，又不是像德国、瑞士民法那样将交付作为动产物权变动的绝对要件，而是采取了以“形式主义”（交付主义）为原则，以当事人特别合意为例外的立法主张（有的学者称为“意思主义与交付主义之结合”①，似有不妥，因为“意思主义”之本意是“物权变动只因当事人的意思表示而发生效力”，而上述规定并无此义）。但从立法技术上说，《民法通则》第72条第2款仍有不足之处，即未规定在当事人约定了所有权转移时间的情况下，交付是否具有及具有何种法律意义。我们认为，虽然在这种情况下交付已非动产所有权转移的要件，但从公示动产所有权状态、强化占有公信力、维护善意第三人利益的需要考虑，立法上仍应将交付作为动产所有权转移的对抗要件，即规定：“当事人约定于交付前转移所有权的，非经交付，所有权的转移不得对抗第三人。”

---

① 梁慧星著：《民法学术判例与立法研究》，中国政法大学出版社1993年版，第127页。

动产占有的公信力，在各国立法中都得到了充分的体现。此种公信力主要表现为两个方面：一是占有被赋予权利的推定力，即在无相反证据时，推定占有人为动产的所有权人或他物权人（《法国民法典》第 2227 条、《德国民法典》第 1006 条、《日本民法典》第 188 条、《瑞士民法典》第 930 条）；二是确立动产善意取得制度（占有的权利推定力是善意取得的前提条件）。对此，我国民法理论界基本都持肯定态度，但在立法上尚待作出明确规定。

三、物权行为理论评介

在物权变动的各种原因中，法律行为无疑居于首要地位。但各国立法基于对物权变动要件的不同主张，对引起物权变动的“法律行为”的内涵产生了不同理解。法国、日本民法采取意思主义的立法主张，物权的变动仅依当事人的合意即可发生，不以登记或交付为生效要件，因此，通说及判例认为，引起物权变动的法律行为就是债权契约本身。而《德国民法典》则采取“物权合意主义”，主张物权的变动除当事人之间的债权契约外，还必须有专以物权变动为内容的合意（《德国民法典》第 873、929 条），此种变动物权的合意，在学理上被称为“物权契约”；换言之，引起物权变动的法律行为并不是以设立、变更或终止债权为直接内容的“债权行为”，而是以设立、变更或终止物权为直接内容的“物权行为”。

物权行为（Dingliches Ceschäft）这一概念，是近代德国罗马法学家极端的法律抽象思维的产物。德国历史法学派创始人萨维尼于 19 世纪早期在其大学讲义中就曾指出，为履行买卖契约或其他以移转所有权为目的之契约的交付，并不是一种单纯履行行为，而是一种以移转所有权为目的的物权契约。在其《现代罗马法体系》一书中，萨维尼进一步指出，私法上的契约以各种不同形态出现，首先是基于债的关系而成立的债权契约，其次是物权契约。他认为，“交付”（Tradition）具有一切契约的特征，是一个真正的契约，一方面包含占有的现实交付，另一方面包含移转所有权的意思表示；这种物权契约经常被忽视，例如在买卖契约中，一般地只想到了债权契约，但却忘了“交付”中也含有一项与买卖契约完全分离的、以移转所有权为目的的物权契约①。萨维尼还认为，物权契约不但独立于债权契约而存在，而且在其效力上应与原因行为的有效问题相分离，亦即使其“无因化”，例如在为履行买卖契约而已将标的物交付的情况下，即使买卖契约因为有错误的意思表示而被撤销，也不影响物

① 参见王泽鉴著：《民法学说与判例研究》第 1 册，1980 年台北版，第 282~283 页。

权契约的有效性，受交付的买受人仍保有其所有权①。萨维尼的上述见解，就是所谓物权行为“独立性”与“无因性”理论。

萨维尼创立的物权行为理论问世后，深受德国法学界重视，并为《德国民法典》所采纳。依学者们的见解，该理论的优点在于：可使法律关系明晰化；有利于法律适用；有利于保障交易安全；有利于减少举证困难等②。

中国的民法理论和民事立法，都继受了德国民法所创设的法律行为概念，但在“物权行为”的存废问题上，则有不同的学说观点，有的肯定物权行为的存在，有的则认为我国民法不承认物权行为。鉴于这一问题不仅是纯粹的民法理论问题，而且关系到对我国现行立法中有关制度和规定的正确理解和适用，因此有统一认识的必要。

我们认为，对于物权行为的独立性和无因性，我国民法不宜采取肯定态度。

首先，物权行为的独立性和无因性虽是德国法系民法理论中的一种流行观点，并为《德国民法典》所接受，但并未代表现代民法的发展潮流。不但在物权变动方面采“意思主义”的法国、日本等国立法没有采纳这一观点，就是采“形式主义”的立法也未必确认物权行为概念。例如：《德国民法典》之前的《普鲁士普通法》（1794 年）和《奥地利民法典》（1811 年）在物权变动方面采“形式主义”立场，但并不要求在当事人之间有变动物权的特别合意；在《德国民法典》之后的《瑞士民法典》虽有“转移所有权的契约”这一用语（第 657 条），但并未对债权契约与物权契约作明确的划分，而其第 974 条第 2 款关于“凡无法律原因或依无约束力的法律行为而完成的登记，为不正当”的规定，却表明在不动产物权变动方面没有采纳物权行为无因性的观点。此外，前苏联、东欧民法也没有采纳物权行为概念。由此可见，即使在那些采用源自德国的法律行为理论的国家和地区，也大多认为物权变动是债权行为之结果，基本上没有接受物权行为概念及其独立性和无因性观念。

其次，确立物权行为的独立性和无因性，在理论上和实践上并无实益，相反却会产生相当的消极作用，这也是大多数国家和地区对其持否认态度的主要原因。具体地说，第一，物权行为理论将生活中简单的财产转让分解为数个完

① 参见刘得宽著：《民法诸问题与新展望》，台湾中亨有限公司 1980 年版，第 467~468 页。

② 参见梁慧星著：《民法学说判例与立法研究》，中国政法大学出版社 1993 年版，第 122~124 页。

全独立的法律行为，这完全是人为的拟制，与其说是使法律关系明晰化，不如说是使现实法律生活复杂化，对法律适用有害无益；第二，从表面上看，确立物权行为的无因性对交易安全具有一定的保障作用，但随着善意取得制度的确立，善意受让人可以得到必要的保护，从这个意义上说，物权行为的无因性理论已失去了存在的必要性；第三，便利举证是物权公示制度的功用，与是否承认物权行为及其无因性并无必然联系，那些不承认物权行为无因性的立法，也往往采取登记（交付）主义，并赋予登记（交付）公信力，使物权的变动易于证明；第四，承认物权行为及其无因性，将严重损害出卖人利益（即使买卖合同非因出卖人的过错而被撤销，出卖人也无权取回标的物），有违民法上的公平原则。上述缺点，使物权行为无因性理论和立法受到实践的冲击和学者的质疑。例如，晚近的德国判例就认为，在一定条件下，附属于原因行为的瑕疵也反射到物权契约上，致使物权契约也归于无效①；在德国法学界，出现了种种主张限制物权行为无因性原理之适用的理论，如“条件关联理论”、“共同瑕疵理论”、“法律行为一体性理论”等。

最后，将“物权行为”从债权行为中分离出来，不符合我国现行立法的精神。《民法通则》第72条第2款规定：“按照合同或者其他合法方式取得财产的，财产所有权从财产交付时起转移，法律另有规定或者当事人另有约定的除外。”这一规定表明：(1) 我国法律并不要求当事人除“合同”（指债权合同，如买卖合同、互易合同、赠与合同）外，另行成立移转标的物的所有权的合意，而是把所有权的移转作为债权行为固有的效果；(2) 交付只是在一般情况下动产所有权转移的要件，并非动产所有权转移的绝对生效要件，在当事人就所有权转移时间有特别约定的情况下，交付对于动产所有权的转移来说并无法律意义。由此可见，所谓与债权行为相分离的“物权行为”，在我国现行法中是不存在的。

第五节 物权的民法保护

一、概说

作为一种支配权，物权是通过权利人实施一定的支配行为而实现的。如果这种支配因他人的非法侵害而成为不可能或不能达到应有的圆满状态，权利人

① 刘得宽著：《民法诸问题与新展望》，台湾中亨有限公司1980年版，第470~471页。

的利益便无从实现或不能全面实现。在这种情况下，权利人可以通过法律规定的方法除去侵害，以恢复对标的物的支配，或得到价值上的补偿。这一过程，称为物权的保护。

物权作为一种法权形态，担负着明确物质财富的归属与利用关系、维护社会安全、促进社会发展的重要职能。因此，物权的保护在不同时代、不同国家的私法制度乃至整个法律体系中，都居于十分重要的地位。在罗马法时代，“权利是诉讼的反映”，物权就是由“对物诉讼”发展而来的。罗马法通过对占有的诉讼保护，确立了所有权的概念，并派生出各种他物权。在现代社会，“物权法定主义”使万物皆有其主，物权的归属通常无须借助诉讼即已明确，但物权的实现仍离不开法律保护。

物权的法律保护是一个外延广泛的法律范畴，包括各种保障物权实现的法律手段。根据侵害物权行为的不同性质和情节，不同的法律部门通过不同的方法对物权加以保护。从总体上说，物权的法律保护可分为公法保护和私法保护。公法保护主要表现为刑法保护和行政法保护，即通过刑事制裁和行政处罚，惩戒和遏制侵害物权的犯罪行为和行政违法行为；私法保护主要表现为民法保护，即通过民法规定的方法除去对物权的不法侵害，恢复权利人对标的物的支配，或使其得到价值上的补偿。

物权的民法保护，依不同的标准，有物权方法与债权方法、自力救济与公力救济、本权之诉与占有之诉之分，下文分别加以讨论。

二、物权方法与债权方法

（一）概说

根据权利人保护物权请求的不同性质，物权的民法保护方法可分为物权方法和债权方法。物权方法是指通过行使物上请求权对物权加以保护，债权方法则指通过行使债权请求权对自身利益加以保护。这两种方法的主要区别在于：(1) 根据不同。物权的保护方法以物权的存在为前提（物权的存在又以标的物的存在为前提），适用民法关于物权的规定，故也称为“物权法的保护方法”；而债权的保护方法则以债权的存在为前提（债权的存在又以损失的存在为前提），适用民法关于债的规定，因此也称“债权法的保护方法”。(2) 目的不同。物权的保护方法，旨在恢复物权人对标的物享有完整的支配权利，从而使物权的内容得到实现；而债权的保护方法则旨在填补受害人所遭到的损失。(3) 适用次序不同。比较而言，物权的保护方法更能充分地保护物权人的权益（可使物权恢复其完整状态），因而应作为物权保护的首要方法，只有当物权方法不能适用时，才适用债权方法（必要时也可以一并采用）。(4) 内容不同。物权方法依物上请求权的内容分为返还原物、排除妨害和防止妨害等，债权方法则以赔偿损失为主，但也不排除其他方法（如恢复原状、返还不当得利）。

值得注意的是，物权方法与债权方法之分，在我国现行立法中并未得到重视。物上请求权在传统的大陆法系民法中是一种独立的请求权，并且是作为对物权的重要保护方法加以规定的，然而我国现行立法并未承认其独立性。一方面，《民法通则》在第五章"财产所有权和与财产所有权有关的财产权"一节中并没有规定物权的保护方法；另一方面，《民法通则》在第六章"侵权的民事责任"一节中，采纳了广义的债权概念，将各种侵害物权或妨害物权人行使权利的行为都视为侵权，并适用侵权的请求权，排斥了物上请求权的适用。例如，《民法通则》第 117 条规定："侵占国家的、集体的财产或者他人财产的，应当返还财产，不能返还财产的，应当折价赔偿。"尤其是在关于侵权民事责任方式的规定中，《民法通则》规定了停止侵害、排除妨害、消除危险、返还财产、恢复原状等责任形式。在这些责任形式中，显然包括了物上请求权的内容。由于《民法通则》的上述规定，使我国民法确立了一种独特的请求权体系，传统民法中的物上请求权已为侵权的请求权所包容。我们认为，这种做法对物权人利益的保护是不利的，因为侵权请求权在主观要件（行为人过错）、客观要件（财产损害）和时效适用等方面都比物上请求权更为严格。

（二）返还原物

物之所有权人或他物权人于其物被他人非法占有时，有权请求不法占有人返还原物，以回复其对物的占有。

返还原物的物权保护方法，起源于罗马法上的"物件返还诉"（Vei Vindicatio）和"菩布利西亚那诉"（Actio Publiciana，又称占有回复诉），前者是所有人要求非法占有其物的人返还原物之诉，后者本是善意占有人在取得时效完成前丧失对其物的占有时提起的回复占有之诉，后来也常为丧失占有的所有权人所援用①。后世各国立法和实践都将其作为物权的基本保护方法之一。我国《民法通则》第 134 条也把"返还财产"作为一种独立的民事责任形式，并在司法实践中广泛运用。依各国通例，适用这一保护方法的基本条件是：

(1) 请求权人为失去占有的所有人或他物权人（其他合法占有人于其占有之物被非法侵夺时也享有返还请求权，但这已不属物权请求权范畴，而是一种侵权请求权）。需说明的是：第一，不移转占有的他物权人（如抵押权人）

① 周枏著：《罗马法原论》（上），商务印书馆 1994 年版，第 350~357 页。

不享有此项权利；第二，所有人或他物权人的占有不以直接占有为必要，失去间接占有时也可行使返还请求权；第三，在共有的情况下，每个共有人都有权请求不法占有人返还共有物，但必须以全体共有人的名义进行。

（2）相对人为标的物的非法占有人。这一要件意味着，其一，权利人只能向现实占有其物的人请求返还，对侵夺其物而此时已不占有者不能提出返还请求（如标的物已移转于第三人，应向该第三人请求返还），至于该占有人是直接占有人还是间接占有人（如出租人、寄托人），则在所不问；其二，权利人只能向非法占有其物者请求返还。占有是否为非法，应以权利人提出返还请求时的占有状态为认定依据。非法占有主要包括两种情况：一是无权占有，即没有法律上的权利而占有他人之物，如买卖合同解除后买方仍占有标的物，租赁合同期满后承租人仍占有租赁物等（在前述情形下，发生物上请求权与不当得利返还请求权的竞合）；二是侵夺，即违背所有人或他物权人的意思，强取标的物而加以占有，如抢夺、盗窃。

（3）对动产善意占有人不得行使返还请求权。作为物权标的物的动产由无权处分的占有人让与第三人时，如果第三人取得该动产的占有时是善意的，各国立法都通过善意取得（即时取得）制度对其占有加以一定程度的保护，我国司法实践中也采取了这一主张。在这种情况下，原物的所有人或他物权人不能向善意第三人请求返还原物，只能要求不法让与人赔偿损失。

（4）须有原物存在。如果原物已经灭失，返还原物在客观上已不可能，原物权人不能行使原物返还请求权。但我们认为，即使原物存在，返还请求权的行使也不是不受任何限制的，例如在原物添附于他人之物之上及原物的取回耗费过大等情况下，就不宜适用这一保护方法。

返还原物的目的是恢复物权人对原物的占有，因此要求非法占有人将原物移转至物权人的占有之下（包括直接占有和间接占有）。经物权人同意原物由不法占有人继续占有的，视为已返还（物权人已回复间接占有）。

关于返还原物，还涉及以下几个问题：

一是物权人请求非法占有人返还原物时，是否有权要求返还原物于非法占有期间所生孳息问题。在罗马法上，孳息是否返还依占有的性质而定。如为善意占有，被告仅负返还现存孳息的责任，对于诉讼前已消费的孳息不负返还责任；如系恶意占有，则被告应返还其占有期间所获一切孳息（已消费部分应予赔偿）①。而现代通说则认为，恶意占有人负孳息返还义务，而善意占有人

① 周枏著：《罗马法原论》（上），商务印书馆1994年版，第354页。

则无需返还占有期间所得孳息①。这种主张，显然更强调了对善意占有人的保护，也便于适用。

二是费用负担问题。对于非法占有人因保存占有物所支付费用的承担，罗马法也区分善意占有和恶意占有及费用的不同性质作不同的规定。对于必需的费用，善意占有人有权请求权利人全部偿还，而恶意占有人则直到优帝时期才享有此项权利；对于有益费用，善意占有人有权追偿，但数额不得超过该物件所增加的价值，恶意占有人则无权请求；对于奢侈费用，无论善意或恶意占有人均不得请求偿还，但允许被告享有“拆除权”（Jus Tollendi）（以不损坏原物为限）②。上述规定颇为细致和合理，现代各国民法大多加以采纳。

三是原物返还请求权是否适用消灭时效（诉讼时效）的问题。对此各国立法和学说主张不一。日本民法规定，消灭时效的客体为债权及其他非所有权的财产权，将所有权排除于消灭时效的客体之外；而判例认为，所有物返还请求权与所有权本身相同，不罹于消灭时效。德国民法规定：“请求他人作为或不作为的权利，应受时效规则”（第194条第1项），但“已登记权利之请求权不受时效规制”（第902条第1项），可见其主张因动产和不动产而异。我们认为，物上请求权作为物权特有的效力，必须附从于物权本身而存在，既然物权不适用消灭时效，物上请求权自应同其命运，不因时效而消灭。在立法上未确立取得时效的情况下，这一点尤其重要。

（三）排除妨害

他人以非法占有以外的方式妨害物权人行使其权利时，物权人有权请求其排除妨害，以恢复物权的圆满状态。适用这一物权保护方法的条件是：

1. 须有妨害存在

“妨害”是一个含义广泛的概念，包括除非法占有以外的一切对物权人行使权利造成阻碍的客观因素，可分为：（1）对标的物的妨害与对权利行使的妨害（前者如擅自在他人土地上通行，后者如阻止地上权人在土地上建筑）；（2）事实上的妨害与法律上的妨害（前者如在他人房屋旁挖沟掘洞，后者如将他人房屋登记为自己所有）；（3）人为妨害与非人为妨害（前者如向他人土地排放污水，后者如家畜逃逸危及他人作物）；（4）积极妨害与消极妨害（前者如故意设障阻止他人进入其土地，后者如不按期拆除设于他人土地上的工作物），等等。

① 王利明等著：《民法新论》（下），中国政法大学出版社1988年版，第95页。

② 周枏著：《罗马法原论》（上），商务印书馆1994年版，第354页。

2. 须为不法妨害

对于他人正当行使权利行为所造成的妨碍，物权人负有容忍义务，不能请求排除。例如相邻不动产占有人依相邻关系的规定所为的通行、引水、管线设置等行为，土地所有人（或地上权人）不能行使妨害排除请求权。但对于不法妨害，不论相对人有无主观过错（故意或过失），均不影响这一请求权的行使。

我国《民法通则》在有关侵权责任形式的规定中，于“排除妨碍”之外，尚有“停止侵害”的规定，学者也多将它们并列为物权（所有权）的保护方法。我们认为，上述用语实际上是对“排除妨害”的分割（“妨碍”主要是针对物权的行使而言，“侵害”则针对物权客体而言），二者之间并无本质的区别。

（四）防止妨害

物权人不但对于现实的妨害享有排除请求权，对于尚未发生但有可能发生的妨害，也有权请求有关当事人采取措施加以防止。例如，邻人房屋有倾倒的危险，威胁自身房屋的安全时，即可请求邻人采取加固、支撑或拆除措施，以防止实际妨害的发生。这种物上请求权，传统民法称为“妨害防止请求权”，《民法通则》中的“消除危险”，与此意义相当。

采用这一物权保护方法，以物权有“被妨害之虞”，即将来有受到损害的可能为基本条件。但对“被妨害之虞”的认定，并非易事。德国民法以妨害已一度现实发生，而将来可能再度发生为标准认定“妨害之虞”的有无，以避免防止妨害请求权范围的不当扩大。这显然过于苛刻，不利于物权的充分保护。我们认为，物权是否有“被妨害之虞”（即是否有受妨害的危险），应以社会一般观念为准则，结合具体情况加以判定，不宜机械适用某一标准，以免失于公允。

（五）恢复原状

物权标的因他人不法侵害而遭受损坏时，如果能够通过一定手段使其恢复到原有状态，则物权人享有恢复原状请求权。在我国《民法通则》中，恢复原状也是一种独立的民事责任形式（第117条第2款）。

与前述几种物权保护方法不同，恢复原状是在标的物的原有状貌遭受损坏的前提下采用的，此时“原物”已不是完整存在，故它是否为纯粹的“物权的保护方法”，不无疑问。我们认为，恢复原状既具有物上请求权的性质（以标的物本体存在为前提，以恢复物权为目的），又兼有债权请求权的特点（以侵权损害为前提，以填补损害为目的），因此是一种复合的请求权，称为物权保护方法和债权保护方法均不为过。

恢复原状方法的适用，应有一定的条件限制。其一，被损坏之物必须存在修复的可能。这一点，应根据社会一般观念，必要时参照有关专业标准确定。其二，恢复原状在经济上应当合理，若其费用超出原物价值，即不宜采取。但如果侵害人为恶意或恢复原状对于物权人有特殊利益，则不应过分强调其经济的合理性①。

（六）赔偿损失

除上述几种保护方法之外，物权人因他人侵害其物权而受到财产损失的，可依法请求侵害人赔偿损失。这种请求权是基于损害赔偿之债产生的债权请求权（债权的保护方法），因而受消灭时效的规制。

物权人因物权被侵害所受损失包括以下各种形态：（1）标的物的损失和非标的物的损失。标的物的损失是指标的物价值的全部或部分丧失；非标的物的损失是指因物权受侵害而受到的其他损失，如因生产工具被他人非法占有而造成的误工损失。（2）全部损失与部分损失。全部损失是指标的物全部价值的丧失，如标的物遗失、全部毁损、非法转让于受法律保护的善意第三人等；部分损失即财产部分价值的丧失。（3）直接损失与间接损失。直接损失是指标的物被侵占或损失后物权人现有财产价值量的实际减少。在标的物被侵占后无法返还或被损坏后无法恢复原状的情况下，存在财产的直接损失；在标的物可以返还和恢复原状，但其价值和使用价值已经发生减损的情况下，也存在直接损失。间接损失是指物权人可得利益的减少，如房屋、货币被侵占后造成的租金、利息损失，商店被封堵所造成的营业收入损失等。

（七）关于“请求确认所有权”

长期以来，国内出版的各种民法著作（教材），几乎都把“请求确认所有权”列为所有权的民法保护方法（物权保护方法）之一②。我们认为，这种观点是值得商榷的。严格地说，“请求确认所有权”并不是一项民法上的权利，而是一项诉讼法上的权利，属“诉权”范畴，因为其相对人不是一般的民事主体，而是国家司法机关。但是，诉权应是以一定的实体权利为基础的，这种诉讼所依据的实体权利是什么？显然，只能是所有权。可见，“请求确认所有权”这一诉权，是以请求人享有（或自认为享有）所有权这一实体权利

① 钱明星著：《物权法原理》，北京大学出版社 1994 年版，第 165 页。

② 参见《法学研究》编辑部编：《新中国民法学研究综述》，中国社会科学出版社 1990 年版，第 265~266 页。

为前提的（事实上，原告也不是抱着不肯定的态度请求司法保护）。具体地说，它是物权法上的“排除妨害请求权”所派生的诉权，因为原告的目的，正是为了排除他人对其所有权事实上或法律上的妨害（前者如争执为自己所有，后者如登记为自己所有），以恢复所有权的正常圆满状态。

三、自力救济与公力救济

物权的自力救济，又称为物权的自我保护，是指物权人于其物权受到侵害时，以自己的力量维护或恢复物权的圆满状态，或求得价值上的补偿。物权的自力救济，应依法律许可的方式进行，主要包括：

1. 请求

物权受到侵害后，权利人根据不同情况，向侵害人行使物权请求权或债权请求权。这是物权自我保护的最初手段，也是通常适用的保护手段。

2. 防御

为了制止或避免物权标的所面临的损害，物权人可依法实施一定的防御行为，包括正当防卫和紧急避险。正当防卫是对不法侵害人加以反击，以制止其侵害行为；紧急避险是为避免标的物面临的急迫危险，在不得已情形下，加害于他人财产以保全标的物。关于正当防卫和紧急避险的条件和效果，民法上都有明确规定，兹不赘述。

3. 自助

在某些紧迫情况下，受侵害的物权人为保障其请求权的行使与实现，可对加害人的自由加以拘束，或对其财产进行押收，即实施民法上的自助行为。例如，对正欲逃逸的侵害人予以扣留，对肇事车辆予以押收等，均属此类。

物权的公力救济，也称物权的国家保护，是指当物权受到侵害时，根据权利人的请求，由法院通过诉讼程序对物权加以保护。这是最强有力的物权法律保护方法，通常通过民事诉讼程序进行（也包括行政诉讼的保护）。保护物权的民事诉讼，多表现为给付之诉，借此实现权利人的物上请求权或债权；但在他人对物权归属存在争执的情况下，权利人也可以单独提起或与给付之诉一并提起确认之诉。

第二章 所 有 权

第一节 所有权的概念和本质

一、所有权的概念

“所有权”（Proprietas，Propriete，Ownership）是各国物权法（或财产法）中通用的概念，但不同法律制度对这一概念的理解是有差别的。这种差别，在很大程度上肇源于罗马法与日耳曼法在所有权观念上的异同。

在罗马法中，所有权被定义为“对物最一般的实际主宰或潜在主宰”①，或“对所有物的完全支配权”②。后世注释法学家将罗马法中的所有权概括为从积极方面对其物有为各种行为的权利，如使用、收益和处分等，在消极方面有禁止他人对其物为任何行为的权利，进而将所有权定义为“以所有人的资格支配自己的物的权利”或“所有人除了受自身实力和法律的限制外，就其标的物可以为他所想为的任何行为的能力”，并总结出所有权的绝对性、排他性和永续性三大特征③。概言之，所有权是权利主体对标的物享有的永久的、完全的支配权。这就是罗马法抽象的绝对所有权观念。

日耳曼法根植于封建土地所有制和团体耕作的农本经济基础之上，其所有权观念与罗马法有明显区别。日耳曼法中没有抽象的、绝对的所有权概念，而是以事实关系为基础，对物的各种利用都承认为权利，其“所有权”观念，因动产和不动产而异。动产所有权具有绝对性和排他性，而不动产（土地）所有权则是分割的，同一标的物之上有两个或两个以上的所有权（即所谓“双重所有权”）：领主或地主对土地的权利，称为“上级所有权”，其内容主

① ［意］彼德罗·彭梵得著：《罗马法教科书》，黄风译，中国政法大学出版社 1992 年版，第 194 页。

②③ 周枏著：《罗马法原论》（上），商务印书馆 1994 年版，第 299 页。

要是管理权、处分权；耕作人对土地享有的权利称为“下级所有权”或“利用所有权”，其内容主要是使用权、收益权①。可见，日耳曼法中的所有权观念，是一种以对物的利用为中心的相对所有权观念，如果要对其所有权作出定义的话，可表述为“对物的各种支配权和利用权的总称”。

在不同的所有权观念的影响下，两大法系对所有权的定义颇不相同。大陆法系各国立法和学说全盘继承了罗马法的所有权观念，从全面支配的角度解释所有权，主要有两种定义方式。一是列举式，即通过列举出所有权所包含的各项权能或各种作用阐述所有权的概念。例如《法国民法典》第 544 条规定：“所有权是对物的绝对的使用收益及处分的权利”；《日本民法典》第 206 条规定：“所有人于法令限制的范围内，有自由使用、收益及处分其所有物的权利。”在这种定义方式中，所有权被认为是使用、收益、处分等权能的集合体。另一种是概括式，即不具体列举所有权的权能，而是从所有权的抽象作用的角度给所有权下定义。例如《德国民法典》第 903 条规定：“物之所有人，在不违反法律及第三人权利之范围内，得自由处置其物，并排斥他人之干涉。”《瑞士民法典》第 641 条规定：“物之所有人，于法令之限制内，得自由处分其物。”比较而言，列举式的定义方式较为直观，易于为人们所理解，但很难穷尽所有权的全部权能和作用，即便全面罗列，也只是表述了所有权的权能形式，而不能说明所有权的质的规定性；相反，概括式的定义方式虽然较为抽象，但较准确地揭示了所有权的内涵，逻辑上也较为严谨。我国《民法通则》第 71 条规定：“财产所有权是指所有人依法对自己的财产享有占有、使用、收益和处分的权利。”显然，这里对所有权采取了列举式的定义方式。

在普通法系国家的法律用语中，所有权（Ownership）与财产（Property）两个概念之间并没有明确的界限。“财产一词不仅常常被不加区分地用来指有货币价值的权利客体，而且用来指人们对财物的权利”②；“严格地说，Property 是指财产所有权”③；“财产是指对物的各种财产性权利，而所有权则是对财产的排他性使用权、收益权和处分权的总和”。④ 在普通法观念下，所有权的客体是一般意义上的“财产”，包括属人财产和属物财产、有形财产和无形财产、物和权

① 李宜琛著：《日耳曼法概论》，商务印书馆 1943 年版，第 51 页。

② 《不列颠百科全书》“Property”条。

③ 《布莱克法律词典》“Property”条。

④ O. H. Phillips, A. H. Hudson, A First Book of English Law, 7th. edition, Sweet & Maxwell, 1977, p. 2.

利；所有权的内容，是对财产的事实上排他性使用、收益和处分权；所有权的主体，是对特定财产享有事实上的排他性使用、收益和处分权之人。总之，普通法上的所有权概念，与大陆法系的抽象支配意义上的所有权概念是有差异的。由于这种差异，使两大法系对所有权的可分割性及所有权的永久性等问题采取了不同的主张（大陆法系国家主张“一物一权”，否认“双重所有权”，并强调所有权的永续性，而普通法系国家则相反）。但是，在对标的物的排他性支配或利用这一点上，不同法系国家对所有权的认识是一致的。

二、所有权的本质

所有权的本质，是所有权研究中必须作出回答的问题。对此，资产阶级学者和马克思主义经典作家的观点是根本不同的。

西方学者从所有权存在的根据出发阐析所有权的本质，提出了不同的见解，其中较为重要的有：（1）先占说。此说认为，古代万物没有定主，如果某人占有某物，就与该物之间产生一种特殊关系，这就是所有权的最初状态。此说肇源于罗马法时代，后由荷兰学者格老秀斯加以详尽阐述，并得到布拉克斯顿、萨维尼等人的支持，从而成为西方关于所有权起源的主导学说之一①。（2）劳动说。英国学者洛克认为，所有权是劳动的产物，个人以其劳动加于某物之上，即对该物享有所有权，“只要他使任何东西脱离自然所提供的那个东西所处的状态，他就已经掺进了他的劳动……因而使它成为他的财产”②。（3）人性说。18世纪和19世纪的许多西方学者都认为，所有权是由人的天性决定的，人类意识到互相争夺外物对人类自身不利，于是要求对财产各安其份、互不侵犯，从而产生了所有权观念。（4）法定说。此说认为，所有权是为了定纷止争而由法律创设的，在法律创设之前，不可能有所有权的存在。除上述学说外，还有“神授说”、“自然权说”、“绝对意志说”、“社会说”、“人格说”、“掠夺说”等不同观点。

马克思主义经典作家是从所有权借以产生和存在的社会经济生活条件入手阐述其本质的，根据马克思主义的观点，所有权制度不是人类社会自然存在的。在原始社会的部落或氏族所有制中，“不存在个人所有，只有个人占

---

① ［英］梅因著：《古代法》，商务印书馆1984年版，第139~145页。

② ［英］洛克著：《政府论》，商务印书馆1982年版，第19页。

有”①。随着社会生产力的发展，出现了对剩余产品的个人占有，这是最初的私有制形态。但是，“私有财产的真正基础，即占有，是一个事实，是不可解释的事实，而不是权利。只是由于社会赋予实际占有以法律的规定，实际占有才具有合法占有的性质，才具有私有财产的性质”②。因此，所有权本质上不过是特定社会物质资料占有关系（即所有制关系）的法律形态，是统治阶级以法律形式对物质资料占有关系的确认。

马克思主义经典作家有关所有权本质的论断，无疑是科学的和深刻的。由于时代及阶级利益的局限性，资产阶级学者不可能正确地说明这一问题。例如，“先占说”只能说明对某种物的所有权的发生原因，而不能说明所有权发生的一般原因；“劳动说”掩盖了私有制社会有产者无偿占有他人劳动的事实；“人性说”不能说明私有制条件下一些人拥有大量物质财富而另一些人则根本不拥有物质财富的事实；“法定说”虽然看到了所有权成立的表层原因，但没有揭示所有权存在深层原因。总之，资产阶级学者“往往忘记他们的法权起源于他们的经济生活条件，正如他们忘记了他们自己起源于动物界一样”③。只有从所有权产生的物质生活条件入手，才能揭示所有权的本质。

第二节　所有权的内容与限制

一、概说

所有权的内容，又称所有权的权能。何谓权能？学说上存在“权利说”和“作用说”两种不同解释。“权利说”认为，所有权是由对所有物的各项权利组成的集合体，所有权的权能，就是构成所有权的各项具体权利，如前苏联学者认为：“……上述各项权利（或如通常所说的权能）总起来说构成所有权的内容，这些权利是构成所有权的要素。”④“作用说”则认为，所有权的权能就是所有权的作用，不同权能是所有权不同作用的体现。我们认为，后说较为合理，所有权作为对物的排他的全面支配权，在内容上是浑然一体的，并不是某些权利的简单组合，故所有权的权能不是独立存在的权利，而是所有权支

① 《马克思恩格斯全集》第46卷（上），人民出版社1983年版，第481页。

② 《马克思恩格斯全集》第1卷，人民出版社1956年版，第382页。

③ 《马克思恩格斯选集》第2卷，人民出版社1972年版，第539页。

④ ［苏］格里巴诺夫等著：《苏联民法》上册，法律出版社1984年版，第278页。

配力作用的具体表现（有时表现为使用、收益，有时表现为处分）；如果认为所有权是某些权利的集合，就意味着缺乏某项权能时所有权将不复存在，这将使普遍存在的所有权权能分离现象得不到合理解释。

基于对所有权概念的基本相同的理解，不同国家物权法对所有权权能的认识也大体相同，但在表述上存在差异。

罗马法只确认所有权是对物的“最一般主宰”，并没有对这种“主宰”（即支配）的内涵作进一步的阐述。因为在罗马法学家看来，“所有主的权利是不可能以列举的方式加以确定的，换句话说，人们不可能在定义中列举所有主有权做什么；实际上，所有主可以对所有物行使所有可能行使的权利”①。至于所有主“可能行使的权利”具体包括哪些权利，在罗马法文献中并无具体说明，后世注释法学家将其概括为两个方面，即在积极方面，所有人有对其物为各种行为的权利，如使用、收益和处分等；在消极方面，所有人有禁止他人对其物为任何行为的权利②。

所有权的上述两方面权能，为现代各国民法所认同，但在表述上并不完全相同：有的只揭示所有权的积极权能，对其消极权能不作直接规定，如《法国民法典》、《日本民法典》和《苏俄民法典》；有的则两方面兼顾，如《德国民法典》、《瑞士民法典》。对所有权的积极权能的表述，有的采取列举的方式，如法国、日本、苏俄民法，有的采取概括方式，如德国、瑞士民法。在采取列举方式的立法中，有的规定为“收益”和“处分”（如法国民法），有的规定为“使用、收益和处分”（如日本民法），有的则规定为“占有、使用和处分”。我国《民法通则》第 71 条规定：“财产所有权是指所有人依法对自己的财产享有占有、使用、收益和处分的权利。”显然，这一规定未揭示所有权的消极权能，而对其积极权能则采取了列举式立法技术。我们认为，所有权的权能包括积极权能和消极权能两个方面，是所有权概念的应有之义，缺少其中任何一个方面，所有人对物的“自由支配”均无以实现，至于对所有权积极权能的表述，《民法通则》所采用的占有、使用、收益和处分“四权能说”可谓较为全面和恰当，因为这四项权能都有其相对独立性（每一项权能都意味着所有人可以对其所有物实施一类行为或一系列行为），且都是“自由支配”应有的内容。

---

① ［意］彼德罗·彭梵得著：《罗马法教科书》，黄风译，中国政法大学出版社 1992 年版，第 194 页。

② 周枏著：《罗马法原论》（上），商务印书馆 1994 年版，第 299 页。

二、所有权的积极权能

（一）占有权

占有权，即对所有物加以实际管领或控制的权利。占有是所有人支配其所有物的直观表现，也往往是所有人就其所有物享受物质或精神利益的先决条件，因而是所有权的一项重要权能。即使在将占有视为独立于所有权而存在的事实或权利的法国、日本民法中，占有虽未表述在所有权的定义中，但也被认为是权利的行使，所有人对其所有物的占有被视为当然之事。

所有权的占有权能既可由所有人自己行使（所有人占有），也可依所有人的意思或依法律规定交由他人行使（非所有人占有），如承租人依租赁合同占有出租人的财产，保管人依保管合同占有寄托人的财产，国有企业依法占有国家财产。在此情况下，占有权与所有人发生分离，但其所有权并不消灭，相反却是所有人行使所有权的重要手段。

（二）使用权

使用权，是指在不毁损所有物或改变其性质的前提下，依照物的性能和用途加以利用的权利。

在大多数情况下，拥有所有权的目的，正是为了对物加以利用，因而使用权是所有权的重要权能。在法律规定的范围内，所有人可依其自身意志而使用所有物，但使用必须以占有为前提，当所有物的占有与所有人分离后，使用权能也就无法行使。与占有权能一样，根据所有人的意思或法律规定，使用权能可以移转给非所有人行使，如借用、租赁等，但最终应复归于所有人。从这一点看，使用权能仅适用于非消耗物，对消耗物的“使用”，实为处分。

（三）收益权

收益权，即收取所有物所生利益的权利，是与使用权有密切联系的所有权权能。

收益权的概念，是中世纪注释法学派的创造，主要是为了解释中世纪西欧社会所存在的双重所有权形式。由于这种双重所有权的存在，在中世纪欧洲基本上不存在自由的土地所有权——领主对土地享有的实际权利，是从土地上获取收益；而农奴虽然对土地没有所有权，但也可享有获取部分剩余劳动产品的权利。这种现象就决定了在中世纪欧洲一般都把所有权看成是一种收益权，从而使收益权形成为一种独立的权能。而在当代资本主义条件下，收益权更成为资本所有权的基本内容①。

---

① 王利明等著：《民法新论》（下），中国政法大学出版社 1988 年版，第 56~57 页。

收益亦称为收取标的物之“孳息”，包括天然孳息和法定孳息。前者是指按标的物的自然性能而孳生之物，如树木果实、家畜繁殖物；后者指基于一定法律关系而发生的利益，如利息、租金。

通常情况下，收益是使用的结果，故有人认为收益权是使用权的应有之义，并非所有权的独立权能。我们认为，这种看法有失偏颇。正如有的学者所分析的那样，在使用权的行使中，会出现“因使用而收益”（如获取天然孳息）、“既使用又收益”（如典权人的权利）、“只使用不收益”（如租赁关系中承租人的权利）和“只收益而不使用”（如股东对股票的权利）等多种情况，所有人和非所有人享有使用权和收益权，是为了追求不同的经济目的，将二者混为一谈，不能反映所有权运行状态的全貌。

（四）处分权

处分权，是指对所有物依法加以处置的权利。通说认为，处分包括事实上的处分和法律上的处分，前者即通过事实行为对所有物加以处置，如消费、加工、改造、毁损等；后者是指通过法律行为改变所有物的法律状态，如租借、转让、设定他物权等。有的学者认为，作为所有权权能的处分仅指事实上的处分，因为“为法律的处分时，其所处分者乃所有权而非所有物”①，或认为法律上的处分仅指转让而言②，我们认为这是不够全面的。所有人对物的处分，不仅包括事实上的处分，也包括法律上的处分；法律上的处分，不仅包括转让物的所有权，还包括通过法律行为对物进行其他处置，只有这样理解处分权，才符合所有权“全面支配”的内涵。

处分权能是决定所有物命运的一项权能，最直接地反映了所有人对物的支配，故一向被认为是所有权内容的核心和拥有所有权的根本标志。正因为如此，处分权能通常只能由所有人自己行使，非所有人不得随意处分他人所有的财产。但在某些特殊情况下（尤指资本所有权而言），处分权得由非所有人行使，例如信托人处分信托财产、公司经营者处分股东财产、国有企业依法处分国有财产等。在此情况下，处分权虽与所有人分离，但其所有权并未消灭，因为尚有收益权作为所有权存在的标志。

对所有权的上述四项积极权能，国内民法学界认识基本一致。且通说认为，所有权的各项权能均具有可分离性，所有权权能的一部分，甚至全部与所有人分离后，所有人仍能不丧失其所有权。我们认为，所有权权能的分离，原

---

① 李宜琛著：《现行物权法论》，商务印书馆1934年版，第59页。

② 王利明等著：《民法新论》（下），中国政法大学出版社1988年版，第59页。

则上只能是部分权能的分离或全部权能的暂时分离，倘若所有权的各项权能均与所有人完全和永久分离，所有人对其所有物的支配就无从体现，其所有权也就最多只具有抽象意义，而这种抽象意义的所有权（或虚拟所有权）的现实意义是值得怀疑的。

三、所有权的消极权能

所有权的消极权能，即排除他人干涉之权能，此项权能，是所有权绝对性的体现，也是实现所有权的各项积极权能的必要条件。

排除他人干涉之权能，体现于所有权的行使受他人非法干涉之时，若无非法干涉，则此项权能“隐而不现”，故名“消极权能”。排除干涉的方法，广义上包括请求侵权赔偿和行使物上请求权，后者包括所有物返还请求权、所有权妨害除去请求权、所有权妨害防止请求权等内容。其要件虽异，但目的均在恢复所有人对其所有物的圆满支配状态。

四、所有权的限制

自罗马法以来，所有权就一直被看成是对物的最完全的支配权，是物权的最高级形态，但这并不意味着所有权是一种绝对的、不受任何制约的权利。相反，所有权自古以来就受到一定的限制。罗马法对所有权的限制，主要表现在因相邻利益的限制、因公共或社会利益的限制、为宗教方面利益的限制、人道主义和道德方面的限制等方面①，而现代各国民法则往往在揭示所有权内容的同时，附以“在不违反法律或第三人权利之范围内”（《德国民法典》第903条）或“在法令的限度内”（《瑞士民法典》第641条）等限制条件，并通过一些具体规定对所有权的内容加以限制。法律上对所有权的限制包括：民法上的限制与民法以外法令上的限制（前者如相邻关系之规定，后者如土地法关于土地征用的规定，矿产法关于矿产专有权的规定）；积极的限制与消极的限制（前者指规定所有人负有积极的为一定行为的义务，后者指规定所有人负有容忍他人侵害或不得自由行使其权利的义务）；动产上的限制与不动产上的限制；公益上的限制与私益上的限制，等等。在我国，国家、集体和公民个人财产所有权在受到法律充分保护的同时，也受到一定的限制。民法和其他一些相关法律、法规，基于社会公共利益、国家建设、相邻关系等方面的需要，对所有权的内容进行了必要的限制，这种限制主要体现在：（1）行使所有权不

① 参见周枏著：《罗马法原论》（上），商务印书馆1994年版，第301~303页。

得违反法律规定。例如：法律禁止流通之物，所有人不得随意转让；所有人出租财产不得违法收取高额租金；所有人不得将其财产用于违法犯罪活动，等等。(2) 行使所有权不得妨害他人的合法权益。例如，房屋所有人应本着有利生产、方便生活的原则，维护和照顾相邻方的合法利益，不得滥用权利，损害他方利益。(3) 行使所有权时，必须注意保护环境、自然资源和生态平衡，不得破坏名胜古迹、风景区、游览区和自然保护区。(4) 根据公共利益的需要，国家可以依法对集体土地实行征用，或将其他财产收归国有。

第三节　所有权的类别

一、所有权的各种分类

1. 不动产所有权与动产所有权

这是从权利客体的角度对所有权进行的分类。此种分类，在各国物权法中都具有重要意义：其一，在权利变动的公示方式上，对不动产所有权一般采“登记主义”，而对动产所有权则采“交付主义”；其二，在权利的行使上，不动产所有权受到诸如地役权、相邻关系等方面的限制，而动产所有权则无此限制；其三，在权利的取得方式上，动产所有权适用善意取得、先占取得、拾得遗失物等特殊规则，而不动产所有权则不存在此类问题；其四，在权利的消灭方式上，动产所有权可因对标的物的事实处分而消灭，而不动产所有权（尤其土地所有权）则无此问题；其五，在他物权的设定上，不动产所有权与动产所有权也有显著区别。正是基于不动产所有权与动产所有权之间的种种差异，大陆法系一些国家和地区立法（如德国民法、瑞士民法）将二者分设章节予以规定，而普通法系国家则将不动产法（或土地法）列为一个独立的法律部门。在中国现行法律体系中，有关不动产的立法已经形成了一个相对独立的群体（习惯上称为“房地产法”），未来的统一物权立法也可考虑专设章节对不动产所有权作出规定。

2. 单独所有权、共同所有权和区分所有权

这是从权利主体数量及内容构成的角度对所有权进行的分类。由单一主体对特定之物享有所有权者，称为单独所有权，这是所有权的一般形态。由两个以上主体对同一标的物共享所有权者，称为共同所有权，通称共有，依其内容构成又可分为分别共有（按份共有）、公同共有（共同共有）和总有。由于共

有所涉及的法律关系较为复杂，现代各国民法通常单独对其作出规定。区分所有权是一些国家立法和民法理论新近创设的所有权形态，实质上是单独所有权和共同所有权在特定条件下的结合。

3. 个人所有权、国家所有权和“法人所有权”

这是根据权利主体的类别对所有权所作的理论分类。个人所有权作为财产私有制的法律形式，既是所有权的最初形态，也是私有制条件下所有权的基本存在形式。即使在公有制国家，个人所有权也占有相当重要的地位。国家所有权，是不同历史时期、不同形式的财产国有制或公有制（诸如古希腊城邦的公民共同所有制、罗马的国家法人所有制、中世纪欧洲的国王土地所有制、中国封建社会的官有制、资本主义社会的国家所有制、社会主义国家的全民所有制）在法律上的表现。在当今世界，国家所有权在私有制国家和公有制国家具有不同的特点①。法人所有权，又称社团所有权、公司所有权，是一些学者对公司法人财产权的称谓。他们认为，法人所有权起源于古代日耳曼法的“总有”制度，随着近代公司制度的确立，“总有团体转化为法人，总有成为法人之单独所有权”。② 在现代经济生活中，公司法人制度凭借其自身的优越性得到了充分发展，而公司法人的独立财产制则是公司法人制度优越性的重要体现。在法律上承认公司法人的独立财产权，无疑是确立公司法人的民事主体地位、维护交易安全与秩序的要求。不过在我们看来，公司财产的真正所有人是股东，“法人所有权”不过是股东所有权的外在表现形式，或者说是一种所有权的“虚拟形式”。

中国民法理论对所有权的分类，一般是从所有权的享有者角度进行的，认为国家所有权、集体所有权和公民所有权是我国现阶段所有权的三种基本形态③。这种划分，反映了我国所有权法律制度的特色。

其一，我国的国家所有权不同于私有制社会的国家所有权。从表面上看，私有制社会的国家所有权与公有制社会的国家所有权具有一些共同的法律特征，例如主体地位的特殊性（政治权力与财产权利集于一身）、客体的非独立性（“国家财产”为集合物，包括有形财产和无形财产）、取得方式的特殊性等。但是，在种种相同的表象之下，二者存在着一个根本区别，即前者是财产

① 参见王利明：《国家所有权法律特征研究》，载《法律科学》1990年第6期。

② 史尚宽著：《物权法论》，台湾荣泰印书馆1957年版，第158页。

③ 参见《法学研究》编辑部编：《新中国民法学研究综述》，中国社会科学出版社1990年版，第273页。

私有制的一种法律形式，而后者则是社会主义全民所有制在法律上的表现。具体地说，私有制条件下的国家所有权，是国家对于其自身占有的财产（国有财产）享有的所有权，而公有制条件下的国家所有权则是国家对于“全民所有”财产享有的所有权。换言之，在公有制国家，“国家财产属于全民所有”（《民法通则》第 73 条第 1 款），国家本身并无“自己的”财产，“国家所有权”不过是“全民所有权”的一种特定的法律形式。公有制国家的“全民所有权”之所以采取国家所有权的法律形式，是因为“全民所有是直接的社会所有，所有者虽为全体人民，但在法律上并没有一个所有者”①，从而使其权利无法实现，这就需要从法律上确立全民共同占有的财产的权利主体，而国家则是唯一合理的选择，因为在现阶段只有国家才是整个社会的正式代表，是“社会在一个有形的组织中的集中表现”②。因此，公有制国家的民法大多确认，国家作为全民利益的代表，为全民财产的唯一所有者，从而使国家所有权具有独占性、排他性的特点。由此看来，在公有制条件下，国家所有权不过是一种法律拟制的所有权形式。

其二，我国的集体所有权是一种新型的共同所有权（共有）形态。《民法通则》第 74 条规定：“劳动群众集体组织的财产属于劳动群众集体所有”；“集体所有的土地依照法律属于村农民集体所有，由村农业合作社等农业集体经济组织或者村民委员会经营、管理。已经属于乡（镇）农民集体组织所有的，可以属于乡（镇）农民集体所有”。上述规定，确立了“集体所有权”的法律概念。在我国民法理论界，有一种观点认为，集体所有权是一种由“集体组织”或“集体组织法人”享有的单独所有权，我们认为这是值得商榷的。集体所有权，实质上是集体组织全体成员共同对集体财产直接享有的所有权，其主体是集体组织（主要是指农民集体）的全体成员，而不是集体组织法人；换言之，集体所有权是一种多数人的共同所有权，而不是单独的“法人所有权”③。从《民法通则》第 74 条对集体所有权的规定看，“集体所有权”与“集体组织法人所有权”也并不是同一概念：“劳动群众集体组织的财产属于劳动群众集体所有。集体所有的土地依照法律属于村农民集体所有，由村农业合作社等集体经济组织或者村民委员会经营管理。”在这里，“集体所有”与“集体经济组织或者村民委员会经营管理”判然有别，后者只是集体财产的

---

① 《国际比较法百科全书》，法律出版社 2002 年版，第 44~45 页。

② 《马克思恩格斯选集》第 3 卷，人民出版社 1972 年版，第 320 页。

③ 参见韩松：《我国农民集体所有权的实质》，载《法律科学》1992 年第 1 期。

"经营管理"者而非其所有权主体。这一点，还可以从1990年5月国务院发布的《中华人民共和国乡村集体所有制企业条例》和1991年9月发布的《中华人民共和国城镇集体所有制企业条例》的有关规定中得到说明："乡村企业财产属于举办该企业的乡或者村范围内的全体农民集体所有，由乡或者村的农民大会（农民代表大会）或者代表农民的集体经济组织行使企业财产的所有权"（《乡村集体所有制企业条例》第18条）；"城镇集体所有制企业是财产属于劳动群众集体所有、实行共同劳动、在分配方式上以按劳分配为主体的社会主义经济组织"；"前款所称的劳动群众集体所有，应当符合下列中任一项的规定：（一）本集体企业的劳动群众集体所有；（二）集体企业的联合经济组织范围内的劳动群众集体所有；（三）投资主体为两个或两个以上的集体企业，其中前（一）、（二）项劳动群众集体所有的财产应当占主导地位"（《城镇集体所有制企业条例》第4条）。具体地说，我国的集体所有权作为社会主义集体所有制的法律表现形式，是一种带有"总有"色彩而又与传统民法中的总有不完全相同的所有权形态。

二、共有

根据"一物一权"的原则，一物之上不能同时存在两个所有权，但是，一个所有权同时由多数人享有，则并不为法律所禁止。这种由多数人对同一物享有所有权的现象，称为共同所有权（Propriete Collective，Gemeins Chaftliches Eigentum，Co-ownership），简称共有。

共有被认为是人类历史上发生最早的所有权形式。梅因指出，"我们有极多的充足理由来猜疑：法律新生时代的特点是，由于人格权和财产权之混杂不清以及公法义务和私法义务混淆在一起而流行着共同所有制"，并通过对几种"村落共同体"的考察，得出了"古代社会的财产是不分割的"的结论。① 拉法格在《财产及其起源》一书中，对部落土地的共同所有权也有生动的描述。在现代社会，共有现象仍有其存在的必然性，因而得到各国立法的确认。

根据各共有人对共有物享有权利的方式的不同，共有可划分为总有、分别共有和公同共有等三种形态。在当代各国民法中，分别共有和公同共有都得到了不同程度的确认（我国《民法通则》称为按份共有和共同共有），而总有则被其他所有权形式（如集体所有权）所取代。

---

① ［英］梅因著：《古代法》，商务印书馆1984年版，第148~153页。

(一) 分别共有(按份共有)

数人按其应有部分对同一物享有所有权的共有形态，称为分别共有(Dominium Parte, Miteigentum much Bruchteilen)。分别共有源于罗马法。罗马法的共有制度可以归纳为这样一种观念：每个共有者对整个物享有所有权，而且同一切所有主一样，他对该物独立地行使权利；但是，每个人行使权利的范围不应当超过表现为他的权利范围的份额；如果这是不可能的，则禁止单个共有人行使权利，并且需要得到普遍的合作。总之，主体是多元的，对物的单独权利是多元的(它们被视为对物的统一权利的“部分”)，物是单一的①。

近代各国民法都承认分别共有，但立法体例不尽一致。有的就继承及合伙等事项确认共有关系，但不设有关于共有的一般规定(如法国民法)；有的将一般财产共有的原则规定于债编中，而有关物的共有则特别规定于物权编中(如德国民法)；有的则将共有的一般规则详尽规定于物权编中(如日本民法、瑞士民法)。我国《民法通则》于“财产所有权和与财产所有权有关的财产权”一节中专设条文对“按份共有”和“共同共有”一并作了原则性规定。英美法中的共有(Ownership in Common)和共同租借(Tenancy in Common)，亦具分别共有的性质。

分别共有的基本特征，是各共有人对共有物各享有一定份额的所有权，亦即就其应有部分(Anteil)享有所有权。关于该应有部分(或称应有份)的性质，曾有不同的学说主张。“实在的部分说”认为，各共有人的应有份，确有实在的部分存在，各共有人在其实在的部分上，各有一个所有权，其总和即构成一个独立的所有权；“想象的分割说”认为，各共有人于其标的物为想象的分割，各自就想象的部分享有一个所有权；“内容的分割说”认为，所有权的种种作用，可以分别为各共有人享有；“计算的部分说”认为，共有人的应有份是分割后的共有物的价格；“权利范围说”认为，对于共有物，数人共同享有所有权，为避免权利的冲突，而划定各人的权利范围，使各人在其范围内行使其权利，此范围即各共有人的应有份。以上诸说中，以“权利范围说”较能准确说明应有份的性质，且不与所有权的基本观念相悖，因而成为近代各国通说。据此学说，所谓应有部分，是指权利的应有部分，即将所有权的全部内容进行量的分割后，由各共有人享有的部分(如三分之一、二分之一)，而不是指共有物的某一部分。在英美法中，共有或共同租借意味着，各共有人

① [意] 彼德罗·彭梵得著：《罗马法教科书》，黄风译，中国政法大学出版社1992年版，第231页。

(Owner in Common) 或共同租借人 (Tenant in Common) 按未分割的份额 (Undivided Shares) 对标的物享有利益，这与“权利范围说”的观点也是一致的。我国《民法通则》第 78 条规定，“按份共有人按照各自的份额，对共有财产分享权利，分担义务”，其“份额”也应理解为权利（和义务）份额。至于各共有人应有部分的比例，应依共有关系的发生原因（当事人意思或法律规定）而定，如仍无从确定，则应推定为份额均等（《德国民法典》第 742 条、《日本民法典》第 250 条、《瑞士民法典》第 646 条）。

应有部分的性质，决定了分别共有内部关系和外部关系的一般准则。(1) 各共有人依其份额，对共有物的全部有使用、收益的权利。(2) 除另有约定外，各共有人有权对其份额为自由处分（法律上的处分），包括让与、抛弃、设定质权等。关于共有人所抛弃份额的归属，学者间有不同看法，有的认为应归于其他共有人；有的则认为应视其为无主物，如系动产，应允许其他共有人基于先占而取得其所有权（按比例扩张其应有部分的范围），如系不动产则归属国库。我们认为后说较为恰当。(3) 对于共有物的管理，各共有人均有参与权，即共有物应由各共有人共同管理，但保存行为（包括简易修缮）可由各共有人单独实施，改良行为经过半数以上并拥有过半数份额共有人的同意方可进行；至于管理费用，除另有约定外，应由各共有人按其份额比例分担。(4) 对共有物的处分、变更或设定负担，应得到全体共有人同意。(5) 各共有人有权向其他共有人主张其应有部分的存在，并对妨害其就应有部分行使权利的其他共有人行使物上请求权。(6) 各共有人就其应有部分，有权就共有物的全部向第三人行使物权请求权和债权请求权，但在第三人夺取共有物的占有时，仅得以全体共有人的利益提出回复共有物的请求。(7) 各共有人对于第三人的义务，依该义务的性质确定，或就其份额单独承担，或承担连带义务（责任）。

分别共有关系得因共有物的分割而消灭。原则上，各共有人有权随时单独请求分割共有物以终止共有关系，但因物的使用目的不能分割或共有人所约定的不可分割期间未满者，不在此限。共有物的分割，可采取原物分配（实物分割）、作价补偿、变价分割等方法，具体依共有人的协议而定，如不能达成协议，则依法院裁判而定。分割的效力，主要表现在以下两个方面：(1) 各共有人取得其所分得部分的单独所有权。关于分割后各共有人的单独所有权从何时取得，立法例上存在两种不同主张。一是认定主义（也称宣示主义）。法国、日本、意大利等国民法认为，共有物的分割，实际上是对各共有人权利的认定，故各共有人取得单独所有权的效力应溯及于共有成立之时。二是移转主义（也称付与主义）。德国民法认为，共有物的分割，是各共有人间以其应有部分相互移转，故其取得单独所有权的效力应自分割完毕时发生，不溯及既往。对此问题，我国民法尚无明确规定。我们认为，采取移转主义能够更好地说明共有物分割的权利变化，且较有利于保护第三者利益①。（2）共有人相互间负瑕疵担保责任。各共有人对于其他共有人所分得之物，负有与出卖人同一担保责任。

（二）公同共有（共同共有）

公同共有有广狭二义。广义的公同共有是指数人或多人对同一标的物不分份额地共同享有所有权，包括总有和合有；狭义的公同共有仅指合有而言，意指各人合手共享同一标的物的所有权。总有与合有之间，最初并无明显区别，只是总有主体人数较多，且团体性质较为浓厚。随着近代社会经济的发展，总有渐趋式微，各国立法所称的公同共有一般是指合有。英美法中也有“合有”概念（Joint Ownership 或 Joint Tenancy），并强调合有的四个“一体化”，即利益一体化（Unity of Interest）、权属一体化（Unity of Title）、时间一体化（Unity of Time）、占有一体化（Unity of Possession）。此点与大陆法上的公同共有颇为相似，但英美法所确认的“生存者取得权”（Survivorship，即合有人之一死亡后其权利自动归属于生存的合有人），则是大陆法上的公同共有所没有的。

关于公同共有的性质，西方学者曾有不同的见解。“不分割的共有权说”认为，公同共有是指没有应有部分的共同所有权，即使有应有部分，这些部分也是潜在的，只有到共有关系解除时才能实现；“社员权说”认为，在公同共有关系中，每个人虽然享有应有部分，但该应有部分并非物权法上的应有部分，而属于人格法上的应有部分，类似于社员权；“结合的共有权说”认为，公同共有具有应有部分，只是各共有人不得自由处分其应有部分。中国民法理论和立法基本上采取了第一种观点，认为共同共有是指数人不分份额地平等地对共有财产享有权利和承担义务。我们认为，此种“不分割的共同权说”较客观地反映了共同共有关系的实际状况，而其余诸说则明显带有臆断色彩。

依各国通例，公同共有须基于一定的“共同关系”而发生，并以这种关系的存续为存在前提。公同共有赖以存在的共同关系主要有两种：一是依法律规定成立的共同关系，如共同继承关系、婚姻关系；二是依契约成立的共同关系，如合伙、夫妻共同财产制。除此之外，共同关系也可因单独行为（如共

① 钱明星著：《物权法原理》，北京大学出版社 1994 年版，第 251 页。

同受遗赠）或习惯（如共同登记）而形成。在我国民法中，共同共有主要基于以下几种共同关系而产生：(1) 夫妻共同共有。《婚姻法》第 13 条规定，夫妻在婚姻关系存续期间所得的财产归夫妻共同共有，双方另有约定的除外。(2) 家庭共同共有。对此立法上虽未作明确规定，但民法理论和司法实践一贯主张家庭财产由一定范围内的家庭成员共同共有。(3) 继承人（受遗赠人）共同共有。对此《继承法》也无明文规定，但从法理上考察，在法定继承及未明确份额的遗嘱继承和遗赠中，若继承人或受遗赠人为数人，则遗产在分割前应由各继承人或受遗赠人共同共有。(4) 合伙人共同共有。《民法通则》第 32 条第 1 款规定，合伙经营积累的财产"归合伙人共有"。对这种共有的性质，学者间认识不一。我们认为，这部分财产原则上应认定为按份共有（其份额依出资比例或依协议确定），但如合伙人约定为共同共有，则应从其约定。

公同共有无论基于何种原因而发生，在内外部关系方面都应遵循以下原则：(1) 各共有人的权利及于共有物的全部，因此，对共有物的处分及其他权利的行使原则上应得到全体共有人同意，但法律规定或合同约定可由其中一人或数人代理全体共有人管理或处分共有物者，不在此限。(2) 各共有人共同平均负担共有物的管理费用和经营共有物发生的债务，并对共有物对第三人造成的损害承担连带责任。(3) 除共同继承、受遗赠外，共同关系存续期间，共有人不得请求分割其共有物，也不能像分别共有人那样转让自己的份额，但在纯粹财产性质的公同共有关系中，应允许共有人在一定条件下转让其作为共有人的资格（如合伙人经其他合伙人同意指定他人替代其地位，继承人接受继承后将自己的遗产共有人资格转让于他人）。

（三）总有

多数人结合而不具有法律上人格的共同体，以团体资格对特定之物享有所有权，称为总有（Gesam Teigentum）。

总有作为广义公同共有的一种形态，源于日耳曼法的村落共同体所有权制度，其主要特点是：(1) 所有物的管理及处分权能属于共同体，而使用、收益权能则属于村民；(2) 村民所享有的使用、收益权能与其作为共同体成员的身份密不可分；(3) 村民对于所有物无应有部分可言，故不能请求分割。由此可见，总有是一种团体主义色彩浓厚并包含所有权质的分割（权能分割）的共有形态。

我国的"集体所有权"是一种类似于总有而又独具特色的所有权形态。根据有关法律规定，劳动群众集体组织的财产属于劳动群众集体所有（农村土地原则上属于村农民集体所有）。这种由不特定的多数人（集体组织成员）全体共同对特定财产（集体财产）不分割地享有所有权的法律现象，与总有颇为相似。但是，集体所有权并不等同于传统意义上的总有。其一，传统的总有意味着所有权质的分割，即管理、处分权能与使用、收益权能的分割，而集体所有权并非如此。从根本上说，集体财产是由集体成员通过“平等自愿、议决一致”的原则加以统一支配，而不是由集体组织和其成员分割地行使不同的所有权权能，《民法通则》第74条规定“集体所有的土地……由村农业合作社等农业集体经济组织或者村民委员会经营、管理”，即足以说明这一点。在我国现阶段，集体所有的土地通常由集体成员（以户为单位）承包经营，集体所有的森林、山岭、草原、荒地、滩涂、水面等也可由其成员承包经营。在这种情况下，似乎出现了集体所有权的权能“分割”现象（即管理权属集体组织，使用、收益权属集体成员），但这种分割不过是某种法律行为（承包合同）的产物，而不是集体所有权的法定存在形式或实现模式；换言之，集体成员对集体所有的土地或其他财产的某一部分享有的相对独立的使用、收益权只是一种合同的权利，而不是他作为集体成员必然享有的或固有的权利；就其实质而言，这是一种集体所有权权能的暂时分离现象，而不是总有意义上的所有权质的分割。其二，传统的总有完整地包含了所有权的各项权能，而我国的集体所有权则在很大程度上是一种不完全的所有权。集体所有权的主要客体是土地，而根据我国宪法和有关法律的规定，土地不得买卖和以其他方式非法转让。这就意味着，集体土地所有权是一种欠缺“处分”权能的特殊所有权形态。除此之外，根据《矿产资源法》的有关规定，地表与地下的矿产资源属于国家所有，这也使集体土地所有权中的“收益”权能失去了完整的意义。

三、建筑物区分所有

将一栋高层建筑物纵向或横向地划分为若干相对独立的部分，各由不同的主体取得其所有权，这是现代社会普遍存在的法律现象。对此现象，各国立法称谓不一：法国称“住宅分层所有权”，德国称为“住宅所有权”，瑞士称为“楼层所有权”，英国称为“住宅所有权”，美国称为“公寓所有权”，日本称为“建筑物区分所有权”。以上表述尽管用语不同，但实质内容相同，都是对就建筑物的某个特定部分所享有的所有权的抽象概括。我国学者在研究这一问题时，通常沿袭日本立法，称之为“建筑物区分所有权”。

关于建筑物区分所有权的性质，各国立法和学说主张不尽相同。大体而言，可分为四种观点：（1）专有权说。此说认为，建筑物区分所有权是指区分所有人对建筑物的专有部分所享有的单独所有权（专有权）。日本《建筑物区分所有法》第2条第1项规定，“本法上的区分所有权，是指……以建筑物的部分为标的的所有权而言”，即反映了这种观点。（2）共有权说。根据瑞士民法，在分层住宅中只有共有关系可言，法律上所称的分层住宅所有权，实际上是分层住宅共有权，因此《瑞士民法典》第712条第1款规定：“楼层所有权，即建筑物或楼房的共同所有权的应有份。”（3）专有权与共有权结合说。此说认为，建筑物区分所有权是指区分所有人对建筑物的专有部分和共有部分所享有的专有权和共有权的结合。学者多持此说。（4）专有权、共有权与成员权结合说。该说认为，建筑物区分所有权，是指区分所有人对建筑物的专有部分和共有部分所享有的专有权和共有权，以及基于建筑物的管理、维护和修缮等共同义务而产生的成员权的总称。此说由德国学者贝尔曼所倡，并在德国《住宅所有权法》中得到体现。比较上述各种主张，“专有权说”和“共有权说”都未能反映建筑物区分所有法律关系的全貌，“专有权、共有权与成员权结合说”则将建筑物管理团体的成立及区分所有人的“成员权”作为建筑物区分所有权的构成要素，也未必全面反映了这种法律关系的实际状况；而“专有权与共有权结合说”则兼及区分所有人的专有权和共有权两个方面，较准确地揭示了这一法律现象的本质特征。

依“专有权与共有权结合说”，建筑物区分所有权由区分所有人对专有部分的单独所有权（专有权）和对共有部分的共有权所构成。若对二者加以分别考察。可发现它们各具自身的法律特征。就专有权而言，它与一般意义上的所有权相比有以下不同点：（1）客体的特殊性。通说认为，专有权的客体是由建筑材料组成的四周上下均为封闭的建筑空间①，而空间不过是一种虚拟的“物”。（2）行使的受限制性。为了维护正常的建筑物区分所有的法律秩序，对专有权的行使须加以特殊的限制，如用途的限制。（3）相邻关系的立体性。由于区分所有建筑物各专有部分在物理上相互连接，彼此形成一个立体的相邻关系，仅依民法上相邻关系之法理，似不足调整彼此间之权益。建筑物区分所有人的共有权，与一般意义上的共有相比，也具有自身的特点：（1）其客体并不是某一项独立的标的物，而是建筑物及其附属物中除专有空间以外的所有

① 梁慧星主编：《民商法论丛》第1卷，法律出版社1994年版，第307页。

共有部分（构件和空间）；（2）区分所有人的共有权可依据不同标准划分为不同种类，如法定共有权和约定共有权、全体共有权和部分共有权、对建筑物的共有权和对附属物的共有权等；（3）区分所有人的共有权附属于专有权而存在，不得单独设定、移转和消灭，共有权随专有权的出让而出让时，其他区分所有人无优先购买权。

任何建筑物都不能脱离一定的基地而存在，因此，建筑物区分所有人在享有专有权和共有权的同时，也必然对基地享有一定的权利。此项权利，学者多称为"基地利用权"，日本《建筑物区分所有法》也采此称谓。实际上，"基地利用权"只是从表面上描述了基地为全体区分所有人共同利用的现象，并没有准确揭示其中包含的具体法律关系形态。一般说来，基地利用权的法律关系可以表现为以下几种形态：（1）基地共有权，即各区分所有人共享区分所有建筑物基地的所有权，通常为区分所有人在购买专有部分时，一并购买基地的共持分，其比例由受让契约或管理规约规定；如未规定，则以专有部分面积大小比例确定共有持分。（2）基地租赁权。其中又包括两种情况：一是租赁权准共有，即全体区分所有人与基地所有人缔结租赁契约而取得基地利用权，该租赁权由全体区分所有人准共有，其共有持分比例的确定与基地共有权相同；二是空间（区分）租赁权，即各区分所有人分别与基地所有人订立租赁契约，因而取得各自的基地租赁权。（3）基地地上权。其中也包括"地上权准共有"和"空间（区分）地上权"两种情况，其情形与基地租赁权相似 。在我国，由于实行土地公有制及未采用地上权概念，建筑物区分所有人的基地利用权主要表现为国有土地或集体土地的使用权，其取得方式包括划拨、出让、转让（含出租）等，其法律关系则大多表现为事实上的区分所有人"土地使用权准共有"。

随着我国城市住宅向多层、高层化发展和住房制度改革的深入，建筑物区分所有已成为日益普遍的法律现象。就现阶段而言，与西方国家的建筑物区分所有权模式相比，我国的建筑物区分所有法律关系更具复杂性：从区分所有人专有权的类型看，包括完全专有权（全部产权）和不完全专有权（部分产权或"有限产权"）；从区分所有人共有权的内容看，由于专有权人所享有的权能不同，其对共有或共用部分所享有的权利和承担的义务也应有所不同，这就使各个区分所有人之间的共有权关系变得十分复杂。这种复杂的权利义务结构，必将给立法工作带来困难。但是，只要明确了专有权的性质和范围，共有权问题是可以得到适当解决的。

第四节　所有权的取得和消灭

一、所有权的原始取得

关于所有权（尤指动产所有权）的原始取得方式，各国立法和学说主张大体相同，主要有先占、添附、拾得遗失物、发现埋藏物、善意取得和时效取得。

（一）先占

梅因指出："……在财产权利的不可侵犯性在实际上长期得到了认可时，以及绝大多数的享有物件已属于私人所有时，单纯的占有可以准许第一个占有人就以前没有被主张所有权的物品取得完全所有权。"① 这种第一个占有人就以前没有被主张所有权的物品取得所有权的法律现象，称为先占（一般认为，先占是一种事实行为）。在罗马法中，先占是万民法上的所有权取得方法之一，无论动产或不动产，均可因先占而取得，此即所谓"先占自由主义"。而近代各国对于先占的态度则颇不一致。《法国民法典》规定一切无主财产均归国家所有，这实际上否定了先占的存在；《德国民法典》规定，无主动产可由私人先占取得，不动产则由国家取得，此即所谓"国家优先先占主义"，日本民法也予以采用；《瑞士民法典》则不问动产或不动产，原则上均允许先占，但对不动产的先占取得加以一定限制。

我国现行立法对先占未作明确规定，有的学者主张"没有所有人的财产直接归国家所有"②。我们认为这种看法有失偏颇。诚然，在我国，不动产基本上不存在先占取得问题，对于无主动产的所有权归属法律上也设有若干规定（如《民法通则》第 79 条关于所有人不明的埋藏物、隐藏物的规定，《继承法》第 32 条关于无人继承又无人受遗赠遗产的规定），但这并不能表明我国立法一概否认了所有权先占取得；相反，因先占而取得动产所有权是现实生活中的普遍现象，实际上也是在一定范围内得到法律认可的。例如，合法狩猎所获猎物，其所有权无疑受到法律保护；先占他人抛弃之物，也可取得所有权。这就表明，动产所有权的先占取得在我国虽受到一定的限制，但仍不失为一种所有权的取得方法。

---

① ［英］梅因著：《古代法》，商务印书馆 1984 年版，第 145 页。

② 王作堂等著：《民法教程》，北京大学出版社 1983 年版，第 158 页。

（二） 添附

数个由不同人所有之物结合而成一物（合成物或混合物），以及所有人以外的人将原物加工成新物（加工物）的法律事实，在民法上统称为添附，具体包括附合、混合和加工三种情况。在上述情况下，由于恢复原状不可能或在经济上不合理，因而有必要重新确定合成物、混合物和加工物的所有权归属问题。按罗马法的原则，主物的所有人取得从物的所有权，如果物没有主从之分，则合成物由各方共有。因此，罗马法学家并不认为添附是取得所有权的方法，而认为是主物所有权的扩大增加①。而注释法学派学者则基于添附使物之所有权归属发生变化这一事实，将其视为一种取得所有权的方法，并为后世立法和学说所继受。

综观近世各国民法有关添附的规定，一般都体现了以下原则：其一，因添附所生之物，原则上应作为一物存在，不承认任何一方恢复原状的请求权；其二，关于添附所生之物应归属何人的规定多为任意性规定，即依契约自由原则决定；其三，因添附取得所有权而致他人丧失所有权时，应给予受损失方相应的补偿；其四，因添附的结果而消灭的物上所存的第三人权利（如担保物权），因具体情形的不同而有不同的命运。在上述原则的指导下，各国立法对附合、混合和加工的要件和法律效果都作了具体规定。我国民法理论也公认添附为所有权的取得方式之一。

（三） 拾得遗失物

关于遗失物的概念，各国立法大多未予明定。依学者的一般见解，遗失物是指有主而无人占有之动产。失散的饲养动物，通常也被视为遗失物。关于拾得遗失物的法律效果，近世各国立法大多承袭了日耳曼法的做法，即规定拾得人和官署在履行了一定义务（呈报、催告）后，若遗失物无人认领，可取得其所有权。但在具体处理上，德国、日本民法采“附条件取得所有权主义”，规定拾得人在履行有关义务后，若拾得物在法定期限内无人认领，即取得其所有权；而法国立法则采“有限的取得所有权主义”，视遗失物的不同种类，分别规定为国库所有、拾得人部分所有或拾得人全部所有。英美判例法也认为，拾得人对遗失物享有“占有权”（Possessory Right），如果真正所有权人放弃追索（在时效期间内未追索者推定为放弃），则由拾得人取得对遗失物的绝对权利（Absolute Right）。而我国现行立法却采取了与众不同的立场，规定“拾得遗失物、漂流物或者失散的饲养动物，应当归还失主”，因此而支出的费用由

① 周枏著：《罗马法原论》（上），商务印书馆 1994 年版，第 340 页。

失主偿还（我国《民法通则》第79条第2款）。我们认为，与国外立法相比，这一规定未免过于简略，仅仅规定了拾得物所有权的归属问题，而对与此相关的诸多问题，如拾得人的义务（通知、保管、报告）、拾得人的报酬请求权等，均缺乏明确的规定，与世界各国立法存在差距。

（四）发现埋藏物

所谓埋藏物，本意为包藏于他物之中而不易从外部发现之物（通常为动产）。但民法上还赋予埋藏以特定涵义，即必须是有主而其所有人不明的埋藏物，借此与无主物相区别。关于埋藏物被发现后的所有权归属，大体有三种立法主张：一是发现人取得所有权主义，法国、德国、日本民法均采此主张；二是报酬主义，如瑞士民法规定，埋藏物归发现地点的土地或动产所有人所有，发现人只能在埋藏物本身价值的半数范围内请求支付报酬；三是公有主义，此为日耳曼法旧制，但在瑞士民法中也有反映（具有学术、艺术、考古价值的自然物和文物属发现地的州或国库所有）。对这一问题，我国《民法通则》第79条第1款规定："所有人不明的埋藏物、隐藏物，归国家所有。接收单位应当对上缴的单位和个人，给予表扬或者物质奖励。"可见，我国立法对被发现的埋藏物采取了彻底的"公有主义"立场，我们认为，这种立法主张是否必要和切合实际，是值得推敲的。考虑到所有人不明的埋藏物、隐藏物多为无关国家重大利益之物（地下矿藏和文物并非所有人不明之物），为更好地发挥物的效用，规定拾得者享有其所有权，似更为恰当。

（五）善意取得

善意取得也称即时取得，是指在无处分权的动产占有人将其占有的动产转让第三人的情况下，受让人因善意而依法取得该动产的所有权。善意取得制度起源于日耳曼法上的"以手护手"原则，因其具有强化占有公信力、保护交易安全的功能而为近代各国立法所采纳。在西方国家民事立法中，善意取得仅适用于动产，其原因在于，不动产物权以登记为公示方法，其所有权归属甚为明显，故无需以善意取得制度对交易安全加以特殊保护。我国民法理论和司法实践中也多持这种观点。但也有学者认为，在我国现阶段，不动产登记尚未普及，而未登记不动产的买卖也很普遍，如果将其排斥于善意取得制度的保护范围之外，不利于对交易安全的整体保护。这种观点是值得重视的。在善意取得的适用对象方面，各国立法一般都对盗窃物、遗失物和其他非因所有人意思而丧失占有之物的善意取得作了特别规定，其大体立场是：受害人或遗失人可向占有人请求返还，但对于通过拍卖程序或公共市场交易而获得的盗窃物或遗失物，受害人或遗失人除非偿还善意占有人所支出的价金，不得请求返还；此外，货币和无记名证券不适用盗窃物和遗失物的有关规则，原所有人不得请求返还。我国司法实践对善意取得采取了肯定态度，但尚需在立法上对其要件和效力作出明确规定。

（六）时效取得

所谓时效取得，即以所有的意思，公开、和平、继续地占有他人之物达到法律规定的期间，从而取得物之所有权，亦即依取得时效（占有时效）制度取得所有权。德国、日本、瑞士民法典中都有取得时效的规定，唯在适用对象和时效期间方面有所差异。由于历史的原因（受前苏联立法和理论影响），我国民法尚无取得时效的规定，而学术界对其存废则存在认识分歧。我们认为，从维护社会经济秩序、完善时效立法体系的需要出发，我国立法应确立取得时效制度，因之，时效取得也应成为我国所有权的取得方式之一。

二、所有权的继受取得（所有权的移转）

所有权的继受取得，是指通过某种法律行为或法律事件从原所有人处取得所有权。这种取得方式，意味着原所有人的所有权基于一定的法律事实转归于新的所有人，亦即所有权的移转。

所有权继受取得的原因，包括法律行为（如买卖、赠与、互易）和法律行为以外的事实（如被继承人死亡）两大类。尽管它们都具有同样的法律效果，但二者在所有权的取得时间（即所有权移转时间）方面是有所不同的。在因继承而取得所有权的情况下，遗产所有权自继承开始时移转于继承人；而在因法律行为而取得所有权的情形下，所有权自何时移转，各国立法和学说主张并不完全一致。

在物权变动问题上，大陆法系国家存在“意思主义”和“形式主义”两种不同的立法主张，这也决定了各国立法对所有权移转时间的不同态度。采“意思主义”的法国、日本民法认为，所有权的移转因当事人的意思表示而发生效力，也就是说，所有权自当事人意思表示一致时移转。如《法国民法典》第1583条规定：“当事人双方就标的物及其价金相互同意时，即使标的物尚未交付、价金尚未交付，买卖即告成立，而标的物的所有权即依法由出卖人移转于买受人”；同法第938条规定：“正式接受的赠与，经当事人双方同意即告完成，赠与物的所有权即转归受赠人，无须其他的交付手续”；日本民法典第549条、第555条也有类似规定。而采“形式主义”的德国、奥地利、瑞士等国民法则规定，所有权的设定和移转，除当事人意思表示以外，还必须履行一定的行为；具体地说，不动产所有权的移转以登记为标志，动产所有权的移转则以交付为要件。登记或交付的完成时间，即所有权的移转时间。

在所有权移转时间问题上，英美法系国家采取了较为灵活的立场。对于不动产所有权（地产权）的移转，普通法传统上实行“地券交付主义”（托伦斯主义），即以地券交付作为权利移转的标志。但根据《土地登记法》，权利登记已在英国的许多地方被采用，作为证明地产权移转的简单而有效的方法①。对于动产，则区别不同情况确定其所有权移转时间。如英国《货物买卖法》对特定物与非特定物的所有权移转问题分别规定为：在特定物买卖中，货物所有权原则上于合同成立时移转于买方；在非特定物买卖中，货物所有权自其被特定化时移转于买方——所谓“特定化”，是指将处于适宜交货状态的货物无条件地划拨于合同项下（unconditionally appropriated to the contract），例如交付于承运人——但卖方保留所有权时除外（《1893年货物买卖法》第17条、第18条）。美国《统一商法典》规定，货物所有权移转时间可由当事人约定，如果没有约定，原则上于卖方完成其交货义务时移转于买方。

前苏联和东欧公有制国家的民事立法，对所有权的移转问题先后采取了不同的主张。1922年《苏俄民法典》第66条对特定物和种类物采取了区别对待的立场，规定特定物的所有权自订立契约时起移转于买受人，而种类物的所有权则自交付之时移转。但1964年《苏俄民法典》第135条却对此规定作了修改，规定：按合同取得财产所有权的，如果法律或者合同没有其他规定，所有权自财物交付时起产生；如果关于转让物的合同需要登记，则自登记之时起产生。这一规定，先后为前捷克斯洛伐克、前民主德国、匈牙利等国民法典所效仿。同1922年《苏俄民法典》第66条所体现的意思主义与形式主义（交付主义）的简单组合相比较，上述规定表现了意思主义与形式主义更为精巧的结合。

在《民法通则》颁行以前，新中国民法理论在所有权移转时间问题上基本承袭了1922年《苏俄民法典》第66条所代表的观点，即主张在通过合同移转所有权的情况下，所有权的移转时间因物的性质而异，特定物所有权自合同成立时移转，种类物所有权则自交付时移转②。但《民法通则》却规定：“按照合同或者其他合法方式取得财产的，财产所有权从财产交付时起转移，法律另有规定或者当事人另有约定的除外”（第72条第2款）。这一规定意味

① Eric Poole, English Property Law, Charles Knight & Co. Ltd., p. 17.

② 参见佟柔主编：《民法原理》，法律出版社1983年版，第128页；王作堂等著：《民法教程》，北京大学出版社1983年版，第257页。

着，在法律没有另行规定、当事人也没有另行约定所有权移转时间的情况下，财产受让人自交付时起取得所有权。显然，这一规定并没有体现我国民法理论的一贯主张，而是采取了1964年《苏俄民法典》第135条的立法技术。从文意上看，这一规定既适用于动产，也适用于不动产，但由于我国有关法律已就土地和城市房屋所有权的设定和变更作出特别规定（以登记为成立要件），故而该规定主要适用于动产所有权的移转。也就是说，我国现行立法对动产所有权的移转时间采取了以形式主义（交付主义）为原则，以法律特别规定和当事人特别约定为例外的主张。需要指出的是，该条规定中的“当事人另有约定的除外”，意味着当事人既可约定标的物的所有权自合同成立时起移转，也可约定于标的物交付前或交付后的某一时间移转，在不违反法律强行规定的前提下，这种约定具有法律效力。这一规定，固然体现了“意思自治”的民法精神，但与法国、日本民法所采取的“意思主义”又有明显的区别，因为这里的“意思”（即当事人之约定），并非当事人有关所有权移转的意思，而是当事人有关所有权移转时间的特别合意，如无此合意，则标的物所有权仍应自交付时起移转。因此，《民法通则》所采取的立法主张，与其说是“意思主义与交付主义的结合”，不如说是“以交付主义为原则，以当事人特别合意为例外”。它既贯彻了物权变动的公示原则，又兼顾了当事人的意思，将交易安全和交易自由较好地结合起来，因而不失为一种恰当的立法选择。

三、所有权的消灭

所有权的消灭，是指所有权因一定的法律事实而结束其存在状态。所有权是特定主体对特定标的物享有的支配权，当这种支配关系因一定的法律事实而终结时，所有权即告消灭。因此，所有权的消灭也就是所有权的主体与客体的分离。

对于所有权的消灭，各国立法一般不作专门规定，而理论见解则基本一致。按照不同的标准，所有权的消灭可作如下分类：（1）绝对消灭与相对消灭。所有权的绝对消灭又称客观上的消灭，是指对某一标的物的所有权因标的物的灭失而永远不复存在；所有权的相对消灭也称主观上的消灭，是指所有权人丧失对某一标的物的所有权，但该标的物依然存在，只是由他人享有其所有权或无人享有其所有权（前者为所有权的移转，后者为所有权的抛弃）。（2）因法律行为而消灭和因其他原因而消灭。前者如出卖、赠与标的物，后者如所有人死亡、标的物意外灭失。（3）自愿消灭与强制消灭。前者如出卖、抛弃标的物，后者如没收、征用、强制执行等。

第五节 相邻关系

一、相邻关系概说

相邻关系，是指相邻不动产的所有人、使用人之间，因行使对不动产的所有权或使用权而发生的权利义务关系。这一定义表明：(1) 相邻关系仅对不动产而言，动产的相邻不构成民法上的相邻关系，故在传统民法中，相邻关系往往又称为"土地相邻关系"。(2) 相邻关系发生于不同的不动产所有人或使用人之间。其中，"使用人"范围较广，包括地上权（土地使用权人）、典权人、承租人、承包经营人等各种不动产的合法使用人。(3) 相邻关系的发生以两宗或两宗以上的不动产相互毗邻为前提，若非"相邻"，则无相邻关系。所谓相邻，意指相互毗连和邻接，如土地相连、房屋邻接，但不以直接相连为限。(4) 相邻关系因不动产所有人或使用人行使权利而发生，亦即在行使对不动产的占有、使用、收益、处分等权能之时发生。

相邻关系的内容十分复杂，但基本上包括两个方面。一是相邻一方有权要求他方提供必要的便利，他方应给予此种便利。所谓必要的便利，是指若相邻方不提供己方就不能正常行使不动产所有权或使用权的便利。例如，若不从相邻的土地上通行，便无法进入自己的土地从事耕作。这是相邻关系内容中积极（作为）的一方面。二是相邻各方行使权利，不得损害他方的合法权益。例如，从己方土地上排水，应尽量避免给相邻方造成损失；在相邻方已建有房屋的邻地上建房，不得影响相邻方的通风、采光和眺望。这是相邻关系内容中消极（不作为）的一方面。由此可见，相邻关系从实质上说是相邻不动产所有人或使用人行使权利的延伸或限制，或者说是一方所有人之自由支配力与他方所有人之自由排他力相互冲突时，为调和其冲突而依法律规定直接确认的权利义务关系。申言之，不动产合法占有人可以依自己的意志在法律规定的范围内行使其权利，但却不能损害相邻不动产合法占有人的利益，这就使其权利受到一定的限制；反过来说，相邻不动产合法所有人为行使自己的权利，在一定范围内有权要求对方给予适当的便利，这又使其权利得到了延伸。

在相邻关系中，对相邻方的权利称为相邻权。对相邻权的性质，传统民法理论一向认为它是不动产所有权制度的一项内容，即不动产所有权内容的延伸或限制，并非一项独立的物权；但也有学者称之为"一种物权"①。我们认

① 王利明等著：《民法新论》（下），中国政法大学出版社 1988 年版，第 125 页。

为，上述二说以前者为当，因为相邻权并不具备物权的基本法律特征（对物的排他支配性）。关于相邻权的客体（亦即相邻关系的客体），学者间也有不同见解：有的认为其客体是不动产本身；有的认为是行使不动产权利所体现的利益；有的则认为是相邻各方可实施的行为（作为或不作为）。我们认为，相邻权的客体不是不动产本身（权利人对相邻不动产并不享有直接支配权），也不是相邻各方的行为（行为属相邻权的内容），而是行使不动产所有权或使用权时所体现的利益，相邻权的种种内容，都建立于这种利益之上，相邻权因此种利益的存在而存在，也随此种利益的消灭而消灭。例如，相邻人享有“邻地损害防免权”，其客体就表现为权利人在行使不动产所有权或使用权时不受来自邻地的各种损害的利益需要；而“邻地通行权”的客体，则是通达自己土地、行使对土地的所有权或使用权的利益需要。

相邻权与传统民法中的地役权有相似之处（二者都属不动产物权范畴，且地役权也往往发生于相邻土地所有人之间），又有明显区别。地役权是一种独立的物权，而相邻权则是所有权制度的一项内容；地役权源于当事人的约定，而相邻权则属法定权利；地役权不以土地相邻为要件，而相邻权则相反。

相邻关系随着土地所有权的产生而产生，对相邻关系的法律调整也有着悠久的历史。在罗马法时代，相邻关系作为对所有权的限制，就被视为“是所有权结构所固有的”，并通过“排放雨水之诉”、“潜在损害保证金”、“调整地界之诉”、“关于收获果实的令状”、“关于砍树的令状”等诉讼方式对相邻关系加以调整①。近代各国民法也大多沿袭罗马旧制，对相邻关系（相邻权）作了专门规定。法国民法将相邻关系纳入“法定地役权”的范畴，德国、日本、瑞士等国民法则把相邻权列为所有权制度的内容（对土地所有权的限制）。中国历代法律中，均不乏调整相邻关系的规范。而我国《民法通则》则仅在“财产所有权和与财产所有权有关的财产权”一节中规定：“不动产的相邻各方，应当按照有利生产、方便生活、团结互助、公平合理的精神，正确处理截水、排水、通风、采光等方面的相邻关系。给相邻方造成妨碍或者损失的，应当停止侵害，排除妨碍，赔偿损失。”这一规定，虽符合现代各国民法调整相邻关系的基本立法精神，但行文过于简略，缺乏可操作性，有待进一步具体化。

各国民法对相邻关系的调整，呈现出相邻权的权原逐渐扩展的趋势。相邻

① ［意］彼德罗·彭梵得著：《罗马法教科书》，黄风译，中国政法大学出版社 1992 年版，第 235~240 页。

权的权原，即相邻权的发生基础或原因。在传统民法中，相邻权仅发生于不动产所有人之间，虽然民法关于相邻关系的规定，在地上权人间及地上权人与土地所有人间、永佃权人间及永佃权人与土地所有人间、典权人间及典权人与土地所有人间也准用之，但在租赁权人、借用权人间及他们与土地所有人、地上权人、永佃权人、典权人间，并不发生相邻权。显然，这是不能适应现代社会土地利用关系的客观要求的。在商品经济不发达、自然经济占主导地位的社会条件下，不动产所有人主要是通过直接支配其财产或设定他物权（地上权、永佃权等）来获取收益的，规定相邻权发生于所有权人、他物权人之间并无不当；而在现代商品经济社会中，物权观念已由强调支配向注重具体利用转化，为了实现财产的增值，不动产所有人和他物权人往往将其财产通过租赁、借用等方式交由他人使用（经营），从而获取收益。既然相邻权的目的在于调节不动产的利用关系，以充分发挥其使用效率，那么在不动产上设定的租赁权、借用权等债权，也同样应受相邻权的保护。尤其是现代城市居民大多租借而居，若将相邻权的权原仅限于不动产所有权或其他物权，则必将大减其功用。有鉴于此，在民法典的有关规定未作修改的情况下，各国民法理论和司法实践都倾向于扩大相邻权的权原，即由所有权（他物权）扩展到各种对不动产的合法占有权。我国《民法通则》将相邻权（相邻关系）的主体规定为"不动产的相邻各方"，其外延甚广，立法技术堪称先进。

二、土地相邻关系

基于土地本身而发生的相邻关系，主要包括以下几个方面。

（一）邻地损害防免

不动产所有人或使用人在行使不动产所有权或使用权时，应以不损害相邻人的合法权益为原则，如因权利的行使给相邻人的人身或财产造成损害或有损害危险，相邻人有权请求其排除或预防损害，并可请求损害赔偿。此项权利，简称"相邻损害防免请求权"，主要包括以下两项内容：

1. 污染损害防免请求权

土地所有人或使用人在使用土地过程中排放有害物质（废气、废渣、废水、粉尘）或制造其他污染源（如噪音、喧嚣、振动、强光），应严格遵守环境保护法的规定，采取必要的防范措施；如果由于上述行为污染环境，损害相邻人的人身或财产利益，对方有权要求其停止侵害、排除妨害并赔偿由此造成的损失。

2. 工作物损害防免请求权

土地所有人或使用人在其土地上挖掘沟地，营造建筑物，或因竹木根枝的延伸危及相邻土地和建筑物的正常使用，或在与邻人邻接处堆放易燃易爆物品、放射性物质或有毒物质时，对方有权请求排除险情、恢复原状以及赔偿损失。建筑物或其他工作物的一部分或全部有倾倒、坍塌的危险，致使邻地有受损害之虞时，邻地所有人或使用人有权请求对方采取必要的预防措施。

（二）邻地通行

无适宜的通道与公共道路联通的土地所有人或使用人，可以从邻地之上通行，邻地所有人或使用人负有容忍的义务，但享有邻地通行权的一方应选择对邻人损害最小的路线通行，并应对其所受损失给予适当补偿。

（三）邻地管线安设

土地所有人或使用人因安设电线、电缆、水管、煤气管道或其他设施需要经过邻人土地（否则无法安设或虽可安设但耗资过巨）时，另一方应予允许，但安设管线应选择对邻人损害最小的线路和方法行事，且应向对方支付适当的土地补偿费，并于施工完毕后恢复土地原状。因安设给邻人造成其他损失的，应依法予以赔偿。

（四）邻地使用

土地所有人或使用人在自己与他人土地相邻接的边缘修建房屋或其他建筑物，有使用邻地的必要时，邻地所有人或使用人应允许其使用。但使用方应按约定的范围、用途和期限使用邻人土地，使用完结后应及时恢复原状，并赔偿对方因其使用而遭受的损失。

（五）通风、采光

相邻各方修建房屋和其他建筑物，应与邻人的建筑物保持适当距离，不得妨碍邻人建筑物的通风和采光。

三、水流相邻关系

水是重要的自然资源，为人类生产生活所必需，同时又有“水满为患”的一面。因此，处理好水流相邻关系，对土地相邻各方来说至为重要。大体而言，水流相邻关系包括用水和排水两个方面。

（一）相邻用水关系

处理相邻用水关系的基本原则是，尊重水的自由流向，按照由近至远、由高至低的原则依次使用，任何一方不得为自身利益而改变水路、截阻水流。水源不足时，高地占有人不得独自控制水源，断绝低地用水；水源充盈时，低地占有人也不得筑坝堵截水流，使水倒流，影响高地占有人的排水。任何一方为自身利益擅自改变水之流向或堵截水源以致影响他方的生产、生活的，他方有权请求排除妨害、恢复原状和赔偿损失。如果水源属地下水，则分为自然形成的地下水和人工形成的地下水两种情况。对于前者（如温泉、喷泉等），无论在何方的土地上，相邻各方均有权无偿使用；对于后者（如井水），则相邻各方虽享有使用权，但应向开凿者支付合理的报酬，否则开凿者有权拒绝其使用。

（二）相邻排水关系

原则上，相邻一方排放生产、生活废水或因水流成患需要利用另一方土地排水时，另一方应予准许，但排水权的行使条件又因人工排水和自然排水而有所不同。在人工排水时，应尽量不使用邻人土地，非使用不可时，也应选择对邻地损害较小之处排水，并向邻地使用人支付适当的赔偿金；排放工业、生活污水时应经净化处理，或采取必要的防护措施，以免损害他人土地及污染环境。如未履行上述义务而致邻人土地或其他财产受损害，受害方有权要求赔偿。对于自然排水流至之水，土地占有人有承受的义务，低地占有人不得设置人为障碍妨碍高地占有人行使排水权；如果流水在低地发生阻滞，低地占有人并无疏通的义务，但应容忍高地占有人以自己的费用加以疏通。

四、疆界及越界物相邻关系

（一）相邻疆界关系

相邻各方在使用土地（含宅基地、耕地、草场、山林、水面、河道、道路等）时，如有明确的地界，应依地界行事，任何一方不得为己方利益擅自越界侵害他方利益；因地界不清发生争议，应协商解决，协商不成者交司法机关裁处，不得强占滥用。

（二）越界建筑物相邻关系

依罗马法“地上物属于土地”原则，越界建筑部分与其余部分所有权归属各异，被越界建筑的土地所有人，有权请求对方拆除越界的部分建筑物。鉴于贯彻这一原则将导致建筑物的经济价值的破坏，德国和瑞士民法又规定邻地所有人的忍受义务，即对于不易建造的建筑物，应尽量维持原状，但以建筑人之善意及受害方未提出异议为条件。无论其条件如何，在此情形下，对于建筑物多占的邻人土地，应由建筑物所有人给予合理补偿，并向主管部门办理地上权（土地使用权）变更手续。

（三）越界竹木根枝及越界自落果实相邻关系

关于越界竹木根枝的相邻关系，各国立法主张不一，有的允许邻人越界刈取竹木根枝；有的仅容许邻人请求竹木所有人刈除；有的规定竹木之枝须请求其所有人刈除，对根则可径行刈取；有的规定对越界竹木之枝须在规定期间内请求其所有人刈除，逾期不除者可径行刈除，而对其根则可径行刈除；有的则规定，无论枝根，均须先请求其所有人刈除，逾期不除者，土地所有人可自行刈除。我们认为，较为合理的方法是：相邻地界上的竹木根枝蔓延到相邻一方土地上，在对其利益没有显著影响的情况下，对方应当容忍；如果对相邻方造成明显妨害，则相邻方有权请求其邻地所有人（使用人）刈除，逾期不除者，则可自行刈除。

关于越界自落果实的所有权归属，罗马法和日耳曼法有不同主张。前者采"母物主义"，主张果实归于树木所有人所有，故而确认树木所有人的"取得权"（瑞士民法有此规定）；后者则主张落于邻地之果实归邻人所有，但邻地为公地者不在此限（德国民法有此规定）。我们认为，对此问题，除法律另有规定或当事人另有约定外，应按孳息物随原物的原则处理，即越界自落果实归树木所有人所有，树木所有人享有"取得权"，因为果实应视为树木的孳息，将其视为相邻土地的"出产物"与我国传统习惯颇不相合。当然，对由于果实脱落给邻人造成的损害，其所有人应给予适当的补偿。

（四）越界逸失物相邻关系

国外民法中，有"逸失物取回权"的规定，即"因水、风、雪崩或其他自然力，或因偶然事变，使物或大小家畜、蜂群、家禽及鱼类等动物进入他人土地时，土地所有人应允许上述物或动物的权利人进入其土地寻找和取回失物或动物"（《瑞士民法典》第700条第1款）。同时规定，在上述情形下，土地所有人受到损害的，有请求赔偿的权利；在未赔偿前，对其物有留置权。此项权利虽不专属于相邻土地所有人（使用人），但也应视为相邻关系的一项内容。

第三章　用益物权

第一节　用益物权概说

一、用益物权的概念和特征

“用益物权”一词，来源于传统民法理论对物权的分类。如前所述，大陆法系民法理论通常将物权划分为所有权和他物权，而他物权依其设立目的又被划分为用益物权和担保物权。用益物权，是指以物的使用收益为标的的他物权。

关于用益物权的含义，中外民法理论在认识上并无原则分歧，但对其法律性质则有种种不同阐述。我们认为，对此问题应从不同层面加以理解。首先，作为物权的一种，用益物权具备物权的一般属性，如法定性、排他性、优先性、追及性等；其次，作为他物权的一种，他物权的基本属性，如派生性、受限制性、不完全性等，在用益物权中也可得到充分体现。除此之外，用益物权还具有区别于担保物权的自身特征。

一是用益性。所谓用益性，是指用益物权的设立目的而言，即它是以物的使用收益为目的而设立的物权。用益性是用益物权的基本属性，也是用益物权与担保物权相区别的基本标志。就其实质而言，用益物权和担保物权都是对物（他人之物）的有限支配权，但二者的设立目的迥然有别：用益物权的目的在于物的使用和收益，而担保物权的目的则在于保障债权的实现；前者着眼于标的物使用价值的实现，后者则着眼于标的物交换价值的取得。因此，用益物权又称为使用价值权，担保物权则又称为价值权。用益物权的用益性，决定了用益物权不具有担保物权的变价受偿性和物上代位性等属性，也不像担保物权那样可以以非实体物（权利）为客体。

二是独立性。用益物权的独立性，是指用益物权独立存在，不以他权利的存在为成立前提，也不随他权利的让与、消灭而让与、消灭。这与担保物权的从属性和不可分性形成了鲜明的对照。这里需要说明的是，地役权作为一种用益物权，通说也认为具有从属性和不可分性，但其含义与担保物权的上述特征是不同的：地役权的从属性，是指地役权不得与需役地所有权分离而存在，不得保留地役权而处分需役地所有权，而担保物权的从属性是指从属于债权；地役权的不可分性，是指地役权不得被分割为两个以上的权利，也不得使其一部分消灭，而担保物权的不可分性是指担保物权的效力及于担保物的全部和所担保债权的全部。

三是实体支配性（占有性）。所谓实体支配性，是指用益物权须以对标的物的实体支配为成立要件。用益物权和担保物权同为对物的支配权，但其支配形态不同。用益物权的目的，决定了它以权利人对标的物的实体支配（有形支配）为必要，即以实际占有标的物为必要，否则使用和收益就无从谈起（例如，若不移转土地占有，地上权人和永佃权人的建筑、植树、耕作权利就无法实现）。因此，用益物权又被称为“实体权”。而在担保物权中，抵押权以对物的无形支配为特征，质权和留置权虽以实体支配为必要，但这种支配并不具有用益性。

四是不动产主导性。这是用益物权在标的物方面的特点。用益物权之所以主要以不动产为标的物而不适用于动产，是由不动产和动产的不同功能特点决定的。原则上说，对物的使用和收益既适用于不动产，也适用于动产，但在实际生活中，人们对于动产一般可通过取得其所有权而加以使用、收益，而不动产所有权则往往因为需花费较大代价而难以取得，原所有人也往往因不动产的保值性和增值性而不愿轻易转让。在这种情况下，用益物权就成为解决不动产的所有与利用之矛盾的理想途径，而不动产也就成为用益物权的独有标的物。

二、用益物权的演变

用益物权作为物权体系的一个重要构成部分，其发展历史可以追溯到古代法时期。在古罗马时代，特定的经济和文化条件造就了以所有权为中心、强调所有人对物的终极支配的物权制度，但所有权权能的分离又是社会经济生活的客观要求。立法者为了顺应这种要求，在一定条件下对非所有人的利益加以保护，对分离出去的所有权权能赋予物权的效力，这样就产生了派生于所有权的各种用益物权，如役权、地上权和永佃权①。随着罗马法的继受和传播，用益

① 参见［意］彼德罗·彭梵得著：《罗马法教科书》，黄风译，中国政法大学出版社1992年版，第251~267页。

物权制度也得以延续和发展，上述几种用益物权形态在后世各国的物权法（财产法）中都得到了确认。如《法国民法典》规定了用益权、使用权及居住权和地役权（役权）；《德国民法典》确立了地上权、土地负担和役权；《日本民法典》规定了地上权和永佃权；《瑞士民法典》规定了各种役权和土地负担。普通法系国家虽然没有系统的物权立法，但法律上也确认了类似于用益物权的权利或利益，如租借地产（Leasehold Estate）、地役权（Easementes）、优先权（Priviledges）、进入权（Right of Entry）等。在中国，永佃权作为一种用益物权在明、清时代已受到法律保护，地役权也为习惯法所认可；① 而1929年旧中国民法典《物权编》则确立了由地上权、永佃权、地役权和典权构成的用益物权体系。

自罗马法以来，用益物权制度随着社会经济条件的变迁而不断发展和完善，在各国物权立法体系中居于越来越显要的地位，逐渐成为物权法的中心。这首先表现为新的用益物权形态的不断出现。例如，在罗马法中，只有役权、地上权、永佃权等用益物权，而在现代民法中出现了采矿权、水权等用益物权，在我国立法中，也确立了国有企业经营权、农业承包经营权等新型用益物权。其次是用益物权权能的扩大。例如，传统的地上权仅指在他人土地上营造建筑物或种植竹木的权利，地役权的效力也仅及于地面，而现代民法则有"空间地上权"和"空间地役权"，这无疑是地上权、地役权权能的扩张②。这种变化，是经济生活对物权立法的客观要求，也是物权观念由"所有"向"利用"转变的表现。

三、用益物权的形态

由于社会经济制度和法律传统等方面的差异，各国法律所确立的用益物权形态也不完全相同。

罗马法上的用益物权，包括役权、地上权和永佃权。役权又分为地役权和人役权，前者是需役地所有人为自己土地的便利而对他人土地（供役地）享有的权利，后者是为个人方便和利益而使用他人之物的权利。地上权为支付年租而在他人土地上建筑房屋并加以使用的权利。永佃权是以不毁坏土地和交纳年租为条件，长期或永久使用他人土地的权利。上述用益物权形态，在大陆法

---

① 参见钱明星著：《物权法原理》，北京大学出版社1994年版，第82~83页。

② 参见刘得宽著：《民法诸问题与新展望》，台湾中亨有限公司1980年版，第65~67页。

系各国物权法中都得到了不同程度的继受。如《法国民法典》将罗马法上的役权分设为用益权、使用权及居住权和地役权,《德国民法典》规定了地上权和役权,《日本民法典》规定了地上权、永佃权和地役权,《瑞士民法典》规定了地役权、用益权和其他役权。除此之外,各国立法者还根据本国的特殊情况确立了其他一些用益物权形态,如德国和瑞士民法将土地负担作为一种独立的用益物权。

与罗马法和大陆法系各国民法不同,在日耳曼法和普通法系国家的财产法中,没有所有权与他物权的严格区分和独立的用益物权体系,各种对物的现实支配和利用关系被确认为不同的权利类型,适用不同的保护方法。日耳曼法和普通法系国家不动产物权(地产权)制度的核心内容,就是确认和保护土地占有人的占有权和由此产生的各种权利。在日耳曼法中,采邑土地"所有权"和农奴份地使用权都具有用益物权性质;在英国,对土地的权利在封建时代表现为各种土地保有权(Tenures);近代表现为各种地产权(Estates),1925年财产法改革后则分为法定地产权(Legal Estates)、法定利益(Legal Interests)和衡平利益(Equitable Interests),其中,法定利益主要包括地役权(Easements)、租费权(Rentcharges)、进入权(Right of Entry)等。这些权利,在大陆法系物权法中都属用益物权范畴。

我国《民法通则》和一些单行法律、法规中也不乏对各种用益物权的规定,但有整合和完善的必要。未来的用益物权体系应由地上权、地役权、典权、经营权和用益权等用益物权形态构成(详见本书第二章第三节)。

第二节 地 上 权

一、概说

地上权,是指以在他人土地上设置或保有建筑物、其他工作物或竹木为目的而使用其土地的权利。通观各国民法,地上权具有以下特征:(1)地上权是以他人土地为标的物的他物权,亦即存在于他人土地上的权利。这里的"土地",不仅指地面,也包括土地上空及地表下层。(2)地上权是以保有工作物或竹木为目的的他物权。地上权的设立,是为了在他人土地上保有工作物或竹木(德国、瑞士民法以保有工作物为限)。所谓工作物,是指土地上下的建筑物及其他设施,如桥梁、沟渠堤防、隧道等。所谓竹木,是指以植林为目的而种植的竹木，以耕作为目的而种植谷物、蔬菜等，在传统民法上属永佃权性质（但对建筑物周围的附属地加以耕作，仍属地上权的内容）。(3) 地上权通常以交付租金为代价，但不以此为必要，此点与土地租赁权及永佃权不同。(4) 由于工作物或竹木的长期存在，地上权也具有长久存续性，但对于地上权是否因工作物或竹木的灭失而消灭，各国立法主张不一。德国、奥地利、瑞士立法强调工作物的有无，主张地上权随工作物的灭失而消灭；日本民法则以使用土地作为地上权的主旨，因而规定地上权不因工作物或竹木的灭失而当然消灭。(5) 地上权具有可继承性和可让与性（这一点也与一般土地租赁不同）。

在我国，立法上没有采用“地上权”这一用语，而是以“土地使用权”制度对相应的物权关系加以调整。作为一种用益物权，我国的土地使用权具有以下法律特征：(1) 土地使用权的标的是国家或集体所有的土地。在我国，城市土地属于国家所有，农村和城郊土地除法律规定属于国家所有者外，属于集体所有。所以，土地使用权只能存在于国家或集体所有的土地之上。(2) 土地使用权的权利主体是建筑物或其他工作物的所有人或经营人。原则上，土地所有人以外的一切民事主体（自然人和法人），都可以依法取得国有或集体土地使用权，成为土地使用权人。(3) 土地使用权是为保存建筑物或其他工作物而使用国家或集体土地的权利。土地使用权可为保存既有的建筑物或其他工作物而设定，也可为在将来一定时期设置建筑物或其他工作物而设定。基于此，当地上建筑物或其他工作物灭失或未在规定期限内设置时，土地使用权即归于消灭。(4) 土地使用权具有让与性和继承性。土地使用权与地上建筑物或其他工作物的所有权或经营权具有不可分性，随着后者的让与或继承，土地使用权也发生转移。由上可见，我国的土地使用权是一种具有中国社会主义特色的新型地上权。

地上权作为一种独立的物权形态，起源于罗马时代，是罗马大法官法为适应社会经济发展需要而对传统的添附原则加以修正的结果。在罗马古代，公有土地常被租与私人建筑房屋，而由官署收取地租。但这种关系被视为一种公法关系，不产生私法上的权利。后来随着经济的发展，土地允许私人所有，这种租地关系遂逐渐扩展于私人之间，成为一种私法关系。依市民法上的添附原则，地上物附属于土地，在他人土地上所建房屋，其所有权属于土地所有人，如房屋受到第三人侵害，土地承租人只能作为债权人请求土地所有人转让其对于该第三人的诉权，这无疑给经济生活带来了不便。共和国末期，大法官法适应社会生活的需要，加强了对土地承租人的保护，规定如承租人取得出租人的同意而于租赁的土地上建筑永久性房屋，则承租人对建筑物享有的权利受令状和物权诉的保护。这种做法起初在国家土地上实行，后来扩张到各城市土地及私人土地。这样，长期利用他人土地建筑房屋的权利便与单纯租用土地建筑房屋的债权关系区别开来。在优士丁尼新法中，地上权（Superficies）被确认为一种独立的物权，适用在相邻关系中为土地所有人提供的法律保护措施。①

近代各国民法大多沿袭罗马法，承认地上权。《德国民法典》第1012条、《日本民法典》第265条、《瑞士民法典》第779条都对地上权作了明文规定。《法国民法典》虽未对地上权作直接规定，但学说和判例均承认地上权的存在。在英美法中，租借地产权人（Leaseholder）与大陆法上的地上权人享有类似的权利。前苏联及东欧公有制国家的民事立法虽未使用"地上权"这一传统术语，但一些法典中规定了"地段使用权"（原《捷克斯洛伐克民法典》）或地产用益权（原《德意志民主共和国民法典》），其内容与西方国家的地上权也基本相同。地上权作为一种物权形态在各国民法中普遍得到确认，源于现实经济生活的客观需要。在私有制社会，地上权是调剂土地的"有"（所有权）与"用"（利用权）之矛盾，实现地尽其利，促进社会经济繁荣的有效手段；在公有制条件下，地上权制度对于实现公有土地的商品化，保障土地所有者和土地使用者的经济利益，促进土地的合理利用，也是十分必要的。

二、地上权的发生和存续期间

地上权的发生，即权利主体基于一定的法律事实取得地上权。和其他物权一样，地上权的发生原因有两种：一是法律行为；二是法律行为以外的原因。

基于法律行为而取得地上权，包括两种情况：一是地上权的设定，即基于当事人的合意（合同）或遗嘱创设地上权；二是地上权的让与，即地上权人将其权利让与他人。依各国通例，无论是地上权的创设还是地上权的让与，均应采取书面形式，且非经登记不生效力或不得对抗第三人。

基于法律行为以外的原因取得地上权，主要有以下几种情况：（1）取得时效。在实行取得时效制度的国家和地区，地上权得因时效而取得，取得时效期间完成后，地上物所有人可申请登记为地上权人。（2）继承。地上权具有可继承性，继承人自地上权人死亡时取得其地上权，但当事人约定地上权以权利人终身为存续期间者除外。依德国、瑞士民法，因继承而取得地上权者，非经登记不得处分其地上权。（3）法律规定。因法律规定而取得地上权，通常

---

① ［意］彼德罗·彭梵得著：《罗马法教科书》，黄风译，中国政法大学出版社1992年版，第266页。

发生于抵押物拍卖的情况下，其主要情形有二：一是房屋和土地本属于一人所有，而仅以房屋或仅以土地作抵押，于拍卖房屋或土地时，视为已设定地上权；二是土地和房屋同属一人所有，而以土地及房屋为抵押，如经拍卖，土地及房屋拍定人各异，视为已设有地上权（即房屋拍定人取得地上权）。

在我国现行法制下，地上权（土地使用权）的取得主要有土地使用权出让、土地使用权划拨、农业开发用地和乡（镇）村建设用地等几种，同时在一定范围内承认地上权的让与（转让和继承）。与传统民法的地上权相比，我国的土地使用权在取得方式上有自身的特点：其一是不承认土地使用权的时效取得；其二是土地使用权的创设具有浓厚的行政色彩，不但保留着土地使用权划拨、批准农业开发和乡（镇）村建设用地等土地使用权创设方式，而且对创设和让与土地使用权的法律行为（土地使用权出让和转让）加以严格的行政法律规制。以上特点，是我国土地公有制和现阶段市场经济发展状况的必然反映。

地上权的存续期间，有定期和不定期之分。地上权创设时定有期限者，依其规定；如未定期限，原则上地上权人可随时抛弃其权利。但是在地上权的存续问题上有两点值得注意。一是各国民法对地上权的存续期间通常不作限制，亦即允许设立永久地上权。学者间虽有人认为永久地上权有悖于所有权的本质（使所有权成为“虚有权”），且有碍土地的改良，但通说认为，在所有权社会化的今天，土地所有权主要体现在地租的收取，地上权的无期存续并不会有害于所有权的本质，而土地的改良也未必限于所有人，如果地上权可以永久存续，地上权人也会乐于改良土地，因此地上权并无不可永久存续之理。从各国立法看，也只见有地上权最短期限的规定（如《日本借地法》第 2 条规定，借地权的存续期间，以所有石造、土造、砖造或类似的坚固建筑物为目的者为 60 年，以所有其他建筑物为目的者为 30 年，但契约就坚固建筑物约定 30 年以上或就其他建筑物约定 20 年以上存续期间者，不受前项规定的约束。上述 30 年及 20 年，即为地上权的法定最短期间），而未见最长期限的规定。二是地上权未定期间者，应依习惯确定其存续期间；无习惯时，法院应斟酌工作物的种类、品质及地上权设定时的其他情事，确定地上权的存续期间（《日本民法典》第 268 条第 2 款）。对此问题，我国现行立法采取了区别对待的做法，对不同种类土地使用权的存续期间作了规定：通过划拨及乡（镇）村建设用地程序取得的土地使用权是未定期间的，即存续至法律规定的消灭原因出现之时；通过出让方式取得的土地使用权，其存续期间由出让合同规定，但不得超过法律规定的最高年限（居住用地为 70 年，工业用地为 50 年，教育、科学、文化、卫生、体育用地为50年，商业、旅游、娱乐用地为40年，综合或其他用地为50年)；通过转让方式取得的土地使用权，其存续期间为出让合同规定的期间减去原土地使用者使用期间后的剩余期间。由上可见，我国立法实际上排除了土地使用权永久存续的可能。

三、地上权的效力

地上权的效力，表现为地上权人依法享有的权利和负有的义务。

地上权和其他物权一样，都以权利人对标的物享有一定范围的排他支配权为内容。地上权人的此种支配权，主要包括以下三个方面。

1. 土地使用权

对他人土地的使用，既是地上权的本质，也是地上权的核心内容。一方面，土地使用权是指地上权人在地上权设定行为所定目的的范围内使用他人土地的权利，超出该范围即为越权。另一方面，地上权人为行使其土地使用权，必以占有土地为前提，因此，地上权在内容上理应包含土地占有权。基于上述占有权和使用权，地上权人在其权利实现受到妨害时，享有物上请求权（返还请求权、妨害除去请求权、妨害防止请求权)；同时，在地上权人之间或地上权人与土地所有人之间，可准用不动产相邻关系的规定。

2. 权利处分权

地上权人对其权利的处分，主要包括以下几种情形：（1）转让。依各国通例，地上权人可以将其权利转让于他人，但合同另有约定或另有习惯者除外。我国现行立法也允许土地使用权的转让，但规定了严格的条件。地上权转让时，地上建筑物或其他工作物是否随之转让？对此问题，各国立法主张不一。依德国民法，建筑物是地上权本质的构成部分，不得脱离地上权而单独转让，因此，地上权的转让必然导致地上物的转让。而日本民法则主张建筑物上可设立独立的物权，并认为地上权多附随于建筑物，地上权与地上物既可一同转让，也可以分割转让。在这一问题上，我国现行立法既有强调地上建筑物、其他附着物所有权与土地使用权一并转让的规定（《城市房地产管理法》第31条、《城镇国有土地使用权出让和转让暂行条例》第23条)，也有允许二者分割转让的规定（《城镇国有土地使用权出让和转让暂行条例》第25条第2款)。我们认为，在地上建筑物、其他附着物的所有人不享有土地所有权的情况下，其所有权在理论上虽具独立性，但在现实中却不能离开土地使用权而单独存在，因此，土地使用权和地上物所有权的分割转让应当是不被法律认可的。(2）抵押。地上权可以作为抵押权的标的为地上权人的债务提供担保。

根据地上权与地上物不可分的原则，地上权作为抵押标的物时，其地上建筑物、其他附着物随之抵押；反之，地上建筑物、其他附着物抵押时，其使用范围内的地上权也应随之抵押。我国立法除承认土地使用权的转让、抵押外，还有土地使用权“出租”的规定。严格地说，出租并非土地使用权的一种处分方式，因为出租方（土地使用权人）并未因此而丧失其土地使用权，而承租方也未因此而取得物权意义上的土地使用权。

3. 地上物取回权

地上权人作为地上建筑物、其他附着物的所有人，在地上权消灭之际，有权取回上述物品。这项权利，也称为“收去权”（《日本民法典》第269条）。但取回难免会使地上物受到毁损，而且取回后要恢复土地的原状并非易事，因此，立法上又往往确认土地所有人的“买取权”，即土地所有人以时价购买地上物，地上权人不得拒绝（《日本民法典》第269条）。我国《城镇国有土地使用权出让和转让暂行条例》第40条规定：“土地使用权期满，土地使用权及其地上建筑物、其他附着物所有权由国家无偿取得。”这实际上是否定了土地使用人的取回权。我们认为，这一规定是值得商榷的，它既与我国宪法、《民法通则》有关保护公民、法人合法财产权的立法精神相悖，也不利于国有土地的开发利用和地上建筑物、其他附着物的保护。

地上权人的义务主要有两方面：一是交付租金；二是在地上权消灭时回复土地原状。需说明的是，地租并非地上权的成立要件，仅在当事人有此约定或法律有此规定时才成为地上权人的义务。关于地租的性质，向有不同学说。“单纯债的关系说”认为，交付地租是一种债的关系，仅由债务人即地上权人负担，若地上权移转于他人，原地上权人仍需履行支付地租的义务，而土地所有人也不能直接向受让人请求支付地租（有特别约定者除外）；“物上负担说”认为，支付地租是一种物上负担，与地上权不可分离，地上权若移转于他人，支付地租的义务也随之移转；“折衷说”则认为，地租的性质应视其是否登记而定，未经登记者为单纯债务关系，已经登记者则应与地上权结合为一体。从各国立法看，英国法采“单纯债务关系说”，罗马法及奥地利民法采“物上负担说”，其他大陆法系国家则多采“折衷说”。在我国，土地使用权有偿取得的，其代价为“土地使用权出让金”，须于土地使用权出让时一次付清，故不存在随土地使用权转让而移转之可能。

四、地上权的消灭

地上权作为物权的一种，得因物权的一般消灭原因而消灭，如标的物灭失、存续期间届满、混同、公用征收等。这里主要讨论地上权的几种特殊消灭原因。

1. 地上权的抛弃

抛弃是权利的共同消灭原因之一，地上权也不例外。但地上权人是否在任何情况下均可抛弃其权利，则不无疑问。一般认为，不附地租义务的地上权或在设定时即一次付清地租的地上权，地上权人可以抛弃，但另有习惯或法律另有规定者除外；附有地租义务的地上权，如果是有期限的，地上权人应付清全部地租才能抛弃，如果是无期或未定期限的，则地上权人可以随时抛弃，但应付抛弃时的当年地租。

2. 地上权的撤销

当法律规定土地所有人在一定条件下有撤销权时，地上权即因撤销权的行使而消灭。例如，分期支付地租的地上权，地上权人如拖欠租金达一定期限或累计拖欠达到一定金额，除另有习惯外，土地所有人可以撤销地上权。根据我国法律，土地使用权人未按合同规定的期限和条件开发、利用土地的，市、县人民政府土地管理部门应当予以纠正，并根据情节予以警告、罚款直至无偿收回土地使用权的处罚。这种无偿收回，与地上权的撤销无异。

3. 约定事由的发生

地上权当事人间如约定有地上权的特别消灭事由（例如约定地上权于地上物灭失时消灭），该事由一旦发生，地上权即归于消灭（但这种约定不得违反法律规定和公序良俗）。

4. 第三人的取得时效

在承认取得时效制度的立法中，第三人因取得时效取得地上权时，原地上权归于消灭。我国现行立法未确立取得时效制度，土地使用权不因时效而消灭。

第三节 永佃权

一、永佃权的概念

在汉语中，“佃”意为“租种土地”。永佃权，即永久租种他人土地之权，或曰“支付佃租，而永久在他人土地上耕作或牧畜”之权（《日本民法典》第270条）。

在罗马法中，永佃权是由“公田占有”制度演变而来的。所谓“公田”，主要是因战争而掠夺的土地。在罗马古时，它们除部分地被分配给个人或出卖外，大部分允许市民在缴纳收入的五分之一或十分之一作为价金后自由耕种，称“占耕地”。虽然在法律上国家是这些土地的所有者，但在事实上占有者被视为这些土地的主人，它们不仅可以被继承，而且可以被转让。帝政以后，政府正式将公田出租给市民而征收赋税，因而称其为“赋税田”，其租期通常长达百年或具有永久性质，承租者只要正常纳税，便可安心耕作。正是由于其长期性特点，佃租人可以将这种权利出让、抵押或继承。因此，大法官法也加强了对佃租人的保护，即除令状保护外，允许提起一种对物之诉——“赋税田之诉”。① 于是这种土地租佃关系便由公法范畴转入私法范畴，由债权关系变为物权关系。帝政后期，为增强国力，政府土地作为国库财产继续出租给市民，其租期以永久性为原则，于是佃租权成为“永佃权”（Emphyteusis）。在近代各国民法中，永佃权也得到了确认。意大利、葡萄牙、西班牙、日本仍沿用“永佃权”术语，而德国、瑞士民法则通过“用益权”制度对相应的土地租佃关系加以调整（德国民法对各州的永佃权也采肯定态度）。在中国，永佃权制度发端于封建时代初期（土地租佃在汉代已经出现，其后代代相传），至清代已发展成为一种稳定的物权形态。②

综观各国立法和学说，可将永佃权的法律特征归纳为以下几个方面：（1）永佃权是以他人土地为客体的用益物权。依罗马旧制，永佃权既可设于他人土地之上，也可设于他人建筑物之上；但近代各国立法则将建筑物排除在外，将永佃权的客体限定为土地。（2）永佃权是在他人土地上建筑或牧畜的权利。为实现此目的，永佃权人可在他人土地上设置必要的工作物，如农舍、仓库等。（3）永佃权以支付佃租为要件。佃租可以是金钱或其他代替物，也可以用耕作或牧畜收益的一部分充抵。（4）永佃权具有永久性或长期性。日本民法规定，永佃权的存续期间为20年以上50年以下，未以设定行为确定存续期间者，除另有习惯情形外，其存续期间为30年。

永佃权与地上权一样，都是使用他人土地的限制物权。二者的区别主要表现在：永佃权以在他人土地上耕作或牧畜为目的，地上权则以在他人土地上保有工作物或竹木为目的；永佃权具有永久存续性质，而地上权则多定有存续期

① ［意］彼德罗·彭梵得著：《罗马法教科书》，黄风译，中国政法大学出版社1992年版，第264~265页。

② 参见孔庆明等著：《中国民法史》，吉林人民出版社1996年版，第593页以后。

限；永佃权以支付佃租为要件，而地上权则不以支付地租为必要。

永佃权与耕地租赁权同属在他人土地上耕作或牧畜的权利，且均以支付租金为要件，这使二者在外观上颇为相似，难以区分。但细加考察，二者在法律性质、存续期间及可让与性等方面均有明显区别（耕地租赁权在性质上属债权，不得永久存续，也不得让与他人）。

二、永佃权的取得和消灭

永佃权的取得方式，主要有设定、让与和继承三种，其条件与地上权的取得相同。要言之，永佃权的设定和让与应订立书面合同并依法登记；继承取得的永佃权，非经登记不得处分。关于永佃权是否存在时效取得及是否存在法定永佃权，学者间认识不一。否定者认为，永佃权以支付佃租为成立要件，故实际上因取得时效而发生的永佃权十分罕见，法定永佃权也难以成立。我们赞同这种观点。

永佃权和地上权一样，得因土地灭失、混同、公用征收等事由而消灭；定有期限者，因期限届满而消灭。除此之外，永佃权还可因抛弃和撤佃而消灭。《日本民法典》规定，永佃权人因不可抗力连续三年以上全无收益，或于五年以上期间内只获少于佃租的收益时，可以抛弃其权利（第 275 条）。至于撤佃，通说认为其事由有二：一是永佃权人违反禁止出租的规定，将土地出租于他人；二是永佃权人积欠地租达 2 年的总额。此外，也有学者认为，永佃权人滥用其永佃权也可作为撤佃事由。① 撤佃作为土地所有人的权利，在性质上属形成权，经土地所有人向永佃权人为意思表示，即可使永佃权归于消灭。

三、永佃权的效力

关于永佃权的效力，即永佃权人的权利和义务，各国立法和学说主张基本一致。

永佃权人的权利，主要包括以下几个方面：（1）土地的使用权和收益权。永佃权是在他人土地上为耕作或牧畜的权利，永佃权人在其耕作、牧畜的范围内，当然享有使用土地的权利及收益的权利。但是，收益应以收取天然孳息为限，永佃权人不得将土地出租于他人而收取法定孳息（租金）。（2）物上请求权。永佃权是利用他人土地的权利，其实现离不开对土地的占有，因此当其占有受到侵害时，永佃权人享有物上请求权和占有诉权。（3）处分权。永佃权

---

① 郑玉波著：《民法物权》，台湾三民书局 1984 年版，第 178~179 页。

人可将其权利让与他人并可将其供为抵押担保，但不得将土地出租或出典。（4）相邻权。通说认为，关于土地的相邻关系（相邻权），在永佃权人间或永佃权人与土地所有人之间也存在。（5）优先承买、承典权。在土地所有人出卖或出典土地时，永佃权人有依同等条件优先承买或承典的权利。（6）取回权。永佃权人对土地上的农作物及牲畜享有所有权，故永佃权消灭时有权取回。

永佃权人的义务主要表现在以下方面：（1）支付佃租的义务。永佃权以支付佃租为成立条件，因此支付佃租是永佃权人的基本义务。支付佃租的时期和佃租的种类，均依当事人约定，无约定时从习惯。（2）原状恢复的义务。永佃权消灭时，永佃权人负有恢复土地原状的义务，但土地所有人以时价购买其农作物或工作物时，永佃权人不得拒绝。（3）不得出租及出典的义务。违反此项义务，土地所有人有权撤佃。

四、永佃权与“土地承包经营权”

我国《民法通则》第80条第2款规定：“公民、集体依法对集体所有的或者国家所有由集体使用的土地的承包经营权，受法律保护。”我国民法学界普遍认为，《民法通则》的这一规定，在立法上确立了一种新型的用益物权，即土地承包经营权。对土地承包经营权的物权性质，学者间似已不存异议，但由于土地承包经营权与传统民法中的永佃权在外部特征上有相似之处，有的学者将二者视为一物，认为：“目前我国的农村土地承包经营权，就是一种新的永佃权。”① 我们认为，这种观点是值得商榷的。

土地承包经营权和传统民法的永佃权一样，都是以耕作、牧畜（或养殖）为目的而使用他人土地的权利，同属用益物权，但二者在内涵上存在以下显著区别：（1）土地承包经营权建立在土地公有制的基础上，其标的物既可以是发包人（农村集体）所有的土地，也可以是由发包人使用的国有土地，而永佃权则是土地私有制的产物，其标的物属“田底权人”个人所有；（2）在土地承包经营关系中，发包人虽不直接参与生产经营，但仍对承包人的生产经营活动享有一定的监督的管理权，而在永佃权关系中，这种管理权无从体现；（3）永佃权可以让与、继承并可作抵押标的，而土地承包经营权只能有条件地转让或转包；（4）土地承包经营权是有期限的，而永佃权则具有永久性或

① 杨立新、尹艳：《我国他物权制度的重新构造》，载《中国社会科学》1995年第3期。

长期性。由此可见，将土地承包经营权与永佃权相提并论，未免牵强。

第四节 地 役 权

一、地役权的概念

地役权（Servitutes Praediorum，Servitudes Prédialés，Grundienstbarkeiten），是为自己土地的便利而利用他人土地的权利。

地役权制度源于罗马法。在罗马法中，役权（Servitutes）是他物权的最古老形态，而役权的原始形态便是地役权，只是在共和国的最后年代才出现了人役权，并由优士丁尼将二者合并为役权。近代各国民法，如法国、德国、日本、瑞士等，都继受了罗马法的地役权概念，将其作为一种独立的用益物权。在英美等普通法系国家的财产法（土地法）中，地役权（Servitude）也是一项重要的权利，其内涵与大陆法系国家的地役权基本相同。

考察各国学说和立法，可对地役权的性质作如下阐析：（1）地役权是使用他人土地的权利。地役权的客体为土地，其成立以有两块土地为必要：其一为享有地役权的土地，称为需役地；其二为供使用的土地，称为供役地。供役地原则上为他人土地，但学界认为，同一人所有而使用权人不同的两块土地之间也可设定地役权（《瑞士民法典》第733条有此精神）。在罗马法上，需役地和供役地必须是相邻接的，但近代民法则主张不以此为限，即使两地并不相连，若一块土地事实上有利用另一块土地的需要，也可设定地役权。（2）地役权是为自己土地的便利而使用他人土地的权利。设立地役权，目的在于需役地的便利。在地役权关系中，“供役地”即为需役地提供便利的土地，而“需役地”则是享受供役地所提供便利的土地，如果供役地不能为需役地提供便利，或其所提供的便利不是由需役地所享，则不能产生地役权。依通说，所谓“便利”，泛指开发利用需役地的各种需要（不以经济利益需要为限），其内容只要不违反法律强制性规定及社会公共利益，可由当事人根据实际情况约定，主要包括以供役地供使用（如通行）、以供役地供收益（如用水）、避免相邻关系的任意性规范的适用（如设檐注水）、禁止供役地为某种使用（如禁建高楼以免妨碍眺望）等。（3）地役权具有从属性和不可分性。地役权虽然是一种独立的物权，但它仍与需役地的所有权或使用权共命运，此即其从属性，它具体表现在以下两个方面：一是地役权不能与需役地所有权或使用权相分离而单独让与、单独保留或分别让与不同的人；二是地役权不得由需役地分离而成为其他权利的标的物（如供抵押或出租）。地役权的不可分性，是指地役权不得被分割为两个以上的权利，也不得使其一部分消灭；在需役地分割时，地役权为分割后各部分的利益而存在；在供役地分割时，地役权仍就分割后的各部分存在。

在阐述地役权的概念时，有必要对地役权与相邻权作一比较。对不动产相邻关系的法律调整，产生了相邻权，即相邻接不动产的所有人间，一方所有人的自由支配力与他方所有人的自由排他力相冲突时，为调和其冲突，以谋求共同利益，依法律的规定直接所确认权利的总称。相邻权制度肇源于罗马法，在近代各国民法中也多有规定。随着社会的发展，相邻权的主体已由土地所有人扩大到地上权人、永佃权人、典权人和土地租赁权人，内容也扩展到损害防免、排水、用水、邻地使用等众多方面，这就使其具备了某些地役权的外部特征。因此，法国民法将相邻权规定为“法定地役权”。然而通说认为，地役权与相邻权并非同一概念，不能混为一谈或相互取代。其一，地役权是为自己土地的便利而使用他人土地的独立物权（他物权），而相邻权在性质上是所有权内容的扩张或限制，是所有权制度的一项内容；其二，地役权只发生在土地所有人或使用人之间，而相邻权既适用于土地相邻关系，也适用于建筑物相邻关系；其三，相邻权以不动产相互毗邻为存在前提，而地役权不受此限制；其四，相邻权一般是无偿、无固定期限的，除非相邻权的行使损害了相邻方的合法权益，对方不得要求偿付费用，而地役权则通常是有偿、有固定期限的；其五，地役权基于法律行为或法律行为以外的事实而发生，经登记而成立，而相邻权属法定权利，无须登记。由上可见，地役权和相邻权是两种性质不同的民事权利，不能相互替代。我国现行立法仅对相邻权（相邻关系）作了规定，而未确立地役权制度，不足以全面调整现实生活中各种为自己土地便利而使用他人土地的社会关系。

二、地役权的种类

自罗马法以来，对地役权就有各种立法和理论上的分类。通过这些分类，我们可以了解地役权的全貌。

在罗马法中，地役权是役权的一种，可区分为乡村地役权和城市地役权两类。乡村地役权包括通行役权、用水役权、放牧役权、采矿权、采掘石灰权等内容，它们是最古老的役权，属“要式移转物”之列；城市地役权主要包括通水权、立墙权、采光权等三类，属“略式移转物”。罗马法对地役权的上述分类，在后世各国立法中得到了不同程度的体现。《法国民法典》将役权（地役权）分为“由现场的自然情况所产生的役权”、“法律规定的役权”和“由人的行为设立的役权”等三类，分别规定了用水权、放牧权、立墙权、通行权等地役权；《日本民法典》除对地役权作了一般规定外，还特别规定了“用水地役权”和“工作物的共同使用权”；《瑞士民法典》也例举了通行权、牧场权、伐木权、牧畜饮水权、灌溉权等地役权。从立法技术角度看，法国法系诸民法典对地役权的规定较为直观、具体，而德、日等国民法典则规定得较为原则化和抽象化。

在各国立法对地役权的规定及地役权的现实形态的基础上，产生了地役权的各种理论分类。

1. 积极的地役权与消极的地役权

这是以地役权行使的内容为标准产生的分类。积极的地役权也称为地役权，是指以地役权人在供役地上为一定行为为内容的地役权，如汲水地役权、通行地役权等。它要求供役地所有（使用人）承担容忍地役权人在其土地上为一定行为的义务；消极地役权又称为不作为地役权，是指以供役地所有人（使用人）不为一定行为为内容的地役权，它要求供役地所有人（使用人）承担不为一定行为的义务，例如不设置妨害需役地采光的建筑物。

2. 继续地役权与不继续地役权

这是以地役权的行使方法为标准所作的分类。继续地役权，是指连续无间断地行使于供役地上的地役权，如眺望地役权、管道引水地役权等，消极地役权通常为继续地役权；不继续地役权是指其行使以地役权人每次行为为必要的地役权，例如汲水地役权、未开设道路的通行地役权就是。

3. 表现地役权与不表现地役权

依地役权的行使状态，可作此分类。其行使可由外部设施查知的地役权为表现地役权，如汲水地役权、开设道路的通行地役权；若其实现不能由外部设施查知，即为不表现地役权，如眺望地役权、无道路的通行地役权。

三、地役权的取得和消灭

地役权的取得，可分为基于法律行为取得和基于法律行为以外的事实取得两种情形。与其他用益物权一样，设定地役权的法律行为是地役权取得的主要方式，其中又包括创设行为和移转行为。创设行为多表现为需役地人与供役地人间设定地役权的契约，也可以是供役地人的捐助行为或遗嘱。依各国通例，地役权的设定为物权之设定，非经登记不生效力。关于地役权的登记方式

（即是否须同时登记于供役地和需役地登记用纸），各国规定不一，但解释上地役权以登记于供役地登记用纸为已足。基于法律行为以外的原因取得地役权，包括继承取得和时效取得。对于地役权的继承取得（即因需役地所有权或使用权的继承而取得地役权），各国民法均未加限制，但对其时效取得则多规定以"继续地役权"和"表现地役权"为限；换言之，凡继续而不表现或表现而不继续的地役权，均不适用时效取得。究其原因，如郑玉波先生所言，乃在于时效制度应体现对怠于行使权利者不加保护之精神，而就继续而不表现之地役权而言，其供役地所有人（使用人）往往因查知困难无以防止，若因此而谓其怠于行使权利，未免不公；就表现而不继续的地役权而言，供役地所有人（使用人）往往碍于情面而加以容忍，若因此而认为其怠于行使权利，使他人依时效而取得地役权，未免有悖情理，并影响睦邻关系。①

地役权的消灭原因，与其他不动产物权大致相同，主要包括：（1）土地灭失。地役权既可因作为标的物的供役地的灭失而消灭，也可因需役地的灭失而消灭；有时，供役地的部分灭失致其事实上不能为需役地提供原定的便利时，也可导致地役权的消灭，如汲水地役权就可能出现此种消灭情形。（2）目的不能。因自然原因，致使地役权的目的不能实现时，地役权也归于消灭，如引水地役权因水源枯竭而消灭。（3）存续期间届满。定有存续期间的地役权，于期间届满时消灭。（4）约定消灭事由发生。地役权设定时，如当事人约定有解除条件，则地役权因条件成就而消灭，如通行地役权于建筑完成时消灭。（5）抛弃。地役权人抛弃其地役权，应向供役地所有人或使用人为意思表示，并经登记而发生效力；定有期限和付租约定的地役权，地役权人不得藉抛弃而免除其剩余付租义务；无期而有偿的地役权原则上也不得任意抛弃。（6）混同。如需役地所有人（使用人）取得供役地所有权（使用权），或供役地所有人（使用人）取得需役地的所有权（使用权），地役权均告消灭。但如果需役地或供役地为第三人权利的标的，则地役权不因混同而当然消灭。（7）法院宣告。瑞士民法规定，地役权无存续的必要时，法院根据供役地所有人的申请，得宣告地役权消灭。所谓"无存续的必要"，通说认为系指供役地对于需役地已无利益或仅有微小利益，例如当养鱼池废止时，为引水养鱼而设定的引水地役权即无存续的必要。

地役权因上述事由而消灭时，若地役权人于供役地上留有工作物，应如何处置？对此问题各国民法典皆无明文。依法理而论，地役权消灭时，供役地的

---

① 郑玉波著：《民法物权》，台湾三民书局1984年版，第189~190页。

所有权应免除限制而恢复其原状，因此，地役权人设于供役地上的工作物原则上应由地役权人拆除，但若该工作物原系由双方共同使用而又继续有利于供役地，则不妨适用附合原则，使供役地所有人（使用人）取得其所有权，同时允许地役权人请求适当补偿。

在地役权的得丧和存续问题上，立法例上普遍奉行“地役权不可分”原则。地役权的不可分性主要表现在以下两个方面：一是地役权得丧的不可分性。例如共有人之一因时效而取得地役权时，其他共有人也取得该地役权（《日本民法典》第284条第1项）；地役权的消灭，也必须是全部的，即使需役地共有人之一抛弃地役权或发生混同，也不能使地役权消灭。二是地役权的存续不因土地的分割而受到影响，需役地分割或部分让与时，各部分的所有人（使用人），对于供役地仍可行使完全的地役权（《法国民法典》第700条、《德国民法典》第1025条、《日本民法典》第282条第2项）。但是，地役权的不可分性，并不排除地役权的内容或范围依法律规定或当事人意思表示而增减或变更，也不排除地役权为土地形体的一部分设定或于其一部分之上设定。

四、地役权的效力

地役权的效力，可从地役权及于地役权人的效力和地役权及于供役地人的效力，亦即地役权人的权利义务和供役地人的权利义务两方面加以说明。

地役权人的权利，概言之就是“以他人土地供自己土地便宜之用”（《日本民法典》第280条）。为此，地役权人“有进行一切必要行为的权利”（《瑞士民法典》第737条第1项）。具体地说，地役权人主要享有以下权利：（1）使用供役地的权利。在地役权的目的范围内使用供役地，是地役权的基本内容。地役权人对供役地的使用，不必是独占性的使用（此点与地上权、永佃权、典权不同），既可以与供役地人共同使用，而且只要不是性质不相容，同一供役地上还可设定数个地役权，依其情形而由数人同时使用（如一为通行地役权，一为眺望地役权）或依次使用（如同为引水地役权）。（2）物上请求权。地役权人在一定范围内直接支配供役地，当其支配受到妨害或有妨害之虞时，有权请求除去或防止妨害，此为各国民法的共同主张。但在地役权人的物上请求权是否应包含返还请求权问题上，学者观点不一。肯定者认为，当地役权之占有本身与需役地之占有同被他人掌握时，在地役权也有援用返还请求权的必要；此外，地役权之侵害表现为对占有的侵害时（如引水地役权人设于供役地上的水管被取去），地役权也同受占有的保护。我们赞同这一观点。（3）为必要附属行为的权利。地役权人为了行使或维持其权利，可以在供役地内为必要的附属行为，如为行使汲水地役权而通行，为实现通行地役权而辟路等。这种“附随的地役权”，因主地役权的消灭而消灭。

地役权的范围，依设定行为而定。设定行为未作规定时，依地役权的性质决定。在后一种情形下，地役权的范围是否应随需役地需要的增减而变更，各国主张不一。《瑞士民法典》第739条规定：“即使需役地的需要发生变更，亦不得增加义务人的负担”；而我国学者则多主张，需役地的需要自然增加时，地役权的范围也应随之扩大。我们认为，这种看法较为公允。

地役权人在享有上述权利的同时，也负有一定的义务。其一，地役权人应选择于供役地损害最小的地点及方法行使其权利。为此，地役权人应容忍对于供役地所有人为必要而对于自己并无损害或仅有微小损害的变更。其二，地役权人对于为行使地役权而在供役地上修建的设施负有维持的义务，以免供役地人因其设施损坏而受损害。前述设施的设置和维持费用，原则上由地役权人负担，但如供役人也因此受益，则由双方按受益程度分担。其三，地役权人对于上述设施，在不妨碍地役权行使的范围内，应当允许供役地人使用。

与地役权人的权利和义务相对应的，是供役地人的权利和义务。供役地人的权利主要包括三个方面：一是在不妨碍地役权行使的范围内，可以行使与地役权相同的权利；二是在不妨碍地役权行使的范围内，有权使用地役权人设于其土地上的工作物；三是地役权设定时定有场所的，供役地人基于自己的正当利益需要，有权要求变更。此外，地役权如系有偿设定，供役地人还享有对价请求权。供役地人的义务，主要表现为容忍地役权人或自身不为一定利用行为的不作为义务，但依设定行为或特别契约，供役地人也可负担以其费用为地役权的行使设置或修缮工作物的义务（《法国民法典》第698条、《日本民法典》第286条）。

第五节　典　　权

一、典权概说

典权，是指支付典价而占有他人不动产并为使用收益的权利。支付典价而占有他人不动产者，为典权人；收取典价而向典权人提供不动产者，为出典人；作为典权标的物的不动产，称为典物。在上述定义的基础上，形成了关于典权法律特征的现代通说：（1）典权为不动产物权，在动产或其他权利上不能设定典权；（2）典权以对典物的使用收益为目的；（3）典权以权利人占有典物为要件；（4）典权因支付典价而成立。

典权是中国固有的物权形态。国外法制中，唯有日耳曼法上的古质（占有质）与典权相似，至近代则未见存在。中国的典权制度，可溯源于土地私有制出现之初，至两汉时期业已显著，此后相传不息，逐渐进化。清朝立法在承袭唐宋典权制度的基础上，进一步明确了典权的年限及其法律后果，使这一制度趋于完备。清末变法时，在民律草案中仅规定了质权而未确认典权。北洋政府时期，法制未定，前清法令与政体不相抵触者暂准援用，但因典赎纠纷较多，而又无统一法规，政府遂于 1915 年公布《清理不动产典当办法》，明确了典期、回赎权及期满不赎的后果。1929 年 11 月，国民党政府颁布民法物权编，对典权作了专章规定。新中国成立后，立法中没有确认典权制度，但劳动人民之间的房屋典当关系在司法实践中是得到承认和保护的。在我国现行法律制度下，典权的标的仅限于房屋而不包括土地（公有土地不得出典），且只能是私有房屋；其次，有关司法解释仅从债的关系的角度对房屋典当关系加以保护，并未明确典权的物权性质，对典权的效力也缺乏全面的规定。有鉴于此，我们主张在未来的立法（物权法）中总结已有的实践经验，对典权作出全面系统的规定，以适应市场经济条件下典权关系存在和发展的需要。

二、典权法律性质辨析

关于典权的法律性质，学者间向有不同见解。

一为用益物权说。此说认为，典权是用益物权之一种，其主要理由包括：（1）典权是主物权，始终因物的存在而存在，不似担保物权必须从属于债权而存在。（2）典权人的给付是典权的对价，所以不称为借款而称典价，出典人的回赎，不称为清偿债务而称为回赎典物，可见典权不是担保物权。（3）中文“典”字有两种意义：一为典当，以借债为前提，属担保物权性质；一为典卖，视典与卖为同种法律关系，并无担保性质。民法所规定的典权制度，系由典卖演化而来，与典当之典不同，所以典权是用益物权而非担保物权。（4）在典权关系中，如果出典人抛弃回赎权，即可使典权关系消灭，如典物价值低于典价，出典人对于不足部分不负清偿责任；而在担保物权中，债务人对不足部分仍负清偿责任。

二为担保物权说。此说认为典权在性质上属担保物权，其理由略谓：（1）在中国法制沿革上，典与质并无严格的区别，原来皆具担保物权性质，民间运用典权，实际上多因经济窘迫，为通融金钱而出典田宅，有借贷关系存在，这是不可否认的事实。(2) 如果认为典权是用益物权，则典权的回赎无从解释，因为如果以典价作为设定典权的对价，那么典权消灭时，应该没有返还对价的义务，所以，回赎时令出典人提出原典价，实际上具有清偿债务性质。

三为特种物权说。该说认为，典权是兼具担保物权及用益物权性质的特种物权，其理由包括：(1) 典权虽有用益物权的效能，但这不是其主要目的，从实务上看，典权人多为富户，原没有用益他人不动产的必要，典受他人的不动产，是以取得典物所有权为最终目的，使用收益不过是其作用而已，所以典权与地上权、永佃权的专以用益他人土地为目的不同，不能以法条对典权的规定有“使用收益”字样，就认为典权是用益物权。(2) 典权是由担保物权发展而来的，具有相当的担保作用，中国法制史上，以不动产作为债权担保的制度，除典权以外别无其他。典权发展到现代社会，也同时兼具担保金钱债务的功能。典权担保金钱债务的方法，是以最原始的占有标的物及取得标的物所有权为手段，典权人虽然依法不能将典物拍卖，就卖得价金优先受偿，但能够以直接取得典物所有权的方法，优先于其他债权而满足其取回典价的权利，可见典权具有担保物权功能。(3) 典权虽具有担保作用，但又不是纯粹的担保物权，因为担保物权是从权利，须以主权利（债权）的存在为前提，而典权则不然，因而典权与抵押权和质权等担保物权也不相同。

以上三说，以用益物权说为通说，我国学者亦多采此说。本书从之。典权虽有一定的担保功能，但以实现典物的使用价值为主旨，故应定性为用益物权。

典权的法律性质，还可通过对典权与中外法制上几种类似的物权形态的比较加以说明。

其一是不动产质权。典权与法国、日本民法所规定的不动产质权颇有相同之处：二者均以不动产为标的物，均有特定的存续期间，均可占有不动产，并为使用收益。然而，二者毕竟是不同的法律制度，其差异主要表现在以下几个方面：第一，不动产质权以债权的存在为前提，并随被担保债权的消灭而消灭，具有从属性。法国民法理论认为，不动产质权不是物权的一种，质权人与债务人间虽然必须有债务存在，但担保该债务清偿的方法是以不动产的收益优先抵充利息和原本，使债务总额逐渐递减，最后全部清偿，并不是以不动产本身的财产价值为优先清偿债务的方法；可见，法国的不动产质权与抵押权等典型的担保物权在性质上完全不同。而日本民法的不动产质权，则是担保物权的一种，它与其他典型担保物权的不同之处，仅在于能占有不动产而为使用收益，在以不动产本身价值为优先清偿债务方法这一点上并无不同，这就使之与典权相区别。第二，法国、日本民法的不动产质权，其出质人或债务人所负担的是人的清偿责任，即如果供担保的不动产不足以清偿全部债务，其剩余部分，质权人得以一般债权人的地位就债务人的其他财产申请为强制执行；而在典权中，出典人有回赎的权利而无回赎的义务，对于典权并不负人的清偿责任。换言之，出典人不回赎时，典权人可取得典物的所有权，但无向出典人请求返还典价的权利。第三，法、日两国的不动产质权所担保的债权金额高低不一，且期限较短，为特别保护债务人起见，两国民法都有禁止流质契约的规定（即不得取得质物所有权的规定），质权人确保债权的方法，是拍卖不动产就其所卖价金优先受偿；而典权的典价通常与典物的价值相近，若出典人抛弃回赎权，典权人可以取得典物的所有权，以此作为确保其典价的方法。第四，依法、日民法，不动产质权人须依不动产的通用方法而为使用收益，不得变更其用途，亦不得擅自出租或抵押，而典权则无上述限制。第五，不动产质权的标的物因不可抗力灭失时，债务人仍须清偿债务，质权人不负危险负担的责任；而典物因不可抗力灭失时，典权与回赎权均归于消灭，其损失由典权人与出典人共同承担。

其二是营业质权（当）。在中国民间，向来“典”“当”并称，以致在民法理论和实务上也存在“典”“当”不分的现象。究其原因，乃在于典权在中国古代向有融资担保效能，此点与当颇为相似。实际上，典与当是两种性质完全不同的法律关系。当，又称营业质，是质权的一种，即为担保债权，占有由债务人或第三人移交的动产，于债务清偿前得留置标的物，当债务未得到清偿时，就其标的物的价值优先受清偿的担保物权。而典权是支付典价，占有他人不动产为使用收益之权，兼具用益性质和担保功能。由此可见，典与当在性质上并不完全相同。其次，典权的标的物是不动产，而当的标的物只能是动产，中国民法向来不承认不动产质权。再次，典与当在内容上也大不相同，这主要表现在：承当人对于当物的损害，若不能证明并非因其过失所致，应负完全责任，而典权人对于典物的意外灭失仅负部分责任，且以典价为限度；承当人对于当物只有保管的义务，并无使用、收益及处分的权利，而典权的内容则较为丰富；承当人于出当人不履行债务的，只能变卖当物优先受偿，不能取得对当物的所有权，而典权则相反；当的期限通常较短，而典期则较长。基于以上区别，在理论上和实务上都应将“典”与“当”加以严格区分，在用语上也应规范化，分别称为“出典”、“典权”和“质当”、“营业质权”。

此外，典与附买回约款的买卖也应加以区分。由于中国旧时律例将典与卖同列一门，且典卖并称，加之典物的回赎貌似买回，故民间往往典卖不分。实际上，典与附买回约款的买卖是两种不同的法律关系。其一，出典仅移转不动产的占有，而附买回约款的买卖则发生了标的物所有权的移转；其二，买回的法律后果为标的物所有权的再取得，而回赎的效果则在于消灭标的物上的典权，从而消除其所有权上的限制；其三，买回契约未经登记仅有债权的效力，不得对抗第三人，而典权关系的出典人仍保有所有权，其回赎权有物权的效力。

三、典权的效力

关于典权的效力，即典权人和出典人双方的权利和义务，新中国民法尚无具体规定，而学者观点则基本一致。

典权人的权利，主要包括以下几个方面：（1）对典物的使用收益权。典权人占有他人的不动产而为使用收益，其地位与所有人无异。基于这一地位，典权人不但有权收取典物的天然孳息和法定孳息，而且在典物受到侵害时享有物上请求权。同时，民法有关相邻关系的规定，在典权人与土地所有人之间也可准用。（2）处分典物的权利。典权人对典物的处分方式，一是转典。关于转典的性质，学者间见解不一，但对转典的要件则认识一致，即：转典必须在原典权存续期间内为之；须为双方当事人约定或习惯所允许；须不逾原典权的期限；转典价不得超过原典价。二是让与。典权经让与后，原典权人即与出典人脱离关系，而由受让人对于出典人取得与原典权人相同的权利；典期届满后，出典人直接向受让人回赎或找贴。与转典不同，典权的让与不必征得出典人同意，而且不受习惯或特约的限制，但同样必须以书面方式进行。三是抵押。典权人可就典权设定抵押，以此作为其债务的担保。四是抛弃。典权人抛弃对典物的使用收益权，亦即抛弃典权。（3）留买权。出典人将典物的所有权让与他人时，如典权人提出同一价格留买典物，出典人无正当理由不得拒绝。典权人的留买权专为出典人与典权人的权利义务而设定，并不具有对抗第三人的效力；因此，当出典人无理拒绝典权人的留买要求而与他人订立买卖合同、将典物的所有权移转于他人时，典权人只能以出典人违反法定义务为理由请求损害赔偿，而不能主张买卖合同无效。此外，留买权行使只限于出典人出卖典物的情形，若出典人将典物赠与他人，典权人不能主张其留买权；当出典人以互易方法将典物让与他人时，如果他人的对待给付为非种类物，典权人不能主张留买权；如果其对待给付为种类物，出典人只有在可给付同种类物的条件下才能主张留买权。（4）重建修缮权。典权存续期间，典物因不可抗力致全部或部分灭失时，典权人可以在典物灭失时的价值限度内进行重建或修缮。

(5) 费用偿还请求权。典权人因支付有益费用使典物价值增加，或依有关规定重建或修缮典物，于典物回赎时，有权在现存利益的限度内请求出典人偿还。(6) 找贴权。出典人于典权存续期间表示将典物所有权让与典权人的，典权人可按时价找回其与典价之差额，从而取得典物的所有权。

典权人的义务，主要有以下几项内容：(1) 保管典物。典权人在出典人回赎时，负有交还典物的义务，故在典权存续期间，典权人应妥善保管典物，对因自己的故意或过失造成典物的毁损、灭失，应负赔偿责任。(2) 分担危险。在典权存续期间，典物因不可抗力而全部或部分灭失的，就该灭失部分，典权与回赎权均归于消灭。可见，典权人对于典物的危险负有分担义务，就灭失部分的典物，不得请求返还典价。(3) 缴纳税捐。缴纳地价税、土地增值税等税捐的义务，由典权人负担。(4) 返还典物。典权消灭时，除典物灭失或因找贴等原因取得典物所有权外，典权人应回复典物原状，返还于出典人。

在典权关系中，出典人有以下权利和义务：(1) 典物所有权的处分权。出典人将典物的所有权让与他人，典权不因此而受影响，典权人对于典物的受让人仍享有同一权利。(2) 担保物权设定权。典权设定后，作为典物的所有人，出典人仍可在其所有物上设定担保物权，但与典权不能并存的权利，或与典权人的占有使用收益权相抵触的权利不能设立，因此只有不移转占有而供担保的抵押权可以设定。(3) 回赎权。出典人以原典价回赎典物，消灭典权关系的单独行为，是出典人的权利，不需经典权人同意；出典人不愿回赎典物时，典权人无请求回赎的权利。(4) 费用返还义务。与典权人的费用返还请求权相对应，出典人负有此项义务。(5) 危险分担义务。典权存续期间，典物因不可抗力致全部或部分灭失时，由出典人与典权人分担危险责任。(6) 瑕疵担保义务。典权契约为有偿契约，故出典人对于交付典权人使用、收益的典物，负有与出卖人相同的瑕疵担保责任，包括物的瑕疵担保和权利的瑕疵担保两方面。

四、典权的发生和消灭

自典权人方面而言，典权的发生即典权的取得，包括基于法律行为取得和基于法律行为以外的事实取得两种情形。基于法律行为取得典权，可分为典权的创设取得和典权的移转取得。典权的创设取得亦即典权的设定，通常以合同形式进行，也可采用遗嘱方式。无论采取何种方式，都必须以书面为之，且不登记不生效力。此外，在同一不动产上不得设定数个典权。典权的移转取得，包括让与和转典，前者是指典权人将其典权让与他人，受让人对于出典人取得与典权人同样的权利；后者则指典权人在典权存续期间将典物交付他人使用收益而收取其支付的典价，亦即在典物上设定新典权。法律行为以外的事实，主要是继承。因继承而取得典权，虽不以登记为生效要件，但非经登记不得处分。此外，有学者认为，典权作为物权之一种，理应适用时效取得。但我们认为，由于典权的特殊要件（以支付典价为成立要件），在实际中因时效取得典权的可能性甚小。

典权作为一种他物权，应有一定的期限。与其他有期限物权不同的是，典权并不因期限届满而当然消灭，只是回赎权应于典期届满时行使。所以，典权的期限并非典权的存续期限，而是出典人不得行使回赎权的期限。立法例上，对典权的期限采取以下规则：一是当事人设定典权时定有期限的，从其约定，但当事人约定的期限不得超过法定最长期限；二是当事人未定期限的，出典人得随时回赎，但出典人经 30 年不回赎的，典权人即取得典物的所有权。以上规则，可资我国立法借鉴。

典权的消灭，按其原因可分为两种情况：一是基于物权的一般消灭原因而消灭，包括标的物灭失、抛弃、混同等；二是基于特别原因而消灭，包括回赎和找贴。

如前所述，回赎是出典人享有的一项形成权，只要出典人为回赎行为，典权即归于消灭。一般说来，出典人行使回赎权，应具备以下条件：（1）须于回赎期限内行使。回赎期限是出典人行使回赎权的法定期限，在性质上属除斥期间，期限届满而不回赎的，回赎权即告消灭，典权人取得典物的所有权。关于回赎期限，我国司法实践采取了“典期届满逾期 10 年或未载明期限经过 30 年不回赎的，原则上应视为绝卖”的主张。（2）须提出原典价。出典人仅有回赎典物的意思表示，若不提出原典价，仍不发生回赎的效力。原典价包括典权人在设定典权人所支付的典价和出典后增加支付的典价。典物因不可抗力部分灭失的，出典人得由原典价中扣减典物灭失部分灭失时价值的半数。在转典情形下，出典人须向转典权人提出转典价并向典权人提出多于转典价部分的原典价，才可请求返还典物。

找贴又称找贴作绝，是指典权存续中出典人表示将典物的所有权让与典权人，典权人表示愿意接受，而找回其典物时价与典价之差额，以消灭典权的一种方式。找贴既非典权人的权利，也不是出典人的权利，而是双方当事人合意成立的一种买卖契约。依我国旧例，找贴以一次为限，经登记而发生效力。

第六节 用 益 权

一、概述

用益权（Usufructus），是指在不损坏物的实体的情况下使用他人之物并收取孳息的权利。在罗马法中，用益权是人役权的一种，享有权利的人为用益权人，派生出用益权的所有权被称为“赤裸所有权”（Nuda Propretas）或“虚有权”。《法国民法典》因袭罗马法，设专章对用益权作了详尽规定（第二卷第三编第一章）；《德国民法典》也将用益权作为人役权的首要内容，并分别对“物上用益权”、“权利上的用益权”和“财产上的用益权”作了具体规定（第三编第五章第二节）；在《瑞士民法典》中，用益权也是一种独立的物权（属役权范畴）。我国现行立法虽未采用“用益权”术语，但《民法通则》第81条第1款所规定的“国有自然资源使用（收益）权”及《森林法》、《草原法》、《渔业法》、《矿产资源法》等单行法律所确认的林地使用权，草原使用权，水面、滩涂使用权，采矿权等，在性质和内容上与传统民法上的用益权是基本一致的。

综观各国立法，用益权有以下基本特征：（1）用益权的标的物为他人所有之物。用益权为他物权，故必须建立于他人所有物之上。用益权的标的物既可以是不动产（如花园、林木、鱼塘），也可以是动产（如书画、车马）。在早期罗马法上，用益权的标的物必须是不消费物，因为用益权以不损坏标的物的实体为要件，而消费物一经使用即行消耗，无法满足用益权人于权利终止时返还原物的要求。但在罗马帝国时代，元老院作出决议，规定用益权可适用于消费物，不过在此情况下用益权的效果有所不同：用益权人享有所有人的权利，可将标的物处分（消费）掉，但在用益权终止时，须用同种类、同品质的物品返还。此种用益权被称为准用益权（Quasiusufructus）。《法国民法典》第587条（1960年5月17日修订）也对此作了规定。此外，用益权的标的物原先仅限于有体物，奥古斯都时代扩及于无体物（如各种权利），《德国民法典》所规定的“权利上的用益权”和“财产上的用益权”亦属此列。（2）用益权可依法律规定或当事人的意志而设立。从罗马古时起，用益权就是人役权最重要的一种，被家长用作处分其遗产的一种手段，即以遗嘱将某项遗产的使用收益权遗赠给需要他照顾的人，使其生活获得保障，而保留虚有权给其继承人，在受照顾之人死亡后，继承人再恢复其完全的所有权。① 后世立法则一般认为，用益权既可由当事人自主设立，也可基于法律规定而产生（《法国民法典》第579条、《瑞士民法典》第744条）。(3) 用益权的存续期间受到限制。罗马法认为，用益权是为了照顾某一特定人而设立的，故最迟于该人死亡时终止，法人用益权的最长期限为100年。②《瑞士民法典》也作了相同规定（第749条）。(4) 用益权具有不可转让性。用益权的这一特性，源于其设定目的。但用益权得由他人行使。用益权属于法人时，可随法人财产归属的变更而变更（《德国民法典》第1059条）。

二、用益权的内容

用益权的内容，表现为用益权人的权利和义务。

用益权人的权利，因标的物的不同而异。标的物为无体物或消费物时，用益权人享有债权人或所有人的权利；若标的物为有体物和不消费物，则用益权人享有“使用权”和“收益权”两项基本权利。使用权（Jus Utendi），是指对标的物享有的在不损坏物的本体及不变更其用途前提下为各种利用的权利，其含义甚广，无法一一列举。例如，对房屋的使用权主要表现为居住权，同时包括附属于房屋的役权，只是不得损毁房屋或改变其用途，也不得加以改造。用益权人享有使用权，也意味着享有对标的物的占有权，并受占有制度的保护。收益权（Jus Fruendi），即由标的物收取孳息的权利。用益权人对标的物所产生的自然孳息（如果实、幼畜）和法定孳息（如房租）享有完全的处置权，既可以自行消费，也可以让与他人，且可将此权利转让给第三人行使。一般情况下，用益权的目的在于收益，故收益权是用益权核心内容。依罗马法理论，在用益权存续期间，所有权人的权利除处分权（Jus Abutendi）外，均为用益权所吸收，故所有权为空虚所有权。但在这种情况下，所有人和用益权人各为独立的物权人，两者之间并无债的关系，仅互负不侵害对方利益的义务。一方面，所有人就用益物不负为积极行为的义务，仅负供用益权人使用收益其物的义务，不得有妨碍用益权的行为。他虽保留处分权，可出卖其虚有权或设定抵押权，但非经用益权人同意，不得设定地上权或其他可能限制用益权的地役权。另一方面，用益权人也应尊重虚有权人的利益，不得毁损用益物，否则

① 周枏著：《罗马法原论》（上），商务印书馆1994年版，第369页。

② ［意］彼德罗·彭梵得著：《罗马法教科书》，黄风译，中国政法大学出版社1992年版，第258页。

构成“私犯”。

用益权人的义务，大体包括以下几个方面：（1）保全标的物的义务。用益权人应保全标的物的本质，不得变更其原有的或约定的用途。为此，用益权人负有对标的物进行一般维修的义务（大规模的维修由所有权人负责，用益权人仅负有通知和容忍的义务）。（2）税费负担义务。用益权人在用益权存续期间，应负责支付标的物（主要指不动产）上的各种赋税负担。（3）返还原物和附属物的义务。用益权终了时，用益权人应向所有人返还原物，如用益权是以用益权人终身为期，此义务由其继承人履行。为此，罗马法和《法国民法典》均要求用益权人于用益权开始前提供保证担保（设立用益权的证书免除此种保证者除外）。除上述义务外，《德国民法典》还要求用益权人以自己的费用为标的物办理保险（第1045条）。

三、我国民法中的用益权

如前所述，我国现行立法中未采用“物权”概念，也无“用益权”这一术语，但实质意义上的物权（包括用益权）制度是存在的。《民法通则》第81条第1款至第3款规定：“国家所有的森林、山岭、草原、荒地、滩涂、水面等自然资源，可以依法由全民所有制单位使用，也可以依法确定由集体所有制单位使用，国家保护它的使用、收益的权利，使用单位有管理、保护、合理利用的义务。国家所有的矿藏，可以依法由全民所有制单位和集体所有制单位开采，也可以依法由公民采挖。国家保护合法的采矿权。公民、集体依法对集体所有的或者国家所有由集体使用的森林、山岭、草原、荒地、滩涂、水面的承包经营权，受法律保护。承包双方的权利和义务，依照法律由承包合同规定。”上述规定表明，我国现行立法所确认的用益权仅限于自然资源的“使用权”和“承包经营权”，对动产和无体物（权利），并无用益权之适用。以下根据有关法律规定，对我国有益权的几种具体形态加以简要分析。

第四章 担保物权

第一节 担保物权概说

一、担保物权的概念

担保物权，是指以确保债务清偿为目的而于债务人的特定物或权利上设定的一种定限物权。对此定义，可作如下阐析：

其一，担保物权是一种定限物权。物权有完全物权和定限物权之分，担保物权属定限物权，即于一定限度内支配标的物的权利。定限物权的标的物原则上为他人所有之物，故担保物权也是一种他物权。

其二，担保物权是以确保债务的清偿为目的而设定的定限物权。定限物权（他物权）依其设定目的可分为两类：凡以对物的使用、收益为目的，即以取得物的实体利用价值为目的者，统称为用益物权，也称“利用权”，如地上权、地役权、永佃权等；凡以取得物的交换价值以确保债务的清偿为目的者，统称为担保物权，也称“价值权”。担保物权既以确保债务清偿为目的，故其成立原则上以债权的存在为前提，其终局效力的发生，也以债权未能如期清偿为停止条件。

其三，担保物权是于债务人或第三人的特定物或权利上设定的物权。担保物权的标的物必须是特定物或权利，否则无从以其变价使债权受偿；而该特定物或权利又是供确保债权受偿之用，故原则上应是债权人以外的人（债务人或第三人）所有之物（或权利）。

担保物权的社会作用，决定了它在物权体系中的重要地位。首先，担保物权是确保债权受清偿的有效的法律手段。债权的担保（特别担保），可采取人的担保和物的担保两种方式。人的担保（如保证、连带债务）是以债务人之外的第三人的资力担保债权受到清偿，它不仅因该第三人资力的变化无常而常常不可靠，同时也因第三人（保证人）享有先诉抗辩权而使债权人处于不利的地位，因此并非保障债权实现的最佳手段。而物的担保则是通过在债务人或第三人的特定动产、不动产或其他权利之上设立物权的方式，以该动产、不动产或权利的交换价值确保债权受到清偿，债权人可以据此直接满足其债权，与人的担保相比，显然更为稳妥可靠。其次，担保物权的前述作用，使其具有诱导债权成立的机能。申言之，具有动产、不动产或其他权利的人，可在上述资产照旧存续的前提下于其上设定担保物权，从而借得与该资产同额的资本；尤其是抵押权，既不牺牲标的物的利用价值，另一方面又能借入资本以供流转，其益处更加明显。因此，担保物权在确保债权实现的同时，也具有促进资金流转和社会经济发展的功能。

二、担保物权的法律特性

担保物权的法律特性，包含以下两方面内容：一是担保物权的权利属性，即担保物权的物权性和债权性问题；二是担保物权在内容和功能等方面的特点。

关于担保物权的权利属性，学说上曾有不同的见解，立法上也有不同的主张（如德国民法典将担保物权置于物权篇，法国民法典则将其规定于债权编）。当代社会，随着物权观念的精确化，担保物权的物权性似无可非议，在一般意义上否认其为物权而主张其为债权的观点已十分少见。即使在未明定担保物权为物权的法国，其学说、判例也承认它的物权性，认为实物担保从设定开始，债权人就成为拥有该债务人的其他债权人所没有的物权的人①。但是，若从物权的一般观念（即物权是直接支配标的物的权利）考察，担保物权仍有诸多独特之处。有鉴于此，学说上对担保物权的特性已基本形成了这样的共识，即一方面承认担保物权的物权性，另一方面又强调担保物权作为一种物权所具有的特性，如从属性、不可分性、物上代位性，等等。也有的学者根据担保物权的权利属性、内容特点和现实功能，将其性质归纳为物权性、价值性和担保性三个方面②。此种归纳，颇具逻辑性和全面性。

1. 物权性

担保物权是一种物权，而不是债权，也不是物权和债权的混合物。对此，

---

① 上海社会科学院法学研究所编译：《国外法学知识译丛·民法》，知识出版社 1981 年版，第 191 页。

② 董开军：《论担保物权的性质》，载《法学研究》1992 年第 1 期。

可从以下三个方面加以说明：其一，债权以借助于他人行为为必要，亦即必须有债务人履行债务的行为作媒介方可实现，实质为请求权；而担保物权的实现则无须他人的媒介行为，权利人可直接从标的物中取得应有利益，实质为对物的支配权；其二，债权通过债务人履行义务的形式表现，担保物权则以债权人对担保物的直接支配为表现形式；其三，债权表现于对债务人一般财产的无限责任中，即债务人的总财产为债权的总担保，而担保物权则表现于对特定物(担保物)的有限责任中。

担保物权的物权性，更重要的还表现在它具有物权的一般法律特性，即：(1)法定性：担保物权的种类及内容均由法律直接规定，不得自由创设；(2)优先性：担保物权的权利人可以担保物中优于其他债权人受债权清偿；(3)支配性：担保物权尽管在支配方式和支配过程上与其他物权有所不同，但它仍是通过支配（处分）特定担保物得以实现的；(4)排他性：担保物权于同一标的物上排他地存在，原则上不允许数个担保物权并存（由此产生了担保物权的顺序性)；(5)追及性：担保物权人（主要指抵押权人）得追及物之所在行使其权利，而不受时效限制。

2. 价值性

担保物权区别于用益物权的最大特点，就在于它的价值性或变价性。具体地说，用益物权的目的在于对标的物的实体利用，达到目的与实体权利的取得同时完成，而担保物权的目的在于对物的担保利益的取得，达到目的与价值权利的取得不是同时完成，此其一。其二，用益物权的内容在于对物的实体的使用收益，故以对标的物实际上的有形支配（即占有）为必要；而担保物权的内容在于从物的交换价值中优先受偿，即对标的物的交换价值取得相应利益，因而可不必进行有形的实体上的支配，以无形的支配为已足（质权、留置权虽以占有为要件，但其占有是出于公示目的，不同于用益物权中作为一项基本权能的占有)。

担保物权的价值性，具体表现为变价受偿性和物上代位性。担保物权的变价受偿性是其价值性的集中体现，也是其内容上的基本特征，它意味着享有担保物权的债权人在债权已届期满而债务人未履行债务时可将标的物拍卖，从卖得的价金中优先受清偿。这一特性，使担保物权成立时不一定要求标的物特定化，甚至不必移转标的物的占有，实行时也可按照商品的本性进行处分，符合等价交换的商品经济原则，因而给担保物权带来旺盛的生机和活力。担保物权的物上代位性，是指担保物权的效力及于其标的物的代替物，亦即权利人可从标的物的代替物中实现债权清偿。这一特性，也为担保物权所独有。一般物权的标的物自始就是特定的，标的物灭失，物权便不复存在；而担保物权的标的乃是特定的价值，不必拘泥于物的实体，于代替物上也可实现其价值追求。

3. 担保性

担保性是担保物权的功能属性，意即担保物权以保障债权实现为基本功能，因而与债权息息相关。此种关系，集中表现为担保物权的从属性和不可分性。

担保物权的从属性也称附属性、附从性或伴随性，是指担保物权的发生和存在必须以一定的债权关系的发生和存在为前提和基础，是一种从属于债权的权利。现代各国物权法虽承认某些排除担保物权从属性的特殊担保物权形式（这主要表现在约定担保物权方面，如最高额抵押权、所有人自己的抵押权等），但它们不过是担保物权中的特殊情况，并没有从总体上否定担保物权的从属性特征。

担保物权的从属性，表现为担保物权成立上的从属性、消灭上的从属性和处分上的从属性。成立上的从属性，是指担保物权的成立应以相应的债权为前提条件，不能游离于债权之外而独立设定（即使是为将来的范围不确定的债权成立的担保物权如最高额抵押权，也必有将来债权的存在）。消灭上的从属性，是指担保物权因债权消灭而消灭，不得脱离主债权而单独存在。处分上的从属性，是指担保物权随同债权的处分而发生移转或变化，其表现主要有两个方面：一是担保物权不能离开债权而转让，应与债权一同处分，享有担保物权的债权人既不能只转让担保物权而仍保有债权，也不能将债权与担保物权分别转让给他人；二是担保物权不能与其所担保的债权相分离而成为其他债权的担保，亦即担保物权只能同它所担保的债权结合起来构成其他债权的担保（但日本民法在一定条件下承认抵押权人可以其抵押权作为其他债权的担保）。

担保物权的不可分性，是指债权人在全部债权清偿前，可就担保物的全部行使担保物权。具体地说，担保物权的不可分性体现在两个方面：一是债权人在全部债权没有清偿以前，得对于担保物整体上主张担保物权；二是担保物权的部分变化或债权的部分变化均不影响担保物权的整体性：担保物一部分消灭时，其余部分仍然担保债权之全部；担保物因共有分割而分别属于数人时，其分割后的部分仍各自担保债权之全部；债权的一部分因清偿、抵销、混同等原因消灭时，债权人仍可就担保物的全部主张担保物权；债权有一部分让与时，担保物权不因此而分割，受让人与让与人按其债权额共有一个担保物权。

三、担保物权的种类

担保物权的种类，可从学理分类和法律形态两方面加以考察。

担保物权作为一种法律现象，表现形式纷繁复杂，学者间基于不同的角度和立场，对其作出了种种学术分类。如美国学者 David E. Allan 在《信用与担保》一书中就提出了担保物权的以下分类：（1）根据担保物的性质，分为不动产担保物权和动产担保物权；（2）根据成立方式，分为法定担保物权和约定担保物权；（3）根据登记与否，分为登记担保物权和不登记担保物权；（4）根据优先性存续期限，分为有优先性担保物权和无优先性担保物权；（5）根据同一担保物设定担保情形，分为初次担保物权和二次担保物权；（6）根据担保物是否变动，分为特定担保物权和浮动担保物权；（7）根据担保物所担保债权发生的时间，分为现在债权的担保物权和将来债权的担保物权；（8）根据担保物的占有状态，分为移转占有的担保物权和不移转占有的担保物权。① 上述分类，可谓全面周到。史尚宽先生认为，担保物权自其制度上观察，可分为约定担保物权和法定担保物权，前者如让与担保、所有权保留、质权、抵押权等，后者如留置权、优先权；自法律构成言之，可分为权利本身移转构成的担保物权和限制物权设定构成的担保物权，前者如让与担保乃至买卖式担保（如买回、再买卖、所有权保留买卖），后者如质权、抵押权。② 郑玉波先生认为，担保物权依发生原因可分为法定担保物权和约定（意定）担保物权（前者包括留置权、优先权和法定抵押权，后者包括抵押权和质权）；依担保物权的效力可分为留置性的担保物权和优先受偿性的担保物权（前者有留置权，后者有抵押权、优先权，质权则兼具两种性质）；依标的物之性质，可分为动产担保物权（如留置权、动产质权、动产抵押权）、不动产担保物权（抵押权）、权利担保物权（权利抵押权和权利质权）和一般或特定财产担保物权（优先权）。③ 此外，有的学者还从法律渊源角度，将担保物权分为民法上的担保物权和特别法上的担保物权。

上述种种理论分类，全面反映了担保物权的存在状态。但需要注意的是，大陆法系国家的判例学说通常将所谓权利移转型担保物权作为约定（意定）担保物权之一种，这是值得检讨的。所谓权利移转型担保，是指以移转标的物的所有权或其他权利来担保债权清偿的担保方式，主要包括买卖式担保、让与式担保和所有权保留。这些担保方式，虽有一定的物上担保功能，但以移转权

① 参见董开军：《担保物权的基本分类及我国的立法选择》，载《法律科学》1992年第1期。

② 史尚宽著：《物权法论》，台湾荣泰印书馆1957年版，第227页。

③ 郑玉波著：《民法物权》，台湾三民书局1984年版，第199页。

利为其内容构成，与现代民法上以限制物权为内容构成的担保物权不应混为一谈（从沿革上看，最早出现及普遍实行的就是这种担保方式，但它们反映的是担保物权制度尚未成熟的实况，近现代物权法已不认其为典型的或一般的担保物权）。①

从立法角度看，现代各国民法所确立的担保物权总体上包括抵押权、质权、留置权和优先权等四种。上述担保物权，是罗马法后期以来逐步确立的担保物权的基本存在形态。罗马法上的担保物权最初有三种，即信托质、质权和抵押权，但至优帝时期信托质归于消灭，法律上只承认质权和抵押权。《法国民法典》分别规定了质权（包含动产质权和不动产用益质权）、优先权和抵押权，但不承认留置权为独立的物权，只视为同时履行抗辩权的特殊形式；比利时、意大利、西班牙等国民法从之。《德国民法典》除将担保物权划分为抵押权和质权外，还规定了土地债务及定期金债务两种特殊不动产担保物权，但也未确认留置权和优先权的物权性质（此前的普鲁士民法和奥地利民法均将留置权作为物权加以规定）。日本、瑞士民法典在承袭德国民法的基础上，于物权编中对抵押权、质权和留置权都作了明确规定，前者还将优先权作为一种独立的担保物权。英美法系国家虽无系统物权立法，但其财产法、商法、银行法中规定的担保权益也有类似于抵押权、质权、留置权和优先权的形态划分。大体上，Mortgage 类似于罗马法上的 Fuducia，相当于抵押权；Pledge 或 Paun 与动产质相当；Lien 尤其 Possessionary Lien 类似于留置权；Hypothecs 或 Hypothecation 虽称为抵押，实际上相当于优先权。

我国物权法至今未成体系，但立法上不乏对各种担保物权的规定。其一，《民法通则》于“债权”一节（第五章第二节）中，设专条对抵押和留置这两种债的物上担保方法作了规定（第 89 条），间接地确认了抵押权和留置权（其中抵押权包含了质权内容）；其二，1995 年 6 月 30 日通过的《中华人民共和国担保法》也是从债的担保的角度确立了抵押权、质权和留置权（实现了抵押权与质权的分野）；其三，《民事诉讼法》、《海商法》、《民用航空法》分别对执行中的优先权、船舶优先权和航空器优先权作了规定。由上可见，现代民法中的各种基本担保物权形态，在我国现行立法中都得到了不同程度的确认。鉴于优先权适用范围有限，非担保物权的典型形态，故本章不作专门讨论。

---

① 董开军：《担保物权的基本分类及我国的立法选择》，载《法律科学》1992 年第 1 期。

第二节 抵 押 权

一、抵押权的概念

就其一般意义而言，抵押权是指债权对于债务人或第三人不移转占有而提供担保之物，在债务人不履行债务时，有权就其卖得的价金优先受清偿的担保物权。但对于抵押和抵押权的具体内涵，不同法制下有不同的理解。

在大陆法系国家，抵押一般是指债务人或第三人将不动产不移转占有而供作债务人履行债务的担保，债权人于此不动产上享有的于债务人不履行债务时得以该不动产的变价优先受偿的权利，即为抵押权。如《德国民法典》第1113条规定，抵押权为“使因设定（土地）负担而受利益的人享有由土地支付一定金额以清偿其债权的权利”；《日本民法典》第369条规定，抵押权是抵押权人“就债务人或第三人不移转占有而供债务担保的不动产，有先于其他债权人受自己债权清偿的权利”；《瑞士民法典》也有类似规定。可见，在大陆法系国家，民法上抵押之标的物原则上为不动产，抵押权被视为一种不动产担保物权。但是，一些国家也通过特别法确认某些动产可作为抵押标的，即承认对动产的抵押权，如日本在《农业动产信用法》中规定了农业动产抵押，在《汽车抵押法》中规定了汽车抵押，在《建筑抵押法》中规定了建筑机械抵押，等等。由此看来，在大陆法系国家的法律观念中，抵押权有广义与狭义或普通与特别之分：广义的抵押权包括普通抵押权和特别抵押权，泛指债权人对于债务人或者第三人不移转占有而提供担保的财产得先于其他债权人就其变价优先受偿的权利；狭义的抵押权即普通抵押权，仅指民法上规定的不动产抵押权。

在英美法上，抵押（Mortgage）是指设抵人为担保某项债务的履行而将其财产（包括不动产和各种地产权益）交付给他人（债权人）的行为，包括卖契抵押、租业权抵押和衡平法上的抵押三种类型。卖契抵押是指设抵人在不移转占有的前提下，将某项财产的卖契附条件地交付债权人，并在债务人清偿贷款后可重新取得对抵押财产的所有权的抵押。依照英国《1882年卖契法修正法案》的规定，卖契抵押须经律师公证，并履行登记手续，方能发生效力。租业权抵押，是指设抵人通过设立抵押契据或者交付租约的方式将其剩余承租期转让给抵押权人，抵押权人根据抵押契据可以在原承租期内转租该项财产，但对原始出租人负有承租义务。上述两种抵押，在英美法上均属法定抵押（Legal Mortgage）。衡平法上的抵押权，是指设抵人将其衡平利益（Equitable Interest）附条件地交与债权人的抵押方式，其标的可以是信托受益权，也可以是衡平法上的所有权和其他地产权益。此种抵押可以通过书面协议设立，也可以通过交存产权契据等非正式方式设立。由上可见，英美法上的抵押（抵押权）概念与大陆法上的抵押（抵押权）相比较，既有共同之处（如均以不移转标的物的占有为要件），也有不同之点（如抵押标的物的范围）。二者间之所以有此差异，与两大法系对“物”和“财产”的不同理解相关至深。

我国立法和学者对抵押权概念的理解，经历了一个由宽泛到严谨的变化过程。在《民法通则》颁布前，我国民法理论通说认为，抵押权是债务人或第三人以财产作为履行债务的担保，当债务人不按期履行债务时，债权人所享有的从变卖抵押财产的价值中优先受偿的权利①。这种广义的抵押权观点，在《民法通则》中得到了反映。《民法通则》第 89 条第 2 项规定：“债务人或者第三人可以提供一定的财产作为抵押物。债务人不履行债务的，债权人有权依照法律规定以抵押物折价或者以变卖抵押物的价款优先得到偿还。”此后，这种广义的抵押权观点被各种民法教材和论著广为接受。换言之，凡以财产提供作为债权担保者，不论是动产还是不动产，也不论该财产是否移转占有，统称为抵押，由此发生的债权人对抵押物的权利即为抵押权。这种广义的抵押，混淆了抵押和质押的区别，因而受到一些学者的批评。他们主张，抵押应限定为债务人或第三人不移转占有地将其财产提供为债权担保；抵押权为债权人对于债务人或第三人不移转占有而供为担保的一定财产，于债务人不履行债务时得以其变价优先受清偿的权利②。这实际上是主张将抵押权与质权加以区分。

应当认为，传统民法对抵押权和质权的区分，是符合物权立法和物权理论的严谨性和科学性的要求的。各国立法之所以区分抵押权和质权，乃是因为这两种担保方式存在显著的区别，其中最重要的是二者的公示方式不同（抵押权以登记为公示方式，质权以占有为公示方式），并由此产生了二者在标的物范围上的差别。可喜的是，我国《担保法》实现了这一突破。该法第 33 条规定：“本法所称抵押，是指债务人或者第三人不移转对本法第 34 条所列财产的占有，将该财产作为债权的担保。债务人不履行债务时，债权人有权依照本

① 佟柔主编：《民法原理》，法律出版社 1983 年版，第 215 页。

② 李由义、李志敏、钱明星：《论建立我国民法物权体系的必要性及意义》，载《中国法学》1987 年第 1 期。

法规定以该财产折价或者以拍卖、变卖该财产的价款优先受偿。”根据这一规定，可对我国现行法上的抵押权概念作如下阐析：

第一，抵押权是于债务人或者第三人的财产上设定的担保物权。抵押权是由债务人或者第三人在其财产上设定的，因而是一种约定担保物权。

第二，抵押权的标的物是特定财产。抵押物是债务人或者第三人供为担保的特定财产，包括法律规定得予以设定抵押权的不动产、动产和某些财产权利。由此可见，我国担保法并未像某些大陆法系国家民法典那样将抵押权的标的物限定为不动产。

第三，抵押权是不移转标的物占有的担保物权。抵押权以不移转标的物的占有为要件，这是它与质权的主要区别。据此，抵押权也就不能以占有来公示其存在，而只能通过登记或其他方式公示。也正因为如此，抵押权的设立，并不影响抵押人对抵押物的使用收益。

由上可见，我国民法对抵押权的定义既反映了传统抵押权概念的一般特征，又突破了大陆法系国家民法典对抵押权的狭义界定，不失为一个既符合世界立法潮流，又具有本国特色的抵押权概念。

抵押权作为担保物权的一种，具有一般担保物权的各种法律特性，即物权性、价值性（变价受偿性、物上代位性）和担保性（从属性、不可分性）。在我国《担保法》中，抵押权的上述特性也得到了充分体现。尤需指出的是，抵押权因其不移转占有、不影响物之使用收益等特点，被视为最理想的担保物权形式，在担保物权体系中居于十分重要的地位。

二、抵押权的沿革

从法制史上看，抵押权是较晚出现的一种担保物权形式，但其作用却随着社会的发展而日显突出，有关抵押的立法也日益发达。

在罗马法上，最早出现的担保方式是信托质，其次为占有质，尔后才出现抵押。所谓信托质（Fiducia，又译信托让与），是指债务人以市民法的转让方式（要式买卖或拟诉弃权）移转其物的所有权于债权人，在债务人清偿债务后，担保物的所有权重新移转于债务人，而在债务人不清偿时，债权人则有权以标的物出卖以抵债，如有剩余款则退还债务人。此种担保方式的最大弊端，是对债务人极为不利，因为在债务人偿还债务前，担保物的所有权已移转于债权人，如果债权人将标的物转让他人或因债权人丧失给付能力而致担保物被扣押出卖，即使债务人履行了债务，也无法回复其所有权；其次，担保物不论价值高低，只能供给一个债权人作担保，使债务人失去利用该担保物的剩余价值向其他人借贷的可能；此外，这种担保方式因需要用市民法的转让方式移转担保物，故不适用于略式移转物和外省土地，对外国人也不能援用，在实务上殊为不便。有鉴于此，罗马法上有占有质（Pignus，又译质押）担保方式，即由担保人将担保标的物的占有移转于债权人以作为履行债务的担保，债权人在债务人清偿债务前有权留置该标的物（质物），并于债务人给付迟延时出卖质物以清偿债务。此种担保方式的确立，弥补了信托质的某些缺陷，但其局限性也是显而易见的：其一，质押以交付质物为要件，物件一旦出质，如果债权人不同意出租质物或作容假占有处理，出质人即失去对质物的使用与收益；其二，质押既以交付物件为前提，故不能对未来的物设定质权；其三，即便质物的价值远远高于所担保的债权，也只能为一个债权人提供担保。为了弥补这些缺点，罗马大法官法又确立了抵押担保制度，即许可债务人或第三人提供担保而不移转标的物的占有，债权人于债务到期未受清偿时，享有就其变价而受清偿的物权。当时，罗马社会的农民除拥有农具和牲畜外便无长物，而佃租必须预付，否则便要提供可靠的担保，而农民若将仅有的农具、家畜等出质，便无以耕作谋生。于是，当事人采取了一种变通办法，即约定不移转担保物的占有，仍由农民保留农具、家畜继续使用。但这种约定并无法律上的效力，债权人和债务人利益均得不到可靠保障。为此，大法官萨尔维乌斯授予地主对担保物的物权，使其可对佃农提起“塞尔维亚那诉”，追及该担保物而加以扣押，从而兼顾了地主和佃农双方的利益。嗣后商业发展，家畜和农具以外的物权也适用抵押，地主和农民以外的债权人和债务人也援用此法，受“塞尔维亚那诉”的保护，抵押遂通行于全国，与质押并存于罗马。①

日耳曼法上担保物权制度的发展历程，与罗马法大体相同，即先有让与担保，后有占有质，继而出现非占有质。让与担保亦称所有质，类似于罗马法上的信托质，实质上是将不动产附条件地让与债权人以为担保。占有质亦称古质，有动产古质与不动产古质之分，前者相当于现代法上的质权，后者则与中国的典权相似。非占有质也称新质，是今日抵押的早期形式，也分为动产新质和不动产新质两种。其中，不动产新质出现较早，其产生经历了一个由债务人以租赁方式回复对担保物的占有到完全不移转其占有的过程。②

上述两种担保物权制度，以罗马法对后世影响为大。罗马法上的抵押权为欧洲各国继受后，正值不动产登记制度兴起，于是抵押权制度日益畅行起来，

① 周枏著：《罗马法原论》（上），商务印书馆1994年版，第394页。

② 郑玉波著：《民法物权》，台湾三民书局1984年版，第204页。

尤以德国最为发达，其他如法、日、瑞士等国也交相辉映。

在近现代各国民法中，抵押权都是最主要的物权担保方式，但各国的规定并不完全相同。在法国民法上，抵押权包括约定抵押权、法定抵押权和裁判上的抵押权三种。约定抵押权是依当事人的合意设定的，但须作成公证文书；法定抵押权是依照法律规定而发生的抵押权，主要包括于夫之财产上所存在的妻的抵押权及于监护人财产上所存在的被监护人的抵押权，其宗旨在于对无能力人（妻及被监护人）的保护；裁判上的抵押权是依判决或其他裁判上的行为而发生的抵押权。此外，法国还通过特别立法确立了某些动产抵押权（如1967年1月3日的法律中规定了船舶抵押权）。而在德国民法上，抵押权是与土地债务并存的一种不动产担保物权形式。土地债务与抵押权的主要区别在于：前者是独立于任何请求权的，并不因债权的不成立或消灭而受影响；而抵押权与所担保的请求权是不可分的。抵押权以流通抵押为原则，以保全抵押为例外。前者是指用作投资回收手段、以保流通安全的抵押权，后者是指专以债权的担保为目的，并不期望其流通的抵押权。二者的根本区别在于，前者所担保的债权也有土地登记的公信力及推定力，而后者则否，即抵押权人的权利依债权而定；基于此，保全抵押的受让人于债权存在时得援引登记簿上关于抵押权的记载，而债权的存在则须依登记簿以外的资料加以证明（亦即不得援引登记簿作为债权的证明）。因而，保全抵押不得发行抵押证券。此外，德国民法上还有证券抵押与登记抵押（保全抵押仅有登记一种）、他主抵押权与所有人抵押权、单一抵押权与总括抵押权等分类，并确立了无记名抵押、指示抵押和最高额抵押等特殊的保全抵押形式，其规定堪称周到、严密。在日本民法中，抵押权是不动产担保的主要方式，对不动产质权也准用抵押权的规定。同时，日本在单行法中规定了财团抵押、动产抵押和抵押证券，并于1971年在民法典中补充规定了最高额抵押。在我国现阶段，有关抵押的规定主要见于《担保法》，该法将抵押与质押分列，规定抵押标的物可以是法律规定适于抵押的各种财产（包括动产、不动产以及不动产上的权利），并对最高额抵押作了专节规定，与现代经济生活要求和世界立法潮流颇为相合。

三、抵押权的设定

一般而言，抵押权是通过当事人的设定行为而发生的，法定抵押权是抵押权中的特例，且并非各国通行（我国民法未作规定）。而抵押权设定行为又以设定契约（抵押合同）为常态，单方行为（遗嘱）为例外。

抵押合同是债权人与担保人设定抵押权的法律行为。作为合同之一种，抵押合同除具备合同的一般法律属性外，还有以下特点：其一，抵押合同为要式行为，即须采取书面形式；其二，抵押权的成立不以移转标的物的占有为要件，故抵押合同属诺成合同；其三，抵押合同为单务合同，抵押人只享有权利，无须为抵押权的取得支付任何代价。此外，有的学者还主张抵押合同为物权契约，具有无因性。这一观点，是主张物权行为“独立性”和“无因性”的结果，与抵押合同的从属性似不相合，我国立法未予采用（《担保法》有“主合同无效，担保合同无效”的明文规定）。

抵押合同的当事人为抵押权人和抵押人。抵押权人一般为债权人，但在所有人抵押制度下，土地所有人可以自行设定抵押权。抵押权人在抵押合同中是纯受利益的一方，故不要求有完全行为能力。抵押人（亦称设定人）可以是债务人本人，也可以是第三人。第三人为债务人设定抵押担保的，称为物上保证人。无论抵押人为债务人或第三人，都必须具有完全行为能力，且应当对抵押物具有处分权，因为抵押权的设定本身就是授予标的物处分权的行为。原则上，标的物的所有人为有处分权之人，但也存在有所有权而无处分权的例外情况（例如破产人、受扣押人）。非所有人，如对标的物具有处分权，也可成为抵押人（如债务人经他人承诺就他人的不动产设定抵押权）。但对他人财产仅享有管理权而无处分权的人（如失踪人的财产代管人、监护人、未授处分权的代理人），不能就其管理的他人的财产以自己的名义或以财产所有人的名义订立抵押合同。关于对将来可取得的不动产是否可以预先设定抵押权，法国民法典有禁止规定（第 2129 条第 2 项），学者间意见不一：有的认为此种合同仍属物权合同，不过其抵押权须于设定人取得该不动产所有权后才能生效；有的认为此种合同如不以将来取得标的物为停止条件则不能生效；有的则认为这种设定合同仅有债权的预约效力。① 我们认为，最后一种观点较能准确反映此种抵押合同的本质特征，因为这种合同虽有设定抵押权的目的，但并不直接发生设定抵押权的效力。

抵押合同一般应包括以下内容：（1）所担保的债权。抵押权为从权利，须有被担保的债权（主债权）的存在始能成立。对于什么样的债权才能设定抵押担保，法律上一般不加限制，解释上认为，只要属于债权，即可为之设定抵押权。一般而言，可供抵押担保的债权原则上应为金钱债权，因为抵押权是就抵押物卖得的价金优先受偿的权利，无法以金钱清偿的债权，不适于设定抵押权。但是，非金钱债权若债务不履行的结果可使其变换为损害赔偿的金钱债

① 郑玉波著：《民法物权》，台湾三民书局 1984 年版，第 223 页。

权，也可设定抵押权。附条件的债权能否设定抵押权，各国立法主张不一（德、日民法加以肯定）。我们认为，为附停止条件的债权设定抵押担保，在实务上并无不可。此外，对消灭时效（诉讼时效）完成后的债权可否设定抵押权，因各国对消灭时效的效力规定不同而有所不同。依我国民法，诉讼时效完成后债权并不消灭，债务人自愿履行的，不得以不知时效完成为理由请求返还。据此，对诉讼时效完成后的债权设定抵押担保，应予准许。此种抵押设定后，抵押人不得以不知债权诉讼时效已完成为由而主张抵押无效。对所担保的债权，抵押合同不但应载明其种类、数额，还应明确债权人应受偿债权的期限。(2) 抵押担保的范围，即抵押权人得以抵押物的价值优先受偿的债权范围。当事人可约定抵押担保全部债权，也可约定担保部分债权，既要约定抵押担保的主债权的范围，也应约定担保债权的利息、违约金、损害赔偿金和实现债权的费用的范围。对此问题，下文将从抵押权效力的角度加以论述。(3) 抵押标的物。抵押合同应明确抵押物的名称、数量、质量、所在地、所有权权属等情况。

抵押权的有效成立，在很大程度上取决于抵押物的适法性，即抵押物是法律允许设定抵押权之物（或权利）。一般而言，作为抵押权标的的抵押物应具备以下几个条件：(1) 抵押权的标的物是以其交换价值来担保债权实现的，因此抵押物必须是可让与物，不具有可让与性的财产无法实行变价，因而不能成为抵押权的标的物（法律禁止流通之物，因无可让与性，不能为抵押物，但法律限制流通之物则并非完全不可让与，所以可以为抵押物）；(2) 抵押权须以登记为公示方式，因此，抵押权的标的物必须是能够以登记方式公示其权利状态之物；(3) 抵押权的标的物必须是经过使用收益而不损毁其价值和形态的物，否则，抵押权的实现便没有保障；(4) 抵押权标的物须为特定之物，这是物权的一般要求，无须赘述。

关于抵押物的范围，各国法律规定不一。但从总体上说，现代各国民法都承认抵押物包括不动产和动产，抵押权标的物限于不动产（或原则上为不动产）的传统观念已不符合现代经济生活对抵押担保制度的要求。在我国现行法上，抵押权的标的物（抵押物）被定义为“提供担保的财产”（《担保法》第33条第2款），其范围包括：(1) 抵押人所有的房屋和其他地上定着物；(2) 抵押人所有的机器、交通运输工具和其他财产；(3) 抵押人依法有权处分的国有土地使用权、房屋和其他地上定着物；(4) 抵押人依法有权处分的国有的机器、交通运输工具和其他财产；(5) 抵押人依法承包并经发包方同意抵押的荒山、荒沟、荒丘、荒滩等荒地的土地使用权；(6) 依法可以抵押的其他财产（《担保法》第34条）。由此可见，我国的抵押标的物既可以是不动产，也可以是动产和某些不动产权利（用益物权），其范围相当广泛。尤其是将动产列入抵押物的一般范围之内，在立法上可谓先进之举。

在规定抵押财产范围的同时，我国《担保法》第37条还规定了不得用于抵押的财产：（1）土地所有权；（2）耕地、宅基地、自留地、自留山等集体的土地使用权，但法律另有规定的除外；（3）学校、幼儿园、医院等以公益为目的的事业单位、社会团体的教育设施、医疗卫生设施和其他社会公益设施；（4）所有权、使用权不明或者有争议的财产；（5）依法被查封、扣押、监管的财产；（6）依法不得抵押的其他财产。上述财产之所以不得作为抵押物，有的是因其不具有可让与性（如土地所有权、依法被查封、扣押、监管的财产），有的则是基于社会政策和公共利益的考虑（如耕地使用权、社会公益设施）。这使抵押物的范围进一步明确化，便于理解和操作。

抵押权的设定，除订立抵押合同外，应为登记，此为各国立法通例。但各国对登记的称谓和要求不同，登记效力也不同。我国立法对抵押登记的效力原先未作明确规定，直到1995年才由《担保法》作出统一的规定。依照该法的规定，抵押登记的效力因抵押物的性质不同而不同，具体分为两种情况：一是必须办理抵押登记，抵押登记是抵押合同的生效要件。《担保法》第41、42条规定，凡以下列财产为抵押物的，应当办理抵押登记，抵押合同自登记之日起生效：（1）无地上定着物的土地使用权；（2）城市房地产或者乡（镇）、村企业的厂房等建筑物；（3）林木；（4）航空器、船舶、车辆；（5）企业的设备和其他动产。二是可以办理登记，登记是抵押权对抗第三人的条件。依《担保法》第43条规定，当事人以上述须办理抵押登记的财产以外的财产抵押的，可以办理抵押登记，也可以不办理抵押登记，抵押合同自签订之日起生效，但是，当事人未办理抵押登记的，不得对抗第三人。以上规定，兼采在抵押登记效力问题上的两种立法体例（即德国、瑞士等国的“登记要件主义”和日本民法的“登记对抗主义”），体现了一定的灵活性。另需指出的是，我国《海商法》和《民用航空法》对船舶抵押权、民用航空器抵押权采取的是“登记对抗主义”的主张，与《担保法》第41、42条关于航空器、船舶抵押登记效力的规定似不一致，但依同法第95条规定，《海商法》和《民用航空法》的规定应优先适用。

四、抵押权的效力

抵押权的效力，可从两方面考察：一是抵押权的效力范围，包括抵押权所担保债权的范围和抵押权标的物的范围；二是抵押权的效力表现，包括抵押权对于抵押人的效力和抵押权对于抵押权人的效力。对以上问题，各国立法主张大体相同，以下分述之。

抵押权所担保债权的范围，传统民法多规定为原债权、利息、迟延利息和实现抵押权的费用，但合同另有约定者不在此限（《德国民法典》第1118条，《日本民法典》第346、374条，《瑞士民法典》第795条）。我国《担保法》第46条规定："抵押担保的范围包括主债权及利息、违约金、损害赔偿金和实现抵押权的费用。抵押合同另有约定的，按照约定。"依此规定，抵押权所担保债权的范围，依当事人在抵押合同中的约定，抵押合同未作约定或约定不明的，抵押权担保的范围包括主债权、利息、违约金、损害赔偿金和实现抵押权的费用。

主债权，即当事人设定抵押时担保的债权原额，又称为原债权。抵押当事人可以约定，抵押权仅担保主债权的一部分，如无特别约定，应推定抵押权担保主债权的全部。抵押担保的债权原额，应作为抵押登记的一项内容于抵押权登记卡或抵押权登记证明书上记明。

利息为原债权所产生的孳息，包括约定利息和法定利息（这里所称的法定利息是指国家规定的标准利息）。原债权有约定利息的，应于抵押登记中记明利息率、起息期和付息期；没有登记的，从法定利息率；约定利息率超过国家规定的最高利息率的，只能在法定利息率范围内行使抵押权；债权人将利息计入本金计算复利的，复利不得列入抵押担保的范围；债权人在借款时将利息扣除的，抵押权所担保的利息只能是以实际出借的金额为本金所计的利息。此外，一些国家对抵押权所担保的利息有期限的限制。例如法国民法仅限于三年的利息与原债权以同一顺序优先受偿；瑞士民法限于破产开始或担保物变价请求时已届清偿期3年的利息，以及自最近的利息日期以来发生的利息；日本民法规定债权人只能就到期前最后2年的利息行使抵押权；而在德国等国民法中，则未对利息作期限规定，即所有利息均在抵押权担保的债权范围内。我们认为，利息既为原债权的孳息，原则上应不受限制地与原债权以同一顺序优先受偿，但若当事人在抵押合同中对利息的期限已有约定，且在抵押登记中已记明利息总额或计息期的，则不在此限。

违约金有惩罚性违约金和赔偿性违约金之分。不论何种性质的违约金，只要有法律规定或者当事人约定，就应在抵押担保的范围内。

损害赔偿金同违约金一样，应在抵押权所担保的范围内，而且不以登记为条件。依我国《民法通则》第112条的规定，当事人可以在合同中约定对于违反合同而产生的损失赔偿额的计算方法；若有此约定，抵押权所担保的损害赔偿金的数额应依主合同中约定的方法计算。

实现抵押权的费用，主要指抵押权实行时的申请费用和拍卖费用。此项费用于抵押权设定时无需登记，只要当事人间没有相反约定，即应列入抵押权的担保范围。其理由在于：债务人不履行债务时，抵押权势必实行，而实行抵押权又势必支付此项费用，这是人人都能预料之事，也完全是因债务人不履行债务而引发，因此应当然为抵押权所担保。此外，抵押权人对于抵押物的保全费用，也是抵押权人为保障自己实现抵押权所必要的开支，同样应列入抵押权的担保范围。

抵押权标的物的范围，是指抵押权设定后抵押效力所及之物的范围，亦即抵押权人于实现抵押权时可以依法予以变价的标的物的范围。现代民法普遍认为，抵押权的效力不但及于原抵押物，而且及于抵押物的从物及从权利、抵押物的附合物、抵押物的孳息和抵押物的代位物（《法国民法典》第2133、2176条，《德国民法典》第1120、1122、1123条，《日本民法典》第370、371条，《瑞士民法典》第805、806条），我国《担保法》虽未对此作统一规定，但理论和实务上对此基本不持异议。

抵押权的效力及于抵押物的从物，始见于德国民法，后为瑞士民法所主张。这主要是为了更好地发挥物的效用。因此，在抵押权实现时，抵押物的从物也应随抵押物的转移而转移，但当事人于抵押合同中另有约定者除外。在抵押权设定之前，第三人已经就从物取得了某种权利的，不因抵押权的设立而受影响。但抵押物的从物包括抵押权设定时即已存在的从物和抵押权设定后新增加的从物，前者属抵押权的效力范围向无争议，对后者是否属抵押权效力范围，则有"肯定说"、"否定说"和"折衷说"等不同观点。"肯定说"认为，抵押权设定后产生的从物，也应为抵押权效力所及，因为主物与从物的关系，不是依当事人的意思来解释，而是依客观的两物的经济的结合来决定。"否定说"则认为，抵押权的效力不能及于设抵后发生的从物。其理由是，从物与主物毕竟为两物，当事人于设定抵押权之时是以抵押物当时的状况估定抵押物价值的，若认为从物生于抵押权设定之后也在抵押权效力范围内，则有悖于当事人的意思。"折衷说"认为，抵押权设定后成立的从物，抵押权人认为必要时，得将其并付拍卖，但对于从物的价金无优先受偿权。其理由是，在抵押权设定后增加的从物，如认为包括在抵押权标的物的范围之内，则对于抵押权人利益过分维护，而对于一般债权人却显为不利；然而，若不认为从物为抵押权效力之所及，则当抵押权实行时，因只能拍卖主物，不能拍卖从物，不但不利于保全主物的经济效用，也势必会贬低主物的经济价值。我们认为，以上诸说，以“折衷说”为当。

抵押物的从权利，是指从属于抵押物的所有权或使用权、为抵押物发挥效用所必要的权利。从权利虽不得单独成为抵押财产，但因其不能与主权利分离，故必在抵押权的效力范围之内。例如，抵押物为需役地时，其所附的地役权也为抵押权效力之所及；抵押物为建筑物（房屋）时，其地基利用权（地上权或租赁权）也是抵押权的标的。我国《城市房地产管理法》第 47 条第 1 款规定，依法取得的房屋所有权连同该房屋占用土地范围内的土地使用权，可以设定抵押权；但我国《担保法》却明确规定，宅基地等集体所有的土地使用权不得抵押，在此情况下，公民以其房屋抵押的，宅基地的土地使用权不为抵押物，但在抵押权的效力范围内。

抵押物的附合物，是指因附合而与抵押物构成一体的物。抵押权及于附合物，法、德、日、瑞士等国民法均有明文规定。附合物为抵押权效力所及，是因抵押物所有权的扩张导致抵押权效力的自然扩张，因而不以登记为必要。但对于抵押权的效力是否及于抵押权设定后产生的附合物，有不同的观点。一种观点认为，凡抵押权设定时至抵押权实行时产生的附合物，均为抵押权效力所及；另一种观点则认为，于抵押权设定后所附加而成一体的物，必须具备债权人与债务人非故意加害其他债权人的条件，方可为抵押权效力所及。对此问题，日本民法的规定颇具特色，即“除抵押地上存在的建筑物外，抵押权及于附加于标的物不动产的、与之连成一体的物。但是，设定行为另有约定或债权人可以依第 424 条规定撤销债务人行为时不在此限”（第 370 条）。此外，《日本民法典》第 242 条规定，他人依其权原为附合行为发生的附合物（例如房屋承租人依其权利增建的厨房，地上权人依其权利于地上栽种的竹木），不在抵押权的效力范围。我们认为，上述规定颇值借鉴。需要说明的是，建筑物属于独立的不动产，而不是土地的附合物，但又不能离开土地而独立存在。因此，对抵押设定后于土地上增建的建筑物，既不能认定其为抵押物的附合物而列入抵押权的效力范围，又不能认为抵押权人对之无任何权利。对此问题，我国《城市房地产管理法》第 51 条规定：“房地产抵押合同签订后，土地上新增的房屋不属于抵押财产。需要拍卖该房地产时，可以依法将土地上新增房屋与抵押财产一同拍卖，但对拍卖新增房屋所得，抵押权人无权优先受偿。”

抵押物的孳息包括天然孳息和法定孳息。对于抵押物的天然孳息，各国立法一般规定，抵押权的效力仅及于抵押权人着手实行抵押权时（或曰抵押物被扣押后）所生的孳息，我国《担保法》第 47 条也有类似规定。之所以如此，是因为抵押权本是以抵押人得继续对抵押物加以利用收益为特点的，若将抵押物被扣押前的孳息列入抵押权的效力范围之内，就等于剥夺了抵押人收取孳息的权利；而当抵押物被扣押后，抵押权已处于得实现之时，为保障债权人的利益，则有排除抵押人收益权、使抵押权的效力及于抵押物天然孳息的必要。值得讨论的是，当第三人本于租赁权或其他权利，有权收取抵押物的天然孳息时，是否仍适用上述规则？对此学者间见解不一。有的认为，上述规定是对押物所有人收益权的一种限制，与所有人以外的利用并无关系，故第三人不受此限制，即抵押物分离后的天然孳息如第三人有权取得，抵押权的效力不能及于它；另一种观点则认为，第三人虽基于某种权利可以收取抵押物的天然孳息，但此项权利如不能对抗抵押权，则其存在与否并不影响抵押权的效力及于天然孳息。我们认为，后说较为恰当。至于法定孳息，如同天然孳息一样，原则上不为抵押权的效力所及，但自抵押物被法院扣押之日起，抵押权人有权收取抵押人可以收取的法定孳息。但由于法定孳息属于第三人所为的给付，故抵押权人于收取前，应将扣押物的事实通知应当清偿法定孳息的义务人，否则，抵押权的效力不及于该孳息（《法国民法典》第 2176 条，《德国民法典》第 1123~1125 条，《瑞士民法典》第 806 条，我国《担保法》第 47 条）。

抵押权具有物上代位性，故当抵押物转化为他种价值形态时，抵押权的效力可及于抵押物的代位物。一般而言，抵押物转化为他种价值形态有两种情况：一是标的物绝对灭失而其价值转化为他种形态，包括标的物事实上的灭失（如抵押房屋被焚毁）和法律上的灭失（如抵押土地被征用）；二是标的物相对灭失而其价值转化为他种形态（如抵押人将抵押物出卖）。依日本民法，抵押权的物上代位包括上述两种情况，出售抵押物的价金、出租抵押物的租金、在抵押物上设定用益物权的对价、抵押物毁损灭失的损害赔偿请求权及保险金请求权、抵押物被征收的补偿金等，都可为抵押物的代位物，在抵押权的效力范围内。意大利民法则仅限于前一种情况，德国、瑞士民法也仅限于租金债权、保险金债权和公用征收补偿请求权。依我国《担保法》的规定，抵押权的效力及于抵押人因抵押物灭失、毁损所受的赔偿金及抵押权人转让抵押物所得的价款（第 49、51、58 条）。解释上应认为，抵押人因抵押物被公用征收所得的补偿金以及因抵押物毁损、灭失而得的赔偿金，也属抵押物代位物的范围，应为抵押权效力所及。

抵押权设定后，抵押人对抵押物仍享有使用、收益及处分权。就处分权而言，除物质上的处分（事实上的处分）因危及抵押权的实现而应受到限制外，法律上的处分原则上仍能自由进行。具体地说，抵押人对抵押物的处分有以下几种方式：

（1）设定抵押权。抵押权虽具有物权的排他性，但其排他性不是绝对的，并非指一物之上只能成立一个抵押权。同时，抵押物的价值未必就与抵押权所担保的债权数额相当。因此，各国法律一般都规定，抵押人得于同一物上设定数个抵押权。在此情形下，抵押权的顺序依登记的先后而定（《法国民法典》第 2143 条、《德国民法典》第 813 条）。换言之，第一登记的，对抵押物享有第一顺序抵押权，就抵押物卖得的价金享有优先受偿权；第二登记的，只能就第一顺序抵押权受偿以后的余额享有受偿权，其余依此类推。同一不动产上数个抵押权同时登记的，其顺序相同，按各自担保的债权比例受清偿。但在不同顺位抵押权的关系问题上，立法上有不同主张。法国、日本民法采取“次序升进主义”，即第一顺序抵押权消灭时，原则上第二次序的抵押权当然升至第一次序；而德国和瑞士民法则采取“位次固定主义”，即第一顺序抵押权虽归于消灭，第二顺序并不因此而升进。我们认为，上述两种立法主张，以“位次固定主义”较为合理，因为“次序升进主义”对抵押设定人甚为不利，而第二次序抵押权人则有取得不当利益之嫌。对此问题，我国《担保法》采取禁止重复抵押的立场。该法第 35 条规定：“财产抵押后，该财产的价值大于所担保债权的余额部分，可以再次抵押，但不得超出其余额部分。”其立法精神，与德国、瑞士民法所采的“位次固定主义”是一致的。

（2）设定用益物权。抵押权设定后，抵押人既可自行对抵押物为使用收益，也可于抵押物上设定用益物权，因为抵押权是价值权，而用益物权是实体权利，二者之间并不矛盾。但抵押权不因用益物权的设定而受影响。如《瑞士民法典》第 812 条规定，不动产担保设定后，未经担保权人同意而使土地承受地役权或土地负担时，担保权优先于后设定的负担；如担保权标的物变价而损害优先担保人的利益时，得注销后设定的负担。日本民法也规定，抵押设定后的用益关系不得对抗抵押权实现时抵押物的买受人。我国法律对抵押权人于抵押权设定后于抵押物上设定用益物权的权利未作明确规定，但依法理，法律既然未加以禁止，抵押人自可为之。

（3）让与所有权。不动产所有人设定抵押权后，得将不动产让与他人，抵押权不因此而受影响（《德国民法典》第 1136 条）。在此情况下，抵押物的所有权虽已易主，抵押权人仍可追及物之所在而行使其权利，第三取得人不得提出异议。但在这一问题上，我国民法采取了与众不同的立场。《最高人民法院关于贯彻执行〈中华人民共和国民法通则〉若干问题的意见》（试行）第 115 条规定，在抵押期间，非经债权人同意，抵押人将同一抵押物转让他人的，其行为无效；《担保法》第49条第1款也规定：“抵押期间，抵押人转让已办理登记的抵押物的，应当通知抵押权人并告知受让人转让物已经抵押的情况；抵押人未通知抵押权人或者未告知受让人的，转让行为无效。”我们认为，上述两项规定中，以债权人的意见限制抵押人转让抵押物所有权的主张是不恰当的，因为从理论上说，抵押权设定后，抵押人仍享有抵押物的所有权，只要不影响抵押权人的优先受偿，抵押人当然应有权对抵押物加以处分，而这样做并不会损害抵押权人的利益，抵押权有追及的效力，不论抵押物落入何人之手，抵押权人均得追及抵押物行使权利；从实务上说，将抵押物的转让决定于债权人，也不利于抵押物效用的发挥。而《担保法》的规定，虽对抵押人转让抵押物采取限制态度，但兼顾了抵押权人、抵押人和第三人的利益，与前述司法解释相比有很大进步。

抵押权人对于抵押物的权利，主要有以下方面：

(1) 抵押权保全权。抵押权人于抵押期间虽不占有抵押物，但为保护其利益起见，立法例上多规定，抵押权人于抵押物价值受侵害时，享有保全其抵押权的权利。具体地说，抵押权人的保全权主要表现为以下两项内容：一是抵押物价值减少防止权。当抵押人对抵押物实施某种足以使其价值减少的行为，从而使抵押权受到侵害时，抵押权人有权请求其停止该行为。这类行为包括作为和不作为，前者如砍伐林木、拆毁建筑物，后者如对房屋不为必要修缮、不依约投保等。无论作为或不作为，只要其有使抵押物价值减少之虞，抵押权人均有权请求其停止。对此，我国《担保法》第51条第1款也有明确规定。此外，有的国家法律规定，在第三人的行为足以使抵押物的价值减少时，抵押权人也得请求其停止侵害行为（《德国民法典》第1134条第1款）。二是抵押物价值减少的补救权。抵押人的停止侵害请求权，仅于抵押物价值尚未减少前发生作用，若抵押物价值业已减少，则需采取另外的补救措施，包括请求抵押人恢复原状或提供与减少价值相当的担保（《瑞士民法典》第809条第1项，我国《担保法》第51条第1款）。一般说来，在抵押物价值已实际减少时，抵押权人自应请求抵押人恢复原状；若不能恢复原状（包括事实上的不能和法律上的不能），则可要求抵押人提供担保。但是，恢复原状请求权与提供担保请求权之间并无先后顺序关系，而是一种选择关系，即使抵押物有恢复可能，抵押权人也可请求抵押人提供担保。至于所提供的担保应为何种担保，立法上未作限制，故应认为包括物的担保和人的担保。但是，在抵押物的价值非因可归责于抵押人的事由而减少时，抵押人不负补充担保之责，但如果抵押人因此而受有利益（如赔偿金），则抵押权人得于其受利益限度内请求另行提供担保

(《瑞士民法典》第810条第1项，我国《担保法》第51条第2款)。另外，在抵押物的价值减少后，抵押权人虽向抵押人提出请求，但抵押人却不能恢复原状或提供担保时，应如何处置？对此各国民法规定不一。依瑞士民法，此时抵押权人得请求债务人给付相当担保额的债务，但此项请求仅得对债务人提出，因为所有人不负给付的义务；如抵押权为他人的债务而设定或者抵押物第三取得人未承担债务，则法院的催告应向所有人及债务人发出，所有人不提出担保，则应向债务人请求清偿担保相当额的债务，债务人不为清偿时，抵押权人得就法院所命支付的相当额请求抵押权的实行。依日本民法，债务人毁灭或减少担保物时，丧失期限利益，债权人得立即实行抵押权。依法国民法规定，设定抵押权的现有不动产如灭失或遭受损坏，以致不足以担保清偿债权人的债权时，债权人得请求立即清偿，或取得补充抵押物。我国《担保法》对此未作规定，司法解释认为，在抵押权人的请求不能得到满足时，抵押权人得请求法院强制执行，由法院“责令抵押人以其他财产代替抵押物”(《最高人民法院关于贯彻执行〈中华人民共和国民法通则〉若干问题的意见》(试行)第114条第2款)。我们认为，在此情形下，为保护抵押权人，应准其立即实行抵押权。

(2)抵押权处分权。抵押权属财产权，且不具专属性，故原则上得自由处分。抵押权的处分主要包括以下几种情况：其一为抵押权的让与。抵押权具有从属性、不可分性，原则上不得与其所担保的债权相分离而单独转让，但不妨与其所担保的债权一同转让于他人。在此情形下，债权转让因转让合同而发生效力，而抵押权则应履行转让登记手续。同时，抵押权人转让抵押权时须通知债务人，否则不生效力。依《日本民法典》第375条规定，抵押权得单独让与同一债务人的其他债权人，而我国《担保法》第50条“抵押权不得与债权分离而单独转让或者作为其他债权的担保”之规定则体现了相反的立法精神。其二为抵押权的抛弃。抵押权可以抛弃，与抵押权可以转让同理。抵押权的抛弃，是指抵押权人放弃其优先受偿的担保利益，包括绝对抛弃和相对抛弃。绝对抛弃，是指抵押权人为一切债权人的利益而抛弃其抵押权，实际上是抵押权人与抵押人解除抵押合同。此种抛弃，须由抵押权人向抵押人作出抛弃的意思表示，并履行抵押权注销登记手续。抵押权一经绝对抛弃，即归消灭，原抵押权人成为普通债权人。抵押权的相对抛弃，是指抵押权人仅为同一债务人的其他债权人的利益抛弃抵押权，《日本民法典》第375条有此规定。这种抛弃也应征得抵押人的同意，并进行附合登记。抵押权经相对抛弃后，抵押权人并不丧失抵押权，只是使受抵押权抛弃的特定债权人处于与抛弃抵押权人的同一地位，对其他无利害关系的人并不发生效力(亦即抛弃人对于其他债权人仍有抵押权人的地位)；为多人抛弃抵押权时，其受抛弃人权利的顺序依附合登记的先后而定。三是抵押权的供担保。抵押权人可以其抵押权为标的为其他债权作担保。但抵押权作为从权利，不得与债权分离而单独作为其他债权的担保，因此，抵押权只能随同主债权一并作为其他债权的担保，即权利质押。此时，质权人取得标的债权的收取权，并得为债权的实现行使抵押权。四是抵押权顺序的处分，包括让与与抛弃。抵押权顺序的让与，即抵押权人将自己的抵押权顺序让与同一债务人的其他抵押权人，其让与人须为前顺序的抵押权人，受让人则必须是同一债务人的其他抵押权人。抵押权顺序的让与方法，日本民法规定依当事人之间的合意而生效，不以债务人、抵押人或其他抵押权人的同意为必要，但对于第三人的关系，须以抵押登记上办理附合登记为对抗要件；而德国民法则主张，除了债权分割时其各部分抵押权间次序的变更外，抵押权顺序的让与须经所有权人同意。依我国《担保法》的规定，抵押合同的生效要件不相同，因此，在抵押权顺序让与时，如抵押合同以登记为生效要件，则抵押权顺序的让与除有当事人合意外还需登记，否则不发生让与的效力；如抵押合同不以登记为生效要件，则抵押权顺序的让与也不以登记为生效要件，但不经登记不得对抗第三人；至于其让与是否须经抵押人同意，则无从查考。我们认为，抵押权顺序的让与本质上为权利处分行为，应不以抵押人同意为要件，但应对主债务人为抵押权顺序让与的通知。对抵押权顺序让与的效力，学者间见解不一，现时主要有“变更说”和“对换说”两种观点。“变更说”认为抵押权顺序的让与，实为同一债务人的抵押权人相互间次序的变更，受让人取得让与人的位次，让与人处于受让人的下位；“对换说”则主张，抵押权顺序让与是同一债务人的抵押权人相互间次序的对换。上述两种观点之争，在两次序抵押权人债权额相同的情况下并无意义，若二者债权额不同，尤其是后次序抵押权人的债权额高于前次序抵押权人时，则会导致不同结果。多数学者认为，“对换说”甚不合理，“变更说”则较为可取。依此观点，抵押权顺序的让与，应以让与人的债权额度为限度，受让人的债权额大于让与人的债权额的，则受让人以让与人的债权额取得让与人的顺序；反之，受让人的债权额小于让与人债权额的，则受让人可以自己债权的全额取得让与人的顺序。抵押权顺序的抛弃，是指抵押权人放弃其顺序利益，也有相对抛弃和绝对抛弃之分。相对抛弃，是指先顺序的抵押权人为同一债务人的特定后顺序抵押权人的利益而抛弃其抵押权顺序，它可依抛弃人一方的意思表示进行，但应进行附合登记；其后果只是抛弃人对受抛弃的抵押权人失去优先权，对后顺序的其他抵押权人并不发生影响（即并不丧失优先权）。绝对抛弃，是指前一顺序抵押权人并非专为同一债务人的某一特定后顺序的抵押权人的利益而抛弃其抵押权顺序，而是对抛弃前成立的一切抵押权均发生效力，后顺序抵押权人的顺序依次递进，而抛弃人的抵押权则处于最后位次。

（3）优先受偿权。抵押权人于债务人清偿期届满不履行债务时，有权以抵押物的价值优先受偿，这是抵押权的实质内容，也是抵押权人享有的最根本的权利，对此各国立法都有明确规定。具体而言，抵押权人的优先受偿权体现在以下几个方面：在一般情况下，抵押权人优先于普通债权人受债权清偿；在抵押物被查封、被执行时，抵押权优先于执行权；在抵押人宣告破产时，抵押权优先于一切债权，抵押财产不列入破产财产；顺序在先的抵押权优先于顺序在后的抵押权，先顺序的抵押权人得就抵押物的价值优先于后顺序抵押权人受偿。

五、抵押权的实现

抵押权的实现，也称抵押权的实行，是指抵押权人行使抵押权、就抵押物价值优先取偿的办法。抵押权的实现既是抵押权的中心效力，也是抵押权行使的一项根本性内容。对此，可从实现条件和实现方法两方面加以论述。

一般认为，抵押权的实现应具备以下条件：第一，须抵押权有效存在。抵押权的设定如为无效（例如未经登记）或者已被撤销，则不得实现。抵押权虽有效存在，但其实现受到一定限制的，也须具备不受限制的条件（例如为抵押权担保的主债权代位清偿时，不得在有害于债权人利益的情形下代位行使抵押权）。第二，须给付迟延，即债务已届清偿期而未给付。自债权人方面看，就是债权已届清偿期而未受清偿。当然，此种给付迟延或到期未受清偿须非因债权人方面的事由造成，否则抵押权人不得实现抵押权。除上述要件外，日本民法还规定，若抵押物已为第三人取得，抵押权的实现以通知第三人为必要，因为第三取得人享有涤除权（详见下文）。依我国《担保法》第53条第1款规定，抵押权的实现以“债务履行期届满抵押权人未受清偿”为要件。

关于抵押权的实现方法，亦即当事人应以何种方式实现抵押物的价值，各国规定也不完全一致。大体而言，拍卖抵押物和取得抵押物所有权是各国法律普遍认可的实现抵押权的方法。我国《担保法》第53条所称的“以抵押物折价”和“以拍卖、变卖抵押物所得的价款受偿”，也体现了这一主张。但“变卖”并非理想的抵押物变价方式，实务上不宜提倡，故下文不作专门讨论。

1. 拍卖

拍卖，是指于特定场所公开地以竞争方式出卖抵押物的行为，是抵押权实现的最普遍的方法。

关于拍卖的性质，学者观点不一。依日本民法，拍卖有依拍卖法的拍卖（也称任意拍卖）和依民事诉讼法的强制拍卖之分，我国也存在这两种情况。依《担保法》规定，抵押物的拍卖可由当事人约定，协议不成的，抵押权人可以向人民法院提起诉讼，这实际上就承认了抵押物的任意拍卖和强制拍卖。由人民法院执行的拍卖（强制拍卖），在性质上属公法行为，为诉讼事件；而其他非由法院执行的拍卖，则属私法行为，为非诉讼事件。因此，对拍卖的性质不能一概而论。

关于拍卖的效力，大体有三种立法例。一为承受主义，为罗马法所采取。依此主义，抵押物拍定后，除须交付必要费用外，无须立即清偿抵押权所担保的债权，拍定人即可取得抵押物的所有权并承担该义务。二为注销主义。采此主张的立法规定，抵押物一经拍定，拍定人即须交付全部价金，该物的所有权归拍定人，该物的抵押权亦归消灭。现在多数国家采此主张。三是涤除主义，为日本民法所采取。依日本民法，抵押物的价额不足以清偿抵押债权时，准许买受人估定抵押物价额向抵押权人为清偿，而使抵押权消灭；若抵押权人以价额过低而拒绝其清偿，应声请增价拍卖，如果拍卖的应买价格未能超过底价的一定比例，则抵押权人须以比照底价加一定比例的价格自行收买。此种立法主张，对抵押权人颇为不利。从我国现行法看，基本上采取了“注销主义”的立场（《拍卖法》第39条）。

抵押物拍卖程序，因任意拍卖和强制拍卖而有所不同。任意拍卖由抵押权人与拍卖人签订委托拍卖合同，拍卖人依拍卖法的规定实施拍卖。强制拍卖，大体须经下列程序：（1）拍卖的申请及裁定。抵押权人实行抵押权时，应向抵押物所在地的地方法院提出拍卖申请，法院对于合法的拍卖申请，应作出许可拍卖的裁定。（2）拍卖的准备及实行。拍卖不动产，执行法院应命鉴定人对该不动产估定价格，经过核定后，该价格为拍卖的最低价；同时，法院应将拍卖日期、场所等予以公告并通知利害关系人于拍卖日到场。拍卖时，以应买人所出的最高价拍定，如果应买者的叫价未达拍卖的最低价格，则不能拍定，而应由法院定期再行拍卖。（3）拍卖终结。拍卖终结后，应做成笔录，由拍卖执行人签名；买受人交足价金后，法院应发给不动产权利证书及其他书据。买受人不依规定期限交足价金的，法院得依职权将标的物再行拍卖，如再拍卖的价金较原拍卖价金为低，原买受人应负担不足额及程序费用。

抵押物拍卖在法律上的效力，可从以下几个方面加以考察：

对抵押权人的效力。拍卖对抵押权人主要发生两方面效力：一是卖得价金的分配。以抵押物拍卖所得价金使其债权受偿，是抵押权人的基本权利，也是抵押权实现的目的和内容，因而成为拍卖对抵押权人发生的主要效力。抵押权人因受领抵押物拍卖价金而使其债权和抵押权归于消灭，即便该价金额不足以清偿全部债权，其抵押权也不复存在（未清偿债权成为普通债权）。二是拍卖标的物的扩张。土地所有人在已设定抵押权的土地上又营造建筑物的，抵押权人在申请拍卖时，可以将建筑物与土地一同拍卖，只是不能就建筑物的价金优先受偿（《日本民法典》第389条、我国《担保法》第55条）。

对拍定人（买受人）的效力。拍卖对于拍定人的效力，主要是由拍定人取得拍卖的标的物的所有权；若拍卖的是所有权以外的权利，如地上权、典权等，则由拍定人取得这些权利。但在标的物权利的取得上，应明确以下几个问题：一是标的物权利的取得时间。依德国法，只有土地所有权才因拍定而移转于拍定人，动产拍卖则不因拍定而移转所有权，仅发生买受人的所有权移转请求权，而其所有权的移转应依合意及交付为之。在我国，一般情况下拍定人于拍卖财产交付时起取得标的物的所有权，对于土地使用权，则自拍定人依约定或规定交足价金时移转于拍定人，因为在拍定人未按时交足价金时，得重新拍卖。但是，对于依法应进行产权登记的拍卖标的物，在未为权利变更登记前，拍定人对标的物为法律上的处分，不得对抗第三人。二是依拍卖取得权利的性质。在德国法上，依拍卖取得权利的，为原始取得。我们认为，若从权利的移转是否依赖于所有人的意志的角度区分原始取得与继受取得的话，则依强制拍卖取得标的物权利的为原始取得，依任意（当事人合意）拍卖而取得者为继受取得。三是标的物风险负担的转移时间。拍卖标的物的风险于拍定前由抵押人负担，应无疑问。拍定后由谁负担？依德国法，土地偶然丧失的风险，于拍定时移转于买受人，其他标的物于拍卖终结时移转于买受人；我国通说认为，标的物的风险应随所有权的转移而转移，但当事人另有约定或者法律另有规定的除外。四是拍卖标的物的瑕疵担保责任。依德国立法，在强制拍卖情形下，拍卖物的瑕疵应由买受人承受，买受人无瑕疵担保请求权。而日本民法则规定，在强制拍卖情形下，买主也可以依权利瑕疵担保对债务人实行契约解除或者提出价金减额请求；债务人无资力者，买主可以对接受价金的债权人请求返还其价金的全部或部分；于前二种情况，债务人知物或权利的欠缺而不声明或债权人知之而请求拍卖时，买主可以对该过失人请示损害赔偿。我国立法对此尚无规定。我们认为，德国法的主张较为合理，因为在强制拍卖情形下，标的物权利的移转并非基于抵押人的意志而发生，若令其承担瑕疵担保责任，似过于苛刻。五是法定地上权的取得。所谓法定地上权，是指不经当事人约定而由建筑物的所有人取得的地上权，因为建筑物不能离开土地而存在，故在建筑物与土地因拍卖而为不同的人所有时，就会发生建筑物的所有人对土地的利用权问题，对此，《日本民法典》第 388 条规定："土地及土地上存在的建筑物属于同一人所有，而仅以土地或建筑物进行抵押，于拍卖时，视为抵押人设定地上权，但其地租，因当事人的请求，由法院予以确定。"依我国现行法，地上建筑物抵押时，其占有范围内的土地使用权也随之抵押，所以一般不发生前述情形。

拍卖对于抵押人的效力也主要表现在以下两个方面，一是抵押物所有权的消灭。此为拍卖对于抵押人发生的一般效力，任何抵押概莫能外。当然，抵押人自己也可成为抵押物拍卖的应买人以保持其所有权，但这是另一个问题。二是求偿权和代位权的发生。这是拍卖及于物上保证人（第三人）的效力。第三人因代为债务人清偿债务后，对于债务人有求偿权和代位权，因拍卖而丧失抵押物所有权后，也等于代为债务人清偿债务，故对债务人享有上述权利。我国《担保法》第 51 条也有此规定。

拍卖对于第三取得人的效力。第三取得人，在这里是指抵押设定后取得抵押物所有权或其他物权之人。一般认为，第三取得人的权利是在抵押权设定后取得的，应不影响抵押权。但各国立法为保护取得人的合法利益仍给予一定的救济：一是规定第三取得人得代价清偿，即因抵押权人的请求以其代价向抵押权人清偿，以消灭抵押权（《日本民法典》第 377 条有此规定）。二是规定第三取得人得行使检索权，使抵押权人向先于同一债务而抵押的其他抵押物上求清偿（《法国民法典》第 2170 条有此规定）。三是规定第三取得人得放弃抵押物，以免抵押权的实现（《法国民法典》第 2172 条）。四是规定涤除制度。所谓涤除，是指抵押物的第三取得人向抵押权人支付或提存抵押物的适当价额以消灭抵押权的制度。依日本民法规定，抵押权人如对于第三取得人的涤除予以拒绝，应将标的物付诸拍卖；拍卖时实行增价拍卖，如在增价拍卖中，抵押物未能以高出第三取得人提供金额的十分之一以上的价额卖出，则抵押权人应自己以此高价收买抵押物。对此问题，我国法律尚无明确规定，似为不足。

2. 取得抵押物所有权

抵押权人实现其抵押权的另一方法，是以确定的价格取得抵押物的所有权以受偿其债权。我国担保法所称以抵押物"折价"意即在此。但采取此种方式实现抵押权，应具备一定的条件：

其一是须有当事人的协议。抵押权人欲取得抵押物的所有权，须与抵押人订立代物清偿协议，若无协议，抵押权人不能单独为之。

其二是须于债权清偿期届满后订立协议。在债权清偿期届满之前，如果抵押权人与抵押人约定抵押物的所有权于债务已届清偿期而债务人未为清偿时移转于抵押权人，则该约定无效（《德国民法典》第1149条、《瑞士民法典》第816条第2项）。此种约定，学说上称为流质契约，因其有损当事人利益（尤其在抵押物价格上涨时会损害抵押人和抵押人的其他债权人的利益），故为各国法律所禁止，我国《担保法》第40条也有此规定。只有日本民法仅对质权有此禁止规定，对于抵押权则无明文规定。

其三是以此种方式实现抵押权不得损害其他债权人的利益。如果抵押人与抵押权人以明显低于市场的价格将抵押物所有权移转于抵押权人，因而危及其他债权人的利益时，其他债权人得请求法院撤销该行为。

六、特殊抵押权

1. 法定抵押权

法定抵押权，是指依法律规定而当然发生，无须经当事人设定的抵押权。

对法定抵押权的种类，各国规定不一，以法国、瑞士民法所设种类最多。日本民法因有先取特权制度而无法定抵押权的规定。我国现行立法对法定抵押权未作规定（承揽人的债权受留置权保障）。

2. 权利抵押权

权利抵押权，是指以所有权以外的不动产物权为标的的抵押权，又称准抵押权。

各国立法所确认的权利抵押权，主要有地上权、永佃权及典权抵押权。同时，以采矿权、渔业权等准物权为标的的抵押权，也属权利抵押权。但不得让与的不动产权利不得单独为抵押权的标的，如不动产租赁权、使用借贷权不得设定抵押。抵押权也不得作为抵押权的标的，只能与债权一同设立质权。我国现行立法也承认权利抵押，其典型形态为土地使用权抵押，包括国有土地使用权抵押和"四荒"（荒山、荒沟、荒丘、荒滩）土地使用权抵押（《担保法》第34条第3、5项）。

关于权利抵押权的设立，各国法律无特别规定，通说认为应准用一般抵押权的规定，即因当事人的设定行为而设立，且须办理抵押登记。在我国，土地使用权抵押也以登记为生效条件。

3. 共同抵押权

共同抵押权也称总括抵押，是指为担保同一债权而于数个不动产或不动产物权上设定的抵押权。共同抵押权的主要特点在于，抵押权的标的物是数物，而不是一物，而且设定抵押的各个财产是独立的，而不是相互集合而视为一物，故与以财团为一体设定一个抵押权的财团抵押不同。但是，共同抵押权也不是数个抵押权的简单集合，而是以多个抵押权担保同一债权，是同一目的的结合，债权人因任何一个抵押权而使全部债权清偿时，其他的抵押权也因目的达到而消灭。这种关系酷似连带债务，故共同抵押又称连带抵押。但共同抵押中的连带关系为物权关系而非债的关系，因此不能适用连带债务的规定。

共同抵押权原则上依当事人合意而发生，并经登记而生效。但共同抵押的标的物是否须为一人所有？依瑞士民法，共同抵押以抵押不动产属于同一债务人或者连带债务人时为限，其各个不动产连带负物上责任，否则各个不动产应限制其负担的数额部分：当事人未作约定时，依其不动产的价值比例分担。我们认为，我国立法不必作此限制，即无论数个抵押物是否同属一人所有，均得设定共同抵押。同时，共同抵押的设定也不以一次于数个财产上设定为必要，且不必处于同一顺序上。当事人约定了各个抵押物执行顺序的，依其约定；如未约定，则抵押权人得任意就某个或数个财产实现抵押权。

共同抵押权的效力，可从两方面考察。第一，当事人限定各个抵押财产上所负担的债权金额时，应依其约定，各抵押财产以其卖得的价金按其分担的债权金额进行清偿。此时，各个抵押财产分别承担物上责任，并无连带关系可言，故有学者认为这不是真正的共同抵押①。第二，当事人没有限定各个抵押财产上所负担的债权金额时，抵押权人可就各个抵押物卖得的价金使债权的全部或部分受清偿。在此情况下，各个抵押财产均担保债权的全部，如数个抵押财产不为同一人所有，就会发生不同所有人之间的求偿关系。

在未限定各抵押物负担债权金额的共同抵押中，由于抵押权人对各个抵押财产实现抵押权的顺序有选择权，这对共同抵押财产的后顺序抵押权人颇为不利。为此，立法例上对共同抵押权人的受偿规定了一些特殊规则，如日本民法规定，在共同抵押标的物的一部分被拍卖时，共同抵押权人可就其价款受债权的全部清偿，然后，次顺位的抵押权人以前述共同抵押权人应就其他抵押物上比例分配的受偿额为限，代位行使共同抵押人的抵押权。我国现行立法对此问题未作规定，日本民法的上述规则可供实务上参考。

4. 最高额抵押

最高额抵押权，是指对将来可能发生的债权预定一最高限额而为之设定抵押担保所发生的一种特殊抵押权。最高额抵押是适应现代经济生活需要而出现

① 郑玉波著：《民法物权》，台湾三民书局 1984 年版，第 278~279 页。

的一种新型抵押担保方式，现代各国立法大多加以肯认。如《德国民法典》第1190条有明文规定；日本民法于1971年将其追加于民法典第398条；我国《担保法》也设专节对最高额抵押作了规定。

最高额抵押权与一般抵押权相比，有其自身特点：一是相对独立性。一般抵押权具有典型的从属性，主债权存在才能设定抵押权，主债权消灭抵押权也归于消灭；而最高额抵押权的设定则不以主债权的存在为前提，也不随某一具体主债权的消灭而消灭，最高额抵押设定时，主债权完全可以是未发生的。二是担保债权的不确定性。一般抵押权具有特定性，不仅抵押物要特定，所担保的债权也须特定；而最高额抵押所担保的债权仅仅是限定于一定范围和一定期限内可能发生的债权，其所担保的债权将来是否发生、债权额多少，都是不确定的。三是适用上的限定性。最高额抵押是对一定期间内连续发生的债权的担保，因而仅适用于有连续发生债权的法律关系，如连续借款、连续买卖关系等。我国《担保法》第60条即规定，最高额抵押适用于借款合同和债权人与债务人就某项商品在一定期间内连续发生交易而签订的合同。当然，最高额抵押权的上述特征并未使其失去抵押权的本质属性：最高额抵押权虽具有相对独立性，但从根本上说仍须依附于债权关系而存在；最高额抵押权所担保的债权虽具不确定性，但仍有范围、期间和最高额的限制。

最高额抵押权的设定，应依抵押权设定的一般程序进行，即由当事人签订最高额抵押合同，并办理抵押登记。最高额抵押合同除应具备一般抵押合同的基本条款外，还应包含以下两项内容：一是抵押所担保的债权范围和最高限额。二是决算期，即最高额抵押担保的债权原本实际数额的确定日期。如当事人在合同中未约定决算期，则应依最高额抵押所担保债权的基础法律关系确定决算期，一般应以该项关系终了为期；最高额抵押合同中订有存续期间的，此期间届满之时即为决算期。

最高额抵押所担保的债权，在最高限额范围内，即其实际额，其数额须于决算期届至时才能确定。此时发生的债权额如超过所预定的最高额，则仅以最高额作为抵押担保的债权额，其超过部分成为无担保债权；若不及最高额，则以实际额作为抵押担保债权额。债权额的内容，既包括原本，也包括利息、违约金和损害赔偿金，但实行抵押权的费用不计入最高额，而应于抵押物拍卖价金中扣除。

最高额抵押合同的变更，原则上应予准许。但最高额抵押合同已登记的，其变更须经登记才能生效。增加最高额时，不得以增加部分对抗变更登记之前成立的后顺序权利人。延长抵押合同存续期间的，如已就期间进行了登记，则不进行延长登记不得对抗第三人，并且对于延长期间以前成立的后顺序权利人不得以期间的延长对抗。

关于最高额抵押权可否转让，各国规定不一。依日本民法，最高额抵押权于原本确定前，抵押权人经抵押人承诺，可以让与最高额抵押权；最高额抵押权人也可以将最高额抵押权部分让与或分割让与。但依我国担保法，由于最高额抵押的主合同债权不得转让，最高额抵押权也就不得单独转让（《担保法》第61条）。

最高额抵押权的实现，须具备两项条件：一是所担保的债权额已确定；二是债权已届清偿期。如前所述，最高额抵押权担保的债权的实际数额须于决算期才能确定，但决算期并非债权的清偿期。因此，当事人还应于决算期外另行约定债权的清偿期。如当事人未约定清偿期，而仅约定抵押权存续期间的，则以抵押权存续期间届满为债权清偿期届至；若当事人同时也未约定抵押权的存续期间，则以决算期为清偿期。

5. 财团抵押权

财团抵押权，是指将企业中的各种不动产、动产及各种权利视为一物，而于其上设定的抵押权，亦即以财团为标的物的抵押权。财团抵押权的特殊性在于，其标的物不是某一项或几项独立的财产，而是抵押人全部财产的集合体。

在各国立法上，以企业财产整体设定担保的，有两种不同制度：一为英美法上的浮动担保制度；二为财团抵押制度。

浮动担保制度系由英国衡平法所确认，为英美法系国家广泛采用，在国际商业信贷中也得到运用。它是以当事人约定的抵押人的全部或某一类现在或将来所有的财产作为担保的制度，有以下基本特点：其一，担保物可以是现在的，也可以是将来的财产，是抵押人现在和将来任何时间所有的整体财产；其二，担保物须于抵押权实现之时才能确定；其三，抵押人于担保设定后，仍得就其用于担保的财产为使用、收益、处分，进行生产经营活动。

财团抵押制度最初表现为德国法上的铁路财团抵押，现为多数大陆法系国家采用。其特点是：其一，担保标的物限于企业现有财产；其二，抵押标的物于抵押设定时就已确定；其三，企业财产一旦组成财团而设定抵押，则其中的单个之物和权利不得与财团任意分离，亦即其处分受到限制。

浮动担保和财团抵押两种制度孰优孰劣，不能一概而论。若从保护企业生产看，以浮动担保为优；若从保护债权人利益着眼，则以财团抵押为妥。但从总体上说，二者的目的和功能是相同的，对于充分发挥物的担保价值和使用价值都有其积极作用，故成为现代市场经济条件下一种常见的抵押担保方式。我国现行立法对此未作规定，似为不足之处。

第三节 质 权

一、质权概说

（一）质权的概念

质权（Pignus，Pfandrecht，Pledge），是指以担保债权为目的而占有债务人或第三人移交之物，在债务人不履行债务时，得就该标的物的价值优先受偿的权利。以质权作为债权担保的法律现象，称为质押；享有质权的债权人为质权人；为担保债权而将其物移交于债权人占有的人，为出质人；出质人供为债权担保之物（即质权的标的物）称为质物。

质权是世界各国普遍确认的抵押权之外的又一种担保物权形态。作为一种担保物权，质权和抵押权在本质上是一致的，同样具有从属性、不可分性、物上代位性、优先受偿性等担保物权的一般特性。立法上之所以将二者加以区分，乃是由于质权具有“移转标的物占有”这一外部特征，因而在法律关系内容方面与抵押权有所不同。质言之，质权和抵押权的区分，是现代民法物权体系科学化、严谨化的要求。

质权和抵押权一样，均以债权担保为根本目的。但除此之外，质权尚有其独特的功能。其一，质权的设定以移转标的物的占有为要件，故其本身有公示的作用。换言之，质权由权利人自设定人处取得标的物的占有，其本身就已公示质权的存在。而抵押权的存在，则往往须采取特别的公示方法（登记）。其二，质权设定后，设定人不得利用其标的物，因此，质权有间接的强制其清偿的留置作用，此点也为抵押权所不能及。其三，质权原则上以动产及可移转权利为标的，无论价值巨细均可设质，且程序便捷，对民间金融活动有积极作用。基于以上原因，质权在担保物权体系中占有重要的地位。

（二）质权制度的沿革

以质押方式担保债务清偿，自古有之，而质权在不同法制下又经历了不同的演进过程。

罗马法上的质权制度，系由信托让与担保（亦称信托质）发展而来。古罗马时，债权的担保主要是以信托让与的方式进行，即由债务人将动产和不动产的所有权让与债权人，另以信托协议使债权人不得滥用该所有权，在债务人清偿债务后，债权人将该担保物返还给债务人；如债务人未清偿，则债权人可采取变卖受偿或代物清偿的方法实现其债权。这种担保方式的成立，须采取“曼兮帕蓄”或“拟诉弃权”的形式，其步骤甚为繁褥不便，至优帝时代，渐被弃而不用，而为克服此等缺陷而设的占有质制度则迅速发展起来。所谓占有质，是指担保人将担保标的物的占有移转于债权人以作为债权的担保，而标的物的所有权仍为担保提供人保有，其含义与现代法上的质押相同。罗马法上的占有质，其标的物不限于动产，也包括不动产，甚至还存在以自由人出质的现象。但罗马法学家认为，质权的标的物严格地说只包括动产。质权的设立，原则上依当事人合意或遗嘱进行，但也存在两种法定质权：一是国库的债权，于债务人的全体财产上，法律当然确认质权的存在；二是对于嫁资的返还请求权，于夫的全体财产上，法律当然认为有质权的设定。在质权的效力方面，最初债权人对标的物只能持有而无占有权，后来才由裁判官赋予其占有权；起初质权依物的占有而间接强制债务履行，后来才逐渐承认质权人于债务人不履行债务时得将标的物出卖以抵债。至优士丁尼时期，此点已成为设定质权的当然条件。

日耳曼法上物的担保制度，也经历了由所有质（让与担保）到占有质，继而发展到非占有质（早期抵押）的过程。占有质也称古质，有不动产古质和动产古质之分，后者相当于今日的质权，以债权人取得质物的占有（Gewere）为要件。起初，动产质为债权的预为清偿，质权人于债务不履行时并无就标的物受偿的权利，如欲就质物满足其债权，必须有流质或换价的特约。后来，此规则有所改变，质权人得以质物使其债权受清偿，但质物不能直接归属于债权人，而须经法院参与变卖，如卖价超过价额，应将其余额返还债务人；如不足清偿，则债务人仍应以其总财产负责；如变卖不成，则债权人可取得质物的所有权。

中国的质权制度也源远流长。我国古代，不论动产、不动产，如交付占有以作担保，均称为质（起初还有“人质”，但非民事意义上的质），有时也称为典。质或典虽移转占有，但不移转所有权，因而属于占有质。指定抵押物而不移转占有者（无占有质），普遍称为“指当”、“抵当”或“指产”，有时也称为“质”或“典”。六朝时代，出现了质库（当铺）、贴子（当票）等名词，是动产质的一种。这种动产质，是将质物移转于债权人占有，如于一定期限后不回赎，则债权人取得质物的所有权，实为归属质（流质）。后来，唐、宋及元代法律还承认债权人以质物卖价清偿债务的变卖质。至于不动产质，则大多为占有质、用益质、永久质，出质人若期满不回赎，质权人仅能继续占有质物使用收益，以其所得充作利息，回赎权永不消灭。

近代各国立法大多有质押（质权）的规定，但范围不尽相同。例如，在德国民法上，质权分为动产质权和权利质权两种，不动产不能作为质权的标的物。依质权的成立方式，质权分为约定质权、法定质权和扣押质权，约定质权以移转标的物的占有为要件，而法定质权、扣押质权则有的不必移转标的物的占有。瑞士民法也仅规定了动产质和权利质，不动产仅能成为抵押权的标的物。而在法国民法上，质权分为动产质和不动产质两种，对权利未作专门规定（权利也被视为动产或不动产）。日本民法也将不动产纳入质权标的物范围，同时单独规定了权利质。在英美法中，质押也是一种重要的担保方式，其内容与大陆法各国的质押基本相同，即由债务人将财物（物品或权利证书）交给债权人占有以作为债务履行的担保，该财物或因按期清偿债务而赎回，或因未按期清偿债务而被变价偿债。

纵观各国质权制度的发展，最值得注意的是其适用范围的变化。一方面是不动产质权适用范围的缩小。在古代法制下，不动产质权与动产质权并行不悖，而近代则仅有法国、日本等少数国家仍承认不动产质权。这一现象既与质权不利于发挥不动产的使用价值有关，同时也是由于财产登记制度的确立和完善使抵押制度得以广泛适用。另一方面是权利质权的产生和适用范围的扩大。最初的质权制度仅以有体财产为标的，近代则出现了权利质权，而今天权利质权更是质权的主要形式。这一变化的出现，是社会财产结构发展变化的结果，也反映了现代社会经济生活（融资活动日益频繁）的客观要求。在我国《担保法》中，质权制度的上述发展态势也得到充分体现。

（三）质权的分类

质权可依不同的标准作不同分类，较重要的有以下三种。

1. 动产质权、不动产质权、权利质权

这是以质权的标的物为标准对质权进行的分类，往往在立法中被采用。如德国、瑞士民法将质权分为动产质权和权利质权（我国《担保法》亦同），而日本民法则同时规定动产质权、不动产质权和权利质权。

动产质权是以动产为标的设定的质权。由于动产一般以占有为物权公示方法，不实行登记制度，因此，以动产担保的，大多采取质押的方式，各国立法上也视动产质权为一般质权，而以其他质权为特殊质权。在我国，动产质权也是质权的基本形态，《担保法》将其置于“质押”一章之首作了专节规定。

不动产质权即以不动产为标的物设定的质权。如前所述，不动产质权在古代社会普遍存在，但随着工商业的发展，不动产质权因其自身缺点而逐渐被淘汰；尤其是随着抵押权适用范围的不断扩大，不动产质权的地位日渐衰微。从立法上看，多数国家已不承认不动产质权，只有法国、日本等少数国家予以保留，但在实际经济生活中也极少适用。我国《担保法》未规定不动产质权，是符合世界立法潮流的。

权利质权是指以债权或者其他财产权利为标的的质权。权利质权是从动产质权中派生出来的一种现代质权形式，在成立方式、效力范围和实现方法等方面均有其自身特点，我国担保法也对这种质权（质押）设有专门规定。

2. 民事质权、商事质权、营业质权

这是根据质权所适用的法规的属性所作的分类。

在采取“民商分立”的国家（如日本），质权有民事质权与商事质权之分，前者是指受民法规定调整的质权，后者指适用商法规定的质权，但二者并无实质区别。在实行“民商合一”的国家，则无此区分。我国基本上采取“民商合一”主义，故不存在民事质权与商事质权之分，现行《担保法》所规定的质权，是一种具有普遍适用效力的担保物权。

营业质权，是指从事质押营业者在具体质押关系中所享有的质权。从事质押营业者一般称为当铺，也有典当行、典卖行、信托行等称谓（严格地说，典与当并非同一概念，二者并称是不科学的）。而所谓营业质，是指债务人以一定财物（当物或质物）交付于债权人（从事营业质业务的当铺）作担保，向债权人为金钱借贷，在一定期限（回赎期限）内，债务人清偿债务后可取回担保物；期限届满而债务人不能清偿的，担保物即归债权人所有，或者由债权人以其价值优先受偿。可见，营业质与民事质的根本区别在于，前者不适用关于禁止流质契约的规定，当事人双方得约定在债务人届期不能回赎质物时质物归债权人所有，而民事质是禁止当事人为此约定的。我国的营业质自古存在，新中国成立后曾一度消失，近年又得到恢复和发展，对发挥物的价值、促进社会财资融通起了积极作用，但在实践中也存在不少问题，亟待从立法上加以调整。

3. 占有质权、收益质权、归属质权

依据质权的内容，可将其分为占有质权、收益质权和归属质权。

占有质权，是指质权人对质物仅能占有，原则上不得为使用收益的质权。动产质权大多属于占有质权。对于消耗物，一般只能设定占有质权。

收益质权，是指质权人不仅得占有质物，而且有权对质物为使用收益的质权。这种质权一般只能在非消耗物上设定。在法理上收益质权又有利息质权与销偿质权之分。利息质权（利质权）是指质权人以质物的收益充抵原本债权利息的质权，日本民法上的不动产质权即属此类（《日本民法典》第358条）；销偿质权是指以质物的收益抵消债权原本的质权，以法国民法上的不动产质权为典型（《法国民法典》第2085条）。我国担保法所规定的质权，一般不属于收益质权。

归属质权是指以质物代偿的质权，即质权人于债务人届期不清偿债务时有权以质物所有权抵偿债务的质权。归属质权是质权存在的最初形态，而现代各国民法都禁止流质契约，因而民事质权中禁止设定归属质权。但在营业质权中，可设定归属质权。

二、动产质权

（一）动产质权的设定

通说认为，动产质权的发生（取得）原因，包括法律行为和法律行为以外的事实两种，前者包括设定（原始取得）和让与（继受取得），后者包括取得时效、善意受让等。其中，设定质权的法律行为是最重要的质权发生原因，而设定合同（质押合同）则又是这种法律行为的常态。依我国担保法，设定质权，“出质人和质权人应当以书面形式订立质押合同”（第64条）。据此，我国的质权仅能依质押合同设定，不得以单方法律行为（如遗嘱）设立。

质押合同的当事人为质权人和出质人。质权是担保主债权的从权利，因此质权人必为质权所担保的主债权的债权人。出质人是质押合同中提供担保物（质物）的一方当事人，可以是债务人，也可以是第三人。原则上，出质人应对质物享有处分权，以保障质权人的变价受偿；但出质人以自己无处分权的财产设质的，善意受让人也可取得质权，亦即依善意取得制度取得质权。依我国现行司法解释，在此情况下，质押合同无效，质权人也不能取得质权①。这种主张，对维护交易安全甚为不利，有待于通过确立善意取得制度加以修正。

动产质押合同的标的物，是出质人须移交质权人占有的动产。对其范围，法律一般不作规定，但依一般法理，动产质押合同的标的物应具备以下两个条件：(1) 须为法律不禁止流通的动产。质权为价值权，实现时要对质物实行变价处分，这就要求其标的物具有可流通性。性质上不可转让的动产固然不能作为质押合同的标的物，性质上虽可转让但法律禁止流通的动产也不得设立质

① 《最高人民法院关于贯彻执行〈中华人民共和国民法通则〉若干问题的意见》（试行）第113条。

权。但法律限制流通的动产可以成为质押标的物，不过其质权的实现不能采取通常的方式进行。(2) 须为特定之物。罗马法上曾承认“不规则质”，即以不特定物作为质权的标的物，由债权人取得质物的所有权，当债务人履行债务后，质权人以同种同量的物返还给出质人。这种不规则质对出质人过于不利，现代各国一般不予承认，而主张质权标的物必须是特定物。但对于金钱能否作为质物以及金钱供作担保（押金、保证金）的性质，学者间有不同见解。通说认为，金钱虽为不特定物、可代替物，但并非不可以特定化（如封存），若将其特定化，则可成为质押的标的物；但以金钱为质物的质押，于质权实现时，质权人可直接从质物中优先受偿，无须变价受偿。关于以押金、保证金等以金钱供作担保现象的性质，学者间存在“抵销预约说”、“附解除条件消费寄托说”、“附解除条件债权说”、“无名契约说”、“信托的所有权让与说”等见解。我们认为，以上诸说，以最后一说较有说服力，即押金的交付是伴随有附停止条件的返还债务的金钱所有权让与行为，是一种具有信托性质的无名契约。(3) 须为可留置物。就动产质权的留置效力而言，其标的物必须是可留置物。凡不适于留置的动产，原则上不得设定质权。例如船舶、飞机等，应由其所有人充分使用收益，发挥其经济效用，因此不宜作为质权的标的，而由法律特许其设定抵押权。

同一动产之上可否设定数个质权？《日本民法典》第 355 条规定：“为担保数个债权，而就同一动产设定质权时，其质权的顺位，依设定的先后而定。”可见，同一动产之上可设定数个质权。而其他一些国家民法典则未对此作出规定。对此问题，学者间有不同看法。如倪江表先生认为，在同一动产上不能设定数个质权，从而也不存在质权的顺序问题。其理由是，质权既以移转占有为成立要件，而于一物之上不可能有两个以上占有，因而不能成立两个以上质权。而史尚宽先生则认为，一物之上可以成立数个质权，其情形如下：(1) 出质人将出质于甲之物通过间接占有的让与，对乙再行设质；(2) 质权人甲自称为质物的所有人，为其债务将质物出质于善意第三人乙；(3) 出质人将质物由第一质权人擅自取去，而交付于乙以设质。在上述情形下，质权的次序，依质权成立的先后而定，先成立的质权，优先于后成立的质权。但这一原则，为善意质权第三取得人利益的保护而有例外。换言之，质权的第三取得人如不知已有质权成立在先，则后成立的质权反而应优先于先成立的质权（第三人善意质权的取得，应具备以下要件：(1) 须有有效取得质权的原因行为；(2) 须为善意，即无重大过失，不知已有质权的存在；(3) 除金钱及无记名证券外，质物须非由前权利人反于自己的意思而脱离占有之物）。但是，后成立的质权如果是依间接占有的让与而设定的，则先成立的质权无论如何均优先于后成立的质权，即使后成立的质权为善意取得①。我们认为，以上（史尚宽）见解是可取的，于一物之上成立数个质权，并无禁止的必要。

关于动产质押合同的内容，国外立法一般未设专门规定，原则上由当事人自行商定。但是，质押合同作为确定质押双方关系的法律文书，应包含足以确定双方权利义务的主要条款。对此，我国《担保法》第65条第1款作了具体规定，即质押合同应当包括以下内容：（1）被担保的主债权的种类、数额。质押所担保的主债权，一般为金钱债权，但不以金钱债权为限。对金钱债权，合同应当明确质权所担保的债权数额，对非金钱债权也要估定其金额。双方可约定担保全部债权，也可以为主债权的一部分设定质押担保。质押所担保的债权一般为现存的债权，但也不排除附条件或附期限的债权。此外，当事人还可以约定被担保的主债权的最高限额，即设定最高额质押。（2）债务人履行债务的期限。债务人履行债务的期限，直接关系到质权的实现，故应在质押合同中加以确定。合同中不仅应规定债务人开始履行的时间，更应明确规定债务人履行债务的最后期限。（3）质物的名称、数量、质量、状况。为使质物特定化，质押合同不但应说明质物的名称，而且要说明其数量、质量和出质时的状况（如成新）。（4）质押担保的范围。质押担保的范围，是质权人得以优先受偿的债权的范围。当事人在质押合同中除应明确主债权原本的数额外，还应载明是否担保违约金、损害赔偿金及实现质权的费用等（依我国担保法，如当事人未作约定，质押担保的范围应包括以上各项）。（5）质物移交的时间。质物移交的时间，也就是质押合同发生效力的时间及质权人取得质权的时间，因此质押合同应予以明确约定。（6）当事人认为需要约定的其他事项。上述内容，是质押合同应当具备的内容，但并不是说质押合同必须具备上述内容。我国《担保法》第65条第2款规定："质押合同不完全具备前款规定内容的，可以补正。"可见，质押合同即使不完全具备上述内容，也不能视为无效。

（二）动产质权的效力

和抵押权一样，动产质权的效力也包括两方面问题，即效力范围和效力表现。动产质权的效力范围，包括质权所担保的债权范围和所及于标的物的范围；动产质权的效力表现，包括质权对于出质人的效力和对于质权人的效力。对上述问题，各国立法和学说主张大同小异。

质权所担保的债权的范围，原则上以当事人在质押合同中约定的范围为

① 史尚宽著：《物权法论》，台湾荣泰印书馆1957年版，第324~325页。

限。如果质押合同未作约定，则依法律规定。依各国通例，法定的质权担保范围包括主债权原本及利息、迟延利息、实现质权的费用及因质物隐有瑕疵而产生的损害赔偿。日本民法将质物的保存费用也规定在内。我国《担保法》第67条规定："质押担保的范围包括主债权及利息、违约金、损害赔偿金、质物保管费和实现质权的费用。质押合同另有约定的，按照约定。"其中，损害赔偿金应解释为因债务人不履行债务而产生的损害赔偿金，也包括因质物的瑕疵而产生的损害赔偿金。一般认为，因质物隐有瑕疵所生损害，应当具备以下要件：其一，须有瑕疵存在，若质物无瑕疵，即不能发生该损害；其二，须质物的瑕疵为隐有的，即不为质权人所知。若质权人明知质物有瑕疵而仍接受该质物或不采取防止措施以致损害发生，则不在赔偿之列；其三，须因该瑕疵而造成损害，即瑕疵与损害间有因果关系。若损害的发生不是因该质物的瑕疵所造成，则不在此列。由上可见，质押担保的债权范围要广于抵押所担保债权的范围。究其原因，一是因为质权必须将标的物移交债权人占有，因而会发生质物的保管费用，以及质物隐有瑕疵所产生的损害赔偿问题，而这些问题在抵押中是不会发生的；二是抵押常有一物之上发生数个抵押权的竞合现象，而在质押中这种情形极少，因此，质权的担保范围即使有扩张，也不至于有影响后顺序质权人利益之虞。

质权效力所及于标的物的范围，通说认为除标的物本体外，还应包括标的物的从物、孳息和代位物，但当事人另有约定者，从其约定。关于从物，一般认为，质权因质物交付而成立，故质物的从物也因交付而成立质权；但也有人主张因主物的交付就可以成立对从物的质权。我们认为，质权的效力及于从物，应以从物的交付为条件，如未交付，可视为当事人有使质权效力不及于从物的意思，质权的效力也就不应及于从物。关于质权效力及于孳息的范围，各国规定有所不同。依德国民法，质权效力扩及于从质物分离的出产物，即天然孳息（《德国民法典》第1212条）；而依瑞士民法，质权效力并不及于质物的自然果实（天然孳息），除非该自然果实为"质物的组成部分"（《瑞士民法典》第892条）。我国《担保法》第68条第1款规定："质权人有权收取质物所生的孳息。质押合同另有约定的，按照约定。"这里所称的孳息，应包括天然孳息和法定孳息。质物的代位物，包括出卖质物所得价金（依德国民法，质物有贬值之虞，足以危害质权人的权利时，质权人可将其拍卖，以所得价金代充质物）及因质物灭失所得赔偿金。

动产质权对于出质人的效力，亦即出质人所享有的权利。出质人的权利主要有以下几个方面：一是对质物的处分权。在动产质权中，出质人虽将质物移交债权人占有，但并不丧失其所有权。因此，在质权设定后，出质人仍有权处分质物，如将质物出卖、赠与、再质押，但质权人的质权并不因此而受影响。二是物上保证人的代位求偿权。出质人如果是债务人以外的第三人，在其代债务人清偿债务或因质权的实现而丧失质物的所有权后，对主债务人有代位求偿权（我国《担保法》第72条有此规定）。三是对质权人的抗辩权。依《德国民法典》第1211条规定，出质人得对质权人主张属于债务人的抗辩权，以及属于保证人享有的抗辩权。我国《担保法》对此未作规定，但解释上应认为出质人享有此项权利。四是除去权利侵害和返还质物的请求权。我国《担保法》第69条第2款规定："质权人不能妥善保管质物可能致使其灭失或者毁损的，出质人可以要求质权人将质物提存，或者要求提前清偿债权而返还质物。"另外，依《德国民法典》第1218条规定，质物有败坏之虞或其价值显有减少之虞时，出质人有以提供其他担保请求返还质物的权利；而我国《担保法》第70条仅规定，在此情况下，质权人可以要求出质人提供相应的担保，未规定出质人提供其他担保以返还质物的请求权，似显不足。

动产质权对于质权人的效力，包括权利和义务两个方面。

质权人的权利，主要有以下几项：

（1）质物留置权。动产质权人在受担保债权受清偿前有权留置质物，这既是质权的存续要件，也是其效力的重要表现，国外立法多有明文规定（《法国民法典》第2082条，《德国民法典》第1223条，《日本民法典》第347条，《瑞士民法典》第889条第2款）。我国《担保法》虽未作明文规定，但解释上应认为质权人当然享有这一权利。基于此项权利，不论债务人的债务是否已逾清偿期，只要质权人未受完全清偿，质权人就有权拒绝出质人返还质物的请求。即使出质人将质物转让于第三人，质权人留置质物的权利也不受影响，质权人同样有权拒绝第三取得人请求交出质物的要求。

（2）质物孳息收取权。对质物所产生的孳息，除当事人另有约定外，质权人有权收取（《德国民法典》第1213、1214条，《日本民法典》第350条，我国《担保法》第68条）。质物的孳息，首先应抵偿收取孳息的费用，其次抵充原债权的利息，最后抵偿原债权。如为金钱以外的孳息，应依当事人的合意进行估价，以估价清偿。若当事人对孳息的估价不能达成协议，则应以拍卖或当事人议定的其他方法使孳息变价。

（3）转质权。所谓转质，是指质权人为供自己债务的担保，将质物移交于自己的债权人设定新的质权。转质是质权人对质物的处分，应限于以清偿其债务为目的，若为其他目的，原则上不得进行。基于此点，在许可转质的立法中，有的规定转质必须依出质人的承诺进行（如《瑞士民法典》第 887 条），有的规定质权人可以以自己的责任转质质物（《日本民法典》第 348 条），故转质包括"承诺转质"和"责任转质"两种。

承诺转质，是指质权人经出质人的同意，为担保自己债务的履行，于其占有的质物上设定新质权。承诺转质的根本条件是征得出质人的同意，即出质人同意以自己的财产为原质权人的债务作履行担保，将质物的处分权（质押权）授予原质权人。既如此，只要法律上未明文禁止，实务上就应承认承诺转质的效力。承诺转质设定后，转质权人的质权与转质人（原质权人）的质权是两个各自独立的质权，转质权人对于转质人的债权如已届清偿期，则无论转质人的债权是否已届清偿期，转质权人均能直接实行其质权。同时，转质权也不因原质权的消灭而消灭，因为转质权的成立不是以原质权为基础，而是基于转质权人与转质人间的债权债务关系。此时，原出质人只能以第三人的地位向转质权人清偿转质人的债务，以消灭转质权，才能取回质物。此外，转质人的转质既然已得到出质人的同意，故不因转质而加重质权人（转质人）的责任；转质所担保的债权数额也可以高于原质权担保的债权额。

责任转质，即质权人在质权存续期中，以自己的责任，将质物转质于第三人。责任转质与承诺转质的根本区别在于未经质权人同意，因此，在转质期间，对质物发生的一切损害，即使是由于不可抗力造成的，只要是不转质就不会发生的，转质人都应负赔偿责任。承认责任转质，有利于社会资金的融通，且并不会损害质物所有人的利益。但是，责任转质毕竟是质权人对出质人财产的一种处置，为保护出质人的利益起见，应对其加以一定的限制。一般认为，责任转质的成立应具备以下条件：第一，须在原质权的存续期间设定和存续。若质权已消灭，质权人的转质权也消灭。第二，须以自己的责任进行。所谓自己的责任，是指转质人自己承担转质责任，亦即转质人对质物因转质而发生的全部损害负赔偿责任。第三，须将质物的占有移转于转质权人。在质权人未将质物移交转质权人占有前，转质权不能成立。

责任转质于转质权成立后，发生以下效果：①转质人的质权仍继续存在，但其实现受到限制。转质人因转质权的设定，而将其所把握的质物担保价值赋予转质权人，于转质权的担保数额范围内，受有不得使担保价值消灭的拘束。因此，于该范围内，转质人不得抛弃其债权或者免除主债务人的债务。只有在原质权所担保的债权额超过转质权所担保的债权额时，转质人才得于其超过的范围受主债务人的清偿，也只有在有超过额时，转质人才可实现其质权。②原质权人将转质的事实通知主债务人后，如果主债务人未经转质权人同意而对原质权人为清偿，则其清偿不得对抗转质权人。③转质权人只能于转质人对于主债务人所享有的担保债权额内实现其质权。④转质权人的债权虽已届清偿期，但若原质权人对于主债务人的债权尚未届清偿期，则转质权人不得实现其质权。⑤转质权人的质权对转质人的原质权有优先的效力。

（4）质物变价权。所谓变价权，是指在质物有损坏或者其价值明显有减少，足以危害质权人的利益时，质权人得出卖质物，以其价金代充质物。对此，《德国民法典》第1219条及我国《担保法》第70条均有明文规定。

（5）优先受偿权。质权人就其债权，有就质物卖得的价金优先受偿的权利。所谓优先受偿，主要体现为：质权人较债务人的其他一般债权人优先受偿；前顺序的质权人较后顺序的质权人优先受偿；出质人破产时，质权人有别除权，质物不能列入破产财产。

动产质权人的义务主要有以下两项：

（1）质物的保管义务。动产质权人有占有留置质物的权利，同时也负有保管质物的义务（《德国民法典》第1215条，《日本民法典》第298条，《瑞士民法典》第890条，我国《担保法》第69条第1款）。但关于质权人违反保管义务应负何种性质的责任，各国法律规定不一。例如，《瑞士民法典》第890条规定，质权人对质物落价或消灭而造成的损失，如其不能证明损失非其过失造成，应就此损失负赔偿责任；质权人对其擅自让与或转质质物而造成的损失负完全的赔偿责任（前者为过错推定责任，后者为无过错责任）；日本民法则规定，质权人违反保管义务时，出质人得请求质权的消灭；我国《担保法》规定，因保管不善质物灭失或者毁损的，“质权人应当承担民事责任”，解释上可认为这是一种过错推定责任。

（2）返还质物的义务，动产质权所担保的债权消灭时，质权人应将质物返还于出质人（《德国民法典》第1223条，《瑞士民法典》第889条，我国《担保法》第71条第1款）。质物的返还，不一定要交与出质人或所有人本人，如依本人的指示或征得其同意，为本人交付给本人的代替人时，质权同样消灭。

（三）动产质权的实现与消灭

动产质权的实现，是指质权人于债权已届受偿期而未受偿时，以质物的价值受偿其债权。关于动产质权的实现方式，各国立法规定有所不同。依法国民法，质物的变价有三种方法：一是私自出卖；二是依强制执行的出卖；三是其他方法。依日本民法，质权的实行，不须确定判决或其他执行名义，以依拍卖法拍卖为原则，在有正当理由时，可向法院请求按照鉴定人的估价，直接以质物清偿债权（《日本民法典》第354条）。我国《担保法》第71条第2、3款规定："债务履行期届满质权人未受清偿的，可以与出质人协议以质物折价，也可以依法拍卖、变卖质物"；"质物折价或者拍卖、变卖后，其价款超过债权的部分归出质人所有，不足部分由债务人清偿。"此处所规定的质权实现方法，即折价、拍卖、变卖，与抵押权的实现相同，故不赘述。需要指出的是，关于质权的实现，各国立法都有禁止流质契约的规定，即约定债权已届清偿期而未受清偿时质物的所有权移转于质权人者，其约定无效（《德国民法典》第1229条、《日本民法典》第349条、《瑞士民法典》第894条、我国《担保法》第66条）。

动产质权的消灭原因，主要有以下几项：（1）被担保债权的消灭。被担保债权因清偿、混同、抵销、债务更新等原因而消灭时，动产质权也随之消灭。（2）质权的抛弃和质物的任意返还。质权人绝对地抛弃其质权时，其质权消灭；质权人任意地将质物返还于出质人时，可认为默示的抛弃，质权也归于消灭。返还质物时作质权继续存在的保留的，其保留无效，质权同样消灭（《德国民法典》第1253条）。我国《担保法》虽未对此作明文规定，但从质权的成立和存续要件上说，也应作此解释。（3）质物占有的丧失。质权人因质物的遗失或被侵夺而丧失对质物的占有时，其质权并不当然消灭。在此情形下，质权人有权请求不当占有质物的第三人返还质物；但若质物已为善意第三人取得所有权，则质权人无权向第三人请求返还，其质权归于消灭。（4）质物的灭失。动产质权因质物灭失而消灭，但在因质物灭失受有赔偿时，发生物上代位权，赔偿金为出质财产。质物被征用、没收时，质权也消灭。（5）质权的实现或存续期间届满。

三、权利质权

（一）权利质权的概念

权利质权，是指以所有权以外的可让与财产权利为标的物的质权。因权利质权并非质权的典型形态，故也被称为"准质权"。权利质权的存在，是现代经济生活对担保物权（质权）制度的必然要求。其根本原因在于，所有权以外的可转让财产权，与有体动产一样具有交换价值，是一种金融资源，具有担保债务清偿、促进资金融通的功用。但权利质权的成立方法和实现方法，与一般动产质权相比又有不少差别，故现代各国立法多将其单独作出规定。我国《担保法》也在质押一章中专节规定了"权利质押"。

关于权利质权的性质，有权利让与说和权利标的说两种学说。权利让与说认为，质权的标的应以有体物为限，所谓质权，是指物上质，权利之上不得产生质权。因此，所谓权利质，实质是以担保为目的而让与债权或其他权利。尤其在债权质，质权人有直接收取质权标的债权的权能，若不将债权的出质作为债权的让与，则无法说明其理由。在权利让与说中，对于权利让与的具体内涵又有几种不同主张：有的认为是停止条件的权利让与，有的认为是权利所包含的权能一部分移转，有的则认为是以担保为目的所进行的权利的限制让与，出质人的权利并不全部丧失。权利标的说认为，权利质与物上质在本质上并无任何差异，所不同者仅其标的而已，即物上质以物为标的，权利质以权利为其标的。以上两说，以权利标的说为现代通说。有学者认为，在现代社会，权利可成为物权标的的观念已为多数人所接受，也为立法所采取，实无再以借权利让与来说明权利质押的必要；况且，权利让与并非创设新权利，仅是权利主体的变更，而权利质押为创设新权利，与权利让与有根本区别①。我们同意这种观点。

（二）权利质权的标的

权利质权的标的，为有让与性的所有权以外的财产权。具体地说，权利质权的标的应具备以下要件：（1）须为财产权。权利质权是以权利的交换价值担保债权的，故其标的只能是财产权，非财产权利（人身权）不能成为权利质权的标的物。（2）须为可让与的财产权。质权为价值权，其标的应有变价的可能，因此，虽为财产权，如不具备可让与性，也不能成为权利质权的标的，例如继承权、抚养请求权、抚恤金领取请求权等。（3）须为适于设质的财产权。何种权利适于设质，何种不适于设质，各国规定不一。依德国民法，可让与的权利都可设定权利质权；依日本民法，不动产物权（如地上权）也可成为权利质权的标的。

我国《担保法》第75条列举规定了可供质押的权利，亦即权利质权的标的范围：（1）汇票、支票、本票、债券、存款单、仓单、提单。此类权利，是以有价证券表示的债权。（2）依法可以转让的股份、股票。股份虽然不是纯粹的财产权，但具有财产内容和让与性，因而可以为质权标的；而股票作为代表股份有限公司股份的有价证券，也可用于质押。但是，在一定期间内不得转让的股份、股票，不得为质权标的（如我国公司法规定，发起人持有的本公司的股份，自公司成立之日起三年内不得转让；公司董事、监事、经理所持有的本公司股份，在任职期内不得转让）。（3）依法可以转让的商标专用权、

①　郭明瑞、杨立新著：《担保法新论》，吉林人民出版社1996年版，第233页。

专利权、著作权中的财产权。(4) 依法可以质押的其他权利。这主要是指一般债权，即非证券债权。债权为财产权，且原则上可自由转让，故可作为质权标的，但依法律规定或其性质不可转让的债权（如委托、承揽、雇用等具有人身性质的债权）及当事人约定不得让与的债权，不能为质权标的。

(三) 权利质权的设定

权利质权的设定方式，依其标的（权利）种类的不同而有所不同。

以一般债权（指名债权）为标的的权利质权，应以书面质权契约设定；如有债权证书，还应将其证书交付于债权人（《日本民法典》第 363 条，《瑞士民法典》第 900 条第 1 款）。除此之外，当事人还应将订立质权合同的情况通知第三债务人。依法国、德国民法，债权质权的设定以将设定情况通知第三债务人为成立要件（《法国民法典》第 2075 条，《德国民法典》第 1280 条）；而瑞士民法则将此通知作为质权设定对抗第三债务人的要件，即债务人接到质权设定的通知后，如向出质人或质权人一方进行清偿，应得到他方的同意，他方不同意时，应将其清偿物提存（《瑞士民法典》第 900 条第 2 款，第 906 条第 2、3 款）；日本民法以通知第三债务人为对抗第三债务人及第三人的要件。我国《担保法》对一般债权质押未作规定，解释上应以通知为对抗第三债务人的要件，即如不对第三债务人为通知，第三债务人得以向出质人清偿而免责。

权利质权以证券债权为标的者，质权的设定除当事人的合意外，还须有证券的交付，质押合同因交付而生效力（我国《担保法》第 76 条）。这一点与动产质权相同。但因证券种类的不同，其要求也不尽相同。以无记名证券出质的，质押合同订立后，出质人将证券交付质权人，质押合同就生效，质权人取得质权；以记名证券出质的，质押合同虽自证券交付之日起生效，但当事人同时应将质押的事实背书于证券上或者记载于证券存根簿及债券上，否则，质权人的质权不得对抗第三人（包括第三债务人）；以指示证券出质的，也应以背书记载“质押”字样为对抗要件。

以股份、股票出质的，质权的设定方式因股份、股票的不同性质而异。以股票出质，除当事人应签订质押合同外，还应交付股票。以无记名股票出质的，出质人将股票以质押的目的交付于质权人，质押即发生效力；以记名股票出质的，除交付股票外，还须办理出质登记，质押合同自登记之日起生效（我国《担保法》第 78 条第 1 款规定，股票出质一律以登记为生效要件，似值斟酌）。以有限责任公司的股份出质的，除适用公司法有关股份转让的规定外，同样须办理出质登记，质押合同自股份出质记载于股东名册之日起生效

（我国《担保法》第 78 条第 3 款）。

以依法可以转让的商标权、专利权、著作权中的财产权出质的，不仅当事人应签订书面质押合同，而且应向主管部门办理出质押登记，质押合同自登记之日起生效（我国《担保法》第 79 条）。可见，登记为知识产权质押的一般生效要件。

（四）权利质权的效力

1. 债权质权的效力

债权质权的效力对于其担保的债权来说，理论上与动产质权相同，包括债权原本、利息、迟延利息、实行质权的费用及权利隐有瑕疵所造成的损害赔偿金，但当事人另有约定者除外。

债权质权效力所及的标的物范围，包括标的债权及利息、标的债权的担保以及标的债权的代位物。人质债权附有利息债权时，质权人有权收取孳息，依次抵充收取费用、所担保债权的利息和债权原本，因为利息债权除当事人另有约定外，应附随原本债权。有价证券上设定的质权，其效力及于已交付给质权人的该有价证券的附属证券，如利息证券、定期金证券、分配收益证券等。出质债权上有担保权的，因担保权也是出质债权的从权利，所以除当事人另有约定外，质权的效力也及于出质债权的担保权（该担保权若为动产质权，随主债权出质时，应移交债权质权人占有；若为抵押权，应办理抵押权出质登记）。

债权质权设定后，质权人主要有以下权利义务：（1）证书或证券的留置权。（2）孳息收取权（但当事人另有约定和附属证券未交付时除外）。（3）转质权（包括承诺转质和责任转质）。（4）限制出质人与第三债务人的权利。债权出质后，出质人不经质权人同意，不得受领第三债务人的清偿，也不得为免除、抵销、更新等使出质债权消灭或变更的行为，否则，其行为对于质权人不发生效力。（5）优先受偿权。这是质权人最基本的权利。债权质权人行使优先受偿权的方式是直接收取入质债权，大体分为以下几种情形：一是质权标的为一般债权，其清偿期先于质权所担保债权的清偿期。在这种情况下，依日本民法的规定，入质债权的标的若为金钱，质权人得使第三债务人提存其清偿金额，质权存在于提存金上；若非金钱，则债权人有受领的权利，质权人于出质人所受领物上有质权，即原来的债权质成为物上质。依德国民法，此时第三债务人只能对质权人和出质人（债权人）共同为清偿，即质权人和出质人共同收取债权；质权人或出质人也可请求第三债务人向其共同清偿，或请求该第三债务人为双方提存债务的标的物以代清偿。对此，我国现行法未作规定，上述法例在实务上均可作参照。二是质权的标的为一般债权，其清偿期后于质权所担保债权的清偿期。在此情况下，质权人是否有权直接请求第三债务人向其清偿，有肯定说与否定说两种不同观点，前者强调质权人利益的保护，后者则注重第三债务人的权益。现代民法理论以否定说为通说。三是质权标的债权为证券债权。在此情况下，即使质权所担保的债权清偿期未届满，质权人仍有权收取证券上应受的给付，并经出质人同意，将受领的给付用于提前清偿债权或提存。我国《担保法》第 77 条对此有明文规定。

2. 股份质权的效力

股份质权的效力，主要体现在质权人的分配盈余收取权、对股票代表物的物上代位权、优先受偿权等方面，但不能及于出质人所享有的财产权以外的权利，例如议决权。

3. 知识产权质权的效力

知识产权质权的设定与抵押权近似，其效力也与抵押权相类似。知识产权设质后，出质人仍可对质权标的权利为利用，但不得擅自转让或许可他人使用。其转让或许可使用经质权人同意的，所得转让费、许可费应当向质权人提前清偿或者向与质权人约定的第三人提存（我国《担保法》第 80 条）。

第四节 留 置 权

一、留置权的概念

留置（Retentionis，Rétention，Retention），原意为保存、保留，留置权即对某物加以保存、保留的权利。但这只是留置权的字面意义。法律上的留置权，是指债权人对其所占有的债务人的与其债权有牵连关系的动产，于其债权受清偿前，得加以留置以作担保的权利。这一定义表明：（1）留置权的权利人为债权人，即留置权是债权人特有的权利；（2）留置权的标的物为债务人的与债权人的债权有牵连关系的动产；（3）留置权以债权人占有标的物为其成立的先决条件；（4）留置权的目的在于担保债权受清偿。这是留置权的一般定义和基本特征。

在我国民法中，留置权有其特定的含义。我国《担保法》第 82 条规定："本法所称留置，是指依照本法第 84 条的规定，债权人按照合同约定占有债务人的财产，债务人不按照合同约定的期限履行债务的，债权人有权依照本法规定留置该财产，以该财产折价或者以拍卖、变卖该财产的价款优先受偿。”依此规定，我国的留置权除符合上述留置权的一般定义和基本特征之外，还有以下特色：其一，留置权的权利人是法律规定可以发生留置权的合同的债权人，非合同之债不发生留置权，法律未规定可以留置的合同的债权人也不享有留置权；其二，留置权的标的物是债权人按照合同约定取得占有的债务人的动产，即与其债权处于同一合同关系中的动产。由此可见，我国立法所采取的是狭义的留置权概念。

留置权的概念，还可通过留置权与类似权利的比较加以进一步说明。

留置权与动产质权。留置权和动产质权同为债的担保方式，且都以动产为其标的物，以占有动产为要件，外观上颇为相似。二者的区别表现在：（1）作为留置权标的物的动产只能是债务人所有的动产，而动产质权的标的物既可以为债务人所有，也可为第三人所有。（2）留置权一般基于法律规定而产生，属法定担保物权，其作用仅在于确保债权的清偿；而动产质权则基于设定行为产生，属意定担保物权，其作用除确保债权清偿外，还具有媒介金钱借贷的功能。（3）留置权因占有的丧失而消灭，故留置物被侵夺时，仅能提起占有返还之诉，不能根据留置权请求返还；而动产质权并不因质物占有的丧失而立即消灭，只有在不能请求返还时才归于消灭，故质物被侵夺时，质权人可根据质权请求返还。（4）留置权的实行除以所担保的债权届期未受清偿为前提外，尚须具备一定条件，而动产质权只要债权届期未受清偿便可实行。

留置权与同时履行抗辩权。所谓同时履行抗辩权，是指因合同而互相负有同时履行的债务的当事人，一方在对方未为对价给付前，得拒绝对方的给付请求的权利。留置权与同时履行抗辩权同为合同债权人的权利，但有以下区别：（1）性质不同。留置权以物的支配为内容，具有物权性质，可对任何人主张；而同时履行抗辩权是债权性质的权利（与请求权相伴而生），只能对合同对方当事人援用。（2）标的不同。留置权的标的以物（动产）为限，而同时履行抗辩权拒绝给付的标的并不以物为限。（3）目的不同。留置权的目的在于债权担保，留置权发生后，如债务人对债务履行另行提供相当担保，留置权即归于消灭；而同时履行抗辩权的目的在于促使双方交换履行，并不因对方当事人提供相当担保而消灭。

留置权与抵销权。留置权与抵销权均源于罗马法上的恶意的抗辩权，目的均在于避免对立债务履行中的不公平现象，维护债权人的利益，但二者的区别也是显而易见的。（1）留置权为担保物权，而抵销权是使双方债务在对等的范围内消灭的形成权。（2）留置权仅于相对人履行其债务前有一时的留置效力，并不能直接使债权归于消灭（须经变价受偿）；而抵销权则有使双方债权终局的消灭的效力。(3) 留置权是在标的物交付债务与关于标的物的其他给付债务对立的条件下产生的，亦即对立给付为异类给付；而抵销权则产生于同类给付债务对立的条件下。(4) 留置权的目的在于债权的担保，而抵销权的主要目的在于避免双方交换给付的劳费。

二、留置权的立法例

通说认为，留置权源于罗马法上的恶意抗辩权，而现代留置权制度则由中世纪的商事留置权制度演变而来。恶意抗辩权是诉讼法上的权利，即债权人对于相对人负有与其债权相关联的债务时，在债务人未履行其债务期间，得拒绝自己所负担债务的履行。这种恶意抗辩权与抵消抗辩权、同时履行抗辩权性质相似，虽然与留置权相通，但不具有物权性，而是一种对人的抗辩权，是赋予权利人以诉讼上的一种补救措施，与现代意义上的留置权有明显差别。后来，中世纪意大利的商业习惯法确立了商事留置权制度，即就某种商事特定关系规定债权人对债务人的动产享有特别留置权，以此对抗其债务的不履行。近代法上的留置权，实起源于这种带有物权性质的商事留置权，但各国立法差异颇大，形成了债权留置权和物权留置权两种基本制度。

法国、德国、意大利等国民商立法采取的是债权留置权制度，留置权只是债权效力的伸延，债权人在相对人履行债务前，对已占有的相对人之物有拒绝给付的权利，但没有支配的权利。《法国民法典》继承罗马法传统，只认留置权为双方契约上同时履行抗辩权的一种，对其不作集中规定，只分散规定在有关条文中。《德国民法典》也继承了《法国民法典》的立场，将留置权作为给付拒绝权规定于债编之中，作为债的一种特别效力。《德国商法典》也规定了商事留置权（第369条），但学理和司法解释均认为这种商事留置权仍为对人的权利，在性质上不具有物权性和优先受偿性。意大利民法的规定也与此相同。债权留置权主要有以下特点：(1) 留置权在立法上被视为债的履行抗辩权，构成债权法的内容；(2) 留置权以债权与相对人的物的返还（给付）请求权之间有牵连关系为必要；(3) 留置权不产生直接支配物的效力，只是债权人对抗相对人的物的返还（给付）请求权的权利。总而言之，留置权属债权的范畴。

瑞士、日本及英美法系各国采取的是物权留置权制度，留置权是债权人为担保债权受清偿而对合法占有的债务人之物享有的一种法定物权。《瑞士民法典》一改法、德立法的传统，将留置权规定于担保物权之中，赋予其物权性，在一定条件下有变价权和优先受偿权（第89条）。《日本民法典》也采瑞士立法体例，规定留置权为担保物权，且其标的物不以动产和有价证券为限，但未明文规定留置权人的变价权和优先受偿权。在英美法中，留置权（Lien）是保留占有属于他人的财产直到占有人对该他人的权利请求得到清偿的权利①，分为普通法上的留置权（Lega Lien）、衡平法上的留置权（Equitable Lien）和海上留置权（Maritime Lien）三种。普通法上的留置权，常以物之占有为必要，故称占有的留置权。如无明文规定，此种留置权为不包含就物受清偿权能的单纯留置权，如动产出卖人的留置权、承揽人的留置权、代理人的留置权、旅店主人的留置权及运送人的留置权。衡平法上的留置权，不以物的占有为必要，对于知晓留置权的存在而取得留置物的人，均得主张其留置权，故留置权是为衡平的利益而被赋予物权的效力。衡平法留置权的标的物通常为不动产，例如土地买卖的留置权。海事留置权，是指留置权人为担保海商法上的请求权得到偿付而对船舶、船上装备、船上用具和船上货物享有的扣押请求权，如为薪金的船员留置权、对加害船舶的留置权等。上述三种留置权中，以标的物占有为先决条件的留置权与大陆法上的留置权最相类似。

我国现行法上的留置权制度，主要规定于《担保法》中。我国担保法规定的留置权，具有以下法律特征：

1. 留置权为法定担保物权

这一特征包含两层意义：其一，我国留置权的性质为物权，此点与瑞士、日本民法相同。留置权的物权性，表现在它直接以物为标的，以对物的支配为内容，并具有物权排他性特征。其二，留置权为法定担保物权。这是就留置权的功能和发生根据而言。留置权是担保物权的一种，其基本作用是担保债权的实现。其担保作用源于对债务人财产的占有，并因此而留置以保持占有的状态，从而促使债务人清偿到期债务；如债务人于清偿期届满后的一定期间内仍不履行债务，债权人即可将留置物折价，或者拍卖、变卖留置物，以其变价款优先受偿。同时，留置权又是一种依法律规定而发生的担保物权，于法律规定情形下当然发生，无需当事人约定，而当事人也不能于法律规定的范围外自行约定留置权。这是留置权与其他两种担保物权（抵押权、质权）的重要区别。

2. 留置权是具有二次效力的担保物权

留置权产生以后，发生前后二次效力。第一次效力发生于留置权产生之时，表现为债权人“留置”权的实行，即债权人（留置权人）于其债权未受

---

① 《牛津法律指南》，1980年英文版，第769条，lien条。

清偿前，可以留置债务人的财产，促使债务人履行债务，留置权人对留置物享有继续占有的权利，并享有物上请求权。留置权这一次效力，于债务人清偿债务之时终止。第二次效力发生于债务人逾期未清偿债务之时，表现为留置权人优先受偿权的实行，即留置权人于债务人超过规定的限期仍不履行义务时，得依法以留置物折价或拍卖、变卖的变价款优先受偿。留置权的二次效力特征，使其成为一种独特的担保物权。

3. 留置权具有从属性和不可分性

这是留置权作为担保物权所固有的特征。留置权的从属性，是指留置权作为被担保债权的从权利，依主权利的存在而存在，依主权利的消灭而消灭。留置权的不可分性，是指留置权的效力就债权的全部及于留置物的全部。此点也与其他担保物权相同，无须赘述。

三、留置权的成立

留置权为法定担保物权，于一定条件下，依法律规定当然成立。对于留置权成立的法定要件，可从积极要件和消极要件两方面加以阐述。

（一）留置权成立的积极要件

留置权成立的积极要件，是留置权成立所应具备的事实。一般认为，留置权成立的积极要件有以下三项：

1. 须债权人占有债务人的动产

对债务人动产的占有，是留置权成立的最基本要件，对此可从以下方面加以分析：

其一，留置权的主体为债权人。留置权系为担保债权而设，故其主体须为债权人。至于留置权人应当为何种债的债权人，各国规定不一。传统民法一般不限定债的范围，因各种原因（合同、侵权行为、不当得利、无因管理）所发生的债的债权人均可成为留置权的主体。而我国立法则对此加以限制，《民法通则》规定留置权人为合同债权人，《担保法》进一步限定为保管合同、运输合同、加工承揽合同以及法律规定可以留置的其他合同的债权人，其范围似过于狭窄。

其二，留置权的客体为债务人的动产。对留置权的客体范围，各国规定不一。德国民法规定留置权的标的不限于物，还包括权利；日本民法以物为限；瑞士民法以动产和有价证券为标的。我国《民法通则》规定为“财产”，失于笼统，而《担保法》则明确规定为动产。从解释上说，广义的动产也包括有价证券，故有价证券也不妨成为留置权的标的物。其次，该动产必须是债务人的动产。所谓债务人的动产，应解释为包括债务人所有的动产和合法占有的动产。

其三，留置权的成立，以债权人占有债务人的动产为必要。对债务人的动产，只有债权人取得事实上的管领、控制或支配力时，才能成立留置权。占有的方式，可以是直接占有，也可以是辅助占有和间接占有，但单纯的持有（如受雇人持有雇用人的工具）不是占有，不能成立留置权。

2. 须债权的发生与该动产有牵连关系

留置权的成立，不以债权人占有债务人的动产为已足，还须债权的发生与该动产有牵连关系，这是各国立法对于留置权成立的共同要求。但对于何为“牵连关系”，则有不同的立法主张和学说观点。

一为债权与债权有牵连关系说。此说认为，债权人占有的债务人的物上能否成立留置权，取决于债权人的债权与相对人物的返还请求权之间是否存在牵连关系。依《德国民法典》第 273 条规定，债权人的债权和债务人的债权须产生于同一法律上的关系，债权人的债权和相对人物的返还请求权因同一标的物而发生，方能发生留置权。至于何为“法律上的关系”，德国学者有的认为与法律关系同义，而大多则解释为生活关系的同一，即两请求权虽依不同的法律关系而发生，如果两种法律关系依其目的、当事人的意思或交易观念可从经济上加以一体观察，也可认为有牵连关系。法国民法也采债权之间有牵连关系说，但其牵连关系只限于两个对应的请求权产生于同一合同关系，否则不能成立留置权。

二为债权与标的物有牵连关系说。此说主张，债权人的债权与其占有的物之间有牵连时，才可成立留置权。例如，瑞士民法将牵连关系定义为“债权的性质同留置标的物有关联”，日本民法则规定为“债权因物而发生”。但在何为债权与物有牵连问题上，又有二元说和一元说两种观点。二元说认为，债权与物的牵连包括直接牵连和间接牵连两种情形。直接牵连，是指债权为就标的物本身所发生的，如由物的瑕疵所生的损害赔偿请求权、为物所支出费用的偿还请求权。对间接牵连，学说见解不一，有的主张须债权因物归于占有人支配的同一关系而发生，有的认为债权与物的交付请求权之间有牵连，有的认为债权与物的返还请求权须由于同一法律关系或同一生活关系而发生，有的则认为债权与以物为标的的债权之间有牵连。与二元说不同，一元说不区分直接牵连和间接牵连，而以留置物为债权发生的原因时，即认为其间有牵连性。至于何种原因为有牵连关系，又有三种主张：（1）直接原因说：认为标的物须构成债的发生的唯一直接原因，或至少是其直接原因之一，才为有牵连关系。

（2）间接关系说：认为除上述直接原因外，有间接因果关系者，也可认为有牵连关系。此说又有以下不同见解：有的认为基于同一原因发生就具有牵连关系，有的认为债权须由标的物而发生，或债权与物的物返还请求权基于同一法律关系或生活关系而发生时，才可谓有牵连关系。（3）社会标准说：认为债权与物须基于某种经济关系发生，债权人如自己不履行其债务，其请求返还标的物的行为在社会观念上认为不当时，即属有牵连关系。史尚宽先生认为，债权的发生与物有牵连关系应解释为，就物所生的事实为债权发生的直接或间接原因时，其物与债权的发生有牵连关系，并列举了债权的发生与物有牵连关系的八种情形①。

从我国现行立法看，对债权与物之间的牵连关系，采取了“直接原因说”，即当债权和债务都是因债权人取得占有的合同而发生，或者说债权人的权利和债务人请求交付标的物的权利是基于同一法律事实发生时，才认为债权的发生与标的物有牵连关系。《民法通则》第 89 条规定“按照合同约定一方占有对方的财产”，《担保法》第 82 条规定“债权人按照合同约定占有债务人的动产”，都表明了对“直接原因说”的肯认。对此，许多学者认为过于保守，主张通过立法解释予以扩张，即由“直接原因说”扩张到“间接原因说”，以利于担保债权，发展市场经济②。我们同意这种观点。

3. 须债权已届清偿期

债权人占有债务人的动产，若其债权未届清偿期而允许成立留置权，无异于强制债务人提前履行债务，这显然有失公平。因此，现代各国立法都规定以债权已届清偿期为留置权成立的要件，我国《民法通则》和《担保法》也有明确规定。在这一点上，留置权不同于其他担保物权（对抵押权和质权而言，债权已届清偿期是其行使要件而不是成立要件）。

但留置权并非以债权已届清偿期为成立的绝对要件。债务人无清偿能力而被宣告破产时，对未届期的债权有“视为已届清偿期债权”的救济。此外，在债务人无支付能力时，债权虽未届清偿期，留置权也可成立（《瑞士民法典》第 897 条第 1 款）。对这种“紧急留置权”，我国现行法未作规定，学者多主张应有此解释。

（二）留置权成立的消极要件

留置权成立的消极要件，也称为留置权行使的要件，是指对留置成立的限

① 史尚宽著：《物权法论》，台湾荣泰印书馆 1957 年版，第 451～452 页。

② 郭明瑞、杨立新著：《担保法新论》，吉林人民出版社 1996 年版，第 267 页。

制，亦即虽然具备留置权成立的上述积极要件，但如有违某一消极要件的要求，留置权仍不得成立。

各国立法所规定的留置权成立的消极要件，主要有以下几项：

1. 标的物的占有不是因侵权行为而取得

法律规定使留置权人继续占有标的物，以促使债务人清偿债务，乃是基于公平观念。因此，占有人的占有必须是合法占有。如果债权人是因侵权行为而取得他人动产的占有，即不能成立留置权。故以抢夺、盗窃、欺诈、胁迫等手段取得对物的占有，即使所有人未支付修缮费用，占有人也不得留置其物。

2. 标的物的留置不违反公共秩序及善良风俗

虽有成立留置权的积极条件，但留置标的物有违公共秩序或善良风俗者，不得行使留置权（《瑞士民法典》第 896 条第 2 项，我国《民法通则》第 7 条）。例如，对于债务人的生活必需品、身份证件及运送中的尸体均应认为不得行使留置权。

3. 标的物的留置与债权人所承担义务不相抵触

债权人不得以留置权排除或迟延自己应履行的义务，如承运人不得在货物运达目的地之前行使留置权。所谓债权人所承担的义务，应解释为债权人依双方约定或法律规定而承担的他种义务，而不包括债权人本来的给付义务（应交还标的物的义务），因为后者与留置权本不相容，若强调不与之相抵触，则与留置权的本旨相违反。

4. 标的物的留置与债务人于交付标的物前或交付标的物时所为的指示不相抵触

债务人于交付前或交付时明确指示债权人于履行债务后应将标的物交还于自己或第三人的，债权人不得留置。例如，某甲将电视机交于某乙修理时有试用期的指示，则某乙修理完毕后应将电视机交还某甲，而不得以某甲未交付修理费为理由而加以留置。但是债务人于标的物交付后成为无支付能力或其无支付能力于交付后始为债权人所知者，标的物的留置即使有前述抵触情形，债权人仍可行使留置权（《瑞士民法典》第 897 条第 2 项）。

5. 当事人事先无排除留置的约定

留置权虽为法定担保物权，但民法关于留置权的规定，并不是保护公共利益的强行法，而是为保护债权人利益所设。依意思自治原则，如果当事人合意排除留置权的适用，应予准许；债权人事先以有效方式表示排除留置权的行使的，也有此效力。我国《担保法》第 84 条第 3 款规定："当事人可以在合同中约定不得留置的物。"对这种约定之物，债权人自不得行使留置权。

四、留置权的效力

（一）留置权的效力范围

留置权的效力范围，包括留置权所担保的债权的范围和留置权标的物的范围两个方面。留置权所担保的债权范围，原则上与其他担保物权所担保的债权范围相同，各国立法一般规定为与留置物有牵连的一切债权，包括原债权、利息、迟延利息、实现留置权的费用、留置物保管费用以及因标的物隐有瑕疵而产生的损害赔偿。对此，我国《民法通则》未作规定，《经济合同法》仅在承揽合同中规定了报酬和保管费用，而《担保法》第 83 条则规定："留置担保的范围包括主债权及利息、违约金、损害赔偿金、留置物保管费用和实现留置权的费用。"这一规定，与各国立法主张基本一致（损害赔偿金包括因留置物隐有瑕疵而产生的损害赔偿金）。

留置权标的物的范围，立法上多无明文规定，解释上认为应包括留置物、留置物的从物、留置物的孳息和留置物的代位物。此点也与其他担保物权基本相同，兹不赘述。

（二）留置权对留置权人的效力

1. 留置权人的权利

留置权人的权利，主要包括以下几个方面：

留置物占有权。留置权人于其债权未受清偿前，有权继续占有留置物，这是留置权的基本效力所在。这种占有权是对留置物原有的占有权的继续，但其性质已发生了变化，即由债权基础上的占有权变为留置权基础上的占有权。留置物的占有权是持续的，直到留置权消灭或留置权实现。就其效力而言，留置物的占有权既可以对抗原债务人，也可以对抗第三人。债权人在其债权未受清偿前，有权拒绝债务人的一切返还请求，这是留置物占有权的相对效力；对债权人的占有，任何第三人都负有不得侵害的义务，这是留置物占有权的绝对效力。基于此，当留置物受到侵夺时，留置权人享有物上请求权，得请求返还原物，以回复占有，使其留置权得以再生。

留置物孳息收取权。留置权人在其占有留置物期间，得收取留置物的孳息，以抵偿其债权（《日本民法典》第 297 条）。如果留置物的孳息为金钱，可直接以其抵充债务；如为其他财产，则可以其变价优先受偿。留置物孳息（或其变价）抵充债权清偿的顺序，当事人有协议的，依协议进行，没有协议的，应先抵充收取孳息的费用，其次为利息，其后是原债权。

留置物必要的使用权。留置权人以善良管理人的注意保管标的物时，在必要的范围内有使用标的物的权利，例如适当使用留置的车、船、机械等以防止锈蚀等。但这种使用，须出于保管上的需要。一般来说，如果没有这种使用就会使标的物的价值减少，则其使用可认为必要。当必要的使用产生收益时，留置权人应收取之，按照留置物孳息的处理方法处理。

留置物必要保管费用请求权。留置权人为保管留置物所支出的必要费用，是为债务人的利益而支出的，因此，这种费用应由债务人承担，留置权人有权向其请求偿还。

留置物变价权。留置权成立后，债务人逾期仍不履行的，留置权人对于留置物享有变价权。留置物的变价权应如何行使，立法例上规定不一。我国《担保法》第 87 条第 2 款规定："债务人逾期仍不履行的，债权人可以与债务人协议以留置物折价，也可以依法拍卖、变卖留置物。"依此规定，留置权人变价权的行使，不采取诉讼方式，而是采取协商方式和债权人依法自行行使方式。

优先受偿权。留置权人是否享有优先受偿权，各国规定不一。主张留置权为债权性担保的立法，一般不承认留置权人有优先受偿权；主张留置权为担保物权的立法，也有的未规定留置权人的优先受偿权。我国《担保法》借鉴了先进立法例，明确规定留置权人对留置物享有优先受偿权（第 82 条）。

2. 留置权人的义务

留置权人的义务主要有两项：一为对留置物的保管义务，二为留置物的返还义务。

留置权人应当以善良管理人的注意保管留置物。通说认为，其保管义务主要包括三项内容：一是保障标的物的安全。标的物因留置权人的过错毁损或灭失的，留置权人应负赔偿责任。二是保障标的物的利益收取。留置权人对于标的物的孳息和其他利益，既有收取的权利，也有收取的义务，因过错没有及时收取而造成孳息损失的，留置权人应负损害赔偿责任。三是不得为自己的利益而使用标的物。留置权人非以保管上的必要为目的，不经债务人同意，不得使用、出租标的物或以标的物向他人供作担保，否则，应负义务不履行的损害赔偿责任。我国《担保法》第 86 条规定："留置权人有妥善保管留置物的义务。因保管不善致使留置物灭失或者毁损的，留置权人应当承担民事责任。"其精神可作如上解释。

留置权消灭时，债权人丧失对留置物的占有权，应将留置物返还于债务人。否则，债权人应当承担不法占有债务人财产的民事责任。

（三）留置权对于被留置人（债务人）的效力

留置权对被留置人（债务人）的效力，主要表现在以下几个方面：

1. 保留留置物的处分权

留置权成立后，被留置人虽不得占有、使用留置物，但仍享有留置物的处分权，被留置人可依其权限处分留置物，如出卖、赠与等，但留置权并不因此而消灭，只是留置权人与留置物的受让人之间产生留置权法律关系，受让人成为新的被留置人。但是，由于留置权的成立，被留置人对留置物的处分权实际上仍受到一定的限制。例如，出质权和出租权的行使，均因留置权的存在而受影响。

2. 偿付因留置物而支出的必要费用

如前所述，留置物被留置后，其权属并未改变，因而，留置权人保管、维护留置物的一切必要费用，均应由被留置人承担。因此类费用而发生的债权债务关系，也在留置权的担保范围之内。

3. 承担不作为义务

留置权成立后，被留置人必须尊重留置权人行使留置权的事实，不得干扰、阻碍留置权人行使权利，更不得抢夺、毁损留置物。必要时，被留置人对留置权人行使留置权应予以协助。

五、留置权的实现

留置权的实现，也称留置权的实行，是指留置权第二次效力的实现，即债务人于债权人留置标的物后的一定期限内仍不履行其债务时，留置权人以标的物的变价优先受偿。

留置权的实现，必须依一定程序进行。《瑞士民法典》第898条规定："债务人不履行债务时，债权人须事先通知债务人，得变卖留置物。但此规定仅限于债权人未得到充分担保的情形。"上述规定，明确了实现留置权的必要程序和条件。对此，我国《担保法》第87条也作了具体规定。

一是确定债务人履行债务的宽限期。依我国担保法，宽限期的确定有两种办法：一是由当事人双方事先在合同中约定，约定的期限不得少于两个月；二是债权人在留置财产后自行确定宽限期，但最短也不得少于两个月；如果双方约定或债权人自定的宽限期不足两个月，应视为无效，依法定最低期限（两个月）执行。

二是通知债务人。债权人留置合同标的物后，应当立即通知债务人，告知已将合同标的物留置的事实和宽限期，并催告债务人在宽限期内履行债务

（宽限期自通知之日起计算）。债权人未经通知债务人上述内容的，不得实现留置权。如果双方当事人于合同中事先定有宽限期，则债权人不负通知义务，期满即可实现留置权。

三是就留置物变价取偿。如债务人在宽限期内仍不履行债务，也不另行提供担保，留置权人即可就留置物变价取偿。变价取偿的方法，与抵押物、质物的变价取偿方法大体相同，无需赘述。

六、留置权的消灭

留置权的消灭，是指留置权成立后，因一定原因的出现而不复存在。对留置权的消灭，可从一般原因的消灭和特别原因的消灭两方面考察。

留置权的一般消灭原因，包括物权消灭的共同原因和担保物权消灭的共同原因。留置权是物权，当物权消灭的共同原因出现时，留置权归于消灭。这些消灭原因包括：标的物灭失；标的物被征用；留置权与所有权混同；留置权被抛弃。此外，担保物权消灭的共同原因，也是留置权消灭的一般原因，包括担保物权所担保的主债权消灭和担保物权的实现。留置权担保的债权因清偿、免除、抵销、抛弃等原因而消灭时，留置权随之消灭；留置权实现以后，留置权也消灭。

留置权的特别消灭原因，是指只能引起留置权消灭的特殊事实。此类原因，主要有以下几项：

其一是债权人另行提供担保。债务人为债务的清偿，如果提出相当的担保，债权人的留置权消灭（《德国民法典》第 273 条，《日本民法典》第 301 条，《瑞士民法典》第 898 条，我国《担保法》第 88 条）。所谓相当的担保，是指另行提供的担保与留置权人的利益相当。解释上，有的认为应与留置物的价值相当，有的认为应与留置物所担保的债权范围相当，我们认为应以后说为当。关于债务人另行提供的担保在形式上是否有限制，也有不同主张。一种观点认为，债务人只能提供除留置权以外的其他担保物权的担保，即只能提供抵押或质押担保。德国法采此主张。另一种观点认为，债务人提供的担保既包括物保，也包括人保，即保证。瑞士、日本等国在解释上采此主张。我国《担保法》第 88 条对此未加限制，应作广义解释，即只要为留置权人所接受，无论被留置人提供何种担保，均发生留置权消灭的效果。

其二是留置权人丧失留置物的占有。留置权既以留置物的占有为成立条件，也以此为存续条件，债权人若丧失留置物的占有，也就无留置权可言。但是，如果留置权人日后再取得留置物的占有，重新具备留置权成立的要件时，并不妨碍在该物上为同一债权成立留置权。留置权人对留置物的占有由直接占有变为间接占有时，其对留置物的占有仍为有效，留置权并不因此而消灭。依“留置权因占有丧失而消灭”的法律原则，留置物的占有被侵夺时，债权人不能基于留置权请求返还留置物，而只能基于原占有物返还请求权在一定期内请求返还。

其三是债权清偿期的延缓。债权已届清偿期是留置权的成立要件，因此，若债权清偿期延缓，则留置权消灭。不过，这种留置权消灭不是终局的，延缓期经过后，留置权重新成立。

第五章 占　　有

第一节 占有概述

一、占有的含义

占有（Possessio，Besitz，Possession）原意为对物件的控制或管领。但对民法上占有的内涵，则有不同的学说和立法主张。

一为"事实说"。此说认为，占有是一种物的事实状态，即物为人所支配（控制、管领）的事实。这一观念，在罗马法和日耳曼法中都有所体现。罗马法一般认为，占有是事实，而不是权利，无论物的所有权和他物权属于谁，也不论是善意还是恶意，只要对物实际控制就构成占有①。在日耳曼法中，占有（Gewere）是指对于物的事实上的支配状态。是否有物的支配，对动产来说，有管领者为有支配；对土地来说，有利用者为有支配；对权利来说，有行使者为有支配②。马克思在研究罗马法的基础上，也得出了这样的结论："私有财产的真正基础，即占有，是一个事实，是不可解释的事实，而不是权利。只是由于社会赋予实际占有以法律的规定，实际占有才具有合法占有的性质，才具有私有财产的性质。"③ 从立法上看，《德国民法典》（第856条）和《瑞士民法典》（第919条）均采是说。

二为"权利说"。此说认为，权利的要素一为利益，二为法律的保障。占有使占有者得利用其物并受令状（诉讼）保护，使自己具备了权利的要件，至于令状也保护非法的占有人，作为占有非权利的佐证，论据似欠充分，因为因非法而取得权利之事并不少见，如恶意加工人可成为加工物的所有人，猎人

---

① 周枏著：《罗马法原论》（上），商务印书馆1994年版，第407页。

② 史尚宽著：《物权法论》，台湾荣泰印书馆1957年版，第477页。

③ 《马克思恩格斯全集》第3卷，人民出版社2002年版，第137页。

经土地所有人反对仍在该地打猎的，对猎获物也依法享有所有权等①。此说亦以日耳曼法为例，认为日耳曼法上的占有为表现物权的外部之法的形式，其共通的效力有三：一为权利之防御；二为权利之实现；三为权利之移转②。立法上采此说者，以日本民法为代表。《日本民法典》第二编“物权”之第二章名为“占有权”，设于物权总则之后、所有权章之前。该法规定，占有权，因以为自己的意思，事实上支配物而取得（第180条），占有人于占有物上行使的权利，推定为适法的权利（第188条）。在英美法中，财产的实际占有人也被推定对该财产享有权利，除非另有他人证明对此享有更优位的权利（Superiortitle）③。

三为“权能说”。在前苏联民法中，占有被视为所有权的一项权能，即“占有权”。如约菲认为：“占有是一个复杂的多阶段的过程……因此，所有权在它所统一的随便哪一个权能中（无论占有、使用还是处分）都是作为占有权出现的”；勃拉图西则认为，占有只是所有权的一项权能，“除了静态的占有，属于所有权的也还有绝对静止的使用和处分”④。1964年的《苏俄民法典》第92条规定：“在法律规定的范围内，所有人对财产享有占有、使用和处分的权利。”这也反映了这种观点。我国民法理论受其影响，通常是在所有权权能的意义上使用占有（占有权）这一概念（即将占有视为所有权的一项权能），虽然也论及“非所有人的占有”（区分为合法占有与非法占有，善意占有与恶意占有），但并未从整体上讨论其法律效果问题，也缺乏统一的法律调整⑤。

我们认为，上述三说，以“事实说”为当，即占有是对物的事实支配状态。从广义上说，占有是指一切非所有人对物的事实上的支配；从狭义上说，占有是指非所有人在无权原或双方当事人合意的情况下实际支配他人之物的事实状态（各国立法多采其广义而用之）。这种事实状态本身并非权利，只是在法律赋予这种事实支配以一定的法律效力时，物之占有人才根据此种支配而享有一定的权利，即“占有权”。对此，即使是主张“权利说”的学说和立法也

① 周枏著：《罗马法原论》（上），商务印书馆1994年版，第408页。

② 史尚宽著：《物权法论》，台湾荣泰印书馆1957年版，第477页。

③ 《牛津法律指南》，1980年英文版，第971页。

④ 约菲：《关于所有权的学说》，载中国人民大学民法教研室编：《外国民法论文选》，第113~114页。

⑤ 也有个别学者认为，占有权不同于所有权中的占有权能，是民法中的独立权利。参见孟勤国：《论占有、占有权能和占有权》，载《法学研究》1985年第2期。

得不加否认的。如《日本民法典》就规定，占有权因“事实上的支配而取得”（第180条），并因“丧失对占有物事实上的支配而消灭”（第203条）。占有权必须以对物事实上的支配（即占有）为成立条件，但并非一切对物的事实上的支配均产生权利（占有权）。可见，“占有”与“占有权”是两个不同的概念。至于所有权或他物权中的“占有”权能，则是所有权人或他物权人对标的物加以掌握和控制的权利，它是所有权或他物权作用力的表现，既不同于占有（占有是一种事实，而占有权能则是所有人依法享有的占有标的物的权利），也不同于占有人基于占有而产生的权利（主体、内容和发生根据均不相同）。

二、占有的要素

占有的要素，即构成占有的基本要件。对此，各国学说和立法向有不同主张。

一为“主观说”，也可称为“二元说”。此说认为，占有的构成要素有二：一为占有的事实，二为占有的意思，二者缺一不可。早在罗马法时代，法学家保罗斯就指出：“我们通过握有和意旨取得占有，而不单凭意旨或握有取得占有”①。保罗斯的这一定义规定了占有的两个要素，即“体素”（Corpus）和“心素”（Animus）。但对“心素”的内涵，后世罗马法学家有不同的见解。16世纪的法国沿革法理学派代表人物库雅斯（Cujas）认为，占有的意思因时效取得占有和有令状的占有而不同：前者占有人应有所有的意思，后者只须有为自己占有的意思（如仅有为他人占有的意思则为持有，例如受寄人之持有）。19世纪德国历史法学派代表人物萨维尼则认为，不论是时效取得占有，还是有令状的占有，都必须有所有的意思和管领物件的事实，如果仅有管领物件的事实而没有所有的意思，那只是持有；至于罗马法承认没有所有意思的讼争物保管人、典质人、永租人和容假占有人享有占有人的资格，是由于实际需要而对占有原则所作的例外（以上四项，萨维尼称为“传来占有”，因为其占有是由托管人、出质人、所有人和保护人等转让而来）。萨维尼的上述理论，称为“所有意思说”，它主宰罗马法理论达60年之久②。除此之外，德国学者中还有“支配意思说”和“自己意思说”两种观点。前者为温德夏（Windsheid）所

① 转引自江平、米健著：《罗马法基础》，中国政法大学出版社1987年版，第187页。

② 周枏著：《罗马法原论》（上），商务印书馆1994年版，第413~414页。

倡，认为占有意思即支配物的意思；后者由庞堡（Pernberg）所主张，认为占有是指以自己的名义、为自己的利益而持有物。上述“主观说”观点，在近代民法典中不乏体现。如《法国民法典》第2229条规定，“为因时效而取得所有权，必须以所有人的名义持续地并不中断地、无争议地、公开地、明确地占有”，反映了库雅斯和萨维尼的观点；而《日本民法典》第180条规定：“占有权，因以为自己的意思，事实上支配物而取得”，则采纳了庞堡的主张。

二为“客观说”，也可称为“一元说”，为德国学者耶林（Jhring）所倡导。耶林在其《意思在占有中的作用》一文中，提出了与萨维尼完全相反的观点。他认为，除时效取得须有所有的意思外，一般占有只要有持有的意思（Animus Tenendi），即握有物的意思就足够了，因此，诉讼物保管人、典质权人、永租人、容假占有人等当然应受占有令状的保护；体素或心素就人与物的关系来看是不可分的，无体素则无心素，反之亦然，特别是心素是人脑的主观活动，以此作为占有的要件未免荒谬①。继耶林之后，另一学者倍克尔（Bekker）进一步认为，占有为单纯的物的事实上的支配，不以任何意思为要件。上述观点，在《德国民法典》中得到了体现。根据《德国民法典》的规定，占有因对物具有实际控制而取得，并因占有人抛弃或以其他方式丧失对物的实际控制而终了（《德国民法典》第854、856条）。瑞士民法也采此观点。

在占有的构成要素问题上，英美法基本采取了“主观说”，即认为法律上的占有（Legal Possession）应包含占有的意思（Animus Possidenti）和占有事实（Factum Possidenti）两个要素。前者指排他持有的意图（Intent to Hold against Others），后者指对物的实际占领（Occupation）或控制（Control）。在某些场合下，占有的要素是可以分离的，如所有人对借出之物有占有意思而无占有事实，而借用人则有占有事实而无占有意思（但有对抗除真正所有人以外的一切人的意思）。英国法一般认为，受雇人、承揽人、借用人等对物仅仅是保管（Custody）或事实上的占有（De Facto Possession），而不是法律上的占有，而盗窃者则可能拥有法律上的占有，因为他既有占有意思又有占有事实，尽管其占有是非法取得的。②

我国民法尚未专门就占有问题作出规定，民法理论对占有要素问题也缺乏探讨。我们认为，我国未来的占有立法宜采“客观说”对占有的要素加以界

① 周枏著：《罗马法原论》（上），商务印书馆1994年版，第414~415页。

② 《牛津法律指南》，1980年英文版，第970~971页。

定。这一方面是因为，“主观说”因其“心素”（意思）难以判定和证明，已为现代民法理论所抛弃，另一方面也是对占有关系加以全面法律调整的需要（若采“主观说”，必将使占有制度的内容受到不合理的限制，人为地割裂了同一类型的社会关系）。

三、占有的分类

自罗马法以来，占有就有各种理论分类。这些分类，对各国占有立法和司法实践均有一定影响。

1. 自主占有与他主占有

这是以占有人的意思为标准所作的分类。自主占有是指以其物属于自己（所有的意思）的占有；否则为他主占有。此种分类源于罗马法上的法定占有与自然占有之分（前者受令状和物权诉的保护，后者则否），并与英美法对占有的基本分类（法律上的占有与事实上的占有）相当。

自主占有要求占有人具有“所有的意思”，即将其物如同自己之物加以占有，至于占有人是否真正为所有人或确信自己为所有人则在所不问。因此，不但无所有权而误信其有者（如无效买卖合同的买受人）是自主占有人，即便是盗贼也可成为自主占有人。反之，一切无所有意思的占有均为他主占有，如典权人对典物的占有、质权人对质物的占有、承租人对租赁物的占有等。

自主占有与他主占有的区分，主要关系到取得时效和先占的构成。依各国通例，作为取得时效和先占要件的占有，须为自主占有。此外，在占有物灭失毁损时，自主占有人与他主占有人的赔偿责任范围不同（自主占有人的赔偿责任较轻）。

2. 直接占有与间接占有

以占有人是否直接管领其物为标准，占有可分为直接占有与间接占有。间接占有，是指以他人的占有为媒介的占有，反之则为直接占有。依德国民法理论，于间接占有人与物之间自己有占有者为“占有媒介人”或“下级占有人”，间接占有人为“上级占有人”。

间接占有的成立，以间接占有人与媒介人之间存在某种法律关系为前提，例如质权人、承揽人、受寄人等对于他人之物为占有者为直接占有人，而该他人（出质人、定作人、寄托人等）则为间接占有人。所有人自己占有其物，也是直接占有。

间接占有的另一特点（或要件）是间接占有人对占有媒介人享有返还请求权。这首先要求媒介人的占有是根据传来的占有权而发生的。符合这一条件的媒介人，主要有承租人、受寄人、借用人、分期付款买受人、受信托人、受任人、承揽人、承运人、行纪人、仓库营业人、质权人、典权人、地上权人、永佃权人、地役权人、留置权人、无因管理人、遗嘱执行人、财产代管人、破产管理人等。其次，间接占有人须享有有效的返还请求权。如无任何请求权，则不成立间接占有。例如窃贼将所盗之物寄存于共谋人以便受刑完毕后取回时，并不成为间接占有人，因为该寄托关系是无效的，其返还请求权无从成立。在某些场合下，即使基础法律关系无效，返还请求权仍可成立。例如，在租赁关系无效时，可依侵权行为、无因管理或不当得利而享有返还请求权，从而构成媒介关系和间接占有。

间接占有无须为自主占有，故可多层次重叠存在。例如在转租情况下，出租人、转租人为间接占有人，次承租人为直接占有人；遗产转租时，除次承租人为直接占有人外，继承人、遗嘱执行人、出租人均为间接占有人。

区分直接占有与间接占有，有助于明确占有概念的外延和占有制度的调整范围，也便于对二者采取相同或不同的调整（保护）方法。

3. 有瑕疵占有与无瑕疵占有

这是依占有的手段和方法所作的分类。有瑕疵占有是指以强暴、隐秘手段取得和保持的占有；无瑕疵占有是指以和平、公然手段取得和保持的占有。由此又产生了强暴占有与和平占有、隐秘占有与公然占有的分类。强暴占有，是指以法律禁止的强暴手段（如窃取、抢夺）而取得并保持的占有；和平占有，是指依和平方法（如买卖、租赁）取得并保持的占有；隐秘占有，是指故意隐秘而不示于他人的占有；公然占有，是指不故意对利害关系人隐秘的占有（隐秘占有与公开占有之判别标准，在于占有人主观意思和手段，而不问其效果）。此种占有分类，对于取得时效的适用和占有效力的判别，具有重要意义。

4. 有权占有与无权占有

以占有是否依据本权而发生，可将其划分为有权占有与无权占有。有权占有也称适法占有、正权原占有，是指基于法律行为或法律规定的合法原因（如买卖、赠与、设质等）而取得的占有；非依合法原因而取得的占有为无权占有（非法占有、无权原占有），例如盗窃者、拾得者的占有。区分有权占有和无权占有的意义，主要在于对二者给予不同程度的法律保护。一般而言，有权占有不仅受占有制度保护，还受物权、债权等制度保护，而无权占有仅作为一种事实状态受占有制度的适当保护（无权占有人在本权人请求返还原物时，原则上负有返还义务）。

5. 善意占有与恶意占有

这是依占有人的主观心理状态对无权占有的再分类。善意占有是指无权占有人不知其无占有的权利的占有；反之则为恶意占有。通说认为，构成善意占有的“不知无占有的权利”，应解释为“强信为有占有的权利”，若对此抱有怀疑，应属恶意占有。区分善意占有和恶意占有的意义主要表现在：（1）即时取得（善意取得）须以善意占有为要件；（2）不动产取得时效对善意占有的期间要求较短；（3）在对物的使用收益、占有人的责任、占有人的费用返还请求权等方面，善意占有与恶意占有存在区别。

以占有人对其不知其无占有的权利是否有过失为标准，善意占有可分为无过失占有与有过失占有。无过失占有是占有人不知且不应知其无占有的权利的占有；反之，占有人应知其无占有的权利但因过失而不知者，为有过失占有。此种划分，对不动产取得时效的适用有其意义。需要指出的是，我国有些学者将有过失占有排除于善意占有之外，从而大大缩小了善意占有的范围①。这种限制是否恰当，颇值商榷。

除以上分类外，占有还可分为单独占有与共同占有、继续占有与不继续占有、自己占有与辅助占有、全部占有与部分占有等，兹不一一阐析。

上述种种占有分类，表现了占有关系纷繁复杂的样态。但在占有关系的存续中，不同的占有样态之间是可以互相转变的，如有权变为无权，无权变为有权，公然变为隐秘，隐秘变为公然，他主变为自主，善意变为恶意等。此种转变，往往影响占有的法律效果。

第二节 占有的发生和消灭

一、占有的成立

如前文所述，占有意味着对物事实上的管领或控制，或曰对物的事实支配状态。但对何为“事实支配”，各国立法均无定义。通行的理论观点是，对物的事实支配（即占有）是否成立，应依一般社会观念个别认定，不可一概而论。史尚宽先生认为，对物的支配，应从以下方面考察：（1）须有相当关系之确定。自始仅以对物一时接触为目的者（如来客凭椅而坐，游人坐卧公园

① 参见王利明等著：《民法新论》（下），中国政法大学出版社1988年版，第50页。

长椅)，不构成支配。(2) 须由外部可认识。(3) 须依社会观念判断其支配关系，如基于人与物的场所的结合的空间关系判断，基于外观上的法律关系判断等①。郑玉波先生也认为，空间关系、时间关系和法律关系均可作为判定对于物的事实支配的标准②。以上观点，均具理论和实践价值。

二、直接占有的取得

直接占有的取得，包括原始取得和继受取得。

直接占有的原始取得，是指不以他人的占有为根据而取得对物的直接占有。例如对无主物的先占，遗失物、漂流物的拾得等，均属直接占有的原始取得。通说认为，直接占有的原始取得有以下特点：(1) 这种直接占有的取得，纯出于事实行为，而非法律行为，故行为人无须有行为能力，只需具有行使管领力的意思能力（即为事实行为所必要的意思能力）；(2) 这种直接占有的取得，并不以取得人亲自为之为限，也可由占有辅助人（如店员、园丁、保姆、司机）为之；(3) 直接占有的方法，不限于身体的直接接触，只要将物置于其控制力的范围内即可；(4) 直接占有的原始取得行为不以合法行为为限，也可依不法行为取得（如盗窃、抢夺）；(5) 直接占有的原始取得可针对无主物而为（如拾得遗失物），也可对他人之物为之（如盗窃）。

直接占有的继受取得，即直接占有由他人移转而来。直接占有的移转方式，主要有让与和继承两种。

直接占有的让与，应具备以下要件：(1) 须有让与的意思。仅有占有物脱离甲的管领范围而进入乙的管领范围，若非基于当事人的意思，不能视为直接占有的让与。直接占有的让与多伴有其他法律关系，亦即与所有权或其他含占有的权利（如典权、地上权、质权等）的让与或设定同时发生，但也存在单纯让与直接占有的情形（例如无权占有人对于所有人返还占有物）。(2) 须有占有物的交付。占有物的交付，主要指现实交付（即持有的移转），但不妨采取简易交付和占有改定方式。直接占有的让与，除有让与意思外，以交付为生效要件，不论占有物是动产还是不动产都是如此（不动产占有的移转不存在登记问题）。

直接占有也可通过继承而取得。继承是直接占有的概括承受，被继承人死亡时的一切占有（无论自主占有或他主占有、合法占有或不法占有、善意占

---

① 史尚宽著：《物权法论》，台湾荣泰印书馆1957年版，第481~482页。

② 郑玉波著：《民法物权》，台湾三民书局1984年版，第371页。

有或恶意占有)，均依原样悉数移转于继承人。依继承而取得占有，是由于法律的规定，因此，继承开始时继承人当然取得被继承人的占有人地位，无须另有移转行为（交付或登记)。

三、间接占有的取得

间接占有的取得，也可从原始（创设）取得和继受取得两方面加以考察。

间接占有的创设取得，主要包括以下三种情形：(1）直接占有人为自己创设间接占有。直接占有人可将其直接占有让与他人，他人取得直接占有，而自己则成为间接占有人。例如典权、地上权、永佃权的设定人，质权的出质人，租赁关系的出租人，寄托关系的寄托人，使用借贷关系的贷与人等，均系将其物的直接占有让与他人，而自己保有该物的返还请求权，成为间接占有人。(2）直接占有人为他人创设间接占有。这主要发生在占有改定的情形下。例如出卖人出卖其物时与买受人约定借用该物，此时出卖人成为占有媒介人，而买受人则取得间接占有。(3）非占有人为自己取得直接占有，同时为他人创设间接占有。例如某人以监护人的资格受领物的交付，则自己成为直接占有人，而受监护人则成为间接占有人。

间接占有的继受取得，也包括让与和继承两种情形。间接占有的让与，即间接占有人将其物的返还请求权转让于他人，亦即所谓指示交付。例如出租人将其租赁物的所有权转让于他人时，受让人即取得间接占有。这种指示交付无须通知占有媒介人（承租人)，也无须占有移转的意思表示。间接占有的继承，为间接占有的概括承受，其法理与直接占有的继承相同。

四、占有的消灭

占有因占有人取得对占有物的事实上的支配而发生，也因占有人丧失对占有物的事实上的支配而消灭。

占有既可依占有人的意思而消灭（如让与、抛弃)，也可能因占有人意志以外的原因而消灭（如被窃、遗失)。但其消灭须是对物管领力确定的丧失，如果仅仅是一时不能实行其管领、控制（如物被他人侵夺)，不能视为消灭。

间接占有，于直接占有人丧失占有或停止为原来上级占有人的媒介人时消灭。直接占有人丧失占有有三种情形：一是非基于直接占有人的意思而丧失，此时直接占有、间接占有均归于消灭；二是直接占有人基于间接占有人的意思而任意抛弃占有，则直接占有、间接占有均因抛弃而消灭；三是直接占有人非基于间接占有人的意思而任意废弃占有，此时间接占有应视为非任意丧失，间接占有人得对恶意取得人请求回复其物。直接占有人虽不丧失占有，但停止为间接占有人的占有媒介时，可导致间接占有的消灭，如承租人违法地停止以承租人的名义占有租赁物时，出租人的间接占有即告消灭。此外，间接占有人抛弃对直接占有人的返还请求权时，其间接占有也归于消灭。

第三节　占有的效力

对占有的效力，各国立法主张不一，但大体上可从权利的推定、权利的取得、无权占有人与返还请求人的关系及占有的保护等方面加以说明。

一、权利的推定

占有的权利推定效力，是指占有人于占有物上行使的权利，推定为占有人合法享有的权利，至于占有人是否真正有此权利，在他人举证推翻法律所作推定前，则在所不问。占有的这一效力始于日耳曼法，近代各国民法为保护占有人，维护交易安全，也大多有此规定（《日本民法典》第188条、《奥地利民法典》第323条）。但这种推定是有其事实基础的，因为就占有而言，事实与权利相伴者为常态，有事实而无权利者并不多见。

因占有而推定的权利，究竟包括哪些权利？从立法上看，德国民法限定为动产物权，其他各国民法典则未作限制规定。实际上，由于不动产以登记为物权公示方法，登记的效力自然要强于占有的推定，故对不动产而言，占有的权利推定并无实际意义。至于动产，这种推定的权利范围应包括依占有所表现的一切权利，包括物权和债权。例如，自主占有受所有权的推定，他主占有受他物权（如质权、留置权）的推定，以承租人、借用人的意思为占有者受租赁权、借用权的推定（若无相反证明，则推定占有人为物之所有人）。

占有的权利推定效力，可从以下方面说明：（1）受推定权利的占有人，免负举证责任，如有他人对其权利发生争执，占有人可直接援用这一推定予以对抗。但如对方提出反证，则占有人为推翻该反证，仍须举证。（2）权利的推定，不但占有人自己可以援用，第三人也可以援用。例如从占有人处租用其物的人，在物的真正所有人要求其返还时，可援用出租人以占有人资格所受的所有权推定。（3）权利的推定，一般是为占有人的利益而设，但有时为其不利益也可援用，例如推定物的占有人为所有人时，物上负担也应由占有人承受（德国民法明确规定权利推定权为占有人利益而设）。（4）占有的权利推定效力是消极性的，占有人不得利用这种推定作为其行使权利的积极证明（如根据这种推定请求所有权登记）。

二、权利的取得（善意取得）

为保护占有人，维护社会秩序，法律除赋予占有权利推定效力外，还使占有人在一定条件下直接取得对占有物的权利。这种依占有而取得权利的制度，包括取得时效制度和善意取得制度。关于取得时效，有不同的立法例（或统一规定于时效制度中，或于所有权章作出规定，或与占有同为规定），而善意取得则往往在占有制度中（作为占有效力的一项内容）加以规定。

善意取得，亦称即时取得或善意受让，是指善意受让动产占有之人，纵使让与人并无让与的权利，也可取得动产所有权或其他权利。善意取得制度源于日耳曼法的“以手护手”原则，近代各国民法为强调占有的公信力，维护交易安全，大多确立了这一制度，但我国现行民法尚未作出规定。这一制度的着眼点首先是“占有”，实为占有效力的极端化体现。

考诸各国立法，善意取得应具备以下要件：（1）须占有动产。因善意受让而取得权利，是占有效力的表现，因此，占有动产是善意取得的首要条件。具体地说，受让人首先必须有占有标的物的事实，倘仅与让与人订立债权契约，而未受让标的物的占有，自无善意取得可言。其次，占有物须为动产，不动产不适用善意取得制度。但对于那些其权利移转非经登记不得对抗第三人的动产（如船舶、汽车、航空器），也不适用善意取得制度。通说认为，金钱和无记名有价证券作为动产，也适用善意取得制度，而无记名以外的有价证券则不适用此制度（因其并不仅因交付而转让）。（2）须善意受让。这一要件首先意味着，动产的占有须由受让而来，即通过受让而取得占有，若是通过受让以外的方式（如盗窃、抢夺、侵占）取得占有，则不受善意取得制度保护；原始取得（如先占）和继承也不适用善意取得。受让的原因可以是买卖、互易、赠与、设定质权等，但必须有效。受让占有的移转方法，可以是现实交付，也可以是观念交付（简易交付、占有改定、指示交付），但受让原因为设定质权时，不得采用占有改定的方法。其次，受让占有必须出于善意，即不知让与人无让与权，至于其不知是否有过失则在所不问（日本民法以善意且无过失为要件），让与人是否为善意也不受影响。（3）须让与人无让与的权利。所谓无让与的权利，是指不享有标的物的处分权。让与人虽无处分权，但必须曾经占有该让与物，否则也无善意取得可言。（4）须以动产物权的移转或设定为目的。若让与占有的目的仅在于成立租赁或借贷等债权关系，不构成善意取得。

受让人具备上述要件后，其占有即受法律保护。此种法律保护具体表现在：以动产所有权移转为目的者，占有人取得占有物的所有权；以质权的设定为目的者，占有人取得质权；以留置权的移转为目的者，占有人取得留置权。概言之，善意受让人因此而取得占有物的所有权或其他物权。依善意受让而取得的权利，在性质上属原始取得，物的真正权利人不得请求返还。

各国立法在确定动产善意取得制度的同时，在其适用上也有例外规定，即对于非由于权利人自己的意思而丧失占有者，有条件地不适用善意取得制度。如《法国民法典》第2279条第2项规定："占有物如系遗失物或盗窃物时，遗失人或受害人自遗失或被盗之日起三年内得向占有人要求返还其物"；《德国民法典》第935条、《日本民法典》第193条及《瑞士民法典》第934条均有类似规定。依上述规定，真正所有人请求善意占有人返还原物，须具备以下条件：（1）须为盗赃或遗失物。所谓盗赃，是指通过盗窃、抢夺、抢劫等行为而取得占有之物；至于因诈欺、恐吓、侵占等行为所得之物，则不包括在内，因为它们并非不基于权利人的意思而脱离占有。遗失物本意为有主而无人占有的动产，但这里是指被人拾得之后的遗失物。依国外立法，遗失物的拾得者经依法招领无人认领后，可取得其所有权，若未经这一程序而擅自转让他人，则所有人有权向受让人请求返还。（2）须于二年以内请求返还。这是真正权利人行使返还请求权的除斥期间，若超过这一期间而未请求，则其请求权消灭；反之，若在这一期间内提出请求，则善意占有的效力归于消灭。该二年期间，应自被盗或遗失时起算，对此应由被害人或遗失人负举证责任。

上述例外规定，固然维护了真正权利人的利益，但也限制了善意取得的适用范围，使其作用大受影响。为了充分实现善意取得的制度价值，不使上述例外规定过分妨害交易安全与效率，各国立法对其适用又加以一定限制。其一，盗赃或遗失物，如占有人是由拍卖或公共市场或由贩卖与其物同种之物的商人处以善意买得，则真正权利人非偿还占有人所支付的偿金不得请求返还（《法国民法典》第2280条，《德国民法典》第935条，《日本民法典》第194条，《瑞士民法典》第934条第2项）；其二，盗赃或遗失物如果是金钱或无记名证券，则真正权利人不得向善意占有人请求回复（《德国民法典》第935条第2项，《瑞士民法典》第935条）。上述规定，被称为善意取得的"例外之例外"，其立法精神是值得肯定的。

三、无权占有人与返还请求人的关系

在有权占有情形下，占有人与占有物返还请求人之间的权利义务关系（如占有人就占有物所负责任、所支出费用偿还请求权的有无及其范围等），

依该占有所据以发生的基础法律关系（如寄托、租赁、地上权、质权等）确定。但在无权占有情况下，这种关系应如何确定，则需另作规定。立法例上，通常区分善意占有与恶意占有，赋予不同的法律效果。

1. 善意占有人的使用、收益权

善意占有人依推定其为合法享有的权利，可对占有物进行使用和收益（《德国民法典》第955条、第957条，《日本民法典》第189条第1项，《瑞士债法》第938条）。

善意占有人对其物是否享有使用、收益权，应依其被推定享有的权利的内容而定。如善意占有人误信其有所有权、地上权、租赁权等包含使用、收益内容的权利，便可对占有物行使使用、收益权利；反之，如善意占有人误信其有动产质权、留置权等不包含使用、收益内容的权利，则不可对占有物加以使用收益。

善意占有人的使用、收益权，存续于善意占有的整个期间。就收益而言，当收益为天然孳息时，只要孳息物是在善意占有期间与原物分离的，占有人就对其享有收益之权；当收益为法定孳息时，则应按占有存续期间的相当日数计算占有人的收益。当善意占有转为恶意占有时，其使用、收益权也随之消灭（依日本民法，善意占有在占有人于本权诉讼中败诉时，自该诉讼提起之日起变为恶意占有）。

2. 善意占有人对占有物毁损灭失的赔偿责任

善意占有人因可归责于自己的事由致占有物毁损灭失时，仅以因毁损或灭失所受利益为限，对于占有物返还请求人负赔偿责任。换言之，善意占有人在占有物因可归责于自己的原因而毁损灭失时，其赔偿责任的有无及范围，依其所受利益的有无及大小而定，而不问返还请求人所受损失的大小；如善意占有人未受利益，则不负赔偿责任。立法上之所以对善意占有人的赔偿责任加以限定，乃是考虑到善意占有人既然相信占有物为己有，自然不可能预见到自己对他人应负什么样的责任，若仍要求其对占有物的全部损失负赔偿责任，未免失之苛刻，不合保护善意占有人的宗旨。但此项规则仅适用于善意的自主占有人，如系他主占有，即使为善意，也应对返还请求人负全部赔偿责任，因他主占有人依其推定权利内容可以预见自己对返还请求人应负何种责任。

3. 善意占有人的费用求偿权

善意占有人对占有物所支出的必要费用和有益费用，在返还原物时，有请求相对人返还的权利。所谓必要费用，是指为保存占有物而支出的费用，如修缮费、饲养费、捐税等。对此费用，立法例上多认为，如果善意占有人已就占有物收取孳息，则无论其收益大小，均认定必要费用与收益相抵，不得请求返还（《德国民法典》第994条，《日本民法典》第196条）。所谓有益费用，是指为改良占有物而支出的费用。对此费用，立法例上也对善意占有人的偿还请求权作了限制，即只能就占有物增加价值的尚存部分请求返还。

4. 恶意占有人的权利义务

在恶意占有情形下，占有人的权利义务与善意占有人有显著区别。

在赔偿责任方面，恶意占有人因可归责于自己的事由致使占有物毁损灭失的，应对返还请求人负全部赔偿责任，而不论占有人是否因此获得利益。这一规则既适用于恶意占有人，也适用于善意的他主占有人，因为后者虽不是明知自己无占有的权利，但却明知自己不是所有人，不享有使占有物毁损灭失的权利。此外，这一规则的适用以标的物因可归责于占有人的事由而毁损灭失为要件，若因不可抗力所致，则恶意占有人与善意占有人一样，仅于履行原物返还义务迟延时，才对不可抗力所致损害负赔偿责任。

在费用偿还请求权方面，恶意占有人因保存占有物所支出的必要费用，只能依无因管理的规定请求返还，故其返还须符合无因管理的基本要件（以有利于本人且不违反本人明知或可推知的意思而支出的必要费用为限）。至于恶意占有人因改良占有物而支出的费用（即有益费用）能否请求偿还，则有不同主张。我们认为，对此费用，立法上以不许请求偿还为宜，以防止恶意占有人故意增加改良费用以阻挠相对人返还请求权的行使。

此外，恶意占有人对占有物并不享有使用、收益权，因此，在返还原物时同时负有返还全部孳息的义务。如其所得孳息业已消费或因过失而毁损，或怠于收取，则应偿还相应价金。

四、占有的保护

占有作为一种事实状态，无论是否合法，均不受私力侵害，这是一般公共利益和社会秩序的要求。即使是与他人权利相抵触的非法占有，也不应再受非法侵害，而只能依合法途径加以排除。因此，对占有的保护，是各国占有制度的重要内容。

对占有的保护，以存在对占有的非法侵害为条件。非法对占有的侵害，可表现为侵夺和妨害。前者是指使占有人丧失全部或一部分占有的行为，侵夺人既可为自己取得占有而侵夺，也可以抛弃标的物为目的实施侵夺行为。后者是指侵夺以外的非法加害行为，可表现为妨害人自己积极地对物加以干涉（如在他人土地上设置建筑物），也可表现为妨害人不为其应为的行为（如应防止第三人的干涉而不加防止)，以及妨害占有人对占有物的使用。上述占有妨害，不以造成财产损失为前提，也不以行为人的过失为要件。

针对他人对占有的侵害，占有人有自力救济和占有保护请求权。

占有人的自力救济权包括自力防御权和自力取回权。对此，德国、日本民法均设有明文规定。占有人的自力防御权，是指占有人对于侵夺或妨害其占有的行为，可以自己的力量进行防御，以排除侵害。例如，房屋占有人于他人非法侵入其房屋时，有权将其驱逐。此项权利，既可由占有人本人行使，也可由占有辅助人行使。占有人的自力取回权，是指占有人于占有物被侵夺时，有自行取回其物的权利。被侵夺之物如为不动产，占有人可于侵夺后即时排除加害人而取回；如系动产，则有权就地或追踪向加害人取回。需强调的是，占有人的自力取回权，以"即时"、"就地"或"追踪"取回为条件，否则，占有人只能请求公力救济。

占有人的占有保护请求权，主要表现为占有物返还请求权、占有妨害排除请求权和占有妨害防止请求权等物上请求权。(1) 占有人在其占有物被侵夺时，有权请求侵夺之人及其继受人返还，但是对于善意的继受人不得请求返还。享有返还请求权者既包括直接占有人也包括间接占有人，至于其占有是否为有权占有则在所不问。返还请求权的行使，以占有被侵夺（而不是自动进入他人势力范围）为前提，至于侵夺人是出于故意或过失，均非所问。(2) 占有人在其占有受到妨害时，有权请求排除妨害。所谓妨害，是指对于现存的占有状态加以部分的侵害，使占有人无法完全支配其占有物。如果这种妨害同时具备侵权行为的要件，占有人还可依侵权行为的规定请求损害赔偿。(3) 占有人在其占有有被妨害的可能时，有权请求相对人预防妨害的发生。占有人行使这项请求权，以其占有客观上存在被妨害的可能为要件（是否有此可能，应依一般社会观念判定)。上述占有保护请求权，与所有权人所享有的物上请求权内容大致相同，但所有权人物上请求权的行使并无期间限制，而对占有人的物上请求权，各国立法多设有行使期限的规定，即自侵夺或妨害占有或危险发生后一年内不行使而消灭（《德国民法典》第864条、《日本民法典》第201条、《瑞士民法典》第929条)。

第三编　债 法 总 论

第一章　债与债法概说

第一节　债的概念

作为一个法律范畴，债不是从来就有的，随着社会经济的发展，债的关系经历了一个从无到有、由简单到复杂、由原始形态到现代意义的嬗变过程。与此相适应，人们的债观念也由简陋而渐趋于发达。债作为一种媒介财产流转活动的财产性法律关系，与社会经济尤其是商品经济的发展具有密切关系。对此，可从如下三个层次上加以理解：第一，现代民法把债界定为一种法律关系，而法作为上层建筑的重要组成部分，其产生与发展最终取决于社会的物质生活条件。正如马克思所言："法的关系正像国家的形式一样，既不能从它们本身来理解，也不能从所谓人类精神的一般发展来理解，相反，它们根源于物质的生活关系。"① 第二，债是一种财产性法律关系，与非财产性法律关系相较而言，它与社会经济生活具有更直接的联系。众所公认，民法所调整的是平等主体之间的财产关系和人身关系，债的关系与物权关系同属民法调整的财产关系。由于作为财产法律关系的债具有直接的财产内容，因而与社会经济关系的变动具有必然联系。马克思曾明确指出："具有契约形式的（不管这种契约形式是不是用法律固定下来的）法的关系，是一种反映着经济关系的意志关系。这种法的关系或意志关系的内容是由这种经济关系本身决定的。"② 第三，债是一种动态的财产性法律关系，因而与作为静态财产法律关系的物权关系相较，债的关系与商品经济的发展程度有直接关系。债权关系与物权关系虽同属民法所调整的财产关系，其间仍有显著差别。物权关系的核心在于反映主体对物的占有和支配关系，具有静态性质；而债权关系反映的是在财产分配与交换领域所形成的经济流转关系，具有动态性质。有学者正确指出："所有权的经

① 《马克思恩格斯选集》第2卷，人民出版社1995年版，第32页。

② 《马克思恩格斯选集》第2卷，人民出版社1995年版，第143页。

济职能在于确认财产的归属，其核心是表现占有的权利。而债的经济职能在于媒介财产或者其他劳动成果从生产领域转移到交换领域，并经过交换领域进入消费领域。”① 债所具有的媒介财产流转关系的经济职能内在地决定了，商品经济的发达程度在一定程度上制约着债关系从而也制约着债观念的发达。债关系与债观念的变迁历史也充分说明：在自给自足的自然经济占主导地位的社会经济条件下，债关系与债观念不可能发达；在古代社会简单商品经济最为发达的罗马国家，则产生了具有现代意义的债之关系及债之观念；在资本主义社会商品经济高度发展的条件下，债之关系与债之观念也获得了空前的发展。

一、简单商品经济条件下之债关系与债观念

现代民法学说及民事立法实践普遍认为，债是对某一类民事法律关系的抽象概括，依据发生原因的不同，一般将债分为合同之债、侵权之债、不当得利之债和无因管理之债，其中最主要的是合同之债与侵权之债。从债关系之历史渊源观之，合同之债与侵权之债亦占有至为重要的地位。

历史唯物主义认为，阶级分化以及国家与法的产生是一个渐进的历史过程，这一过程与生产力的发展、社会分工和产品交换的发展相伴随，尤其是第三次社会大分工，“创造了一个不从事生产而只从事产品交换的阶级——商人”②。由于社会分工与产品交换是国家和法的产生原因之一，所以即使最古老的国家也都不同程度地存在着媒介财产流转活动的债的关系。正如马克思所说：“古代世界的阶级斗争主要是以债权人和债务人之间的斗争形式进行的；在罗马，这种斗争以负债平民的破产、沦为奴隶而告终。”③ 梅因在论及契约的早期史时就曾断言，“无论是‘古代法’或是任何其他证据，都没有告诉我们有一种毫无‘契约’概念的社会”，尽管“这种概念在最初出现时，显然是极原始的”④。

考诸各国最古老的法典，均不乏有关债权债务关系的规定。古巴比伦王国汉谟拉比王统治时期，商品经济与交换关系比较发达，债之关系也有一定发展。从《汉谟拉比法典》的有关内容看，债的主要形式是契约，契约种类有

① 王利明等著：《民法新论》（下），中国政法大学出版社 1988 年版，第 249~250 页。

② 《马克思恩格斯选集》第 4 卷，人民出版社 1972 年版，第 162 页。

③ 《资本论》第 1 卷，人民出版社 1975 年版，第 156 页。

④ ［英］梅因著：《古代法》，沈景一译，商务印书馆 1984 年版，第 176 页。

买卖、财产租赁、借贷、保管、合伙、人身雇佣等，其中尤以买卖、借贷和财产租赁契约最为流行①。即使在古印度商品经济极不发达的社会经济条件下，债之关系依然存在，《摩奴法典》第 8 章关于债务、寄托、无所有权物品的出卖、合伙经营商业、赠与物品的收回、不付薪资、拒不履行契约、解除买卖等规定即为明证。古代雅典债权债务关系比较发达，契约与侵权损害均被视为债的发生原因。亚里士多德甚至已将契约之债和侵权损害之债分别抽象为自由之债与不自由之债。古罗马《十二铜表法》中第三表索债、第八表私犯均属关于债权债务关系的规定。

上举各法典中所反映出来的债的关系可称为古典形式的债，与现代意义上的债相较具有明显特点：第一，在合同之债的有效成立上实行极为严格的形式主义原则。如《汉谟拉比法典》规定，如买卖既无书面合同又无证人，买主应视为窃贼；保管物品如无书面合同，所有人即丧失请求法律救济的诉权。梅因曾对古代合同之债重形式更甚于当事人合意的这一特点作了精彩描述，他认为："古代法特别使我看到粗糙形式的和成熟时期的'契约'间存在着一个很远的距离。开始，法律对于强迫履行一个允约，并不加以干预。使法律执有制裁武器的，不是一个允约，而是附着一种庄严仪式的允约。仪式不但和允约本身有同样的重要性，仪式并且还比允约更为重要；因为成熟的法律学着重于仔细分析提供一个特定的口头同意的心理条件，而在古代法中则着重于附着在仪式上的言语和动作。如果有一个形式被遗漏了或用错了，则誓约就不能强行，但是，在另一方面，如果所有形式经表明已完全正确进行，则纵使以允约是在威胁或欺骗之下作出为辩解，也属徒然。"② 第二，在侵权行为之债方面，侵权行为的责任与犯罪行为的责任难以区分，对于侵犯他人财产与人身的行为，有时需进行金钱赔偿，有时需缴纳赎罪金，有时加害人要受到刑事处罚。其实，古代社会中侵权责任与犯罪责任难以区分还只是问题的形式所在，其原因在于古代社会中犯罪与侵权行为本身尚无严格区别，正如梅因所言："古代社会的刑法不是'犯罪'法；这是'不法行为'法，或用英国的术语，就是'侵权行为'法。""我们在习惯上认为专属于犯罪的罪行被完全认为是不法行为，并且不仅是窃盗，甚至凌辱和强盗，也被法学专家把它们和扰害、文字诽谤及口头诽谤联系在一起。所有这一切都产生了'债'或是法锁，并都可以

① 参见林榕年主编：《外国法律制度史》，中国人民公安大学出版社 1992 年版，第 16 页。

② ［英］梅因著：《古代法》，沈景一译，商务印书馆 1984 年版，第 177 页。

用金钱支付以为补偿。”① 第三，古代法律在维护债权债务关系方面，普遍实行债务奴隶制。如，《汉谟拉比法典》允许高利贷者对无力偿债的债务人实行债务奴役，期限为 3 年；《十二铜表法》允许债权人对逾期无力偿债的债务人扣押 60 天，并可用铁链将其绑赴集市，若无人为之赎身，债权人可将其出卖为奴或杀死，甚至准许几个债权人对同一债务人肢解分尸。

古典形式的债关系与债观念发展为现代意义的债关系与债观念，是经由罗马法为过渡的。在罗马国家，简单商品经济获得了空前的发展，在此基础上产生了具有现代意义的债关系与债观念。这种具有现代意义的债关系与债观念的产生过程虽则缓慢，但变化却是明显的，大致表现在以下几个方面：第一，就合同之债而言，罗马法上合同观念的更新大致经历了四个阶段。最早的合同为“口头契约”，合同的成立依附于严格的形式，即一问一答的约定，这种具有严格形式的约定构成了当事人合意之外合同得以成立的必要因素。其次是“文书契约”或“书面契约”，当事人把可以明白确定的欠款数目登入一本总账的借方后，合同即告成立，由口头契约到文书契约，合同的形式要求有所简化。再其后是“要物契约”，凡在任何合意中，以送达一种特殊物件为其目的的，一待送达确实发生后，合同即告成立，债也随之发生，可以认为要物契约是对古老的契约观念的重大革新。最后一种为“诺成契约”或“万民法契约”，这种合同的成立无须任何特别的手续，当事人的合意即足以使合同成立。梅因对诺成契约的历史意义予以高度评价，他指出：“‘诺成契约’在数量上是极端有限的。但是毫无疑义，它在‘契约’法史上开创了一个新的阶段，所有现代契约概念都是从这个阶段发轫的。”② 有学者认为：“罗马法上‘口头契约’到‘诺成契约’的发展过程，具有典型意义，可以代表整个古代合同形式的发展过程。”③ 第二，就侵权行为而言，至罗马法时期，虽然侵权行为（罗马法称“私犯”）与犯罪尚未完全区别开来，侵权行为的责任与犯罪行为的责任也未彻底分开，但罗马法却明确把私犯即侵权行为归于民法债的范畴，并将其视为债的发生原因。西方学者认为，罗马法上私犯被列入债的体系这种新的观念是以《十二铜表法》为起点的。该法中，对于私犯既有同态复仇，又有财产刑的规定。后来，财产刑逐渐扩大适用范围，以致“私人的财产刑很快地也在《十二铜表法》规定对犯罪人实行私人报复（或者是狭义

① ［英］梅因著：《古代法》，沈景一译，商务印书馆 1984 年版，第 208 页。
② ［英］梅因著：《古代法》，沈景一译，商务印书馆 1984 年版，第 189 页。
③ 王家福主编：《民法债权》导言，法律出版社 1991 年版，第 5 页。

的报复，或者是占据犯罪人的人身）的情况中得到普及。给付罚金的义务因而被列入债的范围；就这样，在债的体系中，除契约之债外，出现了私犯之债。作为早期私人复仇的替代物，这种债的历史地位使它具有自己的特点。”① 第三，债务奴役制的废除是罗马法上具有现代意义的债关系与债观念产生的重要标志。彼德罗·彭梵得指出：罗马债的历史起源产生于对私犯的罚金责任，契约责任在初期从属于这一概念，无论是小偷还是借贷人首先均以自己的人身负责并陷入受役状态；后来，法律规定首先应当要求支付罚金或债款，只是当根据债务人的财产不能给付或清偿时，权利享有人才能通过诉讼程序对其人身采取行动，直到此时债才第一次获得了新的意义，即财产性意义；从此，诉讼和清偿的标的变成了罚金或钱款，而不再是人身，陷入受奴役状态变成为一种次要的执行程序；债向这种财产性罚金形式转变的顶峰时期即现代债的产生时期，其标志是《博埃得里亚法》的颁布②。

随着罗马法上具有现代意义的债关系与债观念的产生，罗马法上表示“债”的名词也逐渐确定下来，并逐步获得了明确的定义。据考，罗马法上表示债的名词，在公元2世纪以前是Obligatio与Vinculum并用，至公元2世纪才通用Obligatio，指债权、债务或债权债务关系，有时也称“法锁”③。罗马法上债的概念有两个著名定义。《法学阶梯》认为：“obligatioest juris vinculum，quo necessitate adstringimur aliciuus solvendae rei secundum nostrae civitatis juris.”对此定义，我国学者有多种译法。有人译为：“债是依国家的法律得使他人为一定给付的法锁。”④有人译为：“债是一种迫使我们必须根据我们城邦的法律制度履行某种给付义务的法律约束。”⑤也有人译为：“债是法律关系，基于这种法律关系，我们受到约束而必须依照我们国家的法律给付某物的义务。”⑥ 上列译法虽则表述不同，实则无大歧异，从中可见《法学阶梯》关于债的定义至少有以下几层含义：其一，债是一种法律关系。把债抽象为一种法律关系，这一认识为现代民法债的观念提供了基石。其二，债的标的是给付。这一认识从一个重要方面揭示了债的特征，迄今仍是我们得以把债的关系与物权关系区别

① ［意］朱塞佩·格罗索著：《罗马法史》，黄风译，中国政法大学出版社1994年版，第131页。

②⑤ ［意］彼德罗·彭梵得著：《罗马法教科书》，黄风译，中国政法大学出版社1992年版，第284~285页。

③④ 参见谢邦宇主编：《罗马法》，北京大学出版社1990年版，第258页。

⑥ ［古罗马］查士丁尼著：《法学总论——法学阶梯》，张企泰译，商务印书馆1989年版，第158页。

开来的重要依据之一。其三，债的关系是受国家法律保护的。除《法学阶梯》外，《学说汇纂》对债作了如下解释："债的本质不在于我们取得某物的所有权或者获得役权，而在于其他人必须给我们某物或者做或履行某事。"① 对债的本质的上述解释，进一步明确了债的关系与物权关系的本质区别，其意义毋庸赘言。

罗马奴隶制国家所以会产生具有现代意义的债的关系及债的观念，根本原因在于当时社会的物质生活条件，尤其是罗马国家比较发达的简单商品经济。"罗马法是纯粹私有制占统治的社会的生活条件和冲突的十分经典性的法律表现，以致一切后来的法律都不能对它做任何实质性的修改。"② "在罗马人那里，私有制和私法的发展并没有在工业和贸易方面引起进一步的后果，因为他们的生产方式没有改变"，只是在工业和商业进一步发展了私有制的时候，"详细拟订的罗马私法"才"立即得到恢复并重新取得威信"③。马克思主义经典作家关于罗马法尤其是罗马私法的上述论断，同样可以解释债的关系与债的观念，因为"罗马法中对其他研究主题有最广泛影响的部分是'债'法，或是接近于'债'法的部分，即'契约和侵权'法"④。

二、资本主义发达商品经济条件下之债关系与债观念

欧洲中世纪，由于封建领主经济的确立，使得封建社会成为自给自足的闭锁社会，因而商品经济基本上被窒息。与此相适应，媒介财产流转活动的债的关系便极不发达。中世纪后期，由于生产力的发展，资本主义生产关系开始萌芽并不断获得发展，最终获取得了统治地位。资产阶级夺取政权以后，为资本主义生产关系的发展扫清了障碍。资本主义社会是商品经济高度发展的社会，因而债的关系与债的观念也就十分发达。资本主义发达商品经济条件下之债关系与债观念的特点可概括为如下几个方面：

第一，债的关系日益普遍与复杂。这一点从资本主义国家的债法所反映的债关系中可以得到充分说明。资本主义国家的债法不仅普遍地把合同、侵权、不当得到、无因管理等作为债的发生原因，而且也对各种债尤其是合同之债作

① ［意］彼德罗·彭梵得著：《罗马法教科书》，黄风译，中国政法大学出版社 1992 年版，第 283~284 页。

② 《马克思恩格斯全集》第 21 卷，人民出版社 1965 年版，第 454 页。

③ 《马克思恩格斯全集》第 3 卷，人民出版社 1960 年版，第 71 页。

④ ［英］梅因著：《古代法》，沈景一译，商务印书馆 1984 年版，第 193 页。

详细列举。《法国民法典》所列举的合同种类包括买卖、互易、租赁、不动产推销、合伙、共有权利的行使、借贷、寄存及讼争物的保管、射幸契约、委托、保证等。《日本民法典》所列举的合同种类包括赠与、买卖、互易、消费借贷、使用借贷、租赁、雇佣、承揽、委任、寄托、合伙等。而且，在资本主义发达商品经济条件下，除民事合同以外，各种商事合同关系也获得了迅速发展，主要包括票据关系、破产关系、保险关系、海商关系等。

第二，在自由资本主义时期，由于契约自由原则的确立，使得当事人的合意成为合同之债得以成立的首要因素。在罗马法上，诺成契约仅有买卖、租赁、合伙、委托四种形式，而在自由资本主义时期，契约自由上升为合同法的一项基本原则，当事人的合意支配着几乎所有的合同之债。当然，进入垄断资本主义以后，由于交易形式的空前复杂以及标准合同的大量出现，契约自由原则也受到了来自各方面的不同程度的冲击。有学者认为，对契约自由所加必要限制，目的在于使契约合理化。史尚宽先生指出，契约既由自由意思而成立，则应彻底维持其效力，此为过于尊重自由过于尊重契约之当然结果。自然由个人自觉，及于社会自觉，契约之意义与价值，渐需自社会立场加以重估。例如背于公序良俗之契约应为无效，劳动契约、土地租赁契约及其他有维持当事人双方均衡之必要者，增设种种限制，而情事之变更亦渐认为足以使契约之内容及效力为相应之改变。于此，可见已由契约之自由，而求契约之合理化及社会化①。

第三，在侵权之债方面，与古代法不同，资本主义国家已把侵权行为与犯罪行为彻底区分开来，同时侵权的责任与犯罪的责任也被清楚区别。在罗马法上，用“私犯”与“准私犯”的概念来界定侵权行为，而《法国民法典》则以“侵权行为”和“准侵权行为”来代替罗马法中的“私犯”与“准私犯”，这种概念变更的本身就在一定程度上说明了侵权与犯罪的区别。

第四，资本主义经济制度确立以后，随着科学技术的飞速发展，交通、通信工具日新月异，跨国交易急剧增加，债的关系出现了国际化倾向。同时，这种国际化倾向又导致了债关系的复杂化。债关系的国际化与复杂化对现代债法提出了严峻挑战，对此，国际社会正致力于债法的国际统一或区域统一活动，并取得了一系列成果，从而使债法也呈现出了国际化的趋向。

第五，在商品经济高度发展的情况下，各资本主义国家债的关系呈现出大致相同的特点，但是在债的观念上却存在着大陆法系与英美法系之间的显著差

① 参见史尚宽著：《债法总论》，台湾荣泰印书馆 1978 年版，第 5 页。

别。以法国、德国为主要代表的大陆法系国家继受了罗马法的债观念，在理论上注重对债的概念的抽象探讨，在立法上注重对抽象意义上的债的关系加以规定。而以英、美为主要代表的英美法系国家，基于其判例法传统，基本没有成文的民法典。英美法系国家虽也颁布了一些调整诸如合同、侵权等具体债的关系的单行法规，但关于抽象意义上的债的关系的一般准则则付之阙如。而且，英美法系国家甚至没有与“债”相对应的名词概念。从词源上讲，英语中的Obligation一词虽源于拉丁语的Obligatio（罗马法上的“债”），但英美法中的Obligation通常仅指法律义务而言，没有权利的含义，更绝少用于指称债的法律关系，因而比罗马法上的Obligatio一词内涵远为狭窄。有人认为，大陆法系债的概念，相当于英美法上Credit（债权）和Debt（欠债）两个概念①。

三、中国债关系与债观念的变迁

中国经历了数千年的奴隶社会和封建社会，社会经济关系的基本特点是自给自足的自然经济占绝对主导地位，商品经济极不发达。与此相适应，债关系与债观念也不具备发达的可能。当然，任何社会即使是闭锁的农业社会也不可能完全没有交换关系或财产流转关系，相应地也就不可能完全不存在债的关系。其实，中国奴隶制与封建制时期，买卖、租赁、借贷、雇佣、委托、居间、赠与等合同关系均已存在。《周礼·天官》记载，小宰的任务之一是“听买卖以质剂”。所谓“质剂”，就是调整买卖关系的契约。《周礼·地官》中质人的职责是“凡买卖者质剂焉”，“大市以质，小市以剂，掌稽市之书契”。上述记载均反映了当时的买卖关系②。对于侵权行为，周代已确立了公刑罚权，由官府予以处理，原则上禁止私下和解，但对过失杀伤人者则允许私下和解。据《周礼·地官》载：“凡过而杀伤人者，以民成之。”秦汉以后，侵权行为的损害赔偿制度渐次确立③。此后，直至明清，历代法典中均不乏关于合同与侵权损害赔偿的规定，尽管其数量极为有限。中国古代债关系的基本特点与西方前罗马法时期之债关系大致相似，在此不予赘述。

中国古代债关系虽已存在，但却极不发达，这一点也反映在人们的债观念上。中国古代，“债”“责”通用，而在早期典籍中“责”字更为常用。如，《周礼·天官·小宰》中“听称责以傅别”、《左传》中“施舍已责”、《汉书》

---

① 参见王家福主编：《民法债权》，法律出版社1991年版，第2页。

② 参见张晋藩主编：《中国法制史》，群众出版社1992年版，第68~69页。

③ 参见王家福主编：《民法债权》，法律出版社1991年版，第15页。

中“卖田宅鬻子孙以偿责”等语，其中“责”即为“债”。《正字通说》对“债”“责”通用作了以下说明：“责，逋财也，俗作债。”《汉书·淮阳宪王钦传》师古注又对债作了解释：“债，谓假贷人财物，未偿者也。”不难看出，中国古代不仅“债”“责”通用，而且其基本含义就是欠人财物而未偿还。中国古代律例中也是在这种狭隘意义上使用债这一概念的。如，《唐律》中有“负债违契不偿”、“负债强掣畜产”、“良人为奴婢质债”等规定，其中“债”的含义均为欠人财物而未偿。显然，这种把债视为欠人财物的狭隘的债观念与把债视为一种法律关系的现代债观念相去甚远，不可同日而语。当近现代中国法律已接受了源自罗马法的现代意义的债观念以后，含义远为狭窄的中国古代债的观念在民间仍有广泛影响。民间俗语“借债”、“欠债”、“举债”、“还债”中所谓债，均为欠人财物。

明末清初，中国资本主义生产关系开始萌芽，然而封建专制制度以及封建王朝实行的闭关锁国政策严重束缚了资本主义生产关系的发展，因而具有现代意义的债关系与债观念并未就此产生。鸦片战争以后，帝国主义的入侵客观上促进了中国资本主义生产关系的发展，商品交换渐趋频繁，加之西方法律思想的传入，具有现代意义的债关系与债观念开始萌生。这一点在清末至民国时期的债事立法中获得了充分的反映。如，1911 年修成但尚未及颁行的《大清民律草案》第二编债权，仿效德国、日本的债事立法，引进诸多新观点，仅契约一章所规定的合同关系即达 10 余种，此外对侵权之债、不当得到之债和无因管理之债亦均有规定；《中华民国民法》第二编为债，其中对各种债关系的规定十分翔实，体现了现代意义的债关系与债观念的基本特点。

新中国成立以后，受苏联模式影响，实行了高度集中的计划经济体制，在债权债务关系上特别强调国家利益与社会利益，计划经济为此一时期债的关系尤其是合同之债铸上了鲜明特点，表现在：第一，合同关系受到国家指令性计划的严重制约，合同不过是指令性计划的具体化，指令性计划不仅决定着合同的标的、内容、主体、签订日期等，而且计划的变更必引起合同的变更、计划的除消亦必引起合同的除消。在这种合同关系中，当事人的合意没有任何法律上的意义。因而，指令计划下的合同关系与现代民法中平等主体之间基于意思表示一致而成立的合同关系存在明显差异。第二，在合同之债的履行方面，坚持实际履行原则。依据现代债法理论与立法实践，契约关系的当事人在不履行义务时，固应负支付违约金、赔偿损失等法律责任，但在义务人承担了违约责任后一般并不要求实际履行。但在实际履行的原则之下，义务人在承担违约责任的情况下亦不能免除履行义务。在 50 年代末“大跃进”时期以及“文化大革命”时期，由于“左”倾思想的泛滥，我国曾否定社会主义条件下商品生产与商品交换的必要性，随着商品经济的被否定，媒介财产交换流转的债关系基本被窒息，除民间存在一些简单的买卖、借贷、租赁等关系外，在国家经济生活中合同制被除消，计划调拨或行政划拨成为财产流转的常规形式。

十一届三中全会以后，国家大力发展社会主义商品经济，实行改革开放政策，注重用经济手段和法律手段管理经济，逐渐减少了指令性计划的运用，这一切都为债关系与债观念的更新创造了条件。我国《民法通则》不仅对合同之债、侵权之债、不当得到之债和无因管理之债均作了原则规定，而且对债下了一个符合现代债法精神的定义。《民法通则》规定，债是按照合同的约定或者法律的规定，在当事人之间产生的特定的权利和义务关系，享有权利的人是债权人，负有义务的人是债务人。从《经济合同法》、《涉外经济合同法》、《技术合同法》以及其他一些合同法规所反映的合同关系看，基本上符合现代合同法上合同关系的主要特点。如，1981 年颁布的《经济合同法》，虽规定订立经济合同不得违反国家计划，但同时确立了订立经济合同应贯彻平等互利、协商一致、等价有偿原则。显然，这种合同关系与高度集中的计划经济体制下的合同关系有所不同。

党的十四大确立了建立社会主义市场经济体制的战略目标，大力发展商品经济是建立市场经济体制题中应有之义。随着社会主义商品经济的日趋发达，媒介财产流转活动的债关系必将愈益普遍与复杂。为此，一方面必须加强债事立法，并与国际习惯做法接轨，以更新债的关系，使之适应社会主义商品经济迅速发展的需要；另一方面必须更新债的观念，可以认为，没有现代化的债观念，现代意义上的债关系也难以发达。

第二节 债的要素

现代民法通说以为，债是特定人之间得请求为特定行为的法律关系。关于债的这一权威定义清楚表明，债是一种法律关系。把债视为一种法律关系不仅在理论认识上无甚分歧，在现代债法的立法实践中也得到了充分反映。然而，在对债关系的具体分析上，原苏联、东欧国家以及我国学者多基于民事法律关系的有关理论把债的关系分解为债的主体、客体和内容三个要素；而西方国家，虽则立法上对债的主体、客体与内容均有所规定，但在理论上却并不将它们统一纳入债的关系中作为债的要素加以探讨。这种方法论上的分歧固应引起注意，但并不妨碍我们对各国债的主体、客体、内容的有关立法和理论进行统一探讨。

一、债的主体

债的主体是债的关系的基本要素之一，然而学者们关于债的主体的具体定义仍然存在一些分歧。目前，最流行的观点是把债的主体定义为“债的法律关系的参加者”或“债的法律关系的当事人”①。有人对上述定义提出了批评，其主要理由在于，作为债的主体只有双方，作为当事人却可以是两个或两个以上的人，因而主张债的主体就是债权人与债务人②。也有人采取了折衷的定义方法，认为债的主体就是参与债的法律关系的双方当事人，即债权人与债务人③。若要强调债的主体是双方的这一特点，第一种定义方法似有缺陷。而第二种定义方法虽突出了债的主体包括债权人与债务人双方这一特点，但却把“债的主体”、“债权人”、“债务人”这几个概念与“债的法律关系”这一核心概念割裂开来，似仍有不妥。债的主体是债的法律关系的主体，离开“债的法律关系”来给“债的主体”下定义，恐难免失之偏颇。因而，关于债的主体的上述最后一种定义较为确当。

债的法律关系是一种特殊的民事法律关系，因而债之主体也是一种特殊的民事主体。债之主体除具有民事主体的一般特点以外，也具有自身的特点。具体表现在：第一，债的主体是特定的。凡参与债的法律关系的当事人，无论债权人还是债务人，也无论债权人、债务人是单数或是复数，均须是特定的。债之主体的特定性是区分债的关系与物权关系、人身权关系、知识产权关系的重要标志之一。因为，在物权关系、人身权关系和知识产权关系中，虽然权利主体是特定的，但义务主体却是不特定的一切他人。第二，债的主体包括双方当事人，其中享有请求他人为特定行为的权利的一方为权利主体，即债权人；负有依他人请求为特定行为义务的一方为义务主体，即债务人。在大多数债的关系中，当事人双方互为债权人与债务人，但也有少数债的关系，债权人只享有权利，而债务人只承担义务。第三，债的主体可以是单数，也可以是复数，也可一方为单数而另一方为复数。根据债的主体的数量不同，可把债划分为单一

① 参见佟柔主编：《民法原理》，法律出版社 1983 年版，第 178 页；王家福主编：《民法债权》，法律出版社 1991 年版，第 3 页。

② ［苏］斯米尔诺夫等著：《苏联民法》（上），中国人民大学出版社 1987 年版，第 372 页；王利明等著：《民法新论》（下），中国政法大学出版社 1988 年版，第 251 页。

③ 覃有土等主编：《债权法》，光明日报出版社 1989 年版，第 2 页。

之债与多数人之债。单一之债只涉及当事人双方之间的关系，而多数人之债则不仅涉及当事人双方之间的关系，而且还要涉及多数债权人或多数债务人的内部关系。因此，多数人之债远较单一之债复杂，对此，我们将在下一章“债的分类”中再作探讨。

关于债之主体的上述特征，在现代债法理论上已成通说。不过，对于债的主体包括当事人双方这一特征，也有人提出反对意见。第一，前苏联有学者提出了债的主体可以不限于双方的主张，认为：“如果是由一方或两方的契约中产生的，债就具有债权人和债务人双方；在多方契约中，参与债的各方就要相应地增加。”① 显然，这一主张是把债的多方主体建立在多方契约之上的，而“多方契约”这一概念不为现代合同法的立法实践及理论学说所接受，因而我们也无法知晓“多方契约”的确切含义。不过，一方面，“在多方契约中参与债的各方就要相应地增加”这一表述本身似存在同义反复的逻辑错误；另一方面，上述观点似乎混淆了“契约”与“契约关系”两个概念之间的应有区别。实际上，契约与契约关系既有联系又有区别，契约既可以指契约关系，也可以指契约文书。在后一种意义上确然存在着涉及多方当事人权利义务的多方契约，而此时应理解为一个契约文书中包含了两个以上的契约关系，而并非一个契约关系中有多方当事人。第二，我国有学者主张，除债权人、债务人以外，第三人也可成为债的主体。此说认为，为第三人利益的合同中的受益人、债移转时的受让人、保证人、代为履行或代为接受履行的人、其行为造成债务人违约的人以及因合同实施结果受到损害的人等，都是作为债的主体的第三人②。这一看法也值得商榷。我们认为，对上述几种第三人的法律地位应作具体分析，而不能笼统地认为第三人可成为债的主体。其实，为第三人利益的合同的受益人只是债的效力所涉及的第三人，他虽享有债权人与债务人为其设定的利益，但却不能享有应属于债权人本身的权利，亦不负担应属于债务人的义务；尤其重要的是，他所享有的利益是通过债权人与债务人的合意而设定的，其本身并不参与合意，当然不能视为合同关系的主体。债移转时的受让人应理解为新的债权债务关系的当事人，而不能视为原债的关系中债权人与债务人之外的又一主体。代为履行和代为接受履行的人实质上是代理人，他并非原债的

① ［苏］斯米尔诺夫等著：《苏联民法》（上），中国人民大学出版社 1987 年版，第 372 页。

② 参见郭明瑞：《试论合同第三人的法律地位和法律特征》，载《中国法学》1986 年第 1 期。

关系的当事人，而是代理关系的当事人一方。其行为造成债务人违约的人以及因合同实施结果受到损害的人，虽享有一定的权利或负有一定的义务，但这种权利与义务绝非原债的关系的权利与义务，也不能视为原债的关系的主体。

关于债之主体，还应明确其范围，即什么人有资格成为债的主体。现代各国民法一般对民事法律关系当事人的主体资格问题都有专门的集中规定。由于债也是一种民事法律关系，因而各国债法一般不对债之主体再作系统规定。然而，由于债是一种特殊的民事法律关系，债之主体与一般意义上的民事主体相比也有其特殊性，因而许多国家的债法也对债之主体作若干特殊规定。结合各国民法关于民事主体的一般规定和有关债的主体的特别规定，关于债之主体的范围应注意以下几点：第一，从权利能力的角度而言，一切民事主体均可成为债的主体。对此，西方国家的民法典以及民法理论一般只区别自然人与法人，认为一切自然人与法人均为民事权利主体，因而也有权利成为债之主体。前苏联的民法理论在公民与法人之外，特别强调国家作为债的主体的资格，认为债的参加者可以是公民、法人以及苏维埃国家①。我国《民法通则》除了对公民、法人的权利主体资格作出规定外，对合伙组织、个体工商户、农村承包经营户也作了规定。因而，可以认为，在我国公民、法人、合伙组织、个体工商户、农村承包经营户都有权成为债的主体。此外，我国学者一般都认为，国家在特定情况下（如发行国债），也可成为债的主体。

第二，从行为能力的角度看，并非一切民事权利主体均能成为债的主体。债之关系的当事人尤其是合同之债的当事人必须具备相应的行为能力。契约行为作为一种重要的法律行为，行为人应具备行为能力似为不言而喻之至理，然而一些国家的债法仍对契约当事人的缔约能力作了明文规定。如，《法国民法典》第三卷第三编第二章以“缔约当事人的能力”为标题对合同之债当事人的行为能力作了专节规定，其主要内容包括：其一，凡未被法律宣告为无行为能力的人均得订立契约；其二，未解除亲权的未成年人以及受法律保护的成年人为无能力缔约的人。当然，大多数国家的债法不对债的主体的行为能力问题作特别规定，但通说以为，合同之债的主体应具备行为能力，无行为能力的人所为合同行为应得到其法定代理人的认可，但例外情况也是存在的。一般认为，如果无行为能力人或限制行为能力人通过自己的行为只给自己带来法律上的请求权，而不给自己带来法律上的约束，则其所为契约行为无须经法定代理人的认可。依此主张，无行为能力或限制行为能力人接受他人赠与时，不必否

---

① ［苏］格里巴诺夫等主编：《苏联民法》（上），法律出版社1986年版，第426页。

认其债之主体资格，赠与人也不能以被赠与人无行为能力为由而主张赠与无效。

第三，在侵权行为之债中，行为人的责任能力是其承担损害赔偿责任的一个前提，也是决定其是否可以作为侵权行为之债义务主体的一个决定因素。侵权行为法中的责任能力与法律行为上的行为能力既有联系又有区别。一般认为，有行为能力的人原则上也有责任能力，但有行为能力的人在行为时处于精神错乱或无意识状态中时，因其对自己行为无识别能力，所以无责任能力；相反，无行为能力人与限制行为能力人，如其在行为时有识别能力，仍有责任能力，如无识别能力则无责任能力。对此，许多国家的债法作了明文规定。如，《日本民法典》对侵权行为人的责任能力作了如下两个重要规定：其一，未成年人加害于他人时，如不具备足以识别其行为责任的知识和能力，不就其行为负赔偿责任；其二，于心神丧失间加害于他人者，不负赔偿责任，但因故意或过失而一时心神丧失者，不在此限。我国《民法通则》对责任能力与行为能力的区别并不十分严格，原则上是以行为能力之有无来判断责任能力之有无。《民法通则》第133条规定，无民事行为能力人、限制民事行为能力人造成他人损害的，由监护人承担民事责任。我国的这种立法规定不甚严谨，理由在于：无行为能力与限制行为能力可通过法院宣告，一经法院宣告，无行为能力与限制行为能力便成为一种持续的状态，若此期间被宣告为无行为能力或限制行为能力的人恢复了识别能力并实施了侵权行为，仍由监护人承担责任似不合理。况且，限制行为能力的人依法可实施某些法律行为，但本身却完全不承担侵权损害赔偿责任，亦有不妥。

二、债的客体

债的客体是债之法律关系的一个基本要素，对此，我国学者无不认同。然而，在对于债的客体这一概念的具体表述上以及何为债之客体的问题上，仍然众说纷纭。

（一）关于债的客体的表述

在分析债之法律关系时，人们普遍认为应包括三个要素，但在对债之主体与债之内容之外的另一个要素，却有两种不同的表述：一为债之客体，一为债之标的。从这两种不同表述的来源来看，可以发现，我国学者在翻译前苏联民法著作时，多使用“债的客体”这一概念，这与在分析民事法律关系时使用“客体”这一概念是相一致的。而“债之标的”这一概念则是早年学者在引进西方欧陆国家民法时所采用的一个概念。

目前，通说以为，债之标的与债之客体为同义语，可以通用，许多学者也都是在同一意义上交互使用这两个词的。如果说“债之客体”与“债之标的”相互通用为约定俗成尚无不可，若认为二者之间没有任何区别则过于绝对化。正像有学者所指出的，标的的使用范围较客体要小，在民事法律关系如物权关系、债权关系上，通常使用客体一词；而在合同关系上，则通常使用标的一词①。我们认为，既然我们在分析民事法律关系乃至一般法律关系时通常使用客体一词，而标的一词又未给客体赋予什么特别的内容，因而使用“债的客体”一词似乎更好，因为这样能够体现出民事法律关系的要素与债之法律关系要素表述上的连贯性。

（二）债的客体的含义

何为债的客体或债的标的，民法学界存在严重分歧。前苏联学者对于债的客体有几种不同的看法。有学者认为，债的客体是各种行为（交付财产、完成工作、支付款项等）或不实施行为②。有学者认为，物、创造活动的产品、与行为本身分开和分不开的行为结果，都可以是债的客体③。更有人把债的客体分解为法律客体与物质客体，法律客体指债务人的行为，物质客体指物，有的债只存在法律客体，如提供劳务，有的债同时存在两个法律客体和两个物质客体，如买卖物品④。

我国学者虽普遍认为债的客体即债权人的权利和债务人的义务所共同指向的对象，但仍存在分歧。有人认为，债权人与债务人之间的债权债务关系总是针对某一特定对象而发生的，债权人通过获得这一特定对象满足自己的利益要求，而债务人也是针对这一对象履行债务，或是交付一定的财物，或是提供一定的劳务或其他能满足债权人利益需要的劳动成果，因此主张债的客体或标的就是物、劳务、精神成果等。也有人认为债的客体或标的只能是给付，即一定的行为或不行为。有学者甚至指出，把物也视为债的客体是混淆了法律关系与法律行为。合同作为一种法律行为，其客体可以是行为，也可以是有体物、无体物。如买卖、租赁、技术转让合同的客体就是有体物或无体物。而合同关系

---

① 王家福主编：《民法债权》，法律出版社 1991 年版，第 6~7 页。

② ［苏］格里巴诺夫等主编：《苏联民法》（上），法律出版社 1984 年版，第 420 页。

③ ［苏］斯米尔诺夫等著《苏联民法》（上），中国人民大学出版社 1987 年版，第 352 页。

④ 参见王家福主编：《民法债权》，法律出版社 1991 年版，第 6 页。

作为债的一种，其客体只能是可统称为给付的一定行为和不行为①。我们认为，债的客体应当是债权债务关系所围绕之发生的物、行为或智力成果等。我们所谓之“债的客体”既可视为债权人的权利和债务人的义务所共同指向的对象，实质上也可以视为债务人给付义务所指向的对象，当然只能视为有关的物、行为和精神成果等。

当然，在主张债的客体不是给付的前提下，人们对债的客体的范围仍有不同认识。有人认为债的客体有物、金钱、劳务成果三种，而智力成果的创作、交换、利用，涉及知识产权关系，并非债法调整的范围，故不属债的客体②。也有人认为，既然体力劳动成果作为商品可进入流通领域而成为债的客体，那么作为商品的脑力劳动成果也可以进入流通领域而成为债的客体③。我们同意后一主张。因为，既然脑力劳动成果和体力劳动成果作为商品并无本质区别，因而我们不能以知识产权法的存在为由而否认其为债的客体。实际上，无论是法律部门还是法律学科，在不同领域间存在一定的交叉不仅难以避免，而且有时也极为必要，把脑力劳动成果视为债之客体也并不影响知识产权法对知识产权关系的调整。

三、债的内容

我国民法学界通说以为，债的内容就是债权人的权利和债务人的义务，即债权和债务。

（一）债权

债权是债权人享有的请求债务人为特定行为的权利。西方学者一般把债权的内容归结为给付行为。如，日本民法学界普遍认为，债权乃是“特定人（债权人）对其他特定人（债务人）请求一定行为（给付）的权利”，请求行为的内容，包括例如金钱等一定物的交付、劳务的提供等积极性的行为（作为）和消极性行为（不作为），均称为“给付行为”④。我国学者虽较少把债权的内容归结为“给付”，但一般都认为债权是请求债务人为一定行为或不为一定行为之权，或者认为债权是得请求特定人为特定行为的权利，特定行为包

① 参见史际春：《关于债的概念与客体的若干问题》，载《法学研究》1985年第3期。

② 聂天贶：《论债的概念和特征》，载《河北法学》1988年第1期。

③ 王利明等著：《民法新论》（下），中国政法大学出版社1988年版，第256页。

④ 参见邓曾甲著：《日本民法概论》，法律出版社1995年版，第254页。

括作为与不作为。

由于债权之内容得归结为债务人的给付行为，因此我们将在讨论债务内容时作一并探讨。在此，则仅对债权之特征与效力予以分析。债权的特征既可从其性质上加以探讨，亦可从其与物权、人身权等的区别上加以探讨。综合言之，有以下几个方面：

第一，债权为财产权。西方民法学认为，按照形成权利的内容的“利益”之不同，可将“私权”分为人格权、身份权、财产权、社员权四种。债权是通过债务人的行为而使债权人享受其财产利益的权利，因此它与物权、无体财产权同属于财产权，而与人格权、身份权、社员权不属于同一个范畴①。而我国学者则一般从财产性法律关系与人身性法律关系的划分出发，把民法上的权利区分为财产权与人身权，并把债权归于财产权的范畴。

第二，债权是一种请求权。西方民法学认为，按照权利的作用状况可将私权分为支配权、请求权、形成权、抗辩权等四种②。请求权是指根据权利的内容，得请求他人为一定行为或不为一定行为的权利，其特点在于权利人不能直接取得这种权利所体现的利益，而只能通过请求义务人履行义务才能实现自身的利益。债权虽为请求权，但并不等同于请求权。其一，请求权并非债权特有的内容，除债权外，请求权尚有物上请求权、诉讼上请求权等形态；其二，债权也不独有请求权一种内容，此外尚包括抵销权、受领权等。不过，人们普遍认为债权是一种典型的请求权。

第三，债权为相对权。民法学以权利是针对特定人还是针对不特定的一切他人，将其分为对人权与对世权。对人权又称相对权，是指相对于特定之人而存在的权利；对世权又称绝对权，可以对抗一切不特定的他人。在债的法律关系中，债权债务存在于特定人之间（债权人的债权是相对于债务人的债务而言的），故债权属于相对权无疑。传统民法理论将债权的相对性与其是否得由第三人不法侵害对立起来，认为债权既为相对权，则无法对抗第三人之不法侵害。而现代民法则认为，债权固属相对权，但仍有其绝对性或不可侵性。我国台湾学者指出，债权有无绝对性或不可侵性，即债之关系是否得由第三人加以侵害，学说纷纭，虽有积极消极二说，要以积极说为是。盖债权虽为相对权，而相对权并非不容有不可侵性。既为权利，则一般人应负有不为侵害之消极的义务，故如有第三人不法加以侵害，则不可不使其负侵权行为之责也③。

①② 邓曾甲著：《日本民法概论》，法律出版社1995年版，第255页。

③ 史尚宽著：《债法总论》，台湾荣泰印书馆1978年版，第2页。

第四，债权无排他性。“排他性者，同一客体之上，不容有互不相容之内容之权利二个以上同时成立之谓也。”① 有无排他性是债权与物权的重要区别。物权有排他性，如有两个物权竞合，应以时间先后定其效力。债权无排他性，对同一客体可以成立两个以上内容相同的债权，其效力并无优劣之分。倘数个内容相同的债权中仅有一个得以实现，其他债权并不因此无效，而是转变为损害赔偿请求权②。

第五，债权具有平等性。当几个债权人对于同一债务人先后发生数个债权时，其效力一律平等。当总债权额超过债务人的财产时，各个债权人只能依各自债权额在债权总额中所占比例分配债务人财产，而不能以成立在先为由而主张优先受偿。

第六，债权具有可让与性。这是债权与人身权的一个重要区别。债权的可让与性指债权可以在维持其同一性的前提下移转债权人。正是由于债权的可让与性，产生了债法上的债权转移制度。

第七，债权无追及性。这是债权与物权的一个显著区别。为物权客体的物，无论被何人占有，权利人得基于物上请求权追及其所在，请求返还。相反，当债权的标的物在所有权移转以前转入债务人以外的第三人时，债权人对该标的物，不得主张任何权利。此时，债权人对债务人仅有请求权。

第八，债权的设立具有任意性。这主要是就合同之债而言的。物权、人身权等，其种类、内容均是由法律加以规定的。而合同之债中，债法的种类、内容等只要不违反强行法的规定，当事人得自由约定，这就是债法中体现私法上意思自治的契约自由原则。

第九，当物权与债权并存时，物权常具有优先于债权的效力，此亦可视为债权区别于物权的一个特点。然而，法律为保护债权关系的稳定，对特种债权也有例外规定。如，法律常规定，租赁物转移后，租赁关系对于受让人仍继续存在，即属此种例外情形。

债权的效力或权能是债权人得以实现其债权的内在依据，包括：第一，给付请求权。债权债务关系有效成立后，若债务人主动履行债务，债权人的权利即可实现；若债务人不主动履行，则债权人有请求债务人实行给付的权利。第二，给付受领权。债权债务关系有效成立后，债务人主动或应债权人之请求而为给付时，债权人有权予以受领。第三，债权保护请求权。在债务人拒不履行

① 史尚宽著：《债法总论》，台湾荣泰印书馆 1978 年版，第 2 页。

② 王家福主编：《民法债权》，法律出版社 1991 年版，第 9 页。

债务时，债权人有权向法院诉请履行。第四，强制执行力。在债务人不履行债务且在诉请法院并得到确定判决后仍不履行的，债权人得依强制执行法的规定对债务人为强制执行。除上述基本权能外，我国台湾地区有学者认为，债权的权能还包括私力实现与处分两项①。

与上述债权效力或债权权能相关联，民法学说上有所谓的“不完全债权”。通常情况下，债权都具有上列效力或权能，但在例外情况下，债权也可能欠缺上列某项效力，此即为不完全债权。例如，已过消灭时效的债权，不具有强制执行力；破产人对归于破产财团的债权丧失处分权，等等。

（二）债务

债务是根据当事人的约定或者法律的规定，债务人对债权人所负担的应为特定行为的义务。在债的关系中，债权与债务既相互对立，又相互依存，没有债权也就没有债务，没有债务也无所谓债权。关于债务，学说上纷争问题颇多，最突出的有债务的内容、自然债务以及债务与责任的关系等。

1. 债务的内容

根据债务的定义，债务的内容就是债务人所负有的为特定行为的义务，债务人向债权人为特定行为，就是履行义务，也称为给付，因此，债务的内容也就是债务人负担的给付义务。

依据通说，债务人的特定行为既包括作为也包括不作为，前者为积极行为，后者为消极行为②。我国台湾地区学者则把给付分为积极给付、消极给付与混合给付。积极给付称作为之给付，以此种给付为标的的债务称为作为债务；消极给付称为不作为的给付，以此种给付为标的的债务称为不作为债务；混合给付则为作为与不作为构成的给付③。（而我国大陆学者中，一向有人对不作为债务的存在持否定或怀疑态度。早在50年代就有人提出，债务人的义务一般是为一定行为，不为一定行为是补充性质的义务，因为在实际生活中很少见到以不为一定行为为内容的债④。）后来，更有人认为不存在以不为一定行为为内容的债务，其理由是：从理论上说，债权债务共同指向的对象为债的标的，只有债务为积极行为的情况下，才有可能指向标的，如果债的内容为债

① 参见王泽鉴著：《民法学说与判例研究》第4册，1980年台北版，第109~111页。

② 王利明等著：《民法新论》（下），中国政法大学出版社1988年版，第253页。

③ 史尚宽著：《债法总论》，台湾荣泰印书馆1978年版，第225~226页。

④ 中央政法干部学校民法教研室编著：《中华人民共和国民法基本问题》，法律出版社1958年版，第174~175页。

务人的不作为，那么，行为尚无，何以指向标的？因此，依靠债务人积极行为才能实现的债权，自始至终要求的是债务人为积极行为①。我们认为，否定不作为债务的上述理由难以成立，作为与不作为都可成为债务的内容。在债权债务关系中，债权人与债务人所约定的债务人应为的积极行为固然可以指向特定的对象，而他们所约定的不作为也可以是针对特定对象而言的，二者并无实质性区别。再者，在债的关系中，债务人的给付行为与债的客体间之存在先后可能有三种情形：一为给付行为先于客体而存在，如承揽合同，义务人只有先实施行为，然后才能产生承揽加工的产品；二为给付行为与客体相重合，如雇佣契约，受雇人所负担者仅为劳务本身之提供，是否因此使雇主事实上获得财产利益在所不问，因此甲受雇于乙筑造河堤，只要尽其行为上之义务即属履行给付义务，即使所筑造河堤完全被水冲毁，仍有报酬请求权；三为客体先于给付行为者，如买卖、租赁等。在上述第一种情形之下，不作为不能成为债务的内容，因为消极的不作为不可能导致客体的发生。而在后两种情形下，不作为均可成为债务的内容。例如，某剧院约请某演员于一定期间内在本剧院演出，同时该演员承诺在此期间不在其他剧院演出。若该演员果真没有在其他剧院演出，即履行了不作为义务，该不作为行为不必指向特定对象。再如，甲债权人与乙债权人约定，甲不转让自己的债权。此时，债权之存在先，而不转让这种不作为行为在后。这种针对特定对象的不作为行为不能认为没有所指。因此，我们同意这样的提法：债权人的利益一般是要通过债务人实施一定的行为来满足的，因此，债务的内容一般是债务人的特定行为，而不是不作为；但这并不否认当事人可以约定不作为的债，尽管这种事例极为罕见②。

债务人在负担给付义务之外，西方国家以及我国台湾地区学者认为尚有附随义务与不真正义务。附随义务是指依据诚实信用原则，债务人在契约及法律所定内容之外所负有的附随的义务。如，电热器的出卖人的给付义务为交付电热器，但同时他也应负有告知电热器之安全使用事项的义务，此即为附随义务。附随义务尚可进一步分为独立的附随义务与非独立的附随义务③。而不真正义务则是一种强度较弱的义务。其主要特征在于相对人通常不得请求履行，而违反此义务也不发生损害赔偿责任，仅使负担此义务者遭受权利减损或丧失之不利

① 聂天贶：《论债的概念和特征》，载《河北法学》1988年第1期。

② 王利明等著：《民法新论》（下），中国政法大学出版社1988年版，第253页。

③ 参见史尚宽著：《债法总论》，台湾荣泰印书馆1978年版，第329页；王泽鉴著：《民法学说与判例研究》第4册，1980年台北版，第94页。

益。如在保险关系中，被害人对于损害的发生或扩大有过失的，法院得减轻赔偿金额或免除之。在此，被害人所以得忍受赔偿金额减免的不利益，原因在于违反了对自己利益予以适当维护的义务，此义务即属不真正义务①。上述所谓附随义务与不真正义务是否属于债务的内容，值得我国民法学界予以探讨。

2. 债务与责任

债务与责任的关系问题是民法学上长期存在争论的问题之一。在罗马法上，不区别债务与责任，债务与责任共同构成了债的观念。债务与责任相区别的观念发轫于日耳曼法。日耳曼法上，债务指应为给付的义务，责任指履行给付义务的财产上的担保。应予注意的是，责任一词在民法学上有不同含义，而与债务相区别的责任仅指履行给付义务的财产担保这一含义而言。日耳曼法关于债务与责任相区别的观念对后世产生了重大影响，债务与责任的关系在19世纪曾是德国民法学上争论最多的问题。

在现代民法理论上，通说以为，债务与责任是两个相互区别的概念，其相互区别表现为：第一，仅有债务而无责任，如自然债务；第二，仅有责任而无债务，如物上保证人之责任，抵押物由第三人取得时，其所负之责任；第三，责任先于债务而存在，如为附停止条件之债务所设定的担保；第四，债务与责任并存时，其主体、范围、内容得有不同。如，在保证关系中，债务与责任主体不同；债务人对其债务负有限责任时，债务与责任范围不同；在担保关系中，债务可以金钱、劳务、不作为等为内容，而保证人一般仅负财产责任，此时债务与责任内容不同。基于债务与责任的上述区别，西方有学者认为，在立法上应把责任关系予以独立而与债法中之保证及物权法中之担保物权，一并制定责任法。当然，西方及我国台湾地区学者中对债务与责任相互区别的现实意义持否定态度者也不乏其人。有人认为，债务与责任在概念上固然应予区别，无责任之债务与无债务之责任亦属有之，但终属罕见之例外；债务与责任原则上相伴而生，如影随形，难以分开，负债务者不仅在法律伦理上负有当为义务，而且也承担其财产之一部或全部将因强制执行而丧失之危险性，若非如此，不能保障债权之实现②。

我国学者中对于债务与责任可否分离亦存不同主张，有人认为债务与责任是两个不同的概念，可以分离③；也有人认为，有债务必有责任，责任总是伴

① 参见王泽鉴著：《民法学说与判例研究》第4册，1980年台北版，第94页。

② 王泽鉴著：《民法学说与判例研究》第4册，1980年台北版，第116页。

③ 王利明等著：《民法新论》（下），中国政法大学出版社1988年版，第254页。

随债务而存在①。我们认为，债务与责任属两个概念，在理论上或观念上可加以区别，这在理解债观念与债关系的演进史上有重要意义。在罗马法上，债务与责任不分的观念，是债务人以人身对债务负担保责任的反映，债权人也据而可对债务人予以人身强制。而债务与责任相分离的观念产生以后，债务逐渐演变为应当给付，而责任也逐渐演变为纯粹的财产责任。债务与责任相区别的观念可以解释债关系的上述演变。然而，在立法及实践中，债务与责任的区分无多大实质意义。既然责任的含义是对债务的担保，而担保制度的既已存在使得立法上没有必要再引进“责任法”的概念。我国前不久颁布了单行的《担保法》，这不能简单地认为是立法者基于债务与责任相区别的观念而进行的。我国在民事立法领域采取“零售”办法，先制定单行法有其特殊的原因。

3. 自然债务

通说以为，债务与责任相区别之典型状态为有债务而无责任，此即为自然债务。也就是说，自然债务为不可强制履行之债务。对此债务，债务人虽不履行，法律也不加制裁；当债务人自愿履行时，债权人可以受领，并非不当得利，债务人不得请求返还。

自然债务的概念源于罗马法。罗马法上的自然债务有两种：其一为自始无效或无能力人之债务，如奴隶之债务，在市民法上不发生任何效力，但可成为自然债务。此外，妇女未得监护人允许而负担之债务以及未成年人之债务亦属此类。其二是某种债务原属有效，但因某种情形而消灭，但债权人并未获得满足，此时亦得成为自然债务。如原属有效的债权，债权人虽经裁判败诉，可成立自然债务，债务人如仍为给付，并非不当得利，不得请求返还。后世之法国民法典、德国民法典以及有关判例等均对自然债务有所规定。

关于自然债务之种类，向无定论。通说认为，已过消灭时效之债务、因婚姻媒介所生居间费用之债务、因赌博等不法原因所生之债务、基于道德上之义务或基于礼仪之债务、父母供给子女嫁资之义务、超过法定最高利率限制之利息债务、债权人于受有胜诉之终局判决后而撤回诉讼之债务、当事人约定成立无强制执行请求权之债务等均为自然债务②。更有人对自然债务的适用事例概括为：不侵害他人之义务、不受不当利益之义务、亲属扶助之义务、知恩图报

① 王家福主编：《民法债权》，法律出版社 1991 年版，第 11 页。

② 参见《德国民法典》第 222、656、762、764、814、1624 条；郑玉波主编：《民法债编论文选辑》（上），台湾五南图书出版公司 1984 年版，第 21 页；史尚宽著：《债法总论》，台湾荣泰印书馆 1978 年版，第 3 页。

之义务①。也有学者将自然债务区分为时效完成之债务、基于道德之债务以及基于不法原因的给付等数种情形②。

关于自然债务之性质，资产阶级民法学说有两种不同主张：其一，认为自然债务本质上原属法律上应负之债务，倘因某种原因消灭而实际上未使债权人得到满足，其债之关系仍然存在，债务人如自愿履行，法律仍使其发生效力，若债务人不予履行，法律也不加以制裁，与普通债务相比，自然债务只是效力不同而已，可视为法律上义务的贬降。其二，认为自然债务并非法律上的义务，而是道德上的义务。为了使正义得到更多的实现，法律才赋予它某种效力。自然债务的债务人虽无任何法律上的义务，但在道德上或良心上仍有缺憾，若其自愿履行这种道德上的义务，法律应促成之。以此，自然债务被视为道德义务的升华③。我们认为，自然债务本质上属于道德上的义务，当债务人不履行自然债务时，法律不予强制，此时自然债务纯系道德义务。而当债务人履行了自然债务后，法律确认其非为不当得利，并不允许请求返还。因此，已履行的自然债务与普通债务同其效力，具有法律义务之性质。

关于自然债务的效力，综合各国之立法、判例及学说，应明确以下几点：第一，债务人主动履行自然债务后不得请求返还，这几乎成为通说通例。依现代民事立法及民法学说，无法律上的原因是不当得利的构成要件，而道德上的义务不能构成法律上的原因，因此仅有道德上的义务而无法律上的原因应构成不当得利，可请求返还。然而，出于道德观念上的考虑，立法上常对自然债务作出一经履行即不得请求返还的特别规定。第二，依据法国的判例与学说，自然债务经债务人承认后即产生法律上完全的效力，与法律上的债务无异。第三，消灭时效完成后的债务，可因债务人提出保证而发生完全效力。

我国仅于《民法通则》第 138 条规定：超过诉讼时效期间，当事人自愿履行的，不受诉讼时效限制。一般认为，这条规定涉及自然债务问题。不过，学者们大多从债权人所享有的债权的效力这一角度对该条进行研究，而较少从自然债务的角度加以研究。此外，根据中国法律，违法的合意不能产生债的关系，因而基于不法原因的给付属于违法行为，与债务无关。因此，我国学者一

---

① 王伯琦：《论自然债务》，载《现代民法基本问题》，台湾汉林出版社 1981 年版，第 116~117、106~107 页。

② 王家福主编：《民法债权》，法律出版社 1991 年版，第 11 页。

③ 王伯琦：《论自然债务》，载《现代民法基本问题》，台湾汉林出版社 1981 年版，第 106~107 页。

般不认为基于不法原因的给付属于自然债务的范畴。

第三节　债法的特征、作用与地位

债法是调整特定当事人之间得请求为特定行为的法律规范的总称。通说以为，债法有广义与狭义之分。狭义的债法又称形式意义的债法，指民法典中的债编；广义的债法又称实质意义的债法，除民法债编外尚包括其他涉及债的规范、有关债事的单行法、有拘束力的司法判例、立法与司法解释以及司法中适用的有关国际条约等一切关于债的法律规范。债法作为调整债权债务关系的法律规范有其自身特点，在社会经济生活中发挥着无可替代的重要作用，在民法乃至整个法律体系中居于重要地位。

一、债法的特征与作用

债法的特征与作用是两个相互关联的问题，正是债法所具有的自身特点决定了债法在社会经济生活中所具有的特殊作用。

第一，债法是财产法之一种，通过调整财产关系，对维护社会经济生活的稳定与安全具有重要作用。民法以其所调整的社会关系而言，可划分为人身关系法与财产关系法两大部分，债法与物法同为财产关系法。人身关系区别于财产关系的特点，决定了人身关系法与财产关系法之间的应有区别。人身关系法重在主体的身份，而财产关系法重在财产的静态与动态安全。因而，与人身关系法相比较，财产关系法直接服务于社会经济基础，对社会经济关系具有直接的调整作用。

第二，债法为财产法中之交易法，其主要作用在于维护财产的动态安全。财产关系有静态与动态两种，物权关系为静态的财产关系，体现了主体对物的占有与支配状态；而债权关系为动态财产关系，体现的是财产从一个主体移转至另一个主体的运动过程。相应地，物权法的重心就在于维护主体对物既已存在的占有与支配状态不被非法破坏，即维护财产静的安全；而债法的重心则在于保护和促进财产流转的正常进行，即维护财产的动的安全。如前所述，债的关系与商品经济发达程度紧密相关，商品经济愈是发展，债之关系就愈加发达，因此也就需要完备的债法予以调整。所以，随着商品经济的日益发达，债法的作用必然愈日益强化。

第三，债法多为任意法，比较集中地体现了私法上的意思自治原则。债法所以得为任意法，是由债的关系的特点所决定的。首先，物权关系具有排他性，尽管其权利主体是确定的，但义务主体却是不特定的一切他人，因而物权效力可以及于一般人；而债权关系具有相对性，其权利主体与义务主体都是特定的，对一般人影响较少。因此，物权法上实行当事人意思自治原则在技术上殊无可能；而在债法上，若不违背强行法与善良风俗，则尊重当事人的自由意志。其次，债之关系也有别于人身关系。人身关系常涉及道德伦理与社会风俗，对社会公益有直接影响；而债之关系一般较少涉及社会公益。因此，债法上可实行当事人意思自治，而身份法则相反。

债法的任意性主要表现在，债的具体内容允许当事人自由商定，国家一般不积极干预，在当事人合意的情况下，甚至可以排除债法规范的适用。这一点在契约法中表现尤为突出，私法上的意思自治原则在契约法上具体表现为契约自由原则。现代立法虽对个人意思自由加以诸多限制，但其原则地位并未动摇①。

第四，债法为普通法，具有广泛的适用性。在法典化国家中，民法典中的债编或者单行的债法一般包括总论与分论两个部分，总论中关于抽象意义债之关系的总括规定不仅可适用于分论中所举各种债的关系，而且可适用于民法其他各编中所规定的与物权关系、继承关系等相关的债之关系，也可适用于民法典以外之公司法、票据法、海商法、保险法、破产法、土地法等所涉及的债之关系。当然，债法总论在债编以外的适用以有关法律无特别规定者为限。

第五，债法具有普遍性，在当今国际交往日益广泛、频繁的情况下，债法呈现出强劲的趋同化倾向。物权关系具有比较严格的地域性，其中不动产物权尤甚。身份关系具有较强的民族性，与一个民族的文化传统具有密切联系。与此相应，物权法、亲属法、继承法等也不可能不带有较强的地域性或民族性。相反，债权关系作为一种动态的财产关系，较少受到地域限制和传统影响。实际上，随着现代科技的迅猛发展以及交通通信工具的日新月异，国际间的经济技术交往已相当普遍，跨国的侵权赔偿纠纷也日见增多。反映在债法领域，一方面各国家的债法都不同程度地表现出了与国际习惯做法接轨的倾向；另一方面，地区性和国际性的债法统一活动也日益加强，产生了像《联合国国际货物销售合同公约》这样的国际公约。近期来我国法学界兴起的法律趋同化理论成功地解释了当今国际社会的法律趋同现象②。而且，我们认为，国际社会

---

① 王家福主编：《民法债权》，法律出版社 1991 年版，第 3 页。

② 参见李双元主编：《市场经济与当代国际私法趋同化问题研究》，武汉大学出版社 1994 年版，第 1~14 页。

的法律趋同化在不同的法律领域存在程度上的差异，相较而言，在债法领域这种趋同化的势头较为强劲。

二、债法的地位

债法的地位既可以从债法在民法中的地位这一角度来认识，也可以从债法在整个法律体系中的地位这一高度来认识。在此，我们主要是从前一种意义上而言的。

第一，民法是调整财产关系和人身关系的法律部门，其中尤以财产关系为主，因而财产法是民法中最重要的部分已无异议。民法中的财产法包括物权法与债法，因而正确认识物权法与债法之关系是正确认识债法地位的一个关键。通说以为，物权法早于债法而产生与发达。我们认为，既然债的关系是随着分工与交换的产生而出现的，而分工与交换在国家与法产生过程中就已存在，因而认为物权法早于债法而发达固无不可，但若同时认为物权法早于债法而产生则似属武断。在商品经济不发达的社会经济条件下，物权法长期居于财产法的主导地位，即使在古代简单商品经济最为发达的罗马国家也不例外。在罗马法上，债权被视为物权的一个内容，债法也相应被视为物法的一个组成部分。资本主义制度确立以后，商品经济高度发展，债关系、债观念及债法也随之而发达，物权法虽仍有其重要地位，但债法的重要性已超过物权法①。我们认为，宪法为法律体系的基石，民法是以宪法为核心的法律体系中的一个部门，把民法视为众法之基有些言过其实。不过，债法为民法的最重要部分则为不争之理。

第二，债法在民法中的重要地位，尚可从一些国家民法典中债法条文所占比重方面加以认识。1804 年《法国民法典》共计 2283 条，其中涉及债的规定就有 1573 条，占整部法典的 68%。1901 年《德国民法典》共计 2385 条，有关债的规定达 613 条，占整部法典的 1/4。日本明治三十一年的《日本民法典》共计 1044 条，涉及债和契约的有 429 条，占整部法典的 41%。1964 年的《苏俄民法典》共 569 条，仅债编就有 316 条，占 56%。我国《民法通则》中涉及债的规定也有 1/4 以上②。

---

① 参见王家福主编：《民法债权》，法律出版社 1991 年版，第 3 页。

② 参见覃有土等主编：《债权法》，光明日报出版社 1989 年版，第 8~9 页。

第四节　债法渊源与立法体例

如前所述，债法有形式意义的债法与实质意义的债法之分。我们论及债法渊源时，是就实质意义的债法而言的；而在论及立法体例时则是就形式意义的债法而言的。

一、债法渊源

法律渊源有历史渊源与形式渊源两层含义，我们所谓债法渊源专指债法的形式渊源，即债事立法的存在形式。

（一）法典化国家的债法渊源

大陆法系国家以及受大陆法系成文法传统影响而制定民法典的国家，债法形式渊源的突出特点是：以成文法为主，同时一些国家也存在有拘束力的司法判例及习惯法等不成文的债法。

法典化国家的债法以成文法为主，而成文法又包括：第一，民法典中关于债事的集中规定是债法最主要的渊源，所有制定民法典的国家几无例外。第二，民法典中债编以外的其他编章中涉及债的关系的零散规定。现代社会关系错综复杂，债的关系与物权关系、知识产权关系、亲属关系、继承关系等交相存在者在所难免。因此，各国民法典的物权、亲属、继承等编中几无例外地都有涉及债的条文。我们仅以因逻辑结构严密而著称的《德国民法典》为例来说明。《德国民法典》第三编物权中有关于土地债务与定期金债务的规定。第三，集中规定债权债务关系的单行法。如瑞士、土耳其、前南斯拉夫都制定有专门调整债权债务关系的单行法，这种单行的债务法相当于其他法典化国家民法典中的债编。第四，商法典中关于债权债务关系的规定。法典化国家在民商事立法体制上有民商合一与民商分立两种类型。在民商分立的国家，商法典中有大量条文规范当事人之间特殊的债权债务关系。第五，民商事特别法中关于特种债权债务关系的规定。在民商合一的国家，固然没有专门的商法典，但公司法、票据法、海商法、破产法、保险法及普通银行法中也不乏关于债的关系的规范。

法典化国家虽一般都有较为完善的成文债法，但有的国家也存在有关债事的判例法。由于成文法自身所具有的规范性与相对稳定性，有时难以适应调整变动不已的社会关系的需要。而债事关系的变迁尤为显著，因而以债事判例法辅助债事成文法似有其必要性。《法国民法典》中关于侵权行为有 5 条规定，这也是法国全部的成文侵权法规范。《法国民法典》以其完备而成为资本主义国家民法的楷模，因而可以认为该法典中关于侵权行为的5个条文在最初是能适应实践需要的，立法者也不可能故意在侵权领域为司法判例预留下席位。但后来的实践证明，这简单的5个条文越来越不能适应需要，因而也就不得不依赖司法判例。“在法国法律中的侵权行为和准侵权行为法，主要是起源于由司法判例所形成的一项衡平法。《民法典》中只有5条很短的条文涉及它，其中有几条是空洞而含糊不清的，因此只能认为它们是一般原则性宣言而不是法律的准则。法院通过以创造性的解释来运用这些条文，逐步建立起一整套有关民事责任的法律。”①

中世纪中后期，欧洲大陆国家在私法领域广泛存在着习惯法，德国、法国、比利时、西班牙等均不例外。进入资本主义以后，欧洲大陆国家陆续制定成文法，废除习惯法。然而，受传统影响较大的国家，在受传统习惯影响较深的领域，习惯法并未随成文法的产生而被完全废止，债法领域也不例外。以比利时为例，比利时“在私法方面，习惯法已为《拿破仑法典》所取代。在废除习惯法的时候，比利时境内当时通行的惯例约有110项。已被一般人承认的惯例，如果不违反成文法规，或与合法缔结的合同相抵触，法院有时仍然予以认可。此外，在某些情况下（例如有关土地通行权、租赁权和履行合同等方面），《民法典》也把惯例作为法律的另一种法源。在特殊情况下，法院曾宣称，已经确立的惯例可以代替法律的规定。”② 当然，习惯法作为债法渊源与特定国家的法律传统及特定历史条件相关，并不具有普遍意义。

此外，无论是法典化抑或是非法典化国家有关国际条约中的债事规范一般都被视为债法的渊源之一。对此，下文不再赘述。

（二）英美法系国家的债法渊源

由于英美法系国家既无债的概念，也没有类似于大陆法系的债法理论与债法制度，因此我们这里所谓英美法系债法渊源，实质上是要探讨契约、侵权、不当得利、无因管理这些在大陆法系通常被归于债法范畴的法律的渊源。英美法系国家债法渊源的基本特点是，以判例法为主，辅以少量的单行成文法规。

英美法系根源于英国的判例法传统，依循判例是其最突出的特点。18世

① 上海社会科学院法学研究所编译室编译：《各国宪政与民商法要览》(欧洲分册)(下)，法律出版社1986年版，第192~193页。

② 上海社会科学院法学研究所编译室编译：《各国宪政与民商法要览》(欧洲分册)(下)，法律出版社1986年版，第64~65页。

纪以前，英国的契约法、侵权行为法主要是判例法，成文立法极少，作用也极为有限。“诚然，在英国法发展历史的各个时期——包括最初期在内，在私法方面一直也有制定法存在，但这些制定法并不是旨在完全或全面地调整某个法律领域；它们通常只是特别的规定，意在对判例法发展起来的个别规定进行修改。”① 19世纪以来，英国“通过立法对实体法也进行了前所未有的改革”，并“制定了数部适用于特定商业领域的全面性法律”，以致“英国的法律实务者们，像德国和法国的同行们一样被新的制定法所包围”②。可见，随着成文法的增加，判例的作用相对下降，但其主导地位并未动摇。同时，成文债法的增加，也并不意味着在成文的契约法和侵权法存在时判例即失去意义，因为在英国，如对制定法的“某一项规定的目的存在疑义，可以回溯该制定法生效之前的判例。”③ 况且，英国的制定法尚远未覆盖债事关系的所有领域。

美国继承了英国的法律传统，判例是其债法的主要渊源之一。与英国情形相似，美国在立国之初，成文立法极少，判例为债法的主要渊源。本世纪以来，情况有所改观，成文债法有所增加。然而，“尽管成文法已稳步地日益增多，法院创制法律的作用却并未减少。”④ 与英国不同的是，美国属联邦制国家，存在联邦与州之间的立法分权，各州制定成文债法的情况极不一致，制定为各州所共同接受的成文债法的困难更大，因而判例法的作用也似乎更大一些。另外，应予特别注意的是美国的“法律重述”。美国法学会已主持完成了多部“法律重述”，涉及债事关系的主要有《合同法重述》和《侵权行为法重述》。这种所谓的“法律重述”具有类似于法典的形式，但其目的和内容都是要重新阐述普通法的规则，因而不能将其视为成文立法。据认为，美国关于合同和侵权行为的“法律重述”具有高度的权威⑤。

在判例法以外，英美法系国家也不乏成文债法。自19世纪中叶以来，英国先后制定了一系列成文的单行法，涉及契约及债权的主要有：1846年的灾害事故赔偿法；1871年的商业联合法；1882年汇票法；1883年破产法；1890年合伙法；1893年货物买卖法和信托财产法；1894年商船法；1900—1901年贷款法；1906年海事保险法；1914年破产法；1929年公司法。其中，1882年

①② ［德］K. 茨威格特、H. 克茨著：《比较法总论》，潘汉典等译，贵州人民出版社1992年版，第362、362~363页。

③ ［德］K. 茨威格特、H. 克茨著：《比较法总论》，潘汉典等译，贵州人民出版社1992年版，第362~363页。

④⑤ 上海社会科学院法学研究所编译室编译：《各国宪政制度与民商法要览》(美洲大洋洲分册)，法律出版社1986年版，第210、220页。

汇票法、1893年货物买卖法及信托法都具有广泛影响，尤其1893年的货物买卖法影响最大，它总结了英国法院数百年以来有关货物买卖案件的判例，为英美法系各国制定货物买卖法提供了蓝本。

本世纪以来，美国也先后在合同和侵权行为领域制定了一系列单行法。主要有：1906年统一买卖法，1918年统一附条件买卖法，1946年联邦侵权索赔法，1952年统一商法典，1972年消费者产品安全法等。其中尤以美国统一商法典影响最大。统一商法典是美国私法领域最重要的一部统一法典，内容涉及买卖、流通票据、支票、仓单、提单、存储票证、商业票据的托收、信贷及担保等重要领域，而且已为各州所全部采纳。该法典虽名为"商法典"，但它并不专门适用于商人，"除非法典的特别条款有相反规定，否则不论当事人是否经营商业都可以适用该法典的条款。"①

（三）我国债法的渊源

我国属成文法国家，司法判例没有拘束力，所以债法渊源显然有别于英美法系。同时，我国虽属成文法国家，但迄今尚未颁布系统的民法典，因而与法典化国家的债法渊源也有区别。

新中国成立以来，由于受各种主客观因素的影响，债事立法经历了一个曲折的历程。改革开放以前，对法人之间的债权债务关系，曾长期依靠中央各部委制定的合同法规调整，而对于公民之间、公民与法人之间的债权债务关系则主要依据国家民事政策处理。改革开放以后，适应经济建设的需要，我国开始重视债事立法。概言之，目前我国债法的主要渊源有国家立法机关颁布的债事法律、国务院制定的债事法规以及最高法院有关债事的司法解释。

全国人大及其常委会颁布的有关债事的法律为我国债法的主要渊源，包括：第一，《民法通则》有关债的规定。通则第五章第二节"债权"对债的关系作了若干原则规定。此外，其他章节中有关个人合伙、合同式联营、委托代理、侵权及其责任等规定也属债法范畴。通则关于债权的规定虽比较原则，但却构建了我国抽象债法制度的基本框架，具有特殊的地位和特别重要的意义。第二，《经济合同法》、《涉外经济合同法》和《技术合同法》。这三个关于合同的法律建立了我国的合同法律制度。第三，《中华人民共和国担保法》对债的担保作了较为详细的规定。第四，《票据法》、《海商法》、《公司法》、《保险法》、《破产法》、《商业银行法》。上述法律对票据关系、海商关系、保险关

① 上海社会科学院法学研究所编译室编译：《各国宪政制度与民商法要览》（美洲大洋洲分册），法律出版社1986年版，第218页。

系、信贷关系等特种债权债务关系作了规定。第五，《婚姻法》、《继承法》、《专利法》、《商标法》中也均有涉及债权债务关系的条文。如，《婚姻法》第32条对离婚时夫妻共同生活所负债务的偿还作了规定；《继承法》第31条是关于遗赠扶养协议的规定。

根据我国的立法体制，国务院有权制定行政法规，行政法规是我国一种重要的法律渊源。其中涉及债权债务关系的法规当然是债法的渊源。如，国务院批准颁布的《技术合同法实施条例》就属于规范技术合同关系的行政法规。

除上述法律和行政法规以外，最高人民法院还对有关债事立法作了一系列司法解释，主要有：《关于贯彻执行〈民法通则〉若干问题的意见（试行）》中对《民法通则》中有关债的条款的解释、《关于贯彻执行〈经济合同法〉若干问题的意见》、《关于适用〈涉外经济合同法〉若干问题的解答》等。对于最高法院的司法解释，学者们通常定性为“法律性文件”，而并不直接回答其是否为我国的一种法律渊源。我们认为，甚少在债法乃至民法领域中，我国尚未制定出较为完备的民法典，同时又不承认司法判例的拘束力，没有判例法来补成文法的不足，因而司法解释的存在有其必然性。同时，也应承认，司法解释制度本身也确实存在一些问题。若要承认司法解释为一种法源，与我国立法体例显然存在矛盾，因为依宪法规定司法机关并无立法权；而若要否认司法解释是一种法源，似又与客观现实相左，因为司法解释在实际上发挥着类似于成文法律的作用。解决这一矛盾的有效途径应当是，增加权力机关的立法解释，以取代司法解释。同时，也应加强对建立我国判例法制度的必要性和可行性的研究，因为成文法国家常以判例法辅助成文法，而绝少以司法解释来补立法之不足者。

二、债法的立法体例

债法的立法体例，通常指形式意义债法的编纂体例或结构形式。由于英美法系没有形式意义的债法，所以我们仅就大陆法系、原苏东国家的债法体例作一探讨，并对我国债法体例予以简要分析。

在近现代各国的民法典及单行债法上，债法的名称各异，有的称债权法，如《日本民法典》、《苏俄民法典》；有的称债务法，如瑞士、土耳其、前南斯拉夫等；有的称“债权债务关系法”，如《德国民法典》；也有的称为“债法”，如《泰国民法典》。这种名称上的差异本无实质意义，因为这并不是导致各国债法在内容及编章结构上出现差异的原因。不过，也有人明确指出了上述名称之间的内在差异，我国台湾地区有学者认为：“债权债务之法律关系，自权利方面言之，谓之债权关系。日本名其第三编曰债权。自债务之方面言之，谓之债务关系。瑞士名曰债务法。”①

（一）大陆法系国家之债法体例

大陆法系国家债法的编纂体例大致可分为如下几个类型：第一，以债法为民法典的独立一编，如《德国民法典》第二编为“债的关系法”，《日本民法典》第三编为“债权法”。第二，以债法为单行法，集中规定债权债务关系，瑞士、土耳其均以“债务法”为单行法。第三，在民法典中不区分物法与债法，而是将其规定于同一编中，如《奥地利普通民法典》第二编“有关物法”即把物权分为对物物权与对人物权，对人物权法即为债法。第四，把债视为一种财产取得方法，与继承等规定在同一编中，《法国民法典》、《意大利民法典》、《葡萄牙民法典》均属此类。

在现代民法理论中，债权与物权、债法与物法以及债与继承、债法与继承法之间的区分相当清楚，因此上述四种债法编纂体例似以前两种为优，即以债法为民法典中的独立一编，或者制定专门的债法。后两种编纂体例则时常遭到批评，人们对法国债法体例的态度即是明证。艾伦·沃森在论及《法国民法典》的总体例时曾给予高度评价，认为：“从某种意义上讲，《拿破仑法典》的魅力应归功于它那为人所熟悉的体例。”② 但是，在论及该法典的债法体例时，人们则多有贬谪。K. 茨威格特和 H. 克茨曾明确指出：法国民法典的这种结构难以令人满意，例如夫妻财产法与第一卷的婚姻法连接颇不严密；同样可探讨的是，继承法是否当归于第三卷财产法，抑或家庭法抑或完全用特别一卷予以阐述；认为侵权行为损害赔偿请求是一种特殊的所有权取得方法的看法，似乎同样不妥，因此第三卷完全是异类题材的大杂烩③。

（二）原苏联东欧国家的债法体例

原苏联和东欧国家曾是社会主义法系的集中代表，其债事立法也颇具特色。苏联解体和东欧剧变以后，这些国家相继背离了社会主义，但其债事立法作为历史的存在物，仍具有研究价值。原苏、东国家的债事立法体例，有以下几种基本类型：

---

① 史尚宽著：《债法总论》，台湾荣泰印书馆 1978 年版，第 1 页。

② ［美］艾伦·沃森著：《民法法系的演变及形成》，李静冰译，中国政法大学出版社 1992 年版，第 148 页。

③ ［德］K. 茨威格特、H. 克茨著：《比较法总论》，潘汉典等译，贵州人民出版社 1992 年版，第 172 页。

第一，在民法典中以“债法”为独立一编，集中规定债的关系。1922 年《苏俄民法典》共分四编，第三编为债；1964 年《苏俄民法典》共分八篇，第三编为债权。此外，《波兰民法典》第三编为债；《匈牙利民法典》，第四编为债权。

第二，以单行法律集中规定债的关系。这种体例最典型的代表是前南斯拉夫 1978 年《债务法》，该法以单行法的形式对债的一般原则和各种具体债的关系作了系统而又比较全面的规定。此外，保加利亚的《债和合同法》也对债的一般原则以及合同、侵权行为和不当得利作了规定。1956 年阿尔巴尼亚《合同和侵权行为法》虽不以“债”命名，但就其对合同、侵权行为和不当得利所作全面规定而言，实质上是一部单行的债法。

第三，由民法典和经济法典共同规定债的关系，但均无独立的债编，原捷克斯洛伐克债法即属此类。1964 年的《捷克斯洛伐克民法典》共计八编，有关债的内容见于：第一编总则中法律行为（内有关于合同的规定）、债的担保、债的当事人的变更、债的消灭四章；第四编劳务编对各种具体合同关系的规定；第五编其他法律行为产生的权利和义务编关于民事帮助、提供住房、赠与、委托、公开悬赏征求的规定；第六编关于侵权和不当得利责任的规定。该民法典的上述规定仅适用于公民之间以及公民与社会主义组织之间发生的债权债务关系，而社会主义组织相互间的财产关系则由专门的经济法典调整。前《捷克斯洛伐克经济法典》共十二编，关于债的内容主要见于经济债通则、供应货物的经济债、基本建设中和在国外建设工业中的经济债、货物运输的经济债、社会主义组织间其他合作形式的经济债、结算和信贷关系等编中。在这部经济法典中，债的地位如此突出，以致有人认为，“从某种意义上说，捷克的经济法典其实就是一部调整法人间财产关系的债务法。”①

第四，在民法典中不设债编，而是将债的内容分散规定在若干编中，1975 年原民主德国民法典属此类型。原民主德国民法典共七编，虽无单独的债编，但下列各编均涉及债的关系：第三编“关于物质和文化生活的契约”对契约之债作了集中规定；第五编“保护生命、健康及财产免受损害”关于侵权行为和不当得利的规定；第七编“关于特殊的民事法律关系的专门规定”中对有数方参加的契约、请求权的担保所作规定。原民主德国民法典对国营企业间的契约关系未作规定，而《社会主义经济中的契约制度法》专门用以调整这种关系。

① 覃有土等主编：《债权法》，光明日报出版社 1989 年版，第 20 页。

从上述分析中，可以看出，原苏联、东欧国家的债法体例至少有以下特点：第一，有的国家虽有民法典，但民法典中无独立债编，这是计划经济体制下人们不重视商品经济因而债观念不够发达在立法上的体现；第二，有的国家把法人之间的财产关系从一般财产关系中分立出来，在民法典以外以经济法典或其他单行法律作单独规定，这也是计划经济体制在立法形式上的反映。

（三）我国的债法体例

我国具有现代意义的债事立法始于清末宣统三年（1911年）草拟的《大清民律草案》，草案共分五编，第二编为债权，该草案未及施行。民国成立后于1925年公布了民律第二次草案，编名结构因袭了《大清民律草案》，第二编为债。国民政府于1928年成立后开始起草民法，先后完成了总则编、债编、物权编、亲属编、继承编，分别公布施行，此为《中华民国民法》。新中国成立之后，包括债编在内的《中华民国民法》被废除。这部民法的体例有以下特点：第一，编名既不称债权，也不称债务，而简单地称为债。第二，在编次顺序上将债编置于总则之后、物权编之前，据认为这是受德国民法典编制体例的影响。第三，在内容结构上，债编分通则与各种之债两章。前者为债法总则，规定了债的发生、债的标的、债的效力、多数债务人与债权人、债之移转、债之消灭；后者为债法分则，分24节规定了具体债的关系。第四，在民商合一的立法体制下，民法典之外不复有商法典，因而债法分则中包括了交互计算、经理人及代办商、行纪、仓库、运送营业等揽运送等在民商分立国家通常属于商法范畴的内容。

新中国成立以来，虽先后多次草拟民法典，但迄今尚未制定完成。因此，我国的债法采取了分散立法的体例。这种分散的债事立法体例的形成原因是多方面的，其中最主要的在于：第一，在长期实行的高度集中的计划经济体制下，对社会主义条件下商品经济的重要性认识不足，缺乏建立完备系统的债法制度的客观经济条件。第二，改革开放以后，尽管我国对大力发展社会主义商品经济的重要性予以高度肯定，但由于经济体制改革发展较快，各种经济关系变动迅猛，因而国家采取了成熟一个、制定一个的分散立法形式。尽管我国分散的债事立法体例的形成有其必然性，但应当认识到，这种分散的债事立法体例易于造成债法规范相互间的抵触或歧异，增加了司法工作的难度。同时，过于分散的立法体例，人为地割裂了债法制度本身固有的内在逻辑联系，不利于债法制度的完善和债法理论研究的深化。

党的十四大确立了建立社会主义市场经济体制的战略目标，随着市场经济体制的确立，以市场为中介的商品流转关系将日益频繁与复杂，债权债务关系亦将日趋发达，建立完备的债法制度是市场经济条件下商品经济发展的必然要求。我们认为，建立完备的债法制度的一个重要内容就是要改变过于分散的债事立法体例。比较外国的债法体例，结合我国的实际情况与立法现状，我国理想的债事立法体例应当是：第一，制定一部系统的民法典，设独立的债编，集中规定债权债务关系，或者制定一部独立的系统规定债权债务关系的债事法典。二者之中，似以前者为优。第二，从概念的周延性上考虑，民法债编或单行债法的名称宜为债权债务关系法或债的关系法或直接称为债法。第三，债编内部的章节安排虽有多种选择，但至少应包括债法总则和各种具体债的关系两大板块。其中，对于各种具体债的关系尤其是各种合同关系，我国已颁布的一些单行法律规定较为详细。而对于债法总则部分，由于《民法通则》规定过简，诸多重要制度尚未涉猎，立法难度较大。第四，若我国未来的民法典采民商合一的立法体制，则民法债编中应对有关商事关系作出规定；若采民商分立体制，民法债编不必涉及商事内容。最后应予注意的是，我们所谓分散的债事立法体例或集中系统的债法体例不是绝对的，以民法债编规定所有的债权债务关系是不可能的。民法债编以外，在公司法、票据法等民商事特别法中对特种债权债务关系作出规定，这是法典化国家的通例。

第二章 债的分类

第一节 概　　述

债这一概念是对社会生活中纷纭复杂的各种具体债关系的科学抽象与高度概括，抽象的债概念并不特指某一具体的债关系，而是泛指一切债的关系。从各种具体债关系中抽象出债的概念，重要目的之一在于揭示一切债关系区别于物权关系、人身权关系、知识产权关系以及继承关系等其他民事法律关系时所具有的共同特点。主体、客体和权利义务的特定性便是一切债的关系所具有的共同特征。然而，由于债的关系是复杂多样的，无论债事立法与司法还是债法研究，仅仅借助于抽象的债概念是不可能的。为此，需要对债进行进一步的科学分类。债的分类就是根据一定的标准，把债区分为不同的类别，从而突出各类债的具体特征。

债的分类可以从不同角度并依据不同的方法和标准进行。从不同的分类角度而言，债的分类主要可分为立法上的分类与理论上的分类。尽管这两种分类之间有密切关联并相互影响，其间也存在明显不同。站在立法者的角度上对债进行分类，其出发点和重心在于使债法合理有效地规范社会生活中存在的各种债关系，因而往往带有实用主义色彩。站在理论研究者的立场上对债进行分类，其出发点和重心主要在于揭示各种债关系的特征并构筑严谨、周密的债的分类体系，因而往往带有形而上学色彩。就不同的分类方法而言，债的分类有列举式分类与对应性分类之别。列举式分类就是对债的各种存在形态详细列举，从而分为不同种类。如，各国债法一般都对债因作详细列举，从而将债分为合同之债、侵权之债、不当得利之债、无因管理之债等；再如，各国债法对合同之债的分类也都采取列举的方式。对应性分类就是按某种标准，把债区分为相互对应的两个种类。如，以债关系主体是否单一将债分为单一之债与多数人之债；按债是否因合同而发生，将债分为合同之债与非合同之债。至于债的分类标准，大致有以下三种：第一，债因。债因即债的发生原因，这是立法和理论上普遍采用的一种债的分类标准。由于各国债法对债的发生原因的规定不尽相同，因而基于债因的分类也有所不同。不过，最常见的是将债分为合同之债、债权之债、不当得利之债和无因管理之债四种。第二，债的构成要素。每一个债的关系都有主体、客体、内容三个要素，债的要素既是揭示债的特征的依据，当然也是债的分类的重要依据。第三，其他标准。如在两个相关联的债之间，以是否可独立存在，将债分为主债与从债。上述标准中，债因与债的要素是债的分类最主要的依据。基于债因的分类，我们将在下一章“债的发生”一节再行探讨，在此则仅就基于债的要素的几种常见分类作一比较分析。

第二节　单一之债与多数人之债

依据债之主体的数量多寡，可将债分为单一之债与多数人之债。单一之债，是指债的双方主体即债权人与债务人各为一人的债，亦称单数主体之债。多数人之债指债的主体一方或双方为二人或二人以上的债。单一之债与单数之债、多数人之债与复数之债并非相同的概念。单一之债与多数人之债是以债之主体的数量为标准对债进行的分类。而单数之债与复数之债的划分标准，则有不同的主张：其一，主张以主体的单复数决定债的单复数；其二，主张以债的标的物是否同一来决定债的单复数；其三，主张以各主体能否独立发生其为债权人或债务人一切效力为标准，如其效力就各主体能独立发生，为复数之债，否则为单数之债①。可见，只有在对单数之债与复数之债的划分上采主体说时，单一之债与单数之债、多数人之债与复数之债才是一致的，然而这一主体说恰恰经常遭受批评②。

单一之债在实践中广泛存在。然而，由于单一之债相对于多数人之债而言简单明了，仅涉及债权人与债务人之间的关系，所以各国立法几无例外地视其为债之常态，因而不对其作出特别规定或说明。相比较而言，多数人之债则比较复杂，不仅涉及债权人与债务人之间的关系，而且存在着多数债权人或多数债务人的内部关系，因而立法上多对其作出特别规定。以下我们也仅就多数人之债的有关立法与学说予以比较研究。

一、多数人之债的立法体例

综观各国债事立法，多数人之债占有比较重要的地位。当然，各国关于多

①② 参见史尚宽著：《债法总论》，台湾荣泰印书馆1978年版，第607页。

数人之债的立法体例也不尽相同。

首先，各国债法关于多数人之债的称谓不同。具体而言，大致有如下三种：一是称为“多数债务人与债权人”，《德国民法典》取此称谓；二是称为“多数当事人的债权”，《日本民法典》取此称谓；再一种是不采用比较抽象的概念来涵盖多数人之债，而是直接规定多数人之债的具体存在形态，《法国民法典》、《苏俄民法典》以及我国的《民法通则》均属此类。

其次，多数人之债在各国债法中的地位不尽相同。《德国民法典》债编共分七章，第六章为多数债务人和债权人，这种单章规定多数人之债的体例实属罕见。《日本民法典》债权编第一章“总则”共五节，其中第三节为多数当事人的债权。《法国民法典》第三卷第三编第四章为“债务的种类”，其中涉及对多数人之债的分类。1964 年《苏俄民法典》债权编则在“债的履行”一章中对多数人之债作了规定。

再者，各国债法对多数人之债的分类也不尽相同。《法国民法典》将多数人之债分为连带之债、可分之债、不可分之债，《德国民法典》亦同。《日本民法典》将多数人之债分为可分之债、不可分之债、连带之债与保证之债，将保证之债作为多数人之债的一种加以规定，也仅见于《日本民法典》。1964 年《苏俄民法典》及我国《民法通则》则仅将多数人之债区分为按份之债与连带之债。

二、可分之债

在我国立法上，无可分之债与不可分之债的规定，仅有连带之债与按份之债的区分。但在西方大陆法国家，可分之债与不可分之债相区分的观念却根深蒂固，法国、德国、日本、瑞士、奥地利等国债法中均有关于可分之债与不可分之债的规定。

可分之债又称连合之债，指对一个可分的给付，基于共同的债的发生原因而有数个债权人或债务人时，各债权人或各债务人的权利义务可按给付的一部分而分别存在的债关系。当债权人有数人时为可分债权，债务人有数人时为可分债务。通说以为，可分之债与不可分之债的划分标准是给付的性质，即当根据给付的性质人们可以部分地履行债而不改变其实质时，为可分之债，在相反情况下则为不可分之债①。因此，单就这种划分标准而言，可分之债与不可分

① 参见［意］彼德罗·彭梵得著：《罗马法教科书》，黄风译，中国政法大学出版社 1992 年版，第 291 页。

之债似与多数人之债没有必然联系，因为多数人之债强调的是主体的复数，而非给付的性质。实际上，可分之债与不可分之债是作为多数人之债的具体形态而存在的，只有在对同一债存在数个债权人或债务人时，可分之债与不可分之债的区分才具有实际意义，因为，如果债权人只有一个而且债务人也只是一人，那么给付就应当一次性全部完成，债权人也绝不能被迫分期接受给付①。

可分之债的观念源于罗马法，《十二铜表法》就曾明确规定，债权和债务在数个共同继承人之间是当然可分的。近世自《法国民法典》以来，可分之债的观念为大陆法系国家所普遍接受，成为多数人之债的一种重要形态。不过，在各国立法上，可分之债在多数人之债中的地位有显著差异。在日本、德国等大多数大陆法系国家的民法典上，债以可分为原则，即在法律无特别规定和当事人无特别约定的情况下，债原则上视为可分。《日本民法典》第427条规定，债权人或债务人有数人时，如无另外意思表示，各债权人或债务人以均等的比例享有权利或承担义务；第431条规定，不可分债务变为可分债务后，各债权人只能就自己的部分请求履行，各债务人亦只就其负担部分履行责任。《德国民法典》第420条规定，数人负同一可分给付的债务，或数人有权请求同一可分给付者，在发生疑问时，各债务人平均分担一部分义务，或各债权人平均分受一部分权利。《日本民法典》更直截了当地将可分割债权关系定为多数人之债的“总则”②。这就确立了可分之债在多数人之债中的原则地位和极端重要性。与上述规定不同，《法国民法典》虽也划分了可分之债与不可分之债，但可分之债的重要性相对较低。该法典第1220条规定，可分的债在债权人和债务人之间，应视同不可分的债而履行；可分性仅在债权人或债务人的继承人不止一人时，对于各该继承人发生效力。

可分之债与不可分之债的划分以给付之是否可分为依据，故而可分之债的成立以给付可分为首要条件。根据各国立法及学说主张，除了给付可分以外，可分之债的构成还应具备以下要件：第一，须有数个债权人或数个债务人存在；第二，法律没有另外规定以及当事人没有另外约定；第三，可分之债一般是基于同一债因而发生的，但个别情形下也不以此为限。史尚宽先生举例认为，设若甲乙丙以60元由戊买入煤3吨，其后若丁亦加入买方之契约，由甲

---

① 参见［意］彼德罗·彭梵得著：《罗马法教科书》，黄风译，中国政法大学出版社1992年版，第291页。

② 《日本民法典》债权编第三节为“多数当事人的债权”，包括总则、不可分债务、连带债务、保证债务四个部分，“总则”即为可分割债权关系的规定。

乙丙丁与出卖人戊订立时，丁亦成为当事人之一。此时前成立之买卖契约及后加入之契约为两个契约，非同一发生原因，而此债务额应由甲乙丙丁四人分担①。

关于可分之债的效力，在立法及学说上均无大的分歧。通说以为，可分之债在形式上虽为一个债的关系，而在实质上则为各自独立的数个债权与债务。因此，就一个当事人所分割部分所生之给付迟延、受领迟延、给付不能、不完全给付，或其他履行上的过失，对于其他当事人不生影响。至于多数当事人分受权利与分担义务的比例，应注意以下几点：第一，在法律无特别规定或当事人无特别约定的情形下，多数当事人以平均分受权利和平均分担义务为原则。第二，在仅债权人为多数或仅债务人为多数时，债权债务的分割比较简单，而在债权人和债务人均为多数时，分割方法则较为复杂。此时，应以债权总额除以债务人人数，再除以债权人人数，即为各债务人对各债权人应负担之给付额。第三，在由当事人约定分割比例时，应区分对外约定与对内约定。如果多数当事人与对方当事人约定了分割比例，一般认为多数当事人之间的内部关系也应依此比例。然而，若多数当事人仅仅相互间约定了内部分割比例，则此种内部约定不具有对外的效力。此时，在多数当事人与对方当事人之关系上，仍以平均分担或分受为原则，而在内部关系上则按内部比例分割。也就是说，可分之债的内部关系与外部关系可以有不同比例。

三、不可分之债

不可分之债，是指主体一方或双方为多数，而以同一不可分给付为标的的债。不可分之债是与可分之债相对而言的，与可分之债一样，不可分之债也源自罗马法，并为后世大陆法系国家所采用。《法国民法典》、《德国民法典》、《日本民法典》等均将不可分之债确定为多数人之债的一种形态。

关于不可分之债的成立要件，学说主张无甚分歧，通说以为包括两个方面：其一，债以不可分给付为标的。所谓标的不可分又有性质上不可分与依当事人意思不可分两种情形。标的性质上不可分，指非改变给付的性质或减损其价值则不能对标的予以分割；依当事人意思不可分，指标的虽在性质上为可分，但当事人约定其不可分割。其二，须有数个债权人或债务人，多数债权人所拥有的债权为不可分债权，多数债务人所承担的债务为不可分债务。

关于不可分之债的性质，通说认其为以同一给付为标的之数个独立的债，

---

① 参见史尚宽著：《债法总论》，台湾荣泰印书馆 1978 年版，第 609~710 页。

或称复数之债。只是因标的不可分，才使其成为多数人之债中有别于可分之债的一种形态。再者，不可分之债因其标的不可分，故而与连带之债有相似之处，立法上也多有关于准用连带之债的规定。然而，必须明确不可分之债与连带之债性质上的区别，不可分之债虽有时可以准用连带之债的规定，但其多数当事人之间并无连带关系。

尽管学说上关于不可分之债性质的认识比较一致，然而立法上关于不可分之债的规定却颇多分歧。对于不可分债权关系，有以下几种立法例：(1) 依普鲁士法，对不可分债权，全体债权人只能共同请求给付。这种规定显然对债权人要求过于严格。(2) 依奥地利民法典规定，对于不可分债权，除非某一债权人提供了担保，否则债务人不对其负给付义务，债务人可以要求全体债权人共同受领或请求法院保管其物。(3) 依德国民法典、瑞士债务法规定，对不可分债权，债务人只能向全体债权人为共同给付，各债权人也只能请求债务人向全体债权人为共同给付。也就是说，债权人虽然不需共同请求而可以单独请求给付，但其请求内容是向全体债权人为给付，而非向自己为给付。(4) 日本民法典规定，对不可分债权，各债权人可以为全体债权人请求履行，债务人也可为全体债权人对各债权人予以履行。法国民法典规定，债权人有数个继承人时，各继承人均可请求不可分之债的全部履行。这种规定，实际上将不可分债权视作连带债权。关于不可分之债务关系，有以下几种立法例：(1) 普鲁士法规定，债权人须对全体债务人请求给付。(2) 奥地利民法典规定，对不可分债务，债权人可以向各债务人请求全部给付。(3) 现代大多数国家的民法典都规定不可分债务准用连带债务。《德国民法典》第 431 条、《瑞士债务法》第 70 条、《法国民法典》第 1222 条、《日本民法典》第 430 条均规定不可分债务准用连带债务。

四、连带之债

连带之债源于罗马法，当时也称为共有之债。近现代各国民法均将其定为多数人之债的一种重要形态。所谓连带之债，指债权人或者债务人有数人时，各债权人均得请求债务人履行全部债务，或者各债务人均负有为全部给付的义务，而因一个全部给付即使全体债的关系归于消灭的债。具有连带关系的数个债权人为连带债权人，有连带关系的数个债权为连带债权；具有连带关系的数个债务人为连带债务人，有连带关系的数个债务为连带债务。法律设定连带之债的目的在于确保债权人的利益，使其可以尽先向最具偿付能力的债务人请求给付。连带债务实际上就是以具有连带关系的数个债务人的总资产为债权人的债权作共同担保，通常足以保障债权人的利益。而作为连带债务逆形态的连带债权对债权人并非有利。在连带债权中，任一债权人均可独立请求全部给付，债务人也可向任一债权人为全部给付，若接受全部给付的债权人缺乏诚信或无资力，其他债权人的利益将无所保障。因此，在实践中连带之债以连带债务居多，连带债权较少发生。各国立法对连带债权的规定一般也比较简约，《日本民法典》甚至未设规定。

连带之债在性质上为一个债关系还是数个债关系的集合，即连带之债究属单数之债还是复数之债，在民法学上不无争论。这种争论与把连带关系区分为共同连带与单纯连带密切相关。在罗马法上已有对连带关系予以区分的观念。据彼德罗·彭梵得考证，在一类情况下，罗马法文献认为只针对共同债务人之一开始的争讼程序也使债相对于所有债务人消灭；而在另一类情况下，人们则否认这种效力，并明确宣布只有履行清偿才使所有共同债务人摆脱债务①。19世纪德国学者克拉、雷边洛甫等人进一步将连带关系明确区分为共同连带与单纯连带。基于这种区分，学说上对连带之债的性质提出了三种不同主张：其一为单一说。此说以为，共同连带属于具有多数主体的一个债的关系，因而就多数债务人或多数债权人之一所生事项的效力，当然及于其他债务人或债权人。而单纯连带为因同一给付或同一目的的数个债的关系，因而于多数债权人或多数债务人之一所生事项，除足以满足同一目的的者外，对其他债权人或债务人不生效力。此说虽主张单纯连带之债为复数债，但因其主张共同连带之债为单一债，故称为单一说。为了支持共同连带之债为单一债的主张，有人进一步提出了理由。有人提出代理说，认为数个债权人或债务人系互相代理，同时以自己名义与他人名义订立连带合同。有人提出选择之债说，认为在连带之债中，系主体依选择而定，在选择之前主体不特定，选择之后主体始为特定。其二为复数说。此说以为，不仅单纯连带之债为数个债的集合，而且共同连带之债亦为数个债的集合。在共同连带关系中，债权人各享一个债权，债务人各负一个债务，只是他们相互关联而已。其三为折衷说。此说认为，单纯连带之债固为数个债的集合，共同连带之债究属一债或数债则难罔断。有人认为，共同连带关系中债虽单一，但诉权为数个；有人认为，共同连带之债为数个债的关系结合而成的一个债的关系。

考察近现代各国民事立法，并无所谓共同连带与单纯连带之分。《法国民

① 参见［意］彼德罗·彭梵得著：《罗马法教科书》，黄风译，中国政法大学出版社1992年版，第297页。

法典》、《德国民法典》、《瑞士债务法》、《日本民法典》、《苏俄民法典》等都只规定一种连带之债。我国《民法通则》也是如此。而现代民法学者也普遍主张复数说，即认为连带之债实质上是数个债关系的集合。

关于连带之债的成立要件，学说上分歧颇多。连带之债的主体一方或双方须为多数，而且多数主体之间须有连带关系，对此学界向无异议。关于连带之债成立要件的分歧主要在于：第一，连带之债的成立是否以标的同一为必要。对此，有肯定与否定二说。肯定说认为，连带债务须以同一给付为其内容，若数人所负债务，其给付并非同一，则虽约明一人履行债务时他人之债务亦归消灭，也不能称为连带债务①。否定说认为，连带债务无须以同一内容之给付为标的，连带债务只要求债的目的同一，而不必给付内容同一②。我们认为，上述两说以肯定说为当。连带之债的发生原因有法律规定与当事人明示两种原因。由法律规定标的不同一的连带关系的立法例尚难见到。由当事人约定以不同给付内容为标的的连带关系，即使在理论上并非绝无可能，而在实践中也极为罕见。第二，连带之债的成立是否以标的可分为必要。对此，也有肯定与否定两种主张。肯定说认为，既然债权人可以请求某一连带债务人为一部给付，那么若标的不可分，则一部给付将无从进行③。否定说认为，依当事人的意思各负不可分债务时，仍可成立连带债务，只是债权人不得请求一部给付而已④。我们认为，上述二说以否定说为当。从立法上看，虽然一些国家的民法典明文规定连带债务之债权人可以请求一部给付⑤，但不能因此断言连带之债只能以可分给付为标的。在以不可分给付为标的时，债权人虽不能请求一部给付，但这并不妨碍连带关系的存在。我国《民法通则》关于连带之债的规定，仅使用了“全部”一词，且未禁止就不可分标的成立连带之债，有学者解释为标的是否可分在所不问⑥。第三，连带之债的成立是否以数个债具有同一目的为必要。对此，大多数学者持肯定态度，即具有连带关系的数个债务须具有确保和满足债权人债权的共同目的。有人甚至认为，若存在这一共同目的，即使债务人之间彼此无共同意识，也不影响连带之债的成立⑦。如果多数债务人

① 王家福主编：《民法债权》，法律出版社 1991 年版，第 46 页。
② 参见史尚宽著：《债法总论》，台湾荣泰印书馆 1978 年版，第 616 页。
③ 参见孙森焱著：《民法债编总论》，法律出版社 1979 年版，第 623 页。
④ 参见史尚宽著：《债法总论》，台湾荣泰印书馆 1978 年版，第 616 页。
⑤ 参见《日本民法典》第 432 条。
⑥ 参见王家福主编：《民法债权》，法律出版社 1991 年版，第 46 页。
⑦ 参见欧阳经宇著：《民法债编通则实用》，台湾汉林出版社 1977 年版，第 299 页。

之间缺乏这一共同目的，即使给付内容为同一，也不能成立连带之债。但是，我国有的著作并未把数个债具有同一目的视为连带之债的成立要件①。第四，就不作为的给付是否可成立连带债务。对此，亦有肯定与否定二说。肯定说认为，作为连带债务的标的并不限于积极给付，只是以消极给付（不作为）成立连带债务的，实践中极为少见②。否定说认为，数人负担同一之不作为债务，不成立连带债务，各债务人独立负一个债务，一人虽为履行，他人不因此免其债务③。我们认为，上述二说以否定说为当。在数人同负一不作为义务时，客观上要求各债务人全部履行不作为义务，若一人履行不作为义务而免除其他债务人之义务，则债之本旨会因此而难以实现。不过，持否定说的史尚宽先生认为，各债务人互担保不为违反行为时，就损害赔偿之债务，成立连带债务④。我们认为，此时债务人不作为的消极义务已转变为负赔偿责任的积极义务，就不作为本身仍不能成立连带债务。

连带债务的效力是连带之债的核心问题，历来受到债事立法与研究者的关注。连带债务的效力包括对外效力与对内效力两个方面，前者指连带债务在连带债务人与债权人关系上的效力；后者指连带债务在债务人相互关系上的效力。在连带债务的对外效力问题上，许多国家在立法上明文规定，连带债务的债权人得对于债务人中之一人或数人或其全体，同时或先后请求全部或一部之给付⑤。被请求的债务人不得拒绝超过自己分担部分的给付。连带债务因债务人中之一人、数人或全体的全部给付而归于消灭。连带债务全部履行前，全体债务人对于尚未履行部分仍负连带责任⑥。关于连带债务的对外效力，立法及理论上的分歧主要集中在以下两个方面：

第一，在连带债务人全体或其中数人或一人受破产宣告时债权人可否以债权总额参加各破产财团的分配。对此，立法上有三种不同做法：（1）依德国破产法规定，债权人于受完全清偿前，对各破产财团得以破产开始时之债权额加入分配。《日本民法典》第441条规定，连带债务人之全体或其中数人受破产宣告时，债权人可以就其债权的全额，参加各财团的分配。依据上述规定，

---

① 参见王利明等著：《民法新论》（下），中国政法大学出版社1988年版，第262~263页。

② 参见王家福主编：《民法债权》，法律出版社1991年版，第46页。

③④ 参见史尚宽著：《债法总论》，台湾荣泰印书馆1978年版，第616页。

⑤ 参见《德国民法典》第421条；《日本民法典》第432条；《瑞士债务法》第144条。

⑥ 参见《德国民法典》第421条；《瑞士债务法》第144条。

数个债务人同时破产时，债权人得以债权的全额对于各破产财团加入分配；若一债务人先破产，于破产程序终结后，他债务人再受破产宣告时，债权人仅得将已把前破产财团受分配部分扣除后的债权余额加以分配。（2）《法国商法典》规定，债权人虽于受完全之债务清偿前，得以债权之全额加入各破产财团之分配，但在任何债务人未受破产宣告前已受有一部分清偿时，得将其额扣除后之债权余额加入各财团之分配。依此主张，因一债务人破产终结而受一部分配的债权人，对于其后受破产宣告的其他债务人破产财团，仍得以债权之全额加入分配。只是，任何债务人未受破产宣告前之破产外的清偿额应予扣除。（3）《瑞士破产法》的规定与法国略同，所区别者在于，债权人虽在任何债务人未受破产宣告前已受有一部清偿，债权人仍得以债权之全额对各破产财团加入分配。我国立法对此未作规定，有学者从最有利于保护债权人利益的角度出发，认为我国应仿瑞士做法，即无论债务人破产前是否已为部分清偿，债权人仍得以债权总额加入各破产财团的分配；数债务人先后受破产宣告时，债权人在先破产的债务人的破产财产中已分配的部分也不扣除；只是债权人在破产财产中的所得不应超过其实际债权部分，否则应视为不当得利，须返还给破产财团①。我们也同意这种主张。

第二，在连带债务中，就债务人之一所生事项的效力是否及于其他债务人。现代民法学既已认连带之债为复数债，连带债务为多个债务，债务人各负其一，那么从原则上讲，就其中一债务人所生事项对他债务人应不生效力。然而，连带债务虽为多个债务之集合，各债务间亦非毫无关联。由于连带债务具有共同目的，因而就一债务人所生事项其效力也可能及于其他债务人。因此，各国立法一般都对连带之债中就一债务人所生事项的效力是否及于他债务人的情形作出规定。有的学者对此提出异议，并认为应称为有涉他效力和无涉他效力②。

综合立法与学说主张，连带债务中就一债务人所生事项有涉他效力者主要有：（1）清偿。连带债务中一债务人为全部清偿时，连带债务归于消灭；为一部清偿时，他债务人也于清偿范围内免除债务。《德国民法典》第 422 条、《法国民法典》第 1200 条均有此规定。（2）代物清偿、提存、抵销。连带债务人之一为代物清偿、提存和抵消时，与清偿具有同等效力，因而对他债务人亦生效力。《德国民法典》第 422 条、《日本民法典》第 436 条有此规定。（3）

① 参见王家福主编：《民法债权》，法律出版社 1991 年版，第 48 页。
② 参见王家福主编：《民法债权》，法律出版社 1991 年版，第 48 页。

混同。连带债务人之一因混同而使债务消灭者对他债务人是否生效，立法上有不同作法。《日本民法典》第 438 条对此持肯定态度，《德国民法典》第 425 条则持否定态度。（4）债务免除。债权人对连带债务人之一免除债务时其效力是否及于他债务人，立法上分歧极大。《法国民法典》第 1285 条规定，对债务人一人之债务免除，债权人未特别保留其权利时，对他债务人也生效力；有保留时则仅得就扣除受免除债务之债务人所分担部分的余额为请求。《德国民法典》第 423 条规定，对于债务人一人的债务免除，只有在依免除协议有使全部连带债务归于消灭的意思时，对其他债务人发生效力。《瑞士债务法》第 147 条规定，债务非因债权人之满足而免责者，仅于情事及债的性质认许的范围内，对他债务人发生效力。《日本民法典》第 437 条则规定，对连带债务人之一人所为债务之免除，仅就该债务人所负担部分对他债务人发生效力。（5）时效完成。连带之债消灭时效的起算点可能有所不同，或虽起算点相同而中断或终止原因不同，因而会发生连带债务人中之一人时效已完成而他债务人时效未完成的情形。关于连带债务人之一人时效完成对他债务人生何效力的问题，立法上有两种不同规定。《德国民法典》第 425 条规定，连带债务人之一人时效完成对他债务人不生效力；《日本民法典》第 439 条规定，连带债务人之一人因时效完成，就其所负担部分，他债务人亦免除义务。（6）债权人受领迟延。债权人对于连带债务人之一人有迟延时，对其他债务人是否生效？对此，《德国民法典》第 424 条予以肯定。其他国家虽未在立法上作此规定，但学者们多主张，债权人对连带债务人之一有迟延时，对他债务人亦生效力。（7）一债务人得到法院的有利判决，而其判决又非基于该债务人与债权人之个人关系，判决的效力可否及于他债务人，有肯定与否定两种主张。《德国民法典》第 425 条对此持否定态度。（8）《日本民法典》第 434 条还规定，对连带债务人之一人的履行请求对其他债务人也发生效力。

连带债务中就一债务人所生事项除上述有涉他效力者外，其余均无涉他效力。不过，为明确起见，立法上对此也多有列举。要者包括：（1）履行请求。日本民法上，债权人对连带债务人之一请求履行，对他债务人也生效力，已于前述。不过，《德国民法典》第 425 条则规定，债权人对连带债务人之一的履行请求对他债务人不生效力。（2）过失。一般认为，一债务人之过失行为，对他债务人仅为一种事变，其效力不及于他债务人。《德国民法典》第 425 条对此有明文规定。（3）给付迟延、给付不能及不完全给付。一债务人因可归责于其个人的事由所发生的给付迟延、给付不能或不完全给付，对他债务人不发生效力。（4）连带责任之免除。连带责任的免除与连带债务的免除不同，它并非免除债务，而是免除其与他债务人连带履行债务的责任。连带债务人之一被免除连带责任后，仅就其在连带债务中自己应承担的部分向债权人负清偿责任，而不再负全部给付的责任。《日本民法典》第445条规定，连带责任的免除无涉他效力。(5) 债权让与与债务承担。学说上一般认为，债权人若将其对于一债务人的债权让与他人，其他债务人的连带责任并不消灭。债务人之一将自己的债务移转于第三人时，对其他债务人的连带责任也无影响①。(6) 时效中断与不完成。就债务人之一人所发生的时效中断事由对他债务人是否发生效力，《德国民法典》第425条认其无涉他效力；《法国民法典》第1206、2249条认其有涉他效力，《瑞士债务法》第136条亦同；《日本民法典》第434条则规定因请求的时效中断有涉他效力，其余无涉他效力。一债务人时效的不完成，对他债务人一般不发生影响。

连带债务的对内效力，是指连带债务在债务人相互间的效力。在连带债务中，由于债权人可向债务人中之一人或数人请求履行，而被请求的一个或数个债务人不得以主张自己所负担份额而为抗辩，因而债务人之一人或数人超过自己所应分担部分而为清偿的情况在所难免。当连带债务人中之一人或数人因清偿或其他行为而使他债务人同时免除债务时，可就超过自己所应负担部分向他债务人请求偿还。连带债务的对内效力集中表现在这一求偿权上。

关于求偿权的性质，学说主张不一。日本学者中有所谓当然存在说、实质上不当得利说、主观共同关系说、相互保证说等。当然存在说认为，债务人中之一人超过自己应分担部分的给付属于履行他债务人的债务，因而求偿权的发生是连带债务性质上的当然结果。实质上不当得利说认为，其他债务人因债务人中之一人为清偿或其他行为而同免责任，实质上是不当得利，法律因而规定求偿权。主观共同关系说认为，求偿权的发生，是连带债务由多数债务人共同分担债务这一本质决定的。相互保证说认为，连带债务人所负全部给付义务属担保义务，在债务人之间因相互为保证而发生求偿权②。我国学者多主张当然存在说，认为连带债务的各债务人在与债权人的关系上虽负有清偿全部债务的义务，但在与他债务人的相互关系上，仅就自己应承担的份额负清偿义务。因而，一债务人履行义务超过自己份额的，为清偿他人债务，当然发生求偿权。我们也同意这种看法。

---

① 参见史尚宽著：《债法总论》，台湾荣泰印书馆1978年版，第632页；王家福主编：《民法债权》，法律出版社1991年版，第49页。

② 参见王家福主编：《民法债权》，法律出版社1991年版，第51页。

关于求偿权的发生条件及范围，少有分歧。通说以为，求偿权发生的条件有三：其一，享有求偿权的人须以清偿或其他方法履行了债务；其二，须使其他债务人同免责任；其三，该债务人的履行须超过其应分担份额。至于求偿权的范围，一般认为应包括超出履行债务的债务人应负担份额的部分、履行连带债务所必要的费用、非可由求偿权人单独负责的事由所致损害、自共同免责时开始计算的利息。

关于求偿权的行使，有两个问题需特加注意。第一，因清偿或其他行为而使他债务人同免责任的债务人，不仅可以自己名义行使求偿权，而且在求偿范围内当然代位债权人行使其权利，各国立法对此均有规定①。以此，债权人所有关于债权的效力及担保等一切权利，求债权人在求偿范围内可当然承受。不过，出于保护债权人利益的目的，立法上多同时规定，求偿权人代位权的行使以无损于债权人利益为限②。第二，求偿权人对他债务人的求偿权应分别对他债务人行使，若其中某一债务人没有偿还能力，即发生所谓求偿不能问题。对此，立法上多规定，连带债务人中之一人不能偿还其分担额者，其不能偿还部分由求偿权人与他债权人按比例分担。但是，若求偿不能系因求偿权人过失所致，则不能请求他债务人分担③。

五、按份之债

按份之债是指债的多数主体各自按照确定的份额分享债权或分担债务的债。多数债权人各自按照自己的债权份额享有权利者为按份债权；多数债务人各自按自己的债务份额负担义务者为按份债务。

按份之债是前苏联及我国民事立法和民法理论上多数人之债的一种重要形态。1964 年《苏俄民法典》和我国《民法通则》均对按份之债作了规定。西方民事立法及民法理论上无所谓“按份之债”，不过，法国、德国、日本等大陆法国家民法上规定的可分之债在成立要件及效力上与按份之债大体相似。当然，按份之债与可分之债在理论上的分别是显而易见的。可分之债是与不可分之债相对而言的，可分之债与不可分之债的区分标准是债的标的是否可分；按份之债则是与连带之债相对而言的，按份之债与连带之债的区分标准是债的主

①② 参见《法国民法典》第 1251 条；《德国民法典》第 426 条；《瑞士债务法》第 149 条。

③ 参见《德国民法典》第 426 条；《瑞士债务法》第 148 条；《日本民法典》第 444 条；《泰国民法典》第 260 条。

体间相互的权利义务关系。

关于按份之债的性质，学说上没有分歧。人们普遍认为，按份之债在形式上虽为一个债的关系，实际上则是数个债的集合。然而，关于按份之债的成立要件，我国学者有不同见解。有学者认为，按份之债的成立须具备三个要件：第一，债权人或债务人为二人或二人以上；第二，债的标的是可分的，即标的经分割后不损害其性质或减损其价值。标的虽在性质上可分而当事人约定为不可分者也应视为不可分；第三，债权债务由多数债权人分享或由多数债务人分担，这是按份之债区别于连带之债的根本特征所在①。也有学者认为，按份之债的成立除具备上述三个条件以外，还应具备以下两个条件：第一，给付基于同一原因而发生；第二，数个债权人的债权份额或数个债务人的债务份额，在债成立时即已确定②。我们也认为，按份之债的成立要件应以五要件说为当。

至于按份之债的效力问题，因与前述可分之债大致相似，故在此不予赘述。

六、完善我国多数人之债立法的几点思考

通过上述比较研究，不难发现，各国在多数人之债的立法体例、分类及具体内容上繁简不一，差异颇多，我国关于多数人之债的立法相对简单。在市场经济条件下，完善我国多数人之债的立法至少应解决以下几个问题：

第一，多数人之债应否在我国立法上取得相对独立的地位？在各国的民法典债编中，对多数人之债有作单章规定的，也有作单节规定的，也有不作单独规定的。我国目前尚未制定民法典，《民法通则》只对多数人之债作了两条极为简括的规定。时下，我国应制定一部系统的民法典的呼声越来越高，且一般认为在民法典中对债应作单编规定。我们认为，在未来的民法典债编中应对多数人之债作单独集中的规定。考诸国外的民事立法，多数人之债在原苏东国家的民法典上无相对独立的地位，这似与计划经济体制下债的主体间关系相对简单不无关联；而在实行市场经济体制的西方大陆法系国家，多数人之债在民法债编中大多具有相对独立的地位。再者，在1964年《苏俄民法典》中多数人之债规定在债的履行一章中也不尽合理。多数人之债固与债的履行相关，但它也绝非仅是一个债的履行问题。因此，我们认为，在我国制定民法典时，多数

① 参见王利明等著：《民法新论》（下），中国政法大学出版社1988年版，第261页。

② 参见王家福主编：《民法债权》，法律出版社1991年版，第40页。

人之债在债编中应取得相对独立的地位。具体而言，或仿《德国民法典》的体例，在债编中对多数人之债作单章规定；或仿《日本民法典》的体例，在债编总则一章中对多数人之债作单节规定。

第二，关于多数人之债的分类问题。在对多数人之债的分类上，前苏联及我国立法采按份之债与连带之债两分法。法国和德国民法采可分之债、不可分之债、连带之债三分法。日本民法采可分之债、不可分之债、连带之债、担保之债四分法。日本民法将担保之债视为多数人之债的一种形态，有将担保人等同于债务人之嫌，实不足取。因而，在多数人之债的分类上主要是两分法与三分法的分歧。由于按份之债与可分之债大体相似，因而两分法与三分法分歧的焦点主要在于不可分之债是否有作为多数人之债一种形态的必要。

将多数人之债区分为按份之债与连带之债，虽则采取了单一的分类标准，从形式上看似乎比较科学，实则有内在不足。按这一划分标准，某一多数人之债若非按份之债，则必为连带之债；反之亦然。依据通说，按份之债的标的须为可分。因此，按照两分法，凡标的不可分之多数人之债必为连带之债。然而，依据现代的民法理论与立法实践，连带之债由于加重了多数债务人的责任，因而需要在法律有规定或者当事人有约定时才能成立，而不能因为标的不可分而当然成立。因而，难免产生这样的问题：某一多数人之债因其标的不可分而非按份之债，同时法律未规定且当事人亦未约定其为连带之债，此时将如何处理？

因此，将多数人之债区分为按份之债与连带之债固然必要，而可分之债与不可分之债的划分同样有其价值。按份之债与可分之债虽区别甚微，连带之债与不可分之债却有显著不同。基于上述认识，我国的债事立法应当引进不可分之债的概念，将其确定为多数人之债的一种形态。同时，为了使多数人之债的分类更为科学明晰，我们甚至可以同时采用标的的可分性的划分标准和多数主体间相互关系的划分标准，将多数人之债区分为可分之债、不可分之债、按份之债与连带之债，以宣示下列观念：可分之债虽原则上为按份之债，但在法律有规定或当事人有约定时亦可成为连带之债；不可分之债在法律有规定或当事人有约定时方成为连带之债，否则可单独成为多数人之债的一种形态。

第三，关于多数人之债立法的具体内容。我国《民法通则》对多数人之债的规定十分简约，除第 86、87 条对按份之债与连带之债作了两条原则规定以外，第 35、52、89、65、66、67、130 条等则规定了个人合伙债务、企业法人联营中的债务、保证债务、委托代理中的责任、共同侵权行为人的责任等连带债务的具体形态。对于多数人之债的许多问题，我国民事立法尚付阙如，要者如下：按份之债中债权债务份额的确定、按份之债的效力、连带之债的对内、对外及对事项的效力等。对于不可分之债则毫无涉猎。要完善我国关于多数人之债的立法，应对上述诸问题作出明确规定。尤其是连带之债问题，这是各国立法关注的多数人之债的焦点所在，也是多数人之债中立法难度最大的部分。从某种意义上说，对连带之债的立法是否完备决定了多数人之债的立法是否完备。在这方面，我国立法虽列举了诸多连带债务的具体形态，但对连带债权人与债务人之间的关系、连带债务人与债权人之间的关系、连带债务人与债权人之间的关系、连带债权人或连带债务人的内部关系均缺乏明确规定。这种过于简约的规定实难适应市场经济条件下多数主体之债日益复杂的现实需要。

第三节　特定之债与种类之债

特定之债与种类之债，是以债的标的所具有的属性对债所作的一种分类。这一分类不仅为民法学界普遍采用，在各国的民事立法上也极为常见。

一、特定之债

特定之债是相对于种类之债而言的，此为通说。不过，对于何为特定之债的问题，学术界向有争论。一种观点认为，特定之债即特定物之债，是指以特定物为标的物的债。这一观点实质上是以标的物是否特定作为划分特定之债与种类之债的标准①。第二种观点认为，特定之债并非以特定物为标的物的债，而应是以特定给付为标的的一种债。这一观点实质上是以给付是否特定作为划分特定之债与种类之债的标准②。第三种观点认为，特定之债与种类之债有广义与狭义两种含义，广义的特定之债指以特定物、权利和劳务等为标的的债，狭义的特定之债仅指以特定物为标的的债③。我们同意这种主张，不过下文我们将主要涉及狭义的特定之债。

通说以为，特定之债的法律特征在于：第一，特定之债的标的物于债成立时即已确定。在债成立时标的物虽不特定，但于履行时经当事人具体确定标的

---

① 参见郑立、王作堂主编：《民法学》，北京大学出版社 1994 年版，第 251 页；佟柔主编：《中国民法》，法律出版社 1990 年版，第 304 页。

② 参见覃有土等主编：《债权法》，光明日报出版社 1989 年版，第 35 页。

③ 参见王家福主编：《民法债权》，法律出版社 1991 年版，第 53 页；王利明等著：《民法新论》（下），中国政法大学出版社 1988 年版，第 272 页。

物者，也变为特定之债，即所谓的种类物之特定化。债的标的物一经特定，便具有不能为他物所替代的性质，这是特定之债的本质规定。第二，特定之债的债权人只能请求债务人给付特定物，而债务人也仅得交付特定物，原则上双方均不能变更标的物。也就是说，除非特定物灭失，债务人不得以其他实物或金钱给付来顶替，也不能以赔偿损失来代替债的履行。第三，在特定之债中，若标的物灭失，则发生履行不能，对此应分别责任加以解决。若标的物之灭失系由不可归责于债务人的事由而发生，债务人可免除责任；若标的物的灭失系由可归责于债务人的事由而发生，债务人的债务即转变为损害赔偿责任。第四，依传统民法，除法律规定或当事人约定外，特定之债标的物的所有权自债成立时移转，而种类之债标的物的所有权自交付时移转。现代民法无这种区别，特定之债标的物所有权的移转时间除法律另有规定外允许当事人约定，种类之债标的物的移转时间只能是标的物交付之时。第五，特定之债的当事人可以约定标的物风险的负担，而种类之债则否。

各国民法对特定之债设规定者不多，日本民法的有关规定应予注意。《日本民法典》第400条规定，债权的标的为特定物的交付时，债务人于其交付前，应以善良管理人的注意保存该物。这一规定，在交付标的物之外又给债务人增加了对标的物予以善良管理的义务。这一义务通常被表述为“善管注意”。学说上以为，善管注意是指与债务人的职业、社会经济地位相对称的一般要求的注意，是一种比“像保管自己财产一样的注意”还要稍加注意一些的义务①。由于特定之债以特定物为标的，具有不可替代的性质，一旦灭失便不可复得，因而为保护债权人的利益，债务人在交付标的物前理应负善良保管的义务。因此，日本民法上关于债务人对特定标的物应负善管注意义务的规定尽管比较含糊，但又确有其重要意义。

二、种类之债

种类之债是与特定之债相对而言的。与对特定之债有不同理解一样，对什么是种类之债也有不同主张②。我们认为，从定义上说，种类之债应有广义与狭义两种含义，广义的种类之债泛指一切以种类表示的债；狭义的种类之债仅指以种类物为标的的债。各国民事立法主要是从狭义上对种类之债作出规定

① 参见邓曾甲著：《日本民法概论》，法律出版社1995年版，第260页。

② 关于种类之债的定义分歧与关于特定之债的定义分歧密切相关，根源于特定之债与种类之债的划分标准，前文已论及，在此不赘述。

的。《德国民法典》第243条规定，仅以种类指示的物为债务标的物者为种类债务；《日本民法典》第401条规定，仅以种类指示债权标的物的情形为种类债权。

种类之债的特征，人们表述不一，综合立法及学说主张，主要包括：第一，种类之债的标的物须以种类来确定，这是种类之债最突出的标志。有人认为，种类之债的标的物一般为可替代物，而不可替代物在当事人不注重其个别价值时也可成为种类之债的标的。我们认为，种类之债既以种类物为标的，标的物当然应为可替代物。不可替代物作为种类之债标的物的情形即使存在，也极为罕见。第二，种类之债的标的物虽为种类物，具有不确定性，但其数量应是自始确定或可确定的。种类之债的标的应是种类中的部分，若以种类全体为标的则非种类之债，而是特定之债。种类中的部分若无量的界定，则债的关系无从成立。第三，种类之债标的物的品质应依一定的方法来确定。对此，《德国民法典》第243条规定，债务人应给付中等品质的物；《日本民法典》规定，在依法律行为的性质或当事人的意思不能确定其品质时，债务人应给付具有中等品质的物。学理上一般主张，应以履行时和履行地的标准来确定标的物是否达到中等品质，若债务人以低于中等品质的物为给付，债权人可以拒绝。在此，应予注意的是，债务人以高于中等品质的物为给付时，债权人是否可以拒绝。以瑞士为例，《瑞士债务法》第71条规定，债务人不得以低于中等品质之物为给付。这一规定表明债务人可以中等品质以上的物为给付。然而，在解释上，人们认为，若债权人对中等品质之物有特殊利益或者债权人对中等品质以上之物须增加负担时，有权拒绝。此外，中等品质以上物的给付构成了债权人不公平的利益时，债务人可依不当得利而请求返还。第四，种类之债标的物的所有权，除法律另有规定或者当事人另有约定者外，自标的物交付时发生移转。在交付之前，所有权仍归债务人享有，标的物意外灭失或毁损的风险责任，在标的物交付以前由债务人承担。第五，种类之债因以种类物为标的，而种类物又具有可替代性，因而通常不发生履行不能。依传统民法理论，即使债务人所有的该种类物已全部灭失，仍不能认其为履行不能，只要该种类物在社会上仍有存在，债务人也应以其资力换取相当种类物履行给付义务。种类之债只有在该种类物在社会上已无存在或者国家法律禁止流通时，才发生履行不能问题。第六，种类之债以不特定物为其标的，债关系之成立以标的物可以确定为已是。然而，欲使债权人和债务人的权利义务得以实现，不得不首先使种类之债的标的物特定化。种类之债只有在变为特定之债后才能履行。

在种类之债的上述诸特征中，以种类之债的特定化最为复杂，所涉问题较多，其中分歧最大者莫过于种类之债的特定方法。关于种类之债的特定方法，各国立法上多有规定，主要有以下两种：

第一，以债务人的行为使种类之债特定化。即当债务人交付其物的必要行为完结后，该交付物即为特定给付物。至于给付之标的物何时为特定，学说上又有三种不同主张：其一是分离主义，又有一方分离主义与双方分离主义。一方分离主义认为，债务人将应给付之物由种类中分离之时为特定；双方分离主义认为，债务人将应交付之物由种类中分离以后，尚须将分离情况通知债权人，标的物始为特定。其二是交割主义或履行独立主义，认为债务人的行为完结后，尚须债权人为受领，标的物始为特定。其三是交付主义，认为当债务人完结其自己方面为履行所必要的行为后，标的物即为特定。立法上多采交付主义。

史尚宽先生按照债的履行方式将依债务人的行为使种类之债特定化的具体情形进一步分解为：其一，在债权人住所地履行的债务，以债务人将种类物中特定数量的物品送达债权人住所地并提出履行时，标的物即为特定；其二，在债务人住所地履行的债务，以债务人将特定数量的种类物分离出来并将准备履行的意思通知债权人时，标的物即为特定；其三，在第三地履行债务的，如债务人有送交的义务，应在该第三地向债权人提出给付，标的物于此时特定。若债务人应债权人的请求在第三地履行，在债务人具体指定其给付物并交付运输时，标的物即为特定①。

第二，以当事人的合意使种类之债特定化。当事人依合意使种类之债特定化的情形有两种：其一，种类之债成立后，再以另一个契约直接指定给付的标的物，债务人以此指定将给付物从种类中分离出来，标的物即为特定；其二，当事人依契约规定，将指定权授予当事人一方或第三人，在有指定权人为指定时，标的物即为特定。

---

① 参见史尚宽著：《债法总论》，台湾荣泰印书馆 1978 年版，第 232~233 页。

第三章　债的效力

第一节　债的效力的概念与范围

关于债的效力的立法虽由来已久，然而古代法包括罗马法在内均未将其冠以“债之效力”的名称。在近现代民法上，一些国家的民法典设专门章节规定债的效力。如，《法国民法典》第三卷第三编第三章为“债的效果”；《德国民法典》第二编第一章为“债的关系的内容”；《瑞士债务法》第三章为“债的效力”。《苏俄民法典》（1964 年）虽未设专门章节规定债之效力，但其第三编第一部分第十六、十八章相对集中地规定了债之效力。鉴于债之效力问题在近现代民法上的重要地位，关于债之效力的理论研究也备受关注。纵向地看，债之效力的立法与理论研究经历了一个不断变化的发展过程；横向地看，各国的债法制度多有差异，因而导致了人们在有关债的效力的一些基本问题上存在分歧。本节我们仅就分歧较大的关于债之效力的概念与债之效力的范围问题作一比较分析。

一、债之效力的概念

在现代民法学上，何谓债之效力，众说不一，不仅表述上的差异所在皆是，而且在内涵深浅与外延广狭上的分歧也不鲜见。兹举以下几种：有人认为，债之效力广义的谓使实现给付或填补其给付利益之作用，包括债之履行及债务不履行之效果，狭义的则单指债务不履行之效果①；有人认为，债的效力是债的关系成立后依其内容所生之效力②；有人认为，债之效力指基于债权债

---

① 参见史尚宽著：《债法总论》，台湾荣泰印书馆 1978 年版，第 315 页。

② 参见欧阳经宇著：《民法债编通则适用》，台湾汉林出版社 1977 年版，第 173 页；刘春堂著：《判解民法债编通则》，台湾三民书局 1978 年版，第 109 页。

务关系所生法律上之力①；有人认为，债之效力指债的关系成立后，为实现其内容，法律上赋予之效果②；有人认为，债之效力即债务关系当事人依其特定的关系所具有的权利义务，中心内容是实现给付③；有人认为，债权效力是实现债权内容的法律规范所授予债权人的各种权限以及使债权得以存立的实效手段④；有人认为，债之效力指为实现债的目的，法律赋予债的当事人及有关第三人某种行为之力或者拘束力以及在债务不履行时的强制执行力⑤；也有人认为，债之关系从其发生时起具有约束力，在法律上具有强制力，债之约束力表现为债权已经发生，而债务人之义务尚未履行，债之强制力是债本身所具有的性质，债务人不履行时可以用诉讼手段强制履行⑥。

我们认为，要正确地把握债之效力这一概念，须首先明确以下几点：第一，债之效力是由债法赋予的，法律既将债之关系纳入调整对象，势必赋予其法律效力；第二，债法赋予债以法律效力，根本目的在于实现债的内容，而债之基本内容就是债权与债务；第三，债的内容的实现，包括债权人请求债务人履行债务和债务人全面、正确、适当地履行债务；第四，依据债的效力，在债务人不履行债务或第三人非法侵害债权时，债权人可以请求国家机关对债权予以保护。基于上述认识，我们认为，将债之效力定义为“为实现债的目的，法律赋予债的当事人及有关第三人某种行为之力或者拘束力以及在债务不履行时的强制执行力”较为确当。

二、债之效力的范围

债之效力范围，是指债之效力及于何人⑦。债之效力当然及于债关系的当事人即债权人与债务人，立法及学说上尚无争议。然而，债之效力是否及于当事人以外之第三人，长期以来存在立法上的差异及学说上的分歧。不过，从总体上看，债之效力仅及于债关系当事人而不涉及第三人为传统民法的一大原

---

① 参见胡长清著：《中国民法债编总论》，商务印书馆1946年版，第268页。

② 参见孙森焱著：《民法债编总论》，法律出版社1979年版，第340页。

③ 参见江平、米健著：《罗马法基础》，中国政法大学出版社1987年版，第206页。

④ 参见邓曾甲著：《日本民法概论》，法律出版社1995年版，第264页。另外，《日本民法典》中设“债权”一编，此处之“债权”实同于“债”，故日本民法上债权效力实指债之效力。

⑤ 参见章戈：《论债的效力》，载《法学研究》1990年第5期。

⑥ 参见《大百科全书·法学》，中国大百科全书出版社1984年版，第721~722页。

⑦ 参见王家福主编：《民法债权》，法律出版社1991年版，第142页。

则，而近现代各国的立法与判例比较普遍地主张，债之效力可以及于当事人以外之第三人。债之效力范围的此种变化，其主要原因与表现在于：

第一，由债权相对性理论到债权不可侵性理论的转变。传统民法理论认为，债是发生于特定当事人之间的特定权利义务关系，债权为相对权，不具有对抗第三人的效力。依此理论，当第三人因故意或过失侵害债务人或给付标的从而妨害债权人债权的实现时，第三人不对债权人负损害赔偿责任，债权人仅得向债务人主张债之不履行的责任，或者请求债务人让与其对于第三人之损害赔偿请求权。此种主张，旨在保护第三人利益，不利于对债权人债权的保护。1853 年英国对 Lumley v. Gye 一案的判决首次对债权相对性理论发出了挑战。该案中，原告曾与一女演员订有在原告剧场演出 3 个月的合同，并约定该女演员于合同期内不到其他剧场演出。被告明知该合同的存在，仍诱使该女演员违反合同。法院判决认为，被告侵害合同关系为不法行为，应承担赔偿原告损失的责任。此后，债之不可侵性理论逐渐取代债权相对性理论，为各国立法与判例所接受。依此理论，第三人故意以损害他人债权为目的，妨害债务人履行债务的行为，给债权人造成损害的，债权人得以侵权行为提起损害赔偿的诉讼。该理论使一切第三人负有不得故意侵害债权的消极义务，使债具有了在一定情形下对抗第三人的效力。

第二，诚实信用原则的发展，使债具有了保护第三人的功能。依据诚信原则，债关系成立后，债务人对于与债权人有特殊关系的第三人，也负有照顾保护等义务。债务人违反此项义务，对于该第三人所受之损害，应依契约法原则负赔偿责任。在此方面，德国判例与学说所创之“附保护第三人作用之契约”及《美国统一商法典》所规定之“利益第三人担保责任”最具代表性。

德国法上所谓附保护第三人作用之契约，指特定契约一经成立，不仅在当事人之间发生权益关系，同时债务人对于与债权人具有特殊关系之第三人，亦负有照顾、保护等义务，债务人违反此项义务时，就该特定范围之人所受之损害，亦应依契约法原则负赔偿责任。德国判例与学说创设此项制度之目的，在于加强保护与债权人具有特殊关系第三人之利益。在创立此项制度之初，德国帝国法院曾适用《德国民法典》第 328 条的规定，认为此属“第三人利益契约”之一种形态，后经民法学者倡导，“附保护第三人作用之契约”成为德国民法学上的基本概念。人们普遍认为，此项制度系建立在基于诚信原则而发生之保护、照顾等附随义务上，此等附随义务应扩张及于债权人对其负有特别照顾保护义务之特定第三人，从而在债务人与第三人之间产生了一种以诚信为基础，以照顾及保护义务为内容之法定债之关系。附保护第三人作用之契约，实务上最大的困难在于依何标准确定第三人。若限制过严，适用机会较少，则失去创设此制之原意；若范围过宽，又会不合理地加重债务人之责任。权威的主张是，所谓第三人并非泛指债权人以外之任何第三人，其范围应限于因债务人之给付受到影响的人，而债权人基于亲属、劳工、雇佣、租赁等具有人格法上特殊之关系，负有保护照顾义务者。

美国判例法承认利益第三人契约，即当事人于契约内订明由第三人取得权利者，该第三人得依其同意取得该项权利。基于此种制度，《美国统一商法典》又创设了“利益第三人担保责任”。法典规定：“出卖人明示或默示之担保责任亦及于买受人之家族、共同居住者、家中之客人，若可合理期待此等自然人会使用、消费或受商品影响，而其人身因担保义务之违反遭受损害。出卖人不得排除或限制本项之适用。”与德国法上的“附保护第三人作用之契约”相似，《美国统一商法典》之利益第三人担保责任的根本目的也在于，扩大契约对第三人的保护效力，使与契约当事人具有密切关系之第三人，亦能受该契约之保护，主张契约上的权利。

第三，利益第三人契约，使债权效力及于债权债务关系以外之特定第三人。在罗马法上，除若干例外，原则上只承认契约仅于当事人间发生效力，所以有“不论何人不得为他人为约定”的格言。近现代各国立法，出于保护实际交易的需要，一般承认涉他契约，尤其利益第三人契约得到许多国家立法的肯定。《德国民法典》第 328 条规定：当事人得以契约订定向第三人为给付，并使第三人有直接请求给付的权利。《日本民法典》第 537 条规定：依契约相约，当事人的一方应对第三人实行某种给付时，该第三人有直接对债务人请求给付的权利。《法国民法典》第 1121 条规定：人们为自己与他人订立契约或对他人赠与财产时，亦得为第三人的利益订立条款，作为该契约或赠与的条件。如第三人声明愿享受此条款的利益时，为第三人利益订立契约的人不得予以取消。

第四，租赁权之物权化使租赁关系涉及租赁关系以外之第三人。传统民法理论认为，租赁权为债权，其效力仅及于特定的当事人，当租赁物所有权移转于第三人时，原存于出租人与承租人之间的租赁关系归于消灭，第三人对承租人不承担义务，得任意随时取回租赁物。是故，罗马法上有“买卖打破租赁”的格言。近现代民法上，租赁权虽仍为债权，但却存在着明显的物权化倾向。为了维持租赁关系的稳定，保护承租人的利益，近现代民法认为，出租人将租赁物所有权让与第三人时，原租赁关系对租赁物所有权的受让人依然有效，即所谓“买卖不破租赁”。

除上列四个方面以外，近现代民法上债之效力及于第三人的情形尚有：保证人、债的保全涉及的第三人、债的移转涉及的第三人等。关于债之移转问题已于前章述及，而债之保全及担保等将于以下章节述及，因而有关债之效力涉及第三人之上述几种情形在此不予赘述。

第二节 债的对内效力

债的效力有一般效力与特殊效力之别，前者指因契约、侵权行为、无因管理、不当得利等各种原因所生之债所共同具有的效力；后者指各种之债所特有的效力。债法总论通常只涉及债之一般效力。而债之一般效力又可进一步区分为对内效力与对外效力，前者指债对债权人与债务人的效力；后者指债对于第三人的效力。在债之对内效力方面，债对于债务人的效力占有特殊重要的地位，是债之效力的最主要内容。下面我们仅就债对于债务人效力的几个问题作一比较研究。

一、给付义务与附随义务

债关系成立后，债权人有请求给付的权利，债务人有为给付的义务。给付义务是债对于债务人的最主要效力。关于给付，民法学上有两种含义：一是抽象的或静态意义的给付，指债的标的，即债务人必须实施的特定行为；二是动态意义的给付，即债务人实施特定行为以实现债的内容。有的学者在论及债之效力时，一般均严格区分动态给付与静态给付，并且仅认动态给付为债之效力范畴。而不少学者认为，无论何种含义上的给付均体现着债的效力，只不过一为静态的角度，一为动态的角度而已①。

给付义务按不同标准可以作不同分类。其一，作为的给付义务与不作为的给付义务。按照给付的方式不同对给付义务所作此种分类为各国债事立法所普遍采行。《德国民法典》第 241 条规定：债权人因债的关系得向债务人请求给付，给付也可以是不作为。《日本民法典》第 414 条、《法国民法典》第 1142 条等均有类似规定。其二，主给付义务与从给付义务。这是民法学上对给付义务最通常的分类。通说以为，现代民法上债的关系建立在主给付义务基础之上。所谓主给付义务，系指债之关系所固有、必备、并能决定债之关系类型的

① 参见王家福主编：《民法债权》，法律出版社 1991 年版，第 143 页；余能斌等主编：《现代民法学》，武汉大学出版社 1995 年版，第 447 页。

基本义务。从给付义务指主给付义务以外，债权人可独立诉请履行，以完全满足给付上利益之义务。学说上认为，从给付义务的发生原因在于：基于法律上的明文规定；基于当事人的约定；基于诚实信用原则。此外，应明确的是，主给付义务与从给付义务的划分是从债务人所负给付义务角度而言的，不同于主义务与从义务的分类，因为后者是以义务是否能独立存在为标准进行的分类①。

尽管从债关系本身而言，给付义务是债务人所负主要义务，然而学说见解对此分歧不多，现代民法学对债务人之附随义务更为关注。所谓附随义务，指基于诚实信用原则，依其情事，债关系在其发展过程中于给付义务以外发生的各种附随的义务或附从的义务。依传统的民法理论，债之内容以法律明文规定或当事人明确约定为限，债之效力也以此而发生；法律无规定或当事人无约定的事项，对债的当事人不具有拘束力。随着各国民法中诚实信用原则的确立以及在实务上的广泛适用，判例及学说遂提出了附随义务理论。这一理论源自德国，现已为各国判例与学说接受。

关于附随义务，通说以为，以其是否可独立诉请履行为标准，可分为独立之附随义务与非独立之附随义务②。独立的附随义务又称补充的给付义务，有人认为此种附随义务就是与主给付义务相对应的从给付义务③。有人认为，独立的附随义务旨在为达一定的附从的目的而担保债之效果完全实现。④ 一般认为，违反此种附随义务，产生一部不能、履行迟延或不当履行的效果，他方当事人可据此请求法院强制履行。非独立的附随义务又称辅助的附随义务，此种附随义务并无独立目的，不可单独诉追，目的只在于保证主给付之义务履行⑤。此种义务虽不能单独诉请债务人履行，但如其违反给他方当事人造成损失，自应承担损害赔偿责任。

通常所谓之附随义务，仅指非独立的附随义务。王泽鉴先生依据非独立的附随义务的功能，将其分为两类：一是辅助实现债权人之给付利益的附随义务；二是避免损害债权人人身或财产上利益的附随义务。前者包括对给付标的

---

① 参见王家福主编：《民法债权》，法律出版社 1991 年版，第 144~145 页。

② 参见史尚宽著：《债法总论》，台湾荣泰印书馆 1978 年版，第 329 页；王泽鉴著：《民法学说与判例研究》第 4 册，中国政法大学出版社 1997 年版，第 94 页。

③ 参见王泽鉴著：《民法学说与判例研究》第 4 册，中国政法大学出版社 1997 年版，第 94 页；王家福主编：《民法债权》，法律出版社 1991 年版，第 148 页。

④⑤ 参见史尚宽著：《债法总论》，台湾荣泰印书馆 1978 年版，第 329 页。

之照顾义务、说明义务、忠实义务、不作为义务；后者主要是保护义务①。此外，非独立之附随义务也可以从债关系发展的不同阶段出发，分为缔约过程中的附随义务、履行期间的附随义务及契约终了后所生之附随义务②。缔约过程中的附随义务又称先契约义务，如有违反则构成缔约上的过失。契约终了后所生之附随义务，也称后契约义务。契约关系消灭后，当事人负有某种作为或不作为义务，如租赁关系消灭后，房屋出租人应容许承租人于门前适当地方悬挂迁移启事。德国学说认为，违反此种义务，构成契约终了后过失，应依债务不履行的规定负损害赔偿责任。史尚宽先生认为，契约订立上的附随义务包括使用方法之告知义务、瑕疵告知义务、忠实报告义务、订约上重要情事之告知义务、业务上之通知或报告义务；契约关系终了后，债务人亦负有通知义务③。

对于非独立的附随义务，无论作何分类，其主要内容大抵包括：（1）注意义务。即债务人应尽到善良管理人或者如同管理自己事务的注意。（2）告知义务。即债务人负有对有关债权人利益的重大事项的告知义务，包括：使用方法告知义务、瑕疵告知义务、业务上的告知义务、忠实报告义务、给付不能告知义务、债权让与和债务承担时有关债权债务重要情事的告知义务、继续合同中影响合同履行情况的告知义务、保险合同中的危险告知义务。（3）照顾义务，包括对债权人的照顾义务和对标的物的照顾义务。（4）说明义务。（5）保密义务。（6）忠实义务。（7）不作为义务④。

二、给付的原则

债之给付或履行原则，立法规定与学说主张均有分歧。在大陆法系国家，债务履行中的诚信原则占有极重要地位，获得了立法及学说的一致肯定。此外，实际履行原则也为大陆法系一些国家所肯定。在前苏联，有学者认为，债之履行原则为实际履行原则、履行的经济原则和同志式合作原则⑤。我国学者对债之履行原则向无定论。过去，人们比较一致地强调实际履行原则与适当履行原则。后来，又有人提出了经济合理原则、正确履行原则、协作履行原则、

① 参见王泽鉴著：《民法学说与判例研究》第4册，中国政法大学出版社1997年版，第95~97页。

② 参见王泽鉴著：《民法学说与判例研究》第4册，中国政法大学出版社1997年版，第95~97页。

③ 参见史尚宽著：《债法总论》，台湾荣泰印书馆1978年版，第333~336页。

④ 参见王家福主编：《民法债权》，法律出版社1991年版，第148~150页。

⑤ 参见［苏］格里巴诺夫等著：《苏联民法》，法律出版社1986年版，第465页。

全面履行原则等一些新的主张。而晚近以来，诚实信用原则受到了我国学者的普遍关注，被视为债的履行的重要原则。下面仅就实际履行原则与诚信原则作些比较分析。

（一）实际履行原则

所谓债的实际履行原则，指当事人应严格按照债的标的履行，除非在特殊情况下法律规定可不再履行或没有履行可能外，债务人不得擅自变更债的履行标的，或以支付违约金、赔偿金代替债的履行。

罗马法上虽无“实际履行”的概念，但大致已具备其内容。罗马法强调，标的给付或债的履行须以债成立时的规定为限。有人认为，这是后世民法实际履行原则的由来①。《法国民法典》第1138条规定：交付标的物的债务依缔约当事人单纯同意的事实而完成；《德国民法典》第294条规定：给付须依债务本旨向债权人实际提出；《日本民法典》第493条规定：清偿之提出须依债务本旨实现为之；《瑞士债务法》第97条规定：赔偿损害的请求只能在无法实际履行的时候提出。此外，《泰国民法典》第208条也有类似规定。在英美普通法国家，债之实际履行原则不为重视，当合同之债遭到违反时，债权人可提出的主要请求就是采用货币补偿的办法来赔偿其所受损害②。

1964年《苏俄民法典》规定：债应当依照法律、计划指令和合同的规定，在规定的期限内适当地履行；而且各方都应当用对社会主义国民经济最为经济的办法履行自己的义务，并尽可能地协助对方履行自己的义务。这一规定虽未明确使用“实际履行”一词，但苏联学者多强调债的实际履行原则。

我国学者长期以来曾普遍认为，实际履行为债的履行原则之一，在计划经济体制时期此为通说。后来，梁慧星先生在《关于实际履行原则的研究》一文中提出了不同意见。他认为：实际履行原则使合同双方当事人被牢牢地束缚在一起，无丝毫自主性和主动性可言，其实质在于强制双方完成指令性计划指标；实际履行原则的经济体制上的根据是单一的指令性计划制度；随着经济体制改革的深入，实际履行原则已最终丧失其存在根据和重要性③。

我们认为，实际履行原则在我国被长期认同，确与指令性计划制度有关，然而，经济体制的改革并不必然使其丧失存在依据，原因在于：（1）实际履

① 参见江平、米健著：《罗马法基础》，中国政法大学出版社1987年版，第207~208页。

② 参见靳宝兰著：《比较民法》，中国人民公安大学出版社1995年版，第199页。

③ 参见梁慧星：《关于实际履行原则的研究》，载《法学研究》1987年第2期。

行原则并非我国计划经济体制时期所独有的原则，相反，自罗马法以来，这一原则为大陆法系许多国家所认可。也就是说，前些年，我国学者强调实际履行原则固然为了服务于指令性计划体制，但这一原则并非与市场经济体制水火不容。(2) 实际履行原则也并不意味着当事人无论在何种情况下都必须绝对按原标的履行，在给付不能等特殊情况下，当然允许当事人以其他方式履行。(3) 实际履行是债的关系的约束力的一个重要表现。如果当事人可以任意用其他标的履行或以货币补偿代替债的履行，债的关系将失去其确定性。因此，在我国建立市场经济体制的条件下，实际履行作为债的履行原则仍是不能否认的。但是也必须同时明确，社会主义市场经济体制下债的实际履行原则与计划经济体制下债的实际履行原则在内容、要求等方面理应有所区别，值得我们认真研究。

（二）诚实信用原则

诚实信用原则简称诚信原则，源于罗马法，并为现代各国民法所普遍承认。《法国民法典》第 1134 条规定，契约应以善意履行；《德国民法典》第 242 条规定，债务人应依诚实和信用，并参照交易上的习惯，履行给付；《瑞士民法典》第 2 条规定，任何人都必须诚实、信用地行使其权利并履行其义务；《日本民法典》第 1 条规定，行使权利及履行义务时，应恪守信义，诚实进行；我国《民法通则》第 4 条规定，诚实信用是民事活动的基本原则。不难看出，有的国家将诚信原则规定为债的履行的基本原则，而有些国家则将其视为整个民法的基本原则。尽管如此，众所公认，诚信原则源于债法，在债法上应用最为广泛，尤其在债的履行问题上，诚信原则适用最为经常。

诚信原则作为债的履行的一个重要原则，得到许多国家立法的肯定与学说上的支持，有的学者甚至推其为指导债务履行的“帝王规则”。然而，对于诚信原则的含义，学说主张并不一致。史尚宽先生曾将这种学说上的纷争概括为四派：其一，认为法律应以社会的理想，即以爱人如己之人类最高理想为标准，诚信原则即须依此理想为判断；其二，认为诚信原则应解释为，在交易场中，人人可得期待之交易上道德的基础者；其三，认为诚信原则与罗马法之一般的恶意抗辩有同一之意义；其四，认为诚信原则应解为当事人双方利益之公平较量者。史先生本人认为，上述第四说较为恰当，但尚嫌不足，诚信原则应解为：为在顾全信用保护之一般利益之范围，就一般及当事人可得而知之特殊情事，以调和其一方对于他方所正当期待之利益，使得一公允之解决①。

① 参见史尚宽著：《债法总论》，台湾荣泰印书馆 1978 年版，第 319 页。

我国学者多强调诚信原则的道德基础。有人认为，诚信原则将道德规则与法律规定合为一体，兼有法律调节与道德调节的双重功能①；有人甚至直接认为诚信原则就是一种社会道德观念，是市场交易活动中形成的用以评价商品交换行为的道德观念②。我们认为，强调诚信原则之道德基础虽不无道理，但不能以此否认其法律基础，诚信原则应兼具道德规范和法律规范双重属性。仅仅将诚信原则理解为社会道德观念或道德规范，则无从理解这一原则法律上的强制性。

诚信原则作为债的履行的重要原则，不论对债务人还是债权人都具有强制性。债务人履行债务违反诚信原则时，产生以下效果：其一，债权人得拒绝受领，并不负受领迟延责任；其二，该履行行为无效，债务人履行债务的义务并不消灭，须以合于诚信的方法另为履行，若因此构成履行迟延，须负迟延责任；其三，因违反诚信原则而给对方当事人造成损害，应承担赔偿责任；其四，在某些情况下，构成对方当事人解除合同的理由。债权人违反诚信原则时的效果有：其一，构成受领迟延；其二，履行请求不生效力；其三，契约解除无效；其四，减轻或解除债务人履行迟延的责任；其五，在双务合同的对待给付，还可构成受领迟延。

三、违反给付义务及其后果

债之效力要求债务人全面、正确地履行债务，实现给付。债务人违反给付义务，会带来相应的法律后果。关于债务人违反给付义务的形态，各国立法及学说主张不尽一致。从立法上看，各国民法大多规定了拒绝履行、部分履行、迟延履行、履行不能等几种形态，而不当履行（即不完全给付或积极侵害债权）在立法上作出规定者尚不多见，仅为学说及判例所主张。学者中，有人认为债务人违反给付义务的形态有给付不能、给付迟延和不完全给付三种③；有人认为除此之外尚包括给付拒绝④；有人认为，债务人违反给付义务的形态

---

① 参见王家福主编：《民法债权》，法律出版社1991年版，第147页；梁慧星主编：《民法》，四川人民出版社1988年版，第323页。

② 参见王利明等著：《民法新论》（下），中国政法大学出版社1988年版，第284页。

③ 参见孙森焱著：《民法债编总论》，法律出版社1996年版，第355页；刘春堂著：《判解民法债篇通则》，台湾三民书局1978年版，第117页。

④ 参见史尚宽著：《债法总论》，台湾荣泰印书馆1978年版，第392页；郑玉波著：《民法债编总论》，1979年台北初版，第283页。

包括履行不能、拒绝履行和不适当履行①；有人认为包括履行迟延、瑕疵履行、不完全履行、拒绝履行与履行不能②；也有人认为包括履行不能、履行拒绝、履行迟延、履行不当四种形态③。我们权取最后一种主张。

（一）履行不能

履行不能，又称给付不能。史尚宽先生认为，给付不能指实现给付的内容为不能④。另有学者认为，给付不能指债务人不能依债之本旨而为给付⑤。还有学者认为，给付不能指债务人由于某种情况，事实上已不可能再履行债务⑥。

立法及学说上一般将给付不能作如下分类：第一，客观不能与主观不能。其区分标准又有四说：其一，以给付不能之人的范围而为区别，对于任何人其给付均为不能者为客观不能，仅对该债务人为不能时为主观不能；其二，以发生给付不能之原因而为区别，基于给付之本身为不能者属客观不能，基于债务人之情事而为不能者为主观不能；其三，依事物之原因而给付不能者为客观不能，依债务人之人的原因而给付不能者为主观不能；其四，基于债务人一身之情事而给付不能者为主观不能，其他不能均为客观不能。第二，自始不能与嗣后不能。给付不能自始存在者为自始不能，嗣后发生者为嗣后不能。一般认为，自始与嗣后的区分标准为债权之成立时间，债成立时已发生履行不能者为自始不能，债成立以后始发生履行不能者为嗣后不能⑦。但也有人认为，自始与嗣后的区别应依契约成立之时为标准⑧。第三，全部不能与一部不能。全部不能指给付之全部内容均为不能；一部不能指给付之部分内容为不能。第四，事实不能与法律不能。基于客观情事为不能者为事实不能，基于法律规定为不能者为法律不能。第五，永久不能与一时不能。永久不能指在债务的给付期或债务人得为给付之期间给付一直为不能；一时不能指在此期间中有部分时间为给付不能。无论对给付不能作何分类，通说以为，金钱之债与种类之债不发生给付不能问题，惟种类之债之种类物全部灭失或法律禁止流通者例外。

---

① 参见王利明等著：《民法新论》（下），中国政法大学出版社 1988 年版，第 293 页。

② 参见梁慧星著：《民法》，四川人民出版社 1988 年版，第 403~404 页。

③ 参见王家福主编：《民法债权》，法律出版社 1991 年版，第 151 页。

④ 参见史尚宽著：《债法总论》，台湾荣泰印书馆 1978 年版，第 363 页。

⑤ 参见董世芳著：《民法概要》，台湾三民书局 1978 年版，第 138 页。

⑥⑦ 参见王家福主编：《民法债权》，法律出版社 1991 年版，第 154 页。

⑧ 参见史尚宽著：《债法总论》，台湾荣泰印书馆 1978 年版，第 368 页。

债之给付不能对债务人所生之效果，因是否存在可归责于债务人的事由而有不同。在因可归责于债务人的事由而致履行不能时，对债务人的效果为：第一，债务人免除履行原债务的义务；第二，债务人应承担违约责任和损害赔偿责任；第三，债权因合同而生者，债权人可因债务人的履行不能而行使解除权；第四，在特定情况下，发生债权人代位请求权。在因不可归责于债务人的事由而致履行不能时，对债务人的效果表现为：第一，债务人免除原债务的履行义务；第二，遇有履行不能情形时，债务人须及时向债权人通报不能履行的理由并取得有关机关的证明；第三，债务人不承担不履行债务的责任。

（二）履行迟延

履行迟延，又称给付迟延或债务人迟延，指债务人对于已届清偿期的债务，能为履行而不为履行。通说以为，履行迟延的构成要件包括：第一，须有合法债务存在。已存在之债务，不问种类，均可发生履行迟延。附停止条件的债务于条件成就前不发生迟延，自然债务以及时效已过之债务也不发生履行迟延。第二，履行应为可能。至于何时为可能，学者有两种主张。有人认为，不仅履行期届至时可能，而且履行期过后仍为可能者，才发生履行迟延；也有人认为，只要履行期届至时仍有履行可能即可构成履行迟延，其后是否可能在所不问。我们认为前说为当。债务履行期通常为一持续的期间，故履行期届至后，实际履行应有一个过程。履行期届至时虽有可能履行，而随后变成履行不能者，不应视为构成履行迟延。第三，债务已届履行期。对于定有履行期之债务，履行期届满，债务人可构成履行迟延。对于未定履行期的债务，通说以为，债权人可随时请求履行，但应给债务人一定的准备时间。应予注意的是，在德国民法及日本判例中，因侵权行为所发生的损害赔偿债务，自债务成立之时，无须经债权人请求，债务人即负迟延责任。此制之目的显然在于加重侵权行为人的责任。第四，须因可归责于债务人的事由而未为履行。第五，违法。债务人就其不为履行有正当理由时，不负迟延责任。

债务人履行迟延时，应承担如下责任：第一，接受强制履行。债务人履行迟延，除发生履行不能外，债权人得请求法院强制债务人履行债务。第二，迟延损害赔偿。因可归责于债务人的事由而致履行迟延者，债权人得请求其赔偿因迟延所生之损害。第三，不可抗力之损害赔偿。债务人在迟延履行的情形下，对于因不可抗力致债权人之损害应予赔偿。但若债务人能证明即使没有履行迟延损害仍将发生，则可以免责。第四，债务人迟延后再履行债务，如对债权人已无利益，债权人得拒绝受领。第五，在双务契约中，一方履行迟延构成契约违反，他方有权解除契约。

(三) 履行拒绝

履行拒绝又称给付拒绝，指债务人能够履行债务而拒不履行。履行拒绝是否为债务人不履行债务的一种独立形态向有争论。有人认为，在清偿期届至以前，债权人原不享有实际的请求履行的权利，因而也不发生债务人不履行债务的责任。而清偿期届至后，债务人的拒绝履行实同于履行迟延，因而不构成违反履行义务的一种独立形态。相反的意见则认为，在清偿期届至以前，债务人拒绝履行的意思表示必然损害债权的经济价值；而履行期届至后债务人的拒绝履行与履行迟延也有别，履行迟延只不过违反了债权债务在时间上的要求，而拒绝履行则根本便无履行行为可言①。我们同意后一主张。

拒绝履行的构成要件有：第一，须有合法债务存在；第二，须债务人有拒绝履行的表示；第三，须债务人有主观上的过错；第四，履行须为可能；第五，拒绝履行须为违法。债务人拒绝履行的后果在于：第一，债权人得请求法院强制执行，或者径行解除合同，并请求损害赔偿。第二，对于定有期限的双务合同之债，债务人于期限届满之前表示拒绝履行的，该债务人丧失同时履行抗辩权；债权人有先为履行义务的，有权拒绝履行。第三，债务人对有担保的债务表示拒绝履行后，债权人有权请求保证人履行保证义务，也有权按法定程序处置担保物。第四，非经债权人同意，拒绝履行的表示原则上不得撤销。

(四) 履行不当

履行不当，又称积极侵害债权或不完全给付，指债务人虽履行了债务，但其履行不符合债务的本旨或要求。履行不能、履行迟延、履行拒绝等债务人违反给付义务的形态均属债务人消极地不履行债务。1902 年，德国律师史韬布在《论积极侵害契约及其法律效果》一文中，提出了积极的行为亦可发生债务违反的主张，认为：债务人虽为履行，但其履行有瑕疵，因而致债权人损害的，属于积极侵害债权，因而构成契约违反。此说已为德、日学说及判例广泛接受。

履行不当的构成要件包括：第一，须有履行行为。若无履行行为，只能构成履行迟延、履行拒绝、履行不能等。第二，须债务人之履行不当。史尚宽先生将不完全给付别为给付物体有品质或数量上之不完全、给付之方法不完全、给付之时期不完全（不包括迟延）、因附随义务未履行而为不安全②。还有学

① 参见王家福主编：《民法债权》，法律出版社 1991 年版，第 158 页。
② 参见史尚宽著：《债法总论》，台湾荣泰印书馆 1978 年版，第 399 页。

者认为，不当履行有两种类型：一为瑕疵给付；二为加害给付①。第三，须有可归责于债务人的事由。第四，履行不当须为不合法。

第三节 债的对外效力

如前所述，债的对外效力，指债对于债权债务关系以外第三人之效力。在民法学上，债之对外效力包括债权人代位权与债权人撤销权，二者统称债之保全。

一、债的保全的理论依据与立法体例

债的保全制度源于罗马法，罗马法上之废罢诉权实即近现代民法撤销权之源头。近现代民法上债的保全制度得到比较普遍的确认，并发展为债权人代位权与债权人撤销权两种制度。

依据法的一般精神，债权人不能直接支配债务人的财产，债务人有权自行处分自己的财产；债权没有涉及第三人的效力，债权人不得干涉债务人与第三人的法律关系。然而，在债权债务关系中绝对地贯彻这种法律精神对债权人也有失公允。债权主要从债务人的财产来获得满足，债关系成立后，债务人的财产成为债权的一般担保，即成为所谓“责任财产”。债务人之责任财产是债权人实现债权的保障，责任财产的增损直接关系到债权能否安全实现。在债法上，保障债权实现的方法有多种。在债的关系成立时，当事人可以对债权设定担保，以物的担保或人的担保来保证债权的实现，此为债权的积极保障。债法上的强制执行制度或责令损害赔偿制度也具有保障债权实现的作用。在债务人不履行债务时，债权人可以诉诸法院强制债务人履行债务或者责令债务人对债权人给予损害赔偿，此为债权之消极保障。然而，担保制度需要当事人履行特殊手续，有时尚需取决于第三人（如保证人）的意思；而责令损害赔偿或强制执行，不仅程序严格，而且只能针对债务人的现有财产进行，不能涉及债务人已不当减少的财产或应增加而未增加的财产。而在现实生活中，债务人怠于管理造成其财产应增加而未增加或不当减少的情形并不罕见。因此，为了维护债务人的财产状况并确保债务清偿，保护一般债权人的利益，弥补其他债权保障方法之不足，债法上设立了债权的保全制度。

考诸近现代各国的民事立法，关于债的保全制度的立法体例可从以下几个

① 参见王家福主编：《民法债权》，法律出版社 1991 年版，第 166 页。

方面说明：

第一，债之保全制度规定于何种法律之中。对此，各国立法可分为三类：其一，将债的保全制度规定于民法债编之中。这一体例主要见于在民事立法上采统一立法形式的国家。如，《法国民法典》、《日本民法典》、《意大利民法典》、《西班牙民法典》均属此列。其二，将债的保全制度规定于单行的债法中。这种体例自然仅见于采债法与民法分立体制的国家。如，《保加利亚债与契约法》第134条以下规定了债权人代位权与债权人撤销权。其三，专门制定特别法规定债的保全制度。如，德国1879年的《债权人撤销权法》规定了债权人的撤销权；奥地利1914年《撤销条例》规定了债权人的撤销权；1889年瑞士联邦法规定了债权人撤销权。

第二，债之保全制度在债法上的地位。凡于民法债编中规定债之保全的国家，无例外地将债之保全制度规定于有关“债的效力”或“债的效果”的章节之中。如，《法国民法典》在“债的效果”一章“契约对于第三人的效果”一节中规定了债的保全；《日本民法典》于债编总则一章的“债的效力”一节规定了债的保全。

第三，债的保全制度的内容结构。首先，各国关于债的保全的立法，一般都分为民法上债的保全和破产法上债的保全。前者规定于民事立法中，后者规定于破产法中。本书所及仅为民法上债的保全。其次，近现代民法上，关于债的保全制度，有的国家并设债权人代位权与债权人撤销权；有的国家只设债权人撤销权。罗马法上无债权人代位权，仅承认废罢诉权，相当于后世之债权人撤销权。近世以来，德国、瑞士因强制执行法较为完备，也不承认债权人代位权，而仅设债权人撤销权。而法国、日本现行民法典，均同时规定债权人代位权与债权人撤销权。我国立法上尚无关于债权人代位权与撤销权的规定，而司法解释上有无此制，学者主张不一。

二、债权人代位权

债权人代位权制度首见于1804年《法国民法典》。该法典于第1166条规定：债权人得行使其债务人的一切权利和诉权，但权利和诉权专属于债务人个人者不在此限。《法国民法典》关于债权人代位权的此项规定对后世民事立法产生了深远影响。《日本民法典》第423条对债权人代位权作了如下规定：(1) 债权人为保全自己的债权，可以行使其属于债务人的权利，但是，专属于债务人本身的权利不在此限。(2) 债权人于其债权期限届至前，除非裁判上的代位，不得行使前款权利，但保存行为不在此限。此外，《西班牙民法典》第1111条、《意大利民法典》第1234条也都对债权人代位权作了规定。

债权人代位权，是指债权人享有的，为保全其债权，当债务人怠于行使其权利而害及债权人权利实现时，以自己的名义代位行使属于债务人权利的权利。关于代位权之性质，学说主张不无分歧。在法国，将债权人的代位权称为代位诉权或间接诉权。我国台湾地区学者虽普遍认为代位权非诉权，而属实体权利，但如何认定其性质仍有分歧。有人认为，代位权为广义之形成权。欧阳经宇指出，代位权之性质，并非诉讼法上的权利，而为实体法上的权利，此种权利，系依自己之行为而生法律上之效果，其行使对象不限于债务人所得行使之形成权，除专属于债务人本身之权利外，一切权利均得代位行使，所以债权人之代位权属广义上之形成权①。另有人认为，代位权为管理权或能权。史尚宽指出，债权人代位权为行使他人权利之权利，其以权利或法律关系之变更为目的，虽与形成权相类似，然非依权利人一方之意思表示而形成法律上之效力，惟依实行债务人之权利而行使，故非纯粹之形成权，乃系以行使他人权利为内容之管理权或能权②。

关于债权人代位权的构成要件，学说主张也不一致。一是认为代位权之构成要件包括债务人怠于行使权利、有保全债权之必要、须非专属于债务人本身之权利；二是认为代位权的构成要件包括债务人怠于行使权利、有保全债权之必要、须债务人已负迟延责任；三是主张债务人须享有对第三人的权利也是代位权的一个构成要件。

综上所述，我们认为，债权人代位权的构成要件应包括：

第一，债务人须享有对于第三人的权利。债务人享有对第三人的权利，是债权人行使代位权的必要前提。

第二，债务人的权利须非专属于债务人所有。所谓专属于债务人本身的权利，指性质上须依权利人本身之意思决定行使与否之权利。通说以为，专属于债务人本身的权利包括：非财产权（如身份权、亲属法上的权利）；以无形利益为主之财产权（如扶养请求权、因身体或名誉受侵害之赔偿请求权）；不得扣押之权利；不得让与之权利；不作为权等。

第三，须债务人怠于行使其权利。指债务人应当行使且能够行使但却不行使权利。应当行使指若不于其时行使，则权利将有消灭或丧失可能，如请求权将因时效完成而消灭，受偿权将因不申报破产债权而丧失。能行使指债务人于

① 参见欧阳经宇著：《民法债编通则实用》，台湾汉林出版社1977年版，第224页。

② 参见史尚宽著：《债法总论》，台湾荣泰印书馆1978年版，第445页。

客观上不存在无法行使权利的情形。如债务人客观上不能行使权利，债权人不得代位行使。另通说以为，若债务人已行使权利，但其行使方法不当而致权利受损者，债权人不得更为行使。

第四，须有保全债权之必要。即代位权必须于债权人有不能受清偿的危险时才能行使。假如债务人的财产足以充分清偿其债务，则债权人之债权不存在不能实现的危险，债权人于债务人不履行时只需诉请强制执行即可获得满足，因而无行使代位权之必要。至于保全债权之必要是否以债务人陷入无资力为标准，有两种主张：在法国，保全债权之必要以债务人陷入无资力为标准；而在日本，保全债权之必要不以债务人陷入无资力为必要，判例及学说认为，不特定及金钱债权，应以债务人陷入无资力为标准，而在特定债权及其他与债务人资力无关的债务中，则以有必要保全债权为足够条件。

第五，须债务人已陷入迟延。通说以为，尚未发生效力之债权，无代位权成立之可能。而对于已发生效力之债权，在债务人履行迟延以前，债权人可否行使代位权，尚存分歧。法国及日本民法对此未设规定，学者多主张，只要债权已届清偿期，债权人即可行使代位权。而我国台湾地区的有关规定认为，债权人代位权的行使以债务人陷入迟延为要件。而对于期限不确定或无期限之债权，须经催告后始得行使代位权。当地学者对此持肯定态度，并认为，在债务人尚未陷入迟延以前，债权人之债权有无不能实现之危险尚难预料，若允许债权人于债务人迟延前变更债务人之权利，未免欠妥①。

债权人行使代位权发生何等效力，应分别就债务人、第三人、债权人三个方面分析。代位权的行使对于债务人的效力在于：行使代位权的效果直接归属于债务人，如债务人仍怠于受领，债权人可代为受领，但债务人仍有权请求债权人交还受领的财产。学说上的争论在于：债权人行使代位权后，债务人对其权利的处分是否受影响？肯定说认为，如债务人的处分权不受限制，债务人仍得抛弃、免除或让与其权利，则代位权制度将失其效用。否定说认为，既然代位权的行使效果归属于债务人，债务人仍得处分其权利，但如其处分行为有损于债权，债权人自可再次行使撤销权。从代位权制度设置之目的而言，似以肯定说为当。

债权人代位权的行使对第三人不发生影响。无论权利是由债务人自行行使，抑或由债权人代位行使，对第三人的法律地位及其利益均无影响。因此，凡第三人得对抗债务人之一切抗辩，均得用以对抗债权人。

---

① 参见史尚宽著：《债法总论》，台湾荣泰印书馆1978年版，第446页。

再者，债权人代位权行使的效果仍归于债务人，代位之债权人并无优先受偿权，仍与其他债权人处于同等地位而受清偿。债权人于债务人怠于受领时曾得代位受领，但受领的财产不得专供清偿自己的债权，也不得自行抵销自己与债务人的债务。如欲以所受领的财产利益清偿自己的债权，需经债务人同意；在有多数债权人的情况下，须依强制执行程序。

三、债权人撤销权

债权人撤销权，又称废罢诉权，指债权人对债务人所为害及债权之行为得予以撤销之权利。债权人撤销权源于罗马法，时称“废罢诉权”，因是由保留斯（Paulius）创制，故又称保留斯之诉（Actio Paulius）。罗马法上之废罢诉权，本无破产法上与破产法外之区别。近世以来，各国在承袭罗马法废罢诉权制度创设债权人撤销权时，形成了破产法上之撤销权与破产法外之撤销权。《法国商法典》第442条以下规定了破产上的撤销权，《法国民法典》第1167条规定了破产外的撤销权。德国于破产法规定了破产上的撤销权，《撤销条例》规定了破产外的撤销权。《日本破产法》第72条以下规定了破产上的撤销权，《日本民法典》第424~426条规定了破产外的撤销权。

关于债权人撤销权的性质，通说以为属实体法上的权利而非诉讼法上的权利，但也有人持相反观点。至于撤销权在实体法上属何种权利，学说上分歧颇多，大致有如下四种主张：其一为请求权说，亦称债权说。此说认为，债权人撤销权的本质是对于因债务人之行为而受有利益者请求其所得利益之权利。德国、奥地利、瑞士多采此说。在此说之下，至于撤销权为基于何种原因之请求权，又有几种主张。有人认为是基于法律规定之返还请求权；有人认为是基于侵权行为之请求权；有人认为类似于不当得利返还请求权。其二为撤销权说或形成权说或物权说。此说认为，债权人撤销权的效力在于依债权人的意思使债务人与第三人之间的法律行为溯及地消灭，是物权的消灭，因而属一种形成权。其三为折衷说。此说认为，撤销权兼具请求权与形成权两种性质，撤销权的行使一方面使债务人与第三人的法律行为归于无效，另一方面又使债务人的责任财产回复至行为前的状态。其四为责任说。此说认为，债权人并不需请求受益人返还利益，即得将其视为债务人的责任财产，声请法院迳行对其强制执行。

撤销权的成立要件包括主观与客观两个方面。撤销权成立的客观要件包括：第一，须有债务人之行为。在此，债务人的行为虽以法律行为为主，但并不以此为限。凡能够引起法律效果之适法行为，只要适于撤销，均包括在内。

第二，须债务人之行为害及债权。害及债权，指债务人减少其清偿资力致使债权人之债权不能得到满足。债务人减少其清偿资力之情形有二：一为减少积极财产，如让与所有权；二为增加消极财产，如新负担债务。在此，应注意以下两个问题：其一，关于债务人无资力之认定，一般认为应以债务人支付不能为标准，但瑞士以债务超过为要件。其二，有特定物交付之债权，是否得以债务人移转特定物所有权于第三人从而使债权不能实现为由行使撤销权？通说以为，特定物债权之直接履行纵有不能或困难，只要债务人尚有赔偿损害之资力，不认为债权人有撤销权。第三，债务人之行为须以财产为标的。非以财产为标的的行为，因与责任财产无关，故不得撤销。

债权人撤销权构成之主观要件，学说上无大分歧。通说以为，包括债务人之恶意与受益人之恶意。受益人之恶意，指受益人于受益时知道债务人的行为有害及债权的事实，而无须有诈害债权的意思。至于债务人的恶意，立法例有两种：一为意思主义，如德国、奥地利、瑞士规定，债务人于行为时须有诈害的意思；二为观念主义，如法国、日本规定，债务人无须有诈害意思，以知其行为可能引起或增强其无资力状态为已足。

四、我国债的保全制度剖析

中国国有法上无现代意义上债的保全制度。直至清朝末年编纂《大清民律草案》，才借鉴日本立法例，设七个条文规定了债的保全制度。其中，第396~398条规定了债权人代位权，第399~402条规定了债权人撤销权。《中华民国民律草案》将《大清民律草案》的有关内容精简为四个条文，第340、341条规定了债权人代位权，第342、343条规定了债权人撤销权。1929~1930年《中华民国民法典》基本沿袭了民国民律草案，于第242、243条分别规定了债权人代位权和代位权的行使时期；第244、245条分别规定了债权人撤销权和撤销权的除斥期间。新中国成立以来，民事法律、政策及司法解释中长期没有债之保全的内容。直至改革开放以后，随着商品经济的发展，债权债务关系日趋复杂，我国关于债的保全的立法方才起步。

目前，我国立法与司法解释中涉及债的保全的内容主要有三个方面：

第一，1986年通过的《中华人民共和国企业破产法（试行）》第35条规定："人民法院受理破产案件前6个月至破产宣告之日的期间内，破产企业的下列行为无效：（一）隐匿、私分或者无偿转让财产；（二）非正常压价出售财产；（三）对原来没有财产担保的债务提供财产担保；（四）对未到期的债务提前清偿；（五）放弃自己的债权。破产企业有前款所列行为的，清算组有权向人民法院申请追回财产。追回的财产，并入破产财产。”

该条规定是否为债权人之撤销权，学界有肯定与否定二说。肯定说认为，该条规定确立了我国破产法上的撤销权①。否定说则认为，该条首先确认了隐匿、私分或无偿转让财产等行为为无效行为，因而不应属撤销权的规定，因为撤销权的标的应为债务人与第三人间的有效法律行为，虽经撤销后自始无效，但于撤销前仍属有效②。

我们认为，从严格意义上说，该条规定只是对无效行为的处理，并不是关于撤销权的规定，然而，建立我国破产法上的撤销权制度，无疑有赖于对该条规定的改造。该条所列举的隐匿、私分财产的行为，因其自身具有违法性，法律直接认定其为无效行为固无不可。然而，企业无偿转让财产，对原来没有财产担保的债务提供财产担保，对未到期的债务提前清偿等行为本身并不具有违法性，属于一般的财产处分行为，破产法将法院受理破产案件前6个月企业所为的上述行为直接认定为无效行为，未免苛刻。如其将上述行为直接规定为无效行为，不如赋予债权人以撤销权。

第二，1988年最高人民法院《关于贯彻执行〈中华人民共和国民法通则〉若干问题的意见（试行）》第130条规定：“赠与人为了逃避应履行的法定义务，将自己的财产赠与他人，如果利害关系人主张权利的，应当认定赠与无效。”

此条司法解释是否关于破产外之撤销权的规定，学界也有肯定与否定两种主张。肯定说认为，就最高人民法院的该条司法解释来看，赠与人是为逃避应履行的法定义务而将财产赠与他人，他必定是这一权利义务关系的债务人，而其相对应的利害关系人必定是这一权利义务关系的债权人。由此可以确定，“法定义务”实际并不单指法定义务，而且包括债权债务关系的约定义务；其中的受赠人就是该债权债务关系之外的第三人；逃避应履行的法定义务就是债务人恶意处分财产并损害债权人债权；利害关系人主张权利指债权人主张自己的债权；应当认定无效即由法院认定赠与无效。进而认为，此处虽没有使用撤销的概念，但从实际法律后果看，其基本精神和基本原理与罗马法上之废弃诉权相同③。否定说认为，此条之适用因仅限于债务人逃避法定义务的情形，且

① 参见顾培东著：《企业破产法论》，四川社会科学院出版社1988年版，第208页；杨立新著：《民法判解研究与适用》，中国检察出版社1994年版，第48页。

② 参见王家福主编：《民法债权》，法律出版社1991年版，第188页。

③ 参见杨立新著：《民法判解研究与适用》，中国检察出版社1994年版，第52页。

仅限于无偿转让财产，自与债权人的撤销权有别①。

我们认为，直接认为本条司法解释就是关于债权人撤销权的规定未免牵强，而迳行认为该条解释与撤销权无涉亦不足取。实际上，该条规定虽未从完整意义上确立我国的债权人撤销权制度，但它确实应用了债权人撤销权的原理，其实践效果必然有助于完善我国民法上的撤销权制度。

第三，1992 年最高人民法院《关于适用〈中华人民共和国民事诉讼法〉若干问题的意见》第 300 条规定：被执行人不能清偿债务，但对第三人享有到期债权者，人民法院可依申请执行人的申请，通知该第三人向申请执行人履行债务。该第三人对债务没有异议但又在通知指定的期限内不履行的，人民法院可以强制执行。

本条解释是我国仅有的关于债权人代位权的规定。该解释虽符合债权人代位权的原理，但其局限性也是显而易见的，其中最大的局限在于将债权人代位权仅限于在民事诉讼程序中的执行程序中适用②。而债权人代位权是民法上的实体权利，并非诉讼权利。因此，要完善我国的债权人代位权制度，仍需在实体法规定上作出努力。

① 参见王家福主编：《民法债权》，法律出版社 1991 年版，第 188 页。

② 参见尹艳：《债权人代位权的原理及适用》，载《法学研究》1993 年第 3 期。

第四章 债的发生与变更

第一节 债的发生原因

一、概说

债的发生，是指债权债务在相对的当事人之间原始地发生。广而言之，债关系在当事人之间的产生有两种情形：一是债权债务在当事人之间原始地产生；二是新的当事人因承受他人已存的债权债务而产生。在民法学上，一般将债关系原始的发生称为债的发生，而新的当事人承受他人既存的债权债务则称为债的变更。

债的关系都是基于一定的法律事实而发生。能够引起债发生的法律事实，称为债的发生原因或发生根据，包括行为与行为以外的事实。行为包括合法行为与不法行为，合法行为分为双方法律行为（如合同）、单方法律行为（如赠与）和其他合法行为（如无因管理）；不法行为主要是侵权行为。行为以外的事实，如不当得利，也可引起债的发生。

在债的发生问题上，各国立法及有关学说虽不无共性，但也确有分歧。这种分歧主要来自两个方面：其一是在何种法律事实可引起债的发生问题上存在分歧；其二是在同一种法律事实引起债关系发生的条件上存在分歧。

二、各国立法上债的发生原因

何种法律事实可引起债的发生，各国立法多有歧异。

罗马法对债的发生原因有比较明确的规定。在早期罗马法中，债的发生原因有契约、私犯及其他原因（如监护、保佐、共有、海损、无因管理、不当得利、奴隶或牲畜加害于他人等）。到后期罗马法，在查士丁尼《法学阶梯》中，将债的发生原因归结为契约、准契约、私犯、准私犯四种。契约指当事人双方以发生、变更、担保和消灭债关系为目的的协议。罗马法上的契约包括要物契约、口头契约、文书契约、合意契约等。准契约是指那些在法律上发生类似于契约的效果而又没有明确归类于何种契约的法律关系。罗马法上的准契约包括无因管理、不当得利、监护、遗赠等。私犯指因侵害他人财产和人身而应承担赔偿责任的行为，而准私犯指法律后果类似于私犯的行为。罗马法上的私犯与准私犯类似于现代民法的侵权行为，但也有明显不同。

在近代大陆法系国家，《法国民法典》关于债因的规定基本沿袭了罗马法。法国民法首先将债分为契约或合意之债及非合意之债两种，这实质上就把债因区别为契约和契约以外的原因。对于契约以外的原因，又分为法律规定和债务人一方的行为。债务人一方的行为再分为适法行为与违法行为，前者指准契约，包括无因管理与不当得利，后者包括侵权行为与准侵权行为。《德国民法典》关于债因规定了契约、不当得利、侵权行为、无因管理四种。《日本民法典》略同。《瑞士债务法》在“债的发生”一章中只列举了契约、侵权行为、不当得利三种债的发生原因，无因管理因被认为具有准委托性质而规定于个别债中。

在英美判例法国家，因无抽象意义的债法制度，对于债的发生原因也没有立法上的明确规定。依学者的归纳，有契约、侵权行为、契约违反、判决、准契约、契约以外之合意。契约与侵权行为作为债的发生原因毋庸赘言。英国法认为，在契约当事人之间，因一方违反契约，使他方取得诉权，即发生新的债权债务关系；判决前的权利与判决后的权利，其性质与效力均有不同，所以判决亦为债的发生原因；准契约指基于契约、侵权行为、契约违反以外原因所发生的债，不当得利包括在内；契约以外的合意指附随于婚姻、信托行为等所生债务。

1964 年《苏俄民法典》关于债因的规定比较特殊。法典第 58 条规定，债由合同和本法典第 4 条规定的其他根据发生。而法典第 4 条是关于民事权利与民事义务发生根据的规定，这些发生根据包括：法律规定的法律行为以及法律虽未规定但并不违反法律的法律行为；行政命令，其中包括对国家组织、合作社组织和社会团体的计划指令；发现、发明、合理化建议、科学、文学和艺术作品的创作；致人损害以及无充分根据用他人资金取得或聚积财产；公民和组织的其他行为；法律规定的能够引起民事法律后果的事件。由于民事权利和民事义务不以债权债务为限，所以用民事权利和民事义务的发生根据来说明债的发生根据并不确切。要明确《苏俄民法典》关于债因的规定，需要对债权编各章进行归纳，大致有：计划指令、合同、悬赏征求、致人损害、抢救社会主义财产、不当取得财产或不当聚积财产等。

我国《民法通则》虽未对债的发生原因作集中规定，但第 84 条明确规定："债是按照合同的约定或者依照法律的规定，在当事人之间产生的特定的权利和义务关系。"这一规定事实上是把债的发生原因归结为合同与法律规定两类。对于因法律规定而发生的债，《民法通则》"债权"一节中规定了不当得利与无因管理。关于侵权行为，虽规定在"民事责任"一章，但因侵权行为可在当事人之间发生损害赔偿的权利义务关系，因而也属于债的发生原因。此外，其他法律事实也可引起债的发生。如，《民法通则》第 79 条规定，拾得遗失物、漂流物或者失散的饲养动物应归还失主，因此而支出的费用由失主偿还；第 109 条规定，因防止制止国家、集体财产或他人财产、人身遭受侵害而使自己受到损害的，由侵害人承担赔偿责任，受益人也可给予适当补偿。依上述规定，拾得物的归还以及防止制止不法侵害行为均可在当事人之间引起债的关系。

三、债的主要发生原因

尽管各国立法对债的发生原因有不同规定，但大多数国家都把契约、侵权行为、无因管理和不当得利视为债的主要发生原因。关于契约、侵权行为、无因管理、不当得利的法律制度，本书将另作专门探讨，在此则仅就与债的发生有关的一些问题作比较分析。

（一）契约（合同）

契约又称合同，是当事人之间确立、变更或终止民事权利义务关系的协议。任何一个有效成立的契约，都会在当事人之间产生特定的权利和义务关系。契约是债最主要的发生原因，契约之债也是一种最主要最常见的债关系。自罗马法以来，契约几无例外地成为各国民法上债的主要发生原因之一。将契约作为债的发生原因来考察，应注意以下问题：

第一，关于广义契约与狭义契约之区分。尽管各国法律均将契约规定为债的发生原因，然而，各国法律关于契约的规定以及各国关于契约的观念有别，从而产生了广义契约与狭义契约之区分。在大陆法国家传统的民法理论上，广义契约指以交换为目的所为的两个以上意思表示一致的法律行为，包括债权契约、物权契约、亲属上契约等；而狭义契约则专指债权契约，即双方当事人以发生债权债务关系为目的、意思表示一致的法律行为。法国民法只承认狭义的契约；德国民法采广义的契约观念，在民法总则中规定契约的一般通则；日本民法虽采狭义契约观念，但在理论和实践上却不限于从狭义上来理解契约，如，日本婚姻法上虽无婚约的规定，但在观念上仍认为婚约是男女当事人以将来缔结婚姻为目的的契约，而且有“判例上的婚姻预约”之说。基于广义契约与狭义契约之区别，狭义契约即债权契约是债的发生原因，而广义契约中的物权契约和身份契约不能视为债的发生原因。在英美法上，虽无广义契约与狭义契约之区别，但英美法将契约（Contract）与合意（Agreement）加以区别，以发生债关系为目的之合意称为契约。这样，任何契约均可引起债的发生，但并非任何合意都能引起债的发生。

第二，契约之债的特点。由契约而引起的债为契约之债，亦称合意之债。相对于契约之债而言，由其他原因而引起的债为非合意之债，亦称法定之债。契约之债的特点在于：（1）由当事人的合法行为引起，违法行为不能产生有效的契约，因而不能引起契约之债的发生。（2）以当事人意思表示一致为成立要件。这不仅要求当事人之间存在形式上的意思表示一致，而且要求当事人的意思表示在实质上是真实的。因而，任何一方当事人以欺诈、胁迫等手段或乘人之危，使双方在违背真实意思的情况下订立的契约无效，不能引起契约之债的发生。（3）契约之债中的债权债务相互对立。（4）相对于法定之债而言，契约之债具有任意性，其产生、形式、内容等，均由当事人在法律规定的范围内任意确定。

第三，契约之债的有效要件。契约之债因有效契约而发生，契约的有效性是契约之债发生的根据，无效的契约不能引起契约之债的发生。各国法律对契约有效条件的规定不尽相同，这种不同在立法体例上表现在两个方面：一方面，关于契约有效条件的规定，有的国家采取了肯定的规定形式，有的国家采取了否定的规定形式，也有的国家将这两种形式结合起来。《法国民法典》采取了肯定的规定形式，第1108条明确规定了契约有效成立应当具备的主要条件。《日本民法典》第一编第四章、《苏俄民法典》第一编第三章则以否定的方式规定了法律行为（包括合同行为）无效的条件。我国的《民法通则》采取了肯定与否定相结合的规定方式，第55条以肯定的方式规定了民事法律行为应当具备的条件，第58条又以否定的方式规定了民事行为无效的各种情形。我国《经济合同法》也以否定的方式列举了经济合同无效的各种情形。另一方面，在没有“民事法律行为”概念的《法国民法典》中，关于契约有效成立的条件规定于第三卷第三编“契约或合意之债的一般规定”之中。而自《德国民法典》采用民事法律行为的概念以来，大多数国家是在民法典的总则编中规定民事法律行为的有效要件，而这种规定当然也适用于契约行为。当然，各国立法关于契约有效成立条件的规定在体例上的差别是形式的，从实质上说，各国法律规定的契约有效成立应具备的条件基本一致，主要包括：(1) 合格的当事人，即有两个或两个以上具有法律行为能力的当事人。(2) 适当的契约内容。一般认为，契约内容的适当包括内容的确定可能性、实现可能性和适法性。因此，内容不确定、内容虽确定但难以实现或者内容虽确定而又可实现但却违反法律的契约，均为无效。(3) 当事人的意思表示真实一致。

(二) 侵权行为

侵权行为是指不法侵害他人合法权益，给他人造成损害，依法应承担民事责任的行为。因侵权行为而受到损害的人，有请求侵权行为人赔偿损失的权利，加害人有赔偿受害人损害的义务。侵权行为引起的当事人之间的这种权利义务关系，为侵权行为之债。侵权行为是契约之外一种最主要的债因，侵权行为之债是契约之债以外最重要、最常见的一种债关系。

把侵权行为作为债的发生原因来考察，首先需要明确侵权行为的存在形态，这对于确定侵权行为之债的范围有重要意义。从侵权行为侵害的对象而言，侵权行为一般可分为侵害财产权、侵害知识产权、侵害人身权、侵害人格权四种存在形态。侵害知识产权包括侵害公民、法人的著作权、专利权、商标权、发现权、发明权及其他科技成果权等行为；侵害人身权包括侵害公民生命权和健康权的行为；侵害人格权包括侵害公民姓名权、肖像权、名誉权、荣誉权及侵犯法人的名称权、名誉权、荣誉权等行为，对此学术界少有分歧。然而，在侵害财产权的范围问题上，存在严重分歧，分歧的焦点在于，侵害财产权是否包括侵害债权。对此，理论上存在三种不同看法：一说认为，侵权行为以绝对权为侵害对象，因此侵害财产权以侵害物权为唯一形态，债权属相对权，不能成为侵权行为的对象。二说认为，应将侵害债权区分为债务人侵害债权人的债权和第三人侵害债权人的债权两种情况。契约债务人对债权人债权的侵害，因受契约法调整，故不属侵权行为。但是，非债务人对债权人债权的侵害应构成侵权行为，因为债权本身也具有不受他人侵犯的性质。三说认为，非债务人对债权人债权的侵害是否可构成侵权行为，应视行为人对债权的存在是否知悉而定，若非债务人明知债权的存在而为侵害，则可构成侵权行为；若其并不知晓债权的存在，仍使其负侵权责任，则失之苛刻。我们认为，财产权本身既包括物权，也包括债权，完全囿于侵权行为的对象为绝对权的观念，一概否定侵害债权行为的侵权性质，是不妥的。同时，也应看到，将所有的侵害债权行为一律视为侵权行为也不恰当，因为这样做实际上把契约责任全部划归侵权法的范畴，从而混淆了契约法上的责任制度与侵权法上的责任制度。因此，上述第二种看法较为可取，即债务人本人对债权人债权的侵害不构成侵权行为，而第三人对债权的侵害属侵权行为。而第三种观点将非债务人侵害债权的情况以其主观上是否知晓加以区分，似又无必要。

与契约之债相较，侵权行为之债的特点在于：第一，契约之债只能由当事人的合法行为引起，而侵权行为之债是由侵害人的不法行为引起的。需要说明的是，我国《民法通则》第 128 条关于正当防卫超过必要限度以及第 129 条关于紧急避险超过必要限度或措施不当的责任规定，是否基于行为的不法性。当正当防卫或紧急避险行为超过必要限度而对他人造成不应有的损害时，法律规定行为人应对受害人承担赔偿损失的义务。我们认为，适度的正当防卫和紧急避险行为属合法行为，而防卫过当或避险过当行为则含有不法性，这是行为人承担侵权责任的根据所在。第二，契约之债由当事人意思表示一致而发生；而侵权行为之债由侵害人的单方行为引起，与受害人的意思或行为无关。第三，契约之债具有任意性，由当事人在法律允许的范围内自由约定，而侵权行为之债为法定之债，其产生、构成要件、内容等均由法律明确规定。第四，契约之债的内容基本上都有财产性质，侵权行为之债虽主要是损害赔偿，因而大多具有财产补偿性质，但侵权行为人的责任不以财产责任为限，赔礼道歉、清除影响、恢复名誉等非财产责任也属常见。第五，在契约之债中，债务与责任存在明显区别，在债务未到期时，债务人虽负债务而无责任；在第三人提供担保的情况下，债务与责任的主体是分离的；在债务人以部分财产承担责任时，债务与责任的范围不一致。而在侵权行为之债中，债务与责任的区分不甚分明，一方面侵权的债务与责任均同时由侵权行为引起，并无先后顺序；另一方面，在侵权行为发生后，加害人对受害人作出的损害赔偿，既是其履行债务的行为，也是国家对加害人的制裁。

（三）无因管理

无因管理是指没有法定的或约定的义务，为避免他人利益受损失，而自愿为他人管理事务的行为。在罗马法上，虽没有无因管理的概念，然而准契约的概念包含了管理他人事务的行为。《法国民法典》沿袭了罗马法的准契约概念。而德、日等民法典均对无因管理作出规定，并视无因管理为本人与管理人之间债权债务关系发生之原因。我国《民法通则》第 93 条规定，没有法定的或者约定的义务，为避免他人利益受损失进行管理或者服务的，有权要求受益人偿付由此而支付的必要费用。

无因管理行为引起的无因管理之债具有以下特点：第一，它由管理人的管理行为引起，无因管理行为属事实行为，而非法律行为，因而它并不要求管理人明示其管理他人事务之意思。第二，大多数国家的法律不要求管理人具有行为能力。但《德国民法典》第682条规定，管理人为无行为能力人或限制行为能力人时，不负关于无因管理所规定的义务。第三，无因管理之债由合法的积极行为引起，违法行为或违反社会公共利益的行为，不能成立无因管理，当然亦不能引起无因管理之债；不作为行为也不能引起无因管理之债。第四，无因管理之债为法定之债，其产生、构成、内容等均由法律直接规定。

（四）不当得利

不当得利指没有合法根据而取得利益并使他人遭受损害。由于不当得利使受益人获得了无合法根据之利益，因此应将不当利益返还受害人，而受害人也有权请求受益人返还其所得之不当利益。这样，就在受害人与受益人之间形成了以返还不当利益为内容之权利义务关系。不当得利制度源于罗马法上的诉权。罗马法上的非债清偿诉权、因目的不达之诉权、因目的消灭之诉权、因给付原因不法之诉权，均类似于不当得利的具体形态。近世国家大多在民法中规定不当得利制度，并将其作为债的独立发生原因。我国《民法通则》第92条规定，没有合法根据，取得不当利益，造成他人损失的，应当将取得的不当利益返还受损失的人。

不当得利之债的特点在于：第一，它是由一方当事人取得不当利益的事实引起的；第二，不当得利之债为法定之债，直接基于法律规定而发生。

第二节　无因管理

一、概说

无因管理（Negotiorum gestio，gestion d' affaires，Geschäfts fuehrung ohne Auftrag），是指没有法律上的义务，而为他人管理事务的行为。管理他人事务者，称为管理人；事务被管理者，称为本人，亦称受益人。

无因管理制度起源于罗马法。在罗马法中，无因管理被视为一种“准契约”（Quasi ex Contractu），由此而产生的“无因管理之诉”（Actiones Negotiorum Gestorum），包括两方面诉权：一是本人对于管理人的诉权，称为“直接的无因管理之诉”；一是管理人对于本人的诉权，称为“无因管理之反诉”①。上述内容，在近世各国民法中都得到了反映。《法国民法典》沿袭罗马旧制，以准契约的形

① ［意］彼德罗·彭梵得著：《罗马法教科书》，黄风译，中国政法大学出版社1992年版，第396~397页。

式确认了无因管理的效力。《德国民法典》则摒弃了准合同说，将无因管理作为一种债的独立发生原因，并为瑞士、日本民法所效仿。英国法系国家虽无无因管理立法，但在学说和判例上也将“为他人偿债”（Payment of Another's Debt）、“非请求服务”（Unsolicited Services）等行为作为一种准合同关系对待显系罗马法影响所致①。我国《民法通则》在“债权”部分设专条对无因管理作了规定（第93条），将其作为债的发生根据之一。

无因管理作为一种导致债的关系发生的法律事实，在性质上属事实行为而非法律行为，这在民法理论中已成为定说。作为事实行为，无因管理有以下两个基本特征。其一是不以意思表示为要件，即管理人无须向本人为意思表示。立法例上，虽有“管理人开始管理，应即通知本人”的规定，但这种通知是无因管理业已成立的“观念通知”，并非管理的意思表示。管理人所管理的事务，可以是事实行为，也可以是法律行为（前者如修缮房屋，后者如购买物品），无论何种情况，均不影响无因管理的事实行为性质。无因管理的这一特征，决定了它不适用民法关于法律行为尤其是关于意思表示的规定，例如不要求管理人具有行为能力，也不适用有关错误的规定（将甲的事务误认为乙的事务而加以管理，无因管理亦成立）。其二是以管理意思为必要。无因管理虽非法律行为，也非客观事件，因此要求有人的精神作用，此种精神作用，亦即管理他人事务的意思（管理意思）。这一特征意味着，管理人虽无须有行为能力，但必须有认识能力。需指出的是，管理意思仅指为他人管理事务的意思而言，至于管理行为产生何种法律效果，则与管理意思无关，这也是无因管理与法律行为的不同之处（法律行为必有效果意思）。

明确无因管理的法律性质，有助于弄清无因管理与侵权行为、无权代理等类似法律现象的区别。管理人“擅自”管理他人事务，似乎是一种侵权行为，如果这样认为，管理人就应承担侵权责任，但各国立法却都承认无因管理的合法性，将其排除于侵权行为范畴之外。之所以如此，盖因二者之间有以下区别：其一是管理人有管理意思（即为他人谋利益的意思），而侵权行为人则无此意思；其二是无因管理符合社会道德准则，对他人和社会有益，而侵权行为则相反，因此，二者的法律后果相距甚远。此外，无因管理与无权代理也有相似之处，因为无权代理也是行为人在无义务的情况下所为的行为，并且有时行为人也有为本人谋利益的意思。但从严格意义上说，无因管理不能与无权代理

① See S. J. Stoljar, The Law of Quasi-contract, Second Edition, The Law Books Company Limited, Sydney, 1989.

混为一谈：其一，无因管理以管理意思为成立要件，而无权代理则不然；其二，无因管理人的实施的行为既可以是法律行为，也可以是事实行为，而无权代理人所实施的是法律行为；其三，无因管理属事实行为范畴，而无权代理则是法律行为（代理）制度的一项内容。

二、无因管理的成立要件

无因管理的成立要件，包括客观要件和主观要件两个方面，对此各国立法和学说主张是相同的。在罗马法中，无论是“直接的无因管理之诉”还是“无因管理之反诉”，均要求客观要件（管理他人事务）和主观要件（管理人的意图），现代民法理论则通常将“无法律上的义务”也视为无因管理的客观要件之一。我国《民法通则》第 93 条规定，“没有法定的或者约定的义务，为避免他人利益受损失进行管理或服务的，有权要求受益人偿付由此而支付的必要费用”，也大体揭示了无因管理的主、客观要件。

（一）管理他人事务

“管理他人事务”作为无因管理成立的客观要件，其内涵可从以下几个层面加以分析。

一为“事务”。所谓事务，原指有关人们生活利益的一切事项。但作为无因管理对象的事务，应当是能够成为债务目的且在性质上无本人授权亦可实施的事项。事务的范围十分广泛，可以是经济性事务，也可以是非经济性事务；可以是单一事务，也可以是复合事务；可以是事实行为，也可以是法律行为；可以是一次性行为，也可以是继续性行为。但下列事务，因其不符合无因管理的要旨，通说认为不能作为无因管理的对象：（1）违反事项，如看管赃物；（2）不适宜发生债权债务关系的纯粹宗教、道德、习俗、公益性质的事项，如为朋友待客；（3）依法必须由本人实施或必须经本人授权方能实施的行为，如放弃继承权。

二为“他人事务”。无因管理的对象必须是他人事务，管理自己的事务不构成无因管理。至于所管理的事务是否为他人事务，原则上应以客观标准判断，即凡在客观上纯属他人利益所在之事务（如修缮他人房屋）均为他人事务，反之则为自己事务。但有些事务在客观上无法断定是自己事务还是他人事务（如购买某种物品），这就要看管理人的主观意思如何，如主观上是为他人利益而为，即可确定为他人事务（主观的他人事务），从而构成无因管理的要件。但行为人对此负有举证责任，如不能证明该事务确属他人事务，则推定其为自己事务。另需说明的是，在他人事务这点上，无因管理仅排除纯粹自己事务，并不要求该事务为纯粹他人事务。换言之，若为自己和他人的共同事务（如修缮共同院墙），也可就属于他人事务的部分成立无因管理①。

三是“管理”。管理意指处理（他人）事务的行为。它既包括事实行为，也包括法律行为；既包括狭义的管理行为（如保存行为、改良行为、利用行为），也包括处分行为（如销售财物）。总之，凡能避免他人利益受损失或为他人谋利益的行为，都是管理行为。我国《民法通则》第93条所称的“管理或者服务”，在广义上均属管理行为，唯在具体行为方式上有所区别（“管理”主要指对财产的保存、利用、改良或处分，“服务”则主要指提供劳务帮助）②。

（二）管理意思

管理意思即以管理行为为本人谋利益的意思，或者说使管理行为所产生的利益归属于本人的意思。管理意思的有无，是无因管理区别于侵权行为、无权代理等行为的主要标志，因而成为无因管理的构成要件，即主观要件。

管理意思既为无因管理的构成要件，主张无因管理者就必须证明有此意思的存在。但管理意思是管理人的主观心理状态，欲判明其存在必须确立一定的标准。对此问题，学者间认识不一。有的认为，确定管理人是否为他人利益管理，应当从动机和后果两个方面看：从动机上说，管理人须是出于为了避免他人利益受损失而进行管理的主观动机而实施管理行为；从后果上说，由管理行为所取得的利益最终归本人所有，而不是为管理人所享有③。另一种观点则认为，上述主张并未真正揭示管理意思的判断标准，因为“动机”只是对管理意思的复述，况且不论是动机还是目的，都依然属于管理人的主观状态，其本身难以为他人所把握，因此不能成为管理意思的判断标准；而如果以“效果”作为普遍适用的标准，那么便包含“管理行为未取得利益，管理人便无管理意思”的推论，这时常与事实不符，管理意思的判断标准，应是本人对其事务的管理要求、事务管理的社会常识、管理人所具备的知识水平三种因素的有机结合体，“所以把本人的管理要求作为判断标准的要素之一，是因为本人对其事务一般有正确的、适合他需要的管理见解，据此管理事务往往能满足其需要。所以把社会常识作为判断标准的要素之一，是因为在本人未曾表示过管理

① 王家福主编：《中国民法学·民法债权》，法律出版社1991年版，第588页。

② 参见郭明瑞：《关于无因管理的几个问题》，载《法学研究》1988年第2期。

③ 参见佟柔主编：《民法原理》，法律出版社1983年版，第240页；王利明等著：《民法新论》（下），中国政法大学出版社1988年版，第439页。

要求时，就必须按社会常识来推断本人的管理要求。所以要适当考虑管理人的管理知识水平，是因为管理人的管理水平并非总是与社会常识相一致，并非总能与本人的要求相适合……在管理人对于某项事务具有高于社会常识的管理水平时，他却仍按社会常识进行管理，因而没有收到实际效果的情况下，就不会认定为无因管理，不会放纵恶意之人”。我们认为，这种将管理意思的判断标准客观化和具体化的主张是可取的。

对管理意思的理解，还涉及以下几个问题。一是客观上系他人事务，误认为自己的事务而加以管理，是否构成无因管理。对此问题，《德国民法典》持否定态度（第687条）。我国通说也认为，在此情形下，管理人主观上并无为他人谋利益的意思，而是为自己谋利益，故不能构成无因管理。至于管理人为管理他人事务所支出的必要费用和为此受到的损失，可依不当得利制度予以返还（所得利益也依不当得利返还）①。二是客观上系自己事务，误认为他人事务而加以管理，是否构成无因管理。我们认为，在此情形下，行为人虽有为他人谋利益的意思，但所管理的事务并非他人事务，因而欠缺构成无因管理的客观要件，不能以无因管理论处。三是管理人是否须确知被管理事务的本人。通说认为，无因管理仅以为“他人”谋利益为必要，无须知晓所管理事务系何人事务。因此，即使管理人对本人存在误解（误将甲的事务作为乙的事务而进行管理），也不影响无因管理的成立；甚至为尚未成为权利主体者（如筹建中的法人，未出生的胎儿）管理事务，也可成立无因管理。四是管理意思是否必须是专为他人谋利益的意思。一般认为，管理意思虽以专为本人谋利益的意思为典型形态，但也允许管理人在有为本人谋利益的同时，为自己的利益实施管理行为。例如修缮邻人有倒塌危险的房屋，既为邻人利益，自己也因此消除了危险，但这并不影响无因管理的成立。

（三）无法律上的义务

无因管理之“无因”，意指“无法律上的原因”，也是无因管理成立的前提条件。所谓无法律上的原因，无非是指无法律上的权利或无法律上的义务，对此各国立法规定有所不同，如德国民法规定为“未受委任并无权利”，我国《民法通则》则规定为“没有法定的或者约定的义务”。上举各例，虽措词不同，其主旨是一致的，即强调管理行为的“无因性”，但从无因管理制度的目的上看，从义务角度规定似更能体现管理行为的积极意义。

---

① 参见王利明等著：《民法新论》（下），中国政法大学出版社1988年版，第440页；王家福主编：《中国民法学·民法债权》，法律出版社1991年版，第592页。

依此要件，下列情况虽然也具有“管理他人事务”的表面特征，但不构成无因管理：(1) 履行法定义务的行为，如父母对子女、监护人对被监护人事务的管理，财产代管人对失踪人财产的管理，遗嘱执行人对遗产的管理，治安警察的救助行为等；(2) 履行约定义务的行为，例如依照委托、保管、承揽、运输、雇佣、合伙等合同而实施的各种管理行为。

对“无法律上的义务”这一要件的理解，还需注意以下几点：一是管理人虽然有法律上的义务，但在管理他人事务过程中超过了自己义务的范围，其超过义务范围的管理事务，仍构成无因管理（例如共有人超过自己的负担范围为其他共有人支付费用）。二是衡量管理人是否有法律上的义务，应以管理事务开始之时为标准，如果管理人在管理事务之初负有义务，此时不构成无因管理，但如中途该义务消失，则自此成立无因管理；如果管理人在管理事务之初无法律上的义务，那么自此时起构成无因管理，但如果中途因管理人和本人订立合同而产生义务，则自此时起其管理行为不再是无因管理。三是衡量管理人有无法律上的义务，应以客观标准为据，而不以管理人或本人的主观认识为标准（本人若主张管理人有法律上义务，应对此负举证责任）。

三、无因管理的效力

无因管理一经成立，即在管理人和本人之间产生一定的权利义务关系。此种关系，在大陆法系国家被称为“无因管理之债”，在英美法中则被视为一种准合同关系。此外，无因管理的效力还表现在“阻却违法”和违反法定义务时的损害赔偿责任等方面。而我国《民法通则》仅规定管理人“有权要求受益人偿付由此而支付的必要费用”，对管理人的义务和责任未作规定，显然不够全面。

（一）管理人的义务和责任

综观各国立法，管理人的义务主要包括以下几个方面：(1) 适当管理的义务。德国民法、瑞士债务法、日本民法都规定，管理人应依本人明示或可推知的意思（本人为未成年人时则依其法定代理人的意思）以有利于本人的方法进行管理。管理方法是否有利于本人，应视当时的客观情况而定，对此，管理人负有善良管理人的注意义务，如违反此项义务而以不利于本人的方法进行管理并致本人利益受损害，管理人应负债务不履行的损害赔偿责任。此外，对“依本人意思”的理解不应绝对化，如管理行为系为本人尽公益上的义务或为其履行法定扶养义务，不妨违反本人明示或可推知的意思而为之；本人的意思与其真正利益明显冲突时，如管理既已开始而又有继续的必要，应依其真正利益进行管理。（2）通知义务。管理人开始管理时，如有可能和必要，应将管理开始的事实及时通知本人。有可能，意指管理人已知本人为何人、且知悉其下落；有必要，意指本人尚不知已开始管理的事实。（3）报告及计算义务。管理人应将管理事务进行的情况报告给本人，并将管理事务所取得的物品、钱款交付给本人。若管理人为自己的利益而使用了应交付于本人的钱款，或者使用了应为本人利益而使用的钱款，应自使用之日起支付利息。除上述义务外，《日本民法典》第700条还规定，“管理人，于本人、本人的继承人或法定代理人得以进行管理前，应继续管理”，此项义务，学者称为“继续管理义务”。我们认为，管理人是否负继续管理义务，不应一概而论。如在本人可以管理前，管理人未完成管理行为而停止管理对本人并无损害，则未尝不可停止；如果管理人中途停止管理反而会使本人利益损失扩大，则管理人应继续管理。实际上，这仍属适当管理的问题。

管理人违反上述义务时，应承担债务不履行的责任。管理人承担这种责任，主要包括两种情况：一是管理事务的承担符合本人的管理要求和社会常识，只是管理事务的实施方法不当时，管理人应负过失责任；二是管理人虽有管理意思，但其管理事务的承担违反本人的管理要求和社会常识时，管理人承担无过失责任。对管理人承担上述责任的主观要件，有的学者认为过于严苛，不符合我国无因管理制度的宗旨，应分别以“故意或重大过失”和“过失责任”取而代之①。我们也同意这种观点。

无因管理成立后，如管理人在管理事务过程中故意或过失侵害本人的财产权或人身权，是否应承担侵权责任。对此问题，学说界有两种截然不同的观点：一种认为无因管理本身具有阻却违法性的效果，是合法行为，管理人的管理行为不构成侵权行为，如果构成侵权行为便不能成立无因管理；另一种认为无因管理的成立主要以管理事务承担之时有管理意思为要件，无因管理成立后，如管理人在管理过程中过错地侵害了本人的财产权和人身权，仍然可以构成侵权行为。我们认为，无因管理与侵权行为在法律性质上截然不同，故不能同时并存，当某一行为构成无因管理时，它不可能是侵权行为，反之亦然；但就某一行为的不同阶段而言，则不妨在某一阶段为无因管理，在另一阶段则因欠缺无因管理的要件（为本人谋利益）而成为侵权行为（但应将管理人的侵权行为与债务不履行行为加以严格区分）。

---

① 王家福主编：《中国民法学·民法债权》，法律出版社1991年版，第596~597页。

（二）管理人的权利

无因管理成立后，管理人享有“必要费用偿还请求权”（或称有益费用偿还请求权），此为其债权的主要内容。所谓必要费用，是指管理人管理该事务时所必须支出的费用，既包括管理人为管理本人事务直接支出的费用，也包括管理人在管理活动中受到的直接损失。至于所支出的费用是否为必要，应以支出时的客观情况而定，如果支出之时该费用为必要，即使其后为不必要，也应视为必要费用；反之，如果支出之时该费用是不必要的，即使其后转化为必要，一般也不应视为必要费用。同时，必要费用应以本人的受益为限，超出受益部分应视为管理人违反义务给本人造成的损失，由管理人自负①。

除必要费用偿还请求权外，管理人还享有负债清偿请求权。也就是说，管理人在管理事务过程中，以自己的名义为本人负担债务，可请求本人直接向债权人清偿。当然，这种债务也应以必要的或有益的债务为限。在我国，此种债务被视为管理人支出的必要费用，管理人有权请求本人偿还。

无因管理成立后，管理人对本人有无报酬请求权？对此各国立法和学说多持否定态度，但也有学者主张应赋予管理人此项权利。我们认为，报酬请求权与无因管理制度的旨趣颇为不合，不应得到法律确认。

第三节　不当得利

一、概说

不当得利（Enrichissement Sans Cause，Ungerchtfertigte Bereicherung，Unjustified Enrichment），是指无法律上的原因而受利益，致使他人受到损失的事实。基于此种事实，在受利益人与受损失人之间产生的以利益返还请求权为内容的法律关系，称为不当得利之债。因此，不当得利是债的发生根据之一，是一种法律事实。这种法律事实的成立，并不以当事人的意志作用为要素，所以它是一种自然事实（事件）②。

不当得利制度源于罗马法。但在罗马法中，并没有不当得利的一般概念和原则，仅有各种具体的返还诉权（Condictio）制度。罗马法上的“返还不当得利之诉”（Condictiones Sine Causa）的诉由主要包括“无债清偿返还之诉”、

---

① 参见郭明瑞：《关于无因管理的几个问题》，载《法学研究》1988年第2期。

② 有人认为不当得利是一种行为，系混淆了不当得利与不当得利的发生原因。

"目的不达返还之诉"、"不道德受领返还之诉"、"不法受领返还之诉"和"概括的不当得利返还之诉"。上述诉讼请求，均以标的物的所有权已经移转于标的物受给付者为前提，这就使不当得利请求权与所有权返还请求权相区别而成为一种独立的诉权。这种诉权之所以被确认，实际上是为了补救物权行为的无因性所产生的违背公平的后果。因为在罗马法上，物权行为和债权行为独立地发生效力，给付原因虽不存在，如给付行为本身并无缺陷，也发生标的物所有权移转的效果，给付者不能依所有权返还之诉请求相对人追返标的物。在此情形下，相对人无保持其所受给付之原因而受其利益（取得所有权），有悖于公平原则，所以罗马法承认给付者返还不当利益的诉权以为救济，并为后世立法所继承。《德国民法典》、《瑞士债务法》、《日本民法典》都把不当得利作为债的发生原因之一作了专门规定；《法国民法典》虽然没有独立的不当得利制度（这与其不承认物权行为的独立性与无因性有关），但也以准契约的形式处理非债清偿的不当利益归属问题（第1376、1377、1378条），同时对无法律上的原因而发生的附合、混合、加工而引起的对方受损的情事，设有相应的条文解决不当利益的返还问题，进而又在学说和判例上创设和发展了独立的不当得利请求权制度。前苏联民法不承认物权行为理论，强调所有权变动的原因关系，确认欠缺合法原因给付之给付人的所有权返还请求权，但同时也把不当得利作为债的发生根据，规定取得不当利益者的返还责任（1964年《苏俄民法典》第473条）。在英美法中，虽不存在不当得利返还的一般立法或司法原则，但大陆法上的各种不当得利返还请求权基本上都得到确认，它们有些是由衡平法院确立的，更多的则由法律（Law）作为"准合同"（Quasi-Contracts）加以调整，并由"返还不当得利"（Restitution of Unjust Enrichment）加以保护①。

我国在《民法通则》颁布前，理论和实务上都肯认不当得利的存在，但不当得利作为一项独立的债法制度，是由《民法通则》确立的。《民法通则》第92条规定："没有合法根据，取得不当利益，造成他人损失的，应当将取得的不当利益返还受损失的人。"学者认为，由于我国民法不承认物权行为的独立性和无因性，不当得利的适用受到一定的限制，但不当得利的适用不以标的物所有权的移转为条件，而以利益的得失有无法律上的原因为条件，因此不当得利制度在我国仍然具有较为广阔的适用领域②。

---

① ［德］K. 茨威格特、H. 克茨著：《比较法总论》，牛津大学出版社1993年版，第590页。

② 梁慧星主编：《民商法论丛》第5卷，法律出版社1996年7月出版，第13页。

二、不当得利的构成要件

不当得利的构成要件有三：取得利益；致人受损；无法律上的原因。

(一) 取得利益

取得利益，是指因一定事实而改良了财产状况，使其财产总额增加，包括财产的积极增加（积极取得利益）和财产损失的减免（消极取得利益）。此处的利益，仅指财产利益而言，不能以金钱价值衡量的利益（精神利益）不在此列，因为此种利益无“返还”的可能。一般认为，积极取得利益主要表现为：(1) 财产权利的取得，如所有权、限制物权、知识产权、债权的取得等；(2) 占有的取得，即占有人因占有的事实而享有一定的利益；(3) 财产权的扩张及效力的增强，例如因添附而扩展所有权或他物权的范围，因第一顺序抵押权的消灭而使第二顺序抵押权上升为第一顺序抵押权等；(4) 财产权限制的消灭，如因限制物权的消灭而免去所有权的负担；(5) 债务消灭。消极取得利益主要包括：(1) 本应承担的债务或责任没有承担或者少承担；(2) 本应支出的费用没有支出或者少支出；(3) 本应设定的权利负担没有设定等①。

(二) 致人受损

致人受损，意指因取得利益而使他人受到财产损失。为判定这一要件的成立，需要界定“损失”和“致人损失”的内涵。

损失，是指因一定事实而使某人财产总额减少。我国通说认为，损失包括现有财产的减少和财产应增加而未增加，前者称为直接损失或积极损失，后者称为可得利益损失或消极损失。对作为不当得利构成要件的损失，也应作此理解。有学者认为，不当得利制度所称“损失”较“赔偿损失”所称“损失”内涵更为丰富：在给付不当得利情形下，一方因他方为给付而受利益，对他方即构成损失，在非给付不当得利情形下，一方取得依权利内容应当归属于他方的利益，他方即构成损失②。我们认为，此说颇值借鉴。目前民法界认为，“损害”一词易被理解为包括“财产损害（损失）”和“非财产损害”，为免生歧义，在有关不当得利的立法中以采用“损失”一词为宜。

致人损失，意指取得利益与他人受有损失之间存在因果关系。关于取得利益与受有损失间的因果关系，民法理论上有直接因果关系说与非直接因果关系

---

① 参见史尚宽著：《债法总论》，台湾荣泰印书馆1978年版，第70-71页；王家福主编：《中国民法学·民法债权》，法律出版社1991年版，第570页。

② 参见王泽鉴著：《不当得利》，台湾三民书局1991年版，第34页。

说之争。直接因果关系说认为，取得利益和受有损失必须基于同一原因事实，即由于同一原因使一方取得利益，另一方受有损失，方可认为取得利益与受有损失之间存在因果关系，如果取得利益和受有损失是由两个不同的原因事实造成的，即使二者之间有牵连关系，也不应视为有因果关系。例如甲向乙借钱用于修理丙的房屋，而甲无力还钱时，乙不得向丙请求返还不当得利，因为乙受损失的原因（借钱）与丙获得利益的原因（修房）并非同一事实。德国、日本的判例及学说多持这种观点。非直接因果关系说认为，取得利益与受有损失之间的因果关系，不限于同一原因造成受益和受损的情况，即使受益和受损是由两个原因事实造成，如果社会观念认为二者有牵连关系，也可认为二者之间有因果关系。显然，两种学说之争集中在因第三人行为介入而发生的受益和受损是否构成不当得利这一问题上。例如，甲向乙骗取金钱向丙作非债清偿，依直接因果关系说，乙的受损与丙的受益之间没有因果关系，而依非直接因果关系说，则二者间有因果关系。比较而言，直接因果关系理论限制了当事人不当得利请求权的范围，排除了受损方向间接获利者的不当得利请求权，偏重于维护社会交易的安全；而间接因果关系理论则注重借助社会衡平观念对财产利益的不当变动进行调节，强调了不当得利制度的宗旨。我们认为，我国民法所规定的取得利益与受有损失间的因果关系，应当解释为非直接因果关系，即：只要他人的损失是由取得不当利益造成的，或者如果没有其不当利益的取得他人就不会有财产的损失，就认定利益与损失之间有因果关系；在一般情况下，取得利益和受有损失是基于同一事实发生的，但在某些情况下，尽管有两个原因事实引起受益和受损，为保护当事人的合法权益，应当认定成立不当得利（例如甲拾得乙的财物赠与丙，虽乙的受损与丙的受益非出于同一原因，乙也可依不当得利请求丙返还）①。可见，作为不当得利构成要件的因果关系，与作为民事责任构成条件的因果关系不能作同一解释。

（三）无法律上的原因

不当得利之“不当”，是指利益的取得无法律上的原因。“无法律上的原因”为德国、日本民法用语，罗马法称为“无原因”（Sine Causa），瑞士民法称为“无适法原因”，前苏联民法称为“无法律或者合同上的原因”，我国《民法通则》则称为“没有合法根据”。上述立法尽管用语不同，在解释上应认为意义相同。

① 参见王利明等著：《民法新论》（下），中国政法大学出版社 1988 年版，第 424 页。

致人损失而取得利益之所以构成不当得利，乃是因为该项利益的取得缺乏法律上的原因；若一方取得利益致他人损失有法律上的原因，则当事人间的损益关系受法律保护，自然不发生不当得利问题。因此，不当得利的构成以取得利益“无法律上的原因”为必要。

所谓“无法律上的原因”，是指缺乏取得利益的法律上的原因。对其含义，学说上有统一说和非统一说两种不同解释。主张统一说的学者认为，无法律上的原因应当具有统一的意义，对各种不当得利情形之“不当”应作统一说明，或曰违反公平正义（公平正义说），或曰违反共同生活的基本准则（正法说），或曰欠缺基本债权关系或相对法律关系（债权及相对关系说），或曰欠缺权利（权利说）。主张非统一说的学者认为，各种不同类型的不当得利有其存在的不同基础，故应区别不当得利的不同情形分别说明无法律上的原因的意义。例如有的学者认为，原来罗马法上的不当得利，以基于给付行为的不当得利为主要目标，其所谓无原因，系指给付原因之欠缺；普通法时代，受自然法学的影响，将不当得利的原则扩张至给付行为以外的事由，利用他人之物或权利所得利益，均包括在内。如此，基于给付行为的不当得利与基于其他事由的不当得利在沿革上异其理由，故就无法律上的原因将其二者区别以定其意义。我国通说认为，上述两种学说中，统一说的理论过于抽象，且各种观点欠缺周密性，难免以偏概全的缺陷。而非统一说则能克服这一缺陷，它虽然从表面看比较零乱，但只要将各种不当得利依一定的标准组成类型，建立完整的体系，不但无零乱之感，反而有助于法律的解释适用，促进不当得利研究的深化①。我们同意这种观点。

三、不当得利的类型

不当得利的类型化，是不当得利理论的重要内容之一。在此问题上，各国学者既有共同的宏观见解，也有微观认识上的差异。

大陆法系国家对不当得利的基本理论分类，是给付不当得利与非给付不当得利的划分。此种划分由奥地利学者维尔伯格（Wilburg）所首创，后成为各国通说。依此理论，不当得利尽管情形复杂，但无非给付不当得利与非给付不当得利两种类型。给付不当得利，包括给付原因自始欠缺、给付目的未能达到和给付目的消灭等情况；非给付不当得利，包括基于受益者行为（包括事实

① 参见王利明等著：《民法新论》（下），中国政法大学出版社 1988 年版，第 426 页；王家福主编：《中国民法学·民法债权》，法律出版社 1991 年版，第 574 页。

行为、法律行为和执行行为）的不当得利、基于第三人行为的不当得利、基于受损失者行为的不当得利、基于事件的事实结果的不当得利、基于法律规定的不当得利等。

在英美法中，既不存在不当得利的一般司法原则，也就不存在不当得利类型化理论。但是，英美法学者在有关“准合同”的论述中，也讨论了“追讨利益之诉”（Restitution）的不同情形，例如错误支付（Payment under Mistake）、强迫支付（Payment under Compulsion）、非法取得（Wrongful Acquisition）等。德国比较法学家 K. 茨威格特和 H. 克茨在讨论英国法上的“不当得利返还之诉（Restitution of Unjust Enrichment）时，将不当得利划分为“被告自原告处或通过原告行为取得的利益”（Benefit Acquired by the Defendant “From or by the Act of the Plaintiff”）、“被告通过自己的不法行为取得的利益”（Benefit Acquired by the Defendant “by His Own Wrong Conduct”）和基于“推定信托”（Constructive Trust）及“衡平法留置权”（Equitable Lien）发生的不当得利三大类，前两类基本包括了大陆法上“给付不当得利”和“非给付不当得利”的各种情形，即第一类近似于“给付不当得利”，第二类近似于“非给付不当得利”①。可见，在不当得利的类型问题上，两大法系可谓殊途同归。

我国现行立法并未对不当得利的类型作出规定，对这一问题学术研究也未深入。我们认为，给付不当得利和非给付不当得利的分类，既具有逻辑上的周延性，又能涵盖不当得利的各种现实形态，不失为一种科学的分类方法。具体地说，给付不当得利即基于给付行为而发生的不当得利，其“得利”表现为他人所受领的给付，包括财产权的取得、不动产占有或登记的取得、债务消灭、劳务或者物的使用利益的取得等；其“不当”表现为给付目的欠缺，包括给付原因自始不存在（如非债清偿和基于无效行为的给付）、给付原因嗣后不存在（如附解除条件或终期的法律行为因条件成就或期限届满而失去效力、法律行为因显失公平或者重大误解而被撤销、当事人协商解除合同等）、给付目的实现不能（如合同终止而不能实现对待给付之目的、双务合同的对待给付非因当事人的原因而不能、损害填补后保险金之返还）几种情形。非给付不当得利，即基于给付原因以外的事由而发生的不当得利，主要包括侵害他人权益之不当得利（如非法出租他人财产而收取租金）、法律规定应返还的不当得利（主要为费用偿还不当得利，如家禽被他人误为饲养所生不当得利）和

---

① ［德］K. 茨威格特、H. 克茨著：《比较法总论》，牛津大学出版社 1993 年版，第 594~600 页。

基于事件的不当得利三种情形。在我国司法实务中非给付不当得利主要表现为无权处分或者利用他人财产所生不当得利、侵害他人知识产权或者人格权所生不当得利、拾得遗失物之不当得利、因添附所生不当得利、因费用支出所生不当得利、因死亡宣告被撤销所生不当得利等形态①。随着实践的发展，非给付不当得利还可以容纳更多形态。

四、不当得利的效力

不当得利一旦成立，便在受损人和受益人之间产生一定的权利义务关系。此种关系，在法国民法及英美法系国家被视为一种准合同关系，在德国及受德国民法影响的国家和地区则被视为债的一种独立形态，即“不当得利之债”。尽管称谓不同，但各国民法对不当得利效力的规定是基本一致的，即受损人对受益人享有返还不当得利的请求权，而受益人则负有相应的义务。为论述方便起见，下文从“不当得利之债”的角度，对其主体、标的、内容及阻却事由作简要分析。

不当得利之债的主体，为不当得利返还请求权人（债权人）和不当得利返还义务人（债务人），前者即因不当得利而受有损失的人，后者为取得不当利益之人。原则上，不当得利之债的债务人以直接受有利益的人及其利益继受人为限，不包括因一定法律事实而受让不当得利的第三人。但是，在个别情况下，法律为救济不当得利的债权人，特设将不当得利之债的效力扩及于受让不当得利的第三人的规定，如《德国民法典》第822条规定：“不当得利的受益人，以其所受领的利益，无偿让与第三人，而受益人因此免负返还的义务者，第三人负有返还的责任，与无法律上的原因从债权人受领利益者同。”上述规定，兼顾了当事人各方利益，颇合公平原则。

不当得利之债的标的，为受益人所取得的利益。通说认为，受益人所取得的利益主要表现为两种形态：一为原物及因原物而取得的其他利益；二为原物不能返还时该原物的价额。原物，是指受益人所受领的物或者权利，包括动产、不动产、物权、债权、知识产权等。返还原物意味着：对于尚能够移转的权利，应将该权利移转给受损人；经设定的物上权利，应予以废止；经成立的债权，应予以免除；经免除的物上负担，应予回复；经移转的占有，应予返还。因原物而取得的其他利益，通常认为应包括原物的用益利益、因权利的行

① 参见梁慧星主编：《民商法论丛》第5卷，法律出版社1996年版，第34~44页。

使而取得的利益以及原物的代偿利益①。返还原物的价额，主要适用于取得之利益因其性质不能返还，或者受领人因其他原因不能返还的情形。前者包括因物的使用或消费、因劳务而受利益、因债务免除而受利益等情形，后者则包括因为出售、赠与、互易、遗失、被盗、灭失、毁损等原因致不能返还原物的情形。

不当得利之债的内容，是受益人返还不当得利的义务和受损人请求返还不当得利的权利。这里要解决的，主要是不当得利返还义务的范围和不当得利返还请求权与其他请求权的关系问题。

不当得利的返还范围，原则上依受益和受损的范围确定，即：利益超过损失时，受益人仅于损失的限度内负返还义务；损失超过利益时，受益人仅于所受利益的限度内负返还义务。但在上述原则的基础上，各国立法多区分受益人的主观心理状态而确定利益返还的范围，即不当得利的返还范围因受益人善意或者恶意而有所不同。（1）善意受益人仅在所受利益尚存在（现存利益）的范围内承担返还不当得利的义务，若所受利益不存在，则免负返还义务（《德国民法典》第818条第3款，《日本民法典》第703、704条）。所谓善意受益人，是指不知无法律上的原因而取得利益的受益人，至于对“不知”是否存在过失，应在所不论。所谓现存利益，通说认为是不当得利返还请求权人请求返还不当得利时的现存利益，也有人认为应指不当得利返还请求权人提起返还不当得利诉讼时的现存利益，我们认为应以前说为当，因为善意受益人经请求返还不当得利后如拒不返还，即由善意受益人沦为恶意受益人，理应承担履行迟延的后果。同时，现存利益也不以受益人所取得利益的原形为限，受益人取得的原形利益发生变化，不论其原形是否消失，只要其财产价值仍然存在，或者其代偿利益仍然存在，即可认为有现存利益。（2）恶意受益人（即知无法律上的原因而取得利益的受益人）所取得的利益，不论该利益是否存在，均应将受领时所取得的全部利益及其利息返还于受损人，不得主张所受利益不存在而免负返还责任（《德国民法典》第819条第1项，《日本民法典》第704条，《瑞士债务法》第64条）。若恶意受领的利益不存在，不论其不存在的原因如何，受益人应当返还其价额。因为恶意取得利益，受益人返还利益（原物和利息）不足以弥补受损人的损失的，并应赔偿受损人的损失（《法国民法典》第1378、1379条，《日本民法典》第704条）。

---

① 依我国的司法解释，“利用不当得利所取得的其他利益，扣除劳动管理费用后，应当予以收缴”，这与通说显然不合。

不当得利请求权作为不当得利之债内容的一个方面，其性质属于债权。此种请求权能否与其他请求权并存？各国主张不一。法国、瑞士和前苏联的民法理论都认为，不当得利请求权是一种辅助性的权利，和其他民法上的请求权不发生竞合问题，惟有其他请求权不能行使或者不能得到满足时，才能行使不当得利请求权。而德国、日本的主导理论则认为，不当得利请求权是一种独立的权利，原则上和民法其他请求权竞合并存，当事人可以选择行使。我们认为，在承认不当得利之债为债的一种独立形态的基础上，应当承认不当得利请求权的独立性，允许它与其他请求权并存。实践中，不当得利返还请求权可能与其他请求权发生竞合的情形主要包括：（1）在合同被撤销的情形下，标的物的返还可以发生物上请求权和不当得利返还请求权的竞合。合同被撤销后，受领人对其依照被撤销的合同所受领的给付承担恢复原状的义务，给付标的物的所有权复归于给付人，给付人对受领人有所有权返还请求权以及占有不当得利返还请求权，可选择行使。（2）合同解除（法定解除）后，标的物的返还可以发生物上请求权和不当得利请求权的竞合（理由同前）。（3）不当得利返还请求权和所有权返还请求权的竞合。依罗马法，所有权返还请求权和不当得利返还请求权不能两立，惟有当给付人不能依所有权返还请求权请求给付标的物的返还时，才有不当得利返还请求权的适用。但近现代各国民法并未坚守罗马法关于不当得利返还的上述理念，而是在所有权返还请求权之外，发展了所有物的占有不当得利返还请求权，从而承认所有权返还请求权和不当得利返还请求权的竞合。换言之，无权占有他人之物，所有人对于无权占有其所有物者，得以所有权返还请求权请求返还，亦得以不当得利之规定请求无权占有人返还物之占有①。这种观点，也得到我国学者的支持②。（4）不当得利返还请求权和债权损害赔偿请求权的竞合。不当得利与债权行为可以并存，已为近现代民法理论所公认。行为人故意或过失侵害他人权益，由此而取得利益，并造成受害人损失的，对受害人而言，即发生侵权损害赔偿请求权和不当得利返还请求权的竞合。在此情况下，受害人（债权人）可以择一行使请求权，若一项请求权的行使已达到目的，其他请求权则归于消灭，否则，债权人仍可以行使其他请求权③。一般而言，在不当得利返还请求权和侵权损害赔偿请求权发生竞

① 王泽鉴著：《不当得利》，台湾三民书局1991年版，第237~238页。

② 参见王利明等著：《民法新论》（下），中国政法大学出版社1988年版，第434页。

③ 参见梁慧星主编：《民商法论丛》第5卷，法律出版社1996年版，第81~82页。

合时，当事人选择不当得利返还请求权甚为有利，因为这使他无需承担证明加害人有主观过错的举证责任。

受益人负有返还义务而受损人享有返还请求权，即不当得利之债的发生，是不当得利的应有法律后果，但并非毫无例外。如果不当得利的发生基于衡平观念或法律的特别规定而没有加以调整（校正）的必要，就不能适用不当得利的返还。此种情形，有学者称为特殊的不当得利，实为不当得利返还请求权的排除①。主要包括：(1) 债务人放弃时效利益或者期间利益所为给付。《德国民法典》第 813 条规定，债务人为履行已罹于时效的义务所为给付，不得请求返还，义务人承认或者提供担保者亦同；定有期限的债务提前清偿者，不得请求返还，也不得请求偿还提前清偿期间的利息。瑞士债务法也有类似规定。但日本民法规定，债务人提前清偿未到期债务若出于错误，得向债权人请求中间利益之不当得利返还。(2) 因为履行道德上义务而为给付。对此，《德国民法典》第 814 条、《瑞士债务法》第 63 条均作了规定。至于何种给付属于履行道德上义务之给付，通说认为应依一般社会观念加以判断。(3) 明知没有给付义务而为给付。德国民法理论认为，明知无给付义务而为给付，再请求返还，前后矛盾，有违诚信原则，因此不允许请求返还。《德国民法典》第 814 条、《日本民法典》第 705 条都对此作了规定。(4) 不法给付。给付原因违反法律规定，称为不法给付。因不法给付而发生的不当得利，给付人可否请求返还，各国立法主张不一。大陆法系国家继承罗马法传统，以不法给付不得请求返还为一般原则（不法原因仅在受益人一方时除外）（《德国民法典》第 817 条，《瑞士债务法》第 66 条，《日本民法典》第 708 条）；前苏联及东欧国家的民事立法则主张，因为不法原因而为给付，不得请求不当得利返还，但国家得依法没收不法行为所为给付（前《苏俄民法典》第 473 条，前《捷克斯洛伐克民法典》第 457 条）。我国现行立法也基本采取了这一立场（《民法通则》第 61 条第 2 款，《经济合同法》第 16 条第 2 款）。(5) 造成权利丧失的非债清偿。《日本民法典》第 707 条规定，非债务人因为错误而为债务清偿，若债权人因为善意而销毁债权证书、放弃担保或者因为时效而丧失债权的，清偿人不得请求偿还，但不妨碍对债务人行使求偿权。这一规定，目的在于救济权利人因非债清偿而善意丧失的权利或利益。

---

① 王泽鉴著：《不当得利》，台湾三民书局 1991 年版，第 97 页。

第四节 债的变更

一、债的变更的概念

民法学上对于债的变更有广义与狭义两种解释。广义上债的变更包括债的内容变更和债的主体变更，前者指在不改变债关系主体前提下改变债的个别具体内容；后者指在不改变债关系内容的前提下，改变债权或债务主体，又称债之移转。狭义上债的变更仅指债关系内容的变更。本书采广义上债的变更概念。

二、债的内容变更

现代民法上，债指特定当事人之间以特定给付为内容的法律关系，内容特定是债关系的一种重要特点。然而，依据契约自由原则和情势变更原则，债的内容特定并不意味着债的内容不容变更。

债的内容变更与债的更改是两个不同的概念，自罗马法以来，有的国家采债的更改制度，有的国家采债的变更制度。债的更改又称债的更替或债的更新，指以消灭旧债为目的成立新债。在罗马法上，因为强调债权债务与其主体的不可分性，不承认债权让与与债务承担。为了使债权人或债务人发生变更，创设了债的更改制度。至于当事人之间债的内容变更，罗马法也一并求助于债的更改制度。因此，罗马法上债的更改包括诸多情形：（1）债权主体的更改，即由第三人取代原债权人；（2）债务主体的更改，即由第三人取代原债务人；（3）债的内容更改，即变更债的给付；（4）债的性质更改，如变租赁为买卖；（5）债的期限与条件更改。罗马法上关于债的更改条件有三：（1）须有旧债务存在；（2）须有要式契约；（3）须有更改意思，即须有旧债权人所表示因成立新债而消灭旧债之意思。因此，罗马法上债的更改会导致一个新债务的成立并使旧债务消灭，从消灭旧债的角度而言，债的更改为债的消灭原因之一。近世法国、日本、意大利等国仿罗马法之债务更改制度，视债的更改为债的消灭原因之一。《法国民法典》于第三卷第三编第五章“债的消灭”中设“债的更新”一节，其中第1271条规定了债的更新情形为：（1）债权人与债务人缔结新债务以代替旧债务，而使旧债务消灭者；（2）债权人解除旧债务人的债务而由新债务人代替者；（3）新债权人代替旧债权人而取得债权，债务人对旧债权人的债务因而消灭者。《日本民法典》在第三编第一章第五节“债的消灭”中，对债的更改作了规定：(1) 因订立变更债务要素契约所发生的更改；(2) 因债务人交替而发生的更改；(3) 因债权人交替而发生的更改。

与债的更改发生旧债消灭和新债产生的效果不同，债的变更是在维持原债关系存在的前提下仅仅使债的内容发生变更。《德国民法典》没有采用罗马法上债的更改的概念，与法、日等大陆法国家把债的主体变更与内容变更一并归入债的更改并视为债的消灭原因不同，《德国民法典》在债编第二章“因契约而生的债”中规定了变更债的内容的契约，第四章规定了变更债权主体的债权让与，第五章规定了变更债务主体的债务承担。我国现行立法也没有债的更改这一概念。《涉外经济合同法》第五章规定了合同的变更，即经当事人协商同意后合同可以变更。此处之合同变更，即指合同内容之变更，不包括合同当事人的变更。因此，我国法律上的合同变更类似于德国民法上债的变更。此外，我国《民法通则》第 59 条规定，行为人对行为内容有重大误解或显失公平的民事行为，有权请求人民法院或仲裁机关予以变更或撤销。此处的民事行为当然包括合同行为。

依照我国有关立法及学说主张，债的变更要件有：第一，当事人之间原已存在债的关系。第二，原存债的关系及变更后债的关系均为有效。第三，债的内容发生变化。传统民法理论将债的变更区分为要素变更与非要素变更。前者指作为债关系构成要素的债之标的变更；后者为债关系中非要素内容的变更。我国法律无此区分。债的内容变更包括：标的种类、数量、品质规格之改变；债关系之性质改变；债的履行期限、地点、方式之改变；债的担保、违约金之改变；其他内容上的改变。第四，债的内容变更须由当事人协商一致或依法律规定或法院判决。若无上述条件，任何一方当事人不得擅自主张改变债之内容。

三、债权让与

债的主体变更，又称债之移转，包括债权主体的变更与债务主体的变更。债关系中权利主体的变更，为债权让与，指在不改变债的内容的前提下，债权人将其债权移转于第三人享有。关于债权让与的概念首先要明确以下两点：其一，债权让与不同于应移转债权之债权契约。债权让与指现实中债权由原主体移转于新主体，而债权契约仅发生应移转债权之债务。其二，债权人向第三人让与债权可限于债权之一部，也可是债权之全部，前者称一部让与，后者称全部让与。在一部让与中，原债权人并不退出债的关系，受让与之第三人并非取代原债权人，而是与原债权人共同享有债权，从而形成多数人之债。而通常所谓之债权让与仅指债权之全部让与，即原债权人全部出让债权给第三人从而脱离债的关系，受让人成为新的债权人①。

债权让与制度源于罗马法。在罗马市民法中，尚无债权让与制度。依罗马市民法的理论，债是特定人与特定人之间的关系，明显地附从于该特定人的人身与信任；债权为连结债权人与债务人之“法锁”，主体变更使债关系失去同一性。然而，随着罗马社会经济的发展与商品经济成分的增加，罗马市民法中固有的债权不得移转之观念逐渐松动。罗马法先是允许以债的更改方式移转债权，即原债权消灭而代之以新债权，并由第三人行使新债权。至程式诉讼时期，债权让与方式为，原债权人可以委托第三人以诉讼代理人名义诉追债务人，以达到债权让与目的。此时的第三人并非单纯的代理人，其所收取债权并不交付于债权人。帝政时期，诉讼代理人也可以自己的名义行使诉权。起诉后，法院将其诉讼委托通知债务人，即发生诉讼拘束效力，债务人受通知后，即不得再向原债权人履行债务。裁判官法规定，债权让与在让与人与受让人之间的让与行为成立时，即发生效力，债务人自接受让与通知时受其拘束②。

近世资本主义生产方式产生以来，为适应商品经济发展的要求，源于罗马法的债权让与制度为各国民法所承袭。《法国民法典》第1689~1701条共计以13条规定了“债权及其他无形权利的转移”；《德国民法典》第398~419条，共计以22条规定了“债权的移转”和“债务的承担”；《意大利民法典》第1538~1548条共11条规定了“债权或其他权利的让与”。此外，《荷兰民法典》第1569~1576条、《日本民法典》第460~473条、《巴西民法典》第1065~1078条、《阿根廷民法典》第752~757条等，都规定了债的移转（包括债权让与）制度。我国《民法通则》第91条也规定，合同的一方当事人得将合同中的权利、义务全部或者部分让与第三人。

债权的可让与性并非绝对。对何种债权可以让与以及何种债权不得让与，各国法律虽不作系统列举，却多有学者对此加以探讨。在债权可以让与的原则之下，有学者认为不得让与的债权有两类：即依性质不得让与的债权和依当事人约定不得让与的债权③。我国台湾地区学者史尚宽先生就可让与债权与不可

① 下文将论及的债务承担亦可分为一部承担与全部承担。

② 参见江平、米健著：《罗马法基础》，中国政法大学出版社1987年版，第213~216页。

③ 参见王家福主编：《民法债权》，法律出版社1991年版，第74页。

让与债权作了非常具体的分析。他认为，可让与的债权包括：（1）身份权。人身权本身虽不得让与，然而因其受侵害所生之损害赔偿请求权原则上得为让与；（2）债务人不明之债权亦得让与；（3）内容不确定之债权亦得让与；（4）双务契约上之债权不妨由当事人所负债务分离而为让与；（5）不完全债权亦得为让与；（6）为担保所提供之金钱或其他替代物之返还请求权亦得为让与；（7）为权利质标的之债权亦得为让与；（8）附属于他权利之债权虽原则上不得单独让与，但特定情况下亦得单独让与；（9）他人之债权得以让与人取得其处分权或取得其债权为条件为让与；（10）将来有发生可能之债权于订约时虽不得移转，但订立于将来债权发生时应移转其债权之契约得有效成立；（11）附期限或附条件债权得为让与；（12）既消灭之债权虽不得让与，但虽过消灭时效而债务人抛弃时效之利益时，债权仍得让与；（13）诉讼系属中之债权得为让与；（14）扣押中之债权、假扣押中之债权或假处分中之债权仍得让与；（15）为债权之实现，对于债务人之财产为强制执行或担保物之拍卖程序已开始后，其债权人仍得将其债权让与他人；（16）得让与之债权，其标的为可分者，得让与其一部，不可分者，得让与债权之应有部分；（17）债权类似之权利，于其性质所许之限度，亦得与债权让与以同一之方法为移转；（18）公法上之债权是否得为让与，依公法规定之旨趣定之；（19）股票发行前股份之让与，得与记名债权以同一方法为之；（20）物权的请求权亦得为让与。而不可让与之债权包括：（1）性质上不得让与之债权，又包括以特定身份为基础之债权、以指定债权人为基础之债权、基于债权人与债务人间特殊信任关系之债权、以向有特定关系之人为给付之债权对于不在其基础关系之人不得为让与、不作为债权原则上不得让与；（2）依当事人之特约不得让与；（3）债权禁止扣押者不得为让与①。

关于债权让与的发生原因，主要有法律规定与法律行为两种，立法及理论上对此无大分歧。在由法律行为导致债权让与时，通常以债权让与契约为之。债权让与契约是债权人与债关系以外之第三人就债权让与而达成之契约。债权让与契约的有效要件应包括债权的有效存在、让与人与受让人就债权让与达成协议、债权内容不得改变、让与之债权具有可让与性，对此亦少有分歧。问题在于，债权让与是否须经债务人同意或者通知债务人？对此，立法上有三种不同主张：其一，《德国民法典》第 389 条规定，债权得依债权人与第三人的合同而转移于第三人，新债权人依合同的成立取得旧债权人的地位；第 407 条规

① 参见史尚宽著：《债法总论》，台湾荣泰印书馆 1978 年版，第 679~682 页。

定，债权让与不得对抗善意的债务人。因此，在德国民法上，债权原则上得自由让与，不以取得债务人同意或通知债务人为必要。其二，《法国民法典》第1690条规定，（债权）受让人仅按照对债务人所作之转让通知始对第三人发生权利占有的效力；《日本民法典》第67条规定，指名债权的让与，除非经让与人通知债务人或经债务人承诺，不得以之对抗债务人或其他第三人；《苏俄民法典》第213条规定，非经通知债务人，债权让与对债务人无效。上述规定表明，债权让与以通知债务人或经债务人承诺为必要。其三，我国《民法通则》第91条规定，合同一方将合同的权利、义务全部或者部分转让给第三人的，应当取得合同另一方的同意。

比较上述三种立法例，德国体制于债权让与时不需通知债务人，似乎过于宽松，于保护债务人不利。我国法律的有关规定则过于严格。依照《民法通则》的规定，凡合同权利之转让，均须经合同义务人的同意。这样，债务人的同意与否势必成为债权得否让与的一个决定因素。有学者指出，如果法律赋予债务人任意地不同意债权让与的权利，则债权让与制度将因此在实践中难以实行而丧失其功能①。因此，有学者认为，应在立法或司法解释中对债务人的意思加以必要程度的限制②。我们认为，债权人所为之债权让与通常情况下不至于影响债务人之利益，因而原则上债权让与得由债权人自由为之。然而，不能否认，在某些情况下，债权让与也确可能影响债务人之利益。因此，法、日等国民法的规定较为可取，即债权让与依让与人与受让人之合意而成立，但如对债务人发生效力，则须通知债务人或经债务人承诺。

四、债务承担

债务承担即债务人的变更，是债的移转的又一种形式，指在保持债务同一性的前提下所实现的债务移转。通说以为，债务承担有两种形态，其一是以原债务人所负担债务移转于新债务人为目的，由第三人替代原债务人负担债务，而原债务人脱离债之关系，此即狭义的债务承担，或称单纯的债务承担；其二是以使第三人加入债之关系，与原债务人共负同一内容之债务为目的，原债务人并不脱离债之关系，而是与第三人为连带债务人，此为并存的债务承担。也有学者认为，债务承担尚有第三种形态，即履行承担③。所谓履行承担，指第

① 参见张说：《债权让与及其要件》，载《法学研究》1990年第2期。

② 参见王家福主编：《民法债权》，法律出版社1991年版，第76页。

③ 参见邓曾甲著：《日本民法概论》，法律出版社1996年版，第290页。

三人与债务人约定，以清偿或其他方法代债务人为履行。一般认为，履行承担有别于债务承担。而且，学说上所谓之债务承担，多指狭义的债务承担。

如前所述，罗马法上于债的更改制度中已有债务人更改的内容。近世以来，各国民事立法对债务承担的规定不尽相同。《德国民法典》、《瑞士债务法典》、《意大利民法典》、《奥地利民法典》等均对债务承担作出了明文规定。《法国民法典》没有关于债务承担的明文规定，学者多主张可依债务人更换的债的更改方式达此目的。《日本民法典》也没有规定债务承担，但判例和学说却承认这一制度。我国《民法通则》第 91 条规定，合同一方将合同的权利、义务全部或部分转让给第三人的，应取得合同另一方的同意。从此项规定不难看出，我国法律对债务承担制度是持肯定态度的。

债务承担的方法，通说以为有两种：其一为承担人与债权人订立债务承担契约；其二为承担人与债务人订立债务承担契约。但也有学者主张，债务承担虽可依承担人与债权人之间的双方契约为之，但承担人与债务人之间之双方契约尚不能发生债务承担的效果，在债务人与承担人订立债务承担契约时须有债权人加入并成为契约第三方始生债务承担之效果。但在立法上多不采此说。如，《德国民法典》明文规定，由承担人与债务人订立承担契约，以债权人之承认为生效要件。即，债务人与承担人订立承担契约，不以债权人加入契约并成为契约之第三方当事人为要件，而仅需债权人承认为已足。

无论是承担人与债权人订立的债务承担契约抑或是承担人与债务人订立的债务承担契约，均为不要式行为，只要当事人双方达成意思一致即生效力。此外，这两种债务承担契约均以债务的有效存在、债务的可移转性、移转债务的协议为有效要件。然而，由于承担人与债权人订立的债务承担契约一般不会损及债务人利益，故不以债务人之同意为有效要件；而承担人与债务人订立的债务承担契约，因承担人的资信状况会直接影响到债权人权利的实现，故需要得到债权人之承认或同意。

关于承担人与债务人之间订立的债务承担契约的性质以及此类契约何以须经债权人同意，历来有不同主张。传统的解释主要有四种：第一，第三人利益契约说。此说以为，债务人与第三人订立债务承担契约，有益于债权人，债权人因债务人与承担人间之契约而成为新债务人的债权人。第二，代理说。此说以为，债务人与承担人订立债务承担契约时，实为债权人之代理人，无权代理人之代理行为因本人之承认而生效力，故须经债权人同意。然而，代理乃代理人以本人之名义进行，而债务人并未以债权人之名义与承担人订立契约，故此说不当。第三，要约说。又有共同要约说与承担人要约说之分。前者以为，承担人与债务人所订承担契约对内属独立协议，对外则属对债权人之要约，故须债权人承认。后者以为，债务承担原则上限于承担人与债权人之间为之，在承担人与债务人订立承担契约时，可视为承担人向债权人发出要约，或承担人作为债务人代理人向债权人发出要约。第四，债权处分说。此说以为，承担人与债务人订立使承担人代替原债务人之契约，含有对债权人之债权进行处分的意义。此种处分行为在得到债权人同意时，可视为有权处分并生效力，若没有债权人承认，即为无权处分，不生效力①。上述诸说多为德国学者提出，其中要约说得到了《瑞士债务法》的承认，该法规定："债务承担人，得依其与债权人之间之契约，自己代替原债务人，使之由债务免责，而加入债务关系。承担人要约，得依承担人或以其授权由原债务人对于债权人为承担之通知之方法为之。债权人之承诺表示，得明示为之，亦得依其情事而生此结果。债权人不为任何保留而由承担人受领清偿，或对于其他之债务人的行为，为同意时，推定有承诺之表示。"而德国学者多采债权处分说。然而，我国有学者对此提出疑问，认为：承担人与债务人订立之债务承担契约，性质上属债务人对其债务的处分。债务为义务的一种，而义务人不得随意处分义务为民法之原则。然而，债务人之债务得因债权人之免除意思而免除，同理，债务人对其债务的处分如经债权人同意亦可有效，而且也只有经过债权人同意才能有效②。我们也同意这种看法。

综合各国有关债务承担的立法规定，债务承担的效力表现在：第一，债务承担一经成立，原债务人即脱离债之关系，而由承担人直接向债权人承担债务。若承担人不履行或不能履行债务，原债务人不承担责任。《德国民法典》规定：债务的移转可由债权人与新的债务承担者第三人订立合同，也可以由债务人与第三人订立合同，不论哪种情况，债务一旦移转新的债务人，则免除原债务人的义务。第二，原债务人因债权债务关系所取得的对于债权人的抗辩权，承担人也可用以对抗债权人，但承担人不得主张以原债务人之债权而抵消移转的债务。德国、瑞士民法均有此类规定。第三，承担人因其承担债务之法律关系所取得的对债务人的抗辩理由，不得用以对抗债权人。《德国民法典》规定：原债务人与债权人之间因法律关系所得对抗债权人的事由，承担人得以之对抗债权人；承担人因其承担债务所生的与原债务人之间的法律关系，不得对抗债权人。第四，从属于主债务的从债务，一并移转于承担人承担。从债权

① 参见胡长清著：《中国民法债编总论》，商务印书馆1946年版，第509页。

② 参见王家福主编：《民法债权》，法律出版社1991年版，第83页。

的角度而言，也可以说，从属于债权之权利，不因债务承担而妨碍其存在。但是，若从属债务与原债务人有不可分离之性质，则不能移转于承担人。而且，由第三人就债权人所为之担保，除该第三人对于债务承担予以承认者外，担保责任因债务承担而消灭。

第五章 债的担保

第一节 概 说

一、债的担保的含义

关于债的担保的含义，立法上并没有一个明确的定义，学理上的解释也不尽相同。美国学者认为："担保是对赔偿损失的一种保证、承诺、契约或协议。'担保'一词，在不同类型的契约中有不同的涵义。"① 法国学者认为："担保是债务人对债权人提供履行债务的特殊保证。"② 我国民法学界通常认为，债的担保是为确保债权人的债权得到清偿而承担的特别保证③。由上可见，"担保"一词在英美法国家含义十分广泛，且不确定。而在大陆法国家，债的担保的含义相对明确具体。它一般仅限于"特别保证"。"特别保证"或称特别担保是相对一般担保而言的。凡是债权人都有权就其债务人的全部财产取得一般性的担保，这是债权本身效力的体现。但是这种担保并不是特别针对某一具体债，债权人对构成债务人全部财产的各种财物并无特权，同时由于债权不具有排他性，各债权之间在法律效力上无优劣之别，因此它并不是一种可靠的信用保障。近代法上的债的担保一般都是指特别担保，它以督促债务人履行债务、保障债权正常实现为目的，以债务人（或他人）的特定财产和特定人的一般财产作担保，有利于充分保障债权人的利益。本章所称债的担保也专指特别担保。

---

① 《美国百科全书》第 28 卷，第 355 页。

② 法国《拉鲁斯大百科全书》第 18 卷，第 11520 页。

③ 参见《中国大百科全书·法学卷》，中国大百科全书出版社 1993 年版，第 723 页。

二、债的担保的种类

债的担保古已有之。在古罗马法上，即有违约金、定金、副债权契约、连带债、保证和担保物权等方法①。但与近代的担保制度相比，古代担保种类还相当粗陋。尤其值得指出的是，它允许以人身为债务的担保，深深体现了封建社会超经济的强制性。随着商品经济的发展和社会的进步，以人身作保的方法逐渐被剔除，而一些符合商品经济和信用要求的担保方法则得到不断发展和完善。从近代债的担保方法来看，最基本的种类为人的担保和物的担保。

所谓人的担保，与古代社会里流行的人身作保不同，它是指以债务人以外的第三人的信用所作的担保。通说即是指保证。从广义上说，票据背书、并存的债务承担、不可分债务或连带债务的加入等方法也具有人的担保的某些属性，不过这种人的担保为隐蔽的担保，与一般意义上的人的担保尚有区别。

所谓物的担保，是指以物担保债权的制度，其典型形式即为担保物权②。除此之外，还包括移转所有权形式的物上担保，或称之为权利移转型担保③，它是指当事人双方通过约定移转物的所有权给债权人以担保债权实现的法律措施。这种担保方法，实际上是物的担保的早期形态，反映了担保物权不甚发达，物权和债权界限不清的情形。随着市场经济和相应的法律制度的发展，物权和债权的界限已在法律上有明确说明，各国立法上并没有将这些物的担保作为担保物权来规定，有的只是在债权部分有所反映。

移转所有权形式的物上担保主要有让与担保、买卖式担保和所有权保留等。

让与担保有广义与狭义之分。广义的让与担保泛指一切以担保债权为目的，让与一定财产，在债务人不履行时，债权人得就其标的物优先受偿，债务人履行债务时，债权人应返还标的物的担保方式。它包括让与式担保和买卖式担保。狭义上的担保仅指让与式担保。它又可分为附条件的让与担保和信托的让与担保。前者指双方约定以债务的不履行为停止条件，而移转所有权于债权人，当条件成就时，停止债务人请求返还所让与的财产的权利；或者约定以债务的履行为解除条件，而移转标的物的所有权于债权人，当条件成就时，财产让与关系自动解除，所让与的财产完整归还。后者指债务人以担保债权为目

---

① 参见周枏著：《罗马法原论》（下），商务印书馆1994年版，第810页。

② 关于担保物权的内容详见物权篇，本章不作论述。

③ 参见董开军著：《债权担保》，黑龙江人民出版社1995年版，第28页。

的，将标的物的所有权移转于债权人，在债务人不履行债务时，债权人得就标的物优先受偿，在债务正常履行时，债权人应将标的物归还。附条件的担保实质上是附条件让与的民事法律行为，其效力应当依照民法关于附条件民事法律行为的规定来决定①。而信托的让与担保与为买卖所吸收而不留有债权的附条件担保不同，有的认为它为担保物权，有的认为应依特殊理论定其效力。

买卖式担保有两种方式：一是保留解除权的买卖，即出卖人将供担保的标的物所有权移转于买受人，同时约定出卖人得以价金的返还来解除合同以取回标的物。二是再买卖，即当事人双方以买卖方式让与财产，同时约定出卖人得以所受领的价金或约定的价金买回其标的物。这种买卖式担保即通常所说的买回。

所有权保留是以标的物的所有权作为价金债务履行的担保方式，一般由双方约定，在债务人为对待给付履行前，债务人虽然可在实际上取得对标的物的占有，但并不能取得所有权，只有在债务人如期履行对待给付后，标的物的所有权才发生转移。它多见于买卖合同中。

从各国立法和实践来看，担保种类除上述之外，还有两种相当重要的形式，即定金和违约金。从本质上讲，定金担保也可归入物的担保。但二者仍有区别，定金只是反映债权关系，不牵涉物权变动问题，并且具有复杂多样的功能。因此现代立法与理论都将其作为一类独立的担保方式。所谓违约金是指债务人约定在不履行或不适当履行时，应支付的金钱或其他给付。由于债务人不履行或不适当履行时，应支付违约金，欲免除支付违约金，则必须为履行。从这个意义上说，违约金具有间接强制债务履行的作用，因此传统民法理论将其作为债的担保方式之一。但如果从另一个角度看，违约金又是一种民事责任的承担方式。我国的《民法通则》和《经济合同法》均将违约金作为一种违约责任形式加以规定，《担保法》也未将其列为一种担保方式，因此本章对其不作论述。

三、债的担保的立法例

债的担保制度为各国立法所承认，但其立法例及所规定的具体担保方法却各不相同。在英美法国家，关于债的担保的规定多存于判例法中，近世以来，虽有成文法立法出现，但尚未系统。这里主要以大陆法系若干具有代表性的民事立法文件为线索，对债的担保立法例作一比较。

---

① 参见郭明瑞著：《担保物权的理论和实务》，中国方正出版社 1996 年版，第 39 页。

1. 法国法体例

《法国民法典》并没有明确的“债的担保”的编章，也不对人的担保和物的担保作严格区分，而是把有关债的担保的规定笼统纳入法典第三编“取得财产的各种方法”之中。从担保种类来看，它规定了担保物权、保证（第十四章）以及买回（第1659~1673条）等担保形式。这种编纂体例几乎是对罗马法的直接沿袭，同时也在一定程度上说明了当时的法律理论和立法技术尚不够成熟。但是这一体例奠定了近代担保制度的基础，有其不可磨灭的历史功绩。

2. 德国法体例

《德国民法典》虽然受到了《法国民法典》的影响，但较之有很大的突破。该法典在总则、“债的关系编”和物权编中均对债的担保作了规定。总则编里专设“提供担保”一章，规定提供担保的方式以及可供担保的物等内容。“债的关系编”规定了保证这一人的担保形式以及定金、违约金和买回等担保方法，物权编则对担保物权作了规定。这一编纂体例把债权和物权严格区分开来，使两大类担保方式性质归属一目了然，而总则的专章规定又使后面的债权担保有所遵循并相互呼应，体现了法典编纂的严密逻辑性，堪称垄断资本主义时期立法的典范。此后的《日本民法典》等基本上都遵循此例，只不过不再在总则编中对担保作专章规定。

3. 原苏俄体例

《苏俄民法典》专设“履行债的担保”一章，规定了五种担保方式，即违约金、抵押、定金、担保和保证。这种体例从担保功能出发，将各种担保方式作统一规定，有其新颖独到之处，但也抹煞了诸种担保制度的权利属性，不利于担保方式的正常运作。从规定的担保方式来看，它也有自己的特点。例如它将人的担保分成两类：担保和保证。担保主要适用于公民之间、公民与社会组织之间的债权担保，有时也适用社会组织之间的某些情况。而保证主要适用于社会组织之间的债权担保，保证人既不能作为主债务人的债权人，也不具有要求债务人返还支付款额的求偿权，甚至连保证人多支付的款额，也不返还，而且计入债务人的结算账户，充实债务人的流动资金①，这反映了计划经济体制的要求。

4. 我国体例

在1995年之前，我国规定债的担保的基本法律是1981年颁布的《民法通

① 参见黄良平著：《苏联民法》，丁文琪译，中国人民大学出版社1987年版，第421页。

则》。该法将保证、抵押、定金、留置这四种担保制度统一纳入“债权”一节，另将违约金制度置于“民事责任”部分加以规定。这种立法例沿袭了《苏俄民法典》的作法，表现出立法上的不科学性。但它将违约金作为一种民事责任形式，则似更符合违约金的性质。

1995年6月，我国颁布了《担保法》，该法规定了保证、抵押、质押、留置、定金五种担保形式，在体系和具体规定上都较《民法通则》有很大进步。不过它仍包罗了人的担保和物的担保，不利于区分各种担保方式的权利属性。但从现实的眼光看，这种作法又有其合理性。因为制定一部成熟的民法典是个长期渐进的过程，不能及时满足现实需要，而如果严守各种担保方法性质上的区别，分别制定保证担保法、担保物权法及其他种类的担保法，则不免显得分散、零乱，且不经济。当然，在未来的民法典中，仍有区分不同性质的担保方式之必要。

对前文所述债的主要担保方式，本章仅讨论“保证”和“定金”，抵押、质押和留置已在“物权法”编中加以论述。

第二节 保 证

一、保证概述

保证是一种人的担保，它是由主债务人以外的第三人与债权人约定，当债务人不履行或不能履行其债务时，由保证人依约或依法履行债务或承担责任的一种担保形式。

保证担保在民法中的地位如何，各国立法有所不同。日本民法专从主体角度观察，认为保证是一种多数人之债，因而保证被规定在多数人之债一节（《日本民法典》第446条以下）。德国民法和瑞士债务关系法侧重于保证的成立原因，把保证规定于各种具体的债务关系中（《德国民法典》第765条以下，《瑞士债务关系法》第493条以下）。法国民法与之大体类似，规定于财产取得编中（《法国民法典》第2011条以下）。苏俄民法和我国民法注重于保证的担保作用，把它连同物的担保一起规定于担保制度中（《苏俄民法典》第203~208条、我国《民法通则》第89条第1项和《担保法》第二章）。苏俄民法和我国民法这种安排，在技术上突出了保证的担保属性，而把保证合同作为保证的发生原因，有法理上的充分依据。

保证担保设立后，保证权人有权请求保证人依约或依法履行债务，这为各国立法所承认。但保证人所负的系何种债务在立法上则有不同。《法国民法典》（第2011条）和《日本民法典》（第446条）规定，保证债务的内容是清偿主债务，亦即当主债务人不履行其债务时，保证人负有履行该债务的义务。但法国和日本的法学理论却认为，主债务本身并不就是保证债务，保证人独立负担自己的债务，有独立的目的，因此学说对立法的规定予以新的解释，认为保证债务是与主债务有同一标的的债务。按这种观点推论，必须由主债务人亲自履行的专属债务，就不能设置保证，因为在主债务人不履行其债务时，其他人无法代其履行。《德国民法典》（第765条）和《瑞士债务关系法》（第492条）认为，保证债务是担保主债务人履行债务的债务，在主债务人不履行其债务时，由于保证债务的存在，就使债权人不致于受到损害。按这种观点推论，必须由主债务人亲自履行的专属债务，也可以设置保证。在这一点上，《苏俄民法典》的规定与德国民法和瑞士债务关系法的规定近似（《苏俄民法典》第203条）。我国《民法通则》第89条第1项规定："保证人向债权人保证债务人履行债务，债务人不履行债务的，按照约定由保证人履行或者承担连带责任。"《担保法》第6条除将"承担连带责任"改为"承担责任"外，其他规定与《民法通则》的规定近似。所谓由保证人履行，就是由保证人履行主债务人的债务，这说明保证债务与主债务在标的上同一，与法国、日本等国的民法规定相同。所谓承担连带责任或承担责任，主要起到促使债务人履行和避免债权人遭受损失的作用，并不要求保证人履行主债务，这又与德国、瑞士等国的立法精神近似。一般说来，法国和日本等国民法的规定更能保证债务的实际履行，只是对专属于债务人的债务难以设定保证；德国和瑞士等国的规定在保障实际履行方面稍显逊色，但可以对专属于主债务人的债务设定保证，并能在保障债权人不受损失方面发挥优势。我国《民法通则》及《担保法》的规定兼具上述两种立法例的长处，也就克服了它们各自的弊端，是科学的、实用的。

保证具有从属性，它以主债务的存在为成立的前提，随主债务的消灭而消灭，此为各国立法所承认。但能否为将来可能存在的债务设定保证，法国民法认为，保证仅得对有效债务而成立（《法国民法典》第2012条）。《苏俄民法典》第203条第2款也有类似规定。我国民法理论基本上认为主债务不存在时不可能发生保证债务，但在实践中则已经存在过为将来可能发生的债务设定保证的情况。《德国民法典》第765条第2款明文规定："对将来的或附条件的债务，亦得承担保证。"《瑞士债务关系法》第492条第2款也规定了同样的内容。学者认为，允许为将来可能存在的债务设定保证者比较适合商品经济的需要。

关于保证的从属性，苏俄民法和我国民法理论所强调的是在成立方面的从属性，变更消灭方面的从属性，范围方面的从属性。大陆法系还认为有强度方面的从属性，例如，对附条件的债务应成立附同一条件的保证债务，不能成立无条件的保证债务；对有一定履行期限的债务应成立同样履行期限的保证债务，不能设立较主债务履行期限为早的保证债务。这对保证人的保护较周到，有利于寻觅保证人，我国法有借鉴的必要。此外，大陆法系还认为保证在转移方面有从属性，即当主债权移转时，保证债权原则上也随之移转。这并不违反保证基本上是基于对债务人的信任和了解而成立的性质。我国《担保法》第22条规定：“保证期间，债权人依法将主债权转让给第三人的，保证人在原保证担保的范围内继续承担保证责任。保证合同另有约定的，按照约定。”

保证债务虽然从属于主债务，但并未构成主债务的一部分，而是相对独立于主债务的债务，即在从属于主债务的范围内有独立性。这就是保证的相对独立性。这是大陆法系所承认的观点。据此，它们认为，可以就主债务的一部分成立保证债务，保证债务可以在范围上小于、在强度方面低于主债务，保证债务可以有自己独立的变更或消灭的原因等。这些观点对于保护保证人的合法权益有重要意义，所以我国制定《担保法》时已予借鉴。

大陆法系认为，保证债务以补充性为原则，即于主债务人不能履行其债务时，保证人负履行之责，在主债务人能够履行而不履行时，保证人有权拒绝债权人履行保证债务的请求。英美法也有保证，是指主债务人不能履行其债务时，保证人基于约定而为履行，保证人是从债务人。这与大陆法系有规定的补充保证相同。英美法还承认，保证人的履行期限与方法与主债务人的履行期限与方法相同，保证人基于约定向债权人代主债务人履行债务，只要债权人有请求保证人先为履行的表示即可。这种担保与大陆法系的连带保证相同。连带保证没有补充性，保证人不能以主债务人尚有履行能力为由，对抗债权人的履行请求。

连带保证对债权人极为有利，对保证人却非常苛刻。因为一方面保证人负保证债务是无偿的，另一方面不论主债务人能否履行，保证人随时都会被推到主债务人的位置上去，代主债务人履行债务，这不能说是合理地平衡了债权人、主债务人和保证人三方面的利益关系。而补充保证则克服了这一弊端，因为保证债务的履行是以主债务人不能履行为条件的，主债务人能够履行其债务时，保证人有权拒绝履行保证债务即行使先诉抗辩权或称检索抗辩权，从而使保证人的负担有所减轻，比较合理地解决了债权人、主债务人和保证人三方的利益平衡问题。我国《经济合同法》和《民法通则》未区分连带保证和补充保证，但《担保法》作了严格区分，即该法第二章第二节规定的具有补充性的一般保证和不具有补充性的连带保证，同时规定当事人可约定保证的方式。

二、保证的设立

一般而言，保证是基于保证合同而发生的。但我国曾存在过基于法律的直接规定而发生的保证情况，如 1950 年 9 月公布的《机关、国营企业、合作社签订合同契约的暂行办法》，就规定了上级机关或主管机关充当其下属单位的保证人（第 6 条）。但这在各国立法中并不多见，各国基本都规定保证依保证合同而设立。

保证合同，是债权人和保证人之间关于保证人承担保证债务的协议。保证合同的当事人是债权人和保证人，即使是保证人基于主债务人的委托而作保，主债务人也不是保证合同的当事人。这是大陆法系的基本观点。在我国，部分学者认为债权人和保证人是保证合同的当事人，也是保证的当事人；另有学者则认为债权人、主债务人和保证人都是保证的当事人，由于他们认为保证是一种合同，因而这些人也都是保证合同的当事人。实际上，保证是债权人约定或法律直接规定保证人担保债权实现的民事法律关系，其中并无主债务人的意思表示，主债务人并未加入其中。主债务人与债权人之间的关系是主债权关系，这不属于保证的范畴。主债务人与保证人之间的关系，通常是基于主债务人委托保证人作保的委托合同产生的，于此场合属于无因管理关系。简言之，主债务人与保证人之间的关系不属于保证的系列，主债务人不是保证的当事人。就此看来，设定保证之后，债权人、主债务人和保证人三方之间虽然有联系，却不完全是依赖于保证合同，而是分别依赖主债权关系、保证合同、委托合同或无因管理关系等连结的，只不过其债权人既是主债关系中的债权人，又是保证合同中的债权人；主债务人既是主债权关系中的债务人，又是委托合同中的委托人或无因管理中的本人；保证人既是保证合同中的债务人，又是委托合同中的受托人或无因管理中的管理人。主债务与保证债务的联系在于，主债务的不履行或不能履行是保证债务履行的条件。这种联系以及三方当事人之间的关系，表明了几种法律关系之间互有关联，却未能改变每种法律关系自身的性质，也并未赋予主债务人保证合同当事人的身份。各国法律都要求保证人必须具备一定的资格。大陆法系认为，保证合同是一种法律行为，因此保证人必须有行为能力。未成年人订立保证合同时，必须得到其法定代理人的同意。禁治产人订立保证合同时，应由其法定代理人进行，如果是法人，则由其董事为之。此外，在债务人对债权人负担保义务的情况下，按《日本民法典》第450条的规定，保证人必须有清偿资力。另主债务人原则上不能充任保证人，否则就失去了设置保证的意义。按《法国民法典》第2018条的规定，保证人必须有担保债务的充分财产，并在上诉法院管辖区内有住所。不过德国法律认为，特定条件下继承人可以成为自己所继承的被继承人的债务的保证人。我国《担保法》第7条规定："具有代为清偿债务能力的法人，其他组织或者公民，可以作保证人。"但对何为"具有代为清偿债务能力"未作进一步的规定。

保证合同中，只有保证人承担保证债务，债权人不负对待给付，因此保证合同是单务并且是无偿合同。这为各国立法所公认。在我国，有学者鉴于无人愿意作保的现状，提出保证合同亦可为有偿合同，以鼓励人们充当保证人。这种观点的动机是有利于商品经济发展的，但应严格区分保证合同与委托合同。保证人得到报酬与否，是委托合同解决的问题，与保证合同无关。

保证合同的形式，各国立法有差异。按《德国民法典》(第766条)、《瑞士债务关系法》(第493条) 的规定，为使保证合同有效，必须以书面方式为之。可见，保证合同在德国等民法上是要式的。但在法国民法和日本民法上，保证合同则不要求必须具备一定形式。我国《担保法》第13条规定："保证人与债权人应当以书面形式订立保证合同。"这种规定能提高当事人的注意程度，发生纠纷时也有据可查。

另外，保证合同是主合同的从合同，具有从属性；保证合同的成立，只需合意达成，不需标的物的交付，故具有诺成性。这些特征为各国立法所公认。但需注意，在对从属性的解释上，有的国家较严格，有的则较宽松。

三、保证担保的效力范围

保证担保的效力，取决于保证的从属性、法律的规定和当事人的约定。

由于保证具有从属性，因此，保证债务的范围应不超出主债务的范围。《法国民法典》第2013条规定，保证不得超过债务人负债的范围，也不得约定较重的条件。不过，超过债务的保证，或约定较重条件的保证，并非无效，而是应缩减到主债务的限度。《日本民法典》第448条也规定，保证人的负担，就债务的标的或样态，较主债务为重时，缩减到主债务的限度。在对将来债务设定保证的场合，如果当事人没有限定保证债务的范围，一般依据交易的通行规则和习惯，在相当限度内进行保证。保证债务成立后，主债务的范围扩张时，如果未经保证人同意，保证债务的范围不因此扩张。《德国民法典》第

767 条第 1 款后段即作此规定。保证债务成立后，主债务的范围缩小时，保证债务的范围也随之缩小。

保证债务的范围还取决于法律的规定。《法国民法典》第 2016 条规定："对于主债务的无限保证扩张至该主债务的一切附带债务，即使最初的诉讼费用以及通知保证人以后的一切费用，亦在保证范围以内。"《日本民法典》第 447 条规定得更明确："保证债务，包含有关主债务的利息、违约金、损害赔偿及其他所有从主债务者。保证人可以只就其保证债务，约定违约金及损害赔偿的数额。"《德国民法典》与其有所不同，依据其第 767 条的规定及其解释，在当事人没有约定保证债务范围的情况下，虽然根据保证的从属性，允许保证债务的范围随着主债务的变更而变更，但应该以由主债务本身所发生的变更为限。例如因不能履行或迟延履行所发生的损害赔偿，可以为保证债务的范围。但是，由于主债务发生的独立债务，即使是主债务的从债务，也不当然成为保证债务的范围。例如约定利息、违约金就不当然是保证债务的标的。这种区别的产生，主要是由于对保证人需不需要予以特别保护的立法政策不同所致。我国《担保法》第 21 条规定："保证担保的范围包括主债权及利息、违约金、损害赔偿金和实现债权的费用。保证合同另有约定的，按照约定。当事人对保证担保的范围没有约定或者约定不明确的，保证人应当对全部债务承担责任。"可见，我国是侧重于保护债权人的。

当事人在不超过主债务的限度内，可以自由约定保证债务的范围，例如，保证人可以约定就原本债务作保，而不保证利息债务；也可以仅就债务的一部分进行保证；还可以只保证保证合同成立时的主债务，而不保证主债务在以后的扩张等。这在西方国家民法上没有疑问，是契约自由原则的体现。但在我国，改革开放初期的立法对保证债务的范围并不允许当事人完全自由地约定，按《借款合同条例》第 8 条的规定，"借款方不履行合同时，由保证人连带承担偿还本息的责任"，这就排除了当事人约定保证债务不及于借款债务所生利息的可能性。但 1995 年的《担保法》改变了这种做法，明确规定当事人可就保证的效力范围作出约定。

四、保证人与债权人

总体而言，保证人向债权人负有保证债务，但保证人与债权人的关系因保证方式不同而有所不同。《德国民法典》第 771 条规定，保证人在债权人未就主债务人即被保证人的财产强制执行而无效果前，对于债权人得拒绝清偿。但在下述情况下例外：（1）保证人放弃抗辩权；（2）承担保证债务后，主债务人的住所、营业所或居所有变更致对主债务人的权利追诉发生重大困难；(3)对主债务人的财产开始破产程序；(4) 根据情况可以推定对主债务人的财产强制执行不足以清偿债权（第 773 条)。德国民法理论认为，在连带保证场合，即使债权人未向主债务人追偿，保证人也应承担保证债务。法国民法则规定，债权人应先就债务人的财产进行追索，但保证人放弃此种抗辩的利益，或者保证人与债务人负担连带债务时，不在此限（第 2021 条)。《日本民法典》第 453 条和第 454 条规定了与法国民法同样的内容。

《苏俄民法典》规定，如果保证合同没有特别约定，其保证是连带保证，即保证债务的履行不以债权人先向主债务人追索为先决条件（第 204 条)。

我国《担保法》区分一般保证和连带保证。在一般保证场合，债权人必须先就主债务人的财产或物的担保主张权利，在客观上不足以清偿的情况下，保证人承担补充责任。在连带保证场合，债权人在主债务人不履行债务时，可以在主债务人和保证人中任意选择追讨对象，保证人不得以主债务人尚有责任能力为由拒绝，从理论上讲，债权人应否遵守先主债务人后保证人的追讨顺序，是个保证侧重点问题。一般保证的保证人仅承担补充责任，这种立法明显侧重于保护保证人的利益，有利于保证担保的广泛适用。连带保证的保证人承担连带责任，这种立法明显侧重于保护债权人的利益。我们认为，立法应提供协调保证人、债权人和主债务人三者物质利益关系的机会，以尊重当事人约定为原则。我国《担保法》即作此规定。

保证合同是单务合同，保证人不享有请求债权人对待给付的权利，但并不意味着保证人不能享有任何权利。各国立法从保护保证人利益的角度出发，承认保证人有某些抗辩权。第一，许多国家的立法承认，保证人享有主债务人享有的一切抗辩权。德国民法规定，保证人可以主张主债务人所享有的抗辩，不因主债务人抛弃其抗辩权而丧失抗辩权（《德国民法典》第 768 条)。法国民法也规定，保证人对于债权人可以主张属于主债务人和主债务的一切抗辩(《法国民法典》第 2036 条)。《瑞士债务关系法》第 502 条也规定了这样的内容。我国民法理论认为，保证人享有债务人的抗辩权，如同时履行抗辩权、不安抗辩权等。《担保法》第 20 条也规定："一般保证和连带责任保证的保证人享有债务人的抗辩权。债务人放弃对债务的抗辩权的，保证人仍有权抗辩。"第二，德国民法规定，主债务人就其债的发生原因的法律行为有撤销权者，保证人对债权人得拒绝清偿（《德国民法典》第 770 条第 1 款)。在理论解释上，即使该法律行为未经撤销或未经过除斥期间，它仍然有效，保证人也可以拒绝清偿。显然德国民法的观点对保证人有利。我国立法对此未作规定，理论界对可撤销合同的认识，亦有分歧。我们认为，可撤销合同在被撤销以前，对各有关当事人仍有法律效力，保证人不得以可撤销因素的存在为由进行抗辩；可撤销合同被撤销后，由于主债权不存在，所附的保证担保自然没有存在的前提，因而也不存在保证人抗辩的问题。第三，检索抗辩权，又称先诉抗辩权，是指主合同债权人向保证人主张保证请求权时，保证人有权要求债权人先就主合同债务人的财产诉请强制执行，或在有物的担保时先执行物的担保，否则拒绝债权人请求的权利。大陆法系几乎都承认检索抗辩权。《德国民法典》第 771 条规定："保证人在债权人未就主债务人的财产强制执行而无效果前，对于债权人得拒绝清偿。"《法国民法典》第 2021 条规定，债权人应先就债务人的财产进行追索。《日本民法典》第 452、453 条规定，债权人请求保证人履行债务时，保证人可以请求先向主债务人进行催告；其后，如保证人证明了主债务人有清偿资力且容易执行时，债权人应先就主债务人的财产予以执行。但德国民法规定在下列情形之一出现时，保证人无检索抗辩权：保证人抛弃抗辩权者；在承担保证后主债务人的住所、营业所或居所有变更致对主债务人的权利追诉发生重大困难时；对主债务人的财产开始破产程序时；根据情况可以推定对主债务人的财产强制执行不足以清偿债权时（第 773 条）。我国《民法通则》对此未作规定，但《担保法》作了较明确的规定。承认检索抗辩权既能避免主债务人故意或过失地推卸自己的负担，又能减轻保证人的负担，有利于促进保证的广泛适用，促使保证担保功能的充分发挥。

五、保证人与债务人

保证人与债务人之间的权利义务，不是由保证合同确立的，而是由保证人和债务人的委托关系或无因管理关系确定的。在保证人受主债务人的委托而作保时，依民法关于委托合同的规定处理；在保证人未受主债务人的委托而作保时，依民法关于无因管理的规定处理。这是大陆法系的基本观点。我国民法理论对这一问题的注意尚不充分。

保证人在履行了保证债务之后，对主债务人享有求偿权，这为各国民法所公认。值得注意的是，日本民法对求偿权的发生要件及范围作了详细规定（第 459~465 条）。求偿权的发生要件大致有：（1）保证人必须向债权人进行了清偿，如果保证人未进行清偿，即使保证人依其行为使主债务人被免责，由于没有支出必要费用，求偿权也不发生；（2）保证人的清偿行为必须导致主债务消灭；（3）保证人在进行清偿时必须没有过失。另外，按照大陆法系的规定，保证人在享有求偿权的同时，还享有代位权。《法国民法典》第 2029

条规定："已清偿债务的保证人，代替债权人取得其对债务人的一切权利。"《德国民法典》第774条规定："（1）在保证人向债权人为清偿的限度内，债权人对主债务人的债权移转于保证人；（2）不得主张有损于债权人利益的转移；（3）主债务人与保证人之间存在的法律关系所生的主债务人的抗辩权，保持不受影响。"《瑞士债务关系法》第507条第1款也作了类似的规定。我国《民法通则》第89条和《担保法》第31条都规定，保证人承担保证责任后，有权向债务人追偿。这一规定稍显简略，其模糊性依然存在，故有待后续立法进一步予以明确。

第三节 定 金

一、定金的一般理论

定金是指契约一方当事人在契约订立时或债务履行前，交付给另一方的金钱或其他有价物。从其历史发展来看，它有许多具有不同性质和效力的种类，主要包括以下一些：（1）成约定金，即作为契约成立要件的定金。在定金交付之后，契约始告成立。这种定金形式已不为现代立法所采用，但是如果当事人特别约定以定金为契约成立要件的，依契约自由原则，法律也承认其效力。（2）证约定金，即证明契约成立的定金。它不是契约成立的要件，只具有证明契约成立的效力。（3）违约定金，即作为债不履行赔偿的定金。当交付定金一方不履行其债务时，收受定金一方可以没收其定金。这种定金与违约金同样有间接的强制债务履行的效力。违约定金通常兼有证约定金的目的。（4）解约定金，即作为自由解除债的关系的条件的定金。交付一方可以抛弃其定金而解除契约，而收受定金一方也可以加倍返还而解除契约。解约定金通常兼有证约定金的目的。（5）立约定金，即为保证正式立约而交付的定金。定金交付之后，交付定金一方如拒绝立约，则丧失定金，收受定金一方拒绝立约的，有些学者认为应加倍偿还，有的则认为交付定金一方可以基于不当得利之规定，请求返还。

定金种类繁多，其性质、效力也不一致，因此往往具有多种功能，在债务得以正常履行的情况下，它具有预付款的功能，而在债务届期未履行情况下，违约定金又具有违约金的功能。从定金的担保功能来看，它也有其特殊性，在人的担保和物的担保中，担保措施往往都是单向的，只有债权人可以主张担保权益。而定金担保有双向性，不管是交付定金一方，还是收受定金一方，都受其约束。

定金的设定一般通过双方当事人的约定。作为一种约定，它必须具备合同的一般成立要件。但作为一种担保方式，它还须具备一些特别的要件。第一，它必须以主债权债务关系的存在为前提。这主要是针对证约定金、违约定金和解约定金而言，因为成约定金和立约定金为主债成立的要件或订立合同的保证，可以与主债分离而存在。第二，它以定金的交付为必要。仅有定金的合意尚不成立定金契约，只有在交付定金之后，定金契约才告成立。定金的交付时期，因定金的种类不同而有区别。成约定金应于契约订立时交付，证约定金通常与契约成立同时交付，违约定金、解约定金则必须在契约履行前交付。

二、各国定金制度比较

（一）罗马法的定金制度

罗马法学家将定金分为两种，一是不完全定金，这种定金不是成立契约的表示，给付定金的当事人也不必受债务的拘束①；二是完全定金，指定金的接受是契约成立的证明。定金的效力，当事人有特约的依其特约，无特约的通常按下列两项原则处理②：

（1）定金在订约前交付的，当事人的目的在于保证契约的订立，如由于可归责于支付定金一方的事由以致不能订约时，该当事人应牺牲定金。如果契约不能订立是由于收受定金一方的原因所致，该当事人应加倍返还定金。在这种情形，定金均被视为不能订约所造成的损害的法定赔偿。

（2）在订约后交付的，定金不仅证明契约的成立，而且有强制履行的作用。如债务人不履行给付，债权人有权没收定金视为契约已经解除，但也有权牺牲没收定金的利益而选择请求契约的履行。在双务契约中，收受定金的一方如不履行给付，则对方得请求履行给付或请求加倍返还定金。

（二）法国、日本的定金制度

法、日民法定金制度规定在买卖之中（《法国民法典》第1590条、《日本民法典》第557条），可以准用其他有偿契约的规定。两法都规定，当事人一方向另一方交付了定金之后，交付定金的一方可以抛弃定金，收受定金的一方可以加倍偿还定金而解除契约。由此可见，法、日定金制度都具有解约定金的

① 参见江平、米健著：《罗马法基础》，中国政法大学出版社1987年版，第209页。

② 参见周枏著：《罗马法原理》，商务印书馆1994年版，第812页。

性质，通常还兼有证约定金的作用。

不过，两国定金制度在以下两方面仍有些区别：一是关于解除权行使的时期。法国法对此不加限制，而日本民法则将其限制在“当事人一方着手契约履行之前”。限制的立法理由，一说认为，此为习惯所认；另一说认为允许当事人在履行后解约，会使对方受累不浅。两说之中，以后说为妥当。二是关于定金与损害赔偿的关系。法国法对此无明文规定。日本法则明确规定，因定金解约的，不生损害赔偿请求权。学理上认为，此时解约定金的交付系损害赔偿的预定，即使因解约相对人受更大的损害，也无须赔偿超过定金或其两倍金额以上的数额。

（三）德国的定金制度

德国民法将定金规定于债的通则（第336~338条）。该法采证约定金和违约定金的规定，定金的交付视为契约成立的标志。契约履行时，定金应返还或作为给付的一部分；契约因可归责于付定金当事人的理由致不能履行时，定金不得请求返还。除当事人有特别规定外，定金不当然有解除权保留的效力。

关于定金的证约效力，依德国民法，定金视为契约订立的证据。关于定金与损害赔偿的关系，一是契约因可归责于付定金当事人的理由致不能履行时，依《德国民法典》第338条第2项规定，当事人得请求损害赔偿，而由损害赔偿额扣算定金额；二是契约因可归责于受定金当事人事由不能履行时，依德国法，只可请求损害赔偿（《德国民法典》第338条）。

（四）我国现行定金制度

我国无论是《民法通则》还是《担保法》，均将定金与其他担保方式相并列，统一规定。两法对定金效力的规定大致相同，即债务人履行债务后，定金应当抵作价款或收回。给付定金的一方不履行约定的债务的，无权要求返还定金，收受定金一方不履行约定的债务的，应当双倍返还定金（《民法通则》第89条第2项，《担保法》第89条）。由此可见，我国现行定金制度基本上与德国的规定相同，即定金通常具有违约定金的性质，实际上也兼有证约定金的功能，没有特别约定，不具有解约定金的效力。

第六章　债的消灭

第一节　概　　说

债的消灭，即债的关系的结束或终止，其法律上的效果是债权人与债务人之间的权利义务关系不复存在。债的关系是为一定目的而设立和存续的，当这种目的已经达到或因特殊情况不需要债关系继续存在时，债即归于消灭。

债的消灭与债的变更不同。债的变更包括主体变更和内容变更。前者不过是新旧债权人的更换，债权并未消灭；后者依传统民法理论，变更后的债应与原债具有同一性，既存之债依然继续存在。而债的消灭则是原债客观上不复存在。即使认为债的内容变更可以与原债不具有同一性①，那也只包含了债的更改②这一债的消灭情形，它与债的消灭并不能完全包容。

债的消灭与债的效力停止也不相同。债的效力停止是指债务人基于抗辩权的行使，拒绝给付，债权行使被停止。此时债的关系并未消灭，只不过其效力暂时停止而已。当然，由于永久的抗辩权的行使会使债权的效力受到永久阻止，实际上会产生与债权消灭的同一后果，但在法律上，两者仍有区别。

对债的消灭，各国立法均有专门章节予以规范，如《法国民法典》第三卷第三编，《德国民法典》债编第三章，《日本民法典》债权编总则第五节。关于债的消灭原因，一般包括清偿、提存③、抵消、免除和混同④。除此之外，《法国民法典》在该节中还规定了债的更新、标的物灭失、取消等债的消

---

① 参见王家福主编：《民法债权》，法律出版社 1991 年版，第 65 页。

② 传统民法认为，变更后的债若与原债无同一性，则为债的更改。关于债的更改，详见本编第三章“债的发生与变更”。

③ 《法国民法典》、《日本民法典》对“提存”未设专目规定，但在“清偿”一目中有详细规定。

④ 《德国民法典》对“混同”并未规定，但一般认为，债权因混同而消灭为当然之事。

灭原因。日本民法也还规定了债的更改制度。应该指出，各国关于债的消灭的专门章节的规定，并未尽括债的消灭原因，除上述之外，尚有合同的解除、因不可归责于债务人的原因致履行不能等。这些原因规定于民法典其他章节或依一般法理自明，不再专门规定。像《法国民法典》规定的标的物灭失、取消等债的消灭原因，应该说各国都是承认的，只不过不在此规定而已。比较特殊的是债的更改（更新）。由于法国、日本等国把债的内容变更纳入债的更改制度之中，因而债的更改制度效用很大，有专门规定的必要。而德国等由于没有债的变更制度，更改制度效用甚少，故从缺。但依契约自由原则，当事人可订立更改契约以消灭债的关系。

我国《民法通则》对债的消灭没有专门规定，司法解释及学理上一般认为债的消灭原因包括清偿、抵销、提存、免除、混同等①。债因免除和混同而消灭相对简单。前者是指债权人抛弃其债权，从而解除债务人的债务；后者是指债权与债务归于一人的事实。由于债的关系须有债权人与债务人同时存在方能成立，因此当两方主体归于一人时，债权、债务当然消灭。限于篇幅，对这两种债的消灭原因，本章不多作论述，以下主要就债的清偿、抵销、提存作专节讨论。

第二节 清 偿

一、清偿的概念和性质

一般认为，清偿是债务人或第三人依照债务的本意，实施给付，使债权人的利益得以实现，债权因之消灭的行为。它与履行同义，只不过履行是从债的动态方面考察，而清偿则是从就债的消灭角度而言。

关于清偿的性质，学说上认识不一。一为法律行为说，认为清偿必须有清偿意思，即债权消灭的效力意思。此说又分为三种：（1）单独行为说，认为清偿只需有债务人的清偿意思；（2）契约说，认为清偿还须有债权人的受领意思；（3）契约或单独行为说，认为给付须债权人受领的，为契约，否则为单独行为。二为非法律行为说，认为清偿无须有清偿意思，因此不是法律行为，而是准法律行为。三为折衷说，认为因清偿而为的给付行为，如为法律行

① 参见佟柔主编：《中国民法》，法律出版社 1990 年版，第 374 页；余能斌、马俊驹主编：《现代民法学》，武汉大学出版社 1996 年版，第 472 页。

为，则清偿为法律行为，如为事实行为，则清偿为事实行为。以上诸说中，法律行为说无法解释继续的不作为债务及未成年人以事实行为为债务的清偿，因此不足采。折衷说将给付行为与清偿本身混为一谈，也不足采。相比之下，非法律行为说较为合理，因此成为各国学者通说。我们也赞同此观点。清偿为债权消灭的原因，只须清偿人依债务的本意为适合于债务内容的行为，即是发生效果，并不以债务人或债权人有清偿意思或受领意思为生效要件。由于清偿不是法律行为，因此关于法律行为的规定不当然适用于清偿，只是在与其性质相符的范围内，准用关于法律行为的规定。例如，关于行为能力的规定，对清偿并非一概适用，只有当清偿所为的给付行为为法律行为时，才对其适用。关于代理的规定，与此同理。

二、清偿人与受领清偿人

（一）清偿人

清偿人分为应为清偿之人和得为清偿之人两种。债务人负有清偿的义务，因此他属于应为清偿之人，同时也属于得为清偿之人。连带债务人、不可分债务人、保证债务人与此相同。除法律规定、当事人约定或性质上须由债务人本人履行的债务外，债务的清偿还可由债务人的代理人为之，但代理只限于履行行为为法律行为时适用。

清偿人除上述两种之外，原则上还应包括第三人在内。债务的清偿无非在于使债权人满足其利益要求，如由第三人进行，能使债权人满足，同时又不会给债务人蒙受不利益，则原则上第三人的清偿应为有效。《德国民法典》（第287条第1项）、《瑞士债法》（第68条）、《日本民法典》（第474条第1项）都规定，债务的清偿可由第三人进行。但是当事人另有约定或依债的性质不得由第三人清偿的，不在此限。

第三人清偿与债务人的代理人为清偿有别，在代理清偿，必须有清偿效力直接归于本人的效力意思表示，而第三人清偿是以自己名义清偿他人债务。

第三人清偿后，债务人免其债务，债权因而消灭。清偿人与债务人存在委任关系的，得依民法关于委任的规定求偿；两者间无委任关系及其他就履行无法律上利害关系时，其清偿人得依无因管理或不当得利规定求偿；第三人以赠与意思为债务人清偿其债务的，不发生求偿权。第三人清偿还会发生代位权问题，这在下文详述。

（二）受领清偿人

受领清偿人包括债权人和其他有受领权之人。债权人为债权的主体，原则上享有受领清偿权。但有以下例外：（1）债权人的债权经强制执行的，不得受领清偿；（2）债权人受破产宣告的；（3）债权人为无行为能力或限制行为能力人，依债务履行行为性质不得受领清偿的。

债权人以外有受领权的人，有以下数种：（1）债权人的代理人。但代理人受领权以清偿给付行为为法律行为时为限。（2）收据持有人。为保护善意无过失的清偿人，《德国民法典》（第370条）、《日本民法典》（第480条）均将有债权人签名的收据持有人视为有受领权之人，但债务人已知或因过失而不知其无权受领的不在此限。（3）债权的准占有人。《日本民法典》第478条、《法国民法典》第1240条规定，债务人可以向债权人的准占有人为清偿，但以债务人不知其非债权人者为限有清偿效力。（4）第三人。《法国民法典》第1239条第2款、《德国民法典》第362条第2款规定，清偿人向无受领权的第三人为清偿，第三人受领后，如经债权人承认或该清偿人取得了代位权，则该第三人为有权受领之人。《法国民法典》、《日本民法典》第479条还规定，第三人受领后，债权人因而受利益的，该第三人在债权人受利益的限度内，也享有清偿受领权。

三、清偿的要件

清偿依债的本旨为之才有效。因此凡与债务本旨有重要关系的事项，如清偿人、受领清偿人、清偿内容、清偿地、清偿期等均为清偿的要件。前两项已如上述，兹就后几项分述如下。

（一）清偿内容

清偿内容因债务不同而有区别，因此清偿内容是否符合债务本旨，不可一概而论，应结合当事人的合意、债务的性质、交易的习惯以及诚信原则作具体分析。

对于债务人原则上是否有部分履行的权利，各国立法均持否定态度（《法国民法典》第1244条、《德国民法典》第266条、《瑞士债法典》第69条）。但是为维护经济弱者起见，各国立法也规定一些例外情形。下文将予详述。

（二）清偿地

清偿地是指债务人应为清偿行为的地点。在清偿地之外的场所清偿的，因不合债务的本旨，不产生清偿的效力。

清偿地可依法律的特别规定或合同的约定或习惯或债的性质或其他情形决定。不能依上述方法决定时，应以何处为清偿地，立法例并不一致。德国民法笼统规定以债务关系发生时债务人住所地为清偿地。法国、日本、瑞士民法则区分特定物之债与其他之债。对于特定物的给付，日本民法规定以债权发生时其特定物所在地为清偿地（第484条前段），法国、瑞士则以订约时特定物所在地为清偿地（《法国民法典》第1247条，《瑞士债法典》第74条第2款第2项）。对于其他之债，法国民法以债务人的住所地为清偿地（《法国民法典》第1247条第2款）、日本、瑞士则以债权人的住所地为清偿地。但以债权人何时住所为准，各国立法又不一致。日本民法规定为现时的住所（日本民法第484条后段），瑞士债法规定为债权人履行时的住所地。

（三）清偿期

清偿期是指债务人应为清偿的时期，各国民法一般规定，有清偿期的债务，债务人不得于期前请求清偿。但债务人原则上得于期前为清偿（《法国民法典》第1187条、《日本民法典》第136条、《德国民法典》第271条第2款、《瑞士债法典》第81条第1款）。因为期限多为债务人利益而设，债务人可以予以自由抛弃。

清偿期可依法律的特别规定或合同的约定或债的性质或其他情形决定。不能依上述方法确定时，《德国民法典》第317条、《瑞士债法》第75条规定，债权人得随时请求清偿，债务人亦得随时为清偿。法国、日本民法对此虽未规定，但学理上也有同样解释。

四、清偿的抵充

抵充是指债务人对债权人负担数宗同种类债务，而清偿人所提出的给付不足清偿全部债额时，指定其给付抵充某宗债务。在债务人对同一债权人所负的数宗债务中，可能有附利息的，也有不附利息的，有设定担保的，也有未设担保的，等等。当给付行为不足以消灭所有债务时，究竟应抵充何宗债务使其消灭，对债权人和债务人有着不同的利害关系，因此，各国民法都对此作了规定（《法国民法典》第1253条以下，《德国民法典》第366、367条，《瑞士债法典》第86条，《日本民法典》第488条以下）。

从各国立法规定看，清偿抵充须具备以下三个要件：（1）须债务人对于同一债权人负担数宗债务；（2）数宗债务种类相同；（3）须债务人的履行不足以清偿全部债务。

关于清偿抵充的确定，法、日民法及瑞士债法规定，清偿人与清偿受领人有契约的，首先依契约，没有约定的，则由清偿人单方面指定，清偿人不为抵充指定的，得由债权人指定，既无约定也无指定的，才依法定次序（《法国民法典》第1255条、《日本民法典》第488条、《瑞士债法典》第86条第2

款)；而德国民法则不承认债权人有抵充指定权。

关于抵充的次序，各国民法一般规定：(1) 债务中有已届清偿期的，应优先抵充。(2) 债务均已届清偿期或均未届清偿期，以债务担保最少者优先抵充①；担保相同的，以债务人因清偿获益最多者优先抵充；债务人获益相等者，以先到期或应先到期的债务优先抵充。(3) 获益及清偿期均相等的，各按比例抵充其一部。

清偿人原则上可以自由指定抵充何宗债务，但德、日民法对此都设有一项限制，即清偿人所提出的给付应先抵充费用、次充利息、再次充原本。这项限制对法定抵充同样适用（《德国民法典》第 367 条、《日本民法典》第 491 条)。

五、清偿代位

清偿代位是指第三人或共同债务人之一为清偿之后，在其求偿权范围内有权就债权人的权利，以自己的名义代位行使的制度。其目的在于确保第三人和共同债务人的求偿权。各国立法对此都作了规定，但种类并不一致。依法国民法，代位有法定代位与约定代位（《法国民法典》第 1250、1251 条)。前者是指依法律规定当然发生的代位，后者是指债权人或债务人承诺的代位。日本民法仿法国民法规定，将代位分为法定代位和任意代位（《日本民法典》第 499、500 条)。但任意代位与约定代位不同，它仅指可以由债权人承诺的代位。德国民法只规定法定代位一种（第 426 条)。

从各国立法来看，清偿代位须具备以下三个要件：

(1) 清偿人必须是就债的履行有利害关系的第三人或共同债务人。何人享有代位权，各国立法例不一。有的采列举主义，如德国、法国民法；有的采概括主义，如日本民法；有的就共同债务人采列举主义，就第三人采概括主义。大致说来，享有代位权的清偿人包括共同债务人和就债的履行有利害关系的第三人。所谓就债的履行有利害关系的第三人，是指就债的履行有财产上利害关系的第三人，例如担保财产的第三取得人，以自己财产供债务担保的第三人等。

(2) 清偿人必须满足债权人。当清偿人只为一部清偿时，德国、法国民法规定只发生一部之代位，同时代位不得有害于债权人的利益（《德国民法

① 日本民法对此规定与其他国家不同，该法第 489 条第 2 款规定先抵充债务人因清偿而获益最高者，实际上以担保多者优先抵充。

典》第268条、《法国民法典》第1252条)。

(3)清偿人必须满足债权人，因此代位不得超过其实际上所给付，对于债权人为代位。

关于法定代位是否须经债权人或代位人通知债务人才对债务人发生效力，法国民法规定为不必要，德国民法则持相反意见(第412条)。

清偿人享有代位权后，在求偿权范围内，得以自己名义就债权的效力及担保，行使债权人的一切权利。债权人对于代位权人不负瑕疵担保责任。

六、代物清偿

代物清偿是指债权人受领他种给付以代原定给付，而使债的关系消灭的契约。德、日民法对此都有规定。但关于代物清偿的性质，各国学者认识并不一致。有的认为属于清偿的一种；有的认为属于双务契约中的买卖或互易；法国学者多主张为即时履行之更改；德国学者通说主张为一种要物并有偿的契约；也有学者认为，代物清偿性质上虽为契约，但其是否有偿，应依原债务性质而定。最后一种观点可资赞同。

从各国立法及解释来看，代物清偿的要件有以下三个：(1)须有原债权的存在；(2)须以他种给付代替原定给付；(3)须经双方当事人合意。

代物清偿一经成立，即发生债务消灭的效力，在此一点上，与清偿效力相同。但代物清偿与清偿性质不同，前者为契约，后者为准法律行为，因此二者效力并非全然如一。例如代物清偿契约得为债权人撤销权标的，而清偿则否。

关于代物清偿是否也产生瑕疵担保责任，《德国民法典》第365条明文规定，债务人应负与出卖人之同一责任。日本民法就瑕疵担保未作规定，依其学者通说，代物清偿系有偿契约，应用买卖瑕疵担保的规定。但也有学者认为应依原债务性质决定瑕疵担保责任。我们赞同最后一种观点。

第三节 抵 销

一、抵销的概念和性质

抵销是指当事人双方互负给付种类相同的债务时，各以其债权充当债务的清偿，而使其债务与对方的债务在对等数额内相互消灭的制度。用作抵销的债权，称为主动债权或抵销债权，被抵销的债权称为被动债权或主债权。

广义的抵销，包括法律上的抵押与契约上的抵销。契约上的抵销依契约自由原则，只须当事人就抵销达成合意，即可发生效力，不受法律规定的构成要件的限制。这里所讲的抵销，只指法定抵销。

抵销作为债的消灭原因之一种，为罗马法以来各国民法所承认。但各国的具体规定有所不同。法国民法采当然抵销主义，认为无须当事人的行为，依双方债权对立的事实，当然发生债权消灭的效果（第1290条）。德国、日本民法及瑞士债法则采单独行为说，认为债权互相对立的事实只产生抵销权，抵销效力发生还须依当事人一方的意思表示（《德国民法典》388条第1款，《日本民法典》第506条，《瑞士债法典》第124条）。

关于抵销的性质，众说纷纭。有清偿说、拟制清偿说、自己清偿说、代物清偿说、质权说、留置权说以及一般满足权说，等等。但无论怎样，抵销为一项独立的债的消灭制度，应无疑义。

二、抵销的要件

关于抵销的要件，各国民法规定大致相同，主要有以下几点：

1. 须双方互负债务、互享债权

抵销以按对等额使双方债权消灭为目的，因此原则上以双方债权的存在为前提。这里的债权必须是当事人自己享有的，既不允许以他人的债权来抵销，也不允许以对于他人的债权为抵销。但各国立法也规定一些例外情形，如法、德、日都允许保证人以债务人对债权人享有的债权向债权人主张抵销（《法国民法典》第1296条、《德国民法典》第391条、《日本民法典》第507条）。各当事人的债权还必须是有效成立的。因可撤销行为产生的债权，在撤销前仍为有效债权，可以之为抵销，但在撤销后，其效力溯及既往，抵销也为无效。超过消灭时效期间的债权，不得作为主动债权而主张抵销，但有些国家规定，在其时效未完成时，已适合于抵销的，仍可抵销（《德国民法典》第390条、《日本民法典》第508条）。当然，如果已过时效的债权作为被动债权，则可用作抵销，此时可认为债务人抛弃了时效利益。

2. 须双方债务的给付种类相同

债是当事人实现一定经济目的的手段。如果允许不同种类给付的债务抵销，则不免使一方或双方当事人的目的难以实现。因此，抵销主要适用于金钱和种类物之债。以特定物为标的的债权，即便两物客观上属于同一种类，也不允许抵销。对于清偿地不同的债务，多数国家规定可以抵销，但抵销人应赔偿他方因抵销所受的损害（《法国民法典》第1296条、《德国民法典》第391

条、《日本民法典》第 507 条)。附有同时履行抗辩权的债权，一般认为不得以其为主动债权而主张抵销，否则即为剥夺他方当事人的抗辩权。但如其作为被动债权，则可以其为抵销，此时可认为抵销权人已抛弃同时履行抗辩权。

3. 须主动债权届至清偿期

主动债权未届清偿期，不许抵销，否则无异于强令债务人提前清偿。没有明确的清偿期的，债权人可以随时请求清偿，因此照理也可随时抵销。但如债务人受破产宣告，则未届清偿期的债权，也可认为抵销。被动债权一般不必届至清偿期，因为履行期限原则上为债务人利益而设，债务人可以抛弃期限的利益，对于清偿期前的债权为抵销。

4. 须双方债务均非不许抵销的债务

不许抵销的债务包括三类。一是依性质不许抵销的债务，如不作为债务、提供劳务的债务等。二是法律上禁止抵销的债务。从各国规定看，此类债务主要有：(1) 禁止扣押的债务。此类债务，债务人不得主张抵销，但债权人可以主张抵销。(2) 因侵权行为而负担的债务。对此类债务，各国规定略有不同。依《日本民法典》第 509 条规定，只要是因侵权行为而产生的债务，无论其主观是故意或过失均不得抵销。而依《德国民法典》第 393 条，此类债务只限定于因故意侵权行为而负担的债务。(3) 约定应向第三人为给付的债务。第三人请求债务人履行时，债务人不得以自己对于他方当事人享有债权而主张抵销；他方当事人请求债务人向第三人履行时，债务人也不得以第三人对自己负有债务而主张抵销。三是当事人特别约定不得抵销的债务。在订有抵销禁止契约的情况下，该债务不得抵销。但抵销禁止契约对外效力如何，各国规定不一致。《日本民法典》第 505 条明定此类契约不得对抗善意第三人。德国民法、瑞士债法对此无规定，学理上认为此类契约有绝对效力，即对于不知情而承担债务的第三人，也可主张其效力。

三、抵销权的行使

抵销权，即得为抵销之权。当具备上述抵销要件时，抵销权即当然发生，因此抵销权为形成权。但仅享有抵销权而不行使，除了在采取当然抵销主义立法的国家之外，并不产生抵销的效力。抵销效力的发生必须由一方当事人以意思表示向他方为之。抵销的意思表示为法律行为，适用民法关于法律行为的一般规定。此种意思表示一经抵销权人作出，即发生法律效力，不须对方当事人的同意，也不以诉讼上的裁判为必要，其方式也无限制。但抵销的意思表示不得附有条件或期限。

四、抵销的效力

抵销意思表示法律上的效力，在于使双方的债权消灭。双方债权额相同时，全部发生抵销的效力，双方债额不同时，就其相等额而消灭。

抵销还具有溯及力，即双方债权因抵销的意思表示，溯及于最初可为抵销时消灭。可为抵销情形发生之后的利息债务、损害赔偿责任、违约金责任、受领迟延的效果等，都因之而消灭。这主要是为了督促当事人作出抵销的意思表示，以免产生不公平的结果。

第四节　提　　存

一、提存的概念和性质

提存有广、狭义之分。广义的提存是指将金钱等物寄托在提存所，他人通过提存所得受领其财产并由此达到一定法定目的的制度。它包括为给付清偿的提存、以保证为目的提存、执行提存等。狭义的提存，是指由于债权人的原因而无法向其交付债的标的物时，清偿人将清偿的标的物提交给提存机关而消灭债务的一项制度，即清偿提存。这里只指清偿提存。

现代各国民法一般都将提存规定为债的一种消灭原因。如德国民法设“提存”一节（《德国民法典》第 372 条以下）。法、日民法虽专列“提存”一目，但在清偿一目中又有详细规定（《法国民法典》第 1257 条以下、《日本民法典》第 494 条以下）。我国《民法通则》对其未作规定，但最高人民法院《关于贯彻执行〈中华人民共和国民法通则〉若干问题的意见》第 104 条已正式将提存规定为债的消灭原因。

关于提存的性质，学说不一致。有的主张公法上关系说，有的主张国家为处理非讼事件的公法上法律关系说，有的主张准为第三人之契约说，有的主张私法上特别契约说。但在德国，晚近学说已趋向于公法上法律关系说。

二、提存要件

（一）提存原因

债务人原则上应向债权人清偿其债务，以提存替代清偿必须有法律上的特定原因。从各国立法（《德国民法典》第 372 条，《法国民法典》第 1257、1259、1264 条，《日本民法典》第 494 条，《瑞士债法典》第 92、96 条）看，特定原因主要有以下两种：（1）债权人受领迟延。这包括债权人无正当理由拒不受领或不能受领两种情况。（2）债权人不明。包括不知何人为债权人、债权人不明去向等。

（二）提存人

债务人得为提存人，各国立法均无异议。但第三人是否得为提存人，则认识不一。德国民法通说认为，只有债务人得为提存人。日本民法通说则认为第三人也可为提存人。

（三）提存机关

提存必须在清偿地的提存机关为之，否则无效。提存机关为国家设定的接受提存物而为保管，并应债权人请求将提存物发还债权人的机关。国外一般设有专门的提存所，附属于法院。东欧一些国家的提存机关为公证机关。此外，法院指定的银行、信托局、商会、仓库受业人也可办理提存事务。我国未设有专门的提存所，提存一般向公证机关进行。

（四）提存标的物

提存标的物为债务人依债务的规定应当给付的标的物。关于提存标的物的范围，各国立法不一致。法国原则上以金钱为限（《法国民法典》第1257~1263条），德国民法限定，金钱、有价证券、其他证券及有偿物得为提存，不动产得依抛弃占有而免除债务（《德国民法典》第372、303条）。日本民法未限制提存标的物的范围，通说认为，不动产也可为提存。

（五）提存方法

提存人应依法定方式作两份提存书，连同提存物一并提交。提存人在提存后应立即通知债权人，如怠于通知而给债权人造成损害，提存人应负赔偿责任。但不能通知的，不在此限。

三、提存效力

提存人将标的物提存于提存机关以后，提存机关依照法律规定负有保管提存物的义务。此时，提存人能否取回提存物，法、德、日民法及瑞士债法均持肯定态度。但法、德民法以随时取回为原则，以某些情况下禁止取回为例外。日本民法则以不得取回为原则，以特定情形下得取回为例外。我国立法没有关于提存人取回权的规定。学者多认为，提存合法有效成立后，原则上不得取回提存物。但提存人能证明提存系出于错误，则可撤回提存①。

提存人将债的标的物提存以后，对既存债权产生如何效力，立法及学说不

① 参见王家福主编：《民法债权》，法律出版社1991年版，第212~213页。

一致。有的采提存债权当然消灭说，如日本民法（第 494 条）、瑞士债法（第 92 条）。有的认为，提存仅产生对于债权人请求的抗辩，即债务人可以要求债权人就提存物取得清偿，只有在提存人丧失提存物的取回权时，其债权才溯及于提存时消灭，如德国民法（第 379 条）。我国通说认为，债的关系自提存时消灭①。

标的物提存后，危险负担即移转于债权人，债务人支付利息及收取孳息的义务因之免除。附有担保的债务，其担保亦因提存而消灭。债的标的物的保管及拍卖、出卖费用也由债权人负担。我国学者认为，提存物的所有权自提存合法有效之时，即移转于债权人②。

债的标的物提存后，债权人对于提存随时有请求交付提存物的权利。如提存人的清偿系对债权人的对待给付而为，在债权人未为对待给付或提供相当担保前，提存机关得阻止其受取提存物。债权人关于提存物的权利，自提存后或自受提存通知起十年内不行使而消灭。此时，各国立法多规定提存物归属于债务人，极少数国家或地区规定归属国库。

---

①② 参见王家福主编：《民法债权》，法律出版社 1991 年版，第 214、215 页。

第四编　合　同　法

第一章 合同概说

第一节 合同的概念

一、合同的词源

合同概念是合同法理论体系的基石。但各种立法例和各种合同法学说赋予这一基本概念的含义并不一致。

罗马法上，Contractus 即合同，由 Con 和 Tractus 二字组合而成。Con 由 Cum 转化而来，有“共”的意思，Tractus 有“交易”的意思。合而为：共相交易。中文译为合同或契约①。依罗马法，合同本质上是双方当事人的合意，概念上是指双方当事人以发生、变更、担保或消灭某种法律关系为目的的协议②。在罗马法上，不仅私法上有合同的概念，公法和国际法上也有合同概念。《学说汇编》把协议（Conventio）分为国际协议、公法协议和私法协议三种。在私法中，则不仅债法中有合同的概念，而且物权、亲属和继承法中也有合同概念。如物权的设定和转移，婚姻关系的成立，分析遗产的协议等，凡能发生私法效力的一切当事人的协议，都是合同③。但后世的著作中多只强调其中作为债的发生原因的合同即债权合同。罗马法上的合同定义为后来大陆法系合同概念的确立奠定了坚实的基础。

二、两大法系的合同概念

大陆法系的合同概念系从罗马法发展而来。《法国民法典》第 1101 条规定：“合同为一种合意，依此合意，一人或数人对于其他一人或数人负担给付、作为或不作为的债务。”这一定义包含三个要素：第一，合同为发生债的

---

① 黄右昌著：《罗马法与现代》，北平京华印书局 1930 年版，第 408 页。

②③ 周枏著：《罗马法原论》（下），商务印书馆 1994 年版，第 654、655 页。

原因；第二，合同是双方行为；第三，合同是一种合意。其中第三个要素为合同概念的最一般要素①。上述合同定义对大陆法系民法及社会主义国家民法产生了深远影响，许多国家的民法理论都依此合同定义解释合同，甚至将其奉为合同的经典定义。《德国民法典》没有直接给合同下定义，但可以从合同在该法典中的位置来理解。在《德国民法典》中，同时存在法律行为、债和合同三个概念，合同是各种具体合同种类的抽象，债是合同、侵权、不当得利、无因管理等的抽象，因此，合同是债的种概念。同时，合同又是一种法律行为，内含当事人间一致的意思表示，于当事人间发生相当于法律的效力。可见，德国民法上合同的含义与法国民法上合同的含义有大量相同成分。但更广泛和更深入的比较则表明，二者有所不同：第一，法国民法的合同仅指债权合同；德国民法的合同则是广义上的私法合同，泛指一切双方的民事法律行为，即凡发生私法上之效果的以意思表示一致为要素的任何行为均为合同，外延上除包括债权合同外，还包括物权合同和婚约、结婚、收养等身份上的合同。第二，法国民法的合同完全能以债的概念来解释；德国民法上，合同的某些特征不能通过债的概念来解释。第三，法国民法典要求，凡合同必须具有原因，没有原因的合同不发生任何效力；德国民法典无此要求。

英美法系合同法是个完全独立的体系，不附属于任何法律部门。在英美法系，关于合同的最广为流行的定义是：合同是由法律保障其执行的一个允诺或一系列允诺。英国《不列颠百科全书》给合同下的定义是："合同是可以依法执行的诺言。这个诺言可以是作为，也可以是不作为。"美国法律研究所的《合同法重述》所下的合同定义是："合同是一个或一组允诺（a promise or a set of promises）。如果违反它，法律将给予补救；如果履行它，法律将在一定意义上承认其为一种义务。"在受英美法影响的中国香港，合同法专家也引述了这样的定义："合同为具有下述效果的承诺或一组承诺，假如承诺人违反这些承诺，法律给予受诺人索取补救的权利，又或法律承认承诺人有履行这些承诺的义务。"② 英美法关于合同的定义有如下特点：第一，合同是一种允诺，该允诺受法律强制调整；第二，允诺由单方意思表示构成，另一方的接受只是允诺生效的条件；第三，其效果不被视为一种债，法律上无债的观念。

可以看出，两大法系的合同定义有较大差异。依大陆法系民法，合同是一种双方的法律行为，是双方当事人的合意。但英美法上的合同定义，则认为合

① 周林彬主编：《比较合同法》，兰州大学出版社 1989 年版，第 77 页。
② 何美欢著：《香港合同法》，北京大学出版社 1995 年版，第 40 页。

同是一个或一组允诺，将合同归结为当事人承担义务的单方意思表示。这与大陆法系民法合同定义有实质上的区别。这是因为英国的法律理论和实践，根据历史习惯和诉讼程序方面的理由，将一些并非基于双方当事人合意所产生的义务看作合同义务。例如：所谓“记录合同”、“盖印合同”、“默示合同”都被视为合同。所谓记录合同（Contract of Record）实际上是法庭令当事人承担义务的判决，或者是记录法庭所确认的各种义务。之所以被称为合同，仅仅因为在古老的普通法诉讼中，它们是采用与真正的合同案件同样的诉讼程序来进行的。所谓盖印合同（Contract under Seal）与真正的合同几乎没有什么相同之处，实际上是通过签名盖章及交付等手续而生效的书面允诺，即一种要式的单方意思表示。所谓默示合同（Implied Contract）又分为事实上的默示合同（Contract Implied in Fact）和法定的默示合同（Contract Implied in Law）。法定的默示合同又称为准合同（Quasi Contract），相当于大陆法系民法所谓不当得利和无因管理等关系，与合同有质的区别，其权利义务出于法律的直接规定而非当事人意定①。

就像大陆法系各国之间合同定义不完全一致一样，英美法系的英国和美国在合同定义上也有分歧。如，商店和集市上的即时现金买卖，英美法上称为Barter，意为即时交易，我国法称之为即时清结合同。依美国法，Barter不属于合同，而属于特殊法律行为，其理由是：第一，合同由允诺（Promise）构成，而Barter无须任何允诺；第二，合同产生对人权，而Barter产生对物权。但这种观点对英国几乎没有影响。在英国法律中，Barter属于合同。英国学者P. S. 阿蒂亚论及这一问题时指出：“商店中的现金销售，也是一种合同。要说这种交易包括一种许诺或一系列许诺，好像有点牵强附会，但当我们想到，一种许诺，即某种事态的客观存在，如所卖货物的质量是好的，就是一种合同性的许诺时，就好理解了。”②

英美的一些学者已经注意到，英美法上的合同定义是有缺陷的。英国学者P. S. 阿蒂亚在费力地解释完现金销售也包含许诺的观点后，接着指出，英美法合同定义的缺点是，“它忽略了合同中达成协议的因素。在这个定义中没有指明，典型的合同是双方的事情，一方所作的许诺或表示要做的事是对另一方所作的许诺或要做的事的报答。因此，如这个定义所述的那样说一个合同只是

① 梁慧星：《论我国民法合同概念》，载《中国法学》1992年第1期。

② ［英］P. S. 阿蒂亚著：《合同法概论》，程正康等译，法律出版社1982年版，第28页。

‘一个许诺’，这就忽视了在许诺成为合同之前，一般要有某种行为或许诺作为对另一方许诺的报答这样一个事实”①。因此，英美学者已开始思考将大陆法系合同概念移植到英美法系合同法中，把合同看作产生债的双方当事人合意，而将诸如记录合同、盖印合同、法定默示合同或准合同等，从合同定义中排除出去，例如，英国 G. H. Treitel 的《合同法》一书将合同定义为“是产生由法律强制执行或者认可的债务之合意”。其他如 Anson 的《合同法》、Kenneth Smith 和 Penls Keenan 的《商法》等著作，以及《布莱克法律辞典》、《牛津法律大辞典》的合同定义，均与此相似。我国香港地区的合同法著作及大学合同法教材也开始使用这样的定义：“合同是两个或两个以上当事人达成的具有法律约束力的协议（binding agreement）。”② 这些定义所强调的重点，已不是什么当事人一方的允诺，而是双方当事人之间的合意。这就划清了合同债与非合同债的界限。因此，大陆法系的合同概念和英美法系的合同概念正趋于统一③。

三、中国民法的合同概念

在中国，合同一语两千年以前即已存在，但未被广泛运用，应用广泛的是“契约”一语。远古时候，人们交换产品时须在兽骨或龟甲上灼刻文字或符号，称为“契”。《诗·大雅·绵》有句“爰始爰谋，爰契我龟”，即为古契记录。契约一语及逐渐发展的契约制度随着历史的演进，历经习惯法时代、奴隶制法时代、封建制法时代，一直使用至近代。近代以来，“合同”一语逐渐流行，并最终取代“契约”一语。现在人们多认为合同与契约是同一概念。但也有学者认为契约和合同各有其确切含义，不主张将二者交替混用④，认为所谓合同是两个或两个以上的具有并行性或同向性的意思表示的一致，如合伙、公司、社团等的设立，当事人约定的不是互相之间做某事，而是共同去做某事，各当事人订约目的是相同的；而契约则是指两个以上具有对应性或对向性的意思表示的一致，立约时双方交互为意思表示，约定的不是共同做某事，而是互相做某事，双方当事人立于彼此利害相反的地位。新中国的立法史上，一些规范性文件有时用合同概念，有时用契约概念，有时并用两个概念，如

① ［英］P. S. 阿蒂亚著：《合同法概论》，程正康等译，法律出版社 1982 年版，第 29 页。

② 姚栋华著：《合同法及其应用》（增订版），香港三联书店有限公司 1994 年版，第 3 页。

③ 王家福、梁慧星主编：《中国民法学·民法债权》，法律出版社 1991 年版，第 257 页。

④ 李宗锷著：《香港合约法与公司法》，商务印书馆香港分馆 1986 年版，第 25~27 页。

1950年9月政务院财经委员会颁布的《机关、国营企业、合作社签订合同契约暂行办法》。60年代后，各种文件主要用合同概念，学术上亦主张合同即契约；70年代后，合同概念已被普遍运用，契约一语则基本不被运用。现在，我国立法、司法实践及法学著述均使用合同概念。我们认为契约就是合同，将合同与契约区分开来，既无实用价值，也容易造成用语上的混乱，同向性合意与对向性合意之间的差异，可以纳入合同分类制度中加以区别。

我国的合同定义，依《民法通则》第85条规定，“合同是当事人之间设立、变更、终止民事关系的协议”。这一定义包括三个要素：

第一，合同是双方法律行为。这与大陆法系合同概念并无二致，但与传统的英美法系合同定义不同，我国不承认仅包含单方意思表示的行为能构成合同，并基于这一点确认未真正包含两个意思表示的双方代理和自己代理情形下签订的合同无效。

第二，合同是一种协议，即两个以上意思表示的一致。对于“意思表示的一致”，部分学者用“合意”一词来表达。例如黄右昌先生在《罗马法与现代法》一书中给合同所下定义为“当事者双方间所生债务关系之合意也”。李浩培等先生所译《法国民法典》及马育民先生所译《法国民法典》，均使用“合意”一词①。另有学者不用“合意”，而直接使用“意思表示一致”或“意思表示合意”一语；也有视合意与意思表示一致为同义语而交替使用的。我国《民法通则》第85条所规定的合同定义及《经济合同法》第2条所规定的经济合同定义，既不用“合意”，也不用“意思表示一致”，而采用了“协议”一词。“协议”在中文中有两种用法，即动词用法和名词用法。作动词用时，其义同“协商”，相当于英美法上的Negotiate或Bargain（交易磋商、订约谈判）。我国《民法通则》和《经济合同法》是将“协议”作名词用的。“协议”作名词用时相当于英美法上的Agreement，有两种含义：其一，等同于“合意”即英美法上的Mutual Assent；其二，为“合同”Contract之同义语。该第二种含义将协议与合同直接等同，这在法律上是不正确的，因为不论中国法抑或英美法，都承认并不是所有协议都是合同，如家庭成员间安排家庭生活、朋友间安排社交活动等并无建立法律关系意图的协议便不是合同。因此，该第二种含义不完全符合法律的精神，不能以这种含义解释法律上的“协议”一语。我们认为应以第一种含义理解民法通则和经济合同法合同定义

① 李浩培等译：《法国民法典》，商务印书馆1979年版，第148页；马育民译：《法国民法典》，北京大学出版社1982年版，第221页。

中的协议一语，即应解释为“合意”。

第三，合同以发生一定民事法律后果即设立、变更、终止一定民事关系为必要。这是我国合同定义中引发较多议论的问题。这里“民事关系”系指民事法律关系应无疑义，但民事法律关系包括财产法律关系、人身法律关系，前者又分为物权法律关系、债权法律关系，那么“民事关系”是指其中某种还是指全部呢？在法国、奥地利、日本、瑞士等大多数大陆法系国家民法中，其合同均为债的发生原因，即导致一定债权债务关系的产生、变更、消灭，这是狭义的合同概念，即债权合同。德国学者萨维尼在其著作《现代罗马法体系》中提出，合同不以债权合同为限，还包括直接以发生物权变动为目的的物权合同；债权合同的效力在于使当事人享有债权，负有债务，但不能发生物权的变动；要发生物权变动则有赖于独立于债权合同之外的物权合同，物权合同作为独立的法律行为，具有无因性，其效力不受债权合同的影响。萨维尼的这种理论被《德国民法典》所采纳，该法典在总则编特设关于合同之规定以适用于民法上的一切双方行为（第145~157条），其所用合同概念为广义合同概念，凡以发生私法上效果为目的之合意均属合同。少数受德国民法影响的民法也采广义的合同概念。但近年来，由于物权合同无因性理论越来越受到非议，学者指出这种理论有诸多缺陷，因而德国判例逐渐对物权合同无因性理论的适用予以限制，有学者甚至主张干脆废弃。我国民法不承认物权合同，也不承认身份合同，如《婚姻法》第4条规定的结婚，第24条规定的双方自愿离婚，第20条规定的收养以及《继承法》第31条规定的遗赠扶养协议，都是双方当事人的合意。其效力均引起身份关系和继承关系的发生和变更，身份关系和继承关系虽属于民事关系，但并非债权债务关系，因此，立法将结婚、自愿离婚、收养及遗赠扶养协议置于合同概念之外，均不称为合同。再者，《民法通则》第84条规定：“债是按照合同的约定或者依照法律的规定，在当事人之间产生的特定的权利和义务关系。”这表明，合同为发生债权债务关系的法律事实，债权债务关系为合同发生法律效力的后果，所以称合同为债权合同。立法者在《民法通则》“债权”一节，将合同定义作为第85条安排在第84条关于债的定义之后，其中所用“民事关系”不能作文义解释，只能作限缩解释，即为债权债务关系，而不包括人身法律关系和物权法律关系。

需特别指出的是，我们所讨论的合同概念是民法上的合同概念。而事实上，除民法外，其他法律部门也有合同概念，如，劳动法上有劳动合同，行政法上有行政合同、国际法上有国家合同，在合同这一概念之下，可以容纳性质不同的多种法律关系。合同概念的运用甚至超出了法律和法学领域，西方思想家曾把合同概念搬到政治学领域，用来解释政治现象和社会现象，如卢梭的社会契约论认为国家起源于人民与君主缔结的合同，这种学说至今在西方社会观念体系中仍发挥着极为重要的作用。

第二节　合同的分类

一、大陆法系的合同分类

（一）诺成合同和实践合同

这是根据合同成立是否以交付标的物为要件划分的。所谓诺成合同是指依意思表示一致而成立的合同，如买卖、雇佣、租赁、承揽等；除意思表示一致外还须交付标的物或完成其他给付才成立的合同，是实践合同，如运输合同、质押合同、保管合同等。何种合同是诺成合同，何种合同是实践合同，各国立法有所不同。例如，《德国民法典》和《法国民法典》规定，使用借贷、消费借贷及寄托合同，均为实践合同，而《瑞士债务法》则视为诺成合同。又如，对赠与合同，很多国家规定为诺成合同，而《苏俄民法典》和原捷克斯洛伐克民法则认为是实践合同。《苏俄民法典》第256条规定："赠与合同在交付财产时才认为签订。"在我国，保管合同、运输合同、担保中的定金合同是典型的实践合同。

（二）要式合同和不要式合同

凡合同需以一定方式订立始为有效的，为要式合同；否则为不要式合同。在早期罗马法上，合同必须具备一定的形式才能成立。双方当事人必须以特定的言词、术语和程序订约，否则不受法律保护。随着商品经济的发展，订约方式渐趋简化，及至近现代，各国民法倡行契约自由，合同多为不要式，但对一些特定的合同种类，仍有要式的规定。在大陆法系，《德国民法典》规定，凡不动产物权合同，须经登记始为有效；《法国民法典》第931条规定："一切生前赠与行为应以通常契约的方式，在公证人前作成之，且应在公证人处留存契约的原本，否则赠与契约无效。"在我国，《经济合同法》规定，经济合同除即时清结者外应当采取书面形式。但我国《经济合同法》只规定经济合同应当采取书面形式，没有规定不采取书面形式的后果，法学界对此有不同的看法。有的认为，特定形式是要式合同的成立要件，有的认为特定形式是合同生效要件，有的则认为特定形式仅起证据作用。我们同意第三种意见。

英美法系所称要式合同与大陆法系和社会主义法系的理解有所不同。大陆法和社会主义法最重要的要式合同之一——书面合同，在英美法上并不属于要式合同，而只是简单合同的一种。英美法所谓的要式合同，主要是指盖印合同、票据、裁判上的义务以及其他一些法律不要求对价的合同。

广义上的要式合同，不仅是指法律的强行规定而言，还包括当事人约定必须采用一定形式或经过一定程序的合同。

（三）双务合同和单务合同

这是根据当事人之间权利义务的分担方式来划分的。如果双方当事人互有债权和债务，则为双务合同，如买卖、租赁等；如果一方仅享有债权，不负担债务，则为单务合同，如赠与、无偿借贷等。大陆法将合同作此区分，乃在于双务合同当事人之间权利义务具有关联性。也就是说，双方的给付互为对价，如果一方的给付不法、不能或违背公序良俗，则双方的债权均不发生，一方的债权不能实现时，另一方的债权也不能实现。由此又引申出双方当事人的如下两种权利：同时履行抗辩权和拒绝给付权。苏俄民法及受苏俄民法影响的国家也有双务合同与单务合同的划分方法，但立法没有采用抗辩权的术语。例如，《苏俄民法典》第243条规定："如果卖主违反合同不将已售物品交付买主，则买主有权请求将所购物品交付他和赔偿由于迟延履行而造成的损失，或者解除合同。"解除合同也就意味着拒绝履行自己所负的义务。我国《经济合同法》规定，由于一方在合同约定的期限内没有履行合同，另一方有权变更或解除合同，这也具有同时履行抗辩权的类似功能。不过，在法无明文的情况下，我国司法界和学术界对同时履行抗辩的认识尚有分歧。

（四）有偿合同和无偿合同

这是根据当事人取得利益要否付出相应代价划分的。《法国民法典》给二者所下的定义是："当事人一方无代价给予他方利益时，此种契约为恩惠契约。""当事人双方相互承担给付某物或作某事的义务时，此种契约为有偿契约。"在大陆法系，有偿合同双方互负给付义务，双方的给付互为原因，这两种原因互相依存。在无偿合同中原因是一种自由的意思。换言之，当事人一方的债务的原因是另一方的债务，这种行为就是有偿的；反之，如果原因是一方的慷慨，合同就是无偿的。

（五）有名合同和无名合同

有名合同，又称典型合同，是法律设有特别规定的合同，如各国民法典中明文规定的各种合同。无名合同，是法律没有规定但也为合法的合同，学者们将其分为三种：（1）纯粹的无名合同，即不属于任何有名合同之事项为内容的合同，如广告商与电影明星签订的姓名、肖像利用合同。（2）混合合同，即在一个有名合同中规定有其他有名合同事项的合同，如在租赁房屋时，承租人以提供劳务代替交付租金的合同。（3）准混合合同，即在一个有名合同中规定其他无名合同事项的合同。大陆法和社会主义法的基本渊源是成文法，所以某种合同是否重要，可以从法律有无明文规定来观察，有名合同一般都是比较重要的合同种类。虽然立法不能和经济的发展保持同步，但在社会生活中广泛应用的合同，迟早会成为有名合同。现代合同法的发展趋势之一，就是有名合同的增加，这在一定程度上也说明了有名合同的优越性，因为它能给予人们更直观、更确切的行为规范。在英美法系国家，有名合同和无名合同的划分并不是一种普遍为人们所接受的分类方法，因为它们的合同法基本上是判例法，这种分类法的实际意义远不如大陆法国家和社会主义国家那样重要。

（六）预备合同和正式合同

约定将来订立一定合同的协议为预备合同，亦称预约，以后履行预约而订立的合同为正式合同，亦称本约，凡订有预约的，即负有订立本合同的义务。在大陆法上，预约又细分为双务预约和单务预约。预约当事人双方负有订约义务者，为双务预约；预约当事人一方负有订约义务者，为单务预约。如果预约义务人不履行订立本约的义务，预约权利人可以请求其履行，或者申请法院以判决代其意思表示。义务人不履行订约义务时，还需承担财产责任。如《法国民法典》第1590条规定："如以定金预约买卖时，缔约当事人各方得以下列方式解除约定：交付定金者，失去其定金；接受定金者，加倍返还其所受的定金。"预约订立后，本约订立前，预约可因一定事件或行为失去其效力。《德国民法典》第610条规定："约定为消费借贷的人，如对方当事人的财产状况明显受损害有危及返还请求权者，在发生疑问时，得撤回其约定。"《奥地利民法典》第936条规定，如因情势变更，致毁灭原有目的的或一方对他方丧失信任时，预约失其效力。《日本民法典》第589条规定："消费借贷的预约，于日后当事人一方受破产宣告时丧失效力。"在我国，法律对预约没有明文规定，对这个问题的学术研究也欠深入。但在实践中预约仍有较广泛的运用，很多当事人都是先订立一个预备性的协议，然后再根据这个协议订立正式合同。在现实生活中，预约又被称为意向书、意向协议。另外，英美法上有所谓买卖和买卖预约之分，其预约是指期货交易，和大陆法所说预约的含义不同。

（七）为自己利益订立的合同和为第三人利益订立的合同

在罗马法上，原则上只承认合同于当事人间发生效力，"不论何人不得为他人为约定”。近现代各国立法，为实际交易的需要，均承认为第三人利益缔结的合同。故此，大陆法、社会主义法、英美法均有这种分类方法。《法国民法典》第 1121 条规定：“人们为自己与他人订立契约或对他人赠与财产时，亦得为第三人的利益订立条款，作为该契约或赠与的条件。如第三人声明愿享受此条款的利益时，为第三人利益订立契约的人不得予以取消。”为第三人利益而缔结的合同，是以使第三人直接取得债权为目的，由义务人向第三人直接为给付的合同。关于其效力，《德国民法典》第 328 条规定，依契约得约定向第三人为给付，而有第三人直接取得请求给付之效力；第三人无须为享受利益的意思表示，即可直接取得权利。日本民法则要求，第三人为享受利益的意思表示是取得权利的条件。在法国民法上，第三人的意思表示不是取得权利的条件，但可以阻止合同当事人撤销合同或免除债务人的义务。《苏俄民法典》第 167 条规定，如果法律、合同没有别的规定，债的实质也产生不出别的规定，则为第三人利益而签订合同的签订人和规定为其利益而履行合同的第三人，都有权请求履行为第三人利益而签订的合同。如果第三人拒绝合同赋予他的权利，则签订合同的人可以行使该权利，只要这样做不违反法律、合同或债的实质。英美法系国家将为第三人利益而缔结的合同称之为第三者受益人合同，其中包括债权受益人和赠与受益人。前者是受诺人的债权人，后者是无偿的受益人。这种合同的主旨在于向受益人提供一个直接起诉的机会，受益人有对义务人的直接请求权。这一规则对赠与受益人特别重要，因为赠与受益人，如人寿保险中的第三者受益人，是无偿取得利益的，由于缺乏对价，按一般规则他不能直接向合同债权人提出请求。第三者受益人合同不能由共同协议的原当事人撤销，除非受益人表示同意。但这个规则也有例外：人寿保险合同通常的一个条款是，投保人在任何时候只要通知保险公司，就可以改变合同受益人。

（八）要因合同和无因合同

当事人在财产上的给付必须具有一定原因且二者不可分离的，为要因合同；否则为无因合同。债权合同通常为要因合同，德国法及受德国法影响的少数民法所承认的物权合同通常为无因合同。有的国家规定，凡合同必须具有原因，没有原因的合同不发生任何效力；有的国家无此要求。如《法国民法典》第 1131 条规定：“无原因的债，基于错误原因或不法原因的债，不发生任何效力。”德国民法没有规定原因是契约有效的条件。

大陆法上的原因，与英美法上的对价不同。对价是简式合同成立的必备条件，意指要约人获取的利益或受约人承受的损失。而大陆法上的原因不限于财产、权利和利益，有时候，甚至一种心理状况便足以构成一项原因。例如，在赠与合同中，赠与人承担义务的原因可能就是为了慷慨的施舍。大陆法系的学者对原因的理解不尽一致，有人认为，“原因是协议的一种补充性的要件。使法国的合同得以成立的是双方当事人的合意；原因则只说明依合同产生的债务的效力”①。例如在单务合同中，依大陆法的原理，一方自协议形成时便受约束；而依英美法的对价学说，只有因特定行为的完成，合同才开始具有约束力。

大陆法系的合同分类标准远不只上面几种，还有从其他角度划分的种类，如将合同划分为附合合同和非附合合同、生前合同和死后合同、债权合同和物权合同、主合同和从合同等。其中有些是所有大陆法国家都采用的合同分类；有的如债权合同和物权合同的分类则是少数大陆法国家特有的分类方法。

二、英美法系的合同分类

（一）简式合同和正式合同

在英美法系，简式合同是指那些以对价作为基础的合同，这种合同既可以是书面的，也可以是口头的，英国和美国的防止诈欺法要求某些合同必须具有书面形式，如果当事人不采用书面形式，在法律上将被认为是不可强制执行的。除此之外，简式合同是否采用书面形式，都不影响合同的效力。这一点与大陆法的规定不同，在大陆法系许多学者认为如果法律要求书面形式，那么这种形式就构成生效的要件。正式合同，又称要式合同，主要是指登记合同和密封合同。登记合同，是指那些记录在具有一定管辖权的法院案卷中或经法院认可的合同，有时又称裁判上的义务。英国法学家认为，登记合同根本就不是合同，也根本与合同无关，因为这些合同实际上是由判决所强加的各种义务，或者由“登记法庭”所承认的各种义务。密封合同，是一个书面许诺或一系列书面许诺，经过签名、盖章、封闭和交存等形式才能生效的合同。在英国和美国，密封合同在很大程度上已形同虚设。它与其他合同的区别在于，合同的有效性是从交存之日起开始的，有时候相对的一方可能完全不知道合同的内容，所以也谈不上承诺，而在其他合同中，对要约的承诺，是合同成立的必不可少的条件。此外，密封合同也不一定必须有约因的存在，它的有效性完全取决于形式的完备性。

（二）明示合同和默示合同

明示合同是指双方已经用口头或书面的方式，就合同条款所达成的一致协

① 参见《法学译丛》1987年第5期，第49页。

议。默示合同是指不用言语或文字，而是由双方当事人的行为来表示的协议。明示合同双方当事人的意思表示，是他们通过自己的言辞明确表达出来的；而默示合同双方当事人的意思表示，则是通过他们的行为及合同总的情况推断出来的。二者在法律效力上没有差别，只是在发生纠纷时用以举证的方法有所不同。在美国，普通法从来不认为沉默构成承诺，这条原则来自一句拉丁语“沉默不表示同意”，但这个原则常常引起不公平的后果。为此，第二次《合同法重述》承认沉默在有些情况下构成承诺的方式，即如果受约人以前的语言和行为使要约人有理由相信其沉默构成承诺，或者要约人说过沉默即是承诺，而受约人保持沉默，那么双方之间就形成一种默示合同。另外，英美法系还有所谓准合同的概念。准合同本来并不是真正的合同，但由于它和合同经常联系在一起，所以英美法的法学家们常常把它作为合同的一个种类来研究。在英国，造成这种结果的主要原因有二：其一，在旧时的普通法诉讼中，准合同和合同案件曾使用过相同的诉讼程序，因此，人们常常把准合同看作是“法律上默认的合同”，尽管后来英国上院否认这种解释，但其影响仍然存在。其二，不履行合同的后果，通常是由合同法规定的，而不是由双方当事人商定的，准合同亦然。因此，在处理不履行的法律后果时，合同法与准合同法的作用是一样的，二者的补救方法可以并用。同一种合同关系，也可能有选择地适用两种合同法的补救办法。在美国，根据不当得利或准合同的原则，如果某人从另一个人那里获得利益，即使在没有许诺付款的情况下，他也负有合同义务。这意味着准合同的主要目的在于解决不当得利问题。据此，如果一方能够证明下列事实，他就可以得到合理的补偿：(1) 他提供给对方利益；(2) 他在提供利益时期待对方偿付所提供的利益的价值；(3) 对方知道或有理由知道他的这种期待；(4) 如果对方不偿付他所提供的利益的价值，便构成不当得利。在现代英美法上，有时候将准合同法看成是介乎于合同法和侵权行为法之间的一种制度。准合同与合同在法律效力上的差别在于，合同的效力来自诺言，不论一方是否已经从对方获得了利益，如果合同规定他必须向对方提供利益的话，他就应履行这种义务；准合同的效力来源于一方所获得的利益。也就是说，如果一方从另一方获得了利益，他就应为此利益付出代价；如果一方没有从对方获取利益，双方又没有合同关系，他就不负任何法律义务。

(三) 单边合同和双边合同

在单边合同中，一方作出允诺，另一方并不作出对应的允诺，而是报之以一定的行为，当该行为完成时，允诺的一方才承担义务，如悬赏启事等。换言之，行为的实施是接受要约的一种表示，只有在受约方完成一定行为时，合同才告成立。在双边合同中，双方相互允诺为一定行为或不为一定行为，一方的允诺是对另一方允诺的报答，如买卖合同。双边合同的双方当事人应平等地履行他们的允诺；而在单边合同中，只有一方即立约方必须为一定行为，如对于完成悬赏行为的人，立约人必须给付事先声明的报酬。就这一点而言，双边合同和单边合同的划分与大陆法中双务合同和单务合同的划分有相同之处，但二者的分类标准是有差别的。在大陆法上，以一定的行为表示承诺的合同，可能是单务合同，也可能是双务合同。在我国的法学译著中，有时也把英美法上的单边合同和双边合同译为单务合同和双务合同，它们之间确实存在许多相似之处，但是不应该混为一谈。关于对单边合同承诺的通知，美国法院的判例则是，如果没有特别规定通知为承诺的条件，那么受约人不需要通知要约人。但是，美国第二次《合同法重述》和《统一商法典》认为，虽然单边合同一经履行就具有约束力，但是，在立约人没有理由知道行为已经履行的情况下，受约人必须通知立约人已经履行。

(四) 有效合同、无效合同、可能无效合同和不可强制履行的合同

英美法系有所谓有效合同、无效合同、可能无效合同和不可强制履行合同的划分。无效合同，在大陆法及各社会主义国家的法律和学说中，根本就不是一个合同种类，而在英美法上无论是司法界还是法学界，都有人主张将其作为一个特殊的合同种类。理由是，无效合同，可能仅仅是针对一方当事人而言的，在这种情况下，另外一方还可享有某种合同法上的权利。可能无效的合同，就是大陆法上通常说的得撤销的合同，如因欺诈、胁迫订立的合同。但各国法学家、律师、法官在这个问题上的理解有所不同。例如，未成年人所订立的合同，有的认为是无效合同，有的认为是可能无效的合同。可能无效的合同与无效合同的基本区别在于，只有处于不利的一方如未成年人一方或被欺诈、胁迫的一方才能主张合同无效。不可强制履行的合同，是指因欠缺法律要求的书面形式或超过了诉讼时效而失去胜诉权的合同。在英国，“现在只留下了两种这样的合同，即担保合同和不动产买卖合同”①。在美国，有许多州通过了防止诈欺法规，这项法规要求以下 5 种合同必须具备书面形式：(1) 土地买卖合同；(2) 货物买卖合同；(3) 自订立之日起不在一年内履行的合同；(4) 担保合同；(5) 婚姻作为约因的合同。在大多数州，如果这些合同不采取书面形式，当事人不得根据合同提起诉讼。也就是说，它是不能强制履行的。有少数州认为，不符合防止欺诈法规的合同是无效的。

---

① [英] P. S. 阿蒂亚著：《合同法概论》，法律出版社 1982 年版，第 37 页。

另外，英美法系还有已经履行的合同和可履行的合同之分。

三、我国合同分类

我国大体采取了与大陆法系基本相同的合同分类方法，将合同分为诺成合同和实践合同、要式合同和不要式合同、双务合同和单务合同、有偿合同和无偿合同、有名合同和无名合同、预备合同和正式合同、为自己利益订立的合同和为第三人利益订立的合同以及主合同和从合同等。但我国也采取了一些独特的分类方法，如，将合同分为计划合同与非计划合同、民事合同与经济合同、经济合同与涉外经济合同。

（一）计划合同与非计划合同

根据合同受计划影响的程度，将合同分为计划合同与非计划合同。凡根据国家指令性计划订立的合同，叫计划合同；不是直接根据国家指令性计划订立的合同，叫非计划合同。

计划经济体制国家认为，指令性计划按法律性质属行政法律文件。在我国，指令性计划也具有法律的权威性，对计划文件的受件人有法律约束力，这种约束力贯穿于合同从订立到履行的全过程。我国现行《经济合同法》第11条规定："国家根据需要向企业下达指令性计划的，有关企业之间应当依照有关法律、行政法规规定的企业的权利和义务签订合同。"通常，也只有在不违反指令性计划的情况下，当事人才可以变更或解除合同。而且，合同依指令性计划签订，则指令性计划的取消或变更就成为解除合同或变更合同的根据。近年来，包括我国在内的一些国家都在进行旨在减少国家行政干预的经济改革，计划控制减弱，计划合同的范围大大缩小，计划合同的重要性也大大减弱。有的国家如匈牙利通过修订民法典取消了"计划合同"的专章，有的国家由于合同自由原则的确立，传统意义上的计划合同已不复存在。我国经济合同法的修订和新法的颁布也都大大减弱了合同受计划影响的程度。

（二）民事合同和经济合同

经济合同是平等民事主体的法人、其他经济组织、个体工商户、农村承包经营户相互之间，为达到一定经济目的，明确相互权利义务关系的协议。

在我国，经济合同在立法上是和技术合同、一般民事合同并列的概念，理论上多认为经济合同是一种特殊的民事合同，其特殊之处在于：（1）主体有特殊资格，一般为依法取得的生产经营资格；（2）内容有较强经济性；（3）受国家计划影响相对较大；（4）法律对其形式有比较严格的规定（除及时清结者外，应当采用书面形式）；（5）均为双务和有偿合同。

经济合同与民事合同分离的现象发生于经济改革初期，《经济合同法》的颁布既确立了改革的部分成果，预示着继续改革的方向，又携带着浓重的旧体制的成分，从法律上制约着经济改革的步伐。随着市场经济体制的确立，学者对经济合同与民事合同的划分提出了越来越多的非议，认为：（1）经济合同与一般民事合同的区别并不足以使经济合同必须有一套单独的法律制度；（2）合同的分类不应以主体为依据，市场竞争、人人平等，一切主体应适用统一的规则；（3）经济合同有“一定经济目的”，这是一个模糊不清的标准，因为几乎任何一种合同都在追求一定经济目的。因此，“经济合同”这一范畴，作为时代的产物，随着这一时代的结束，也将退出现实舞台。我国正在进行的统一合同法的起草工作，有摈弃经济合同这一概念的明显迹象。

（三）经济合同与涉外经济合同

涉外经济合同是指中华人民共和国的企业或者其他经济组织同外国的企业和其他经济组织或者个人之间订立的经济合同。它与一般经济合同的区别在于主体一方是外国法人、其他经济组织或个人。

这种分类方法也与改革开放初期的社会实际有着紧密联系。现在国内实行市场经济，国家大力提倡国内市场实现与国际接轨，因此，继续区分经济合同与涉外经济合同已无必要。

第二章　合同的订立

第一节　要　　约

一、要约的概念

要约（Offer），亦称发盘或发价，通常被定义为订立合同的一方当事人向他方提出的，以订立合同为目的的意思表示；或定义为，缔约一方向另一方发出的订立合同的提议，并提出合同条件的意思表示。在英美法中，要约被看作要约人做什么事或不做什么事的一种允诺。《联合国国际货物销售合同公约》指出："向一个或一个以上特定的人提出订立合同的建议，如果十分确定，并且发价人在得到接受时承受约束的意旨，即构成发价。"综观各国多种有关要约的表述，我们认为，要约具有如下特征：（1）要约是特定人所为的意思表示。（2）要约是向相对人所为意思表示。至于相对人是否特定，应视情况而定。（3）要约是能够决定合同主要内容的意思表示，即包含了合同的主要条款。（4）要约人具有提议得到承诺而接受约束的意思。

二、要约的效力

一种观点认为，要约的约束力分为形式约束力和实质约束力两种，前者是对要约人的效力，后者是对承诺人的效力①。另一种观点认为，要约对于受要约人没有约束力，除法律或当事人特别规定外，受要约人没有必须承诺的义务，也没有必须答复要约方的义务。我们认为，认清此问题应严格区别两个概念，即要约的法律效力和要约的约束力。要约的法律效力是指要约生效后对双方产生的法律后果，包括赋予权利和设定义务两种情形。要约的约束力是指要

① 周林彬主编：《比较合同法》，兰州大学出版社 1989 年版，第 154 页。

约生效后给当事人带来的约束性义务，不包含赋予权利的情形。基于这种认识，要约对双方当事人都有法律效力，但只对要约人具有约束力。其一，要约对要约人的约束力表现在要约生效后，在有效期内，不得随意变更、撤销，否则应负法律责任；其二，要约对受要约人的法律效力表现在，要约生效后，受要约人即获得可以承诺的资格，但受要约人并无必须承诺的义务，亦即要约对受要约人并无约束力。

要约发生法律效力的时间，依要约的形式而有区别。口头要约，自相对人了解时生效。书面要约何时生效，各国立法不一，有表示主义、发信主义、到达主义、了解主义之分。我国法对此无明确规定，实践中一般采取到达主义，即要约自送达受要约人时生效。国际贸易中，通常亦采到达主义。《联合国国际货物销售合同公约》也规定：发价于送达被发价人时生效。

三、悬赏广告

各国早期的合同法将悬赏广告视为是一种要约，成为要约制度中一个特别的内容。所谓悬赏广告是指声明对完成一定行为的人给予报酬的广告。广告一般被认为属于要约邀请而非要约，但悬赏广告是广告的一种特殊形式，关于其性质，国内外普遍存在两种说法。（1）契约说，认为悬赏广告是对不特定人发出的公开要约。完成广告人所要求的特定行为是承诺。基于此而成立的契约为悬赏契约。英美法国家及日本一般都持此说。英美法还认为，基于悬赏广告成立的悬赏合同属单务合同。（2）单方法律行为说，认为悬赏广告只需广告人一方的意思表示即可产生法律效力。广告指定行为的完成，为法律行为发生效力的条件。换言之，一定行为的完成，并非是对广告的承诺，而是债务人即广告人声明所付报酬发生的条件。此种法律行为的特点在于附延缓条件。以上两说在学术界均有一定影响。但我们认为，将悬赏广告视为一种附条件的单方法律行为更可取。因为，若将悬赏广告视为要约，把一定行为的完成推定为承诺，依合同关系调整广告人与行为人之间的利益关系，虽然通常情况下并无不可，但在有些情况下，却会遇到理论上的障碍，实践上也显失公平。例如，有人悬赏寻找走失牲畜，一未成年人发现牲畜并将它送交失主。如果依契约说，行为人必须是有行为能力之人。须独立为意思表示，始能成立契约，得到报酬。但该未成年人无行为能力，根据法律理论，未成年人不得自己为法律行为，而应由他的法定代理人代为民事行为。基于此，该未成年人的行为不包含意思表示，只是事实行为，而非法律行为。因主体不合格而无从成立契约，无法依悬赏广告契约得到报酬。此种情形有悖公理及公平原则。如果将悬赏广告认定为附延缓条件的单方法律行为，则可抛开主体资格不论，把特定行为的完成作为悬赏广告发生效力的要件，在广告人与行为人之间建立债权债务关系，未成年人的报酬请求权得到法律支持，其应有权益可得到法律保护。

第二节 承 诺

一、承诺的概念

承诺（Acceptance），亦称受盘或收盘，是指受要约人作出的对要约完全接受的意思表示。一个有效的承诺必须符合以下条件：（1）由受要约人作出，并经送达。（2）应在要约有效期内，按要约规定的方式作出。（3）原则上应与要约内容一致。

关于承诺与要约在内容上是否必须完全一致，在合同法的发展史上曾有过不同的规定。早期合同法要求二者必须完全一致，不允许在承诺中附加任何条件，否则视为反要约，此被奉为承诺应遵守的首要规则，为各国合同法所公认，英美合同法称此为“镜像原则”。随着经济交往的发展，这一原则逐渐得到变通，出现了原则之例外。此以美国《统一商法典》为先例。该法典第2~207条规定，如果要约未明确规定不得增加新条款或不得作任何修改，在承诺中即使增加了新条款或对要约有所改动，承诺依然有效。《联合国国际货物销售合同公约》亦采纳了英美法的灵活立法精神。该《公约》已分实质变更和非实质变更。实质变更发价条件，如价格、付款、货物数量和质量、交货地点和时间、违约责任等变更，构成反要约；非实质变更发价条件，除发价人在不过分迟延的期限内以口头或书面通知反对其差异外，仍构成承诺。我国尚未出台相应的立法，我们认为，我国将来的立法应尽量与各国合同法发展的趋势一致，在承认“完全一致”原则的前提下，亦应允许有例外，肯定无根本变化的附条件承诺有效，从而体现市场经济条件下鼓励交易的合同法原则。

二、承诺的生效时间

承诺生效与合同成立密切相关，通常情况下，承诺生效合同即成立。因此，确定承诺生效时间，在理论及实践上都有意义。

综观各国合同法，确定承诺生效时间存在三种立法主义，它们分别是：发信主义即投邮主义、到信主义和了解主义。由于发信主义过于偏重保护承诺人，且不易确定风险责任；了解主义过于保护要约人，且了解的时间难于真正被他人知晓和确定，因而各国普遍倾向于到信主义。到信主义兼采发信主义和了解主义的优点，同时可以满足公平、迅速、安全等现代交易之基本要求。为此，《联合国国际货物销售合同公约》原则上采用到信主义。它规定："接受发价于表示同意的通知送达发价人时生效。"我国立法对此未作规定，但合同实务和司法实践普遍采用到信主义，将来应以立法加以确定。

三、承诺生效与合同成立

通说认为，承诺生效，即合意达成，承诺的生效时间与合同成立时间是一致的。但在实践中认定合同的成立时间，还须结合具体的合同类型、合同形式及立法规定的不同要件，不可一概而论。根据合同分类学说，合同有诺成与实践之分，诺成合同成立于合意达成之时；实践合同须具体分析，若先达成合意，后交付标的物，则合同成立于标的物交付之时；若在合意之前已交付标的物，则合同成立于合意之达成。在我国，经济合同、技术合同和涉外经济合同皆为诺成合同，成立与否，无须考察是否交付标的物。但不同合同形式在成立时间上仍然有别。口头合同成立于合意的达成，即承诺的生效。书面合同要作具体分析：（1）书面合同一般成立于双方当事人在合同上签字、盖章之时。（2）国家法律、行政法规要求由国家批准的合同，获批准时合同才能成立。对此，我国《涉外经济合同法》和《技术合同法》均有明文规定。（3）涉外经济合同通过信件、电报、电传达成协议，一方当事人要求签订确认书的，签订确认书时，方为合同成立。（4）《技术合同法》要求采用保证担保的合同，自保证人在合同上签字、盖章后成立。

第三节　合同的内容和形式

一、合同的内容

通过要约和承诺而订约，当事人达成意思表示的一致。该一致的意思表示即合同的内容。换言之，合同内容即指合同当事人确定双方权利和义务的各项条件或条款。

关于合同条款，各国立法作了不同规定。在多数国家，立法上一般不具体规定合同的主要条款。如《德国民法典》第154条规定："依当事人双方甚至一方的意思表示认为契约所有各点的合意为必要者，在契约的所有各点未经双方合意以前，如有疑义时，其契约为未成立。对于个别之点的合意，虽曾记载于书面，亦不发生其效力。”按照这一规定，对于合同的条款，得由当事人双方任意约定。而按照《美国统一商法典》的规定，要约最主要的内容是确定货物的数量和提出决定数量的方法。双方对此达成协议，合同就成立。对价格、交货时间可留待以后讨论，协商不成，由法院按合理的标准来确定。只有少数几个国家立法例规定，合同各方必须就合同的所有实质性问题或一方要求规定的事项达成协议，合同才能成立。《苏俄民法典》规定，凡法律确认为主要的合同条款，或者对某类合同所必需的条款，以及根据一方要求必须达成协议的各种条款，都是合同的主要条款。

我国《经济合同法》第 9 条规定，当事人双方依法就经济合同的主要条款经过协商一致，经济合同就成立。第 12 条规定：“经济合同应具备以下主要条款：（一）标的（指货物、劳务、工程项目等）；（二）数量和质量；（三）价款或者酬金；（四）履行的期限、地点和方式；（五）违约责任。根据法律规定的或按经济合同性质必须具备的条款，以及当事人一方要求必须规定的条款，也是经济合同的主要条款。”由此可见，在我国经济合同主要条款的确定是合同成立的条件，该主要条款由三部分组成：一是法律规定的条款；二是合同性质决定的条款；三是当事人一方或双方要求必须具有的条款。

值得注意的是，许多国家的合同法理论将合同内容划分为不同种类。大陆法系学者将合同内容分为客观要件和主观要件。客观要件是指法律就有名合同所规定的成约要件。依客观要件的性质，可将其分为要素、常素和偶素三种。要素为合同订立所需的必备条款，如买卖合同中的标的条款。常素为合同通常包含的条款，如果当事人没有相反的约定，当然成为合同的一部分，如买卖合同中的瑕疵担保义务条款。偶素为通常情况下合同不会包含的条款，但当事人有特别约定时，依约定成为合同内容的组成部分，如买卖中的买回条款。所谓主观要件，是指当事人于法律许可的范围内，自由议定合同成立所需要的必要条款。亦即合同条款是由当事人决定的，而不是法律直接规定的。当事人议定的主观要件，可能是客观要件中的要素也可能是客观要件中的常素或偶素。如，买卖合同中价款的支付日期和地点等条款，在法律上并非合同成立的必备内容，但如果当事人约定其为合同要素的话，则支付日期和地点的确定就成为合同成立的必备要件。英美法将合同条款从当事人义务的角度区分为许诺、条件和担保。许诺是答应为或不为某种行为，无故不遵守许诺则构成违约。条件是一种事实或事件，它发生与否将产生或消灭许诺人履约的义务，条件不发生不构成违约。保证则是从属性的合同义务，违反保证可导致损害赔偿的结果，但不能导致拒绝受领和合同解除的结果。可见，许诺、条件、保证三类条款所包含的内容均构成合同内容，但具有不同的法律效果。我国学者多将合同条款分为主要条款和普通条款。主要条款的缺乏或严重欠乏将导致合同不能成立，普通条款的缺乏则并不产生这种后果。①

二、合同的形式

任何合同内容都要通过一定的合同形式加以体现。合同形式是当事人意思表示一致的外在表现，是双方确认共同意思表示的载体。合同形式对于保证合同内容的公示性和保持正常的合同秩序，起着决定性作用。

古代合同法在合同形式上采取绝对的“要式原则”，即订立合同必须按固定的形式和套语进行，否则合同无效，有关当事人要受制裁。近代合同法则主张“不要式原则”，即无须按特定的形式和手续订立合同，合同仍然有效。在现代商品经济条件下，固守“要式原则”显然不利于商品交换。所以，“不要式原则”已为现代合同法所肯定，但绝对坚持不要式原则也并非必然有益于社会。相反，它可能使某些居优势地位的当事人利用“方式自由”，侵犯国家、社会利益和他人利益。所以现代各国合同法普遍实行以不要式为主，以要式为辅的原则。可以认为，这一原则是在保护弱者，关注国家和社会利益的思想指导下，对古代合同法“要式原则”的扬弃，它内含合同合理化和社会化的考虑和要求，兼顾了效率、秩序和公平多种法律价值。

合同形式的立法模式，各国存在明显区别。一种模式是以合同标的是否达到一定标准作为选择合同形式的依据。如，美国《统一商法典》第221条第1款规定：“除本条另有规定外，标的额五百美元以外的买卖合同需有足以表明买卖合同已在当事人之间达成的某种形式的文书，并由合同履行人或由他指定的代表或经纪人签字，否则，在诉讼上无效。”另一种模式是以合同设有担保或标的系不动产作为选择合同形式的依据。如，《法国民法典》第2127条规定，设立抵押权的合同必须在公证人或者两个证人在场的条件下，以公证形式作成证书，合同才成立。《德国民法典》第766条规定：“为使保证合同有效，必须以书面方式表示意思。”《德国民法典》第925条和第928条还规定，土地买卖合同，当事人须在不动产登记处签订，并在土地登记簿上登记才能生效。第三种模式是以是否即时清结作为选择合同形式的标准。其典型代表是我

① 王利民等著：《民法新论》（下），中国政法大学出版社1988年版，第386页。

国《经济合同法》第3条的规定："经济合同，除即时清结者外，应当采用书面形式。"这种立法模式在立法技术上值得商榷。实践中，按照是否即时清结决定是否采用书面形式，将可能产生两方面不利后果：（1）按照此种规定，不论合同标的数额多大，只要是可以即时清结的合同，就允许采用口头形式。这样，当事人很容易在进行大宗交易时，逃避国家的监督管理，利用口头合同无据可查或难查实据的特点，违反法律，扰乱经济秩序，损害国家和社会的利益。尤其在我国，目前的生产力不发达，多数商品基本属于卖方市场或尚未完全转为买方市场，诚实信用原则还没有被每个生产者和经营者所接受。如果凡即时清结的合同都允许采用口头形式，没有书面质量保证条款，产品责任难以追究，势必不利于保护消费者的利益。（2）根据法律的硬性规定，如果当事人对不能即时清结的交易未订立书面合同，则在发生纠纷时，将无法得到司法救济。这种规范设计得明显过于简单和苛刻，有悖于合同法的宗旨。所以，合同法对形式问题，宜于采用标的额和是否即时清结两个标准，作为选择合同形式的依据，即标的额达到一定数额的合同，应当采用书面形式；未达到数额标准的合同，除即时清结者外，也应当采用书面形式。

法律要求合同具备特定形式，当事人没有遵守合同法的形式要求，将导致何种法律后果，学术界有不同见解。一种观点为成立要件说，认为民事法律行为必须依照法律的规定进行，法律行为才能成立。法律对法律行为的特定形式要求，是法律行为的成立要件。一种观点为生效要件说，认为既然法律要求合同采用书面形式，那么，业已成立的合同如果未具备法定形式，则不发生法律效力。另一种观点为证据说，认为法律要求以书面形式订立合同，主要因为它能证明合同的存在，如果当事人没有采用书面形式，将失去证据。我国法学理论界，多数学者认为证据说较为合理。因为，从实践上看，有相当多的合同没有采用合同法要求的书面形式，其中有的已经履行；有的虽未履行，但当事人间没有任何争议。如果一律按合同不能成立或合同无效处理，显然不利于社会经济秩序的稳定和效益的提高，有悖于鼓励交易的法律原则，有悖于合同法的立法宗旨，因此，在实践中宜采证据说。

需特别指出的是，《联合国国际货物销售合同公约》对合同形式的规定采取了完全放任的态度。该《公约》第11条规定："销售合同无须以书面订立或书面证明，在形式方面也不受任何其他条件的限制。销售合同可以用包括人证在内的任何方法证明。"这与我国国内法的规定区别甚大。在我国，除不能即时清结的经济合同应采用书面形式外，《技术合同法》和《涉外经济合同法》鉴于技术合同和涉外经济合同的特殊性，也要求一律采用书面形式。这种立法主要基于以下考虑：技术合同无论是技术开发、技术转让、技术咨询或技术服务，皆难于做到即时清结，加之技术是无形商品，在合同履行过程中情况复杂，因此，技术合同宜于采用书面形式；而涉外经济合同具有涉外因素，从维护国家整体利益出发，同样宜于采用书面形式。本着这一精神，我国在参加《联合国国际货物销售合同公约》时对其中的第 11 条作了保留。

第三章　合同的效力

第一节　合同效力概述

合同订立程序完成后的重要问题是合同是否具有法律效力。所谓合同的法律效力是指合同对双方当事人赋予权利和（或）设定义务的效果。合同有效，则能对当事人赋予权利设定义务，实现当事人所期待的法律后果；合同无效，则不能对当事人赋予权利设定义务，不能实现当事人所期待的法律后果，但发生法律所规定的后果。

对合同效力，各国合同法都有相应规定。大陆法系国家多将有关合同效力的一般内容，融于债的效力之中，在民法典中加以规定，只是在具体形式上略有不同。如《德国民法典》第二编第一章规定“债的关系的内容”，《法国民法典》第三编第三章第三节规定“债的效果”，《日本民法典》第三编第一章第三节规定“债的效力”。英美法系国家，虽无较集中的统一规定，但也十分重视合同效力，日益趋向于通过制定法或判例，强调合同的合法性和对违约的救济，明示有碍合同效力的因素和后果。我国现行法对合同效力也有较明确的规定，《经济合同法》第 6 条规定：“经济合同依法成立，即具有法律约束力。”《民法通则》第 85 条也规定：“依法成立的合同，受法律保护。”《涉外经济合同法》、《技术合同法》中也有相应的规定。这表明，合同效力制度在合同法中占有重要地位。

在现实经济生活中，一些民事主体经常强调，合同具有“法律效力”。学术界也在不同场合使用这一术语。严格说来这种提法本身并不准确。根据法的一般原理，所谓法律效力，实际是法律的效力，具有明显的专属性。各种不属于法律的事物，按逻辑规律，均不应该具有法律效力。然而在现实的社会生活中，这种严格界限已被打破，法律效力一词的使用范围不断被扩展，并有继续延伸的趋势。所谓合同具有法律效力，即是其中一例。合同并非法律，而是当事人依法成立的合意。在这个意义上，合同显然不能具有法律的效力。合同具有法律效力的命题，其本质意义在于借助法所具有的权威性，特别是以国家强制为依托的不可违背性，强调依法成立合同的严肃性，强调有关主体对于合同义务的必须履行性。照此推论应该认为，合同的法律效力实为合同法的效力，或者说是由法律加给合同的，用以调整合同关系的一种强制力，或称之为，法律对合同关系规定的拘束力。

合同的法律效力，从国家角度看，是国家基于合同的社会及经济价值，依靠国家强制力所维护的正常秩序。当合同双方认真履约，使合意气氛善始善终时，它所依靠的国家强制力只发挥潜在的作用；而当双方发生纠纷时，或进而诉诸法律时，国家强制力即会不同程度地公开表现出来。无论前者还是后者，也不论合同的结局是否圆满，都体现了以合同效力为直观形态，而以国家强制力为后盾的辩证统一关系，反映了合同效力与法律效力的有机联系。从当事人的角度看，在正常情况下，双方都赞成合同具有法律效力，希望通过法律效力的威严，互相约束，顺利实现缔约的目的。把上面两个角度结合起来，就是法律赋予合同的法律效力的主要缘由。它实际是通过法律规定的形式，提高合同的地位，要求当事人应以遵守法律的注意力，认真对待和履行合同。这足以表明法律对符合国家意志的当事人合意的支持和尊重，表明国家愿以国家之强制力维护当事人合意的原则立场，尽量突出当事人的意志，尽量显示合同的威严。这无疑是民主和法制的体现，是社会进步的标志。

对于合同具有法律效力这一命题，应特别注意以下几点：（1）合同只是一种合意，是当事人之间提供财产，作为或不作为债务的合意，合同有别于法律，因而在严格意义上讲，合同不能完全具有法律那样的效力；（2）合同不是当事人之间的任意行为，而是依法成立的，其中介入了国家的意志，关系到国家和社会的利益，因而必须切实维护它的严肃性和稳定性，使之具有近似于法律的效力；（3）合同的法律效力主要表现在，对当事人具有强制的作用，当事人应该把他们业已订立的合同视为存在于他们之间的“法律”。

合同法律效力所包含的对特定主体的强制力和约束力，只作用于合同当事人，不具备普遍适用性，是国家强制对特定关系、特定主体的具体适用。其适用的效果有三：（1）合同当事人约定的权利、义务为法律所确认，被视为法律上的权利与义务，具有法律上权利、义务的基本特征。（2）合同当事人权利的行使，为法律所支持和保护，法律通过赋予当事人以法律上的权利，如请求权、受领权、诉请强制执行权等，保证合同权利的实现。（3）合同义务的履行为法律所强制，当事人不依约履行义务或第三人非法妨碍合同义务履行时，司法机关可依据权利人的请求，强制义务人履行义务，或强迫第三人消除对合同履行的干扰，追究义务人或第三人的法律责任，补偿权利人的损失。

第二节　合同的生效要件

各国合同法对合同生效要件的规定不尽相同。英美法和大陆法之间最明显的区别在于，英美法具有独特的对价制度，将对价的存在作为不要式合同的生效要件之一。除此以外，两者尽管还有一些细微差别，但大体上都包括主体资格、意思表示真实、内容目的合法及形式要件等要素。

一、缔约能力

缔约能力，即缔结合同的行为能力，与民事行为能力不是同一概念，缔约能力的存在以民事行为能力的存在为前提，但具有一般民事行为能力的主体，并不必然具备缔约能力。合同主体的缔约能力由其法律身份、自身状况所决定，不同性质的合同对缔约能力也有不同的要求。一般而言，合同当事人只有具备法律所要求的缔约能力，其所订立的合同才可能具有法律效力。缔约能力的有无是衡量合同是否具备法律效力的基本标准之一，是合同生效要件的基本构成要素。缔约能力的有无同时也是合同主体资格问题，只有具备相应缔约能力的主体，才有可能成为合格的合同主体。通常，所谓当事人不合格或当事人不具备合同主体资格，便是指作为合同当事人的自然人或法人或其他主体不具备法律所要求的签订合同的行为能力。

根据各国法律规定，当事人不具备缔约能力是合同无效的重要原因之一。如当事人为未成年人或精神病患者，或者法人超越经营范围等都可能导致所签合同无效。但各国在这方面的规定仍存在差异。

（一）未成年人签订合同的效力

对未成年人签订合同的效力，各国法律规定有明显区别，这些区别可归纳为：（1）一些国家把未成年人划分为无行为能力人和限制行为能力人。限制行为能力人所签订的合同，除法律特别规定外，并不当然无效，其效力决定于该限制行为能力人的法定代理人是否追认。在追认前这种合同的效力是不确定的，如果法定代理人在一定期限内无任何表示，视为拒绝追认，合同无效。《德国民法典》便采用此种效力未定规则。（2）把未成年人所订立的合同视为可撤销的合同。法国和日本均采取这种规则。《法国民法典》第 1125 条规定，未成年人对于自己以契约订立的约束，仅于法律规定之情形下，得以无订立契约能力为理由提出攻击；与未成年人订立契约的相对人，不得以其相对人无订立契约能力而主张契约无效。《日本民法典》第 15 条的规定与此相似。(3) 把未成年人所订立的合同，一部分视为绝对无效，另一部分视为可撤销。采取该规则的主要是英美法系国家。在英美合同法中，未成年人签订下述合同属于当然无效合同：借款合同、供应非必需品的合同、作为债务人确认的单据等。英美合同法认为，能赋予未成年人以持续利益的合同属于另一类的合同。这类合同对双方当事人是有约束力的，但未成年人在他成年之前或成年后一段合理的时间里，可以撤销这种合同。这类合同有：租借合同、合伙合同、持有公司股份的合同、接受教育的合同、学徒合同等。

可见，世界大多数国家的合同法规定未成年人由于其主体资格上的欠缺导致合同的效力不完全，而这种效力不完全的程度因国而异。德国将 7 岁以下的儿童，中国把 10 岁以下的儿童所为的合同行为视为当然无效。其他大陆法系国家均没有把未成年人所为的合同规定为当然无效的法例。然而，德国、中国与其他大陆法系国家这种立法上的区别在实践中的意义，并不像理论上所表现的那么大。事实上，实践中极少有 10 岁或 7 岁以下的儿童实施合同行为，即使有也无代表意义。因此，可以说德国和中国立法模式的意义基本上仅停留在理论上，倒是英美法系合同法视未成年人订立合同的类型而定其效力，不仅在理论上，而且在实践上也有重要意义。

（二）精神病人签订合同的效力

各国法律均将患有精神病作为影响合同效力的重要因素。但对合同效力影响到何种程度，各国法律规定有差异。

法国、日本等国将精神病人签订的合同视为可撤销合同。《法国民法典》第 489 条规定：“成年人经常处于痴愚、心神丧失或疯癫状态者，即使此种状态有时间歇，应禁止处理自己的财产。”《日本民法典》第 7 条和第 9 条规定，对于处于心神丧失常态的人，家庭法院可以实行禁治产宣告，禁治产人的行为可以撤销。

德国、瑞士等国将精神病人签订的合同规定为当然无效的合同。《德国民法典》规定，因精神病而被宣告为禁治产的人为无行为能力人，因精神耗弱、酗酒成癖或因吸毒而被宣告禁治产者为限制行为能力人，他们所签合同均属无效。

英美合同法则认为，一个被法庭宣布为患有精神病的人所签订的合同无效或可撤销。但实践中，对精神病人来说，撤销合同往往是困难的。因为，按英美合同法，精神病人或其保人若想确认合同无效或撤销合同，必须就对方曾知道其患有精神病的事实负举证责任，如不能证明这一事实，合同便是有效的。

精神病人所签合同的效力问题，实质上是如何调整精神病人和民事流转的利益冲突问题。通过比较和研究各国立法可知，有的国家立法侧重于保护民事流转的利益和交易上的安全；有的侧重于保护精神病人的利益，同时兼顾交易上的安全；有的更注重当事人的意志自由，把合同是否无效的决定权赋予当事人；有的注重国家对社会经济的干预，由国家直接规定合同的效力。

(三) 法人超越经营范围签订合同的效力

各国对法人能力的规定有一定差异。采取公司能力无限制原则的国家如法国、瑞士等，规定法人可为一切合同行为。故不存在因法人超越经营范围所签合同无效的问题。采取符合特定目的原则的国家如德国、日本等，法律把法人的权利能力局限于法人章程规定的经营范围之内，但这种法律规定属于取缔规定，而非效力规定。也就是说，法律作出这一规定的目的在于禁止这种行为的发生，而不在于否认其行为的效力。如《德国民法典》第 43 条规定，按章程不以营利为目的的社团，如从事营利事业时，得剥夺其权利能力。这些国家的法律并没有将法人超越经营范围所签订的合同规定为无效的条文。也就是说，法人超越经营范围签订的合同，在这些国家并不当然无效。英美法系则不同。英美合同法认为，凡是与公司订立合同者，必先了解公司目的条款，如合同超出目的条款则合同无效，即使全体股东大会认可这一合同亦然。公司既不能就越权合同对另一方提出控诉，另一方也不得控告公司。值得注意的是，欧洲共同体 1972 年关于公司的法令第 9 节第 1 款规定，在具备下列条件时给相对方当事人以撤销合同的权力：(1) 相对方当事人确实未曾读过公司章程并出于善意；(2) 在公司方面，合同的订立是出于董事会的决定。英国是共同体的成员国，其合同行为应在该规定的约束之下。

我国《民法通则》和《经济合同法》均未直接规定法人超越经营范围所签合同无效，但由于我国法律明确规定，法人超越经营范围进行交易的行为是违反法律和社会公共利益的行为，因而可据此认定其无效。

二、意思表示真实

意思表示真实，在传统民法理论中又称为意思表示无瑕疵，或意思表示健全。其含义通常被解释为，表意人内心欲发生一定效果的意思，即所谓的效果意思与其表示的行为相互一致。意思表示不真实主要包括两种情形：一种是由于表意人自身的原因所为的不真实表示，如出于故意或基于误解而为与真意不符的表示；另一种是表意人由于外力因素所为的不真实意思表示，如因诈欺、胁迫、乘人之危而致表示不符真意。对意思表示不真实，即意思与表示不一致效力之认定，学术界有三种学说，即意思说、表示说和折衷说。意思说主张以内心的效果意思为标准，判定与内心意思不一致的表示无效，保护表意人的权益；表示说以表意人表示行为为标准，认定与意思不相吻合的表示有效，维护合同的权威和社会交易的安全；折衷说是两者的调和，将意思标准和表示行为标准结合起来，区别情况，判断合同有无效力。

出于故意而为与真意不符的表示有两种，即单方为虚伪意思表示和双方通谋为虚伪意思表示。对于单方故意为虚伪意思表示订立合同，德国、日本采取表示主义，规定该合同并不因之无效，目的在于避免相对人因误信其表示行为有效而受损失。但当相对人明知表意人心中保留真实情况时，便不会因误信而蒙受损失。因此法律又作出例外的折衷规定，即相对人已知或可得而知表意人之真意时，该意思表示无效。法国和英美法没有对此作出规定。对于双方通谋为虚伪意思表示订立合同，德国、日本、中国等许多国家均规定合同无效。因为双方均不会因误信意思表示真实而蒙受损失，法律也就没有对各方进行特殊保护的必要，况且，双方当事人通谋为虚伪意思表示，其居心无非是欺蒙国家、社会或第三人，损害其利益，如果让合同生效，则会助长不法，违反公平和正义。

出于错误或误解作出与真意不符的表示所订合同的效力，各国立法有差异。首先是对“错误”的规定不同。《法国民法典》第 1110 条规定错误限于两种情况，即契约标的物本质上的错误和对他方当事人的错误而该他方当事人的约因是协议主要的或决定性的动机。《德国民法典》第 119 条、第 120 条规定错误有三种，即意思表示内容的错误、传达的错误和交易上认为重要的关于人的资格或物的性质的错误。《日本民法典》第 95 条规定，错误是指法律行为要素的错误。英美法将错误分为双方错误和单方错误。双方错误包括在认定合同标的物上有错误，在标的物存在与否的问题上有错误，在标的物质量或数量上有错误等；单方错误包括在合同对手上有错误，一方在报价上有错误等。中国及其他少数几个国家的法律没有使用错误一词，而是使用“误解”一词。错误与误解在许多国家的民法理论中是有区别的，但从有关规定和学理解释方面观察，中国等国法律上的误解与多数国家法律上的错误，含义是一致的。各国立法除对“错误”的规定不同外，对因错误或误解订立合同的效力的规定也有差异。法国、德国、中国注重在保护表意人利益的同时兼顾交易安全，故把因错误或误解所订立合同规定为可撤销合同，撤销权属于表意人。日本则将其规定为当然无效的合同（《日本民法典》第 95 条）。英美合同法认为，不同种类的错误，应作不同处理，在认定合同标的物上有错误，在合同标的物是否存在及标的物数量、本质上有错误时，合同无效；在标的物质量上有错误、在合同对手上有错误、一方在报价中有错误、在对法律的认识上有错误时，根据实际情况判决有效或无效。总体而言，各国为了保护表意人的正当权益，避免表意人因合同而遭受损失，都对因错误或误解所订立合同的效力加以限制，只是由于各国对表意人的利益和交易安全保护的侧重点不同，对合同效力的限制程度也有所不同。

出于他人诈欺、胁迫、不当影响等原因而致表示不符真意，即意思表示有瑕疵，各国对此均有相应规定，但规定的范围不同。大陆法系国家规定有诈欺、胁迫、乘人之危三种情形，英美法系国家规定有诈欺、不正确陈述、胁迫和不当影响四种情形。两大法系在这一方面相同的规定有诈欺、胁迫两种，不正确陈述是英美法系国家所特有的。英美法中的不正当影响包括两种情况：一是合同双方当事人具有特定的关系如医生与病人、神父与信徒、教师与学生等而受到不正当影响；二是处于危难或急迫需要情况下而受到不正当影响，前者是英美法系所特有的，后者则与大陆法上的乘人之危相同。对因诈欺、胁迫、不当影响所订合同的效力，各国法律，无论是英美法系还是大陆法系均规定为可撤销合同。

值得注意的是，我国这方面的立法明显不同于其他国家。我国民法和合同法将因诈欺、胁迫、乘人之危而签订的合同规定为当然无效，将有重大误解和显失公平的合同规定为可撤销合同。我国学术界对这种规定提出不同看法，其要观点是，应扩大可撤销合同的范围，减少法律直接规定合同无效的情形，即对意思表示不真实的合同生效与否，决定权交给当事人，由当事人根据实际情况决定是否废除合同以充分体现意思自治的精神，国家直接规定合同效力则属不必要的国家干预。

三、不违反法律或社会公共利益

合同的合法性是古今中外各种类型的民法典或合同法所共有的要求。各国民法或合同法均把“违反法律”作为合同无效的当然且首要的原因。如《法国民法典》第 1133 条、《德国民法典》第 134、135 条，《日本民法典》第 90 条以及属于英美法系的《印度契约法》第 24 条和属于社会主义法的《中华人民共和国民法通则》第 58 条等概不例外。但这并不意味着各国在这一方面的规定完全一致。事实上，各国规定是有差异的。（1）尽管各国合同法关于违反法律的合同无效的规定是一致的，但由于各国社会经济条件的不同，各国法律规定的合法和不合法的标准也不同，各国法律对于什么是可以做的，什么是不可以做的，有不同的规定或有不同的判断标准，因而对同一种具体的合同，不同国家对其效力可能作出不同认定。如以土地为标的的买卖合同在有的国家是有效的，而有的国家则是无效的。(2) 对“违反法律”一语的理解，各国也不完全一致。有的认为合同违反法律仅指合同内容违反法律；有的则认为合同违反法律包括合同内容违法和合同目的违法；有的认为合同违法还应包含订立合同的方法不合法。(3) 有的对合同违法的具体形态作了归纳并进行列举性的规定，有的只笼统规定违反法律的合同无效。

违反社会公共利益的合同无效，也是各国合同法立法的一般原则。多数国家规定或认为，违反社会公共利益包括或主要包括违反公共秩序和违反善良风俗。

公共秩序和善良风俗的观念，由来已久，现代各国民法典或合同法都予以确认。《法国民法典》第1131条和第1133条规定，原因违反公共秩序或善良风俗时，此种原因为不法原因，不法原因不发生法律效力。《德国民法典》第138条规定，违反善良风俗的法律行为无效。《日本民法典》第91条规定，以违反公共秩序或善良风俗的事项为标的的法律行为无效。另外，《瑞士债法》第20条也有类似规定。我国民法和合同法均未直接确认公共秩序和善良风俗的观念，但我国法学理论普遍认为，我国法律条文中所用的“公共利益”一语和法律理论中所用的“社会主义道德风尚”一语与多数国家所用的公共秩序和善良风俗的含义应是基本一致的。当然，各国由于政治经济条件及历史文化传统的不同，公共秩序和善良风俗的具体内容并不完全一致。

需要特别指出的是，不违反法律和社会公共利益在我国还有更广泛的意义。在我国，国家政策和指令性计划也具有法律的权威性，合同违反国家政策和指令性计划同样被视为违法而不具有法律效力。社会公共利益更是一个具有较强的包容性的概念，在我国除包含公共秩序和善良风俗外，国家利益也在其内，因为国家利益是社会公共利益的集中体现，违反国家利益的合同同样无效。

四、具备法律所要求的形式

一般而言，合同属不要式行为，不以特定形式为生效要件。但是，各国合同法几乎无一例外地对某些特定的合同类型作了形式上的要求。这就产生了一个问题，即当法律对某一个合同类型的形式有特别规定时，如果当事人不遵守这一法定形式，合同是否有效？对此，各国立法和司法实践中有两种重要学说是值得注意的。其一，要件主义，认为具备规定形式是合同成立或生效的必要条件，不按法定形式签订合同，合同就不能生效；其二，证据主义，认为法定形式不是合同成立或生效的要件，不具备法定形式只是不能证明契约的存在，但不引起契约无效的后果。大陆法系国家多采要件主义。如《德国民法典》第125条规定，缺少法定方式的法律行为无效。但大陆法系也有采证据主义的立法例，如《法国民法典》第13条。英美法系国家对要件主义和证据主义兼而用之。英国和美国合同法均规定，某些特殊类型的合同必须采取书面形式，否则无效，如遗产管理人同意用自己的财产为死者还债的合同，同意代别人还债的合同，婚约中的对价、出售土地及与土地有关的收益的合同，在缔约一年后才付诸履行的合同，汇票和本票等。但英美两国特殊类型的合同的范围并不完全一致，在英国还包括海上保险合同、股票转让合同、消费信贷合同、售货额在10英镑以上的售货合同等；在美国还包括转让不动产的合同、转让专利的合同、售货额在500美元以上的售货合同以及部分州规定的一年以上的出租合同。不过，英国1954年的法律改革法对原有的古老法则作了修改，现今在英国需要书面证明的合同仅剩两种：保证合同和同土地有关的合同。

我国《民法通则》第56条规定："民事法律行为可以采取书面形式、口头形式或者其他形式。法律规定用特定形式的，应当依照法律规定。"《经济合同法》、《工矿产品购销合同条例》等法律、法规规定，经济合同、工矿产品购销合同除即时清结者外应当或必须采用书面形式。对这些法律法规的理解，我国学术界一向有三种学说，即成立要件说、生效要件说和证据说。多数学者倾向于证据说。也有一种观点认为，合同的形式要件既可能作为合同的成立要件，也可能作为合同的生效要件，还可能作证据材料，关键在于法律如何规定①。我们认为，如果法律硬性规定，特定形式是合同生效的必要条件，应依该规定，如果并无硬性规定，宜采证据说。

第三节　合同无效的后果

一、概述

合同因不具备法定的生效条件而无效。合同无效，自始不发生法律效力，合同当事人所期待的法律后果即不能发生。合同无效既不是当事人的期望，也

① 苏惠祥主编：《中国当代合同法论》，吉林大学出版社1992年版，第110页。

不是合同法追求的目的。法律的主旨在于对合法的合同给予保护。对无效合同作出规定，仅是出于对国家利益、他人利益和当事人利益的保护。从某种意义而言，法律总是在其力所能及的范围内鼓励交易，维护合同的效力。对于部分无效的合同，如果无效部分不影响其余部分的效力，法律也肯定其余部分的效力。对于当事人通过协商，取消或修正无效条款的合同，法律同样予以肯定。

合同无效，只是不发生当事人期待的法律后果，而非不发生任何法律后果。合同一经被确认为无效，当事人之间的合同关系即告自始消灭，尚未履行的合同不能履行，已经履行的合同发生返还财产、赔偿损失或追缴财产等后果。

二、返还财产

无效合同，如果双方当事人均未履行便不存在返还财产问题。但如果双方当事人已经全部或部分履行了无效合同，因履行合同而给付的财产能否请求返还，各国立法对此规定不一致。

英美合同法视合同无效的具体原因而区别对待。对于不正确陈述、错误等原因导致无效的合同，原则上允许当事人双方相互返还财产。著名的斯彭斯诉克劳福德案的判词指出："被告虽然进行了欺骗，但绝不能被掠夺，原告也绝不能既取回所交之物，又保留从对方取得的回报之物，从而大发不义之财。"这一判例在英美法国家被广泛引用。但英美合同法对一开始就违法的合同拒绝给予救济。著名的霍尔曼诉约翰逊一案表明了处理违法合同的原则，即非法合同当事人既不能实施该合同，也不能指望法律给予任何救济。英美法院在司法实践中对违法合同任何一方的起诉都拒绝受理，并且不允许索还按合同已转让的财产和权利。虽然，按此原则，被告受益，原告不利，但英美学者认为，这种做法是为了不给非法合同开绿灯从而保护社会利益。当然，英美也有例外的判例。大陆法系国家对能否追还财产在立法上并未作出直接规定，但从各国民法典的相关规定看，合同无效，当事人的给付成为无因给付或没有合法根据的给付，因而是允许追还的。我国《民法通则》第61条对无效合同当事人是否给予救济，视合同无效的原因不同而区别对待。该条规定："民事行为被确认为无效或者被撤销后，当事人因该行为取得的财产，应当返还给受损失的一方。……双方恶意串通，实施民事行为损害国家的、集体的或者第三人的利益的，应当追缴双方取得的财产，收归国家、集体所有或者返还第三人。"可见，在我国，一般情况下，当事人可以请求返还依无效合同给付的财产。但对于因双方当事人故意违法和双方当事人恶意通谋而无效的合同，当事人只承担惩罚性后果，法律不给予任何救济，即不仅不允许相互返还财产，而且也不允许任何一方当事人取得这些财产，而是追缴财产归国家、集体所有。对于合同双方中仅一方当事人故意违法或采取诈欺、胁迫手段导致无效的，法律实行单方返还的救济方式，即将故意违法者或诈欺、胁迫者已交付或应交付的财产予以收缴，对方当事人则可以要求返还财产。这种立法与英美法国家对因故意违法而无效的合同当事人不予救济的作法是一致的。

财产返还制度的目的在于维护已为给付的当事人的利益。对返还财产请求权的性质如何认定，直接关系对当事人利益所能提供的保护。各国立法和民法理论对其性质的认定，主要有两种观点：一是视为不当得利请求权，将当事人基于无效合同所取得的财产，认定为不当得利，义务人对财产的返还，仅限于实际所得，对非因主观过错造成的财产灭失，不承担补偿责任。《德国民法典》第 873 条和第 929 条的规定即表明，因契约无效，并不当然导致物权行为无效，当事人只能依不当得利之规定，请求返还财产。日本的民法理论及相关规定接近于德国。二是视为物上请求权，将当事人基于无效合同取得的财产，认定为因不法原因和方式取得的财产，返还义务人负有恢复原状的义务，对财产的意外灭失亦不能负责。法国、瑞士及英美合同法均基于物权保护返还财产请求权人。我国《民法通则》及《经济合同法》均无明示规定。理论上，有学者主张，应按恢复原状为主，补偿为辅的原则确定返还财产的范围，其宗旨在于强调恢复当事人订约前的财产状况，只不过允许对不能返还或不必返还的财产折价补偿，同严格恪守原物返还原则相比，较为宽容和灵活。

三、损害赔偿

损害赔偿，是各国合同法普遍采用的对无效合同当事人予以救济的手段。如果合同无效，采取返还财产的手段仍不能弥补当事人的损失，或者已给付的财产客观上已不可能返还，应使无过错的受害人享有要求有过错的当事人给予赔偿的权利。但是，损害赔偿作为对无效合同当事人的补救手段，各国的适用范围和理论依据不尽一致。

英美合同法承认损害赔偿是合同无效后对当事人的一种补救手段，但其适用被局限在较小范围之内，对因违法而无效的合同当事人，法律一般不给予救济，只在不属于错误均等的情形下，对较为无辜的一方提供救济，允许其向对方当事人索取其因合同无效所发生的必要费用。对于因诈欺性或疏忽性错误陈述而无效的合同，英美合同法允许无过错受损害的当事人起诉索赔。但是，英国法院在 1969 年多伊尔诉奥尔比一案中指出，合同因欺骗性不正确陈述而无效，赔偿须依侵权法为之，而非依合同法估算。在英国，因欺骗性不正确陈述而受害的一方可以在起诉索赔与取消合同之间任择其一，或者既取消合同，又起诉索赔，二者兼而用之。美国《统一商法典》及某些州的法律也作了类似规定。在美国1965年格兰迪诉莱赛吉一案中，被告谎称所售之马为种马，原告购得后，发现乃一阉马。法院既准许原告取消合同，即退马与还价，又命令被告赔偿原告因喂养该马及请兽医所支付的费用。因法人越权而无效的合同，尽管英美各法院判决不一，但一般认为，已履行合同的一方可起诉索赔。

大陆法系各国极少对损害赔偿作集中的规定，但从一些零散的条文仍可得知：合同被确认无效后，有过错的当事人给对方造成损失时，要承担损害赔偿的民事责任，即缔约上的过失责任。

我国《民法通则》第61条规定，民事行为被确认无效或者被撤销以后，有过错的一方应当赔偿对方因此所受的损失，双方都有过错的，应当各自承担相应的责任。这是我国法确认损害赔偿责任的直接依据。根据这一规定及其他相关规定，损害赔偿责任的构成需满足如下要件：（1）损害赔偿的受偿方无恶性违法行为。实施恶性违法行为的当事人无受偿权，但一方当事人的恶性违法行为并不影响无过错的另一方当事人的受偿权。（2）承担赔偿责任的当事人具有过错。合同无效所发生的损害赔偿之责的归责原则为过错责任原则，并以当事人过错的轻重作为划分责任的依据。（3）受偿人因合同无效遭受损失，合同无效与受偿人的损失之间有直接的因果关系。同时满足上述三个要件，才可发生合同无效的损害赔偿责任。

四、追缴财产

少数国家规定，合同因恶性违法行为而无效，则追缴当事人取得的财产。严格意义上讲，追缴财产不是民法上的后果，而应属刑法或行政法上的法律后果。之所以在民法中作出此项规定，一方面是为了保持无效合同制度的完整性，形成较全面的处理方式，即出于立法技术的考虑；另一方面也是为了表明民法对情节严重、社会危害性较大的违法行为的严正立场，强调适用行政法或刑法，以维护正常的经济秩序，保证合同制度发挥应有的作用。追缴财产是对实施恶性民事违法行为的制裁，不普遍适用于所有的无效合同。在我国民事立法中主要适用于《民法通则》第61条规定的双方恶意串通损害国家、集体及第三人利益的情形。这是因为，追缴财产具有明显的严厉性，因而在适用上必须受到严格限制。

第四章　合同的履行

第一节　合同履行概述

合同履行，在大陆法系和英美法系通常被定义为完成合同义务的行为，或是当事人实现合同内容的行为。我国有关合同法著述，在论及合同履行概念时，多作出与前述定义基本一致的表述。这些对合同履行的界定，在通常情况下无可厚非，因为它揭示了合同履行的基本含义。但如将其放到各国具体的合同履行制度下考察，便发现其外延过于狭窄，它只注重当事人双方的实际交付行为，却忽略了当事人双方履行合同是个行为过程，以至于难以包容法律对合同履行的完整要求。基于这一认识，我们认为，合同履行是指合同当事人全面完成合同义务，使合同关系得以全部终止的整个行为过程。这一定义包含以下三个要点：

1. 履行是当事人的履约行为

合同现象涉及合同当事人、合同鉴证人、合同担保人、合同管理机关甚至第三人，但合同履行必须有当事人的履约行为，这是债权得以实现的一般条件，也是债权与物权在实现方式上的基本区别。履约行为通常表现为当事人的作为，即当事人为一定的积极行为，以实现合同内容。但在某些场合，合同履行也表现为当事人的不作为，即消极行为，如不泄露技术秘密。无论是作为或不作为，都是当事人的履约行为。

2. 履行是当事人全面、正确实现合同义务的行为

合同履行，就其本质而言，是指合同的全部履行。只有当事人双方依法依约全面、正确地完成各自承担的义务，才能使合同之债归于消灭，从而使当事人解脱合同的束缚。因此，当事人全面正确地完成合同义务，是对当事人履约行为的基本要求。只完成合同规定的部分义务就是没有完全履行；任何一方或双方均未履行合同规定的义务，则为完全没有履行。无论是完全没有履行，或是没有完全履行，均与合同履行的要求相悖。

3. 履行合同是当事人全面完成合同义务的行为过程

这层意思被有的学者称为合同履行的纵向含义，它是对以往的合同履行定义所作出的符合大多数国家合同法要求的补充，它强调合同履行是当事人全面完成合同义务的整个行为过程，符合各国合同立法的通例。当事人完成合同义务的整个行为过程，不仅包括当事人的依约交付行为，而且还包括当事人为完成最终的交付行为所实施的一系列的准备行为。当代合同法已充分注意到准备行为在合同履行中的重要作用，提醒债权人要关注债务人履行的全过程，并赋予债权人在预期违约情况下，有提前中止合同的权利。例如，《联合国国际货物销售合同公约》第71条第1款的规定、《美国统一商法典》第2-609条的规定、我国《涉外经济合同法》第17条的规定，都程度不同地肯定了准备行为在合同履行中的作用。

大陆法系合同法确认合同履行概念之外，还确认了与合同履行相近的另外两个概念，即给付和清偿。在大陆法系合同法律文化的背景下，对履行、给付和清偿这三个概念进行比较，可以得知，三者的差异主要在于：履行是合同效力角度的用语，是合同效力的体现过程；给付是从义务人履行合同内容的角度使用的概念，是合同义务的完成行为；清偿则是从法律后果的角度对履行的表述，是合同义务的完成状态。履行包含权利的行使和义务的遵守两方面；给付和清偿则仅指义务的实现。履行不仅指当事人双方的最后交付行为，而且还包括当事人双方为完成最后阶段的交付行为所进行的若干连续准备行为，其内容相对宽泛；给付和清偿仅指义务人最后阶段的完成行为，其含义相对狭窄。但这三个概念都是对当事人完成行为的概括，三者有明显的共性，这是考察三者关系应明确的主要方面，其差异只是次要的，是在不同场合、不同范畴或从不同角度对同一事物的不同表述。

第二节 合同履行的基本原则

一、概述

各国合同法在对合同履行作出具体规定和要求的同时，也对合同的履行作出了若干原则性规定，以指导合同当事人正确全面地履行合同，指导法院公平、合理地处理合同履行中发生的问题，这些规定学理上可概括为合同履行的基本原则。从定义角度言之，所谓合同履行的基本原则，是法律规定的合同当事人在履行合同内容时必须遵循的准则。它是合同法基本原则在履行问题上的具体反映，是不同种类合同的履行都必须遵守的一般性指导思想。

对合同履行基本原则的概括，理论界尚有较大分歧，大致有以下几种观点：(1) 认为合同履行应遵循实际履行原则、全面履行原则和协作履行原则；(2) 认为合同履行原则有四个，即实际履行原则、全面履行原则、协作履行原则和经济履行原则；(3) 认为合同的履行原则是亲自履行原则、同时履行原则、实际履行原则和全面履行原则；(4) 将合同履行的原则概括为诚实信用原则、实际履行原则及情势变更和合同落空①。此外，还有一些与上述观点大同小异的表述。概括以上观点，在不同的著述中，共提到九项合同履行原则。但我们认为，并非所有与合同履行有关的准则都是合同履行的原则。作为合同履行的原则，应当具备下列条件：

第一，合同履行的原则是专门适用于履行阶段的基本准则。一个具体合同的交易过程，大致可以分为以下几个阶段：订立、成立或生效、履行前的准备、履行以及履行受挫的补救等。在这一完整的过程中，合同履行原则只是在合同成立生效后至履行完毕这一特定阶段中，当事人必须遵循的准则。因此不能把作为民法一般原则的诚实信用原则看成是合同履行的原则。尽管诚实信用对合同履行具有不可忽视的法律功能或指导作用，但它并非专属于合同履行，而是普遍地适用于合同全过程的基本原则。经济履行原则同样不是专属于合同履行，因为不仅合同义务，所有义务的履行都应当符合经济上的合理性，经济履行原则甚至已不仅是一项法律原则，而是社会、经济、政治、法律生活都应遵守的一般原则。如果将民法的一般原则或社会生活的一般原则当作合同履行的阶段性指导原则，不仅降低了一般原则的地位，而且也难以突出法律对履行过程的特殊要求。

另外，对实际履行原则，大多数学者将它表述为：除法律和合同另有规定或者客观上已不可能履行者外，当事人应按合同规定的标的履行义务，不能用其他的标的代替约定标的；一方违约时也不能以偿付违约金、赔偿金的方式代替履约，对方要求继续履行合同的，仍应继续履行。由此可见，它包含两层意思：一是要求债务人按合同标的履行合同；二是债权人有权向法院提起强制实际履行之诉。而后一层意思发生在合同履行受挫之后，实质是违约补救措施。因此，这种含义的实际履行已不是仅只适用于履行阶段，因而不是合同的履行原则。我们用严格履行来表述实际履行的第一层意思，以示区别。

① 参见陈小君等著：《合同法学》，武汉大学出版社 1996 年版，第 80 页。

第二，合同履行的原则是指导当事人正常完成合同义务的基本法律准则。这一条件包含两层意思：一是说合同履行原则是为法律所确认的，不是学者的主张见解，正因如此，合同履行原则才具有法律约束力；二是说合同履行原则是对当事人全面履行合同义务的基本要求。合同成立生效后，在履行过程中可能出现两种情况：一是当事人全面履行了合同义务；二是因种种原因使合同履行受挫，当事人不得不变通地采用各种补救措施。在这两种情况中，合同履行原则一般只适用于前一种情况。至于后一种情况，因履行受挫的原因错综复杂，所导致的结果又不尽一致，因此便相应地派生出其他原则，如变更、解除合同的原则，追究违约责任的原则等，这些原则自然不是履行原则。因此，所谓情势变更或合同落空，虽与合同履行有联系，但其实质只不过是在合同履行过程中可能出现的引起合同关系变更或消灭的法律事实，是可导致合同变更或解除的原因，并非履行原则。

第三，合同履行原则是对当事人完成合同义务普遍适用的准则，它是各类合同履行都具有的共性要求或反映。作为原则，应具有普遍适用的价值，而不是仅适用于某一类合同。同时履行仅适用于双务合同中未约定给付顺序的情况，而不适用所有的合同；亲自履行也只适用于法律规定或当事人约定或合同性质决定不得由第三人代为履行的情形，满足法定要件后由第三人代为履行仍然是合法的，因而亲自履行并不绝对适用于所有合同。基于此，我们认为同时履行和亲自履行不是合同履行原则。

综上，我们将合同履行的原则概括为三项：严格履行原则、全面履行原则、协作履行原则。

二、严格履行原则

所谓严格履行原则，是指当事人必须严格按照有效合同约定的标的完成合同义务，不能用其他标的加以代替。这实际是指前文述及的实际履行原则的第一层含义。在以往的合同法理论中，由于人们对实际履行含义理解的不同，有的强调实际履行是我国独有的合同履行原则；有的否认实际履行是我国独有的合同履行原则，认为它是各国合同法对当事人履行合同义务的普遍要求；还有的根本否认实际履行原则。就严格履行原则而言，它作为合同效力的体现，是各国合同法都确认的一项履行原则。无论大陆法系国家的民法典，还是英美法系国家的合同法，都有这类规定。严格履行原则并非我国或社会主义国家独有的原则。作为合同履行的本质要求，它具有普遍适用性。

严格履行原则在适用过程中会遇到一些特殊情况，使严格履行成为不必要或不可能，对此，各国合同法多规定允许以其他方法代替原合同约定的履行。这些情况通常是：（1）标的为特定物，原物已经灭失，实际履行在事实上成为不可能；（2）义务人迟延履行，交付标的物对债权人已无实际意义；（3）因种种原因使接受合同履行的一方当事人放弃了严格履行的要求等。

至于作为违约补救措施的强制实际履行，各国立法有较大分歧。英美普通法认为，对违反合同的主要救济方法是损害赔偿即取代性补救而不是实际履行这种实际性补救。只有当金钱赔偿不足以弥补受害一方的损失时，衡平法才考虑判令实际履行。所以，实际履行只是一种在例外情况下才采用的辅助性的救济方法。在一般情况下，英美等国法院不会作出实际履行的判决，除非合同标的物是特定物或者特别珍贵罕有，在市场上不容易买到的，法院才会考虑判令实际履行。但在大陆法系国家，特别是德国法认为，实际履行是对不履行合同的一种主要的救济方法，当债务人不履行合同时，债权人都有权要求债务人实际履行其义务。法国法将债分为作为之债、不作为之债和给付财产之债，对作为之债和不作为之债，如债务人不履行合同，债权人只能请求损害赔偿，不能请求实际履行，只有在债务人不履行给付财产之债的情况下，债权人才可以在请求实际履行和请求损害赔偿之间作出选择。鉴于不同法系的国家的立法在强制实际履行问题上存在重大分歧，《联合国国际货物销售合同公约》第28条对此作了折衷规定："如果按照本公约的规定，一方当事人有权要求另一方当事人履行某一义务，法院没有义务作出判决，要求具体履行此一义务，除非法院依照其本身的法律对不属本公约范围的类似销售合同愿意这样做。"这就是说，如果法院按照法律，对于国内类似的买卖合同有权作出强制实际履行的判决，则对于适用该公约的买卖合同也可以作出强制实际履行的判决；如果法院按照法律对于国内类似的买卖合同一般不作出强制实际履行的判决，则对于适用该公约的买卖合同也没有义务作出强制实际履行的判决。

在我国，由于法律确认了实际履行在违约补救体系中的重要地位，长期以来，无论在理论上还是在实践中，实际履行一直被看作是首要的违约补救措施，只有当实际履行在事实上已经不可能或不必要，或法律明确规定一方违约只赔偿损失的情况下，才允许以支付违约金、赔偿金作为补偿。否则，必须履行合同。之所以把实际履行强调到如此重要的地位，这与计划经济体制紧密相联。正如居拉·埃雾西所指出的："实现国民经济计划和满足计划所确认的需要，是决定强制实际履行的原因和理由。"除此之外，实际履行的重要地位还受制于社会物质资料的供应状况。当产品匮乏，物质资料供应不足时，债权人除要求债务人实际履行合同以外，别无选择，无法通过保护性购买满足自己的需要，实际履行因而显得格外重要。因此，以前实行计划经济的社会主义国家都特别强调实际履行。然而随着我国社会主义市场经济体制的逐步确立、实际履行原则所赖以存在的原因正逐渐消失，原来的实际履行原则必须加以修正。我们认为，它在我国未来的违约救济体系中不再具有首要的地位，而只是可供债权人和法院选择的一种救济方法。

三、全面履行原则

全面履行又称正确履行或适当履行，是指当事人除按照合同约定的标的履行外，还要按照合同规定的数量、质量、履行期限、履行地点、履行方式等要求，全面完成合同义务。

全面履行与严格履行有着密切的联系。就二者的关系而言，严格履行突出强调对于当事人实际交付标的的法律约束，全面履行则集中体现对于当事人履行合同义务的整体性法律约束；全面履行原则可以包容严格履行原则的内容和要求，严格履行原则则是全面履行原则的重点和核心。就每一个具体合同而言，全面履行必是严格履行，而严格履行却未必是全面履行。

全面履行作为合同效力的基本要求之一，已得到各国合同法的公认，各国法律都作了相应的规定。我国《经济合同法》第6条也规定："经济合同依法成立，即具有法律约束力，当事人必须全面履行合同规定的义务，任何一方不得擅自变更或解除合同。"这是全面履行原则的法律依据。《经济合同法》、《技术合同法》和《涉外经济合同法》还以较多的条款，对全面履行原则的贯彻实施，作了具体规定。

从各国立法的具体内容看，对全面履行原则的内容应作广义的理解。全面履行原则不仅要求当事人全部履行合同规定的义务，而且还应该履行合同条款虽未作规定，但依法或贸易惯例必须履行的义务。随着现代合同立法的日臻完善，合同义务已日趋法定化。为维护交易安全及流通秩序，许多国家的合同法律都对某些重要种类的合同义务，预先作出了规定，对于这些法定义务，即使当事人在合同中未作约定，只要不与当事人的意思及该类合同的本质相背离，亦应被视为当事人的义务，也必须予以履行。此外，在长期的商业实践中所形成的贸易惯例，即使当事人在合同中未作约定，也不影响双方合意的成立，同样也不排除当事人对其中所含义务的履行。至于在标准合同中被称为"合同条件"的条款能否成为当事人的义务，则应加以具体分析。一般而言，只要在客观上能被认为或推定为当事人在订立合同时知道这些共同条件，则该共同条件就成为合同的内容，当事人即应受其拘束。尽管如此，各国立法仍对标准合同的共同条件，作出种种限制。德国《一般合同条款法》第7条规定，凡共同条件不能按照诚实信用原则妥善安排双方当事人的利益者，一律无效。英国的《不公平合同条款法》第6条第2款规定，在消费者合同中，免除或限制对货物的法定瑕疵担保责任的条款，应属无效。美国法院认为，凡是违反公共政策的共同条件，都是无效的。基于上述规定或判例，可以免除当事人履行共同条件的义务。

全面履行原则在合同履行原则中具有重要地位，它是合同法宗旨的体现，是合同履行程度的尺度，是制裁违约的基本依据。同时，全面履行原则并非一项空泛的原则，它具有丰富的具体内容，并由此派生出种种切实可行的履行规则。

四、协作履行原则

协作履行原则，又称"相互协助义务"原则，是指当事人双方不仅应各自严格履行自己的义务，而且应当协助对方履行义务，在整个履行过程中互助合作的原则。

协作履行曾被看作是社会主义国家合同履行的特点之一。事实上，协作履行是对双务合同履行规则的基本反映。在双务合同中，当事人双方的权利义务对等，都要互为给付，并积极接受对方的履行，这是协作的一般要求。在生产日益社会化、国际化的市场经济条件下，交付产品，提供劳务或完成工作成果的一方，在制造、交付产品及实施劳务或形成成果的过程中，都离不开对方当事人的协作。同样，交付价款或酬金的一方履行义务，也离不开对方当事人的协助。舍此，便无所谓合同的履行。正因如此，一些资本主义国家的合同法也规定了合作履行。如《美国统一商法典》第2-311条规定："当一方的合作对另一方按协议履约为必要但却未能及时提供合作时，另一方除可以要求所有救济外，还可以：a，对自己因此而延迟履约不承担责任，并且b，可以采取任何合理方式继续履约，也可以在自己已完成相当部分之履约义务的情况下，把对方未能作出决定或未能提供合作的行为视为未能交付或未能接受货物的违约行为。"《德国民法典》第295条也规定："债权人已向债务人表示不受领的意思时，或给付兼需债权人的协助行为时，特别是债权人应领取债务人标的物时，债务人只需口头提出给付。"当然，资本主义国家的合同法从未把它上升为合同履行的原则。在未予合作或协作的情况下，通常仍以一般的违约责任理论加以说明和处理，而不再提及合作与协作的要求。只有社会主义国家，协作履行才被赋予履行原则的地位，不但在立法上明确加以规定，在合同法理论中被突出加以强调，而且在合同实务中被广泛应用。这条原则的具体要求是：(1) 当事人各方首先应按照合同的规定，履行自己应尽的义务，并为对方的履行创造条件；(2) 当事人双方应互相关心，必要时互相督促、检查，发现问题及时协商解决；(3) 在一方当事人遇到困难时，对方应在法律允许的范围内尽力给予帮助；(4) 当事人一方发生过错违约，对方应尽快地协助纠正，并设法防止和减少损失；(5) 在履行过程中发生了争议，当事人双方应从大局出发，根据法律和合同的有关规定及实际情况，及时协商解决。

第三节　合同履行的具体规则

根据合同履行过程中具体情况的需要，以合同法的基本原则和合同履行的基本原则为指导而引申出来的适用于某种场合或某类合同的履行的具体法律制度，即为合同履行的具体规则。规则不同于原则，规则是具体的规定，原则是抽象的概括；规则针对具体的个性问题，原则具有普遍的指导意义。内容丰富的合同法规定了诸多履行规则，择其要者，主要有由第三人和向第三人履行规则、同时履行规则、保证履行规则和合同约定不明的履行规则。

一、由第三人和向第三人履行规则

依合同当事人订立合同时的本意，合同应由当事人亲自履行，即由债务人或其代理人向债权人本人履行，这是法律对履行主体的具体要求。因为，通常，一方之所以选择另一方为合同当事人，是因为他确信对方有能力，有条件实现订约目的，因而合同关系实质上也是一种信用关系。从合同债务人的角度看，他既然作出了可以实现相对人愿望的允诺，就必须以自己的实际行动实现这一允诺。从合同债权人的角度看，他既然接受了债务的允诺，即表明他确信只有该债务人亲自履行才能满足自己的需求。这就决定了，合同之债必须由债务人亲自履行，由债权人亲自接受履行。基于这一原理，不少国家规定，禁止承租方转租租赁财产，禁止承揽方转让加工任务、禁止承包方转包工程。归纳起来，主要有三类合同必须由当事人亲自履行而不得由第三人代为履行：(1) 国家法律、政策、计划要求必须由当事人亲自履行的合同；(2) 合同性质决定只能由当事人亲自履行的合同；(3) 当事人约定必须亲自履行的合同。

亲自履行规则并不一概排除第三人履行。第三人履行应具备三个条件，即不违反法律规定；对相对方并无不利；相对方亦不反对。同时具备这三个条件，方允许由第三人履行。

从债务方的角度讲，第三人履行有两种情形，即转让的义务承担和并存的义务承担。所谓转让的义务承担是指合同当事人一方将合同义务转让给第三人，由第三人作为合同新的当事人，代替原当事人承担合同义务。此种第三人履行实际上就是合同的转让。之所以把这种情形也视为第三人履行，纯粹是就前一个合同而言，考虑前后两个合同的一致性和连贯性。如果从后一个合同债务人的立场出发，则无所谓代替履行，仍然是亲自履行，因为后一个合同的成立，原债务人已退出合同关系，新债务人已进入合同关系，故不存在代替履行问题。如果把转让的义务承担也看作是第三人履行，那么这种第三人履行在各国合同实务中均不乏其例。在我国农村承包合同中，承包人自找对象，由第三人代替履行承包义务的合同转让，就是第三人履行①。所谓并存的义务承担，是指第三人加入合同关系，由第三人与合同债务方共同承担合同义务。在此种情形下，第三人与债务人对于履行合同义务承担连带责任，并不因第三人的加入而免去债务人应履行的义务，在债务人不履行或不适应履行合同时，由第三人代为履行。广义的第三人代为履行义务包括转让的义务承担和并存的义务承担两种情形，狭义的第三人代为履行义务仅指后者。

从债权方的角度讲，合同义务通常只向债权人本人履行，债权人亦应亲自受领。在债权人委托代理人时，应向其代理人履行。在当事人相互有约定时，也可以向第三人履行。在一般情况下，债权人都可请求债务人向其指定的第三人履行义务，但不能因此损害债务人的合法权益，如不能增加履行难度，不能增加履行费用等。否则，债务人有权拒绝向第三人履行义务，除非债权人予以必要的合理的补偿。债务人向无权接受履行的人履行债务，不发生任何清偿的效力，经债权人同意或追认的除外。

二、同时履行规则

同时履行，是指在双务合同中，如果当事人双方未约定谁先给付，负有义务的一方当事人在他方当事人未为对等给付前，有权拒绝自己负担的给付。当事人在此种情形下所享有的权利称为“同时履行抗辩权”。同时履行的适用，必须符合下列条件：（1）订立的合同必须是双务合同，即当事人双方都相互负有一定的义务；（2）当事人双方在合同中未约定谁先给付，即一方对于他方没有先行给付的义务，如果法律或合同明确规定一方履行义务在先，他方履

① 参见《最高人民法院关于审理农村承包合同纠纷案件的若干问题的意见》，1986年4月14日发布。

行义务在后，就不能要求同时履行。因此，同时履行的适用范围比较狭窄，没有普遍适用的意义，不宜作为合同履行的原则，但应列为合同履行的一项重要规则。

同时履行及同时履行抗辩权，是大陆法系国家民法所确认的一项重要规则，许多国家的民法典对此均有具体规定。例如，《德国民法典》第320条规定："因双务契约而负担债务者，在他方当事人为对等给付前，得拒绝自己的给付，但自己有先为给付义务者，不在此限。"《日本民法典》第533条也规定："双务契约当事人的一方，于相对人履行其债务前，可以拒绝履行自己的债务。但是，相对人的债务不在清偿期时，不在此限。"《法国民法典》第1612条规定："在买受人未支付价金且出卖人未同意于一定期间后支付价金的情形出卖人不负交付标的物的义务。"在英美合同法中，虽未直接使用同时履行抗辩权的概念，但确认了一个与同时履行抗辩权极为相近的概念，即"对流条件"（Concurrent Condition）。英美法中的对流条件，是指合同的双方当事人同时地履行各自的义务，或者至少是每一方当事人都同时准备并愿意履行各自的义务。换言之，一方的履行与对方的履行互为条件。例如，在买卖合同中，如合同对交货和付款的时间没有作出规定，则应认为卖方的交货义务与买方的付款义务是对流条件，买卖双方当事人应同时履行各自的义务。买方不得以卖方没先交货而认为卖方违约，卖方亦不能以买方没先付款认为买方违约。合同的同时履行规则，是商品交换规律在合同关系中的反映，是对一手交钱、一手交货这一古朴的交易原则的确认。尽管随着现代商品经济的发展，这种简单商品流通的货银两讫制已在实践中受到极大的限制，但因各种因素，此种交易方式仍然存在，双方当事人未在合同中约定谁先给付，即为此种交易方式的表现之一，在此场合下，确认同时履行规则，并赋予当事人同时履行抗辩权是完全必要的。它不仅体现了合同双方当事人双方义务的对等性，而且维护了合同履行的公平性，避免了一方承担对方可能不履行义务的风险。它是当事人保护自己不因先行给付而蒙受损失的一种法律手段；同时，也是避免或减少合同纠纷的一种法律保障。许多国家的合同实务业已证明，同时履行规则作为当事人的自我保护措施，是行之有效的。应当指出的是，同时履行抗辩权的行使，其目的不是为了免除提出抗辩一方当事人的履行义务，而是以敦促对方履行作为自己履行的条件。同时履行规则表现的是合同效力，目的仍是为了保证合同能为当事人双方同时履行。从这个意义上讲，同时履行抗辩权是一种保留履行的抗辩权。

同时履行规则不适用于双方当事人已约定履行顺序的情形，因此，只是一项适用于特定情形的规则，不像原则那样具有普遍的适用价值。

三、保证履行规则

保证履行，是指当事人一方根据合同约定应向对方先为履行之前，如果发现对方的财产或履行债务的能力明显减少，以致可能难以履行对等给付义务时，可以要求对方提供必要的担保，否则，该当事人可拒绝履行自己的义务。当事人所享有的此项权利又称保证履行抗辩权或不安抗辩权。

保证履行规则得到绝大多数国家立法的确认。《德国民法典》第321条规定："因双务契约负担债务应向他人先为给付者，如他方的财产于订约后明显减少，有难为对等给付之虞时，在他方未为对等给付或提出担保之前，得拒绝自己的给付。"《美国统一商法典》第2-609条第1款规定："合同双方都有义务不破坏对方抱有的获得己方正常履约的期望。当任何一方有合理的理由认为对方不能正常履行时，他可以用书面形式要求对方提供正常履约的适当保证，且在他收到此种保证前，可暂停履行与他未收到履行保证相对应的那部分义务，只要这种暂停是商业上合理的。"该条第4款又规定："一方收到对方有正当理由的要求后，如果未能在最长不超过30天的合理时间内按当时的情况提供履约的适当保证，即构成毁弃合同。"此外，《瑞士债法》、《法国民法典》、《奥地利民法典》等对此都有明确规定。正因如此，《联合国国际货物销售合同公约》第71条也作出了类似规定，允许不安抗辩方可以中止履行合同，"中止履行义务的一方当事人不论是在货物发运前还是发运后，都必须立即通知另一方当事人，如经另一方当事人对履行义务提供充分担保，则应继续履行义务"。对于这一规则，我国《涉外经济合同法》有所规定，但调整国内合同关系的经济合同法却未加规定。我们认为，保证履行应成为合同履行的一项重要规则，未来的《合同法》应有所规定。因为，保证履行规则不仅公平地权衡了双方当事人的利益，避免先为履行的一方当事人显受不利，而且还进一步证明了合同履行是当事人的整个行为过程，并不限于当事人的最终交付行为。它对于先为给付的当事人来说，不失为一种自我保护的良策；对于促使合同的正常履行，也具有积极意义。

当然，从各国立法的规定来看，保证履行抗辩权的行使，必须具备下列要件：第一，双方当事人订立的是双务合同，这是行使保证履行抗辩权的基础要件。第二，被抗辩方的合同义务尚未届履行期限，这是行使保证履行抗辩权的时间要件。正因如此，《联合国国际货物销售合同公约》称其为"预期违约"（Anticipatory Breach），并赋予他方当事人可以中止履行义务的权利。第三，被抗辩方在合同订立后，财产或履行义务的能力显著减少，这是行使保证履行抗辩权的实质要件。何为“显著减少”，《联合国国际货物销售合同公约》提出了两个主要理由：一是当事人的履约能力或信用严重下降，如买方在订立合同后失去偿付能力或已宣告破产等；二是当事人在准备履行合同或履行合同中的行为已显然显示出他将不履行其大部分重要义务。此外，如果订立合同后，一方当事人所在国家发生战争或者实行封锁禁运，亦可认为他将不能履行其大部分重要义务。至于抗辩事由发生的时间，各国立法都限定在订立合同之后，如在订约前或订约当时即存在的事由，尽管一方当事人不了解，亦不得以此提出抗辩。

四、合同约定不明的履行规则

合同条款约定不明时的履行规则，又称法律补缺规则，是指对那些虽欠缺主要条款或条款约定不明但并不影响效力的合同，基于公平原则，由法律直接作出用以弥补当事人所欠缺或不明确的意思表示，使合同内容合理、确定，并便于履行的规定。这种做法是对贸易惯例和经济生活一般准则的确认，是在合同权衡当事人双方利益的基础上作出的，是公平原则的体现，对于维护合同关系并保证合同的履行具有积极的作用。当然，这一规则的适用必须满足下列条件：第一，它只适用于有效成立的合同，即那些欠缺条款或条款不明确但仍被确认有效成立的合同。如果合同所欠缺或不明确的条款太多，以至于其内容缺乏确定性，就应视为合同尚未成立。第二，它只适用于部分常见条款的欠缺或不明确，主要是合同标的质量、价款、履行期限、履行地点、履行方式等。这些条款是各类合同的必备条款，在长期的经济交往活动中，其内容已经形成规律，即使有欠缺或不明确，也容易在法律上确定一个公平合理的标准，作出补缺性规定。如果欠缺或不明确的是某些合同的特殊条款，法律则难以补救。第三，补缺性法律规定的效力，高于法官对合同作的解释，因此，凡适用补缺性法律规定即可明确合同条款时，法官就不能作出有悖于补缺性规定的解释。

关于法律补缺规则的具体内容，主要是：

1. 对合同标的质量的补缺性规定

当合同中有关标的质量的条款约定不明确时，《法国民法典》第 1246 条规定：“债务人为消灭债务，并无给付最上等品质之物的义务，但亦不得给付最劣等品质之物。”《日本民法典》第 401 条也规定，如果不能确定合同标的的品质，“债务人应给付具有中等品质的物”。此外，德国及其他大陆法系国家的民法典在标的质量约定不明时，大多作出了类似的补缺性规定。值得注意的是，英美法系国家的合同法及《联合国国际货物销售合同公约》对标的质量的要求却有明显区别。根据《英国货物买卖法》、《美国统一商法典》和《联合国国际货物销售合同公约》的规定，凡货物不能适用于同一规格货物通常使用的目的或不能适用于订立合同时曾明示或默示通知卖方的任何特定目的，即视为标的质量与合同不符。依此类推，上述国家的法律及《联合国国际货物销售合同公约》是以合同标的是否符合通常使用目的和任何特定目的为标准来确定其质量的，这些规定同样适用于当事人对合同标的质量约定不明的场合，是从另一侧面作出的补缺性规定。我国《民法通则》及《经济合同法》规定，质量要求不明确，按照国家质量标准履行，没有国家质量标准的，按部颁标准或专业标准履行。最高人民法院在《关于贯彻执行〈中华人民共和国民法通则〉若干问题的意见（试行）》中进一步规定，没有部颁标准或专业标准的，按经过批准后的企业标准处理；没有经过批准的企业标准的，按标的物产地同行业其他企业经过批准的同类产品质量标准处理。这些规定只说明了适用质量标准的顺序，而不同质量标准常有等级划分。因此，这些规定和解释仍难以完全解决具体质量问题。依国际上的一般作法，应给付该质量标准中的中等品质之物为宜。

2. 对合同标的价款的补缺性规定

对合同标的价款条款欠缺或约定不明确的，大陆法系国家的合同法基本上未作补缺性规定，而英美法系国家的合同法却作出了补缺性规定。《美国统一商法典》第2-305条规定，只要当事人确有订立买卖合同的意图，即使售价未定，合同也可以成立。在合同对价格未作任何规定，或价格留待当事人协议确定而当事人未能达成协议，或价格应根据某第三人或独立机构的记录或制定的某一双方已同意之市场价格或某一标准来确定，而该第三方或独立机构未能满足上述要求等情况下，价格应为交货时的合理价格。《联合国国际货物销售合同公约》第55条也规定："如果合同已有效地订立，但没有明示或默示地规定价格或规定如何确定价格，在没有任何相反表示的情况下，双方当事人应视为已默示地引用订立合同时此种货物在有关贸易的类似情况下销售的通常价格。"不管是"合理价格"还是"通常价格"，都有待于法官基于公平原则及订立合同或履行合同时的市场行情具体确定。我国《民法通则》也规定，价款约定不明确的，按照国家规定的价格履行，没有国家规定价格的，参照市场价格或者同类物品的价格或者同类劳务的报酬标准履行。

3. 对履行地点的补缺性规定

当履行地点约定不明确时，各国立法中的补缺性规定大同小异，一般均视债的不同性质分别确定。我国法律规定，履行地点不明确，给付货币的，以接受给付一方的所在地为履行地，但信贷合同以贷款方所在地为履行地。工业产品，在供方所在地履行。农副产品，一般也在供方所在地履行，也可依照当地以往交售或收购同类产品的规定或习惯。建筑物，在建筑物所在地履行。其他标的，以履行义务一方的所在地为履行地。对此，各国立法也有不一致的地方。如《奥地利民法典》第905条规定以债的发生地为履行地；《日本民法典》第484条规定以债权人住所地为履行地；《法国民法典》第1247条规定以债务人住所地为履行地。尽管如此，各国立法上的考虑仍是一致的，即以迅速安全地实现标的物的转移为原则。

4. 对履行期限的补缺性规定

《德国民法典》第271条第1款规定："未约定给付期限或者不能从情况推断给付期限者，债权人得立即请求给付，债务人得立即履行给付。"《日本民法典》第573条规定："就买卖标的物的交付定有期限时，推定为就价金交付亦附有同一期限。"显然，上述规定均有利于债权人。相比之下，英美合同法对履行时间不明确的补缺性规定则比较缓和，均衡了双方当事人的利益，多用"适当时间"或"合理时间"，并将合理时间解释为"应根据该行为的性质、目的和客观情况确定"（参见《美国统一商法典》第1-204条第2款）。我国民法通则规定，履行期限不明确的，债务人可以随时向债权人履行义务，债权人也可以随时要求债务人履行义务，但应当给对方必要的准备时间。因此，我国的规定更具合理性。

5. 对履行方式的补缺性规定

《德国民法典》第315条规定："给付方式应由订约一方确定者，在发生疑问时应推定，应按公平裁量的方法确定之。"可见，德国法对履行方式的补缺性规定较为原则。《美国统一商法典》的规定却不同，该法第2-307条规定："除非另有协议，买卖合同项下的所有货物必须一次全部提示交付，且只有卖方作此种提示交付时，买方才有义务支付价款。但是，如果客观情况使卖方有权分批交货或使买方有权分批提货，则在价款可按比例分开计算时，卖方可以要求在每次交货后取得相应价款。"显然，美国法以一次全部履行为原则，同时也不排除在特定条件下的分次履行。这种规定比德国法更为具体，更合实际。我国现行法律尚未就履行方式问题作出补缺性规定，今后的立法应借鉴美国的作法。

第五章　合同的解释

第一节　合同解释概述

一、合同解释的概念

关于合同解释的概念，学者间主张不一。有的认为，对合同解释应作广泛的理解，无须限定主体，任何对合同内容含义的理解和探讨，均为合同解释；有的主张，合同解释并非指合同当事人或其他任何人对合同条文或所用文句所作的解释，而是专指受理案件的法庭或仲裁庭依其职权对合同条文或所用文句的正确含义所作的解释。有的认为，合同解释的对象应及于整个合同内容；有的则认为，解释应限于发生争议的合同中使用的语言文字。可见，学者间的分歧主要在于解释主体和解释对象。

我们认为，一般意义上，合同解释是指对合同内容的含义的理解和探讨。但法律意义上的合同解释概念是区别于一般意义上的合同解释概念而存在的。这是由合同法中合同解释的根本目的决定的。合同解释的根本目的在于，使不明确、不具体的合同内容归于明确、具体，使当事人间的纠纷得以合理解决。因此，在实践中，当事人间在不发生合同争议或虽有争议但已协商解决的情况下所进行的一般意义上的合同解释，是没有法律价值的；在案件审理过程中，依赖于当事人及其代理人等诉讼参与人的解释，也无法实现合同解释的目的。真正具有法律意义的合同解释，只能是在处理合同纠纷过程中，对作为裁判依据的合同和事实所作的权威性说明。这种说明，只能由受理合同纠纷的法院或仲裁机构来进行。纵观各国合同解释立法和学术研讨，几乎无一不把合同解释主体范围限定为法院或仲裁机关，而把当事人等所作的一般意义上的解释，作为一种证言或参考资料加以考察和规制。《泰国民法典》第 23 条明确规定：“文书之意义有疑义者，法院与其依文字或文理，毋宁依实际之意思。”

至于合同解释的对象即解释客体，应区别不同情形而论。在因合同中的语言文字表述含糊不清、模棱两可或相互矛盾而发生争议场合，合同解释的客体即是意思含糊不清、模棱两可或相互矛盾的语言文字的含义；在当事一方主张合同的语言文字所表达的含义与其内心真意相异或相背场合，当事人的内心真意如何，即成为合同解释的客体；在合同争议的发生是由于合同缺少某些条款而使当事人间的权利义务不明确的场合，合同解释的客体即是漏订的条款；在合同内容不符合法律要求，需要变更、修订其规定场合，不适法的合同内容即是合同解释客体，等等。由此可知：（1）合同解释的客体不仅仅是发生争议的合同中使用的语言文字，没有争议的合同文字也同样需要解释。法院或合同仲裁机关在审理合同纠纷过程中，随时都要进行合同解释，有些解释是源于当事人有争议而进行的，有些则是根据案件的其他需要如确认合同是否成立或是否有效等而进行的。因此，解释的范围有可能超过整个合同的所有语言文字所表达的含义。（2）需要解释的不仅仅是合同条文或所用文句的正确含义，与合同内容相关的当事人的行为、订约和履约过程以及行业习惯等客观情况所体现出来的意义，合同中暗含的默示条款的内容等等，同样需要进行解释，而成为合同解释的客体。总而言之，凡是与合同内容相关的资料，包括合同的语言文字、订约过程及该过程中当事人的行为、订立合同时周围的情事等及其所体现出来的含义，都可成为合同解释的客体。

基于上述认识，我们认为，所谓合同解释，是指受理合同纠纷的法院或仲裁机关，为合理地确定当事人间的合同内容，依法对合同及其相关资料的含义所作的有法律效力的分析和说明。

二、合同解释的必要性

合同解释之所以受到各国立法和司法的重视，是因为在合同法律实践中，对合同内容含义的探知和理解，几乎不可或缺，就合同本身而言，由于当事人自身的局限性，和合同内容的局限性及内容表达符号的局限性都是固有的和难以克服的，所以每一个合同，解释都十分要紧。

（一）合同当事人自身有局限性

当事人对法律及法律规制对象，所能达到的认识总是有限的，因此在订立合同过程中，常常会由于缺少必要的合同知识使合同的语言表达含糊不清、模棱两可或相互矛盾，从而导致合同义务难以履行。即使人们对合同制度的认识达到较高程度，合同内容出现漏洞，发生歧义的现象也还是难以完全避免，这不仅是因为合同的缔结者不可能完全预见到未来发生的一切事情，无一遗漏地在合同中作出完全准确的约定；同时也因为，当事人不可能都是语言学家或法律专家，把合同内容规定得天衣无缝，合同用语表达得明确无疑。再说，要求人们对一些新型合同的内容订立得完善无缺也是不现实的。

（二）表述合同内容的语言有局限性

合同当事人意思的表示及合同内容的表示，都依赖于语言文字，而语言文字不过是人们思想意识的标记或符号，其本身具有相对的复杂性和不确定性。实际生活中，不仅存在一词多义、多词同义、标点符号不同而意思有可能完全不同的现象，而且有些词本身就只能是一个相对的概念，如“基本条件”中的“基本”，“必要费用”中的“必要”，“先进设备”中的“先进”，“合理要求”中的“合理”等，均具有模糊性。因此，在利用语言文字表述当事人意愿和合同内容时，就难免词不达意或词意相异的情况发生。

（三）合同内容有局限性

合同当事人在缔结合同时，都力争使合同的内容尽量全面、具体而又明确地落实到书面或口头表述给对方，但由于主客观方面的原因，总不可能把当事人想到的一切内容都写在协议上。一些标准合同或合同凭证规定的内容更为概括、简略，而社会生活不断发展变化，履行合同的各种具体条件也千差万别，人们对合同用语、条款的含义乃至整个合同的内容，往往仁者见仁、智者见智。

不难看出，上述当事人自身的局限性和合同内容的局限性及表达符号的局限性，虽可通过一些措施一定程度地加以克服，但完全克服这些固有的局限性，是很难的，甚至是不可能的，所以，合同解释工作就必然地担负重要的使命。

第二节　两大法系的合同解释理论及立法

一、大陆法系的合同解释理论及立法

大陆法系国家的合同制度和实践，受罗马法理论的支配和影响。而在古代罗马，法律极端注重法律行为的形式，相对轻视当事人的意思，没有真正意义上的合同解释。从罗马帝国鼎盛时期开始，法学家才逐渐对以往那种拘泥于形式的理案标准提出异议，主张审理案件时应探求行为人的真意，并对合同解释提出一些具体办法。

19 世纪初叶，民法、合同法中的形式主义逐渐失去了存在的基础，个人的意思日益受到尊重。反映当时社会要求的《法国民法典》，当然地体现了意思自治的理论。根据该法典的规定，合同是否成立及其内容如何，应以当事人的意思为准。法官的作用，仅在于保证当事人的意思得以实现。当合同内容发生疑义需要解释时，法官“应探究缔约当事人的意思，而不拘泥于文字的字面意思。”

资本主义进入垄断阶段后，工商业的日渐发达促进了社会对诚实信用的需要，意思主义理论受到了强大的冲击，继之而起的表示主义理论，越来越被人们广泛接受。这种理论反映到合同解释问题上，便主张：法官所应探求的，不是表意人内心究竟想些什么或者是什么意思，而是表意人以其行为使人确信他想些什么，有什么意思。因为，法律既然要重视维护交易上的安全，解释合同便不应从行为人或表意人的立场探求其内心真实意思，而应从大众的眼光及理解能力探求其表示于外部的意思。这一历史阶段民法的典型代表《德国民法典》即在探求当事人的真意基础上，强调“契约的解释，应遵守诚实和信用的原则，并考虑交易上的习惯”（第 157 条）。

随着现代社会政治、经济的不断进步，合同领域中定式合同的广泛运用及推行，大陆法系各国的合同立法和司法日益呈现出社会化趋势。这使得合同解释的标准更加趋向于注重客观性的表示主义理论，演化出以意思主义为原则，以表示主义为补充；或以表示主义为原则，以意思主义为补充的折衷主义解释倾向。

大陆法系典型的合同解释立法例有：

法国法。《法国民法典》在债的效果一章中，对合同解释问题设有专节作了具体规定：其中不仅有合同解释的基本原则，而且包含了若干合同解释的具体规则和方法。如“解释契约时，应探究缔约当事人的意思，而不拘泥于文字的字面意思”；“如前一项条款可能有两种意思时，宁可以该条款可能产生某种效果的意思理解该条款，而不以该条款不能产生任何效果的意思理解该条款”；“文字可能有两种解释时，应采取适合于契约目的的解释”等等。

德国法。德国民法典的体例与法国民法典不同，有关合同解释问题的规定也相互差异。在德国立法中，法律规定是由抽象到具体、一般至特殊的。有关合同解释问题，在“契约”一节中仅规定了特殊要求（第 157 条）。此外，适应定式合同一般交易条款（定型化合同条款）解释的需要，1976 年德国又制定了《一般合同条款法》，规定“解释一般交易条款时，应由使用人负担疑义之不利益”（第 5 条）。

瑞士法。瑞士的民事法规有民法典和债务法之分，其合同解释问题规定于瑞士债务法中，内容与法国民法的原则规定大致相同，但又不尽一致。“判断契约应就其方式及内容，注意当事人一致之真实意思，不得着重于当事人误解或隐蔽真意所用之不当文字或语句”（1911 年《瑞士债务法》第 18 条 1 项）。与《法国民法典》第 1156 条规定相比，《瑞士债务法》的规定既较明确，又更具体。

二、英美法系的合同解释理论及立法

英美合同法的一般原则基本上是在 18 世纪和 19 世纪发展、完善起来的。在这一历史时期，资本主义经济的巨大发展、自由放任思潮的广为流传以及大陆合同法的影响，使“缔约自由”、“合同神圣”等原则同样成为确立整个英美合同法的基础。与大陆法系国家普遍倡导的意思主义理论相反，以表示主义理论为依归的客观确定标准，自始即在英美国家的合同领域占据统治地位。西方学者认为，“在古典合同法的末期，尽管在一些法官之间，对于合同法中的协议、同意、意思表示等几乎所有的问题上还公开地存在着严重的争论……但是法律对这些问题的客观态度可以说是无可争辩地确立了”①。从表示主义理论出发，法官在解释合同时，应“尽可能地坚持使用可以找得到的确切言词，并给这些言词以它们原来的和通常的含义”，成为“严格的解释者”②。

19 世纪末，特别是 20 世纪初以来，英美法系国家的政治思想、社会和经济条件都发生了重大的变化。自由放任主义学说作为一种政治力量在合同法领域已变得黯然失色，合同法作为达到公平的一种积极的工具正在成为这一时代的发展主流。与此相适应，英美法系合同解释的客观标准在得到进一步加强的同时，“宗旨探求者”的力量有所发展，并日益受到司法界的重视。这一时期，合同解释理论的发展主要体现为两方面：（1）暗含条款理论受重视。旧式的严格解释，由于过分拘泥于合同文字的语法含义，拒绝寻求外在的帮助（诸如听取当事人的陈述、证人证言等），拒绝填补任何由于当事人没有预见到等原因所造成的合同内容的空白，往往使许多合同的内容无法通过解释的途径予以确定，导致合同无效，或者解释所确定的合同内容及其含义对当事一方不公平，从而日益受到人们的批判和摈弃。与此相适应，从维护社会正义角度

① ［英］P. S. 阿蒂亚著：《合同法概论》，法律出版社 1982 年版，第 5 页。

② ［英］丹宁著：《法律的训诫》，群众出版社 1985 年版，第 1 页。

出发的“暗含条款”理论得到较大程度的发展。这一理论认为，即使合同中没有明确的条款，法律本身（法院）也可以把双方当事人从未取得过意思一致的条款硬加入或推断列入合同之中，以实现情理和正义的要求。这种法律上的暗含条款是客观的，不需要当事人的内心意思予以认同即当然发生效力。这样合同解释的客观标准加强了。(2)“假定意图”理论之勃兴。从字面上或者独立的意义上讲，合同通常是由词句构造起来的。因此，解释合同几乎近于解释词句。但合同中的词句只是对已经发生或预见到的情况所作的记载，如果合同订立后，客观情况发生了重大变化，而这种变化又是当事双方当初完全没有或不可能考虑到的，法院应该怎样解释合同，即成为无法回避的问题。当代英美判例及学说普遍认为，法院应该在有限的意义上阅读合同的语言，不能认为这些语言适用于当事人没有考虑到的变化了的情况，而要根据变化了的情况去做正义和合理的事，即试图去发现当事人的“假定意图”，假设他们当初设想到了这种情况大概会同意的东西，然后，再假定双方会同意一种公平合理的解决办法，并宣布这种解决办法是什么。这个全过程，就被称作合同解释的“假定意图”理论。

时至今日，英美法系国家的判例与学说在合同解释的理论（特别是解释标准）问题上，还存在较大争论。严格按合同文字的语法含义解释合同的主张，已丧失原来的统治地位，探求当事人意图的理论日渐受到人们的重视。值得注意的是，英美法中探求当事人意图的标准，依然不同于大陆法系国家的主观标准，而是采用客观推定的有理性的一般人可能具有的意思标准（实际上这个有理性的一般人即是法院本身）。可以认为，客观的解释标准仍旧是英美法系合同解释理论的核心。

英美法系国家的合同立法，基本是由判例法组成的。因此，有关合同解释方面的立法，也只能到卷帙浩繁的判例中去寻找。按照美国耶鲁大学合同法教授考宾（Corbin）在《合同论》（*Corbin on Contracts*）一书中的介绍，与此相关的判例数以百计，已经形成一定的体系。

1952 年美国统一州法全国委员会与美国法学会共同制定的《统一商法典》，以及 1932 年美国法学会编纂的《合同法重述》均有相关的规定，可以帮助我们了解英美现行法对合同解释的基本立场。前者的规定，如第 1-205 条、第 2-208 条、第 2-317 条以及第 3-118 条等；后者的规定，如第 230 节、第 233 节和第 234、235、236 节等，都是有关合同解释问题的较为具体的成文法规范。

第三节　合同解释的原则

合同解释原则有一般原则与特殊原则之分。一般原则是对任何合同解释都具有普遍意义的一般性指导思想和准则。特别原则是在特定情形下解释合同应遵循的指导准则。法律对标准合同的解释和免责条款的解释往往规定特别原则。

根据各国立法及合同解释实践，合同解释的一般原则有：不拘泥于合同文字的客观性原则、整体性原则、参照习惯或惯例的原则、合法性原则、符合合同目的原则和诚实信用原则。

一、不拘泥于合同文字的客观性原则

在法律解释学上，传统的观点一直认为，合同的解释标准与法律的解释标准是互相对立的，即合同解释是主观的，其目的在于探求当事人的主观意思；而法律解释是客观的，其目的在于探求法本身所具有的逻辑上的客观意义。受意思主义理论影响的大陆法系国家的早期民事立法，大多反映了这种主张。直至现在，仍有学者主张，应把探求当事人主观意思的原则，作为解释合同的第一标准加以考虑。现代学说普遍认为，无论是法律解释还是合同解释，在本质上应无差异，即都应当客观地进行。与表示主义理论相适应，英美法系国家的司法及学理一直肯定这种主张，判例上普遍反映出“平易明白”的解释原则，即对合同用语（包括技术用语）原则上应按该词语一般常用的含义进行解释。

我们认为，合同解释与法律解释既有共同的一面，又有互相差别的一面，因而，既不能将二者的解释标准相互对立，又不能将二者的解释标准简单划一，只能根据各自的特点，具体地予以确定。

合同与法律通常是由一定的语言文字表达的。语言文字是人们思想的外在表现形式，通常是与人们思想密切相联的。从一定意义上讲，语言文字表达出来的意思，就是当事人的内心意思。因此，依据合同或法律用语的一般含义平易而清楚地解释合同或法律，自应符合合同当事人或立法机构的原始意图。就合同而言，如果舍弃这种外在的表示意思，片面地强调当事人的内心真实意思，就会使合同的效力受到影响。从保护意思表示相对方的利益出发，解释合同的客观性要求便成为必要。

在一些特殊情况下，词不达意、表示意思与内心意思相异或相反的情况也是可能存在的。于此场合，如果不考虑当事人的内心真意，而片面强调其表示

于外部的意思，则不利于保护表意人的合法权益，也可能纵容胁迫、欺诈等违法行为的发生。因此，在对合同客观地进行解释的同时，还须适当注意当事人的内心意思，把当事人的真实意思与其外在的表现形式作辩证统一的思考，并应以此为指导正确解释合同。

所谓不拘泥于合同文字的客观性原则，即要求在解释合同时，应以书面的语言文字为依据，发掘合同内容的客观含义；同时，不应拘泥于合同文字的字面意思，而应把自己置身于当事人同样的地位，从订约目的、时间、地点、背景以及起因等方面进行综合考虑，在此基础上，努力探究当事人的真实意图。

在这一原则的具体运用过程中，以下问题应予注意：

（1）合同词语的客观性意思应以该词语运用时所具有的社会意思为基准，以社会平均的、合理的理解可能性为指导。

（2）在合同中使用特殊术语或文句，使合同内容具有特别意义场合，应区别情况作不同处理。在定式合同中，如果此种特殊意义无法被该合同预定适用对象的平均、合理的理解能力所了解，则不能以该项术语或文句所含有的特别意义进行解释。反之，应对该特别意义予以确认。在一般合同场合，若某一特别术语所具有的特别意思为双方所共知或一方当事人主张而另一方有理由知悉时，应作确认此种特别意思的解释；若只是一方主张，另一方根本不知道且无法知道此种特别意思时，则只能按照该词语的一般社会意思进行解释。

二、整体性原则

整体性原则，是指在解释合同时，应把合同的所有条款和构成成分看作一个统一的整体。从整个合同的全部内容乃至该种合同制度的总体联系上，理解、分析和说明当事人争议的合同内容或含义。合同解释的整体性原则，不仅为大陆法系国家的民法所肯定，而且是英美法系国家合同法经常运用的解释原则。《法国民法典》第 1161 条明确规定：“契约的全部条款得互相解释，以确定每一条款从整个行为所获得的意义。”美国《合同法重述》第 235 条第 3 款规定：“文书之解释，应就其全部作为整体而为之。同一交易行为，有多种文书形成其部分者，应合并解释。”

整体性原则作为合同解释基本原则的理由在于：（1）表达和传递当事人合同意图所使用的语言文字，在合同的整个内容中是有组织的，而不是毫无联系、彼此分离的词语排列。因而，如果不把争议的条款或词语与其上下文所使用的其他词语联系起来，孤立地去探究它的一般意思或可能具有的意思，很难正确、合理地确定当事人的实际意图。相反，还会产生不该有的误解。（2）

合同内容通常是单纯的合同文本所难以完全涵盖的，而是由诸多的其他行为和书面材料所组成，诸如双方的初步谈判、要约、反要约、信件、电报、电传等等。其中可能包含双方对合同文本内容的修订或其他问题的补充、说明，也可能包含对合同的担保、特殊信用要求等。因此，在确定某一条款或词语的意思过程中，应该把这些材料都放在一起进行解释，以便通过其他合同成分或证据材料的帮助，明确争议内容所具有的意义。（3）如前文所述，要求当事人把所有的合同内容都毫无遗漏地落实到书面上是非常困难的。当合同的某方面内容没有规定或规定不明确时，整体地把握合同内容，或者进而联系该种合同的法律制度，按照有关合同条款或法定的内容、精神来理解合同，都有一定的意义和价值。

整体性原则运用到实践中，引申出以下具体内容：（1）合同中印刷条款与打字条款和手写条款并存，相互抵触或不一致时，原则上应确认手写条款的效力优于打字条款和印刷条款，打字条款的效力优于印刷条款。（2）数量或价格（酬金）条款中大写数字与小写数字并存，相互抵触时，原则上应确认大写数字的效力优于小写数字，但大写数字含混不清时，应以小写数字为准。（3）对合同中的每一字句都应注意它的实际效用，解释时应力求避免弃置。（4）合同中的文法或书写文字明显存在错误或有缺漏的，解释时可以适当加以更正、补充或附加标点。（5）合同中的主要条款或文句，经当事人作具体而特殊的规定时，对合同内其他一般文字的解释应有指导意义。

三、参照习惯或惯例的原则

所谓习惯（Custom），必须是在一定人群间依据有拘束感的“当为”意识（Sollen）作为行动准则而被长期惯行之一定行为。如：地产经纪行业，英国地产经纪人通常向卖方收取佣金，而我国香港地区则向买方收取佣金。习惯是一种外面规范，与习性不同，习性（Habit）是一种内面规范，是人们大体上都具有的某种不含任何拘束力的不具有义务感或强制感，且彼此不尽相同的习惯性动作，如有人每日早起抽支烟。习惯与习俗也不同，尽管二者都是外面规范，但习俗（Convention）不是全有拘束力，它包含着理想的行为模式，期待人们一贯推行，虽然人们经常做不到，但这种情形通常可被忍受或谅解。能作为合同解释参照的，仅有习惯，习性和习俗不具有合同解释的参照价值。

在解释合同过程中，运用习惯或惯例确定合同内容及其含义，补充合同内容的遗漏，已成为世界各国普遍承认的解释原则。在大陆法系国家，《法国民法典》率先明定（第1159、1160条），《德国民法典》相袭承继（第157条），

《日本民法典》虽未明示，但学者就“事实习惯”的解释标准问题已广泛展开论证，并已得到判例方面的肯定。在英美法系国家，习惯或惯例对于合同解释的作用，也早已受到各方面的重视，不仅有众多的判例予以确认和限定，更有美国《统一商法典》等制定法作了明确规定。如今，这种解释原则已经冲破国别、法系的界限，成为国际贸易中合同解释的通则。（INCOTERMS1990）《联合国国际货物销售合同公约》（第9条）、《1990年贸易条件国际解释通则》等国际性的公约、条约都对此问题作了概括的规定。总结各国的合同立法、司法概况和理论研究，可以把这一原则的基本内容简单地概括为，在合同文字或条款的含义发生歧义时，按照习惯或惯例的含义予以明确；在合同内容出现漏洞，致使当事人的权利义务不明确时，参照惯例或习惯的内容予以补充。

此原则在我国的合同解释中是否应予运用，理论界还没有进行深入探讨。我们认为，应当采取肯定的态度。因为：（1）习惯和惯例是在人们长期的反复实践基础上形成的，在某一地域，某一行业或某一类经济流转关系中普遍采用的作法、方法或规则，能够被广大的合同当事人所认知、接受和遵从。一些与现行法律、法规等规范性文件不相抵触、经国家认可的某些习惯，还常常成为民事法律的渊源。因此，在合同解释中，参照一定的习惯或惯例，不仅符合合同当事人的利益和愿望，而且符合社会正义和法律要求。（2）随着改革开放的逐渐深化和扩展，我国的国际经济交往将得到进一步发展，涉外合同的数目也必将随之增加。于此场合，出现合同解释问题时，运用国际通行的解释原则界定当事双方的权利义务关系至为重要。

这一原则在实际运用时，应注意掌握几个标准：（1）习惯或惯例应当是客观存在的。习惯或惯例确已存在，是此原则运用的前提。主张习惯或惯例存在的当事人，负有当然的举证责任。（2）习惯或惯例的内容须适法。如果习惯或惯例的内容违反强行性法规者，应确认其为无效。纵使合同当事人有依此习惯或惯例的意思，也不能以此确定或填补合同的含义及内容；如果习惯或惯例的内容不违反强行性法规或违反任意性法规者，其是否可能被参照取决于当事双方的认知情况。在该习惯或惯例为当事双方所共知时，优越于任意性法规，具有参照解释的效力；在当事双方都不知道该习惯或惯例存在时，则应依照任意性法规的规定，补充合同内容；在某种习惯或惯例仅为一方所知悉，而另一方确为不知时，该习惯或惯例也不具有参照的效力。（3）习惯或惯例应当是当事人双方已经知道或应当知道而又没有明示排斥者。确定当事人已经知道或应当知道的范围，应该本着具体问题具体分析的原则，客观、合理地去把握，即把当事人的文化程度、从事特定贸易的专业知识、合同实务经验与该习惯或惯例的适用范围、影响力等诸因素联系在一起综合加以考虑。一般说来，某一适法习惯或惯例通行于某一地区、行业、阶层或特定交易场所，而当事双方共处于该地区、行业、阶层或特定交易场所内，则此种习惯或惯例即应当属于当事人已经知道或应当知道之列。

四、合法性原则

违反法律的合同内容无效，是各国合同立法的一般原则。尤其在合同自由普遍受到限制的当代，世界各国大多通过立法或判例的形式，对合同的内容、形式等问题加以限定性或补充性规定，均确认合同的有效成立须以内容合法为前提。因此，一旦合同所用词语含义发生争议或者内容出现缺漏，依据法律规定的内容或精神予以合理解释，便成为理所当然的事情。1976 年德国《一般合同条款法》明确规定“一般契约条款之全部或一部分条文不能成为契约之一部分或无效者，其内容依法律之规定”（第 6 条第 2 项）。对此种情况，英美法系国家的学说虽有不同主张，但占上风的意见则坚持以补充契约漏洞的暗含条款理论加以解释。合法性原则也是各国普遍遵行的合同解释原则。

一般认为，合同解释的合法性原则包括以下两方面内容：（1）解释合同应按符合法律要求的含义进行，不得违反法律的强制性规范或任意性规范的精神；（2）在合同内容欠缺或约定不明确的情况下，应依据法律的规定加以补充，或以法律规定的含义予以明确。

在我国，合同制度确立的时间比较短，社会公众的合同法律意识还很淡薄，有的合同内容含义不明确，权利义务欠缺的纠纷时有发生。于此场合，在难以判明当事人的实际意图和习惯做法时，根据法律规定的内容或精神推定当事人的合同意图，具有明显的必要性。

合法性原则在具体操作过程中，应处理好以下关系：（1）正确处理当事人的约定与法律规定的关系，妥善解决合同约定与法律规定冲突的适用问题。在合同约定与任意性法规规定不同时，原则上适用合同的约定；在合同约定与强行性法规相异或违反任意性法规精神时，原则上应确认为无效（部分无效或全部无效）。（2）正确处理地方性法规间的冲突或摩擦。在合同当事双方归属于不同的地方政府管辖，各自所在地的地方法规的规定相互冲突或摩擦时，有关合同的解释应区别合同的种类和性质，分别予以考虑，一般而言，应以合同签订地的地方性法规为准。对于提供劳务的合同，以合同履行地的地方性法规为参照，较为合理。

五、符合合同目的原则

合同在本质上属于当事人间的一种行为规范，都有一定的特殊目的。合同的各项条款及其用语都是围绕合同的特殊目的而存在的，其中的内容应当是当事人为实现其目的所必要的。因此，合同用语的含义及合同内容的确定自然应适合于合同的目的。对于合同的解释，必须顾及当事人合同目的。

符合合同目的的解释原则已为许多国家的民事、合同立法及判例、学说所肯定。《法国民法典》第1158条规定，“文字可能有两种解释时，应采取适合于契约目的的解释”。原民主德国民法典也有“凡合同的非实质问题未予阐明或阐述不完全的，应按合同的目的决定合同内容”的规定（第63条）。美国《合同法重述》第236条规定，“当事人的主要的明显的目的，在决定其意思表示或其中任何一部分的意义时，有重大的分量”。这种观点在英美法系国家的判例和学说中也已得到一致肯定。我国法学理论也对此原则予以肯定。

符合合同目的的原则的基本精神，即是要求在解释合同时，应当充分考虑当事双方的合同目的，并以此目的为依据，确定合同的内容及含义。从此项原则的要求出发，当某一合同用语表达的意思与其合同目的相反时，应当通过解释予以更正；当合同内容暧昧不明或互相矛盾时，应当在确认每一合同用语或条款都有效用的前提下，尽可能通过解释的方式，予以统一和协调，使之符合当事人的合同目的；当合同文句有不同意思时，应按照符合合同目的的含义解释，摈弃有悖于合同目的的含义。

在此项原则的具体运用过程中，应注意以下问题：（1）当事人一方的合同目的应当是对方已经知道或有理由知道的。在对方根本不知道而且不可能确切知道时，无此原则适用之余地。（2）合同条款或文句可以作有效或无效两种不同解释时，应采用使其生效的解释。因为，当事人在合同中述及的内容都是为实现其目的服务的，从本意上说，当事人都希望它们有效。从符合合同目的的原则出发，就应当按照使合同条款或文句有效的意义来解释合同。（3）符合合同目的的原则在解释效力上优于参照习惯或惯例的解释原则和依法补充解释原则。在合同内容不完整的情况下，一般应以习惯、惯例或任意性法规加以补充，但如果依此解释违背当事人的合同目的，则应当解释为：当事人有不依此习惯、惯例或任意法规的意思。

六、诚实信用原则

诚实信用原则作为一项法律基本原则，为现代世界各国立法所公认。我国

《民法通则》也将诚实信用规定为民法的基本原则，要求一切民事活动都必须予以遵循（第4条）。合同行为属于重要的民事活动，法律推定当事人在商定合同时双方都具有善意，即都遵守诚实信用原则，否则，合同便不会具有法律效力。因此，以诚实信用原则解释以诚信精神达成的合同，符合当事人的本意和法律的要求。《德国民法典》第157条明文规定，“契约的解释，应遵守诚实和信用的原则，并考虑交易上的习惯”；日本判例也明确指出：“所谓诚实信用原则，已广泛适用于债权法领域，它不仅适用在权利行使和义务履行上，而且也应成为解释当事人缔约目的适用的标准。”随着国际经济贸易的不断发展，以诚实信用解释合同，已成为当今国际经济交往中公认的解释原则。《联合国国际货物销售合同公约》第7条指出，在解释该合同公约时，应考虑到遵守诚信原则的需要。

诚实信用是一个十分抽象的概念，各国都未赋予其确切的含义。西方法学家也各有解释，大多认为此原则具有弹性，是有待于就特定案件予以具体化的规范。我国学者认为，这一原则的基本精神即是要求人们在经济流转活动中讲究信用、恪守诺言、诚实不欺，在不损害他人利益和社会利益的前提下追求自己的利益。

诚实信用解释原则的内容比较笼统，从有关国家的立法及学说上看，它通常是在适用以上各项原则均无法合理解释合同时，作为最后的一种补救措施而起作用的。概括而言，其主要内容是指，在解释合同时，应当按照诚实信用法律原则的基本要求，从兼顾当事双方利益的立场出发，公平合理地确定合同的内容及含义。其适用大致包含以下几种情况：（1）在合同用语含糊不清、模棱两可、意思发生歧异的情况下，以其最合理的含义作为该争议用语的确切含义；在着实不能予以明确的场合，也要区别情况公平地予以处理。对无偿合同，应按对债务人义务较轻的含义解释；对有偿合同，应按对双方当事人均较公平的含义予以解释。（2）在合同内容欠缺必要的条款时，可以依据诚实信用原则加以补充。（3）在合同约定完整而明确的情况下，以诚实信用原则为指导，判定合同是否有效。于此场合，应严格把握合同的约定是否有违于诚实信用原则的要求，不能任意确认某种合同约定无效。对于如何在实践中正确运用这一原则，1976年德国《一般合同条款法》提供了一个可资借鉴的规定。该法第9条规定：“违反诚实信用原则的条款无效。条款违反诚信原则与否有疑义时以下列标准决定：第一，与基本法理不能相容；第二，依契约的本旨应发生的重要权利义务受到限制，以至于契约目的有不能达成之虞者。”

合同解释的一般原则在具体解释合同过程中起着基本的指导作用，应当予以倾向性考虑和把握，且须综合运用、相互协调，始能达到理想的效果。

除合同解释的一般原则外，许多国家就标准合同条款的解释和免责条款的解释，确立一些特别原则。

标准合同条款的解释原则主要有：（1）以可能订约者平均、合理的理解可能性为基准的解释原则，即要求在对标准合同条款进行解释时，无须探求当事人双方的共同真意，而应依其可能订约者平均、合理的理解为统一的解释。（2）统一解释原则，即要求对于具有同一属性如同一地域范围、同一职业团体，同一时间范围等的可能订约者保持解释上的统一性。（3）从严解释原则，即要求在对标准合同进行解释时，严格把握内在规定性，不得简单地使用类推或扩张适用的解释方法，对该合同未规定或规定不完备的事项，予以补充解释。（4）不利于条款制作人的解释原则，即有疑义应为表意者不利益之解释。

免责条款的解释原则主要有：（1）从严规制的解释原则，即免责条款应为企业合理化经营所必需，非合理化经营所必须的免责条款不在有效之列。（2）个别商议的合同条款优于定型化免责条款的解释原则，即个别商议的合同条款与定型化免责条款共存时，个别商议合同条款的效力比定型化合同条款的效力优越。（3）限制解释原则，即在免责条款使用一般用语场合，如果该用语的免责范围可能涵盖两种以上义务或责任，其所免除的义务或责任的种类又不明确时，应选择“最狭义”或“非法定”的义务或责任作为免责条款的内容。

合同解释的特别原则应与一般原则协调运用。在具体的合同解释实务中，如二者难以协调，则应按特别优于一般的原则作出选择，或根据每一原则的相对分量决定适用某一原则而不适用另一原则。但须注意的是，合法性原则和诚实信用原则在任何场合，都具有不可排斥的效力。

第六章　合同责任

第一节　合同责任概说

一、合同责任的概念

合同责任有广义、狭义之分。狭义的合同责任即违约责任，或称违反合同的民事责任、合同债不履行的责任，它是指当事人不履行合同之债所应承担的民事责任。广义的合同责任，又称合同上的责任，它是指当事人在合同履行、变更、解除、担保中所应承担的民事责任。除违约责任外，它还包括变更、解除合同所产生的责任以及合同的担保责任等。这里取其狭义。

在大陆法系国家，合同责任作为债的不履行的责任之一，被称为合同之债不履行的责任；而在英美法系国家，合同责任则通常称为违约的补救。两大法系的这两个概念有许多相似之处：（1）二者均以违约行为为前提，即须有合同有效成立而一方当事人不履行合同义务的事实存在；（2）二者均以补偿与制裁为目的，即一方面体现为对未违约方或受害方的补偿，另一方面体现为对违约方或致害方的制裁；（3）二者的责任形式或补救措施大致相同，即主要是损害赔偿、支付违约金、强制实际履行等。但这两个概念亦有一定差别：（1）就法律性质而言，后者是一方违约时另一方用以保护自身利益的一种手段，是法律赋予未违约方对违约方的一种权利，因而具有一定自愿性；前者则是违约方的责任，这种责任不仅是违约方对未违约方的责任，还是违约方对国家的责任，因而具有较多的强制性。（2）就表现形式而言，前者限于强制违约方承担损害赔偿、支付违约金、实际履行等责任的公力救济形式；后者则不仅限于此，还包括当事人实施庭外和解、解除合同等私力救济形式。可见，英美法系违约的补救范围要广于大陆法系合同债不履行的责任。

二、合同责任的功能

关于合同责任的功能，存在如下几种观点：

1. 一般担保说

即认为合同责任是合同债履行的一般担保或总担保。这里所谓一般担保是相对于民法上保证、抵押、质押、留置等人的担保或物的担保这些特殊担保而言的，它是以合同债务人的全部财产（而不是物的担保中的特定财产）为基础，对合同债务人的全部债务（而不是人的担保中的特定债务）起保障作用的法律措施。一般担保说实际上是将合同责任看成是附属于债的履行，是债的履行的辅助措施或特殊形式，对债的不履行起着预防作用，而对债的履行起着引导、补充作用。这是大陆法系国家极为流行的观点。

2. 制裁说

即认为合同责任是对违约行为即合同债的不履行行为的一种法律制裁。合同有效成立后即在当事人之间产生法律保护的权利义务即债权债务，债务人不履行债务即导致合同责任的发生。这种责任一方面源于违约行为在道德上的应受非难性，这与“约定必须信守”的自然法原则是一脉相承的；另一方面又源于违约行为在经济上的应受非难性，因为放任违约行为的发生必然导致市场秩序的混乱和正常社会经济目标的难以实现。所以，无论从道德上还是从经济上而言，合同法中规定对违约行为人进行制裁的合同责任都是十分必要的。这一观点亦主要为大陆法系国家所采用。

3. 补偿说

即认为合同责任是对违约行为所致他人损害的一种补偿。这是商品交易关系在法律上的内在要求，也是民法平等、等价原则的具体体现。持这一观点的美国学者霍尔姆斯甚至不承认合同当事人有履行合同的义务，“因为一个合同当事人具有一种选择——履约或在不履约时赔偿损害，缔结合同并不承担履行义务”。他认为违约责任不过是一种“分配风险”的方式。而以波斯纳为首的经济分析法学派更提出“效率违约”理论，认为“如果（一方当事人）从违约中获得的利益将超出他向另一方作出履行的期待利益，如果损害赔偿被限制在对期待利益的赔偿方面，则此种情况将形成对违约的一种刺激，当事人应该违约。”这实际上否定了违约行为在道德上与经济上的应受非难性，认为补偿性的合同责任即是以实现合同制度的目标，正如美国《合同法重述》第2版第355条下的官方评论所指出的：“合同救济制度的核心是补偿而不是惩罚。对违法者实施惩罚无论从经济上或其他角度都难以证明是正确的，规定惩罚的合同条款是违反公共政策的，因而是无效的。”这一观点主要为英美法国家所采用。

我们认为，上述三种观点分别从不同角度揭示了合同责任的功能，但又都有失偏颇。事实上，与整个民事责任的功能一样，合同责任既具有上述前一种观点所体现的预防、引导功能，又具有后两种观点所体现的补偿、制裁功能，这些功能相辅相成、不可偏废，共同保障合同制度的目标的实现。

三、合同责任的归责原则

合同责任的归责原则是指确定违约行为人所应承担的民事责任的基本准则，它既是合同当事人的行为准则、有权机关的裁判准则，也是贯穿于整个合同责任制度并对具体的合同责任规范起统率作用的立法准则。合同责任的归责原则决定着合同责任的构成要件、举证责任的内容、免责事由、损害赔偿责任的范围等，因而在合同责任制度中居于核心地位。

学理上通常认为，大陆法系与英美法系在合同责任的归责原则上分别采取了过错责任原则与严格责任原则。所谓过错责任原则是指责任的承担以行为人的过错为必要，责任范围受过错程度影响的归责原则。对过错责任原则的含义，德国法学家耶林曾有过精彩的阐述，他说："使人负损害赔偿的，不是因为有损害，而是因为有过失，其道理如同化学的原则，使蜡烛燃烧的不是光而是氧一般的浅显明白。"《奥地利民法典》第 920 条、第 1295 条，《法国民法典》第 1147 条，《德国民法典》第 275 条，《苏俄民法典》第 222 条等均确认过错是承担合同责任的一般条件。所谓严格责任原则是指不问行为人是否有过错，只要其违约行为给他方当事人造成损害即须承担责任的归责原则，亦有学者称其为无过错责任原则。在英格兰的一个判例中，法官认为"因违约产生的损害赔偿责任的请求不考虑过错，一般来说，被告未能履行其注意义务是无关紧要的，被告也不能以其尽到注意义务作为其抗辩理由"。美国《合同法重述》第 1 版第 314 条规定未能履行须"无正当理由"，这实际上是要求有过错；但第 2 版第 260 条则规定"如果合同的履行义务已经到期，任何不履行都构成违约"，这就将过错因素排除在考虑之外，确立了严格责任原则。英美法系采严格责任原则的依据主要在于，其合同法认为合同是当事人提供的一项担保（Guaranty），即对合同所预期的结果加以保证，"对于非当事人所能预料的事故所致合同履行意外受阻的情况，当事人本可以在合同中订立一项免责条款，如果未设定免责条款，则认为当事人应负绝对的履行义务"，故当事人一旦违约即违反担保则不问其是否有过错均须承担合同责任。

作为合同责任归责原则的大陆法系过错责任原则与英美法系严格责任原则的区别主要包括：（1）前者以过错为归责必要条件，后者则不以过错而以违约行为与损害后果之间的因果关系为归责必要条件。（2）前者置重于惩罚违约一方的过错，后者则置重于合理补偿受害一方的损失。（3）前者对不可抗力与意外事故予以免责，后者则通常并不免除这两种情况下的合同责任。

值得注意的是，大陆法系与英美法系虽然分别以过错责任原则与严格责任原则为合同责任的归责原则，但也并不排除适用严格责任或过错责任的例外。就大陆法系而言，在下列情况下适用严格责任（无过错责任）：（1）金钱债务的迟延责任，如《日本民法典》第 419 条规定："关于金钱债务的迟延，债务人不得以不可抗力为抗辩。"（2）受领迟延责任，如《法国民法典》第 1257 条、《德国民法典》第 295 条之规定。（3）迟延履行后的责任，如《德国民法典》第 287 条规定："债务人对迟延中发生意外事故致给付不能者，也应负责；但即使不迟延给付也不免发生损害者，不在此限。"（4）不能交付种类物的责任，如《德国民法典》第 279 条之规定。（5）交付有瑕疵标的物的责任。（6）某些提供服务合同中的责任，如旅客运输合同中的人身伤害责任、旅店餐馆服务合同中通常事变所致顾客物品损害责任等即是。就英美法系而言，其在归责时考虑过错因素主要体现在：（1）通常将过错作为确定违约的重要因素，即违约行为中包含了过错，如当事人有正当理由不履行合同义务则不构成违约。（2）迟延履行责任中以过错作为归责事由。（3）确立"合同目的落空"（或称"合同受挫失效"）规则，对于无法抗拒的外来事由所致合同不履行予以免责。

四、合同责任的立法体例

各国对合同责任的规定有如下三种立法例：

1. 将合同责任的一般规定纳入民法典债的效力部分，并在各种之债中分别规定违反各类典型合同的责任

如《法国民法典》第 3 编第 3 章第 3 节"债的效果"、《德国民法典》第 2 编第 1 章"债的关系的内容"、《瑞士债务法》第 3 章"债的效力"、《日本民法典》第 3 编第 1 章第 3 节"债之效力"等章节中的有关规定即为合同责任的一般规定，《法国民法典》第 3 编第 6 章及其以下各章，《德国民法典》第 2 编第 433~853 条。

2. 在民法典中创设合同责任的专章专节规定，并在各种典型合同中分别规定具体的合同责任

这种体例与前一体例的不同之处在于，不是将合同债不履行的责任纳入债的效力部分，而是独立出来形成专门的违反债的责任制度或违反合同的民事责任制度。如 1964 年《苏俄民法典》第 19 章"违反债的责任"，我国《民法通

则》第6章第2节“违反合同的民事责任”等规定即是合同责任的专门规定，《苏俄民法典》中典型合同的章节及我国《经济合同法》等单行合同法规中的有关规定即为合同责任的具体规定。

3. 不设合同责任的一般规定，仅就违反各种具体合同的责任分别作出具体规定

这主要是英美法系国家的作法。其合同法主体是判例法，合同判例均系就具体的典型合同案件而作，因而有关合同责任的规定通常也是具体的。

五、合同责任的发展趋势

合同责任是随着合同制度的发展而不断发展的，而合同制度不过是一定时期商品经济的法律反映。与现代市场经济相适应，现代合同法中的合同责任制度也呈现出如下发展趋势：

1. 适用空间的扩大化

传统的合同责任是指违约责任，它仅适用于合同债不履行的情况，现代合同责任的适用范围则扩及合同变更、解除、担保等情况，体现为基于有效合同而发生的一切民事责任；传统的合同责任仅在合同有效成立后至完全履行前这一阶段发生，现代合同责任则延伸至合同成立前与合同履行后，基于所谓“先契约义务”与“后契约义务”形成“缔约过错责任”与违反“后契约义务”的责任；传统合同责任仅适用于拒绝履行、不能履行、迟延履行三种违约形态，现代合同责任则还针对不当履行特别是加害给付的违约形态，并由此形成合同责任与侵权责任的竞合。

2. 归责原则的客观化

已如前述，英美法系在合同责任上采严格责任原则；大陆法系传统上采过错责任原则，但适用严格责任的情况亦大量存在。事实上，受英美法系发达的产品责任制度影响，大陆法国家合同法中无过错责任的适用范围也不断扩大。就整个世界而言，过错责任与无过错责任并存、无过错责任“势力范围”的日益扩张已是大势所趋。

3. 责任形式的多样化

现代合同责任已经完全摈弃了古代法中名誉责任、人身责任等非财产责任，确立了包括赔偿损失、支付违约金、强制实际履行在内的单一的财产责任；就财产责任而言，传统的损害赔偿形式日益为支付违约金等形式所替代，支付违约金在实践中的运用远比损害赔偿更为普遍。

第二节　合同责任的构成

一、合同责任构成的概念

合同责任的构成是指当事人承担合同责任所须具备的法律要件，它由合同责任归责原则决定，是合同责任归责原则的具体体现。合同责任的构成要件分一般构成要件与特殊构成要件。所谓一般构成要件又称基本构成要件，它是指承担一切合同责任形式所须具备的共同条件，如大陆法系国家持过错责任原则通常以违约行为、过错为一般构成要件，英美法系持严格责任原则通常以违约行为、违约后果、违约行为与后果之间的因果关系为一般构成要件。所谓特殊构成要件是指承担某种具体的合同责任形式所须具备的条件，如损害赔偿责任要求具备违约行为、损害事实、违约行为与损害事实之间的因果关系、过错四个条件，实际履行要求具备违约行为、非违约方要求违约方实际履行、违约方能够实际履行三个条件。

二、合同责任构成的诸学说

对合同责任的构成要件究竟包括哪些，学者们有如下几种不同的观点：

1. 一要件说

即认为合同责任的构成要件只有一个，即违约行为，只要当事人有不履行合同债的行为即须承担责任，至于当事人是否有过错则在所不问。古代合同法中采结果责任原则，只要有合同不履行的事实存在，行为人即须承担合同责任，这实际上即为一要件说在立法上的体现。现代各国合同法大多摈弃了一要件说，但我国有学者根据《民法通则》第 111 条“当事人一方不履行合同义务或者履行合同义务不符合约定条件的，另一方有权要求履行或者采取补救措施，并有权要求赔偿损失”的规定，认为“违反合同”是承担合同责任的唯一条件。

2. 二要件说

即认为合同责任的构成要件包括主观条件、客观条件，客观条件是指合同债不履行的行为，主观条件是指债务人对于合同债不履行有过错。

3. 三要件说

即认为合同责任的构成要件除违约行为、债务人的过错外，还包括因果关系即违约与所致损害之间的因果关系。

4. 四要件说

即认为合同责任的构成要件包括违约行为、损害事实、违约行为与损害事实之间的因果关系、债务人的过错四个方面。

我们认为，上述第一种观点仅以违约行为作为合同责任构成要件，既与现代法理不符，也未反映大多数国家的立法规定精神，显然是不可取的；第三、四种观点分别将因果关系及损害事实与因果关系列为合同责任的构成要件，并未反映所有民事责任形式的一般要求，如支付违约金通常即不以存在实际损害为必要，因而也不科学；第二种观点则未考虑英美法系的情况，因其采严格责任原则不以过错为合同责任要件。综合上述各种观点，就合同责任的一般构成要件而言，大陆法系似可概括为违约行为与过错两项，英美法系似可概括为违约行为、损害事实、违约行为与损害事实之间的因果关系三项（这三项实际上均可包括在因果关系一项之中)。下文分别对违约行为、过错、因果关系进行分析。

三、违约行为

违约行为是合同责任的客观条件，也是合同责任的首要条件。所谓违约行为又称违反合同债的行为或合同债的不履行行为，它是指当事人没有按照合同规定的标的、数量、质量、价款、酬金、期限、地点、方式等履行合同义务的行为。

违约行为有多种多样的表现形式。违约行为形态的分类肇始于罗马法，罗马法将违约形态分为给付不能与迟延履行两种，其中给付不能包括实际上无给付的可能和虽有可能给付，但会导致显失公平两种情况，迟延履行包括债务人给付迟延和债权人受领迟延两种情况。《法国民法典》第 1147 条则将违约行为分为不履行、迟延履行两类，而不适当履行只是作为不履行的一种情况来看待。《德国民法典》基本上沿袭罗马法的规定将违约形态分为履行不能与迟延履行两类；后来德国学者史韬伯提出履行不能、履行迟延只是“消极违约”，此外还应有“积极违约”即当事人虽有给付行为但其给付不符合债的规定的情形。这一观点为德国法院在司法实践中所采用，从而确立了不完全履行(或称不适当履行、不当履行）这一新的违约形态。我国《民法通则》规定了“不履行”及“履行不符合约定条件”两种违约形态，《经济合同法》则规定了“不能履行”及“不能完全履行”两种违约形态。此外，大陆法系各国立法与学理上通常还有全部不履行、部分不履行之分。英美法系国家则将违约行为分为违反条件（Breach of Condition）与违反担保（Breach of Warranty），此外还有不履行、不能履行、部分不履行之分和严重违约（或称根本违约，Material Breach/Fundamental Breach）、轻微违约（Minor Breach）、预期违约（Anticiapatory Breach）之分。我们认为，违约行为形态尽管纷繁复杂，但以划分为拒绝履行、履行不能、不当履行、迟延履行四种基本形态比较合适。这是因为：第一，这四种形态既可针对全部债务而言，亦可针对部分债务而言，故全部不履行、部分不履行的形态实际上已分别包含在上述四种形态之中。第二，这里的不当履行，既包括一般地不按照合同规定的标的、地点、方法履行（即一般不当履行，又称瑕疵给付），也包括严重不当履行（即加害给付），因此所谓不完全履行在此亦无独立列为一种形态之必要。不完全履行通常是指没有完全按照债所规定的标的、数量、期限、地点、方式履行义务，而数量上的不完全履行就是部分不履行，如前所述是可以归入上述四种形态的；期限上的不完全履行则可归为迟延履行；标的、地点、方式上的不完全履行又可归为不当履行。第三，迟延履行因其在债的标的、数量、质量、价款、酬金、地点、方式等方面一般并无不当，且只要债权人接受履行，其对债的目的之实现通常亦无影响，故有必要从不当履行中分离出来，独立列为债的不履行的形态之一。这里的迟延履行一般是指债务人给付迟延，至于债权人受领迟延是否包括在内则取决于法律是否规定债权人的受领义务及相关的协作履行义务，如有此种规定则债权人的受领迟延亦构成债的不履行行为，反之则不成立。第四，预期违约因发生在合同规定的债务人履行期限届满之前，此时债务人尚未发生实际履行的义务，债权人亦无主张即予给付的权利，故严格而言，预期违约并非合同的不履行行为，而在债务履行期届满之后，“预期违约”的债务人如果实际履行了债务，仍不成为债的不履行，只有债务人仍然拒绝履行债务的，才因构成拒绝履行而成为债的不履行行为的一种。况且，对预期违约的债务人，债权人完全可以主张同时履行抗辩权或不需抗辩权来保全自己的利益，而无须求助于合同的不履行及违约救济。因此，在合同的不履行形态中应将预期违约剔除。此外，还须指出的是，将合同债的不履行作全部不履行、部分不履行及完全不履行、不完全履行和严重不履行、轻微不履行等划分并非毫无意义，从各国立法与学理来看，它们仍不失为确定行为人的责任性质、方式和范围的重要参考依据。

四、过错

过错是合同责任的主观条件。对过错的概念，存在如下几种观点：（1）

主观过错说。即认为民事过错与刑事罪过一样，是行为人具有的一种应受非难的心理状态。过错不包括行为人的外部行为，因此它与行为的违法性是两个不同的归责要件。就违约责任构成要件而言，过错是指债务人应当预见违约的后果而未予以预见。在确定合同责任时应查明债务人的心理状态，从行为人本人的状况出发看其应否预见行为的后果，以此判断其是否有过错并决定其责任范围。(2) 客观过错说。即认为过错是指行为人的行为在客观上不符合某种行为准则，而非指行为人的主观心理状态。自本世纪以来，随着归责的客观化，客观过错说得到了较大的发展，又形成了违反义务说，不符合合理行为标准说、侵害债权说等学说。(3) 主客观结合说。即认为过错一方面是行为人的一种主观心理状态，另一方面又外化为受行为人主观意志支配的客观行为，是行为过错，因而是主、客观的结合。我们认为上述第三种观点较为可取。

过错有各种不同的形态：(1) 故意、过失。所谓故意是指债务人预见到自己的行为会造成违反合同的后果而希望或放任该后果的发生。但确定合同责任无需像追究刑事责任那样将故意区分为直接故意、间接故意。所谓过失是指债务人应当预见其行为会造成违反合同的后果而没有预见或者虽已预见但未采取积极措施避免。在大陆法系，根据债的性质、利益关系等还将过失分为重大过失（重过失）、轻过失。所谓重大过失是指完全不注意，或者是指“缺乏技术或注意达到惊人程度”，在罗马法中如果一个行为极明显地不合法且有损于他人，即使一个疏忽之人也能加以避免，则行为人未能尽到此种注意就构成重大过失。所谓轻过失是较之重过失要轻微的过失，又分为抽象轻过失、具体轻过失。所谓抽象轻过失是指欠缺某种法律上的注意，此种注意在《德国民法典》第 270 条中被称为“交易上必要的注意”，在《法国民法典》第 1137 条、《日本民法典》第 400 条被称为“善良管理人的注意”，这是按照普通人在一般交易中的观念和认识来判断过失的。所谓具体轻过失是指欠缺与处理自己事务同一的注意，一般而言，一个债务人在处理自己的事务时总是比处理别人的事务更为谨慎、小心，因此在某些交易中法律要求当事人应具有比“交易上必要的注意”或“善良管理人的注意”更高的注意义务，这就是与处理自己事务相同的注意。(2) 本人过错、双方过错（相互过错、混合过错）、他人过错（第三人过错）。所谓本人过错是指债务人本身具有过错；所谓双方过错是指债务人、债权人双方均有过错；所谓他人过错是指债务人、债权人之外的第三人对合同的不履行有过错。(3) 一般过错、推定过错。这里的一般过错是相对于推定过错这一特殊过错形态而言的。所谓推定过错是指当债务人不能证明合同不履行是由于自己无法预见、不能避免的外因所造成时即被推定为有过错，即债务人如不能证明其不履行合同无过错即被认定为有过错。推定过错是指合同责任中最基本的过错形态。

过错形态影响着合同责任的承担。大陆法系通常按照合同是对双方有利还是对一方有利来确定当事人就其过错承担责任的范围。如合同对双方有利，如买卖、承揽等合同情形，则债务人应就其故意和一切过失所致合同不履行负责；如合同仅对债权人有利，如赠与、无偿委任等合同情形，则债务人仅就其故意和重大过失所致合同不履行负责。但是在涉及物品保管时，即使保管物品对债务人无利益，债务人也应对其轻过失造成的标的物损失负责。不过，债务人究竟应在具体轻过失还是抽象轻过失场合承担合同责任，大陆法系各国规定也不一致，如《日本民法典》第 659 条规定无偿保管人应负“与处理自己事务为同一注意”，即仅要求债务人就具体轻过失负责；而《法国民法典》第 1137 条则规定无偿保管人应负“善良管理人的注意”，即须就抽象轻过失负责。

五、因果关系

这里的因果关系是指违约行为与违约后果之间的因果关系，即违约行为与违约后果是原因与结果的关系。大陆法系国家在合同责任上虽不强调因果关系要件，但事实上因果关系也被纳入考虑之中，因为它强调当事人不履行合同须有过错，当事人无过错而不履行合同即无须承担责任，而当事人无过错主要包括不可抗力、意外事件等情况，在这些情况下合同的不履行是外力所致而与当事人的行为无关，也即当事人的行为与合同不履行的后果不存在因果关系，当事人的行为因不具备因果关系的要求而不发生合同责任。可见，因果关系仍在一定程度上被考虑。大陆法系对因果关系要求须为直接因果关系，如《法国民法典》第 1151 条规定：“不履行债务即使由于债务人的诈骗，债权人因其不履行而遭受现实的损害，和丧失可获得的利益所受的损害，应以不履行契约直接发生者为限。”又如我国《民法通则》第 112 条规定：“当事人一方违反合同的赔偿责任，应当相当于另一方因此所受到的损失。”英美法系在合同责任上则以因果关系为必备要件，坚持“近因”原则，其所谓“近因”与直接因果关系大体相当，即因果关系链条上与违约后果距离较近的原因事实，只有具备“近因”时，当事人才承担合同责任。

第三节　合同责任的形式

各国法律规定了不同的合同责任形式。我们认为，合同责任的基本形式是强制实行履行、支付违约金、赔偿损失。至于定金则不是一种单纯的合同责任形式，而是兼具担保性质，且它并不具有普遍性；而解除合同、终止合同虽然常常与一定的违约事实相联系，但它并未体现为对违约方的制裁和对未违约方的补偿，因而其本身并非一种责任形式，而是合同当事人在他方违约时采取的保全措施，并且它也不导致违约方所应负的违约责任的免除。

一、强制实际履行责任

（一）强制实际履行责任的概念与性质

所谓强制实际履行又称强制履行、继续履行，它是指在一方不履行合同时，他方有权要求法院强制违约方按照合同规定的标的履行义务，而不得以支付违约金或赔偿损失的形式代替履行。

强制实际履行责任是一种补救方法，即一方违约时未违约方寻求法律上救济的一种方法；但它又具有一定的任意性，即是否请求强制实际履行是债权人享有的一项权利；同时，它作为一种独立的合同责任形式，又可与支付违约金、赔偿损失等责任形式并用。

作为合同责任形式的强制实际履行与作为合同履行原则的实际履行不同：后者体现为一般原则，是合同当事人承担的基本义务，贯穿于合同履行全过程，而不以合同不履行行为的存在为前提；前者则是一方违约后未违约方的权利，是法律上的补救方法，是一种具体的民事责任形式，以合同不履行行为的存在为前提。作为合同责任形式的强制实际履行与作为民事执行措施的强制执行也不同：前者是民法上的一种责任形式，其目的在于强制债务人履行原合同规定的义务；后者则是民事诉讼法上的一种强制措施，其目的在于强制违法行为人承担生效裁判确定的责任。

（二）各国民法上的强制实际履行责任

在罗马法中，作为债务人不履行债务的责任形式，金钱赔偿得到了广泛的运用，而强制实际履行则未受到重视。

《法国民法典》则区分“作为与不作为之债”和“给付财产之债”，对前者通常不得要求强制实际履行，而只能要求损害赔偿，对后者则可提出实际履行要求。《德国民法典》更加重视强制实际履行的责任形式，只有在“不能恢复原状或回复原状已不足以赔偿债权人的损害”和“恢复原状需要支付不相当的费用时”，才可以通过金钱赔偿弥补债权人所受损害（第 25 条）；在迟延履行中，只有在债权人规定的延展期限届满后，债权人才能请求损害赔偿。《日本民法典》采纳德国立法，在第 414 条规定：“债务人故意不履行债务的，债权人可以向法院请求强制履行。”可见，在大陆法系各国，尽管法律对强制实际履行责任的适用设立了不同的限制，但强制实际履行仍不失为一种重要的合同责任形式。许多学者甚至坚持认为强制实际履行是大陆法中占首位的合同责任形式，其原因在于大陆法理论上视给付为合同的本质内容或者说基本效力，法律尽可能要求实现给付，原则上只允许在合同实际无法履行或履行对债权人无实际利益或债务人超过债权人催告期仍不履行时才可要求赔偿损失，这种对债权人请求赔偿损失的限制同时也是对债务人实际履行的强制。

在英美法系，普通法上的违约补救措施主要是损害赔偿，实际履行则是作为衡平法上的补救措施对待的，其目的在于消除损害赔偿所致的救济不充分、不公平。因此相对于损害赔偿而言，强制实际履行是一种例外的或次等的补救方法，通常只有在损害赔偿不足以补救时才适用强制实际履行。在实践中，只有以特定物、特定主体的行为为标的的合同，如土地买卖或租赁、演员演出等情形，债权人才能主张强制实际履行。英美法系作出这种规定的原因在于其合同法理论认为不用实际履行而用金钱赔偿的方法亦可达到合同目的，而且金钱赔偿更为便捷，更为实用可靠。近年来，美国经济分析法学派提出的“效率违约”理论对合同法上强制实际履行责任的存在价值提出了挑战。该学说认为，如果一方当事人从违约中获得的效益高于从履行中获得的效益则应鼓励其违约，这样更有利于资源的优化配置和整个社会经济效益的提高。我们认为，“效率违约”理论在某些合同案件中是能够成立的，但并不能推而广之，因为在许多情况下合同的履行利益难以确定，某些合同的标的不具有经济上的可替代性，合同的实际履行往往更符合社会经济目标和社会需要，所以如何判断与比较违约与履约的效率极为困难，所谓“效率违约”也就并非总能成立，以此而全面否定强制实际履行责任的必要性与重要性也就没有道理。

（三）强制实际履行责任的适用

强制实际履行责任的适用以存在违约行为、有继续履行的可能、债权人提出要求、不违反法律与合同性质为必要。在实际履行客观上不可能，或经济上不合理，或对债权人不必要，或合同标的为具有人身属性的行为，以及实际履行违反法律强制性规定时，则不适用这一责任形式。

二、支付违约金责任

（一）支付违约金责任的概念与性质

所谓支付违约金责任是指一方违约后即须依照法律或者合同的预先规定向对方支付一定数额的金钱或实物。

对支付违约金责任的性质与功能，各国立法与理论上存在不同观点：(1) 担保说。在大陆法系各国，违约金一直是作为普通的担保方式之一，如罗马法将违约金与定金、抵押权、质权、保证等编排成章，《德国民法典》将违约金与定金排在一节，《日本民法典》将违约金编入债权的效力部分，《法国民法典》则单独列出“附违约金条款之债”将违约金作为债的一种特殊情况看待。尽管各国立法例不尽一致，但违约金的担保性质则是共同的。与此相适应，违约金还具有从契约性质，即以所附契约（主契约）的有效成立为生效的前提条件。(2) 补偿说。即认为违约金责任的功能在于弥补一方因他方违约所受损失。在设定违约金时当事人应预先估计违约可能发生的损失数额，并在一方违约后直接向他方支付预定违约金以弥补其实际损害，故违约金又具有预定损害赔偿的性质。英美法系的违约金主要是补偿性的违约金。(3) 惩罚说。即认为违约金责任的功能在于惩罚违约方的过错行为，而与未违约方所受实际损失无关。因此，不问未违约方有无损失，也不问其损失大小，只要当事人预先约定了违约金，违约方即须依约承担支付违约金责任。(4) 折衷说。即认为违约金责任一方面具有担保性，是从契约；另一方面又具有民事责任的补偿性、惩罚性。这主要为德、日等大陆法系国家所采用。我们认为，上述第四种观点较为妥当。

（二）各国民法上的支付违约金责任

违约金最早起源于罗马法。罗马法中的违约金是一种债权担保方法，又称违约金契约或罚金契约。作为债权担保方法，其担保力体现在：一旦发生违约，债权人无须证明其受到损害即可直接请求债务人支付违约金。罗马法中的违约金分两种情况：其一是担保债务的本旨履行（即实际履行）的违约金，此种场合债权人可以请求债务人支付违约金或实际履行，但选择权归债务人，即由债务人决定支付预定违约金或者继续履行原合同；其二是担保债务如期履行的迟延违约金，此种场合债权人可以请求债务人继续履行原合同并支付违约金，债务人则须依债权人的请求承担责任。《法国民法典》第 1229 条明确规定“违约金为债权人因主债务不履行所受损害的赔偿”，原则上“债权人不得同时为给付主债务与违约金的请求”，并且与罗马法不同的是违约后的选择权不再归债务人，而是由债权人决定强制债务人作实际履行或者请求支付违约金代替履行。《德国民法典》第 340 条第 1 款的规定与《法国民法典》的上述规定相同，但其第 339 条还规定：“债务人与债权人约定，在其不能履行或不能依适当方式履行时，应支付一定金额。”这种违约金并非预定损害赔偿性质而是强制债务履行性质的，当事人可同时请求支付违约金与实际履行或者支付违约金与赔偿损失。可见,《德国民法典》的规定同于罗马法。《日本民法典》所作的规定又有自己的特色,该法典第420条规定,如当事人无明确约定,违约金原则上应被推定为预定损害赔偿。也就是说,当事人约定违约金为强制债务履行性质或预定损害赔偿性质的,从其约定;无此约定的,推定为预定损害赔偿性质。因此,《日本民法典》与《德国民法典》的规定实质上大体相同。

英美法系不太强调合同的实际履行,没有利用违约金担保合同履行的传统,因而并不十分重视违约金责任形式,然而基于契约自由原则也允许当事人在合同中事先约定一方违约时须向对方支付一定数额的款项作赔偿。但是英美合同法要求这种违约金必须是合同各方当事人预先一致同意的,且数额应该是公正合理的。英国法学家阿蒂亚指出:“违约金必须是真正作为赔偿费而不是作为威胁或惩罚,卡住对方的脖子而强迫他履行。”《美国合同法重述》第2版第355条更明确地规定:“规定惩罚的违约金条款是违反公共政策的,因而是无效的。”可见,英美法中的违约金责任远较大陆法系简单,且其基本性质与功能限于预定损害赔偿。

(三)支付违约金责任的适用

支付违约金责任的适用以存在违约行为、债务人有过错为必要。有法定违约金的须适用法定违约金,法定违约金仅作弹性规定或无法定违约金的适用当事人具体约定的违约金。现代各国民法大多对约定违约金的适用予以一定限制,如《德国民法典》第343条规定:“约定的违约金过巨者,法院得依债务人的申请以判决减至相当的数额。”英美法系亦允许法官干预那些与违约金的补偿作用相冲突的惩罚性违约金,即如果当事人约定数额过高,与订立合同时可预见的损失额不相称,法官可以将该条款视为惩罚性违约金条款,宣布其无效。

三、赔偿损失责任

(一)赔偿损失责任的概念与性质

所谓赔偿损失责任是指一方不履行合同债务而给他方造成损失,依照法律或者合同规定须向他方赔偿相应的金钱或实物。

对赔偿损失责任的性质,存在以下几种观点:(1)补偿说。即认为赔偿损失责任目的在于弥补受害人实际遭受的损失,通过赔偿使之达到合同正常履行的效果。因此它通常并不考虑当事人的主观过错程度,而置重于未违约方客观上遭受的全部实际损失。(2)惩罚说。即认为赔偿损失责任目的在于惩罚违约方致人损失的过错行为,剥夺违约方从违约中获得的利益,因此追究行为人责任应根据其主观过错程度而定。（3）折中说。即认为赔偿损失责任兼具补偿性与惩罚性，一方面是对受害人的补偿，另一方面是对致害人（违约方）的惩罚、制裁，是补偿与惩罚的有机结合。我们认为，赔偿损失责任的基本性质是补偿性，其目的在于充分保护未违约方的利益，使已经遭到破坏的合同关系恢复到法律允许的状态；但在某些例外情况下，为保护当事人利益和维护社会公共秩序，也不排除规定某些具有惩罚性的赔偿损失责任。

（二）各国民法上的赔偿损失责任

关于赔偿损失的范围，各国均要求赔偿全部实际损失，至于具体包括哪些内容则有不同规定。罗马法中首先将实际损失区分为直接损失与间接损失。前者指债权人现有财产的减少，后者指债权人预期可得利益的丧失。这种区分对大陆法国家产生了重大影响。《法国民法典》第1149条规定："对债权人应付的损害赔偿……一般应包括债权人所受的损失和所失的可得利益。"按照法国学者的解释，该条中"所受的损失"即是指直接损失，"所失的可得利益"即为间接损失。《德国民法典》第252条亦规定："应赔偿的损害也包括所失利益。"英美法国家则将损失分为直接损失、间接损失、附带损失。其所谓直接损失是指大陆法系所称的实际损害，即货物与价金的损失；所谓附带损失是指附随于直接损失的损失，如买方违约后卖方在停止运货、运回已送货物、保管货物等方面所支出的合理费用；所谓间接损失，包括当事人事先应当知晓、嗣后不能防止的损失以及因违反瑕疵担保而直接引起的人身和财产损害。此外，在大陆法系还有一种"惩罚性的赔偿金"，它不以实际损失为限，而是由法律确定一个标准，如我国《消费者权益保护法》第55条规定："经营者提供商品或者服务有欺诈行为的，应当按照消费者的要求增加赔偿其受到的损失，增加赔偿的金额为消费者购买商品的价款或者接受服务的费用的3倍。"在英美法系则还有一种"名义上的损害赔偿"（或称象征性的损害赔偿），它也不考虑实际损失，不要求债权人提供损失证明，只须债权人提供债务人违约证明，即可由法院酌情判令债务人支付极小数额的赔偿金，这种赔偿金的目的在于确认和保护债权人的权利，并从法律上确认债务人的违约事实，而不具有损害赔偿的实质意义。

关于赔偿损失的方式，各国民法上有三种不同的立法例：（1）以实物赔偿为主，以金钱赔偿为辅。这一模式为德国所采用，德国法认为损害赔偿的目的在于恢复原状，而实物赔偿最能使受害人恢复到未受损害时的状态，金钱赔偿只有在遭到金钱损失时才能使受害人恢复原状。（2）以金钱赔偿为主，以实物赔偿为辅。这一模式为法国所采用，《法国民法典》第417条规定："无另外意思表示时，损害赔偿以金钱定其数额。”（3）既可以是金钱赔偿，也可以是实物赔偿，究竟采用何种方法，由法院根据违约方的过错程度及其他具体情况而定。这一模式为瑞士所采用。

（三）赔偿损失责任的适用

赔偿损失责任的适用以存在违约行为、损害事实、当事人的过错及违约行为与损害事实之间的因果关系为必要。赔偿损失责任可与支付违约金责任并用，即当支付违约金仍不足以补偿债权人的实际损失时债务人仍须赔偿不足部分；赔偿损失责任亦可与强制实际履行责任并用，如《日本民法典》第414条规定债权人向法院请求强制履行“不妨碍损害赔偿的请求”，不过这仍然以存在实际损失为必要。

第四节　合同责任的免除

合同责任的免除是指债务人虽然有不履行合同债的行为，但依照法律或合同规定可以免除合同责任。合同责任的免除基于一定事由而发生，免责事由分法定事由与约定事由，前者包括不可抗力、意外事件等，后者则由当事人自主约定。

一、不可抗力

所谓不可抗力是指独立于当事人的行为之外，不受当事人的意志支配的现象。作为合同责任免责事由的不可抗力则指合同成立后所发生的，当事人无法预见、无法抗拒、不能克服、不能避免，并导致合同债的不履行的客观情况。不可抗力既包括基于自然原因而发生的自然现象如地震、台风、洪水、海啸等，也包括基于社会原因而发生的社会现象如战争、骚乱、罢工、海盗等。

不可抗力源于罗马法，罗马法中的不可抗力包括了意外事故在内，它是指完全不可预见的或不可预防的事件，当不可抗力致使给付不可能时债务人可被免责。罗马法的规定对大陆法国家产生了一定影响，《法国民法典》第1147条规定：“凡债务人不能证明其不履行债务系由于不应归其个人负责的外来原因时……应支付损害赔偿。”第1148条规定：“如债务人系由于不可抗力或事变而未履行给付或作为的债务，或违反约定从事禁止的行为时，不发生损害赔偿的责任。”《德国民法典》第285条规定：“因不可归责于债务人之事由致未为给付者，债务人不负迟延责任”。第217条规定“债务人于债之关系发生后，因不可归责于自己的事由，致给付不能者，免其给付义务”。这里所谓

“不可归责于债务人之事由”即包括了不可抗力。英美法系并无不可抗力用语，但在其“合同目的落空”或“合同受挫失效”原则中包含了不可抗力的内容。《美国合同法重述》第 288 条规定：“凡以任何一方应取得某种预定的目标、效力的假设的可能性作为对方订立合同的基础时，如这种目标或效力已经落空或肯定会落空，对于这种落空没有过失而受落空损害的一方，得解除其履行合同的责任。”英美合同法上的合同落空原因包括战争状态、政府发布禁令、非当事人双方的过错造成合同标的物灭失等情形，其范围远比大陆法系的不可抗力广泛。

二、意外事件（事变）

所谓意外事件是指当事人不能预见、不能防止的社会情况。与不可抗力中的社会现象不同，意外事件作为社会现象一般不具有社会性的无法抗拒力，而只是对特定合同的当事人而言不可预见、不可抗拒。《法国民法典》第 1148 条将事变与不可抗力并列为合同责任的免责事由。英美法系则在其“合同目的落空”原则中包含了意外事件免责的内容。

三、法律的特别规定

这主要是指法律对当事人在特定合同中承担合同责任所作出的特别限制。各国合同法根据需要，一方面规定债务人的无过错责任；另一方面规定特殊情况下债务人可不负责，尽管其可能有过错。如《德国民法典》第 482 条规定：“出卖人仅对一定期限内（担保期限内）发现的一定瑕疵（主要瑕疵）负其责任。”“主要瑕疵及担保期限依联邦参议院同意公布的敕令规定之。”这即是对买卖合同标的物瑕疵责任免除的法律规定。

四、合同的特别约定

这是指当事人在不违背法律的强制性规定的前提下，事先在合同中约定免除合同责任的事由。这是契约自由原则的体现，在国际贸易中极为普遍。现代各国则均对当事人的这种约定予以一定限制，如《德国民法典》第 276 条规定：“债务人因故意行为所应负的责任不得事先免除。”大陆法中“诚实信用”、“公序良俗”等一般条款也对当事人特约免除合同责任进行牵制。英美法系则随着买卖关系中所谓默示担保条款作用的加强和日益强调公共政策，也逐渐限制当事人任意约定免责条款。

第五编　侵权行为法

第一章　侵权行为的概念与分类

第一节　侵权行为的概念

一、侵权行为的定义

中文的“侵权行为”一词是舶来品，“最早于清末编定《大清民律》草案时才开始使用”①。作为一个法律术语，侵权行为是西方法律文化孕育出来的。在英美法中，侵权行为以“Tort”表示，这也是目前国际上指称侵权行为最为流行的符号。从词源上考察，“Tort”一词源于拉丁文“Torqueo”，原意为扭曲、扭坏或歪曲②，以后逐渐演化为“错误”（Wrong）的意思，表示侵权行为的不正当性或反常性，即属于一种社会危害行为。在德国法中，人们常用“Unerlaubte Handlung”（不许行为）或者“Delikt”（不法行为）来表述侵权行为，其含义是指对他人利益的不法侵害；而在法国法中，侵权行为的法文称谓为“Delit”，它与德语“Delikt”同出一源，来源于罗马法中的“Delictum”③，意即不法行为，指不法致他人蒙受损害的种种行为。可见，无论是在英美法系还是在大陆法系，也不论用何种文字符号来指称侵权行为，其词源所反映的是人与人之间的关系的一种被扭曲了的、非正常的形态，也就是说，侵权行为是不正当的、异常的、违反公共行为规范而为社会所不容的行为，这一点是公认的。

然而，关于侵权行为的定义，迄今为止，尚无统一、确定无疑的定义，不仅各国的立法规定不尽一致，而且各国学者也争论不休、各执己见。

在普通法系中，侵权行为的定义大多是由英美学者们从审判实践中归纳总

① 陈涛、高在敏：《中国古代侵权行为法例论要》，载《法学研究》1995年第2期。

② Black’s Law Dictionary，West Publishing Company，1979，p. 1355.

③ 江平著：《西方国家民商法概要》，法律出版社1984年版，第111页。

结出来的，由于深受“遵从先例”的判例法传统的影响，在很大程度上带有程序色彩和务实风格。综观各家学说，最具影响也是公认较为完备的定义是英国著名学者温菲尔德（Winfield）的“违反法定义务说”，即“侵权行为的责任基于违反法律预先确定的义务而产生，这种义务对一般公民而言，对它的违反是可以通过追索待定的损害赔偿的诉讼加以补救的”。此处的“待定的损害赔偿”是指“不是由当事人事先约定或以其他方式确定的，而是由法庭或陪审团根据案件具体情况决定的损害赔偿”。① 而弗莱明（Fleming）则对侵权行为持过错说，他认为：“侵权行为是一种不同于违约行为的，法律将通过判处损害赔偿来予以矫正的民事违法行为。”② 英国的另一位学者萨尔门德（Salmond）指出：“民事侵权，针对它的补救方法是提起待定损害赔偿的普通法诉讼，它完全不同于违反契约或者违反信托及其他纯衡平法上的义务。”③ 曾任英国牛津大学教授的波洛克（Pollock）在其专著《波洛克论侵权行为》一书中指出：“侵权行为乃作为或不作为，致损害于他人之行为也。此项危害的发生，或由于违反法定义务，或由于侵害他人的绝对的权利（如占有财产权），或由于应注意而不注意、应避免而不避免危害发生的行为所致。”④ 但波洛克在给出这一定义后又不无忧虑地指出：“侵权行为的定义只能是一个缩写，这个缩写只有该缩写的制造者本人使用起来才会满意。”⑤

西方比较侵权行为法的权威学者通克（Tunc）教授认为，用一句话来描述侵权行为亦即给侵权行为下定义，是公认的一桩难事⑥。而美国侵权行为法学家普罗泽（Prosser）在其1971年出版的《侵权行为》一书中也表述了同样的观点。然而，不少美国学者并未知难而退，仍在进行不懈的探究。例如，美国哥伦比亚大学教授伯迪克（Burdick）曾将侵权行为界定为：“侵权行为是不法侵犯他人之法定权利的作为或不作为，对这种行为的适当补救方法是由受害人提起请求损害赔偿的普通诉讼。”⑦ 美国的另一学者莫里斯（Morris）则从过错说的角度指出：“如果简单地概括侵权行为，可以说它是私法上的过

① ［英］温菲尔德、约瑟威茨著：《侵权行为法》，1971年英文版，第77页。
② ［英］约翰·弗莱明著：《侵权行为法》，1971年英文版，第1页。
③ ［英］萨尔门德著：《侵权行为法》，1907年英文版，第2页。
④ 转引自耿云卿著：《侵权行为之研究》，1985年台北版，第3页。
⑤ 转引自周海荣著：《国际侵权行为法》，广东高等教育出版社1991年版，第20页。
⑥ 《国际比较法百科全书·侵权行为·导论》，1983年英文版，第7页。
⑦ ［美］伯迪克著：《侵权行为法》，1905年英文版，第3页。

错。"① 面对这种种定义，曾任美国西北大学法学院院长的威格莫尔的有关论述至今不无借鉴意义，他曾以批评的口吻说："从未有一个概念能像侵权行为这样妨碍人们对事物的正确理解，使人们陷入迷惑的困境，其原因当在于对侵权行为下定义时习惯采用仅仅断言它与违反合同不同的定义方法。正如给化学下定义仅仅指出它不是物理学或数学一样。"②

在大陆法系中，各国法学理论的研究者和法律实务部门的操作人员也对给侵权行为下一个精确、统一的定义感到非常棘手，不论其称谓还是对侵权行为概念内涵与外延的把握都不尽一致，但是他们并没有停止努力，仍围绕法典或有关侵权行为规定的具体法律条文来进行种种诠释。

远在古罗马法律中，侵权行为的概念就已经出现了。罗马法将"侵权行为"定位在"违反约定义务的行为"和"直接违反法律的行为"之中，它比现代意义上的"侵权行为"具有更广泛的含义。如其中"违反约定义务的行为"实际上是指现代意义上的"违反合同行为"，而其中"直接违反法律的行为"又不完全等同于现代意义上的侵权行为，它包括"私犯"和"准私犯"两种行为。"私犯"是指包括以盗窃、恐吓、诈欺等对于财产和人身的侵害行为；"准私犯"则指如现代民法中所举的特殊侵权行为，包括法官的渎职、自屋内向公共道路投弃物品致人损害、屋檐上搁置或悬挂的物品足以危及行人安全、家屋及奴隶加害于他人以及家禽加害于他人，等等③。

在法国，大多数学者往往根据《法国民法典》第1382条关于"任何行为使他人受损害时，因自己的过失而致行为发生之人对该他人负赔偿的责任"的规定，认为侵权行为就是一种损害赔偿的责任。法国学者吉恩·多马特（Jean Domat）在继受罗马法传统的基础上将"过错"观念融入侵权行为概念之中，而波塞尔（Pother）在此基础上进一步区分了"侵权行为"（Délits）和"准侵权行为"（Quasi-Délits），取代了罗马法中的"私犯"和"准私犯"的概念。他认为，侵权行为和准侵权行为是产生债的根据。侵权行为就是行为人以欺骗或故意的方法给他人造成损害和错误；准侵权行为就是指行为人虽无故意，但由于不能原谅的粗心大意给他人造成损害和错误④。

---

① ［美］莫里斯著：《论侵权行为》，1953年英文版，第1页。

② ［美］威格莫尔著：《世界法律制度概论》第2卷，1928年英文版，第286页。

③ ［德］K. 茨威格特、H. 克茨著：《比较法总论》第2卷，1977年英文版，第291~294页。

④ 《国际比较法百科全书·侵权行为·导论》，1983年英文版，第9页。

在德国，人们将侵权行为称为“不许行为”（Unerlaubte Handlungen），《德国民法典》直到现在仍然以过错责任原则为基础①，采取一种以列举为主兼有概括的表述方式界定侵权行为，其中主要对三种情况作了较为概括的规定：（1）因故意或过失不法侵害他人生命、身体、健康、自由、所有权或其他权利（第823条第1款）；（2）违反以保护他人为目的的法律（第823条第2款）；（3）以悖于善良风俗的方法故意加害于他人（第826条）。德国学者对侵权行为所下的定义也大多是以不同形式再现了法律条文。

在日本，不仅民法典中缺乏关于侵权行为的定义性条款，而且民法学界有关专著和论文对侵权行为的定义至今依然是众说纷纭。例如，有的将其定义为：“因不注意造成他人之伤害或损害他人之物，则行为人必须赔偿因此而产生的损害，若此，某种行为对他人造成损害并产生损害赔偿责任时，其行为即为侵权行为。”② 而日本法学家川井健则直接引用日本民法典第709条将侵权行为定义为：“因故意或过失对他人权利造成损害，或因特殊侵权行为而造成他人之损害时，加害人应负赔偿之责。”③ 近年来，随着日本民法生活体系说的兴起，对侵权行为的定义更着重于民事责任制度的规定：“所谓侵权行为，乃是一种对他人给与违法性损害的违法行为，由此损害制造人与被损害人之间构成了能够发生法定的债权债务关系的法律要件，所以，侵权行为在民法上是债发生的原因之一。”④

前苏联1964年生效的《苏俄民法典》没有使用“侵权行为”一词，而是代之以“致人损害”。前苏联法律认为“致人损害”包括一切对公民或组织造成人身或财产损害的行为。也就是说，前苏联的侵权行为的概念相当宽泛，既包括不法行为致人损害，也包括合法行为致人损害，但“合法行为所造成的损害，只有在法律规定的情况下，才应当予以赔偿”⑤。

从大陆法系有关侵权行为的定义可以看到，大陆法系的学者偏爱于使用“责任”这一概念来表述侵权行为，而且侧重于构成要件的规定，并突出过错责任原则。但是，大陆法系的种种侵权行为的定义往往缺乏关于侵权行为对象的明确界定，难免失之过宽。因为有些符合其他责任规范要件（如违约行为

① ［德］K. 茨威格特、H. 克茨著：《比较法总论》第2卷，1977年英文版，第310~311页。

② ［日］藤木英雄等著：《法律学小辞典》，有斐阁1979年版，第821页。

③ ［日］川井健著：《民法入门》，有斐阁1989年版，第389页。

④ 邓曾甲著：《日本民法概论》，法律出版社1995年版，第91页。

⑤ 余先予著：《俄罗斯民商法与冲突法》，世界图书出版公司1995年版，第199页。

要件）的行为也可能同时符合法典中规定的侵权行为要件，以至于产生责任竞合问题。另外，由于许多定义重点突出过错性（不法性），常常把那些属于无过失责任的侵权行为排除在外，又带有定义过窄的缺陷。

在我国也有许多学者为“侵权行为”的科学定义作了有益的探索。台湾地区学者史尚宽认为，侵权行为者，因故意或过失不法侵害他人之权利或故意以背于善良风俗之方法，加损害于他人之行为也。简言之，为侵害他人权利或利益之违法行为①。大陆学者对“侵权行为”的研究立足于《民法通则》第106条第2、3款规定，即“公民、法人由于过错侵害国家的、集体的财产，侵害他人财产、人身的，应当承担民事责任”；“没有过错，但法律规定应当承担民事责任的，应当承担民事责任”。尽管这种表述近似于《德国民法典》的表达方式，但学者们仍给出了许多有别于德国的侵权行为定义。例如，在《中国大百科全书·法学》中，侵权行为被定义为“指因作为或不作为而不法侵害他人财产或人身权利的行为”②。而《法学词典》的侵权行为定义为：“不法侵害他人人身或财产权利而负担民事赔偿责任的行为。”③ 还有一些学者对侵权行为亦作出了不同的定义，诸如：“侵权行为就是指行为人由于过错侵害他人的财产和人身，依法应承担民事责任的行为，以及依法律特别规定应当承担民事责任的其他损害行为”；“侵权行为是一种侵犯社会公共财产、侵犯他人财产和人身权利的不法行为，是指因作为或不作为而不法侵害他人财产权利和人身权利的行为”；“侵权行为，是指民事主体非法侵害他人法定的民事权利和利益，依民法规定应当承担民事责任的行为”；“侵权行为是直接违背法律规定的义务，加害于他人的行为”；“侵权行为是侵害法律赋予民事主体的财产权和人身权的行为”等等④。可见，大陆学者有关侵权行为的定义，在一定程度上，囿于《民法通则》第106条的规定。而《民法通则》在侵权行为的规定上主要采取的是一种列举式的揭示方法，既列举了基于过错的侵权行为，也列举了不是基于过错的侵权行为。这在当时立法的大背景下，由于尚

---

① 参见史尚宽著：《债法总论》，台湾荣泰印书馆1979年版，第219~222页。

② 《中国大百科全书·法学》，中国大百科全书出版社1984年版，第571页。

③ 《法学词典》（增订版），法律出版社1987年版，第749页。

④ 王利明主编：《民法·侵权行为法》，中国人民大学出版社1993年版，第12页；杨立新著：《侵权特别法通论》，吉林人民出版社1990年版，第3页；张新宝著：《中国侵权行为法》，中国社会科学出版社1995年版，第27页；周海荣著：《国际侵权行为法》，广东高等教育出版社1991年版，第2页；潘同龙等著：《侵权行为法》，天津人民出版社1995年版，第2页。

未找到一个更加恰当的揭示方法，不失为实用之举。况且立法不同于理论研究，其目的不在于建立一个自圆其说的理论体系，而在于出具一套调整相关社会关系的规则。只是这一表述与目前的社会经济状况尚有差距，即使面对当时的情景，《民法通则》关于侵权行为概念的表述，也值得推敲。如何正确地将某些基于无过错责任的侵权行为进行科学的概括，如何更准确地表述无过错责任的含义，也有待进一步斟酌。

综上所述，无论在我国还是其他国家，都未找到一个完整的、准确的、权威的、科学的有关侵权行为的定义。这不仅仅因为人们对侵权行为的特征、范围和种类等认识存在差异，而且由于现代化工业和科学技术的迅猛发展，基于无过错责任的侵权行为案件大量涌现，打破了传统的“过错责任”理论并冲击了传统的侵权行为概念。个体认识的差异和不断变化的社会实践使得建立一个新的为人们普遍接受的、非列举性或描述性的，而是揭示侵权行为这一概念本质特征的定义变得十分困难。不过，可以断言，通过对侵权行为全面地、详尽地比较分析研究，肯定可以找出各类侵权行为的共性和本质特征，为侵权行为下一个科学的、公认的定义。

二、侵权行为的基本特征

对侵权行为的解释有广义和狭义之分。在广义的解释中，有的学者认为，侵权行为是指一切发生民事责任的客观的违法行为；也有学者把侵犯一切权利的不法行为归结到侵权行为之中，即侵犯权利的行为就是侵权行为①；还有学者认为：“所有民事责任，唯有侵权责任一种，契约不履行责任，并非由契约而产生，而系由于不履行契约之不法行为。侵权行为为侵害他人权利之不法行为，债务不履行又何莫不然。二者同为侵害权利之不法行为，在本质上并无以异。”② 从狭义的解释来看，侵权行为是指以故意或过失不法侵害他人人身财产的行为。不论对侵权行为作狭义还是广义的解释，通过综合比较分析英美法系、大陆法系和社会主义法系的各类侵权行为，可以发现侵权行为具有如下基本特征：

（一）侵权行为与违约行为不同

侵权行为是直接违背法律规定的义务，而违约行为是合同当事人直接违反合同约定的义务。尽管在大陆法中，两者都置于债法的体系之中，但侵权行为

① 潘同龙等著：《侵权行为法》，天津人民出版社 1995 年版，第 2 页。

② 郑玉波著：《民法债编论文选辑》，台湾五南图书出版公司 1984 年版，第 642 页。

与违约行为的本质区别不容抹煞。综观各国民法的有关规定，其主要区别表现为以下几个方面：

1. 违法性质不同

侵权行为是直接违背“社会契约”，而违约行为首先是违反“个人契约”①。这就是说，侵权行为的违法性表现在违反法律直接规定的、针对一般人的义务，即不得侵犯他人的财产权和人身权。这是法律针对一切不特定的人所设定的义务，行为人因过错违反此种义务，并给他人造成损害，就构成侵权行为。换言之，侵权行为是直接对民事法律强制或禁止性规定的违反。而违约行为的违法性则表现在当事人违反自己设立的、并针对特定当事人的义务。个人契约义务都是契约当事人具体约定的义务，违约行为的违法性实际上是指直接对当事人的有效契约（即具有法律效力的协议）的违反。这一区别也就是为大多数英美法学者所采用的学说——义务说的主要内容。他们认为侵权行为违反的义务是法律事先规定的，违约行为违反的义务是当事人自己约定的。前者是对一般人规定的，后者则是对特定的一人或数人规定的。简言之，侵权行为的当事人是不确定的，或者只是相对确定的；而违约行为的当事人是确定的，只有合同当事人才能成为违约行为人。正如一位英国学者所指出的：“一项受侵权行为保护的权利，每个社会成员均须承担相应的义务，这与仅仅涉及一方当事人义务的契约权利截然不同。”② 英美法系的学者进而提出一个公式：“民事损害若系单纯的违反合同，则不能归入侵权行为。”前苏联的学者也持相同观点。为此，不少学者在给侵权行为下定义时，为了将侵权行为与违约行为区分开来，都使用了否定词。例如，美国学者普罗泽在其专著《侵权行为》一书中表述为：“广义上讲，侵权行为是一种民事过错行为，而不是一种违约行为，法院通过损害赔偿诉讼的方式加以补救。”③ 英国法学家弗莱明（Fleming）也是采用同样方法为侵权行为下定义的。这种采用否定性定义来界定侵权行为的方法，犯了下定义的大忌。这种作法既表明在给侵权行为下定义时面临无法解脱的困境，同时也反映了侵权行为与违约行为的相近又不相同的特殊关系。

2. 侵犯的客体范围不同

违约行为侵害的对象是因合同产生的债权，即相对权；而侵权行为侵害的

---

① 周海荣著：《国际侵权行为法》，广东高等教育出版社 1991 年版，第 2 页。

② ［美］R. J. 沃克著：《英国法渊源》，夏勇等译，法律出版社 1984 年版，第 42 页。

③ ［美］普罗泽著：《侵权行为》，1981 年英文版，第 1 页。

对象是财产权、人身权等绝对权，这种权利是以不特定的一般人为义务主体的民事权利，是依法律或者其他公共规范产生的。如果行为侵害的属绝对权的内容，则此行为属侵权行为；如果侵害的是债权的内容，则为违约行为。这一区别也是理论界关于侵权行为与违约行为区分的“权利说”的主要内容，即以行为侵害的权利的不同来作为划分二者的标准。

3. 行为主体不同

侵权行为的主体在一般情况下是不特定的，一般要求是有意思能力的人，但不一定必须要求为完全行为能力的人。行为人既可以是完全民事行为能力人，也可以是无民事行为能力人或限制民事行为能力人。行为人是否具有民事责任能力，一般不影响受害人享有的损害赔偿请求权的实现。而违约行为的主体则是特定的，仅限于合同当事人。因为只有具有民事行为能力的人才能成为合同的当事人，因而违约行为的主体也只能是具有民事行为能力的人。

4. 承担的责任不同

实施违约行为将承担违反合同的民事责任，实施侵权行为将依法承担侵权的民事责任。我国《民法通则》虽然将违约责任和侵权责任合并规定在“民事责任”一章中，但对违约责任和侵权责任仍分别作出了规定，这就表明二者责任制度的区别。

5. 存在的前提不同

违约行为以合同的有效存在为前提，没有合同，或者当事人订立的合同无效，则不能发生违约行为。“只有当存在有效合同，且当事人违反合同规定的情况下，才能产生违反合同的民事责任。”① 而侵权行为则以绝对权的侵害为存在前提，并不要求当事人之间存在合同关系或其他联系，只要有对财产权和人身权的不法侵害，就会产生侵权行为。

因此，各国立法对侵权行为和违约行为大多分别加以规定，在法律上采用二元体制。其实，侵权行为和违约行为的分离古已有之，在早期古代法时期，对债务人的人身及财产的强制执行同基于侵权行为的复仇和代偿是两种完全独立的制度。在古罗马的《十二铜表法》上，侵权行为规定在第八表“私犯”中，违约责任则规定在第三表“债务执行”中。1804 年《法国民法典》将违约责任规定在第三编第三章“契约或合意之债的一般规定”中，侵权责任则列在第四章“非因合意而发生的债”中。此后的大陆法系各国的民法典都承袭了这种二元体制。

① 王利明主编：《民法・侵权行为法》，中国人民大学出版社 1993 年版，第 19 页。

英美法系国家的立法将侵权行为与违约行为严格地区分开来，这些国家早就有合同诉讼与侵权诉讼之分。例如，美国法律学会编纂的《法律重述》把违约行为编入《合同法重述》，而将侵权行为归入《侵权法重述》中。

然而，在具体实践中，行为人的行为往往既可以构成违约行为，又可以构成侵权行为；既可对其提起侵权之诉，又可对其提起违约之诉。在民法上，不法行为人实施的某一违法行为符合多种民事责任的构成要件，从而在法律上导致多种民事责任形式的现象，称为“责任竞合”或“民事责任竞合”①。这是民法上一个非常复杂的问题，它涉及到民法规范的适用、义务人责任范围的确定、请求权的行使、举证责任的分配等多方面的问题。在解决“责任竞合”问题上，长期存在两种相互对立的态度，即放任主义与强制主义观点。

放任主义认为，民事责任竞合是一种正常现象。这种观点允许受害人在两种诉讼和请求权之间自由抉择。这一态度有利于对受害人的保护，因为受害人可以根据自己的利益需要，选择一种最有利于自己的诉讼请求。但是，也有学者反对。他们认为，行为的性质和后果在法律上应当是明确和能预见的，而不能成为随原告主观选择而定，否则就违背了法律的稳定性和公正性，而且在出现法律冲突时，常常会导致“法律规避”现象的出现。正是基于这种严重弊端，放任主义观点并未被各国立法普遍采用，即使是采纳放任主义态度的国家，也对当事人的选择权进行了严格限制。

强制主义则认为，民事责任竞合是一种非正常现象，主张采取法律措施对其加以约束。根据法律措施的不同，这种观点又有两种不同的主张：一是在承认区分说和二元体制的基础上，主张通过硬性规定将责任竞合的事因归入某一种责任制度；一是在批判区分说和二元体制的基础上，认为既然责任竞合产生于两种责任的区分和制度分立，那么要摆脱责任竞合的困扰，就必须消除二元体制，将两种责任制度合二为一。但具体分析可以看到第一种主张过于简单武断，难于适应复杂多样的现实生活。因为，两种行为毕竟有不少共同之处，并且两种制度还有一些共同的职能（保护民事权利、维护民事秩序）和共同的形式（损害赔偿），特别是随着现代社会中合同关系的普遍化和合同关系中的国家干预经常化，侵权行为和违约行为相互渗透的现象日益增多。而第二种观点也有过于偏激、极端的弊端，因为侵权行为与违约行为之间的区别是客观存在的，两种责任制度的理论基础和法律政策有本质的区别，违约行为属于商品

① 王利明、董安生：《合同责任与侵权责任竞合的比较研究》，载《法学研究》1989年第1期。

流转关系的范畴，而侵权行为则涉及包括政治关系、经济关系、伦理关系等更广泛的社会关系。因此，违约责任制度尽管也受到诸如诚实信用这样的道德准则的制约，但基本上还是奉行自由、竞争和功利的法则；而侵权行为法保护着民事主体的一系列基本的权利，因而在根本上必须服从于社会控制和社会正义的目标。

20 世纪 50 年代以来，各国学说和立法上新的做法，是设法缩小直至消除两种责任制度的尖锐对立，以克服责任体制二元化的流弊，实现违约责任与侵权责任的协调统一。总观各国立法及司法实践，主要措施有两个：

第一，建立两种责任的一般共同规范。例如，我国《民法通则》第六章以第一节（一般规定）和第四节（承担民事责任的方式）规定两类责任的共同规则，基本上消除了它们在归责原则、构成要件、举证责任、责任方式等方面的歧异。《民法通则》第七章又规定了适用于两种责任的统一时效规则。因此，在这些规则所涉及的问题上，由于无论采用何种诉讼都是适用同一规定，当事人已无选择的必要。1964 年《捷克斯洛伐克民法典》及 1967 年《塞内加尔民事和商事债法典》，也对二元体制有所突破，从而建立了侵权行为责任和违约责任共同适用的一些一般责任条款。

第二，对各种具体情况制定专门的责任规则。迄今为止，只有部分国家对某些存在竞合的领域建立了统一的责任规定。例如，在瑞士，大多数有关民事责任的特别法规（包括公用事业服务部门、铁路和其他运输工具、航海、航空或道路交通事故、原子能和平利用等领域）都建立了统一规则。一些国际公约如 1929 年《华沙公约》，1964 年《布鲁塞尔关于海上旅客运输某些规则的国际公约》都规定，一切有关民事责任的诉讼只能依照公约的统一规则提起。

这两项措施，在实践中卓有成效。许多国家将其合并规定，即一般性共同规范加上特殊的统一规则，以沟通两种责任制度的共性并消除责任竞合时的选择问题；同时，这种作法又保持了两种责任制度的相对分立，以适应社会生活的客观要求。

（二）侵权行为不同于犯罪行为

这一区分是经过漫长的历史演变才逐渐明朗化的。“大多数国家的法律都经历了一个从侵权责任与刑事责任合一到逐渐分离的过程。”① 几乎所有古代

① 转引自王利明主编：《民法·侵权行为法》，中国人民大学出版社 1993 年版，第 15 页。

法都对侵权行为和犯罪行为不加区分，许多在今天看来属于民事侵权的行为，在过去常被视为犯罪行为，其后果是受到刑事性质的处罚。这些处罚不仅包括各种严酷的生命刑和身体刑，也包括“赎赀”、“备偿”一类具有罚金或赎金性质的财产刑。这些罚金、赎罪金的数额主要根据罪刑轻重来决定，而在加害人不能偿付时则代之以刑罚。“在中国古代，对比较严重的侵权行为或侵害人身权利的行为，绝大多数情况下都按犯罪予以制裁……因此说，中国古代不存在独立的侵权行为法，只有附属于刑法的侵权行为法例。”① 但奉行理性主义和私权本位主义的罗马法是一例外，它曾对“不法行为 ”作出过“公犯”和“私犯”的区分，这种区分在中世纪后期法律近代化的过程中得到了肯定。虽然在现代许多大陆法系国家的法律中，某些违法行为（如因交通事故致人损害和死亡）既可以作为侵权行为，也可以作为刑事犯罪对待；而在普通法系国家，对于“非法侵害”（Assault）、“殴打”（Battery）、“侮辱”（Libel）等行为，行为人可能提起侵权之诉，也可能被作为犯罪而提起刑事诉讼。对于严重侵犯财产权和人身权的案件，行为人除承担刑事责任以外，可能还要根据刑事附带民事诉讼而赔偿损失。但是，侵权行为与犯罪行为的区分，现代已得到了普遍承认。通过比较分析，可以看到“适用无过错责任、公平责任的侵权行为，行为人在主观上无故意和过失可言，所以这类行为不可能构成犯罪。这类侵权行为与犯罪行为是互相排斥的，二者在任何时候不可能重合，不可能同时并存。因此，适用无过错责任、公平责任的侵权行为所产生的纠纷纯粹是民事纠纷”②。而适用过错原则的侵权行为与犯罪行为既有区别又有联系。这两者的共同特征表现为：

第一，都是违法行为，都有一定的社会危害性，而且这两种行为都是法律所禁止的。关于危害性问题，国外一些学者从公法与私法的划分出发，认为侵权行为加害的对象是个人，而犯罪行为危害的对象是社会或公众③；对犯罪行为的制裁目的在于保护国家或公众的利益，而对侵权行为的制裁主要在于保护个人的利益。这里必须言明，从严格意义上讲，侵权行为既然加害于他人，那么，对社会中的任何一位成员的不法侵害，都会给社会带来一定程度的危害。也就是说，侵权行为并不是仅仅侵犯个人而丝毫不殃及社会。例如未经许可使用他人注册商标，这不仅损害了商标权人的利益，也欺骗了广大消费者，其社

---

① 陈涛、高在敏：《中国古代侵权行为法例论要》，载《法学研究》1995 年第 2 期。

② 潘同龙等主编：《侵权行为法》，天津人民出版社 1995 年版，第 74 页。

③ 周海荣著：《国际侵权行为法》，广东高等教育出版社 1991 年版，第 3 页。

会危害性是显而易见的。

第二，主观方面均存在故意或过失。在适用过错原则的侵权行为中，行为人的故意或过失是构成这类侵权行为的重要条件，行为人主观上无故意或过失可言，该行为不能适用有关这类侵权行为的法律规范，甚至有可能该行为就不属于侵权行为的范畴。故意或过失也是犯罪构成不可或缺的要件，行为人主观上无故意或过失的存在，这种行为就不是犯罪行为。可见，这两种行为都以故意或过失作为存在的条件之一。

第三，适用过错原则的侵权行为与犯罪行为都是要受到法律制裁的行为。“就侵权行为而论，其主要目的是使当事人所受的损害得到补偿和通过损害赔偿诉讼的处理来遏制不法的或反社会的行为。”而“依照刑事法律的规定，针对犯罪行为及其他影响犯罪社会危害性程度的案件事实，犯罪人应当承担国家司法机关也强制犯罪人接受的刑法上的否定评价（即刑事责难），它是犯罪人应当承担而国家司法机关也应当强制犯罪人接受的刑法制裁（主要是刑罚处罚）的标准”。① 可见，法律对这两种行为都规定了制裁措施，以维护正常的社会关系，教育或惩治行为人。

尽管侵权行为与犯罪行为存在种种联系，但决不能据此否定它们之间的本质区别。适用过错原则的侵权行为与犯罪行为存在以下本质区别：

第一，性质不同。侵权行为是一种违反民事法律规定或公共道德准则而侵害他人的合法民事权益，应当承担民事责任的行为；犯罪行为则是一种违反刑法的规定，危害社会利益和秩序，依照刑法应负刑事责任的行为。

第二，危害程度不同。适用过错原则的侵权行为在一般情况下社会危害性不大，其情节轻微，后果也并不严重；而犯罪行为必须是社会危害性较大，其情节、后果严重的行为。因此，我国刑法明确规定，“情节显著轻微危害不大的，不认为是犯罪”。

第三，制裁的目的和方式不同。对犯罪分子进行制裁的主要目的是惩罚犯罪分子，在惩罚的基础上对犯罪分子进行教育和改造；在适用过错原则的侵权行为中对加害人的制裁主要目的是补偿受害人所受到的损失，通过补偿来恢复被破坏的民事权利，从而保护受害人的利益。当然对加害人的制裁也不排斥惩罚和教育的性质。另外，从制裁方式来看，对犯罪行为主要采取剥夺和限制犯罪人的人身自由，甚至剥夺生命的惩罚形式；而侵权行为则主要采用赔偿损失加以制裁。当然，对犯罪的制裁也可以采用财产制裁（如处以罚金、没收财

① 张新宝著：《中国侵权行为法》，中国社会科学出版社 1995 年版，第 129 页。

产）的方式。不过这只是附加刑，并且判处犯罪分子向国家缴纳一定数额的金钱，或将财产强制无偿收归国有；而判处侵权人进行损害赔偿是将金钱或财产交付给受害人，而不是给国家。

第四，处理案件适用的程序不同。对犯罪行为适用刑事诉讼程序，而对侵权行为则通过民事诉讼程序进行处理。侵权案件在审理过程中还可以依法进行调解，当事人甚至还可以依法自行协商解决，而在刑事案件的审理过程中则无此程序，或者说不容忍这种形式。

因此，在司法实践中，为切实保障公民和法人的合法权益不受侵犯，有效地制裁各种违法犯罪行为，必须正确区分民事侵权行为和犯罪行为。既不能把已构成犯罪的行为作为侵权行为处理，使犯罪分子逃脱其应受的刑事处罚，也不能把仅属于侵权行为的违法行为作为犯罪行为处理，使行为人受到不公正的处罚。

（三）侵权行为是侵犯他人合法权益的行为

侵权行为是能够引起一定的法律后果的行为，但是侵权行为人实施侵权行为并不是以产生法律后果为目的，不一定非要具有意思表示的要素，因此，侵权行为虽属于“行为”这一类法律事实，但是它是一种与合同及单方的民事法律行为不同的违法行为。具体表现为：

第一，侵权行为一般是行为人自己实施的行为，侵权行为人应对自己的行为负责。在民法中，因物件致人损害、动物致人损害以及物品的逃逸致人损害等，所有人或占有人若不能依法证明其没有过错和其他法定的免责事由，亦构成侵权行为。行为人在一般情况下都只对自己的行为而不对他人的行为负责，但是依据法律规定，行为人因自己的故意或过失，使他人的行为造成对民事主体的合法权益的侵害，行为人亦构成侵权行为。

第二，侵权行为是由行为人自己的自由意思决定的事实行为。所谓“自由意思决定”是说明行为人对某一权利施加侵害，是完全由本人的意思来支使而非受他人的指使、强迫或诱惑所致。但并不是说行为人必须自己亲自实施其行为，即便是除自己行为外，还有他人行为介入，或由自己意思决定，利用他人直接实施其行为，仍不失其为侵权行为。侵权行为虽是基于行为人的意思发生的，但它不以意思表示为要件，是事实行为，而非民事法律行为。侵权行为虽在加害人与受害人之间产生法律关系，但它只是侵权行为人一方的行为。这里说的行为，包括作为和不作为。作为的侵权行为，是指以积极的行动进行侵害他人的财产或人身的行为；不作为的侵权行为，是指法律上规定的有行为的义务而因故意或过失不尽此义务而致人损害的行为。不作为的侵权行为的成立，原则上必须有法律上规定的作为的义务存在。例如安装地下设施，法律规定有设置明显标志和采取安全措施的义务，行为人未尽此义务而致他人受损时，其行为就构成不作为侵权行为。

第三，侵权行为人的行为损害了他人的合法权益，即造成了损害。仅有行为而无损害，不构成侵权行为。损害既包括物质的或金钱的损害，也包括人身伤害及死亡、精神损害。损害的存在表明侵权行为侵害了法律所保护的权利和利益，具有一定程度的社会危害性。当然，各种侵权行为因其程度不同，所造成的后果也不完全相同，轻微的侵权行为，可能造成的损害后果微小，但无论怎样，没有损害后果，就不构成侵权行为。正是由于侵权行为总是与损害后果相联系，我国许多学者将侵权行为称为“侵权损害”。

第四，侵权行为必须是违法行为。侵权行为是侵害他人合法权益的违法行为，这是侵权行为的本质属性。侵权行为必定给他人或国家、社会造成一定的损害，但造成损害并不是侵权行为的核心。因为在某些情况下，当事人即使实施行为的结果造成一定损害，但由于该行为不具有违法性，它也不是侵权行为，诸如正当防卫、紧急避险、受害方允诺的行为、职务授权行为、自助行为，等等。

（四）侵权行为侵害的对象主要是财产权和人身权等绝对权利，但同时还包括利益、请求权等

侵权行为是给他人的合法权益造成损害的行为，但这并非指所有侵害民事权利的行为都是侵权行为。各国立法和实践都将侵权行为的对象限制在特定方面，也就是说侵权行为的侵害对象是特定的。因而虽然违约行为与侵权行为一样都是违法行为，但二者是两个截然不同的概念，因为它们的侵害对象是大不相同的。侵权行为侵害的主要是绝对权，即对世权。这种权利，其义务人不确定，权利人无须经义务人实施一定的行为即可实现的权利，如物权、人身权。而违约行为侵害的是相对权，即对人权，其义务人是特定的，权利人的权利要实现必须通过义务人实施一定的行为，如因合同而产生的债权。这表明，侵权责任保护的当事人在合同之债的关系之外的合法权益，主要是物权和人身权等绝对权。不容忽视的是，随着现代社会的发展，侵权行为的对象范围也日益扩大。侵权行为的侵害对象除了财产权和人身权以外，还包括其他一些合法权益，例如美国学者爱泼斯坦在《侵权行为法》中指出：许多国家的法律已开始将第三人对债权的侵害作为侵权行为来对待。但毋庸置疑，侵害对象的特定性仍是侵权行为的主要特点①。有的学者将侵权行为仅定义为“行为人不法侵

① 参见［美］爱泼斯坦著：《侵权行为法》，1984 年英文版，第 1335～1344 页。

害他人的财产权利或者人身权利的行为”，未能准确地反映侵权行为的对象，有“定义过窄”的弊端。因为侵权行为的对象并不局限于财产权和人身权，它还包括利益、请求权等。如第三人诱惑或强制雇主终止雇主与雇员订立的雇佣合同，将雇员解雇，对于这种情况，第三人就须负侵权责任①。这一情况，在英美法系国家被称为诱使违约（Inducing Breach of Contract）或合同之干扰（Interference of Contract）②。

（五）侵权行为是行为人承担侵权民事责任的前提和根据

侵权行为作为一种法律事实，能够引起侵权人承担民事责任，因此侵权行为是承担民事责任的根据。责任的根据和责任的条件是不同的，责任根据是构成责任条件的总和。没有根据，也就没有承担责任的法律事实，这在各种情况下都是一样的；而构成责任的具体条件，却可以是不一样的。一般说来，行为人因过错而致他人损害，便具有负责任的根据，但是否必须承担责任，还要看行为人实施的侵权行为是否符合法律规定的责任条件。

以上从定义的角度对侵权行为的基本特征进行了分析，但是，关于具体某项行为是否构成侵权行为，仅仅依靠侵权行为的特征分析还不够。要解决这个问题，必须弄清侵权行为的构成要件，侵权行为的构成要件是认识侵权行为概念的核心。

三、侵权行为的构成要件

在英美法系国家，由于历史的原因，侵权行为变成了一个“包括除了不履行合同以外的获得损害赔偿的各种情况的大杂烩”③，很难从中概括出所有侵权行为的共同构成要件，而且英美学者也不热衷于这类研究。在英美法律中，有着许多种类的侵权行为，它们各自有着独特的构成要件。有的学者形象地把英美侵权法这一特点描述为一套放文件的夹子，每个夹子有一个名称④。不过，虽然英美侵权行为如此庞杂，但只要深入探究，仍能归纳总结出一些关于侵权行为构成要件的一般性概括。例如，在西方颇有影响的《商法原理》一书认为，侵权行为具有如下五个要素：（1）引起损害的行为人对受到该损

① 参见史尚宽著：《债法总论》，台湾荣泰印书馆1979年版，第135~139页。

② 参见［美］亨德森、帕森著：《侵权行为诉讼》，1975年英文版，第962~964页。

③ 参见［法］勒内·达维著：《英国法与法国法》，舒扬、刘晓星译，法律出版社1984年版，第163页。

④ 参见周枏等著：《民法》，知识出版社1981年版，第224页。

害的人负有某种义务；（2）与此义务相对应，因对方行为影响而受害的一方享有某种法律权利；（3）该义务被违反或该权利被侵犯；（4）某项行为包括作为或不作为成为损害结果的相近原因；（5）损害结果发生。类似的构成要件在《布莱克法律辞典》中也可以见到，只不过归纳得较简洁：（1）被告对原告法律义务的存在；（2）行为违反该义务；（3）违反义务的行为是损害的相近原因。而《国际比较法百科全书·侵权行为·导论》则归纳为：在英美法中，侵权行为有如下三个要素：第一，发生的损害；第二，法律对此将予以补救；第三，此损害非违约行为所致。著名法学家贝克（Barker）独自将侵权行为的构成要件概括为三个：第一，被法律归类为有过错的人的行为；第二，该行为侵犯了法律所保护的另一个人的利益；第三，因为该行为而受损害的一方可以对此请求民事法庭救济①。

在大陆法系国家，法国学者一般认为侵权行为应具备三个要件，即过错（其中包括非良家父之行为和可归责性两个要素）、损害、过错行为与损害之间的因果关系②。而德国学者一般主张侵权行为必须符合下列要件方得成立，即违法性、错意（Culpability）、行为侵犯法律所规定的权益③。日本学者在继承德国法的基础上认为，“侵权行为的成立要件是：其一须有归责性意思状态，即加害人须有故意或过失；其二须有违法行为和损害之事实，即实施了违法侵害他人之权利的行为和损害之发生；其三须有因果律之侵害，即权利的侵害行为与所发生之损害事实之间存在着因果关系；其四加害人必须具有责任能力。”④

可见，关于侵权行为的构成要件，并无定说，英美法较偏重于行为的损害，对行为人是否有过错过问不多，而大陆法则正好相反。在我国，对侵权行为的构成要件也有不同看法。台湾地区学者史尚宽认为，如果从简单的角度来看，侵权行为有三个构成要件：（1）有归责性之意思状态；（2）违法性；（3）有因果律之损害。如果从细致的角度来看，侵权行为应有六个要件：（1）责任能力（识别能力）；（2）违法性；（3）不法或故意加害之不当行为；（4）侵害或损害他人之权利或利益；（5）损害之发生；（6）侵害行为与损害之因

---

① ［德］D. 贝克著：《侵权行为》，1981 年英文版，第 1 页。

② 《国际比较法百科全书·侵权行为·导论》，1983 年英文版，第 9 页。

③ 参见［德］霍思等著：《德国私法和商法导论》，1982 年英文版，第 147~148 页。

④ 邓曾甲著：《日本民法概论》，法律出版社 1995 年版，第 94~95 页。

果关系①。而耿云卿则比史尚宽更进一步，提出侵权行为有更多的要件：(1) 自己之行为；(2) 权利或利益之侵害；(3) 损害之发生；(4) 因果关系；(5) 行为之不法；(6) 意思能力；(7) 故意过失②。大陆学者有主张法国民法的三要件说，也有主张德国民法的四要件说。佟柔教授主编的《民法原理》一书认为，在一般情况下，侵权行为有四个构成要件：(1) 损害事实的客观存在；(2) 侵权行为的违法性；(3) 违法行为和损害事实之间的因果关系；(4) 行为人的过错。在特殊情况下，并不一定同时有四个要件，有关组织和人员也要承担责任③。这实际上是将侵权行为分为两大类：一类为一般侵权行为，对此采用四要件说；另一类是特殊侵权行为，采用各自特有的构成要件。江平教授则认为，根据各国立法的规定，侵权行为的构成要件可以分为两类：一类是客观要件，其中有：(1) 侵犯他人的权利；(2) 损害的发生；(3) 违法；(4) 损害他人权利的行为与损害之间有因果关系。另一类是主观要件，其中有：(1) 行为人须有侵权责任能力；(2) 行为人须有故意或过失④。

通过比较分析，结合我国《民法通则》第 106 条第 2 款的规定，我们认为，任何一项侵权行为，不论它属于哪个种类，都具有如下四个方面的特征，而这四个特征就是侵权行为必不可少的要件：

第一，行为必须违法或不当。行为的违法性是指行为人的行为违反了法律的规定，给他人造成损害而又缺乏某种合法的根据。至于行为不当，是指行为虽然没有形式上违法但却实质上违法。因此，行为不当不是从法律的形式上来判断它是否违法，而是从法律的整个目的（即立法精神）来判断它是否违法。这涉及刑法与民法的一个重大区别，即刑法要以罪刑法定为原则，而民法则以公平善意为原则。

第二，须为有责任能力的本人或他人的行为。这一要件有如下几点含义：(1) 行为人或负责任的人必须有责任能力。责任能力之有无，应以民法关于行为能力的年龄和智力标准为依据。(2) 侵权行为不一定是自己的行为，在有些情况下，他人的行为也可以导致侵权责任。最显著的例子是替代责任 (Vicarious Liability，又译转承责任)⑤，如一名运输汽油的司机在装油过程中

① 史尚宽著：《债法总论》，台湾荣泰印书馆 1979 年版，第 107 页。

② 耿云卿著：《侵权行为之研究》，(台湾) 商务印书馆 1985 年版，第 2~14 页。

③ 佟柔主编：《民法原理》，法律出版社 1987 年版，第 240~249 页。

④ 江平著：《西方国家民商法概要》，法律出版社 1984 年版，第 114 页。

⑤ [新西兰] 彭林顿著：《香港的法律》，毛华等译，法律出版社 1985 年版，第 210 页。

点了一支烟，而后把火柴棒扔在地上，该火柴棒引燃了汽油，最后导致火灾。对于这次火灾，该司机的雇主应负赔偿责任。（3）侵权行为在形态上可以是作为，也可以是不作为。（4）仅有思想不足以构成行为，但是，一旦将思想表达于语言中，与外界发生接触，则构成行为。因此，语言也是行为（不论口头语言，还是包括声像在内的书面语言），毁誉侵权的主要方式就是语言。

第三，必须给他人造成损害。损害的发生乃侵权行为最根本的要件。就现代立法精神来看，侵权行为之所以应负担民事责任，其主要原因在于它造成损害。在汉语中，“害”具有侵犯、杀害的含义。据《国语·楚语上》，“子实不睿圣，于倚相何害。”韦诏注：“害，伤也。”《说文解字》也称：“害，伤也。”而“损”则指财产减损的行为和结果。可见，损害的含义，在传统侵权行为法中仅指财产的减少、生命的丧失和身体的伤残。但在现代社会，随着精神损害概念的确立，损害的内涵更为丰富了。因此，在确立损害这一侵权行为的构成要件时，不仅要考虑财产损失，而且要考虑人身伤害，同时也要注意精神损害这一不容忽视的要素。

第四，行为与损害之间有因果关系。因果关系作为侵权行为构成要件之一，无论是在大陆法系民法理论还是在英美法系侵权行为法理论中，均无争议。我国民法学者也无一不赞成其为侵权行为构成要件之一。但是，无论是国外民法理论，还是国内民法理论，关于如何确定因果关系的学说颇多，众说纷纭、观点各异，有条件说、原因说、相当因果关系说、必然因果关系说等。条件说又有最有力条件说、最后条件说、必要条件说、直接条件说、异常条件说、优胜条件说、原动力条件说等；相当因果关系说中又有主观的相当因果关系说、客观的相当因果关系说、折衷的相当因果关系说等；必然因果关系说中又有必然原因说、偶然原因说和混合因果说等①。不论是何种学说，既不能照搬刑法的因果关系论，也不能凭主观猜测，而必须从客观的角度分析侵权行为的因果关系说，不但要确定有无因果关系，而且在大多数情况下，应判断某一原因在客观上所起的作用的大小，以便给民事责任的确定提供一个相应的客观根据。

第二节　侵权行为的分类

现实生活中的侵权行为纷繁复杂，表现形态多种多样，可依据不同的标准

① 参见张新宝著：《中国侵权行为法》，中国社会科学出版社 1995 年版，第 38~39 页。

进行不同的分类。对侵权行为进行科学的立法和学理分类，既有利于识别不同类型的侵权行为，也有利于正确适用民事责任的归责原则、构成要件和责任形式，而且有助于切实保护民事主体的合法的民事权益。在各国立法中，对侵权行为的分类大体有三种规定：一是概括式，以法国民法为代表，只作概括性规定，不列举各种侵权行为。二是列举式，以罗马法和德国法为典型，具体列举各种侵权行为。三是折衷式，这是我国《民法通则》所采取的体例，不仅列举一些侵权行为，而且同时也对其他的侵权行为作一些概括性规定。在概括式的方式中，由于法律没有具体列举侵权行为，分类主要从学理上入手；而在列举式的方式，侵权行为的分类在立法上有具体规定，不过，这也并不影响学者从学理角度加以分类；在折衷式的方式中，对侵权行为的分类是学理上的分类与立法上的分类的有机组合。

一、英美法系的分类

英美法系国家对侵权行为的分类主要是由法官们从判例中总结、归纳出来的，实际上是各种有关侵权行为诉讼名称的集合，而这些诉讼名称代表着各种被指控的致害原因。在英美法系国家，原告提起的侵权诉讼能否被受理，关键不是看原告是否遭受损害，而是看引起损害的加害行为是否有相应的诉讼名称。如果没有，除非法官愿意另外给出一个名称，否则该损害便是一个“于法无可救济的损害”。总的看来，侵权行为在英美法系中一般分为三大类：对个人的侵害、对财产的侵害和过失行为。另外还存在少数独立的种类。

（一）对个人的侵害

（1）侵害人身（Interference with Body），主要包括：①恐吓（Assault），即故意向他人作出欲加伤害的姿态或动作并足以使该人相信自己有遭受暴力打击的现实可能；②殴打（Battery），指以敌视态度粗暴无礼地触及他人身体；③非法拘禁（False imprisonment），指不法拘束他人身体，从而限制他人行动自由，也就是无合法的执行令而对他人进行逮捕或扣押。

（2）侵犯人格（Interference with Personality），主要包括：①毁誉（Defemation），即通过发表虚伪的陈述使他人名誉受到损害或者使他人在合情合理的众人心目中丧失好感或威信，分为文字诽谤（Libel）和口头诽谤（Slander）两类；②侵犯隐私（Infringement of Privacy），指侵犯个人秘密和私人秘密的行为，如侵入、搜查、监视、窃听、偷拍、非法披露等；③精神折磨（Emotion Distress），指故意或过失致他人蒙受精神上的痛苦，例如，咒骂、侮辱。

（二）对财产的侵害

（1）侵害动产（Wrongful Interference with Goods），包括：①侵占（Conversion），即否认或无视他人的所有权而侵占或擅自处分他人的动产的行为，这是实践中比较常见的一种侵害动产的行为；②侵犯动产（Trespass to Goods），指以扣留、移动、损坏或擅自加以利用等方式不法干预他人之物，但并不否认他人所有权的行为。

（2）侵害不动产（Interference with Immovable Property），主要包括：①妨害行为（Nuisance），原指非法妨碍他人使用土地的各种扰乱行为，现已扩大为一切对他人或公众造成骚扰或妨害的行为，污染环境也属此例；②非法侵入土地（Trespass to Land），即未经不动产所有人同意，故意进入、逗留、占据他人土地或以其他方式侵犯他人对土地的合法占有的行为。

（3）诈欺（Deceit），是指明知其事是虚假，或不信其为真实，或应知其为虚假而因疏忽或懈怠认为其真实，乃至作虚假之陈述，致他人信其言而实行，并因此遭受财产损失。该行为不以行为人获取财产的目的为条件。

（三）过失行为（Negligence）

过失行为作为一种侵权行为，在英美法律中常指一个人没有做合情合理的人（Reasonable Man）在处理日常事务时可能做的事或者做了合情合理的人不可能做的事。过失行为可根据轻重程度分为三类：一是重大过失行为（Gross Negligence），即有意不履行一种明显的义务，对可能会造成他人人身或财产的损失采取漠不关心的态度，而这种所造成的损害本来只要稍加注意即可避免；二是普通过失行为（Ordinary Negligence），指没有尽到一般性的注意，缺少一个常人所具有的谨慎而造成损害；三是轻过失行为（Slight Negligence），即行为人没有尽到重大注意义务，这种注意义务不是一般人具有的，而是非常谨慎的人才具有的。

（四）商业侵权行为（Business Torts）

英美法系中除了上述三大类侵权行为外，还存在着一些独立的种类，商业侵权行为就是其中之一。这是一个正在发展中的侵权行为新类别，它侵犯的不是个人人身或有形财产，而是一定的法律关系或无形财产，这些法律关系和无形财产在现代商业社会所具有的经济价值常常是无法估量的。例如，一公司因商业信誉受侵害而丧失订约机会所蒙受的损失可能远远超过其机器设备被毁的损失。因此，对这种侵权行为进行制裁并责令行为人对其所造成的损害进行补救，对维护经济秩序有相当重要的意义。具体说来，商业侵权行为可细分为：

（1）侵犯商业信誉、商业名称或工业产权，具体包括：①骗卖行为

(Passing-off)，或称商誉诈欺行为，是指通过直接陈述或间接标识（如商标、商号、商品外观设计、证明书等）自称或者使人误信他提供的商品或服务是他人的商品或服务，从而给他人或者第三人（消费者）造成损失的行为；②盗用行为（Approriation），即未经许可而不法使用他人商标、商号、专利、版权等行为；③损害性谎言（Injurious Falsehood），指对他人的经营状况（如资信情况、营业情况、产品质量、服务质量等）作出虚假陈述或错误报道，并由此造成他人损失的行为。

（2）干预他人合同或商事关系，其中主要的一类就是“引诱违约”(Inducing Breach of Contract)，即通过劝说、欺骗、利诱、贿赂或其他非法或者合法的手段，诱使他人的合同相对人违约、解约。这类侵权行为涉及最多的是货物买卖合同和雇佣合同。

（3）基于其他合法或非法的商事行为致人损害，主要包括：①共谋(Conspiracy)，即二人或数人达成协议，共同以不正当手段达到损害他人的目的；②威胁（Intimidation），指以实施某种违法行为或违约行为作为威胁，迫使相对人作出使自己或者第三人受损失的行为。

以上是关于英美法中的侵权行为分类的通说。除此以外，有的学者还作出了其他归纳、概括，如认为英美法中的侵权行为可分为三类：一是无权行为(Malfeasance)，指侵权人无权为某行为而为该行为；二是不法方法行为(Misfeasance)，指侵权人有权为一定行为，但却以不法方法为之；三是消极不行为（Nonfeasance），指侵权人虽有法律规定应为一定行为，但消极不为①。英国的学者自己的划分也不尽一致。《英国法律辞典》将侵权行为分成：对私人权利的侵犯；违背私人对私人的义务；违背私人对公众的法律义务②。《布莱克法律辞典》则将侵权行为分成三种：对个人的某种合法权利的直接侵犯；对某种公共责任的破坏而导致对个人的损害；违反某种私人义务而对个人造成类似的损害③。而《牛津法律指南》则认为侵权行为有两种划分：一种是把侵权行为划分为故意的、过失的和严格责任的侵权行为三类；另一种是把侵权行为划分为侵犯人身的（如侵犯、过失行为）、侵犯财产的（如侵占土地或货物、妨害、挪用）、侵犯家庭的（如亲属的过错死亡）、侵犯名誉的（如书面诽谤、口头诽谤）、侵犯经济权利的（如欺骗、诱使违约、损害性虚伪陈述）

① 耿云卿著：《侵权行为之研究》，（台湾）商务印书馆1985年版，第19页。
② 《英国法律辞典》，1980年英文版，第283页。
③ 《布莱克法律辞典》，1979年英文版，第1335页。

以及某些交叉性的侵权（如阴谋）①。后者基本类似于我们上述的分类。

英美法系关于侵权行为的分类源于对判例的归纳、总结，随时可以不拘一格地补充、增加新的类型。这对于适应日新月异、千变万化的现代社会有不可估量的价值。但是，英美法系对侵权行为的分类仍有许多不完备之处。它的分类从某种程度上说很像一堆杂乱无章的“大杂烩”，加上其分散得浩如烟海的法律渊源（主要是判例），令当事人望而却步，即使是训练有素的律师有时也感觉到在这一类“大杂烩”面前无从下手，往往是心有余而力不足。

二、大陆法系的分类

由于大陆法系在立法上对侵权行为的规定以概括式为主，其分类标准偏重于学理角度。大陆法系一般把侵权行为依不同标准划分为：一般侵权行为（又称普通侵权行为）和特殊侵权行为、作为的侵权行为和不作为的侵权行为、单独侵权行为和共同侵权行为、狭义侵权行为和广义侵权行为，等等。

（一）一般侵权行为和特殊侵权行为

一般侵权行为，是指具备一般侵权行为成立要件，直接由行为人自己承担民事责任的侵权行为。一般认为，它包括直接因行为人的故意或过失侵害他人的权利的不法行为和故意违背公共秩序和道德准则而加害于他人的不当行为。一般侵权行为，适用民法上的一般责任条款。现代民法一般主张：一般侵权行为适用过错责任原则和自己责任原则，在责任构成要件上一般适用损害事实、过错、因果关系三个要件；在举证责任上常常采用“谁主张、谁举证”的举证责任方式②。关于一般侵权行为，除了在名称上有不同称谓（有的称为“普通侵权行为”、有的称“直接侵权行为”）外，各国立法和学者对其实质内容并无多大争议。在我国，一般侵权行为主要分为四大类：侵害财产所有权行为、侵害知识产权行为、侵害人身权行为、侵害合法民事利益行为。

关于特殊侵权行为，不仅各国学者表述这一概念的方式各异，而且各国立法对特殊侵权行为的归责原则也规定不一。由于特殊侵权行为是相对于一般侵权行为而言的，通说认为特殊侵权行为是指当事人基于与自己有关的行为、事件或其他特别原因致人损害，依照民法上的特别规定或特别法的规定而应负民事责任的行为。但也有学者认为，特殊侵权行为是指欠缺一般侵权行为要件或

① 《牛津法律指南》，1980年英文版，第31页。

② 王利明主编：《民法·侵权行为法》，中国人民大学出版社1993年版，第20~21页。

另须具备其他要件方能成立的侵权行为①；也有学者主张，特殊侵权行为是指由自己行为以外的事实造成他人权利被侵害而由自己承担责任的行为，故又称“间接侵权行为”。而对于特殊侵权行为的归责原则，有人主张采取过错推定和无过错责任说两种观点，也有人主张实行一般过错责任或公平责任原则，即特殊案件中的有关事项，法律无特别规定时，适用一般侵权责任的相应规则。

特殊侵权行为大体上又可分为两大类：一是因他人行为致损害而产生的侵权行为，例如，因受雇人致人损害而产生的雇佣人侵权行为，因被监护人致人损害而产生的监护人侵权行为（又称法定代理人侵权行为）；二是因物件致损害而产生的侵权行为，诸如，动物占有人的侵权行为、产品制造人和销售人的侵权行为等。而在特殊侵权行为中，责任主体与行为主体可能是相互分离的，也就是指责任主体为行为主体承担赔偿责任或责任主体对其所有或占有的物件致人损害承担责任等。总之，特殊侵权行为较一般侵权行为更为复杂，我国《民法通则》规定的特殊侵权行为主要有以下几种：一是因危险活动致人损害的行为，如高度危险作业致人损害、地面施工致人损害；二是因特定的主体致人损害的行为，如国家机关及其工作人员执行职务的损害；三是因物或物质因素致人损害，如产品致人损害、环境污染致人损害、建筑物致人损害、动物致人损害。实际上，我国民法对特殊侵权行为的规定，除了民法通则的规定外，还散见于《食品卫生法》、《药品管理法》、《环境保护法》、《海洋环境保护法》、《水污染防治法》等特别立法中。从总体上看，我国民法对特殊侵权行为主要采取过错推定和公平责任两种归责原则；在举证责任上，主要采取举证责任倒置的举证方式；在责任免除上，采取了比较严格的限制措施。

（二）作为的侵权行为和不作为的侵权行为

作为的侵权行为，又称积极侵权行为，是指民事主体违反对他人负有的不作为义务，以过错的作为侵害他人的法定民事权益。例如，侵占或损坏他人财产，剽窃、篡改、假冒他人知识产权，伤害他人身体，侮辱、诽谤他人人格等行为均属于积极（或作为）的侵权行为。而不作为的侵权行为，又称消极侵权行为，是指民事主体违反对他人负有的作为义务，以不作为侵害他人的法定民事权益。这通常是指负有某种作为义务者，因未实施或未完全正确实施义务所要求的行为而致损害发生。例如，施工人没有设置明显标志和采取安全措施致人损害，交通警察未正确指挥车辆致行人伤亡，监护人不履行监护职责致被监护人财产损失等，均属于不作为的侵权行为。大陆法系上的特殊侵权行为，

① 唐德华主编：《民法教程》，法律出版社1987年版，第447页。

多为不作为侵权行为。因为在这些侵权行为中，未实施必要的行为往往是一项重要的构成要件。《法国民法典》第1386条规定："建筑物的所有人，对于因缺乏维护或因建筑物缺陷所发生的坍塌而引起的损害，应负赔偿责任。"其中"缺乏维护"即是一种过失的消极行为（不作为侵权行为）。我国《民法通则》第125条关于施工人"没有设置明显标志和采取安全措施造成他人损害的"规定，也属于此种类型。

不作为和作为的侵权行为一样，行为人都要承担民事责任，但法律一般对不作为的责任有特别限制。从各国立法规定来看，不作为的行为构成违法，必须是行为人负有某种义务，而未尽到此种义务。所以，不作为侵权行为的行为人承担责任的前提是，违反了法律所特别规定的义务，而不是违反了一般的道德义务，在确定不作为侵权行为的责任时，过错的标准与作为的侵权行为责任所适用的过错标准不同。

（三）单独侵权行为与共同侵权行为

以侵权行为主体的人数为标准，可以将侵权行为划分为单独侵权行为与共同侵权行为。单独侵权行为，是指侵权行为主体为单一的侵权行为，也就是指加害人单独一人因自己的过错行为致他人以损害。例如，一个公民或者法人由于自己的过错，侵害他人的法定民事权益，即属于单独侵权行为。在这种侵权行为中，受害人必须没有过错，否则构成混合过错。在实践中，单独侵权行为最为普通和常见。

共同侵权行为，是指侵权行为主体为两个或者两个以上的侵权行为。在这种侵权行为中，加害人是两个或两个以上的行为人，多个加害人之间在主观上具有共同的过错，且共同加害人行为所产生的损害结果是同一的、不可分割的。所以，共同侵权行为的特征有三：主体的复合性，即有二个以上的加害人存在；行为的共同性，即数人之行为相互联系，构成一个统一的致害原因；结果的单一性，即共同的加害行为所生之损害结果为一个统一而不可分的整体。其中，行为的共同性是共同侵权行为最本质的、最重要的特征。

共同侵权行为属于一般侵权行为中的一种特殊形式，有关其界定，不仅理论上尚有争论，而且立法上也表述不够清楚。早期罗马法采取列举方式对各种具体侵权行为规定得比较详细，但对共同侵权行为规定得相当简单，加之由于当时的侵权赔偿责任，刚从同态复仇发展而来，因而对共同侵权行为的责任问题，规定共同侵权人不因一人支付罚金而免除他人的责任，即加害人须各负支付罚金的责任，而不是负连带责任。1804年《法国民法典》采取概括式对一般侵权行为作了抽象规定，而对共同侵权行为只字未提，但实践中却认可共同侵权行为。只有德国民法首开先河，1900 年《德国民法典》第 830 条规定："数人因共同侵权行为造成损害，各人均对此损害承担责任。在数人中不能确知谁为加害人时，亦同。"同法第 840 条规定："数人共同对某一侵权行为所发生的损害负有赔偿责任者，视为连带债务人。"这一规定确立了现代民法关于共同侵权行为的立法模式。此后，大陆法系国家瑞士、日本、意大利、奥地利等，都纷纷效仿。在这一模式中，从法理角度考察，符合"同一致害原因——同一损害结果——同一法律后果"的逻辑，使共同侵权行为所生之债成为一个不可分割的整体，体现了法律政策偏重于保护受害人的倾向。因此，本世纪以来各国民事立法，多采用连带责任的处理方式。我国《民法通则》第 130 条也采用此种方式："二人以上共同侵权造成他人损害的，应当承担连带责任。"有关司法解释指出："教唆、帮助他人实施侵权行为的人，为共同侵权人，应承担民事责任。"这一解释补充了立法上的疏漏，使我国关于共同侵权行为的规定与德国、日本等大陆法系民法典之相关规定基本保持一致。

各国学者们对共同侵权行为的共同性有不同的理解，有人主张主观说，即要求共同侵权行为人之间存在"必要的意思联络"；有人主张客观说，即不问数个加害人之间有无意思联络，也可依具体情形而承担连带责任；也有人采取折衷说，即从主观与客观相结合来确定共同侵权行为。但是，现代民法关于共同侵权行为类型的规定大体还是一致的，归纳起来有以下五种类型：第一，基于共同意思联络的一致行为，例如结伙盗窃、合谋伤害等；第二，基于违反共同注意义务的过失，例如共同作业人疏忽大意造成事故；第三，基于共同关联行为和分别的过错（故意或过失），例如二车相撞致车上乘客受伤；第四，基于分别过错行为的结合，例如某重病患者因数家医院无理拒绝收治而延误致死、数家报纸同时报道一项不真实消息致他人名誉损害；第五，在相同时间和地点从相同行为的数人中不能确知谁为加害人时，基于推定确定。推定数人共同侵权，在共同侵权行为中，许多国家的法律将其中存在的加害人与受害人之间的关系与加害人之间的关系区别开来，区分成两种诉讼，即主诉和追偿之诉。主诉是指由受害人向一个或多个共同侵权行为人提起的诉讼，而追偿之诉是指由向受害人支付了全部赔偿费用的一个或几个加害人向其他共同侵权行为人提起的责任分担之诉。

（四）狭义侵权行为和广义侵权行为

根据侵权行为的范围，可分为狭义侵权行为和广义侵权行为。狭义侵权行为是指基于故意或过失不法侵害他人权利的行为；广义侵权行为则是指除违约行为以外的一切发生民事责任的客观违法行为。例如我国《民法通则》规定的监护人不履行监护职责或者侵害被监护人合法权益的民事责任，代理人不履行职责给被代理人造成损害的民事责任，企业法人隐匿财产逃避债务、在解散或宣告破产后擅自处理财产、未及时办理有关登记和公告而致利害关系人遭受重大损失等违法行为的民事责任以及民事诉讼法规定的诉讼保全申请人败诉时对被申请人因诉讼保全所受损害的赔偿责任，等等，均属广义侵权行为。在现代社会中，侵权行为越来越普遍、常见，各国立法为适应社会发展的需要也纷纷采用广义的侵权行为概念。随之而来的则是侵权行为概念的模糊化、侵权行为范围的不确定化。这种状况，一方面加强了对受害人的民事法律救济，另一方面又刺激了诉讼浪潮的高涨和社会成本的增加，同时，也给法律制定和法律实施的精确性、稳定性带来了一定困难。

第二章　侵权归责原则

第一节　侵权行为归责原则概述

一、侵权行为归责原则的概念

所谓“归责”（Imputatio、Imputation，Zurechming），在德国学者拉伦茨看来，是指“负担行为之结果，对受害人言，即填补其所受之损害。”道茨奇则认为归责是指：“决定何人，对于某种法律现象，在法律价值判断上应负担其责任而言。”我国学者王利明认为：“归责，是指在侵权行为人的行为或物件致他人损害的事实发生以后，应以何种根据使其负责。”① 简而言之，归责的含义，是指责任的归属，即应由谁承担责任。它是一个复杂的责任判断过程。其含义不同于责任，责任是归责的结果，责任的成立与否，取决于行为人的行为及其后果是否符合责任的构成要件，而归责是指“确认和追究侵权行为人的民事责任”②。实际上，归责并不意味着必然导致责任的产生，它只是为责任是否成立寻求根据，而并不以责任的成立为最终目的。

何谓“归责原则”（Criterion of Liability），不同法系的学者有不同的看法，在英美侵权行为法中，归责原则被简单地看作“责任的标准”，而大陆法系则复杂得多，就是在我国民法学界也有多种表述：第一，归责原则即适用于确定承担责任的一般原则。第二，归责原则是指据以确定民事责任由行为人承担的理由、标准或者根据，又称民事责任的归责事由。第三，归责原则是确定民事主体违反民事义务或侵害他人的民事权利时，是仅负过错责任，还是负无过错责任的原则。第四，归责原则是确定责任归属所必须依据的法律准则。它所要解决的是依据何种事实状态确定责任归属问题，在理论上可分为两类：一是主

① 王利明等著：《民法·侵权行为法》，中国人民大学出版社 1993 年版，第 81 页。
② 张新宝著：《中国侵权行为法》，中国社会科学出版社 1995 年版，第 44 页。

观归责原则，即以当事人主观上的过错为构成责任的必要条件，有过错则有责任，无过错即无责任；二是客观归责原则，即以特定损害结果或致害原因为构成责任的充分条件，只要有特定损害结果或致害原因存在，即不免责任之课负①。第五，“所谓归责原则，是指以何种根据确认和追究侵权行为人的民事责任”。② 第六，“归责原则，就是确定侵权行为人侵权损害赔偿责任的一般准则”。③

以上有关侵权行为归责原则的定义，从不同角度作了不同的界定。由于对归责原则本身理解的不同会导致归责原则内容上很大的差异，因此，归责原则的含义是否清楚直接影响着侵权行为责任的基础以及能否在处理侵权纠纷时准确地把握好应遵循的基本原则。一般而言，侵权行为归责原则是指行为人因其行为和物件致他人损害的事实发生时，确定应承担民事责任的一般性规则。但是，必须注意，侵权行为的归责原则不同于民法的基本原则，民法的基本原则不仅是民事立法、民事司法工作应当遵循的准则，而且是民事主体在进行民事活动的过程中必须遵循的一般性规定，任何民事活动都不得直接或间接违背这些基本原则。侵权行为的归责原则的作用范围只限于侵权行为法，其意义只是解决责任的根据。但是，侵权行为法为民法的一个重要组成部分，归责原则必然也必须体现民法的基本原则，尤其是平等、公平、诚实信用以及民事权益受法律保护的原则。

为准确把握好侵权行为的归责原则，必须区分归责原则与赔偿原则，切忌将它们混为一谈。通过比较分析，我们认为归责原则与赔偿原则具有以下不同之处：

第一，两种原则的功能不同。归责原则的作用是为了确定行为人是否应承担民事责任，从赔偿的角度来看，解决的是赔与不赔的问题。例如过错责任原则要求有过错的侵权行为人才对他的行为造成的损失承担赔偿责任。而赔偿原则的作用是为了解决侵权行为人在确定了赔偿责任以后的具体赔偿范围的大小原则，解决的是怎样赔的问题。例如适用对财产损失全部赔偿原则时，在一般情况下，是在确定了行为人应当承担赔偿责任以后，决定应当赔偿全部损失。

第二，两种原则的地位不同。归责原则在侵权行为法居于基础地位，在损

① 潘同龙等主编：《侵权行为法》，天津人民出版社 1995 年版，第 48 页。
② 张新宝著：《中国侵权行为法》，中国社会科学出版社 1993 年版，第 44 页。
③ 杨立新著：《侵权损害赔偿案件司法实务》，新时代出版社 1993 年版，第 18 页。

害赔偿理论中起核心作用，在实践中对损害赔偿案件的处理起决定性的指导作用。如果没有归责原则，侵权损害赔偿理论就失去了灵魂，在实务中也就无从判断行为人应否承担赔偿责任，侵权损害赔偿案件也就无法处理。相比之下，赔偿原则的地位就没有归责原则那么重要，它只在确定赔偿范围时才起重要作用，但这是在确定了赔偿责任的基础上来确定赔偿范围的。因此，赔偿原则是受归责原则制约、决定的原则，它着眼于损害事实，往往从客观事实出发来确定责任范围，而归责原则不应从损害事实出发，而应从过错等因素出发来解决最终的责任依据问题。

第三，两种原则的内容不同。归责原则按目前通行的说法有三个，即过错责任原则、无过错责任原则和公平责任原则。赔偿原则有四个，即对财产损失全部赔偿的原则、对人身损害赔偿财产损失的原则、对精神损害赔偿适当限制的原则和考虑当事人经济状况的原则。

可见，归责原则在整个侵权行为法中居于重要地位，侵权行为法的全部规范都奠基于归责原则之上，它决定着责任构成要件、举证责任的分担、免责条件、赔偿的原则和方法、减轻责任的根据以及侵权行为的分类。在实践中，归责原则是司法人员处理侵权纠纷所应遵循的基本准则。

二、侵权行为归责原则的体系

确立合理的归责原则，构建完整、统一的归责原则体系，是整个侵权行为法的核心。各国民法学者对侵权行为归责原则的体系非常重视，形成了多种不同的学说。归纳起来，主要有两种基本对立的观点：一是单一归责原则说，即一元论观点，二是多元归责原则说，即多元论。单一归责原则说认为侵权行为的归责原则只有一个，即过错责任原则。这种观点主张，归责原则的一元化，可以使责任同行为密切联系起来，把过错即行为的道德评价和法律评价问题提高到十分重要的地位，为充分发挥民事责任的教育和预防功能奠定良好的基础。因此，这种观点反对在过错责任以外确认其他任何归责原则，主张扩大过错责任来解决侵权行为领域的新问题（如高度危险作业致人损害、环境污染致人损害等）。但是，在一元论中又有两种截然不同的观点。一是以英美法系学者温非尔德为代表的单一过错归责理论，主张在过错归责原则中包含其他归责原则，即将危险归责包含于过失归责之中，以过失理论建立了归责体系；二是以危险归责代替过错归责原则，主张危险一元归责，如德国学者穆勒（R. Muller-Erzbach）认为：民事责任应基于行为者形成危险而归责，故意和过失都是危险的形成，性质上属于“危险责任”的一部分，并无独立的归责原理①。

多元归责原则说内部又有许多分歧，有学者主张二元制，也有学者主张三元制，还有学者提出了四元制归责原则说。

二元制归责原则说认为，在相当的历史时期内，侵权行为的归责原则是二元制，即以过错责任和危险责任作为归责原则，或以过错责任和无过错责任并存作为归责原则。这种观点将公平责任视为赔偿标准问题而非责任依据问题。例如，德国学者 Enneccerus-Lehmann 在其《民法债篇》一书中，列举有三种损害赔偿发生原因，即因故意或过失不履行债务或物上请求权，因故意或过失不法侵害他人法益及行为人对损害之发生，并无过失，但基于特殊理由，应负损害赔偿之责。其中“不履行债务或物上请求权”问题不属于侵权法问题，因而这里所说的侵权行为归责原则实质是两个即过错责任和无过错责任并存的归责原则。德国另一学者柯茨（Kötz）则主张应以过错责任和危险责任为归责原则，危险责任不过是为补充过错责任不足而设定的②。这种二元制归责原则说在大陆法系国家流传较广。

三元制归责原则说产生历史较晚，但实际上当客观过失理论发展起来以后，由于过错概念已分为主观过失和客观过失两种，故过错责任和危险责任二元归责体系中已隐含了三元归责的色彩。对三元归责原则说，学者在表述上各异。德国学者魏特希德（Wietholter）认为，现代侵权行为法的归责原理应分为三大类：即基于主观意思而归责的“故意责任”、基于客观信赖而归责的“过失责任”和纯粹基于危险而归责的“危险责任”③。美国学者庞德则将侵权行为的类型区分为：故意侵害（Intentional Aggresion）、过失行为（Negligent Action）及持有危险物或从事危险作业者未能阻止损害的发生所致的损害。因而庞德主张侵权行为归责原则应包括故意归责、过失归责及危险归责三种④。在我国民法学界关于三元制归责原则的组合有两种观点。一种观点认为：“目前在我国民事法律制度中，同时存在着三个归责原则：一般侵权损害适用过错责任原则，特殊侵权损害适用无过失责任原则，无行为能力的人致人损害而监

① 参见王利明著：《侵权行为法归责原则研究》，中国政法大学出版社 1992 年版，第 26 页。

② H. Kötz，Haftung fur Besonclere Gefahr，ACP 170，1970，S. 20-S. 21.

③ Wietholter，Der Rechtfertigungs Grund des Verkehrsrichfigen Verhaltens，1960，S. 52.

④ R. Pound，An Intrduction to the Philosophy of Law，1992，pp. 169-177.

护人不能赔偿的特别案件适用公平责任原则。”① 另一种观点认为侵权行为归责原则是由“过错责任原则、过错推定原则、公平责任原则所组成的”②。

还有一种四元制归责原则说，认为过错责任原则、无过失责任原则、公平责任原则和过错推定原则共同构成侵权行为的归责原则体系③。

我们认为，探讨侵权行为归责原则体系不能停留在臆想层面上，应从现实经济生活情况和立法、司法实践出发，既不能忽视各国的法律传统，同时也应顺应世界侵权行为归责原则的发展潮流，在科学、客观的基础上建立合理的归责原则体系。从我国的具体情况来看，侵权行为归责原则多元论较适合我国的实际，其中尤以过错责任、无过错责任和公平责任并存的三元制最为适合。

三、侵权行为归责原则的演进

侵权行为归责原则受不同历史时期物质生活条件及道德观念、文化水平等多种因素的制约，在其历史发展过程中呈现出一种从单一过错归责原则向多元化归责原则演进的趋势。这也是大陆法系与英美法系共同的一种趋向。

在大陆法系，以法国为代表的国家曾采纳了单一的过错责任原则。《法国民法典》的起草人泰尔伯（Tarrible）在解释该民法典第 1382、1383 条关于过失责任的规定时曾指出：“这一条款广泛地包括了所有类型的损害，并要求对损害作出赔偿。赔偿的数额要与受损害的程度相一致。从杀人到轻微伤人，从烧毁大厦到拆毁一间价值甚微的板棚，对任何损害均适用同一标准。”④ 但是，单一规则虽具有简单适用的特点，但也有一定的局限性。所以，《法国民法典》的起草者不得不在规定过错责任的同时，也规定了过错推定。为适应本世纪以来经济生活发展的需要，法国也制定了一系列单行的法规，对工业事故、交通事故、飞行事故等作出专门规定。所以，在现代法国法中，“可以发现一种朝着新的多元化发展的明显趋势，在这种趋势背后我们可以觉察到德国法和普通法的影响”⑤。法官也在实践中采取特殊情况适用特殊规定的办法，从而加速了多重原则的发展。而在受法国法影响的其他国家（如意大利、荷兰等）的法律中，也具有从单一规则向多元规则发展的趋势。

---

① 刘淑珍：《试论侵权损害的归责原则》，载《法学研究》1984 年第 4 期。

② 王利明著：《侵权行为法归责原则研究》，中国政法大学出版社 1992 年版，第 29 页。

③ 潘同龙等主编：《侵权行为法》，天津人民出版社 1995 年版，第 52 页。

④⑤ 《国际比较法百科全书·侵权行为·导论》，1983 年英文版，第 13、45 页。

在德国及受德国影响的一些国家的民法典中，不存在着《法国民法典》中的单一原则的规定，同时也为了避免罗马法程式诉讼方法的缺陷，《德国民法典》的起草者采取了一种妥协的办法，制定了三条原则适用侵权行为的责任，即对绝对权利的不法侵害（第823条第1款）、违反保护他人之法律（第823条第2款）、违反善良风俗标准加损害于他人（第826条）。1940年，德国学者尼帕得（Nipperdey）提议，制定一条包括所有不同种类违法行为的一般条款，按照这个条款，任何人都必须赔偿非法造成的对他人的损害。但这个提议遭到激烈的反对。反对的理由是作出这样笼统的规定需要有很多保留和限制，不适合于社会的发展。由于德国没有对侵权行为责任作出单一规定，因而法官能够对法典的某些条款作出自由解释，在判例法中逐渐形成了一项制度，即任何人从事某种活动或行使某种权利，必须保证他人利益的安全，防止发生危险。同时法院还提出“经营企事业的权利”和一般人格权的概念。按照许多学者的解释，德国法采纳多重原则，是因为德国法中过错和违法行为的概念相分离的结果。实际上多重原则是随着当代社会经济的发展，侵权损害的日益复杂化和多样化现象在法律上的体现。

在英美法系，按照一些普通法系学者的观点，普通法中的侵权行为的归责原则可简化为几项原则。如庞德认为，普通法中的侵权行为归责原则原为故意、过失、危险三种。而英国著名的侵权行为法学者温菲尔德坚持：任何造成对他人损害的行为都是侵权行为，除非行为人能证明其行为具有法律根据，这就是普通法的侵权行为责任的一般原则①。但是大多数学者认为，普通法中许多侵权行为就明显不符合温菲尔德的标准，因而认为普通法中不存在侵权行为的一般原则②。不过，一些学者们认为，普通法中过失侵权行为的出现，正在逐渐取代传统的侵权行为法，而且导致普通法侵权行为理论的统一。

可见，从单一的过错责任向过错推定、公平责任、无过错责任、危险责任等多元归责原则发展，也是现代侵权行为归责原则发展的基本取向。远在古代民事侵权责任的原始形态《十二铜表法》中，立法者所注重的不是侵权行为人的主观心理状态，而是客观的损害后果，因此把结果责任原则（亦称加害责任原则）作为单一的归责原则。由于结果责任原则忽视了人的主观心理状态，只要造成损害即遭惩罚，在一定程度上失去了公平性。因此《阿奎利亚法》确立了过错责任原则的主导地位，以克服上述弊端。罗马法创设的过错

---

① 参见［英］温菲尔德著：《侵权行为法》，1937年英文版，第7页。

② Salmond，Law of Torts，First Edition. London 1901，p. 2.

原则取代了传统的加害原则，对现代法律作出了重大贡献。过错责任原则在17、18世纪资产阶级倡导理性及个人自由的历史背景下，得到了进一步发展，并被《法国民法典》所确认。此后，德国及欧洲大陆其他国家、日本、英国、美国等国家相继效仿，在各自的侵权行为法中采用了过错责任原则，使过错责任原则构成了近代侵权行为法的根基。然而，进入19世纪末期以后，商品经济和工业社会的高速发展，科学技术的巨大进步以及生产力整体水平的迅速提高，相应地也引发了许多前所未见的事故，诸如交通肇事急剧增加，环境污染日益严重，产品责任事故，等等。这些事故的频繁发生，给个人和社会造成了巨大损害，社会承受的压力在大大增加。但是，单一的过错责任归责原则面对众多日益复杂化的侵权责任问题常常显得力不从心。因此，客观上要求打破单一的过错责任格局，确立多元化的归责原则体系，以解决新出现的各类侵权行为。于是，各国相继根据自己原有的立法状况，以不同的方式和途径，在过错归责原则以外，逐渐确立了无过错责任原则、公平责任原则、严格责任原则等多元化归责原则体系。多元化归责原则体系的建立是适应当代社会发展以及充分尊重个人的价值与尊严、保护公民的合法权益的必然要求。

第二节　过错责任原则

一、过错责任原则的确立与发展

从侵权行为归责原则发展的历史看，大体上经历了一个从允许同态复仇到禁止同态复仇，实行结果责任，并逐渐从结果责任过渡到过错责任阶段。

在原始社会，氏族之间处理侵害的基本方法是血族复仇，即如果一个氏族成员被杀害或伤害，被害人的全氏族必须实行复仇。复仇是基于侵害而产生的被害人及其同氏族其他男性的权利。如果加害人的氏族不将其自动逐出，就有义务对其防卫和保护。这就是血族连带责任。而当国家和法律产生以后，在一个相当长的时期内法律还是允许私人复仇的，经过长期进化后，同态复仇为法律所禁止，私力救济为公力救济所取代。最初的公力救济，主要体现在损害赔偿、罚金等形式上。早期的古日耳曼习惯法，曾规定了“代偿损害”，即当损害发生后，加害人的氏族向被害人的氏族交纳一定数量的财物并道歉，以使对方放弃复仇。在《汉谟拉比法典》中，除了规定同态复仇和赔偿金外，还规定了对加害人的刑罚。因而，有的学者认为，早期古代法中对侵权行为归责原则采取的是由刑罚、同态复仇和损害赔偿有机结合的统一体①。

不过，在早期古代法中，确实已存在有过错责任的萌芽。例如早在中国尧舜时代，便形成了“眚灾肆赦”的处罚惯例。根据通说：“眚”即过失，“肆”即故意。至西周时有“三宥制度”，据《周礼秋官》，“宥曰不识，再宥曰过失，三宥曰遗忘”。公元前18世纪的《汉谟拉比法典》中，有“自由民开启渠，不慎而使水淹邻人之田”和“自由民怠于巩固其田之堤堰，而因此堤堰破裂”致邻地损失（第51、52条）以及保管人“因疏忽而使交藏之物遗失”（第125条）的赔偿责任。这里的“不慎”、“怠于”、“疏忽”均属于过失的范畴。古印度的《摩奴法典》第295条规定：“如果车夫在路上和牲畜或其他车辆相撞，由于自己的过失而致有伤生物时，毫无疑问，应该按照以下规定判处罚金。”不过，这些规定只是古代法所采取的结果责任或加害原则的例外规定。一般认为，过错责任原则为罗马法所首创。公元前5世纪制定的《十二铜表法》，其中有1/3的条文涉及侵害，只是大多采用了刑罚、同态复仇及赔偿三种责任形式，仅有几处提及“过失”，这表明过失已成为明确的法律用语，成为归责条件，它首先适用于侵犯住所和生命这两种在当时被视为十分严重而又经常出现的侵害。公元前287年，罗马平民会议通过了保民官阿奎利乌斯提交的一项法案，从而产生了《阿奎利亚法》。在这部法典中，对于侵害（私犯）废止了同态复仇和人身处罚，一律采用金钱赔偿，同时在责任要件上提出了“不法”（Injuria）的概念，即非依法律所为的行为，包括了基于过失（Culpa）的行为。这是过错责任的雏形，有学者将其称为过错责任原则的第一次勃兴②。

到13世纪，罗马法的复兴运动在法国兴起，罗马法完备的债法制度，尤其是过失责任原则对法国的侵权行为法，无疑产生了重大影响。至17世纪，法官多马（Domat）根据罗马法精神，在《民法的自然秩序》一书中提出了应把过失作为赔偿责任的标准。他指出：“如果某些损害由一种正当行为的不可预见的结果所致，而不应归咎于行为人，则行为人不应对此种损害负责。”同时，他还提出纯粹过失也应负赔偿责任，“一切损失和损害可能因任何人的不谨慎、不注意、不顾及理应知道的情况或其他类似的过失行为所引起，此种过

① 参见王卫国著：《过错责任原则：第三次勃兴》，浙江人民出版社1987年版，第23~32页。

② 参见王卫国著：《过错责任原则：第三次勃兴》，浙江人民出版社1987年版，第45页。

失尽管轻微，行为人仍应恢复不谨慎和其他过失所致的损害。”① 多马的观点对《法国民法典》第1382、1383条的制定起了巨大的推动作用，而这两条法规系统地、全面地规定了过错责任原则。罗马法的复兴，不仅使法国采纳了过错责任原则，而且这一原则也受到其他国家的普遍重视。《德国民法典》（第1382条）、《日本民法典》（第709条）、《瑞士债务法》（第41条）以及大陆法系所有民法典，均规定了过错责任原则。而在普通法系中，英国也不甘落后。15—16世纪，英国法院通过判例确认了过错责任。到19世纪，英国已形成较成熟的过错责任理论，这一理论在1846年的《不幸事故法》及皇家法官异拉斯特的《英国侵权法纲要》中得到体现。而美国法主要是按照英国普通法体系建立起来的，在侵权行为归责原则方面基本上接受了英国法的过失理论，并有所发展。例如，美国一些州采取了“比较过失”理论，此种理论进一步完善了过错的概念。第二次世界大战后，美国在交通事故等领域已广泛采取无过错责任，但过错责任仍为美国侵权行为法的一般原则。到19世纪末20世纪初，作为确认与追究侵权行为人的民事责任的根据或标准之过错责任原则取得了统治地位。这是人类文明进步的成果，它在全球范围内废除了野蛮的同态复仇制度和落后的刑罚责任。但随着工业革命的完成，现代化大规模生产的发展，过错责任原则在一些领域又面临着新的挑战，但仍占据着重要地位。现代社会，尽管各国因社会制度、风俗习惯、经济环境和发展状况等不同，但各国侵权行为法皆以过错责任为原则，足以表明过错责任在社会生活中的极端重要性。当然，社会在发展，传统的过错责任的内容也需要不断更新和完善。只要有侵权行为法，就要有过错责任原则。

二、过错责任原则的概念

过错（Fault，Mensres，Schuld）是侵权行为法的核心问题。在法国以及法国法系的其他国家，过错始终是侵权责任的根基，过错的概念常与侵权行为的概念是等同的；在罗马法中“不法行为为Injuria”一词，有时与过错同义，希腊文为 ᾱδiμημα，阿奎利亚法中所谈到的出于Injuria造成的损害，即指此，有时又具有不公正和冤屈的含义②。而英语中的“侵权行为”一词Tort，本身就含有错误的意思。

---

①《国际比较法百科全书·侵权行为·导论》，1983年英文版，第71~72页。

②［古罗马］查士丁尼著：《法学总论——法学阶梯》，张企泰译，商务印书馆1989年版，第201页。

所谓过错，实际上是指行为人在实施加害行为时的某种应受非难的主观状态，此种状态是通过行为人所实施的不正当的、违法的行为所表现出来的。过错也体现了法律对行为人所实施的违背法律和道德、侵害社会利益和他人利益的行为的否定评价和非难。过错是行为人在法律上应负责任的重要根据。从19世纪以来，过错原则成为侵权行为的基本归责原则。《法国民法典》第1382条规定："任何行为使他人受损害时，因自己的过失而致使损害发生之人，对该他人负赔偿的责任。"第1383条规定："任何人不仅对因其行为所引起的损失，而且对因其过失或疏忽所造成的损害，负赔偿的责任。"这是对过错责任最为经典的表述。《德国民法典》第823条第1项规定："因故意或过失不法侵害他人的生命、身体、健康、自由、所有权或其他权利者，对被害人负赔偿损害的义务。"

从上述具体的法律规定中可以发现，过错责任原则具有以下基本特征：(1)过错责任原则是一种主观归责原则，它以行为人的主观心理状态作为确定和追究责任的依据，即"有过错方有责任"，"无过错即无责任"。而过错总是表现为行为人主观上的故意或过失两种情形。(2)过错责任原则表明行为人的过错为侵权责任的构成要件，因此证明行为人的过错之有无便成为确定与追究侵权责任的一个中心环节。(3)过错责任原则表明行为人过错之大小对责任范围具有决定性的作用。因此，证明行为人过错的轻重程度、证明行为人与第三人的共同过错或证明受害人的过错或受害人与行为人的混合过错，对于责任范围之确定，均有十分重要的意义。根据这些特征，有的学者认为，法律确立过错责任原则有四个方面的理论依据，即法律调整应尊重行为的相对自由，法律制裁应起到教育和预防作用，法律规范应当成为昭示道德观念的手段，法律应当保持适当的弹性①。还有学者进一步作了补充，认为"过错责任原则也是我国民法公平原则的体现"②，因为在大多数情况下，有过错方承担民事责任，过错大小决定责任之轻重，这体现了法律中包含的公平正义观念，而且，过错责任原则还有为人们确定行为规范标准的积极作用。

三、过错程度与责任的确定

过错责任原则的一项基本内容是，侵权行为人所应负的责任应与其过错程度相一致。所谓过错程度，又称过错等级，实际上是指行为人实施不正当的、

① 王家福主编：《中国民法学·民法债权》，法律出版社1991年版，第454~456页。
② 张新宝著：《中国侵权行为法》，中国社会科学出版社1995年版，第51页。

违法行为时的不同心理状态。罗马法将此分为故意（Dolus）、重大过失（Culpa Lata）和轻过失（Culpa Levls）。英美法系诸国分为故意（Intention）、经意的过失（Advertent Negligence）和不经意的过失（Inadevertent Negligence）。我国民法学者采纳罗马法的观点，也将行为人的主观心态分为故意、重大过失和轻过失①。

在一般情况下，应当把过错作为确定侵权行为人承担民事责任的根据，而不是作为确定赔偿范围的根据。刑法中的罪过程度决定量刑的高低，而民法学界大多认为，过错程度的划分，不影响行为人民事责任的承担和责任范围的确定。诚然，侵权行为法的主旨在于补偿受害人的损失，以加害人对其违法行为所造成的损害结果的大小为依据，确定赔偿责任的范围有利于保护受害人的权益，但完全忽视侵害人的主观过错程度在理论上难以自圆其说，在实践中也是行不通的。首先，过错责任原则从法理上分析，侵权行为人的责任应与其过错程度成正比，过错重责任重，过错轻则责任轻。否则，划分故意、重大过失、轻过失就无意义。其次，我国《民法通则》第131条规定："受害人对于损害的发生也有过错的，可以减轻侵害人的民事责任。"受害人的过错，从另一角度看就相对减轻了加害人的过错，过错轻了责任相对也可减轻。世界上其他国家的民法典，如《瑞士债务法》也体现了此原则，该法第51条规定："损害赔偿之种类及范围，由法官斟酌情况及过失之轻重而决定之。"再次，过错程度对责任的承担具有重大意义。比如在某些过失案件中，应当区分重大过失和一般过失。像医生在紧急情况下抢救病人，对一般过失所致损害不负责任，但应对重大过失所致损害负赔偿责任。《德国民法典》第826条规定，行为人以悖于善良风俗的方法加损害于他人，只有在故意的情况下才负赔偿的责任。从司法实践上看，依过错程度确定行为人的责任，赋予了法官一定程度的自由裁量权，但它对于公平合理地界定行为人责任的大小是有益的，也符合民法的基本原则。而且，立法赋予法官一定的司法创造性和运用法律的灵活性，也是纷繁复杂的现代社会的一种必然选择。因此，过错程度与责任成比例，应该说是过错责任原则趋于成熟性、科学性的标志②。

四、过错推定

在民法上，过错推定，又称过失推定，是指如果原告能证明其所受的损害

① 郑立、王作堂主编：《民法学》，北京大学出版社1994年版，第534页。

② 王利明等：《民法·侵权行为法》，中国人民大学出版社1993年版，第54页。

与被告所为有因果关系，而被告不能证明自己没有过错，法律上就推定被告有过错并负民事责任。可见，过错推定实际上是过错责任原则发展的结果，它将民事责任的主观要件的举证负担转移给加害人一方，从而避免了受害人因不能证明对方的过错而无法获得赔偿的结果。

通说认为，过错推定源于罗马，虽然在罗马法中尚未形成完整的过错推定制度，但已有一些规定极类似于特殊过错推定，例如《十二铜表法》第八表中规定“让自己的牲畜在他人田地里吃食的，应负赔偿责任，但如果他人的果实落在自己的田地里而被牲畜吃掉的，则不需负责。”查士丁尼的《法学总论》中也提到：“拙劣无能也同样算做有过错。”① 一般主张，过错推定始见于法国 17 世纪法学家让·多马（Domat）的过错理论，其后分别为《法国民法典》（第 1147 条）和《德国民法典》（第 837 条）所采纳，而德国 1909 年的《汽车法》也明确规定了过错推定原则。在其他大陆法系国家，通过法律规定和判例也相应地建立了过错推定制度。如日本法院在产品责任、医疗事故、交通事故等案件中，亦广泛采纳了过错推定。在英美法中采取的“事实本身证明（Res Ipsa Loquitur）也包括了过错推定的内容。过错推定理论和立法的出现，是对当时工业事故等侵权受害人扩大法律救济的一种法律措施，其基本方法是推定加害人有过错，从而实现举证责任的倒置——由加害人证明自己没有过错。

过错推定的出现，对于受害人的保护向前迈进了一步，因为它比由受害人证明加害人的过错显然有利于受害人一方。但是，它毕竟不如无过错责任那么简洁明了，根本不考虑加害人的过错。因此，过错推定无论是作为一种民法理论还是作为一个侵权法制度，它均属于过渡性，具有自身不可克服的局限性。尽管有学者主张通过推定的广泛适用来解决诸如产品责任、污染环境致人损害一类的侵权行为案件，从而实现归责原则的一元化，但实际上很难在理论和实践上行得通。于是，有学者一方面认为过错推定仍属于过错责任的范畴，但另一方面却又将过错推定确认为我国侵权行为归责原则之一，并与过错责任原则相提并论，这似乎并不利于“建立逻辑统一的归责原则体系”②。我们主张，过错推定仍然属于过错责任原则的一部分，尽管两者的举证责任主体、过错程

---

① ［古罗马］查士丁尼著：《法学总论——法学阶梯》，张企泰译，商务印书馆 1989 年版，第 198 页。

② 参见王利明等著：《民法·侵权行为法》，中国人民大学出版社 1993 年版，第 82~85 页。

度不同，但是，过错推定是过错责任原则适用中的一种特殊情形，它仍然以加害人的过错为责任的根据或标准，因而不可将其与过错责任相提并论，更不可将其独立作为我国侵权行为归责原则。从我国民事立法的现状来看，过错推定仅在一个法律条文（《民法通则》第126条）中得到具体的适用，而不是广泛地普遍地适用，因此完全没有必要把过错推定原则从其所依附的过错责任原则中独立出来。

第三节　无过错责任原则

一、无过错责任原则的产生与发展

无过错责任原则起源于19世纪初，在19世纪中后期得以正式确立和发展。19世纪初，工业革命的兴起，使资本主义各国开始进入所谓“机器的时代”。机器工业的大力发展，一方面使得资本主义商品经济和科学技术焕然一新；另一方面也给社会带来了不可避免的灾难，工业灾害、交通事故、环境污染、产品责任事故等所造成的损害迅猛增长。并且，在这些事故中，危险源来自各个方面，加害主体极为复杂，损害又大多是在行为人没有过错的情况下发生。造成损害的活动，如核能利用、科学实验、驾驶汽车和火车、航空飞行等又都是合法行为，并且为现代社会的物质生产和社会生活所必需。因此，不能因其有危险和造成事故的可能性而因噎废食，然而根据过错责任原则，受害人只有在行为人侵权，主观上有过错时，才能得到赔偿。显然，上述情况下的受害人依据过错责任原则，根本不可能得到赔偿。鉴于此，国家为缓和加害人与受害人之间的矛盾，实现侵权行为法赔偿损失的功能，在坚持过错责任原则的同时，例外地承认无过错责任原则。无过错责任原则正是在这种现实生活所提出的必然要求的历史背景下产生并发展起来的。

无过错责任原则的正式确立和推广，除了上述社会经济原因外，还有深刻的理论基础。从某种程度上说，过错责任原则是古典自由主义哲学思想在法律上的再现，是自然法学理论在侵权法中的印证，而无过错责任原则可以说体现了社会连带法学派的法哲学思想。正如社会法学的代表人物狄骥所指出：“主观责任的范围逐渐缩小，而过失或者疏忽的归属原则不复涉及个人与个人之间的关系，而只涉及团体或团体与个人之间的关系。但是到了这个地步，不再是过失或疏忽的归属问题，而仅为危险的问题了……在研究责任的时候，无须探讨有无过失或疏忽，而仅为研究最后由哪一个负担危险的责任。”

无过错责任原则在各国不同的社会经济发展状况、立法精神和理论基础等背景下，以不同的方式和方法得到普遍确立。

在英美法系中，“无过错责任”（Liability without Fault，No-Fault Liability），是美国学者巴兰庭（Ballatine）于1916年在《哈佛法律评论》上发表的一篇关于交通事故责任的文章中首先提出这一概念的，并被广泛适用于各种工业事故责任案件。英国则通过一次次判例逐渐突破过错责任原则，创造多种例外，然后以立法形式加以确认来推行无过错责任原则。1866年英国最高法院布兰克本在赖兰荷诉弗莱彻一案的判决中认为：“如果某人在自己的土地上带来或堆放物品，他应负责该物品的逃逸而可能造成对邻居损害的危险，如该物品逃逸造成损害，尽管他已注意并已作出防止损害的各种警告，仍应负赔偿责任。”根据这一判决，英国确立了无过错责任原则，并在以后的《民航法》（1949年）、《原子能装置法》（1965年）、《动物法》（1971年）等法中得到确认。

在大陆法系中，法国由于坚持单一的归责原则即过错责任原则，因而通过广泛采用过错推定的办法来满足因社会的发展所提出的客观归责要求。但是，在具体司法实践中，对交通事故致人损害，事实上也常常采取了无过错责任原则，只是这一原则的适用，主要是通过对《法国民法典》第1384条的扩大解释来完成的。该条规定：“任何人不仅对其自己的行为所造成的损害，而且对应由其负责的他人的行为或在其管理下的物件所造成的损害，均应负赔偿的责任。”其中“对于保管之物所应负赔偿责任”，依立法者原意，是指第1385条和1386条动物持有人责任及建筑物所有人责任。然而，在《法国民法典》实施后的第93年，即1897年，为适应社会经济需要，法国最高法院首先开始采用部分学者所提出的理论，认为“在其保管下的物件”是一项概括式规定，“对一切之物皆有适用之余地”。通过1914年1月19日的一个判决，法国最高法院又进一步确认，物之管理人对损害的发生除能证明是因不可抗力、被害人过错、第三人过错所致外，自己没有过错也要负赔偿责任，由此确立了无过错归责原则，根本改变了法国侵权行为法的体系。由于无过错责任原则通过最高法院扩大解释第1384条含义已经建立，因此，制定特别法的必要性就相对减少。这样，目前在法国依特别法应负无过错责任的，仅有铁索道持有人、航空器持有人及原子装置经营者。不过，德国的无过错责任原则的确立不像法国那样是依靠扩大的司法解释来完成的。《德国民法典》中虽有关于无过错责任原则的规定，但是德国的无过错责任原则主要还是通过一系列单行法规确立的。如1838年《普鲁士铁路法》第25条规定：铁路公司“对在铁路运输过程中发生的一切损害，无论是对被运送的人或物件，还是对其他人员或物件，均须负严格责任。”由此首创了无过错责任原则的特别立法。此后又制定了一系列确立无过错责任原则的法律法规。主要有：《国家责任法》（1872年）、《公路交通法》（1909年）、《铁路交通法》（1951年）、《航空交通法》（1952年）、《水保护法》（1957年）、《原子能和平利用及防止危害法》（1959年），等等。这些法律法规使无过错责任原则在德国得到充分贯彻，影响越来越广。但是，由于德国是以制定特别法的方式规定无过错责任原则的，德国最高法院便确立了一条规则，即不得从前述特别法中，推导出无过错责任的一般原则。所以，在德国，如果特别危险事故在法律中没有规定的适用过错责任原则。可见，无过错责任原则在德国的适用还有许多限制，并不普遍。

前苏联及东欧一些国家，如波兰、前捷克斯洛伐克、匈牙利等一般是以在民法典中加以规定的方式确立无过错责任原则。其中最早反映无过错责任原则的是1923年《苏俄民法典》。该法典经1964年修订后仍予以坚持。第454条规定：“其活动对周围的人有高度危险的组织和公民（交通运输组织、工矿企业、建筑工程部门、汽车占有人等）如果不能证明高度危险来源所造成的损害是由于不可抗拒的力量或受害人的故意所致，应当赔偿造成的损害。”

综上所述，经过近一个世纪的演变，无过错责任原则已从个别的例外适用的归责原则发展成为一般的归责原则，并在全世界范围内得以确立。但是，纵观世界各国立法，只有新西兰国家的法律把无过错责任作为一项基本原则明确规定下来。根据新西兰1972年的《事故赔偿法》，任何人在新西兰因事故造成人身伤害或死亡，任何受该法保护的人在新西兰之外因事故遭受人身伤害和死亡，不必根据因伤害和死亡而引起的损害赔偿权利在法院提起诉讼，而应由新西兰政府支付给他一定的补偿。根据该法律的规定，受害人应得到因人身伤害和死亡所应得到的一切赔偿，但对财产损失和利润损失不予赔偿。正如新西兰皇家咨询委员会在一份计划中所指出的：“对每一个受害人来说，他不用就过错举证，也不考虑他是否有过错，也不管事故发生在工厂、公路或家中，受害人都应获得赔偿。”① 该计划要求对每一个劳动者和他们所供应的家庭妇女提供24小时的保险，以便无过错责任原则得以实现。

我国《民法通则》在总结司法实践经验和我国具体国情的基础上，为切实保护人民的生命、财产安全，在第106条第3款中以一般条款的形式确立了

① Report of the Royal Commission of Injury Compensation for Personal Injury in New Zeland, 19-22, 26, 113-114 (1967).

无过错责任原则："没有过错，但法律规定应承当民事责任的，应当承担民事责任。"此外，还对高度危险作业、产品责任、动物致损等适用无过错责任原则的具体类型进行了一一列举。这种规定顺应了世界各国侵权行为归责原则的发展趋势，不失为先进的立法体例。

二、无过错责任原则的基本特征

现代无过错责任原则从其确立时起就带有鲜明的时代使命感和特色，它是随着工业革命的实现应运而生的，它主要任务在于处理现代社会化大生产中的诸如高度危险作业、污染环境等致人损害的赔偿责任问题。在保护处于弱者地位的受害人利益方面，其意义和作用是显而易见的，既可减轻受害人的负担，在诉讼中无需对加害人的过错进行举证和证明，而且法庭不必对有关加害人的过错进行听证审理，又可简化诉讼程序。但是，在理论与实践中，关于无过错责任原则能否成为一项独立的归责原则，历来争论激烈。我国学者大多从《民法通则》第106条第3款的规定出发，认为无过错责任原则应为侵权行为的归责原则，适用于特殊侵权行为；另一些学者则断然否定无过错责任原则，认为它"在理论上是不成立的，在实践中是行不通的"①。实际上，无过错责任原则应成为一项独立的归责原则，已不言自明。关键是如何理解和把握它，那种将它理解成"加害人即使没有过错，也应依法律规定承担民事责任"的观点是错误的，不符合无过错责任原则的本意。其实，无过错责任原则实质上是指不考虑行为人的有无过错，或说行为人有无过错对民事责任的构成和承担不产生影响。基于这一点，受害人无须就加害人的过错进行举证，加害人也不得以其没有过错为由主张免责或减责抗辩。因此，无论行为人有无过错，法律规定应当承担民事责任的，行为人应当对其行为所造成的损害承担民事责任。

无过错责任原则作为一项独立的归责原则，它与过错责任原则相比，具有如下特征：（1）过错责任原则以加害人的过错为责任之依据，而无过错责任原则不以加害人的过错为责任之依据，也就是说，无过错责任原则不考虑加害人的过错。（2）无过错责任原则不要求受害人对加害人的过错进行举证和证明，实行"举证责任倒置"，即加害人负责举证，这与过错责任原则要求受害人对加害人的过错进行举证和证明的作法截然相反。（3）无过错责任原则不得以加害人的行为无过错而免除责任，免责条件由法律严加规定，而过错责任原则可以允许被告以自己无过错免责。（4）过错责任原则无责任之限制，而

① 参见张佩霖：《也论侵权损害的归责原则》，载《政法论坛》1990年第2期。

且可主张惩罚性赔偿，但无过错责任原则一般都设有最高赔偿额之限制并不得主张惩罚性赔偿。(5) 无过错责任原则并不像过错责任原则一样要求同时具备侵权民事责任的四个构成要件，而只要存在损害事实、损害行为与损害结果之间的因果关系，即确定赔偿责任。只是无过错责任原则的适用范围须法律特别规定，而过错责任原则的适用范围无须法律特别规定。

三、无过错责任原则的适用范围

无过错责任原则在各国通过不同途径确立和发展过程中，同时也被赋予了不同的适用范围。在英美法系中，无过错责任原则主要适用于：航空器所有人对于航空器地面造成损害的责任；动物持有人对于动物所致损害的责任；企业主对其特别危险活动的责任；原子能损害的责任；产品质量责任；交通事故责任；医疗事故责任。在大陆法系中，德国的规定比较典型。根据德国法律，适用无过错责任原则的范围为：动物持有人的责任；铁路企业主的危险责任；汽车持有人的责任；航空器事故的责任；能源设备的损害赔偿责任；原子能的损害赔偿责任；因水质变更的损害赔偿责任；由野生动物所生的损害责任。

依据我国《民法通则》及有关单行法的规定，无过错责任原则的适用范围限于：从事高压、高空、易燃易爆、剧毒、放射性、高速运输工具等对周围环境有高度危险的作业造成他人损害的；产品责任事故中的生产者及销售者；造成他人损害的动物的饲养人或者管理人等。

第四节　严格责任原则

一、严格责任原则的确立与含义

严格责任 (Strict Liability) 主要是英美法系中采用的一个术语。按照普通法学者的解释，严格责任是指当被告造成了对原告的某种明显 (Prima Facie) 的损害，应对此损害负责。与严格责任相对应的是过失责任，即被告虽造成了明显的损害，须有故意和过失才负责任。在大陆法系的侵权行为法以及我国侵权行为法中，并未直接使用这一概念。法国学者卡塔拉 (Pierre Catala) 通过比较法国侵权行为法与英美侵权行为法，认为严格责任与法国法中的过错推定大体相同①。但近年来，我国也有学者试图将严格责任原则引入我国侵权行为

① Pierre Catala, Dilict and Torts, Tulane Law Rev., June 1963, p. 600.

归责原则中，认为严格责任更接近于过错推定①；还有学者认为严格责任与无过错责任的内涵基本一致②。

按照英美法系学者的一般看法，英美侵权行为法经历了一个从严格责任到过失责任发展的阶段，在普通法形成的时候，主要采取严格责任。严格责任原则在普通法中最早适用于动物所有人对其动物侵害他人财产的案件。至近现代，严格责任已作为一种责任标准被确立。严格责任不仅适用于所有人对动物致人损害的责任，也适用于高度危险作业致人损害的责任，还适用于部分产品责任案件、工伤事故案件等。在英美侵权行为法中，严格责任的兴起和适用表明，立法者为了加重动物所有人的赔偿责任，尤其是为了对付现代社会化大生产条件下出现的新型侵权行为及平衡社会利益和保护处于弱者地位的受害者的正当权益，必须在传统的归责原则之外寻求新的法律调整办法。可见，严格责任原则的出现有着客观的社会经济条件和理论基础。

关于严格责任原则的含义，英美学者的认识大体相同。英国学者一般认为，严格责任为侵权行为法中的一个术语，是指一种比没有尽到合理的注意而应负责的一般责任标准更加严格的责任标准。但这种责任标准也不是绝对责任，它是一种有时由制定法规定的标准，如果应该避免的伤害事件发生，则当事人必须负责，而不论其尽到了怎样的注意和采取了怎样的预防措施。如果承担严格责任，则仍有一些（尽管是有限的）对责任的抗辩理由可以援引，但当事人已尽到合理的注意则不能作为抗辩的理由③。而美国学者认为，根据严格责任原则，无论行为人是否尽到合理的注意，即使他尽了任何其他人可能尽到的一切努力避免事故的发生，他也应对其行为所引起的事故损失承担责任④。可见，严格责任原则与过错责任原则一样，是一种责任标准，只是它与过错责任（由于没有尽到合理的注意而须负一般责任）不同，严格责任更为严格，而且在有限的抗辩理由中，当事人（被告）不得以无过错或尽到合理注意为抗辩理由。

二、严格责任原则的地位

严格责任原则有其独立存在的价值，它与过错责任原则、无过错责任原则

① 王利明：《论无过错责任》，载《比较法研究》1991 年第 2 期。

② 孔祥俊：《论侵权行为的归责原则》，载《中国法学》1992 年第 5 期。

③ 《牛津法律大辞典》，光明日报出版社 1988 年版，第 863 页。

④ Henderson & Pearson，The Torts Process，3rd ed.，Little Brown and Company，1988，p. 677.

和绝对责任原则有着本质的区别。

首先，严格责任和传统的过错责任有着明显的区别。由于严格责任不要求原告对加害人的过错进行举证，因此它与过错责任的一般形态的适用毫无相似之处。这一点是学者之间的共识。但关于严格责任是否“类似于过错推定”的问题，学者们各持己见。持肯定意见的常举出个别英美法学者的论证作为证据，但反对意见仍很强烈，认为严格责任与过错推定也是基本不同的，不可将两者混为一谈。实际上，严格责任与过错推定是不可等同的，因为，过错推定以考虑加害人的过错为前提，只是它比较特殊的是采用了举证倒置，但严格责任不仅无须受害人举证加害人的过错，而且加害人不得以无过错为抗辩理由。

其次，严格责任与无过错责任在不要求原告对加害人的过错举证以及被告不得以无过错为抗辩事由等方面大体一致，美国一些学者甚至在著述中交替使用这两个概念，但是，它们两者实质上并非毫无差别。具体说来，严格责任原则与无过错责任原则的区别主要表现在两方面：一是严格责任这一概念虽然在英美法系的侵权行为法中比较普遍和常见，但是在大陆法系的侵权行为法中更多地使用无过错责任的概念；二是以过错为划分标准，无过错责任包括了过错责任以外的一切责任，这是一种周延的逻辑方法，但严格责任是与过错责任相比较而存在的，而在比较级之外还可能存在某种最高形态，比如绝对责任，这种逻辑方法并不追求列举的周延性。

另外，严格责任原则与绝对责任原则也是既有区别又有联系的。在英美侵权行为法中，严格责任与绝对责任虽有一些相似之处，例如都不考虑行为人的过错，但它们之间的区别还是比较明显的：一是严格责任适用于多种侵权行为，构成归责原则，而绝对责任只是极个别情形；二是严格责任与过错责任相比要严格一些，但与绝对责任相比则显得并不十分严格；三是严格责任尽管不允许加害人以无过错为抗辩理由，但仍有一定的免责条件和抗辩理由，而绝对责任则无任何抗辩理由。因此，英美法学者一般把严格责任与绝对责任区别开来。所谓“绝对责任”（Abslute Liability），是指“侵权行为和轻罪法中的损害赔偿责任，它们由某些法律规定予以加强，无需考虑注意程度或已采取的预防措施，也不需要提供有关过失或过错的证据”①。也有学者认为绝对责任有多种含义，有时指诸如保险人的责任，有时指产品责任中无论产品有无缺陷，制造者应负的损害赔偿责任，等等。

我国学者也注意到了严格责任与绝对责任的区别，但不可以这种差异来否

① 《牛津法律大辞典》，光明日报出版社 1988 年版，第 5 页。

定严格责任与绝对责任之间的联系，更不可将两者混为一谈。

综上所述，严格责任原则存在的价值和地位是不可否认的，它的出现和发展实际上是多元化归责原则体系的具体印证。

第五节　公平责任原则

一、公平责任原则的确立与发展

公平责任，又称衡平责任（Billigkeit Shaftung）或“具体的衡平主义”（Prinzip der Konkreten Billigkeit）。它作为一项归责原则，是近代民法的产物，其典型形态体现于18世纪末的普鲁士法、奥地利法和瑞士法中。但是，公平责任的萌芽可追溯到古希腊时代。在古希腊的梭伦立法中就曾强调保障公民的赔偿请求权，并提出要协调贵族和平民的相互利益的冲突。古希腊哲学家也注重用衡平（Epieikeia）的方法来解决司法中的困难①。在罗马法中，曾有关于公平责任的规定，如伤害他人身体未造成死亡的，“应由审判员根据具体情况，基于公平原则所估计的金额为准判处罚金；在估计时，审判员应考虑支付医生的诊费和其他治疗上的费用，此外还应考虑由于丧失工作能力而在就业上所已受到和将受到的损失”②。由于受自然法思想的影响，公平责任理论在大陆法系中有了一定的市场，对立法中的公平归责原则的确立产生了一定的影响。在英美法系中，普通法学者布莱克斯通常把公平一词看作“一种付之努力的，相关联的制度。它由业已确立的规则来调整，并由与之不可分割的先例来制约”③。梅特兰也把“公平”定义为仅由那些称之为“衡平法院”的法院实施的规则体系④。公平是英国衡平法中的基本规则。

现代公平责任最初是从关于未成年人和精神病人的赔偿案件的判决中引发出来的。古代的法律大多要求未成年人对其所致的损害完全负责，但19世纪以后，由于过错责任的发展，特别是理性哲学对过错理论的影响，许多国家认

---

① 参见博登海默著：《法理学——法哲学及其方法》，邓正来等译，华夏出版社1987年版，第11页。

② ［古罗马］查士丁尼著：《法学总论——法学阶梯》，张企泰译，商务印书馆1989年版，第204页。

③ 金勇义著：《中国与西方的法律观念》，辽宁人民出版社1989年版，第79页。

④ ［英］梅特兰著：《普通法的诉讼方式》，1909年英文版，第14页。

为未成年人不具备意思能力，不能被确定有过错，因此对其造成的损害不负责任。对于未成年人和精神病人损害的案件，各国法律往往陷入完全免责和完全负责的两种极端之中，这两种作法显然都不合理。因此，产生了第三种做法，即公平责任。在1797年《普鲁士普通法》第一次草案审议会上，与会者从自然法的观点出发提出，患精神病的富翁伤害穷汉的身体，若使穷汉自认晦气，忍受损害，实属不当。这种思想在《普鲁士普通法》第41~44条中得到了体现。根据这些条文的规定，法官基于公平和衡平的特别考虑，可以要求未成年人和精神病人承担一定的责任。《普鲁士普通法》中的公平责任思想，影响了奥地利。在1811年的《奥地利民法典》制定时，一些学者认为，公平责任思想乃是罗马法的敌人，不能为法典采用。但法典起草人深受自然法影响，最终未抛弃公平责任观点。在奥地利法律中，公平责任也适用于动物致人损害等案件。不过，公平责任作为一般原则，实际上是由1911年的《瑞士债法》加以确认的。根据该法第43条第1款规定，在确定赔偿的性质和范围时，法官必须考虑案件的情节以及加害人过错的严重程度；该法第44条第2款规定，债务人造成损害，既非故意也非重大过失，如果由于支付金钱赔偿将使债务人陷入困境，则法官可以减轻赔偿。

在《德国民法典》起草时，曾有人主张应规定公平责任原则，德国学者海德曼就是其中之一，他认为公平责任是独立于过失和无过失责任之外的第三种责任。《德国民法典》在第二稿的第752条中曾规定了公平责任，并规定为一般条款，但是由于受到普遍指责，最终未采纳，而只在第829条中限定无责任能力人的致害可以公平方式酌予裁量责任。在斯堪的纳维亚地区，制定一个普遍适用的公平责任条款，已成为民法发展的一种趋势。1964年经北欧协会反复推敲并提出了关于制定调整代理责任（包括国家和市政府的责任）的统一法的建议，这一建议规定了法院在某些情况下可依据公平考虑而减轻行为人的责任。挪威在1969年的一个有关民事损害赔偿的法规中采纳了这一建议。1922年《苏俄民法典》使公平责任原则有了质的飞跃，它在第406条中将公平责任提升为一般归责原则，规定“依本法第403条至405条所规定之情形，加害人不应负赔偿责任时，法院得酌量加害人及受害人的财产状况，令其赔偿”。但是，这样做便等于否定了免责事由的规定。于是1964年的《苏俄民法典》便取消了这一规定。尽管前苏联采取了否定公平责任的做法，但东欧其他一些国家并未效仿。1959年《匈牙利民法典》广泛赋予了法院自由裁量权，该法第339条规定法院可以“因为具有公平性质的特殊理由”而部分免除当事人的责任。1964年《波兰民法典》第440条也允许法院根据具体情况减轻加害人的责任。1978年的《南斯拉夫债法》特别强调公平责任，使该原则占据了极为重要的地位，"把它作为对其他法规实施中引起不公平的结果时的一种矫正"①。

尽管我国民法学界对我国侵权行为法是否承认公平责任原则有两种互相对立的观点，即肯定说和否定说②，而且至今相持不下，但是，我国《民法通则》仍在上述各国立法的影响下，在第132条规定"当事人对造成损害都没有过错时，可以根据实际情况，由当事人分担责任"，从而以一般条款的形式确认公平责任原则是我国侵权行为归责原则的多元化体系中的一项独立原则。

二、公平责任原则存在的必要性和现实意义

公平责任原则经过一个多世纪的演变，逐渐为世界大多数国家所承认和接纳。这一原则产生于无过错责任原则、过错责任原则之后，但它并不是对这两个归责原则的否定，也不是加害原则的再现。过错责任原则调整的是一般的侵权损害赔偿法律关系，公平责任原则并不问津。加害原则对于行为人的责任是无条件的，无论在何种情况下，加害人都得无条件地承担损害赔偿责任。而公平责任原则对于行为人的责任是有条件的，它是基于人与人之间的共同生活规则的需要，在适用过错责任原则与无过错责任原则之外，由审判人员根据公平的要求，斟酌双方的财产状况和其他情况，作出合情合理的裁决。因此，公平责任原则不但不是对过错责任和无过错责任的否定，而且也不是使加害原则复活。它弥补了侵权损害赔偿理论的一个缺陷，是对侵权行为立法的一个发展，有着重要的社会意义。因为，现代市场经济和科学技术的发展，使侵权行为法所调整的社会关系日益复杂化，无论是依据过错责任还是依据无过错责任原则，都不能很好地解决当事人之间的利益得失。过错责任原则主要以加害人的主观过错为考虑基点，在加害人主观无过错的情况下，加害人不负赔偿责任；无过错责任的出现弥补了过错责任原则的这一空白，在加害人没有过错的情况下，也能令其承担责任。但是，无过错责任原则只限于特定领域，而且即使在这些特定领域，如果加害人既没有主观过错，又具有免责理由，同样会使无辜的受害人不能得到补偿，使案件的处理显失公平。因此，过错责任原则、无过

---

① 佛·克鲁尔杰：《南斯拉夫新债法的概念及其基本制度》，载《法学译丛》1980年第2期。

② 参见李明发：《关于公平责任原则若干问题的探讨》，载《法律科学》1990年第3期。

错责任原则在各自调整范围内，做到一般公平时，还会带来个别的不公平，使受害人处于孤立无援的境地。要解决这一不公平现象，合理弥补受害人的损失，就只有在过错责任原则、无过错责任原则以外，寻求一归责原则，这就是公平责任原则。可见，公平责任原则的产生具有其客观必然性，它是社会发展向侵权行为归责原则提出挑战的必然产物。

第三章　侵权责任及其抗辩

第一节　侵 权 责 任

一、侵权责任的概念

责任（Liability）是一个多义词，在有关法律文件中常被理解为职责和义务。《牛津法律大辞典》将“责任”界定为“指受制于另一个人的权力，遵从要求实施或者禁止为某种行为的法律概念”①。如果一个人负有或至少可能负有法律义务去做或承受某件事，这个人就被视为负有责任。责任有时也被称为服从，它产生于自愿行为或由于某些法律规则的强制力而产生。根据责任的法定理由，责任通常可以分为民事责任和刑事责任。而民事责任有其特定的含义，它是指不履行义务而应承担的某种法律后果。民事义务是民事责任存在的前提，因为义务是法律要求当事人所应为的行为，它与权利是相对应的，义务的履行即为权利的实现，而违反义务则为发生责任的后果。所以，无义务即无责任，虽有义务存在，若义务人正确履行义务，就不发生责任问题，只有在义务人违反义务时，才应承担责任。责任实际上是对违反义务行为的制裁。正是由于责任的存在，才有可能督促义务人正确履行其应有的义务，保证权利人的权利的实现。

侵权责任是指民事主体因实施侵权行为而应承担的民事法律后果。在大陆法系中，许多国家的民法常将侵权责任规定为一种债的关系，即受害人与加害人之间以请求赔偿和给付赔偿为内容的权利义务关系。从民法的内在结构来看，这种规定是比较合理的。但是，仅仅将侵权行为视为债的发生根据，否定侵权行为所发生的责任后果，极易忽视侵权损害赔偿中所体现的国家对不法行

① 《牛津法律大辞典》，光明日报出版社 1988 年版，第 553 页。

为的制裁的强制性质，从而不利于运用损害赔偿形式制裁不法行为人，并教育和督促行为人正确履行其义务。所以，我国《民法通则》以独特的立法体例，专设“民事责任”一章，从民事责任的角度对侵权行为的责任作了特别规定，这种体例在世界各国的民事立法中也是没有先例的。

二、侵权责任的法律特征

侵权责任是整个民事责任的一部分，其适用要受民事责任的一般规定的制约，同时，它又是与其他民事责任相区别的一种独立的责任。侵权责任的法律特征主要有以下几点：

第一，侵权责任是以侵权行为为前提的。侵权责任产生的法律基础是侵权行为，没有侵权行为便谈不上承担侵权责任，而侵权责任则是行为人实施侵权后所应承担的法律后果。法律规定侵权责任的目的就在于制裁侵权行为，保护公民、法人的民事权利，恢复被侵权行为破坏了的财产关系和人身关系。离开了侵权行为，就无从谈侵权责任，行为人承担侵权责任的前提条件是侵权行为的存在。

第二，侵权责任是民事主体因违反法定义务而应承担的法律后果。侵权责任违反的是由法律的强行性规范、禁止性规范所设定的法定义务，它与违反当事人约定的特定义务，即违约责任不同。换言之，侵权责任不同于违约责任的基本特征在于：此种责任是行为人违反法定义务所应承担的法律后果。

第三，侵权责任具有强制性。当不法行为人违反了法律设定的不得侵犯他人的合法权益的义务，并致他人受损害以后，行为人应向受害人赔偿损害。损害赔偿乃是行为人对国家所应负的责任，是以国家强制力作保障的，不取决于行为人的个人意愿。正是因为责任具有强制性，因此责任的存在，能够督促义务人履行其义务，以保障权利人权利的实现。应当指出的是，由于侵权行为不仅产生民事责任，而且产生损害赔偿之债，因此，损害赔偿关系又具有债的关系的特点。

第四，侵权责任的形式主要是财产责任，但不限于财产责任。由于侵权行为大多给他人的财产造成了一定的损害，行为人需要以自己的财产来对其不法行为所造成的损害后果负责，这样，侵权责任形式主要是财产责任。但是，由于侵权行为法还需要保护公民、法人的人格权和身份权，而对于人格权和身份权的侵害在许多情况下并非仅靠承担财产责任就能消除侵害后果，所以，我国侵权行为法除规定了赔偿损失、恢复原状、返还财产等财产责任以外，还规定了一些非财产内容的责任形式，如停止侵害、排除妨碍、消除危险、恢复名誉、赔礼道歉等。为使受害人所遭受的财产损失及时恢复，侵权法所规定的损害赔偿责任的承担者的范围相当广泛，既包括具有民事行为能力的人，也不排除有财产的无行为能力人或限制行为能力人承担侵权责任。

三、承担侵权责任的能力

原则上说，任何人都应当对自己的一切侵权行为负责，但是并非任何人都具有完全的承担侵权责任的能力。因此，在侵权行为中，责任主体可能与行为主体分离，如监护人为未成年人的加害行为承担责任，国家为国家机关及其工作人员执行职务的致害行为负责等。不过，在这种责任中，责任主体虽未直接实施一定的行为，但他们由于对行为主体的致人损害的行为是有过错的，如未尽监督、管理等职责，因此实质上仍然是为自己的过错行为负责。在各国民法中，一般主张具有完全责任能力人即达到法定成年年龄、心智健全的侵权行为人对自己的侵权责任承担法律后果，但关于无行为能力人和限制行为能力人的致人损害的侵权责任的承担，各国的规定并不一致。

在古代农业社会时代，人与人的关系往往局限于家族，家长一般作为一家之主享有家父权，因而对子女的一切活动负全部责任。所以，古罗马法认为，“精神病人和低于责任年龄的儿童行为不过是动物的行为，或仅仅是一个事件”①，他们对其行为后果不负责任。在欧洲中世纪，家庭是一个具有固定组织的社会单位，家长代表家庭，个人只能在有限的范围内拥有财产，家长和子女之间的关系表现为身份的支配关系，子女不能对自己的行为负责。例如，中世纪寺院法就确定了“派遣他人行为，如同自己行为”的规则，认为未成年人不过是他人用来达到自己目的的一种工具②。

随着资本主义商品经济的发展和个人主义思潮的流行，子女应对自己的侵权行为独立负责的观点，逐渐为一些国家的立法所注重。然而，由于19世纪以来过错责任的确立，特别是理性哲学对过错理论的影响，许多国家的法律认为未成年人不具备意思能力，不能被确定有过错，因此对其造成的损害不负责任。1804年的《法国民法典》第1384条规定：“父，或父死后，母，对与其共同生活的未成年子女所致的损害应负赔偿的责任。如果父母能够证明其不能防止发生损害的行为者，免除之”。这一规定是基于亲权的概念而作出的对父母的过错推定。德国民法也采取了过错推定办法。早在1794年的《普鲁士土地法则》中，就规定了不满7岁的未成年人和精神病人致人损害，应推定监

①②　《国际比较法百科全书·侵权行为》，1983年英文版，第96页。

护人有过错。1900年的《德国民法典》第832条规定："依法律规定对于未成年人，或因精神上或身体上的状况需受监督之人负监督义务的人，有被监护人不法加害于第三人时，负赔偿的义务。但监督人已尽其监督责任，或虽尽其相当注意而仍不免发生损害时，不发生赔偿义务。"这一规定是对监护人的过错推定责任的确认。然而，无论是依主观过错理论免除监护人的责任，还是依过错推定使监护人负完全责任，都不利于维护当事人的利益，充分弥补受害人的损失，所以，在许多国家的民法中逐渐产生了公平责任。依《德国民法典》第829条规定，未成年人致人损害，"受害人如不能由有监督义务的第三人取得其损害赔偿，依据情况特别是依据当事人间的关系，依公平原则要求作某种赔偿时，在赔偿不妨害加害人保持与自己地位相当的生计并履行法律上扶养义务所需资金限度内，加害人仍应负损害赔偿的义务"。

日本民法主张，欲追究行为人侵权行为之责任，就必须要求行为人对自己行为的后果具有最起码的判断能力，即责任能力。《日本民法典》第712条和第713条分别对未成年人和心神丧失的责任能力作了规定。未成年人在不具备足以识别其行为责任的知识和能力的状态中，心神丧失人在心神丧失状态期间内，皆为无责任能力人，其对他人的加害不负赔偿责任。于是，《日本民法典》第714条接着规定，法定监督义务人应对无责任能力人加于第三人的损害负赔偿责任。但是日本民法关于未成年人有无具备识别行为责任能力的界限没有作出统一规定，这需要从未成年人的年龄、生活环境、行为种类等方面进行综合判断。从日本的判例来看，一般将12岁左右作为无责任能力的分界线，主要由法官灵活掌握。

可见，关于无行为能力人和限制行为能力人的侵权责任的承担，不同时期不同国家的民法有不同的规定和做法。诸如关于责任年龄的规定就很不相同，阿根廷、挪威等规定为14岁，丹麦、瑞典、芬兰等规定为15岁，比利时规定为16岁，英国规定为10岁，美国规定为7岁。如果被监护人为低于责任年龄的无行为能力人，则由于被监护人不具有意识能力和责任能力，因此对监护人的过错推定极为严格，监护人免责的可能性相对来说是很少的；如果被监护人是已够责任年龄的未成年人，则因为被监护人具有一定的意识能力和责任能力，因此对监护人的过失推定要相对宽松一些。监护人通过反诉证明其没有过错而免责的机会也相应多一些。按照许多国家的法律规定，精神病人致人损害与低于责任年龄的未成年人致人损害的情况是相同的，但在未成年人致人损害时，对监护人的过失推定既包括监督过失推定，也包括扶养过失推定，而在精神病人致人损害时，对监护人的过失推定仅限于监督过失推定。在我国民法中，一般不接受“责任能力”的理论，虽然《民法通则》不直接规定无行为能力人或限制行为能力人不负赔偿责任，但是，第133条规定，无民事行为能力人、限制民事行为能力人造成他人损害的，应由监护人承担民事责任。但监护人尽了监护责任的，可以适当减轻他的民事责任。这一规定允许监护人通过证明其“尽了监护责任”而被减轻责任，显然监护人的责任不是无过错责任。但确定监护人的责任适用何种归责原则，不同学者的看法不一致。根据许多学者的理解，对“监护人过错的确认，是采取过错推定原则，即从无民事行为能力人或限制民事行为能力人致人损害的事实中推定其监护人未尽监护责任的过错”①。另一些学者则认为，我国民法对无行为能力人和限制行为能力人致人损害的侵权责任的承担，采取了过错责任、过错推定和公平责任相结合的多项归责原则②。这种多元归责法，既符合民法发展的趋势，又能充分维护各方当事人的合法权益，使案件的处理体现公平正义的要求。

四、侵权责任的承担方式

侵权责任的承担，一般是按照“谁加害谁负责”的原则由行为人自己承担责任，但现实中并非如此简单，还存在责任主体与行为主体分离的责任承担方式，即转承责任。另外，由于共同过错和混合过错的存在，责任并非一人承担，还可转移一部分给其他人。可见，侵权责任的承担方式主要有自己责任、转承责任和分担责任三种情形。

（1）自己责任，即侵权行为人对自己的侵权行为承担责任。这是承担侵权责任最普遍、最常见的一种情形。

（2）转承责任，即对他人的侵权行为承担民事责任。英美侵权行为法的“替代责任”（Vicarious Liability）在某种程度上有很多类似之处，如委托人对其代理人在代理期间根据代理权限所为的侵权行为负责；主人或雇主对其仆人或雇员在受雇范围内所为的侵权行为负责，但对他们在受雇期间超出工作范围所为的侵权行为不负责任③。大陆法系各国民法典也有类似于替代责任的“雇主责任”之制④。我国虽无有关“替代责任”的明文规定，但一些学者从

① 杨立新著：《侵权损害赔偿》，吉林人民出版社1990年版，第137页。

② 王利明著：《侵权行为归责原则研究》，中国政法大学出版社1992年版，第90页。

③ 《牛津法律大辞典》，光明日报出版社1988年版，第923页。

④ 张新宝著：《中国侵权行为法》，中国社会科学出版社1995年版，第81~82页。

《民法通则》及其有关司法解释中引申出我国民法的“替代责任”①。

(3) 分担责任。这种承担责任的方式包括两种情形：一是当损害系由侵权人与受害人的共同过错造成时，即形成混合过错或过失竞合时，由双方根据过错程度的大小分担责任；二是在共同侵权行为中，共同侵权人承担“共同的”和“分别的”责任，即对于原告承担连带赔偿责任，然后由共同被告分摊赔偿或已承担赔偿的一方向另一方追偿，也就是说共同侵权行为人应承担连带责任。

第二节 侵权责任的抗辩

一、概述

抗辩（Enrede，Exception）有广狭义之分，广义的抗辩是指在侵权案件中，被告针对原告的指控和请求，提出的一切有关免除或者减轻其民事责任的主张；而狭义的抗辩，仅指被告针对原告的指控和请求，通过提出抗辩事由而免除或者减轻其民事责任的主张。一般情况下，只要受害人不能证明构成某一侵权行为的各个要件均具备，他的请求将归于失败②，换言之，被告将不承担民事责任。从这一意义上说，某一侵权案件中的任何一个构成要件之不具备，均属于“免责事由”，被告因此而不承担民事责任。这实际上是广义的抗辩所包括的内容之一。但是，抗辩的一般原理所主要关注的不是某一侵权行为的构成要件的具备与否的问题，因为这一问题应主要由有关某种侵权行为的具体章节进行解决，它将主要讨论狭义的抗辩，即讨论由法律专门规定的在构成要件之外的，影响（免除或者减轻）加害人侵权责任的抗辩事由。

所谓抗辩事由就是指被告针对原告的诉讼请求而提出的证明原告的诉讼请求不成立或不完全成立的事实。在侵权行为法中，抗辩事由是针对承担侵权责任的请求而提出的，所以，又称为免责事由或减轻责任的事由。一定的抗辩事由总是与一定的归责原则和责任构成要件联系在一起的，通常前者是由后者所决定的。这就是说，只有以既定的归责原则和责任构成要件为前提，某种抗辩事由才能导致当事人被免除和减轻责任的后果，特殊的归责原则和责任构成要件，总是要求特定的抗辩事由。由于归责原则的多元化趋势的发展，侵权行为

① 张新宝著：《中国侵权行为法》，中国社会科学出版社 1995 年版，第 82~83 页。

② See Michael A. Jones，Textbook on Torts，Blackstone Press，LTD.

中的抗辩事由总是根据不同的归责原则而确定的。

不论抗辩事由对归责原则存在着何种依赖性，任何一种抗辩事由能够有效地成立，必须具备四个条件：一是对抗性，因为作为抗辩事由必须足以对抗原告的指控和诉讼请求，以达到免除或减轻加害人责任之目的。抗辩事由的提出，要能够导致对方当事人的请求权的存在难以在法律上成立或不能完全成立。如果仅仅证明自己具有可以谅解的但不足以对抗对方当事人请求的情况，那么，它是不能成为抗辩事由的。二是必须具有客观性。即作为抗辩事由，必须是已经发生的客观事实而不是加害人一方的主观臆断或尚未发生的情况，此为抗辩事由的客观性。单纯否认损害事实不存在或指出原告主张的损害范围不确定、计算有误等，不属于抗辩事由。三是法定性，即抗辩事由必须由法律加以规定，既可直接列举一些主要的抗辩事由，也可间接认可某些抗辩事由，如某些条件下的受害人之同意、某些条件下的免责条款等，只是对此应当严加规范，不得任意扩张解释。四是适用范围的特定性，不同的抗辩事由具有不同的适用范围，一般来说，法律所明确规定的免责事由一般地适用于过错侵权案件；法律所明确规定的免责事由有条件地适用于部分无过错侵权案件；法律对某些无过错侵权案件的特殊免责条件作出专门规定。

二、英美法系的抗辩事由

在英美法系国家，由于侵权行为法主要由判例所构成，因此在不同的判例所确定的侵权行为标准中，要求有不同的抗辩事由。归纳起来，英美法律中的侵权行为免责或减轻责任的事由主要有：

1. 受害人的同意

这一抗辩事由源自“对同意者不产生损害”（Volenti non Fit Injuria）的古老原则，即对自愿承担某种损害结果的人，行为人在其所表示的自愿承担的损害结果范围内对其实施侵害，不构成不法行为或侵权行为。“自愿”，不论是受害人明示或默示的意思表示，只要是受害人同意，均具有开脱侵权行为人的侵权责任或暂时免除其注意义务的法律效力。“自愿承担损害结果”的成立，要求受害者必须是知情的和自愿的，是在此情况下放弃其法律上的权利。只是一般不对受害人的意思表示进行推定，除非极其特殊的情况才推定受害人的同意，如对一个失去知觉的病人实施某种必要的手术。“受害人的同意”作为抗辩事由通常适用于下列三类诉讼：一是涉及体育活动的案件，如在拳击、摔跤及球类运动中受伤；二是其中有主仆关系的案件，如工伤事故；三是“救济案件”，如外科手术、紧急救援等。不过，这一抗辩事由不适用于被告造成危险，原告因为负有保护他人安全或财产的责任，冒险救人或抢救财产的情形①。

2. 自卫行为

这是英美法中正当理由的抗辩的一个根据，即任何人为保护自己的身体、财物或土地不受非法侵害而对侵害者造成的侵权，可减轻或免除侵权责任，但是必须以使用的方法与限度合理为限。自卫行为通常针对于实施非法侵害的人进行，也适用于动物的侵害。

3. 混合过错（Contributory Negligence）

即加害人与受害人对于受害人的损害均有过错。这时，被告的责任等于被告的过错减去原告的过错后所剩下的过错的责任②。

4. 紧急避险（Necessity）

即所发生的损害是为了防止出现更大的损害而采取的措施的结果。紧急避险又可分为两类，仅仅涉及私人利益的紧急避险为私紧急避险（Private Necessity）；涉及公共利益的紧急避险称为公紧急避险（Public Necessity）③，不论是私紧急避险，还是公紧急避险，在英美法中都是侵权行为的抗辩事由，但使用的情况比较少。

5. 自愿了结（Voluntary Termination）④

即原告与被告双方达成协议私下了结争议。这在英美法中也是抗辩事由之一。

6. 超过时效期间

在英国，根据1939年的时效法，侵权行为的诉讼时效为6年（对土地的侵犯的侵权行为的诉讼时效为12年）。1975年新的时效法规定，过失行为、妨害或违背义务的侵权行为（涉及人身伤害）的时效为3年。但随着对违背义务这类侵权行为解释的扩大，英国法院似乎将这种新的规定扩大到所有的侵权行为⑤。在美国，侵权行为的时效在各州之间没有一致的规定，《美国统一商法典》第2章第725条规定，违反保证的侵权责任诉讼（即产品责任诉讼）为4年。受害人若未在时效期间提出请求，侵权行为的加害人可依照英美法的规定免责或减轻责任，这是英美法系中特别的继受式抗辩事由。

① 参见张学仁主编：《香港法概论》，武汉大学出版社1992年版，第280页。
② 参见［美］布坎南著：《商业世界的法律环境》，1982年英文版，第49页。
③ 参见［美］普罗泽著：《侵权行为》，1971年英文版，第31页。
④⑤ 参见［德］贝克著：《侵权行为》，1981年英文版，第325页。

7. 豁免

英美法系中的一些国家的法律规定，豁免是侵权行为中侵权责任的抗辩事由之一，如政府，还有夫妻之间均有一定程度的豁免①。

8. 天灾（Acts of God）

指地震、台风、洪水、冰雹等自然灾害，由此引起的损害是人力所无法预料、无法避免和无法制止的，因而可作为免除侵权责任的抗辩事由。

关于英美法中的侵权责任的抗辩事由，美国还有学者将其概括为七类，即受害人的同意、正当防卫、防卫他人、拘捕与防范犯罪、对财产的防卫、从动产和不动产上获取权益、执行军事命令与纪律②。这主要是从基于正当理由的抗辩事由来归类的，还有一些基于客观事件的抗辩以及第三人或者受害人的过错的抗辩事由尚未包括进来。

三、大陆法系的抗辩事由

大陆法系的侵权责任的抗辩事由大多是法定的，但也有像英美判例法一样根据具体案件确定。在大陆法系各国民法中，关于抗辩事由的规定方式不完全一致。德国法系国家的民法认为，违法性概念应作为责任的构成要件，而抗辩事由是表明行为人行为合法的根据，因此应由法律作出具体规定；而法国法系各国民法认为，抗辩问题是作为否认过错的理由而存在的，抗辩事由和过错问题一样，应根据具体案件来决定，法律无需就抗辩事由作出具体列举③。尽管德国法系和法国法系关于抗辩事由的规定方式不同，但它们在对侵权责任的抗辩事由的分类上大体一致；一般主张抗辩事由主要包括：正当防卫、紧急避险、受害人的同意、自助、依法执行职务、受害人的故意、第三人的过错、不可抗力和意外事故等。有学者进一步按不同标准进行归类，划分为正当理由与外来原因、一般抗辩与特殊抗辩事由、原始抗辩事由与继承抗辩事由，其中正当理由包括依法执行职务、正当防卫、紧急避险、受害人同意、自助等，外来原因包括受害人故意、第三人过错、不可抗力和意外事件等④。还有学者将抗辩事由划分为三类：第一类是基于行为人的行为之正当理由的抗辩，主要包括

---

① 参见［美］莫里斯著：《侵权行为概要》，1980年英文版，第327~350页。

② See Herderson, Jr & Pearson: The Torts Process, 3rd ed., Little Brown and Company 1988, pp. 46-123.

③ 《国际比较法百科全书·侵权行为》，1983年英文版，第2页。

④ 参见王利明等著：《民法·侵权行为法》，中国人民大学出版社1993年版，第178~210页。

正当防卫、紧急避险、依法执行职务等；第二类是基于客观事件的抗辩，主要指不可抗力；第三类是基于第三人或受害人过错的抗辩①。下面对这些抗辩事由分别加以讨论和阐述。

（一）正当防卫

在大陆法系国家的民法中，正当防卫均为侵权责任的抗辩事由，即正当防卫的行为人对其给侵害者造成的损害不负法律责任。《德国民法典》第227条的规定最富代表性，“因正当防卫所为之行为，不以违法论。正当防卫系对于现时违法的攻击为防卫自己或者他人所为必要的行为。”瑞士、土耳其、希腊、日本民法均有类似规定，只是《日本民法典》第720条将正当防卫视为阻却违法性的事由，即为了防卫自己或第三人的权利，不得已对他人的侵权行为实施的加害行为，不能视为侵权行为，当然不负损害赔偿之责。在阿拉伯一些国家（如埃及、叙利亚、利比亚、摩洛哥）民法典中，也有类似规定。《苏俄民法典》第448条规定：“在正当防卫下所造成的损害，如果没有超过正当防卫的限度，不予赔偿。”我国《民法通则》第128条也有同样的规定：“因正当防卫造成损害的，不承担民事责任。”可见我国民法亦将正当防卫视为侵权行为免责的抗辩事由。

但是，某人基于对不法侵害的错误认识而实行了防卫，并造成对他人的损害（例如，本来不存在着不法侵害，而误以为存在着不法侵害并实行了防卫），是否应当承担责任，各国法律也有不同的规定。在法国法中，对于错误防卫的行为，常常根据“良家父”标准来决定行为人是否有过错，并决定其是否应负责任。若行为人所犯的错误是一个“良家父”同样会犯的错误，则不承担责任，否则，应向受害人作出赔偿。德国法则认为，某人若错误地认为防卫是必要的，则丧失了受法律保护的权利。但是若此种错误是一般人都会犯的，则行为人就不具有过错②，因而不应承担责任。我们认为，某人基于错误的认识而实行防卫，并造成对他人的损害，实际上已构成过失的侵权行为。尽管此种错误只是对事实的认识错误，甚至在当时的情况下，一般人也可能会犯此种错误，但行为人若尽到适当的谨慎和注意义务，毕竟不会犯此种错误。更何况因为行为人的错误造成对他人的损害，则应当作为赔偿，而不能由无辜的受害人自己承担损失。

① 张新宝著：《中国侵权行为法》，中国社会科学出版社1995年版，第382页。

②③ 《国际比较法百科全书·侵权行为》，1983年英文版，第84、92页。

（二）紧急避险

为了使本人或者第三人的人身或财产或者公共利益免遭正在发生的、实际存在的危险而不得已采取的一种加害于他人人身或财产的损害行为，称为紧急避险。紧急避险行为在法律上是否应作为抗辩事由而导致避险人被免责，大陆法系各国民法的规定大体有三种情况：

1. 避险人应负责任，即赔偿肯定说

《苏俄民法典》第449条第1款规定："在紧急避险情况下造成的损害，应当由造成损害的人赔偿。"匈牙利等国家的民法也有类似的规定。此种规定在很大程度上印有英美法系侵权行为法的痕迹，紧急避险在英美等国的侵权行为法中较少使用作为抗辩事由，例如，在英国法中，"紧急避险作为抗辩理由，不能普遍运用，它只适用于实施该行为在当时情况下明显具有合法理由的特殊场合"①。之所以不将紧急避险视为侵权责任的抗辩事由，关键在于紧急避险毕竟不同于正当防卫，"在紧急避险的情况下，容于思考的时间往往较长些，危险也稍小一些"③，避险人在选择避险方式等方面具有较大的行为自由，因此避险人选择某种方式造成损害，则应当承担适当的责任。伊斯兰法律也采纳了赔偿肯定说，主张紧急避险人应承担赔偿责任。

2. 避险人不负责任，即赔偿否定说

大陆法系大多数国家的侵权行为将紧急避险作为正当理由的抗辩事由之一。《德国民法典》第228条规定紧急避险是合法的行为，该法典第904条进一步作出补充规定，即"他人对物之干涉，是因为防避现有危险，而在其紧迫状态的损害，比较所有人因受干涉而生之损害，更为重大时，物之所有人，无禁止他人干涉其物的权利"。《日本民法典》第720条第2款规定"紧急避难"属于阻却违法的事由，为了避免他人所有物所产生的紧急危难事项而被迫毁其物的行为，不能视为侵权行为，当然不负损害赔偿之责②。《瑞士民法典》第701条、《土耳其民法典》第677条也有同样的规定。它们一般均承认紧急避险可以作为一种免责的抗辩事由。而法国法则从过错责任原则出发，分别情况对待紧急避险，认为在紧急避险的情况下，若受损害之物的价值低于所保全之物的价值，则避险人是无过错的，他可以以紧急避险为抗辩而免责；但是若受损害之物的价值大于或等于所保全之物的价值，或者是为了保护第三人的人身或财产，则避险人或受益人应根据不当得利原则赔偿损害。

---

① 《牛津法律大辞典》，光明日报出版社1988年版，第632页。

② 邓曾甲著：《日本民法概论》，法律出版社1995年版，第103页。

3. 根据公平原则承担责任，即折衷说或公平补偿说

考虑到完全免责和完全负责都不尽妥当，因而大陆法系中还有一些国家的法律采取了公平责任，即认为在紧急避险的情况下，受害人有权获得补偿，但补偿的数额由法官根据公平考虑而决定。这体现在《意大利民法典》第2045条、《埃塞俄比亚民法典》第2103条的规定之中。法官基于公平考虑的各种因素包括：所保全的财产和所造成的损害在价值上的比较，受害人出于本身的过错而加重紧急状况的事实等。

这三种做法各有特点且优劣并存。实际上，紧急避险是在迫不得已的情况下采取的措施，行为的目的旨在以损害较小的利益手段保全较大的利益，因而只要避险行为没有超过必要的限度，则避险行为本身是正当的，并不具有法律上和道德上的应受非难性，故避险人不应承担责任。然而，从无辜的受害者的角度来考虑，受害者没有任何过错，由于他人的行为而使其财产和人身蒙受损害却要受害人自己承担损害，显然有失公平。可见，因紧急避险的合法性而使任何人都负责任，或者避险人在任何情况下都不负责任，也是不适当的。所以，在因紧急避险发生损害以后，既不能给无过错的避险人强加责任，也要给受害人的损失作出适当补偿。为此，我国《民法通则》第129条规定："因紧急避险造成损害的，由引起险情发生的人承担民事责任。如果危险是由自然原因引起的，紧急避险人不承担民事责任或者承担适当的民事责任。因紧急避险采取措施不当或者超过必要的限度，造成不应有的损害的，紧急避险人应当承担适当的民事责任。"在最高人民法院《关于贯彻执行〈中华人民共和国民法通则〉若干问题的意见（试行）》第156条中，对紧急避险的后果分担作出了进一步的解释："因紧急避险造成他人损失的，如果险情是由自然原因引起，行为人采取的措施又无不当，则行为人不承担民事责任。受害人要求补偿的，可以责令受益人适当补偿。"

作为抗辩事由的紧急避险与正当防卫既有区别又有联系。这两者的相似之处表现在：（1）都是为了保护公共利益、本人或他人的合法民事权益，其目的条件是一致的；（2）都是对正在发生的侵害（或危险）采取相应措施，其时间条件是一致的；（3）法律要求正当防卫在必要限度内进行，紧急避险也不得超过必要限度，因此二者的限度条件也是一致的。紧急避险与正当防卫的区别主要有：（1）正当防卫主要是针对他人的不法侵害行为，即侵害大多来自人的行为（有时也来自饲养动物）；紧急避险的危险既可能由他人之行为造成，也可能是由自然原因引起的。（2）正当防卫所施加的对象是不法侵害行为人的人身或其财产；紧急避险施加于第三人，造成第三人人身或财产的损

失，二者的对象条件不同。（3）法律后果不同。任何人均不对必要限度内的正当防卫负赔偿责任；但即使是必要限度内的紧急避险，受害的第三人原则上也应从受益一方获得补偿。

（三）依法行使权利与执行职务

从比较法的角度考察，大多数国家的民法或侵权行为法不是直接作出规定就是间接作出规定，由法律强制规定的义务或者法定的授权原则上都得作为一种正当理由的抗辩而免除行为人的侵权责任。之所以依法行使权利与执行职务造成损害而行为人不承担赔偿责任，是因为这种行为具有法律所要求的正义性和合法性，法律的尊严和法定权利不仅支配一般公民的法律情感，也决定一个行为的性质及其后果之承担。

我国有的学者将依法行使权利（职责）与执行职务的抗辩称为“依法履行职务”① 或“职务授权行为”②。这类表述的外延似乎太狭窄，因为“依法履行职务”或“职务授权行为”诚然属于此类侵权行为的抗辩事由之一，但除此以外，还应包括依法行使权利。因此，依法行使权利和依法执行职务都可作为抗辩事由。

1. 依法行使权利

依法行使权利作为侵权责任的抗辩事由，应当具备二个条件：第一，必须有合法的授权，当事人行使其权利通常是由法律直接规定的，如监护人的监护权，所有权人对其财产的占有、使用权等。第二，不得滥用权利，禁止民事权利滥用，在享有民事权利时，均负有不得滥用其权利的义务。行为人依法行使权利只有在遵循这一原则的前提下才可主张抗辩，对依法行使权利造成的某些损害（如排除防害而对他人财产的某些损害、监护人对被监护人的轻微体罚等）不承担民事责任。

2. 依法执行职务

依法执行职务作为一种抗辩事由，是指依照法律的授权及有关规定，在必要时行使职权，虽然给他人的财产和人身造成某种损害，但由于其行为的合法性，而不承担赔偿责任。例如，警察为了拘捕逃犯，用武力将其制服而造成的伤害，就可主张依法执行职务作为抗辩事由。依法执行职务作为抗辩事由，应当具备以下条件：第一，执行者具有合法授权；第二，执行职务的程序和方式

① 王利明等著：《民法·侵权行为法》，中国人民大学出版社 1993 年版，第 180 页。

② 杨立新著：《侵权损害赔偿案件司法实务》，新时代出版社 1993 年版，第 49~50 页。

必须合法；第三，造成损害是执行职务所不可避免的或必要的；第四，损害不超过必要限度。具体说来，依法执行职务在实践中通常包括四种情况：第一，国家工作人员专门的行政执法、司法活动；第二，受国家机关之委托，某些团体或个人在委托授权范围内进行的行政管理活动；第三，在特定条件下，一般公民自动依法维护公共利益和公共秩序的行为（如制止犯罪、扭送人犯等）；第四，军人执行军事命令的行为。在上述情况下，依法执行职务的人，虽致他人损害，但因为依法执行职务的行为是合法行为，故可以以依法执行职务为抗辩事由，对损害结果不负赔偿责任。不过，如果执行的行政或军事命令具有十分明显的非正义性，行为人执行此种命令而造成他人损害，不能否认其责任。国家机关工作人员执行公务的行为造成他人损害，虽可免除行为人的侵权责任，但如果其行为违反了有关法律法规的规定造成他人损害，国家机关仍应承担国家赔偿责任。

（四）受害人的同意

受害人的同意（Consentement，Einwilligung）作为一种抗辩事由，是指由于受害人事先明确表示自愿承担某种损害结果，行为人在其所表示的自愿承担的损害结果的范围内对其实施侵害，而不承担民事责任。

受害人的同意构成抗辩事由，应当同时具备以下要件：第一，受害人事先明示的真实意思表示。受害人的同意应当是在侵害行为之前表示出来的意思，而不是事后表示的意思。受害人同意的意思表示一般应当是明示的，只是在某些特定条件下，符合法律要求或民事习惯的受害人默示的意思表示亦可得到承认，不过，一般不推定受害人的意思表示。受害人的意思表示必须是真实自愿的，凡因欺诈、胁迫、重大误解等原因作出的“同意”接受某种损害后果的意思表示，都是不真实的，不能认定为受害人的同意。第二，行为人主观上的善意。在德国法系民法中，一般不讨论在受害人同意情况下的行为人的主观心理状况，但法国法系民法以及英美侵权行为法是考虑行为人的主观心理状况的。其实，行为人主观上的善意应当是受害人的同意这种抗辩事由的构成要件，否则，行为人则有可能利用受害人的同意。第三，不超过同意的范围和限度。行为人对受害人实施加害，不得超过受害人同意的范围和限度，否则，应对超出限度和范围的损害承担赔偿责任。第四，受害人的同意不违反法律与社会公德。受害人的同意，通常有两种情况：一是受害人请求行为人对其实施某种侵害行为，如病人请求医生切除病灶；二是受害人接受危险和危险将要造成的损害，如拳击运动员对可能遭受的伤害的同意。无论是以上述何种方式同意，都不得违反法律法规之规定，不得损害社会公共利益和违反社会公德。因此，某些片面保护行为人利益的免责条款尽管包含有“受害人的同意”的内容，也被确认无效。所谓免责条款，指的是双方当事人预先达成一项合意，免除将来可能发生损害的赔偿责任。在侵权行为法中，免责条款与受害人的同意密切联系在一起。一方面，受害人同意承担某种损害后果可以采取与加害人订立免责条款的形式，在免责条款中完全免除加害人的责任，意味着受害人放弃了全部的请求，实际上也就是受害人同意遭受损害；另一方面，免责条款的达成以受害人同意承担损害后果为前提，受害人不愿承担某种损害后果，也就不可能形成免责条款。当然，免责条款也不能完全等同于受害人的同意。因此，关于免责条款的效力问题，各国法律和判例采取的态度各异。在法国，法院及大多数学者将法律关于侵权行为的规定看作强行法，认为它关系到社会公共秩序，因此，免除侵权行为责任的任何协议都是无效的。在法国法的影响下，《埃塞俄比亚民法典》第2147条也规定：“禁止任何人免除对本人过错的结果所负的责任。”法国法否定免责条款的效力与其关于受害人的同意不能作为免责事由的规定是一致的。在属于德国法系的瑞士、奥地利、希腊等国家的法律中，限制和免除侵权行为责任的协议原则上是有效的，只是他们在承认免责条款的效力时作出了一些限制。这些限制归纳起来主要有：第一，旨在免除人身伤害的侵权责任的条款无效，大多数德国法系的国家采取了这一措施，只有比利时例外，比利时民法承认关于人身伤害的免责条款有效。在法律上规定免除人身伤害的侵权责任条款无效主要出于维护公序良俗和保护受害人的人身利益。奥地利和希腊等国的民法还进一步规定：免除因侵犯人格权而产生的侵权责任条款也是无效的。第二，旨在免除故意和重大过失的侵权责任条款无效。《瑞士债法典》第100条和《土耳其债法典》第99条分别规定，旨在预先免除债务人对故意或重大过失所负责任的任何协议，均为无效。《德国民法典》第276条也规定：债务人基于故意的责任，不得预先免除。第三，与公共秩序和善良风俗相抵触的免责条款无效。《德国民法典》第138条规定，违反善良风俗的协议无效；《葡萄牙民法典》第800条第2款规定：“经当事人事先协议而免除或限制责任，不适用于违反调整公共秩序的法律所规定的义务的行为。”

我国民法不仅对受害人的同意是否可以作为侵权责任的抗辩事由尚无明文规定，而且对免责条款的效力问题也没有明确规定。我国一些学者认为，“受害人的同意只有在不违反法律和道德，而且一般只限于财产损害的情况下，才能产生使加害人免责的法律效果”，并进而得出结论：“我国民法既承认免责条款的效力，又对此有严格的限制。”① 还有些学者认为，我国司法实践中确立了有关人身伤害的侵权行为免责条款绝对无效，禁止免责条款违反法律和社会公德的原则②。因此，有的学者主张，考虑到我国继受德国民法理论的传统，为了解决实际生活中涉及受害人同意的损害赔偿案件，建议谨慎地承认受害人同意这一抗辩事由③。

（五）自助行为

自助（selbasthilfe），是指权利人为保护自己的权利，在情事紧迫又不能及时请求国家机关予以救助的情况下，对他人的财产或自由施加扣押、拘束或其他相应措施，而为法律或社会公德所认可的行为。自助行为的性质，属于私力救济，与紧急避险、正当防卫的性质是相同的。自助行为是否可作为侵权责任的抗辩事由，各国法律对此规定不同。《德国民法典》第 229 条规定：“以自助为目的将物件押收、破坏或毁损者，或以自助为目的将有逃亡嫌疑的债务人施以扣留者，或对于义务人应容忍的行为，因其抗拒而加以制止者，若来不及请求机关援助，且非于当时为之，其请求权不得实行或实行显有困难时，不为违法。”《瑞士债法》第 52 条第 3 款规定：“为保全有权利的请求权之目的，自行保护者，如按其情形，来不及请求官署救助，惟依自助得阻止请求之无效或主张之重大困难时，不负赔偿义务。”绝大多数德国法系国家的民法均承认自助为一种抗辩事由。

我国民法对自助行为尚无明文规定，但是在日常生活中，自助行为是广泛存在的。行为人在情况紧迫、来不及请求公力救济的情况下，采取自助措施以避免或减轻自己的财产或人身权利的侵害，常常受到社会习惯和舆论的认可。例如，对于在餐馆用餐后不付款而欲逃走的顾客，餐馆有权扣留其随身携带的财物或者将该顾客送交有关部门处理，等等。实践证明，承认自助行为的合法性，对于保护公民和法人的合法权益，督促债务人履行义务，维护正常的社会经济秩序是十分必要的。不过，行为人在实施自助行为（如扣押债务人的财产、限制其人身自由）之后，还应积极寻求纠纷的解决。另外，自助不得超过必要的限度，否则，自助行为人超过限度损坏他人财产和造成人身损害，行为人均应承担相应的责任，不得以此提出抗辩。

---

① 王利明等著：《民法·侵权行为法》，中国人民大学出版社 1993 年版，第 192 页。

② 梁慧星：《雇主、承包厂房拆除工程违章施工致雇员受伤感染死亡案评释》，载《法学研究》1989 年第 4 期。

③ 张新宝著：《中国侵权行为法》，中国社会科学出版社 1995 年版，第 403 页。

（六）受害人过错

大陆法系国家的民法大部分像英美法系侵权行为法一样，均将受害人过错作为一种抗辩事由。在大陆法系民法典中，主要通过规定“与有过失”、“被害人的共同过失”、“过失抵消”（亦称过失相抵，如《日本民法典》第722条第2款的规定）等方式来确认这种抗辩事由的。

我国《民法通则》第131条规定：“受害人对于损害的发生也有过错的，可以减轻侵害人的民事责任。”从该条法律规定的文义解释来看，其适用条件与上述《德国民法典》第846条和《日本民法典》第222条第2款的规定大体相同，即适用于受害人与加害人均有过错的情形，适用于过错责任的案件。除《民法通则》第131条规定外，还存在可作为抗辩事由的三种情形：一是受害人的过错是损害后果发生的全部原因，也就是说，他人的行为不构成损害后果发生的原因；二是受害人的过错不是与被告的过错而是与第三人的过错共同构成损害后果发生的原因；三是法律对受害人的故意、过错或重大过错在确定加害人的民事责任中的作用作出专门规定，例如《民法通则》第123条、第127条的规定以及《水污染防治法》第41条第3款的规定，均属于这种情形。从广义的抗辩角度来看，这三种情形可以归入减轻或免除被告侵权责任的抗辩，但它们又不完全同受害人与加害人的共同过错一样。在第一种情形中，被告的行为与损害结果不存在任何因果关系，被告或可主张确认正当被告的理论在程序阶段即确认其不应承担责任，也可以通过否认因果关系之存在而主张免责。在第二种情形，被告主张正当被告的理论，亦可免除其责任，并可将有过错的第三人追加为被告，由其承担责任。第三种情况主要出现在适用无过错责任原则的侵权行为案件，特别是在各种特殊侵权行为中作为免责或减轻责任的条件即抗辩事由。其实，在司法实践中，只是在受害人主观上具有过错并以此过错心理为基础实施了某种行为，包括积极的作为行为和消极的不作为行为，受害人的过错才构成一种抗辩事由。

但是，侵权行为人故意引诱、诱惑受害人故意从事某种行为，造成对受害人自己的损害，则应当认为损害是由加害人的过错而不是受害人的过错造成的，加害人不得援引受害人的过错作为抗辩事由。另外，如果受害人为无行为能力人，而加害人作为完全的行为能力人对于损害的发生具有过失（甚至是轻微的过失），则加害人也不得以受害人的过错为抗辩事由。不过，若受害人的行为表明其监护人具有重大过错，则加害人可以要求免责。再者，从抗辩的角度来看，如果损害后果是由于受害人与加害人的共同过错造成的，加害人可以据此主张减轻其民事侵权责任。

可见，将受害人的过错作为一种抗辩事由，实质上是因果关系理论在抗辩中的延伸和具体运用。受害人有过错的行为构成损害后果的部分原因，因此受害人应对损害后果承担部分损失，加害人应减轻民事责任。

（七）第三人的过错

第三人的过错是指除原告和被告之外的第三人，对原告的损害的发生或扩大具有过错，此种过错包括故意和过失两种基本形态。第三人主观上有过错是被告主张抗辩的责任基础，如果不能证明第三人的过错则不能主张此等抗辩。

由于第三人的过错是减轻或免除被告的责任的根据，因而有必要将第三人过错作为抗辩事由的情况分成免责事由和减轻责任的事由分别讨论。

1. 损害纯粹由第三人的过错所致的抗辩

损害纯粹由第三人的过错所致，是指第三人的行为是损害发生的唯一原因，被告对此没有过错，这种情况下，应使被告免责，而由第三人承担责任。但在何种情况下，应认为损害纯粹是由第三人所致，各国学说和判例采纳了不同的态度：第一，不可预见和不可避免说，根据法国法院的观点，被告要使其全部被免责，必须证明第三人的行为是不可预见、不可避免的，即必然导致损害结果的发生。如果第三人的行为对被告来说，仅仅是不可预见而并不是不可避免的，则被告不能被免责。第二，因果关系中断说认为，若被告实施某种侵权行为以后，第三人的行为独立造成了损害结果的发生，从而切断了被告的行为与原告的损害之间的因果关系，使被告的行为不能发挥其原因力，则应由第三人对损害结果负责①。第三，解释理论和足够的因果关系理论认为，若第三人的行为足以“解释”损害发生的过程，或形成为损害发生的“足够”的原因，则第三人应对损害结果负责。所有这些理论都是从因果关系角度来考察损害是否由第三人所致的，其所采纳的方法有一定的道理。但是，研究第三人造成损害，旨在确定第三人的行为是否构成免责事由和第三人是否应对损害结果负责，因而不仅要考察第三人的行为与损害结果之间的因果关系，而且要分析第三人和被告的过错和过错程度问题。即使第三人或被告的行为与损害结果之间具有因果联系，但是在他们中间，可能因为一方过错程度轻微而将导致其免责，或者因为一方具有故意而使非故意的一方被免责。所以，只有在具体确定第三人和被告的过错程度以后，才能确定第三人的行为是否构成免责事由。一般情况下，构成免责事由的第三人行为主要包括：一是第三人具有故意和重大过失。但是，应当看到，只有在被告仅具有轻微过失的情况下，第三人的故意

① 《国际比较法百科全书·侵权行为》，1983年英文版，第135页。

和重大过失才能作为免责事由。若被告也具有一定过失，则不能完全被免责。根据当代侵权行为法的发展趋势，若被告对第三人的故意和重大过失行为的实施提供了某种机会，也认为被告应负一定的责任①。还应当注意到，只有在第三人的故意和重大过失行为是被告不可预见的，第三人的行为才构成被告的免责原因，否则，第三人和被告将共同对原告的损害负责。二是第三人具有过失，而被告没有过错。如果被告能够证明第三人具有过失，而自己没有过错，尽管第三人的过失只是一般过失，也应该使被告免责。从因果关系角度看，被告的行为是第三人的过失行为的结果，是对先前实施的第三人的过失行为的正当的、必然的反应。不过，如果被告对第三人的行为的反应是笨拙的、不适当的，则应认为被告也有过错。三是第三人引起险情，如果危险是由第三人引发的，被告是为了避免危险所可能引起的损害而采取紧急避险行为，造成了对原告的损害，依照大多数国家的法律，只要避险适当，应由第三人向原告负赔偿责任。

在严格责任或过错推定责任中，被告的过失往往是被推定出来的。如果被告可以证明损害是由第三人造成的，则可以推翻对其过错的推定。因此，各国法律一般都承认，即使在严格责任或过错推定责任中，第三人造成损害亦为被告免责的事由。我国法律也对此作出了规定。

2. 第三人和被告都有过错的抗辩

第三人和被告都有过错，是指第三人和被告的行为都是损害发生和扩大的原因，且他们对损害的发生和扩大多存在各自的过错，只是这种过错不是基于共同的故意和过失造成对原告的损害，而是偶然结合和相互作用一起造成了对原告的损害。在这种情况下，第三人的过错不能成为被告完全免责的事由，那么，第三人的这种过错在法律上的效果如何，对被告的责任产生何种影响。综观各国法律的规定，大体可分为三类：第一类是被告和第三人负连带责任。法国法传统的观点认为，如果被告和第三人都有过错，那么他们的行为均构成损害发生的原因，他们作为加害人应向受害人负连带责任。此种作法因过于苛刻，目前已被法国法放弃。但根据现行法国法，若第三人和被告的行为均有可能造成对原告的损害，但不能判定谁是具体的加害人，则应由第三人和被告共同负责。1950 年法国最高法院明确建立了这一规则。第二类是根据过错和衡平考虑确定责任。不少国家的侵权行为法和司法实践确立的原则是，在第三人和被告都有过错时，应根据过错和衡平考虑由第三人和被告分担责任。即使由

① 《国际比较法百科全书·侵权行为》，1983 年英文版，第 135 页。

被告承担了责任，被告也应向有过错的第三人要求补偿。随着现代社会保险制度的发展，许多学者认为，在此情况下，应根据经济状况的考虑，由最有能力承担责任的人负赔偿责任。这对于受害人来说是有利的。此种观点已为大多数国家的法院所采纳①。第三类是第三人负适当的补偿责任。根据瑞士法，在被告和第三人共同造成损害时，如果被告应负严格责任，那么应由被告向原告作出赔偿，而第三人仅向被告负适当的补偿责任。瑞士法采纳这种做法的原因在于，被告通常控制了致损原因，或者被告应有责任保险，等等。据此，瑞士法认为被告应向原告负赔偿责任，第三人仅负适当补偿责任。

从客观上分析，在第三人和被告都有过错而造成原告损害时，第三人的过错应是被告减轻责任的事由而不是免除责任的事由。因此，由于第三人对损害的发生也有过错，故第三人应向原告负赔偿责任。在考虑第三人和被告应负的责任时，根据过错和衡平考虑来确定责任较为妥当。因为，第三人和被告并无共同的故意和过失，不宜按照共同侵权责任处理，即不能由第三人和被告负连带责任。不仅如此，由第三人向被告负补偿责任也不尽合理，这主要在于第三人的过错是对原告损害的过错，因而应当向原告而不是向被告负责。可见，采纳依过错和衡平考虑由第三人和被告分担责任，既有利于使赔偿责任符合公平正义的要求，也有利于及时补偿受害人的损失。

综上所述，以第三人过错作为抗辩事由，原本为因果关系理论（第三人有过错的行为构成损害的部分或全部原因）和过错责任理论（被告只对自己的过错造成的损害承担责任而不对他人的过错所造成的损害承担责任）的延伸和外推，因此，这一抗辩事由一般适用于过错责任的侵权行为。但是，在无过错责任领域，第三人的过错是否可以一般地作为被告减轻责任或免除责任的抗辩事由呢？如果被告以第三人的过错作为抗辩，其效力又如何呢？这些问题都有待深入研究。我国《民法通则》第 127 条规定，如果动物致人损害是“由于第三人的过错造成损害的，第三人应当承担民事责任”；《海洋环境保护法》第 90 条规定，“完全是由于第三者的故意或者过失，造成海洋环境污染损害的，由第三者排除危害，并承担赔偿责任”；《水污染防治法》第 85 条规定：“水污染损害是由第三人造成的，排污方承担赔偿责任后，有权向第三人追偿。”但是，《民法通则》第 121、122、123、125 条并没有明确规定第三人的过错作为抗辩事由。我们认为，在我国无过错责任侵权案件领域，如果法律已经明确规定第三人过错作为抗辩免责事由的，应依法律规定处理；如果法无

① 《国际比较法百科全书·侵权行为》，1983 年英文版，第 142 页。

明文规定的，应视具体情况处理，对于高度危险作业致人损害的，原则上不得以第三人的过错作为抗辩，而其他无过错责任案件，可以以第三人过错作为抗辩以减轻被告的责任但不免除其责任；第三人的轻微过失，不构成被告减轻责任或免除责任的理由。可见，第三人的过错作为抗辩事由，一般适用于过错责任的侵权案件，在无过错责任领域却受到一定的限制，旨在对被告的要求更加严格。

（八）不可抗力

不可抗力（Vis Major，Hohere Gewalt，Force Majeure），意指人力所不可抗拒的力量，包括地震、台风、洪水、海啸等自然现象和战争等社会现象。不可抗力，是独立于人的行为之外，并且不受当事人的意志所支配的现象，它在各国法律中都是免责事由。但各国立法和法院以及学者们对不可抗力的解释各异，归纳起来，主要有三种不同的学说：一是主观说，主张以被告的预见能力和抗御能力作为判断标准，被告如果已尽了最大注意仍然不能防止损害后果的发生，即认定为不可抗力。德国有的学者持这种态度，在前苏联民法理论中也有坚持这一观点的，认为不可抗力只是一种客观偶然性，判断是否存在不可抗力的标准是被告的注意程度①。二是客观说，认为不可抗力的实质要素是外部的，量的要素须为重大而且显著②。客观说的基本思想是，以事件的性质及外部特征为标准，凡属于一般人无法抗御的重大外来力量为不可抗力③。法国学者耶克斯勒认为不可抗力的实质要素，须为外部性（I' extériorité）。三是折衷说，兼采主客观标准，既承认不可抗力是一种客观的外部因素，也强调当事人以最大的注意预见不可抗力，以最大的努力避免和克服不可抗力。换言之，凡属于基于外来因素而发生的、当事人以最大谨慎和最大努力仍不能防止的事件为不可抗力。各国立法和判例分别采纳了不同的学说。有学者认为我国《民法通则》第 153 条对“不可抗力”的规定属于折衷说④，即不可抗力是指“不能预见、不能避免并不能克服的客观情况”。我国民法明确主张不可抗力是一种抗辩事由，《民法通则》第 107 条规定：“因不可抗力不能履行合同或者造成他人损害的，不承担民事责任，法律另有规定的除外。”但是，关于不

---

① 参见［苏］西米诺夫著：《苏维埃法中不可抗力的范畴》，载《政法译丛》1957 年第 3 期。

② 史尚宽著：《债法总论》，台湾荣泰印书馆 1979 年版，第 354 页。

③ 王家福主编：《民法债权》，法律出版社 1990 年版，第 499 页。

④ 佟柔主编：《中国民法》，法律出版社 1990 年版，第 575 页。

可抗力的范围和种类，我国《民法通则》并未作出十分明确的说明。在这一点上，世界上其他各国也未形成统一认识。在法国法中，对不可抗力范围的解释近乎泛滥的地步，“不可抗力已被解释为受害人以外的任何事件，诸如一只在快车道上游荡的狗，或者路面有一层难以发现的薄冰”①。我国《民法通则》没有列举不可抗力的范围和种类，但是，一些单行民事法规中关于不可抗力的规定对于我们理解不可抗力的范围和种类还是有意义的。我国《海商法》第51条尽管并未使用不可抗力一词，但它实际上列举了一般认为属于不可抗力范围的一些客观事件，包括（1）水灾；（2）天灾；（3）战争或者武装冲突；（4）政府或者主管部门的行为，检疫限制或者司法扣押；（5）罢工、停工或者劳动受到限制。如果将这五项均看作不可抗力，其范围则比较宽泛，并可归纳为三个方面：其一，自然原因的不可抗力；其二，社会原因的不可抗力；其三，国家原因的不可抗力。而我国《环境保护法》第41条第3款规定：“完全由于不可抗拒的自然灾害，并经及时采取合理措施，仍然不能避免造成损害的，免予承担责任。”这里仅将自然灾害列入不可抗力的范围。

通说认为，因不可抗力造成损害，当事人一般不承担民事责任。但是，不可抗力作为免责事由，必须是不可抗力成为损害发生的唯一原因。这也就是说，当事人对损害的发生和扩大不能产生任何作用。因此，在发生不可抗力的时候，应当查清不可抗力与造成的损害后果之间的关系，并确定当事人的活动在发生不可抗力的条件下对所造成的损害后果的作用。如果当事人对损害的发生也有过错，例如，洪水来到时，未及时将堆放低处的货物转移而造成货物毁损，或者在不可抗力造成损害以后，因当事人的过错致损害扩大，则当事人应负一定的民事责任，不可将不可抗力作为完全免责的抗辩事由。

（九）意外事件

意外事件是指非因当事人的故意或过失而偶然发生的事故。关于意外事件能否作为一种独立的抗辩以减轻或免除被告的民事侵权责任，各国立法和学说分歧颇多。一种观点认为，意外事件同不可抗力一样可作为侵权责任的抗辩事由。《法国民法典》第1148条规定：“如债务人系由于不可抗力或事变而不履行其给付或作为的债务，或违反约定从事禁止的行为时，不发生损害赔偿责任。”因此，法国一些学者认为，不可抗力是与债务人的行为全然无关的外来力量，而意外事件是与债务人的行为有因果联系的事件，意外事件同不可抗力

① ［法］罗斯·雷特蒙德—摩珀著：《法国1985年公路交通事故赔偿》，载《法学译丛》1990年第6期。

一样也是免责事由。另一种观点认为，只有不可抗力才是免责事由，而意外事件并不是法定的免责要件。如希腊法律认为意外事件是一个范围非常广泛的概念，包括独立于人的行为之外的各种事件，意外事件在狭义上使用时，即指不可抗力，而只有不可抗力才能成为免责事由①。

我国民法虽没有规定意外事件作为免责事由，但大多数学者认为，意外事件既然是非因当事人的故意和过失而偶然发生的事故，因此也是外在于当事人的意志和行为的事件。意外事件造成损害，表明当事人是没有过错的，因而可以使当事人被免除责任②。但另外有学者认为，“无论是依据我国现行立法，还是从理论上和司法实践上来看，我们都不主张意外事件应当作为抗辩事由。”③ 其实，意外事件作为抗辩事由有其独立存在的价值和根据，不可将其与不可抗力等同而否定其作为抗辩事由的独立性。在实践中，不可抗力与意外事件常常容易混淆，因此有必要对它们加以区别。但关于意外事件与不可抗力的区别，中外学者历来有三种不同的观点：第一，主观说，认为不可抗力是一般人主观上不可预见和不可防止的，而意外事件则是特定的当事人主观上不可预见和不可防止的。第二，客观说，主张按照外在标志来区别意外事件和不可抗力。意外事件是一种与加害人的业务范围具有特殊内在联系的情况，而不可抗力则是处于加害人的业务范围之外，和他的业务并无特殊内在联系的情况。前苏联一些学者则从因果关系角度来区分意外事件和不可抗力。例如，坚金指出：“过错和意外事件属于必然因果性的系列，而不可抗力则是与偶然因果性相关联。”第三，折衷说，要求从主客因素相结合出发区分不可抗力和意外事件。我国学者王作堂等持此观点，认为不可抗力和意外事故都是当事人无过错的事实，其区别主要是发生的原因和不可预防的程度不同。不可抗力是人力不可抗拒的自然灾害或社会重大事由而造成的，是当事人不能预料、无法预防、不能制止的。意外事件的发生可能是当事人以外的第三人的行为造成的，也可能是当事人自己的业务范围外或本人的行为造成的。意外事件并非在任何情况下都不可避免。这三种学说各有优劣，综合起来，我们认为，不可抗力和意外事件在表明当事人都无过错这一点上是共同的，但它们并非没有区别，其区别主要表现在：首先，从主观上看，意外事件的不可预见性是指特定的当事人尽

---

① Matti Kurkela, Comparative Report on Force Majeure in Western Europe, Lawyer's Publishing Company Ltd., 1982.

② 王利明等著：《民法·侵权行为法》，中国人民大学出版社 1993 年版，第 208 页。

③ 张新宝著：《中国侵权行为法》，中国社会科学出版社 1995 年版，第 415 页。

到合理的注意不可预见；而对于不可抗力来说，即使尽到高度的注意和谨慎也不可预见，也就是说，不可抗力具有更高的难以预见性。其次，从客观上看，意外事件虽然具有不可预见性，但它是能够避免和克服的；而对于不可抗力来说，即使预见到也是不能避免和克服的。再次，意外事件只适用于过错责任，即只有在过错责任中才能成为免责事由，对于法律明确规定了免责要件的过错推定责任来说，不能成为免责事由；而不可抗力在过错推定责任中，除法律另有规定，应作为免责事由。可见，正确区分意外事件和不可抗力，有助于我们正确把握侵权责任的抗辩事由，准确地进行归责，保护当事人的合法权益。

第六编　亲　属　法

第一章 概　　说

第一节　亲属法的概念和原则

一、亲属法的含义

亲属是由婚姻、血缘和收养产生的人与人之间的关系。各国法律中都有一部分用于调整婚姻家庭关系，但各国对这部分法律的称谓和解释有所不同。

英美法系国家习惯上把调整婚姻家庭关系的法律统称为家庭法，其内容包括家庭关系的形成、效力、解除以及监护等。如英国 1969 年便有以家庭法为名的法规（即《家庭改革法》）。

大陆法系国家则多采用“亲属法”的称谓。它是指规定因婚姻、血缘和收养而产生的人们之间的权利义务的法律。从研究的普遍性和方便性出发，本编采用“亲属法”之称谓来论述有关问题。

也有用“婚姻法”称谓的国家，但在解释上有广义和狭义之分。前者即“实质意义上的婚姻法”，指一切有关婚姻、家庭和亲属问题的法律规范的总和；后者指规制婚姻的成立、效力及其终止的法律。我国民法界便一向采用“婚姻法”一词，它是广义的婚姻法，既调整婚姻关系，又调整家庭关系，还调整一定范围内的亲属关系。

亲属法（Familien Recht；Droit de Famillen，Law of Deinestic Relations）有实质意义的亲属法和形式上的亲属法之分。实质意义上的亲属法是规定亲属或家长亲属身份的发生、变更、消灭及基于此等身份发生的权利义务。有些国家将婚姻家庭关系中有关财产的规定置于一般财产法中，而不列于亲属法中，如法国和意大利民法，把夫妻财产制单列一编，置于物权之中。但很多学者认为，从性质上说，婚姻家庭中财产上的权利义务，都是基于夫妻、亲子、家长家属等特别的身份关系而发生，这与仅基于民事主体对财产的支配关系而产生的财产上的普遍权利义务有很大不同。因此，大多数国家的立法均倾向于将亲属财产法放在亲属法中予以规定。另外，关于监护的规定，严格来说，不属于实质意义上的亲属法。但是，由于监护被视为亲属的延长，所以，关于监护的规定仍归入亲属法中。形式意义上的亲属法是民法典中亲属编的规定。这种形式意义上的亲属往往不能把诸多实质性的亲属法律规范包括进去。

二、亲属法的立法体例

亲属法的立法体例在各国不尽相同，大致可分如下几种。（1）在民法典中专列亲属编，例如瑞士、德国、法国、日本。（2）专门颁布特别单行法典，如苏俄 1918 年 10 月公布的《身份、登记、婚姻、亲属、监护法》。该法典是世界上最先使家庭法摆脱民法典，成为独立法律部门的法典。1995 年，俄罗斯又颁布了新的家庭法典。（3）由多数的单行特别法组成。英美法系国家，均无统一或成文的民法典。目前，各国仍以判例法为主，单行成文法为辅。如英国在战后颁布了 80 多种婚姻家庭法令，其中重要的有 1949 年的婚姻条例、1964 年的已婚妇女财产法、1967 年的堕胎法和夫妻住所法，1969 年的家庭改革法和离婚改革法、1970 年的处理夫妻案件程序和财产法、1976 年的收养条例等。

在第一种立法体例中，亲属在民法典中的位置，又有罗马式编制法和德国式编制法的区别。前者以家长制为基础，后者以个人主义为依据。随着家庭主义逐渐衰落，个人主义抬头，罗马式编制法渐渐为德国式编制法所取代。原来欧洲大陆各国的民法编制次序都是仿罗马法大全的编目，共分三编：第一编人法，第二编物法，第三编诉讼法。人法中包括家长权、收养、婚姻、监护等关于物的规定。欧洲大陆国家直接或间接采用这种编制法的有法国、奥地利、意大利等国民法，均把人法置于首编，将人的权利能力、住所及亲属等有关事项合并规定于该编中。德国式法例则把民法分为五编：第一编总则（包括人法编中人的能力的规定），第二编物权，第三编债，第四编亲属，第五编继承。采用这种体例的有日本、德国等。可谓有所创新的是 1912 年施行的瑞士民法，它避免了罗马法编制将人的能力、住所等事项与关于亲属的事项合并规定的混乱，采纳了德国法例的优点——亲属法单设一编，同时又独具匠心地把人格法独列出来（第一编）而别于德国法把人格法置于总则中。

我国婚姻家庭立法仿效前苏联的立法体制，主要是制定单行法，现已自成体系。

三、亲属法的立法原则

亲属法的立法原则是关于婚姻家庭立法的根本指导思想和准则。它集中反映了一定社会的亲属法本质和统治阶级的婚姻家庭观。它主要由一国的政治制度、经济制度和法律观决定的，不同性质的国家有着不同的立法原则。从目前世界各国亲属法立法的状况来看，大致可分为两大类。

（一）资本主义国家亲属法的立法原则

资本主义国家亲属法的立法原则本质上是为资本主义的财产私有制服务，并受其婚姻家庭观支配的。从资产阶级亲属法学者的论述和各资本主义国家有关立法看，归纳起来主要有以下几项：

1. 个人本位原则

该原则是资产阶级在反对封建的以家族为本位的亲属立法时明确提出来的。据此原则，成年家庭成员在法律上享有完全的自主权和自由权。这一原则往往以“人权”或“个人尊严”的名称规定在宪法中。根据该规定，许多资本主义国家在修改旧民法或制定民法时，完全取消了封建家庭的有关规定。例如，日本新民法在接受个人本位思想后，完全废除了旧民法中的家长制，修改了旧民法关于户主、父母对子女婚事的同意权，仅规定未成年人结婚时要经其父母同意。财产继承的长子制也为子女平权继承所取代。瑞士新民法也采用个人主义。

2. 私法自治原则

该原则是与国家干预相对而言的。在资本主义国家尽管都明确用法律规定婚姻家庭关系，干预个人生活，但都标榜婚姻家庭生活是私生活，亲属法作为私法，实行国家不干预主义。依此原则，人人都有处分民事权利的自由，不受国家和其他人的干预。婚姻家庭方面的诉讼完全是自诉案件，有些国家甚至把虐待、遗弃和重婚也作为自诉案件，不告不理。

3. 契约自由原则

当代各资本主义国家的法律几乎都把婚姻作为一种民事契约。资本主义民事关系的契约自由原则，无疑也是资本主义婚姻家庭法的基本原则。具体说，即为婚姻自由原则，婚姻契约只能基于当事人双方的自由意志，依双方的结婚合意而成立；夫妻间的一切权利义务都是根据这种合意契约而产生。如《法国民法典》第146条、第180条便鲜明地体现了婚姻契约自由的原则。

4. 法律上男女平等原则

虽然早在《人权宣言》中，就提出了“在权利面前，人们生来是而且始终是自由平等的"，但在现实的资本主义国家的社会生活中，直至本世纪中叶也有许多法律不能反映男女实际平等的理想。1804 年《法国民法典》第 213 条规定："夫应保护其妻，妻应顺从其夫。"英国法也大致如此。到第二次世界大战后，资本主义亲属法进入了改革和适应新的社会条件的发展阶段，各国才重视确立男女平等的法律原则。当然，这仍然只停留于法律上的平等，而不能等同于社会生活中的实际平等。

5. 一夫一妻制原则

一夫一妻形式与私有制同时产生，但是公开或隐蔽的多妻制一直是私有制一夫一妻的伴随物。为维护一夫一妻形式，反对重婚，《日本民法典》第 732 条规定："有配偶者不得重婚。"各国民法典或婚姻法例都有类似规定。但是，伊斯兰教国家大部分还认可一夫多妻制。

（二）社会主义国家亲属法的立法原则

社会主义国家的婚姻家庭法完全是以马克思主义的婚姻家庭法理论为指导制定的，因而各项立法原则都是为公有制的社会制度服务的。其亲属法基本原则大致可概括为如下几项：

1. 双方自愿和以感情为基础原则

恩格斯在批判私有制社会的亲属法时指出："在婚姻关系上，即使是最进步的法律，只要当事人在形式上证明是自愿，也就十分满足了。至于法律幕后的现实生活是怎样的，这种自愿是怎样造成的，关于这些，法律和法学家都可以置之不问。"① 社会主义国家的婚姻家庭立法依恩格斯的观点，不但要求当事人双方以自愿为原则，而且要求以感情作为婚姻的基础，排除了私有制社会人们对婚姻的财产、名利、地位的过多考虑。

2. 男女地位平等原则

各社会主义国家家庭立法普遍认为，男女平等是社会主义民主制度的必然要求，是在法律面前人人平等的一个方面，是家庭和睦、团结、友爱的一个重要因素。因此，各社会主义家庭法把男女地位平等作为一项原则，并且要求注重实际生活中男女平等。

3. 一夫一妻原则

社会主义婚姻家庭立法都明确禁止重婚，要求严格实行一夫一妻制。

4. 保护母亲和儿童的原则

各社会主义国家婚姻家庭法均有保护母亲和儿童的原则规定。该原则的基

---

① 《马克思恩格斯全集》第 21 卷，人民出版社 1965 年版，第 86 页。

础，一方面是社会主义的人道主义，另一方面主要是从国家的前途考虑。其主要表现为：（1）在婚姻家庭关系上对母亲和儿童予以特殊保护，如女方怀孕和分娩后 1 年内，不征得女方同意，男方无权提出离婚；离婚要考虑子女的利益；非婚生子女与婚生子女权利平等。（2）国家普遍设立母亲保护和儿童教育专门机构，如产院、妇幼保健所、幼儿园等。（3）对母亲参加工作和社会生活、儿童成长等给予特殊照顾，如产假、补贴、儿童福利等。

5. 个人利益和社会利益相结合原则

20 世纪 40、50 年代，各社会主义国家立法时，在婚姻家庭领域里强调反对封建主义的人身依附原则和宗教的禁欲主义，很少注意到个人利益与社会利益的冲突问题。随着六七十年代西方性解放运动的扩散，波及到社会主义国家的家庭领域，人们普遍意识到，要防止西方思潮的影响，巩固家庭的社会根基，必须强调个人利益与社会利益相结合的共产主义道德，反对资产阶级的绝对个人主义。于是新近颁布的婚姻家庭法基本上都明确了这一原则，并制定了一系列具体的法律措施予以保证。当前，现代社会主义国家的婚姻家庭法中关于父母对子女抚养教育的责任、子女对老人的关心和照顾及赡养义务、夫妻离婚考虑子女和社会影响等法律规定，都是个人利益和社会利益相结合的具体体现。与此相应，家庭法要求国家和社会对婚姻的各种帮助和综合治理，也是这一原则的一种必然要求。

综观世界各国亲属法的基本原则，其中有一些形式上是相同的。这种相同性导致了一些国际条约的形成，突出的是婚姻自主和男女平等的原则。这些原则基本上在我国参加签署的 1979 年第 34 届联合国大会通过的《消除对妇女一切形式歧视公约》中肯定下来。该公约第 16 条规定：“在婚姻关系存续期间以及解除婚姻关系时，男女有相同的权利和义务”；“在有关子女的事务中，作为父母有相同的权利和义务”；“配偶双方在财产的所有、取得、经营、管理、享有、处分方面……具有同等权利。”另外，《关于非婚生子女地位公约》也已经有一些国家签署批准。

第二节　亲属关系

一、亲属的概念

亲属的含义，有广义和狭义两种理解。广义的为血亲、配偶及姻亲之总称。《日本民法典》第725条明确规定六亲等内的血亲、配偶者、三亲等内的姻亲为亲属；韩国民法以配偶者、血亲及姻亲为亲属（《韩国民法典》第767条）。在其他各国没有这种概括的界定①。狭义的亲属，则仅指血亲及姻亲而言（在德国，狭义的亲属仅限于血亲，广义的则兼含姻亲）。我国婚姻法和有关法律中，具有法律效力的亲属包括夫妻、父母子女、兄弟姐妹、祖父母和外祖父母、孙子女和外孙子女、儿媳与公婆、女婿和岳父母，及其他三代以内的旁系血亲，如伯、叔、舅、姨、侄子女、外甥子女、堂兄弟姐妹、表兄弟姐妹等。可见，我国法律采用了广义的亲属。

二、亲属的种类

亲属的分类因不同时代、不同国家而异。我国封建时代的亲属制度，按宗法的原则对亲属进行分类，把亲属分为宗亲、外亲及妻亲三种。所谓宗亲，主要指源于同一祖先的男系血亲，包括在室女和因娶入而归入本宗的妇女。所谓外亲，是指同母系和出嫁女有关的亲属。所谓妻亲，指夫对于妻之本族而言，系指同妻子相关的亲属，又称妻党。

按亲属法学中的一般见解，可根据不同的标准对亲属作如下分类：以亲属间的血缘联系为标准，可将亲属分为男系亲和女系亲、父亲系和母亲系、直系亲和旁系亲。男系亲是以男子为中介而联系的亲属，女系亲则是以女子为中介而联系的亲属。父系亲是以父为中介而产生的亲属关系，母系亲则是以母方为中介而产生的亲属关系。直系血亲是指具有直接血缘联系的亲属，旁系血亲是具有间接血缘联系的亲属。

以行辈为标准，可将亲属分为长辈亲属、平辈亲属和晚辈亲属。长辈亲属指辈分高于自己的亲属，又称尊亲属；平辈亲属是指辈份与自己相当的人；晚辈亲属又称卑亲属，指辈分低于自己的亲属。在西方国家亲属法中，一般有尊亲属和卑亲属的区别，如现行《日本民法典》第738条、第793条、第900条有关于“直系尊属”与“直系卑属”的规定。随着时代的发展，亲属关系涉及的范围有所缩小，尊亲属与卑亲属的用语，除在日本兼指旁系血亲外，在其他国家都是针对直系血亲而言。

以亲属关系的亲疏程度为标准，可将亲属分为近亲属和其他亲属。以亲属关系的发生原因为标准，可将亲属分为配偶、血亲、姻亲、这是各国通用的基

① 德国民法，只有血统关系，无论如何缘远，都被认为是法律上的亲属。这是所谓的“无限血亲”主义。

本分类。

1. 配偶

配偶即夫妻，是男女双方因结婚而形成的亲属关系。它是血亲和姻亲赖以发生的基础，因而是最重要的亲属关系。

关于配偶能否列为亲属之一，各国法例和学术界的观点有异。从立法看，1896年《德国民法典》和现行的《瑞士民法典》都不以配偶为亲属，但《日本民法典》则明确规定，配偶是亲属的重要组成部分。法学界的观点有两种：一种认为，配偶虽是血亲和姻亲关系的基础，但并不是亲属的本体，配偶既不能列入亲系，又无法确定其亲等，故不便列入亲属之列；另一种观点认为，配偶应当作为亲属，因为配偶之间的权利义务完全是亲属之间的权利和义务，不将其列入亲属违背了设置亲属制度的本意。我国《婚姻法》把其列为亲属，并且是近亲属。

2. 血亲（Consangnity or Relationship by Blood）

血亲是因血缘联系而形成的亲属关系，有自然血亲和拟制血亲之分。

（1）自然血亲，是指出于同一祖先并有血缘联系的亲属。自然血亲又可分为全血缘的自然血亲与半血缘的自然血亲。前者指出自共同父母的兄弟姐妹；后者指同父异母或同母异父的兄弟姐妹。血亲关系的发生，不少国家有婚生子女与非婚生子女的区分，如《日本民法典》第779条规定，对于非婚生子女可自其父认领之时形成其与生父、其他血亲之血亲关系。但母子关系上，一般不需认领。

（2）拟制血亲，是指彼此本无该种血亲应当具有的血缘关系，但因其符合一定条件，法律确认其与该种血亲具有同等权利义务的亲属。由于该种亲属关系是法律拟制而非自然形成，故又称为准血亲，也有的国家称其为法定血亲，如日本。拟制血亲的范围在各国立法例中有所区别，共同之处是均把养子女与养父母之关系定为拟制血亲关系。其不同之处是在继子女与继父母的关系问题上，有的定为拟制血亲，如我国现行的婚姻法，日本明治民法也曾将继子女与继父母之间的关系定为血亲；而有的则不如此。

3. 姻亲（Alliance；Affinity）

姻亲是以婚姻关系为中介而产生的亲属，但不包括配偶本身。姻亲可分为血亲的配偶、配偶的血亲以及配偶血亲的配偶。姻亲在立法例上，一般以配偶一方与他方血缘间的关系为姻亲，而将配偶一方的血亲与另一方的血亲的配偶排除在姻亲范围之外。如日本、德国、瑞士的民法均作了这样的规定。但立法中也有将姻亲的范围扩张至配偶血亲的配偶，甚至扩张到血亲配偶的血亲

(如亲家父、亲家母)。日本现行民法将继子女与继父母之间的关系、被生父认领的非嫡生子女（庶子女）与生父之妻之间的关系也规定为姻亲。

三、亲系及亲等

亲系（Line of Relationship）即是一定的亲属系统，有广义和狭义的区别。广义的亲系指血亲与姻亲上下左右连贯的系统；狭义的亲系是指血亲的系统。在广义的亲系中包括：直系血亲、旁系血亲、直系姻亲、旁系姻亲。日本亲属法在列出直系、旁系亲系时，还把尊亲属、卑亲属作为亲系系列。

亲等（Degree of Consanguinity）是法律中计算亲属亲疏远近的尺度。关于亲等，各国立法上多就血亲规定其标准，并以该标准应用于姻亲。

亲等的计算方法有等级亲等制和代数亲等制两大类。等级亲等制除以亲属的实际远近为标准外，还受名份和尊卑等级关系的影响。我国古代属于此类。另如日本明治三年的新律纲领，采用等级亲等制，将亲等分为五等。代数亲等制仅以出生世数（代数）为基础，以一世为一亲等，姻亲与血亲同样计算世数，而配偶间则不存在亲等。根据计算方法的不同，具体又有罗马法计算法、寺院法计算法、代数计算法的区别。亲等和亲属间的权利义务紧密相连，各国法律多以亲等作为发生特定权利义务关系的依据，它的效力涉及身份和财产方面。

1. 罗马法亲等计算法

这是当前多数国家所采用的亲等计算法。其方法为：直系血亲从己身向上、向下数，以一代为一亲等，旁系血亲从己身上数至共同的直系血亲，再由共同的直系血亲下数到所指的亲属，世代相加之数即为所求的亲等数；姻亲亲等可将配偶地位互换计算。如《日本民法典》第 726 条第 1 款即采罗马法亲等计算法。

2. 寺院法亲等计算法

该计算法当前仅为英国等少数国家所采用。其计算方法，直系血亲与罗马法计算法相同；旁系血亲数至共同的直系血亲，再从所指亲属也上数至共同的直系血亲，两数相同者即以相同之数计算，两数不同者按数字大者计算；姻亲也可将配偶地位互换计算。

3. 代数计算法

代数计算法为我国现行法所采，是最简便的，也是我国习惯的亲等计算方法。依此法，从己身起算，一世为一代，直系血亲称几代直系血亲，旁系血亲以同源直系血亲为准，称几代以内旁系血亲。需要注意的是，其代数以己身为起点，采实位制，而非如罗马法亲等计算法和寺院法亲等计算法那样采间隔制。

四、亲属关系的发生、终止及法律效力

1. 亲属关系的发生和终止

亲属关系的发生和终止，是指因一定法律事实的出现，而使当事人之间产生亲属关系或使既存的亲属关系归于消灭。由于各类亲属的性质和特点不尽相同，发生和终止的原因也有所区别。

（1）配偶关系的发生。各国立法都以婚姻的成立作为配偶关系发生的直接原因。在具体时间上，因婚姻成立的形式标志不同而有所异。有的以一定的仪式的完成为标志，也有的以一定的登记手续为标记。如我国婚姻法，以准予结婚登记、领取结婚证的时间为配偶关系发生的时间。

（2）血亲关系的发生。自然血亲在各国多以出生为发生原因，尤其是婚生的血亲都以此为标志；但对于非婚生的血亲，有些国家规定：非婚生子女对于生父不能根据出生而直接取得子女地位，需经生父的认领，或者经非婚生子女生父与生母结婚，才能成为婚生子女。拟制血亲关系需完成法定程序方能发生。

（3）姻亲关系的发生。姻亲以婚姻的成立为其发生原因①。

2. 亲属关系的终止

（1）配偶关系的终止。各国亲属法都把婚姻终止或撤销视为配偶关系终止的原因。关于婚姻无效和撤销，各国立法和法理解释殊不一致，例如法国民法将违反“公益”要件的婚姻称为绝对无效婚姻，将违反“私益”要件的婚姻称为相对无效婚姻。多数国家未作这种区分，但有得撤销婚姻的规定。

（2）血亲关系的终止。自然血亲间的血缘联系不能通过法律或其他手段人为地加以解除，因此，只有自然死亡或宣告死亡才能引起自然血亲的终止。拟制血亲的可变更性，决定了它既可因一方死亡而终止，也可因现存的亲属关系依法解除而终止。

（3）姻亲关系的终止。姻亲关系一般因离婚而终止②，但世界各国对此

---

① 姻亲因婚姻及血统或准血统联络而发生，主要有血亲的配偶、配偶的血亲及配偶的血亲的配偶三种。

② 也有学者认为，婚姻虽因一方当事人死亡而使夫妻关系消灭，但并不意味着姻亲关系的终止。这是由于死亡与离婚及婚姻的撤销不同，不能由死亡推及当事人有终止姻亲关系的意思。

有不同的立法例。1896年的《德国民法典》规定，基于婚姻而产生的姻亲关系并不因该婚姻解除而终止。《日本民法典》规定，姻亲关系既可因离婚而终止，也可因配偶一方死亡而终止，或出于生存配偶的意思表示而终止。我国现行婚姻法对此并无规定，实际生活中一般是由当事人自行处理。

在实际生活中，还有亲属关系重复或并存的现象，即两个人之间有两个以上不同的亲属关系存在。例如，将侄收为养子，则有三亲等血亲与一亲等血亲关系并存，在这种情况下，有些国家原则上使各个亲属关系各自保留其固有的效力，不为另一关系所吸收或排斥，因此一亲属关系消灭，对于另一亲属关系并不产生影响。但是并存的一种亲属关系所产生的效力，将停止另一亲属关系所产生的效力。

3. 亲属关系的法律效力

亲属关系发生一定的法律效力，取决于各国法律的具体规定。综观各国亲属法及涉及亲属关系的刑法、民事诉讼法、刑事诉讼法等的规制，亲属关系的法律效力主要表现为：

（1）民法上的效力。如本人配偶或最近亲属二人可申请宣告禁治产、家长的资格，可为遗产继承人的亲属范围，不能为遗嘱见证人的亲属范围，等等。

（2）在民事诉讼法上的效力。如应回避的亲属范围，可拒绝证言的当事人的亲属等等。

（3）在刑法上的效力。如重婚、通奸等等。

（4）在刑事诉讼法上的效力。如应回避的亲属范围，可拒绝证言的亲属，可申请再审的亲属等等。

第二章 婚 姻

第一节 结 婚

一、婚姻的概念

“婚姻”（Marriage）一词有两种含义：一方面指称婚姻关系。罗马学者认为婚姻是男女以终身共同生活为目的的结合关系。罗马法中的 Nuptia，德国、瑞士民法中的 Ehe，法国民法中的 Mariage，英美法中的 Marriage，都是这种含义。另一方面则指创设这种关系的行为，德国、瑞士民法称为婚姻的缔结，法国民法称为缔结婚姻，英美法称为婚姻契约。

不同时代、不同法系对婚姻所下的定义有所不同。就当代各国法学看，以一男一女结合为夫妻是一致的。综观现代各国婚姻家庭立法，婚姻具有如下特征：

（1）婚姻关系必须是具备法定要件的婚姻而成立的法律关系。因此男女的结合，并非都是婚姻，道德上风俗上虽认为是婚姻，但法律上不一定认为是婚姻。

（2）婚姻的当事人须为一男一女。

（3）婚姻以终生之关系为目的，不得附有终期或解除条件，但允许离婚。

（4）婚姻以夫妻的共同生活关系为目的。

（5）婚姻须基于男女双方自由意志取得合意，并履行法定方式，故创设婚姻关系的行为，为要式的法律行为。

二、结婚制度的沿革

结婚制度是国家对两性结合要求具备的条件和形式，随社会的发展而发展，大致可分为：古代结婚制度及近、现代结婚制度①。

① 也有学者把婚姻沿革分为掠夺婚（Marriage by Capture）、对价婚（Marriage by Consideration）、共诺婚（Marriage by Mutual Consort）三种形态。

个体婚制形成初期为掠夺婚，它是向一夫一妻制过渡的重要标志。古代社会通行有偿婚，包括买卖婚、交换婚、劳役婚等。中国古代为聘娶婚，即以男家向女家交付一定数量的聘财为要件的婚姻。欧洲中世纪为宗教婚，习惯法曾是欧洲中世纪婚姻法的主要渊源。随着基督教的广泛传播，到 12 世纪形成了比较统一的教会法。教会法有婚约制的设定，但未赋予其强制执行的效力。由于基督教认为婚姻是神作之合，结婚是一种宣誓圣礼，故教会法规定结婚需经公告程序并在神职人员面前举行宣誓仪式。

近现代的结婚制度以结婚的世俗化与法律婚的普及为基础。欧洲宗教改革的直接后果之一是婚姻还俗运动的开展，而对罗马法的研究与推崇，又促进了资本主义婚姻制度的确立。在 16 世纪，荷兰率先出现了选择民事婚制度。这种允许当事人自由选择宗教婚还是法律婚的做法，在 1787 年为法国所效法，此后不久，法国宪法就正式宣布用法律婚取代宗教婚。19 世纪，英、德也相继肯定了法律婚的地位。在资产阶级反封建的斗争中，随着“自由、平等、博爱”口号的传播，近代“自由婚”的概念为人们接受。自由婚强调双方合意，以契约论为基础。

在十月革命后，特别是第二次世界大战后，社会主义结婚制度得到了发展，形成了具有以下特征的新型结婚制度：（1）保障结婚自由，充分尊重并保障当事人的合法利益，促进以爱情为基础的婚姻的建立和巩固。（2）加强对婚姻问题的法律监督，维护当事人根本利益与国家利益、社会利益；实行登记制度，只有依法登记后婚姻始具有法律效力。

三、婚约

1. 婚约（Promise of Marriage）的概念和历史沿革

婚约是指男女双方以结婚为目的，对婚姻关系的事先约定，亦称婚姻的预约。

关于婚约的性质，有两种不同的主张：一种是“非契约说”，认为订婚不是法律行为，而是事实行为，无正当理由而不履行者应承担侵权行为责任；另一种是“契约说”，认为婚约是订立契约，虽由于其性质，不得强制履行，但无正当理由而不履行者，应承担违约责任。至于婚约为何种契约，又有不同见解：（1）婚约为债法上的契约。未婚配偶，负有相互缔结婚姻的义务，但其义务不得请求强迫履行，结婚与否，是当事人的自由，即使约定了违约金，亦不得许请履行（参见《瑞士民法典》第 91 条第 2 款，《德国民法典》第 1297 条第 2 款）。婚约除民法有特别规定或依其性质应予变通外，适用契约的一般原则，尤其是关于双务契约的规定。（2）婚约为亲属法上的契约——因婚约将成立亲属法上的准身份关系。（3）婚约应兼具上述两种契约之性质。在我国，婚约是一种无配偶男女之间缔结的具有道德约束力的协议，不履行者并无法律上的责任。

婚约在历史上大致经历了两大发展阶段：

第一，早期型婚约。主要是奴隶制和封建制社会的婚约，它具有重要的作用和较强的效力。如《汉穆拉比法典》规定："倘自由民娶妻而未订契约，则此妇非其妻。"在罗马法中，无婚姻的结合只能算作姘合而不成其为婚姻。欧洲中世纪教会法占统治地位的时代，婚约是合法婚姻必需的纽带。中国古代的六礼也十分重视订婚程序，直至 20 世纪初清朝刑律仍将订婚视为结婚的必备要件之一。

第二，晚期型婚约，即近现代婚约。它与早期型婚约相比，性质、内容、地位和作用都发生了重大变化。首先，订立婚约已不再是结婚的必经程序。有的国家对婚约采取不干涉主义，法律中不设相关条款，如法国、日本、美国、前苏联等。有的国家如前联邦德国、墨西哥、秘鲁等，虽在法律中有关于婚约的规定，但也不将其看成结婚要件。其次，婚约的订立强调必须有男女双方当事人的合意，完全否定了父母或其他亲属代为订约的权利，只是在通常情况下要求未成年人订婚须经法定代理人的同意，其目的在于保护、监督而不在于干涉、包办。近现代的婚约一般为非要式行为。再次，婚约无人身约束力，不因婚约的订立而发生必须结婚的义务，法院不受理婚约履行之诉。最后，婚约可凭双方或一方的意愿随时解除。

2. 婚约的成立和效力

对婚约的成立，当代设立婚约制的国家有一定的法律要求。婚约的实质要件一般包括：（1）婚约须为男女双方当事人合意。如《秘鲁家庭法》第 75 条规定：婚约为"男女双方间的婚姻诺言"。不设婚约制的国家，如美国、日本等也以当事人双方订立婚约为主要条件。（2）未成年人订婚须经法定代理人同意。这是各国通行的准则。墨西哥民法规定，未成年人订婚，未经法定代理人同意，不发生法律效力。（3）婚约当事人的年龄要件。《墨西哥民法典》第 140 条规定："男子年满 16 岁，女子年满 14 岁，方可订婚。"但许多国家对此未作规定。

婚约一般为不要式行为①，故法律一般不规定婚约成立的形式。但有的国

① 主张不要式的国家有英、美、德等国。

家，如《墨西哥民法典》第 139 条规定："以书面形式制作的社会公认的婚约，构成订婚。"

婚约成立后，当事人间的结婚义务，须双方自愿履行①。前《联邦德国民法典》第 1297 条规定："不得基于婚约诉求结婚。"《墨西哥民法典》第 142 条规定："不能对婚约中不遵守约定的行为规定任何处罚措施。"

3. 婚约的解除及后果

婚约的解除有当事人合意和一方要求两种形式。

婚约解除后，当事人双方不再受婚约的约束，但得依法承担由解约产生的财产上和精神上的损害赔偿及赠与物的返还责任。

关于财产上的损害赔偿，各国法律有不同主张：一是仅限定受损害的未婚配偶为权利人，其他第三人不得享有此权利，如瑞典、丹麦等国采此规定；二是除未婚配偶外，其父母或为其父母行事的第三人因准备婚事受损害的也应为损害赔偿的权利人，如前《联邦德国民法典》第 1298 条第 1 款、《瑞士民法典》第 92 条均采此规定。

非财产上的损害赔偿，亦称精神上的损害赔偿，即清白的女方在婚约期间与男婚约当事人发生同居或性关系，当男方无重大事由而解约，或女方因男方过错构成解约事由而解约时，女方得请求赔偿相当之金额②。前联邦德国、瑞士、墨西哥、秘鲁等国法律均有此规定。

订婚时当事人交换的纪念品或互赠的礼物，在婚约解除时，得依不当得利的规定，请求他方返还。前联邦德国、瑞士、法国、墨西哥等国均有规定。

第一，当事人一方死亡时赠与物的返还问题。各国法律的规定大体有三种情况：一是赠与物有疑义时，不得请求返还；无疑义时，得请求返还，如前《联邦德国民法典》第 1301 条采此规定。二是赠与物不得请求返还，如《瑞士民法典》第 94 条第 3 款有此规定。三是除有特别规定外，推定有请求返还请求权，如日本。

第二，关于赠与的时间。各国法律对此一般未明确规定，解释不同。大体可分三种规制法：一是瑞士法解释，不以订婚时的交换物为限，订婚前的期待

① 婚约的效力有两大法例：一是罗马法例——主张婚约欠缺法律效力，因而不能强制履行；一是寺院法例——主张婚约为有效的债权契约，可强制履行或赔偿损失。

② 关于精神损害赔偿的标准有不同的看法。持慰藉说者，认为赔偿范围应能满足损害补偿；持私罚说者，认为应综合考虑加害人的财产、社会地位等因素而斟酌，以满足社会公众的公平观念。

订婚的赠与和订婚后以结婚为目的赠与均包括在内；二是前联邦德国适用请求返还之规定；三是美国的判例认为，订婚前和订婚时的赠与礼物可请求返还，而婚约后的赠与难以确认。

第三，对于第三人的赠与是否适用返还。瑞士、前联邦德国的解释为，婚约人的父母（也有解释为包括祖父母、兄弟姐妹等），为未婚配偶结婚所为之赠与，应准用返还，而第三人为未婚配偶婚前所赠与之结婚礼物，不适用请求返还权，但可按一般不当得利之规定处理。美国判例允许第三人于婚姻不成立时请求返还所赠与的礼物。

第四，请求权是否需无过错。依前联邦德国法的解释，婚约人无重大正当事由而解约，或自己有过错而造成他方之解约，均丧失赠与物的返还请求权。瑞士法则不以过错为衡量赠与物返还的标准。

解约当事人享有的损害赔偿及赠与物的返还请求权有时效的限制，各国法规定不一，前联邦德国民法规定为 2 年，自婚约解除之日起计算。瑞士、墨西哥、秘鲁等国则规定为 1 年。但墨西哥法规定，从婚约破裂的第 3 日起计算。

我国法律对婚约未作具体规定，实际问题依具体情况分别处理。

四、结婚的要件

各国法律都对婚姻成立的条件有明确规定，婚姻的成立必须符合法律要求的实质要件和形式要件。

（一）结婚的实质要件

1. 必备条件

必备条件，又称积极要件，各国法律规定不尽一致，主要有如下几点：

（1）须结婚双方当事人双方自愿。当今世界除少数实行封建婚姻和宗教婚姻的地区仍然在不同程度上存在包办婚姻外，所有资本主义国家的法律中都在文字上规定，结婚必须双方当事人自愿，只是各国对双方自愿的意思表示的要求不完全一样。有的规定，须双方同意，不附其他条件；有的规定，自愿须在主管结婚机关或管员面前为意思表示；有的国家规定，除在结婚申报机关面前为意思表示外，还须有两个成年证人在场。

（2）须达法定婚龄。法定婚龄是法律规定的最低结婚年龄。古今中外的法律均有对适婚年龄的规定。法定婚龄在各国规定不一，其确定取决于两种因素：一是自然因素，即人的生理、心理发育情况。在不同的地区和不同的民族中，人的发育期和成熟期并不一致。另一种是社会因素，即政治、经济、文化和人口发展的要求。在不同的历史时期，不同社会制度和不同的环境条件下，这种要求殊不一致。

在原始群婚或对偶婚制下，男女两性的结合并无法律约束。奴隶制社会的法定婚龄很低。到封建社会，早婚是其婚龄立法的明显特征。欧洲中世纪教会法的婚龄是男满16岁，女满14岁。中国封建社会一直实行早婚制度。

近现代各国婚龄立法的情况不完全一致①。从发展变化的趋势看，法定婚龄在不断提高。当前各国的法定婚龄，如果以18岁为中线大体可分为高、中、低三个婚龄层次。

高法定婚龄为男20岁，女18岁左右。如印度、瑞典为男21岁，女18岁；瑞士、挪威、丹麦为男20岁，女18岁；澳大利亚为男21岁，女16岁；美国的部分州也是男21岁，女18岁；印度尼西亚为男18岁，女16岁。

普通法定婚龄为男女各18岁左右。如英国、意大利、前联邦德国、前苏联、匈牙利、保加利亚、前捷克斯洛伐克、波兰、古巴、蒙古、秘鲁、新加坡、前南斯拉夫等均为男女各18岁。美国《统一结婚离婚法》及部分州规定为男女各18岁，此外，规定男18岁、女16岁的有15个州，男18岁、女15岁的有6个州。朝鲜为男18岁、女17岁。日本、荷兰等国均为男18岁、女16岁。法国、比利时为男18岁、女15岁。土耳其为男17岁、女15岁。

低法定婚龄为男女均在16岁以下。如墨西哥、菲律宾、葡萄牙等国为男16岁，女14岁；阿根廷、西班牙、希腊等国为男14岁，女12岁。低法定婚龄与早期教会法有关，现为少数受教会法影响较大的国家与地区所遵守。

外国法在规定法定婚龄的同时，大多有一种“特许”制度，即经有关机关批准后，当事人在法定婚龄之下，向法定机关申请批准结婚的制度。如前联邦德国、瑞士、奥地利、意大利、法国、比利时、荷兰、土耳其、瑞典、挪威、丹麦、芬兰及美国的部分州。波兰、保加利亚、古巴等也设有这一制度。有的国家不设这种制度，如日本、韩国、英国、西班牙、葡萄牙、匈牙利等。

关于特许的幅度，各国规定宽严不一，对男女性别的限制也不一致。关于享有特许权的机关和人，各国规定相差很大，如有的以国王、总统特许，比利时等属此例；有的经监护法院或法官特许，前联邦德国、奥地利、波兰等属此类；有的经行政机关特许，如前苏联、瑞士等。

我国新婚姻法规定结婚年龄男22岁，女20岁，并无特许制的规定。

---

① 婚龄依其确定根据一般有三大类，即以男女能开始生殖之年龄为结婚年龄，如美、西、希等国；以男女适于生殖的年龄为结婚年龄，如日、法、比、意等国；以男女成年的年龄为结婚年龄，如前苏联即是此类。

（3）未成年人结婚须得法定代理人同意。这是资本主义国家普遍的规定。如《法国民法典》第 148 条规定：“未成年人未经其父母同意，不得结婚。”日本民法有类似规定。我国和其他社会主义国家则无此规定。

同意的方式，各国规定不一。在瑞士须以书面为之，在法国以同意权人的口头答复为之，在日本有父母的同意结婚书即可。未成年人结婚未经父母或其他法定代理人同意的，多数国不承认其效力，主张得予撤销，如前联邦德国、瑞士、法国、意大利等均采此规定；少数国家则承认其效力或有条件地承认，如日本规定，未经父母同意的仅为结婚申报时的障碍，一旦户籍部门受理，其婚姻建立后为完全有效，父母不得以未经同意为由要求撤销。美国各州虽也要求未成年人结婚须经父母或监护人同意，但未取得同意之婚姻，一般仍为有效。

2. 禁止条件

禁止结婚的条件又称婚姻的障碍，也称结婚的消极要件，即法律不允许结婚的情况①。各国对此规定宽严不一，综合起来有如下几种：

（1）有配偶的不得再结婚。这是现代社会除伊斯兰教国家外各国普遍实行的原则。大陆法系、英美法系和社会主义国家的立法均有此规定。

（2）禁止一定范围内的血亲结婚。各国法律大多规定了一定范围内的禁婚亲。直系血亲间的禁止结婚，是各国立法的通例，没有任何例外。关于禁止旁系血亲结婚的立法，有两种形式：一种是采概括主义，另一种是采列举主义。前者如《日本民法典》第 734 条规定：“三等亲内的旁系亲不得结婚。”后者如《法国民法典》第 162 条至 163 条规定：“旁系亲属的兄弟姊妹间，不问其为婚生或非婚生，禁止结婚。”“叔伯和侄女间、舅父和外甥女间、姑母和内侄内、伯叔母与侄间、姨母和外甥间、不问其为婚生或非婚生，禁止结婚。”

因各国风俗、习惯之不同，旁系血亲间的禁婚，各国规定宽严不一，大致有三种情况：一是禁止二亲等旁系血亲间通婚，包括兄弟姐妹及同父异母和同母异父姐妹在内，古巴、前捷克斯洛伐克、前联邦德国采此规定。二是禁止三亲等以内的旁系血亲间通婚，包括全血缘和半血缘的兄弟姐妹间、伯叔姑与侄子女间、舅姨与甥子女间，均不许通婚。该禁婚范围为许多国家采用，如日本、法国、英国、前南斯拉夫、匈牙利、瑞士、秘鲁、墨西哥、比利时及美国

① 广义婚姻障碍还包括一定结婚形式的欠缺。新教及革新时期的婚姻立法，还把婚姻障碍分为公益的（公法的）婚姻障碍与私益的（私法的）婚姻障碍。

各州。但有的国家对此禁婚范围还有豁免性规定。如《法国民法典》第 164 条规定，因重大原因，共和国检察官有权取消上述三亲等以内旁系血亲间禁婚限制，但二亲等旁系血亲间的禁婚不得取消。三是禁止四亲等以内旁系血亲间通婚，该禁婚范围除前述旁系血亲外，还包括堂兄姐妹和表兄姐妹在内。美国有 29 个州禁止堂、表兄弟姐妹通婚。此外，尚有禁止五等旁系血亲间结婚的规定，堂叔姑与堂侄子女间、表舅姨与表外甥子女之间不得结婚。罗马尼亚在规定这一禁令的同时，也有灵活性规定，即在特殊情况下，经区执行委员会批准，可以不受此限制。韩国新近颁布的《同族人婚姻登记条例》，结束了同族人不能结婚的历史。在韩国，数百年来，祖先同族人禁止结婚①。

外国婚姻法对姻亲间的通婚也作了严格的限制，分为两种情况：一是直系姻亲间不得结婚。资本主义国家普遍设此规定，如日本、法国、前联邦德国、瑞士、秘鲁、丹麦、墨西哥、比利时以及美国的 9 个州。设此禁令的国家也有绝对性禁止和相对性禁止之别。二是旁系姻亲间的通婚，多数国家不禁止，只有少数国家有此限制，如法国、瑞士、秘鲁等国，但限制的范围也有不同②。

关于养亲间结婚的限制，各国法律普遍规定，禁止收养人与被收养人之间通婚。但因收养形成的收养人的亲属与被收养人及其卑亲属间能否通婚问题，各国规定不一。大体有两种情况：一是对收养双方亲属间的通婚，法律无明文规定限制，如前苏联、前民主德国、古巴及美国各州。二是法律明文规定，收养人的直系卑亲属与被收养人及其配偶和直系卑亲属及其配偶之间，收养人的子女与被收养人的子女之间，以及养子女之间，均不得通婚。如法国、日本、罗马尼亚、秘鲁、墨西哥等国。

关于违反法律规定，近亲结婚的效力如何，各国规定也不一致。多数国家认为无效，如罗马尼亚、法国、前联邦德国、瑞士及美国大部分州等。美国纽约州还视之为“乱伦”，对当事人处以罚款和拘役。日本则作为撤销对待，当事人、亲属或检察官均可请求撤销。

我国《婚姻法》第 7 条规定，直系血亲和三代以内的旁系血亲禁止结婚。

（3）禁止结婚的疾病。综观外国的有关法律，都规定有禁止结婚的疾病，

① 参见 1996 年 1 月 3 日《法制日报》第 4 版有关报道。

② 日本、德国、瑞典、挪威等曾也有旁系姻亲禁婚之规定，后已废除。英国也曾禁止与亡妻的姊妹结婚，但自 1907 年发布 *Deceased Wife's Sister's Marriage Act* 以后，便废除了该规定。

如先天性痴呆、精神耗弱等。此外还有重大不治且有传染性的疾病，患者结婚会严重危害他方和后代的健康。有的国家甚至还规定，有生理缺陷而不能为性行为者，禁止结婚。我国《婚姻法》第 7 条规定，患有医学上认为不应当结婚的疾病者，禁止结婚。

（4）监护关系间禁止结婚。为了保护被监护人的合法权益，防止监护人滥用职权，多数国家规定，在监护关系存续期间，监护人与被监护人不得结婚。如前联邦德国婚姻法、罗马尼亚家庭法、秘鲁家庭法、墨西哥家庭法等都有此规定。但有的国家还规定，如被监护人的父母以遗嘱或其他文书形式，同意他们之间的婚姻时，不在此限。

（5）相奸者不得结婚。相奸者不得结婚是指因通奸被判离婚或受刑事宣告者，与相奸方不得结婚。此规定起源于 9 世纪教会法，中世纪以来盛行于一些欧洲国家。如 1804 年《法国民法典》规定："基于证明通奸而准许离婚时，有罪的配偶不许与相奸者结婚。通奸之妻基于检察官的请求，在离婚判决内判处不少于 3 个月不超过 2 年的轻惩役。"后来各国相继废除此类规定，如法国于 1904 年率先废除，罗马尼亚于 1906 年、葡萄牙于 1910 年、瑞士于 1915 年、挪威于 1918 年、丹麦于 1923 年，也废除此禁。日本旧民法原有此禁，也于 1947 年修改后予以删除。至此，现代各国已很少有此禁令。但少数国家对相奸者之间的婚姻仍有限制，如墨西哥、美国路易斯安那州。

（6）女子待婚期的限制。离婚女子非经法律规定的一定期限，不得再行结婚。前联邦德国、瑞士、法国、日本、瑞典、奥地利、意大利、秘鲁、墨西哥以及美国的 36 个州都设有此限制，目的在于防止血统混乱，便于对离婚后女子所怀胎儿生父的确认。离婚子女待婚期的限制，罗马法早有此规定，寡妇在 10 个月至 1 年内不得再婚。寺院法原来继受此项规定，但新教认为，在夫妻关系解除后 10 个月内出生的子女，视为已离婚丈夫的婚生子女。有的国家早先对男子也实行待婚期的限制，如葡萄牙法、芬兰法，对鳏夫规定有 6 个月的待婚期。现代各国普遍认为，设立男子待婚期没有意义，一般仅保留女子待婚期的限制。

至于待婚期的长短，各国规定不一致。美国一些州的待婚期分为 1 个月、8 个月、1 年不等；法国、意大利、瑞士、比利时、墨西哥、秘鲁、古巴等国为 300 天；西班牙为 301 天；前联邦德国、瑞典、丹麦、巴西等国为 10 个月；葡萄牙为 1 年；日本、韩国为 6 个月。但是，前联邦德国、墨西哥、瑞士、日本等国规定，在待婚期内女方已经分娩时，待婚期的限制不再发生作用。

（7）其他结婚之障碍①。除前述之各项结婚限制外，有的国家尚有一些特殊规定，如秘鲁、古巴家庭法规定，参与谋杀夫妻一方的受刑事宣告的罪犯，不得与生存的一方结婚。秘鲁、墨西哥民法规定，拐骗妇女的人不得与被拐骗的妇女结婚。墨西哥法对酗酒、吸毒成癖的人，均不许结婚。

（二）结婚的形式要件

结婚的形式要件亦称结婚程序，是指法律规定的缔结婚姻所必经的方式。根据各国的规定，结婚的形式要件基本上可分三种，即登记制、仪式制和登记与仪式相结合制。

（1）登记制，是指结婚当事人必须到办理婚姻登记手续的国家机关登记，并取得结婚证书，才告合法成立。世界上大多数国家都采这种方式。在多数国家，依法进行结婚登记是婚姻成立的必经程序，而非可有可无的例行手续。

结婚登记机关一般为户籍机关，如前苏联、日本、保加利亚等；也有专设婚姻登记机关的，如朝鲜、墨西哥、蒙古等；也有须在身份官面前进行登记的，如古巴的户籍机关人员和公证人均为有权批准正式婚姻的官员。

结婚登记程序可分为有预告程序和无预告程序两种。前者指结婚当事人必须事先提出结婚申请，由登记机关出示预告，在预告期内无人异议或异议被排除，才准予登记。如前苏联婚姻法有此规定。但是，多数国家的法律规定，当事人双方随时均可依法申请登记。

（2）仪式制，是指结婚须举行一定的仪式，取得社会承认，婚姻始告成立。前《联邦德国婚姻法》第 11 条第 1 款规定：“只有在婚姻登记官员面前举行婚姻仪式后，婚姻才开始生效。”

根据现代各国法的规定，以仪式为婚姻成立要件的，多为西欧和北美国家。结婚仪式分为三种。即宗教仪式、世俗仪式、法律仪式。宗教仪式是指结婚须在教堂中进行，由神职人员主持结婚仪式，不同宗教有不同的具体要求。世俗仪式是指民间由家长主持、有证人参加的结婚仪式。法律仪式是指在政府身份官面前举行的结婚仪式，实际是一种行政仪式。

（3）登记与仪式相结合制，指既须进行登记，又须举行仪式，婚姻始得成立，两个方面的程序缺一不可。登记仪式制集中了登记婚与仪式婚两者的优点，有利于充分发挥结婚形式要件的重要作用。东欧国家多采用此制。美国的

① 关于禁治产人是否可以结婚的问题，德、日民法均规定可以结婚，但是否须经监护人同意，日本立法持否定意见。各国学者多认为禁治产人可以结婚，有的主张无须监护人同意，也有的主张须经监护人同意。

《统一结婚离婚法》也采此制。

我国采登记制。《婚姻法》第 8 条规定:“要求结婚的男女双方必须亲自到婚姻登记机关进行结婚登记。符合本法规定的,予以登记,发给结婚证。取得结婚证,即确立夫妻关系。”

五、婚姻的无效与撤销

婚姻的无效与撤销是指对违法婚姻的制裁,属于婚姻成立方面的违法问题。日本、前联邦德国、瑞士、法国、比利时、墨西哥、美国、前苏联及东欧国家的有关法律在结婚部分除规定了结婚的实质要件和形式要件外,还规定了婚姻的无效与撤销。但是,各国法对无效婚和得撤销婚的原因,在理解上、规定上不统一,以致近现代各国多采无效婚制,不设撤销婚制,如法国、罗马尼亚、前捷克斯洛伐克、保加利亚、古巴、秘鲁等。美国《统一结婚离婚法》也采单一无效婚制,而前联邦德国、瑞士、日本和美国部分州则仍保留无效婚与得撤销婚两种制度。

(一) 无效婚姻

无效婚姻,是违反婚姻成立要件的违法婚姻。世界各国的法律关于无效形成的原因、种类及其效力的规定不尽相同,综合如下:

1. 构成无效婚姻的原因①

(1) 婚姻双方属禁婚亲属。对近亲违法结婚,多数国家的法律规定为无效婚姻。如 1971 年英国《防止无效婚姻法》规定,双方当事人属于禁婚的亲等之内,所缔结的婚姻为无效婚姻。《老挝民法典》第二章第 8 条规定,无论是婚生关系还是非婚生关系,或是养父母子女关系,凡属直系血亲以及直系姻亲之间缔结的婚姻均为无效婚姻。

(2) 婚姻的任何一方未达法定婚龄。许多国家的法律规定,当事人未达法定婚龄,不得结婚,否则,该婚姻为无效婚姻。美国除弗罗里达等 5 个州无明文规定外,其他各州的法律均作了明文规定。

(3) 结婚时任何一方已受合法婚姻约束。一夫一妻制是现代社会的基本原则,故多数国家禁止重婚,任何一方与他人已缔结合法的婚姻后又与第三人缔结的婚姻,属无效婚姻。如美国各州都认为重婚无效。英国、法国、瑞士等也视重婚为无效婚姻。

---

① 无效婚姻一般缘于婚姻违背公共秩序、善良风俗等,所以许多国家立法规定,相奸者结婚为无效婚姻。

(4) 结婚手续不合法律规定。英国1971年《防止婚姻无效法》规定，双方的结婚如不符合结婚规则的要求，即被宣告为无效婚姻。《日本民法典》第739条和第742条规定，只有按户籍法规定进行申报的婚姻才发生效力。申报时应由当事人双方及二人以上的成年人以言词或书面的形式进行，未经申报的婚姻为无效婚姻。

(5) 婚姻任何一方非自愿结婚。如美国大多数州的法律均规定，当事人受骗、被迫同意是宣告婚姻无效的理由。

此外，未履行结婚申报或不具有婚姻形式要件（如日本、前联邦德国、法国、罗马尼亚、秘鲁），未成年人结婚未经法定代理人同意（如法国、比利时、秘鲁、罗马尼亚），因生理缺陷、不能人道者为婚的或精神病患者为婚的（如罗马尼亚、前南斯拉夫的塞尔维亚共和国），均可作为婚姻无效之理由。

2. 无效婚的形式

无效婚有自始无效和宣告无效之分。前者又称当然无效，即凡具有无效之法定原因时，无须提出诉讼或经法院宣告，由当事人自行主张，婚姻即行无效。日本采此制。宣告无效是指必须以诉讼主张，始得无效。世界上多数国家采用宣告无效的制度。美国《统一结婚离婚法》也采法院宣告无效的制度，不设当然无效制，但加州家庭法规定的无效婚，分别采用了当然无效和宣告无效两种形式。

为了保障请求宣告婚姻无效权利的正常行使，保护婚姻关系的相对稳定，各国法大多根据不同的原因，对无效婚的请求权作了时效及其他限制。

3. 无效婚姻的效力

根据各国法的规定，无效婚姻的效力大体可分为三种情况：

一类是有追溯力的无效婚。这类婚姻自始无效，当事人间不发生夫妻身份与权利义务关系，子女为非婚生子女。日本民法采此形式①。1995年俄罗斯联邦新家庭法采用宣告无效的方式，无效婚从缔结之时起为无效，除法律规定的情况外，无效婚当事人双方不发生任何夫妻间的权利和义务。双方在婚姻无效期间的财产关系，适用民法共有财产的有关规定②。

另一类是有部分溯及力的无效婚。它以无效婚当事人的善意和恶意，作为

---

① 日本民法认为婚姻无效的性质属于当然无效，无须依诉讼主张，只有为了确认其无效才须向法院提起婚姻无效确认之诉。参见邓曾甲著：《日本民法概论》，法律出版社1995年版，第369页。

② 参见《俄罗斯联邦新家庭法典》第五章。

确定有无追溯力的标准，即凡无效婚的当事人为善意时，则发生合法配偶的效力，不产生无效婚的效力，也不产生溯及力，凡无效婚的当事人为恶意时，则发生婚姻无效的效力，并有追溯力，自婚姻成立时起即不存在合法配偶的身份及地位，但对子女不产生无效的效力，也无溯及力，子女与父母之间的关系，不论父母为善意、恶意，均产生父母子女关系的效力。现代世界大部分国家采用部分追溯力的无效形式。如《法国民法典》规定，经宣告无效的婚姻，如为善意缔结时，对夫妻双方发生民事上的效果，如夫妻一方为善意时，仅对一方发生民事婚姻的效果，对恶意方自不发生。该法典又规定，即使夫妻双方均无善意，该婚姻对子女仍产生民事上的效果。婚姻关系解除时，得作出保护子女的裁决①。可见，部分有追溯力的无效婚，符合保护善意、制裁恶意、保护子女合法权益的原则，同有追溯力的无效形式相比，较为合理、科学。

还有一类是无追溯力的无效婚。无追溯力的无效婚是指从法院宣告判决之日起始发生无效的效力，在宣告无效前，纵然存在无效的原因，也发生正常的效力。判决不问善意或恶意只对将来发生无效的效力，不溯及以往。《瑞士民法典》为采无溯及力无效婚的典型。该法典第 132 条规定，婚姻之无效，在法官宣告婚姻无效后，始得生效。宣告前即使存在无效原因，其婚姻仍为有效。该法还规定，婚姻被宣告无效，即使当事人双方均为恶意，丈夫仍被视为婚生子女的父亲。子女与父母的关系准用离婚的有关规定。关于配偶的请求损害赔偿、扶养费或抚慰金等权利，准用离婚的有关规定。

依据婚姻法有关条文的精神，参照《民法通则》关于民事行为无效的一般原则，下列婚姻原则上无效：因包办、买卖婚姻和其他违背当事人真实意愿的结合；一方重婚的婚姻；当事人未达法定婚龄的婚姻；当事人属禁止结婚的近亲属的婚姻；当事人患麻风病、性病未经治愈或患其他医学上认为不应当结婚的疾病的婚姻；其他不符合法定结婚条件或未履行登记手续的婚姻。无效的婚姻行为，从行为开始时就不具法律约束力。宣告婚姻无效的权力须由婚姻登记机关或人民法院统一行使。依照最高人民法院关于适用婚姻法的某些解释以及司法惯例，凡缺乏双方合意的婚姻，原则上无效，但如双方已共同生活了一段时间，双方或一方提出解除婚姻关系时，一般不再宣告无效，而按离婚程序办理；对在一定时期内予以承认的事实婚姻，如结婚时未达法定婚龄，发现时双方已达婚龄的，也不再宣告婚姻无效。在处理无效婚姻时，既要维护国家法律的严肃性，也应注意照顾妇女和儿童的利益，妥善解决有关问题。

---

① 参见《法国民法典》第五编第四章。

(二) 得撤销婚姻

得撤销婚姻是指成立时违背某项婚姻要件的婚姻。外国学者把婚姻成立要件分为公益要件和私益要件。违背公益要件者，一般为无效婚姻；违背私益要件者，为得撤销婚。但公益要件和私益要件的划分，各国立法者在认识上并不完全一致，某一要件在甲国被认为是公益要件，在乙国则可能被认为属于私益要件，所以，无效婚与得撤销婚的区分很难统一。从效力上看，无效婚与得撤销婚的根本区别是，无效婚为自始无效，有溯及力；得撤销婚为可能无效，即撤销后无效，无溯及力，有时亦准用离婚的有关规定。由于现代无效婚的效力已发展为多种形式，有的已不具有溯及力，且也须经法院宣告的形式，因此，在程序、效力方面与得撤销婚已无实质性差别。

第二节 离 婚

一、概述

离婚是配偶双方生存期间依照法律规定终止婚姻关系的行为。有关离婚的法律制度在婚姻家庭法中居于重要地位，尤其是在现代社会，离婚已日益成为一项具有普遍性的社会问题，并直接关系到社会关系的稳定与重构，所以，各国婚姻家庭法对此问题均有明文规定。

古代亲属法实行专权离婚主义。古代东方巴比伦的《汉穆拉比法典》中，离婚形成了一种明确、具体的制度。罗马法中的离婚制度也相当完备。早期法律把片意离婚规定为丈夫的特权，后来又有片意离婚的各种理由。中国奴隶社会和封建社会也采专权离婚制，如封建法制有 4 种离婚方式：出妻、和离、义绝和出于特定缘由的呈诉离婚。中世纪的欧洲，根据当时流行的基督教思想，只要配偶活着，婚姻就具有不可破坏的神圣性，终身婚姻成为组织家庭的基本准则①。罗马教会法明确规定除配偶死亡外，婚姻不得离异。罗马天主教会法则明确指出，离婚只能凭教会法庭裁决。

15~16 世纪的欧洲，资产阶级在反封建的过程中提出反对禁止离婚主义，要求摆脱罗马教会对婚姻事务的包办和束缚，并在契约自由的思想指导下，认为婚姻是可以离异的。此后，几乎所有主要的资本主义国家都接受了民事契约

① 参见［英］F. R. 艾略特著：《家庭：变革还是继续?》，何世念等译，中国人民大学出版社 1992 年版，第 141 页。

观念作为离婚立法的根据，在法律上允许离婚，但须予以严格限制①。

二、协议离婚与诉讼离婚②

（一）协议离婚

协议离婚是夫妻双方达成解除夫妻人身关系并处理其后果的合意，由专门机关按一定的程序予以认可的离婚方式。

协议离婚种类的划分是一个比较复杂的问题，也是各国立法歧异较大的问题。综观各国的法律规定，主要有如下分类：（1）以认可离婚的机关或适用程序为标准，协议离婚分为行政协议离婚和诉讼协议离婚。前者是由行政机关通过行政程序办理的协议离婚，其中行政机关包括户籍机关（如日本、蒙古）、民事机关（如墨西哥）和其他行政机关（如丹麦，协议离婚由州长处理，在挪威，协议离婚由郡都处理）。诉讼协议离婚是由法院通过审判程序办理的协议离婚。它又分作两种情况：一是当事人离婚须经法院审批，如法国；一是当事人的协议离婚须经法院裁决，如奥地利。（2）以达成合意的方式为标准，协议离婚可分为三类：由当事人双方共同申请的离婚；一方提出离婚问题的要求，另一方予以承诺的离婚；调解离婚。（3）间接协议离婚。目前此种离婚只在斯堪的纳维亚个别国家得到承认。严格来讲，间接协议离婚不能成为离婚问题的合意。

协议离婚是以离婚合意为基础的。所谓离婚合意是指夫妻双方对离婚问题意思一致并分别明示。很多国家的法律都要求离婚合意须无瑕疵，否则可宣告协议离婚无效或予撤销。

我国婚姻法承认协议离婚制度。《婚姻法》第24条规定，男女双方自愿离婚的，准予离婚。双方须到婚姻登记机关申请离婚。婚姻登记机关查明双方确实是自愿并对子女和财产问题已有适当处理时，应即发给离婚证。同时，我国《婚姻登记管理办法》以及一些司法解释，就协议离婚的条件、程序问题

① 当代各国学者普遍倾向于破裂主义的离婚原则，如有的学者认为，离婚只是婚姻的葬礼，而不是婚姻死亡的原因。为防止婚姻破裂而否定离婚就好比为害怕死亡而禁止举行葬礼一样。还有的认为，法律注意的只能是：离婚的条件不要是有害的。参见［英］弗·贝茨等著：《家庭法案例》，1985年英文版，第117页；阿克洛罗斯编：《欧洲家庭法改革》，1978年英文版，第112页。

② 在美国，有一种所谓的"普通法离婚"（Common-Law Divorce），流行于贫民阶层。这是因当事人无经济能力经诉讼离婚，而采取事实离婚的做法，即男女分居，不愿通过旷日持久的诉讼离婚。参见［美］利·魏茨曼著：《婚姻契约》，1983年英文版，第194页。

具有详细具体的规定。

（二）判决离婚

判决离婚是夫妻一方基于法定的事由向法院提起离婚之诉，由法院判决而解除婚姻关系，又称裁判离婚。至今在许多国家，该种方式仍是唯一的离婚方式。前联邦德国便是范例。

判决离婚的法定事由各国立法不一。有的国家在法律中详列具体的离婚理由，非依法定情形不得诉请离婚，如《墨西哥民法典》列举了17条离婚理由。有的国家在法律中并不列举离婚事由，只概括性地规定婚姻关系破裂应判决离婚，如《美国统一结婚离婚法》、前民主德国的家庭法等。还有些国家则兼采列举性和概括性的规定，法律明文列举的仅具有例示的意义。综观各国立法中离婚的法定事由，除婚姻关系破裂外，还有数十种，如通奸、重婚、遗弃、虐待、生死不明、不能人道、重大不治之疾病、被判徒刑、长期分居、意图杀害对方，等等。应指出的是，现代各国离婚法，不论在立法原则上，还是在离婚理由的表现形式上，常常是将上列各种立法模式结合起来。

我国《婚姻法》第32条规定："男女一方要求离婚的，可由有关部门调解或直接向人民法院提出离婚诉讼。"由此可见，对于一方要求离婚，另一方不同意而发生的离婚纠纷，既可在诉讼程序以外由有关部门进行调解，也可依诉讼程序由人民法院依法审理。

对于诉讼程序以外的调解离婚纠纷的有关部门，我国婚姻法并未明文规定，从实际情况来看，主要是指当事人所在单位、群众团体、基层调解组织和婚姻登记机关等。诉讼程序以外的调解是处理离婚纠纷的有力手段。但是，这种调解并不是一方要求离婚的必经程序，要求离婚的一方可以根据具体情况和本人意愿，不经有关部门调解直接向人民法院提出离婚诉讼，有关部门不得阻止，人民法院也不得以未经有关部门调解为理由而拒绝受理。

我国《婚姻法》第32条还规定："人民法院审理离婚案件，应当进行调解；如感情确已破裂，调解无效，应准予离婚。"这一规定表明，不论是经有关部门调解无效而提出的离婚诉讼，还是由男女一方直接提出的离婚诉讼，均由人民法院依法审理。人民法院审理离婚案件，调解是必经程序。凡是通过调解能够解决问题的，就不要采取判决的方式。双方当事人经过调解达成的协议，经法院确认后具有法律效力。对于调解无效的案件，只有夫妻感情确已破裂，才准许离婚。如果感情尚未达到确已破裂的程度，即使调解无效，亦可根据具体情况不许离婚。

最高人民法院《关于人民法院审理离婚案件如何认定夫妻感情确已破裂

的若干具体意见》中指出："判断夫妻感情是否确已破裂，应当从婚姻基础、婚后感情、离婚原因、夫妻关系的现状和有和好的可能等方面综合分析。"该意见还详细列举了可以视为感情确已破裂的数种情形。

三、离婚的效力

离婚的效力，又称离婚的法律后果。离婚在当事人的人身关系、财产关系以及子女抚养等方面，引起一系列的法律后果。其中最直接的后果，除了夫妻间的权利义务关系消灭外，还涉及子女抚养责任的分担、夫妻共同财产的分割、共同债务的清偿以及一方对困难生病的另一方的救助义务等问题。本节主要讨论离婚后子女和财产问题。

离婚的效力，只能产生于离婚法定手续完成以后，它只对将来发生效力。离婚效力开始发生的日期，在协议离婚的场合为离婚书面协议有效成立的当天，在判决离婚的场合则为离婚终审判决生效的当天，有的国家，则为离婚登记之日。

（一）离婚在夫妻财产上的效力

离婚不仅终止夫妻间的人身关系，也终止夫妻间原有的财产关系，引起一系列财产后果。

1. 夫妻财产的分割

从各国的规定看，一般要分共有财产和个人财产，前者大体上按平均原则分割，后者一般归个人所有。例如，《日本民法典》规定，无论是协议离婚还是判决离婚中的一方，可以请求他方分与财产。在财产分割中，如当事人之间不能达成协议时，可以请求家庭法院处理。但是自离婚之日起经过2年者，不在此限①。又如美国《统一结婚离婚法》第307条及其注释，把夫妻财产分为"婚姻财产"和"个人财产"两种。婚姻财产是指结婚后夫妻双方所得的财产。无论是以单方名义还是以双方名义共同享有的财产，均视为婚姻财产。婚姻财产首先由当事人双方协议分割，协议不成时由法院判决。法院在分割婚姻财产时不必考虑婚姻期间发生的诸如通奸一类非经济性的不正当行为。主要考虑：（1）夫妻各方对婚姻财产的获得所作贡献的大小，包括一方以操持家务的方式所作的贡献在内；（2）分配给夫妻每一方财产的实用和实际价值的大小；（3）结婚持续时间的长短；（4）财产分割生效时配偶双方的经济状况，包括对住房的要求或一定期限内监护供养子女所需的生活费用等情况。

① 参见《日本民法典》第768条。

我国《婚姻法》第39条规定："离婚时，夫妻的共同财产由双方协议处理；协议不成时，由人民法院根据财产的具体情况，照顾子女和女方权益的原则判决。"此外，《最高人民法院关于人民法院审理离婚案件处理财产分割问题的若干具体意见》也为夫妻财产分割提供了具体法律依据。我国法定的夫妻财产制是婚后所得共同制，所以，离婚时应当依法分割夫妻共同财产。离婚时可供双方分割的财产，以夫妻共同财产为限，即夫妻在婚姻关系存续期间所得的财产，包括夫妻各自或共同劳动所得的收入和购置的财产，各自或共同继承、受赠的财产，以及其他合法收入。夫妻婚前的个人财产和双方各自所用的财物，原则上归个人所有。婚前财产与婚后财产无法查清的，或虽属婚前财产，但已结婚多年，由双方长期共同使用、经营和管理的，可视为夫妻共同财产。婚姻关系存续期间，复员、转业军人所得的复员费、转业费，如夫妻共同生活时间较长，离婚时可按共同财产进行分割。但是，复员、转业军人从部队带回的医疗费，应归本人所有。在分割夫妻共同财产时，要照顾无过错一方的利益。

2. 扶养费

离婚也解除了夫妻相互扶养的义务，如其中一方要求他方支付扶养费，应受某些条件的限制。例如，《法国民法典》第281条规定："如因共同生活破裂而宣判离婚，主动诉请离婚的一方完全负有救助之责并用扶养金的形式。因对方长期患有精神官能病症而主动诉请离婚者，还应负担病人的一切医疗费用。扶养金的数额得随时根据夫妻各方的财力及需要而重新审议，但是，受扶养一方如再婚或公然与他人姘居，扶养金即完全停付。如扶养金债务人死亡，扶养金由其继承人负担。"按照美国《统一结婚离婚法》的规定，离婚后一方得索取扶养费的条件是：本人无工作，或因监护子女无法工作，且个人财产及离婚后分得的财产不足以满足其合理生活需要。确定扶养费的数额时，既要考虑提供扶养费的一方的实际能力，又要考虑被扶养一方的经济来源、离婚后分得的财产、扶养子女的程度及监护子女所需的费用、婚姻持续时间的长短、原有生活水平等，但法律规定"不考虑婚姻关系上的不正当行为"，即不因有无此类不正当行为而影响扶养数额的高低。有的国家还专门规定了享受扶养费的期限。如民主德国家庭法规定的扶养费，一般限在离婚后2年内，特殊情况可判决无期限地提供扶养费。其请求权一般应在离婚诉讼中提出，在个别情况下，也可以在离婚判决生效后两年内向法院提出要求。

我国《婚姻法》第42条规定，离婚时，如一方生活困难，另一方应从其住房等个人财产中给予适当帮助。具体办法由双方协议；协议不成时，由人民法院判决。由此可见，男女双方虽因离婚而终止了夫妻间的扶养义务，但离婚时如一方生活困难，他方仍有予以帮助的责任。这样，既可解决困难一方的实际需要，也有助于消除其在离婚问题上可能发生的经济顾虑，有利于离婚自由的实现。同样，在我国离婚时的经济帮助是有条件的，而不是无条件的。第一，要求帮助的一方生活确有困难，本人无力解决；第二，提供帮助的一方须有经济负担能力；第三，这种帮助是用来解决离婚时的生活困难的，因而，一般说来是临时的而不是长期的，有特殊情况的除外。由于离婚后，夫妻间的权利义务关系已经终止，因而这种经济帮助不同于夫妻间的扶养义务，不是夫妻扶养义务的延续，而只是从原来的婚姻关系中派生出来的一种责任。当受帮助一方再婚时，帮助一方即可终止给付。

3. 债务的清偿

离婚夫妻财产的分割，不应损害任何第三者的合法权益，这是理所当然的。因此离婚前的共同债务，首先应由夫妻共同财产予以清偿。前《联邦德国民法典》第 1475 条对这个问题作了详细规定：（1）离婚夫妻分割财产时应首先清偿共同财产的债务。如一项债务尚未到期或有争论时，夫妻双方应保留为清偿此项债务所必需的财产。（2）如一项共同财产债务，在夫妻相互关系中应由一方独自负担者，该方不得要求以夫妻共同财产清偿此项债务。（3）为清偿共同财产的债务，得将共同财产转换为金钱，但以有此必要为限。

我国《婚姻法》第 32 条规定："离婚时，原为夫妻共同生活所负的债务，以共同财产偿还。如该项财产不足清偿时，由双方协议清偿；协议不成时，由人民法院判决。男女一方单独所负债务，由本人偿还。"这是关于离婚时债务清偿的一般规定。债务的性质不同，当事人的清偿责任也不相同。夫妻因共同生活所负的债务，包括抚养子女、赡养老人所负的债务，双方均有清偿责任，应以共同财产偿还。根据《民法通则》有关规定的精神，个体工商户、农村承包经营户所负的债务，如为婚姻关系存续期间一方所负，除另有约定外，也应视为共同债务。如果离婚时没有共同财产或共同财产不足清偿，应由双方协议确定清偿责任；协议不成，由人民法院根据双方的经济能力，判决由一方清偿或由双方分担清偿责任。男女一方在婚前所负的债务，以及一方在婚后所负的、与共同生活无关的债务，自应由本人负责清偿。按照双方的约定应由个人清偿的债务，也由本人偿还。某些以个人名义所负之债务，如果确实用于维持家庭共同生活，经查明属实后，应按共同债务处理。

离婚在夫妻财产上的效力，除上述三个方面外，在外国立法例中，还涉及礼物、赠品的返还问题（如《法国民法典》第 267 条），损害赔偿的问题（如

《法国民法典》第266、270、271、280-1条）以及离婚后住所问题（如《法国民法典》第285-1条）。

（二）离婚对子女的效力

家庭中的父母子女关系，产生于婚姻关系。但是，血缘亲子关系一旦产生，便具有自身的独立性和稳固性。就其稳固性而言，血缘亲子关系远远超过婚姻关系。关于这一点，在一般情况下是不很明显的，但在婚姻关系破裂的场合，即在夫妻双方离婚的情况下，血缘亲子关系的稳固性就十分突出地显现出来了。这集中地体现为：父母间特定的婚姻关系消灭了，由它所产生的血缘亲子关系却依然存续，这是不能通过法律程序加以解除的。因此，离婚后，父母子女之间的亲子关系及其有关的各种法定权利与义务，均不受影响。即使是因收养而成立的拟制血亲关系，原则上也不因养父母离婚而消灭或解除。这是各国法律规定的共同点。

但是，父母离婚后，就产生了子女由何方监护和抚养以及由何方担负抚养费等问题。

1. 离婚后子女监护人的确定

这个问题，各国有关规定的基本点大体相同，即通常应由父母双方协议，协议不成，则由法院根据子女利益和父母各自的条件加以判决，对达到一定年龄的子女，还要征求子女的意见。尽管各国法律考虑的角度不同，但目的都在于使子女得到较好的监护。我国婚姻法在这一点上，与其他国家立法基本一致。《婚姻法》第36条第3款规定："离婚后，哺乳期内的子女，以随哺乳的母亲抚养为原则。哺乳期后的子女，如双方因抚养问题发生争执不能达成协议时，由人民法院根据子女的权益和双方的具体情况判决。"子女由一方抚养，双方仍应本着对子女负责的态度，在抚养和教育问题上互相协商，共同履行应尽的责任。抚养关系确定以后，如果父母的抚养条件发生了重大变化，或者子女要求改变抚养归属，由双方协议变更抚养关系，协议不成时，人民法院可根据子女利益和双方的具体情况判决。

2. 离婚后子女抚养费的负担

外国法对于这个问题的规定，通常要求不负责监护的父母承担子女抚养费的一部或全部，其具体数额可根据子女的需要以及不负责监护的父母一方的实际能力予以确定，但后者在承担或分担子女抚养费的同时，是否仍对子女保有某种权利或联系？抚养数额的确定应当根据何种具体的标准？对此类问题，各国规定并不一致。有的国家法律规定，离婚后子女由父母中的一方监护，他方应分担子女的抚养费用，并对子女仍保有某种程度上的监护权，如《法国民法典》；有的国家法律规定，离婚后子女由父母中的一方监护，他方应分担子女的抚养费用，并全部丧失对子女的监护权，连对子女的探视权，也受到一定限制，以探视不会严重危害子女的身体、精神、道德或感情的健康为条件，如美国《统一结婚离婚法》；有的国家法律规定，离婚后，子女无论由哪一方负责照管，父母双方均有抚养义务，有对子女进行教育的权利和义务，如《罗马尼亚家庭法》和《苏俄婚姻和家庭法典》。

我国《婚姻法》第36条、第37条以及《最高人民法院关于人民法院审理离婚案件处理子女抚养问题的若干具体意见》的规定，从有利于子女身心健康、保障子女的合法权利出发，结合父母双方的抚养能力和抚养条件等具体情况，对父母离婚后子女抚养问题作出了规定。根据规定，离婚后，父母仍有负担子女抚养费的平等义务。协议或判决中确定抚养费数额，应根据当时子女的实际需要和父母双方的经济状况来确定。但如果后来情况发生了变化，合理的变更也是允许的。一方面，如果子女的实际需要有所增加，父母又有追加费用的能力，子女可以向父母任何一方提出要求，适当增加抚养费用。至于是否增加和增加多少，应由当事人协商确定，协商不成时由人民法院依法判决。另一方面，抚养费在一定条件下也可减少或免除。例如在抚养子女的一方再行结婚，继父或继母愿意负担子女的生活费和教育费的一部分或全部时，另一方的负担可酌情减少或免除。当负有给付义务的一方确有困难时，亦可通过协议或判决，酌情减免，但是，在减免的事实根据消灭时，应当恢复给付，以保护子女的合法权益。

第三节 别 居

一、别居的概念

别居（Separation），又译分居，它是指依照双方协议或法院判决，在不解除婚姻关系的情况下免除夫妻的同居义务。

别居作为一项调整夫妻关系的特殊法律制度，原为基督教禁止离婚主义的产物。在中世纪，按照基督教教义，夫妻关系并非由男女双方基于感情与利益结合而成，而是出于神合，由此而成的婚姻也就具有神圣性①。教会注重婚姻

① See Joseph W. Madden, Handbook of the Law of Persons and Domestic Relations, 1931, p. 256 seq.

的维持而反对离婚，但对于夫妻双方事实上的离婚（即别居），教会也束手无策。在“婚姻神圣”与“离婚”问题上，教会为了缓和矛盾，并为贯彻禁止离婚主义，在禁止离婚的同时，不得已而承认别居的合法性。到了近代，在宗教改革和产业革命的影响下，教会失去管辖婚姻的权限，婚姻被视为契约，因而可自由解除，各国大多在立法中采用了离婚制度。不过，在封建保守思想的作用下，有人仍不愿离婚，所以各国立法也同时采用别居制度以资补救。

在别居与离婚的关系上，各国的立法体例大致有以下三种：

1. 别居与离婚并存制

理由在于，离婚或别居，是当事人之间的私事，法律不宜横加干涉，可由婚姻当事人选择其一。选择离婚者，夫妻感情破裂，难以为继；选择别居者，夫妻感情虽有不和，但仍可能回复原状。在此种立法例下，申请司法别居的理由与离婚大致相同。采用这一立法例的国家有瑞士、比利时等。

2. 别居先置制

在此种立法例下，把夫妻实行别居达一定期限作为离婚的法定理由。这是对离婚的限制，以防止当事人贸然解除婚姻关系而可能给自身、子女及第三人造成伤害。此类国家不准当事人在离婚与别居之间任意选择，如挪威、意大利等国。

3. 别居转换离婚制

在别居已满法定期限后，当事人可要求将别居转换为离婚。采取这种立法体例的国家有荷兰、美国的部分州等。

别居的种类，按时间长短来分，可分为永久别居、不定期别居和定期别居。永久别居是指夫妻终身分居分食，一辈子不再共同生活；定期别居是指在一定期限内分居分食。按程序来分，别居又可分为协议别居和司法别居。协议别居是指由夫妻双方自愿订立别居协议；司法别居则是由夫妻一方通过诉讼程序向法院提出申请，根据法院判决或裁定而实行别居。在各国立法例中，有的既承认司法别居，又承认协议别居，如挪威法、英国法；有的仅承认司法别居，如法国民法①和瑞士民法，因为这两个国家不承认协议离婚，所以也不容许协议别居；有些国家法律虽然承认协议别居，但要求首先取得法院批准，如

① 根据《法国民法典》的规定，别居与离婚同，须依裁判决定，即须提起别居之诉，在判决之后方可别居（参见该民法典第 306、307 条）。法国民法认为依当事人合意的协议别居是不法的，故无效。当然，在理论界对此颇有争议，因为诉讼别居常有违公序良俗及伤害个人隐私之弊，以致有的学者认为应对法律作宽泛解释。

《意大利民法典》第158条。

二、别居的理由及程序

关于别居的理由，在司法别居情况下，有些国家规定与离婚原因相同，如法国民法；有些国家则规定，除离婚原因之外，还有一些可请求别居的特殊理由，如瑞士民法和英国法。在别居理由中，如通奸、虐待、侮辱、遗弃、配偶一方犯罪，等等，为多数国家所采用；还有些国家把精神病作为别居的理由，如瑞士和英国等。至于别居的特殊理由，瑞士民法规定，配偶若因夫妻共同生活而导致一方的健康、名誉或经济陷入重大危险境地，在危险持续期内，可以请求别居。有些国家法律所认可的别居理由与离婚理由完全不同，如挪威法律规定，如配偶一方继续对于他方或其子女不尽扶养义务，或不尽其他夫妻间义务，以及酗酒、放荡生活、丧失公权等，均构成请求别居的理由。此外还可以夫妻不和为由请求别居。

在认可协议别居的国家，协议别居通常不需要原因。如《挪威婚姻法》第41条规定，夫妻双方若认为不能再继续婚姻生活的，得协议别居。即使婚姻生活没有不能继续的情况，而仍协议别居，挪威法亦不以之为无效，或予以撤销。英国法也是这样，只要夫妻双方能达成合意即可。

关于别居的程序，在司法别居情况下，有些国家法律规定，别居诉讼程序与离婚诉讼程序完全相同，如瑞士法和英国法；有的规定别居诉讼程序须依特别诉讼程序，但其程序比离婚诉讼程序简易，若干部分还可准用有关离婚诉讼的规定，如法国民法的规定①。在英国法中，除以上所述之外，别居程序还可依照简易程序进行，即由治安法官在简易法院审判，不需陪审团参与。挪威法中的别居诉讼程序较为独特，与其他各国不同，别居不由法院管辖，而由国王管辖，当事人须向国王请求判决别居。

在协议别居情况下，有些国家对协议别居程序采用要式行为主义，即除当事人达成合意外，尚须得到行政官署的许可，如《挪威婚姻法》第41条规定，夫妻若认为不能再继续共同生活，经双方合意后，可向身份监理官申请，由和解委员会调解后，才由身份监理官颁发别居许可书；如双方愿意，则管辖

---

① 别居诉讼程序，在法国民法制定之初，与离婚大同小异，大体上准用离婚诉讼程序。到1886年的法律，简化了离婚诉讼程序，别居诉讼程序也随之简化。新法（1909年7月14日法律及1922年12月9日法律）对于别居诉讼程序另有规定，与现在的离婚诉讼程序与别居诉讼程序颇有出入。

教区的牧师或监督员，也有调解权。有些国家，如英国，对于协议别居则采用非要式行为主义，可以口头或书面为之，但通常还是以盖印证书进行，也即所谓别居证书。

三、别居的法律效力

别居的法律效力可分为两个方面：夫妻间的法律关系，与子女的法律关系①。

（一）夫妻间的法律关系

别居对夫妻间法律关系的影响又可分为身份关系与财产关系两个方面。

在身份关系方面，夫妻依法别居后，同居义务自行消灭，这是各国的立法通例。同居义务既已消灭，夫妻间互助义务也相应归于消灭。关于别居后妻子能否继续使用丈夫姓氏的问题，许多国家的法律均有明文规定，如《法国民法典》第311条第1款即规定，法院有权判决已分居之妻仍用夫姓，或改用本姓，或禁止丈夫结合使用妻之姓氏。别居时夫妻双方仍应负贞操义务，这是因为双方之间的婚姻关系并未解除，依然存在，这也是别居与离婚的区别所在。因此，别居夫妻不得与异性通奸，亦不得再婚，否则将触犯刑律。英国、瑞士、挪威等国均采用此种规定。

在财产关系方面，首先，对于夫妻间扶养问题，《瑞士民法典》第160条第2款规定，夫有扶养别居之妻的义务，法院也可干涉别居夫妻的扶养问题。《法国民法典》规定，只有在配偶有过失，且对方需要扶养之时，一方才负扶养的责任。《挪威婚姻法》第56条第1款规定，婚姻存续中负担必需生活费用的配偶一方，于别居期间对他方须付扶养费；但别居出于配偶一方过失或行为不端的，无过失配偶可要求在别居许可书中写明，他方配偶不得向其请求扶养费。以上各种立法例中，法国法的规定较为合理，而挪威法律则是对法国、瑞士两国民法规定的折衷。

夫妻别居之后，还存在如何分割财产的问题。各国法律对此问题的处理大致可分为两种模式：一种为当然分割夫妻财产，如法国、英国、挪威即采取此种模式。另一种为非当然解除夫妻财产制，如瑞士民法的规定，斟酌别居期间

① 别居还可能对第三人产生影响，因为像英国法中，若妻子在财产上为无行为能力人，须经丈夫的许可方能为法律行为，但别居之后，应如何规制？英国法赋予别居后的妻子享有独立的财产行为能力，无须经丈夫同意。但是，别居中妻子以丈夫日常家务代理人的身份所为的法律行为能力对善意的第三人有无约束力，各国法均未明文规定。

长短及其他一切关系，然后决定是否应该终止或继续从前的夫妻财产制（《瑞士民法典》第155条第1款）；同时，瑞士民法也并不限制当事人的自由，如配偶一方请求别产制时，法院不得加以拒绝（《瑞士民法典》第155条第2款）。

关于别居后夫妻间的继承权问题，各国大多认为，夫妻虽然别居，但婚姻关系仍然存续，故夫妻仍应有继承权，英国、法国即采用这种做法，但也有相关的限制。在英国，只有在丈夫无遗嘱死亡时，别居之妻才享有继承权；但是反过来，夫对于妻，无此限制。法国则把对别居有责无责作为决定夫妻继承权有无的标准，如果别居配偶中有责任的一方虽然丧失对其夫或妻的继承权，但其生活陷于窘境，仍可向财产继承人请求扶养（《法国民法典》第76条第1、2款，第205条第2款）。

（二）与子女的法律关系

夫妻别居后，与其子女间的亲子关系并未解除。因此，子女对别居父母有扶养、照管的请求权，又有相互继承权，各国法律大多有此种规定。对于别居之后亲权的行使，各国法律规定由法院作出裁决。如《法国民法典》第302条、第303条和第389条规定，法院根据对别居有无责任来决定亲权的归属，但为了保护子女的利益，法院也可作出其他裁定。

四、别居的终止

别居可因当事人死亡、和解或因离婚而终止，这是各国共同的立法例。此外，在大陆法系各国立法中，大多认可别居转换制，即别居满一定期限后，允许当事人按照简易程序将别居转换为离婚，如法国、瑞士、挪威等国法律中即有此类规定①。但是，在英美法系各国立法中，不承认别居转换制，别居后如要离婚，仍须基于别居后之正当离婚理由起诉。

关于别居终止事由的规制，瑞士有一项较为独特的规定，即《瑞士民法典》第147条第2、3项的规定：别居判决上有一定别居期间限制的，在该期间超过后，别居归于终止；如不定期限的，倘超过了3年，而无夫妻生活的，则双方当事人可请求离婚或废止别居。

由于别居终止，特别是因夫妻和谐而终止别居涉及夫妻财产制的回复，有溯及力，并可能影响到第三人，故有的国家法律对别居终止规定了特定的手

① 挪威法在转换为离婚上又独具特色，因为挪威的别居制度仅为离婚的预备处分，即为离婚的附属制度，而且因其承认协议别居，而可直接由协议别居转换为协议离婚。

续。如《法国民法典》第31条第4项规定，别居终止而回复夫妻关系，须作成确认回复共同生活的公证证书，证书的副本须按民法典第1445条的形式，即必须公示于第一审法院的大厅；如果是商人，尚须公示于商事法院的大厅。另外，该证书应记载于婚姻证书及别居宣告证书的栏外，而必须将和谐证书的摘要刊载于当地的法律公告上，否则不得对抗第三人。

第三章 家庭关系

第一节 概 述

家庭是人类最基本的生活共同体，它以婚姻和血缘为纽带。在各国的立法中家庭法常是置于与婚姻法并列的地位。家庭法所调整的家庭关系，从其具体内容来看，包括了两类基本关系——夫妻关系和亲子关系（又称父母子女关系）。

家庭法的立法史表明，家庭法的立法基本原则在不断地演进，不同历史时期的国家有其一定的原则，不同阶级性质的国家其立法原则也有异。整体看来主要有以下几种类型。

1. 封建社会的家庭本位立法原则

封建社会的家庭立法，特别是东方国家（尤其是中国古代社会）的立法大多坚持家庭本位的原则。这种原则指导下的立法，强调以家庭为法律主体，维护家庭、家族的利益是法律的根本任务。与此同时，家庭中的个人利益必然受到歧视。与家庭本位相伴生的是立法中的家长制原则，无论在人身还是财产方面均反映出家长制的精神。如古罗马的亲子法就是典型的家族本位法，家父对家子享有种种特权，子女是他权人而不是自权人，完全受家父支配。在中国古代社会，家长对家属拥有居所决定权、身份代理权、主婚权、职业许可权、惩戒权和离籍权等，家长对内拥有一切权力，对外代表整个家庭对国家负责。

2. 资本主义的个人本位立法原则

资本主义早期的家庭立法仍有较多的封建残余，如 1804 年《法国民法典》第 372 条规定："子女在成年或亲权解除前，均处于父母的权力之下。"第 213 条规定："夫应保护其妻，妻应顺从其夫。"到 1900 年的《德国民法典》还规定，丈夫有权决定有关婚姻共同生活的一切事务。为适应资本主义自由竞争和雇佣劳动力的需要，重视家庭成员个人价值、个人利益的思想渗入到立法中来，采取了以个人为本位的家庭立法原则。日本战后修订的民法典废除了家族的家长制，1975 年前联邦德国的《男女平权法》也废除了旧法典所主张的家族主义。

3. 社会主义家庭立法原则

社会主义的家庭法强调家庭成员以人格独立、地位平等为基础的互助合作关系。在生产资料公有制为基础的社会主义社会中，强调个人利益、家庭利益和社会利益的统一。因此社会主义的家庭法立法原则便是坚持家庭成员平等，保护每个成员尤其是妇女儿童的合法权益。

第二节 夫妻关系

法律上的夫妻关系是指夫妻间权利和义务关系的总和，夫妻关系的性质取决于一定的社会制度。在不同历史时期，夫妻在家庭中的地位不同，他们的权利和义务也不同。

在奴隶社会和封建社会，法律和礼制采“夫妇一体主义”，这是古代家庭本位立法原则的体现。早期罗马法主张妻子在缔结“有夫权婚姻”时就成为“家长权”支配下的家属，后期罗马法又向人格相对立的方向发展。但中世纪欧洲教会法又否定了妻子的行为能力，盛行“夫妻一体主义”，其实质是夫权主义。中国封建社会更是坚持“夫妻一体主义”的典范。至资本主义社会，法律开始采取“夫妻别体主义”，“二战”后主要的资本主义国家家庭法改革中都强调男女在家庭中的平等权利。如日本 1947 年将原民法典亲属编中“妻随夫姓”改为“使用夫姓或妻姓，由双方在结婚时约定”；法国在 1970 年通过法律，从民法典中取消丈夫作为一家之长的地位；前联邦德国于 1976 年通过法律，取消丈夫在婚姻共同生活中的特权。社会主义国家的家庭法更为强调男女地位的平等。

一、夫妻人身关系

夫妻人身关系是夫妻双方人身不可分离而没有直接经济内容的有关人格、身份、地位等方面的权利和义务关系。各国婚姻家庭法主要从以下几方面对夫妻人身关系进行规制。

1. 姓名权

关于夫妻姓名权的立法取决于采取何种夫妻关系基本原则。当代外国关于夫妻姓名的法例主要有以下几种：一是妻从夫姓的原则，如瑞士，但也有的国家如瑞典在此原则下，另规定“妻有保留本姓之权”；二是可以约定，无约定则从夫姓原则，前联邦德国民法典即属此类；三是允许双方任意约定，如《苏俄婚姻家庭法》。另外，出于维护配偶一方个人利益的需要，有的国家法律中还有姓名权保护条款。

2. 人身自由权

"二战"后，各资本主义国家的婚姻家庭法日益倾向尊重妻子的人身自由权。如1965年修改的《德国民法典》规定，妻子不经丈夫同意具有从事某种职业的权利。前联邦德国、日本的立法都有夫妻双方有人身自由权的规定。

3. 贞操义务与同居、协力、扶助义务①

当代外国婚姻家庭法一般都有此种义务加诸夫妻双方。如《日本民法典》第752条规定，"夫妻应同居，相互协力、相互扶助"；前联邦德国的民法典第1353条也规定："夫妻相互负有共同婚姻生活的义务。"不少国家的民法典把贞操也作为夫妻互相承担的义务。此外，还有的国家的婚姻家庭法把住所决定权、家事代理权等作为夫妻的人身关系进行规制。

我国《婚姻法》第14条规定："夫妻双方都有各用自己姓名的权利。"可见法律保障男女双方使用自己姓名的权利，但这也并不妨碍夫妻就姓名问题另作约定，只要双方达成协议，无论是夫随妻姓，还是妻随夫姓，都是法律允许的。夫妻享有平等的姓名权还表现在子女姓氏的确定上。《婚姻法》第22条规定："子女可以随父姓，也可以随母姓。"我国法律否定了子女只能随父姓的旧传统，在子女的称姓问题上，同样也体现了男女平等的精神。

二、夫妻财产关系

夫妻财产关系主要包括夫妻财产制、夫妻间的扶养义务及夫妻间的财产继承权。本节仅对夫妻财产制作一讨论。夫妻财产制，又称婚姻财产制，是关于夫妻婚前财产和婚后所得财产的归属、管理、使用、收益、处分以及债务的清偿、婚姻解除时财产的清算等方面的法律制度。各国立法对此都颇为重视，且相互间差异颇大。从立法形式看，有法定财产制和约定财产制。

法定财产制，指在配偶婚前或婚后未以契约方式约定夫妻财产关系或财产约定无效情况下，依法律规定当然适用的夫妻财产制。在有的国家称之为正常的夫妻财产制或补充的夫妻财产制；在有些国家定为唯一的夫妻财产制，如前

① 西方国家关于同居义务的立法，在立法原则上有一个演进的过程。早期资本主义及古代社会都片面强调妻与夫有同居的义务；只是晚近以来，一些国家的立法才发生由妻方片面义务向夫妻相互义务的过渡。如日本、法国民法均有此变化轨迹。

苏联及东欧国家。约定财产制是夫妻以契约形式决定婚姻财产关系的财产制度，它为世界上多数国家所肯定。但各国在允许约定的范围、约定的程序以及相关的效力等方面有诸多差异。例如就约定的范围便有两种不同的立法体例：一是并无明确限定，允许当事人自由约定，英国、日本属此类；一是明定可约定的范围及不可约定的事项，联邦德国属此类。

综观夫妻财产制的立法历史及现状，大致有如下几种基本的具体形式：(1) 统一财产制，即妻将婚前财产的产权交夫统一享有，仅保留请求权；在婚姻关系终止时，夫应将妻之婚前财产或其折价金额还给妻或妻的继承人。1804 年的《法国民法典》曾把它规定为约定财产制的一种。(2) 联合财产制，是夫妻各享个人财产所有权的前提下，将双方财产联合起来由夫管理；夫对妻的财产享有占有、用益权，甚至处分权；当夫妻关系终止时，妻的原有财产由本人收回或由其继承人继承。该财产制源于欧洲中世纪日耳曼法，为早期资本主义国家继承和发展①，但目前只有瑞士等极少国家把它作为法定财产制。(3) 分别财产制，是夫妻双方婚前和婚后所得财产仍归各自所有，并单独行使管理、收益及处分权，但不排除妻以契约方式将财产的管理交于夫，或双方拥有一部分共同财产。此制为许多国家和地区采纳，尤以英美法系国家和地区为主。(4) 共同财产制②，指夫妻双方财产的一部分或全部合并为共同共有财产，按共同共有原则行使各种有关权利，承担有关义务，婚姻关系终止时加以分割。此制颇能反映夫妻关系的本质和特征，在当代婚姻家庭立法中地位日益显著。它又可分为一般共同制和婚后共同制两大类。

我国婚姻法所采的夫妻财产制为法定制与约定制的结合。《婚姻法》规定，夫妻在婚姻关系存续期间所得的财产，归夫妻共同所有，双方另有约定除外。夫妻对共同所有的财产，有平等的处理权。婚姻关系存续期间始于结婚，终于配偶死亡或离婚。夫妻分居或离婚判决尚未发生效力的期间，仍为婚姻关系存续期间。夫妻共同财产的范围包括双方在婚姻关系存续期间所得的一切收入，包括：夫妻双方或一方的劳动收入，如工资、资金、稿酬、其他形式的劳动报酬等；夫妻双方或一方在婚姻关系存续期间继承、受赠或受遗赠所得的财产；夫妻双方或一方的其他合法收入。

根据《婚姻法》的规定，约定财产制是对我国的法定夫妻财产制即婚后

---

① 如 1975 年德国民法修改前的管理共同制即属此类，此制对奥地利，甚至亚洲国家如日本等均有影响，但因其违反男女平等的原则，故在“二战”后，渐趋没落。

② 注意与“净益共同制”区别开来，后者名为共同，实为别产制。

所得共同制的必要补充。当事人可以约定婚姻关系存续期间所得的财产部分归夫妻共同所有，部分归一方个人所有，也可以通过约定采用分别财产制或其他形式的财产制。约定制和法定制在夫妻财产关系中可同时并用。约定制一般多用于对婚后财产的约定。对婚前一方所有的财产，也可以约定为双方共有或归另一方所有，实际上，在这种情况，是一方将财产无偿转移于另一方的赠与行为。

不过，我国法律对夫妻约定财产制的规定过于简单，不能成为人们遵循的准则。例如，我国婚姻法仅有对夫妻财产可以“另有约定”的规定，没有对约定财产的范围、形式、效力以及保护等问题作出明确的法律规定。

第三节 亲子关系

亲子关系又称父母子女关系，是家庭关系的重要组成部分。亲子关系也有其发展和演变的过程。古代社会以家庭为本位，亲子关系受家族制度的支配，家父对家子有种种特权，子女是他权人而非自权人，完全受家父支配。随着资本主义的发展，家族制度解体，以夫权为本位的立法让位于父母同时享有亲权但以父权优先的亲子法，并逐渐演进到强调双亲对子女的义务。社会主义的亲子法则是社会利益与个人利益并举，亲子法规制的父母子女关系有了全新的内容。

一、婚生子女和非婚生子女

婚生子女是因婚姻关系受胎所生的子女。各国立法设置了关于婚生子女的推定、否认的制度。

婚生子女推定的规制主要在推定原则及方法上不尽相同。前《联邦德国民法典》规定，婚姻关系存续期间夫在受胎期内与妻同居所生子女为婚生；婚前受胎、婚后所生亦同，婚姻被宣布无效也适用。《瑞士民法典》规定了较宽的受胎期，即在婚姻期间或婚姻解除后 300 天之内所生之子女，推定为婚生。《苏俄婚姻和家庭法》第 47 条规定，“如父母处于婚姻状态，则婴儿的出生，由父母的结婚证加以确定”，并在出生登记簿上登记，即为婚生。

婚生子女的否认是当事人依法有否认婚生子女为自己子女的诉讼请求权的制度，此种权利简称否认权。各国法律在确认推定制度的同时，规定了对推定的否认。如《法国民法典》第 321 条第 2 款规定：“如夫能提出事实证明其不能为父时，得在法律上否认该子女。”其他国家亦有类似规定。关于否认的原因，各国多采概括主义，一般凡能举证足以推翻子女为婚生的事实均可。关于法定的否认权人（诉讼请求权人），各国立法有三种情况：一种是仅限定丈夫有否认权，如法国、日本等；一种是丈夫和子女享有否认权，如前联邦德国、瑞士等；一种是有的国家除规定夫有否认权外，妻、子女或检察官也有否认权，如前苏联、保加利亚、前南斯拉夫塞尔维亚共和国等采此规定。否认之诉的时效在各国立法中也长短不一，短者90天，长者达5年。

非婚生子女是非在婚姻关系中受胎所生之子女。私有制社会大多对非婚子女加以歧视。如英国普通法最初称私生子为“无亲之子”。《法国民法典》规定，非婚生子女不得请求其父认领，只许其母认领。晚近以来，各国对非婚生子女待遇有所改进。许多国家都在立法上设置了“准正”和“认领”制度来使非婚生子女婚生化。当然，社会主义制度下，非婚生子女与婚生子女在法律上是完全平等的。

非婚生子女的准正是因父母结婚使非婚生子女取得婚生子女资格的制度。各国对因生父母结婚而准正的规制有两种不同情况：一是以结婚为准正的要件，不另设其他条件，如前联邦德国、比利时等；二是以结婚和认领为准正之双要件，只结婚不办认领手续者不发生准正效力，如日本、法国、瑞士等。前联邦德国及前南斯拉夫塞尔维亚共和国还有法官宣告准正之制。

非婚生子女的认领是通过法定程序使非婚生子女婚生化的法律行为。认领一般是在无法准正的条件下出现。认领有自愿和强制两类。前者在各国的法律规定中的方式有：（1）向户籍部门申请认领或用遗嘱方式认领，如日本、秘鲁等；（2）认领除载入出生证外，还须以公证书为之，法国有此规定，比利时则认为两者均可，不必同时完成；（3）认领须向身份管理官声明或以遗嘱为之，瑞士民法采此制；（4）由生父申请，经监护法院宣告认领，前联邦德国民法属此类①；（5）认领须向少年儿童救助部门申请，或经公证，前民主德国家庭法采此规定。对于强制认领主要涉及到请求强制认领依据的事实和原因，各国法律多适用诉讼法上原告之举证责任原则，实体法不予规定，但也有作概括性规定的，还有采列举主义，如《法国民法典》。自愿认领和强制认领的效力相同。

---

① 原《德意志联邦共和国民法典》规定，如果不承认父子关系，可由子女或生育该子女的父提出诉讼，由判决决定之。参见该民法典第1600条第1款。

二、亲权

亲权①是父母对未成年子女在人身和财产方面的管教和保护的权利和义务。亲权制度源于罗马法和日耳曼法。现代各国立法大多数设定了亲权制度。前联邦德国、法国、瑞士、日本等大陆法系国家均称亲权，英美法系国家则称监护。前苏联、东欧国家也有亲权的规定，但内容简略。我国立法中现无亲权制度。

（一）亲权的主体

亲权人，即亲权的主体。现代各国法都确认父母为亲权主体。但父母共同行使亲权时，亲权的行使有些变化。（1）当行使亲权父母意见不一致时，有两种法例：一是由监护法院或监护当局裁决，法国、前罗马尼亚等采此制；一是沿用“父权优先”的原则解决，如秘鲁等国。（2）父母一方死亡或被宣告死亡，或被剥夺亲权时，由另一方行使亲权。法国、日本、前联邦德国有此规定。（3）父母离婚或别居或婚姻无效时，各国法均规定，由法院判归子女监护方行使亲权。（4）把子女委托第三人监管时，有的国家规定，亲权仍由父母双方共同行使，也有的规定，监管人在委托限度内可代表父母行使亲权。（5）对于非婚生子女的亲权人，各国立法规制不一。有规定由生母行使亲权者，也有规定由认领方行使亲权者，还有的区别自愿认领和强制认领后分别处理。

（二）亲权的内容

各国法律都有亲权的一般规定，即关于亲权的目的、亲权的行使要求等。关于亲权的内容，各国立法一般分为人身上的权利义务和财产上的权利义务。

对子女人身上的权利义务主要有保护和教育两个方面的内容。具体来说指：居所指定权（外国法均规定亲权人对未成年子女的居住所享有指定权）；子女交还请求权；惩戒权（现在还有日本法、古巴法保留此项权利②）；职业许可权；法定代理权和同意权。

对子女财产上的权利义务包括以下内容：管理权（但也有许多国家的法

---

① 目前，很多国家在民事立法中已取消亲权的用语，而代之以监护权，但仍有一些国家的民法把亲权与监护权分别设立，如日本民法即采此例。但在日本法学界有倡导“亲权、监护权统一论”或“亲权废止论”，认为监护规定可吸收亲权规定。

② 《日本民法典》第822条第1款规定，行使亲权人可在必要范围内，自行惩戒子女或者经家庭法院许可将子女送入惩戒场所。该条第3款还规定，行使亲权人不得滥用此项权利。

律规定父母对子女某些财产不享有管理权)；使用收益权；处分权。对于处分权的规定，各国较严。亲权人原则上不享有对未成年子女财产的处分权，但为子女的利益和需要，经法院或监护机关批准，父母始得转让、处分子女的财产，或清偿债务。

(三) 亲权的丧失、恢复和消灭

亲权的丧失是亲权人因法定的原因而失去亲权的资格，主要有如下几种情形：(1) 亲权因剥夺而丧失。各国法律普遍规定，凡亲权人滥用亲权并给子女人身及财产造成严重损害者，可由法院宣告停止行使亲权①。(2) 亲权因中止而丧失。从外国法律的规定看，中止的原因一般有：亲权人被依法宣告为无行为能力人；亲权人因无经验、患病、外出等原因不能行使亲权；亲权人被依法剥夺公民权。亲权的中止须经法定宣告程序，才能有效。(3) 亲权因转移而丧失。(4) 亲权因辞退而丧失。日本民法有此规定。

亲权的恢复，是丧失亲权的人在法定条件下重新取得亲权。恢复亲权的条件一般为：原解除亲权的原因消灭时，根据父母或其中一方、亲属及子女的要求，经法院撤销失权宣告，亲权即可恢复。各国法均有此规定。但前苏联婚姻家庭法有一例外的规定，即如果子女已被他人收养时，父母则不得恢复亲权。

亲权的消灭是因一定事由发生时，亲权因无必要行使或不能行使而消灭，可分为绝对消灭和相对消灭。法定的事由主要有：子女死亡，子女成年，未成年子女结婚而取得成年人资格，子女被人收养而使生父母的亲权消灭等。

第四节　收　　养

一、概述

收养是使本无父母子女关系的人产生拟制的父母子女关系的行为。古罗马时期，罗马法对收养作了比较全面的规定，但是，“罗马法上的收养与现代收养含义不同”，“罗马法上的收养是指因收养他人为子女而取得家长权”。② 在罗马法的影响下，收养这一法律概念为许多大陆法系国家所普遍承认，有的还在立法中作了明确界定。

---

① 如《日本民法典》第834条规定，父亲或母亲滥用亲权或有显著劣迹时，家庭法院因子女的亲属或检察官的请求，可以宣告丧失亲权。

② 周枏著：《罗马法原论》，商务印书馆1994年版，第148页。

收养制度有着悠久的历史。追根溯源，收养制度远在原始社会就为父系氏族社会的习惯所确认。当时，一个人口日益减少的氏族可以通过收养的办法来补充成员①。这种收养带有非常朴素的色彩，完全是为了本氏族的利益，仅仅是收养制度的萌芽。古罗马时代，随着奴隶制经济的产生和发展，家庭作为社会生活的单位显得日益重要，为了适应增加家庭劳动力、养儿防老和私有财产继承的需要，收养在罗马帝国极为盛行，但其立意在于为养父的利益，因此称之为“为享的收养”。1804 年《拿破仑法典》对收养的方式、条件和效力等作出了较为全面的规定，并对大陆法系国家产生了巨大影响。自此以后，收养制度的普及范围越来越广泛。进入现代社会，许多国家受连绵战争的影响，战争期间，家庭破碎，父母流离失所，孤儿人数增多；加之工商业的发展，社会观念急速变革，非婚生子女人数不断增加。这些问题引起了许多国家的重视，其中完善收养制度即为解决问题的途径之一，不少国家掀起了收养的浪潮。两次世界大战又起到了推波助澜的作用，促进了收养制度的改革和发展。

收养从不同的角度、按照不同的标准可以划分为不同的种类。

（一）生前收养与死后收养

按照收养行为发生的时间，可分为生前收养和死后收养。生前收养是指收养人与被收养人在生存期间建立法律拟制血亲关系的行为，这是世界各国法律的普遍规定，也是人们确立收养关系的主要形式。而死后收养通常指收养人死后方许成立收养关系的行为，如果收养一方生前以遗嘱的方式完成死后收养行为的，则称为遗嘱收养。

（二）法定收养与事实收养

按照收养是否依法成立，可分为法定收养与事实收养。依照收养方面的法律规定，严格按照法定的收养实质要件与形式要件成立的收养关系，称为法定收养，即有效收养。这是世界各国法律所普遍规定的收养形式。而不具备收养法规定的实质要件与形式要件，但已形成事实上的父母子女关系的收养，为“事实收养”。这种收养类型在不少国家存在过，随着国家监督主义的渗入，各国收养立法大多已未给事实收养留有法律余地。我国对于 1992 年 4 月 1 日实施《中华人民共和国收养法》以前对“事实收养”原则上予以承认，而对于《收养法》生效以后发生的“事实收养”不予承认，当事人之间不发生养父母与养子女的法律关系。

① ［美］路易斯·亨利·摩尔根著：《古代社会》，杨东莼等译，商务印书馆 1977 年版，第 78 页。

(三) 共同收养与单独收养

以收养人的人数为标准，可分为共同收养和单独收养。收养人为一人的，称为单独收养，它包括独身收养和已婚夫妻单方收养。无配偶者收养子女的，为独身收养，《英国收养法》第 15 条、《法国民法典》第 343 条以及《德国民法典》第 1741 条均规定了独身收养，我国《收养法》第 9 条也有类似规定。而对于已婚夫妻单方收养，有的国家允许，有的国家禁止。英、法、德等国法律允许非婚生子女的生父或生母单独收养其子女，我国收养法允许继父或继母收养继子女也具有单方收养的特征。随着倡导为儿童提供家园的理念日益强化，各国收养立法更注重共同收养。共同收养仅限于夫妻双方收养子女，非夫妻者则禁止二人共同收养。共同收养是世界各国法律普遍规定的类型，也是许多国际公约所倡导和鼓励的。

(四) 公法收养与私法收养

按照收养者的性质，可分为公法收养与私法收养。

公法收养是指国家设立的儿童福利机构等依法收留养育孤儿的行为，它不发生亲属关系的转移。从严格的意义上说，这种不产生父母子女关系的公法收养不能算作收养，实质上是一种抚养或教养关系，类似于寄养。严格意义上的收养则属于私法收养这类收养形式，即公民之间依据民事法律所为的收养行为，它直接发生法律上的父母子女权利义务的转移，使本无父母子女关系的人之间产生法律拟制的父母子女关系。私法收养是世界各国普遍采用的一种收养形式。

(五) 秘密收养与公开收养

按照收养行为是否保密，可分为公开收养与秘密收养。收养当事人要求保守收养秘密，不公示收养行为以及不得暴露养子女身世的收养称为秘密收养。德国民法和瑞士民法对此有明确规定。《德国民法典》第 1758 条规定：“禁止公开与查询被收养及收养之经过，但出于公共利益的特别需要的，不在此限。”《瑞士民法典》第 268 条规定：“未经养父母同意，不得公开养子女的亲生父母。”荷兰《关于收养外国子女的法规》第 32 条也规定任何人均“有义务保守收养的秘密。”挪威有关收养的法律规定，在被收养人成年以前也坚持“匿名收养”。美国纽约州《家庭法》第 114 条也规定不得泄露收养的秘密，“泄密的个人或团体构成藐视法庭罪”。在我国传统上，婴幼儿的收养大多是秘密收养，甚至收养人与被收养人互不见面，全凭中介人办理收养事宜，这对稳定收养关系有益，但在我国收养法中未作明确规定。

（六）完全收养与不完全收养

按照养子女与亲生父母是否终止权利义务关系，可分为完全收养与不完全收养。凡是养子女与其亲生父母之间的亲子关系完全断绝，而只与养父母发生父母子女关系的收养形式为完全收养。这种收养一般只允许收养未成年人。当今世界各国单纯采取完全收养的国家并不多，我国收养法的规定最为典型，另外还有日本、阿尔巴尼亚以及美国纽约州也实行完全收养的制度。不完全收养是指养子女与其亲生父母之间在收养后仍相互保留一定的权利义务关系的收养形式，不完全收养亦称简单收养或单纯收养。按这种形式收养的被收养人与其亲生父母之间并未完全丧失亲子关系。只采用不完全收养制度的国家相当少见，而大部分国家同时采用完全收养与不完全收养两种制度，如法国、保加利亚、罗马尼亚、阿根廷等。

收养除了上述基本类型之外，还可按照不同的标准进一步加以划分，如直接收养与转收养、私人独立收养与通过机构的收养、收养子女与收养孙子女、收养成年人与收养未成年人、国内收养与国际收养等。

二、收养的条件

（一）被收养人的条件

对于被收养人的条件的限制，大多数在年龄方面。一些国家的法律对被收养儿童的年龄作了严格规定，如爱尔兰法规定被收养儿童的年龄最高不得超过7岁。不过，大多数国家的法律只作了大概规定。一些国家禁止收养成年人，如美国的几个州以及原民主德国、俄罗斯等。在其他一些国家，只有当符合一些特殊要件时，才允许收养成年人。例如，当有证据证明申请收养的人与被收养人之间存在某种特殊的关系时，可以作为收养的一种例外允许收养成年人，否则，只能收养未成年人。原联邦德国甚至瑞士的法律对此均有明文规定。有些国家的法律将收养分成不同种类，而对于典型的收养，为了被收养儿童的利益，只允许收养一定年龄的儿童。例如，《法国民法典》第345条规定完全收养的被收养儿童的最高年龄不得超过15岁；《意大利民法典》第314-4条规定特别收养的被收养儿童的最高年龄为8岁；《玻利维亚家庭法》第217条规定一般收养的被收养人的最高年龄为18岁，而特殊收养的被收养人的最高年龄不得超过6岁。

一些国家的法律允许收养人收养自己的非婚生子女（如菲律宾、英国、原联邦德国、美国一些州以及瑞典），而一些国家则禁止收养自己的非婚生子女，还有些国家则只允许收养者收养从未被认领过的非婚生儿童（如哥伦比亚《民法典》第272条即有此规定)。

对于配偶一方的子女，一般允许收养，但有的也禁止另一方收养。而在收养要件方面，还有的规定收养者与被收养者必须宗教信仰相同，诸如以色列、美国许多州以及其他一些地区的法律都有此要求。也有规定只允许收养非婚生子女和孤儿的，如爱尔兰，还有只允许收养者收养同性，禁止收养异性儿童，如哥伦比亚法律就有明确规定。

(二) 收养人的条件

收养申请人是否符合养父母的条件，世界各国法律通常从收养人的年龄、自身条件及其他方面作了种种限制。具体规定有从宗教信仰方面的要求直到强调收养者必须已婚甚至结婚达到一定年限。法国法律规定，收养者结婚达到5年且配偶一方年满30岁才有资格申请收养；瑞士法律规定，如果配偶一方要收养另一方的子女，必须夫妻结婚达到2年(《瑞士民法典》第264条)。一些国家的法律具体规定了收养者的最低年龄，如英国、原联邦德国、墨西哥、丹麦、瑞典①，要求收养者年满25岁，同时允许存在一些例外，比如生父母收养其非婚生子女时，年龄可适当放宽(英国规定得较具体)。收养非婚生子女或收养配偶一方的子女也可适当降低收养人的年龄，例如瑞典《双亲与监护法典》第4章第1条规定："年龄达25岁的任何男人或妇女都可经法院允许收养子女，如果收养关系到他或她自己的孩子，或其配偶的孩子或养子，或存在其他特殊情况，年龄达18岁不足25岁的人也有收养孩子的权利。"

对于独身者申请收养的年龄限制，一些国家的法律规定应年满35岁以上(法国、瑞士)，而另一些国家的法律规定收养者的最低年龄为40岁(智利)或50岁(希腊、秘鲁)。除了最低年龄要求外，关于收养者资格的条件限制还有一个共同要件就是收养者与被收养者之间的年龄差距。在具体立法中，有规定为"适当差距"(原民主德国)，也有规定了具体时间的，例如，有的规定为15年(法国)，有的规定相差16年(菲律宾、瑞士)，也有规定相差17年(墨西哥)或18年(荷兰)。但是，如果收养配偶一方的子女，收养者与被收养者之间的年龄差距可适当降低，如法国就从15年降低为10年。对于收养者与被收养者之间的年龄差距，荷兰法律的规定高达50年，这是比较少见的。

有一些国家的法律要求收养者无子女才有资格申请收养，原联邦德国就是如此规定的。而另一些国家则只要求无婚生子女，比如法国。瑞士的法律则规定，只有收养非婚生子女才可准许收养成年人，例如《瑞士民法典》第264

① Denmark：Adoptionslov §4；Sweden：Föräldrabalk Ch. 4 § I Sent. I.

条和第266条、《法国民法典》第343-2条、《阿根廷收养法》第4条均有类似规定。

（三）已婚夫妻收养子女应具备的条件

许多国家的法律对夫妻所进行的收养作了特别规定。最基本的要求是，已婚夫妻必须双方共同收养子女。这是美国各州法律的普遍规定，《丹麦收养法》第5条、《瑞典双亲与监护法典》第4章第3条、《瑞士民法典》第264条以及原民主德国、墨西哥法律都有类似规定。夫妻双方共同收养作为一项基本原则也有例外，即如果配偶一方下落不明或缺乏行为能力，另一方可以单独收养。同样，如果收养非婚生子女或者收养配偶一方的子女，也可以单独收养，但是，理所当然需征得另一方的同意。也有一些国家的法律没有要求已婚夫妻共同收养，但规定一方配偶单独收养子女时，必须征得另一方的同意，例如英国、法国、菲律宾、原联邦德国等国的法律都有具体规定。还有一种特殊情况可以允许配偶一方单独收养子女，即当一方配偶为无行为能力人时，另一方可单独进行收养。

显而易见，现代各国收养法的基本出发点已朝向保护儿童利益方面发展。这就使得许多传统的限制收养的规定逐渐被取消，例如，一些国家取消了“收养者必须无子女”这一限制性条件，还有一些国家取消了目前看来似乎不太合理的“最低年龄”的限制。当初作出这类规定的主要目的在于为收养者提供充分的机会拥有自己的亲生子女，并不是以保护儿童利益为最高原则的。现代收养立法与实践以为儿童寻找类似于自然家庭的理想生活条件作为指导思想。当然，取消最低年龄的限制，势必产生一些年轻的父母。与此同时，突出保护儿童利益的要求，使得一些国家为收养设置了“最高年龄”的规定，不仅规定了收养者的最高年龄，而且规定了被收养者的最高年龄限制，将收养成年人仅仅作为一种特例允许存在。

三、收养同意权的行使

对于收养，世界各国立法均有关于同意权行使的规定。一般都要求征得被收养儿童亲生父母或其他法定代理人、以父母的身份对儿童承担照料和抚养责任的机构的同意。一些国家的法律还要求收养应征得被收养儿童的生父的同意，如美国联邦最高法院就承认未婚父亲有拒绝同意收养其非婚生子女的权利①。同意收养就意味着放弃或交出对子女的各种权利义务，创设新的亲子关

① Austria：CC § 181 par. 2.

系。因此，有的国家的法律还规定，收养除需要征得被收养儿童的生父或生母的同意以外，还应征得其他家庭成员或大家族的有关成员的同意。还有一些国家的法律规定，如果被收养儿童达到一定年龄，需要征得被收养儿童本人的同意。法院或行政机关介入收养的一个主要目的也在于：监督或审查收养是否经过同意以及是否需要征得某人的同意。大部分国家的法律规定，收养同意权的行使一般应在提请法院处理以前进行。

（一）儿童亲生父母的同意权

收养婚生子女时，一般都要求征得被收养儿童亲生父母双方的同意，这在《丹麦收养法》第7条、《危地马拉民法法典》第243条、《瑞典双亲与监护法典》第4章第5条、《瑞士民法典》第265条和《西班牙民法典》第173条等法律规范中都有较详细、具体的规定。但是，也有一些国家的司法实践特别强调收养的契约性，它们的法律允许亲生父母代表子女签订收养契约，例如，原联邦德国和奥地利的法律就有此规定①。然而，依适用的法律，如果亲生父母对子女的亲权已终止，如因遗弃、漠不关心子女而终止亲权，收养该儿童不再需要征得其亲生父母的同意。这在美国、俄罗斯、丹麦、瑞典等国的法律中都有规定②。不过，仍有少数国家的法律规定在上述情形下仍要求取得被收养儿童亲生父母的同意，例如《瑞士民法典》第265条就有明文规定。

在收养非婚生子女时，只有确定了其生父的身份以后，才需要取得其生父的同意。大部分国家的法律规定，即使非婚生子女生父的身份已确定了，仍然可免除其生父的同意。但其他一些国家的法律却要求收养时需征得非婚生子女生父的同意。根据美国联邦宪法的规定和有关司法解释以及几个州的法律规定，收养非婚生子女需要取得生父的同意。英国、法国的法律也有类似规定。然而，这种规定在美国的实践中产生了非常严重的问题，一个有效的收养如果没有征得被收养儿童生父的同意则无法成立，只有尽力查明非婚生子女的生父身份以后，才有可能成立收养关系。不过，也有一些国家对此采取了折衷态度，如原联邦德国和奥地利法律规定，收养非婚生子女时，至少应给已确定了生父身份的非婚生子女的父亲一个听证机会③。还有一些国家的法律规定，只有非婚生子女的生父已行使监护权时才需征得其同意。原民主德国和美国少数几个州的法律有此规定。

---

① Denmark：Adoptionslov § 7 par. 2；Sweden：Föräldrabalk Ch. 4 § 5 par. 3.

② Austria：CC § 181 par. 2.

③ Austria：CC § 181 a par. 1 No. 4.

为了避免儿童的生母仓促作出同意收养的决定，一些国家的法律规定，应给儿童的生母充分考虑的机会，如果在子女出生以前作出同意收养的决定便属于无效的意思表示。原民主德国和美国一些州的法律都有明文规定。还有一些国家的法律规定，必须在子女出生后一定期限届满以后才能作出同意收养的决定，美国的伊利诺斯州规定为 72 小时，英国和瑞士法规定为 6 周，原联邦德国和丹麦等国法律规定为 3 个月。而《瑞典双亲与监护法典》第 4 章第 5 条规定“在子女出生以后并且母亲从产褥期中已完全恢复以后”才能作出同意收养的决定。

许多国家的法律允许匿名同意收养，或至少不得向被收养儿童的亲生父母暴露收养人的身份。例如，英国和法国法律都有具体规定。而其他一些国家的法律规定，只有当官方权威的收养机构介入时，才允许匿名收养。这是美国和前苏联法律中最一般的规定。匿名收养最典型的要算美国司法实践中采取的“双重”匿名收养制度，不仅不暴露收养当事人的身份，而且也不暴露被收养儿童亲生父母的身份，彼此之间都是保密的。

关于同意收养的意思表示一经作出后，是否可以撤销的问题，一直存在不同的看法。有些国家的法律规定收养的同意一经作出是不可撤销的，只有因欺诈和胁迫而作出的同意才是可撤销的，美国一些州和原联邦德国的法律就是如此规定的。也有一些国家允许在收养生效以前可以自由撤销已作出的同意，英国、美国一些州和前苏联的法律就是如此规定的。还有一些国家的法律规定，在一定期限内撤销同意可以不需要任何重要的理由，如《瑞士民法典》第 205 条规定在收养的同意作出后的 6 周内可以自由撤销，而法国法则规定为 3 个月。

大部分国家的法律规定在某些特定条件下可以免除父母的同意或者允许由有管辖权的法院或机构行使同意权。一种情况是不合理的拒绝同意收养，这是一些国家在具体司法实践允许免除父母的同意或由其他机构代为行使同意权的条件。例如，英国、原联邦德国甚至奥地利都是如此。而另一些免除被收养人亲生父母同意的条件则几乎是世界各国公认的条件，例如，遗弃或漠不关心子女，或者要求同意的人缺乏独立表达思想的能力等。英国、法国、美国一些州、原民主德国、原联邦德国以及瑞士等国家的法律都有明文规定。另外，也有少数国家或地区的法律规定，被收养儿童的亲生父母因严重犯罪被判刑、酗酒成性、卖淫都是免除其同意的条件。美国有几个州的法律就是如此规定的。

（二）被收养人的同意权

即使被收养人未达到成年年龄，只要该儿童达到一定年龄，收养时必须征得本人的同意。具体法律对这一年龄的规定从10岁到15岁不等。美国各州规定不一，在10~15岁，俄罗斯规定为10岁，丹麦、瑞典的法律规定为12岁，德国、墨西哥、菲律宾和西班牙的法律规定为14岁，而法国和西班牙的法律规定为15岁。如果达到这类年龄阶段的儿童已在申请收养的人的家庭共同生活并且已将收养申请人当作父母，收养该类儿童时可以免除其本人的同意。俄罗斯和丹麦的法律就是如此规定的。

四、收养的效力

在各国收养法中，收养目的不同，收养的效力也不同。收养效力实际上是收养目的的直接反映。基于不同的收养目的，各国法对收养效力的规定千差万别。诸如完全收养的目的在于使被收养儿童完全融入养家，因而一些坚持完全收养的国家的法律都规定被收养儿童取得收养人婚生子女的身份。过去，许多国家坚持养子女与婚生子女的差别待遇，将两者的权利义务区分开来。后来，随着社会的进步和发展以及收养目的的演变，这些国家逐渐改变原来的态度，努力消除养子女与婚生子女之间的差别，在法律中明文规定养子女的权利义务的范围。而不完全收养或简单收养的目的主要在于为儿童提供某种形式的社会帮助①，因而被收养人不必完全融入养家，也不要求与原出生家庭断绝关系。因此，各国法律对这类收养的效力规定也各种各样。

（一）各种类型的收养效力

由于各国收养立法的精神不同，收养的效力也千差万别。不仅不同收养类型的效力相差，而且即使是同一种类型的收养效力也存在差异。

1. 完全收养

在完全收养中，被收养儿童完全融入养家，终止与原出生家庭的关系，已成为各国普遍接受的原则。英国法、美国大部分州的法律、法国法、原民主德国法、俄罗斯法以及丹麦法、瑞士法、荷兰法和意大利法都有大体一致的规定。但是，这一原则在适用时仍不得违反被收养人与原出生家庭的禁婚规定。除此以外，一些国家的法律还对被收养儿童的继承权作了特别规定。这类例外，常见于一些普通法的判例和有关法律规定，在美国少数州和澳大利亚，收养法并没有取消被收养儿童对原出生家庭的法定继承权。正如普通法并不承认被收养儿童与除养父母以外的养家其他成员之间的相互继承权一样，美国少数

① See P. Shifman, Kinship by Adoption: Where Adoption Differs from Natural Affinity, in 23 Israel Law Review, 1989, pp. 34-76.

州和澳大利亚不反对被收养儿童继续保留对原出生家庭的法定继承权①。这种例外规定，尤其是规定被收养人与养家其他成员之间不存在相互继承权，使人们对将这种收养归入“完全收养”产生了众多疑问，引起了广泛的争议。显而易见，关于被收养人与养家的例外规定越多，人们就越倾向于将其看作“简单收养”，而不是归入“完全收养”的范畴。不仅如此，对收养关系完整性的限制，势必使撤销收养关系成为可能，从而使养子女等同于婚生子女的要求难以达到。

2. 简单收养或不完全收养

在简单收养中，被收养儿童与原出生家庭继续维持一定关系。尽管收养关系具有优先地位，但是收养人对儿童行使亲权通常是与承担抚养义务一致的，这是法国、墨西哥、菲律宾、原民主德国、奥地利和意大利等国家的法律所规定的。

在不完全收养情形下，被收养儿童亲生父母对该儿童的抚养义务次于养父母，而且，养父母对养子女的继承权存在许多例外的规定，诸如被收养人从原出生家庭获得的财产不可作为遗产由养父母继承，应返还原出生家庭……②

可见，在简单收养中，养父母与被收养人之间的收养关系受到许多限制，不仅限制了他们相互间的权利，而且限制了他们相互间的义务。另外，在简单收养中，养父母的亲属不与被收养人产生任何法律关系，同样，被收养人原出生家庭的亲属也不与儿童的养父母产生任何亲属关系。至于被收养人的姓名问题，即被收养儿童是继续保留原姓还是取得收养人的姓，是继续保留原名还是要根据收养人的要求改名，甚至是重叠使用原出生家庭的姓氏与收养家庭的姓氏还是单独适用哪一家的姓，各国法律的规定截然不同，差别极大。

尽管大部分国家的司法实践只承认一种收养形式，但并非所有的国家只允许选择一种收养形式而排除其他形式。法国以及其他许多深受法国法影响的国家（如意大利、西班牙、阿根廷以及玻利维亚等国）的司法实践，一般允许收养者根据具体情况的需要选择收养形式。

在世界各国的法律中，有一些最基本的原则是各种收养形式都普遍适用的。例如，禁止近亲结婚的规定，对于被收养儿童与其亲生父母之间是绝对有

① See L. P. Hamptin, The Aftermath of Adoption: The Economic Consequence-Support, Inheritance and Taxes, in J. H. Hollinger (ed.), Adoption Law and Practice, 1994, Chap. 12.

② See H. Krause, Creation of Relations of Kinship, in International Encyclopedia of Comparative Law, Vol. Ⅳ, Chap. 6, The Hague, etc, 1976, p. 90.

效的，这是各国法律的普遍规定。只是禁婚规定对于收养人与被收养人之间的效力则因收养形式不同而有所区别。在“完全收养”中，法国法、美国法、原联邦德国法、阿根廷法、玻利维亚法以及瑞士法都禁止收养人与被收养人结婚。在“不完全收养”中，英国法、法国法、原联邦德国法允许收养人与被收养人结婚。

（二）亲权（parental authority）与抚养义务

不论在何种形式的收养中，收养人只要对被收养儿童承担起抚养义务，则收养人对养子女的亲权也随此而产生。美国各州的法律、英国法、德国的法律、法国法、墨西哥法、菲律宾法、阿根廷法、西班牙法以及其他许多国家的法律都对此有明文规定。但其他权利义务，如被收养儿童的姓名权或继承权，则因收养形式的不同而有所区别。

（三）被收养人的姓名权

大多数国家的法律规定，被收养人从收养人之姓。美国各州的法律、奥地利法、丹麦法、日本法、荷兰法、瑞典法都有明确的规定①。在那些允许在两种收养形式中选择的国家，如法国、阿根廷、西班牙等国，其法律也同样规定，“完全收养”中的被收养人从收养人之姓②。也有少数国家的法律允许被收养儿童在收养后继续保留原姓名，如原民主德国法就是如此规定的；还有个别国家的法律允许将原姓与收养人的姓结合在一起使用，原联邦德国法就有这种规定。另外，还有一些国家，如丹麦和瑞典，它们允许双方自由选择③。

在“不完全收养”的场合中，一般允许被收养人自由选择其姓。例如，《法国民法典》第180条第2款及其他一些国家的法律允许被收养人保留原姓或使用收养人的姓氏，也可同时使用原姓和收养人的姓。但也有个别国家，如《阿根廷收养法》第23条则只允许在保留原姓和使用收养人的姓氏之间选择其一。

（四）继承权

被收养人不仅取得对养父母的继承权，而且经常超出这一范围，对养父母的亲属的财产拥有继承权。英国法、美国一些州的法律、德国法以及丹麦法、挪威法都有具体规定。但原联邦德国却允许以收养契约排除被收养人的继承

---

① Austria：CC § 183 par. 1；Denmark：Lov om persovnavne § 3 sent. 1；Japan：CC art. 810；Netherlands：New CC art. 5 par. 1；Sweden：Namnlag § 3 par. 1.

② Argentian：Ley de adopcíón art. 17；Spain：CC art. 178 par. 4.

③ Denmark：Lov om personnavne § 3 sent. 3；Sweden：Namnlag § 3 par. 1 and 5.

权。然而，由于典型的大陆法系国家需要对继承权的合法性加以审查，而普通法系国家的法律则无此传统，因此，便使得各国有关养子女的继承权的规定变得相当复杂。

被收养人因收养而丧失对原出生家庭的继承权，这是英国法、美国大多数州的法律以及挪威法（收养法第 14 条第 2 款）最典型的规定。而在那些主张被收养人与原出生家庭存在或多或少联系的国家，其法律并不否认被收养人对原出生家庭的继承权，如奥地利（民法典第 1826 条）、危地马拉（民法典第 237 条）等国法律就有明确规定，而原联邦德国法、法国法则只规定“不完全收养”中的被收养人享有此权利。美国某些州的法律却采取了一种与完全收养不同的方式，承认被收养人对原出生家庭的法定继承权。

关于养父母对养子女的继承权问题，大多数国家的法律是承认的。美国大部分州的法律、英国法、墨西哥法、丹麦法以及法国法对完全收养的养父母对养子女享有的继承权的规定都持相同的态度。不过，也有少数国家的法律限制甚至否认养父母对养子女的继承权，例如，菲律宾法、联邦德国法、危地马拉法（其民法典第 236 条第 1 款）、意大利法（其民法典第 304 条第 1 款）就是如此规定的。

（五）收养的秘密性与公开性

由于简单收养或不完全收养使被收养儿童继续与原出生家庭保持一定的法律关系，因此，被收养儿童的出生情况一般不要求保密，而且儿童的收养也不可能秘密地进行，势必公开化。但是，完全收养正好与简单收养或不完全收养相反，它要求尽最大的可能对被收养儿童的出生线索加以掩盖，不公开其出生的各种情况。在完全收养中，法院的审理过程是不公开的，收养的各种记录是保密的，儿童因收养而获得一种新的身份，原出生证封存起来，另外专门为被收养儿童颁发新的出生证，这是传统的收养模式中最典型的规定。随着社会的发展，现代国际社会越来越倾向于收养的公开性，许多国家的法律都主张公开被收养儿童的身份，不要隐瞒其作为养子女的身份。这种发展趋势在欧洲表现得最明显。英国 1975 年的《儿童法》第 26 条明确规定：“英格兰和威尔士的被收养儿童只要年满 18 岁，就有权复印或获得自己的原出生证。”① 有趣的是，英国收养法规定，被收养儿童原出生情况以其咨询所得到的情况为准，以

① See Bevan & Parry, Children Act 1975, London, etc., 1979, pp. 231-222.

原出生证上登记的情况为辅①。英国 1976 年颁行的收养法对许多英语国家的立法产生了巨大的影响，如新西兰在 1986 年通过的《成年人收养信息法》就是典型的一例。该法规定，被收养儿童在成年后可以获得或查阅自己的原出生证，除非其亲生父母已向出生登记部门明确表示禁止被收养儿童获知真情。另外，新西兰的《成年人收养信息法》规定被收养儿童的亲生父母有权要求社会福利局帮助查找其子女的下落，并征求被收养儿童是否愿意继续使用原姓的意见以及是否愿意与亲生父母通信联系②。

在美国，也开始逐渐改变原来那种对收养记录绝对保密的态度。美国大部分州的法律要求收养机构负责弄清楚与收养有关的一些背景情况，如儿童的出生日期和出生地、亲生父母的健康状况和病史以及收养安置措施与其他情况。然而，“美国各州对公开能证明被收养人与养父母之间真实关系的信息仍控制得很严，虽然最近颁布了有关法规允许在双方同意的情况下公开收养关系，但与其他一些公开收养的国家相比，仍有一段距离……”③

在拉丁美洲，秘密收养仍被各国法律规定为完全收养最基本的一项原则。《美洲国家间关于未成年人收养的法律冲突公约》第 7 条明确规定：“在需要对收养进行保密的地方，应保证收养的秘密不被泄露。如果需要查阅被收养的未成年人及其亲生父母的健康状况的医院证明，也只能告知符合法定条件的适当人员，并不得公开被收养人及其亲生父母的姓名以及其他能证明其身份的资料。”④ 在具体实践中，拉丁美洲各国一直坚持将法律拟制的血亲关系与自然的血亲关系同等对待，不泄露收养的秘密，并将所有关于收养的记录封存甚至销毁⑤。只有少数几个国家的法律允许法院根据一些特殊情况同意当事人查阅收养记录。哥伦比亚新收养法规定，有关收养的各种记录材料应保存 30 年。如果养父母或被收养人有充分的理由，可以公开他们的身份。哥伦比亚 1989

① See J. Triseliotis, Obtaining Birth Certificates, in Ph. Bean (ed.), Adoption, Essays in Social Policy, Law, and Sociology, London etc., 1984, pp. 38-53.

② See C. Bridge, Changing the Nature of Adoption: Law Reform in England and New Zealand, in 13 Legal Studies, No. 1, 1993, pp. 81-102.

③ See J. H. Hollinger (ed.), Adoption Law and Practice, New York etc., 1994, pp. 13-20.

④ See D. Opertti Badán, Comentarios a la Convención Interamericana sober Conflictos de Leyes en Materia de Adopción de menores, Montevideo, 1986, pp. 47-48.

⑤ See G. Heinrich, Adoption in Lateinamerika, in 85 Zeitschrift für Vergleichende Rechtswissenschaft, 1986, pp. 127-129.

年的《未成年人保护法》第114条和第115条都有具体规定，任何被收养人都有权获悉其原来的身份和被收养的事实，而公开的时间和条件一般由养父母决定，被收养人也可请求法院公开收养的秘密和决定通知有关情况或查阅收养记录的方式。哥伦比亚在公开收养情况方面迈出了一大步，堪称南美的先驱。在拉丁美洲还有许多国家依然没有改变秘密收养的态度，如巴西1990年新颁布实施的法律仍坚持秘密收养的原则，以便保护儿童的利益。

亚洲一部分国家也坚持秘密收养的原则，特别是对收养非婚生子女的更要求保密，不得公开被收养人及其未婚的生母的身份。因为，亚洲许多国家的社会传统对未婚生育的母亲谴责较多，如果暴露其未婚生育的子女被收养的真实情况，会严重影响其社会地位。因此，一些亚洲国家为了保护未婚生育的母亲，特别强调收养秘密性，其中，斯里兰卡法的规定就非常典型。

在当今世界，各国法律对收养的公开性与秘密性的规定并不一致，存在着不小的差异，不可避免地导致国际收养的法律冲突。

五、收养的无效与撤销

（一）收养的无效与撤销的溯及力

由于收养是人为地拟制父母子女关系，解除因收养而建立的“亲子关系”比解除在自然血亲基础上形成的“亲子关系”更容易为人们所接受。但是，许多国家的立法和司法实践并未将解除拟制的父母子女关系同解除自然的父母子女关系区分开来。因此，有的国家的法律便采“禁止主义”的态度，主张不得撤销收养关系。如法国对“完全收养”的规定就是如此，而其他一些国家，像阿根廷、玻利维亚、葡萄牙则采取“全盘禁止主义”，其法律规定收养关系具有“不可撤销性”①。还有的国家的法律只允许在非常狭小的范围内撤销收养关系，英国以及美国许多州就采用这种做法。例如，英国法规定，当非婚生子女由其生父或生母单方收养以后，如果其生父与生母事后正式结婚的，则先前的收养关系可以撤销，而且该子女获得婚生子女的身份。英国法仅承认因准正而撤销收养。

对于解除收养关系的问题，还有一些国家的法律将收养的撤销与无效区分开来，主张其效力与婚姻的撤销与无效大体类似。收养的撤销一般自撤销时起收养关系终止，而收养的无效一般自收养关系成立时起便不具有法律效力。因

---

① Argentian：Ley de adopción art. 18，28；Bolivia：FC art. 228，240；Portugal：CC art. 1986 par. 1 and art. 2002 par. 1.

此，如果收养一开始便存在严重的瑕疵，或者存在严重欺诈、未取得法定同意人的同意，或属于不合格收养，那么，宣告该收养关系无效或判决撤销该收养的效力具有溯及力。与此同时，也有一些国家的法律规定，如果收养时属合法成立的收养关系，随着客观情况的发展变化而属于应终止的收养关系，那么，解除该收养关系的效力也不溯及既往，只是必须通过司法程序或行政程序来完成。这是俄罗斯法、阿根廷法、奥地利法及其他一些国家的法律所规定的①。不过，也有少数国家的法律不承认宣告收养无效的溯及力，如法国法关于“不完全收养”的规定，以及意大利法、荷兰法，都主张解除收养关系（the dissolution of adoption）并非使收养自始无效②。

一般而言，各国对待收养的撤销与无效的态度直接与其立法者赋予收养的目的与功能密切相关。如果主张收养产生的是与自然血亲关系一样的亲子关系，那么，撤销或解除收养关系则是不可能的或非常困难的；如果认为收养产生的亲子关系与自然血亲关系存在较大的差别，并对收养的作用与地位加以种种限制，那么，在这些国家的法律中，撤销或解除收养关系则是允许的，而且相当容易。

（二）撤销收养关系的理由

各国法律所规定的撤销收养关系的理由非常多，范围相当广泛。为此，一些国家的法律采取“概括主义”，概括性地规定为：“基于重大理由”或“为儿童的最高利益”而允许撤销收养。原联邦德国法、法国法及荷兰法对撤销收养所依据的理由就采取概括式规定。不过，一般国家的法律都对撤销收养所依据的理由作了明确、具体的规定。

撤销或解除收养所依据的理由，既可因养父母而发生，也可因被收养儿童而产生。法国法、原联邦德国法、俄罗斯法都有类似的规定。而关于收养撤销权或解除权问题，各国法的规定不尽一致。有的规定属于养父母，如美国各州的法律规定由养父母行使；也有的规定为被收养儿童的权利，如荷兰的法律就规定由被收养儿童行使收养的撤销权或解除收养的请求权（民法典第 231 条第 1 款）。

涉及养子女的原因需撤销收养的，其理由一般包括被收养儿童患有精神病、痴呆症等不治之症以及被收养儿童存在重大过错等。美国少数州的法律有此规定。但也有一些国家的立法与美国的这种规定截然相反，即在收养关系正

① Argentian：Ley de adopción art. 28 par. 2. 30；Austria：CC § 184～185.

② Italy：CC art. 309；Netherlands：New CC art. 232 par. 3.

式成立以后，养父母一方不得以事后发现养子女患有精神病、痴呆症等为由，单方请求法院撤销该收养关系。这是丹麦法独树一帜的规定①。还有一些国家虽然允许因养子女的原因而撤销收养，但作了比较严格的限制，如一些国家从诉讼时效上加以限制。原民主德国法就规定，如果收养后5年内发现养子女患有不治之症，则可撤销该收养关系。而挪威法则从其他方面规定了非常严格的限制条件②。大部分国家的法律采取将因收养形成的亲子关系与自然的亲子关系一样对待的态度，并明确规定，即使被收养儿童出现了与收养时不一致的情况，甚至与养父母当时的预期相差较大，养父母也必须尽力使自己适应这一变化了的情况，不可随意撤销或解除收养关系。因此，在这些国家中，收养的撤销或解除是相当困难的甚至不可能发生。这种立法理论与司法实践是同一些拉美国家的立法和司法理论与实践完全相反的，如墨西哥法就规定，养子女的"严重忘恩负义"之举是撤销收养的理由之一。还有一些国家的法律规定，养子女被剥夺继承权也是允许撤销收养的理由。这在玻利维亚、葡萄牙和西班牙等国的法律中都有具体规定③。不过，只有荷兰法采取了一种奇特的折中态度，其法律仅允许在被收养儿童成年后的第二年到第三年可撤销收养关系（民法典第233条第2款）。

当涉及养父母的原因而需撤销收养关系时，各国法律也规定了各种各样的理由。归纳起来，大体包括：养父母直接对养子女犯下了严重罪行，这是《丹麦收养法》第19条第1款和《挪威收养法》第22条第1款一致的规定；养父母严重违背父母应尽的义务，原民主德国法、法国法、葡萄牙法等有此规定；养父母被判处剥夺亲权，菲律宾法作了明确规定；养父母对养子女不能履行或故意不尽抚养义务，美国一些州的法律以及阿根廷法将此规定为撤销收养的理由，等等。但是，还有一些国家的法律规定，养父母死亡也是解除收养关系的理由，至少这种解除是有利于保护儿童利益的。《丹麦收养法》第18条第3款和《挪威收养法》第21条第2款对此有专门规定。不过，从总体上说来，只有英国的规定比较特别。英国法主张收养关系不可撤销，唯一采取的一种例外是，如果被收养儿童是由其生父或生母单方收养的，事后又因其生父与生母正式结婚而准正，那么，英国法则允许撤销先前的收养关系。世界上大部分国家的法律都规定了剥夺父母亲权的制度，这不只是适用于亲生父母，也同

---

① Cf. Adoptionslov § 18. 19.

② Lov om adoptión § 23 par. 1.

③ Bolivia：FC art. 227 par. 1；Portugal：CC art. 2000，2166；Spain：CC art. 177 par. 3 No. 1.

样适用于养父母。如此，剥夺养父母对养子女的亲权势必终止因收养而产生的父母子女关系。可见，各国关于撤销收养的理由的法律规定并不一致，存在着明显的差异和冲突。

（三）收养关系撤销的方式与效力

各国撤销收养的方式也存在着或大或小的差别，不仅有主张以司法或行政程序终止收养关系的，而且也有国家允许以协议方式终止收养关系。墨西哥法和原联邦德国旧民法规定，只要养父母与被收养人一致同意，便可协议撤销收养关系。但是，也有一些国家的法律只允许在被收养人成年以后才可采取协议的方式撤销收养关系，这是《阿根廷收养法》第 28 条第 1 款、《危地马拉民法典》第 246 条和《挪威收养法》第 21 条第 1 款明文规定的。而在被收养儿童未成年时协议终止收养关系，只有《丹麦收养法》第 18 条允许在一些特殊情况下进行。总的来看，采取司法或行政程序撤销收养关系已成为当今国际社会占主导地位的终止收养关系的方式，只是在到底采取司法程序还是行政程序抑或两者并用问题上，各国法律规定还存在相当大的差异。

对于撤销收养的效力，大部分国家的法律规定，收养关系解除或撤销后，被收养人与收养人之间因收养而产生的权利义务关系即告终止。德国法、法国法、墨西哥法、俄罗斯法等都有明文规定。不过，也有少数国家的法律允许在解除收养关系时保留某些因收养所形成的权利义务关系，诸如保留养家之姓或享有抚养权，这是《丹麦收养法》第 23 条第 1 款和《挪威收养法》第 27 条第 1 款均有明文规定的。而《阿根廷收养法》第 28 条第 2 款则规定禁止结婚的限制在收养关系解除后仍在原来的收养人与被收养人之间适用。

大多数国家的法律普遍规定，收养关系解除或撤销以后，被收养的儿童即刻恢复原出生家庭的关系，德国法、俄罗斯法以及奥地利法、荷兰法都有大致相同的规定。而《挪威收养法》第 27 条第 2 款和《丹麦收养法》第 23 条第 3 款则规定，如果收养关系解除或撤销以后，恢复与原出生家庭的关系是有利的，那么，法院可用特别令恢复养子女与原出生家庭的权利义务关系。但是，也有少数国家的法律规定撤销收养关系并不自然地恢复被收养人与原出生家庭的关系，而需要视具体情况而定。至于被收养人恢复了与亲生父母的亲子关系后，是否有权主张继承其亲生父母已被他人继承的遗产，各国法律的规定也不一致，一般而论，终止收养关系的效力不能溯及既往，不应再支持要求重新分割遗产的主张。

可见，在收养无效与撤销的理由、方式和效力方面，各国法律的规定并不一致，存在着种种差别，难免引发国际收养的法律冲突。

第四章　监　　护

第一节　概　　述

监护（Guardianship）是指依法对某些特殊的自然人的人身及财产权益设置的保护制度。狭义上的监护指为不在亲权之下的未成年子女或宣告为禁治人设立的人身及财产的保护制度。广义的监护除有狭义的监护外，还包括保护和保佐。保护常指对限制行为能力人的人身和财产权益的监督与保护，如前苏联、日本等国的法律设此制度。保佐有两种：一种与保护大致相同，只是用词或范围不同，如秘鲁民法设此种制度。另一种是指特殊情况下对监护受阻的补救及对特别人或特别财产的监督、保护。例如前联邦德国民法，把保佐分为六种，即补充性保佐、残疾人的保佐、不在人的保佐、胎儿的保佐、对不明的利害关系人的保佐、公募财产的保佐①。还有的国家，如印度，曾规定了婚姻监护制度。

监护制度源于罗马法。罗马法中的监护和保佐的对象仅为自权人，而不包括处于家长权和夫权下的他权人。监护有对未适婚人的监护和对子女的监护之分。这两类都包括法定监护（含法亲监护、恩主监护和家长监护）、遗嘱监护、官选监护等。保佐则主要有精神病人的保佐、浪费人的保佐和未成年人（25 岁以下的适婚人）的保佐，后来又增设胎儿的保佐及因身体原因不能管理自己事务的人的保佐。

现代意义的监护制度是罗马法监护制度的继承和发展。它摒弃了家长制度。使未成年人的法律地位有所提高，并不断改变男女不平等的状况。当然，仍有些国家的法律仍保留许多封建残余，尤其是仍肯定带有家族主义色彩的亲属会议制度。

关于监护法的地位，各国的立法有所不一。有的因监护人不一定与被监护

---

①　参见原《德意志联邦共和国民法典》第 1909～1914 条。

人存在亲属关系，而不把监护法置于亲属法之下。苏俄 1927 年的《关于婚姻亲属及监护的法律》便把监护列为独立的身份关系。但由于未成年子女的监护是亲权的补充和延伸，而禁治产人的监护又往往以被监护人的配偶、父母、祖父母等亲属优先作为监护人，因此许多国家的立法便把监护列于亲属法中。如前联邦德国、日本、瑞士均把监护列于民法亲属篇中。当然仍有以英美为代表的英美法系国家及前南斯拉夫等未将监护法编入婚姻家庭法，而是制定单行法。

第二节　监护的设定

一、监护的开始

监护的开始是设置监护人并发生监护关系的状态。各国立法主要规制监护开始的原因及开始的时间。

对于未成年人的监护，通常以无亲权或者亲权人丧失亲权为发生原因。各国立法对此主张较一致，在立法方式上有所不同。概括式立法者，仅有原则性规定，即未成年人无父母或父母均不能行使或承担对于其未成年子女的权利义务。如前《联邦德国民法典》第 1773 条第 1 项、《瑞士民法典》第 368 条、《日本民法典》第 838 条第 1 款、《韩国民法典》第 928 条等均有此规定。另外，有的国家在法律中还有设定委托的条款，如《罗马尼亚家庭法》规定，可以委托他人代行有关职务，日本民法虽无明文规定，但在判例中体现了类似精神。我国《民法通则》对监护发生的原因采概括式立法，以未成年人的父母已经死亡或者没有监护能力为设定监护的原因。列举式立法，通常列置以下原因：（1）未成年人的父母死亡、被宣告死亡或失踪；（2）亲权人受禁治产宣告或亲权停止宣告以及有其他无管理权的法定理由；（3）未成年人无亲权的特殊情况，如未成年人为弃儿或无人认领的非婚生子女。

关于成年人监护开始的原因，各国立法一般都规定自作出禁治产宣告时开始①。但与未成年人的监护不同，有的国家法律有临时监护措施的规定，如瑞士及前联邦德国民法均规定，在决定监护人之前或发生监护人履行义务的障碍时，监护官厅或监护法院均应进行必要的处分，以维护被监护人的利益。另

① 《日本民法典》第 838 条第 2 款规定，有禁治产宣告时，监护开始。

外，在禁治产原因发生后，禁治产宣告作出前，为防止对该成年人的人身和财产的危害，前联邦德国授权监护法院可决定实行“假监护”。我国没有禁治产人宣告制度，对成年人的监护主要是指对精神病人的监护。

二、监护机构

监护机构是行使监护职能的个人、团体和机关。一般有监护人、监护监督人、亲属会议、监护法院、监护官署或家庭裁判所等。

（一）监护人

监护人是负责执行监护事务的人。关于监护人的人数，日本、韩国民法规定以一人为限。法国民法中指定或选任的监护也以一人为原则，对于特殊情况可选数人。

监护人的种类，从各国立法来看，大致可分为三类。（1）指定监护人，又可分为遗嘱指定监护人和监护当局指定监护人。有的国家以监护当局的指定为有效，但规定应尊重被监护人父母的意思；有的国家承认遗嘱指定的优先效力，只在无合法遗嘱时由监护当局选任。（2）法定监护人，它是由法律规定的当然监护人。各国立法均把最近的直系亲属作为法定监护人。（3）选定监护人，是由监护当局，包括监护官署和监护法院决定的监护人。有亲属会议选定制的国家，经亲属会议和选任制作出的选择监护人是典型的“选定监护人”。《法国民法典》仍设亲属会议制度。

各国立法还对监护人的资格作了规定，通常禁止无行为能力及限制行为能力人充任监护人。有的国家还概括地对监护资格之要求进行规定，如《苏俄婚姻和家庭法典》第 76 条一般地规定选择监护人应考虑个人品质、履行义务的能力、与被监护人的关系等。日本则采列举主义，其民法典列举了六种人不得为监护人。

监护人拒绝监护、退出监护以及监护人的撤除也是各国监护法所重视的。对于监护人拒绝监护，各国立法通常有两种不同的原则，即任意原则和限制原则。《罗马尼亚家庭法》便对可拒绝的事由作了列举性规定。前《联邦德国民法典》第 1787 条还规定，无理由而拒绝担负监护人者，应对因延误而发生的损害负责，监护法院并可对其科以罚款。至于监护人的退出，各国立法均许可有正当理由者退出监护。监护人的撤出，则是经立法规定的程序解除有主观过错或不胜其职且危及未成年人利益的监护人的监护职责。

（二）监护监督人

监护监督人是对监护人的监护活动负监督之责的人。一些大陆法系国家，如日本、法国、前联邦德国有此设置。日本民法还把监护监督人分为指定监护监督人和选定监护监督人。前者是可通过遗嘱指定的监护人（《日本民法典》第848条）；后者指可以指定监护监督人而没有指定且认为有必要设定监护监督人时，家庭法院可因被监护人的亲属或监护人的请求，选任的监护监督人(参见《日本民法典》第849条)①。法律还通常规定了监护监督人的职权。

（三）亲属会议

亲属会议是指任免、更换监护人并行使一定监护监督权的亲属组织。目前只有法国、秘鲁等少数国家保留此制。如《法国民法典》规定，亲属会议由监护法官依职权或依未成年人的亲属及其他利害关系人的请求召开；亲属会议由4~8人组成；表决事项以普通多数生效；亲属会议可选任、更换监护人，享有处分未成年人财产的同意权，必要时可审查管理账目。

（四）监护行政官署及监护法院

监护行政官署及监护法院是代表国家处理监护事宜并行使监护监督权的机构。法国设监护法官，瑞士设监护官厅，前联邦德国设监护法院，日本则由家庭裁判所行使该机构的权力。

第三节　监护事务及责任

一、监护事务

综观各国立法，监护事务可分为监护人身权益和财产权利。

对于未成年人的人身监护，各国法律多赋予监护人与亲权人相近的权利义务。如日本民法规定，未成年人的监护人就民法规定的关于亲权之人身上监护的内容，与行使亲权人有相同的权利与义务。但是如变更行使亲权人所规定的教育方式和居所，或将未成年人送入惩戒场所以及许可营业或撤销许可或加以限制，有监护监督人时，应经其同意。前联邦德国民法也规定，监护人对于被监护人的人身监护与有亲权的父母相同，但将被监护人送入自由受拘束的院所则须经监护法院认可。

---

① 在日本由于家庭法院已有广泛的监督权（例如，民法典第845条规定，当监护人有不正当行为、显著劣迹或其他不适任监督事由时，家庭法院有将监护人解任之职权），所以监护监督人也并不是必须设立的机关。参见邓曾甲著：《日本民法概论》，法律出版社1995年版，第387页。

关于未成年人财产的监护，在外国立法中常将监护事务分为就任时的事务和就任中的事务。前者主要指监护开始时，监护人对于被监护人的财产应会同亲属会议指定人或其他法定人员开具清册。如《瑞士民法典》第398条、《法国民法典》第451条、《日本民法典》第853条、《韩国民法典》第451条均有此规定。就任中的事务则主要包括法定代理，财产的管理、使用及处分，受让财产的禁止，财产状况的报告等内容。如《日本民法典》第859条第1款规定，监护人管理被监护人的财产，并代表被监护人为有关该财产的法律行为。《法国民法典》、《瑞士民法典》及日本旧民法均有要求监护人应将被监护人的财产状况向亲属会议或其他法定机构至少每年报告一次。

我国《民法通则》第18条及其司法解释把监护人的职责概括为如下几方面：保护被监护人的身体健康，照顾被监护人的生活，管理和保护被监护人的财产，代理被监护人从事民事活动，对被监护人进行管理和教育，代理被监护人进行诉讼，等等。

二、监护责任

因监护人的故意或过失而致被监护人受损害时，监护人须承担相应的法律责任，这是各国监护法公认的原则。

监护责任的具体规制，各国法例不尽一致。有的国家对人身和财产两方面的内容不加区分地进行概括式规制，如《苏俄婚姻和家庭法典》第138条之规定。有的国家仅强调对被监护人造成财产损害时应负赔偿责任，至于非财产损害则不主张赔偿，如法国采此制。也有的国家法律规定，监护人因故意或过失给被监护人带来损害时应负赔偿责任，而由于采取违法的司法保护措施致被监护人受损害时，官方应承担非财产损害赔偿责任，支付适当的抚慰金，然后再由官方去追究直接责任人的责任。

对于损害赔偿的请求之诉，各国法律大多有诉讼时效期间的规定，但长短不一。前联邦德国虽未设专门时效，但适用一般时效的规定。《法国民法典》规定时效为10年，《日本民法典》规定为5年，《瑞士民法典》规定为1年。时效从何时起算，各国规定有所不一。瑞士民法规定自经监护官署认可的结算送达或不认可通知之日起算；日本规定，自管理权消灭之时起算；法国法规定自成年之时起算；前联邦德国法规定依一般时效，自请求权成立之时起算。

在我国，根据《民法通则》的有关规定，监护人不履行监护职责或侵害被监护人的合法权益，给被监护人造成财产损失的，负赔偿责任。另外，如果因监护人不履行监护职责，致使被监护人实施了损害国家、集体的财产权利或其他公民的人身或财产权利的行为，监护人须对被监护人造成的损害承担民事责任。监护人能够证明自己确实尽了监护职责的，可以减轻其民事责任。

第四节　监护的终止及终止后的义务

一、监护关系的终止

监护关系的终止有绝对终止和相对终止之分，前者是监护的职务已失去存在的依据，后者指监护职务的移转①。

综观各国法律的规定，绝对终止的原因有：（1）受监护人已结婚或已成年，或者禁治产宣告撤销，从而具有完全行为能力；（2）被监护人死亡或被宣告死亡；（3）被监护人为父领养或为他人所收养；（4）被监护人不能行使亲权的原因已消失。相对终止的原因有：（1）监护人自然死亡或被宣告死亡；（2）监护人受禁治产宣告；（3）监护人因正当理由辞职；（4）监护人被依法撤除监护职务；（5）法定监护人与被监护人之间监护条件的消灭。

二、监护终止后的义务

监护终止后将产生一系列的法律后果，最主要有监护人如下方面的义务：（1）财产的清算。监护人在监护关系终止时应会同亲属会议所指定的人（或其他法定人员）进行财产清算，韩国、前联邦德国、法国、瑞士等国民法均有此规定。（2）财产的交还。在清算结束后，如有财产剩余，应将财产移交于新监护人，如受监护人已成年，则移交受监护人。《奥地利民法典》第263条、《瑞士民法典》第451条后段有此规定。（3）责任的继续。关于监护的责任何时终了，在各国立法中有不同规定。有的国家规定须经监护官署为监护人作解职的宣告，如瑞士；有的国家规定准用关于委任的规定，如日本；有的国家规定准用关于亲权消灭的规定，如前联邦德国。各国法律一般都要求监护人的责任应持续到新的监护人开始监护职责或被监护人具有完全行为能力时止。

---

① 相对终止，即监护未终止，但监护人因被解任、辞任、死亡等原因而使该监护人的监护任务终止。

我国民法将监护的终止分为自然撤销和诉讼撤销两种情况。前者是设定监护的情况自然消失，导致监护的存在已无必要，监护从而终止；后者是监护人不履行监护职责或侵害了被监护人的合法权益时，由被监护人的利害关系人或有关单位诉请人民法院依法撤销原设定的监护人。

第七编　继　承　法

第一章　继承法概述

第一节　继承法的概念和性质

财产继承（Succession of Property）是指财产所有人死亡时，依法或依其生前立下的合法遗嘱，将其遗留的财产转归继承人所有的一项法律制度。在这项法律制度中，遗留财产的人，称为被继承人（Ancester）；依法或依遗嘱继承遗产的人，称为继承人（Heir）；死者遗留的财产，称为遗产（Property of Legacy）；继承人依法或依遗嘱取得遗产的权利，称为继承权（Right of Succession）；用以调整财产继承关系的法律规范，称为继承法（Law of Succession）。

现代意义上的继承法，由于主要是调整财产所有人在其死亡时，将其财产归他的合法继承人的过程中所发生的权利义务关系，因而无论是大陆法系国家、英美法系国家，还是社会主义国家，尽管其社会政治、经济制度不同，法律传统不同，甚至继承法的某些具体制度也不同，但它们对继承法规范的性质的认识和理解，是大体相同的，即继承法是调整财产继承关系的法律规范，在性质上应属财产法（Law of Property）的范畴。不过如果从继承制度的发展历史角度来考察，继承法的性质并非历来如此，它经历了一个从身份法向财产法逐步演变的历程。至今，我们仍可以从有关国家的法律中看到这种演变所留下的痕迹①。在前资本主义的各个历史时期，由于“人的一切关系都是被概括在‘家族’关系中的”②，奴隶社会的家族制度和封建社会的宗法制度成为奴隶主统治者和封建统治者进行政治统治的社会基础。为了确保家族的财产和权力不被分散，国家政治统治的根基不被动摇，奴隶制国家和封建制国家的统治者

① 目前，《韩国民法典》中有关继承制度的规定，仍带有身份继承的特点，其关于“户主继承”制度的规定就是一个典型的例证。

② ［英］梅因著：《古代法》，沈景一译，商务印书馆 1984 年版，第 96 页。

在立法上，总是把对家族财产的继承同对家长身份的继承合为一体。如罗马法中关于"生前概括继承"（inter vivos successio per universitatem）的规定就"表现为取得某种支配权（主人权、夫权、父权）的必然结果"①。中国古代延续了2000多年的宗祧继承制度，事实上也是身份继承、祭祀祖先和财产继承三位一体的。西欧各国封建领主时期盛行的"长子继承制"，则是将对死者政治权力的继承和对其财产的继承结合在一起的②。因此，前资本主义时期继承法，其调整对象并不局限于财产继承关系，它还包括对死者生前身份和地位的继承。王位、爵位和家长身份的继承与对私有财产的继承合为一体，这构成了前资本主义时期各国继承制度的主要特征，而在这种继承制度中，身份继承毫无疑问是居于主导地位的，财产继承不过是身份继承的附属物。继承人与被继承人之间是否具有特定的身份关系，不仅决定了他是否能成为合法的继承人以及他将来在家族和社会中的政治地位和权利，而且也决定了他在财产继承中所占有的份额和所承担的义务。正是在这个意义上，人们普遍认为，前资本主义时期的继承法规范应属身份法（Law of Status）的性质。

资本主义商品经济关系的形成和发展，使得人与人之间的身份关系逐渐被淡化，与之相适应，继承问题上的身份继承被单一的财产继承所完全取代。发生这一变化的主要原因，从政治上说，身份继承与资产阶级启蒙思想家所宣扬的"人生而平等"、"天赋人权"的思想观念相抵触。建立在封建宗法制度和封建家长制基础上的身份继承，强调的是继承人对死者生前地位的继承，这无疑会使社会中的极少部分人可以通过这种方式取得政治上的特权，并世代相传。这同资产阶级一贯主张的"法律面前人人平等"的原则相冲突；从经济上说，资本主义商品经济和自由贸易的发展是分不开的，而商品经济的本质属性要求承认民事主体的人格平等、行为自由，而不承认任何身份关系。因而身份继承是与自给自足的自然经济相适应的，在开放的商品经济条件下，它已失去了存在的经济基础。从法律上说，继承制度作为民法体系的一个组成部分，必须与民法的其他制度相协调，特别是资产阶级近代民法所确立的私有财产权绝对原则、契约自由原则和平等原则在继承制度中必然要得到相应的体现。而身份继承，特别是长子继承制，与上述原则是格格不入的，它不仅限制了其他继承人的权利，也限制了被继承人自由处分遗产的权利，因而，为资产阶级的

---

① ［意］彼德罗·彭梵得著：《罗马法教科书》，黄风译，中国政法大学出版社1992年版，第417页。

② 参见［英］梅因著：《古代法》，沈景一译，商务印书馆1984年版，第28~29页。

继承立法所不能接受。

虽然，近现代大多数国家的继承法都不再承认身份继承制度，在法律规范的属性上，继承法应归属于财产法的范畴，人们对此不持疑义。但现在回过头来分析这段演变过程并非毫无意义。一方面，我们应当看到，世界上仍有少数国家的继承法是承认并规定了身份继承制度的，如《韩国民法典》中关于“户主”继承制度，就是家长身份继承的典型；另一方面，财产继承制度毕竟是以一定的身份关系（婚姻、血缘关系）为基础的，它同纯粹的物权关系和债权关系还是存在着一定的差异的。这就是为什么大陆法国家都将遗产继承单独列为一编，并总是置于亲属法之后的一个重要原因。有的学者把继承法看作是财产法与亲属法的融合，我们认为不无道理。

我们认为，现代意义上的继承法在性质上应属财产法的范畴，这主要是由继承法的调整对象所决定的。由于现代民法理论认为，人身权利与特定的公民的人身紧密相联，不能分割，也不得转让，因而，继承人在被继承人死后，从死者那里承受的只能是财产或财产性质的权利，而不可能承受被继承人生前所享有的地位和人身权利，这一观点也为世界绝大多数国家所接受。尽管继承关系是以继承人与被继承人之间存在着一定的身份关系为基础的，特别是在法定继承问题上，继承人与被继承人之间的亲属身份，对于决定法定继承权的取得、继承顺序和应继份额等仍起十分重要的作用。但应当看到，这并不是亲属关系的当然效力，也不能由此得出继承法就是身份法的结论。这一方面是因为，法定继承权因某种法定事由的出现，是可以被剥夺或丧失的，法定继承人也可以放弃继承的权利，这都不会影响继承人与被继承人之间在亲属法上身份关系的存在；另一方面，在继承法上，除了法定继承制度外，还有遗嘱继承制度，而在这两种继承制度中，前者偏重于血缘关系、婚姻关系，后者偏重于被继承人的意志。从更好地尊重和保护财产所有人的意志和利益出发，在现代各国继承法中，遗嘱继承制度始终占居主导地位，这从遗嘱继承的效力优先于法定继承的效力这一点上就可以看得非常清楚。而遗嘱继承关系的发生，在大多数国家则是完全不考虑遗嘱继承人同死者之间是否存在特定的身份关系的。遗嘱继承事实上是财产所有人对其财产的支配权在其死后的延伸，在这里，已无法再找到任何“身份”的痕迹了。当然，我们并不全盘否定财产继承关系同一定亲属身份关系之间的联系，由于法定继承制度的存在和各国遗嘱继承制度中关于“特留份制度”的规定，使得继承人与被继承人之间的身份关系在遗产继承中仍然发挥着重要的作用，因此，我们认为，在性质上，与其说继承法是财产法，不如说继承法是财产法与亲属法的融合更为恰当。

第二节　继承法的立法体例

从各国继承立法的模式来看，继承法的编制主要分为以下两种情况：

一、以单行法形式规定有关继承内容

这种立法体例不仅在英美法国家广泛存在，近年来也为大陆法国家所采纳。如英国 1952 年的《无遗嘱继承条例》、1963 年的《遗嘱条例》，美国 1969 年的《统一继承法典》等均为单行继承法律；而德国除 1900 年颁布的民法典中就继承问题专列一编外，1969 年颁布的《关于非婚子女继承权修正案》也属以单行法形式出现的继承法规①。不过，单行法在不同法系中的地位是不同的。在大陆法国家，由于成文民法典的存在，继承关系主要由民法典集中加以调整，只是对于一些不合时宜的法律条文需要加以修改时，或者现实生活中出现了一些新情况、新问题而在民法典中又找不到相应规定时，才采用单行法的形式来加以补充完善。相比较而言，大陆法国家的单行法的效力层次要低于民法典。一般说来，单行法的具体规定不得同民法典的立法精神相违背，否则无效。在遵循这一原则的前提下，单行法又具有优先于民法典适用的效力，法官可以直接适用单行法作为判案依据，而无须加以解释或引申，因而，大陆法国家关于继承方面的单行法规具有直接适用的效力。英美法国家则不同，由于没有成文民法典，继承方面的单行法成为继承法的唯一成文表现形式。但英美法国家法律的主要渊源是判例法，成文的单行法的主要内容不过是对判例所形成的一般法律原则和规则（Legal Rule）的归纳和总结；加之大部分继承单行法是由不具有立法权的机构编纂而成的，如美国 1969 年的《统一遗嘱检验法》就是由美国联邦统一州法律委员会和美国律师协会联合编纂的，这就使得继承方面的单行法对法官处理继承纠纷，并没有当然的法律效力，只能供法官参考。由于英美法律传统所决定，在英美国家的法律体系中，判例法是基础，成文的单行法中所规定的法律原则只有包含在高等法院判决的“判决理由”之内，才具有法律效力，因此，即使是国会制定的有关成文法，也必须经法院判决加以解释后重新予以肯定，甚至在某些情况下加以曲解，才能被吸

① Hein Kötz and Hans G Leser，German Private and Commercial Law：An Introduction，Oxford 1982，p. 198.

收到英美的法律体系中去①。换句话说，在英美法国家，单行法的效力层次远低于判例法。单行的继承法，如果离开了判例的吸收，是很难发挥作用的。

二、把继承方面的内容纳入民法典中

这是目前大多数大陆法国家的做法，如法国、德国、瑞士、日本、荷兰、意大利、奥地利等国均采此例。在传统上与大陆法有着直接渊源关系的社会主义国家也采用了这一立法模式，如前苏联、东欧一些国家的民法典就是如此。但各国对继承权性质的认识不同，因而继承法在民法典中的具体位置则又存在一定的差异，归纳起来，有以下几种做法：

（1）把继承权视为债权，把继承行为当作财产所有权的取得方式，因而将之与赠与、契约等一并放入财产取得卷中。采用这一立法体例的主要是《法国民法典》、美国的《路易斯安那州民法典》等，此种立法体例来自罗马法。

（2）把继承权视为物权，认为财产继承权不过是财产所有人所有权在其死后的延伸，把有关继承的法律规范纳入民法典物权编中。采用这一立法体例的主要有《荷兰民法典》、《奥地利民法典》等。

（3）认为继承权既不是物权，也不是债权，而是独立于物权与债权之外的一种独立财产权，因而在民法典中把继承问题独立为一编，这是大多数国家制定民法典时所采用的立法体例。但在民法典的具体位置上，有的国家将继承编置于亲属编之后，财产编之前，如《意大利民法典》和《瑞士民法典》；而有些国家则把继承问题放在民法典的最后一编；如德国、日本、前苏联民法典均采用这一立法体例。在继承编位置的安排上，一个有趣的现象，就是大多数国家都倾向于把婚姻、亲属和继承问题安排在一起，把继承编列入亲属编之后，这可能是考虑到继承权虽然是一种独立的财产权，但它与纯粹的财产权如物权、债权还有所不同，其区别就在于，继承关系毕竟是以婚姻、血缘和一定范围内的亲属关系为基础的，有些学者进而主张继承法“实为财产法与亲属关系之融合”，是“亲属关系之上的财产法”。我们认为这是有一定道理的。

我国目前尚未制定民法典，继承法的主要内容是以单行法的形式表现出来的。1985 年 4 月 10 日由第六届全国人大第三次会议通过的《中华人民共和国继承法》就是这种意义上的单行法。由于各方面的原因，到目前为止，民法典尚未正式出台。为了满足司法实践之急需，我国立法机关改变了立法模式，

① 冯大同主编：《国际商法》（新编本），对外贸易教育出版社 1991 年版，第 27 页。

本着“成熟一块、颁布一块”的指导思想，在民法草案第四稿的财产继承编的基础上，制定了现行继承法。但这种做法并不意味着，我国在继承立法体例问题上会长期采用单行法的形式。我国大多数学者都认为，随着市场经济体制的健全和完善，以调整商品经济关系为己任的民法典的出台是必然的。在将来颁布的民法典中，财产继承法作为财产法的一个重要组成部分毫无疑问会在民法典中得到明确、具体的规定。至于在具体编排上，它应处于民法典的什么位置，我国学者对此问题尚未进行过深入的探讨。我们认为，财产继承权作为一种独立的财产权，它性质上既不同于债权，也不同于物权，因而在将来的民法典中应作为独立的一编；同时，考虑到继承关系仍是建立在亲属关系基础之上的，因而在民法典中的位置应当置于亲属编之后来加以安排，方为妥当。本书在编排体例上就采取了这一做法。

第二章 继 承 权

第一节 继承权的性质

继承权（Right of Succession），简单地说，就是继承人依法或依遗嘱取得被继承人遗产的权利。在立法上，“继承权”一词在不同场合使用，其含义和性质并不相同。在继承开始前，使用“继承权”一词，在性质上属于权利能力的范畴（或曰“继承能力”更为恰当），而非实在的民事权利。因为在继承开始前，继承关系尚未形成，作为继承关系内容的继承权事实上也是不存在的，立法上规定一定范围内的人享有继承权（如夫妻双方相互享有继承权，遗嘱继承人依遗嘱享有继承被继承人遗产的权利等）只是指他们将来有参加继承关系的可能性或资格，这种可能性或资格在继承开始后能否转变为现实的民事权利，还有待于其他条件的成就（如在法定继承中，被继承死亡并留有遗产，继承人居于优先顺位；在遗嘱继承中，被继承人死亡时留有合法有效的遗嘱等）。所以，从法理的角度讲，继承开始前，继承人享有的继承权（继承能力），是公民在继承开始后享有继承被继承人遗产权利的前提和基础，但并非是现实的民事权利。《法国民法典》第725~730条、《德国民法典》第1923条、《日本民法典》第886~895条以及《瑞士民法典》第539~545条的规定，都是在这个意义上使用“继承权”一词的。我国《民法通则》第76条关于“公民依法享有财产继承权”的规定，事实上也是针对公民的继承能力而言的。

我国学者在探讨继承权的含义时，常常用“继承期待权”一词来表示继承开始前的继承权，以示同继承开始后的继承权（他们称之为“继承既得权”）相区别。但对“继承期待权”的定性却有不同的见解。有的认为它“确有权利的性质，只是这种权利既不是物权性质的既得权，也不是债权性质的请求权，而是属于特别范畴的权利”①；也有人一方面承认它是“继承人所

① 刘春茂主编：《中国民法学·财产继承》，中国人民公安大学出版社1990年版，第124页。

具有的继承遗产的权利能力”，另一方面又认为“它属于人身性质的权利”①。我们认为上述观点是值得商榷的。首先，把继承能力定性为一种民事权利，这就混淆了权利能力和民事权利的区别。权利能力虽然是取得民事权利的前提，但它并不等同于民事权利。民事权利是民事法律关系的要素，它只有在具体的民事法律关系中才能取得，而权利能力自公民出生时就已产生；民事权利可以转让或抛弃，而权利能力既不能转让，也不得抛弃；民事权利能力不仅指享有民事权利的资格，而且也包括承担民事义务的能力。其次，继承能力虽然与继承人的人身具有不可分割的性质，但把它定性为“人身性质的权利”也是极为不妥的。继承权本身属于一种财产权，继承能力的赋予预示着会在将来给继承人带来一定的财产利益，我们不能因为继承能力不能转让和抛弃而推导出它就是一种“人身权利”。最后，在民法理论上，用“继承期待权”来表述继承能力是不科学的，因为既得权和期待权的分类在民法理论上虽然存在②，但期待权仍属民事权利的范畴（如附延缓条件的债权，在条件成就前，就属于一种期待权），而非指民事权利能力。基于以上理由，我们认为，继承开始前，立法上使用“继承权”一词，实指公民的继承能力，而不是指民事权利意义上的“期待权”。事实上，很多国家的民法典为了防止出现继承权在继承开始前后含义上的混淆，在立法上就同时使用了“继承能力”和“继承权”的概念，如日本、德国和瑞士的民法典就是这样做的。这种做法值得我们借鉴。

关于继承开始后，继承人享有的继承权的性质，不言而喻，应当属于财产权性质的民事权利，这在各国的立法和理论上似乎都不存在什么争论。但究竟属于何种性质的财产权？各国立法并不一致。这在“立法体例”一节中已作过介绍。我们认为，继承权既非物权，也非债权，而是独立于物权和债权之外的一种财产权，其理由在于，继承权虽然是一种排他性的权利，但在遗产没有分割前，继承人并不具有对遗产的直接支配权，它只表明继承人有实际接受遗产的权利，而在遗产分割完毕后，继承人虽可直接支配这些财产，但此时继承关系已经终止，继承人对这些财产享有的支配权已属所有权，而非继承权了。因此，继承权不是物权；同时，继承权也不是债权，因为继承权是一种绝对权，而非相对权。换言之，继承人无论是行使或抛弃继承权，只要通过自己的意思表示行为就可以实现，而无需借助于他人的行为帮助，这一点与债权是截然不同的。因此，我们主张，把继承权作为一种独立的财产权，在民法典中单

① 刘素萍主编：《继承法》，中国人民大学出版社 1988 年版，第 135～136 页。
② 参见佟柔主编：《中国民法》，法律出版社 1990 年版，第 39 页。

列为一编，正是基于我们对继承权性质的认识而提出来的。

在继承权性质问题上，对于胎儿继承权问题也是经常发生争论的一个话题。本来公民的权利能力始于出生，终于死亡，权利能力的享有与公民生命的存在紧密联系在一起，这是各国民事立法的通例。从理论上讲，公民的继承能力作为权利能力的一种表现形式，理应从公民出生时开始享有，至公民死亡时终止。但纵观世界各国的继承立法，从罗马法以来，似乎都对未出生的胎儿赋予了继承遗产的能力，如“依罗马《十二表法》的规定，胎儿也被允许实施法定继承，当然他要问于人世……即他肯定会出生。为此，他与处于同一顺序的人一样亦有一份额”。① 大陆法系各国立法在赋予胎儿继承能力方面，虽然提法不尽一致，但都承认胎儿有继承权。归纳起来，主要有两种做法：一是承认活着出生的胎儿有权利能力，因而当然有继承能力。如《瑞士民法典》第31条第2项规定：“胎儿，只要其出生时尚生存，出生前即具有权利能力的条件。”二是原则上不承认胎儿有权利能力，仅在遗产继承、损害赔偿、接受赠与等方面，赋予胎儿与已出生的婴儿同等的权利。如《日本民法典》第886条就规定：“胎儿就继承视为出生，但不适用于以死体出生的情形。”《德国民法典》第1923条第2款、《法国民法典》第725条的规定大体相同。上述两种立法例在理论上均有一些支持者。支持第一种做法的学者认为，胎儿是特殊的民事主体，理应赋予胎儿特殊的权利能力；而支持后一种做法的学者则认为胎儿在出生前不具有权利能力，只有在其出生后才溯及地取得权利能力②。我们基本同意后一种观点，因为如果承认胎儿具有权利能力，那么势必承认胎儿有义务能力，而现行各国立法均不赋予胎儿以任何义务，让其在出生后承担。同时，如果承认胎儿的权利能力可以产生于胎儿出生之前，也势必动摇民法关于权利能力制度的基础。我国《继承法》在这一问题上虽未就胎儿的继承能力的性质作出界定，但从有关的司法解释可以看出，是采纳了第二种做法的。如我国《继承法》第28条规定：“遗产分割时，应当保留胎儿的继承份额。胎儿出生时是死体的，保留的份额按法定继承办理。”最高人民法院在《关于贯彻执行〈中华人民共和国继承法〉若干问题的意见》第45条中对上述规定解释为：“为胎儿保留的遗产份额，如胎儿出生后死亡的，由其继承人继承；

---

① ［意］桑德罗·斯奇巴尼选编：《民法大全·遗产继承》（中译本），中国政法大学出版社1995年版，第108页。

② 参见王利明等著：《民法新论》（上），中国政法大学出版社1987年版，第151页。

如胎儿出生时就是死体的，由被继承人的继承人继承。”显然，该条的司法解释是不把未出生的胎儿作为民事主体看待的。民事主体的资格只能从出生时取得，胎儿出生后又死亡的，由于具有出生的事实，因而具有继承能力；而胎儿出生即为死体的，则因没有出生的事实，因而不具有继承能力，不能作为继承人看待。

第二节 继承权的承认和放弃

继承权是继承人依法享有的一种民事权利，这种权利当事人既可承认并行使，也可以放弃。由于继承权的享有是以一定的亲属关系为基础的，因而一般不得转让，这是各国继承立法的通例。但在继承权承认和放弃的方式、内容、时间及效力问题上，差异仍是存在的。

一、继承权的承认

继承权的承认，是指继承人在继承开始后，遗产分割前，以一定的方式作出愿意接受遗产的意思表示。关于承认是否构成取得继承权的必备条件，国外立法主张不一。在罗马法上，遗产的归属因继承人的承认才发生，并具有溯及至继承开始时的效力。而现代大陆法国家均采当然继承主义的立法主张，并不以继承人的承认作为取得继承权的必备条件。如《法国民法典》第 775 条就规定：“任何人对于应归其继承的遗产，不负承认的义务。”在英美法国家，由于遗产信托制度的存在，继承人的承认，仅为被继承人的财产清偿债务后，剩余财产交付请求权的行使。而在大陆法国家，由于存在“限定承认”(Limited Acception) 和“单纯承认”(Acception Purely) 两种不同的承认方式，其产生的法律后果又不相同，因而研究承认问题仍有实际意义。

所谓单纯承认，又称无限承认，是指继承人接受被继承人全部遗产，并对被继承人生前所欠债务负全部清偿责任，而不以被继承人的遗产价值为限，即所谓“无限地承受被继承人的权利和义务。”所谓限定承认，又称有限承认，是指继承人在表示接受被继承人遗产权利的同时，声明对于被继承人生前遗留的债务，仅以遗产的价值为限承担清偿责任。对于超出遗产价值的债务部分，不再以个人财产清偿。大陆法系几个有代表性国家的民法典，如法国、德国、日本、瑞士等都规定了单纯承认和限定承认两种方式，并允许继承人在这两种方式中任选一种承认方式。如《法国民法典》第 774 条就规定：“对于遗产继承，得为单纯承认，亦得为限定承认。”《日本民法典》第 915 条也规定：“继承人自知悉继承开始时起 3 个月内，应作出单纯承认、限定承认或放弃的表示。”《德国民法典》第 1943 条也有类似的规定。《瑞士民法典》虽然没有使用“单纯承认”和“限定承认”的字眼，但该法典第 588 条和第 589 条规定的有关“制作财产清单后接受继承权”就是大陆法系国家所称的“单纯承认”，而第 593 条规定的“官方清算后接受继承权”就是大陆法系国家所称的“限定承认”。目前国内一些教材和著作认为，西方现代各国立法中只有“限定继承”，而不存在“总括继承”（即单纯承认），这种观点是站不住脚的①。

对于单纯承认，就其承认的方式而言，国外立法分为任意的单纯承认和法定的单纯承认两种情况。在一般情况下，继承人在被继承人死亡后、继承开始时，即可向有关机关就单纯承认还是限定承认作出明确的意思表示，如果继承人主动选择无限地承受被继承人的权利和义务，此谓任意的单纯承认。如果在继承开始后、遗产分割前，继承人既未作出限定承认的意思表示，也未作出抛弃继承的意思表示，则法律推定其愿意为单纯承认。这是法定单纯承认的一种情况。法定单纯承认的另一种情况为，在遗产分割前，继承人已对被继承人的遗产实施了不当行为的，也应推定为单纯承认。《日本民法典》第 921 条把以下三种情况视为法定单纯承认：（1）继承人已处分遗产的全部或部分的；（2）在法定期间内未作出限定承认或放弃的意思表示的；（3）继承人虽作出限定承认或放弃的表示，但随后又隐匿遗产的全部或部分，或将遗产私自消费的。《法国民法典》对于法定单纯承认的规定大体相同，但该法典第 779 条规定：“纯粹的保存行为、监视行为以及暂时管理行为，如未以继承人的名义或资格进行时，不能视为继承行为。”例如，由遗产中支付被继承人的丧葬费，继承人对有关继承文书的保管，设定抵押的遗产进行抵押权登记，不动产的应急修缮等，均不能认为实施上述行为的继承人也接受继承。

关于单纯承认的形式，虽然各国立法均要求继承人必须以一定的方式将接受继承的意思表现于外部，但一般认为，承认行为为不要式行为，以书面或口头、明示或默示的形式均无不可。如《法国民法典》第 778 条就规定：“承认得为默示的，亦得为明示的；如继承人在公证书或私证书中用继承人的名义或资格时，即为明示的承认；如继承人从事于某种行为，而从此行为，显然得推定其有承认的意思，且此种行为，非有继承人的资格亦无权进行时，即为默示的承认。”从其他国家的立法规定来看，一般也要求任意的单纯承认应当以公

① 参见佟柔主编：《继承法教程》，法律出版社 1986 年版，第 168 页；刘素萍主编：《继承法》，中国人民大学出版社 1988 年版，第 553 页。

证书的明示形式进行意思表示，日本民法还要求这种意思表示必须从“知悉自己有继承开始时起3个月以内”作出（第915条）；而对于法定的单纯承认一般都采取默示的作为形式。

单纯承认的意思表示一经作出，即具有法律效力，当然这以继承人具有行为能力，且意思表示没有瑕疵为条件。《法国民法典》第783条规定，有行为能力的继承人作出的承认，“除承认系由于其受诈欺的结果外，不得提出攻击”，同时继承人也“绝不许以显失公平为借口，对于承认主张异议”；“但承认继承时所不知的遗嘱以后被发现，因而遗产已无剩余或减少至半数以上时，不在此限”。这就是说，单纯承认的意思表示作出后，原则上是不能撤销的，除非出现上述情况。此外，承认具有溯及力，在继承开始后，无论继承人的承认行为何时作出，都应当追溯至继承开始之日发生。大陆法各国大体都有类似的规定。

单纯承认的法律后果，就是使得继承人无限地承受被继承人的权利和义务，这是它与限定承认的最主要区别。各国继承法在这一问题上的规定是一致的。当然这里的“权利和义务”指的是被继承人生前的财产权利和义务。

除了单纯承认方式外，在现代各国继承法中占主导地位的是限定承认方式，我国学者称之为“有限继承”（limited succession）。从各国立法的规定来看，限定承认与单纯承认的区别主要表现在以下几个方面：

（1）从承认的形式上说，限定承认为要式行为，继承人只能以明示的、书面的方式为之，并应制作遗产清单交法院审查。《法国民法典》第793、794、795条和《日本民法典》第924条以及《瑞士民法典》第三编第二节“遗产的取得”中的有关条款都有关于限定承认为要式行为的规定。而单纯承认为不要式行为，既可以采用明示形式，也可采用默示形式。如果继承人在规定的期间内既未明确表示限定承认，也未明确表示抛弃继承，则推定为单纯承认。继承人虽明确表示限定继承或放弃继承后，又隐匿遗产不报的，应推定为单纯承认。

（2）限定继承人在法定的期间内，有公告限定承认的事实及催告债权人申报债权的义务，以便继承人在遗产分割完毕前，对被继承人生前遗留的债务以遗产的价值为限进行清偿。法定期间届满，债权人没有申报的债权，将不列入遗产清偿范围之内。《法国民法典》第803条和《日本民法典》第927条均有此类规定。而单纯承认是无限制地承受被继承人的权利和义务，因而无需向法院申报遗产清单，也无需对债权人进行公告和催告，债权人任何时候都可以向继承人主张被继承人生前债务的清偿。

（3）继承人表示限定承认后，一方面必须将自己的个人财产与遗产区分开来，另一方面应对遗产尽像自己固有财产一样的善良管理的义务，由于继承人的重大过失造成遗产损失的，继承人应负赔偿责任。《法国民法典》第802、803条和第805条以及《日本民法典》第925、926条均有此项规定。而单纯承认的继承人则没有这方面的义务。

（4）继承人表示限定承认后，非依法定的事由和程序，不得出卖属于遗产的动产或不动产，否则应视为单纯承认。《法国民法典》第805、806条和《日本民法典》第921条第1项均对此有明文规定。而单纯承认的继承人则不负此项义务。

（5）在共同继承的情况下，如果继承人之间对于究竟是选择单纯承认还是限定承认意见不一，在此情况下，法国法认为，应当视为限定承认，如《法国民法典》第782条规定："如该继承人的继承人数人对于承认的或抛弃继承未互相合意时，仅得为限定的承认。"而日本法则认为，应视为单纯承认，该《日本民法典》第923条规定："继承人有数人时，限定承认只能由全体共同继承人共同实行。"从理论上来说，日本法的规定似乎更为合理。

（6）继承人在限定承认的情况下，仅以遗产为限对被继承人生前的债务负清偿责任，超出部分不予偿还。而在单纯承认的情况下，继承人对被继承人生前的债务负无限清偿责任，并不受被继承人遗产价值的限制，不足部分仍应以继承人的个人财产进行清偿，这是大陆法各国的一致做法，也是两种承认方式的主要区别所在。

我国《继承法》对继承权承认的方式问题未作明文规定。但从《继承法》第33条的规定来看，显然，我国只承认限定承认，而没有单纯承认这种方式。就限定承认而言，一方面，我国《继承法》的规定也是不完善的，在司法实践中，由于我国立法未规定限定承认的继承人有向法院申报遗产清单的义务，这就使得继承人在遗产分割前，完全有可能将自己占有的那部分遗产隐匿或擅自处分（如有偿或无偿转让、消费等），而法院在没有遗产清单可供审查的情况下，是很难查清遗产的具体数额的；另一方面，由于我国限定承认中，并未规定遗产债务的催告期，这就使得继承人对遗产债务的清偿被无限期延长，甚至被延至遗产分割完毕后，这极不利于财产关系的稳定。我们主张，应当借鉴国外立法的经验，规定为限定承认的继承人应以要式方式向法院声明，并在规定期限内向法院递交遗产清单，在规定期限内催告遗产债权人申报债权，以便及时核定遗产价额和债务数额，及时分割遗产。不符合上述规定之一的，或在声明限定承认后，又擅自处分遗产的，应当推定为单纯承认，继承人对遗产债务负无限清偿责任。在共同继承的情况下，如果继承人之间的意见不一致，应当视为单纯承认。

二、继承权的放弃

继承人放弃继承权，事实上是对自身权利的一种处分行为，只要该行为不损害社会和他人的利益，任何人都不得加以干涉。因此，各国继承法都允许继承人就继承权的承认与放弃问题作出选择。《德国民法典》规定："继承人得在继承开始时即允受或拒绝继承"（第 1946 条）；"遗产转移于指定的继承人，而不影响其拒绝继承的权利"（第 1942 条）。《法国民法典》第 775 条、《日本民法典》第 915 条和《瑞士民法典》第 566 条也有类似的规定。继承权的放弃是单方法律行为，只要有继承人单方的意思表示，即可生效，无须征得其他继承人的同意。但由于继承权的放弃行为不仅涉及其他继承人在遗产分割中份额多少，而且还涉及对被继承人生前债务的承担问题，因而各国立法对放弃的形式和效力的规定不尽一致，下面分述之。

关于放弃继承权的方式，各国立法均要求继承人必须以明示的方式为之。如《德国民法典》第 1945 条规定："拒绝应以意思表示向遗产法院为之；该意思表示应以遗产法院的记录或以公认证明的方式为之。"而《法国民法典》第 784 条则规定："继承的抛弃不得推定。抛弃以登记于继承开始地第一审法院书记课为此目的备置的登记簿为之。"其他国家如日本、瑞士等国的民法典均有类似的规定。迄今为止，还没有看到哪一个国家的继承立法允许以默示的方式表示放弃继承，因而有的学者提出，在放弃继承的方式问题上，目前世界各国立法存在两种不同的立法主张：一种是放弃继承必须采取明示的方式；另一种是放弃继承也可以采取默示的方式。这后一种观点是缺乏立法事实作依据的。由于放弃继承权的行为直接涉及到有关继承当事人的切身利益，为了慎重起见，有些国家不仅要求放弃继承必须采取口头或书面声明的明示方式，而且要求对于上述声明必须办理公证方为有效。如《德国民法典》第 1450 条就规定："抛弃继承须对遗产法院以意思表示为之，此项意思表示，应以公证方式为之。"

我国《继承法》第 25 条也要求放弃继承只能采取明示的方式。该法第 25 条规定："继承开始后，继承人放弃继承的，应当在遗产处理前，作出放弃继承的表示。没有表示的，视为接受继承。"

放弃继承的意思表示究竟应当向法院为之，还是向其他继承人为之，各国立法规定不一致。法国、日本和瑞士等均要求放弃继承的意思表示只能向法院或主管官厅为之，而我国继承法对此问题虽未明确规定，但依据有关的司法解释，继承人放弃继承的，既可以用书面的形式向其他继承人表示，也可以在诉讼过程中，用口头方式向法院作出。法院应当对继承人的口头表示内容制作笔录，并由放弃继承的人签名，方为有效。如果继承人以口头方式向其他继承人表示放弃继承的，本人承认，或有其他充分证据证明的，也应当认定其有效。

继承人放弃继承的意思表示应在继承开始后、遗产分割前作出方为有效，这是各国立法的通例。如《法国民法典》第 791 条就规定："虽以夫妻财产契约，亦不得预为抛弃对于现尚生存之人将来的遗产继承……" 这是因为继承开始前，当事人享有的只是一种继承能力，当然也就谈不上放弃与接受的问题。而遗产分割完毕后，遗产已在法律上归各继承人所有，继承人此时再作出放弃继承的表示，就其放弃的权利性质而言，已不再是继承权，而是自己财产的所有权了。

但在继承开始后、遗产分割前这一段时间里，继承人是否可以随时作出放弃的意思表示？如果继承开始时，继承人并不知道自己享有继承权，其放弃继承的最后期限应当如何确定？对此各国立法规定不一。《德国民法典》第 1946 条规定："继承人得于继承开始后立即表示抛弃或者承认继承。"第 1949 条规定："抛弃继承，自继承人知悉继承财产之归属于自己取得继承权之原因时起算。以身后处分指定继承人者，自遗嘱开拆时起算，6 个星期内为之。"《瑞士民法典》第 567 条规定："放弃继承的允许期间为 3 个月。对于法定继承人，此期间从其知悉死者死亡时起算，但法定继承人能证明其到后来某一时间才知道自己享有继承权时，不在此限。对于指定继承人，此期间自其收到对其有利的遗产处分的正式通知时起算。"而《日本民法典》第 915 条也要求放弃继承的意思表示必须在继承人知悉其享有继承权开始时起 3 个月内作出，但如果继承人为无行为能力人时，则从其法定代理人知悉时起算。

我国《继承法》第 25 条对此问题的规定较为笼统："继承开始后，继承人放弃继承的，应当在遗产处理前，作出放弃继承的表示。没有表示的，视为接受继承。"从理论上解释，我国继承法事实上允许继承人在继承开始后，遗产分割前的任何时间内作出放弃继承的意思表示，并没有限制一个具体的时间，也没有就法定继承权的放弃时间与遗嘱继承权的放弃时间作一个区别规定。但对受遗赠权的放弃时间，继承法则明确作了限制，即在"受遗赠人应当知道受遗赠后 2 个月内，作出接受或者放弃受遗赠的表示。到期没有表示的，视为放弃遗赠"。

在法定的期限内，继承人作出的放弃继承的意思表示应当追溯到继承开始之时，各国继承立法大多有此类规定。如《法国民法典》第785条规定：“放弃继承的继承人应视为自始即非继承人。”《日本民法典》第939条规定：“放弃，溯及到继承开始时生效。”《德国民法典》第1953条和《瑞士民法典》第589条也有类似的规定。我国继承法对此虽未明文规定，但从一般法理的角度看，似乎也应认为，放弃继承的生效时间，应当溯及到继承开始时，否则，从继承开始之日到继承人放弃继承之日，这一段时间内的权利义务关系仍要由放弃继承权的人去承担，这是不符合立法关于放弃继承权规定的本意的。

继承人作出放弃继承的意思表示后，在法定期限届满前，能否对放弃继承的意思表示予以撤销？各国立法有两种不同的主张，一种认为不得撤销，如《日本民法典》第919条规定：“承认及放弃，即使在作出承认与放弃的有效期3个月以内亦不得撤回。”另一种主张可以撤销，如《法国民法典》第790条规定：“已放弃继承的继承人，在其接受继承的权利未因时效完成而消灭以前，如该遗产尚未被其他继承人所接受时，仍有权接受继承。”《德国民法典》第1954条也有类似的规定。

我国《继承法》对此并无明文规定。依据有关的司法解释，遗产处理前或在诉讼进行中，继承人对放弃继承反悔的，由人民法院根据其提出的理由作出决定。遗产处理后，放弃继承权人反悔的，不予承认。我们认为这一做法是较为合理的。因为继承权的放弃涉及继承人对其财产权益的处分，在遗产分割前，有条件地赋予放弃继承权的人对其意思表示的撤销权，更有利于保护继承人的合法权益。至于说这种撤销权的赋予，将会助长在法律面前反复无常行为的发生，并影响遗产分割的进行①，这一观点未免言过其实。事实上，一方面，我国是有条件地赋予抛弃继承权的人以撤销权，其撤销行为是否有效还需由法院根据其提出的撤销理由是否正当来决定；另一方面，撤销权的行使只能在遗产分割之前。因而上述现象在实践中是极少发生的。

继承人在放弃继承时能否附条件？各国继承立法大体有两种不同的立法主张。一种主张认为，放弃继承不得附加任何条件，否则放弃行为无效。大多数国家均采此主张。如《德国民法典》第1947条规定：“承认或拒绝继承不得附有条件和期限。”《瑞士民法典》第570条第2款也规定：“放弃继承不得附带条件和作任何保留。”而另一种立法则主张，继承人在放弃继承的同时，可以将其所放弃的遗产指定给特定的组织或个人。这主要以前苏联和东欧国家的

① 刘春茂主编：《中国民法学·财产继承》，中国人民公安大学出版社1990年版，第180页。

继承立法为代表。如《苏俄民法典》第550条规定："继承人可以将其所放弃的遗产让与法定继承人或遗嘱继承人中的其他人；让与国家或个别国家机构、合作社组织或社会团体。继承人放弃继承，而不注明放弃的遗产让与何人，则导致与不接受继承同样的后果。"

我国《继承法》对此问题虽未作明文规定，但有关的司法解释认为，继承人因放弃继承权，致使其不能履行法定义务的，放弃继承权的行为无效。这包含两种含义：一是指继承人以不履行法定义务为条件，放弃继承权，这为我国法律所禁止；二是指由于继承人因放弃继承遗产，而失去履行法定义务的经济能力。在第一种情况下，显然是一种附条件的放弃继承，我们认为，在任何情况下，继承人放弃继承均不得附加条件，也不得将其放弃的遗产指定由他人继承。因为，从继承法的基本理论的角度讲，放弃继承就意味着放弃者自始就非继承人；而指定他人继承遗产事实上是对遗产权利的处分行为，没有继承权却有权对遗产加以处分，这在理论上是难以自圆其说的。

继承人能否部分放弃继承权？大多数国家的立法例均认为不能部分放弃，只能全部放弃。如《德国民法典》第1950条规定："承认及抛弃继承均不得就一部分继承财产为之。表示承认或抛弃一部分者，无效。"也有个别国家认为继承权可以部分放弃，如《匈牙利民法典》第603条就规定："有法定继承权的人，根据与被继承人订立的书面协议，有权全部放弃或部分放弃继承权。"

我国《继承法》对此无明文规定，在理论上也一直存在着两种截然相反的观点①。我们认为，放弃继承权应及于继承财产的全部，而不得部分放弃，因为现代各国立法均以总括继承为原则，继承人对被继承人生前财产权利和财产义务的承受是一体的，如果允许部分放弃，就会发生只继承权利，不承担债务的现象，则必然会使得遗产债权人的利益受到损害，债务清偿得不到保障。

放弃继承权人的子女能否代位继承？各国立法对此有两种不同的主张。一种认为，放弃继承权人的子女不得代位继承，如《法国民法典》第787条就规定，"抛弃继承的继承人，其子女不得代替其地位"；而另一种立法主张则认为，继承人抛弃继承权，其子女仍享有代位继承权，德国、日本、瑞士等国的继承立法均采此主张。产生上述分歧的原因是由于各国立法对代

① 参见刘春茂主编：《中国民法学·财产继承》，中国人民公安大学出版社1990年版，第182页；刘素萍主编：《继承法》，中国人民大学出版社1988年版，第341~342页。

位继承权性质的不同认识造成的（关于代位继承权的性质，我们将在后面讨论）。我国《继承法》对此问题虽无明文规定，但从《继承法》规定代位继承的条件来看，代位继承只能发生在被继承人的子女先于被继承人死亡的情况下，而抛弃继承又只能在被继承人死亡后实施。换言之，继承人在这种情况下是不可能抛弃继承的，在被继承人死亡前，继承人声明抛弃继承也是无效的，因此，从立法上来分析，我国不存在抛弃继承权的继承人，其子女能否代位继承的问题。

在国外的继承立法中，继承人放弃继承的权利，也可以由其继承人继承行使。如《法国民法典》第 781 条规定："如应继承遗产人未放弃继承，也未明示或默示接受继承而死亡时，该继承人的继承人得以前者的名义接受或放弃继承。"《德国民法典》第 1952 条和《瑞士民法典》第 569 条也有类似的规定。我国《继承法》对此虽无明文规定，但从有关的司法解释看，我国是承认转继承制度的。继承开始后，继承人没有放弃继承，并于遗产分割前死亡的，其继承遗产的权利转移给他的合法继承人，该继承人当然有权对转移给他的继承权表示接受或放弃，只不过不是以死亡的继承人的名义，而应当是以他自己的名义作出上述表示。

继承人抛弃继承后，其应继份额应当如何处理？在理论上存在两种不同的观点。一种认为，抛弃继承的人应视为自始就没有应继份额，因为他自始即非继承人，因而不发生放弃继承权的人的应继份额的归属问题①；而另一种观点则主张，继承开始时，继承人已取得继承权，其继承份额也已确定，在继承人放弃继承权后，其应继份额自应确定其归属。这种理论上的争论在立法上并无多大意义。事实上，无论是采纳第一种观点的国家（如法国、德国），还是采纳第二种观点的国家（如瑞士），都在其继承立法中规定了放弃继承权的人的应继份额的归属问题。《法国民法典》第 786 条规定："抛弃的应继份归属于其他共同继承人；无其他共同继承人时，归属于按亲等为第二顺序的继承人。"第 811 条规定：如"已知的继承人均抛弃继承时，此项遗产认为无人承认继承的遗产。"《瑞士民法典》第 572 条也规定："在法定继承的情况下，如果继承人中一人抛弃继承权时，其应继份按抛弃人在继承开始前死亡的情形处理。在遗嘱继承的情况下，如果指定继承人抛弃的应继份，归属于其亲等最近的法定继承人。"同时，该法第 574 条和第 575 条对不同身份的继承人抛弃继

① 刘春茂主编：《中国民法学·财产继承》，中国人民公安大学出版社 1990 年版，第 174 页。

承权后的应继份的归属作了不同的规定，简单地说，直系卑亲属抛弃继承权时，其应继份归属其生存的配偶；放弃继承的人为第一顺序继承人时，其应继份归属于第二顺序的继承人。

我国《继承法》对此问题未作明文明定。在司法实践中，一般作如下处理：如果被继承人生前留有有效遗嘱，而遗嘱中指定的继承人又声明放弃继承的，其放弃的应继份额应当按法定继承处理；如果没有遗嘱或遗嘱无效，法定继承人中有人放弃继承的，其应继份额应当归属于同一顺序的其他继承人；没有同一顺序继承人的，则归属于下一顺序继承人；两个顺序的继承人均不存在或均放弃继承的，应当作为无人继承的遗产来处理。

第三节　继承权的丧失

继承权的丧失，是指因继承人意志以外的原因而使其不得享有继承遗产的权利。因此，我们这里所谈的继承权的丧失，主要包括两种情况：一是继承权因依法剥夺而丧失；二是继承权因被继承人的遗嘱规定而丧失，一般不包括因继承人自动放弃而丧失和因继承权赖以产生的客观基础被动摇（如收养关系、婚姻关系被解除）而丧失的情形。我们认为，放弃继承是继承人依照自己的意愿对其权利的处分，而不是权利的丧失；而继承权赖以产生的基础被动摇，则继承权就不存在，也就无所谓丧失与否。

一、继承权丧失的事由

继承人实施某种违法行为，如果符合法定的事由，则由法律直接规定剥夺其继承权。它非常类似于罗马法上的继承缺格制度（Indignitas）。但罗马法上继承缺格制度要求将被剥夺继承资格的继承人应取得的遗产没收归国库所有，由国库清偿债务，履行遗赠。这种没收明显带有刑事制裁的性质，因而为现代各国继承立法所不取。

关于剥夺继承人继承权的法定事由，各国继承法规定宽严不一。如《法国民法典》第727条规定，下列三种人无权继承：（1）因杀害被继承人既遂或未遂而被判刑者；（2）控告被继承人应受死刑，而此控告纯为诬陷者；（3）成年的继承人知悉被继承人被谋杀而不向司法机关告发者。《德国民法典》第2339条则规定在下列四种情况下，继承人丧失继承资格：（1）故意侵害被继承人的生命，无论既遂与否；或使被继承人陷入不能订立或撤销遗嘱的状态者；（2）故意非法妨碍被继承人订立或撤销遗嘱者；（3）用欺诈或胁迫的方式迫使被继承人订立或撤销遗嘱者；（4）用犯罪行为来影响遗嘱者。相比较而言，《法国民法典》规定的法定事由较为宽松，而《德国民法典》的规定则较为严格，但《德国民法典》第2343条随后规定，如果被继承人宽恕则可排除继承缺格的宣告。这事实上是承认继承权丧失的法定事由只具有相对的效力。如果得到被继承人的宽恕，则具备上述情况的继承人仍不丧失继承权。

《日本民法典》第891条的规定与《德国民法典》的规定大体相同，只是在法定事由中又增加了"对被继承人有关继承的遗嘱，进行伪造、变造、毁弃或隐匿者也不得作为继承人"的规定，同时赋予剥夺继承权的法定事由以绝对效力，不存在被继承人宽恕的问题。

《瑞士民法典》规定的继承权丧失的法定事由与德国、日本民法的规定大体上相同。依照该法典第540条的规定："下列人无资格为继承人或依遗嘱取得任何物：（1）故意并违法致被继承人死亡，或有此企图之虞的；（2）故意并违法使被继承人陷入无遗嘱处分能力状态的；（3）采取诈欺、暴力等手段，促使或阻止被继承人订立或撤销遗嘱的；（4）在被继承人无法重新订立遗嘱的情况下，故意并违法销毁遗嘱或使遗嘱无效的。"但与德、日不同，《瑞士民法典》并未赋予剥夺继承权的法定事由以绝对效力，而是规定"继承资格的丧失，经被继承人宽恕而终止。"

我国《继承法》基本上吸收了法、德、日等国的立法主张。该法第7条规定："继承人有下列行为之一的，丧失继承权：（一）故意杀害被继承人的；（二）为争夺遗产而杀害其他继承人的；（三）遗弃被继承人的，或者虐待被继承人情节严重的；（四）伪造、篡改或者销毁遗嘱，情节严重的。"从上述条款中可以看出，我国继承法的规定与其他大陆法国家的规定不同之处，集中表现为两点：一是其他国家的立法关于丧失继承权的法定事由都是由于继承人对被继承人实施一系列违法犯罪行为而造成的，并没有关于继承人相互之间为争夺遗产而实施杀人行为也剥夺继承权的规定。我国《继承法》在丧失继承权的法定事由中增加这一条款，无疑是考虑到上述情况在实践中时有发生的现实，因而是对立法的一种完善。二是在丧失继承权的效力问题上，既没有像法国法和日本法那样赋予所有法定事由以绝对的效力，不允许被继承人的宽恕和变更；也不像德国法和瑞士法那样，对所有的法定事由都只赋予相对的效力，允许在得到被继承人宽恕的情况下，撤销其剥夺继承权的宣告，而是区别不同情况，赋予不同的法定事由以不同的效力。从我国最高人民法院的司法解释来看，导致继承权绝对丧失的事由主要有二：（1）故意杀害被继承人的，不论既遂未遂，均可确认其丧失继承权；（2）为争夺遗产而杀害其他继承人的，不论既遂未遂，均可确认其丧失继承权。在上述两种情况下，即使被继承人表示宽恕，以遗嘱的方式指定由实施上述行为的继承人继承，法院也应当认定该遗嘱无效。但在出现第7条（3）、（4）项规定的情形时，我国立法采取了比较宽容的态度，不轻易剥夺继承人的继承权，只赋予上述两种情况下继承权丧失的相对效力。在继承人虐待被继承人情节严重，或者遗弃被继承人的情况下，如果继承人事后确有悔改表现，而且被虐待者、被遗弃者生前又表示宽恕，可以不确认其丧失继承权。在继承人伪造、篡改或者销毁遗嘱的情况下，只有当产生的后果已侵害到缺乏劳动能力又无生活来源的继承人的利益，并且造成其生活困难时，才应剥夺实施该行为的继承人的继承权。

被继承人能否通过立遗嘱的方式剥夺继承人的继承权？国外立法从尊重被继承人"遗嘱自由"权利的角度，对此问题一般都持肯定的态度。但大多数国家的立法在肯定被继承人有用遗嘱剥夺法定继承人继承权的权利的同时，又对该权利的行使作了必要的限制，即遗嘱不得违反有关特留份的规定，如《德国民法典》第2079条规定，被继承人忽略在继承开始时已存在的特留份权利人，得撤销此项遗嘱。其他国家如日本、瑞士、美国等均有类似规定。如果享有特留份的继承人实施某种违法行为，被继承人能否通过遗嘱的方式剥夺其取得特留份的权利？对此，国外立法有两种不同的立法主张。一种是以法国为代表，《法国民法典》第727条就只规定了继承缺格问题，而没有规定被继承人可以用遗嘱的方式剥夺特留份的权利。另一种则以德国、日本和瑞士为代表，允许被继承人以遗嘱方式剥夺继承人的特留份。如《德国民法典》第2333条规定，直系卑血亲有下列情形之一者，被继承人可以用遗嘱剥夺其特留份：（1）对被继承人或其配偶或其他继承人加以生命危险者；（2）故意虐待被继承人或其配偶者；（3）对被继承人或其配偶犯罪或有重大故意违法行为者；（4）对被继承人恶意不尽法定赡养义务者；（5）违背被继承人意思，为不名誉或不道德行为者。同时该法典第2254条和第2355条还对剥夺父母的特留份和配偶的特留份分别作了详细的规定。《日本民法典》则以概括的方式规定了剥夺特留份的法定事由，依该法第892条的规定："有特留份的法定继承人，对被继承人加以虐待或重大侮辱时，或有其他显著劣迹时，被继承人可以请求家庭法院废除该法定继承人。"《瑞士民法典》第477条则规定，被继承人以遗嘱方式剥夺继承人的特留份只限于两种情况：（1）继承人对被继承人或其亲友犯有重罪的；（2）继承人对被继承人或其家属中一人，严重违反亲属法规定的应尽义务的。

对于用遗嘱方式剥夺特留份的效力问题，德国和日本法均认为只有相对效力。如《德国民法典》第2337条就规定：“保留份的剥夺权因宽恕而消灭。”而瑞士法则主张有绝对效力，如依《瑞士民法典》第478条的规定：“被剥夺继承的，既无继承权，亦无扣减诉权。”

我国《继承法》对于用遗嘱剥夺法定继承人的继承权也是持肯定态度的，如《继承法》第16条规定：“公民可以立遗嘱将个人财产指定由法定继承人中的一人或数人继承。”很明显，若遗嘱处分了全部遗产，对于未被指定的法定继承人来说，就意味着其继承权已被遗嘱人取消。同时该条还规定：“公民可以立遗嘱将个人财产赠给国家、集体或者法定继承人以外的人。”如果遗产全部遗赠给他人，则意味着所有法定继承人的继承权均被遗嘱取消。

对于遗嘱人能否用遗嘱方式取消法定继承人的特留份权利，立法上尚不明确，因为我国《继承法》没有规定特留份制度，但第19条规定：“遗嘱应当对缺乏劳动能力又没有生活来源的继承人保留必要的遗产份额。”这种“必要的遗产份额”非常类似于大陆法国家的特留份。依照我国继承法的规定，这种“必要遗产份额”的权利是不能被遗嘱人剥夺的，否则遗嘱无效。享有必要遗产份额的继承人如果对被继承人及其他继承人实施了重大犯罪行为，或违反了亲属法上规定的禁止义务，被继承人能否用遗嘱取消其取得必要遗产份额的权利？对此我国立法未作明确规定。我们认为，从理论上讲，享有必要遗产份额的继承人对被继承人及其他继承人实施重大犯罪行为，或违反亲属法规定的禁止义务时，被继承人可以用遗嘱取消其取得必要遗产份额的权利，但这种取消只具有相对效力，可因被继承人及其他继承人的事后宽恕而失效。

剥夺继承权的程序，各国立法有两种不同的做法：一是具备法定事由的法定继承人，当然丧失继承权，无须利害关系人提起继承权撤销之诉，法国、日本均采此做法。二是剥夺继承权，必须以利害关系人提起撤销之诉为条件，德国、瑞士均采此做法。就我国而言，从有关的司法解释看，我国是采取后一种做法的。如最高人民法院的司法解释中指出：“在遗产继承中，继承人之间对是否丧失继承权发生纠纷，诉讼到人民法院的，由人民法院根据《继承法》第7条的规定，判决确认其是否丧失继承权。”

二、继承权丧失的效力

继承权丧失的效力，是指继承权丧失所产生的法律后果。大体说来，主要包括三个方面：一是继承权丧失的时间效力；二是继承权丧失对人的效力；三是继承权丧失对取得遗产的善意第三人的影响。各国立法在上述问题上的规定不尽相同，下面分述之。

1. 继承权丧失的时间效力

继承权丧失的时间效力是指继承权丧失后在时间上的溯及力，即从何时开始丧失继承权。

《法国民法典》第729条规定："继承人因无资格而不得继承时，应负责返还自继承开始时起所收益的果实与收入。"

《德国民法典》第2344条规定："继承人受丧失继承权的宣告者，遗产的归属视为未发生，如果丧失继承权的人在继承开始时已死亡，遗产归属于被指定为继承人的人；遗产的归属视为在继承开始时发生。"

《瑞士民法典》第542条规定："继承人在继承开始时有继承能力的，始得继承遗产。"

从以上几个国家的立法规定中不难看出，无论采取何种方式确认继承人丧失继承权，其丧失的时间效力都应追溯到被继承人死亡、继承开始之时。有人认为，继承权的丧失，不仅包括继承既得权的丧失，也包括继承期待权的丧失，因而把继承权丧失的时间定位在继承开始之时是不恰当的①。我们认为，这是混淆了继承能力和继承权这两个不同的概念（关于这一问题在"继承权的性质"一节中已作阐述，此处不再赘述）。继承权丧失的实质是剥夺继承人实际继承某个被继承人遗产的实体权利，而非继承能力。从法理的角度看，当事人的继承能力是不能被剥夺的。我国《继承法》对于继承权丧失的时间效力虽未作明文规定，但理论上仍应理解为继承权的丧失应当溯及到被继承人死亡、继承开始之时。

2. 继承权丧失对人的效力

继承权丧失对人的效力包括三方面的内容：

（1）丧失继承权的人，对其他被继承人的遗产是否还享有继承权？

由于国外立法中，严格区分了继承能力和继承权的概念，因而上述问题是显而易见的，无须在立法上再作规定。即对某个特定被继承人遗产继承权的丧失，并不意味着其继承能力的丧失。只要该继承人没有对其他被继承人实施违法犯罪行为，就仍可对其他被继承人的遗产享有继承权。由于我国《继承法》没有使用"继承能力"的概念，在不同的场合使用的"继承权"概念的含义又不完全相同，在立法未作明文规定的情况下，这个问题在司法实践中被提出来是理所当然的。不过从学理的角度来解释，我们仍认为，丧失继承权，只是

① 参见刘春茂主编：《中国民法学·财产继承》，中国人民公安大学出版社1990年版，第146~147页。

继承人丧失对特定被继承人的遗产实际取得的权利，而并非该继承人继承能力的丧失。既然他的继承能力没有被剥夺，那么他对其他被继承人的遗产就仍享有继承权。

(2) 丧失继承权的继承人的晚辈直系血亲是否还享有代位继承权？

对于这一问题，各国立法主张不尽相同。

《法国民法典》第730条主张，代位继承人享有代位继承权，是以被代位人的继承地位的存在为基础的。既然被代位人的继承权丧失，其继承地位已不存在，也就“无位可代”了。所以，《法国民法典》认为，丧失继承权的继承人的晚辈直系血亲不享有代位继承权。而《瑞士民法典》第541条则规定：“无继承资格人的直系卑血亲，按无继承资格人先于被继承人死亡的情况，继承被继承人的财产。”采纳这一立法主张的国家还有日本等。它们认为代位继承权是继承人的晚辈直系血亲的固有权利，并不因继承人继承权的丧失而丧失。

我国《继承法》对此问题未作明文规定，但在司法实践中，依照最高人民法院的司法解释：“继承人丧失继承权的，其晚辈直系血亲不得代位继承。如该代位继承人缺乏劳动能力又没有生活来源，或对被继承人尽赡养义务较多的，可适当分给遗产。”显然，我国的代位继承理论是采纳了法国法的代位权说的。

(3) 继承权的丧失对取得遗产的善意第三人有何影响？

被依法剥夺继承权的继承人可能在继承开始之前或继承开始后、遗产分割前也占有被继承人的部分或全部遗产，并将之有偿或无偿地转让给善意第三人。这种转让行为是否有效？善意第三人是否有返还财产的义务？对此，各国立法规定大体一致。依照民法善意取得制度的一般理论，被剥夺继承权的人如果将被继承人的动产有偿转让，则转让行为有效，善意第三人不负返还财产的义务。其他继承人只能向被剥夺继承权的转让人要求补偿损失；但如果转让行为是无偿的，或转让的财产是不动产，则不适用善意取得的规定，第三人必须将取得的财产返还给其他继承人。

第四节 继承权的保护

保护继承人的合法继承权不受侵犯是继承法的一项重要原则。当继承人的继承权受到侵害时，有权请求法院通过诉讼程序恢复其继承权。继承人的这一权利称为继承恢复请求权（Here Ditatis Petitio）。这里我们只讨论两个问题：

继承恢复请求权的性质和成立要件及请求权的时效。

一、继承恢复请求权的性质和成立要件

继承恢复请求权在法国判例和学说中称为遗产诉权，在德国民法中称为遗产请求权，在日本民法中称为继承回复请求权。事实上，大陆法系各国继承法关于继承恢复请求权的理论皆渊源于罗马法，但对该权利性质的认识却不完全相同。归纳起来，大致有以下三种不同的观点：

（1）继承恢复请求权是确认继承人的继承地位的请求权，罗马法上的继承诉权即持此种观点。

（2）继承恢复请求权是对被侵占遗产的返还请求权，德国、瑞士等国的民法均采此观点。如《德国民法典》第 2018 条规定："继承人得向任何根据实际上并不存在的继承权而已从遗产中取得财物的人（遗产占有人），请求返还其已取得的财物。"《瑞士民法典》也规定，继承人对遗产享有优先权时，得对占有者提起遗产回复之诉（第 598 条）；原告胜诉时，占有人应根据占有的有关规定，将遗产或遗产的某物交与原告（第 599 条）。

（3）继承恢复请求权既是对继承人资格确认的请求权，也是对被侵占遗产的返还请求权。日本多数学者持此观点，我国多数学者也赞同这种观点。

我们认为第三种观点比较符合我国司法实践。继承恢复请求权是一种包括性的独立的请求权，这是它区别于物上请求权、不当得利请求权和损害赔偿请求权的主要特征所在。这可以从以下几个方面得到印证：首先，就请求权的标的而言，继承人主张该请求权时，不必证明对于属于遗产范围的各部分财产有何权利，只须证明被继承人于死亡时享有权利即可，也就是说，继承人可以对被继承人死亡时遗留下来的全部财产权利主张恢复。这些财产权利，既可以是物权，也可以是债权，还可以是无形财产权。其次，就请求权的内容而言，继承在遗产被不当继承人占有的情况下，既可以提起确认之诉，也可以提起给付之诉，而在大多数情况下，继承资格的确认之诉和被侵占遗产的返还给付之诉又是紧密结合在一起的。继承资格的确认之诉并非诉讼的最终目的，而是达到最终目的的手段，诉讼的最终目的是要使被侵占的遗产返还给合法继承人。但在原、被告双方均主张对遗产享有继承权时，确认之诉又是必不可少的。最后，就请求权的时效而言，继承恢复请求权，是基于继承人的继承权，由法律特别规定的一种独立的请求权。虽然就其效力而言，请求权成立的后果也是使被侵占的遗产得以返还，但它并不是物上请求权，也不适用民法关于物权时效的规定。各国民法对于继承权的时效都作了特别的规定。在恢复请求权基于继

承法规定的时效而消灭之前，不法占有人不得主张取得时效。如《德国民法典》第2026条就规定：“以遗产请求权未因时效而消灭者为限，遗产占有人对继承人不得援用取得时效的某物原属遗产，主张自己因占有而取得权益。”

英美法国家由于遗产信托制度的存在，因而在其单行继承立法中没有规定继承恢复请求权制度。依照英美法国家的做法，被继承人死之后，遗产先以信托的方法委托给遗产管理人，由遗产管理人清理债务、遗赠；如有剩余遗产，再分配给继承人或受遗赠人。英美法中的遗产管理人、遗嘱执行人与大陆法国家的遗产管理人、遗嘱执行人虽然在其职责上有相类似之处，但法律地位截然不同，前者视为被继承人的代理人，而后者视为继承人的代理人，而且前者在处理遗产方面的权力要比后者大得多。因而，英美法国家不发生对不当继承人的继承恢复请求权问题，如果继承人认为遗产分割不当，应当提起信托之诉。

行使继承恢复请求权，从大陆法国家的立法规定来看，一般应当具备三个基本条件：

（1）必须不当继承人事实上已占有、管理或处分了遗产。这里的不当继承人既包括没有继承权的人自命为继承人而占有、使用、处分遗产的一部或全部，也包括合法继承人中的一人或数人，认为自己应当取得遗产的一部或全部，而否认其他合法继承人的继承权，其占有的遗产份额已超出了他应得的部分。

（2）占有人占有遗产没有其他原因。如果占有人占有遗产是基于和被继承人间的租赁关系、借用关系或在该遗产上没有其他物权而延续到被继承人死后，则不能视为不法占有。同时，遗产管理人、遗嘱执行人、破产管理人等基于职务上的原因而占有、使用、处分遗产时，也不发生继承恢复请求权问题。

（3）继承权受到侵害是因为侵害者否认真正继承人的继承权。如果继承人只是主张自己的权利，则这种诉讼不是恢复继承权诉讼。

主张继承恢复请求权的人一般包括真正的继承人、继承人的继承人、应继份的受让人、无行为能力或限制行为能力继承人的法定代理人。

二、继承恢复请求权的保护期限

法律保护继承权是有一定时间限制的。法律保护继承权的法定期间，也就是继承恢复请求权的诉讼时效期间。大陆法各国都根据自身的实际情况，规定了继承恢复请求权的诉讼时效，其中包括短期时效和长期时效两种。如《日本民法典》第884条规定：“继承恢复请求权，自继承人或法定代理人知悉侵害继承权的事实起，5年间不行使时，因时效而消灭；自继承开始时起，经过

20年时，亦同。”《瑞士民法典》规定的短期时效为1年，而长期时效则区分不当继承人是善意占有还是恶意占有分别作了规定，在善意占有的情况下，其长期时效为10年；在恶意占有的情况下，其长期时效为30年。法国和德国在其民法典中，均未规定短期时效，其长期时效为30年。

我国《继承法》第8条对继承恢复请求权的保护期限也作了明确规定。该条规定：“继承权纠纷提起诉讼的期限为2年，自继承人知道或者应当知道其权利被侵犯之日起计算。但是，自继承开始之日起超过20年的，不得再提起诉讼。”

对于该条中2年保护期的规定，认定为继承恢复请求权的短期时效，因而在发生法定事由时，可以适用《民法通则》关于诉讼时效的中止、中断和延长的规定，学术界似乎并不存在什么争论。但对于20年保护期的规定，究竟是诉讼时效期间还是除斥期间？理论上有不同的看法。有人主张是长期时效①，也有人主张是除斥期间。我们倾向于后一种观点，因为它事实上是实体权利存在的不变期间。从起算的时间看，它并不是从继承人知道或应当知道其权利被侵害之日起算的，而是从继承开始之日起算的。我国有关的司法解释也明确规定，即使“自继承开始之日起的第18年至第20年期间内，继承人才知道自己的权利被侵犯的，其提起诉讼的权利，也应当在继承开始之日起的20年之内行使。”其次，从法律后果看，超过20年的，继承人丧失的不仅仅是胜诉权，而且连起诉权也归于消灭。最后，在20年之内，无论发生何种事由，均不发生中止、中断或延长的问题，这与《民法通则》第137条关于20年长期时效的规定是不同的。因此，从条文的表述、期间起算、法律后果及具体适用上看，我国《继承法》关于20年保护期的规定，符合除斥期间的特征，而非长期时效，这一点与国外的立法略有不同。

① 参见刘春茂主编：《中国民法学·财产继承》，中国人民公安大学出版社1990年版，第191~195页；王利明等著：《民法新论》（下），中国政法大学出版社1987年版，第674页。

第三章　遗　　产

遗产（Property Legacy），是指被继承人死亡时遗留下的个人财产。作为继承权的客体，各国继承法均以一定篇幅对遗产的范围、遗产的保管和处分、遗产债务的清偿、遗产的分割、无人继承遗产的处理等问题作了详略各异的规定。本章将就各国继承立法对上述问题的规定作一简要阐述。

第一节　遗产的范围

哪些财产可以作为遗产？从古至今，各国立法的规定不完全相同。古罗马法中，对继承的遗产一直采取“总括继承原则”，即被继承人所遗留各种权利和义务都属于遗产，继承人在取得遗产权利的同时，也必须承受遗产中所包括的各项义务。至于说是权利多于义务，抑或义务大于权利，则在所不问。但某些专属于死者本人的权利义务，如其接受定期给付赠与的权利等，则不在继承之列①。罗马法上的“总括继承原则”在剔除了家长身份继承的内容之后，基本上为近现代大陆法系各国的继承立法所接受。如法国、德国、日本、瑞士等国的民法典，都明确规定“积极财产”（即财产权利）和“消极财产”（即债务）应当同时作为遗产转移给继承人，继承人不能只继承财产权利而拒绝承担财产义务。所不同的是，在罗马时代，继承人对死者遗产的继承是没有选择余地的，他必须对死者生前的债务负完全清偿的责任，而不以继承的遗产额为限。而现代各国立法则规定了“单纯承认”和“有限承认”两种方式供继承人选择。当遗产中所含权利小于或等于债务时，继承人完全可以通过有限承认或抛弃继承的方式，来摆脱对被继承人生前债务的负担。在英美法系国家，对遗产的理解与大陆法国家不太一样。依照英国继承法和有关判例的规定，被继承人所遗留的财产并非都属于遗产，只有从被继承人遗留的全部财产中扣除掉其生前所负的债务，其余额才作为遗产来继承。这是由于在遗产继承中，英

---

① 参见周枏等著：《罗马法》，法律出版社 1983 年版，第 277～278 页。

美法采取了完全不同于大陆法的遗产信托制度所致。

就大陆法国家而言，可以作为“积极财产”加以继承的遗产主要包括：

1. 物权

包括财产所有权、各种限制物权等。不论物之所在地如何，均可由继承人继承。矿业权、渔业权等准物权性质的财产权利，也原则上可以作为遗产加以继承。对于被继承人生前对他人财产的占有，能否作为一项财产权利加以继承，各国立法和学说看法不一致。《法国民法典》第 857 条规定：“占有得移转给继承人。”而日本民法对此问题未作明文规定，其司法实践仍认为占有权可以作为遗产加以继承。

被继承人的遗体能否作为遗产加以继承？各国学者看法不一。日本的判例认为，遗体是物，其所有权可以构成遗产的一部分，由继承人继承。而瑞士的判例则认为，遗体虽为物，但关于遗体的继承契约因违反公序良俗而无效，因而遗体不能继承。德国原则上不承认遗体可以作为遗产加以继承，但如果遗体制成木乃伊或标本，则可以作为遗产加以继承。

2. 债权

无论何种原因所产生的债权，除非与被继承人人身紧密相连，必须由被继承人亲自享有者外，原则上都可以作为遗产由继承人继承。这些债权既包括现实的债权，也包括附条件和附期限的债权，同时还包括基于物权和债权而产生的形成权、抗辩权、请求权等，均可列入遗产之列，由继承人继承。

3. 有价证券上载有的权利

有价证券上载有的权利，有些属于债权（如债券），有些则既不属于债权，也不属于物权（如股权）。但无论是记名的有价证券，还是不记名的有价证券，均可作为遗产加以继承，但被继承人生前作为无限公司股东或两合公司的无限责任股东所享有的股东权不得继承。

4. 知识产权中的财产权利

如著作权、专利权、发现权、商标权中的财产权利均可作为遗产加以继承。但知识产权中专属于死者享有的人身权利如署名权、修改权等不能作为遗产加以继承。

我国《继承法》第 3 条采取列举的方式对遗产的范围作了一个规定，同时最高人民法院的司法解释中把有价证券和履行标的为财物的债权也列入遗产的范围。从其立法精神来说，我国继承法规定的遗产范围与大陆法国家的规定大体一致，即被继承人死亡时遗留的各种财产权利，只要不具有人身专属性，都可以作为遗产加以继承。但依照我国的立法和司法实践，下列财产权利是不能作为遗产的：

（1）承包经营权。这包括两种情况：一是公民个人承包经营小型企业的权利；二是公民个人承包国有或集体荒地、荒山的权利。在我国学者中，虽然对承包经营权的性质认识不一，有人认为是一种合同债权①，也有人认为是一种新型物权②，但就大陆法的理论来看，无论是合同债权，还是物权，均可以作为遗产加以继承。而从我国《继承法》第 4 条的立法精神来看，个人承包荒山、荒地和全民或者集体的企业等的所有权，属于全民或国家所有，不得继承。个人承包应得的收益，则属承包人所有，死后可以作为遗产加以继承。至于承包经营权本身能否继承？《继承法（草案）》说明中认为不能继承，其理由有两点：一是承包企业的，纯属本人对企业的经营管理，子女不能继续承包；二是承包荒山、荒地的，由于收益周期长，承包期限长，承包人死后应允许子女继续承包。但这种继续承包不能按照遗产继承的办法，否则，同一顺序的几个继承人，不管是否务农，不管是否有条件，都要均等承包，这对生产不利。因此，总的来说，承包经营权不得作为遗产加以继承。

（2）具有人身性质的债权。如被继承人基于委托合同而对受托人享有的权利；基于房屋租赁合同被继承人享有的承租权；人寿保险合同中已经指定第三人为受益人的，第三人所享有的受益权等，均不得列入遗产的范围。

（3）复员费、转业费、医疗费、抚恤金等，能否作为遗产加以继承？理论上争议较大。我们认为，前三种费用虽然具有人身性质，只能由被继承人本人享有，不得转让，但在被继承人死亡时，上述三种费用如果尚未用完，则可以作为被继承人的遗产加以继承；至于抚恤金则分两种情况：一是伤残抚恤费，二是死亡抚恤费。前者是被继承人生前因公致残、丧失劳动能力后由有关单位发给的生活扶助费用，它只能由被继承人本人享有。但被继承人死亡时，伤残抚恤费仍有余额的，可以纳入遗产的范围；后者则是在被继承人因公或因意外事故死亡的情况下，有关单位依法给予死者特定家属的精神慰藉和物质帮助，因而死亡抚恤费原则上只能由受死者生前抚育、扶助和赡养的亲属享有，而不得作为遗产加以继承。

大陆法国家遗产中的“消极财产”，主要指的是被继承人生前负担的债务。这部分债务大体包括两部分：一是公法上的债务。即被继承人生前所欠的

① 参见刘素萍主编：《继承法》，中国人民大学出版社 1988 年版，第 176 页。

② 参见佘能斌、马俊驹主编：《现代民法学》，武汉大学出版社 1995 年版，第 559~560 页。

国家税款，及未来得及支付的各种罚金、罚款；二是私法上的债务，即被继承人生前在民事交往中所产生的个人债务。但如果债务具有人身性质，必须由被继承人亲自履行的，不在此限。

我国《继承法》基本上采纳了大陆法国家的通行做法，将被继承人生前所负的债务列入遗产的范围。但有两点与大陆法国家不同：一是被继承人生前对其他民事主体所负的各种责任和不利益的地位能否由继承人继承？立法上未作明确规定，而在有关的司法解释中又把可继承的债局限于履行标的为财物的债权①。如果履行标的为行为的债，为被继承人生前违约不当履行，其违约责任是否应当由继承人承受呢？我们认为从理论上来说是可以的，但必须由被继承人亲自履行的除外。二是由于我国《继承法》第 33 条只采取了限定承认原则，因而当被继承人遗留的债务数额大于遗产中的财产实际价值时，对超出部分，继承人不负清偿责任。这与大陆法国家既允许单纯承认，也允许限定承认是不同的。

依照我国的司法实践，下列债务因具有人身属性，不得列入遗产的范围：

（1）被继承人基于委托合同而负担的义务，因与被继承人的人身具有密切联系，应当由被继承人亲自履行，当被继承人死亡时，委托合同自然终止，其义务原则上不应作为遗产由继承人继承。但如果该项义务在被继承人（即被代理人）死亡前已经进行，而在被继承人死亡后，代理人为了被继承人的继承人的利益而继续完成的，依我国有关的司法解释，该项义务仍应纳入遗产的范围。例如被继承人生前委托代理人去外地购买某物，在代理人按委托购回该物时，被继承人已死亡，此时，继承人不得以被继承人死亡为由，拒绝将付款义务纳入遗产的范围。同样理由，被继承人虽然死亡，但只要生前并未将撤销委托的意思表示通知代理人，代理人在不知被继承人死亡的情况下，实施的代理行为所产生的义务，以及被继承人的继承人对委托事项均予承认的，应当将此类义务纳入遗产的范围②。

（2）基于加工承揽合同的规定，承揽人必须亲自完成的承揽义务不得纳入遗产范围。但如果定作人已预付了报酬的，则承揽人的继承人有义务在遗产价值范围内负责返还定作人预付的报酬，这当然以承揽人未完成工作成果为前提。

（3）基于出版、演出合同必须由作者、表演者完成的创作、表演义务，

---

① 《最高人民法院关于贯彻执行〈中华人民共和国继承法〉若干问题意见》第 3 条。

② 《最高人民法院关于贯彻执行〈中华人民共和国民法通则〉若干问题的意见》第 82 条。

在作者、表演者死亡时，其未完成的义务不纳入遗产范围。与承揽合同一样，如果对方当事人事先已向作者、表演者预付了报酬，则作者、表演者的继承人有义务在遗产价值范围内返还预付的报酬。

（4）基于赠与合同而产生的赠与义务，在赠与人死亡时尚未实施的，该义务不应由赠与人的继承人继承。这是因为赠与合同是一种实践合同，只有在交付赠与物时，合同才生效，在赠与人未交付赠与物时即死亡，则合同没有生效，当然也就不存在履行的问题。

第二节　遗产的管理

从被继承人死亡到遗产被实际分割，这段时间如果遗产处于无人管理的状态，则有可能出现遗产毁损灭失、被侵吞、隐匿和争抢的现象，对遗产继承人、遗产债权人的合法权益的实现构成极大威胁。为防止上述情况的发生，各国继承法均规定了遗产管理制度。

一、遗产管理人的选定及其地位

遗产管理人就是指在遗产分割前被指定对死者遗产进行保存和管理的人。各国立法对遗产管理人的范围均规定得较为宽泛。继承人和第三人均可担任遗产管理人，但无行为能力人，受破产宣告尚未复权者、被剥夺公权尚未复权者不得但任。对于第三人担任遗产管理人，《德国民法典》第 1960 条和《日本民法典》第918条均作了限制性的规定，即第三人担任遗产管理人必须具备下列三个条件：（1）必须继承人尚未确定或继承人是否承认继承尚未确定，或继承人无力胜任管理遗产的工作。（2）遗产有管理的必要。一般理解为真正的继承人不尽遗产管理义务时，就会发生选任第三人管理遗产的问题。（3）必须有利害关系人的申请，由法院选定。关于利害关系人的范围，一般包括继承人、被继承人生前的债权人、遗嘱执行人等。日本民法还允许依检察官的请求，选定第三人为遗产管理人。

遗产管理人的人数一般为一人。在共同继承的情况下，《日本民法典》第936 条规定，家庭法院应从继承人中选任继承财产管理人。

遗产管理人的地位在继承法理论上主要有三种学说：第一种认为遗产管理人是被继承人的代理人。这种学说起源于罗马法。第二种认为遗产管理人是继承人的代理人。这种观点为德国和日本的判例所采纳。第三种学说则主张，遗产管理人既不是被继承人的代理人，也不是继承人的代理人，而是遗产之特别代理人。这种学说认为，遗产本身就是法人，遗产管理人不过是法人的代理人而已。特别是在无人继承的情况下，《日本民法典》第951条明确规定遗产为法人。如果在遗产管理期间，有继承人出现主张继承，则因继承效力溯及既往的原因，原所拟定的法人视为自始未发生；若在整个遗产管理期间，无人主张继承，则遗产归国家后，原设定的法人也因遗产移交国库而消灭。

我国《继承法》对遗产管理人只作了原则规定。该法第24条规定："存有遗产的人，应当妥善保管遗产，任何人不得侵吞或者争抢。"从该条规定的立法精神来说，我国对遗产管理人的选任具有以下几个特点：（1）遗产管理人既可以是继承人，也可以是继承人以外的第三人。也就是说，只要是"存有遗产的人"都可以成为遗产管理人。（2）遗产管理人的人数既可以是一人，也可以是数人。因此，在我国不存在遗产管理人的选任问题。这与大陆法国家只允许选任一个遗产管理人，且继承人优先于第三人担任遗产管理人是不同的。至于无人继承的遗产管理人如何选任，我国《继承法》未作明文规定，从我国的司法实践来看，一般由死者生前所在的工作单位或遗产所在地的基层组织负责保管。

对于遗产管理人的法律地位，我国《继承法》未作具体规定。不过从理论上讲，我们倾向于遗产管理人应视为继承人的代理人，因为，当被继承人死亡后，其主体资格即归于消灭，把遗产管理人视为死者的代理人显然是不合适的。同时，我国民事立法历来认为财产只是法律关系的客体，而非法律关系的主体，把遗产视为权利主体，其权利能力和行为能力问题都难以自圆其说，因此，认为遗产管理人是遗产的代理人也很难为我国的司法实践所接受。如果把遗产管理人视为继承人的代理人，则在理论上可认为，自继承开始之日，继承人即已取得对该遗产的权利（继承权），虽然这种权利还不等于遗产的所有权，因为依照我国有关的司法解释，对遗产所有权的取得必须是在遗产分割以后，但遗产最终是要成为继承人权利的客体的，因此，遗产管理人对遗产的管理应当是基于继承人的委托对遗产的管理。在无人继承的情况下，由于我国《继承法》规定，在清偿债务、交付遗赠以后，剩余财产归国家或死者所在的集体组织所有，因此，此时的遗产管理人可视为国家或集体组织的代理人。当然管理人作为继承人的代理人，与民法上的一般代理有显著的不同，比如，他不得代理继承人承认或放弃继承，不得代理继承人提起继承恢复请求权的诉讼等。因此，把遗产管理人视为继承人的特别代理人似乎更为恰当。

二、遗产管理人的权利和义务

大陆法系国家，一般均把遗产管理人在管理遗产时享有的权利和义务当作无因管理来看待。如《德国民法典》第1959条、《日本民法典》第918条均规定管理人有无因管理人同样的权利和义务。至于具体享有哪些权利，承担哪些义务，则有的规定较为概括，有的规定较为具体。归纳起来，主要包括以下几个方面：

（1）遗产管理人有编制遗产清单的义务。该项义务在有些国家是由继承人完成的（如日本），但如果继承人放弃继承或无人继承遗产时，则仍由管理人进行。而在有些国家（如瑞士）则是由管理人进行的。

（2）为保存遗产而实施一切必要的行为。这些行为一般包括为保护遗产而进行必要的改良、修缮和利用；对不宜保存的遗产加以变卖，保存其价款等。

（3）对死者的紧急债务和税款的清偿行为。这里的紧急债务主要是指死者生前所欠的医疗费和死后的丧葬费用等，而不包括一般民事交往中所发生的债务。

（4）对死者生前的营业，有继续营业的行为。如为维持营业而支付工人工资等。

（5）对死者生前的债权的受领行为。

（6）对遗产的管理应以对自己财产同样的注意。因管理不善，造成遗产毁损灭失的，应负赔偿的义务。

（7）在管理期间，有向继承人、利害关系人和法院报告管理状况的义务。

（8）在继承人、遗产的债权人尚未确定的情况下，有拒绝清偿债务和交付遗产的权利。

（9）在遗产分割时，有交付遗产的义务。

我国《继承法》对遗产管理人的权利和义务问题未作具体规定，但从理论上来解释，上述管理人的权利和义务也是适用的。

第三节　遗产债务的清偿

遗产债务主要是指被继承人生前所欠的债务，无论是公法上的债务（如税款、各类罚金、罚款等），还是私法上的债务，在被继承人死后，一般均应由继承人承担清偿责任，除非继承人放弃继承。这是各国继承立法的通例。但在遗产债务的清偿原则、清偿方式和清偿程序问题上，各国立法仍有一定的差异。下面分述之。

一、遗产债务的清偿原则

如前所述，大陆法国家按照继承人接受继承的方式的不同，规定了遗产债务不同的清偿原则。法国、德国、日本、瑞士等大陆法国家在继承立法中，均规定继承人接受继承既可以采取单纯承认的方式，也可以采取限定承认的方式。继承人既未选择单纯承认，也未选择限定承认的情况下，只要他未声明放弃继承，则推定为法定的单纯承认。在单纯承认的情况下，继承人对于遗产债务应当负无限清偿责任，而不以遗产的实际价值为限。如《日本民法典》第920条就明确规定："继承人表示单纯承认后，即无限地承受被继承人的权利义务。"在限定承认的情况下，继承人仅以其所获得的遗产的实际价值为限，对被继承人生前遗留的债务负清偿责任。对于超出遗产价值部分的债务，继承人不再以其个人财产清偿。《法国民法典》第802条关于限定承认的效果规定：继承人"仅就其所受遗产的价额限度内负清偿遗产债务的义务；并得委托全部遗产于债权人及受遗赠人而免除其清偿债务的义务"。但也有一些国家如前苏联、中国等，在继承权的接受问题上，只允许限定承认，不允许单纯承认。在此情况下，继承人对遗产债务就只负有限清偿责任。我国《继承法》第33条就规定："继承遗产应当清偿被继承人依法应当缴纳的税款和债务，缴纳税款和清偿债务以他的遗产实际价值为限。"

英美法国家基于特有的遗产信托制度，遗产一般先由遗产管理人或遗嘱执行人用于清偿遗产债务，有剩余的，才交由继承人继承。这就使得继承人继承的遗产一般仅限于财产权利的范围，因而并不发生遗产债务的清偿问题。

二、遗产债务的范围

哪些债务属于遗产债务？各国立法规定不一。依照《德国民法典》第1967、1968条的规定，被继承人生前所负担的债务和继承人因继承而负担的债务，特别是从特留份权、遗赠和遗嘱负担所生的债务，均为遗产债务。但被继承人死后的丧葬费用则不属于遗产债务，应由继承人负担。《日本民法典》第904条则规定，继承人为被继承人生前事业所提供的劳务或财产帮助、花费的医疗费用等均不属于遗产债务的范围，在遗产分割前应先行扣除。而《瑞士民法典》第474条和第603条则将丧葬费、遗产清单制作费用，以及对被继承人生前的物质帮助等均列入遗产债务的范围。可见各国对遗产债务的范围认识很不一致。我国《继承法》虽然将被继承人生前的债务列入遗产范围，但哪些属于遗产债务，立法和司法解释均未给予明确的界定。我们认为，遗产债务原则上应以被继承人生前为满足个人需要所欠下的债务为限，因而有关死者的丧葬费、继承遗产所花费的各种费用等均不应列入遗产债务的范围，而应由继承人个人承担。对于死者生前为满足家庭成员的需要而欠下的债务，应当由家庭财产或夫妻共同财产负担，也不应全部列入遗产债务的范围。只有被继承人应当分担的部分才能纳入遗产债务的范围。至于死者生前因治病所花费的医疗费，虽然可以纳入遗产债务的范围，但其清偿并不以遗产的实际价值为限。因为从理论上讲，被继承人与继承人之间一般都具有扶养的关系，在被继承人生前经济困难的情况下，为被继承人支付必要的医疗费用，本身就是扶养义务的一项重要内容，因此，对于医疗费用超出遗产实际价值的部分，继承人不得以有限继承为理由，拒绝清偿。

在遗产债务范围问题上，对于附条件和附期限的债务是否纳入遗产范围，各国立法也不一致。对于附期限的债务应当纳入遗产范围，各国均不存在什么异议，但能否在遗产分割时，对未到期的债务予以清偿，则存在两种不同的做法。依照法国法的规定，对于未到期的债务，债权人不得因被继承人的死亡而请求清偿；而依照《日本民法典》第 930 条的规定，限定继承人对于未到期的债务，也应当按照各个债权额的比例予以清偿。我们认为后一种做法有利于及时清偿债务和遗产分割工作的顺利进行。但未到期的债务与期限届满的债务毕竟不同，提前清偿无疑会使债务人蒙受利息上的损失。因此，清偿未到期的债务，应当扣除自实际清偿之日至清偿期到来这段时间内的利息。这样对继承人才是公平的。

对于附条件的债务，由于条件成就与否尚处于一个不确定的状态，因而各国立法对此项债务的清偿问题规定不一。《德国民法典》第 1986 条第 2 款规定："1. 如清偿债务为当时不能实行者，或债务为有争议者，仅在向债权人提供担保时，始得交付遗产。2. 附条件的债权，如其条件的成就尚为期甚远，致该债权并无当前的财产价值时，无需对此债权提供担保。"而《日本民法典》第 930 条第 2 项则规定："附有条件的债权或未确定存续期间的债权，根据家庭裁判所选任的鉴定人的评价，必须偿还。"相比较而言，德国法的做法更为可取，因为一方面它将附条件的债务纳入了遗产债务的范围，使债权人的债权从遗产中得到了清偿；另一方面，就继承人而言，由于要求债权人必须提供相应的担保，因而一旦将来条件不成就，附条件之债不生效，则继承人从债权人提供的担保中可以收回其支出的财产数额。我国立法对此问题未作规定，解释上似可参酌德国法的做法。

三、遗产债务的清偿方法

在对被继承人的债务进行清偿时，如果继承人为一人，那么为单纯承认的继承人，应当对被继承人全部债务负清偿责任，而不以其继承的遗产之实际价值为限；限定承认的继承人仅在其继承遗产的实际价值范围内对被继承人的债务负清偿责任，超出部分不予清偿。这是各国继承立法的通例。但在继承人为二人或二人以上时，共同继承人对于遗产债务应当如何清偿？归纳起来，各国继承法有三种不同的立法主张：第一种为按份分割主义，即各继承人应对被继承人的债务，按各自的应继份承担清偿责任。此种观点始于罗马法，为法国、日本的民法所采纳。《法国民法典》第 870 条规定："共同继承人各按其分得的遗产的比率，分担清偿遗产的债务和负担。"在共同继承人为限定承认的情况下，如果遗产债务大于其分得的应继份额，该法典第 876 条规定："共同继承人或概括遗赠的遗产承受人中的一人无力清偿时，其应就抵押债务分担的部分，由其余各人按分配份额的比例分担之。"对其他债务则不予清偿。第二种为连带责任主义，即主张共同继承人中的任何一人对被继承人的债务都负连带的清偿责任，而不受其应继份的限制，此种观点为德国、瑞士的民法所采纳。如《德国民法典》第 2058 条就规定："各继承人对共同的遗产债务作为连带债务人负其责任。"当然，在遗产分割前，如果遗产债务大于遗产的实际价值，各限定继承人仅对遗产债务负有限责任（第 2059 条）；在遗产分割后，各限定继承人原则上仅对于与其应继份相应的部分债务，负其责任（第 2060 条）。第三种立法主张则介于前二种立法例之间。认为在遗产分割前，共同继承人对遗产债务既可以采取按份清偿的方法，也可以采取连带清偿的方法；而在遗产分割后，则各共同继承人仅按其应继份对死者的债务负清偿责任。荷兰、葡萄牙等国民法均采此主张。

我国《继承法》对共同继承情况下，遗产债务应当如何清偿问题未作明确规定。司法实践中有两种方式可供选择：一是在遗产分割前，共同继承人先进行清算，遗产先用于清偿死者的债务（包括税款和各类债务）；有剩余遗产的，才转交继承人或受遗赠人进行分割；如果债务的数额大于遗产的实际价值，则继承人仅在遗产的实际价值范围内承担债务清偿责任（《继承法》第 33 条）；如果共同继承人中有人表示愿意偿还超过遗产实际价值部分的债务，该意思表示对其他继承人也不发生效力。用这种方式清偿债务，各共同继承人之间一般不会发生连带或按份清偿的问题。二是共同继承人先分割遗产，同时分摊债务，然后由继承人各自清偿自己分摊的债务。在此情况下，如果某一继承人缺乏清偿能力，就会影响债权人的利益，因此，我国大多数学者主张，采取这种方式清偿遗产债务，应要求各共同继承人对债权人负连带清偿责任。

四、遗产债务的清偿顺序

当债权人为一人时，是不会发生债务的清偿顺序问题的。当遗产足以清偿全部债务时，清偿顺序也没有多大实际意义。只有当有数个债权人存在，而遗产又不足以清偿全部遗产债务时，确定债务的清偿顺序才有必要。大陆法国家的继承立法一般均对债务的清偿顺序问题作了原则性的规定。《法国民法典》第 808 条规定，在限定继承的情况下，“限定继承人应债权人和受遗赠人的要求，依次清偿之”。《日本民法典》第 929 条也规定，限定继承人应以继承遗产，按债权额的比例进行清偿，但不得侵害有优先权的债权人的权利。

我国《继承法》第 33 条对遗产债务的清偿问题只作了原则规定，最高人民法院的司法解释要求结合原《民事诉讼法（试行）》第 180 条的规定来清偿债务。而 1991 年新颁布的《民事诉讼法》对原民诉法又作了重大修改，遗产债务的清偿顺序已变得无法可依。在司法实践中，对遗产债务的清偿顺序一般为，以偿还国家税款为第一清偿顺序；以清偿具有优先权的债权为第二清偿顺序；以清偿普通债权为第三清偿顺序；以交付遗赠为第四清偿顺序。因为我国《继承法》第 34 条规定：“执行遗赠不得妨碍清偿遗赠人依法应当缴纳的税款和债务。”显然，清偿债务在前，交付遗赠在后。如果遗产不足清偿同一顺序的清偿要求的，按比例清偿。但在以遗产清偿各顺序的债务和交付遗赠前，如果继承人中有缺乏劳动能力又没有生活来源的人，即使遗产不足清偿债务，也应为其保留适当的遗产。

由于我国《继承法》既未规定遗产债务的申报制度，也未规定继承人的公示催告制度，因而在遗产分割后，仍有可能出现继承人不知晓的债权，后又主张清偿的问题。为此，我国有关的司法解释认为，“遗产已被分割而未清偿债务时，如有法定继承又有遗嘱继承和遗赠的，首先由法定继承人用其所得遗产清偿债务；不足清偿时，剩余债务由遗嘱继承人和受遗赠人按比例用所得遗产偿还；如果只有遗嘱继承和遗赠的，由遗嘱继承人和受遗赠人按比例用所得遗产偿还”。① 我们认为这一做法过多地考虑了债权人利益的要求，并不利于遗产纠纷的解决。为了防止遗产债务久拖不决，保护继承人的合法权益，我国

① 《最高人民法院关于贯彻执行〈中华人民共和国继承法〉若干问题的意见》第 62 条。

继承法应当规定债权申报制度和继承人公示催告制度，在公告期届满后，未经申报的债权应当不予清偿，但继承人自愿清偿的，不在此限。

第四节　遗产的分割

被继承人死亡后，如果其继承人只有一人，则遗产全部归其继承，遗产债务也由其承担，一般不发生遗产分割问题。但在共同继承的情况下，在继承开始后的相当长一段时间里，各共同继承人对遗产一直维持共有关系，这种共有关系既无法确定遗产的最终归属，使继承人的遗产所有权得以最终落实，也不便于对遗产的实际利用。为了解决这一问题，各国继承立法均规定了遗产分割制度。为了保证遗产分割的有序和公正，许多国家的继承法，对遗产分割的原则、遗产分割的时间和方法、遗产分割的效力都作了明确的规定，下面分述之。

一、遗产分割的原则

遗产分割应当遵循什么样的原则？各国立法规定不尽一致。就共同点而言，可归纳为以下四个方面：

1. 先遗嘱继承后法定继承

在被继承人生前留有有效遗嘱的情况下，应当首先按遗嘱方式分割被继承人的遗产，只有当遗嘱无效或不能完全适用时，才应采用法定继承方式，这是各国继承立法的通行原则。如《德国民法典》第1937条规定：“被继承人得以单方死因处分（遗嘱）指定继承人。”“被继承人得以遗嘱排除其血亲亲属或其配偶的法定继承顺序，而不指定继承人”（第1938条）。“被继承人指定一人继承遗产之一部分时，其他部分视为采用法定继承。被继承人指定多数继承人各自分别继承一部分遗产，而遗产尚有剩余时，亦采用法定继承。”（第2088条）《日本民法典》第964条也规定：“遗嘱人可以以概括或特定的名义，处分其财产的全部或一部，但不得违反关于特留份的规定。”其他国家如法国、瑞士、英国和美国等均有类似的规定。

我国《继承法》在遗产分割问题上，也采纳了遗嘱继承优于法定继承的原则。该法第27条就规定：“有下列情形之一的，遗产中的有关部分按照法定继承办理：（一）遗嘱继承人放弃继承或者受遗赠人放弃受遗赠的；（二）遗嘱继承人丧失继承权的；（三）遗嘱继承人、受遗赠人先于遗嘱人死亡的；（四）遗嘱无效部分所涉及的遗产；（五）遗嘱未处分的遗产。”

规定遗产分割时遗嘱继承优先于法定继承的理由，是因为遗嘱是被继承人行使其财产所有权的真实意思表示，是其对自身财产支配权在死后的延伸；而法定继承只是法律对未立遗嘱的被继承人在其死后意欲如何处分财产的一种法律推定。二者相比，遗嘱显然更能真实反映死者对其遗产的处分的真实意愿。只有在无遗嘱，或遗嘱不完全适用的情况下，才能适用法定继承。

2. 遗产分割必须符合应继份的规定

所谓应继份，是指各共同继承人在继承遗产时，所取得的遗产比率。应继份分为两种：一是法定应继份，即直接由法律规定的各继承人的应继份额；二是遗嘱应继份，即被继承人生前用遗嘱方式所指定的各继承人的应继份额。一般说来，被继承人在遗嘱中可以把遗产指定由一人或数人继承，在指定数人继承的情况下，其应继份可以是均等的，也可以是不等的。在各国继承立法中，只要该遗嘱不违反特留份的规定，均应按照遗嘱人指定的应继份来分割遗产。如《日本民法典》第902条就规定："被继承人可以不拘前二条（主要是关于法定应继份和代位应继份的规定——作者注）的规定，以遗嘱指定或委托第三人确定共同继承人的应继份，但是，被继承人或第三人，不得违反关于特留份的规定。"对于法定应继份，由于各国立法在法定继承人的范围和继承顺序的确定问题上规定颇不一致，因而对于被继承人同一种亲属的法定继承份额的规定也不一样。比如，在对待被继承人配偶的应继份问题上，至少存在五种立法例：一是不均等份额立法例。采用这一立法例的国家虽然承认配偶是法定继承人，但其法定应继份，则视配偶参与哪一个继承顺序而定。若该继承顺序中其他共同继承人与死者的血亲关系愈疏远，则配偶的应继份愈大；反之，则愈少。如《德国民法典》第1931条规定，配偶与第一顺序的直系血亲卑亲属共同继承时，其法定应继份为遗产的四分之一；与第二顺序的血亲或第三顺序的血亲共同继承时，配偶的应继份为遗产的二分之一；如无上述共同继承人时，配偶取得遗产的全部。采用这种立法例的国家还有日本、奥地利等。二是均等份额立法例。这种立法例规定配偶为第一顺序法定继承人，在与第一顺序其他共同继承人分割遗产时，应取得与其他继承人均等的份额。没有第一顺序的血亲继承人时，配偶取得遗产的全部。采用这种立法例的国家有中国和前苏联等。三是置配偶于次要地位的立法例。依此立法例，配偶被置于第二或最后一个继承顺序，只有在没有其他顺序的继承人时，配偶才能继承遗产。如法国民法典就将配偶置于第四继承顺序，配偶只有在死者没有有继承权的亲属，或者只留有兄弟姐妹以外的旁系亲属时，才能继承遗产的一半。但《法国民法典》规定，如果有其他顺序的继承人存在，配偶对死者的遗产享有一定份额的用益权。采用这种立法例的还有瑞士等。四是均等份额与不均等份额相结合的立法例。依此立法例，配偶在与第一顺序继承人共同继承时，取得平均份额；在没有第一顺序继承人时，配偶与第二、第三顺序继承人共同继承时，其遗产份额，视该顺序的共同继承人与死者的血亲关系的远近亲疏而定。如保加利亚等均采此立法例。五是夫妻不平等的立法例。这种立法例在确定配偶的应继份上，公开主张男女不平等，如《韩国民法典》第1001条和第1002条就规定，妻子死亡的，丈夫与其直系卑亲属为第一顺序继承人，取得平均份额，没有直系卑亲属时，丈夫取得妻子的全部遗产，而丈夫死亡时，妻子与其直系卑亲属为第一顺序继承人，但妻子的应继份只为男性继承人的二分之一。如果没有直系卑亲属，妻子与死者的直系尊亲属共同继承，取得遗产的平均份额，只有在没有上列亲属存在的情况下，妻子才能取得丈夫的全部遗产。

除了配偶外，其他法定继承人的应继份在各国立法中规定也不一样。因此，在处理遗产分割问题上，各国立法均要求遗产分割必须符合法定的或遗嘱指定的应继份的规定。

3. 遗产分割应当注意发挥遗产的实际效用

为了充分发挥遗产分割后标的物的实际效用，使继承人在取得遗产后能够真正做到物以致用。有些国家的继承立法要求，遗产的分配必须考虑遗产对继承人的实际使用价值。如《日本民法典》第906条就规定："遗产的分割，须考虑属于遗产的性质或权利的种类及性质，各继承人的年龄、职业、身心状态、生活状况及其他有关情事而进行。"《瑞士民法典》第613条也规定："性质上结合为一体的物，因继承人中一人的异议，不得分离。对家庭有特别纪念意义的物，因继承人中一人的异议，不得变卖。"第620条规定："遗产中有独立存在和经营的农场，如继承人中一人表示承受该农场，并为合适人选时，得不分割该农场，而以收益价格归属于该继承人。"上述国家的立法在分割遗产时，显然要求司法机关必须考虑到物的实际效用问题，而不能只从物的价值出发。

我国《继承法》第29条对此问题也作了明文规定："遗产分割应当有利于生产和生活需要，不损害遗产的效用。不宜分割的遗产，可以采取折价、适当补偿或者共有等方法处理。"

4. 遗产分割不得违反特留份的规定

在依遗嘱共同继承的情况下，遗产的分割必须考虑为一定范围内的法定继承人保留必要的遗产份额，这是世界各国继承立法在遗嘱继承问题上共同遵循的一项原则。其目的在于对被继承人的遗嘱自由权加以必要的限制，以防止其滥用该权利。《日本民法典》第 902 条就规定，被继承人可以以遗嘱指定或委托第三人确定共同继承人的应继份，但是，被继承人和第三人的指定，不得违反特留份的规定。《法国民法典》则通过直接限制被继承的生前赠与或遗赠的方式处分遗产的比例，来保证一定范围的法定继承人享有必要的遗产份额。如该法典第 913 条就规定，仅有婚生子女一人时，其赠与或遗赠不得超过遗产的半数；有婚生子女二人时，不得超过 1/3；有婚生子女三人或三人以上时，不得超过 1/4。第 915 条规定，如果被继承人无子女，而在父系和母系各遗有直系尊血亲一人或数人时，其赠与或遗赠不得超过其所有财产的半数；如仅有一系遗有直系尊血亲时，不得超过 3/4。《德国民法典》第 2079 条规定："被继承人忽略在继承开始时已存在的特留份权利人，而该特留份权利人的存在在遗嘱处分时为被继承人所不知，或在被继承人立遗嘱后才出生的或才享受特留份者，得撤销此项遗嘱。"其他大陆法国家均有关于遗嘱处分不得违反特留份的规定。只不过在享有特留份权的人的范围和比例上略有不同而已。

在英美法国家，虽然英联邦国家一直主张"遗嘱绝对自由"，但从英国 1952 年颁布的"无遗嘱继承条例"的规定来看，在遗嘱人未给其法定继承人保留必要遗产份额，以致使其生存发生困难时，法院可以违反遗嘱人的遗愿，甚至可以不顾遗嘱继承的一般法规，根据申请人的要求，判决从其遗产收益中，甚至从其本金中，支付扶养费给予生存的配偶、未婚女儿、未成年儿子以及因身体或精神上的疾病、不能养活自己的子女。在美国，对于生存配偶的继承权是不能以遗嘱方式完全剥夺的，夫妻任何一方均可在对方的不动产中享有应得的一份产业。在美国的一些州，生存的配偶除了从遗产中获得鳏夫产或寡妇产外，还可以取得宅园特留份、家庭特留份等一系列遗产利益，这些权利也是被继承人不得以遗嘱加以剥夺的。如《美国统一继承法典》第 2—401 条就规定："居住在本州的被继承人的生存配偶有权取得价值5000美元的宅园特留份，如果没有生存配偶，则被继承人的未成年子女可取得价值 5000 美元的特留份，并依他们的人数确定各自应得份额。"如果被继承人将遗产遗赠给慈善事业，而其死后又留有近亲属的，那么遗嘱人捐献给慈善事业的遗产也不得超过一定的比例。

我国《继承法》虽然没有"特留份"的概念，但该法第 19 条规定："遗嘱应当对缺乏劳动能力又没有生活来源的继承人保留必要的遗产份额。"这里"保留必要的遗产份额"就非常类似于国外继承立法中的"特留份"制度。这将在"遗嘱继承"一章中再作比较。总之，在我国，遗产分割也不得违反立法关于"为缺乏劳动能力又没有生活来源的继承人保留必要遗产份额"的规定。

二、遗产分割的时间和方法

在大陆法国家，从原则上讲，各共同继承人有随时要求分割遗产的权利。但对继承人的请求是否附加一定的限制条件？则存在两种不同的立法主张：一是以法国法为代表，对遗产分割的时间不附加任何限制。如《法国民法典》第 815 条就规定："任何人不得被强制维持遗产共有的状况，即使有相反的合意与禁止，仍得随时请求分割遗产。"但持此种主张的国家并不多，大多数大陆法国家，虽然原则上承认继承人有随时请求分割遗产的权利，但多附加了这样或那样的限制。日本、德国、瑞士的继承立法均是如此。只不过限制的理由各不相同，归纳起来，主要有以下几点：

（1）遗嘱禁止分割。上述国家的立法一般都承认遗嘱禁止分割的效力，这是出于尊重被继承人"遗嘱自由"权利的考虑。如《日本民法典》第 907 条、《德国民法典》第 2044 条和《瑞士民法典》第 604 条均规定，被继承人可以以遗嘱的方式禁止共同继承人对遗产加以分割。但如果遗嘱人在遗嘱中无限期地禁止分割，则显然有碍于遗产的使用，也容易在共同继承人之间产生纠纷。为此，上述国家的立法对遗嘱禁止分割的期限又作了一个限制性的规定。《德国民法典》第 2044 条规定，禁止分割遗产原则上经过 30 年无效。《日本民法典》第 908 条规定禁止分割的期限不得超过 5 年。而《瑞士民法典》第 604 条则将禁止分割的期限交由法官掌握。

（2）协议禁止分割。各共同继承人虽然有随时要求分割遗产的权利，但如果他们以协议的方式约定在继承开始后的一段时间内维持遗产的共有关系，则也无不可。各国立法都规定，在共同继承人之间存在这种协议的情况下，在协议约定的期限届满之前，一般禁止分割。如《法国民法典》第 815 条第 2 款规定："继承人间得成立在一定期间不分割的契约，此项期间，不得超过 5 年，但无妨予以更新。"《瑞士民法典》第 604 条也规定："各共同继承人得随时请求分割遗产。但依契约或依法律规定有共有义务的，不在此限。"《德国民法典》第 2044 条也有类似的规定。

（3）因遗产标的物为不宜分割之物时，应当禁止分割。如《瑞士民法典》第 613 条规定，性质上结合为一体的物，对家庭有特别纪念意义的物等均不得分割。

除了在上述情况下，遗产禁止分割外，有些国家的立法还规定，在下列情况下，遗产应当暂缓分割：

(1) 胎儿尚未出生的，在出生之前，遗产应暂缓分割。《德国民法典》第2043条和《瑞士民法典》第605条第1项均有此规定。

(2) 非婚生子女的认领尚未经法院有效裁决的，遗产应暂缓分割。《德国民法典》第2043条有此规定，但《日本民法典》第910条却并未将此作为暂缓分割的事由。如果非婚生子女经认领而成为继承人时，遗产已经分割，则该非婚生子女对分得遗产的其他继承人享有价额支付请求权。

(3) 收养关系的建立或解除尚未确定的，遗产应暂缓分割。《德国民法典》第2043条有此规定。

(4) 即时分割将会损害遗产价值的，如《瑞士民法典》第604条第2项规定："如对遗产或遗产中的某物即时分割将严重损害其价值时，法官应继承人中一人的请求，得命令暂缓分割。"

前三项暂缓分割的理由，主要是胎儿、非婚生子女和被收养人作为继承人的地位尚未正式确认，其应继份也就无法确定，因而有些国家的立法作出了暂缓分割的规定。

我国《继承法》对于遗产分割的时间未作明确的规定。从法理上来解释，在继承开始后，继承人可以随时请求分割遗产，上述情况，在我国司法实践中，也是经常遇到的。我们认为国外立法中关于禁止分割的三项事由与我国继承法的立法精神并不相抵触，理论上也完全能够成立，因而具有借鉴价值。而对暂缓分割的四项事由则与我国现行《继承法》的规定不太一致。比如我国《继承法》第28条规定："遗产分割时，应当保留胎儿的继承份额。胎儿出生是死体的，保留的份额按法定继承办理。"这事实上是有条件地承认胎儿为法定继承人，当胎儿出生是活体的，保留的份额归其所有；胎儿出生后死亡的，由胎儿的法定继承人继承；胎儿出生时就是死体的，则胎儿不能作为继承人看待，为其保留的份额应由被继承人的继承人继承①。这一方面保障了胎儿的合法权益，另一方面也不会因胎儿尚未出生，而影响遗产的分割，影响其他继承人的利益。对于其他两种情况（即非婚生子女的认定和收养关系的建立或解除），我们认为完全可以按照"为胎儿保留必要份额"的模式办理，而不必暂缓分割。其理由也在于一方面要考虑到非婚生子女和被收养人的利益，同时也不能因此而损害其他继承人的利益。从各国立法的情况看，日本民法在非婚生子女的认领尚未确定的情况下，也是采取先分割遗产的方式。因而，对于暂缓分割的规定，我们认为并无借鉴的必要。

---

① 参见《最高人民法院关于贯彻〈中华人民共和国继承法〉若干问题意见》第45条。

至于遗产分割是否必须以清偿债务为前提？大陆法国家存在两种不同的立法主张。一是以德国和瑞士为代表，主张分割遗产，必须先清偿遗产债务。如《德国民法典》第2046条就规定："遗产债务应首先就遗产中清偿。""在清偿遗产债务后的剩余遗产按各应继份的比例归属于继承人"（第2047条）。另一种以法国和日本为代表，认为遗产分割不以清偿遗产债务为前提，遗产债务虽未清偿，遗产仍可分割。如《日本民法典》第899条就规定："各共同继承人，按其应继份承受被继承人的权利和义务。"

在英美法国家，基于遗产信托制度，一般要求先用遗产清偿遗产债务，有剩余遗产的，才转归继承人继承。

我国《继承法》对此问题未作明确规定。在司法实践中，一般既允许继承人在清偿遗产债务后，再分割遗产；也允许先分割遗产，然后再按各继承人取得遗产的比例对遗产债务承担清偿责任。在有多种继承形式并存的情况下，首先应当由法定继承人用其所得遗产清偿债务；不足清偿时，剩余的债务由遗嘱继承人和受遗赠人按比例用所得遗产偿还。如果只有遗嘱继承和遗赠的，由遗嘱继承人和受遗赠人按比例用所得遗产偿还①。

对于遗产分割的方法，在依被继承的遗嘱继承遗产时，如果遗嘱人在遗嘱中指定了遗产的分割方法，那么首先应当尊重遗嘱人的意愿对遗产加以分割。这是由遗嘱继承的性质所决定的。各国继承立法对此均有类似的规定。如《法国民法典》第1076条、《德国民法典》第2048条，《日本民法典》第908条，《瑞士民法典》第608条均规定，被继承人可以以遗嘱为其继承人规定遗产的分割方法和分配标准。

我国《继承法》对遗嘱指定遗产分割方法的效力问题虽未明确规定，但依照我国继承法的立法精神，也是确认遗嘱指定分割方法的效力的。因为我国继承法充分赋予了被继承人的遗嘱处分其财产的自由权利，并没有设定什么限制性条款。

如果被继承人死亡时没有留下遗嘱，或者留下的遗嘱中未涉及遗产分割方法问题，或者被继承人委托之人所定的分割方法显失公平时，遗产应当按照什么方法分割？各国立法一般规定采用以下方法分割遗产：

一是由各共同继承人自行协商分割的方法。如《日本民法典》第907条规定，除遗嘱禁止分割的情形外，共同继承人可以随时以其协议分割遗产。《瑞士民法典》第607条第2项也规定："除另有规定外，继承人得自行约定

① 《最高人民法院关于贯彻执行〈中华人民共和国继承法〉若干问题意见》第62条。

分割方法。”

二是协商不成时，由法院决定分割方法。如《日本民法典》第 907 条第(2) 项规定：“共同继承人就遗产分割协议不成或不能协议时，各共同继承人可以请求家庭法院分割。”《瑞士民法典》第 611 条第 2 项也规定：“继承人间不能达成协议时，主管官厅得因继承人中一人的请求，在考虑了地方习俗，共同继承人间的个人关系及多数人的愿望后，划分分配份。”

至于具体的分割方法，各国立法均规定可以采取实物分割的方法。如果遗产为不能实物分割的财产，或共同继承人中有人对实物分割有异议，则可采取公开拍卖的方法分割。如《法国民法典》第 826 条规定：“各共同继承人，就其应继份，得要求取得遗产的动产或不动产的现物。但如有债权人声请扣押或提出异议，或过半数的继承人认为有出卖（物）以清偿遗产债务的必要时，动产依通常方式公开出卖之。”第 827 条规定：“如不动产不便进行分割时，应由法院以拍卖变卖之。但如当事人均达成年时，得协议拍卖，由共同选任的公证人进行之。”《瑞士民法典》第 612 条则规定得更为具体：“因分割而严重损害其价值的物，应完整地分配给继承人中之一人。继承人间对某物的分割或分配不能达成协议时，应变卖该物，并分割价金。继承人中一人请求变卖时，应采用拍卖的方式，但是，就采取公开拍卖或在继承人中拍卖，继承人间不能达成协议时，由主管官厅裁决。”

我国《继承法》第 29 条对遗产分割的方法也作了原则的规定，即“不宜分割的遗产，可以采取折价、适当补偿或者共有等方法处理”。由于我国《继承法》颁布时，拍卖市场尚未形成，因而，对于不宜分割的遗产没有规定采取拍卖的方式变卖，而是采用了“折价”的方式。现在看来，采取拍卖的方式更能准确地估价遗产的价值，在我国司法实践中也有采用的先例。对于能否按照被继承人遗嘱指定的方法进行分割？我国立法虽未涉及，但从继承法承认当事人的遗嘱自由的角度看，在遗嘱人指定了遗产分割方法的情况下，继承人应当尊重被继承人的意愿，按其指定的方法分割。对于可以实物分割的遗产，法院一般采取实物分割的方法，但也允许继承人协商采取其他方法（如变卖、补偿或共有的方法）对遗产进行分割。

三、遗产分割的效力

遗产分割的效力，是指遗产分割所产生的法律后果。遗产分割的效力包括两个方面：一是遗产分割的时间效力；二是遗产分割后，共同继承人对分割的遗产所负的担保效力。

关于遗产分割的时间效力，就是指遗产分割行为是否应当溯及到继承开始时。对此问题大陆法国家有两种截然不同的立法主张：一种以法国法和日本法为代表，认为遗产分割的效力应溯及继承开始时。如《日本民法典》第 909 条就规定："遗产的分割，溯及继承开始时生效。"《法国民法典》第 883 条也有类似的规定。采此主张的理由在于，遗产分割前，各共同继承人之间已确定其各自的应继份，到分割时，只不过是各自承认其他共同继承人各自专属的所有权，而加以宣示或认定而已。另一种则以德国法和瑞士法为代表，认为遗产分割的效力不能溯及继承开始时。如《瑞士民法典》第 634 条就规定："分割以分配份的编成及受领，或缔结分割契约，始对继承人产生约束力。"采此主张理由在于，遗产在分割前，各共同继承人对遗产只是共有关系，并无法确认遗产的哪一部分归其所有，只有在分割后，各共同继承人才开始真正享有其应继部分遗产的所有权。两种不同的立法主张所产生的法律后果是不一样的。依照溯及主义的观点，共同继承人之一，在遗产分割前，就可以将自己的应继份加以转让或设定抵押。因为遗产分割前其应继份就已特定，分割不过是对应继份特定的一种宣示而已。而依照不溯及主义的观点，由于遗产分割前，各共同继承人的应继份尚未特定化，因而不得设定抵押或由继承人转让。这同一般的共有财产的分割没有什么区别。我国《继承法》对分割的效力是否可以溯及继承开始时的问题未作规定。从理论上讲，我们认为，遗产的分割与共有财产的分割没有什么区别，不具有溯及既往的效力。在分割前，继承人在遗产共有期间不得将其应继份转让或设定抵押。

关于遗产分割后，各共同继承人对其他继承人因分割而取得的遗产仍负有担保责任的问题，各国继承法均有规定。这种担保责任主要包括两个方面：一是对遗产瑕疵的担保责任，即必须保证分配给各继承人的遗产在数量上和质量上没有瑕疵。如果在分割前，遗产已经部分灭失或缺少，或者质量上就存在问题，以致影响其价值时，而分割时又未告知取得该遗产的继承人，则遗产虽然分割，其他继承人仍负有补偿的责任。二是对遗产被追夺的担保责任，即必须保证分配给各继承人的财产确属被继承人的遗产，不存在遗产权利发生争议的情况。如果某一继承人分得的遗产后，继承人之外的第三人对该遗产主张权利，则其他共同继承人负有担保责任。这种担保责任类似于出卖人对售出商品的担保责任。《法国民法典》第 884 条就规定："共同继承人仅就分割财产基于分割前的原因发生的纠纷和追夺，相互负担保责任。""每一共同继承人各按其分配份的比例，负责偿还其他共同继承人因被追夺所受的损害。如共同继承人中的一人无清偿能力时，其应负担的部分由被担保人与全体有清偿能力的共同继承人分担之。”《日本民法典》第 911 条也规定：“各共同继承人，按其应继份，对其他共同继承人负与出卖人相同的担保责任。”此外《德国民法典》第 2042 条规定，遗产分割后共同继承人相互间的担保责任适用第 757 条关于“对共有人分割共有物的担保”的规定，《瑞士民法典》第 637 条也有类似的规定。

我国《继承法》对于分割后的遗产，共同继承人之间是否应负担保责任问题未作规定。而遗产瑕疵在分割前不知道，分割后才被发现的情况在实践中时有发生，同时对于分割的遗产提出权利争议的纠纷也不在少数。因此有必要借鉴国外立法的经验，对这一问题作出明确规定，为司法机关处理此类纠纷提供法律依据。

第五节　无人承认继承的遗产

在国外立法中，继承权的取得由于以承认为条件，在无人承认继承的情况下，必然发生无人承认继承遗产的归属问题，因而各国大多规定了无人承认继承遗产制度。《法国民法典》第 811 条就规定：“在作出遗产目录与考虑期间届满后，无人主张继承遗产，亦无已知的继承人，或已知的继承人抛弃继承时，此项遗产认为无人承认继承的遗产。”《日本民法典》第 951 条至第 959 条关于“继承人不存在”时的遗产归属的规定和《瑞士民法典》第 555 条关于“继承人不详”的规定，事实上均指“无人承认继承的遗产”而言的。从大陆法国家的立法看，无人承认继承的遗产主要包括下列几种情况：（1）继承人下落不明；（2）所有继承人均已抛弃继承；（3）所有继承人均已丧失继承权；（4）被继承人死亡时既无法定继承人，也未用遗嘱方式指定继承人或受遗赠人。对于后三种情况下，各国立法均规定法院可直接依法确定遗产的归属。但如果是第一种情况，则对遗产的处理应按下列程序进行：

第一，选定遗产管理人。

正是因为无人承认的遗产是在继承人生死不明的情况下发生的，因此各国立法均规定在继承开始后，如果继承人下落不明，应当首先为其确定遗产管理人。关于管理人的人选，法国法规定由法院选任；德国法规定由遗产法院担任或由遗产法院指定遗产保佐人；日本法则规定由家庭法院选任；瑞士法则规定由主管官厅担任，在被继承人指定遗嘱执行人的情况下，遗嘱执行人有遗产管理权。

第二，公告寻找继承人。

遗产管理人确定之后，其应当首先发出寻找继承人、受遗赠人的公告。对此各国立法均有规定，但公告期的长短不一。《德国民法典》规定的公告期与一般民事诉讼催告程序的公告期是相同的，为1年，但公告期满3个月内向遗产法院证实继承权存在的，仍予承认（第1965条）；但如果没有公示催告，则自裁判上催告证明继承权或已起诉之时起3个月内为继承人主张继承权的期限。而《日本民法典》则规定了两次公告，第一次为遗产管理人对遗产债权人和受遗赠人的公告，期限为2个月；第二次为搜索继承人的公告，期限为6个月；当两次公告期都届满后，仍无人主张继承的，可确认归国库所有，但对可适当分得遗产的人提出的请求可在上述期限届满后再延长3个月（第957~958条）。瑞士民法规定公告期为1年。

第三，清理、保管遗产。

遗产管理人应当清理遗产，编制遗产清单；用死者的遗产偿还其生前的债务；对不宜保存的遗产加以变卖，并保存其价金等。上述职责与一般的遗产管理人的职责并无什么区别，在此不作详述。

第四，遗产交付。

当公告期届满后，如仍无人主张继承，则遗产归属国库。这是大多数国家的规定。但也有些国家的继承法在遗产归属问题上有一些例外的规定。如《德国民法典》第1936条规定："如在继承开始时既无被继承人的直系血亲亲属又无被继承人的配偶存在，被继承人在死亡时所属的邦（州）的国库为法定继承人；如被继承人属于数个邦（州）者，这些邦（州）的国库均享受此遗产的相等份额。如果被继承人不属于任何邦（州）的德国人者，由帝国国库为法定继承人。"《瑞士民法典》第555条则规定，在无人承认继承的情况下，遗产应归属于有继承资格的国家机关。而英国则将遗产收归王室所有。美国法则主张遗产转移给死者所在的州，西班牙民法则规定遗产应归学校或慈善机构。

既然无人承认的继承指的是继承人有无不明的继承，那就有可能出现在公告期届满前，继承人、受遗产人主张继承的情况，在此情况下，遗产管理人应向有继承资格的继承人和遗赠人移交遗产，并向其报告遗产管理情况。遗产管理中所花费的费用应从遗产中支出。对此大陆法各国如法国、德国、日本、瑞士等均有类似的规定。

在无人承认继承遗产的归属问题上，有一个理论问题应予探讨，即国家以什么身份接受无人承认继承的遗产？总的来说，有两种不同的主张：一种认为在无人承认继承的情况下，国库是该遗产的法定继承人。采此主张的主要有法国、德国、瑞士等。如《德国民法典》第1936条规定，在继承开始时，既无被继承人的直系血亲，又无被继承人的配偶，被继承人死亡时所属的邦（州）的国库为法定继承人。被继承人是不属于任何邦（州）的德国人者，由帝国国库为法定继承人。另一种观点则主张，在无人承认继承的情况下，国库是该遗产的优先承受人，而非继承人。采此主张的国家主要有日本、中国等。如《日本民法典》第959条规定："在规定的公告期内，无人主张继承权利者，其遗产归属于国库。遗产归国库后，继承债权人及受遗赠人，不得对国库行使权利。"虽然这两种立法主张均认为，在无人承认继承的情况下，遗产应归国家所有，但国家承受遗产的身份和享有的权利义务是不同的。依照第一种立法主张，国家作为法定继承人，在接受遗产权利的同时，也必须对遗产债务承担清偿义务，国家应以接受的遗产价值为限，清偿死者生前的债务和交付遗赠。而依照第二种主张，国家不是遗产的法定继承人，只是遗产的优先取得人，因而对遗产上的义务是不承担的。在遗产管理人用遗产清偿完遗产债务后，将剩余遗产交归国家后，如果又有继承债权人、受遗赠人出现，也不得对国家主张权利。

我国《继承法》在"无人承认继承的遗产"的认定和处理问题上，没有采用大多数国家的通行做法，也没有使用"无人承认继承的遗产"的概念，而是以"无人继承又无人受遗赠的遗产"代之。严格说来，无人承认继承的遗产与无人继承的遗产并不是一回事。无人承认继承的遗产是指有无继承人情况不明，如果在规定的期限内，有人主张继承，则为有人继承；如果在规定的期限内，无已知的继承人存在，或已知的继承人被剥夺或放弃继承权，也无法找到未知的继承人时，此项遗产才属于无人继承的遗产。显然，我国《继承法》规定的"无人继承又无人受遗赠的遗产"，其概念的涵盖范围要比"无人承认继承的遗产"小得多。这就产生了一个问题，即如何来确定死者的遗产是无人继承遗产？在国外立法中，如前所述，都规定通过公示催告的程序和方式来查询死者是否有继承人和受遗赠人的存在，如果在公告规定的期限内，无人主张继承权和受遗赠权，则期限届满后，此遗产即成为无人承认继承的遗产。而我国《继承法》则没有规定寻找继承人的公示催告制度，只在第23条中规定："继承开始后，知道被继承人死亡的继承人应当及时通知其他继承人和遗嘱执行人。继承人中无人知道被继承人死亡或者知道被继承人死亡而不能通知的，由被继承人生前所在单位或者住所地的居民委员会、村民委员会负责通知。"但继承人的通知与寻找继承人的公示催告制度是不同的，这不仅表现在通知人与公告人不同，而且主要表现在通知并无期限的限制，这无疑给遗产的及时分割带来困难。此外，从通知的效力看，对于接到通知的继承人，应当在遗产分割前，作出是否放弃继承的表示，没有表示的，视为接受继承（《继承法》第 25 条第 1 款）；而对于接到通知的受遗赠人而言，应当在知道受遗赠后 2 个月内，作出接受或放弃受遗赠的表示，到期没有表示的，视为放弃受遗赠（《继承法》第 25 条第 2 款）。但通知是必须以知道其他继承人确实存在为前提的，如果不能确知被继承人有无继承人，或虽知道有继承人存在，但该继承人下落不明又如何通知呢？有人主张对下落不明的继承人可以采用宣告失踪方式，但宣告失踪所解决的并不是继承人有无不明的问题，而是为被继承人的遗产确定代管人，并不能确认遗产的最终归属。因此，用宣告失踪的方式来代替公示催告制度是行不通的。也有人主张采用宣告死亡的方式来解决遗产的归属问题。这不仅在适用对象上与宣告失踪犯了同样的毛病，在继承人有无不明的情况下，根本无法宣告，而且即使采用宣告死亡的方式，解决的也只是继承人的财产归属问题，而不是被继承人的财产归属问题。同时依照我国《民法通则》第 23 条的规定，宣告死亡必须以公民下落不明满四年为条件，如此长的期限与基于尽快稳定财产继承关系而设立的公示催告制度在目的上也不一致。因此，宣告死亡方式也无法取代公示催告制度。我们认为，在确认无人继承的遗产问题上，应当借鉴大陆法国家的通行做法，规定搜寻继承人的公示催告制度。考虑到在遗产管理人的确定问题上，我国立法与国外立法不一致（见“遗产的管理”一节），公告的主体应当是主要遗产所在地的人民法院，并规定相应的公告期，一般以 1 年为宜，公告期届满后，无人主张继承或受遗赠的，即可确定该遗产属无人继承的遗产，这对于及时了结遗产继承关系，无疑是十分有利的。

对于无人继承遗产的归属问题，我国《继承法》第 32 条的规定既有同国外立法相一致的一面，也有不一致的一面。相一致的一面表现在：“无人继承又无人受遗赠的遗产，归国家所有”；不一致的一面表现在：“死者生前是集体所有制组织成员的，归所在集体所有制组织所有。”这样规定的原因，是因为目前我国公民的劳动、生活和社会福利等方面与所在单位有着密切的联系。对于没有继承人或其继承人下落不明的被继承人来说，既然生前在生活上受到所在单位的关心和照顾，死后遗产归所在单位所有也是理所当然的，因而这一规定符合我国的国情。

国家和集体组织以什么身份接受无人继承的遗产？我国《继承法》对此未作明确规定，但从我国司法实践来看，对于无人继承的遗产，如果有遗产债务存在的，应当先由遗产管理人用遗产清偿税款和债务，有剩余财产的，才归属国家或集体组织。因此国家和集体组织事实上是以遗产优先承受人的身份取得无人继承遗产的，国家和集体组织不是遗产的法定继承人，不承担遗产义务。因此，无人继承的遗产归属国家或集体组织后，再有遗产债权人出现时，也不得对国家或集体组织主张权利。但如果此时被宣告死亡的被继承人又重新出现，依照我国《民法通则》第 25 条的规定："被撤销死亡宣告的人有权请求返还财产。依照继承法取得他的财产的公民或者组织，应当返还原物；原物不存在的，给予适当补偿。"

第四章　法定继承

法定继承（Succession Legal），又称无遗嘱继承，是指直接依照法律规定的继承人的范围、顺序和应继份额将被继承人的遗产转归继承人所有的一种继承方式。大陆法各国的继承法均规定了法定继承方式。虽然它们在不同程度上都受到罗马法的影响，但基于不同的国情，在法定继承人的范围、顺序和应继份额的确定以及代位继承问题却存在着较大的差异。英美法国家的立法，严格说来并不使用“法定继承”这一概念，而是以“无遗嘱继承”（Intesterbfolge Succession）一词以代之。无遗嘱继承与法定继承在含义上虽然没有太大区别，但在适用范围、继承人的范围、顺序、应继份等问题的确定上仍有差异存在。这些我们在以后的各节中都会谈到。

对于法定继承的适用范围问题。由于法定继承是作为遗嘱继承的一种补充方式而存在的，因此，依照遗嘱继承优先于法定继承的原则，各国立法一般都规定，只有在被继承人死亡时没有遗嘱，或者所立遗嘱无效或部分无效，或者是被遗嘱指定的继承人丧失或放弃继承权时，才适用法定继承的方式加以处理。但由于各国对于遗嘱自由的态度不一，这就使得法定继承方式在具体适用时，又产生极大的差异。在大陆法国家，遗嘱自由一直受到严格的限制，享有“特留份”权利的人的范围较大，因而法定继承方式被广泛适用。而在英美法国家，由于强调“遗嘱绝对自由”，因而法定继承主要适用于遗产为不动产的情况。美国《统一继承法典》中有关“宅园特留份”、“家庭特留份”以及“鳏夫产”和“寡妇产”的规定，也主要是针对不动产遗产而言的，至于被继承人的动产则可由其通过遗嘱自由处分，很少加以限制。

我国在法定继承的适用范围问题上，基本上与大陆法国家持有相同的立法态度，即在尊重当事人遗嘱自由的前提下，对遗嘱自由采取限制的态度。依照我国《继承法》第27条的规定：“有下列情形之一的，遗产中的有关部分按照法定继承办理：（一）遗嘱继承人放弃继承或者受遗赠人放弃受遗赠的；（二）遗嘱继承人丧失继承权的；（三）遗嘱继承人、受遗赠人先于遗嘱人死亡的；（四）遗嘱无效部分所涉及的遗产；（五）遗嘱未处分的遗产。”在现实生活中，由于通过遗嘱处分其遗产的方式在我国并不普遍，法定继承方式在遗产继承中仍占据着主导地位。

第一节　法定继承人的范围

各国继承立法都将法定继承人的范围限定在一定范围的亲属之间，但在具体实践中，有些国家立法规定的享有法定继承权的亲属范围较为宽泛；有些国家则规定得较为狭窄。前者如法国、德国、瑞士、美国和英国等，后者如日本、中国等。下面逐一介绍。

《法国民法典》最初将法定继承人分为四种：一是嫡出继承人，即基于合法的婚姻关系而产生的血亲。包括死者的直系卑亲属和尊亲属，无代数上的限制；旁系血亲，最初为直系卑亲属和尊亲属十二亲等以内的旁系血亲，后在1917年修改民法典时，缩至六亲等以内的旁系血亲。二是私生继承人，包括死者的私生子女、私生父母和私生兄弟姐妹。三是生存配偶。四是国库，国库只有在没有上述继承人存在时，方可作为法定继承人。

《德国民法典》规定的法定继承人的范围为：(1) 被继承人的直系血亲卑亲属。(2) 被继承人的父母及父母的直系血亲卑亲属，但父母收养的养子女(事实上是被继承人的养兄弟姐妹) 及养子女的亲生父母及其直系血亲卑亲属被排除在法定继承人范围之外。(3) 被继承人的祖父母和祖父母的直系血亲卑亲属。(4) 被继承人的曾祖父母及曾祖父母的直系血亲卑亲属。(5) 被继承人的远亲等亲属及远亲等亲属的直系血亲卑亲属。(6) 被继承人的配偶。从以上规定可以看出，德国民法几乎将一切与死者有血亲关系的亲属都列入了法定继承人的范围，并无代数的限制。(7) 国库。在没有上述继承人存在时，国库作为法定继承人接受遗产（该法典第1924~1934条，第1936条）。

《瑞士民法典》规定的法定继承人范围也较为宽泛：(1) 被继承人的直系卑血亲。(2) 被继承人的父母及父系或母系的直系卑血亲。(3) 被继承的祖父母及祖父母的直系卑血亲。依照瑞士法的规定，亲系继承，至祖父母系的血亲止，被继承人的曾祖父母和被继承人的祖父母的兄弟姐妹并不享有法定继承权，但对其直系卑亲属取得的遗产享有终身用益权。(4) 配偶。(5) 在无上列继承人存在的情况下，国家作为法定继承人依法取得被继承人的遗产（该法第457~466条）。

《日本民法典》规定的法定继承人的范围主要包括：(1) 被继承人的子女。(2) 被继承人的直系尊亲属。(3) 被继承人的兄弟姐妹。(4) 被继承人的配偶。在无上述继承人存在的情况下，国家虽然可以取得无人承认继承的遗产，但并不是以法定继承人的身份，而是基于对遗产的先取权。与其他大陆法国家的立法相比，日本的法定继承人范围要窄得多（《日本民法典》第887~890条，第959条）。

英美法国家规定的法定继承人范围也较为宽泛。如美国《统一继承法典》规定的法定继承人为：(1) 配偶；(2) 直系卑亲属；(3) 父母；(4) 兄弟姐妹及兄弟姐妹的直系血亲卑亲属；(5) 祖父母（外祖父母）及其直系血亲卑亲属。而英国继承法规定的法定继承人则包括：(1) 配偶；(2) 子女及其直系血亲卑亲属；(3) 父母；(4) 兄弟姐妹（含全血缘和半血缘）；(5) 祖父母（外祖父母）及其直系血亲卑亲属（含全血缘和半血缘）。

与其他国家相比，我国法定继承人的范围是比较窄的。我国《继承法》第10条规定的法定继承人主要包括：配偶、子女、父母、兄弟姐妹、祖父母(外祖父母)。同时该法第12条将尽了主要赡养义务的丧偶儿媳和丧偶女婿也列入了法定继承人的范围，这在各国立法中是绝无仅有的。尽管如此，法定继承人的种类仍十分有限。我国《继承法》关于法定继承人种类的规定与《苏俄民法典》的规定十分相似，依照《苏俄民法典》第418条的规定，其法定继承人也主要包括配偶、子女、父母、兄弟姐妹、祖父母（外祖父母），虽然未将尽了赡养义务的丧偶儿媳和丧偶女婿列入法定继承人之列，但同时规定，死者生前扶养的不少于一年的无劳动能力的人可以作为法定继承人。

从以上各主要国家继承立法的规定中可以看出，继承人的范围在各国立法中宽窄不一，其中最广者为采血亲无限制主义立法主张的德国，它把曾祖父母以下的一切直系血亲卑亲属都列入了法定继承人的范围。其次为法国，虽然在立法上采取了血亲限制主义的立法主张，但这种限制仅限于被继承人的旁系血亲（六亲等以内），而对被继承人的直系尊亲属和直系卑亲属均无代数的限制。范围最窄的要数前苏联和我国的继承立法，直系血亲尊亲属仅限于三代以内，直系血亲卑亲属仅限于二代以内，旁系血亲仅限于被继承人的兄弟姐妹。造成上述这种状况的原因，一是各国对公民私有财产权的认识不同；二是对继承目的的认识也存在着差异。

第二节　法定继承人的顺序

法定继承顺序是指法律规定法定继承人继承遗产的先后次序。由于继承开始后，法定继承人的种类很多，他们与死者之间亲疏远近关系各不相同。一般说来，并不是所有享有法定继承权的人都能实际分得遗产，能否取得遗产往往取决于其继承顺序的先后，也就是说，在有前一个顺序法定继承人存在的情况下，后几个顺序的法定继承人无权参加遗产的分割；只有在没有前一顺序继承人，或前一顺序继承人均放弃继承或丧失继承权的情况下，后一顺序的继承人才能参加遗产继承。虽然各国立法在确定继承人的继承顺序问题上，其依据都是继承人与被继承人之间存在的婚姻关系、血缘关系和长期共同生活关系，但对这几种关系谁更重要的认识不同，因而对不同种类继承人的顺序排列也就不同。为了叙述上的方便，我们以继承关系产生的依据为标准对各国立法规定的继承顺序作一比较。

一、血亲属的继承顺序

各国立法在确定继承人的法定继承顺序时，除配偶外，主要是按照各继承人与被继承人之间血缘关系的远近来确定的，但在具体做法上又有所不同。

第一种做法是按照亲等的远近来确定继承顺序。所谓亲等，是计算血亲属之间亲疏关系的计量单位。各国计算亲等的方法主要有两种：一是罗马法的计算方法。依此方法，在计算直系血亲的亲等时，从己身上数或下数，以一代为一亲等；在计算旁系血亲的亲等时，从己身上数至同源的直系尊亲属，即共同的尊亲属，然后再由同源的尊亲属下数至需要计算亲等的亲属，每一代为一亲等，所有代数相加之和，即为旁系血亲的亲等数。二是教会法的计算方法。这种计算方法在确定直系血亲的亲等时，与罗马法相同；但旁系血亲的计算方法与罗马法不同，它虽然也要求找到两个亲属之间共同的尊亲属，但两个亲属与共同尊亲属的代数之隔，并不相加，而是以代数多的亲属一方的亲等数作为旁系血亲的亲等数。目前大多数国家都采用罗马式亲等计算法，有些国家还以此作为确定继承顺序的标准，即一亲等为第一顺序，二亲等为第二顺序，依此类推。如《苏俄民法》第532条和我国《继承法》第10条就是完全采用亲等的远近来确定血亲属的继承顺序的，子女、父母均为被继承人的一等亲，所以列为第一顺序；而兄弟姐妹和祖父母、外祖父母均为被继承人的二等亲，所以列入第二顺序。亲等继承制的特点就在于，同一亲等的人数总是有限的，只要限制了亲等范围，就可以限制同一顺序中参加遗产继承的人数。

第二种做法，是将血亲属划分成若干个亲系，各亲系按照血缘关系的远近排列成序，与死者血缘关系愈近的亲系，其继承顺序就愈靠前，如死者自身的直系血亲卑亲属为第一亲系，也是第一顺序；父母及父母的直系血亲卑亲属为第二亲系，也是第二顺序；祖父母及祖父母的直系血亲卑亲属为第三亲系，也是第三顺序；曾祖父母及曾祖父母的直系血亲卑亲属为第四亲系，也是第四顺序。依此类推。依此方法划分的结果，就使得同一类血亲属在继承顺序中的位置与亲等计算法完全不同。比如父母、子女在亲等计算法上同为一亲等，是第一顺序继承人；而在亲系计算法上，子女是死者的直系卑亲属，属第一顺序；父母则是死者的直系尊亲属，属第二顺序。这种排列方法显然没有完全摆平继承人与被继承人之间血缘关系的亲疏远近。亲系继承制的另一个特点，就是在一个亲系中，继承人的人数无法限制，比如直系卑亲属可以是子女、孙子女、曾孙子女……从理论上讲，可以无限延伸下去。同一顺序继承人的增多，就使得列入下一个顺序的继承人继承遗产的可能性减小。目前，采用这一做法的国家主要为大陆法系的法国、德国、日本、瑞士和英美法系的美国、英国等。但在具体做法上又略有不同，有的完全采用亲系继承制；有的则兼采亲等继承制。

德国民法规定了五个继承顺序，它们依次为：第一顺序直系血亲卑亲属，第二顺序父母及父母的直系血亲卑亲属，第三顺序为祖父母及祖父母的直系血亲卑亲属，第四顺序为曾祖父母及曾祖父母的直系血亲卑亲属，第五顺序为更远亲等的亲属及远亲等亲属的直系血亲卑亲属。在父母、祖父母、曾祖父母存在的情况下，由父母、祖父母、曾祖父母单独继承，不和同一顺序的其他继承人发生共同继承问题，只有在父母、祖父母、曾祖父母中有一方死亡时，才由死亡者的直系血亲卑亲属代替其位，与同一顺序的其他继承人按应继份的规定共同继承遗产。德国民法在各顺序中，有关“直系卑亲属”的规定，并无亲等的限制，因而其列入继承顺序的继承人的范围，几乎覆盖了一切与被继承人有血缘联系的亲属。同时，在同一顺序中，“直系卑亲属”也可无限延伸下去，这就使得下一个顺序的继承人取得遗产的可能性变得极小（见《德国民法典》第1924～1930条）。

瑞士民法的规定与德国民法有相似之处，也是采取亲系继承制。依照《瑞士民法典》第457～460条的规定，继承顺序分为四个，依次为：第一顺序为子女及其直系血亲卑亲属，第二顺序为父母及其直系血亲卑亲属，第三顺序为祖父母及其直系血亲卑亲属，第四顺序为曾祖父母，但亲系继承至祖父母系的血亲止。曾祖父母只对其直系卑血亲继承的应继份享有终身用益权；在曾祖父母死亡时，曾祖父母的子女对其应继份享有终身用益权。由此看来，瑞士民法与德国民法不同之处在于：在继承顺序确定问题上，主要采取亲系继承制，同时兼采亲等继承制。在继承顺序的设立上，只设四个顺序，至祖父母的血亲截止。在同一顺序继承人共同继承时，则明确规定以亲系亲等为序。

法国民法也是采取亲系继承制为主的国家，同时兼采亲等继承制。该法将法定继承人分为四个顺序：第一顺序为子女及其直系卑亲属，第二顺序为父母、兄弟姐妹及其直系血亲卑亲属，第三顺序为除父母以外的直系尊亲属，亲等近者排斥亲等远者，第四顺序为配偶和六亲等以内的其他旁系血亲。依照《法国民法典》第767条的规定，死者在没有直系血亲卑亲属、直系血亲尊亲属和兄弟姐妹的情况下，遗产全部归配偶继承。由此可以看出，法国继承立法并不完全排斥亲等继承制，它将直系血亲卑亲属和直系血亲尊亲属、旁系血亲按亲等分别归入不同的顺序，就是考虑到不同亲等的继承人与死者的血缘关系之亲疏有所不同。同时，法国民法对直系血亲继承人的亲等并未作限制，只是将旁系血亲继承人，限制在六亲等以内（《法国民法典》第731~755条）。

日本民法在继承顺序问题上，也是亲系与亲等两者兼用。依照《日本民法典》第886~889条的规定，法定继承顺序依次是：第一顺序为子女及其直系血亲卑亲属，第二顺序为直系尊亲属，第三顺序为兄弟姐妹，兄弟姐妹先于被继承人死亡者，允许其子女代位继承。在同一顺序继承人中，如果亲等不同，以近亲者优先；亲等相同者，以同等顺序成为继承人。

英国继承法也采用亲系亲等相结合的方法来确定继承顺序。1934年颁布的继承法规定了五个顺序，它们依次为：第一顺序为直系血亲卑亲属，第二顺序为父母，第三顺序为兄弟姐妹，第四顺序为祖父母、外祖父母，第五顺序为父母的兄弟姐妹。配偶虽未列入一定的继承顺序，但可与任何一个顺序的继承人按各自的应继份共同继承；同时在没有前三个顺序继承人时，配偶可取得死者的全部遗产。

美国的做法与英国不同，但由于美国是联邦制国家，各州的法律并不统一。在继承顺序问题上各州的规定也不完全一致，我们只能以《美国统一继承法典》的规定来谈这个问题。依照该法典第2~103条的规定，继承顺序分为五个，它们依次为：第一顺序直系卑血亲，第二顺序父母，第三顺序兄弟姐妹及其直系卑亲属，第四顺序为祖父母、外祖父母及其直系卑亲属，第五顺序其他亲属。配偶不列入一定的继承顺序，可以和任何一个顺序的继承人共同继承；但在死者没有第一、第二顺序继承人时，遗产全部归配偶继承。由此可见，该法典是以亲系来确定继承顺序的，继承人的范围和顺序并未受到亲等的限制。

从以上主要国家关于继承顺序的立法来看，目前大多数国家都采取亲系与亲等相结合的方法来确定继承顺序；完全采用亲系继承制的国家不多，完全采用亲等继承制的国家也不多。我们认为这有多方面的原因，但从血亲属的继承顺序应以与死者的血缘关系的远近来定这个角度看，采用亲等继承制无疑是比较合理的。

以上我们是以亲系和亲等两种不同的方法来确定继承顺序时表现出的差异来阐述各国继承法的。如果我们换一个角度，以某一类血亲在继承顺序中的位置看各国立法，则会发现这一差异表现得更为明显。

1. 子女及其直系血亲卑亲属

世界各国立法均将子女及其直系血亲卑亲属列入第一顺序继承人。有两种立法例：一是将子女及其直系血亲卑亲属都列入第一顺序，采取此种立法例的主要国家有德国、美国、英国等；二是只将子女列为第一顺序，子女的直系血亲卑亲属不列入第一顺序，只有当子女先于被继承人死亡时，才由子女的直系血亲卑亲属代位继承。持此种立法例的国家主要有法国、日本、瑞士、前苏联和中国等。

2. 父母

世界各国立法在对待父母的继承顺序问题上由于采用的标准不同，因而有三种不同的做法：一是将父母列为第一顺序，如中国和前苏联；二是将父母列入第二顺序，如德国、法国、日本、瑞士、英国、美国等；三是将父母列入第三顺序，目前采此做法的只有匈牙利。

3. 兄弟姐妹

在对待兄弟姐妹的继承顺序问题上，目前各国主要有两种不同的做法：一是将兄弟姐妹列为第二顺序，如德国、瑞士、法国、中国和前苏联等；二是将兄弟姐妹列入第三顺序，如日本、美国、英国等。但英国在兄弟姐妹的继承顺序上因全血缘和半血缘而有所不同。全血缘的兄弟姐妹列入第二顺序，半血缘的兄弟姐妹列为第四顺序。

4. 祖父母、外祖父母

各国立法在祖父母、外祖父母的继承顺序上主要采用三种做法：一是将之列为第二顺序，如中国、苏联等；二是将之列为第三顺序，如法国、德国、日本、瑞士；三是将祖父母、外祖父母列为第四顺序，如英国和美国等。

5. 其他亲属

由于各国继承法在继承人的范围确定问题上观点不一，因而对除配偶、子女、父母、兄弟姐妹和祖父母、外祖父母以外的其他亲属是否列入继承顺序做法也不一。有些国家主张除配偶、子女、父母、兄弟姐妹和祖父母、外祖父母以外，其他亲属均不属继承人的范围，因而不列入继承顺序，如中国和前苏联均持此观点。但大多数西方国家在上述继承人之外，也把诸如曾祖父母、父母之兄弟姐妹、死者兄弟姐妹之子女等也列入继承人的范围。不过由于他们与死者的血缘关系较远，因而在为其设立继承顺序时，一般都安排在第三至第五顺序。

二、配偶的继承顺序

由于婚姻关系具有可依法解除的特点，它不像血缘关系自产生之日起就无法变更；同时配偶又是家庭中最基本、最亲密的成员，因而各国继承立法在对待配偶的继承顺序问题上差异很大。强调前一个特点的国家往往将配偶的继承顺序列在血亲属之后，或不列入任何一个顺序，配偶可以与任何一个顺序的继承人共同继承，只是在不同顺序中，配偶的应继份各不相同。强调后一个特点的国家则将配偶置于第一顺序，甚至置于第一顺序的首位，与死者的其他第一顺序继承人共同继承。如果仅从条文上看，似乎后一种做法更为重视配偶的继承权，但从具体实施效果看并非如此。采用第一种做法的国家，在立法上往往采取所有权主义与用益权主义兼用的立法主张，在规定配偶可以随任何一个顺序继承人共同继承，并取得一定份额的遗产所有权的同时，对归其他继承人继承的遗产，配偶也享有终身用益权。加之在应继份问题上，同一顺序的继承人按照与死者的亲疏关系，采用不均等份额的确定原则，因而配偶实际取得的遗产数额并不一定比前一种做法的国家少，配偶的继承地位也并未因此削弱。目前世界上大多数国家采用前一种做法，如大陆法系的德国、日本、瑞士和法国等，英美法系的英国和美国等；而采用后一种做法的国家主要是前苏联、东欧的部分国家和中国。下面分述之。

《法国民法典》将法定继承人分为四个顺序，配偶和六亲等以内的其他旁系血亲（也就是除兄弟姐妹以外的六亲等以内的旁系血亲）被列为第四顺序，也是最后一个顺序。依照《法国民法典》第 767 条的规定，配偶只有在死者没有直系血亲卑亲属、直系血亲尊亲属和兄弟姐妹的情况下，才有继承遗产的权利，这就意味着配偶在一般情况下是不能继承死者遗产的，因为没有上列继承人的情况是很少的。不过法国法对配偶利益的保障主要不在遗产继承顺序的规定上，而是在对遗产的用益权和夫妻共同财产制方面。依照 1972 年修改后的《法国民法典》的规定，配偶在未能依继承顺序取得遗产时，对其他继承人分得的遗产仍享有终身用益权，其用益权的数额视其参与的继承顺序的不同而有所不同。

《德国民法典》规定了五个继承顺序，配偶虽是法定继承人，但不列入一定的继承顺序，而是可以与任何一个顺序的继承人共同继承，但参加的继承顺序不同，其应继份也就不同。若死者既没有第一顺序和第二顺序的血亲属，又没有祖父母时，配偶可取得全部遗产（该法典第1931条第2款）。

《日本民法典》的规定与德国相似。虽然承认配偶是法定继承人，但不列入一定的顺序。《日本民法典》规定了三个继承顺序，在有这三个继承顺序的继承人存在的情况下，配偶可与任何一个顺序的继承人共同继承，但参加不同的顺序，其遗产的应继份是不相同的（该法典第890条）。

《瑞士民法典》第462条规定，配偶是法定继承人，但不列入一定的顺序，可以与任何一个顺序的继承人共同继承。参与的顺序不同，其应继份也不同。瑞士民法规定了四个继承顺序，在没有第一、第二和第三顺序继承人时，配偶可取得全部遗产的所有权。与法国民法一样，瑞士在配偶继承权问题上兼采所有权主义和用益权主义，配偶在与第一顺序继承人共同继承时，在取得部分遗产所有权还是取得部分遗产用益权问题上，可以进行选择；在与其他顺序的继承人共同继承时，除可取得一定份额遗产的所有权外，对其他继承人分得的遗产仍享有终身用益权。

根据英国1934年颁布的继承法的规定，配偶是法定继承人，但不列入一定的顺序，可以与任何一个顺序的继承人共同继承，只是应继份不同而已。英国法规定了五个继承顺序，当配偶与第一顺序继承人共同继承时，可取得全部家庭生活用品，并对遗产中的不动产的一半享有所有权，对另一半的遗产则享有终身用益权；当配偶与第二、第三顺序继承人共同继承时，配偶可取得全部家庭生活用品，并对全部遗产的一半享有所有权。在没有前三个顺序继承人的情况下，配偶继承全部遗产，只有在既没有配偶，也没有前三个顺序继承人时，其他顺序的继承人才能参加继承。可见，英国在配偶继承权问题上，也是采取不定配偶的继承顺序，所有权和用益权相结合的方法来保障配偶对遗产的权利的。

美国与英国的做法类似。依照《美国统一继承法典》第2~103条的规定，配偶是法定继承人，但不列入一定的顺序，可以与任何一个顺序的继承人共同继承，只是所得的应继份视参加的顺序而定。该法典规定了五个继承顺序，当死者没有第一、第二顺序继承人时，配偶可取得全部遗产。此外，配偶在与第一、第二顺序继承人共同继承时，除可分得一定份额的遗产所有权外，还可获得宅园特留份、家庭特留份，以及对部分不动产的终身用益权。

《苏俄民法典》对配偶继承顺序的规定，与大陆法规定有着较大的差异，这不仅体现在对配偶继承顺序的定位上，也体现在对配偶应继份的确定上。依照《苏俄民法典》第532条的规定，配偶与子女、父母同为第一顺序继承人。同一顺序继承人的遗产份额应当均等，只有在死者没有其他第一顺序继承人的情况下，配偶才能取得全部遗产。

我国《继承法》在配偶继承顺序问题上，基本仿效了《苏俄民法典》的规定。依照该法第10条的规定，配偶、子女、父母同为第一顺序继承人；同一顺序继承人继承遗产的份额，一般应当均等（该法第13条）。配偶只有在没有第一顺序其他继承人时，才能取得全部遗产。如果说在配偶继承顺序问题上，我国与前苏联有什么不同，那就是我国将配偶置于第一顺序的首位，而苏俄民法典则将配偶放在子女之后。不过，由于两国都规定在应继份上，同一顺序应当均等，所以这种区别意义不大。

从以上各国的立法中，我们可以看出，在配偶继承顺序问题上，主要有两种不同的立法主张：一是将配偶不置于一定的顺序，但规定配偶是法定继承人，他可以与任何一个顺序的继承人共同继承，只是其应继份视参加的顺序不同而有所不同。世界上大多数国家均采此主张。二是主张将配偶置于一定顺序，其具体定位又有首要顺序（如前苏联和中国）和次要顺序（如法国）之分。其应继份额前者主张与其他同一顺序继承人均等分配，后者则主张取得大部分遗产的用益权。上述主张何者更能保障配偶的继承权，理论上有不同看法。有人认为，将配偶置于次要顺序，是对配偶继承权的限制，实质上是对妇女继承权的限制①。也有人认为，将配偶置于首要次序，就是对配偶继承权的保障②。我们认为考察一国立法对配偶继承权的重视程度如何，不能只看继承顺序的排列，将配偶置于首要顺序固然表明对配偶继承权的重视，将其置于次要顺序或不置于任何顺序，却并不表明该国就不重视配偶的继承权。事实上，将配偶置于次要顺序的国家（如法国），主要不是通过取得一定遗产所有权，而是通过赋予配偶对遗产的终身用益权来保障配偶对遗产的权利的；在不将配偶置于任何顺序的国家，配偶不仅可以取得一定份额遗产的所有权，而且对其他继承人取得的遗产也享有一定份额的用益权，而就配偶的应继份来看，采取后一种做法的国家，配偶的应继份并不比置于首要地位的国家的配偶分得的遗产要少，因此，仅根据继承顺序的排列，便武断地得出结论是不可取的。

---

① 佟柔主编：《继承法教程》，法律出版社1985年版，第79页。

② 刘春茂主编：《中国民法学·财产继承》，中国人民公安大学出版社1990年版，第254页。

三、与死者有共同生活关系人的继承顺序

继承关系主要基于继承人与被继承人生前存在婚姻和血缘关系而产生，这是各国继承立法的通例。除此以外，一些与死者没有自然血缘关系，但与死者生前长期生活在一起的人能否作为继承人参与遗产继承？如果允许，他们在继承顺序中又应当如何定位？对此，各国立法规定不一。我们这里所称的“与死者有共同生活关系的人”主要是指与死者依法形成收养关系的养子女和养父母；因配偶一方再婚而与另一方形成姻亲关系的继子女和继父母；以及其他与死者生前有过事实扶养关系的人。对于上述几种人是否可以成为继承人以及继承顺序如何，很难用几句话概括，只能分别阐述。

（一）养父母与养子女

养父母与养子女在亲属法上称为“拟制血亲”，他们能否成为对方遗产的继承人？其继承顺序如何？主要有以下两种立法例：

一是只承认养子女对养父母的遗产享有继承权，而不承认养父母对养子女的遗产也享有继承权。养子女在继承遗产时，与生子女的继承顺序和应继份相同，但养子女的继承权只及于养父母，而对养父母的其他亲属的遗产不享有继承权。采用这种单向继承的国家主要是德国（《德国民法典》第1754条、第1925条）和瑞士（《瑞士民法典》第267条），但瑞士现已废除了养父母不得继承养子女遗产的规定。

二是承认养父母和养子女相互享有继承权，即双向继承。但具体做法上又有不同。一是法国法的做法。依照《法国民法典》第350条、第351条和第352条的规定，养父母只有在养子女死亡且无直系卑亲属时，其遗产才由养父母继承；而养子女在继承养父母的遗产时，与亲生子女的顺序和应继份相同，不问养父母是否有亲生子女。与德国法一样，养子女的继承权仅及于养父母，而对养父母其他亲属的遗产，养子女不享有继承权。由此可见，法国法原则上是不承认养父母对养子女的遗产享有继承权的，只是在特定条件下，养父母才能继承养子女的遗产。二是日本法的做法。依照《日本民法典》第809条的规定，养子女自收养之日起，取得养父母的婚生子女的身份，同时依照日本的判例，养父母与养子女相互享有继承权，而且养子女对于生父母的遗产也享有继承权，其应继份与婚生子女相同。三是《苏俄民法典》的做法。依照该法典第532条的规定，养子女与婚生子女继承地位和继承顺序相同，均为第一顺序继承人；但在收养关系存续期间，养子女只能继承养父母的遗产，而不得继承生父母的遗产。同时，养父母对养子女的遗产也享有相同的继承权，此所谓

“双向继承”。

我国《继承法》在养子女、养父母的继承问题上完全采纳了苏俄民法的做法。依照该法第10条的规定，子女既包括婚生子女，也包括养子女；父母既包括生父母，也包括养父母；他们同为第一顺序继承人，相互之间享有继承权，其继承份额也是完全相同的。至于养子女对养父母的近亲属、养父母对养子女的近亲属是否享有继承权？依照我国《收养法》第22条的规定，养子女与生父母及其近亲属之间的权利义务关系，因收养关系的成立而消灭。因此，在收养关系存续期间，养子女对生父母及其近亲属的遗产不享有继承权，但对养父母及其近亲属的遗产享有与婚生子女一样的继承权。养父母对养子女的生子女的遗产也享有继承权。而生父母则因收养关系的建立，丧失了对送养子女的遗产的继承权。

（二）继父母与继子女

继父母与继子女是因配偶一方再婚而与对方子女之间产生的姻亲。目前在继父母与继子女相互之间是否享有继承权的问题上，主要有两种不同的立法例：一是大多数国家的立法均不主张继父母与继子女之间相互享有继承权。如法国、德国、日本、瑞士和英美法国家均是如此。二是只有极少数国家有条件承认继父母与继子女之间相互享有继承权。如中国和韩国就采取这种做法，但两国附加的“条件”是不同的。依照中国《继承法》第10条的规定，继父母与继子女只有在有相互扶养关系的前提下，才能相互享有继承权。而《韩国民法典》则带有浓厚的男女不平等的色彩，依照该法第773、774、1000条的规定，只承认继母与继子之间相互享有继承权，而不承认继母女之间、继父子之间相互享有继承权，继母子之间继承关系的成立不以相互扶养为条件。在继承顺序问题上，承认继父母与继子女之间相互有继承权的国家，均将继父母、继子女与生父母、生子女同等看待，列为第一顺序继承人。

（三）与死者有过事实扶养关系的人

一般说来，继承关系仅发生在相互有婚姻关系或血缘关系的当事人之间，即使承认具有收养关系的当事人之间相互享有继承权，也是将这种收养关系拟制为血亲关系的。因此，大多数国家都不承认除配偶、血亲属之外，还有死者继承人的存在，无论是大陆法、英美法均是如此。只有中国和前苏联有例外。前《苏俄民法典》第532条在按婚姻和血缘的亲等关系确定了两个顺序的法定继承人之后，又规定，死者生前扶养的不少于一年的无劳动力的人也为法定继承人，在有其他继承人存在的情况下，他们与应召继承的其他继承人按同一顺序平等继承。我国《继承法》第12条则规定，尽了主要赡养义务的丧偶儿媳和丧偶女婿作为第一顺序继承人，与其他第一顺序继承人一起对死者的遗产均等继承。我国《继承法》的这一规定与《苏俄民法典》的规定，就其适用对象而言是不同的。《苏俄民法典》确定的"死者生前扶养的不少于一年的无劳动能力的人"并不要求他与死者之间存在某种亲属关系；而我国立法则明确要求只有尽了主要赡养义务的丧偶儿媳对公婆的遗产、丧偶女婿对岳父母的遗产才享有继承权，他们之间是存在姻亲关系的。至于《苏俄民法典》中规定的与死者生前有扶养关系且缺乏劳动能力的人，我国《继承法》并未将之作为法定继承人看待，只是规定可以分给适当的遗产（《继承法》第 14 条）。虽然在适用对象上，两国立法存在差异，但就其立法宗旨来说，基本是一致的，即都是为了达到"扶养老幼"的目的。① 同时，我们认为，与其他大陆法和英美法国家相比，之所以把没有婚姻、血缘关系的人也纳入法定继承人的范围，这与社会主义国家社会保障制度不健全、养老育幼的职能主要还是由家庭承担有关。这也可以说是社会主义国家继承立法的一大特色。

第三节 法定继承人的应继份

应继份（Successional Portion），是指在共同继承的情况下，同一顺序的继承人分得的遗产成数或比率。应继份分为指定应继份和法定应继份两种。在依被继承人的遗嘱进行继承的情况下，如果被继承人在遗嘱中指定了各继承人分得遗产的比率，则称为指定应继份。只要这种指定不违反特留份的规定，就应按指定应继份来分配遗产。在法定继承的情况下，同一顺序的共同继承人对遗产的分配比率由法律直接规定，这称为法定应继份。法定应继份虽然主要适用于法定继承的场合，但在遗嘱继承中，判断被继承人指定的应继份是否违反特留份的规定，仍是以法定应继份为准的。本节只讨论法定应继份中的有关问题。

一、配偶的应继份

对配偶应继份的确定，不仅采亲系继承制的国家与采亲等继承制的国家不同，而且在采亲系继承制的国家之间，也不完全相同。归纳起来有以下四种不同做法：

（1）均等份额立法例，即配偶与第一顺序继承人共同继承时，遗产按第

① 参见《关于〈中华人民共和国继承法（草案）〉的说明》。

一顺序继承人的人数平均分配。没有第一顺序其他继承人时，配偶取得遗产的全部。中国、前苏联均采此立法例。

（2）均等份额与不均等份额二者兼用的立法例，即配偶在与第一顺序继承人共同继承时，遗产按第一顺序继承人的人数平均分配，配偶取得平均份；没有第一顺序继承人，配偶在与其他顺序的继承人共同继承时，其应继份额依其他继承人与死者的亲疏远近而定，血亲属与死者的血缘关系愈近，配偶的应继份愈少，反之则愈多。

（3）不均等份额立法例，即配偶在与其他顺序继承人共同继承时，其份额与同一顺序的其他继承人的份额不均等，应继份的多少，视其参加的继承顺序而定。一般说来，同一顺序的其他继承人与死者的血亲关系越近，配偶的应继份就越少；反之则越多。大多数国家均采此种立法例，但在具体份额上又有一些差别。

德国是典型的采取亲系继承制的国家。依照《德国民法典》第1931条的规定，配偶在与第一顺序的血亲属共同继承时，应继承遗产的1/4；在与第二、第三顺序的血亲属共同继承时，应继承遗产的1/2；在没有第一、第二顺序继承人和祖父母时，配偶的应继份为全部遗产。此外，依照该法第1932条的规定，配偶除取得遗产的应继份外，对家庭生活用品等享有先取权。

《日本民法典》第900条规定，配偶与子女共同继承时，配偶的应继份为遗产的1/2；配偶与直系尊亲属共同继承时，配偶的应继份为遗产的2/3；配偶与死者的兄弟姐妹共同继承时，配偶的应继份为遗产的3/4。

（4）所有权份额与用益权份额二者兼用的立法例。有些国家规定配偶与其他继承人共同继承时，除了可以取得一定份额的遗产所有权外，对其他继承人取得的遗产还享有一定份额的用益权。采取这种立法例的国家主要包括法国、瑞士和英美法系国家。

《法国民法典》将配偶列为第四顺序继承人，因而配偶依继承顺序取得遗产所有权份额的机会是很小的。依照该法第765、766条的规定，只有在死者未遗有有继承权的父系或母系的任何亲属，或者仅遗有除兄弟姐妹以外的旁系血亲时，遗产才能完全归配偶继承；但如果被继承人死亡时，法院已判决配偶与之分居的，则分居的配偶只能取得遗产份额的1/2，还有一半归其他旁系亲属。不过，为了弥补配偶对遗产权利的不足，该法典第767条规定，在前三个顺序继承人存在的情况下，配偶虽不能取得遗产的所有权，但对死者的遗产仍享有一定份额的用益权，具体做法是：死者在有子女继承的情况下，配偶享有1/4的用益权；如果死者遗有兄弟姐妹、其兄弟姐妹的直系卑血亲及其直系尊血亲或婚姻期间受胎的非婚生子女时，配偶享有 1/2 的用益权。

瑞士在配偶应继份问题上也是兼采所有权份额与用益权份额，但与法国不同。法国对配偶的应继份主要采取用益权制度，只有在死者遗有较远的旁系亲属时，才允许配偶取得死者遗产的所有权；而瑞士则规定配偶是法定继承人，不属于任何顺序，在与其他顺序继承人共同继承时，法律赋予配偶在继承死者遗产的所有权和用益权之间进行选择的自由。依照《瑞士民法典》第 462 条的规定，死者有直系卑血亲的，配偶按其选择，或对遗产的 1/2 享有用益权，或取得 1/4 的遗产所有权；配偶在与死者的父系或母系继承人共同继承时，取得 1/4 遗产的所有权和 3/4 遗产的用益权；配偶在与祖父母系的继承人共同继承时，取得 1/2 遗产的所有权和其他 1/2 遗产的用益权。在死者没有上列血亲属继承人存在时，配偶取得全部遗产份额。

英美法系国家在配偶应继份问题上，也是采取所有权与用益权相结合的方式，不过与大陆法不同的是，英美法规定，配偶在与其他继承人共同继承之前，允许其先取得一定的遗产份额，剩余遗产才按各自的应继份额由配偶和血亲属共同继承。这种遗产先取权制度在大陆法国家的立法中是不多见的。

依照英国继承法的规定，配偶可以与前三个顺序的继承人共同继承。在与第一顺序继承人直系卑亲属共同继承时，可取得全部家庭动产和一定份额的特留份，对死者的不动产 1/2 享有终身用益权；在与第二、第三顺序继承人即死者的父母和兄弟姐妹共同继承时，可取得全部家庭动产和一定份额的特留份，对死者的不动产的 1/2 享有所有权。在没有上列三个顺序继承人存在时，配偶取得全部遗产。

美国的做法与英国大体相似。依照《美国统一继承法典》第 2~103 条的规定，当配偶与第一顺序继承人子女共同继承时，如果子女非生存配偶所生，则配偶取得遗产的 1/2；如果子女是生存配偶所生，则配偶先取得一定份额的遗产，再对剩余遗产与子女平分；当配偶与第二顺序继承人父母共同继承时，除先取得一定份额的遗产外，对剩余遗产的一半享有所有权，当没有直系卑亲属和父母时，则配偶取得全部遗产。美国大多数州的立法规定，配偶对死者的不动产除按其应继份取得所有权外，还可取得一定份额不动产的终身用益权。

从各国关于配偶应继份的立法中，我们可以看出，配偶的应继份实际高于直系血亲卑亲属的应继份的国家主要有英国、美国和日本；与直系血亲卑亲属继承份额大体相等的有中国和前苏联；比直系血亲卑亲属应继份额要少的国家主要是德国、瑞士、法国等，但后者均有遗产用益权的规定加以弥补。

二、血亲属的应继份

在同一顺序继承人共同继承的情况下，由于继承人中既存在配偶，也存在不同亲系和不同亲等的继承人，同一亲系或同一亲等的继承人的人数也不完全相同，因此，以什么作为依据来划分血亲属的法定应继份？各国立法规定不一，总的来说，有两种立法例。

第一种是在采取亲系继承制或亲系继承与亲等继承相结合的国家，首先将遗产分为两大部分，一部分为配偶的应继份，另一部分为血亲属的遗产。配偶的应继份虽然在不同顺序中比率不同，但在某一个顺序中则是固定的，称为"固定份"。血亲属的遗产部分则分成父系和母系两大部分（称为"大股"），父系和母系之间的遗产不流动，只能由本系的继承人按继承顺序继承，只有在该系的继承人都不存在时，才将该遗产转入他系分配。在同一父系或母系中，又按照与死者的亲疏不同，分为若干亲系股（称为"小股"），如直系卑血亲股、父母股、直系尊血亲股、兄弟姐妹股等，这些小股亲属在与配偶共同继承时，其应继份是不同的。各小股的遗产首先由与死者亲等最近的亲属按人数平均分配；如果没有最先顺序的亲属存在，则由下一个顺位的亲属代位继承，只有在该亲系股的继承人都不存在时，该小股的遗产才转入下一个亲系小股中，如果同一顺序中不存在其他亲系股，则转入下一个顺序继承。所以许多国家都有血亲属继承，在同一顺序的情况下"以亲系亲等为序"的字样。上述立法例为大陆法国家和英美法国家所采用，但在具体做法上又有所不同。分述如下：

《法国民法典》规定，同亲等的直系卑亲属按人数均分；代位继承时按房数（即"股"）继承，各代位继承人之间份额相等。在没有第一顺序继承人时，由父母和兄弟姐妹各半数继承；父母均分属于父母的一半遗产；仅有父或母一方存在时，则继承遗产的1/4。兄弟姐妹继承遗产的3/4；兄弟姐妹之间取得相等的份额，但半血缘仅为全血缘兄弟姐妹的1/2。在没有第一、第二顺序继承人时，由死者的直系尊亲属继承，遗产按父系尊亲属和母系尊亲属对半划分，由各系的尊亲属按与死者的亲等远近进行继承；同亲等的尊亲属按人数均分；有近亲等尊亲属存在时，远亲等尊亲属不参加继承。配偶虽列为第四顺序继承人，但可参与任何一个顺序的继承，并取得一定份额的遗产用益权（《法国民法典》第731~753条）。

《德国民法典》也是将遗产分为父系和母系两大部分。各系按照法定继承顺序由配偶和血亲属共同继承。血亲属的应继份为：第一顺序直系卑亲属与配偶共同继承时，取得遗产的3/4，该3/4的遗产由子女按人数均分，如果其中有子或女死亡的，则由死亡者的直系卑亲属按股代位继承。第二顺序继承人父母和父母的直系卑亲属与配偶共同继承时，父母及其直系卑亲属的应继份为遗产的1/2；父母在，由父母单独继承，父母之间对1/2的应继份应当均分；父或母一方不在的，则由死亡者的直系卑亲属按股代位继承。第三顺序继承人祖父母及其直系卑亲属与配偶共同继承，其应继份为遗产的1/2，祖父母在，由祖父母单独继承，并各自取得相等的份额；祖父母一方不在的，由死亡一方的直系卑亲属代位继承；如死亡者没有直系卑亲属，则其应继份归属于他系的祖父母，如该祖父母也不在的，则归属于他系的祖父母的直系卑亲属。没有前三个顺序继承人时，配偶取得全部遗产，若配偶也不在的，则由第四、第五顺序继承人继承，其继承原则与前三个顺序一样，只是不再有亲系的区别（《德国民法典》第1924~1931条）。

《日本民法典》没有父系和母系的划分。同时，在同一顺序血亲属的继承人的范围上又以亲等近者为先。依照《日本民法典》第900条的规定，配偶在与各顺序继承人共同继承时，第一顺序继承人子女取得1/2的应继份；第二顺序继承人直系尊亲属取得1/3的应继份，以亲等近者优先；第三顺序继承人兄弟姐妹取得遗产的1/4。同一顺序血亲属之间按人数均分，但非婚生子女的应继份为婚生子女的1/2；半血缘的兄弟姐妹的应继份为全血缘兄弟姐妹的1/2。各顺序继承人的应继份允许其直系卑亲属代位继承。

《瑞士民法典》由于允许配偶在与各顺序继承人共同继承时，对取得遗产的用益权或所有权进行选择，因此，只有在配偶的选择确定后，各顺序血亲属继承人的应继份才能确定下来，依照《瑞士民法典》第457~462条的规定，配偶与直系卑血亲共同继承时，配偶按自己的选择，可取得遗产1/2的用益权或1/4遗产的所有权，其余遗产由子女平分；子女死亡，则由其直系卑血亲代位继承，以亲系亲等为序，配偶在与父系或母系继承人共同继承时，可取得1/4遗产的所有权或3/4遗产的用益权；其余遗产由父母平均继承；父或母一方死亡的，由其直系卑血亲代位继承，以亲系亲等为序；如果父或母一方死亡而又无直系卑血亲的，则由他方的直系卑血亲全部继承。配偶在与祖父母系的继承人共同继承时，可取得1/2遗产的所有权和其他1/2遗产的用益权，其余部分由父系和母系的祖父母按其亲系平均继承。祖父或祖母死亡，由其直系卑血亲代位继承，以亲系亲等为序。如果连直系卑血亲也没有，则死亡祖父母的其他继承人可继承遗产的1/2，如果祖父母无继承人时，则全部遗产归配偶继承。

英美法国家在血亲属的应继份确定问题上，所采取的原则大体一致，即同顺序同亲等的血亲属继承人之间按人数平均分配。但由于配偶的应继份规定不同，因而各顺序血亲在与配偶共同继承时，所取得的应继份也不同。依照英国继承法的规定，在与配偶共同继承时，第一顺序的直系卑亲属取得死者不动产的全部应继份；但配偶对不动产的1/2享有终身用益权。第二顺序继承人父母和第三顺序继承人兄弟姐妹与配偶共同继承时，父母或兄弟姐妹取得死者不动产的1/2应继份。没有前三个顺序血亲属继承人存在时，配偶取得全部遗产。美国的做法也大致如此，此处不再重复。

从以上各国关于血亲属应继份的规定中，我们可以看出，采取亲系继承制或亲等继承与亲系继承相结合的国家，在血亲属应继份的确定上有一些共同的特点：

一是同一顺序同一亲等的血亲属继承人，其应继份是相等的。只有极个别国家对子女中的非婚生子女和养子女的应继份采取歧视的态度，规定为婚生子女的一半。

二是不同顺序的血亲属继承人在与配偶共同继承时，视该血亲属继承人与死者的血缘关系远近来确定应继份的多少，血缘关系越近，应继份就越多（如子女），反之就越少（如祖父母）。

三是在实行亲系继承制的国家，同一顺序的继承人中，居于最先顺位的亲等继承人取得该顺序血亲属的应继份。最先顺位的亲等继承人死亡的，由死亡者的直系卑亲属按股代位继承；代位人为数人的，则按人数对代位股均分。

第二种是完全采亲等继承制的个别国家，如中国和前苏联，在配偶应继份和血亲属应继份的确定问题上规定比较简单。由于没有亲系的划分，也没有父系和母系的划分，因此，遗产在同一顺序继承人中，完全按照该顺序继承人的人数平均分配，每一个继承人的应继份都是大致相等。这不仅对同一顺序的血亲属是如此，而且对配偶也是如此。在没有第一顺序继承人的存在的情况下，第二顺序继承人才能参加继承，第二顺序继承人的亲等是相同的，因此遗产也是按照该顺序继承人的人数平均分配，每个继承人的应继份大致也是相等的。与亲系继承制相比，亲等继承制在确定同一顺序继承人的应继份上至少有以下五个特点：

一是配偶在与同一顺序血亲属共同继承时，配偶的应继份可能等于（若死者的子女为一人）或少于（若死者的子女为两人以上）血亲属的应继份，而不会大于血亲属的应继份。

二是同一顺序的血亲属应继份大致相等。

三是代位继承人只限于被继承人的晚辈直系血亲，其他亲属无权代位；代位人所享有的遗产份额应是被代位人应继承的份额，即按股代位。这一点与亲系继承制国家相同。如果代位人有数人，则对代位股按人数均分。

四是同一顺序继承人应继份的平均只是相对的。在确定应继份时，要考虑各继承人与死者共同生活关系、扶养义务多少，以及劳动能力如何等诸种因素，这与大陆法和英美法国家规定的配偶的应继份是固定份、血亲属的应继份是绝对平均的应继份是不同的，后者并不考虑上述因素。

五是非婚生子女、养子女的应继份与生子女相同；养父母的应继份与生父母的应继份相同；全血缘兄弟姐妹的应继份与半血缘兄弟姐妹相同；这与部分大陆法国家和美国的立法有一致的一面，也有不一致的一面。不一致的一面主要表现在，大多数国家不把养父母作为法定继承人看待，全血缘兄弟姐妹和半血缘兄弟姐妹也分属不同顺序，应继份不同。

此外，我国《继承法》第 10 条将有扶养关系的继子女和继父母、尽了主要赡养义务的丧偶儿媳和女婿也列为第一顺序继承人，其应继份与其他第一顺序继承人相同，这在绝大多数国家是没有的。这也可以说是我国继承立法的一个特色所在。

第四节 代位继承和转继承

一、代位继承

代位继承（Succession Per Stirpes），又称代袭继承或间接继承，是指继承人先于被继承人死亡时，由其一定范围内的血亲属代为取得其应继份额的制度。它始于罗马法中的按股继承。现代各国立法，除前《苏俄民法典》外，均对代位继承制度作了明确的规定。但在代位继承的性质、条件等问题上，各国主张不一。

（一）代位继承的性质

代位继承人取得被继承人遗产份额的权利，究竟是基于代位本身固有的权利，还是基于被代位人享有的继承权所派生出来的权利，对此有两种截然不同的观点。一种观点认为，代位继承权是代位人本身所固有的权利，它并不以被代位人是否享有继承权为转移，这称之为“固有权说”。依此学说，代位继承人即使在被代位人丧失继承权或放弃继承权的情况下，代位继承人仍享有代位继承权。德国、日本、瑞士等国的民法均采此观点。如《日本民法典》第 887

条第2款就规定："被继承人的子女于继承开始前死亡，或因符合第891条（剥夺继承权）的规定，或因废除而丧失其继承权时，其子女代位其成为继承人。但是，非被继承人的直系卑亲属者，不在此限。"另一种观点则认为，代位继承权是基于被代位人享有继承权而派生的权利，代位继承人不过是代表死去的被代位人，取得原应由其继承的遗产份额而已；如果被代位人生前就已丧失、放弃继承权，则其子女也就"无位可代"了。这称之为"代表权说"。采此主张的主要是法国，如《法国民法典》第739条就规定："代位继承为法律的拟制，其效果为使代位继承人取得被代位人的地位、亲等与权利。"第787条同时规定，继承人如放弃继承，任何人不得代位继承。

我国《继承法》第11条虽然规定了代位继承制度，但对代位继承的性质并未明确规定。从有关的司法解释看，我国的司法实践是采"代表权说"的，如《最高人民法院关于贯彻执行〈中华人民共和国继承法〉若干问题的意见》第28条就明确指出："继承人丧失继承权的，其晚辈直系血亲不得代位继承。"在理论上，我国大多数学者也主张"代表权说"，认为代位继承人之所以可以取得被代位人相等的法律地位，是因为他是被代位人的代表，若代位人是基于自己的固有的权利而继承，那么他就有权取得与其他继承人同等的继承份额，而不是继承被代位人的应继份额①。

我们认为，代位继承的性质采"固有权说"更为恰当。这不仅是大多数国家的通行做法，而且更主要的是对维护被代位人的后代的利益更为有利。否则，按"代表说"的观点，代位人在被代位人放弃继承权或丧失继承权的情况下，无法参加继承。至于代位继承若采"固有权说"，就应与其他继承人均分继承份额，而不是继承被代位人的应继份额的说法，完全是由于我国采亲等继承制（同一顺序继承人的应继份按人数均分），而没有采取亲系继承制造成的（按股继承），并非"固有权说"难以自圆其说。

（二）代位继承的条件

无论采"代表权说"抑或采"固有权说"的国家，对代位继承的条件均作了规定，但由于对代位继承的性质认识上的差异，致使代位继承的条件规定也不完全一样，即使采用同一学说的国家，由于对代位继承的宽严态度不同，其条件也不一样。下面分述之。

1. 须有代位继承的法定事由发生

---

① 刘春茂主编：《中国民法学·民法债权》，中国人民公安大学出版社1990年版，第303页。

对于代位继承的法定事由，持“代表权说”的国家认为只有一个，即继承人先于被继承人死亡，继承人丧失继承权的，不能作为代位继承的法定事由。如我国《继承法》第11条和《法国民法典》第744条均采此主张。我国最高人民法院在有关的司法解释中曾明确指出：“继承人丧失继承权的，其晚辈直系血亲不得代位继承。如该代位继承人缺乏劳动能力又没有生活来源，或对被继承人尽赡养义务较多的，可适当分给遗产。”① 而持“固有权说”的国家则主张，代位继承的法定事由除继承人先于被继承人死亡外，在继承人丧失继承权的情况下，也可发生代位继承，甚至在继承人放弃继承的情况下，也可发生代位继承问题。如《德国民法典》规定，死亡、继承之拒绝、丧失继承权和依契约为继承之抛弃者，均为代位继承之原因（第1924、1925、1926、1953、2344和2436条）。《日本民法典》则规定在继承人死亡、丧失继承权的情况下，可发生代位继承（第887条）。《瑞士民法典》的规定与日本相同（第478、541和566条）。日本和瑞士民法均不主张将继承人抛弃继承作为代位继承的法定事由。

2. 被代位人须为被继承人的直系血亲卑亲属

这是大多数国家的立法主张，但在此问题上，也有些国家允许被继承人的兄弟姐妹成为被代位人。法国、德国、日本、瑞士均有此规定。如《法国民法典》第750条规定，死者的兄弟姐妹或其直系卑亲属，按照代位继承的规定，以自己的名义或者代替他人的地位而继承。《日本民法典》第901条的规定更为明确：“兄弟姐妹的直系卑亲属在成为继承人的场合，适用代位继承的规定。”《美国统一继承法典》第2~103条（3）规定，对于不属于配偶继承的那部分遗产，如果被继承人没有生存的直系卑亲属和父母，则该部分遗产由被继承人的兄弟姐妹和享有代位继承权已亡兄弟姐妹的子女共同继承。

3. 代位人须为被代位人的直系血亲卑亲属

对于代位人的范围，各国立法宽窄极不一致。范围最小的是中国，仅限于被继承人的直系血亲卑亲属。范围最宽的是德国、日本、瑞士和英国、美国等，这些国家均采亲系继承制，一般都规定前三个顺序继承人的直系血亲卑亲属均有权代位继承（参见“继承顺序和应继份”一节）。这样对于被继承人来说，不仅其子女的直系卑血亲，而且其父母、祖父母的直系卑血亲也可代位继承。法国民法规定的代位人的范围，虽比上述国家要少，但也扩及到被继承的兄弟姐妹及其直系血亲卑亲属（《法国民法典》第742条）。

① 《最高人民法院关于贯彻执行〈中华人民共和国继承法〉若干问题的意见》第28条。

直系血亲卑亲属既包括婚生的，也包括非婚生的。同时，各国立法均承认活着出生的胎儿有遗产继承权，因而胎儿也可以作为代位人。在一般情况下，各国立法均承认与被代位人有着自然血亲关系的直系血亲卑亲属享有代位继承权，但对于充当代位人的亲属是否仅以自然血亲为限，各国立法规定不一。法国、德国和瑞士民法均认为养子女对于养父母的父母（养祖父母）根本不存在拟制血亲关系，因而养子女没有代位继承权。而日本民法则认为，养子女对养父母的父母，也应视为拟制血亲关系，有代位继承权，只是在养父母丧失继承权后收养的子女，能否享有代位继承权的问题上存在争论。多数学者主张不享有代位继承权，否则养父母在丧失继承权后完全可以通过收养子女的方式间接取得被继承人的遗产，这有违诚信原则。至于继子女和继父母之间，大陆法国家和英美法国家均认为，他们是姻亲，而非拟制血亲，因而除韩国外，均不承认其相互享有继承权，也不主张继子女的直系卑血亲对继父或继母的遗产份额享有代位继承权。

我国《继承法》在非直系自然血亲卑亲属是否享有代位继承权问题上与大多数国家的做法颇为不同。依照《继承法》第 10 条的规定，被继承人的子女，既包括婚生子女、非婚生子女，也包括养子女和有扶养关系的继子女。因此，当被继承人的养子女和有扶养关系的继子女先于被继承人死亡时，养子女和有扶养关系的继子女的晚辈直系血亲也有代位继承权。不过《最高人民法院关于贯彻执行〈中华人民共和国继承法〉若干问题意见》中似乎考虑到非自然血亲的卑亲属与自然血亲的卑亲属毕竟不同，完全以扶养关系为依据确定继承人的范围和顺序可能有一定的道理，而照搬过来作为确定代位人的范围恐怕就不一定合适。因为代位继承人并无代数的限制，如果养子女、有扶养关系的继子女的晚辈直系血亲与被继承人隔代甚远，事实上是很难存在扶养关系的。为此，在司法解释中，对养子女、有扶养关系的继子女的晚辈直系血亲卑亲属作为代位人，作了代数上的限制，即“被继承人的养子女、有扶养关系的继子女的生子女可代位继承；被继承人亲生子女可代位继承；被继承人养子女的养子女可代位继承；与被继承人已形成扶养关系的继子女的养子女也可以代位继承”①。

4. 被代位人的直系血亲卑亲属充当代位人时，不受代数的限制

这是各国立法的通例，我国《继承法》也是如此。

5. 代位人仅限于被代位人的直系血亲卑亲属，被代位人的直系血亲尊亲属无代位继承权

① 《最高人民法院关于贯彻执行〈中华人民共和国继承法〉若干问题意见》第 26 条。

这也是各国立法的通例。我国《继承法》上使用的“晚辈直系血亲”也就是直系血亲卑亲属。

6. 代位人通过代位继承的方式取得的遗产份额，应当是被代位人的应继份

无论是采取“代表权说”的国家，还是采取“固有权说”的国家，在代位人的应继份问题上，观点是一致的，只是称谓不同而已。法国民法称之为按房数继承，德国、日本和瑞士等国民法称之为按股继承。在代位人为数人的情况下，代位人之间对被代位人的应继份一般应当按人数平均分配。我国《继承法》第 11 条也采此主张，规定：“代位继承人一般只能继承他的父亲或者母亲有权继承的遗产份额。”如果代位继承人的人数不止一人，则对代位继承的遗产份额按人数均分。

二、转继承（Succession Par Trasmission）

转继承是指在继承开始后，遗产分割前，继承人尚未实际取得遗产时即死亡，其应继份转归该继承人自己的继承人继承的制度。转继承与代位继承虽然都是将其应继份交由自己的继承人继承的制度，但二者的性质和适用条件是不同的。代位继承是承袭继承，实质上仍是一次继承；而转继承是再继承，实质上是两次继承的重合。从适用条件看，（1）代位继承的法定事由虽然各国规定不一，但均主张被继承人的子女先于被继承人死亡是发生代位继承的主要事由，因而被代位人死亡的时间只能在被继承人死亡之前。而转继承则是在转继承人后于被继承人死亡时，才会发生，转继承人死亡的时间只能在继承开始后、遗产分割前。（2）转继承必须以转继承人未丧失、抛弃继承权为条件；而代位继承则不一定，持“固有权说”的国家主张，在被代位人丧失或抛弃继承权的情况下，代位人也享有代位权。（3）代位人的范围仅限于被代位人的直系血亲卑亲属，而转继承中接受继承遗产的人应为转继承人的法定继承人，并不一定非是直系血亲卑亲属，显然后者要比前者大得多。（4）代位继承只可能发生在法定继承的情况下，而转继承则既可以发生在转继承人未来得及立遗嘱而死亡的情况下，也可以发生在继承开始后、遗产分割前，转继承人对自己应得的份额以遗嘱方式处理后死亡的情况，后一种情况下，就应按遗嘱继承来处理。

对于转继承问题往往以转继承人接受继承为前提，因而各国民法对此均与继承权的承认放在一起规定。如《法国民法典》第 781 条规定：“如应继承遗产的人未放弃继承，亦未明示或默示接受继承而死亡时，该继承人的继承人得

以前者的名义接受或放弃继承。”《日本民法典》第 915 条也规定：“继承人未表示承认或放弃继承而死亡时，在 3 个月内，自其继承人知悉自己继承开始时起作出单纯承认、限定承认或放弃的表示。”

我国《继承法》对转继承问题虽未作明文规定，但依照《最高人民法院关于贯彻执行〈中华人民共和国继承法〉若干问题的意见》第 52 条的解释，“继承开始后，继承人没有表示放弃继承，并于遗产分割前死亡的，其继承遗产的权利转移给他的合法继承人”。第 53 条解释，上述规定也适用于受遗赠的权利转继承的情形，只是必须以受遗赠人在继承开始后知道受遗赠的事实 2 个月内明确表示接受遗赠为条件。

第五章　遗嘱继承

第一节　遗嘱继承概述

遗嘱继承（Succession Testament），是指依照被继承人生前所立遗嘱来处理遗产问题的制度。依此制度，遗产继承人的范围和顺序、继承人的应继份、遗产的管理和分割等均由被继承人在遗嘱中加以指定，因此，又称“指定继承”。

遗嘱继承制度最初始于罗马法。古罗马《十二铜表法》第4条就规定：“凡在自己临终时，对有关自己家产或有关监护权所作的处理，不得违反。”后世学者认为，这是对遗嘱自由原则的最早概括①。近现代各国继承立法均对遗嘱继承制度作了极为详尽的规定，并在实际处理遗产时，将之置于优于法定继承的地位。之所以如此，是因为遗产由被继承人生前所有的财产所构成，被继承人生前对这些财产享有支配权。这种对财产的支配权理应延伸至被继承人死后，而遗嘱则是被继承人对其财产在死后应当如何处理的内心意愿最直接、最真实的反映，因而在两种继承方式都存在的情况下，遗嘱继承显然更能体现被继承人对遗产的处分意思，更便于被继承人通过遗嘱的方式选择遗产的继承人。而法定继承不过是法律对被继承人意欲如何处分遗产的一种推定，因此，无论对遗嘱自由持绝对肯定态度的国家，还是对遗嘱自由持限制态度的国家，其立法都主张遗嘱继承应优于法定继承。

当然，古代法上的遗嘱继承与近现代法上的遗嘱继承，其性质是不同的。在古罗马的家族制度下，家长主宰一切，家产为家庭成员所共有，一旦家长死亡，其人格能否延续便成为一个大问题。为了使家长的人格得以延续，家祀绵延不绝，家长用遗嘱的方式将家长权转移给指定的继承人，无疑是一种恰当的方式，因而，古罗马的遗嘱继承制度最初并不是作为分配死者财产或使财产与

---

① 董史生著：《民事法律行为》，中国人民大学出版社1994年版，第13页。

家族相分离的手段，而是家长权转移的一种方法。只是到了罗马社会后期，随着私有制的进一步发展，家族观念日益减弱，遗产继承才逐步摆脱了依附于身份继承的地位，一跃而成为继承法调整的主要对象。同时，罗马法上的遗嘱继承是建立在家长权制度基础之上的，家长通过遗嘱指定继承人不可避免地要受到宗亲范围的限制。虽然罗马法上也规定了继承人废除制度，但享有继承权的继承人被废除后，被继承人仍只能在家族宗亲范围内指定继承人，一般不得将遗产指定由家族以外的人来继承，这是为了维护家族利益的需要。由此，我们不难看出，古代法上遗嘱继承与现代遗嘱继承制度虽然存在着渊源关系，但其性质并不相同。

资本主义生产方式的建立，使人们的家族观念逐渐被淡化，资产阶级的民事立法也在个人本位的指导思想下，竭力主张私有财产权绝对和个人意思自由的原则。这不仅体现在近代西方国家的物权和债权立法中，而且在继承立法中也得到了相应的反映。其中最为明显的莫过于对遗嘱自由原则的肯定。如《法国民法典》第 895 条就规定："遗嘱为法律行为的一种，依此行为，遗嘱人得处分其死亡后遗产的一部或全部；且此种行为，遗嘱人得取消之。"在近代英美法系国家，遗嘱继承制度与信托制度有着密切的关系。英美法系中的遗产不是直接归继承人继承，而是由死者在遗嘱中指定遗嘱执行人来执行遗嘱中的遗言。立遗嘱人和遗产执行人是建立在信托关系之上的，立遗嘱人是信托人，遗嘱执行人是受托人，而继承人是受益人。遗嘱制度也正是通过信托制度得到了更充分的发展，因而，在英美法国家遗嘱继承制度一直占据着主导地位。同时，英美的继承立法在遗嘱自由问题上，一直强调尊重立遗嘱人的意思和自由，对之很少加以限制，并认为"遗嘱自由"的思想是直接来自财产所有。

资本主义进入垄断时期以后，民事立法的指导思想开始由个人本位向社会本位转变。为了克服由于遗嘱指定继承所带来的社会财富分配上的不公平，各国立法开始对遗嘱自由原则的运用加以限制。在大陆法国家，这种限制主要来自两个方面：一是各国立法均规定了"特留份"或"保留份"制度，使被继承人以遗嘱方式处理遗产的范围受到了限制；二是各国立法均规定遗嘱不得违反社会的善良风俗，否则遗嘱无效。而一贯对遗嘱自由持放任态度的英美法国家，也开始对当事人以遗嘱的方式处分其遗产加以必要的限制。如英国 1938 年颁布的《家庭供养条例》和 1952 年颁布的《无遗嘱继承条例》就规定，被继承人对家庭成员负有不可推卸的扶养义务。如果被继承人以遗嘱的方式来逃避这一法定义务，法院则可违反遗嘱人的意愿，根据申请人的请求，判决从遗产收益中，甚至从本金中支付扶养费给生存的配偶、未婚女儿、未成年儿子以及其他因身体或精神上的疾病不能养活自己的子女。在 1958 年的《婚姻诉讼（财产和扶养）条例》中，此项原则甚至被扩展到适用于被继承人生前已离婚的配偶①。在美国，遗嘱自由的运用同样受到了程度不同的限制。在许多州的立法中，都规定对被继承人的遗产，生存配偶享有 1/2 或 1/3 的鳏夫产或寡妇产，并享有其他遗产利益，如宅园特留份、家庭特留份等。对上述权利，被继承人不得以遗嘱的方式加以剥夺。不过相对于大陆法国家而言，英美法国家对遗嘱自由原则的适用，限制要少一些。

虽然现代西方各国立法在遗嘱自由问题上均规定了一些限制性条款，但并没有否定遗嘱自由原则，也没有动摇遗嘱继承在遗产继承中的主导地位。遗嘱继承制度的发达程度如何，往往成为人们衡量一国民法发达程度的重要标志。这是我们考察遗嘱继承制度的发展历史后得出的一个结论。

我国《继承法》对遗嘱继承制度也作了较为明确的规定。《继承法》第 5 条规定："继承开始后，按照法定继承办理；有遗嘱的，按照遗嘱继承或者遗赠办理；有遗赠扶养协议的，按照协议办理。"可见，我国继承法是承认遗嘱继承优先于法定继承原则的。同时该法第 16 条和第 19 条规定，公民可以依照本法规定立遗嘱处分个人财产，并可以指定遗嘱执行人；公民可以以遗嘱的方式将个人财产指定由法定继承人中的一人或数人继承，也可以将之赠给国家、集体或法定继承人以外的人。但遗嘱应当对缺乏劳动能力又没有生活来源的继承人保留必要的遗产份额。从以上规定我们可以看出，我国对遗嘱自由也是持相对肯定态度的，这与大陆法国家的立法基本保持了一致。但在现实生活中，遗嘱继承并没有法定继承广泛，究其原因，一是从客观上看，几千年的封建专制统治使中国的私法很不发达。中国历代统治者始终把立法的着眼点放在维护专制皇权上，而漠视对私人权利的保护，私人之间的财产权利，被视为无足轻重的"细故"②。在此背景下不可能产生近代意义上的遗嘱继承制度。虽然在中国历代法典中，对遗嘱问题略有涉及，但那不过是为了保障家财不致分散而归一继承人掌握的一种手段，对立遗嘱人而言，并无遗嘱自由可言。在大多数情况下，被继承人死亡后，遗产往往在一个家族内，在族长的主持下，由被继承人的嫡子继承，这就造成了人们对于遗嘱继承制度十分陌生的感觉。二是从

① 参见刘春茂主编：《中国民法学·财产继承》，中国人民公安大学出版社 1990 年版，第 332 页。

② 孔庆明等编著：《中国民法史》，吉林人民出版社 1996 年版，第 3 页。

主观上看，被继承人缺乏应有的权利意识，也是造成遗嘱继承在中国适用较少的一个重要因素。中国历代统治者一直向百姓灌输“治国、安家、齐天下”的思想，治国如治家，治家如治国，国家利益和个人利益混为一体，而个人权利完全被淹没在国家利益之中。虽然近代迫于西方列强的压力，引进了西方的法律制度，但法律制度生存的土壤是无法移植的，因而对公民私人权利的保护只是徒有其名。新中国成立后，由于众所周知的原因，我国一直把公民的私有财产权作为资产阶级法权来批判，这就使得公民的个人权利意识十分淡薄。在个人遗产的处理问题上，他们不知、不敢或不愿以遗嘱的方式来处分其财产。总之，我们认为，遗嘱继承制度在中国适用较少，正是中国私法不发达的表现，而决不是什么“法定继承比遗嘱继承更公平，更简便，人们更乐于接受”① 所造成的。相信随着市场经济体制的建立，人们权利意识的不断增强，遗嘱继承将逐步由“纸上的东西”变为广泛为人民群众所乐于接受的一种继承方式。

第二节　遗嘱的有效要件

遗嘱行为是被继承人生前实施的单方法律行为，但此种行为在被继承人死亡时能否生效，则取决于该行为是否符合法定的有效要件。虽然从理论上讲，遗嘱行为是法律行为的一种，在大陆法系的民法理论上，认为应当具备法律行为的一般有效要件方能生效，但由于遗嘱行为所涉及的继承关系的特殊性，使得各国立法在遗嘱生效的具体条件上规定并不一致。就英美法而言，虽然没有法律行为制度的理论作为依托，遗嘱生效仍是要具备一定条件的。为了讨论的方便，本节以大陆法国家关于遗嘱的有效要件的规定为基础，对大陆法国家和英美法国家在这一问题上的不同规定作一比较。

一、立遗嘱人必须具有遗嘱能力

各国立法均要求立遗嘱人必须具有遗嘱能力。但什么样的人具有遗嘱能力？什么样的人没有遗嘱能力？公民的遗嘱能力与其行为能力是否一致？各国立法对此规定不一。总的来说，有两种不同的立法例。一是对公民遗嘱能力的要求与对公民行为能力的要求一致，即只有完全行为能力人才具备遗嘱能力，

① 参见刘春茂主编：《中国民法学·财产继承》，中国人民公安大学出版社 1990 年版，第 323 页。

无行为能力人和限制行为能力人均无遗嘱能力。采用此种立法例的国家主要有中国、英国和美国等少数几个国家。如《美国统一继承法典》就规定："一切年满 18 周岁心神健康的人均可以立遗嘱。"我国《继承法》第 22 条也规定："无行为能力人或者限制行为能力人所立的遗嘱无效。"采用此种立法例的理由主要在于，订立遗嘱涉及对遗产的处理和取消某些合法继承人的继承权问题，关系重大，因而要求立遗嘱人对自己遗嘱行为所产生的法律后果必须具有充分的判断能力。二是对公民的遗嘱能力的要求与对公民行为能力的要求不一致，即不仅具有完全行为能力的成年人有遗嘱能力，而且具备限制行为能力的未成年人和禁治产人在一定条件下也有立遗嘱的能力。目前大多数国家均采此种立法例，但在具体规定上并不完全一致。

《法国民法典》规定，满 16 岁而未解除亲权的未成年人有遗嘱能力，但以遗嘱方式处分遗产的数额仅为法律允许成年人处分财产的半数（第 904 条）。法国法不承认禁治产人有遗嘱能力（《法国民法典》第 502 条）。同时法国法要求订立遗嘱的人必须精神健全，因此，虽年满 16 岁的人未被作禁治产宣告，但订立遗嘱时精神错乱者，其遗嘱也无效（《法国民法典》第 901 条）。对于聋、哑、盲人，法国法认为有遗嘱能力，只是这些人在订立遗嘱的形式上受到一定的限制。如哑者不得为公证遗嘱，但可为自书遗嘱或密封遗嘱（《法国民法典》第 997 条）。在法国法上，由于不认为浪费人是禁治产人，因而浪费人有遗嘱能力（《法国民法典》第 489 条）。

《德国民法典》也规定，未成年人在满 16 岁时就可以订立遗嘱，无须征得其法定代理人的同意（第 2229 条），但未成年人只能以口述或递交开封文书的方式立遗嘱（第 2233 条第 1 项）。德国法原则上不承认禁治产人有遗嘱能力（第 2229 条第 3 项），但公民在被宣告禁治产的裁定下达前死亡，或禁治产的宣告被撤销后，其所立遗嘱仍然有效（第 2230 条）。由于德国法以浪费为禁治产的原因，因而浪费人无遗嘱能力（第 2229 条第 3 项）。对于盲、聋、哑人是否具有遗嘱能力问题，德国法未作明文规定，但在解释上认为没有遗嘱能力。如果盲人用盲文制作遗嘱者，则可认定为有效。

《瑞士民法典》规定，有判断能力且年满 18 岁的人，依照法定的范围和方式，有权以遗嘱处分其财产（第 467 条）。由于瑞士法规定的成年年龄为 20 岁（第 14 条），因而事实上瑞士法也是承认年满 18 岁的未成年人有遗嘱能力的。瑞士法并不绝对否认禁治产人的遗嘱能力。在瑞士法上，禁治产人被分为两类：一类是无判断能力的禁治产人，他被归入无行为能力人的范畴，没有遗嘱能力；另一类是有判断能力的禁治产人，他则有遗嘱能力（第 17、18、19、467 条）。由于瑞士法不以浪费为宣告禁治产的原因，因而浪费人有遗嘱能力

(第369条)。

《日本民法典》规定，已满15岁者，可以立遗嘱（第961条)。由于日本法第3条规定的成年年龄为20岁，因而日本也是允许未成年人立遗嘱的，并且明确规定民法总则编中关于公民行为能力的规定，不适用于遗嘱（第962条)。对于禁治产人，日本法认为其无遗嘱能力，因而不得立遗嘱。但禁治产人于心神恢复时所立遗嘱，如果有两个以上的医师临场，并在遗嘱上附记遗嘱人立遗嘱时未处于心神丧失状态的意旨，且签名盖章，则可认定该遗嘱有效(第973条)。由于日本将浪费人列入准禁治产人之中，并为其设立保护人，因而在日本，浪费人没有遗嘱能力。对于聋、哑、盲人，1979年修改后的《日本民法典》已将其从准禁治产人中删除，因而聋、哑、盲人也有遗嘱能力。但立遗嘱的形式是否应受限制，立法上未作明确规定。

从以上各国在遗嘱能力问题上的不同立法主张中，我们可以得出以下结论：

第一，公民的遗嘱能力是一种特殊的行为能力，大多数国家对公民的遗嘱能力的规定，均与行为能力的规定不一致。

第二，无行为能力人无遗嘱能力，完全行为能力人有遗嘱能力，这是各国立法的通例。

第三，对于行为能力受限制的未成年人和禁治产人是否有遗嘱能力问题，各国主张分歧较大。

我国在这一问题上，采取了简单处理的方式，即使公民的遗嘱能力与其行为能力保持一致。无行为能力者、限制行为能力者，均无遗嘱能力；而有完全行为能力者，则有遗嘱能力。对于聋、哑、盲人，我国民事立法和理论均未将其归入限制行为能力人的范畴，因而在解释上仍认为其有遗嘱能力。但由于他们生理上的缺陷，必将限制其自由表达真实意思，因此我们主张，对聋、哑、盲人所采取的立遗嘱的方式应当加以必要的限制，如聋者不得采用录音遗嘱的方式，哑者不得订立口头遗嘱，而盲者不得采用自书或代书遗嘱方式，但以盲文书写者，不受此限。

在决定遗嘱能力的时间标准问题上，大多数国家的继承立法均规定，遗嘱人在订立遗嘱时必须具有遗嘱能力。至于遗嘱人在订立遗嘱前或立遗嘱后丧失行为能力，则不影响遗嘱的效力。但由于在禁治产人的遗嘱能力问题上存在着不同看法，因而在禁治产人遗嘱能力的时间标准问题上存在两种不同的立法主张：一种主张认为，禁治产人无遗嘱能力。因而在禁治产宣告期间，即使禁治产人精神恢复正常，所立遗嘱也无效。但在禁治产宣告前和禁治产的宣告被撤销后，所立遗嘱仍有效。采此主张的主要是法国和德国。二是主张禁治产人在一定条件下也有遗嘱能力，但必须在禁治产人立遗嘱时，有有关证人证明其精神是正常的，采此主张的主要是日本和瑞士。

二、遗嘱必须是遗嘱人真实的意思表示

大陆法国家的民法理论认为，遗嘱行为是法律行为的一种，遗嘱的内容必须是遗嘱人真实意思的反映。因而各国立法都规定，遗嘱人由于外界因素的干预，无法正确进行意思表示时，遗嘱应当认定为无效。由于导致遗嘱人意思表示不真实的外界因素很多，是否一律认定遗嘱绝对无效，各国立法规定不一。

《德国民法典》第2339条规定，在下列情况下，遗嘱继承人丧失继承权：(1）故意或违法地妨碍被继承人为死因处分或撤销死因处分者；(2）以恶意欺诈或违法地以胁迫促使被继承人为死因处分或撤销死因处分者。同时该法典第2078条规定，被继承人对自己意思表示的内容有错误，或者根本不愿意为此种内容的意思表示，并可认为，如知其有此种情况即不为此意思表示者，得撤销此项终意处分。被继承人因错误地认为或错误地期待事情的发生或不发生，或者因受胁迫而违法地决定为处分时，亦同。

《日本民法典》第891条则规定，以诈欺或胁迫，妨碍被继承人立、撤销或变更关于继承的遗嘱者，或以诈欺或胁迫，使被继承人立、撤销或变更关于继承的遗嘱者，或伪造、变造、破弃或隐匿被继承人关于继承的遗嘱者，不得为继承人。

《瑞士民法典》第519条规定：“遗嘱未正确表明被继承人意思的，与被继承人或受赠人有利害关系的，不论何人，均得提起宣告遗嘱无效之诉。”同时第469条规定：“被继承人因误解、受骗、在受胁迫或被强制的情况下订立的遗嘱无效。但如被继承人在已知悉误解、受骗的事实或已摆脱他人的胁迫、强制后的一年内，未撤销其遗嘱的，则遗嘱有效。”

从上述几个大陆法国家的立法来看，各国均主张，被继承人在受欺诈、胁迫的情况下所立的遗嘱应当绝对无效，而对于因被继承人重大误解所立遗嘱，德国法主张相对无效，由立遗嘱人主张撤销权。而瑞士法则将之与欺诈、胁迫的情形相并列，一同归入绝对无效遗嘱。日本法则在规定因诈欺、胁迫所立遗嘱绝对无效的同时，把行为人所作的虚假的意思表示（如伪造、变造、破弃、隐匿遗嘱等）也作为导致遗嘱绝对无效的一个重要原因。

我国《继承法》在此问题上完全采纳了日本的立法例。依照该法第22条之规定：“遗嘱必须表达遗嘱人的真实意思，受胁迫、欺骗所立的遗嘱无效。

伪造的遗嘱无效。遗嘱被篡改的，篡改的内容无效。”至于遗嘱人在重大误解的情况下所立遗嘱是否有效，我国继承法未作明文规定。有学者主张，在此情况下，遗嘱人应享有对遗嘱的撤销权，该撤销权在遗嘱人死后可由遗嘱人之继承人行使。在立法上采此主张的主要是《德国民法典》、《瑞士民法典》。我们认为，在我国民法理论上，一直主张遗嘱行为是一种特殊的法律行为，其特殊性主要表现在遗嘱是于遗嘱人死亡时生效的单方法律行为。遗嘱人未死亡，遗嘱尚未生效，当然谈不上撤销问题。如果遗嘱人生前认为遗嘱是在重大误解的情况下所立，完全可以通过重立或修改遗嘱的方式撤回前一份遗嘱，而重立或修改遗嘱的行为同可撤销的民事行为无论在性质、程序和行使方式上均有本质的不同，称为“撤回”恐怕更恰当。在遗嘱生效后，立遗嘱人已经死亡，再赋予他对此类遗嘱的撤销权已无实际意义。但遗嘱生效后，如果遗嘱继承人对遗嘱是否为遗嘱人生前真实的意思表示提出异议，并有充分的证据证明遗嘱是在遗嘱人重大误解的情况下所立，法院能否认定该遗嘱无效呢？我们对此持肯定的态度。因此，我国继承立法应当对遗嘱人在重大误解的情况下所立遗嘱，赋予遗嘱继承人的撤销权，在其主张撤销的情况下，法院经查证属实可以认定该遗嘱无效。

三、遗嘱的内容必须合法

各国继承法对遗嘱内容的合法性问题均作了明确的规定。如《法国民法典》第 900 条规定：“在一切生前赠与和遗嘱的条款中，不可能的条件、违反法律和善良风俗的条件，应视为未订立。”《瑞士民法典》第 482 条也规定：“遗嘱人得对于其处分附以负担或条件……负担或条件有悖于善良风俗或违法者，其处分为无效，负担或条件令人讨厌或无意义者，其负担或条件视为不存在。”对遗嘱内容合法性的要求，不仅对于附条件或附负担的遗嘱是适用的，而且对于未负条件的单纯遗嘱也是适用的，如《日本民法典》第 964 条规定：“遗嘱人可以以概括或特定的名义，处分其财产的全部或一部分，但不得违反关于特留份的规定。”其他国家的继承立法均有类似的规定。归纳起来，各国继承立法对遗嘱内容合法性的要求主要表现在以下几个方面：

（1）遗嘱的内容不得同法律和社会善良风俗相违背。

（2）遗嘱的内容不得违反关于“特留份”或“保留份”的规定。

（3）遗嘱附条件的，所附条件必须合法且有实现的可能。如法国判例就认为，遗嘱附加的条件如果是要求遗嘱继承人不再婚、守寡、遗产不转让、不得提起遗嘱方式欠缺无效之诉等，或在条件中附加对继承人的处罚条款等均因条件违法而导致遗嘱无效。而《奥地利民法典》第698条则规定："以附有不能之停止条件而处分与人以权利者，其处分无效……不能之解除条件，视为未附条件。对于违法条件亦同样适用。"

（4）遗嘱将不属于遗嘱人的财产加以处分的遗嘱无效。这一点我们在"遗产"一章中已作阐述。

我国《继承法》对遗嘱内容的合法性问题未列专条加以规定。但从其立法精神来看，是要求遗嘱的内容不得同现行法律、社会公德相违背的。如《继承法》第9条规定，在遗产继承中，应当坚持男女平等原则，如果遗嘱人将男尊女卑、传宗接代的思想公然写进遗嘱，并以此作为继承遗产的条件，则此类遗嘱当然无效。再比如，《继承法》第19条规定："遗嘱应当对缺乏劳动能力又没有生活来源的继承人保留必要的遗产份额。"否则遗嘱无效。在社会公德和善良风俗问题上，由于社会制度、民族特点上的差异，我国同其他国家的解释可能有所不同，但强调遗嘱内容不得违反社会公德和善良风俗则是一致的。如在遗嘱中将继承人不再婚作为继承遗产的条件，不仅在西方国家认为有违社会公德，而且在我国也是行不通的。我国《继承法》对于附条件或附义务的遗嘱虽然有所涉及，但条文极为原则。依照该法第21条的规定："遗嘱继承或者遗赠附有义务的，继承人或者遗赠人应当履行义务。没有正当理由不履行义务的，经有关单位或者个人请求，人民法院可以取消他接受遗产的权利。"但对于遗嘱中附加的义务，遗嘱继承人是否都必须履行？如果附加的义务违法或根本没有履行的可能怎么办？对此我国《继承法》均未作出进一步的规定。我们认为，既然我国民事立法和民法理论一直将遗嘱行为作为一种特殊的法律行为来看待，那么对于负义务的遗嘱也应作为一种特殊的附条件的法律行为来对待。因此，在《继承法》中应明确规定，《民法通则》中关于附条件法律行为的规定，对附义务的遗嘱也是适用的。如要求附加的义务必须是可能实现的，必须是合法的，遗嘱人的行为不得同遗嘱的内容相抵触等等。同时，既然附义务的遗嘱是一种特殊的附条件的法律行为，那么《继承法》就应针对附义务遗嘱的特殊性，作出特别的规定，如遗嘱中所附义务不得超过继承人应取得的财产利益；遗嘱继承人放弃继承权时，则不负履行义务的责任等。对此其他国家的继承法均有明确的规定，如《日本民法典》第1002条就规定："受附负担遗赠者，只于不超过遗赠标的的价额的限度内，负履行负担义务的责任。"这些规定，对于完善我国遗嘱继承制度均有参考价值。

四、遗嘱的形式应当符合法律的要求

遗嘱是一种要式法律行为，采用法定的形式订立遗嘱，这是各国立法的一致规定。从理论上讲，凡遗嘱的形式不合法律要求的，遗嘱一律无效。关于遗嘱的法定形式有哪些，各种遗嘱形式的适用条件及其效力问题，我们将设专节加以讨论。

第三节 遗嘱的形式

遗嘱系要式法律行为，非依法定形式订立不生效力，此为各国立法之通例。为此，各国继承立法对遗嘱形式的种类、适用条件作了较为详细的规定。虽然总体上看，各国遗嘱形式大体相同，但在适用条件上差异仍是存在的，下面分述之。

一、遗嘱形式的种类

依照《法国民法典》的规定，遗嘱形式分为普通遗嘱（Testment Ordinaire）和特别遗嘱（Testment Privilegie）两大类。普通遗嘱一般包括自书遗嘱、公证遗嘱和密封遗嘱（第969条），而特别遗嘱则包括军人遗嘱、隔绝地遗嘱、海上遗嘱和外国遗嘱（第981~1000条）。

依照《德国民法典》的规定，遗嘱形式也分为普通遗嘱和特别遗嘱两大类。普通遗嘱通常包括公证遗嘱和自书遗嘱（第2231条）；特别遗嘱则包括在行政长官前的紧急遗嘱、处于隔绝地的紧急遗嘱、口头紧急遗嘱和海上遗嘱（第2249~2251条）。军人遗嘱由特别法规定，而对外国遗嘱则未作规定。

《瑞士民法典》规定的遗嘱形式也分为两类：一类是普通遗嘱、包括公证遗嘱和自书遗嘱两种形式（第499~505条）；另一类则是特别遗嘱，它仅指口头遗嘱（第506~507条）。

《日本民法典》规定的遗嘱形式也分为两类：一类是普通遗嘱，通常包括自书遗嘱、公证遗嘱和密封遗嘱三种形式（第967条）；另一类则为特别遗嘱，通常包括生命危急者遗嘱、隔绝地遗嘱、船舶遇难者遗嘱等（第967~979条）。同时还规定了在外国的遗嘱（第984条）。

在英国和美国，遗嘱主要包括自书遗嘱、见证遗嘱和口头遗嘱三种形式。但因英美法对口头遗嘱均采取限制态度，英国的教会、法院仅承认动产的口头遗嘱，且在1837年的遗嘱法中，只允许军人或水手采取此种方式。而美国有

5个州没有规定口头遗嘱，有13个州规定口头遗嘱仅限于军人和水手，多数州虽承认口头遗嘱，但此种遗嘱形式仅限于对动产的处理。因而，在英美国家口头遗嘱实际上也是一种特别遗嘱。

除了上述遗嘱形式外，一些大陆法国家如德国和英美法国家还规定了共同遗嘱形式（Joint Will）。广义的共同遗嘱，是指二人以上将遗嘱的内容记载于同一遗嘱文书上。因而从广义的角度看，共同遗嘱既包括相互遗嘱，即两个遗嘱人在同一份文书上相互写明对方是自己的遗产继承人或受遗赠人，也包括相关遗嘱，即相互以对方的遗嘱内容为条件的遗嘱。此类遗嘱因一方遗嘱的撤回，另一方的遗嘱也就失效；一方遗嘱内容得到了执行，另一方的遗嘱内容也必须执行。同时还包括单纯的共同遗嘱，即内容完全独立的两个遗嘱，同时记载于一个遗嘱证书之上。但从狭义的角度看，共同遗嘱仅指相互遗嘱和相关遗嘱，而不包括单纯的共同遗嘱，因为后一种形式无论在遗嘱的内容，还是在遗嘱的效力上都完全没有联系，只是同记于一个文书之上，事实上是完全独立的两个遗嘱。

对于共同遗嘱形式，立法上是否有承认的必要，各国学者看法不一。大多数人主张，共同遗嘱与遗嘱的性质是相矛盾的，遗嘱是单方法律行为，其成立与消灭，应由遗嘱人独立行使。而共同遗嘱则是共同遗嘱人的双方法律行为，就其成立而言，多受他方遗嘱人意思的约束；就其撤回而言，也必须由共同遗嘱人共同为之，这显然违反了遗嘱自由原则。因而大陆法国家中，法国、日本明令禁止订立共同遗嘱，如《法国民法典》第968条就规定："二人或二人以上不得以同一证书订立遗嘱，不问为第三人的利益，或为相互的遗产处分。"《日本民法典》第975条也规定："二人以上者，不得以同一证书立遗嘱。"瑞士虽未明文禁止共同遗嘱，但在司法解释上，也不承认共同遗嘱的有效性。大陆法国家中，只有德国和韩国民法典承认共同遗嘱，而《德国民法典》第2265条对共同遗嘱的订立也作了限制性规定："共同遗嘱仅得由夫妻双方为之。"英美判例虽然承认"共同遗嘱"，但也仅限于夫妻之间方可订立。

我国《继承法》第17条对遗嘱的形式也作了规定。从各类遗嘱形式适用的条件来看，第17条规定的公证遗嘱、自书遗嘱、代书遗嘱和录音遗嘱似应归入普通遗嘱；而在危急情况下订立的口头遗嘱则属特别遗嘱。我国的遗嘱形式与其他大陆法国家相比，一是没有规定密封遗嘱，二是增加了录音遗嘱形式。录音遗嘱形式的出现是现代科学技术发展的产物，目前世界各国立法中，只有《韩国民法典》规定了录音遗嘱形式。这类遗嘱的表现形式及适用条件仍在不断完善之中。对于共同遗嘱形式，我国《继承法》未作规定，学理上也存在两种不同的看法。持否定态度的人认为，从遗嘱的性质和执行的角度，不应承认共同遗嘱的有效性①；而持肯定态度的人则从我国的民间习惯的角度和我国家庭财产性质的角度，主张应当承认共同遗嘱②。我们同意否定说的看法。我们认为遗嘱制度的核心在于保障遗嘱人的遗嘱自由，而共同遗嘱形式恰恰同这一原则相抵触。在我国普通百姓遗嘱继承观念尚未完全形成的情况下，规定此类遗嘱形式弊多利少。

二、几种主要遗嘱形式的适用条件

（一）自书遗嘱

自书遗嘱是指由遗嘱人亲笔书写，不需要证人见证即可生效的遗嘱形式。此种遗嘱形式最初始于罗马法时代，为狄奥多西皇帝的敕令所承认，但未被查士丁尼法典所采纳。后世大陆法各国民法典都采用了这种形式。如《法国民法典》第 970 条、《德国民法典》第 2247 条、《日本民法典》第 968 条和《瑞士民法典》第 505 条均为自书遗嘱的规定。从各国的规定来看，自书遗嘱应当具备下列几个条件：

（1）应由遗嘱人亲笔书写遗嘱全文。书写材料和书写工具一般没有什么限制，但日本判例则主张，用打字机，盲人用点字机写成的遗嘱无效。至于遗嘱人只书写部分内容，其他内容则由他人代写，该遗嘱是否有效？各国解释不一。依法国法的解释，第三人的介入将导致遗嘱全部无效。而依德国法的解释，遗嘱中由他人书写的部分，除非与遗嘱人亲自书写的部分相矛盾，会导致整个遗嘱无效，否则，该遗嘱中遗嘱人亲笔书写的部分仍然有效；而他人增加的部分视为未书写，不影响整个遗嘱的效力。

（2）应由遗嘱人亲笔签名。亲笔签名的用意，一是为了知晓遗嘱为何人所立，二是便于发生疑问时核对笔迹。各国立法对遗嘱人的签名一般都从宽解释，真名、艺名、笔名均无不可。唯有日本民法不仅要求遗嘱人亲笔签名，而且必须盖印，否则遗嘱无效。

（3）应当注明遗嘱制作的具体时间。注明时间的目的，一是为了判断遗嘱人立遗嘱时是否具有遗嘱能力，二是在有几份遗嘱存在，且遗嘱的内容相互抵触的情况下，确认哪一份遗嘱为遗嘱人生前所立的最后一份遗嘱。各国立法

---

① 刘素萍主编：《继承法》，中国人民大学出版社 1988 年版，第 262~263 页。

② 刘春茂主编：《中国民法学·财产继承》，中国人民公安大学出版社 1990 年版，第 384~385 页。

均要求遗嘱人在遗嘱中必须注明遗嘱制成的具体的“年、月、日”。对于年、月、日不全者，遗嘱是否有效？各国判例宽严不一。依日本判例，无年、月、日或年、月、日记载不全者，遗嘱无效。而依法国判例，则主张若只记载月、日，未载明“年”的遗嘱，如果结合遗嘱制成时的内外部因素，可以确定其具体日期者，其遗嘱仍然有效；《德国民法典》第2247条第（5）项也采此主张。但《瑞士民法典》第505条在这一问题上则与日本判例持相同的观点。

有些遗嘱可能非一日制成，在遗嘱上究竟应当记载遗嘱的制作日期，还是记载遗嘱制作完毕时的日期，对此各国学者有三种不同的主张：一是记载两个日期中的任何一个均可；二是应记载遗嘱制作时的日期；三是主张应记载遗嘱制作完成时的日期。

遗嘱中除了应当记载“年、月、日”外，是否还应当记载遗嘱制成的处所？不记载“处所”的遗嘱是否有效？对此，各国立法观点不一。德国法和瑞士法均以记载处所为遗嘱的生效要件；而法国法和日本法均不以记载处所为必要。

（4）自书遗嘱需要涂改、增删的，应当在涂改、增删处注明，并另行签名。对此各国立法均有规定。这一规定的目的，在于防止他人篡改遗嘱的内容。但对在涂改、增删处是否必须签名，各国宽严不一。日本法以此作为判断遗嘱是否真实的要件。德国法对此未作明文规定，但通说则认为应在添加部分签名。

（5）自书遗嘱无须见证人证明，此为各国立法的一致主张，也是自书遗嘱的特点所在。

我国《继承法》第17条第（2）项也对自书遗嘱形式作了规定。其要求与大陆法各国的立法大体相同，但较为简单。依照该法第17条规定：“自书遗嘱由遗嘱人亲笔书写，签名，注明年、月、日。”但对书写材料、书写工具、书写日期、签名的具体要求及涂改、增删的具体要求均未作进一步规定。我们认为，遗嘱人书写自书遗嘱时，书写材料不限；书写工具应将电脑、打字机排除在外，因为此种情况下，无法辨别遗嘱字迹的真伪；书写日期应作从宽解释，公历、农历均可。日期不全者，如果有其他旁证材料可以用来确定遗嘱制作的准确时间，也可认定遗嘱有效。一份遗嘱非一日完成时，遗嘱人可以记载遗嘱制作日期和制作完毕的日期，也可在两者之中选择其一。遗嘱所用文字不受限制，只要能反映遗嘱人真实意思即可。遗嘱若有涂改、增删的，为防止篡改，应当在涂改、增删处注明删减和增添的字数，并由遗嘱人亲笔另行签名。至于遗嘱制作的处所，在涉外继承纠纷中对于确认法院管辖权和适用准据法具有意义，但对国内遗嘱则可不作要求。

(二) 公证遗嘱

公证遗嘱是指依公证方式所立的遗嘱。与自书遗嘱相比，此种遗嘱方式严格，真实性较为可靠，证据力极强，因而为大陆法各国所采用。如《法国民法典》第969条、《德国民法典》第2231条第（一）项和第2233条、《瑞士民法典》第498条和《日本民法典》第969条均为关于公证遗嘱的规定。由于英美法国家没有公证人制度，这种遗嘱形式在英美法国家是不存在的。从大陆法国家的规定来看，公证遗嘱的订立应当具备下列几个条件：

1. 遗嘱人须在公证人及证人面前亲自口述遗嘱

遗嘱须在公证人面前由遗嘱人亲自为之，这是公证遗嘱与其他遗嘱相区别的重要标志。对于公证人的人数，各国规定不一。法国法规定至少有一名公证人；而德国、日本、瑞士均未规定公证人的人数。除公证人外，大陆法各国均规定，制作公证遗嘱时，必须有证人在场见证。德国、日本和瑞士法均规定证人的人数至少为两人；而法国法则允许在有两名公证人在场的情况下，无须证人，但若只有一名公证人，则必须由两名证人在场见证。制作公证遗嘱与自书遗嘱不同，一般情况下，各国立法均要求遗嘱人以口述而非文字的方式来表达自己对遗产处分的意思，由公证人记录口述的全部内容。这样做的目的，在于使在场的证人能通过其言谈，判断其是否具有遗嘱处分能力，同时为文盲订立公证遗嘱提供了便利，因而凡不能自由言谈的聋、哑者不得订立公证遗嘱。但《德国民法典》第2232条在这一问题上采取了较为宽容的做法："如根据被继承人的陈述或公证人的证明，被继承人不能充分口述者，被继承人仅以递交文书为遗嘱。"

2. 须由公证人将遗嘱人口述的内容制成笔录并向遗嘱人宣读

由于遗嘱人的意思表示是以口头方式表达的，为留下文字根据，公证人应将口述内容如实记录，此为各国立法的一致要求。但笔录是否非公证人亲自为之不可？各国的解释比较宽容，允许由证人或其他人代替为之，并允许以打字的方式制成笔录。笔录完成后，为确保笔录的内容真实地反映遗嘱人的意思，笔录应向在场的遗嘱人和证人宣读。而《瑞士民法典》则以交遗嘱人审阅为原则，以公证人向遗嘱人宣读为例外。因为该法规定："不必要求证人知悉公证遗嘱的内容"（第501条第3项）。证人在场见证的目的只是为了判断遗嘱人口述遗嘱时是否具有遗嘱能力，而不是证明遗嘱内容的真实、合法。

3. 须由遗嘱人、公证人及证人在笔录上同时签名，并记明遗嘱制成的具体时间，此为各国立法的通例若遗嘱人声明不会签名或不能签名，应在遗嘱公证书中记载不能签名的原因（《法国民法典》第 973 条）。而日本民法则要求公证人代其签名（第 969 条第 4 项）。需要说明的是，由于瑞士法并不要求证人知悉遗嘱的内容，因而证人在遗嘱上签名，只是为了证明遗嘱人有遗嘱处分能力和公证遗嘱的制作程序合法，这与其他国家的规定略有不同。

4. 须将笔录制成公证文书并由公证人、证人在公证文书上签名并附署具体时间

法国、日本均有此要求；而德国和瑞士则将笔录和公证文书视为一体，无须另行附署公证文书。

我国《继承法》第 17 条虽对公证遗嘱形式作了规定，但具体适用条件均未在该法中规定，而是在《中华人民共和国公证暂行条例》中作了一个原则性的规定，其规定的立法精神与大陆法各国的规定基本一致。不同之处有三点：一是制作公证遗嘱时，不要求有证人见证；二是公证遗嘱的制作以遗嘱人书写为原则，口述为例外；三是公证机关必须出具遗嘱证明书，并加盖公证机关的印章。

（三）密封遗嘱

密封遗嘱是指遗嘱人将遗嘱秘密制成密封后，指定两人以上的见证人，提请公证人公证之遗嘱。大陆法国家均将之作为一种公证遗嘱来看待，因而与自书遗嘱不同。但密封遗嘱是否为一种独立的遗嘱形式？各国观点不一。《法国民法典》（第 976~979 条）、《日本民法典》（第 970~972 条）均将之作为一种独立的遗嘱形式看待，而《德国民法典》（第 2238 条第 2 项）和《瑞士民法典》（第 500~502 条）则将之作为公证遗嘱的一种来看待。英美法国家由于没有公证制度，因而也无密封遗嘱的规定。从大陆法国家关于密封遗嘱的规定来看，它既具有自书遗嘱的某些特点，也具有公证遗嘱的某些特点，但与二者均有不同之处。其适用条件大体可归纳为以下几点：

（1）必须由遗嘱人在遗嘱上签名。

（2）必须将遗嘱密封并在密封处签名。

（3）必须在有两个以上的证人在场的情况下将密封后的遗嘱提交给公证人，并向公证人声明遗嘱系自己亲笔所写或由他人代写但经本人亲自审阅并签名。

（4）公证人应将声明的内容记载于封纸之上或另行制作公证证书并在封条上与证人、遗嘱人一起签名，注明年、月、日。

密封遗嘱的优点在于保密性强，这一点与自书遗嘱是相同的；但制作要求

又没有自书遗嘱严格，如密封遗嘱可以由他人代写，或使用打字机等。同时密封遗嘱虽然具有公证遗嘱某些特点，但在公证人不了解遗嘱内容的情况下为其公证，这就不免使人对公证的真实性和可靠性产生怀疑，极易影响公证人的声誉。因而我国《继承法》对密封遗嘱未作规定。

（四）代书遗嘱

代书遗嘱，又称代笔遗嘱，是指由遗嘱人口述遗嘱内容，由他人代为书写制成的遗嘱。大陆法国家中，法、德、日、瑞士等国民法典均未规定此种遗嘱形式，只有《奥地利民法典》（第579～581条）规定了这种遗嘱形式。在英美法国家，虽然没有代笔遗嘱，但有见证遗嘱（the formal witnessed will），如由他人代书的，则与代书遗嘱颇为相似。我国《继承法》第17条第2项对代书遗嘱作了规定。就承认代书遗嘱的国家的法律规定而言，代书遗嘱的适用一般需具备下列几个条件：

（1）须由若干名证人在场见证。《奥地利民法典》规定为三人以上，而我国现行《继承法》规定为两人以上。

（2）须由遗嘱人口述遗嘱的内容。

（3）须由证人中的一人代为记录。记录完毕后，记录的内容是否应当向遗嘱人宣读、讲解，我国《继承法》未作明文规定。而奥地利有此要求。从理论上讲，代书遗嘱主要是针对遗嘱人文化程度不高或根本不识字无法订立遗嘱而设立的，因而要求遗嘱人自己阅读记录实属为难之事，宣读、讲解遗嘱理应作为代书人的一项义务加以规定。这也是代书遗嘱与英美法的见证遗嘱相区别的一个重要标志。见证遗嘱可由他人代书，但无须宣读、讲解。

（4）经遗嘱人认可后，由遗嘱人、代书人和其他见证人共同签名，注明年、月、日，并应特别注明代书人的姓名。若遗嘱人不会签名，我国实践中允许遗嘱人以指印代之，奥地利民法也采此主张。

代书遗嘱符合上述几个条件即为有效，无须经法院认证。这是与英美法的见证遗嘱相区别的又一重要标志。见证遗嘱在遗嘱人死后只有经法院认证方为有效。

（五）录音遗嘱

录音遗嘱，是指用录音带记录遗嘱人口述遗嘱内容的一种遗嘱方式。在大陆法系各国的继承立法中，除韩国外，均未将录音遗嘱作为一种独立的遗嘱形式加以规定，但这并不等于说国外就没有录音遗嘱。由于大陆法国家对密封遗嘱的材料未加以限制，因而从法律解释的角度看，上述国家把录音遗嘱作为密封遗嘱的方式看待也未尝不可。由于我国现行《继承法》没有规定密封遗嘱方式，而录音遗嘱与自书遗嘱又具有很大的差异，因而该法第 17 条将之列为一种独立的遗嘱形式。就其适用条件而言，主要有以下几点：

（1）录音遗嘱的制作必须有两个以上的见证人在场见证，并在录音遗嘱制作完毕后，将录音磁带封存，在录音带的封面上由遗嘱人、见证人共同签名，注明制作的具体时间和地点。这样要求的目的，是因为录音遗嘱极易伪造，目前世界上还没有哪个国家对本国公民的声音备档存查，而利用现代科技手段仿冒他人的声音又非常容易。因此，为确保录音遗嘱的真实性，见证人的见证是必不可少的。

（2）录音遗嘱制作完毕封存后，应当交见证人或公证机关保管。这样做的目的，是为了防止遗嘱的利害关系人对遗嘱的内容进行剪接、篡改。

（3）录音遗嘱必须由遗嘱人亲自口述遗嘱的全部内容，录音过程应当是连续的、不间断的。

我国《继承法》对录音遗嘱的规定非常原则，在立法上如何保证录音遗嘱不被仿冒、篡改，仍是一个有待探讨的问题。同时，随着人们生活水平的不断提高，摄像机开始走入家庭，用录像的方式制作的遗嘱是否有效？能否适用录音遗嘱的条件？也亟待立法和最高司法机关作出明确解释。

（六）口头遗嘱

口头遗嘱，又称口授遗嘱，是指遗嘱人在生命垂危或其他特殊情况下，不能依其他遗嘱形式订立遗嘱，所采取的一种略式遗嘱形式。从民法理论上讲，遗嘱是一种要式法律行为，涉及遗嘱人死后的遗产处理等一系列重大事务的安排，因而一般不允许遗嘱人以口头的方式设立遗嘱。但现实生活中又常常出现遗嘱人生命垂危、与外界联系隔绝等紧急情况，无法依其他方式订立遗嘱。此时如不允许遗嘱人订立口头遗嘱，则有失公允。为此，各国立法在规定自书遗嘱、公证遗嘱和密封遗嘱等普通遗嘱形式的同时，又承认口头遗嘱可以作为一种特殊情况下的特别遗嘱形式而存在。如《法国民法典》第 981~990 条、《德国民法典》第 2250~2252 条、《瑞士民法典》第 506~508 条、《日本民法典》第 976~984 条等均对口头遗嘱的适用条件、效力、程序和失效问题作了较为详细的规定。从各国立法的规定来看，总的立法精神是一致的，即一方面为遗嘱人订立遗嘱提供便利，另一方面为防止口头遗嘱被伪造、篡改，对该类遗嘱的生效又设置了一定的限制条件。鉴于口头遗嘱没有书面证据，其可靠性较低，也有极个别国家如加拿大就不承认口头遗嘱的有效性（《加拿大继承法》1980 年安大略修正案第 3 条）。而其他英美法国家对口头遗嘱也采取严格限制的态度，如美国有 23 个州规定，口头遗嘱只限于动产，有的州规定只限于一定价值内的财产。

在大陆法国家，口头遗嘱的订立，一般需要具备下列几个条件方为有效：

1. 遗嘱人在出现紧急情况危及其生命时，无法依其他方式订立遗嘱，方可采取口头遗嘱的形式

何种情况为紧急情况？一部分国家采取列举主义的方式。如《日本民法典》第976~979条规定，在遗嘱人因疾病或其他事由致生命垂危时、因传染病流行而被隔离时、在船舶遇难时均可采用口头遗嘱的方式，德国和法国民法典均采此立法例；另一部分国家则采概括主义方式，如《瑞士民法典》第506条就规定："被继承人因生命垂危、交通障碍、传染病或战争等特殊原因，不能采取其他方式订立遗嘱时，得口授遗嘱。"各国立法在内容上大同小异。

2. 口头遗嘱订立时，须由两个以上的证人在场见证

这是各国立法的通例。其目的在于确保此类遗嘱的真实性。见证人的人数，法国和瑞士均要求两人；德国规定为三人；而日本则区分不同情况，在遗嘱人生命垂危时所立口头遗嘱的见证人应为三人，其他特殊情况则只要求有两名见证人即可。

3. 须由遗嘱人向见证人口述遗嘱内容

口述遗嘱的内容应当制成笔录，并由在场的见证人签名确认。遗嘱人是否应在笔录上签名？从大陆法国家的立法来看，应区分不同情况来处理。在遗嘱人生命垂危的情况下，要求其签名往往是不现实的，因而各国立法均未规定在生命垂危情况下的口头遗嘱作成的笔录必须由遗嘱人签名，只要求有见证人的签名即可。但在其他特殊情况下，不仅要求见证人在笔录上签名，而且要求遗嘱人在笔录上签名。

具备上述几个条件，口头遗嘱即可有效成立。但考虑到口头遗嘱与其他遗嘱形式相比，无论在实质要件还是在程序要件方面均较为宽松，特别是没有遗嘱人亲笔书写的材料作为依据，其可靠性较差，为了克服这一弊端，各国立法均规定了口头遗嘱的有效期间，并对口头遗嘱的认定程序作了明确的规定，这在其他遗嘱形式中是不存在的。法国民法规定口头遗嘱在危急情况解除后6个月内失效；德国民法规定的有效期为3个月；日本民法也为6个月；瑞士民法为14天。在规定的有效期内，口头遗嘱应由见证人将笔录交法院或亲属会议认定。没有笔录者，应由见证人向上述机构口述遗嘱内容，经法院或亲属会议认定后，口头遗嘱方为有效。

我国《继承法》第17条对口头遗嘱形式也是作为一种特殊遗嘱看待的，但在适用条件上规定得十分原则。何谓危急情况？见证人如何见证？口头遗嘱

是否应当制成笔录？口头遗嘱的有效期多长？是否应由法院认定？上述问题在该法中均找不到明确的答案，有待于最高人民法院作出明确的司法解释。

三、遗嘱见证人的资格

在上述几种遗嘱形式中，除自书遗嘱外，均要求有遗嘱见证人在场见证，遗嘱方为有效。此为各国立法的通例。但什么人不能担任遗嘱见证人？各国立法规定不完全一致。

依照罗马法的规定，精神病人、聋、哑、盲者、妇女、未成年人、受禁治产宣告的浪费人、名誉丧失者以及继承人、与继承人服从于同一家长权的亲属等均不能担任遗嘱见证人。这一规定的立法精神主要是考虑到两个因素：一是担任见证人的人必须是有行为能力的人；二是见证人必须与遗产继承本身没有切身的利害关系。上述精神基本上为后世大陆法国家的立法所采纳。

依照《法国民法典》第975条的规定："受遗赠人或其四等亲以内的亲属或姻亲，以及作成证书的公证人的书记，不得为公证遗嘱的见证人。"对于其他遗嘱，则要求见证人应为成年的法国人，会书写并享有民事权利者。证人不分性别，但夫及妻不得在同一证书中互为证人（第980条）。对于聋、哑、盲者和精神病人以及不能了解遗嘱所用语言者，依法国判例，也不得为见证人。

依《瑞士民法典》第503条的规定："无行为能力人、因判决被褫夺公权的人、文盲、被继承人的直系血亲、兄弟姐妹及其配偶，以及被继承人的配偶，均不得作为公证官员或证人参与订立遗嘱。"同时，受遗赠人也不得为证人（第503条第2款）。

依《日本民法典》第974条之规定："下列人不得为遗嘱的证人或临场人：（1）未成年人；（2）禁治产人及准禁治产人；（3）推定继承人、受遗赠人及其配偶、直系血亲；（4）公证人的配偶、四等亲内的亲属、书记员及受雇人。"

英美法国家对遗嘱见证人的资格较少限制。英国1937年颁布的《遗嘱法》上仅要求见证人为"足以信赖"的人。受遗赠人及其配偶由于不足信赖，因而不得为见证人。同时，英国判例也不允许盲人为遗嘱见证人。而《美国统一继承法典》第2-505条的规定更为宽松："遗产受益人也可以作为遗嘱证人，其在遗嘱上的签名，并不使遗嘱全部或部分内容归于无效。"

我国《继承法》第18条规定："下列人员不得作为遗嘱见证人：（一）无行为能力人、限制行为能力人；（二）继承人、受遗赠人；（三）与继承人、受遗赠人有利害关系的人。"上述规定与大陆法国家的规定基本是一致的。不同之处在于：(1) 对公证遗嘱，我国并不要求有遗嘱见证人见证。(2) 对于聋、哑、盲人，我国立法对其行为能力并未加以限制，能否作为见证人？仍需立法加以规定。(3) 对于不通晓遗嘱所用语言的人，大多数国家均规定，不得作为遗嘱见证人。我国立法和司法解释均未对此问题作出明确的答复，不过从学理上讲，不通晓遗嘱所用语言，也就意味着无法了解遗嘱的内容，因而不宜担任遗嘱见证人。

第四节 遗嘱的撤销

遗嘱的撤销，是指遗嘱人以一定的方式对原来所立遗嘱的全部或部分内容予以废止，从而使原立遗嘱的内容的全部或部分在遗嘱人死亡时也不生效力的行为。

遗嘱的撤销从性质上讲，与一般可撤销行为是不同的，其区别主要表现在以下几个方面：(1) 从撤销的原因看，一般法律行为的撤销需有法定的撤销原因，而遗嘱撤销行为则具有无因性。遗嘱人无须任何理由，可随时撤销自己已立的遗嘱。(2) 从撤销权行使的主体看，一般法律行为的撤销，既可以由行为人本人主张，也可由行为人的代理人、继承人行使；而遗嘱撤销行为则只能由遗嘱人本人亲自行使。(3) 从撤销的范围看，一般法律行为的撤销，是针对该行为的全部内容，而非部分内容；而遗嘱撤销行为既可针对遗嘱的全部内容，也可针对遗嘱的部分内容。(4) 从撤销的时间限制看，一般法律行为的撤销，必须遵守法律关于时效的规定；而遗嘱撤销行为的实施并无时间限制，在遗嘱订立后至遗嘱人死亡前的任何时间，遗嘱人都可以以一定的方式撤销其所立遗嘱。正是基于上述原因，各国立法对遗嘱撤销行为的称谓也不一致，有的称为“遗嘱的废止”（德国），有的称为“遗嘱的撤回”（瑞士），只有法国称之为“遗嘱的撤销”。但从严格意义上讲，称之为“遗嘱的撤回”较为恰当，因为这是针对尚未生效的遗嘱而言的。

我国《继承法》第20条沿用了大陆法国家的习惯称谓，对取消遗嘱全部内容的，称为遗嘱的撤销；对取消遗嘱部分内容的，称为遗嘱的变更。

一、遗嘱撤销的方法

遗嘱是要式法律行为，虽然各国立法均允许遗嘱人随时撤销其所立遗嘱，但非依法定的方式，不发生遗嘱撤销的效力。从各国立法的规定来看，撤销遗嘱的方式主要有明示撤销和法律推定撤销（又称“默示撤销”）两种，下面分述之。

明示撤销，是指遗嘱人以书面形式声明取消先前所立的遗嘱。由于遗嘱是要式行为，因而，各国立法均规定，采用此种方式撤销原遗嘱，必须依原遗嘱的订立方式方可达到撤销的效果，遗嘱人口头的声明不具有撤销的效力。如《法国民法典》第1035条就规定："遗嘱，仅得以日后重订的遗嘱或在公证人前作成证书以声明改变意志而全部或部分取消。"《德国民法典》第2254条也规定："撤回遗嘱依遗嘱的方式为之。"《日本民法典》第1022条规定："遗嘱人可以依遗嘱的方式，随时撤销其遗嘱的全部或一部。"《瑞士民法典》则规定得更为明确："被继承人得采用法定订立遗嘱的方式，撤销其已订立的遗嘱。"明示撤销的一个重要特点就在于撤销原遗嘱，也必须采用订立原遗嘱的仪式和程序。至于撤销的书面声明中是否包含重订遗嘱的内容，在所不问。

默示撤销，是指遗嘱人并未明确表示撤销原遗嘱，但其实施的行为与遗嘱的规定相抵触，法律推定遗嘱人已撤销了原遗嘱的全部或部分内容。对于何种行为可以产生默示撤销的后果，各国立法规定不尽一致。就其共同点而言，一般认为在下列几种情况下，遗嘱人实施的行为视为默示撤销：

（1）就同一项遗产，遗嘱人先后订立数份遗嘱的，在后一份遗嘱中虽未声明取消前一份遗嘱，但如果前后遗嘱的内容相抵触，则应以后订立的遗嘱为准，前订的遗嘱视为被撤销（《法国民法典》第1036条，《德国民法典》第2258条，《日本民法典》第1023条第1款，《瑞士民法典》第511条）。但前一遗嘱中与后订遗嘱不相抵触的部分仍然有效（《法国民法典》第1037条、《德国民法典》第2258条、《瑞士民法典》第511条）。

（2）遗嘱人生前处分财产的行为与所立遗嘱相抵触的，所立遗嘱全部或部分无效。对此，《日本民法典》第1023条第2款曾明确规定，遗嘱与遗嘱后的生前处分及其他法律行为抵触情形，准用该条第1款关于前后遗嘱内容相抵触，视为后遗嘱撤销前遗嘱的规定，《法国民法典》第1038条也有类似的规定。这里"处分财产的行为"既包括有偿或无偿转让遗嘱中的标的物，也包括毁弃标的物的行为。

除了上述情形外，以下几种情况在有些国家也被视为默示撤销：

（1）遗嘱人故意销毁遗嘱。遗嘱的成立在通常情况下以书面遗嘱的存在为条件，遗嘱人故意销毁遗嘱，则表明其有撤销遗嘱的意思。《德国民法典》第2255条就规定："被继承人也得以出于废弃遗嘱的目的，破损或以表明书面意思表示的意思涂销遗嘱书的方式撤回遗嘱。如被继承人破损或以上述方式涂销遗嘱书时，应推定被继承人有意废弃遗嘱。"《日本民法典》第1024条和

《瑞士民法典》第510条也有类似的规定。但若销毁遗嘱的行为是遗嘱人无意实施的，或是由第三人实施的，能否产生撤销遗嘱的效力，各国学者观点不一，立法上明文规定者也不多见。唯《瑞士民法典》第510条第2款规定："如遗嘱被他人无意或故意地销毁，以至不能准确、完全地确定其内容时，遗嘱无效。但对销毁者的损害赔偿请求权不受妨碍。"我们认为这一规定较好地回答了这一问题，因而，我们主张，因遗嘱人过失或由于不可抗力的原因导致遗嘱毁损的，只要有两个以上的无利害关系的证人证明其遗嘱内容，则遗嘱可认定为有效。但如果毁损的程度严重，致使无法确定遗嘱的内容时，则该遗嘱应当认定为无效。而在第三人实施毁损遗嘱的行为时，如果遗嘱内容已无法确定，虽导致遗嘱无效，但由此给遗嘱继承人造成的损失，应由第三人负责赔偿。

（2）遗嘱人将处于官方保管的遗嘱取回。依照《德国民法典》第2256条的规定，公证遗嘱和在行政长官面前制成的紧急遗嘱，如经官方保管机关返还给被继承人时，视为撤回。在其他国家的立法中均无此规定。

我国《继承法》第20条对遗嘱撤销问题也作了一个原则的规定："遗嘱人可以撤销、变更自己所立的遗嘱。立有数份遗嘱，内容相抵触的，以最后的遗嘱为准。自书、代书、录音、口头遗嘱，不得撤销、变更公证遗嘱。"这一规定与大陆法国家不同之处在于，对于公证遗嘱的撤销，只能采取与订立公证遗嘱一样的程序。同时，在以默示的方式撤销遗嘱时，对于遗嘱人生前处分财产的行为与遗嘱的规定相抵触的，以及遗嘱人毁弃、涂销遗嘱的行为是否产生撤销的效果，遗嘱由于不可抗力、遗嘱人的过失或第三人的行为而致毁损的，是否产生撤销的效果等，均未作出明文规定。这是应当加以完善的。

二、遗嘱撤销之撤销

法律既然允许遗嘱人随时撤销其遗嘱，那么当遗嘱人用第二个遗嘱撤销第一个遗嘱后，又用第三个遗嘱撤销第二个遗嘱，此时，第一个遗嘱是否恢复其效力？对此，各国有两种不同的立法主张：一是遗嘱复活主义，即主张在此情况下，第一个遗嘱应当恢复其效力。其理由是，既然否定第一遗嘱的第二遗嘱又被第三遗嘱所否定，说明遗嘱人有恢复第一遗嘱的意思。否则又何必撤销第二遗嘱呢？因此，为尊重遗嘱人意思起见，应当恢复第一遗嘱的效力。持此主张的主要以《德国民法典》为代表。该法典第2257条规定："以遗嘱撤销遗嘱处分后，此项遗嘱本身被撤销的，遗嘱处分的效力与未经撤销相同。"二是遗嘱不复活主义，即第一个遗嘱不因为撤销它的第二个遗嘱被第三个遗嘱否定而恢复其效力。其理由是，遗嘱人撤销第二个遗嘱，未必含有复活第一个遗嘱的意思。持此种主张的以《日本民法典》为代表。如该法第 1125 条规定："依前三条规定撤销的遗嘱，虽于其撤销行为被撤销或至不发生效力时，亦不回复其效力。但是，撤销行为系被诈欺、胁迫而实施时，不在此限。"《法国民法典》第 1037 条也持此观点。而《美国统一继承法典》第 2-509 条在这一问题上的表述更为明确："如被继承人所立的在其死亡之时生效并全部或部分撤销第一个遗嘱的第二个遗嘱又被第三个遗嘱所撤销，除第三个遗嘱的内容表明遗嘱人意图使第一个遗嘱恢复效力外，第一个遗嘱的全部或部分内容仍被撤销。"

我国《继承法》对此问题未作明文规定。我们认为日本民法的规定较为合理，值得借鉴。因为遗嘱在撤销的情况下，遗嘱人未必有恢复第一个遗嘱的意思，因而遗嘱复活主义缺乏充分的说服力，持遗嘱不复活主义较为合理。但如果遗嘱人的撤销行为是在他人欺诈、胁迫下进行的，则这种撤销有违遗嘱人的真实意愿，在此情况下，可以恢复原遗嘱的效力。

第五节　遗嘱的执行

遗嘱执行，是指遗嘱生效后，为实现遗嘱内容所进行的一系列必要的行为。遗嘱的执行是实现遗嘱继承的重要步骤，不仅对确保遗嘱人意志的最终实现具有决定性意义，而且对于保障遗嘱继承人及其利害关系人的利益也是必不可少的。因此各国继承立法均设专节规定了遗嘱执行问题（《法国民法典》第 1025~1034 条，《德国民法典》第 2197~2228 条，《日本民法典》第 1004~1021 条，《瑞士民法典》第 517~518 条）。本节主要就各国立法的规定，讨论四个问题：一是遗嘱执行人的法律地位；二是遗嘱执行人的选定；三是遗嘱执行人的资格；四是遗嘱执行人的职责。

一、遗嘱执行人的法律地位

遗嘱在遗嘱人死后生效，在遗嘱生效后执行，因而遗嘱不可能由遗嘱人去执行，而必须由遗嘱人生前选定的人去执行。那么选定的遗嘱执行人在遗嘱继承中处于何种地位？各国立法和学说观点不一。归纳起来主要有两种学说：一是代理权说；二是固有权说。

持代理权说的人认为，遗嘱执行人在遗嘱继承关系中处于代理人的地位，但究竟是谁的代理人？又有三种不同的主张：第一种认为是遗嘱人的代理人。

法国是这种学说和立法的代表。《法国民法典》第1025条就规定，遗嘱执行人只能由遗嘱人用遗嘱的方式指定，而不承认法院有选定遗嘱执行人的权力。《瑞士民法典》第518条也采此主张。同时，英美法国家的遗产信托制度也采此观点，以遗嘱执行人为遗嘱人的代表人而受托管理遗产，执行遗嘱。第二种认为，遗嘱执行人是继承人的代理人。持此观点的主要以日本为代表（《日本民法典》第1015条）。主张这一观点的理由是，继承开始后，遗产已转归继承人所有，遗嘱执行人执行遗嘱是为了继承人的利益，因而理应是继承人的代理人。第三种则认为，遗嘱执行人是遗产的代理人。持此观点的人认为，遗产在继承开始后，处于一种特别的地位，类似于无权利能力之财团，因而遗嘱执行人是该财产的代理人。目前尚无一个国家的立法采纳这一主张。

持固有权说的学者认为，遗嘱执行人在遗嘱继承中是基于自身固有的权利来执行遗嘱的，因而他既不是遗嘱人的代理人，也不是继承人的代理人。这一学说又分为三派：一是机关说，认为遗嘱执行人是维护遗嘱人利益和实现遗嘱人意愿的机关；二是限制物权说，认为遗嘱执行人是遗嘱人有限的受托人，因而对遗产享有限制物权；三是任务说，认为遗嘱执行人如同破产管理人一样，在法律上具有独立的地位，是专为完成遗嘱规定的任务而设立的，因而在遗嘱所定范围内能够独立处理遗产事务。上述三种观点均未被各国立法所采纳。

应当说，每一种学说主张都有其合理之处，但又都有其不足。比如遗嘱人的代理人说，无异于承认死亡的遗嘱人仍具有独立的人格。而继承人的代理人说则无法解释：当遗嘱是取消继承人的继承权，或遗嘱决定将遗产赠与国家、社会组织或法定继承人以外的第三人时，这明显与继承人的意思和利益相对立，怎么能说是代表继承人的利益呢？主张遗嘱执行人是遗产的代理人，而遗嘱的内容并不局限于对遗产的执行，还包括取消继承人的继承权、对非婚生子女的认领等事项。这是遗产所无法赋予的。再就固有权学说而言，持机关说的学者必须以承认遗嘱人是一个独立的法人实体为前提，这显然在法理上是说不通的；而持限制物权说的学者，将对遗产的管理权说成是一种物权，也与物权理论相悖；持任务说的学者，并没有回答遗嘱执行人在遗嘱继承中的地位，遗嘱执行人在遗嘱执行中虽然可以以自己的名义为法律行为，但行为后果仍是要由继承人、受遗赠人或其他利害关系人来承担的。尽管如此，我们认为，用一般的民法理论来解释遗嘱执行人的地位是非常困难的，从现实的角度出发，将遗嘱执行人看成是遗嘱人的代理人的观点似乎更易为人们所接受。因为遗嘱执行人在大多数情况下是由遗嘱人选定的，在遗嘱执行过程中必须努力体现遗嘱人生前的意愿。至于遗嘱人死亡后已无独立人格的问题，能否看作是代理制度中的一种例外情况，我国《继承法》对此问题没有涉及。从完善继承立法的角度看，继承法对于遗嘱执行人的地位问题应当作出明确的规定。

二、遗嘱执行人的选定

从各国继承立法的规定来看，遗嘱执行人的选定主要有以下几种方式：

（一）遗嘱人在遗嘱中直接指定遗嘱执行人

此为各国立法的通例。遗嘱由遗嘱人指定的执行人去执行，最能充分尊重遗嘱人的遗愿，因此，《法国民法典》第1025条、《德国民法典》第2197条、《日本民法典》第1006条和《瑞士民法典》第517条均规定，遗嘱执行人首先应当由遗嘱人在遗嘱中直接指定。指定的人数可以是一人，也可以是数人，在遗嘱执行人为数人的情况下，他们共同履行遗嘱执行的职责，但如遗嘱人曾划分了各人的职务，且各人限于分配给自己的职务时，不在此限（《法国民法典》第1033条）。在共同履行遗嘱执行职责过程中，如果遗嘱执行人的意见不一致，德国法规定由遗产法院裁决之；日本法规定由执行人过半数决定之，但遗嘱人在遗嘱中另有表示的，从其意思。而法国法和瑞士法均未对此问题加以规定。

（二）由遗嘱人在遗嘱中委托他人指定

如《德国民法典》第2198条就规定："被继承人得委托第三人指定遗嘱执行人。"《日本民法典》第1066条也有类似的规定。但法国和瑞士均不采此做法。对委托的第三人是否有限制，各国产法均未明文规定，但通说认为，继承人和受遗赠人均不得受指定之委托。

（三）由遗产法院或亲属会议指定

遗嘱人在遗嘱中未指定遗嘱执行人，也未委托他人代为指定遗嘱执行人，或遗嘱人、受委托之人指定的执行人拒绝就职时，应由遗产法院加以指定（《德国民法典》第2200条、《日本家事审判规则》第1117条）。但也有些国家基于对遗嘱执行人是遗嘱人的代理人，只能由遗嘱人指定这一认识，不采此做法，法国就是典型的例子。而采此做法的国家，对法院指定遗嘱执行人的做法也采取了严格限制的态度，原则上以遗嘱人指定为主，法院只有在遗嘱人没有指定执行人或执行人死亡、缺格、拒绝就职的情况下，经利害关系人申请，方代为指定遗嘱执行人。

（四）遗嘱人除可指定遗嘱执行人外，还可以指定补充遗嘱执行人，以此作为遗嘱执行人出缺时的救济方法

如《德国民法典》第2197条就规定："被继承人在选任的遗嘱执行人于

允受职务之前或之后不能履行职务的情形，得选任另一遗嘱执行人。”同时，德国法还允许被继承人授权遗嘱执行人选任共同执行人和继任人（第 2199 条），这在其他国家的立法中是不多见的。

（五）没有遗嘱执行人或遗嘱执行人出缺时，继承人为当然的遗嘱执行人

持此主张的仅有《韩国民法典》（第 1095 条）。有些国家基于遗嘱的执行与继承人有着切身的利害关系，因而明定继承人、受遗赠人不得担任遗嘱执行人，如《法国民法典》第 1032 条就规定：“遗嘱执行人的权力不得移转于其继承人。”

遗嘱执行人的选定是单方要式行为，原则上应由遗嘱人以遗嘱方式指定；在特殊情况下，享有指定权的机构或个人也得以书面方式为之，口头的指定无效；同时这也意味着在继承开始前，遗嘱人可以随时撤回一指定，而不承担任何责任。对被指定者来说，他对于遗嘱人的指定可以表示接受，也可以加以拒绝。无论是接受还是拒绝，均应在规定的期限内通知指定者（《德国民法典》第 2202 条，《瑞士民法典》第 517 条）。而日本民法则规定应通知继承人。如果指定遭拒绝，则应由指定者另行指定遗嘱执行人。但由于遗嘱执行人的指定是单方行为，被指定者对这一指定并不负担必须承诺的义务。因而被指定者若对指定采取既不承诺，也不拒绝的态度时，应当如何处理？对此各国有两种完全不同的立法例：一是视为拒绝就职。德国即采此立法例，《德国民法典》第 2202 条第 3 款规定：“遗产法院经利害关系人中之一人的申请，得对被选任人规定其为意思表示的期限，期限届满后，如未事先表示允受，视为拒绝就职。”二是视为接受委托。日本、瑞士即采此立法例。如《日本民法典》第 1008 条就规定：“继承人及其他利害关系人，可确定相当期间，催告遗嘱执行人于期间内作出是否承诺就职的确答。遗嘱执行人于该期间内未给予继承人以明确答复时，视为承诺就职。”

我国《继承法》第 23 条虽然承认遗嘱执行人制度的存在，但对以有关遗嘱执行人制度的一系列问题均未作出明确的规定。对于遗嘱执行人的选定，司法实践中，允许遗嘱人以遗嘱的方式指定执行人。如果指定的遗嘱执行人死亡、拒绝就职或缺格，也允许遗嘱人另行指定。在遗嘱人根本没有指定遗嘱执行人的情况下，我国大多数学者主张继承人为当然的遗嘱执行人，如果继承人缺格，则由遗嘱人生前所在的单位或居住地的基层组织担任遗嘱执行人。这一做法同大多数大陆法国家的立法均不相同。我们认为，由遗嘱继承人担任遗嘱执行人不甚妥当，因为遗嘱执行与继承人有着切身的利害关系，很难保证遗嘱的公正执行。在此情况下，可考虑由法院在继承人、受遗赠人以外的第三人中

选任。在被指定为遗嘱执行人的人对指定未作出承诺或拒绝表示时，应当如何处理，我国立法也无明文规定。我们主张，被指定人以沉默的方式对待指定时，应视为拒绝就职较为妥当。因为对催告期内仍不表明态度的被指定人视为承诺后，如果他仍不承担执行遗嘱的任务，也无济于事，法律还得另行指定遗嘱执行人。

三、遗嘱执行人的资格

遗嘱执行是法律行为，它要求遗嘱执行人对行为的内容及后果有准确的判断能力，对错误执行遗嘱所产生的后果要有承担责任的能力。同时遗嘱执行涉及与遗产继承有关的人的利益，要保证遗嘱得到正确的执行。各国立法在承认遗嘱人有权指定遗嘱执行人的同时，又对遗嘱执行人的资格作了明确的规定。归纳起来，主要有以下几个方面：

（1）未成年人及禁治产人不得为遗嘱执行人，此为各国立法的通例（《法国民法典》第1028、1030条，《德国民法典》第2201条，《日本民法典》第1009条，《瑞士民法典》第517条第1款）。《日本民法典》第1009条还特别规定破产者不得为遗嘱执行人。

（2）在继承人能否为遗嘱执行人的问题上，有三种不同的立法例。持否定观点的以日本为代表。《日本民法典》第1015条明文规定，遗嘱执行人视为继承人的代理人。从代理的角度看，代理人和被代理人是截然分开的，同时，由继承人担任遗嘱执行人，也无法保障其他利害关系人的利益。而持肯定观点的以前《苏俄民法典》为代表。该法典规定，遗嘱执行人通常由遗嘱人在法定继承人中指定，而对法定继承人以外的人被指定为遗嘱执行人时，则要求在遗嘱书上或附在遗嘱书后的声明书上签字表示同意。德国和瑞士民法对此问题均未作明文规定。但解释上认为，德国民法主张共同继承人可以为遗嘱执行人，单独继承人不得为遗嘱执行人；瑞士民法则主张单独继承人或继承人全体均不得为遗嘱执行人，当继承人为数人时，应委托其中一人为遗嘱执行人。

（3）遗嘱受赠人、遗嘱见证人、特留份权利人等，均可被指定为遗嘱执行人。

（4）遗嘱执行人不限于自然人，法人也可被指定为遗嘱执行人。大陆法国家和英美法国家均持此观点。

我国《继承法》对遗嘱执行人的资格问题未作明确规定，但既然承认遗嘱执行行为是一种法律行为，无行为能力人、限制行为能力人不得担任遗嘱执行人，自属情理之中的事。同时就遗嘱执行人的范围而言，我们主张，除继承人、受遗赠人不得担任遗嘱执行人外，其他社会组织和公民个人均可担任遗嘱执行人。

四、遗嘱执行人的职责

各国立法对遗嘱执行人的职责规定详略不一，但总的立法精神是一致的，即遗嘱执行人为执行遗嘱之必要，有权实施一切与遗嘱有关的行为，并因此获得遗嘱执行的报酬，同时对不当执行行为所产生的损害后果承担赔偿责任。具体来说，主要包括以下几个方面：

（1）编制遗产清单（《法国民法典》第 1031 条，《德国民法典》第 2215 条，《日本民法典》第 1011 条，《瑞士民法典》第 518 条），并告知继承人。

（2）管理遗产并实施为执行上所必要的行为。遗嘱执行人为遗嘱执行的必要，在继承开始后，有权占有并保存遗产。如果遗产被他人占有者，则执行人享有追索权；遗产生前被出租的，遗嘱执行人有收取租金的权利；同时遗嘱执行人对遗产负有妥善保管的义务，如对遗产进行必要的修缮。遗产中含有遗嘱人生前的债权、债务的，遗嘱执行人负有追索债权和清偿债务之权利义务。遗嘱执行人为承担遗嘱人生前债务之必要，对遗产享有处分权。遗产中有不动产的，因遗产的交付需要办理产权变更登记的，应由遗嘱执行人为之。此外，遗嘱执行人还有权依遗嘱进行遗产的分割及变价分割等（《法国民法典》第 1021条、《德国民法典》第 2203~2209 条、《日本民法典》第 1012 条、《瑞士民法典》第 518 条）。

（3）为执行遗嘱的必要，遗嘱执行人可以独立为诉讼行为。即在继承开始后，凡属于遗嘱执行人管理范围内的事项，均应以遗嘱执行人为原告或被告向法院主张之。为此，《德国民法典》第 2212 条规定："属于遗嘱执行人管理范围的权利，仅得由遗嘱执行人在诉讼上主张之。"第 2213 条规定："以遗产为标的的请求权，既得向继承人也得向遗嘱执行人在诉讼上主张之。"《瑞士民法典》第 518 条也有类似的规定。但哪些事项属于遗嘱执行人管理范围内的事项，各国立法和解释不一。德国民法认为，特留份请求权、遗嘱继承人个人的债权等均不属于遗嘱执行人管理事项的范围，应向继承人主张之，即使是遗嘱人生前的债务，虽允许向遗嘱执行人或继承人主张之，也必须以遗嘱执行人对于其管理范围内的遗产标的物能够实行强制执行者为限。而瑞士民法在解释上主张，有关继承人继承权的确认、特留份的扣减请求等均不属于遗嘱执行人的职责范围，但有关继承回复请求之诉，系以遗产回复为目的，可以以遗嘱执行人为原告，提起诉讼。日本民法对此问题未作明文规定，但依日本判例，在遗嘱执行过程中，有关遗嘱执行的诉讼，均应以遗嘱执行人为诉讼当事人，而继承人无当事人的资格。只有在与遗嘱执行无关的遗嘱人生前债务的清偿问题上，方可对继承人提起诉讼。

（4）继承人妨碍的排除。继承人在遗嘱执行过程中，不得处分与遗嘱有关的遗产，并不得妨碍遗嘱执行人执行职务。此为各国立法的通例。《日本民法典》第 1013 条和《德国民法典》第2211条均有此规定。对哪些行为属于妨碍遗嘱执行人执行职务的行为，各国立法规定的较为原则。简单地说，就是继承开始后，在未征得遗嘱执行人同意的情况下，继承人擅自处分遗产的行为包括：①在以特定物或权利为标的遗赠中，继承人将标的物让与第三人或在标的物上设定物权；②在以种类物为标的的遗赠中，继承人对遗嘱执行人变卖该标的物所获得的价款加以处分；③继承人以遗嘱执行人管理范围内的遗产清偿个人债务的。上述行为均属禁止继承人实施的行为，其代理人也不得实施。但遗嘱执行人认为对其履行职责已明显无必要的遗产标的物，在应继承人请求移交后，继承人可自由处分之。此外，如果继承人的处分行为事先征得遗嘱执行人的同意或事后得到遗嘱执行人的认可，该处分行为也可认为有效（《德国民法典》第 2217 条）。

（5）遗嘱执行人在履行职务过程中，应当以善良管理人的注意来履行职责。如果遗嘱执行人严重违反义务或无执行通常事务的能力，经利害关系人申请，法院有权将其解任（《德国民法典》第 2227 条、《日本民法典》第 1019 条）。如果由于遗嘱执行人的故意或过失，造成损失的，应就其过错所生的损害对继承人、受遗赠人负赔偿责任（《德国民法典》第 2219 条）。但在数名遗嘱执行人共同履行职务的情况下，如何承担责任？各国立法规定不一。德国民法主张，共同执行人均有过错的，应负连带责任；法国民法则主张，对于共同委任的事务，即使在其他遗嘱执行人出缺的情况下，也应与执行事务的执行人一起负连带责任。但这只限于动产，如果遗嘱人已明确划分了各执行人的职务时，则各执行人仅对自己的行为负责。瑞士民法的规定与德国法相同，而日本民法在解释上主张，遗嘱执行人只对自己的过失行为负责，遗嘱执行人之间不发生连带责任问题。

我国《继承法》对遗嘱执行人的职责问题未作规定。我们认为，大陆法国家的上述立法主张可资借鉴。在继承开始后，遗嘱执行人应当编制遗产清单，并告知继承人；为管理遗产可以实施与遗产有关的一切必要行为；为保障遗嘱的顺利执行，有权排除来自继承人的妨碍；与遗嘱执行有关的纠纷，遗嘱执行人也可以以自己的名义独立起诉或被诉。在顺利完成遗嘱执行任务后，遗嘱执行人享有获得执行报酬的权利；同时对因过错实施不当执行行为给继承人、受遗赠人造成的损失负赔偿责任。在数名遗嘱执行人的情况下，依照《最高人民法院关于贯彻执行〈中华人民共和国民法通则〉若干问题的意见》第79条的规定，一般情况下，应当负连带责任，但若其中一人或数人在实施执行行为时未与其他遗嘱执行人协商的，应由实施该行为的遗嘱执行人自己负责。

第六节　遗　　赠

遗赠（Legs）是指遗嘱人以遗嘱方式无偿给予遗产并于遗嘱人死亡时生效的法律行为。遗赠制度最初始于罗马法，后被中世纪教会作为聚敛教会财产的重要手段。现代各国继承立法中均有关于遗赠制度的规定。在英美国家的立法中，遗嘱继承和遗赠差异不大，其原因就在于遗产信托制度的存在，使得遗嘱继承的标的与遗赠的标的都只限于被继承人的积极遗产。但在大陆法国家，遗赠是作为遗嘱继承的特殊形式看待的，二者不仅在主体、标的方面存在明显差异，而且在权利的取得和抛弃、时效等方面均有所不同。为了避免重复，本节仅对各国关于遗赠问题的特殊规定作一评述，对于遗嘱继承中也适用于遗赠的规定将不再涉及。

一、遗赠的种类

遗赠在民法理论上可以从不同角度进行分类，但主要的分类有两种：一是以遗赠的标的不同为标准，将遗赠分为概括遗赠和特定遗赠；二是以遗赠时是否附有条件或义务为标准，将遗赠分为单纯遗赠、附条件遗赠和附义务遗赠。

所谓概括遗赠，是指遗嘱人将自己全部或部分财产以遗嘱方式给予受遗赠人。概括遗赠的特点在于：（1）受遗赠人不限于法定继承人的范围，也可以是法定继承人以外的人。（2）遗赠的财产不限于财产权益，也包括财产义务。如果受遗赠人与依法得保留部分遗产的继承人同时继承时，对于遗嘱人的债务及负担，按其个人分配份的比率，负清偿的义务，并对受遗赠财产的抵押债务及负担，负全部清偿义务。如果全部遗产均归受遗赠人继承时，则遗产中的债务及负担应由受遗赠人单独承担。从上述特点中，我们可以看出，概括遗赠与遗嘱继承差别不大。为此，对于是否应当承认概括遗赠，各国立法规定不一。《法国民法典》（第1003～1009条）和《日本民法典》（第964条）均承认概括遗赠，而德国民法和瑞士民法均不承认此种情形为遗赠，而将之视为遗嘱继承。如《德国民法典》第2087条第1款规定：“被继承人将其财产或财产的一部分赠与受赠人时，虽该受赠人未被指明为继承人，该项处分仍视为继承人的指定。”《瑞士民法典》第483条第2款也有类似的规定。即使在承认概括遗赠的国家，其立法也主张概括受遗赠人与遗嘱继承人的权利义务是相同的，只是主体不同而已。如《日本民法典》第990条规定：“概括受遗赠人，有与继承人同样的权利和义务。”

《法国民法典》在规定概括遗赠的同时，还规定了部分概括遗赠。依照该法典第1010条的规定：“部分概括遗赠，为遗嘱人以法律许可其处分财产的一定份额，例如一半或三分之一，其全部不动产或全部动产，其全部不动产或其全部动产中的确定份额赠与他人的遗赠。”此类遗赠方式除了在遗产标的的数量上与概括遗赠有差异外，其他方面均与概括遗赠相同。因而，各国立法均未采纳法国的这一立法例。

所谓特定遗赠，是指在遗嘱人死亡时将对遗赠物的权利赠与受遗赠人。此种遗赠的特点在于：（1）受遗赠人既可以是法定继承人范围之内的人，也可以是继承人以外的人。（2）遗赠的标的，只限于财产权益，而不得为财产义务。当然，对受遗赠人义务之免除也属于给予利益的范畴，因而，严格说来，特定遗赠也属于单纯遗赠的一种。《法国民法典》第1014条和《日本民法典》第964条均对特定遗赠作了明确的规定，如《法国民法典》第1014条规定：“一切单纯的遗赠，在遗嘱人死亡之日将对遗赠物的权利赠与受遗赠人，此项权利，可由受遗赠人移转于其继承人或权利继承人。”瑞士和德国民法虽未明文规定特定遗赠，但从其规定的内容来看，也是承认特定遗赠方式的，如《瑞士民法典》第484条第1、2款就规定，被继承人得将某财产中的利益、遗产中的某物、全部或部分遗产的收益权以及对受赠人义务的免除作为遗赠的标的给予他人。

我国《继承法》第16条对遗赠制度也作了规定：“公民可以立遗赠将个人财产赠给国家、集体或者法定继承人以外的人。”但对我国是否存在概括遗赠和特定遗赠的分类，学者中有不同的看法。我们认为，从现有的继承立法和有关的司法解释看，我国不存在概括遗赠和特定遗赠的分类，其理由是：（1）从受遗赠人的范围看，我国受遗赠人的范围只限于法定继承人范围以外的人和社会组织及国家。法定继承人不得被指定为受遗赠人，这是我国继承法划分遗嘱继承和遗赠的唯一标准，也是与大陆法国家遗赠制度的主要区别所在。（2）从遗赠的标的看，我国继承法规定的遗赠标的就是遗嘱人的遗产，该遗产既包括遗产权利，也包括遗产义务，因而与遗嘱继承的标的完全相同，并不存在只赠与权利，不承担义务的情况。如我国《继承法》第34条就规定：“执行遗赠不得妨碍清偿遗赠人依法应当缴纳的税款和债务。"《最高人民法院关于贯彻执行〈中华人民共和国继承法〉若干问题的意见》第62条中也指出："遗产已被分割而未清偿债务时，如有法定继承又有遗嘱继承和遗赠的，首先由法定继承人用其所得遗产清偿债务；不足清偿时，剩余的债务由遗嘱继承人和受遗赠人按比例用所得遗产偿还；如果只有遗嘱继承和遗赠的，由遗嘱继承人和受遗赠人按比例用所得遗产偿还。"可见，我国继承立法是将遗嘱继承与遗赠同等看待的，只是主体不同。既然遗嘱继承都是概括继承，而不存在什么"特定遗嘱继承"问题，那么遗赠当然也不存在所谓"特定遗赠"的问题，因而在我国，遗赠应当都是概括的，既包括遗产权利的赠与，也包括遗产义务的赠与，两者不能割裂开来。

在大陆法国家，遗赠的第二种分类是以遗赠是否附有条件或义务为标准，将之分为单纯遗赠、附条件遗赠和附义务遗赠。

所谓单纯遗赠，就是指不附条件、期限和义务的遗赠。各国立法均承认此类遗赠方式。

所谓附条件遗赠，是指遗嘱人在遗嘱中附加了一定的条件，受遗赠人在遗嘱人死亡时能否按照遗嘱取得受遗赠的财产，取决于此时所附条件是否成就。由于条件有延缓条件和解除条件之分，在附延缓条件（或称停止条件）的情况下，遗赠自条件成就时生效，这是各国立法的通例，如《德国民法典》第2177条就规定："遗赠附有停止条件或始期而在继承开始后条件才成就或期限才开始者，在条件成就或期限开始时发生遗赠的归属。"《日本民法典》第985条第2款也有类似的规定。但对条件在遗赠人死亡前成就的或遗嘱人死亡前条件就已确定不可能成就的，以及条件未成就前，受遗赠人即已死亡的，其遗嘱效力应当如何确定，大多数国家的立法均未作明文规定。《日本民法典》第994条规定，这与受遗赠人先于遗嘱人死亡一样，遗赠不发生效力，除非遗嘱人在遗嘱中另有表示。对于附解除条件的遗赠，遗嘱人死亡时条件已成就的，其遗嘱为无效。遗嘱人死亡时条件已确定不可能成就的，遗赠视为未附条件。各国立法均有类似的规定。

所谓附期限的遗赠，是指遗嘱人在遗嘱中规定一定的期限，在期限到来（始期或称延缓期限）或期限届满前（终期或称解除期限），受遗赠人方可取得受遗赠的权益。如《德国民法典》第2177条规定："遗赠附有停止条件或始期而在继承开始后条件才成就或期限才开始者，在条件成就或期限开始时发生遗赠的归属。"其他国家的民法典对此问题未作明文规定。

所谓附义务的遗赠，又称附负担的遗赠，是指遗嘱人在其遗嘱中为受遗赠人设定一定的义务，要求受遗赠人在向遗嘱人自己或遗嘱人的继承人、第三人履行一定义务后，方可取得受遗赠的财产利益。对于此类遗赠，德国、日本和瑞士民法均作了明文规定。如《德国民法典》第2186条规定："受遗赠人承担遗赠义务或遗嘱负担者，仅在其有权请求履行向其赠与的遗赠时，始负有履行上述遗赠或负担的义务。"同时还规定，受遗赠人履行遗嘱中规定的义务仅以受遗赠的财物为限，其他人代替受遗赠人履行遗赠义务的，其所负责任也不应超过受遗赠人所负的责任（第2187条）。《日本民法典》第1002条和《瑞士民法典》第482条也有类似的规定。关于负义务的遗赠，有几点需要注意：

第一，所负义务或负担不以财产的给付为限，其他作为或不作为的法律义务，均可作为负担的内容，但道德义务不得作为负担的内容。

第二，负担履行义务的人，既包括受遗赠人，也包括受遗赠人的继承人，即允许受遗赠人的继承人代位接受负义务的遗赠。不过这以受遗赠人的继承人明确表示愿意接受负义务遗嘱为前提。如果受遗赠人放弃遗赠，则应由负担利益的享有者为受遗赠人，履行遗嘱中规定的负担。

第三，负担利益的享有者，又称负担债权人，既可以是被继承人，也可以是被继承人的法定继承人或第三人。依附负担遗赠的规定，负担债权人有权请求负担义务人履行遗嘱中规定的义务。如果负担义务人不履行义务，依照《日本民法典》第1027条的规定："受附负担遗赠者不履行其负担义务时，继承人可以定相当期间，催告其履行。如果于期间内仍不履行时，继承人可以请求家庭法院撤销遗嘱。"

第四，负担义务人承担的义务责任仅以依遗赠取得的财物为限。如果附负担遗赠的财产数额因继承的限定承认或特留份的回复之诉而减少，负担义务人承担的财产义务也应按相同的比例减少。对此《日本民法典》第1003条和《德国民法典》第2188条均有类似的规定。如果受遗赠人完全放弃受遗赠的权利，则不承担遗嘱中规定的负担义务。

第五，负义务遗赠与附条件遗赠虽有相似之处，但负担并非条件，其区别就在于，附条件遗赠中的条件对遗嘱的效力有直接的影响，事实上构成遗赠的有效要件之一。在附停止条件的情况下，条件成就，遗赠方为有效；在附解除条件的情况下，条件成就，遗嘱即归于无效。而在附负担的遗嘱中，负担只是遗赠的附款，与遗嘱的效力并无关系，负担义务人不履行义务时，遗嘱并非无效，在此情况下，继承人和其他利害关系人只能请求法院撤销该遗赠。

我国《继承法》对于附条件和附期限的遗嘱未作明文规定。但在现实生活中，此类遗赠仍是存在的。由于继承法只是民法的一个组成部分，我国

《民法通则》对于附条件和附期限的法律行为均有明确的规定，因而从法理上讲，对于此类遗赠的效力似应按照《民法通则》的规定来处理，即对于附条件遗赠，所附的为延缓条件的，自条件成就时，遗赠生效。所附的为解除条件的，自条件成就时，遗赠失效。但由于遗嘱行为为特殊法律行为，因而如果条件在遗嘱人死亡前成就的，视为未附条件；如果在继承开始后，已确定条件不可能成就的，遗赠视为无效；如果在条件成就前，受遗赠人即已死亡的，遗赠不生效。对于附期限遗嘱，在规定的期限到来或期限届满前，受遗赠人方可取得受遗赠的财产利益。对于负义务的遗赠，我国《继承法》第 21 条规定："遗嘱继承或者遗赠附有义务的，继承人或者受遗赠人应当履行义务。没有正当理由不履行义务的，经有关单位或者个人请求，人民法院可以取消他接受遗产的权利。"该条规定虽承认了负义务遗赠的方式，但过于原则，应当对义务的内容和性质、义务的范围大小、义务的减免条件、义务的转承受等问题作出进一步的立法和司法解释。这方面国外立法的许多规定值得我们借鉴。

二、关于遗赠的标的

在英美法上，遗赠的标的仅限于遗嘱人生前所有的财产，因而以他人之物为遗赠的，该遗嘱无效。大陆法国家的法国、荷兰民法也认为以他人之物为遗赠的，该遗嘱不生效。但对此问题，德国、日本和瑞士的民法却持不同的立法主张。依照《德国民法典》第 2169 条之规定："以在继承开始时标的物不属于遗产者为限，该标的物的遗赠不生效力。但即使在该标的物不属于遗物的情形仍将该标的物赠与受遗赠人者，不在此限。"第 2170 条还规定："在以继承开始时不属于遗产的物为标的而为遗赠依第 2169 条第 1 项的规定为有效时，承担履行遗赠义务的人应为受遗赠人筹措该标的物。如果不能筹措该标的物者，应支付其价额；需支付过巨的费用才能筹措该标的物时，承担履行遗赠义务的人得以支付该标的物的价额而免除筹措。"《日本民法典》第 996 条和第 997 条也有类似的规定，只不过将"不属于遗产范围"可用作遗赠的标的局限于"权利"。由此可见，在上述国家的立法中，遗产和遗赠的标的物并非同一概念。遗赠的标的可以是遗产，也可以是遗产以外的一切财产权益。同时，在大陆法国家的立法中，遗赠的标的也不仅限于遗产权利，法国和日本的概括遗赠就允许遗赠的标的与遗嘱继承的标的相一致，即包括遗产义务，只是在特定遗赠中遗赠的标的才限于财产权利。

我国《继承法》在这一问题上的做法既不同于英美法，也不同于大陆法。一方面，我国遗赠的标的既包括遗产权利，也包括遗产义务，这与英美法的遗产仅限于积极遗产不同。另一方面，我国遗赠的标的只能是被继承人的遗产，而不包括遗产以外的财产权益和义务。这一点又与大陆法不同。

三、关于遗赠的承认与放弃

遗赠为单方行为，不问受遗赠人意思如何，只要遗嘱人的单方意思表示即可生效，但不能强制受遗赠人接受遗赠，因而各国立法均允许受遗赠人承认或放弃受遗赠的权利。日本民法在解释上认为，只有在遗赠的内容为免除受遗赠人债务时，受遗赠人才不得抛弃受遗赠。

对于承认或抛弃的时间，各国立法一般较少限制。在遗赠人死亡后，受遗赠人得随时放弃受遗赠，如《日本民法典》第986条就规定："受遗赠人于遗嘱人死亡后，可以随时放弃遗赠。遗赠的放弃，溯及于遗嘱人死亡时发生效力。"《德国民法典》第2180条则规定准用关于承认或抛弃继承的规定。如果遗嘱人在遗嘱中明确规定受遗赠人应在规定的时间内作出承认或抛弃遗赠的意思表示的，或遗赠义务人及其他利害关系人（如补充受遗赠人、后位受遗赠人等）对受遗赠人的承认和抛弃定有相当的催告期的，则受遗赠人应在规定的期限内作出承认或抛弃受遗赠的意思表示，过期不为表示的，视为承认受遗赠（《日本民法典》第987条）。

我国《继承法》第25条对遗赠的承认和抛弃时间虽作了明确规定，但与大陆法国家的规定有三点不同：一是承认或抛弃的时间的起算，是从受遗赠人应当知道受遗赠时起，而非继承开始时起。二是承认或抛弃的催告期是法定的，即"受遗赠人应当在知道受遗赠后两个月内，作出接受或者放弃受遗赠的表示"，而没有规定遗嘱人或遗赠义务人享有确定催告期的权利。三是到期未作表示的，我国立法规定，视为放弃受遗赠。这与大陆法国家规定视为接受遗赠正好相反，因而在过期的法律后果方面也是不同的。我们认为，我国《继承法》第25条的规定有如下不合理之处：一是确定承认或抛弃时间的起算非常繁琐，容易引起受遗赠人和遗赠义务人之间的争议，不如大陆法国家规定的那样简便易行。二是只规定法定的催告期，而未规定遗嘱人和遗赠义务人享有确定催告期的权利不太妥当，与遗嘱自由原则不符。因此在解释上，除了法定催告期外，对于遗嘱人和遗赠义务人确定的催告期也应予以承认，并且只有在遗嘱人和遗赠义务人均未确定催告期时，才适用法定催告期。三是到期未作表示的，视为放弃遗赠，这与遗嘱继承中，遗嘱继承人到期未作放弃表示便视为接受继承的规定不同。但遗赠不过是遗嘱继承的一种特殊形式，在这个问题上作出不同的规定，其理由何在？我们认为是完全不必要的。

关于承认和抛弃的方式，大陆法国家均不以特定的方式为必要。在规定的催告期内，受遗赠人既可以明示的方式，也可以默示的方式对遗产义务人作出承认或抛弃的意思表示，就默示的表示而言，受遗赠人对遗赠标的受领，应视为承认；对遗赠标的给付的拒绝或听任他人处分其遗赠标的，应视为对受遗赠权的抛弃。催告期满，受遗赠人未就承认和抛弃问题向遗产义务人作出任何表示的，视为接受遗赠。对此，《日本民法典》第 987 条和《德国民法典》第 2180 条均含有此立法精神。

我国《继承法》在这一问题上，则要求承认受遗赠，只能以明示的方式为之，到期没有表示的，视为放弃遗赠，因而抛弃遗赠允许以明示或默示的方式为之。

就承认的效力而言，受遗赠人作出承认的意思表示后，既不得撤回，也不得再抛弃，这与继承人对继承的承认是相同的。如《日本民法典》第 989 条就规定："遗赠的承认及放弃，不得撤销。第 919 条第 2 款关于继承的承认和放弃的规定，准用于遗赠的承认及放弃。"其次，就特定遗赠而言，自受遗赠人承认之时起，由遗赠物所生孳息应归受遗赠人所有。对此《德国民法典》第2184条有此规定。

就遗赠的抛弃而言，其效力主要表现在如下几个方面：

（1）受遗赠人抛弃遗赠者，溯及至遗嘱人死亡时，即遗赠自始不生效。如《日本民法典》第 986 条第 2 款规定："遗赠的放弃，溯及于遗嘱人死亡时发生效力。"此外，《德国民法典》第2180条第 3 项和第 1953 条第 1 项、《法国民法典》第 1043 条均有类似的规定。

（2）遗赠因抛弃而失效后，遗赠的标的应归入遗产，由继承人继承。对此《日本民法典》第 995 条和《德国民法典》第2180条和第 1953 条第 2 项均有此规定。

（3）遗赠在被抛弃的情况下，如果遗嘱人在其遗嘱中另有意思表示，应当从其意思。这主要是指在受遗赠人为数人时，如果其中一人抛弃遗赠，其应得的份额究竟归其他受遗赠人承受，还是归入遗产由继承人继承，应由遗嘱人的意思来决定。

（4）附有负担的遗赠被抛弃时，应由该类遗赠利益的最终享有者为受遗赠人。如《日本民法典》第 1002 条第 2 款就规定："受遗赠人放弃遗赠时，应受负担利益者可以自为受遗赠人。但是，遗嘱人于其遗嘱中表示了另外意思的，从其意思。"

我国《继承法》对遗赠的承认和抛弃的效力虽有规定，但非常原则。依照该法第27条的规定，遗赠人放弃受遗赠的，遗赠的标的按法定继承办理；同时有关的司法解释认为，对遗赠的放弃只能由受遗赠人本人为之，法定代理人一般不能代理被代理人放弃受遗赠权，明显损害被代理人利益的，应当认定其代理行为无效。继承开始后，受遗赠人表示接受遗赠，并于遗产分割前死亡的，其受遗赠权转给他的继承人①。但对承认遗赠后能否再撤销，对于附负担遗赠能否部分承认等均未作出明文规定，这是应当加以完善的。

四、关于补充遗赠和后位遗赠

补充遗赠，是指遗赠人在遗嘱中表示，如果受遗赠人抛弃遗赠、丧失受遗赠权或先于遗赠人死亡时，将其应取得的财产利益给予他人的一种遗赠方式，这里的“他人”即指“补充受遗赠人”。

对于补充遗赠，有些国家持肯定的态度，并在立法中作了明确的规定；而有些国家对此种形式未作明文规定。一般说来，补充遗赠与补充遗嘱继承具有一致性，即承认补充继承的国家，在其立法上一般均承认补充遗赠。如《德国民法典》第2096条就规定：“被继承人得在继承人于继承开始前或继承开始后失格的情形，指定另一人为继承人。”这是关于补充继承人的规定。补充继承人享有的权利和承担的义务与遗嘱继承人是相同的。而该法典第2190条规定：“被继承人在首先指定的受遗赠人未取得遗赠的情形下，将遗赠的标的赠与他人者，准用第2097~2099条关于指定补充继承人的规定。”这则是关于补充遗赠人的规定。补充遗赠人的权利和义务与受遗赠人的权利义务也是相同的。《瑞士民法典》第487条也有类似的规定。而法国、日本对此类遗赠形式均未作规定。我国《继承法》既未规定补充继承，也未规定补充遗赠。不过现实生活中确有在继承开始前被指定的遗嘱继承人和受遗赠人失格情况的发生，因此司法实践中承认遗嘱人在其遗嘱中事先指定补充继承人或补充受遗赠人，与遗嘱自由原则并不相悖，相反是这一原则的具体体现。

所谓后位遗赠，又称次遗赠，是指遗赠人在遗嘱中规定，受遗赠人在某一时刻到来或某一事件发生时，将其所得的遗赠利益转交给另一受遗赠人的一种遗赠方式。在这种遗赠方式中，前一个接受遗赠的人称为“前位受遗赠人”，后一个接受遗赠的人称为“后位受遗赠人”或“次位受遗赠人”。

---

① 参见《最高人民法院关于贯彻执行〈中华人民共和国继承法〉若干问题的意见》第8条、第53条。

与补充遗赠一样，次位遗赠与次位继承是一对紧密相联系的概念，只有承认次位继承国家的立法才承认次位遗赠。在《德国民法典》中，次位继承主要适用于下列情况：

（1）在继承开始时尚未孕育的人被指定为继承人者，在发生疑问时，该人应被推定为次位继承人。

（2）在继承开始后才成立的法人。

（3）如被继承人曾指示，指定的遗嘱继承人只有在一定时刻到来或某一事件发生时才应取得遗产，而未规定在此之前谁应为继承人时，则被继承人的法定继承人为先位继承人，而被指定的遗嘱继承人为次位继承人。

在后位继承的情况下，先位继承人对遗产的处分权是非常有限的，一般以不损害次位继承人的权利为限。事实上，先位继承人和先位受遗赠人对遗产并不享有所有权。正因为如此，对于是否应当在立法上承认后位继承，大陆法系国家立法态度不一。《法国民法典》明文禁止后位继承和后位遗赠。如该法典第896条就规定："一切约定由受赠人、指定继承人、受遗赠人负责保全其受赠与财物并交付于第三人的条款无效，即使对于受赠人、指定继承人或受遗赠人而言亦同。"而德国民法和瑞士民法均对后位继承及后位遗赠持肯定态度。如《德国民法典》第2100条就规定："被继承人得以一名继承人在另一位先成为继承人之后才成为继承人的方式指定继承人。"第2191条同时规定："被继承人将遗赠标的物从遗赠归属后发生的特定时间或事件起赠与第三人时，应认为先位受遗赠人承担履行遗赠的义务。对于上述遗赠准用关于补充次位继承人的规定。"《瑞士民法典》第488~492条中对后位继承和后位遗赠也作了明确的规定。

我国《继承法》对后位继承和后位遗赠问题均未作规定，学者中持肯定态度者有之，持否定态度者也有之。我们认为，遗产继承和遗赠制度的主要目的，就在于确定遗产所有权的最终归属，而后位继承制度恰恰与此目的不符。先位继承人和先位受遗赠人在继承开始后，依遗嘱取得的并非是遗产的所有权，而只是对遗产的保管权，待特定时间到来或特定事件发生时，他有义务将遗产交与后位继承人或后位受遗赠人。如果特定的事件未发生，则他又可以成为遗产的所有权。上述特点，使得遗产的归属处于一种不确定的状态。先位继承人和先位受遗赠人的地位既类似于遗嘱执行人又与之不同，从财产所有权理论的角度也很难加以解释，因此，我们认为，后位继承和后位遗赠制度不足取。

第七节 特 留 份

特留份，又称保留份，是指被继承人依遗嘱处分其遗产时，依法应当为法定继承人保留一定数量的遗产份额。特留份制度是遗嘱继承中的一项重要制度，它最初起源于罗马法上的义务份（Legitima Pars）制度，其目的在于防止家长对遗嘱自由的滥用和家产的分散，确保家子享有的受抚养的权利。近现代各国继承立法均承袭了罗马法的这一制度。但现代各国关于特留份制度的规定与罗马法上义务份制度至少有两点不同：一是享受特留份权利的人不同。罗马法上享有特留份权利者，并非基于法定继承人的资格，而是为一定范围内的近亲属，因此即使被遗嘱合法废除的继承人，也可享有义务份；二是罗马法上的义务份是家产的一部分，而非遗产的一部分。造成这种差异的主要原因是立法指导思想上的不同，罗马法以家族为本位，而现代各国立法均以个人为本位。

应当看到，在特留份制度的演进过程中，日耳曼法对大陆法系，特别是法国法系国家的特留份制度的形成起了决定性的作用。在日耳曼法上，为了防止因被继承人的自由处分而导致家产的分散、家族的崩溃，曾明确规定家产分为自由份和特留份两部分，可供被继承人自由处分的遗产只占家产的很少一部分，扣除自由份后的遗产均为特留份；并且规定享有特留份的人只限于法定继承人，非法定继承人不得享有特留份。这一做法首先被法国民法所采纳，如《法国民法典》第913~915条就将遗产分为被继承人有权处分的财产部分和特留份部分两大块，并规定被继承人的子女越多，可供自由处分的部分就越少；享有特留份的权利人也被局限在法定继承人的范围之内。其他法国法系的国家如比利时、荷兰、意大利、西班牙等国的民法均采纳了这一做法。《瑞士民法典》第470~476条也有类似的规定。德国法系中的德国和日本民法则设专章规定特留份制度。在英美法国家，虽然其判例和有关的单行成文法中没有使用“特留份”一词，但也未将遗嘱自由原则绝对化。英国1938年颁布的《家庭供养条例》和1952年颁布的《无遗嘱继承条例》中就规定，被继承人对家庭成员负有不可推卸的抚养义务，如果被继承人以遗嘱方式逃避这一法定义务，法院可以违反遗嘱人的意愿，根据申请人的请求，判决从遗产收益中，甚至从本金中支付抚养费给生存的配偶、未成年儿子和未婚的女儿以及因身体或精神上的疾病不能独立生活的子女。在美国，许多州的立法都规定，遗嘱人必须为生存的配偶保留1/2或1/3的鳏夫产或寡妇产，他们还享有其他遗产权益，如宅园特留份、家庭特留份等。上述权利被继承人不得以遗嘱剥夺之。由此可见，特留份制度在各国继承立法中都是得到肯定的，只不过各国立法对于特留份权利人的范围、享有份额的多少、扣减方式和特留份请求权的消灭时效规定不同而已。下面就上述问题作一比较。

一、特留份权利人的范围

法国民法规定，被继承人的直系卑亲属和直系尊亲属均享有特留份的权利，但依照该法第916条的规定，被继承人的旁系亲属和配偶均不享有特留份。同时，《法国民法典》第785条规定："放弃继承的继承人应视为自始即非继承人。"因此，在法定继承人抛弃继承的情况下，也不得享有特留份的请求权。

依照《德国民法典》第2303条的规定，被继承人的直系卑亲属、父母和配偶均为特留份权利人，并且规定特留份的请求权可以继承并可以转让（第2317条）。但旁系亲属和除父母以外的其他直系尊亲属均被排除在特留份权利人之外。在法定继承人抛弃继承的情况下，依照该法第1952条的规定，其应继份可由其继承人代位继承，因此，抛弃继承的法定继承人仍属特留份权利人的范围。

依照《日本民法典》第1028条的规定，除兄弟姐妹外，其他被继承人的法定继承人如直系卑亲属和直系尊亲属以及配偶等均为特留份权利人，在法定继承人放弃继承的情况下，由于日本采纳了法国法的观点，因此，也不享有特留份的请求权。

《瑞士民法典》第470条则规定，被继承人的直系卑血亲、父母、兄弟姐妹和配偶均享有特留份请求权，同时，在特留份权利人的认定问题上，赋予各州立法以很大的权限。如该法第472条就规定："各州为在本州境内有最后住所的公民的继承，有权不承认兄弟姐妹的特留份请求权，或允许其请求权延伸至兄弟姐妹的直系卑血亲。"如果继承人抛弃继承，依照《瑞士民法典》第572条的规定，"指定继承人抛弃的应继份，归属于其亲等最近的法定继承人，但被继承人在遗嘱中另有相反意思的，不在此限"。

英美法国家对于特留份权利人范围的确定主要限于被继承人的配偶和未成年子女及无独立生活能力的子女。但英美的特留份制度也有其特点。这主要表现在：（1）在特留份份额和顺序上，配偶优先于子女；（2）在特留份权利人的范围上，依照1952年英国《无遗嘱继承法》的规定，如果被继承人将遗产全部遗赠给他人，则不仅被继承人的合法配偶享有特留份权，而且无效婚姻的配偶、离婚后尚未再婚的配偶也享有特留份权。

享有特留份的法定继承人如果实施某种违法行为，被继承人能否用遗嘱剥夺其取得特留份的权利？对此有两种不同的立法主张。一是以法国为代表，对以遗嘱剥夺特留份权利人的特留份权持反对态度；二是以德国、日本、瑞士为代表，对以遗嘱剥夺特留份权利人的特留份权持肯定态度（参见“继承权的丧失”一节）。

二、特留份的份额

各国立法虽然都规定，被继承人在其遗嘱中应当为享有特留份权的法定继承人保留一定的遗产份额作为特留份，但对特留份的计算方法并不相同。在大陆法系国家，总的来说，有两种计算方法。一种是以被继承人的总遗产额为基数，从总遗产额中划出一定比例的财产作为特留份，这称为“全体特留主义”。法国、日本等均采此种方法。

依照《法国民法典》第913~915条的规定，遗嘱人死亡时，如果仅遗有一个子女，其赠与或遗赠不得超过其所有财产的半数；如遗有两个子女时，其赠与或遗赠不得超过三分之一；如遗有三个以上子女时，其赠与或遗赠不得超过四分之一；如果子女中有非婚生子女的，非婚生子女的特留份为婚生子女的一半，另一半由其他婚生子女平均分配；被继承人的直系卑血亲，不论亲等如何，均作为子女看待，但在发生代位继承时，子女的晚辈直系血亲只能作为一人计算。在被继承人无子女的情况下，如果在其父系或母系各遗有直系尊血亲一人或数人时，其赠与或遗赠不得超过其所有财产的半数；如果仅一系遗有直系尊血亲时，不得超过四分之三。依照《法国民法典》第916条的规定：“如无直系尊血亲和直系卑血亲，处分人得以生前赠与或以遗嘱处分其全部财产。”

依照《日本民法典》第1028条的规定，只有直系尊亲属为继承人时，其特留份为被继承人财产的三分之一；在直系卑亲属或配偶为继承人时，特留份为被继承遗产的二分之一。

特留份的第二种计算方法是以各个法定继承人依法定继承时应得的应继份为基数，确定特留份的数额应为应继份的一定比例。由于法定继承人的继承顺序不同，应继份也不同，以此为基础计算出的特留份比例也不同。依此方法算出的特留份数额是绝对少于法定应继份数额的，德国、瑞士均采此方法。

《德国民法典》第2303条规定：“被继承的直系血亲卑亲属由于死因处分被排除继承者，得向继承人请求特留份。特留份为法定应继份价额的一半。被继承人的父母和配偶，在其由于死因处分被排除继承时，亦享有相同的权利。”虽然就此条文看，被继承人的直系卑亲属、父母、配偶的特留份均为法定应继份价额的一半，但由于上述继承人的应继份不同（基数不同），因而实际获得的特留份价额是不同的。如果上述继承人实际获得的特留份少于其法定应继份的一半时，该继承人有权要求其他共同继承人补足（第2305条）。

瑞士民法采用的特留份计算方法与德国民法完全相同，但具体份额不同。依照《瑞士民法典》第471条的规定：“直系卑血亲各为其法定应继份的四分之三；父母中任何一方，为其法定应继份的二分之一；兄弟姐妹为其法定应继份的四分之一；生存配偶，如与他人共同继承时，为其法定应继份的全部；如仅其一人为法定继承人时，为其法定应继份的二分之一。”

上述两种计算方法各有其特点。全体特留主义的计算方法是以被继承人所留的遗产总额为基数来确定特留份权利人的特留份份额的，它根本不考虑不同亲等的法定继承人的法定应继份的多少，因而计算比较简单、方便，但如果享有特留份权的继承人中有人丧失或抛弃继承权，则丧失或抛弃继承权的特留份权利人的特留份财产将归其他特留份权利人，这就使得其他特留份权利人分得的特留份份额处于不定的状态，而不影响遗嘱人自由处分的遗产部分。采用个别特留份主义的计算方式，其特点正好相反。我们认为，从有利于被继承人立遗嘱时知晓其可自由处分的遗产数额的角度出发，从有利于法院简化繁琐的特留份份额计算出发，第一种方法较为适宜。

应当注意，无论是采用哪一种方法计算留特份份额，均直接或间接地建立在被继承人遗留的遗产基础之上的。但这里说的“遗产”与我们在法定继承中所述的“遗产”并不是一回事。法定继承开始时的遗产是指被继承人死亡时留下的一切财产，它既包括积极遗产，也包括消极遗产，但被继承人生前已作处分的财产不属于遗产。而在计算特留份时，各国立法均对“遗产”范围作了特别的规定，这些特别规定主要表现在：

(1) 特留份的计算应以积极遗产为基础。即在计算特留份时，应以被继承人死亡时所有遗产扣除其债务后的余额为基数。这里的债务既包括私法上的债务，也包括公法上的债务（如税款、罚金等）。至于被继承人的丧葬费用、执行继承所需费用是否应当列入债务的范围一并从总遗产中扣除，各国立法主张不一。日本和瑞士民法均持肯定态度（参见《法国民法典》第922条，《德国民法典》第2311条，《日本民法典》第1029条，《瑞士民法典》第474条）。

(2) 被继承人生前在一定时间内特别赠与他人的财产也应加入遗产总额中。至于“一定时间内”有多长，各国立法不一。《法国民法典》第920条规定：“生前或遗嘱所作处分，如超过有权处分部分时，继承开始时应减除至有权处分部分。”该法并未对赠与的时间作一界定，只要被继承人赠与的财产价值超过其有权处分部分，无论何时赠与，特留份权利人均可提起扣减之诉；而《德国民法典》第 2325 条则规定，“如在继承开始时给付赠与物已过 10 年，则该赠与不计算在内；如赠与系向其配偶所为者，则在婚姻解除前此期限不开始。”可见，德国法是将被继承人死亡前 10 年内所为的赠与物均计入遗产总额中的。但出于履行道德上的义务或出于礼仪上的考虑而为的赠与，不应计入遗产总额。《日本民法典》第 1030 条则规定：“赠与，以于继承开始前一年间所进行者为限，计入遗产总额。”《瑞士民法典》第 527 条则规定，被继承人在其生前最后五年内的赠与应计入遗产总额，但一般礼物不在此限。

（3）特留份权利人若因被继承人生前赠与或死后遗赠行为致使其获得的特留份份额不足时，可提起扣减之诉，法院应从生前赠与的财产或遗赠的财产中扣减一部或全部，以弥补特留份之不足。扣减的顺序应当是先遗赠而后赠与（《日本民法典》第 1033 条，《瑞士民法典》第 532 条，《法国民法典》第 923、925 条）；在有数个生前赠与的情况下，赠与之扣减应当是从后赠与开始顺序及于前赠与（《日本民法典》第 1035 条，《法国民法典》第 923 条，《瑞士民法典》第 532 条）；对遗赠之扣减没有先后次序之分，如果有数个遗赠的情形，则按遗赠财产的价格比例扣减之（《日本民法典》第 1034 条、《法国民法典》第 926 条、《瑞士民法典》第 525 条）。经扣减的赠与或遗赠，就侵害特留份的部分，失去效力。若赠与或遗赠已经履行的，则受赠人和受遗赠人应依不当得利之规定负返还义务；未履行的，不再履行。

（4）特留份扣减的请求权应在法定的期限内行使，否则将因时效的经过而消灭。对于扣减请求权消灭时效的长短，各国规定不一。《日本民法典》第 1042 条规定：“自特留份权利人知道继承开始及有应扣减之赠与或遗赠时起，一年间不行使因时效而消灭，自继承开始时起经过 20 年时，亦同。”《德国民法典》第2332条规定：“特留份请求权自特留份权利人知悉继承开始及对其有损害之处分之时起 3 年间不行使，因时效而消灭，不问知之与否；自继承开始经过 30 年者亦同。对受遗赠人享有的请求权，自继承开始时起，因 3 年间不行使而消灭。”《瑞士民法典》第 533 条则规定：“扣减之诉，须在继承人知悉其权利受侵害时起的一年内提出，无论何种情形，生前赠与扣减之诉须在被继承人死亡时起的 10 年内提出，否则，时效消灭。”《法国民法典》对于扣减之诉的消灭时效未作单独规定，解释上认为应适用自继承开始时起 30 年的时效规定。

三、我国《继承法》关于“必要的遗产份额”与大陆法国家“特留份”的区别

我国《继承法》没有规定特留份制度，但该法第19条规定：“遗嘱应当对缺乏劳动能力又没有生活来源的继承人保留必要的遗产份额。”这与大陆法国家的特留份制度有某些共同之处，表现在：都是为了保证一定范围内的法定继承人获得一定份额的遗产而设立的；都是对遗嘱绝对自由的限制；其保留的遗产份额都只是遗产的一部分。但其差异也是非常明显的，主要表现在以下几个方面：

（1）从权利享有者的角度看，虽然特留份权利人和必要遗产份额的享有者都只是遗嘱人的法定继承人的一部分，但确定权利享有者范围的标准是不一样的。从上述西方国家的立法规定中我们可以看出，虽然各国立法对哪些法定继承人可以享有特留份权规定不一，但有一点是共同的，那就是特留份权利人的范围一般是固定不变的，在确定特留份权利人时，并不考虑特留份权利人的自身状况如何。而我国立法则强调，享有必要遗产份额的法定继承人必须符合两个条件：一是没有劳动能力，二是没有生活来源，二者缺一不可。这就使得我国法定继承人获得必要遗产份额的机会要比国外立法中法定继承人获得特留份的机会少得多。可以这样说，依照国外立法，几乎每一个遗嘱继承都会发生特留份问题（因为被继承人的配偶、直系卑亲属、直系尊亲属均为特留份权利人），而在我国，需要保留必要遗产份额的遗嘱继承则很少。从这个角度看，我国立法对遗嘱自由的限制比大陆法国家都要少。但我国继承立法的初衷并不在于此，规定必要遗产份额的目的，是由于我国国力有限，现阶段国家还不可能取代家庭担负起养老育幼的职能，为了减轻社会负担，防止遗嘱人滥用遗嘱自由的权利，剥夺既无劳动能力又无生活来源的法定继承人的继承权，把他们推向社会。因此，我国在这一问题上与西方国家的差异是由于指导思想的不同，而从根本上说，是由于国情不同造成的。

（2）从遗产份额的角度看，世界各国立法在确定特留份份额标准问题上，要么采取总体特留主义的立法主张，要么采取个别特留主义的立法主张。无论采取何种主张，其份额标准在立法上都是确定的。如果某一个特留份权利人实际取得的遗产价额达不到份额标准的规定，各国均规定可以从被继承人生前赠与或死后遗赠的财产中扣减，以弥补其不足。而我国立法关于“必要”遗产份额的标准则是不确定的，它既可以等于法定继承的平均份额，也可以多于或少于这个平均份额。至于享有必要遗产份额的继承人得到的遗产份额具体是多

少，往往由法院根据遗产的总价值和继承人的具体情况来确定。由于没有一个固定的份额标准，因而也就不存在达不到法定份额标准的问题，扣减之诉当然也就无从说起。这就是我国《继承法》没有规定扣减之诉的主要原因。

（3）在确定保留份额与被继承人遗产之间的比例问题上，各国立法均以被继承人遗留的积极遗产为基数进行计算。这种积极遗产既包括被继承人遗留的财产权益，也包括其在生前一定时间内所为的生前赠与和死后遗赠。而我国《继承法》在这一问题上，则以被继承人死亡时遗留的总体遗产为基数。依照《最高人民法院关于贯彻执行〈中华人民共和国继承法〉若干问题的意见》第37条和第61条的规定，在遗产分割时，应当首先为没有劳动能力又没有生活来源的人保留必要的遗产份额，然后再清偿被继承人生前的债务和执行遗嘱继承及遗赠，即使遗产不足清偿债务，也应为享有必要遗产份额的继承人保留适当的遗产。此外，依照上述司法解释的精神，被继承人生前赠与不应列入总体遗产中，也就是说，被继承人生前赠与的财产就不再是遗产，任何情况下都不能要求返还。我们认为这一规定有不妥之处。如果被继承人生前一定时间内滥用其对财产的权利，事先将自己的财产赠与第三人，由于没有扣减之诉的规定，法定继承人中缺乏劳动能力又没有生活来源人的合法权益就无法得到保证。

总之，我国《继承法》中关于“必要遗产份额”的规定有其合理之处，如把继承人的经济状况和劳动能力因素作为确定享有份额权利人范围的标准，最大限度地保障被继承人的遗嘱自由权利；同时也有其需要完善之处，如份额标准不确定、无法防止被继承人用生前赠与的方式损害法定继承人的合法权益情况的发生等，这都有待继承立法的进一步完善。

后　　记

由于国际私法和比较民商法关系密切，武汉大学国际法研究所自 1980 年春开始招收第一批研究生起，就很注重要求他们加强对比较民商法的学习，并且将它列为必修学位课程。随我攻读博士学位而原来主要研究民商法的几位青年教师，以及对民商法也很有兴趣的几位研究生合力完成这本《比较民法学》的写作并出版面世时，已是 20 世纪行将结束的时候了，而另一本《比较商法学》则尚在写作之中，足见这项工作是十分艰巨的。

承担本书撰稿工作的分别为：

民法总论：李双元、温世扬、张善斌；

物权法：温世扬；

债法总论：于喜富、李新天、林晓镍；

合同法：宁立志、王升义；

侵权行为法：蒋新苗；

亲属法：李金泽、张茂；

继承法：陈本寒；

统稿定稿由李双元、温世扬负责。

因《比较民法学》内容庞大，虽经全体撰稿人员和编审同志的共同努力，亦难望完全免除错误或不当之处，敬祈学界同仁和读者诸君不吝批评指正。

篇幅如此之大的本书得以顺利编写与出版，还得到了广州经纶律师事务所梁山先生、彭清正先生，深圳经贸律师事务所宁敏先生，珠海赛德律师事务所何绍军先生的支持，感谢之余，亦望这几位先生能从理论与实务结合的角度，指出本书的不足，以期再版时补正。

李双元

一九九八年五月十五日于珞珈山下